Siedler
Deutsche Geschichte

Buch

Umbruch und Wandel, Reform und Revolution sind die wichtigsten
Begriffe, mit denen sich der Zeitraum vom Siebenjährigen Krieg bis
zum Wiener Kongreß zusammenfassen läßt. Im Jahr 1789 schlägt die
Todesstunde der alten Welt, nicht nur in Frankreich. Europa wird in
den Jahren danach neu geordnet. Neben jahrhundertealte Strukturen
treten modernisierende Reformanläufe und abrupte Wandlungen.
Durch Napoleon wird die Französische Revolution auch in Deutschland zur entscheidenden politischen Zäsur. Während der napoleonischen Kriege wird nicht nur das alte Reich mit seinem universalen
Anspruch endgültig zerstört, es werden vielmehr auch die Grundlagen
für etwas Neues geschaffen. Das politische Bewußtsein der deutschen
Kulturnation erwacht, das Verlangen nach einem deutschen Nationalstaat wird immer drängender. Die französische Fremdherrschaft und
die folgenden Befreiungskriege schaffen erstmals eine patriotische
Begeisterung, die sich tief in das nationale Gedächtnis einprägt. Die
Frage nach dem Nationalstaat wird das gesamte neunzehnte Jahrhundert bestimmen und erst 1871 im Bismarckreich eine Antwort finden.

Autor

Horst Möller, geboren 1943, ist Professor für Neuere Geschichte in
Regensburg und Direktor des Instituts für Zeitgeschichte in München.
Veröffentlichungen unter anderem: »Aufklärung in Preußen« (1974),
»Exodus der Kultur. Schriftsteller, Wissenschaftler und Künstler in der
Emigration nach 1933« (1984), »Weimar. Die unvollendete Demokra-
tie« (1985), »Vernunft und Kritik. Deutsche Aufklärung im 17. und
18. Jahrhundert« (1986), »Theodor Heuss. Staatsmann und Schrift-
steller« (1990), »Europa zwischen den Weltkriegen« (1998).

Horst Möller

Fürstenstaat
oder Bürgernation

Deutschland 1763 – 1815

Siedler

Für Hildegard

Umweltschutzhinweis:
Alle bedruckten Materialien dieses Taschenbuchs
sind chlorfrei und umweltschonend.

Siedler Taschenbücher erscheinen im Goldmann Verlag,
einem Unternehmen der Verlagsgruppe Bertelsmann.

1. Auflage
Vollständige Taschenbuchausgabe Oktober 1998
© 1989, © der durchgesehenen und aktualisierten Ausgabe 1994
Wolf Jobst Siedler Verlag GmbH, Berlin
Umschlag: Design Team München
Umschlagabbildung: Archiv für Kunst und Geschichte, Berlin
Satz: Bongé+Partner, Berlin
Printed in Austria 1998
ISBN 3-442-75524-7
Gesamtkassette: ISBN 3-442-90565-6

Inhaltsverzeichnis

Vorwort

Unter den zahlreichen historischen Untersuchungen, die zur Geschichte des späten 18. und frühen 19. Jahrhunderts veröffentlicht wurden, behandeln nur wenige diesen Zeitraum als Einheit, es sei denn unter begrenzten Fragestellungen. Doch fehlt es nicht nur an neueren Gesamtdarstellungen dieser Epoche, sondern auch an älteren. Das liegt nicht allein an der außerordentlichen Schwierigkeit, dieses Zeitalter des Umbruchs mit seinen lange nebeneinander herlaufenden jahrhundertealten Strukturen, modernisierenden Reformanläufen und abrupten Wandlungen umfassend darzustellen. Hinzu kommt die Fixierung auf das Jahr 1789, die oft zur verkürzenden Sicht der komplexen Geschichte dieses Zeitalters führt. Die fundamentale Bedeutung der Französischen Revolution für die europäische, ja die Weltgeschichte ist schwerlich zu bestreiten, doch werden bei näherer Betrachtung die längerfristigen historischen Bedingungszusammenhänge klarer, vor allem aber die sich in zeitlicher und sachlicher Hinsicht national ganz unterschiedlich ausprägende Wirksamkeit der französischen Entwicklung dieser Jahre.

Für die deutsche Geschichte – aber auch die anderer europäischer Staaten und Völker – gewann die Französische Revolution eine zwar tiefgreifende, aber phasenverschoben einsetzende und vielfältig gebrochene Wirkung. Die sich immer mehr beschleunigende Auflösung der Alten Welt und die auf sie reagierenden und zugleich stimulierenden Reformversuche begannen bereits um die Mitte des 18. Jahrhunderts, zum Teil sogar früher. Das Jahr 1789 ist zwar ein Schlüsseljahr der französischen Geschichte, im engeren Sinne aber nicht der deutschen; in Deutschland wurde die Revolution erst durch Napoleon zur entscheidenden politischen Zäsur, traf hier aber auf einen lange vorbereiteten Boden. Die Dialektik von frühzeitiger Reform und verminderter Empfänglichkeit für die sie überrollende Revolution zählt zu den bemerkenswerten Charakteristika der deutschen Geschichte dieser Jahrzehnte.

Die Periodisierung, der die Anlage dieses Bandes folgt, ergibt sich aus der Frage, was das Thema »Die Deutschen und ihre Nation« für das 18. und frühe 19. Jahrhundert bedeutet. In dieser nationalgeschichtlichen Perspektive kommt der Entstehung des österreichisch-preußischen Dualismus für die spätere Entwicklung zum deutschen Nationalstaat eine Schlüsselrolle zu. Doch wird diese zeitliche Abgrenzung nicht dogmatisch verengt, da einerseits die Vorgeschichte des Jahres 1763 zumindest bis 1740 zurückreicht, andererseits aber beispielsweise die sozialgeschichtlichen Wandlungen von den Jahren 1740 oder 1763 aus nicht zu erfassen sind. Je nach seiner Thematik greift der Band also über diese Daten zurück, manchmal sogar bis ins Mittelalter, weil nur so das aufregende Nebeneinander von Traditionalität und Modernität erfaßt werden kann; andere Bewegungen greifen über die Napoleonische Epoche weit in das 19. Jahrhundert voraus. Eine Dogmatisierung von Periodisierung und Methode führt ebenso in die Irre wie eine Verkürzung der thematischen Vielfalt.

Der Anspruch, innerhalb der Geschichtswissenschaft eine Teildisziplin – beispielsweise die Gesellschaftsgeschichte – als eine Art Überwissenschaft zu etablieren, ist ideologisch; der Versuch, eine »Totalgeschichte« zu rekonstruieren, verrät mangelnde Reflexion des historischen Erkenntnisvermögens, wie schon Johann Gustav Droysen gezeigt hat. Will man die historische Realität erfassen und nicht für gegenwärtige Zwecke verkürzen, kommt ihren verschiedenen komplex verflochtenen Bereichen – Religion, Kultur, Recht, Politik, Wirtschaft und Gesellschaft – prinzipiell der gleiche Rang zu, wenngleich in einer Epoche, einer Nation oder in besonderen Konstellationen einmal diese, das andere Mal jene Dimensionen dominieren können. Und ebensowenig läßt sich Geschichte auf Strukturen reduzieren, in denen die Menschen, die sie prägen und erleiden, nur Schachfiguren einer sie völlig beherrschenden langfristigen historischen Gesetzmäßigkeit oder sozialökonomischen Determination sind.

So komplex das Verhältnis von Freiheit und Notwendigkeit auch ist, den Menschen auf den bloßen Zwang vorgegebener Umstände zu reduzieren, nimmt ihm seine Individualität und damit die Humanität. Gerade das eigentümliche Spannungsverhältnis zwischen Geschichte und Gegenwart, Individuum und Umwelt, langfristigen Strukturen und Entscheidungsspielraum, prägt die historischen Epochen und Persönlichkeiten. So sehr der nachlebende Historiker manches besser weiß, weil er die Wirkungsgeschichte des Geschehens kennt, so wenig darf er Richter über vergangene Zeiten werden. Gerechtigkeit für die früheren Generationen ist sein Ziel, nicht das Verurteilen ist seine Aufgabe, sondern das Verstehen und Erklären.

Da die unterschiedlichen Themen, Epochen, Personen und Strukturen kein einfach erzählbares Kontinuum bilden, müssen sie gebündelt werden, wenn die Vielschichtigkeit der Geschichte und deren Erkennen ernst genommen werden sollen. Das stellt hohe Anforderungen an die Darstellung. Eine moderne Synthese der deutschen Geschichte, die vom Siebenjährigen Krieg bis zum Wiener Kongreß Bevölkerung, Gesellschaft, Wirtschaft, Politik und Kultur gleichermaßen berücksichtigt und das spannungsvolle Ineinander evolutionären und revolutionären Umbruchs vergegenwärtigt, liegt bisher nicht vor. Schwer überschaubare Einzelforschung muß mit eigenen Forschungen verbunden werden. Angesichts der Vielfalt des alten Reiches muß das einzelne exemplarisch ausgewählt werden, sonst wird die Kontur verwischt und der verfügbare Raum gesprengt. Aber zur Erkenntnis gehört Auswahl, zur Darstellung neben der Analyse auch die verdichtende Erzählung.

Nicht allein ungezählten Vorgängern, die vergangenes Geschehen erforschten, sondern auch vielen anderen hat ein Autor bei Abschluß eines Werkes zu danken: zunächst dem Verleger Wolf Jobst Siedler, von dem die Anregung zu diesem Buch und manche weitere geistvolle Anregung ausgingen, dann den Mitarbeitern des Verlags und der Redaktion, allen voran Ditta Ahmadi für ihr außergewöhnliches Engagement. Für vielfältige Unterstützung danke ich auch meinen Erlanger Mitarbeitern: Angela Guthmann, die sich durch einen oft schwierig zu entziffernden Text nie hat entmutigen lassen, Thomas Raithel, der mich in der Anfangsphase, und vor allem Georg Seiderer, der mich bis zum Abschluß der Arbeiten, insbesondere bei der Literaturbeschaffung unermüdlich unterstützte, schließlich Dr. Christoph Fürbringer und Dr. Andreas Wirsching, die mir durch kritische Lektüre sehr halfen.

Noch unentbehrlicher als bei früheren Büchern waren mir die selbstlose Mitarbeit und das stete Mitdenken meiner Frau, der das Buch außerordentlich viel verdankt; die Widmung bringt dies nur unvollkommen zum Ausdruck.

Erlangen, im März 1989   Horst Möller

I.
Einleitung:
Vom österreichisch-preußischen Dualismus zur revolutionären Herausforderung

1. Krieg und Frieden: das »Mirakel des Hauses Brandenburg«, Österreich und Europa 1740–1763

Der Krieg war zu Ende, der dritte und längste Krieg seit nur 23 Jahren. Sieben Jahre hatte er zwischen Österreich und Preußen gewütet – zugleich ein europäischer, ja ein nordamerikanischer Krieg, ein Krieg zwischen den Kolonialmächten England und Frankreich. Die österreichischen und preußischen Unterhändler trafen sich mit den sächsischen »Gastgebern« an einem naßkalten Dezembertag des Jahres 1762 im kurfürstlichen Jagdschloß Hubertusburg bei Leipzig. Das diplomatische Klima blieb frostig, von der Heiterkeit des Rokoko spürten die Unterhändler im Schloß wenig: Der ursprünglich elegante, in einem schon klassizistisch beeinflußten Barockstil noch 1743 bis 1751 von Johann Christoph Knöffel wieder aufgebaute Lieblingssitz des sächsischen Kurfürsten und polnischen Königs August III. war verwaist; nach der Kapitulation der sächsischen Truppen vor den Preußen bei Pirna war der Hausherr bereits im Oktober 1756 nach Warschau geflohen, wenige Jahre später, im Oktober 1760, hatten preußische Freischärler das Schloß geplündert.

Die Wahl des Ortes war zufällig und dennoch symbolisch, hatte doch der Dritte Schlesische Krieg, der hier nun nach einem auf Initiative Sachsens am 24. November 1762 zustande gekommenen Waffenstillstand mit diplomatischen Mitteln beendet werden sollte, mit dem Einmarsch preußischer Truppen in das Kurfürstentum Sachsen am 29. August 1756 begonnen: Der erste Schauplatz des Konflikts sollte auch sein letzter sein. Der preußische König Friedrich II. erklärte dem sächsischen Unterhändler Freiherrn von Fritsch, er wünsche, daß die Verhandlungen in Leipzig, also in unmittelbarer Nähe seine Hauptquartiers, stattfänden. Der österreichische Unterhändler Hofrat Freiherr von Collenbach reiste hingegen mit der Instruktion aus Wien an, in der sächsischen Hauptstadt Dresden zu verhandeln.

Zwar ließ Collenbach sich von dem sächsischen Kurprinzen überreden, nach Leipzig zu fahren, doch wurden sein Stolz und seine Beunruhigung über die nicht eingehaltene Instruktion erneut auf die Probe gestellt, als er bei dem nur wenige Meilen vor Leipzig gelegenen Wermsdorf über die Elbe setzte. Auf der Fähre tuschelte man: Da kommen die Wiener, sie gehen zum König. Der Diplomat reagierte prompt: Bis hierher und keinen Schritt weiter! Also verständigte man sich auf Hubertusburg. Das diplomatische Gesicht Habsburgs blieb gewahrt.

Gewahrt blieb im wesentlichen auch der territoriale Besitzstand der verhandelnden Mächte, so daß der Hubertusburger Vertrag als ein Remisfriede in die Geschichte einging. Und doch stellte dieser wenig spektakuläre Friedensschluß nicht allein den Abschluß einer kriegerischen Epoche in Mitteleuropa dar, die 1740 begonnen hatte.

Vielmehr wurde nun anerkannt, was bereits nach dem Ersten Schlesischen Krieg von 1740 bis 1742 erreicht worden war: die Eroberung der vormals habsburgischen Provinz Schlesien und der Grafschaft Glatz durch Preußen, und damit war die Basis einer neuen territorialen und politischen Konstellation im Heiligen Römischen Reich Deutscher Nation geschaffen. Von nun an existierten in Europa neben den drei etablierten Großmächten England, Frankreich und Rußland zwei miteinander rivalisierende deutsche Großmächte: Österreich und der Emporkömmling Preußen.

Der Dualismus beider deutscher Großmächte blieb in epochal modifizierten Formen mehr als einhundert Jahre lang erhalten – trotz der zeitweiligen Veränderungen im europäischen Mächtesystem infolge der Napoleonischen Kriege, die die jüngste und kleinste Großmacht Preußen fast von der Landkarte verschwinden ließen.

Was 1740 mit dem Einmarsch des jungen preußischen Königs Friedrich in Schlesien begonnen hatte und 1763 in Hubertusburg besiegelt wurde, endete nach dem Zwischenspiel des auf dem

Allegorische Darstellung auf die Beendigung des Siebenjährigen Krieges, zeitgenössischer Kupferstich

Der Friedensschluß von Hubertusburg, der den Siebenjährigen Krieg beendete, wurde von den Zeitgenossen von vornherein als Ende des epochalen Ringens aufgefaßt. In allegorischen Darstellungen wurde überall der Frieden gefeiert, der für Friedrich den Erfolg brachte, daß er die Beute der beiden Schlesischen Kriege bestätigte. Der preußische König und die österreichische Kaiserin treten sich gleichberechtigt gegenüber, getrennt durch den polnischen König August III., der in Wirklichkeit mehr Spielball als Akteur gewesen war.

Wiener Kongreß am 8. Juni 1815 gegründeten Deutschen Bundes – in dem Österreich noch immer die Führung besaß – schließlich 1866 mit der österreichischen Niederlage gegen Preußen bei Königgrätz und der Proklamation des preußischen Königs Wilhelm I. zum deutschen Kaiser am 18. Januar 1871 im Spiegelsaal des Schlosses von Versailles: Die protestantischen Hohenzollern traten das späte Erbe der katholischen Habsburger in einem nun freilich sehr verkleinerten und veränderten Deutschen Reich an – in einem nicht mehr universalen, sondern im wesentlichen nationaldeutschen Reich.

Auch mit der Versailler Kaiserproklamation war dieses Kapitel der deutschen Geschichte nicht endgültig abgeschlossen, wünschte das auf seinen deutschen Kern reduzierte republikanische Österreich nach dem Schulterschluß mit dem Deutschen Reich und der gemeinsamen Niederlage im Ersten Weltkrieg doch 1919 eine auch in Deutschland begrüßte »Wiedervereinigung«. Die alliierten Sieger untersagten sie in den Pariser Vorortverträgen 1919, akzeptierten sie aber unter denkbar ungünstigen Umständen, als Hitler den »Anschluß« 1938 – mit keineswegs unerheblicher Zustimmung in beiden Staaten – für einen kurzen und schrecklichen Epilog erzwang, damit aber zugleich das endgültige Ende dieser viele Jahrhunderte währenden Verbindung einleitete.

Niemand konnte 1740 und 1763 die späteren Entwicklungen des 19. und 20. Jahrhunderts erahnen, doch eines war sicher: Großmacht konnte Preußen nicht mit, sondern nur gegen Österreich sein. Diese Konstellation war entstanden mit der Eroberung Schlesiens und der damit gewonnenen Stellung Preußens als fünfter europäischer Großmacht. »Schlesien« kam also eine ungleich größere politische Bedeutung zu als den zahllosen anderen territorialen Eroberungen und Tauschgeschäften im 17. und 18. Jahrhundert.

Das Jahr 1763 war gewiß ein Epochenjahr der deutschen und europäischen Geschichte, doch steht ihm das Jahr 1740 darin nicht nach. Gemeinsam grenzen sie eine Scharnierzeit ab, in der sich mit der reichspolitischen Konstellation auch das europäische Mächtesystem veränderte – ein Wandel, der über den kolonialen Kriegsschauplatz in Nordamerika eine weltpolitische Dimension erlangte.

Die mit dem Jahr 1740 eingeleiteten Umgruppierungen begannen mit zwei Thronwechseln. Mit Kaiser Karl VI. starb die österreichische Linie des Hauses Habsburg im Mannesstamm aus. Um die Thronfolge seiner Dynastie zu sichern, hatte der Kaiser am 19. April 1713 die Pragmatische Sanktion erlassen, die dem Pactum mutuae successionis folgte: Hierin hatte Kaiser Leopold I. 1703 für den Fall des Erlöschens der deutsch-josephinischen und der spanisch-karolinischen Linie des Hauses Habsburg im Mannesstamm festgelegt, daß die spanische Linie erst nach dem völligen Ende der deutschen Linie die Thronfolge antreten sollte.

Nach dem Tod Kaiser Josephs I. bestieg 1711 sein Bruder Karl VI. den Thron und umging bei der sogleich erlassenen Thronfolgeregelung die Primogenitur der josephinischen Linie. Statt dessen verfügte der neue Kaiser, daß die Nachfolge unmittelbar auf seine eigenen Töchter und ihre Nachkommen übergehen sollte. Auf dieser Grundlage basierte die Pragmatische Sanktion, die die Unteilbarkeit der habsburgischen Erblande sicherte und eine Sukzession der josephinischen Linie nur im Falle des völligen Erlöschens der deutsch-karolinischen vorsah. Bayern und Sachsen erkannten die 1724 zum Grundgesetz der Thronfolge erklärte Regelung nicht an, da ihre Herrscher mit Töchtern des verstorbenen Kaisers Joseph I. verheiratet waren und folglich am Vorrang der josephinischen Linie in der Erbfolge festhielten. Die Schonfrist lief mit dem Tod Karls VI. ab, als gemäß der Pragmatischen Sanktion seine Tochter Maria Theresia den Wiener Thron bestieg. Dies war einer der Gründe für den Österreichischen Erbfolgekrieg.

Das Jahr 1740 brachte aber nicht nur einen Herrscherwechsel in Wien, sondern auch in Berlin, wo der preußische König Friedrich Wilhelm I. starb, so daß sein Sohn Friedrich II. König wurde und durch seine militärische Aggressivität sogleich das Staunen Europas erregte: War dieser junge Schöngeist nicht allem Militärischen abhold? Vergnügte er sich nicht lieber mit geistreichen Freunden in

Flötensolo von Friedrich II.

In seinen Rheinsberger Jahren unternahm Friedrich die ersten ernsthaften Kompositionsversuche. Beim Komponieren, vor allem aber beim Musizieren stand ihm in Quantz der beste Flötenmeister des Jahrhunderts zur Seite, dessen vorzüglicher Unterricht freilich nie solche erstaunlichen Ergebnisse gehabt hätte, wäre bei Friedrich nicht ein großes Talent gepaart mit eisernem Willen zur Perfektion vorhanden gewesen.

Rheinsberg? Verfocht er nicht einen aufgeklärten Anti-Macchiavellismus?

Im Unterschied zur Herrschaft Maria Theresias war diejenige Friedrichs nicht umstritten, und dies gab dem jungen König Gelegenheit, die prekäre Situation der Habsburgerin auszunutzen und in Schlesien einzumarschieren. Ihm kam nun zustatten, daß sein Vater Friedrich Wilhelm I. die preußische Armee zwar in vorher nicht gekanntem Maß ausgebaut und vergrößert, doch dieses Machtinstrument niemals eingesetzt hatte. Ganz Europa hatte schon über diese ständig scharf geladene Kanone gespottet, die nie abgefeuert wurde. Tatsächlich hatte der Gründer des preußischen Militärstaats keine Kriege geführt, er blieb Preußens »größter innerer König« (Carl Hinrichs) und war trotz seines oftmals gewalttätigen Auftretens in außenpolitischen Angelegenheiten eher zaghaft. In seinem Politischen Testament warnte er seinen »lieben successor« 1722 sogar davor, »ungerechte Kriege« zu führen.[1]

Daß es sich beim Ersten Schlesischen Krieg um einen »ungerechten« Krieg handelte, darüber war sich der Nachfolger Friedrich völlig im klaren, obwohl er seinen »Entwurf zur Darlegung der Gründe, aus denen der König in Schlesien eingerückt ist«, im Dezember 1740 mit den kühnen Worten einleitete: »Die Ansprüche des Königs auf die meisten Herzog- und Fürstentümer Schlesiens sind unbestreitbar.«[2]

Brandenburg-Preußen 1740

LI. = Gft. Lingen (1702)
MI. = Fsm. Minden (1648)
RA. = Gft. Ravensberg (1666)
TE. = Gft. Tecklenburg (1707)
MO. = Gft. Moers (1702)
OG. = Obergeldern (1715)
BÜ. = Bütow (1657)
DR. = Draheim (1657)
LB. = Lauenburg (1657)
SY. = Serrey (1691)
TR. = Tauroggen (1691)
B. = Beeskow (1571)
BA. = Bärwalde (1462)
C. = Cottbus (1462)
H. = Gft. Hohnstein (1648)
HA. = Bm. Halberstadt (1648)
L. = Lychen (1442)
M. = Hzm. Magdeburg (1680)
N. = Neuruppin (1524)
S. = Saalkreis (1680)
SCH.= Schwedt (1472)
T. = Teupitz (1462)
W. = Wernigerode (1449)
Z. = Zinna-Luckenwalde (1680)
ZO. = Zossen (1490)

Am 1. November 1740 legte Friedrich II. seinem Minister Podewils eine Preisfrage vor: *Wenn man sich im Vorteil befindet, muß man sich das zunutze machen oder nicht? Ich bin mit meinen Truppen und sonst allem bereit; bringe ich meinen Vorteil nicht zur Geltung, so halte ich in meinen Händen ein Gut, dessen Nutzwert ich verkenne; nehme ich ihn wahr, so wird's von mir heißen, ich wüßte mich mit Geschick meiner Überlegenheit über meine Nachbarn zu bedienen.*
(Briefe, Bd. 1, S. 182)

Später,[3] in seinem Politischen Testament von 1752, unterschied der preußische König nur zwei Arten von Kriegen: solche, die aus Eitelkeit und solche, die aus Interesse geführt werden.[4] Die Eroberung Schlesiens resultierte wohl aus beiden Motiven – auch wenn Friedrich 1752 diejenigen als Narren bezeichnete, die aus Eitelkeit Krieg führten. Und schwer entscheidbar ist, ob nicht das 1742 von Friedrich formulierte Grundgesetz der Regierung der kleinsten wie der größten Staaten – nämlich der »Drang zur Vergrößerung«[5] – nicht ebenfalls der genannten Doppelabsicht entsprang – Ruhmsucht ist eine Schwester der Eitelkeit.

Nüchterner als die Geschichtsschreiber des 19. Jahrhunderts, die, im Geist ihrer eigenen Zeit befangen, in der Politik des preußischen Königs immer wieder eine nationale Mission sahen, konstatierte Friedrich in seiner bald nach dem Ersten Schlesischen Krieg verfaßten Darstellung die Gunst der außenpolitischen Konstellation, um dann ohne Umschweife zur Sache zu kommen: »Außerdem war ich im Besitz schlagfertiger Truppen, eines gut gefüllten Staatsschatzes und von lebhaftem Temperament: das waren die Gründe, die mich zum Kriege mit Therese von Österreich, Königin von Böhmen und Ungarn, bewogen ... Der Ehrgeiz, mein Vorteil, der Wunsch, mir einen Namen zu machen, gaben den Ausschlag, und der Krieg ward beschlossen.«[6]

Zwar konnte man im 18. Jahrhundert aus solchen Motiven ungestraft einen Krieg beginnen, aber dennoch widersprach dies dem herrschenden Völkerrecht, das die römische Lehre des Bellum iustum sowie ihre von Augustinus bis zu Thomas von Aquin und schließlich Hugo Grotius fortentwickelte Form beibehalten hatte: Ein Krieg ist gerechtfertigt, wenn er gerecht ist. Grotius interpolierte aus den kriegstheoretischen Schriften der Antike und späterer christlichen Interpretationen im wesentlichen drei Gründe: die Selbstverteidigung einschließlich der des Eigentums, die Verfolgung dessen, der einem etwas schuldig geblieben ist, und die Bestrafung von Verbrechen.[7]

Friedrich entschied sich, seinen Einmarsch offiziell mit dem zweiten Grund zu legitimieren, mit den historisch begründeten Ansprüchen des Hauses Hohenzollern auf Schlesien. Tatsächlich existierten solche bis ins 16. Jahrhundert zurückreichenden Ansprüche auf Jägerndorf sowie Teile Niederschlesiens: Der Kurfürst von Brandenburg hatte 1523 das Herzogtum Jägerndorf erworben, doch hatte es Kaiser Ferdinand II. während des Dreißigjährigen Krieges konfisziert. Ansprüche auf die schlesischen Herzogtümer Liegnitz, Brig und Wolau resultierten aus einer Erbverbrüderung des Herzogs mit Kurfürst Joachim II. von Brandenburg im Jahre 1537, denen allerdings Kaiser Ferdinand II. die Anerkennung verweigerte. Während des 17. Jahrhunderts erneuerte Friedrich Wilhelm von Brandenburg, der Große Kurfürst, diese Ansprüche, doch erfolglos. Schließlich erlangte König Friedrich Wilhelm I. im Jahre 1728 eine kaiserliche Garantie auf das rheinische Herzogtum Berg, die das Haus Habsburg jedoch nicht einlöste: Kurz vor dem Tod Friedrich Wilhelms I. brach die kaiserliche Dynastie die gegebene Zusage, indem sie die Herzogtümer Jülich und Berg dem Haus Sulzbach zusagte und den Hohenzollern ein Äquivalent aus kaiserlichen Besitzungen ankündigte. Und außerdem wollte Friedrich auch nicht

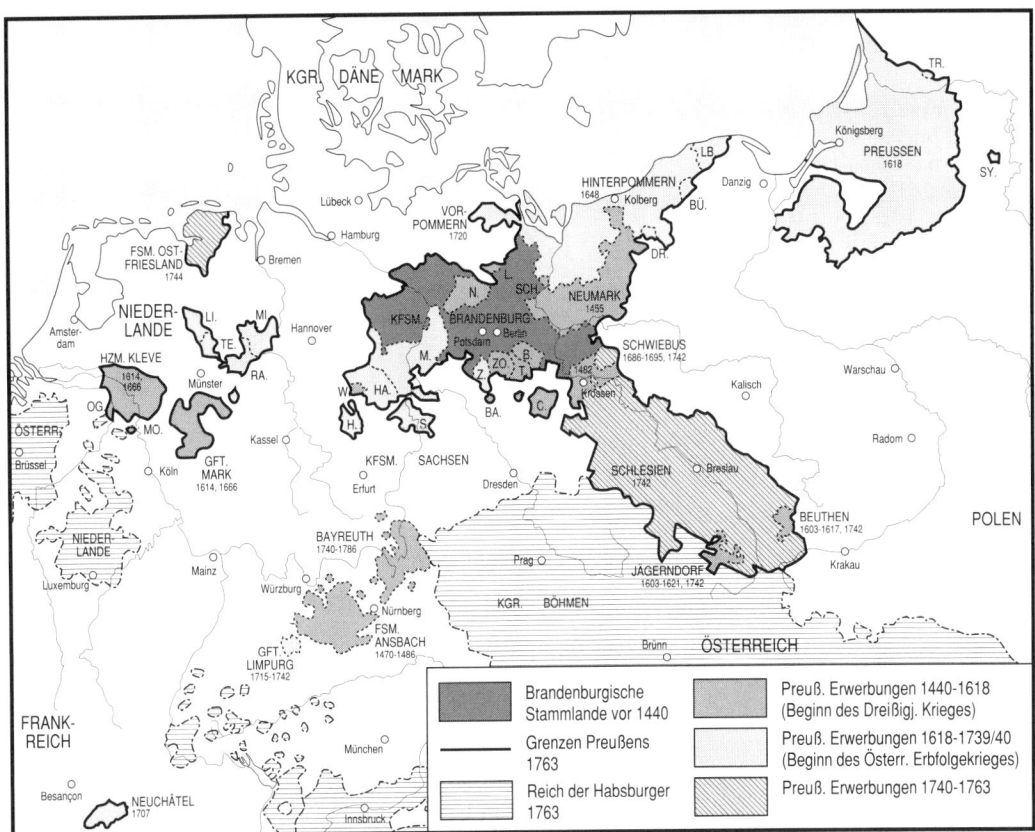

akzeptieren, daß die Pragmatische Sanktion Schlesien, das stets ein »Mannslehen« gewesen war, zu einem »Weiberlehen« machte, und erinnerte an die bereits 1731 entdeckten Empfehlungen des Großen Kurfürsten, seine Nachfolger sollten sich bei Erlöschen des habsburgischen Mannesstamms Schlesiens bemächtigen – da andernfalls Sachsen sich diese Beute aneignen würde.[8]

Doch all diese Ansprüche standen rechtlich auf wackeligen Füßen; am ehesten begründbar waren diejenigen auf Jülich und Berg. Diese kleinen Herzogtümer aber waren vom brandenburgischen Kernland durch mehrere andere Territorien getrennt. Der Aufwand hätte sich auch im Fall des militärisch ohnehin zweifelhaften Erfolgs kaum gelohnt. Schlesien dagegen bildete nicht nur die näherliegende, sondern auch die fettere Beute, und eine mögliche Stärkung des sächsischen Nachbarn galt es ohnehin zu verhindern.

Territoriale Arrondierung und Ruhm lagen für Preußen nahe beieinander, und vor der Ausnutzung einer günstigen machtpolitischen Konstellation schreckten im 17. und 18. Jahrhundert auch andere Territorialstaaten beziehungsweise die europäischen Großmächte nicht zurück. Auf historisch-rechtlich begründete dynastische Interessen zu verweisen, war ebenfalls an der Tagesordnung, Friedrichs Politik war also durchaus zeitgemäß, sie zeichnete sich vielmehr durch dreistes Geschick, Reaktionsschnelligkeit und das Ausmaß seines Länderhungers aus und nicht zuletzt durch die Ver-

Skizze Friedrichs II. von der
Schlacht bei Mollwitz, 10. April
1741

Die eigenhändige Skizze, Anlage
zu einem Brief an den Fürsten
Leopold von Anhalt-Dessau, zeigt
den Aufmarsch der Truppen.
In aller Eile hatte Friedrich seine
Truppen bei Mollwitz in Schlesien
konzentriert und die Österreicher
zur Schlacht gestellt. Als diese sich
als überlegen erwiesen, gerieten
die preußischen Reihen in Unordnung und Friedrich floh. In dieser
hoffnungslosen Lage befahl der
Feldmarschall Schwerin den
Gegenangriff, und es gelang ihm,
das Blatt zu wenden und die
Preußen zum Sieg zu führen.

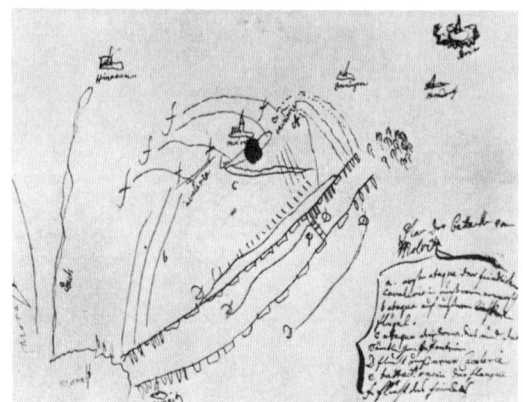

bindung von propagandistischer »Öffentlichkeitsarbeit« und selbstkritischer Nüchternheit: Er hoffte, die Nachwelt, für die er seine
Taten und Gedanken niederschrieb, werde in ihm den »Philosophen
vom Fürsten und den Ehrenmann vom Politiker zu scheiden« wissen.[9] Konsequent unterschied Friedrich die Moral des Staatsmannes von der des Privatmannes: Das Gesetz der Fürsten sei das
Staatswohl – so wie sie es verstanden. Tragik, Zynismus oder beides?

Mit dem Einmarsch in Schlesien trat Friedrich als Rechtsbrecher in die Geschichte ein und verließ sie vier Jahrzehnte später als
Begründer und Vollender der preußischen Großmachtstellung im
18. Jahrhundert. Bis heute ist er umstritten, je nachdem, ob sich die
nachlebenden Betrachter von der Maxime privater Moral oder der
Staatsräson leiten lassen beziehungsweise von der Norm des damaligen Völkerrechts oder seiner praktischen Deformation aus urteilen.

Unbestritten ist, daß sich mit dem Regierungsantritt Friedrichs
und Maria Theresias 1740 in Mitteleuropa die Mächtekonstellation
änderte. Im Frieden von Breslau trat Österreich 1742 Ober- und Niederschlesien sowie die Grafschaft Glatz an Preußen ab; sowenig
damit die kriegerischen Auseinandersetzungen tatsächlich beendet
waren, sowenig schloß die Habsburgerin den Vertrag allein aufgrund der Niederlage gegen Preußen. Vielmehr wollte sie sich dieses
Feindes entledigen, um freie Hand gegen Bayern und Frankreich zu
bekommen. Diese beiden Verbündeten des preußischen Königs
waren deshalb so gefährlich, weil der bayerische Kurfürst nach der
Erstürmung Prags 1741 König von Böhmen geworden und nach
einer Thronvakanz von fünfzehn Monaten als Karl VII. von den
deutschen Kurfürsten einstimmig zum römischen Kaiser gewählt
worden war. Maria Theresias Kampf um die Kaiserkrone erzwang
also eine Verschnaufpause gegen Preußen, das nach dem Erreichen
seines Hauptziels ohne Bedenken aus dem Bündnis gegen die Habsburgerin ausschied.

Der militärische Erfolg ließ nicht auf sich warten: Die Österreicher, nun in einer Allianz mit Großbritannien, entsetzten Prag und
vertrieben den neuen Kaiser Karl VII. sogar aus seinem angestammten Kurfürstentum Bayern. Schließlich schlug die sogenannte pragmatische Armee aus österreichischen, niederländischen, britischen
und deutschen Söldnern bei dem zwischen Aschaffenburg und

Hanau auf dem rechten Mainufer gelegenen Dettingen 1743 auch die anrückende französische Armee. Doch entschied diese Bataille nichts, denn Friedrich mußte nun aufgrund der habsburgischen Siege befürchten, das gerade erst gewonnene Schlesien wieder zu verlieren. Gerade noch an der Seite Österreichs, schloß Preußen daher mit Frankreich am 5. Juni 1744 in Versailles eine offensive Allianz, deren Spitze sich unverhohlen gegen Österreich und Großbritannien richtete. Vorangegangen war diesem Vertrag bereits am 22. Mai 1744 die Gründung der sogenannten Frankfurter Union zwischen Frankreich und den unter Führung Kaiser Karls VII. stehenden deutschen Mächten.

Das sich um die österreichische Erbfolge und die preußische Eroberung Schlesiens rankende verworrene Geflecht von Bündnissen, von Krieg und Diplomatie prägte die beiden nächsten Jahrzehnte und komplizierte sich durch die europäische und koloniale Dimension weiter: Schlachten entschieden keine Kriege, Waffenstillstände waren nichts als militärische und diplomatische Atempausen, Friedensschlüsse sicherten nicht den Frieden, sondern ermöglichten die Umgruppierung der Bündnisse. Diese quirlige Bewegung im europäischen Staatensystem kam tatsächlich erst 1763 zur Ruhe – trotz aller Dramatik der ereignisprallen zwei Jahrzehnte änderte sich im Heiligen Römischen Reich Deutscher Nation nur wenig; die beiden wesentlichen Ergebnisse standen schon vordem fest: 1742 der Gewinn Schlesiens und der Großmachtstellung für Preußen, 1745 Rückgewinnung und Sicherung der Kaiserkrone für Habsburg.

Doch gab es wichtige Stationen während dieser zwei Jahrzehnte: Durch die Frankfurter Union gesichert, eröffnete Friedrich mit dem Einmarsch in Böhmen den Zweiten Schlesischen Krieg. Sein Erfolg währte indes nicht lange, zumal die Unterstützung durch die Verbündeten schwach blieb. Dieser übereilte und wiederum als Rechtsbruch zu qualifizierende Schritt des preußischen Königs gab Österreich die Hoffnung, durch die am 8. Januar 1745 mit Sachsen, England und den Niederlanden geschlossene Warschauer Quadrupelallianz gegen Preußen die Rückgewinnung Schlesiens einleiten zu können. Wiederum entschied der Tod eines Herrschers über den Fortgang der Dinge. Am 20. Januar 1745 starb überraschend der bayerische Kurfürst und Kaiser Karl VII. an Herzschlag. Sein Sohn und Nachfolger Max III. Joseph verzichtete auf die Kandidatur, und damit blieb das wittelsbachische Kaisertum ein kurzes Intermezzo. Bayern schied aus der Frankfurter Union aus und schloß mit Habsburg am 22. April 1745 den Frieden von Füssen, in dem es überdies Maria Theresia beziehungsweise ihrem Gemahl Franz Stephan von Lothringen die bayerische Kurstimme für die Kaiserwahl versprach.

Der Vertrag von Füssen brachte Habsburg der Rückgewinnung der Kaiserkrone ein gutes Stück näher, doch ging der Krieg um Schlesien einstweilen weiter, obwohl Preußens Verbündeter Frankreich sich im Reich kaum engagierte, sondern sich auf den flandrischen Kriegsschauplatz konzentrierte. An weitere Eroberungen konnte Friedrich daher kaum denken, schnelle militärische Erfolge aber vermochten das bereits Erreichte ein zweites Mal zu sichern: Nach preußischen Siegen im schlesischen Hohenfriedberg am

Insignien und Symbole der Herrschaft Karls VI.

Eines der wichtigsten Jahre im Leben Kaiser Karls VI. war 1717. In diesem Jahr besiegte Prinz Eugen die Türken, und am 13. Mai wurde seine Tochter Maria Theresia geboren, die große Gegenspielerin des Preußenkönigs. Nur wenige Monate nach der Thronbesteigung Friedrichs II. forderte der norddeutsche Territorialstaat Brandenburg-Preußen, der trotz dem Sieg des Großen Kurfürsten bei Fehrbellin auf der europäischen Bühne nicht sonderlich ernst genommen wurde, durch den Überfall auf Schlesien die glanzvolle Kaisermacht der Habsburger heraus.

21

Vertreter der europäischen Mächte beim Glücksspiel im Haus der »Frau Germanin«, österreichisches Flugblatt auf die politischen Verhältnisse vor dem Siebenjährigen Krieg, 1757

Kriege im 18. Jahrhundert waren fast immer Allianzkriege; es kam darauf an, daß man zur richtigen Zeit den richtigen Bundesgenossen hatte. Friedrichs Eroberungskriege fanden vor dem Hintergrund europäischer Weltkriege statt, die im Grunde um Kolonialimperien und damit um Ziele ganz anderer Größenordnung geführt wurden, wobei der Wechsel der Bundesgenossen an der Tagesordnung war. Nur Friedrich gelang es über Jahre hinweg, gegen die drei mächtigsten Alliierten zu kämpfen, gegen Österreich, Rußland und Frankreich.

4. Juni 1745 und schließlich im nördlichen Böhmen schlossen die Kontrahenten am ersten Weihnachtstag 1745 den Frieden von Dresden, der Preußen den Besitz Schlesiens bestätigte. Als Gegenleistung erkannte der preußische König Franz Stephan von Lothringen als Thronprätendenten an. Als Franz I. wurde er zum Kaiser gewählt und blieb es bis zu seinem frühen Tod 1765. Damit fand der Österreichische Erbfolgekrieg ein faktisches Ende.

Die rechtliche Fixierung ließ freilich auf sich warten, da die europäischen Kriegshändel weitergingen. Erst am 18. Oktober 1748 schloß Frankreich mit den Seemächten England und Spanien den Frieden von Aachen, dem auch Österreich beitreten mußte: Habsburg erhielt darin die von den Franzosen eroberten Niederlande zurück, mußte jedoch auf die oberitalienischen Städte Parma und Piacenza für eine zweite Sekundogenitur der spanischen Bourbonen verzichten und einen Teil des Herzogtums Mailand an Sardinien abtreten; der preußische Besitz Schlesiens und der Grafschaft Glatz wurde ein weiteres, aber keineswegs zum letzten Mal bestätigt. Die europäischen und deutschen Fürsten akzeptierten also die Pragmatische Sanktion von 1713 endgültig erst ein Menschenalter später. Auch der Aachener Friedensschluß dokumentierte den engen Zusammenhang des österreichischen Erbfolgestreits mit der schlesischen Frage.

Das Ergebnis des Friedensschlusses lag aber, anders als bei den übrigen großen Auseinandersetzungen des 18. Jahrhunderts – dem Spanischen Erfolgekrieg von 1701 bis 1714 und dem bayerischen Erbfolgekrieg von 1778/79 – nicht in einer Stabilisierung des europäischen Mächtesystems auf dynastischer Grundlage, sondern in seinem Wandel. Die europäische Dimension all dieser Konflikte resultierte aus eben dieser dynastischen Basis der internationalen Beziehungen: aus ihr ergaben sich immer wieder territoriale Erbansprüche. Verschwägerung und Verwandtschaft der europäischen Fürstenhäuser verhinderten diese kriegerischen Konflikte nicht, sondern beförderten sie. So schrieb der radikale bayerische Aufklärer Johann Pezzl 1783: »Die europäischen Fürsten nennen alle einander Vettern. Das Prädikat ist an sich sehr erbaulich und schmeichelhaft; aber es hat schlimme Folgen. Alle diese Vettern sind sterblich. Ihre Köche und Freudenmädchen haben dafür gesorgt, daß einige manchmal ohne Erben aus der Welt gehen. Die übrigen Vettern sehen, daß es der Mühe lohne, zuzugreifen. Einige Genealogisten und Diplomatiker beweisen dem, der sie am besten bezahlt, daß er der nächste Vetter sei und daß ihm vor allen übrigen die Erbschaft von Rechts wegen gehöre. Die übrigen Vettern haben ebenfalls Genealogisten. Es kömmt nun darauf an, wer mehr Advokaten auftreibt ... und marschiert damit zu Felde. Andere benachbarte Fürsten hören, daß man sich zu einem Feldzug rüstet. Jeder nimmt an der Sache teil, so viel es seine Kräfte zulassen, und gedenkt den Kuchen mit teilen zu helfen.«[10] Wenn diese polemische Schilderung auch nicht die Ursachenproblematik der Kriege des 18. Jahrhunderts erschöpfte, so traf Pezzl doch einen wichtigen Aspekt, und vor allem dokumentierte er die Reaktion der kritischen Schriftsteller auf die nicht enden wollenden dynastischen Auseinandersetzungen. Der Erbfolgekrieg blieb trotz der Versuche einer Reihe deutscher Höfe, das regelmäßig sich aktualisierende Kriegsrisiko durch

Sukzessionsordnungen zu vermindern, der eigentliche Grundtyp zwischenstaatlicher Konflikte im 18. Jahrhundert.[11]

Mit dem Dresdner und Aachener Frieden war der Streit um Schlesien keineswegs beigelegt, denn weder hatten die Bourbonen die englische Vorherrschaft als See- und Kolonialmacht noch hatte Habsburg den auf seine Kosten erzielten Aufstieg Brandenburg-Preußens zur Großmacht wirklich akzeptiert. So vertrat der österreichische Unterhändler bei den Aachener Verhandlungen und spätere

Staatskanzler (1753–1792) Wenzel Anton Graf Kaunitz[12] in einer der Königin übergebenen Denkschrift vom 24. März 1749, also unmittelbar nach dem Aachener Friedensschluß, die Ansicht, der König von Preußen verdiene »sondern Zweiffel in die *Classe* der natürlichen Feinden oben an ... gesetzet, mithin als der ärgste und gefährlichste Nachbar des Durchlauchtigsten Ertzhaußes angesehen zu werden«.[13] Und auf der anderen Seite sah Friedrich II. ebenso illusionslos die österreichische Haltung: »Von allen Mächten Europas ist es diese, die wir am meisten verletzt haben und die niemals den Verlust Schlesiens vergessen wird noch den Teil seiner Autorität, den wir mit ihr in Deutschland teilen. Seine gegenwärtige Politik ist es, seine Armee wieder einzurichten, Ordnung in seine Finanzen zu bringen und den Frieden zu wahren bis zu der Zeit, wenn seine Einrichtungen vollständig sein werden und es sich durch Bündnisse verstärkt hat.«[14]

Die Lagebeurteilungen der europäischen und deutschen Bündnispolitik sowie der österreichischen und preußischen Ziele machen unmißverständlich klar: Der Aachener Friede konnte kaum von Dauer sein, da die beteiligten Mächte jeweils auf eine ihren Interessen günstige Konstellation warteten, um losschlagen zu können. Zunächst durchkreuzte Kaunitz das bündnispolitische Ziel des preußischen Königs. Als Gesandter in Paris (1750–1753) arbeitete er zielstrebig an einem »renversement des alliances«. Drei Jahre später war Kaunitz, inzwischen Staatskanzler und für Jahrzehnte der beherrschende Staatsmann Österreichs, am Ziel:[15] Am 1. Mai 1756 schlossen Habsburg und Frankreich ein Defensiv- und bald darauf, am 1. Mai 1757, ein Offensivbündnis, mit dem sie ihrerseits auf die zwischen England und Preußen geschlossene Konvention von Westminster reagierten. Kaunitz näherte sich der Realisierung seiner Konzeption durch die Englandpolitik Friedrichs II. sowie den sich seit 1754 verschärfenden kolonialpolitischen englisch-französischen Gegensatz, der Versailles den österreichischen Avancen zugänglicher machte.

In der Westminster-Konvention vom 16. Januar 1756 hatten sich England und Preußen verpflichtet, den Angriff einer fremden Macht in Deutschland gemeinsam abzuwehren. Die Motive beider Vertragspartner lagen auf der Hand: Friedrich II. wollte Österreich isolieren und sich gegen das potentiell feindliche russische Zarenreich sichern. Englands Interesse zielte auf die Sicherung des Kurfürstentums Hannover, das seit der Thronbesteigung des Hannoveraners Georg I. 1714 in London mit England in Personalunion verbunden war. Mit dem Bündnis wollte sich England im Falle kriegerischer Auseinandersetzungen in Nordamerika auf dem europäischen Kontinent den Rücken freihalten.

Friedrich II. hatte die Wirkung der Konvention auf Frankreich unterschätzt, das durch jedes Bündnis mit seinem Hauptgegner England irritiert sein mußte, auch wenn die Zielrichtung gar nicht antifranzösisch war. Der in Versailles abgeschlossene Neutralitäts- und Verteidigungspakt zwischen Habsburg und Frankreich war denn auch eine Antwort, die schlagartig die europäische Konstellation umstürzte und Friedrichs Lagebeurteilung von 1752 zu Makulatur werden ließ. Während Preußen nicht mehr vom gleichsam natürlichen Gegensatz Frankreichs und Österreichs ausgehen konnte, war die deutsche Kaisermacht ihrerseits der Rückeroberung Schlesiens ein gutes Stück näher gekommen. Die Überraschung war perfekt – selbst beim französischen Ministerium, das an den Verhandlungen gar nicht beteiligt gewesen war –, denn Kaunitz hatte den eher erfolgversprechenden Weg über die direkte Umgebung König Ludwigs XV. gewählt, wobei vor allem Madame de Pompadour eine zentrale Rolle gespielt hatte.

Friedrich II. irrte sich in einem weiteren gravierenden Punkt, ging er doch von einem erheblichen Einfluß Englands auf die russische Zarin Elisabeth aus. Noch 1752 meinte er: »Rußland darf nicht unter die Zahl unserer wirklichen Feinde gerechnet werden: Es hat keine Reibereien mit Preußen; es ist nur gelegentlich unser Feind.«[16] Er unterschätzte die in St. Petersburg herrschende Verärgerung über die preußische Befürwortung der schwedischen Unabhängigkeit von Rußland. Tatsächlich begrüßte Rußland die österreichisch-französischen Verträge und schlug beiden Mächten sogar ein umfassenderes Offensivbündnis unter Einschluß Rußlands vor, das seinerseits diese Allianz durch eine Mobilmachung vorbereitete. Habsburg zögerte noch, da es sich im Falle eines österreichisch-russischen Angriffs auf Preußen der französischen Unterstützung nicht sicher sein konnte.

Friedrich II. sah sich durch das plötzliche »renversement des alliances« in einer unvorhergesehenen, äußerst labilen Situation und wich von der noch 1752 gegebenen Einschätzung ab, daß es für Preußen vorerst inopportun sei, einen Angriffskrieg zu führen: Ohne Kriegserklärung marschierten preußische Truppen – nachdem auch Österreich seine Kriegsvorbereitungen verstärkt hatte – am 29. August 1756 in das neutrale Fürstentum Sachsen ein. Der preußische König ging davon aus, daß der Krieg unmittelbar bevorstehe oder zumindest für das Frühjahr 1757 zu erwarten sei. Wenngleich er seinen Schritt also als Präventivschlag bewertete, änderte diese Einschätzung doch nichts daran, daß die dritte militärische Offensive Preußens in kaum mehr als eineinhalb Jahrzehnten in Verbindung mit völkerrechtswidriger Verletzung der Neutralität eines unbeteiligten Staates seinen Ruf als bedenkenloser, ruhmgieriger Militarist festigte.

Friedrichs Maxime »Besser praevenire als praeveniri« folgte dem neuzeitlichen Völkerrecht, das den Präventivkrieg bis zum Ersten Weltkrieg als spezifische Form des Angriffskrieges interpretierte.

Offiziere preußischer Husarenregimenter, aus: »Accurate Zeichnung der saemtlichen koeniglich Preußischen Armée«

Die von Friedrich II. ererbte Armee zählte zu den bestausgerüsteten Truppen Europas, die eben deshalb von Friedrich Wilhelm I. stets geschont worden war. Es war neuartig und am Wiener Hof durchweg verblüffend, daß der junge preußische Monarch seine Heere bedenkenlos aufs Spiel setzte.

Der Siebenjährige Krieg bildete einen Modellfall, so wie der spätere Friedensschluß von 1763 charakteristisch wurde für den Typus des Remisfriedens. Auffällig sind die Parallelen zum Ausbruch des Ersten Weltkriegs, vor allem die russische Mobilmachung sowie der Einfall deutscher Truppen in das neutrale Belgien im August 1914 – gemäß dem Schlieffen-Plan wollte man durch diesen Präventivschlag der Einkreisung Deutschlands zuvorkommen. Thomas Manns geistvoller, 1915 veröffentlichter Essay »Friedrich und die große Koalition« zehrt von dieser Erfahrung, ohne sie jedoch zu explizieren.[17] Dahinter stand wohl die bange, vor allem seit dem Zweiten Weltkrieg erneut aktualisierte Frage, ob diese Form der Kriegführung in Deutschland Tradition habe oder gar deutschem »Nationalcharakter« entspreche.

Friedrichs Einmarsch in Sachsen basierte auf einer weiteren Fehleinschätzung, denn er nahm an, daß der Präventivschlag das »renversement des alliances« rückgängig machen würde. Das Gegenteil trat ein: Die Umgruppierung des europäischen Mächtesystems verfestigte sich, Frankreich sagte im Versailler Vertrag vom 1. Mai 1757 Österreich sowohl finanzielle Unterstützung als auch aktive militärische Beteiligung zu, und Zarin Elisabeth hatte zu diesem Zeitpunkt dem Wiener Hof bereits militärische Hilfe versprochen. Die Verletzung der sächsischen Neutralität machte es Österreich und Frankreich leicht, die Mehrheit der deutschen Territorialstaaten auf ihre Seite zu ziehen. Selbst protestantische Reichsstände, zum Beispiel das Herzogtum Württemberg, leisteten Subsidien an Österreich und Frankreich; die zuständigen Reichstagskollegien beschlossen zu Beginn des Jahres 1757 eine bewaffnete Exekution gegen Preußen. Friedrich hatte sich mit diplomatischen Fehlkalkulationen und militärpolitischem Vabanque-Spiel bündnispolitisch in eine schier aussichtslose Sackgasse manövriert: Von den vier anderen europäischen Großmächten hatte er die drei Landmächte gegen sich aufgebracht, zwei davon ohne zwingenden Grund. Und die Gegnerschaft der meisten deutschen Reichsstände wäre ebenfalls vermeidbar gewesen.

Der preußische König, für öffentliche Wirkungen seiner Politik durchaus sensibel, versuchte nun die kolonialen Interessengegensätze zwischen England und Frankreich als Alibi seines Angriffs ins Feld zu führen.[18] In der aktuellen Konstellation von 1756 war jedoch Eroberungsabsicht kaum das ausschlaggebende Motiv Friedrichs, wie sich in dem nicht für die Öffentlichkeit bestimmten Politischen Testament von 1752 nachlesen läßt: »Es steht uns nicht an, erneut einen Krieg anzufangen; ein glanzvoller Schlag wie die Eroberung Schlesiens ist mit den Büchern vergleichbar, deren Originale glükken, deren Imitationen aber abfallen. Wir haben den Neid ganz Europas auf uns gezogen durch die Eroberung dieses schönen Herzogtums, was alle unsere Nachbarn wachsam gemacht hat. Es gibt darunter keinen, der uns nicht mißtraut.«[19]

Das Interesse an der Eroberung Sachsens führt Friedrich II. im Politischen Testament von 1752 bezeichnenderweise im Abschnitt »Politische Träumereien« an. Hier begründete der König nicht allein die strategische Bedeutung Sachsens für Preußen, sondern auch die Voraussetzungen, die zu seiner Gewinnung notwendig seien: »Von allen Provinzen Europas gibt es keine, die besser zu unserem Staat

Jedermann weiß, daß die Wirren, die Europa aufwühlen, ihren Anfang in Amerika genommen haben, daß der zwischen Engländern und Franzosen ausgebrochene Streit um den Stockfischfang und um einige unbekannte Gebiete in Kanada den Anstoß zu dem blutigen Krieg gegeben hat, der unseren Erdteil in Trauer versetzt. Jener Krieg war von den Besitzungen deutscher Fürsten so weit entfernt, daß sich schwer einsehen läßt, wie der Brand von einem Weltteile zu einem anderen übergreifen konnte, der scheinbar keine Verbindung mit ihm hat. Dank der Staatskunst unseres Jahrhunderts gibt es aber gegenwärtig keinen Streit in der Welt, so klein er auch sei, der nicht in kurzer Zeit die gesamte Christenheit zu ergreifen und zu entzweien vermöchte.
(Friedrich II. in: Werke, Bd. 3, S. 210)

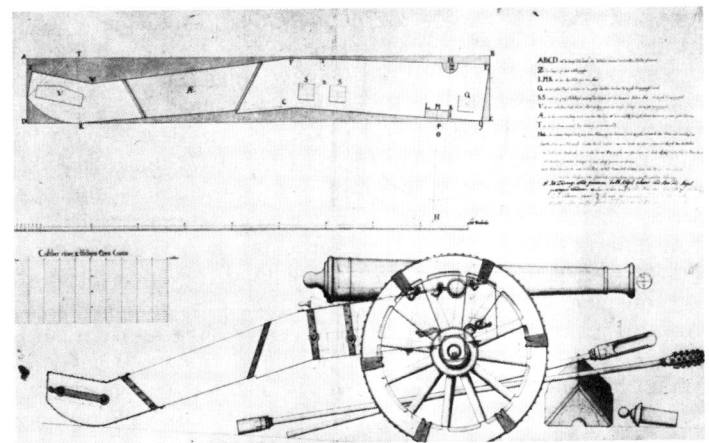

Zweipfündiges Geschütz aus dem Siebenjährigen Krieg, Zeichnung aus der zweiten Hälfte des 18. Jahrhunderts

paßten als Sachsen, Polnisch-Preußen und Schwedisch-Pommern, weil alle drei ihn abrundeten. Sachsen indessen ist das nützlichste. Es würde die Grenze am weitesten hinausrücken und Berlin dekken ... Sachsen würde dieser Schwäche der Hauptstadt abhelfen und sie doppelt decken durch die Elbe und die Berge, die es von Böhmen trennen.«[20] Doch hielt Friedrich II. dieses Ziel nur für realistisch, falls Frankreich und Rußland neutralisierbar oder anderweitig militärisch gebunden waren, übersah er doch trotz seiner Fehleinschätzungen Rußlands keineswegs dessen Stärke und potentielle Gefährlichkeit: Es stehe »mächtig gerüstet an unseren Grenzen« und warte nur »auf den Augenblick ... gegen uns anzutreten ... Unter solchen Verhältnissen gäbe es nichts, was sicherer wäre, als den Frieden zu wahren und in guter Haltung neue Möglichkeiten abzuwarten.«[21] Aufgrund dieser Lagebeurteilung zählte er einen Krieg Rußlands mit den Türken ebenso zu den Voraussetzungen der Eroberung Sachsens wie ein Bündnis Sachsens mit Österreich, das sich gegen Preußen richten und als Vorwand dienen könne. Auch hielt er es für notwendig, daß Habsburg nur wenige Bundesgenossen auf seiner Seite habe.

Keine der von Friedrich genannten Voraussetzungen für die Einverleibung Sachsens lag 1756 vor. Es sprechen also alle strategischen und diplomatischen Überlegungen des Königs gegen die Interpretation, Preußen habe 1756 den Siebenjährigen Krieg begonnen, um Sachsen zu erobern. Vielmehr dürfte es sich tatsächlich um einen der endgültigen Sicherung Schlesiens dienenden Präventivschlag gehandelt haben, den der König in einer Situation unternahm, die seinen Prämissen zuwiderlief und tatsächlich bündnispolitisch höchst gefährlich war. Der Präventivschlag erfolgte nach der Information über die russische Mobilmachung und war ein Schritt, der eher überstürzt als planmäßig vorbereitet war. Die latente Aggressivität beider Seiten wirkte in Verbindung mit dem bestehenden Informationsdefizit über die unmittelbaren Absichten des jeweiligen Gegners zweifelsfrei kriegsbegünstigend.

Die Beurteilung des preußischen Einfalls in Sachsen als Präventivschlag ändert allerdings nichts daran, daß dieser Krieg alles andere als ein »gerechter Krieg« gewesen ist: Der Einmarsch ohne Kriegserklärung war in doppelter Hinsicht völkerrechtswidrig. Allerdings war im 17. und 18. Jahrhundert die Lehre vom Bellum iustum längst zu einer leeren Formel geworden, hatte sich doch in der völkerrechtlichen Praxis die konkurrierende Lehre des Ius ad bellum entwickelt, die das Recht der Staaten auf Kriegführung betonte. Für diese Lehre spielte die Maxime vom Gleichgewicht der Mächte – die bereits im Frieden von Utrecht 1713 aus den Lehrbüchern erstmals in die Vertragsdiplomatie wechselte – eine ausschlaggebende Rolle. Aus ihr resultierte der Grundsatz, daß zur Erhaltung des europäischen Gleichgewichts auch die Führung eines Präventivkrieges erlaubt sei. Zusammen mit dem Konvenienzprinzip, mit dem der Versuch gemacht wurde, die einzelstaatlichen Ansprüche durch die Verpflichtung auf ein Gemeinwohl der europäischen Mächte zu neutralisieren,[22] diente das Gleichgewichtsprinzip im 18. Jahrhundert paradoxerweise zugleich der Verhinderung wie der Legitimierung von Kriegen. Solche Regeln wurden in der politischen Praxis immer wieder als Alibi benutzt. Trotzdem blieb die Zielvorstellung einer Balance of power zumindest bis zum frühen 19. Jahrhundert weiterhin ein »zentraler Leitbegriff außenpolitischen Handelns«.[23] Sie setzte ihrerseits die Ausbildung frühneuzeitlicher Flächenstaaten als Individualitäten mit eigener Souveränität und machtpolitischen Interessen voraus.

Aufschlußreich ist in diesem Zusammenhang, daß der universale, aus Breslau stammende preußische Philosoph Christian Wolff das Gleichgewichtsprinzip nicht für einen hinreichenden Kriegsgrund hielt: »... so ist die anwachsende Macht eines benachbarten Volckes und die Furcht, die man daraus schöpfet, keine rechtmäßige Ursache zum Kriege ... die alleinige Erhaltung des Gleichgewichts unter den Völckern (giebt) keine rechtmäßige Ursache zum Kriege ab, doch gehöret sie unter die anrathenden Gründe, wenn man über einen rechtmäßig anzufangenden Krieg zu rathe geht.« Auch die weiteren Ausführungen Wolffs rechtfertigen nicht Friedrich, sondern seine Gegner, da der Philosoph das Recht aller Völker betonte, einen Störer der öffentlichen Ruhe zu zwingen, sein Tun zu unterlassen.[24] Und implizit ist damit Friedrichs späteren Versuchen die Rechtfertigung entzogen, das Gleichgewichtsprinzip auf die deutschen Verhältnisse zu reduzieren und Preußens Kriege als Abwehrreaktion gegen eine Dominanz Österreichs zu interpretieren, worin sich Anklänge an die enge Verbindung von landesfürstlicher Libertät und konfessionellem Gleichgewicht in der deutschen Staatenwelt des 17. Jahrhunderts finden.[25]

In der praktischen Politik[26] aber instrumentalisierte der junge König sogleich die europäischen Kriege und destabilisierte seit 1740 zunehmend das europäische Mächtesystem. Er[27] betrachtete das Gleichgewicht »stets nur funktional von den sich wandelnden eigenstaatlichen Interessen aus«.[28] Erst Carl von Clausewitz hat offen den instrumentellen Charakter einiger völkerrechtlicher Prinzipien für die internationalen Beziehungen ausgesprochen: Der Krieg sei ein »Akt der Gewalt«, um »den Gegner zur Erfüllung unseres Willens zu zwingen«, er sei nichts anderes als »eine Fortsetzung des politischen Verkehrs, ein Durchführen desselben mit anderen Mitteln«.[29] Und tatsächlich interpretierte bereits im 18. Jahrhundert jede Seite auch die Gleichgewichtsmaxime nach ihrem eigenen Interesse.[30] In eben diesem Sinne sind die Kabinettskriege des Ancien régime geführt worden – nicht nur von Friedrich II.

Das Gleichgewicht ist so gut wie verloren, und die Dinge können ohne Gefahr nicht lange in diesem Zustand bleiben ... Sorgt also die Staatskunst und Klugheit der europäischen Herrscher nicht mehr für die Aufrechterhaltung eines richtigen Gleichgewichts unter den Großmächten, so wird das dem ganzen politischen Körper Europas fühlbar.
(Friedrich II. in: Werke, Bd. 1, S. 241 f.)

Die grundsätzliche Problematik von Kriegführung und Diplomatie in der Krise des europäischen Mächtesystems zur Mitte des 18. Jahrhunderts sowie ihre kolonialpolitische Dimension interessieren heute mehr als die stark von einer Rückprojektion nationalstaatlichen Denkens ins 18. Jahrhundert bewegten Kontroversen der Historiographie des 19. Jahrhunderts. Daneben bleibt der Wandel des europäischen Mächtesystems, der zu einer stärkeren Einbeziehung der östlichen europäischen Großmacht Rußland in den mitteleuropäischen Raum und das System der Pentarchie führte, ein zentrales Problem. Die Fühler, die Wien sowohl nach Paris als auch nach St. Petersburg ausstreckte, um die durch Friedrichs Einmarsch in Schlesien 1740 veränderte Situation wieder rückgängig zu machen, verweisen noch einmal auf den europäischen Charakter der schlesischen Frage und der deutschen Politik überhaupt. Das 18. Jahrhundert brachte in dieser Hinsicht keine Veränderung gegenüber dem 17.; die reichsrechtlichen Bestimmungen des Westfälischen Friedens und die machtpolitische Konstellation in der Staatenwelt des späten 17. und 18. Jahrhunderts bildeten die Grundlage für die europäische Dimension auch territorialstaatlicher dynastischer Diplomatie und Kriegführung im Heiligen Römischen Reich. Die geradezu zwangsläufige Einbeziehung Englands und Frankreichs in größere deutsche Konflikte bedeutete zugleich, daß Land *und* Meer tatsächliche oder potentielle Kriegsschauplätze sein mußten. So konstatierte Maria Theresia 1759 in ihrer Denkschrift an den Feldmarschall Daun: »Der Englischen Obermacht zur See ermangelte noch ein kriegerischer Bundesgenoß, welcher die Französische Land Macht beschränken könne. Diesen verhoffte Engeland an Preussen zu finden ...«[31]

Waren noch der Spanische Erbfolgekrieg und der Nordische Krieg in dem durch vier Großmächte beherrschten Staatensystem ohne unmittelbare Verbindung geblieben,[32] so wurde seit Friedrichs Griff nach Schlesien die Pentarchie nicht allein durch den Hinzutritt Preußens, sondern auch durch das nähere Zusammenrücken aller europäischen und der weltpolitischen Schauplätze geprägt. Zugleich bewirkte diese Entwicklung größere Flexibilität und Dynamisierung innerhalb des europäischen Staatensystems: Innerhalb des Mächtesystems konnten sich die Gewichte der sich jeweils bildenden Bündnisgruppen schnell verschieben, das Gleichgewicht der Mächte blieb stets Maxime dieser Politik und wurde doch selten Realität. Die außenpolitischen Kalkulationen der europäischen Staatsmänner glichen einem Schachspiel: Eine falsche Option, eine Fehleinschätzung des Gegners konnte die Konstellation verändern, Neuorientierung erzwingen oder die Niederlage unausweichlich machen. Doch handelte es sich nicht nur um ein einziges Spiel, sondern um eine ganze Sequenz: Neues Spiel brachte neues Glück oder auch Unglück. Die Teilnehmer aber blieben überschaubar, das Risiko kalkulierbar und begrenzbar. Der Krieg der Dynastien trug ein anderes Gesicht als der seit 1789 zunehmend ideologisch aufgeladene Krieg zwischen ganzen Völkern, ihren in allgemeiner Wehrpflicht rekrutierten und politisierten Massen.

Unverkennbar hatte sich dieser Wandel seit 1740 beschleunigt. Die österreichisch-französische Annäherung bildete den Kern des »renversement des alliances« von 1756 und revolutionierte die

Der Siebenjährige Krieg in
Übersee zwischen England und
Frankreich

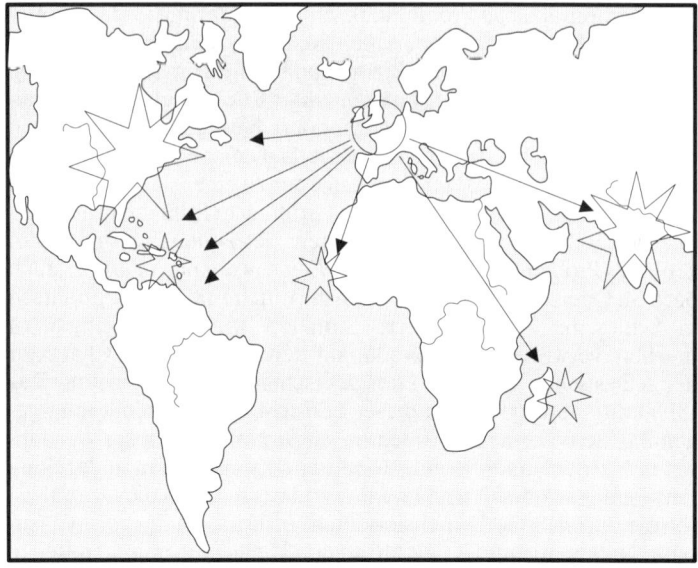

Bündnispolitik. Der jahrhundertealte Gegensatz zwischen den Wiener und Versailler Interessen – der allerdings seit Ende der zwanziger und dreißiger Jahre durch die von Kardinal Fleury betriebene Politik der »Convenance« beider Höfe in der italienischen und auch der polnischen Politik abgeschwächt worden war[33] – fiel künftig als Konstante der europäischen Diplomatie aus. Nachdem der Krieg bereits in vollem Gange war, wies die Kaiserin selbst auf diesen Punkt hin: »Seit 200 und mehr Jahren stunde Mein Ertzhauß mit dem Bourbonischen in beständigem Krieg und Eifersucht, und Frankreich ware in dieser Staats Maxime so vertiefet und verblendet, daß es hierüber seinen natürlichen Feind, die Cron England, fast ausser Augen verlohren und alle seine wiedrigen Absichten, ohne die anwachsende Preußische Macht zu erkennen, hauptsächlich gegen Mein Ertzhauß gerichtet.«[34]

Tatsächlich war die Maxime vom Gleichgewicht der Mächte von der scheinbar unerschütterlichen Gegensätzlichkeit Frankreichs und Habsburgs ausgegangen: Die Hegemonie einer der beiden Mächte sollte im Interesse der übrigen europäischen Staaten vermieden werden, England spielte die Rolle des Züngleins an der Waage; bündnispolitisch konnten die Gewichte austariert werden, so daß eine begrenzte Umgruppierung im europäischen Staatensystem den Normalfall darstellte. Seit Preußen 1740 Schlesien erobert und sich der kolonialpolitische Interessengegensatz zwischen Frankreich und England – das seine Stellung als See- und Weltmacht im Windschatten des kontinentaleuropäischen bourbonisch-habsburgischen Fundamentalkonflikts vergleichsweise ruhig ausbauen konnte – vertieft hatte, wurden die Voraussetzungen des alten Mächtesystems brüchig. Die Erbauseinandersetzungen überlagerten diesen Strukturwandel der internationalen Beziehungen, verschärften und komplizierten ihn, beide Elemente gemeinsam prägten die »diplomatische Revolution« des 18. Jahrhunderts.

Das ausschlaggebende Motiv der vom Gesandten Kaunitz am

französischen Hof betriebenen Verständigungspolitik war die weiterhin als offen angesehene schlesische Frage gewesen. Dieses vorrangige Ziel der österreichischen Diplomatie basierte aber keineswegs nur auf der Prestigeüberlegung, dem Emporkömmling Preußen die Beute wieder abzujagen und ihn ins zweite Glied zurückzustoßen, sondern in gleichem Maße auf der strategischen Rolle Schlesiens zur Sicherung Böhmens und Mährens sowie seiner wirtschaftlichen Bedeutung, schwächte doch der Verlust der reichen Provinz die ökonomische Kraft Österreichs ebenso erheblich, wie der Gewinn den Feind Preußen stärkte. Eine derartige Kräftigung Preußens verletzte nicht allein österreichische, sondern ebensosehr russische Interessen. Eben diese Wirkung hatte Friedrich unterschätzt, als er Rußland nicht zu den wirklichen Gegnern Preußens zählte. Allerdings mußte dies keineswegs eine Konstante künftiger Politik im Dreieck Wien–Petersburg–Berlin sein, da das latent antipreußische Interesse Rußlands immer wieder von einem österreichisch-russischen Gegensatz in Südosteuropa überlagert werden konnte.

Der österreichisch-preußische Gegensatz, der zusammen mit der Kriegsbereitschaft Rußlands und den unterschiedlichen englisch-französischen Interessen in der Kolonialpolitik letztlich den Kriegsausbruch – unter welchen Auspizien und Bedingungen auch immer – unausweichlich gemacht hatte,[35] dürfte am allerwenigsten aus moralischen Motiven erwachsen sein, wenngleich diese die Haltung Maria Theresias prägten: Die Kaiserin wollte sowohl den Rechtsbrecher Friedrich strafen als auch die von ihr als völkerrechtswidrig beurteilte Form der Kriegführung an den Pranger stellen. So hieß es 1761 in Wien, daß »feindlicher Lande Volk und Gut zum Kriegführen mit Gewalt genommen und gebraucht« werde. »Preußen hat solchemnach als Urheber eine ganz neue Art Krieg zu führen aufgebracht, dergleichen kein Exempel in den Kriegs Geschichten aufzuweisen. Sie wird in solcher Gestalt ausgeübt, daß alles im Reich zu Grunde gerichtet würde, wenn sich Preußen darinnen, wie die Schwedische Armee im 30-jährigen Krieg, ausbreiten könnte.«[36]

Hütet Euch vor Preußen, seiner Machtgier, seiner Rücksichtslosigkeit und seiner Mißachtung nicht allein des Völkerrechts, sondern auch des Reichsrechts: Diese Warnung Habsburgs richtete sich unverkennbar an die mittleren und kleineren deutschen Reichsstände und verwies auf die reichspolitische Dimension des Siebenjährigen Kriegs. So unversöhnlich und verheerend wie Preußen und Österreich 1740 und insbesondere ab 1756 waren seit nahezu hundert Jahren – seit dem Ende des Dreißigjährigen Kriegs und seinen bis weit ins 18. Jahrhundert nachwirkenden Verwüstungen – im alten Reich nie mehr zwei Reichsstände aneinandergeraten, niemals aber war die Kaisermacht auch derartig provoziert worden.

Wien bewertete den preußischen Einmarsch in Sachsen und Böhmen zu Recht als Verletzung des Reichslandfriedens, der Reichshofrat bereitete die Einleitung eines förmlichen Verfahrens gegen den Kurfürsten von Brandenburg (und König von Preußen) vor. Der Kaiser forderte zur Unterstützung Sachsens eine Reichsexekution gegen Brandenburg-Preußen. Trotz zögerlicher Haltung einiger Reichsstände, zum Beispiel Braunschweigs, ergab sich schließlich nach Erstellung eines Reichsgutachtens eine Mehrheit für die

Österreichisches Feldlager im Siebenjährigen Krieg, kolorierter Kupferstich eines Unbekannten, um 1760

Der Alltag der Soldaten war nicht die Schlacht, sondern das Feldlager, auch wenn spektakuläre Waffengänge sich ins Bewußtsein eingegraben haben.

Reichsexekution. Am 14. März 1757 erklärte Frankreich am Sitz des Reichstags zu Regensburg, daß die französische Krone auf Ersuchen bedeutender Reichsstände entschlossen sei, die von ihr übernommene Garantie des Westfälischen Friedens auszuführen. Dieser Erklärung schloß sich der schwedische Gesandte wenige Tage später an. Ungeachtet der verfahrensmäßigen und sachlichen Einwände Brandenburg-Preußens erfolgte seit 1757 die Reichsexekution gegen diesen Reichsstand. Außer Braunschweig, Gotha und Hessen-Kassel schlossen sich alle deutschen Territorialstaaten an, und auf der Gegenseite zögerte Hannover noch mit seiner Unterstützung für Preußen.

Wenngleich das Reichsheer aus Gründen der Reichskriegsverfassung[37] nicht besonders schlagkräftig war und trotz seiner zahlenmäßigen Überlegenheit gemeinsam mit den französischen Kontingenten bei Roßbach am 5. November 1757 von dem taktisch und strategisch überlegen operierenden preußischen König vernichtend geschlagen wurde, so bedeutete die Reichsexekution doch moralisch und rechtlich eine Schwächung der Position Friedrichs II. Und selbstverständlich wirkte sich die Erweiterung der antipreußischen Koalition mittel- und langfristig in einer militärischen Stärkung der Gegner aus. Die zeitgenössische Verspottung der Reichstruppen als »Reißausarmee« änderte daran wenig.

Schließlich trat in den Wiener »Staatsbetrachtungen« 1761 eine weitere Dimension des Siebenjährigen Kriegs zutage, die reichspolitische Bedeutung besaß: Sie verwiesen nicht allein auf die den mittleren Territorien entgegengesetzten preußischen Interessen, sondern auf die besondere Gefährdung der katholischen Reichsstände. Ein letztes Mal machte sich im alten Reich der konfessionelle Gegensatz unter den kriegführenden Reichsständen bemerkbar; die konfessionelle Richtung der jeweiligen westeuropäischen Bündnispartner schien ihn zu bestätigen, kämpfte das katholische Frankreich doch auf seiten der katholischen Habsburger und das anglikanische England auf seiten des protestantischen Preußen.

Maria Theresia schrieb am 24. Juli 1759 an Feldmarschall Daun, »der wahre Gegenstand des gegenwärtigen Kriegs« bestehe »nicht blosserdings in der Wiedereroberung Schlesiens und Glatz, sondern

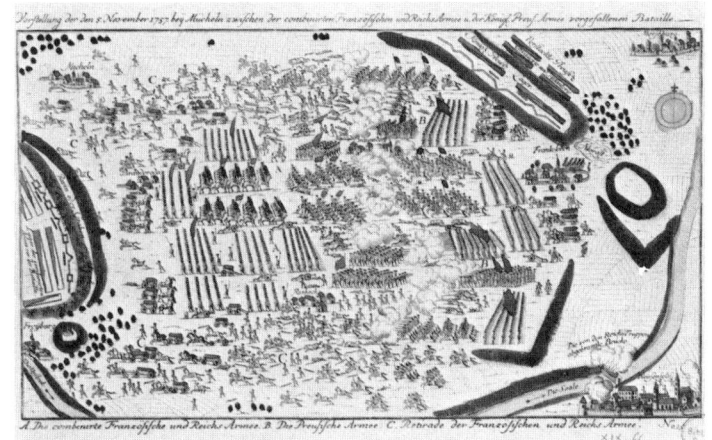

Die Schlacht von Roßbach am 5. November 1757, Einblattdruck

Wie Leuthen steht Roßbach für eine der »klassischen Schlachten« der Kriegsgeschichte. Obwohl die gegnerischen Truppen fast in doppelter Übermacht anrückten, gelang Friedrich ein überwältigender Sieg gegen das französische Heer und die Reichsarmee. Dieser Sieg machte Friedrich in Windeseile populär und die Reichsarmee mußte sich fortan den Spitznamen »Reißausarmee« gefallen lassen.

in der Glückseligkeit des Menschlichen Geschlechts und in der Aufrechterhaltung Unserer heiligen Religion, von welcher Ich in Teutschland fast die alleinige Stütze abgebe«.[38] Auf der anderen Seite hoffte Friedrich II. gerade wegen dieses konfessionspolitischen Moments auf manche Sympathie protestantischer Zeitgenossen und gab sich als Vorkämpfer der protestantischen Sache,[39] obgleich seine eigentlichen Motive gänzlich unkonfessionell waren und man den Siebenjährigen Krieg in erster Linie als einen »typischen und zugleich in vielfältiger Hinsicht einzigartigen Kabinettskrieg« ansehen muß.[40]

Für das zeitgenössische Bewußtsein spielte der konfessionelle Aspekt aber eine wesentliche Rolle, das Trauma der Religionskriege des 16. und 17. Jahrhunderts wirkte nach, der 1756 begonnene Krieg konnte tatsächlich als Religionskrieg gedeutet werden,[41] und Friedrich selbst gab einer solchen Deutung Nahrung, wenn er beispielsweise am 13. Juli 1757 an seine Schwester Wilhelmine schrieb: »Schließlich gilt es hier die Freiheit Deutschlands, die Freiheit der protestantischen Sache, für die schon so viel Blut geflossen ist [zu verteidigen]. Diese beiden großen Fragen stehen auf dem Spiel.«[42] Solche Äußerungen finden sich bei Friedrich zuhauf; fraglich ist, wieweit er selbst davon überzeugt war – jedenfalls fiel eine derartige Einschätzung in der Mitte des 18. Jahrhunderts auf fruchtbaren Boden.

Trotzdem bedeutete der Siebenjährige Krieg in Mitteleuropa endgültig den »Abschied vom Religionskrieg«, wenngleich der Vatikan seine konfessionell bestimmte Reichspolitik gerade auch damals fortführte und gemäß dem päpstlichen Amtsverständnis, zu dem Friedenswahrung zählte, zwangsläufig fortsetzen mußte. Obwohl diese Position innerhalb der katholischen Kirche bereits in Frage gestellt worden war, galt bis in die Mitte des 18. Jahrhunderts noch die Maxime, daß sich das Papsttum »in Konflikten innerhalb der religiösen Gruppen, für die sich Rom zuständig fühlte – erst der Christianitas, dann der katholischen Fürsten – für verpflichtet [hielt], den Frieden zu fördern, in Konflikten mit den religiös Außenstehenden jedoch die eigene Partei zu unterstützen bis hin zum Religionskrieg«.[43]

Der Siebenjährige Krieg war also tatsächlich ein außerordentlich

Schlacht von Liegnitz am 15. August 1760, preußische Infanterie in schiefer Schlachtordnung, Stich von Georg Stettner

Die schiefe Schlachtordnung machte es selbst dem schwacheren Heer möglich, den Gegner zu schlagen, indem sie alle Kräfte auf einem Punkt versammelte und so eine punktuelle Überlegenheit herstellte. Zum Triumph führte Friedrich seine Version dieses Prinzips in der Schlacht von Leuthen, in der rund 35 000 Preußen rund 65 000 Österreicher schlugen.

Allem Anschein nach wenden sich die Dinge zum Frieden ... Was uns betrifft, so hoffe ich, wir werden am Ende des Feldzugs in der gleichen Lage sein wie im vergangenen Winter ... Entweder man schlägt jeder Macht vor, das zu behalten, was sie beim Friedensschluß besitzt, oder will man lieber zurückgeben, dann heißt es, an Äquivalente denken ... Schlimmstenfalls können die Dinge auch wieder auf den Stand vor dem Krieg gebracht werden.
(Friedrich II. in: Werke, Bd. 4, S. 192)

vielschichtiger Konflikt. Angesichts dieser komplizierten diplomatischen Vorgeschichte und Ursachenproblematik relativiert sich die Bedeutung der Frage nach der Kriegsschuld Friedrichs II.: So zweifelsfrei der Bruch des Reichsrechts und des Völkerrechts ist, so gewiß stand der Krieg in der spezifischen diplomatischen und bündnispolitischen Konstellation des europäischen Mächtesystems der Jahrhundertmitte bevor. Der preußische König konnte ihn kaum verhindern, seine diplomatischen Ungeschicklichkeiten wie seine militärische Offensive, die tatsächlich als Präventivschlag in dem intendierten Sinn gedeutet werden kann, beschleunigten lediglich den Ausbruch des Krieges.

Der militärisch weit unterlegene preußische König stand stets im Mittelpunkt des kontinentalen Ringens auf Leben und Tod, er erfocht glänzende Siege – so 1757 bei Roßbach und Leuthen – und erlitt katastrophale Niederlagen – so bei Kolin und vor allem am 12. August 1759 bei Kunersdorf gegen die Österreicher unter dem aus Livland stammenden General Freiherr von Laudon und die Russen unter Graf Saltykow. In der Katastrophe von Kunersdorf sah Friedrich das Ende nahen: Nicht allein die Niederlage im Krieg, sondern vielmehr das Ende der preußischen Großmacht, ja vielleicht den Untergang seines Staates – er hatte va banque gespielt und verloren. 32 000 Mann waren ihm geblieben, trostlose Trümmer einer noch wenige Jahre zuvor glänzenden militärischen Macht von mindestens 200 000 Soldaten.[44] Mit diesem demoralisierten Rest aber wollte er sich noch einmal »dem Feind in den Weg werfen und mich abschlachten lassen oder die Hauptstadt retten«, schrieb er am 16. August 1759 an den Marquis d'Argens. »Aber ich bin fest entschlossen, wenn dieser Schlag fehlgeht, mit mir ein Ende zu machen, um nicht ewig Spielball irgendeines Zufalls zu sein.«[45]
Tatsächlich waren es nicht in erster Linie Friedrichs ganz einzigartige Zähigkeit und sein Durchhaltevermögen, die ihn retteten, sondern es war zunächst die Uneinigkeit zwischen den österreichischen und den russischen Befehlshabern über die weitere Strategie, die dem preußischen König eine Atempause verschaffte. Die Briefe des Königs an d'Argens klingen in diesen Tagen immer verzweifelter, um jeden Preis mußte er Berlin retten. Die einzige Chance sah er darin,

die Russen trotz viel zu geringer Kräfte nochmals anzugreifen: »Ich werde den entmutigten Truppen Branntwein geben lassen und ihre Tapferkeit damit anzufeuern versuchen; aber ich verspreche mir keinen Erfolg. Mein einziger Trost ist, daß ich mit dem Degen in der Faust untergehen werde. Leben Sie wohl, mein Lieber!«[46]

Zwei Jahre nach Kriegsbeginn schien sich das unwiderrufliche Ende des Krieges abzuzeichnen, und Branntwein konnte der hoffnungslosen militärischen Unterlegenheit Preußens nicht abhelfen. In Sachsen hatten sich die Reichstruppen mit den Österreichern unter Daun verbunden; der preußische Versuch, den Österreichern den Rückzug abzuschneiden, endete mit der Kapitulation des preußischen Korps bei Maxen am 21. November 1759. Es gelang Friedrich aber unter schwersten Verlusten, sich im Februar wiederum in Sachsen festzusetzen und dort Winterquartier zu beziehen. Die Franzosen leiteten eine Offensive von Westen her ein, die englisch-französischen Friedensbemühungen verfehlten im Winter 1759/60 bei Österreichern und Russen jegliche Wirkung, hatten die vermutlichen Sieger doch keinerlei Interesse, mit einem Feind zu verhandeln, der nach der zu erwartenden Niederlage in der nächsten Schlacht keine Bedingungen mehr würde stellen können.

Hatte der König wenige Wochen zuvor noch an den Untergang seines Staates und an Selbstmord gedacht, wollte er im Oktober 1759[47] bereits mindestens den Status quo halten, und dazu gehörte der Gewinn der Niederlausitz. Und bereits im Januar 1760 sah Friedrich das eigentliche Problem nicht mehr in einer Einigung über die territorialen Fragen auf dem Kontinent, sondern in der Erfüllung der beiderseitigen kolonialen Ansprüche Englands und Frankreichs.[48] Das diplomatische Mittel zum Friedensschluß bestand nicht nur in der Erklärung der Friedenswilligkeit Englands und Preußens, sondern in dem Versuch, durch diplomatische Sondierungen Uneinigkeit im gegnerischen Bündnis zu stiften und einen oder mehrere Separatfrieden zu erzielen. Friedrichs Hoffnung, der Tod des spanischen Königs, der ohne leiblichen Erben gestorben war und dem sein Bruder Don Carlos von Neapel folgte, würde in Italien Streit um die Nachfolge im Königreich Sizilien auslösen und damit die österreichisch-französische Allianz in Frage stellen,[49] erwies sich als trügerisch.

Es blieb keine andere Wahl als die Reorganisation der preußischen Armee und der englischen Truppenteile zur Vorbereitung auf den für das Frühjahr 1760 erneut zu erwartenden Feldzug. Aber auch als dies unter Aufbietung aller Reserven gelang, blieb die zahlenmäßige Überlegenheit der großen antipreußischen Koalition drückend: 100 000 preußischen und 94 000 hannoversch-englischen Söldnern standen insgesamt 369 000 Mann des österreichischen Bündnisses gegenüber. Niederlagen und Siege in kleineren Schlachten lösten einander ab, doch schließlich eroberte das Reichsheer ganz Sachsen. Noch verheerender aber war, daß der preußische König nicht einmal seine Hauptstadt schützen konnte. Was er schon im Herbst 1759 befürchtet hatte, trat ein Jahr später tatsächlich ein: Österreichische und russische Truppen marschierten mit insgesamt 38 000 Mann am 9. Oktober 1760 in Berlin ein und zwangen dadurch den König, den sächsischen und den schlesischen Kriegsschauplatz zu vernachlässigen und seine Hauptstadt zu entsetzen. Friedrich

Leopold Graf Daun (1705-1766)

Leopold Graf Daun, Habsburgs begabtester Feldherr, durchkreuzt Friedrichs Strategie des kurzen Krieges, indem er Friedrich am 18. Juni 1757 bei Kolin eine entscheidende Niederlage zufügt. Friedrich muß Böhmen räumen, seine Hoffnung auf einen kurzen Feldzug ist zunichte gemacht und ihm ein jahrelanger Kampf aufgezwungen, dem die kleine Mittelmacht gegen drei Großmächte kaum gewachsen sein konnte. Friedrichs Plan war gescheitert, kaum daß der Krieg begonnen hatte.

hatte Glück: Bereits das Gerücht, der preußische König sei nahe und beabsichtige, den Russen den Rückzug abzuschneiden, bewog diese nach wenigen Tagen zum überstürzten Abzug.

Zwar gelang es der Koalition auch während des Jahres 1760 nicht, Preußen in die Knie zu zwingen, aber Friedrich war dem Abgrund wieder ein Stück näher gerückt, sein eigener Staat und sogar seine Hauptstadt blieben von den Verwüstungen des Krieges nicht mehr verschont: Nach der Überwinterung, die zum Zeitgewinn und zu erneuter Reorganisation der militärischen Kräfte ausreichte, stand Preußen im Sommer 1761 noch schlechter da als im Vorjahr: Nur noch 120 000 Mann zählte das preußisch-hannoversch-englische Heer, während die Gegner neue Reserven mobilisieren und schließlich 380 000 Mann in die Schlacht werfen konnten. Wieder errang die österreichische Allianz Schlachterfolge: Laudon siegte in Oberschlesien, die Russen drangen ein weiteres Mal in die Mark Brandenburg ein, und – damit nicht genug –: England entzog Preußen die unentbehrlichen Subsidien, nachdem Georg III. im Oktober 1760 den englischen Thron bestiegen hatte und der preußenfreundliche Minister William Pitt d. Ä. im Jahr darauf zum Rücktritt gezwungen worden war.[50] Der Günstling des neuen Königs, Lord Bute, der nun wachsenden Einfluß auf die englische Politik gewann, machte die Verlängerung des im Dezember 1761 auslaufenden Subsidienvertrags mehr oder weniger offen von der preußischen Bereitschaft abhängig, auch um den Preis territorialer Verluste mit Österreich Frieden zu schließen. Die Engländer waren eines Krieges müde geworden, der sich trotz zahlreicher verheerender Schlachten auf dem Kontinent seit mehr als fünf Jahren ohne tatsächliche Entscheidung hinzog. Es war nur konsequent, daß Bute auch die Friedensverhandlungen mit dem französischen Außenminister Choiseul wieder aufnahm.

Am Ende rettete den preußischen König nicht sein militärisches Genie – für das er viel Lehrgeld hatte zahlen müssen – und auch nicht diplomatisches Geschick, sondern ein Zufall: das berühmte »Mirakel des Hauses Brandenburg«. Dieses Mirakel hatte sich bereits zwei Jahre zuvor gezeigt, als die Russen unverständlicherweise darauf verzichtet hatten, Berlin einzunehmen. Den Fall seiner Hauptstadt hätte der preußische König damals – unmittelbar nach der Katastrophe von Kunersdorf – nicht verhindern können. Seine Truppen hatten nach eigenem Bekunden »nur gute Beine, um zu fliehen, nicht aber, um den Feind anzugreifen.«[51] Und auch jetzt, im

Ablieferungs-Schein.

Von dem *..... ....* ist ein, auf *..... .....* jährige Landes-Capitulation angeworbener, Recrut, Namens

geburtig aus *..... ....* feines Alters   Jahr, an Maaſs 5 Fuſs,   Zoll,   Strich, zu dem hierunter benannten Regiment abgeliefert, angenommen, und bey der Compagnie

angeftellet worden, worüber gegenwärtiger Ablieferungs-Schein ertheilet wird. Wefel, den   17

Preußen wirbt Soldaten am Niederrhein. Die frisch ausgehobenen Soldaten müssen sich mit dem Ablieferungsschein bei ihren Kommandanten melden.

Abgangs - Liste,
von der Infanterie in der Bataille bey Cunnersdorf ohnweit Frankfurth am 12ten August 1759.

Namen derer Grenadier-Bataillons und Regimenter.	Todte.					Blessirte.					Gefangene und Vermißte.					Summa.				
	Ober-Off.	Unter-Off.	Spil-leute	Zimmer-leute	Gemeine.	Ober-Off.	Unter-Off.	Spil-leute	Zimmer-leute	Gemeine.	Ober-Off.	Unter-Off.	Spil-leute	Zimmer-leute	Gemeine.	Ober-Off.	Unter-Off.	Spil-leute	Zimmer-leute	Gemeine.
1 Grenad. Bat. von Billerbeck,	·	2	1	·	85	8	9	3	·	226	1	·	·	·	·	9	11	3	·	312
2 " " von Lubath,	·	3	·	·	114	8	7	6	·	181	·	·	·	·	·	6	10	6	·	295
3 " " von Heiden,	1	·	·	·	35	7	5	4	·	185	·	·	1	·	38	8	5	5	·	258
4 " " von Bornstedt,	2	2	·	·	51	2	6	1	·	192	·	2	·	·	34	4	10	1	·	277
5 " " von Oesterreich,	1	1	·	·	173	8	10	1	·	160	2	·	·	·	·	11	11	1	·	333
6 " " von Schwartz,	3	2	2	·	86	8	8	3	·	209	1	·	·	·	1	12	10	5	·	296
7 " " von der Tanne,	1	1	·	·	39	10	15	2	·	231	·	·	·	·	·	11	16	2	·	270
8 " " von Lossow,	1	·	·	·	40	3	7	1	·	75	·	·	·	·	·	4	7	1	·	115
9 " " von Beyer,	1	1	·	·	128	7	4	·	1	122	·	·	·	·	·	8	4	·	1	250
10 " " von Busch,	1	1	1	2	108	9	6	2	4	165	·	·	·	·	·	9	7	3	6	273
11 " Regiment, von Nesse,	·	1	5	·	134	7	10	1	1	99	·	·	·	·	·	7	11	6	1	233
12 " " Marggraf Carl	1	5	·	·	150	15	29	5	6	329	·	·	·	·	300	16	34	5	5	779
13 " " von Hülsen,	2	10	2	·	310	23	21	3	·	437	·	·	·	·	·	25	31	5	·	747
14 " " von Finck,	1	10	·	·	105	21	41	10	4	796	2	·	·	·	·	24	51	10	4	901
15 " " Prinz Heinrich,	2	8	5	3	259	15	27	4	3	359	1	·	·	·	·	18	35	9	6	618
16 " " von Bredow,	3	8	6	2	307	21	11	1	3	392	1	·	·	·	·	25	19	7	5	699
17 " " von Knobloch,	9	14	4	1	434	8	22	2	4	320	1	·	·	·	·	16	36	6	5	754
18 " " von Golze,	3	·	·	·	·	6	17	2	·	181	·	2	1	2	102	9	19	2	·	283
19 " " von Schenckendorf,	2	2	3	·	26	8	16	1	1	264	1	·	·	·	26	11	18	4	2	316
20 " " von Leschwitz,	1	8	3	·	135	11	9	3	2	344	1	6	2	5	25	13	23	8	7	504
21 " " von Kaunitz,	1	12	1	1	190	6	12	·	4	246	·	·	·	·	·	7	24	1	5	436
22 " " Herzog von Bevern,	·	4	·	·	106	10	16	7	2	210	·	·	·	·	·	10	20	7	2	316
23 " " Graf von Wied,	3	3	1	·	130	16	16	4	6	439	·	·	·	·	·	16	19	7	7	569
24 " " von Grabow,	6	10	2	4	344	23	20	1	3	301	1	·	·	·	·	30	30	3	7	646
25 " " von Diericke,	·	·	·	·	·	·	·	·	·	·	8	39	8	·	378	8	39	8	·	378
26 " " von Sydow,	4	4	3	1	103	11	10	3	·	155	·	4	·	·	66	15	18	6	·	258
27 " " von Bülow,	1	12	·	3	273	14	23	3	2	300	·	·	·	·	·	16	35	2	7	673
28 " " Graf von Dohna,	1	2	·	·	109	12	14	2	3	344	2	2	1	·	74	18	3	3	3	527
29 " " von Lehwald,	5	8	3	1	298	29	29	2	2	374	1	·	·	·	·	16	37	5	4	672
30 " " von Zastrow,	3	2	2	·	257	15	14	3	4	433	·	2	1	·	20	18	18	6	4	710
31 " " von Braun,	5	10	1	·	211	10	29	2	4	611	2	4	2	1	47	17	43	5	5	869
32 " " von Haufen,	5	2	3	·	103	10	15	3	·	230	1	8	1	·	172	16	25	7	·	565
Summa	65	146	49	19	4736	331	472	82	57	8740	28	69	17	9	1003	433	694	151	89	15028

Winter 1761/62, konnte die Situation nicht mehr aus eigener Kraft gemeistert werden. Die Situation ähnelte derjenigen des Spätsommers 1759, als der preußische König am 16. August 1759 an Graf Finck von Finckenstein geschrieben hatte: »Unsere Lage ist verzweifelt, aber der Feind läßt mir Zeit. Vielleicht kann ich mich durch seine Fehler retten ... prägen Sie sich wohl ein, daß alle Menschen den Schicksalslaunen unterworfen sind.«[52] Und eine solche »Schicksalslaune« sollte tatsächlich zweieinhalb Jahre später den Krieg entscheiden: Als am 5. Januar 1762 Zarin Elisabeth starb, änderte sich schlagartig die russische Außenpolitik, da ihr Nachfolger Peter III. ein glühender Bewunderer Friedrichs II. war. Schon am 5. Mai 1762 kam ein Separatfrieden zwischen Rußland und Preußen zustande, am 19. Juni folgten sogar ein Verteidigungsbündnis beider Mächte und eine Einigung über die polnische Thronfolge auf Stanislaw Poniatowski – einen Günstling Zarin Katharinas II., der dann 1764 den polnischen Thron bestieg.[53]

Dieses russisch-preußische Bündnis schuf die Voraussetzung dafür, in den bis dahin von Rußland besetzten Gebieten neue Rekrutierungen durchzuführen und das preußische Heer auf etwa 210 000 Mann zu vergrößern, während Österreich und seine Bundesgenossen nur noch 279 000 mobilisieren konnten. Zwar war die russische Unterstützung mit 20 000 Mann von kurzer Dauer, da Katharina II. ihren Gemahl Peter III. entmachtete (und vielleicht sogar ermorden ließ), doch reichten die wenigen Wochen aus, die Russen für eine erfolgreiche Offensive gegen Daun einzusetzen.

Auch Schweden zeigte sich aufgrund der Kriegsmüdigkeit seiner Reichsstände für einen separaten Friedensschluß mit Preußen aufgeschlossen. Er erfolgte am 22. Mai 1762 auf der Grundlage der terri-

Die Kriegführung während des 18. Jahrhunderts bestand im großräumigen Operieren: Nicht die Bataille war das Ziel der unendlichen Märsche, sondern deren Vermeidung – ein Feldherr bewies sein Genie, indem er den Gegner ohne Schlacht »ausmanövrierte«, denn das blutige Treffen galt als unelegant und kostete Soldaten. Prinz Heinrich warf seinem königlichen Bruder Friedrich stets vor, daß er seine Ziele auch ohne die Feldschlacht hätte erreichen können. Friedrich ist darin höchst modern, daß er den Gegner nicht zum Rückzug zwingen, sondern vernichten will, weshalb mit den Schlachten der drei Schlesischen Kriege bis dahin unbekannte Verluste verbunden sind.
Karl von Lothringen, der Bruder des Kaisers Franz I. ist demgegenüber der klassischen Kriegstheorie verpflichtet, die das blutige Treffen zu vermeiden trachtet. Das hat ihm den Ruf eingetragen, durch zögerliches Verhalten den Vorteil zu verspielen.

Doch mehr als bei der höfischen
Intrige
Hängt man von Schicksalslaunen
ab im Kriege.
Wie ernsthaft man um den Erfolg
sich müht,
Der siegt nur, dem der Schlachten-
gott gewogen;
Wenn einem unverdienter Lorbeer
blüht,
Der andre wird um sein Verdienst
betrogen.
(Friedrich II. in: Werke, Bd. 10,
S. 121)

O Heldenruhm, o Ehrgeiz, Schätze,
Würden
Abbilder ihr des Glücks – o eitle
Bürden,
Rasch fortgerissen in des Lebens
Drang
Gleich einem Blitz zu jähem
Untergang!
...
Welch Zauber kann an diese Welt
euch binden?
Die Erde ist für mich ein Häuflein
Staub,
Des Wechsels Spielball und des Zu-
falls Raub,
Ein Sandkorn nur im schranken-
losen Raum –
Und unser Sein ein Augenzwinkern
kaum
Der Ewigkeit ...
(Friedrich II. in: Werke, Bd. 10,
S. 186 f.)

torialen Verhältnisse des Jahres 1762. Damit fand die Einkreisung Preußens ein Ende, zumal sich im Westen durch das Eingreifen Spaniens der Englisch-Französische Krieg weiter ausdehnte und die dortigen Kräfte weitgehend band. Die preußischen Truppen gewannen noch einige kleinere Schlachten gegen die Österreicher und verbesserten damit die diplomatische Ausgangsposition Friedrichs in den nun zu erwartenden Friedensverhandlungen. Schon am 24. November 1762 kam es auf Initiative Sachsens – die Graf Kaunitz stimuliert hatte – zu einem Waffenstillstand zwischen den beiden deutschen Großmächten. Die Verhandlungen wurden wiederum mit gesonderten Übereinkünften zwischen einigen der beteiligten Mächte eingeleitet, kein gemeinsamer europäischer Friedenskongreß wie 1648 oder 1814/15 beendete den Doppelkrieg.[54] Am 10. Februar schlossen England, Frankreich und Spanien in Paris einen Friedensvertrag, der Kanada, Florida sowie das Territorium westlich des Mississippi den Engländern zusprach und Frankreichs Herrschaft in der Karibik unangetastet ließ. Damit errang England auf Kosten Frankreichs eine überragende Stellung als führende See- und Kolonialmacht in der westlichen Hemisphäre. Dies war eine der schon von Ranke betonten weltgeschichtlichen Folgen des Siebenjährigen Krieges. Auch in bezug auf Deutschland enthielt der Pariser Frieden Regelungen, da Frankreich auf Druck Englands die bis Kriegsende besetzten Territorien freigab: Hannover, Hessen sowie die preußischen Gebiete am Niederrhein.

Friedrich war seit 1756 immer stärker zum »praktischen Philosophen« geworden, wie er am 18. Mai 1762 an d'Argens schrieb, und er hatte gelernt, als Stoiker alle Schläge dieses Krieges zu ertragen, ohne aufzugeben. Nicht zufällig las er wieder einmal die großen Tragiker der französischen Literatur: »Ich besitze alle Eigenschaften eines Trauerspielhelden, denn ich bin stets in Gefahr und stets dem Untergang nahe.«[55]

Aber Philosophie und Literatur sowie die Lektüre Mark Aurels blieben nicht ästhetischer Selbstzweck, sondern halfen Friedrich, die schrecklichen Erfahrungen dieses von ihm zumindest mitverschuldeten Krieges zu bewältigen: Der Feldherrnruhm, der ihn noch 1740 unwiderstehlich verlockt und 1756 beflügelt hatte, verlor schnell seinen Zauber. Bereits im September 1757 schrieb er für seine Schwester Amalie eine Epistel »Über den Zufall«, die er 1760 überarbeitete – ein Zeichen, wie sehr ihn dieses Problem während des Krieges fesselte.[56] Und im November 1761 folgte der »Stoiker«.[57]

Durch »Stockschläge« kam Friedrich zur Vernunft und lernte die »Vergänglichkeit aller Dinge« in der »Schule des Unglücks«.[58] Aber ist es nicht gleich, durch welche Art der Mensch zur Vernunft kommt?, fragte Friedrich – für den König kaum und für die Opfer des Krieges noch weniger. Nach dem Siebenjährigen Krieg war der preußische König ein anderer, der Krieg hatte ihn erwachsen gemacht, die eigenen Fehler bekannte er freimütig, freimütiger als irgendein anderer Regent dieses Jahrhunderts. Und auch Europa und die Welt hatten sich verändert, Friedrich war seit 1740 immer wieder der Auslöser dieses Wandels gewesen, aber kaum alleinige Ursache.

In auffälligem Kontrast zu dieser Veränderung – den territorialen Gewinnen und der englischen Dominanz als See- und Kolonialmacht – stand der Hubertusburger Frieden,[59] der dem Pariser auf dem Fuße folgte, denn er änderte auf den ersten Blick nichts: Preußen behielt Schlesien und die Grafschaft Glatz, Sachsen seine territoriale Integrität und Habsburg die Kaiserkrone mit der preußischen Zusage, Maria Theresias Sohn, den Erzherzog Joseph, zum römischen König zu wählen.

Es wirft ein bezeichnendes Licht auf die machtpolitische Konstellation, daß das Reich an den Hubertusburger Friedensverhandlungen nicht formell beteiligt war, obwohl es eine Reichsexekution gegen Brandenburg-Preußen durchgeführt hatte. Wenngleich Preußen diese Beteiligung hintertrieben hatte, da eine Vertretung der beteiligten Reichsstände möglicherweise die von Friedrich abgelehnte Entschädigung für Sachsen durchgesetzt hätte, so bestätigte doch auch die habsburgische Diplomatie indirekt die ständige Klage Friedrichs über die österreichische Vorherrschaft: Die Wiener Diplomatie blieb, so wie die Friedrichs, ausschließlich vom Eigeninteresse geleitet und hielt ihrerseits Reichstag und Reichsstände fern. So konnte es kaum überraschen, daß einige Reichsstände durch eine Absprache untereinander versuchten, die Wahl Josephs zum römischen König zu hintertreiben: Sie verstanden dies als Antwort auf die »Tyrannei des Hauses Österreich im Reich«,[60] dessen Anspruch auf Vertretung der Reichsstände künftig nicht mehr unbestritten bleiben konnte, wie die Debatten des Reichstags bereits im Vorfeld der Friedensverhandlungen zeigten.

Der bilaterale Charakter der Friedensschlüsse vom Februar 1763 dokumentiert sich im übrigen auch darin, daß weitere am Krieg beteiligte Mächte weder in Paris noch in Hubertusburg verhandelten, allen voran Rußland, obwohl der Siebenjährige Krieg gerade dessen mitteleuropäische Bedeutung erheblich verstärkt und damit die von Peter dem Großen eingeleitete Hinwendung nach Westen weiter gefördert hatte.[61]

Betrachtet man das Hubertusburger Remis, so drängt sich die Frage auf: Wozu dieser sinnlose Krieg, der Hunderttausende von Toten und Verwundeten gefordert und ganze Landstriche verwüstet hat? Von der weltpolitischen Dimension einmal abgesehen: Erst 1763 kam Europa zur Ruhe, weil erst dieser Krieg zur Akzeptanz des Aufsteigers Preußen unter den Großmächten geführt hatte und weil nun erst der Nachweis erbracht war, daß das Friderizianische Preußen, schon halb über dem Abgrund hängend, doch nicht heruntergestoßen werden konnte.

Ein Vorbild für spätere historische Situationen war der Fall Preußen ganz sicher nicht; eine kriegsentscheidende Rolle konnte der Zufall noch in der Mitte des 18., nicht aber mehr in der Mitte des 20. Jahrhunderts spielen: Eine unsinnigere und politisch fatalere Analogie ist selten gezogen worden als die zwischen dem Friderizianischen Preußen und der Hitlerdiktatur. Friedrichs des Großen Zähigkeit und mehrjähriges Operieren am Abgrund ist nicht in erster Linie durch eine »pragmatische« Beurteilung als letztlich erfolgreich gerechtfertigt, sondern vielmehr durch die Struktur der internationalen Beziehungen und die Form der Kriegführung im Ancien régime: Ein »renversement des alliances«, eine diploma-

Der Friedensschluß von Hubertusburg, sogenannter Schraubtaler aus dem Jahre 1763

Der Siebenjährige Krieg war in vielerlei Hinsicht eine nicht enden wollende Kette von Schlachten – ganz gegen den Willen des waghalsigen Monarchen, der in der Schlacht – im kleinen wie im großen – alles auf eine Karte setzte und den ihm aufgezwungenen dritten Krieg um Schlesien genau wie die beiden ersten durch die Schnelligkeit der Entschlußkraft hatte entscheiden wollen.

tische Revolution sogar war in einer Zeit, in der die Kriegführung als möglichst begrenzt zu haltendes Mittel der Diplomatie galt und sich nicht zu ideologisch fanatisierten Vernichtungskriegen verselbständigte, ungleich leichter möglich. Der Tod eines Herrschers konnte tatsächlich die Konstellation blitzartig verändern. Der »totale Krieg«, der seinerseits die Forderung nach »bedingungsloser Kapitulation« provozierte, der Versuch der Ausrottung ganzer Völker oder Bevölkerungsgruppen – all diese Charakteristika des Zweiten Weltkriegs waren dem 18. Jahrhundert ebenso fremd wie die mit Totalitätsanspruch auftretenden Ideologien des 20. Jahrhunderts. Auch eine Beglückungsideologie, nach der seit den frühen neunziger Jahren des 18. Jahrhunderts mit militärischen Mitteln Freiheit, Gleichheit und Brüderlichkeit über französische Grenzen getragen werden sollten, lag Diplomatie und Kriegführung des Ancien régime fern. So sicher Friedrich der Große eine Spielernatur gewesen ist, so gefährlich sich seine diplomatischen und strategischen Fehler gelegentlich auswirkten, seine Maxime blieb ein kalkuliertes – und damit im Prinzip begrenzbares – Risiko, wie auch seine Kriegsziele den Rahmen des im 18. Jahrhundert Üblichen nicht sprengten. Ein verantwortungsloser, fanatisierter Hasardeur war Friedrich nicht.

Einer der ersten Historiker des frühneuzeitlichen europäischen Staatensystems, der Göttinger Professor Arnold Hermann Ludwig Heeren, gelangte hinsichtlich der Konsequenzen des Siebenjährigen Krieges zu dem Schluß: »Durch diesen Krieg und die Frieden, die ihn beendigten, war das von Friedrich gegründete System von Europa befestigt. Preußen und Oestreich blieben die beyden ersten Continentalmächte; weder das entfernte Rußland noch das geschwächte und Oestreich angeschlossene Frankreich konnten darauf Anspruch machen ... *ihr* Verhältniß, das, wenn auch nicht feindlich, doch keine enge Vereinigung erlaubte, [bildete] den Centralpunct der Verhältnisse des Continents. Nicht bloß das Gleichgewicht in Deutschland, sondern auch das von Europa beruhte darauf.«[62]

Tatsächlich leiteten die Verträge von 1763 in Mitteleuropa für fast eine Generation eine Friedensperiode ein, die Voraussetzung war für die wirtschaftliche Erholung in Deutschland, den Bevölkerungsanstieg und die inneren Reformen in zahlreichen deutschen Territorialstaaten, vor allem bei den Großmächten Österreich und Preußen. Für Maria Theresia gab der Krieg mit dem finanziell gesunden, militärisch hervorragend gerüsteten Preußen einen wesentlichen Anstoß zu den Theresianischen Reformen: Man mußte vom Feind lernen, wollte man ihn bezwingen. Die vergleichsweise lange Friedensperiode wurde nur durch den ebenso kurzen wie harmlosen bayerischen Erbfolgekrieg von 1778/79 unterbrochen: Die Zeitgenossen bezeichneten ihn wegen des Fehlens größerer militärischer Auseinandersetzungen als »Kartoffelkrieg«. Der letzte Türkenkrieg Österreichs (und Rußlands) 1787 bis 1792 berührte das Reichsgebiet nicht, erst die Revolutionskriege seit 1792 und die Siege Napoleons führten wieder zum Eingreifen einer außerdeutschen Großmacht in das Territorial- und Verfassungsgefüge des Reiches.

Sowenig spektakulär der Friedensschluß von Hubertusburg 1763 auch erscheinen mochte, so folgenreich wurde er doch. Der erste

Schlußseite des Friedensvertrages von Hubertusburg, 15. Februar 1763

Der Hubertusburger Frieden war durch den plötzlichen Tod der Zarin Elisabeth ermöglicht worden und schloß ein Ringen ab, in dem sich die Kräfte der Gegner erschöpft hatten. Friedrichs Leistung war das pure Durchhalten, das die Grundlage für die neue Mächtekonstellation des 18. Jahrhunderts legte. Preußen hatte die Bühne der europäischen Großmachtpolitik betreten. Zum Staunen Europas standen von nun an die Hohenzollern gleichberechtigt neben den Habsburgern, den Bourbonen, den Romanows und dem Haus Hannover auf dem englischen Thron.

Geschichtsschreiber des Siebenjährigen Krieges, der ehemalige königlich-preußische Hauptmann Johann Wilhelm von Archenholz, seit 1760 selbst Kriegsteilnehmer, verwies auf eine Folge des Krieges, die weltgeschichtliche Annalen gewöhnlich nicht verzeichnen. Zu den »Ziviloperationen« des preußischen Heeres in Sachsen während der Friedensverhandlungen zählte eine auch von Archenholz als »sonderbar« bezeichnete Maßnahme: »Friedrich, um in seinen Staaten den großen Verlust an Menschen zu ersetzen, befahl die Soldaten zum Heiraten zu nötigen. Die gute Bildung des weiblichen Geschlechts in Sachsen lud ohnehin zum Ehestande ein. Die Befehlshaber, deren Interesse ein großer Troß Weiber zuwider war und die überdem Unordnung befürchteten, waren daher mit ihrer Aufmunterung nur sehr sparsam, bis der König von den Regimentern die Listen der Neuverheirateten verlangte. Nun gaben die Befehlshaber das Signal zum Ehestand, und scharenweise eilten die Soldaten zum Altar. Eine große Menge Weiber zogen mit den Preußen aus dem Lande fort, und fast ebensoviel Mädchen folgten ihnen nach. Sie trugen das Ihrige bei, die verheerten Provinzen wieder zu bevölkern.«[63]

Ausgediente preußische Soldaten, die als Kesselflicker durchs Land ziehen, Kupferstich von F. Berger

Der Krieg war vorbei, Preußen hatte sich behauptet, aber um welchen Preis:

Denn ach! Der Krieg verwüstet Saat
und Reben
Und Korn und Most, vertilget Frucht
und Stamm,
Erwürgt die fromme Mutter,
die die Milch uns geben,
Erwürgt das kleine fromme Lamm,
Mit unsern Rossen fährt er Donner-
wagen
Mit unsern Sicheln mäht er Men-
schen ab;
Den Vater hat er jüngst,
er hat den Mann erschlagen,
Nun fordert er den Knaben ab.
(Karl Wilhelm Ramler, Ode »An den Frieden«)

Tatsächlich bedurfte es dazu gewaltiger Anstrengungen, denn der Siebenjährige Krieg hatte vor allem auf seiten Österreichs und Preußens mehr Opfer gefordert als irgendein anderer Krieg seit 1648. Die Dauer des Krieges, die Erbitterung auf beiden Seiten und die damals übliche Lineartaktik, die in der Regel bis zu einem Drittel der Teilnehmer einer Schlacht das Leben kostete, schließlich Seuchen, schlechte oder unzureichende Ernährung taten ein übriges.[64] Friedrich selbst schätzte, der Siebenjährige Krieg habe Preußen ebenso viele Menschen gekostet wie der Dreißigjährige Krieg, ungefähr 500 000, also ein Zehntel der gesamten Bevölkerung.[65]

2. Wo liegt die »deutsche Nation«?

Wie alle politischen Begriffe besitzt auch der Begriff »Nation« eine Bedeutungsvielfalt, die sich nur innerhalb einer begriffsgeschichtlichen Analyse erschließen läßt. Eine angemessene Bestimmung des Begriffs Nation ist zeitunabhängig nicht möglich, immer muß der epochale historische Bezug gegenwärtig sein: Nur so lassen sich Verkürzungen auf den gegenwärtigen, seit dem 19. Jahrhundert üblichen Bedeutungshorizont vermeiden, nur so lassen sich andererseits durch die Begriffsgeschichte Aufschlüsse über die politischen und sozialen Realitäten vergangener Epochen gewinnen.

Der Begriff Nation kommt in seiner lateinischen Form »natio, nationis« schon im Altertum vor. Abgeleitet von »nasci« (geboren werden) wurde er in den Bedeutungen »Geburt, Geschlecht, Art, Stamm, Volk« ohne eindeutigen Unterschied neben Begriffen wie »gens« und »populus« verwendet. Die moderne Beziehung des Begriffs Nation auf den Staat fehlte ursprünglich.

Auch die mittelalterliche Welt kannte den Begriff nicht in unserem Sinn. Die Auffassung, die modernen Nationen seien Ergebnis einer langen historischen Entwicklung, die vom landsmannschaftlichen Verband über den Stamm zur Nationalität in der Definition des 19. und 20. Jahrhunderts geführt habe, wurde durch neuere Forschungen widerlegt. Die frühmittelalterlichen »gentes« waren keine ethnisch einheitlichen Gruppen, die deutschen Stämme hingegen selbständige »gentes« und nicht Untergliederungen einer Nation.[66] Auf diese Stämme beziehen sich die in den Quellen des 9. und 10. Jahrhunderts verwendeten Begriffe »gentes« und »nationes«, und gemeint sind damit in dieser Zeit etwa Alemannen, Baiern, Franken, Friesen, Sachsen und Thüringer. Der Begriff Deutsche zur Identifizierung eines Volkes oder gar einer Nation existierte damals noch nicht.[67]

Als im 9. Jahrhundert das Frankenreich Karls des Großen, das – trotz sprachlicher Unterschiede im Ost- und Westreich – um 800 fast das Gebiet der späteren (noch nicht erweiterten) Europäischen Wirtschaftsgemeinschaft (EWG) umfaßte, in Teilreiche zerfiel, waren für die Neugliederung nicht Nationalitäten bestimmend, sondern dynastische Übereinkünfte. Auch das spätere Deutsche Reich, 911 durch die Wahl Konrads I. aus dem ostfränkischen Teilstaat hervorgegangen, war das Ergebnis der Einigung von Stammesherzögen, es war keinesfalls aufgrund gemeinsamer Nationalität zustande gekommen. Mit der Kaiserkrönung Ottos I. im Jahre 962 wurde die christlich-universale Tendenz des Kaisertums Karls des Großen wieder aufgenommen, und damit wurden die universalen Bezüge für Jahrhunderte bestimmend, bevor die nationalen es werden konnten. Die erst spät im 15. Jahrhundert aufkommende und bis 1806 geltende Bezeichnung »Heiliges Römisches Reich Deutscher Nation« entstand in drei Stufen: Zuerst tauchte 1034 der Terminus »Romanum Imperium«, danach 1157 der Begriff »Sacrum Imperium« auf, schließlich im 15. Jahrhundert der erwähnte Zusatz »Deutscher Nation«; doch besaß diese Ergänzung anfangs nur einschränkende Bedeutung, indem sie die deutschen Gebiete des Reiches bezeichnete, nicht aber die ebenfalls zum Reich gehörigen Länder Italien und Burgund. Erst später verstand man diesen Titel des Reiches im Sinn eines deutschen Anspruchs auf das Imperium – eine Bedeutung, die sich seit dem 17. Jahrhundert auch durchzusetzen begann.

In zwei weiteren Bedeutungen taucht im hohen Mittelalter der Begriff Nation auf:

1. Die Studentenschaft der Universitäten gliederte sich, zuerst an der 1119 gegründeten Universität Bologna, in Landsmannschaften, die »nationes« genannt wurden. Nach dem Vorbild der Pariser Sorbonne existierte daneben die Gliederung der Fakultäten, die die Studenten zu ihrer wirtschaftlichen und rechtlichen Sicherung bildeten; auch sie wurden als »nationes« bezeichnet, obgleich sie landsmannschaftlich keineswegs einheitlich gewesen sind.

2. Innerhalb der katholischen Kirche gab es schon im Hochmittelalter nationalkirchliche Tendenzen, die ersten im England des 13. Jahrhunderts, die spätestens seit dem Schisma 1378 bis 1415 im Gallikanismus der katholischen Kirche Frankreichs ihre Parallele fanden.

Schon vorher hatte sich nach dem Vorbild der Universitäten der Brauch herausgebildet, auf den Konzilien die Teilnehmer nach Nationen zu gliedern und auch entsprechend abstimmen zu lassen: Ansätze hierzu fanden sich beim zweiten Konzil von Lyon (1274) und stärker noch beim Konzil in Vienne (1311/12);[68] die erste Abstimmung nach Nationen hat vermutlich auf dem Konzil von Pisa 1409 stattgefunden: »per naciones sive provincias et non per capita«.[69] Rechtlichen Ausdruck fand schließlich die Aushöhlung der übernationalen kirchlichen Einheit, nachdem sich die Abstimmung nach Nationen durchgesetzt hatte. Auf dem Konstanzer Konzil 1414/1418 lautete der Ausspruch eines Anonymus: »Concilium constituitur ex nationibus.«[70]

In Konstanz tauchten Differenzen auch unter den Nationen auf, die im Falle des französisch-englischen Gegensatzes politisch bedingt waren. Die Kircheneinheit war nun nicht mehr allein durch theologische Auseinandersetzungen, sondern überdies durch diese nationale Fraktionierung bedroht, zumal infolge der Abstimmung nach Nationen Konzilsbeschlüsse gegen den Papst wahrscheinlich wurden. In Konsequenz dieser Entwicklung verhandelte der in Konstanz gewählte und allgemein anerkannte Papst Martin V. über kirchliche Reformvorhaben mit den Vertretern der einzelnen Nationen, mit denen dann auch separate Verträge abgeschlossen wurden, die man hier erstmals als Konkordate bezeichnete.

In den westeuropäischen Ländern England, Frankreich und auch Spanien bildeten sich bereits zu dieser Zeit nationale Monarchien heraus, die sich dem Universalismus der römisch-katholischen Kirche zunehmend entzogen. Hingegen blieb das »Heilige Römische Reich« – und damit Deutschland und Italien – allein schon durch die historische Tradition stärker der universalen Ausrichtung der katholischen Kirche verpflichtet. Die zunehmende Stärkung territorialer Gewalten seit der Regierungszeit des in Sizilien residierenden Kaisers Friedrich II. im 13. Jahrhundert erschwerte vielmehr die Ausbildung eines gesamtstaatlich-nationalen Charakters. Die Confoederatio cum principibus ecclesiasticis (1220) und das Statutum in favorem principum (1231) überließen essentielle kaiserliche Herrschaftsrechte den geistlichen beziehungsweise weltlichen Fürsten und begünstigten so die verstärkte Entwicklung eigenständiger Landesherrschaften, die allerdings schon lange vorher entstanden waren.[71] Der Erlaß der Goldenen Bulle Kaiser Karls IV. im Jahre 1356 brachte eine lange Auseinandersetzung über die Form der Königswahl zum Abschluß und regelte sie verbindlich, im Ergebnis stärkte sie die Kurfürsten.[72]

Als im Zeitalter der Reformation Kaiser Karl V., der letzte vom Papst gekrönte Kaiser (1530), gestützt auf seine habsburgische Hausmacht in Österreich und Spanien, noch einmal den Versuch machte, sein Reich, in dem die Sonne nicht unterging, als katholisch-universales zu etablieren, wäre dieses Unterfangen auch ohne die Reformation zum Scheitern verurteilt gewesen: Seine Wahl war an eine Wahlkapitulation gebunden, die ihm die deutschen Fürsten aufgezwungen hatten und die die neuen Machtverhältnisse grell beleuchtete. Der hochmittelalterliche Machtkampf zwischen Papst und Kaiser hatte dem Universalismus beider schließlich ein Ende gesetzt. Macht besaß der Kaiser in Deutschland vor allem als Inhaber einer Hausmacht, nur als Territorialfürst war seine Stellung unangefochten. An die Stelle des katholischen Universalismus in Deutschland und Italien trat nicht der Nationalstaat – natürlich auch in Westeuropa nicht im heutigen Sinn, weshalb der Terminus »nationale Monarchien« angemessener ist –, sondern eine Fülle von Territorialstaaten.

Mit dieser Entwicklung verband sich der Bedeutungswandel des Begriffs Nation seit dem 15. Jahrhundert: »Nation« wurde infolge der Durchsetzung landständischer Verfassungen zunehmend nur auf die ständischen Vertretungen bezogen, die sich selbst als »Patrioten« bezeichneten, wenn sie sich gegen die Politik der Fürsten stellten.

Der Westfälische Friede, den die europäischen Staaten 1648 schlossen, brachte eine weitere Stärkung der deutschen Territorialstaaten: Ihre Souveränität wurde nur noch durch die dehnbare Formel eingeschränkt, daß Bündnisse mit auswärtigen Mächten sich nicht gegen Kaiser und Reich richten durften; sonstige Bündnisse standen den Fürsten also frei, und in der Praxis schlossen die deutschen Fürsten seit 1648 oft genug Bündnisse – zum Beispiel mit dem französischen König –, die sich gegen Habsburg richteten. Auch die Schlesischen Kriege lieferten Beispiele für eine solche Konstellation.

In dieser Epoche des europäischen Staatensystems führte das Kaisertum also ein Schattendasein, politisches Gewicht hatte der Kaiser fast nur noch als Regent seiner habsburgischen Länder – trotzdem blieb er Garant der letzten Befugnisse des Reiches sowie der Rechte kleinerer Reichsstände.

In der Zeit zwischen 1648 und 1789 vollzog sich die moderne Staatsbildung in Deutschland innerhalb der Territorien. Zugleich brachte der Dreißigjährige Krieg eine Veränderung im Verhältnis der Staaten untereinander, erkannte Europa sich doch nach den Worten Schillers »zum erstenmal als eine zusammenhängende Staatengesellschaft«.[73] In diesen 130 Jahren entwickelte sich in den deutschen und anderen europäischen Ländern – mit Ausnahme vor allem Englands – der Absolutismus: Sein Ergebnis war der souveräne Staat im modernen Sinn. Dieser Staat spielte seine Rolle innerhalb des europäischen Staatensystems und nicht mehr innerhalb der Einheit des christlich-katholischen Abendlandes, denn die Herausbildung des territorialstaatlichen Absolutismus in Deutschland richtete sich mit der staatsrechtlichen Anerkennung des Protestantismus in Deutschland – deren letzter unwiderruflicher Schritt der Westfälische Friede war – nicht allein gegen die jeweilige landständische Repräsentation im Innern der Territorien, sondern ebenso gegen den universalen Katholizismus des Kaisertums.

Daraus folgt für die Entwicklung des Nation-Verständnisses, daß sich ein »Staatsbewußtsein« der Untertanen, falls es in dieser Zeit überhaupt existierte, nur auf die Einzelstaaten beziehen konnte, denn das Reich bildete keinen Staatskörper im strengen Sinn. So leitete Hegel 1802 seine Schrift »Die Verfassung Deutschlands« mit dem Satz ein: »Deutschland ist kein Staat mehr.«[74] Allerdings stellte das Reich und nicht die Nation die übergeordnete politische Ebene dar, diese allerdings konnte nur staats- und völkerrechtlich, nicht aber volksbezogen oder national definiert werden.

Die Gemeinsamkeit kultureller Überlieferung, seit dem 18. Jahrhundert als ein Kennzeichen der Nation angesehen, konnte sich aufgrund der konfessionellen Spaltung nicht mehr auf die religiöse Einheit, sondern nur noch auf säkulare Kultur, besonders natürlich die Sprache, beziehen. Aber die Sprache der Gelehrten war im 17. Jahrhundert noch Latein, die Sprache der Höfe und der Gebildeten blieb bis ins 18. Jahrhundert hinein das Französische. Der Zustand der deutschen Literatur nach dem Dreißigjährigen Krieg war nach Meinung der Zeitgenossen und auch noch in den Augen der folgenden Generationen desolat, besonders im Hinblick auf die französischen Klassiker des 17. Jahrhunderts, zum Beispiel Corneille, Racine, Molière. Im übrigen stimmten die Sprachgrenzen keineswegs mit den Reichsgrenzen überein, auch wenn der größte Teil der Reichsbevölkerung deutschsprachig war.

Mit der kulturellen Einheit war also kaum mehr Staat zu machen als mit der politischen. Folglich verdienen Regungen Aufmerksamkeit, die während der frühen Neuzeit auf ein kulturelles Zusammengehörigkeitsgefühl der Deutschen hindeuteten, vielleicht auch bereits um die Mitte des 18. Jahrhunderts auf die Politisierung des Begriffs Nation vorauswiesen. Tatsächlich gründete man seit dem 17. Jahrhundert Sprachgesellschaften, die sich die Pflege der deutschen Sprache zum Ziel setzten. Die bedeutendste war die 1617 auf Schloß Hornstein bei Weimar von mitteldeutschen Fürsten gegründete »Fruchtbringende Gesellschaft«, die bis 1680 existierte. Solche Aktivitäten erhielten die Unterstützung von Leibniz, Thomasius und Christian Wolff, die vorsichtig damit begannen, Deutsch auch als Gelehrtensprache zu verwenden. Weitere Bemühungen um die Volkssprache zeigten im 18. Jahrhundert zum Beispiel die Arbeiten an deutschen Wörterbüchern. Sie nahmen den kräftigen Impuls, den die deutsche Sprache schon durch Martin Luther bekommen hatte, wieder auf. Der von Johann Christoph Adelung vor allem in Leipzig erarbeitete fünfbändige »Versuch eines vollständigen grammatisch-kritischen Wörterbuchs der hochdeutschen Mundart« (1774–1786) bildete schon eine erste umfassende Bestandsaufnahme dieser sprachpflegerischen Bemühungen, die den zentralen Nerv der deutschen Kulturnation betrafen.

Seit der Mitte des 18. Jahrhunderts verband sich mit der Pflege der deutschen Sprache der erklärte Wille, den Rang der deutschen Literatur zu steigern, vom klassizistischen französischen Vorbild abzurücken und einen eigenen Weg zu gehen: Wenngleich dieser Weg mit einem Umweg über die Entdeckung Shakespeares für die deutsche Dramatik und Dramaturgie begann, führte er doch nach überraschend kurzer Zeit schließlich zur Höhe klassischer Literatur und erreichte schon vorher, bei Lessing beispielsweise, europäischen Rang.

Die Kritik an der französischen Klassik und die Hochschätzung Shakespeares führten allmählich zu einer nationalen Identifikation: französische Klassik pflegte man als »künstlich«, als »Politur« zu beurteilen, den Engländer hingegen als »natürlich« und »original«. Für die deutsche Bühne, so befanden die aufgeklärten Kritiker nach der Mitte des 18. Jahrhunderts, seien die Stücke Shakespeares geeigneter, und der »Sturm und Drang« zog in den siebziger Jahren daraus letzte Konsequenzen: Es ist kein Zufall, daß der junge Johann Wolfgang Goethe mit dem »Götz von Berlichingen« einen Stoff aus der deutschen Geschichte zwar nach dem Vorbild Shakespeares, doch keineswegs auf epigonale, sondern originale Weise behandeln wollte. Und ebensowenig zufällig war es, daß Aufklärer wie Justus Möser, Ludwig Timotheus Spittler und Friedrich Nicolai sich zunehmend der Geschichte ihrer eigenen Territorien zuwandten, während Goethe im Straßburger Münster mittelalterliche deutsche Baukunst bewunderte und zusammen mit Möser und Johann Gottfried Herder die »Blätter von deutscher Art und Kunst« herausgab. Auch die Sammlung deutscher Volkslieder durch Herder und andere Schriftsteller gehörte in diesen Zusammenhang. Auf breiter Ebene erfolgte eine Hinwendung zur deutschen Geschichte und Kultur – die nicht etwa im ausgehenden 18. und beginnenden 19. Jahrhundert begann, sondern mit der Romantik nur vertieft wurde.

Neben der nationalen lag alldem eine soziale Identifikation zugrunde – sie lag vor allem darin, daß die im 18. Jahrhundert zunehmend kritischer beurteilte französische Klassik und höfische Kultur die Kultur auch der deutschen Höfe gewesen ist. Der höfischen Kultur setzten die »Moralischen Wochenschriften«, die »bürgerlichen Trauerspiele« und »bürgerlichen Romane« eigene Werte entgegen, Werte, die als natürlich und vernünftig empfunden wurden – wie Arbeitsamkeit und Echtheit –, die man dem Müßiggang und dem glänzenden, aber am Äußeren orientierten Hofleben polemisch gegenüberstellte. Die Hinwendung zur Nation erfolgte im Deutschland des 18. Jahrhunderts also über die Besinnung auf die eigene Kultur. Diese Entwicklung richtete sich zugleich bewußt gegen große Teile der herrschenden höfischen Schicht.[75]

Friedrich Nicolai wurde zum Mittelpunkt und Organisator der Berliner Aufklärung. Wie weitere seiner Werke gingen auch die »Briefe, die neueste Literatur betreffend«, die der Schriftsteller und Verleger herausgab, aus dem Zusammenwirken mit Lessing und Mendelssohn hervor.

Die politisch-staatsrechtliche Situation im Deutschland des 18. Jahrhunderts empfanden die Zeitgenossen als unbefriedigend, der desolate Zustand des Reiches als Ganzes galt vielen als beklagenswert. Zunächst stellte Hippolithus a Lapide während des Dreißigjährigen Krieges die Verfassungswirklichkeit des Reiches dar. Die infolge des Westfälischen Friedens bewirkten staatsrechtlichen Umgestaltungen berücksichtigte dann der Naturrechtler Samuel Pufendorf in sei-

ner kritischen Analyse »De statu imperii germanici« (1667), in der er das Reich mit den berühmten Worten charakterisierte, es sei »irregulare aliquod corpus et monstro simile«. Seine Kriterien hatte Pufendorf aus Jean Bodins Definition der Souveränität gewonnen, und nach diesen Maßstäben konnte das Reich tatsächlich nicht anders beurteilt werden.

Wenngleich Anläufe zur Reichsreform schon zur Regierungszeit der Kaiser Maximilian I. und Karl V. unternommen wurden, gingen die Reichsreformpläne des 17. und 18. Jahrhunderts doch von Diagnosen nach Art Pufendorfs aus, wenn sie nicht fürstlicher Initiative – wie der Carl Augusts von Weimar – entsprangen. So sah beispielsweise Leibniz in der Einigung des Reiches die Voraussetzung für Frieden und Fortschritt, und diese Tendenz erreichte in den sechziger Jahren des 18. Jahrhunderts im Reichspatriotismus eines Friedrich Carl von Moser einen Höhepunkt.

Moser leitete 1766 seine Schrift »Von dem deutschen Nationalgeist« mit dem Satz ein: »Wir sind *Ein Volk,* von Einem Nahmen und Sprache, unter Einem gemeinsamen Oberhaupt, unter Einerley unsere Verfassung, Rechte und Pflichten bestimmenden Gesezen, zu Einem gemeinschaftlichen grossen Interesse der Freyheit verbunden, auf Einer mehr als hundertjährigen Nationalversammlung zu diesem wichtigen Zweck vereinigt, an innerer Macht und Stärke das erste Reich in Europa, dessen Königscronen auf Deutschen Häuptern glänzen, und so, wie wir sind, sind wir schon Jahrhunderte hindurch ein Räthsel politischer Verfassung, ein Raub der Nachbarn, ein Gegenstand ihrer Spöttereyen, ausgezeichnet in der Geschichte der Welt, uneinig unter uns selbst, kraftlos durch unsere Trennungen, stark genug, uns selbst zu schaden, ohnmächtig, uns zu retten, unempfindlich gegen die Ehre unsers Namens, gleichgültig gegen die Würde der Geseze, eifersüchtig gegen unser Oberhaupt, mißtrauisch unter einander, unzusammenhangend in Grundsäzen, gewaltthätig in deren Ausführung, ein grosses und gleichwohl verachtetes, ein in der Möglichkeit glückliches, in der That selbst aber sehr bedaurenswürdiges Volk.« Und Moser kommentierte seine Charakterisierung eines Deutschland, das nichts mehr war, aber doch alles werden konnte, mit der lakonischen Bemerkung: »Die Schilderung ist nicht schmeichelhaft, das Original selbst ist es noch weit weniger.«[76]

Die Erörterungen über Nationalgeist und Nationalcharakter nahmen diese Kritik auf und versuchten sie konstruktiv umzusetzen. Doch so ehrenwert die Motive waren, so richtig oft auch die Diagnose des siechen Reiches, mit den realen Möglichkeiten deutscher Politik hatte das alles wenig zu tun, solche Überlegungen waren ihrer Zeit weit voraus – oder auch hinterher.

Die politische Realität Europas, wie sie sich nicht zuletzt in den Schlesischen Kriegen zeigte, wurde noch durch die Herrschaft der Dynastien geprägt, die Länder erheirateten, durch Tod erhielten oder verloren oder in Kabinettskriegen gewannen – mit Heeren, die zumeist aus Söldnern bestanden, die anderer Nationalität oder landsmannschaftlicher Herkunft waren als das Land, für das sie in den Krieg zogen. Für diese Söldner war es keine Frage nationaler Zugehörigkeit und Ehre, wenn sie bei günstiger Gelegenheit zum Gegner überliefen oder desertierten, sondern eine der Opportunität. Der Begriff Nation im Sinne einer deutschen Volkszugehörigkeit kam in der politischen Realität der deutschen Staaten gar nicht vor, es konnte demgemäß auch keine »nationale«, das heißt am Interesse einer deutschen Nation oder gar ihrer nationalstaatlichen Einigung orientierte Politik der Fürsten geben.

Die Kriege Friedrichs des Großen entsprangen ja eben nicht nationaler, sondern preußisch-dynastischer Motivation, was für Moser Anlaß zu heftiger Kritik war. Zwar wurden nationale Beweggründe in Verbindung mit dem Aufstieg des brandenburgisch-preußischen Staates seit dem 17. Jahrhundert gleichwohl langfristig zu einem der entscheidenden Faktoren deutscher Nationbildung und damit deutscher Politik, doch lag dies nicht im Horizont der Mitte des 18. Jahrhunderts.

Noch 1798 sprach der aufgeklärte bayerische Schriftsteller und Historiker Lorenz Westenrieder von den »fünf deutschen Hauptnationen« Baiern, Franken, Sachsen, Thüringen und Schwaben, die er während der Entstehungsphase des Deutschen Reiches im 9. Jahrhundert der »französischen Nation« gegenüberstellte.[77] Diese an den mittelalterlichen Stammesherzogtümern orientierte Verwendung des Begriffs Nation spielt im weiteren Verlauf seiner Darstellung bezeichnenderweise keine Rolle mehr: Bis zum Ende des 18. Jahrhunderts besaß für Westenrieder Nation als politische Kategorie keine Bedeutung für die deutsche Geschichte – weder für die sich ausbildenden frühneuzeitlichen Territorialstaaten noch für das Reich. Und noch im frühen 19. Jahrhundert stößt man auf Westenrieders Verwendung des Begriffs Nation zur Kennzeichnung der Völker der deutschen Einzelstaaten, beispielsweise bei Novalis und Adam Müller.

Die Ansätze eines Staatsbewußtseins erwuchsen in dieser Zeit nicht aus dem Reichspatriotismus, sondern aus einem Territorialpatriotismus, und das gilt besonders für Brandenburg-Preußen. So verband sich die Bewunderung für Friedrich den Großen bei vielen aufgeklärten Literaten und Gelehrten in dem Augenblick mit der politisch-nationalen Komponente, als Friedrichs Preußen im Siebenjährigen Krieg sich einer Allianz nahezu aller europäischen Mächte gegenübersah und dieser widerstand. Friedrich selbst versuchte, seinen Offizieren zur Stärkung des Kampfgeistes außer dem erwähnten Branntwein auch einen preußischen Patriotismus zu vermitteln,[78] und Goethe berichtet, er sei »fritzisch« gesinnt gewesen. Aber »fritzisch« hieß noch nicht preußisch, »denn was ging uns Preußen an. Es war die Persönlichkeit des großen Königs, die auf alle Gemüter wirkte.«[79] Die Diskussion über die Nation allerdings empfing von dieser partiellen Solidarisierung einen starken Impuls.

Ein solcher Integrationseffekt hängt nicht davon ab, ob das Nationale Mythos oder Realität ist; ausschlaggebend ist unter diesem Gesichtspunkt nur, ob es nennenswerten Teilen der Bevölkerung als real erscheint. Mit Friedrichs Kriegen entwickelten sich Ansätze eines »Kollektivbewußtseins« des deutschen Volkes, die unter anderem aus der Unzufriedenheit vieler Schriftsteller und Publizisten der Zeit mit dem politischen Zustand und der Schwäche des Reiches herrührten – und das um so mehr, als seit Ende des 17. Jahrhunderts Ludwig XIV. von Frankreich seine »Reunionskriege« gegen das

Reich geführt hatte, ohne auf nennenswerten Widerstand zu treffen. Von der Wehrlosigkeit des Reiches und dem oft materiell motivierten, immer aber eigennützigen Paktieren deutscher Fürsten mit Frankreich schienen sich der Kampf Friedrichs und die Selbstbehauptung Preußens glänzend abzuheben, auch wenn sie keineswegs einen glänzenden Sieg zur Folge hatten.

Der schon in den Kriegen Frankreichs gegen Habsburg spürbare, aber wieder abgeflaute Patriotismus erhob sich nun um so stärker, als der Boden bereitet war: Die Hinwendung zur deutschen Kultur, die zahlreichen im 18. Jahrhundert gegründeten patriotischen Gesellschaften, die Tatsache, daß die schon seit Ende des 17. Jahrhunderts auftretende, durch die Aufklärung seit Mitte des Jahrhunderts mächtig geförderte Publizistik und öffentliche Diskussion der Schriftsteller und Gelehrten eine Art »öffentlicher Meinung« zu schaffen begannen, verstärkten in vorher kaum vorstellbarem Ausmaß die Integrationswirkung des Krieges, wenngleich sie einstweilen noch unpolitisch blieben. Neben die gemeinsame kulturelle Tradition und das wachsende muttersprachliche Selbstwertgefühl trat also eine weitere Ursache für die Ausbildung des modernen Begriffs der Nation im Deutschland des 18. Jahrhunderts: das Entstehen eines kollektiven nationalen Bewußtseins durch die integrierende Wirkung einer öffentlichen Meinung in einer als national angesehenen Krise. Mit dieser öffentlichen Meinung entstand aber ein Faktor neuer Qualität, der weitere Volkskreise als früher in den Prozeß der Meinungsbildung einbezog.

In Anbetracht der politischen und geistigen Realitäten der Zeit konnte dieser Prozeß nicht glatt verlaufen. Bis in die letzten Jahrzehnte des 18. Jahrhunderts hatte der Gedanke an die deutsche Nation noch kein politisches Gewicht: Als das landfremde Welfenhaus 1714 aus dynastischen Gründen einen Anspruch auf den englischen Thron erhielt, vollzog sich der Regierungsantritt des Kurfürsten Georg Ludwig von Hannover ohne Schwierigkeiten; ebensowenig wurde die Personalunion mit Hannover, die bis 1837 dauerte, in Frage gestellt; daß der König einer europäischen Großmacht wie England zugleich Kurfürst eines deutschen Territorialstaats blieb, war unproblematisch.

Noch deutlicher wird die Abwesenheit einer politisch verstandenen Kategorie der Nation in dieser Zeit angesichts anderer dynastisch oder militärisch begründeter Tauschaktionen ganzer Länder und Völker im 18. Jahrhundert, zumal der mehrmaligen Teilung Polens seit 1772 – ein Länderschacher, der um Einwohnerzahl und Quadratmeter geführt wurde, nicht aber auf die dort lebenden Völker Rücksicht nahm. Allerdings entzündete sich gerade daran auch zeitgenössische Kritik – in Polen und außerhalb.[80]

Eine deutsche Nation gab es nicht, aber es gab die Reflexion über dieses Faktum. So bezeichnete es Lessing als einen »gutherzigen Einfall, den Deutschen ein Nationaltheater zu verschaffen, da wir Deutsche noch keine Nation sind! Ich rede nicht von der politischen Verfassung, sondern blos von dem sittlichen Charakter. Fast sollte man sagen, dieser sey: keinen eigenen haben zu wollen.«[81] Und Herder forderte programmatisch: Die Deutschen müssen den nationalen Stolz aufbringen, »sich nicht von Andern einrichten zu lassen, sondern sich selbst einzurichten, wie andre Nationen es von jeher thaten; Deutsche zu sein auf eigenem wohlbeschütztem Grund und Boden.«[82] Herder verstand unter »Grund und Boden« in diesem Kontext in erster Linie die deutsche Sprache, sie bildete die Basis seiner Untersuchungen über den Volkscharakter. Und zweifellos stellt die Gemeinsamkeit der Sprache einen integralen Bestandteil des modernen Begriffs der Nation dar. Die Sprache wird sowohl durch das übernationale Element charakterisiert, einigendes Band aller Menschen zu sein, als auch national gewertet, insofern erst sie eine eigenständige Kultur ermöglicht: »Nur durch die Kultur der vaterländischen Sprache kann sich ein Volk aus der Barbarei heben.«[83] In einem großen geschichtsphilosophischen Entwurf untersuchte Herder die Nationalcharaktere der Völker. Indem er die Identität einer Nation als die Summe des historisch Gewordenen begriff, legte er einen Markstein für die Entwicklung des modernen Begriffs der Nation.

Der Versuch, über die Geschichte der Nationen deren Gegenwart zu erfassen, führte zur Erforschung der Nationalcharaktere, obgleich die aufgeklärten Schriftsteller zunächst immer von dem Abstraktum »Menschheit« ausgingen, wie dies schon der Titel des Herderschen Werkes »Ideen zur Philosophie der Geschichte der Menschheit« zum Ausdruck bringt: Aber der Weg in die Geschichte der Völker war nicht der Weg zu einem solchen Abstraktum, er führte zu ihrer konkreten Individualität. Das Verständnis für die unverwechselbare, historisch gewordene Eigenständigkeit der Nationen ist so eine der Voraussetzungen für den modernen Begriff der Nation. Indem Herder vor allem von Sprache und Kultur der Nationen ausging, entsprach sein Werk einerseits der Eigenheit der politischen Struktur Deutschlands, das noch keine politische Nation bildete, und nahm andererseits ein seit dem Mittelalter latent vorhandenes Bewußtsein von der Vielfalt der Sprachen und Völker wieder auf, wenngleich beide trotz der Betonung ihrer Interdependenz nicht ohne weiteres gleichgesetzt worden waren.[84]

Geschichtsphilosophische Untersuchungen dieser Art erschienen indes nicht allein im deutschen Kulturraum. Vielmehr ging das große Werk Voltaires, der »Essai sur les mœurs et l'esprit des nations« (1756) Herder voran: Unter einer anderen Fragestellung begriff Voltaire in einer universalen Kulturgeschichte Nationen und historische Epochen als eigenständig gewachsene, geistig-kulturelle Einheiten. Weder die Differenzen noch die weiteren Wurzeln, die das Denken über Volksgeist und Volkscharakter im 18. Jahrhundert sowie dann in der Romantik in schillernder Vielfalt erscheinen läßt, sind hier von Belang. Entscheidend bleibt die Erkenntnis, daß diese Ideen im 18. und im beginnenden 19. Jahrhundert historisch ansetzten und erst dadurch die Dimension gewannen, die das moderne Verständnis der Nation ermöglichte. Nach den französischen Protagonisten Montesquieu und Voltaire vertieften Herder und Möser diese Fragen in eigenständigen Werken.[85]

In Deutschland hatte dieser historische Ansatz eine Neuentdeckung, ja eine wachsende Faszination des deutschen Mittelalters zur Folge sowie das Aufkommen nationaler Dichtungen. Der letzte und entscheidende Durchbruch zum Begriff der Nation hatte einen sozialgeschichtlichen Ausgangspunkt. Er lag in der sozialen Pointe, die sich im Bemühen um eine eigenständige deutsche Kultur seit

Johann Gottfried Herder (1744-1803), Scherenschnitt vermutlich von Johann Friedrich Anthing

Herders intensive Beschäftigung mit der Volksdichtung wirkte anregend weit über die deutschen Grenzen hinaus, besonders bei den slawischen Völkern.

der Mitte des 18. Jahrhunderts offenbarte. Hier berührten sich Literatur und Geschichtsschreibung: So hatten die Aufklärer Möser, Nicolai und andere allmählich zu einem Begriff der Nation gefunden, der nicht ständisch beschränkt war auf die führende Schicht. Diese Schriftsteller sprachen von den »wahren Bestandteilen der Nation«, wobei sich die Spitze gegen die angemaßte »Nation« der höfischen Schicht richtete. So kritisierte Möser, der in gewisser Weise die Nationen schon mit den Völkern als Ganzen identifizierte:[86] »Allein am Hofe lebt nicht der Patriot, nicht der Mann, der zur Nation gehört, sondern der gedungene Gelehrte, der sich schmiegende Bediente, und der Chamäleon, der allezeit die Farbe annimmt, welche ihm untergelegt wird; und die Gelehrsamkeit hat ein solches air étranger, daß sich der Nationalcharakter darunter beinahe ganz verliert.«[87]

Eine analoge Einschätzung lieferte Voltaire bereits 1740: »Man hat bisher nur die Geschichte der Könige geschrieben und niemals die der Nation. Es sieht so aus, als ob es vierzehn Jahrhunderte lang im Frankenland nur Könige, Minister und Generäle gegeben hätte! Ist denn der Volkscharakter, die Gesetzgebung, das Rechtsherkommen, die geistige Arbeit keiner Beachtung wert?«[88]

Mehr und mehr verkehrte sich im letzten Drittel des 18. Jahrhunderts die Ausschließung des dritten Standes in seiner Gesamtheit aus der Nation in eine Beanspruchung der Nation allein für den dritten Stand. Die aufgeklärten Bildungsschichten übernahmen die seit Mitte des 18. Jahrhunderts nicht allein in Frankreich, sondern bald auch in Deutschland schärfer werdende Propagierung: Dieses dem Anspruch nach sozial immer umfassender werdende Verständnis der Nation entwickelte sich zum Kampfbegriff. In Verbindung mit dem sozialen Aspekt erlangten durch die aufgeklärte Theorie zwei weitere Elemente größte Sprengkraft innerhalb der herrschenden absolutistischen Staatsverfassung, nämlich die Bindung des übergeordneten Ganzen an den individuellen Einzelwillen sowie die traditionelle Maxime vom »Gemeinwohl«.

Auf die Frage »Was ist Vaterland?« hatte Thomas Abbt in einer Schrift, die während des Siebenjährigen Krieges entstand und sich auf diesen bezog, geantwortet: »Wenn mich die Geburt oder meine freye Entschließung mit einem Staat vereinigt, dessen heilsamen Gesetzen ich mich unterwerfe; Gesetzen, die mir nicht mehr von meiner Freiheit entziehen, als zum besten des ganzen Staates nöthig ist: alsdann nenne ich diesen Staat mein Vaterland.«[89] Abbt gelangte schließlich zu dem Ergebnis, im Hinblick auf das Gemeinwohl gebe es nur eine einzige »politische Tugend«, vor ihr verschwinde der Unterschied der Stände und alles vereinige sich unter dem Namen »Bürger«.[90] Die von Abbt hergestellte Beziehung von Nation und Staat basierte auf einer freiwilligen staatsbürgerlichen Entscheidung, war voluntaristisch und schloß eine ständische Begrenzung der Nation aus. Das Gemeinwohl galt als letzter Orientierungspunkt dieser gesellschaftlichen Deutung der Nation.

Wie sehr sich das Verständnis der Nation innerhalb einer Generation geändert hatte, erhellt der Vergleich mit dem nur teilweise präzisen Artikel »Nation« in Zedlers Universallexicon, in dem es 1740 unter anderem hieß: »*Nation,* heißet seiner eigentlichen und ersten Bedeutung nach, so viel, als eine vereinigte Anzahl Bürger,

die einerley Gewohnheiten, Sitten und Gesetze haben.«[91] Hier lag
der Akzent zweifelsfrei auf objektiven Kriterien, von individueller,
staatsbürgerlicher Entscheidung war nicht die Rede. Und der Bezug
des Begriffs Nation auf den Staat beschränkte sich auf die Gemeinsamkeit der Gesetze, doch konnte die Gemeinsamkeit sich auch auf
verschiedene Nationen beziehen, die in einem Territorium wohnten. Die politische Wirkung des moderneren Gedankengangs von
Thomas Abbt tat sich in Deutschland allerdings langsamer und
weniger effektiv kund als in Frankreich, weshalb dieser langfristig
gesehen wichtigste Durchbruch zum politisierten Begriff der Nation
am Beispiel der Französischen Revolution von 1789 verfolgt werden
muß.

Die aufgeklärten Schriftsteller fanden sich mit der frühneuzeitlichen Beschränkung der Nation auf die ständische Repräsentanz
eines Landes immer weniger ab. Einer dieser Schriftsteller, der französische Abbé Sieyes, gab dieser Unzufriedenheit in einer Situation
propagandistisch Ausdruck, die sich als revolutionär herausstellen
sollte. 1789 veröffentlicht, aber schon 1788 während des Zusammen-
tritts der Notabelnversammlung geschrieben, entfaltete seine
Schrift »Qu'est-ce que le Tiers état?« ihre Wirkung, als in Frankreich
zur Bewältigung der Jahrzehnte währenden finanziellen, sozialen
und politischen Krise des absoluten Staates erstmals seit 1614 die
Generalstände einberufen wurden. Ein Drittel dieser Versammlung
stellte der dritte Stand.

Nach langem Hin und Her über Verfahrensfragen folgten die Vertreter des dritten Standes der wenige Monate vorher vom Abbé
Sieyes verkündeten Maxime. Auf die Frage »Was ist der dritte
Stand?« hatte Sieyes geantwortet: Der dritte Stand war bisher
nichts, doch tatsächlich umfaßt er »alles, was zur Nation gehört«.
Aus der Nation schloß indes Sieyes seinerseits alle nicht zum dritten Stand gehörigen Schichten aus und bemerkte, eine Nation sei
»eine Körperschaft von Gesellschaften, die unter einem *gemeinschaftlichen* Gesetz leben und durch dieselbe *gesetzgebende Versammlung* repräsentiert werden«.[92] Da der Adel durch Privilegien
von dem gemeinschaftlichen Gesetz gesondert sei, gehöre er nicht
dazu. Der Auftrag an die Repräsentanten der Nation gehe vom Volk
aus, auch dies sei beim Adel nicht der Fall. Als die Vertreter des
dritten Standes in den Generalständen sich gesondert zur Nationalversammlung erklärten, betrachteten sie sich gemäß diesen Maximen als die Repräsentanten der Nation, und das hieß des Volkes
mit Ausnahme der privilegierten Schichten. Der auf Jean-Jacques
Rousseau zurückgehende Gedanke der Volkssouveränität und die
Einheit der Nation fanden so ihren Ausdruck in einem gemeinsamen Organ der Repräsentation. In einer solchen Nationalversammlung mußte eine ungleich größere soziale und politische Energie
versammelt sein als in den herkömmlichen ständischen Repräsenta-
tionsorganen: In ihr verkörperte sich quantitativ gesehen fast die
gesamte Bevölkerung, das Volk und das Land.

Tatsächlich kam in diesem Begriff der Nation und der sie
repräsentierenden Nationalversammlung die Teilnahme der Bürger
an den öffentlichen Angelegenheiten zum Ausdruck. Hiermit
wurde zwar die ältere Tradition des Begriffs der Nation und seine
Reduzierung auf Führungsschichten wieder aufgenommen, doch

Sieyes als Abbé vor der Revolution, Kupferstich, um 1810

Die Titelfrage seiner Streitschrift
»Qu'est-ce que le Tiers état«
machte Sieyes berühmt, der als
Mitglied der Generalstände 1789
führend am Schwur im Ballhaus
beteiligt war und im Konvent für
den Tod Ludwigs XVI. stimmte.

verband sich Montesquieus Verständnis mit dem Rousseaus und weitete sich so im Prinzip auf den gesamten dritten Stand aus. Der Bürger wurde zumindest der Idee nach – wie bei Thomas Abbt – zum Staatsbürger. Diese Entwicklung kündigte sich in Frankreich seit Mitte des 18. Jahrhunderts an, als der Begriff der Nation bei der Berichterstattung über die antiabsolutistische Parlamentsopposition immer mehr mit Freiheitspathos durchtränkt wurde[93] – obwohl es sich tatsächlich um eine ständische Opposition der Privilegierten handelte. Nach 1770 verband sich der Begriff »nation« immer enger mit den Termini »loi« und »constitution«.[94]

Die Entwicklung der modernen Nation vollzog sich in Frankreich in einem trotz aller Krisen und trotz des auch dort existierenden Regionalismus vergleichsweise geschlossenen Staatswesen, das in Deutschland fehlte. In der Verbindung mit der gesamten Nation, zu deren Sprachrohr sich die von den aufgeklärten Schriftstellern hergestellte »öffentliche Meinung« entwickelte, gewann dieser aus der Revolution gestärkt hervorgehende Staat eine uneingeschränkte demokratische Legitimierung durch ein Staatsvolk, das es in diesem strengen Sinn vorher nicht geben konnte. »Erst im Verfassungsstaat ... vermag sich das Volk zur Nation zu integrieren, weil es sich erst hier politisch seiner selbst bewußt wird.«[95] Das Erwachen der Nation war identisch mit dem *politischen* Erwachen des – vor allem durch die intellektuellen Vertreter des dritten Standes repräsentierten – Volkes. Die vom Abbé Sieyes auf die Spitze getriebene Politisierung richtete sich gegen den monarchischen Absolutismus, nicht aber gegen ein anderes Volk. Nation in diesem demokratischen und sozial umfassenden Sinn[96] war mit Idee und Struktur des Absolutismus unvereinbar, die Tage der absolutistischen Staaten Europas waren gezählt.

Eine im Nationalismus des 20. Jahrhunderts zeitweilig dominierende Kategorie fehlte diesem Verständnis von der Nation im 18. Jahrhundert völlig: die der Rasse. Dies charakterisiert sowohl die politische Realität als auch die sich mit ihr auseinandersetzende französische Diskussion im letzten Jahrhundertdrittel, für die beispielsweise der Artikel »nation« aufschlußreich ist, den Diderot für die »Encyclopédie« verfaßte und der Parallelen zu den Definitionen Zedlers und auch Abbts aufweist, wenngleich der voluntaristische Aspekt fehlt: Diderots Definition war sowohl historisch-politischer als auch geographischer Natur, das heißt bezogen auf die politischen Pflichten der Bürger in einem gemeinsamen territorial begrenzten Staat. Nation sei ein »Kollektivbegriff, den man benutze, um eine beträchtliche Menge von Menschen zu beschreiben, die in einem Land von einer gewissen Ausdehnung wohnen, das durch feste Grenzen bestimmt sei und dessen Bewohner einer Regierung unterstehen«.[97] Die gemeinsame Untertanenschaft in politischer und rechtlicher Hinsicht bildete also den Kern dieser Definition.

Interessant ist auch Diderots Hinweis auf sprichwörtliche Nationalcharaktere: ihnen zufolge galten die Franzosen als leichtfertig, die Italiener als eifersüchtig, die Engländer als boshaft, die Deutschen als trunksüchtig (offensichtlich nicht nur in Frankreich, erschien doch 1782 in Leipzig eine »Geschichte der deutschen National-Neigung zum Trunke«). Diderot verwies indes solche vermeintlichen »Volkscharaktere« ins unerschöpfliche Reich der Klischees.

Seine Definition des Begriffs »Nation« stimmt im übrigen fast wörtlich mit derjenigen in Chambers' »Cyclopaedia«[98] überein, ja, es handelte sich um eine Übersetzung. Die Einschätzung des Begriffs der Nation durch die Enzyklopädisten[99] als typisch für das französische Ancien régime trifft also nicht zu: Vielmehr finden sich hier gemeinsame Elemente der englischen, deutschen und französischen Aufklärung. Die politische und nichtrassische Akzentuierung wurzelte in der Verbindung des Nationalgedankens mit dem Kosmopolitismus, der ebenfalls für die Aufklärung charakteristisch gewesen ist.

Hier lag ein entscheidender Unterschied zu der später in der deutschen Romantik vorherrschenden Auffassung von der Nation. Unter Aufnahme Herderscher Grundgedanken und vor dem Hintergrund der deutschen Befreiungskriege gegen das Napoleonische Frankreich war für diese nicht – wie in der französischen Aufklärungstradition – die Teilnahme der Bürger an den öffentlichen Angelegenheiten oder auch die individuelle staatsbürgerliche Entscheidung im Sinne Abbts[100] der Kern des Begriffs der Nation, sondern die Zugehörigkeit zur Volksgemeinschaft, die unabhängig von individuellen Willensentscheidungen der Bürger bestehe und eine über sie hinausgehende Kraft sui generis besitze. Dies war, wie sich zeigen sollte, nicht allein ein problematischer, sondern ein politisch gefährlicher Gedanke.[101]

Allerdings liefen im deutschen Kulturraum begriffsgeschichtlich verschiedene Traditionsstränge nebeneinander her: So bezog sich der Begriff seit dem 16. Jahrhundert oft auf den Aspekt, den im 18. Jahrhundert Chambers und Diderot nannten: 1571 heißt es beispielsweise, die Nation sei »ein Volck, das in einem lande erborn ist, ein gantz geschlecht oder menge eins volcks im landt«,[102] während Kant später beide Aspekte – den der Volkszugehörigkeit und den der bürgerlichen Gesellschaft – verband: »Unter dem Wort *Volk* (populus) versteht man die in einem Landstrich vereinigte *Menge* Menschen, in so fern sie ein *Ganzes* ausmacht. Diejenige Menge oder auch der Teil derselben, welcher sich durch gemeinschaftliche Abstammung für vereinigt zu einem bürgerlichen Ganzen erkennt, heißt *Nation* (gens); der Teil, der sich von diesen Gesetzen ausnimmt (die wilde Menge in diesem Volk), heißt Pöbel (vulgus), dessen gesetzwidrige Vereinigung das Rottieren (agere per turbas) ist; ein Verhalten, welches ihn von der Qualität eines Staatsbürgers ausschließt.«[103]

In der sich nach 1800 durchsetzenden Auffassung, die unter anderen Fichte, Jahn und Arndt vertraten, flossen verschiedene Elemente romantischen Denkens mit denen des aufgeklärten Erbes, beispielsweise dem Gedanken einer organischen Entwicklung der Völker, zusammen, ohne jedoch die aufgeklärten Bezugspunkte, beispielsweise den Kosmopolitismus und das Postulat naturrechtlich begründeter Bürgerrechte, beizubehalten. Es ist nicht verwunderlich, daß der alte Kant diesen Wandel des Begriffs der Nation mit Mißtrauen beobachtete und im übrigen nationalistisch motivierte Konflikte zwischen den Völkern als instinkthaft bewertete: »Regierungen sehen diesen Wahn gerne ... Die Vernunft giebt uns andererseits das Gesetz, das, weil instincte blind seyn, sie die Thierheit an uns zwar dirigiren, aber durch Maximen der Vernunft müssen

Denis Diderot und Friedrich Melchior von Grimm, Stich von Regamy

Den größten Erfolg hatte Denis Diderot, gleich Voltaire ein sprühender Geist, mit dem Mammutunternehmen der Enzyklopädie, in der alles Wissen der Zeit vereinigt sein sollte. Sein Freund, der deutsche Baron Grimm, einer der wichtigsten Journalisten Europas, tat viel dazu, den gekrönten Häuptern die Enzyklopädie nahezubringen.

ersetzt werden. Um deswillen ist dieser nationalwahn auszurotten, an dessen stelle patriotismus und cosmopolitismus treten muß.«[104]

Das unterschied die antifranzösischen Elemente der aufgeklärten Kritik von den dezidiert nationalen und antinapoleonischen des frühen 19. Jahrhunderts: Im 18. Jahrhundert blieben sie in eine soziale Kritik an den Höfen, an absoluten literaturtheoretischen Normen und dergleichen eingebunden. Auch die Hinwendung zur deutschen Kultur und die Betonung ihres Wertes hatte vor dem Hintergrund des prinzipiellen Kosmopolitismus und des übernationalen Zusammengehörigkeitsgefühls der Aufklärer einen spezifischen historischen Stellenwert und keinerlei deutschtümelnden oder gar nationalistischen Beigeschmack. Diese Art des Kosmoplitismus aber war es, die – nicht zuletzt unter dem Eindruck Napoleonischer Fremdherrschaft und der auch hier national integrierenden Wirkung des Krieges – einem im Kern unpolitischen Volksbegriff den Weg bereitete, der sich trotz vielfältigen gemeinsamen Erbes vom demokratisch und sozial akzentuierten Volksbegriff der Aufklärer fundamental unterschied.

Als Friedrich Schiller 1797 oder 1801[105] sein Fragment »Deutsche Groeße« schrieb, fragte er nach dem Selbstgefühl der Deutschen, die dem durch nationales Sendungsbewußtsein beflügelten revolutionären französischen Expansionismus unterlegen waren. Das alte Reich stand kurz vor dem von Schiller ganz offensichtlich erwarteten Zusammenbruch, doch behielt er eine Zuversicht, die sich über die unmittelbaren politischen Möglichkeiten erhob: »Deutsches Reich und deutsche Nation sind zweierlei Dinge. Die Majestät des Deutschen ruhte nie auf dem Haupt s[einer] Fürsten. Abgesondert von dem politischen hat der Deutsche sich einen eigenen Wert gegründet, und wenn auch das Imperium unterginge, so bliebe die deutsche Würde unangefochten. Sie ist eine sittliche Größe, sie wohnt in der Kultur und im Charakter der Nation, die von ihren politischen Schicksalen unabhängig ist.«[106] Schiller folgerte aus dem Niedergang des Reiches und der stürmischen Entwicklung der deutschen Kultur am Ende des 18. Jahrhunderts die Dualität des politisch definierten Reiches und der kulturell definierten Nation. Dabei ließ er die Tatsache außer acht, daß Reich und Staat ihrerseits nicht zur Deckung gelangten. Staat machten in Deutschland tatsächlich in erster Linie die Territorien, die Schiller nur indirekt und mit Reduzierung auf die Fürsten erwähnte.

Aus der politischen Not machte Schiller eine Tugend: »... indem das politische Reich wankt, hat sich das geistige immer fester und vollkommener gebildet ... Unsre Sprache wird die Welt beherrschen. Die Sprache ist der Spiegel einer Nation, wenn wir in diesen Spiegel schauen, so kommt uns ein großes treffliches Bild von uns selbst daraus entgegen.«[107] Und auch in ihren »Xenien« dichteten Goethe und Schiller in diesem Sinne:

Deutschland? Aber wo liegt es? Ich weiß das Land nicht zu finden.
Wo das gelehrte beginnt, hört das politische auf... Zur Nation euch
zu bilden, ihr hoffet es, Deutsche, vergebens; Bildet, ihr könnt es,
dafür freier zu Menschen euch aus.[108]

Auch dieser in Schillers Sicht präfigurierten unterschiedlichen Ausformung des deutschen und französischen Begriffs der Nation folgerte Friedrich Meinecke, der deutsche Begriff der Nation be-

inhalte die »Kulturnation«, der französische jedoch die »Staats-
nation«:[109] Dieser Unterscheidung liegt zwar der nicht zu leugnende
Tatbestand zugrunde, daß in Deutschland die Kulturnation lange
vor der politischen Nation existierte. Andererseits wiesen die Auffassungen deutscher Schriftsteller zum Teil in ähnliche Richtung wie
die der französischen. Allein aus diesem Grund ist die Einengung
des deutschen Begriffs der Nation auf den Aspekt der Kultur zu
sehr an der Auffassung der Romantik und Wilhelm von Humboldts
orientiert, als daß sie allgemeine Gültigkeit beanspruchen könnte.
Und auch Schiller schrieb in einer besonderen historischen Situation, die nicht ohne weiteres verallgemeinert und auf die gesamte
deutsche Geschichte bezogen werden kann. Im übrigen existierte in
Frankreich ebenfalls die Akzentuierung der historisch gewordenen
kulturellen Einheit als des eigentlichen Kennzeichens einer Nation.
Die erwähnte Anwendung des Begriffs der Nation auf die geistigen
Repräsentanten anstelle der ständischen bei vielen französischen
Aufklärern demonstriert dies.

Erwartete Schiller, daß demjenigen, der den Geist bildet und beherrscht, endlich auch die Herrschaft zufallen werde, so gelangte
Hegel 1801 in seiner Analyse der deutschen Verfassungsrealität
bereits zu konkreten Forderungen. Er sah deutlich, daß es dem
Reich am Wesentlichsten fehlte, »was einen Staat ausmacht, nämlich eine Staatsmacht, geleitet vom Oberhaupt, mit Mitwirkung der
Teile ... Ein Bestehen des Deutschen Reiches wäre nur auf die Art
möglich, daß eine Staatsmacht organisiert [würde] und das deutsche
Volk wieder in Beziehung mit Kaiser und Reich käme.« Hegel, der
die Territorialstaatlichkeit des Reiches zu den wesentlichen Ursachen seiner Ohnmacht zählte, fragte scharf: »Deutschland: wen
geht dies Land noch was [an], woher sollte ein Patriotismus für dies
Land kommen? ... denn es liegt tief in der menschlichen Natur, sich
nur für das zu interessieren, wofür man handeln, wofür man mit-
beschließen und mitwirken ... kann. Es müßte den Ländern eine Art
Mitwirkung fürs Allgemeine verschafft werden.«[110]

Und eine weitere Ebene der Mitwirkung hielt Hegel für notwendig: diejenige über erwählte Abgeordnete gemäß der Einwohnerzahl zu bildender Wahlbezirke, »die die Auflagen zur Unterhaltung
der Staatsmacht zu bewilligen hätten«.[111] Wie Hegel an anderer
Stelle seiner Schrift ausführte, hatte die Revolution die ständische
Freiheit – die in Deutschland mit dem Begriff der »teutschen Libertät« bezeichnet wurde – in eine staatsbürgerliche verwandelt. Zu ihr
zählte er die »Garantie, daß die Regierung nach den Gesetzen ver-
fährt und die Mitwirkung des allgemeinen Willens zu den wichtigsten, das Allgemeine betreffenden Angelegenheiten [dem] Volk in
der Organisation von einem es repräsentierenden Körper« ermöglicht würde. »Ohne einen solchen repräsentierenden Körper ist
keine Freiheit mehr denkbar; alle anderen Unbestimmtheiten, alle
Leerheit des Freiheitsgeschreis ist durch diese Bestimmung verschwunden.«[112]

Auch in Deutschland verschwand also um 1800 keineswegs der
aufgeklärte, sich in Frankreich durchsetzende Traditionsstrang. Er
verband die Nation zugleich mit dem Staat und mit dem über eine
Repräsentation staatsbürgerlich mitwirkenden Volk. Hegel reflektierte dieses moderne, gesellschaftlich umfassende Verständnis von

Friedrich Schiller, Pastellbild von
Ludovika Simanowitz

»Was heißt und zu welchem Ende
studiert man Universalgeschichte«
war die Antrittsvorlesung über-
schrieben, die Friedrich Schiller
1789 in Jena hielt. Von seiner un-
besoldeten Professur für Geschichte konnte der politisch
engagierte Verfasser der »Räuber«
freilich nicht leben, sondern er
mußte als »Brotschriftsteller« und
Herausgeber das Nötigste verdienen und versuchen, sich die
Schulden nicht über den Kopf
wachsen zu lassen.

der Nation. In ihm gelangte der Wandel zum Ausdruck, den die Revolution in Frankreich bewirkt und über seine Grenzen hinaus als Anspruch der Gebildeten verkündet hatte.

Die Revolution zerstörte die Legitimität geburtsständischer Privilegienordnungen. Der soziale Wandel von der ständischen zur staatsbürgerlichen, aber auch zur Klassengesellschaft war damit ebenso vorgezeichnet wie derjenige von der absoluten Monarchie zum Verfassungsstaat. Wie die gesellschaftliche und verfassungspolitische fand die internationale Ordnung zunächst ein Ende, als Napoleon die Legitimität und das Gleichgewichtsprinzip des europäischen Staatensystems zertrümmerte, bis die Wiener Ordnung 1814/15 es in anderer Form restaurierte. Das alte Reich aber basierte auf der alteuropäischen Maxime der Legitimität, ohne sie waren seine Tage zwangsläufig gezählt, ob durch die Revolution im Nachbarland, Napoleons Empire – das ohne dynastische Legitimität eine neue europäische Ordnung unter Frankreichs Hegemonie schaffen wollte – oder durch den deutschen Dualismus zwischen Österreich und Preußen selbst. Nach 1789 mußte auch in Deutschland früher oder später die Nation die kaiserliche Universalmonarchie ablösen.

Das 19. Jahrhundert wurde dann vom Gedanken der Nation geprägt. Doch nun handelte es sich nicht mehr um die Entwicklung des Begriffs und die Entstehung eines politischen Bewußtseins dieser Problematik, sondern um den schließlich erfolgreichen Versuch, aus den Prinzipien in Form der Nationalstaatsbildung politische Konsequenzen zu ziehen. Trotz mancher neuer gedanklicher Aspekte ergaben sich nun keine prinzipiellen Wandlungen des Begriffs mehr. Statt dessen entfaltete die Kombination des durch den Absolutismus ausgebildeten modernen Staates mit dem auf einem gemeinsamen Territorium lebenden Staatsvolk seit 1789 in Verbindung mit der demokratischen Tendenz unter dem Banner der Nation eine ungeheure politische Dynamik. Im Schlagwort der Volkssouveränität lag der Wandel vom Fürstenstaat zur Bürgernation. Die konsequente Verbindung des nationalen mit dem konstitutionellen Prinzip in der deutschen Einigungsbewegung bis 1848/49 nahm wesentliche Momente des Verständnisses von der Nation wieder auf, wie es sich im 18. und beginnenden 19. Jahrhundert herausgebildet hatte, wobei die deutsche Entwicklung durch wachsende nationale Politisierung charakterisiert ist. Für die Instrumentalisierung des Begriffs der Nation in der nationalstaatlichen Einigungsbewegung war die Schaffung eines größeren und schließlich einheitlichen Wirtschaftsgebiets durch den Deutschen Zollverein von wesentlicher Bedeutung, wie andererseits die vielen Zollschranken und die durch sie sanktionierte ökonomische Zersplitterung Deutschlands die staatliche Einigung verzögert haben.

Der Prozeß der Reichseinigung brachte in der zweiten Hälfte des 19. Jahrhunderts für den deutschen Dualismus und die nationale Bewegung eine politische Lösung kleindeutschen Zuschnitts. Krieg und Diplomatie bildeten wie schon bei der Sicherung der Großmachtstellung Preußens im 18. Jahrhundert die Mittel. Unter dieser doppelten Perspektive dokumentiert sich erneut die epochale Bedeutung des Siebenjährigen Krieges und des ihn abschließenden Hubertusburger Friedens 1763 für eine Geschichte der Deutschen und ihrer Nation.

Titelblatt einer der ersten Wochenschriften in Bayern, 1769

3. Revolution oder Reform?
Das europäische Epochenjahr 1789

Periodisierungen dieser Art bieten einen Schlüssel zum historischen Verständnis, doch dürfen sie nicht dogmatisiert werden. So gewiß 1763 ein Epochenjahr war, so sicher gilt dies für das Jahr 1740. Daneben sind andere Einteilungen denkbar. Immer antworten sie zugleich auf historische Vorgänge wie auf Problemstellungen der geschichtswissenschaftlichen Interpretation.

Die Mitte des 18. Jahrhunderts bildet auch unter dem Aspekt des Bedeutungswandels politisch-sozialer Schlüsselbegriffe und ihrer sozialgeschichtlichen Implikationen einen Einschnitt. Schon Fritz Valjavec betonte 1951, daß sich um 1770 eine Politisierung des deutschen Geisteslebens abzuzeichnen beginne,[113] und Reinhart Koselleck folgerte aus der Analyse von Begriffen als Indikatoren des politisch-sozialen Wandels, »daß seit rund 1770 eine Fülle neuer Bedeutungen alter Worte und Neuprägungen auftauchen, die mit dem Sprachhaushalt den gesamten politischen und sozialen Erfahrungsraum verändert und neue Erwartungshorizonte gesetzt haben«.[114] Und ebenso signalisierte der Sturm und Drang in der deutschen Literaturgeschichte dieser Zeit einen Wandel sowohl des literarischen Geschmacks als auch idealer und gesellschaftlicher Werte: Auf beiden Feldern kündigte sich ein entschiedener Kampf gegen die Aufklärung sowie die Begründung der Klassik an, Herders »Journal meiner Reise im Jahre 1769« entpuppte sich als Schlüsselwerk dieses Aufbruchs.

Auf der anderen Seite mahnt gerade die Geistesgeschichte, die Hypostasierung von Epochenjahren zu vermeiden: Leiteten die Werke Johann Joachim Winckelmanns seit Mitte des Jahrhunderts eine neue vergleichende Interpretation der Kunst ein und begründeten sie ein an der griechischen Klassik orientiertes, bis in den Klassizismus des frühen 19. Jahrhunderts wirksames Schönheitsideal, so konkurrierten in Literatur und Philosophie bis zum Ende des 18. Jahrhunderts mehrere Strömungen. Das Denken der Aufklärung bildet trotz der Politisierung seit 1770 in vielfacher Hinsicht eine diskursive Einheit mit dem späten 17. Jahrhundert,[115] Klassik und Romantik wiesen auf das 19. Jahrhundert voraus: Goethes »Dichtung und Wahrheit« zeichnete literarisch in ebenso individuell geprägter wie stilisierter Form diesen Weg von der Aufklärung über den Sturm und Drang zur Klassik und Frühromantik im Spiegel der politischen und kulturellen Umbrüche seiner Zeit nach. Goethe erwies sich zugleich als gestaltender Zeitgenosse und distanzierter Betrachter. Am Ende dieses windungsreichen, oft dramatischen Weges erging es Goethe fast wie einem Angehörigen der folgenden Generation: Die Nachlebenden sehen die Entwicklungslinien schärfer, doch bleiben diese komplex genug.

Will man in der Philosophiegeschichte ein Epochenjahr markieren, so stößt man zweifellos auf das Jahr 1781: Damals brachte Kants »Kritik der reinen Vernunft« die kopernikanische Wende in der Erkenntnistheorie, Kant selbst aber bildete in eben dem Maße den

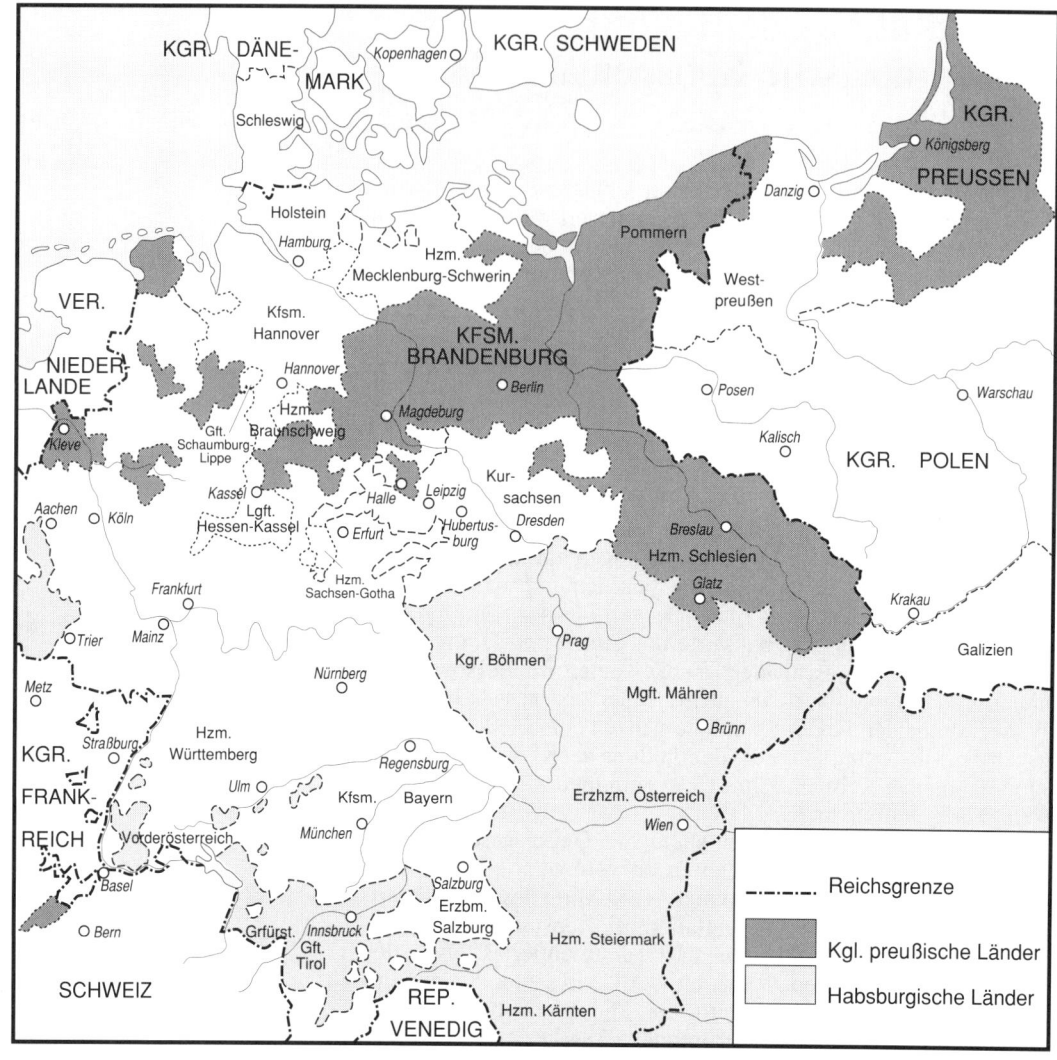

Deutschland 1763

Gipfel aufgeklärten Philosophierens, wie er als Begründer des Kritizismus und des deutschen Idealismus zum Überwinder der Aufklärung wurde, ein »Alleszermalmer« nun auch in ihr.

Das Jahrhundert Lessings, das Jahrhundert Kants, das Jahrhundert Friedrichs des Großen, schließlich das Jahrhundert der Französischen Revolution – das alles und noch viel mehr ist die Zeit seit 1750 gewesen.

Im europäischen Maßstab bedeutete der Ausbruch der Revolution in Frankreich zweifellos ein Epochenjahr allererersten Ranges: Ohne die 1789 eingeleitete politische und gesellschaftliche Umwälzung, die selbst in einem subtilen erkenntnistheoretischen Werk wie Hegels »Phänomenologie des Geistes« (1807) nachhaltig Spuren hinterlassen hat, ist die weitere Geschichte nicht angemessen zu verstehen. Die Revolution war zugleich fundamentaler Bruch mit den bis dahin gültigen Normen der alteuropäischen Tradition und implizierte doch Kontinuitäten über das Jahr 1789 hinaus. Sie stellte eine der möglichen Konsequenzen aus der ideellen, politischen und sozialen Entwicklung des 18. Jahrhunderts dar. Schon die politische Diskussion deutscher Schriftsteller am Vorabend der Revolution ließ die ungeahnte Intensität und Beschleunigung erkennen, die auf die Revolution geradezu hinzueilen schien, und die Revolution selbst steigerte wesentliche Strömungen des Zeitalters in einem bis dahin unvorstellbaren Maß. Dies gilt insbesondere für die ideelle Konstitutionalisierung von Herrschaft, die Modernisierung des Staates und des Heerwesens, die soziale Emanzipation nichtprivilegierter Sozialstände, die Politisierung der Gebildeten und weiter Kreise der Bevölkerung, die erwähnte Nationalisierung des kulturellen und politischen Lebens.

Wenngleich Erscheinungsformen, Zeitpunkt, Verlauf und Intensität der revolutionären Dynamik in den einzelnen Staaten unterschiedlich waren, so wurden sie doch fast alle von ihr ergriffen, lange bevor Napoleon die Ideen von 1789 mit militärischer Gewalt über den europäischen Kontinent zu verbreiten suchte: Vom ersten Tage an elektrisierten die Ereignisse in Frankreich die Gemüter auch der Engländer, Italiener und Deutschen: Der englische Liberale Edmund Burke hielt es bereits 1790 für notwendig, ein rosiges Bild des alten Frankreich zu malen, um die Revolution als unnötig zu entlarven und seine Landsleute gegen revolutionäre Versuchungen zu immunisieren. So fern sein Historiengemälde der Realität des Ancien régime auch blieb, seine visionäre Prognose kommenden revolutionären Unheils erwies sich als zutreffend.

Indes vermochte die Schreckensherrschaft Robespierres keineswegs bei allen Zuschauern, die dieses weltgeschichtliche Drama von den intellektuellen Logenplätzen der Nachbarländer aus betrachteten, die revolutionäre Faszination zu mindern. Im fernen Königsberg hinderte blutiger Terror Immanuel Kant nicht, die Revolution als »Morgenröte der Menschheit« zu preisen: »...ein solches Phänomen in der Menschengeschichte *vergißt sich nicht mehr,* weil es eine Anlage und ein Vermögen in der menschlichen Natur zum Besseren aufgedeckt hat, dergleichen kein Politiker aus dem bisherigen Laufe der Dinge herausgeklügelt hätte, und welches allein Natur und Freiheit nach inneren Rechtsprinzipien im Menschengeschlechte vereinigt...«[116] Der neue Mensch schien zum Greifen nah, Fortschrittspathos und Utopie waren aus den Stuben der Denker auf die Straße geschleudert worden, niemand durfte sie fortan ignorieren, sie zählten zur politischen Realität – Verheißung und Waffe zugleich.

Die evolutionäre Verbesserung der Welt erhielt aggressive Konkurrenz, die Reform hatte sich gegen die Revolution zu behaupten. Was noch 1776 aus der Neuen Welt als fernes Grollen herüberschallte, ergriff 1789 als Donnerschlag des Fortschritts auch die Alte Welt und verband beide. Ob es ein »Zeitalter der demokratischen Revolution« war oder eine »atlantische Revolution«,[117] in jedem Fall unterwarf die Revolution die alten Staaten Europas einem ungeheuren Modernisierungsdruck: Revolutionäre und evolutionäre Tendenzen, Revolution und Reform standen von nun an nebeneinander auf der Tagesordnung der europäischen Politik, bis der Wiener Kongreß das revolutionäre Zeitalter vorläufig beendete. Kaum eines der verbleibenden deutschen Territorien behielt das Gesicht von 1789, ja nicht einmal das von 1800.

Hätte ein preußischer Staatsmann 1788 den Satz formulieren können, den ein konservativer Reformer wie der Reichsfreiherr vom Stein 1807 dem Grafen Hardenberg schrieb: Es komme darauf an, »die Nation zu gewöhnen, selbst ihre Geschäfte zu betreiben«?[118] Die für Stein so wesentliche Idee der Selbstverwaltung wurzelte nicht zuletzt in dieser Überzeugung.[119] Und selbst Hardenberg hätte zwanzig Jahre früher kaum eine so kühne Denkschrift verfaßt wie am 12. September 1807: »Überhaupt gehört eine vernünftige Rangordnung, die nicht einen Stand vor dem anderen begünstigte, sondern den Staatsbürgern aller Stände ihre Stellen nach gewissen Klassen nebeneinander anwiese, zu den wahren und keineswegs zu den außerwesentlichen Bedürfnissen eines Staates.«[120] Allein schon die kontrapunktische Verwendung der Begriffe »Staatsbürger« und »Klasse« und ihre Beziehung auf die »wahren« Bedürfnisse des Staates unterliefen die noch immer bestehende geburtsständische Privilegienordnung Preußens.[121]

Auch ohne genauere begriffsgeschichtliche Analyse bleibt der gesellschaftspolitische Angriffspunkt unübersehbar, nannte Hardenberg doch ausdrücklich diejenigen adligen Privilegien beim Namen, die seiner Ansicht nach künftig entfallen sollten. Durch die Argumentation schimmert die zeitgeschichtliche Erfahrung der Revolution in Frankreich. Hardenberg sah wie Kant in der Revolution trotz aller ihr inhärenten Übel den »großen Weltplan einer weisen Vorsehung« am Werke, als deren Zweck er vermutete, »das Schwache, kraftlos Veraltete überall zu zerstören und nach dem Gange, den die Natur auch im Physischen nimmt, neue Kräfte zu weitern Fortschritten zur Vollkommenheit zu beleben ... Die französische Revolution, wovon die gegenwärtigen Kriege die Fortsetzung sind, gab den Franzosen unter Blutvergießen und Stürmen einen ganz neuen Schwung. Alle schlafenden Kräfte wurden geweckt; das Elende und das Schwache, veraltete Vorurtheile und Gebrechen wurden – freilich mit manchem Guten – zerstört. Die Benachbarten und Ueberwundenen wurden mit dem Strome fortgerissen ... Der Wahn, daß man der Revolution am stärksten durch Festhalten am Alten und durch strenge Verfolgung der durch solche geltend gemachten Grundsätze entgegenstreben könne, hat besonders dazu beigetragen, die Revolution zu befördern und derselben eine stets wachsende Ausdehnung zu geben.« Und Hardenberg beschwor einen Staat, der es vermöchte, »den wahren Geist der Zeit zu fassen und sich in jenen Weltplan durch die Weisheit seiner Regierung *ruhig* hineinzuarbeiten, ohne daß es gewaltsamer Zuckungen bedürfe.«

Hardenberg verarbeitete die Erfahrungen der revolutionären Zeitläufte. Zu ihnen zählten ihre Fortschritte und ihre terroristischen Schrecknisse ebenso wie der Zusammenbruch der mittel- und südeuropäischen Staatenwelt unter den Schlägen Napoleons. Die Schlußfolgerung des preußischen Reformers lautete zwangsläufig: »Also eine Revolution im guten Sinne, geradehin führend zu dem großen Zwecke der Veredelung der Menschheit, durch Weisheit der Regierung und nicht durch gewaltsame Impulsion von innen oder außen – das ist unser Ziel, unser leitendes Princip.«[122]

In der Tat war dieser nachrevolutionäre Reformwille von anderer Qualität als der aufgeklärte Reformabsolutismus, und doch konnte er an diesen nach einer unverkennbaren Phase der Stagnation anknüpfen. Trotzdem bedürften die Reformansätze auch noch der achtziger und neunziger Jahre in einer Reihe von Territorialstaaten stärkerer Beachtung, als ihnen üblicherweise gezollt wird, da diese Reformen von oft reaktionärer Pressezensur begleitet waren.

Die ideellen, politischen, diplomatischen und militärischen Reaktionen auf die Ereignisse seit 1789 zeigen gravierende Phasenverschiebungen und eine unterschiedliche revolutionäre Veränderungsdynamik sowohl der einzelnen Sektoren als auch der deutschen Territorialstaaten: So unbestreitbar die ungeheure ideologische Signalwirkung der Ideen von 1789 gewesen ist, sowenig brach in Gesellschaft, Wirtschaft, Kultur und Diplomatie des Heiligen Römischen Reiches schlagartig ein neues Zeitalter an. Schon in Frankreich selbst existierten nach dem Jahr 1789 fortwirkende Kontinuitäten, auch im revolutionären Mutterland ist die Revolution nur als Prozeß zu interpretieren, bei dem die Fixierung auf einzelne Jahreszahlen oder einzelne bedeutende Ereignisse immer nur sektorale Bedeutung besitzt.

Für die deutsche Geschichte hat das Jahr 1789 noch weniger Zäsurcharakter. Die politische Wirkung der Ereignisse von 1789 bis 1794 zeigte sich in den deutschen Staaten erst viele Jahre später. So blieb beispielsweise die Diplomatie der Reichsstände gegenüber dem revolutionären Frankreich weit davon entfernt, die grundstürzende Veränderung angemessen zu erfassen. Gesellschaftliche, wirtschaftliche und rechtliche Reformen sind insgesamt nur als mittelbare und mittelfristige Auswirkungen der Revolution unter Berücksichtigung spezifisch deutscher Traditionen richtig zu verstehen: Diese sich auf ungefähr zweieinhalb Jahrzehnte erstreckende

Immanuel Kant (1724-1804) im Kreise seiner Tischgenossen, Gemälde von E. Doerstling

Ostpreußen hat Kant niemals, Königsberg kaum je verlassen. Die Welt des Geistes, in der er seine Gedanken wandern ließ, war dem großen Philosophen genug.

63

Zeit revolutionärer Veränderungen relativiert die Epochenscheide des Jahres 1789 für die deutsche Geschichte erheblich.[123]

Auch aus diesem Grund setzt die Darstellung nicht 1789, sondern 1763 ein: Nur so werden die Kontinuität *und* die im *Ergebnis* massive Diskontinuität der deutschen Geschichte vom letzten Drittel des 18. Jahrhunderts bis zur Grundlegung der neueren deutschen Geschichte im frühen 19. Jahrhundert erkennbar. Nur auf diese Weise ist es möglich, die Vorgeschichte und den Bedingungszusammenhang des alle Lebensbereiche ergreifenden Strukturwandels der Zeit um 1800 ebenso zu berücksichtigen wie die Wirkungsgeschichte, die immer die Erfahrung der nachlebenden Generationen voraussetzt, nicht aber der der Zeitgenossen entspricht. In der Verbindung beider Perspektiven liegt indes die fortwirkende Faszination des fundamentalen Umbruchs dieser Jahrzehnte: Er wandelte den Fürstenstaat zur Bürgernation – für sie wurde der Konstitutionalismus essentiell.

II.
Was ist der Deutschen Vaterland? Deutschland im späten 18. Jahrhundert

1. Raum und Bevölkerung in Land und Stadt

Nach dem Siebenjährigen Krieg wurde es im Heiligen Römischen Reich Deutscher Nation wieder friedlicher, für Jahrzehnte war das Reisen durch deutsches Land gefahrlos, Postlinien verbanden Nord und Süd, Ost und West. Das Reichspostgeneralat des Fürsten Alexander Ferdinand von Thurn und Taxis wurde 1744 zum erblichen Thronlehen erhoben und blieb bis zum Ende des alten Reiches 1806 bei dieser Familie, deren Vorfahr Franz von Taxis am Ende des 15. Jahrhunderts das internationale Postwesen begründet hatte. Wer aber wohlhabend genug war, reiste im 18. Jahrhundert nicht mit der Post, sondern in einer eigenen Kutsche.

Der Berliner Verleger, Buchhändler und Schriftsteller Friedrich Nicolai brach 1781 mit seinem ältesten Sohn auf, um Deutschland zu erkunden, und gab einen Reisewagen in Auftrag, den er mit einem Wegemesser versehen ließ: Dem wißbegierigen Mann mißfiel es, daß er immer wieder auf ungenaue oder widersprüchliche Entfernungsangaben stieß, und so wollte er sie bei dieser Gelegenheit selbst prüfen. Keinen Schritt wollte Nicolai nutzlos tun, und da man auch im 18. Jahrhundert nicht überall mit der Kutsche hingelangen konnte, konstruierte er zudem einen Schrittmesser.

Das 18. Jahrhundert war reisefreudig, und Nicolai war ein Reisender unter vielen. Er wählte seine Reiseroute mit Bedacht: Nach Art der Zeit besuchte er eine Reihe bedeutender Zeitgenossen, mit denen er zum Teil schon lange eine lebhafte Korrespondenz unterhielt; außerdem galt es viele kulturelle oder wirtschaftliche Zentren zu besichtigen – Deutschland war schon immer ein polyzentrisches Reich, ohne einen politischen, kulturellen oder wirtschaftlichen Mittelpunkt, wie er sich beispielsweise schon früh in London oder Paris ausgebildet hatte.

Nicolais Bildungsreise dauerte sieben Monate, die enzyklopädische Bestandsaufnahme des Gesehenen, die »Beschreibung einer Reise durch Deutschland und die Schweiz im Jahre 1781«, umfaßt zwölf Bände. Die Beschreibung enthält sogar Angaben über die Bevölkerungsentwicklung der besuchten Territorien und Ortschaften, wobei Nicolai mit Akribie vorhandene Daten überprüfte und korrigierte, neue Zahlenreihen erstellte oder errechnete. Dieser einzigartigen sozial- und wirtschaftsgeschichtlichen Quelle[1] ist oft auch zu entnehmen, wie wenig zuverlässige Informationen über die Ausdehnung und vor allem die Bevölkerung vorlagen und übrigens oftmals bis heute für diese Zeit fehlen: Viele Angaben, auf die wir uns stützen, sind infolgedessen Näherungswerte und Schätzungen; nur für einzelne Städte und Territorien liegen bereits in der zweiten Hälfte des 18. Jahrhunderts genaue zeitgenössische Berechnungen vor, wie sie dann seit dem ersten Drittel des 19. Jahrhunderts üblich wurden.

Die Grenzen des bis 1806 bestehenden und erst durch den Reichsdeputationshauptschluß 1803 völlig umgestalteten alten Reiches änderten sich während der frühen Neuzeit und auch noch während des

Stich aus der französischen Ausgabe von »Gullivers Reisen«, 1797

»Gullivers Reisen« war nur dem Anschein nach eine Satire auf die vielen Reiseberichte des 18. Jahrhunderts, in Wirklichkeit war es eine der schärfsten Anklagen gegen menschliche Gemeinheit und Habsucht.

18. Jahrhunderts häufig. Ein Blick auf die Landkarte zeigt eine außerordentliche Größe und Vielfalt. Sieht man von der Weite des russischen Zarenreiches ab, so umfaßte das Heilige Römische Reich in der zweiten Hälfte des 18. Jahrhunderts zweifellos die umfangreichste, in sich aber ungemein vielgestaltige und farbige Ländermasse Europas. Sie reichte vom Herzogtum Holstein im Norden bis zum Bistum Trient und Riva am Gardasee im Süden beziehungsweise dem Herzogtum Kärnten im Südosten. Im Westen wurde das Reich vom Bistum Lüttich und den österreichischen Niederlanden begrenzt. Die östlichsten Territorien waren das Erzherzogtum Österreich, das Königreich Böhmen, die Markgrafschaft Mähren, Schlesien sowie Hinterpommern. Im Nordosten lag das zwar nicht zum Reichsgebiet, aber zu Brandenburg gehörige Preußen: In diesem souveränen Herzogtum konnte sich Kurfürst Friedrich III. 1701 – ohne daß rechtlich eine Einwilligung des Kaisers notwendig gewesen wäre – zum König in Preußen krönen. Nach der ersten Teilung Polens kamen außerhalb der östlichen Reichsgrenzen noch Westpreußen und der Netzedistrikt zu Brandenburg-Preußen, so daß das preußische Staatsgebiet im Nordosten geschlossen wurde.

Das alte Reich umfaßte nach dem Siebenjährigen Krieg etwa 672 000 Quadratkilometer.[2] 1815 gehörten nach erheblichen linksrheinischen Verlusten zum Deutschen Bund noch 630 000 Quadratkilometer. Davon umfaßte Österreich 197 573 und Preußen ohne die beiden kleinen Exklaven Hohenzollern-Hechingen und Hohenzol-

Berliner Kutschenentwürfe, um 1775

Europa vor 1789

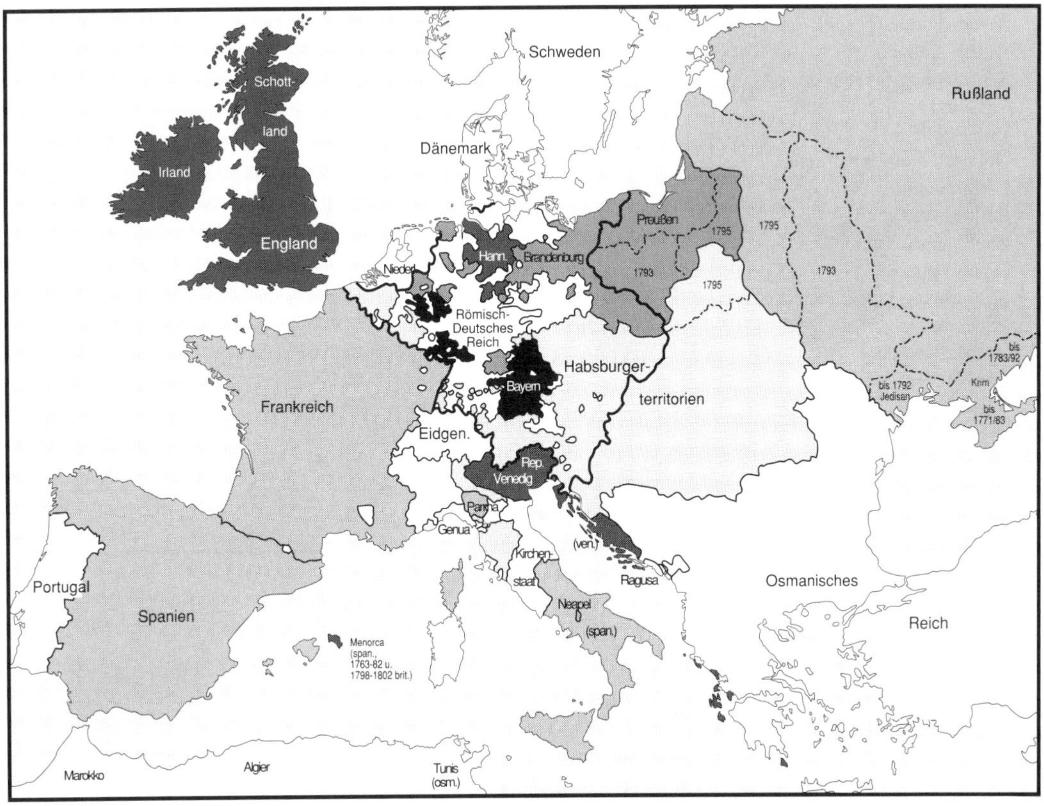

Staaten	Fläche in Quadratmeilen	Einwohner	Einwohner pro Quadratmeile
Österreich	3 480,93	9 765,500	2,850
Preußen	3 307,36	8 730,000	2,639
Bayern	1 499,99	3 630,800	2,420
Sachsen	278,50	1 386,900	4,980
Hannover	695,07	1 463,700	2,106
Württemberg	357,49	1 446,000	4,044
Baden	279,90	1 040,700	3,720
Kurhessen	208,90	585,100	2,801
Hessen	176,60	673,600	3,814
Holstein	172,55	416,500	2,475
Luxemburg	108,60	263,300	2,424
Sachsen-Weimar	66,89	203,500	3,044
Sachsen-Gotha	54,75	193,000	3,525
Sachsen-Meiningen	18,22	58,100	3,182
Sachsen-Hildburghausen	10,97	32,000	2,917
Sachsen-Coburg	28,91	82,700	2,857
Braunschweig	70,37	230,400	3,274
Mecklenburg-Schwerin	223,88	400,000	1,786
Mecklenburg-Strelitz	36,13	75,500	2,090
Holstein-Oldenburg	123,70	240,700	1,956
Nassau	90,40	320,000	3,544
Anhalt-Dessau	16,29	56,200	3,450
Anhalt-Bernburg	15,78	38,200	2,441
Anhalt-Köthen	15,06	33,500	2,225
Schwarzburg-Sondershausen	16,90	46,500	2,752
Schwarzburg-Rudolstadt	19,10	55,300	2,895
Hohenzollern-Hechingen	5,12	14,900	2,810
Hohenzollern-Sigmaringen	18,25	38,000	2,082
Liechtenstein	2,45	5,800	2,368
Reuß ältere Linie	6,84	23,000	3,362
Reuß jüngere Linie	21,10	53,800	2,550
Lippe-Detmold	20,60	71,200	3,461
Schaumburg-Lippe	9,75	25,500	2,616
Waldeck	21,66	54,000	2,493
Hessen-Homburg	7,84	20,400	2,602
Frankfurt am Main	4,33	52,200	12,008
Lübeck	5,50	40,700	7,218
Bremen	3,21	48,500	14,797
Hamburg	7,10	134,500	18,944
Deutscher Staatenbund gesamt	11 495,11	32 070,200	2,790

Der Deutsche Bund im Jahre 1815

lern-Sigmaringen 185 496 Quadratkilometer. Der größte Mittelstaat, Bayern, hatte damals 76 258 Quadratkilometer, das nächstfolgende Königreich Hannover 38 425.[3]

Wie vielgliedrig Deutschland in der zweiten Hälfte des 18. Jahrhunderts noch gewesen ist, zeigt ein Blick auf die Zahl der Territorien: Die Landesherrschaft splitterte sich in 314 selbständige Territorien und über 1 400 Reichsritterschaften auf, bis der Wiener Kongreß die Napoleonische Neuordnung Mitteleuropas modifizierend ab-

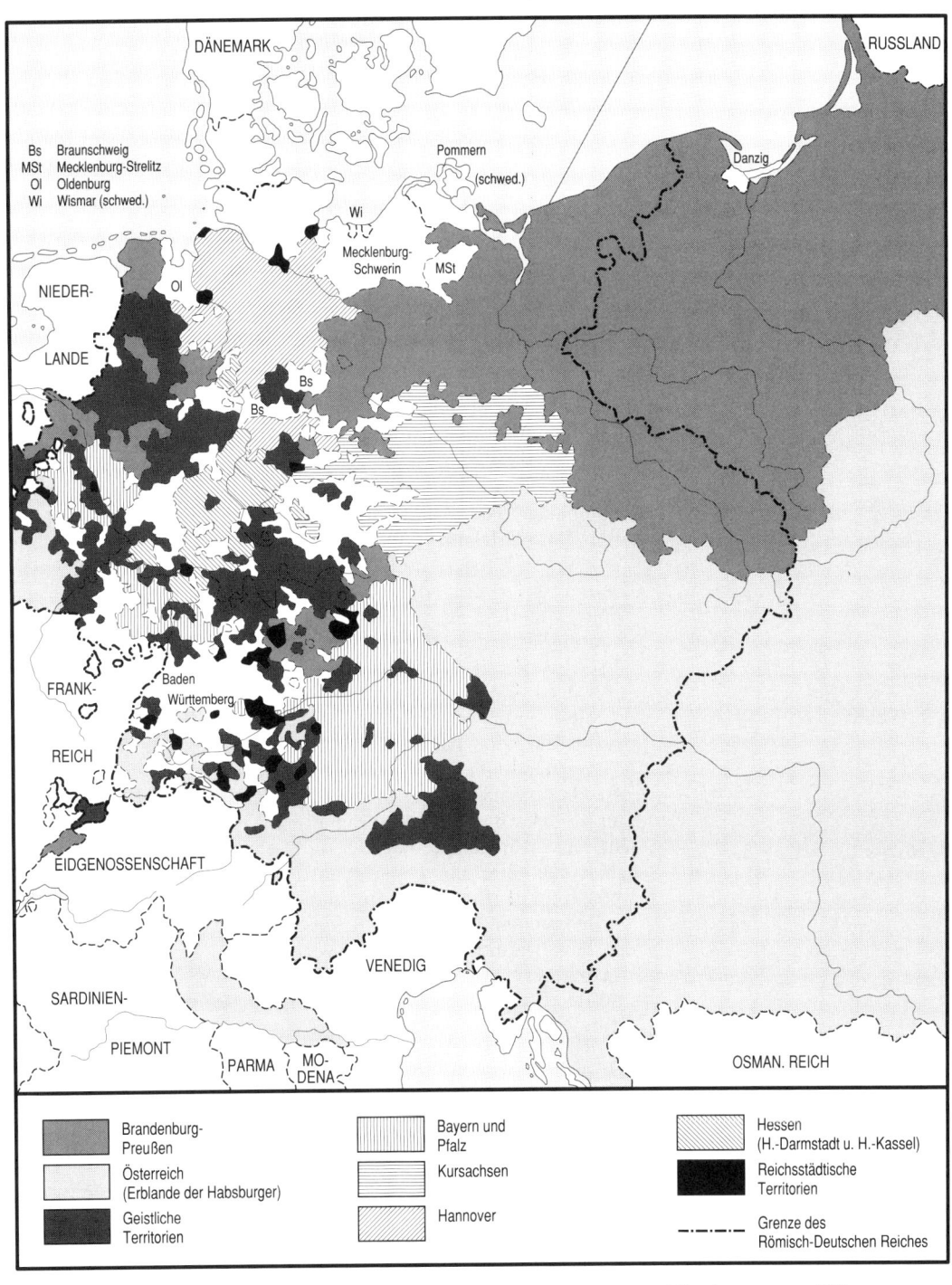

DÄNEMARK

RUSSLAND

Bs Braunschweig
MSt Mecklenburg-Strelitz
Ol Oldenburg
Wi Wismar (schwed.)

Pommern

(schwed.)

Danzig

Wi

Mecklenburg-
Schwerin MSt

NIEDER-

Ol

LANDE

Bs

Bs

FRANK-

Baden
Württemberg

REICH

EIDGENOSSENSCHAFT

VENEDIG

SARDINIEN-

OSMAN. REICH

PIEMONT PARMA MO-
DENA

▨	Brandenburg- Preußen	▥	Bayern und Pfalz	▦	Hessen (H.-Darmstadt u. H.-Kassel)
☐	Österreich (Erblande der Habsburger)	▤	Kursachsen	■	Reichsstädtische Territorien
▨	Geistliche Territorien	▧	Hannover	–··–	Grenze des Römisch-Deutschen Reiches

Mitteleuropa um 1789

schloß: Nach 1815 bestand der Deutsche Bund nur noch aus 39 Einzelstaaten, darunter vier Freien Reichsstädten (Hamburg, Bremen, Lübeck, Frankfurt am Main). Trotz vieler Gemeinsamkeiten führte diese geschichtlich bedingte und staatsrechtliche Trennung oft zu einer unterschiedlichen Bevölkerungs-, Wirtschafts- und Gesellschaftspolitik, die sich unter anderem in Bevölkerungswanderungen auswirkte.

Die das ganze Reich umfassenden Quantifizierungen der Bevölkerungsbewegung sind also für die einzelnen Städte und Landstriche von unterschiedlicher Aussagekraft. Die Erfahrung des Raumes war immer auch die Erfahrung einer individuellen Sozial- und Rechtsordnung, wenngleich gemeinsame Einrichtungen des Reiches über die territorialen Grenzen hinweg Gültigkeit besaßen. Doch prägte sich die Spannung zwischen Reich und Territorialherrschaft in unterschiedlichem Maße aus, je nachdem, ob die eigene Landesherrschaft selbst Staatscharakter verkörperte oder ob es sich um ein Duodezfürstentum handelte, dessen Abhängigkeit von den benachbarten Gebieten nur zu offensichtlich war und dessen Existenz allein von Kaiser und Reich gesichert werden konnte.

So beklagte der Aufklärungsschriftsteller Johann Pezzl 1784 das »Elend der Polykratie« und die »Wirtschaft eines großen Haufens der kleinern Fürsten! und all der unmittelbaren Priester und Laien des heiligen römisch-deutschen Reichs! Man hört hier erbauliche Dinge von dem Regierungswesen jener Quadratmeilen-Monarchen und Miniatur-Höfe. Es sitzt dort manches Fürstlein auf dem Thron, das kaum zwölf Hühner zu regieren im Stande wäre: indessen will es glänzen, will gleiches Schrittes mit den größern einher schreiten; muß seine Köche, seine Pferde, seine Hunde, seine Wesire und seine Truppen haben, sollte auch die ganze Armee nur aus vier Grenadiers, sechs Musketiers und zween Husaren bestehen: und um alles dieses auf die Beine zu bringen, wird die kleine Herde seiner Bauern immer rein bis aufs Hemde ausgezogen. Dies sind überhaupt einige von den Greueln der deutschen Vielherrschaft. Ich hoffe und wünsche zum Heil der Nation, daß sie einst unter Ein Oberhaupt komme, und dies je eher, je besser.«[4]

Die sogenannte Wormser Reichsmatrikel von 1521, die bis Mitte des 18. Jahrhunderts allerdings verschiedene Veränderungen und Ergänzungen erfuhr, enthält eine Aufstellung der Fürstentümer und Reichsstädte des Heiligen Römischen Reiches. Sie bildete die Grundlage für die an das Reich zu leistenden Zahlungen. Doch auch für die territoriale Gliederung ist sie aufschlußreich, führt sie doch die weltlichen und geistlichen Territorien, die Grafen und Herren einzeln auf. Um die Mitte des 18. Jahrhunderts waren von den 1521 offiziell insgesamt 85 – faktisch jedoch nur 68 – Reichsstädten noch 51 freie, das heißt reichsunmittelbare Reichsstädte ganz unterschiedlicher Größe und Bedeutung übriggeblieben: Außer den norddeutschen Hansestädten Bremen, Hamburg und Lübeck und den im 18. Jahrhundert aus kirchlichen, politischen, wirtschaftlichen oder kulturellen Gründen bedeutenden Städten wie Köln, Frankfurt am Main, Nürnberg, Regensburg und Augsburg waren auch sehr kleine Ortschaften wie Isny und Leutkirch im Allgäu Reichsstädte.

Sowohl die Reichsstädte als auch die der Landesherrschaft unter-

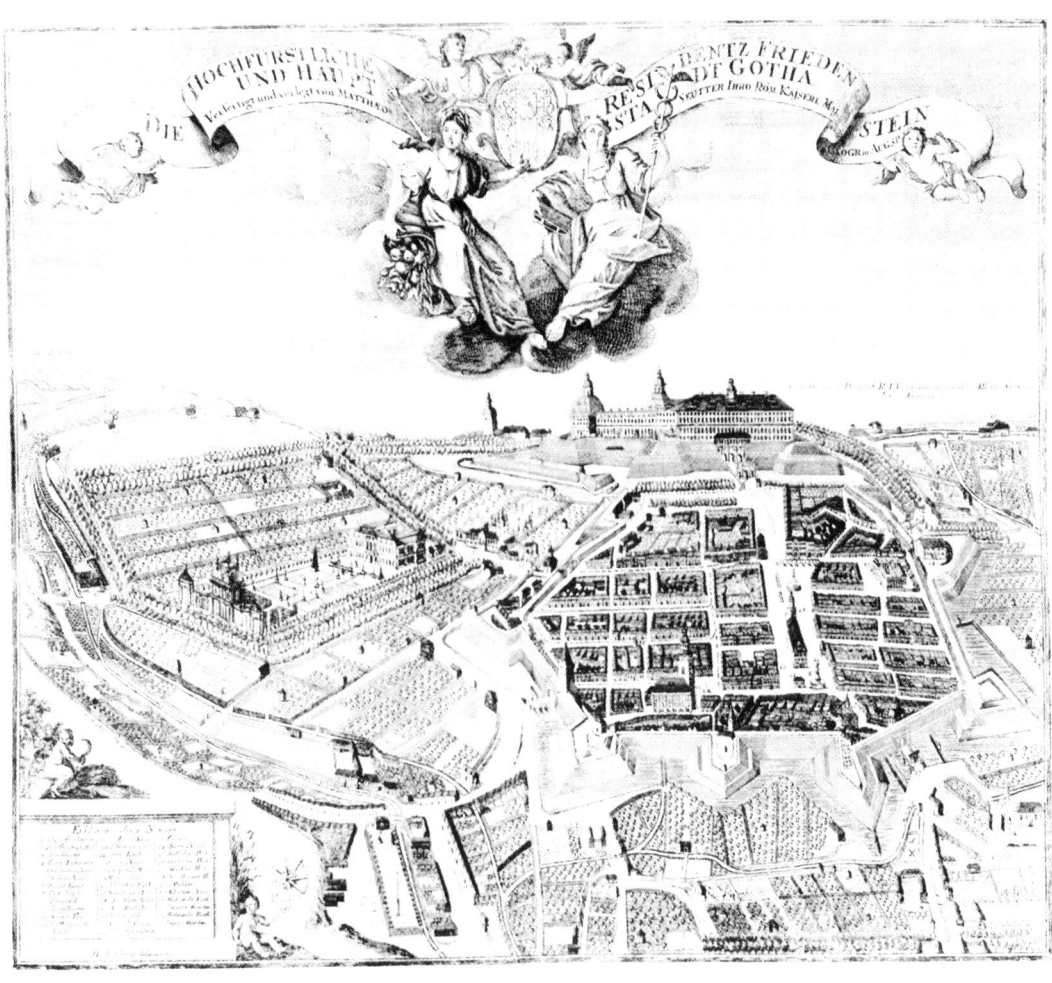

Schloß Friedenstein und die Residenzstadt Gotha des Herzogtums Sachsen-Gotha, Stich von M. Seutter, um 1738

Der neue Typus der Residenzstadt, ein Produkt des absolutistischen Zeitalters, verband das Schloß mit den Wohn- und Produktionsstätten des Volkes, was so bisher nicht der Fall gewesen war.

worfenen Städte sind verfassungsrechtlich zu definieren, wenngleich die wirtschaftliche und gesellschaftliche Struktur dieser Städte sowohl für die Entstehung beziehungsweise Anerkennung von Stadtrechten als auch für die spätere Entwicklung ausschlaggebende Bedeutung gewannen. Dabei verbinden sich rechtliche, soziologische, ökonomische, siedlungsgeographische und städtebauliche Kriterien mit der Raumfunktion der Städte als Orte stärkerer oder geringerer Zentralität.[5] Ein dominierender, epochal zu begrenzender Stadttypus entstand im 18. Jahrhundert nicht, vielmehr herrschen in den frühneuzeitlichen Städten des 18. Jahrhunderts noch mittelalterliche Züge vor, wenngleich ein Wandel zu modernen, sich seit dem 19. Jahrhundert entwickelnden Formen unverkennbar ist. Allerdings trat während des 17. und 18. Jahrhunderts in den Territorialstaaten ein neuer Typus neben die älteren, vor allem reichsstädtischen Formen, dessen Eigenart schon städtebaulich klar hervortritt: die fürstliche Residenzstadt. Weder im Mittelalter noch in der frühen Neuzeit war die Bevölkerungszahl ausschlaggebend für die Kennzeichnung als Stadt.[6]

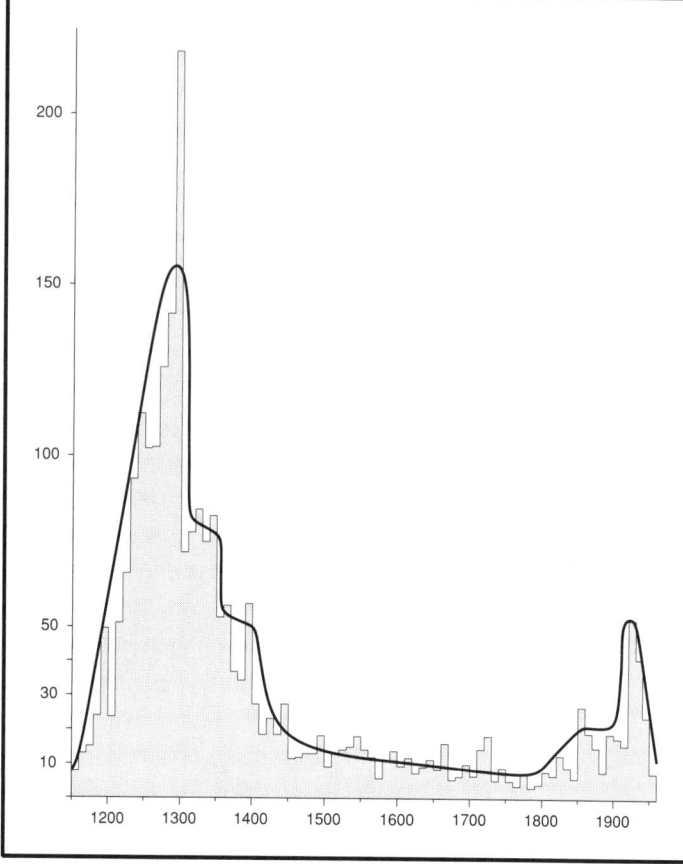

Stufen der Stadtentstehung in Mitteleuropa (erfaßt sind etwa 2 000 Städte)

Die Tabelle macht deutlich, daß das 13. und 14. Jahrhundert, die Zeit der Staufer und der ersten Habsburgerkaiser, die eigentliche Zeit der Stadtgründungen gewesen ist, in den Jahrhunderten danach baute man aus, was damals entstanden war. Erst um 1900 kam wieder eine ähnliche Epoche von Neugründungen städtischer Siedlungen.

Im 18. Jahrhundert konnte jeder Reichsstand vermöge seiner Landeshoheit Stadtrechte verleihen, »es sey, daß eine ganz neue Stadt erbauet oder auch ein bereits vorhandenes Dorf oder ein so genannter Flecken mittelst Anlegung gepflasterter Straßen und Umgebung desselben mit Mauern und Thoren, wie auch mit Gestattung eines eigenen Stadtraths und des Rechts der Zünfte, Jahrmärkte, Bierbrauereyen und anderer bürgerlicher Nahrungszweige, in eine Stadt verwandelt werde. Alles das kann jetzt, ohne der Landeshoheit vorzugreifen, vermöge der kaiserlichen Gewalt nicht geschehen.«[7] Allerdings konnten konkurrierende, durch kaiserliche Privilegien abgesicherte Rechtsansprüche älterer Reichsstädte fortbestehen und die Erhebung zur Stadt verhindern, zumindest aber behindern, beispielsweise beim Einspruch der Stadt Frankfurt am Main gegen die Stadterhebung des benachbarten isenburgischen Offenbach oder bei einem ähnlich gelagerten, allerdings vergeblichen Versuch Hamburgs, die Erhebung des holsteinischen Altona zur Stadt zu unterbinden.[8]

Städteplanung und Städteförderung durch die frühneuzeitlichen Territorialherren zeigten ebenso wie die Heranziehung der Städte zu steuerlichen Abgaben und die seit dem 17. Jahrhundert erfolgende Zurückdrängung städtischer Selbstverwaltungsrechte die enge

Verbindung des fürstlichen Territorialstaats mit den Städten innerhalb seines Herrschaftsbereichs.

Diese Entwicklung stand allerdings im Kontext einer seit 1450 zurückgehenden Zahl von Stadtrechtsverleihungen beziehungsweise Städtegründungen, die zwischen 1450 und 1800 ein »Städtetal« bewirkte.[9]

Die Städtedichte war in manchen Landschaften Deutschlands so groß, daß kein Bedarf zu weiteren Neugründungen bestand – es sei denn, sie erfüllten eine besondere Aufgabe als Residenz- oder Festungsstadt beziehungsweise seit Ende des 16. Jahrhunderts und im 17. Jahrhundert als Exulantenstädte. Dies konnte allerdings auch zur Umformung oder zum Ausbau älterer Städte und Ortschaften führen; insgesamt blieb die Zahl der Neugründungen, verglichen mit der hoch- und spätmittelalterlichen Gründungswelle, bescheiden. Und auch einstmals führende Städte hatten während des 17. und noch mehr während des 18. Jahrhunderts unter einem ökonomischen, handelspolitischen und politischen Bedeutungsverlust zu leiden. Er resultierte unter anderem aus Verheerungen, Besatzungen oder Belagerungen seit dem Dreißigjährigen Krieg sowie aus der Unterbrechung traditioneller Handelswege durch militärische Aktionen oder aus handelspolitischen Erschwernissen von seiten benachbarter Territorien.

Von einem derartigen Niedergang blieben nicht einmal Reichsstädte wie Nürnberg oder Augsburg verschont. In norddeutschen Städten machte sich die Auflösung der Hanse während des Dreißigjährigen Krieges für den Handel nachteilig bemerkbar. Von einschneidender Wirkung erwies sich reichsweit die merkantilistische Politik der Territorialstaaten, die einheimische Produkte begünstigte und die Belegung mit Zöllen verstärkte. Die Landesherren betrieben Wirtschaftsförderung gezielt landespolitisch und setzten damit nicht allein der wirtschaftlichen Selbständigkeit, sondern auch der politischen Eigenständigkeit der Städte hart zu. Auf diese Weise verminderten sie den Spielraum der Reichsstädte, in deren innere Verhältnisse sie nicht eingreifen konnten, erheblich.

Auch die Bevölkerungsentwicklung läßt während des 17. und 18. Jahrhunderts den Niedergang der Städte, vor allem der Reichsstädte, bei gleichzeitigem Aufstieg einiger weniger Residenzstädte erkennen. Zentralität und Unabhängigkeit der großen alten Reichsstädte wandelten sich zur negativen Exklusivität gegenüber dem sie umgebenden Territorium, dessen Flächenstaatlichkeit wirtschafts- und verwaltungspolitisch größere Möglichkeiten bot und vor allem Modernisierungen anstrebte, denen sich die sozialökonomisch stark traditionsverhafteten Reichsstädte widersetzten. Auf der anderen Seite besaßen bedeutende Reichsstädte wie Nürnberg, Straßburg oder Ulm über das engere Stadtgebiet hinausreichende Territorien, die sie während ihrer wirtschaftlichen und politischen Blütezeit erworben hatten und die sie – oftmals mit minderem Recht für die Bewohner – ebenso beherrschten wie die anderen Landesherren ihre Gebiete. So lag beispielsweise die nürnbergische Universität in dem zur Stadt gehörigen, aber nahezu zwanzig Kilometer entfernten Altdorf.

Auch innerhalb der Territorialstaaten schränkten die Landesherren städtische Rechte stark ein, so daß man von »mehr oder weniger gewaltsame[r] *Unterwerfung der Stadt unter den Landesherrn*«[10] sprechen kann. Zugleich verschärfte sich innerhalb der Städte die gesellschaftliche Disziplinierung, die zur Verminderung der Rechte der Bürger gegenüber der Obrigkeit führte. Ohnehin besaßen keineswegs alle Stadtbewohner Bürgerrecht, im 18. Jahrhundert beispielsweise waren es in Augsburg von insgesamt 30 000 Einwohnern nur 6 000.[11] Quantitative Angaben bedürfen hier also der sozialgeschichtlichen Qualifizierung.

Wie die Einwohner die Stadt als Lebensraum empfanden, in welcher Weise ihre ökonomische und gesellschaftliche Struktur, ihr rechtliches Verhältnis zur Landesherrschaft oder ihr politisches zum Reich als Stadtherrn sich ausprägte, konnte außerordentlich unterschiedlich sein. Auch die Kriterien zur Definition der Stadt, die ein ganzes Bündel von Faktoren umfaßt, verschoben sich oftmals im Laufe der frühen Neuzeit und sind jeweils spezifisch zu gewichten. Zu den Definitionsmerkmalen[12] zählen beispielsweise das Stadtrecht, der Charakter der Stadt als »genossenschaftlich organisierter Bürgergemeinde«, die mit einer Gebietskörperschaft verbunden war, die Konzentration von Handel und Gewerbe, von Verwaltungsbehörden, kulturellen Institutionen oder auch Garnisonen, schließlich die spezifische Aufgabe, die einige der frühneuzeitlichen Stadttypen seit dem 16. Jahrhundert prägte. Doch entwickelten sich derartige Charakteristika in jeder Epoche anders und veränderten sich in der Geschichte einer Stadt. Die Stadtgründungen oder städtebaulichen Konzeptionen des 17. und 18. Jahrhunderts sind meist durch Regelmäßigkeit gekennzeichnet, Grundriß und Bebauung von Residenzstädten wie Mannheim oder Exulantenstädten wie Erlangen lassen noch heute ihre Herkunft erkennen.

Die Stadtdichte schwankte regional sehr stark; so konzentrierten sich die Reichsstädte im Südwesten. Die Ursache liegt in der territorialen Zersplitterung dieses Gebiets, die eine Ausbildung großer Landesherrschaften und deren Machterweiterung auf Kosten der Reichsstädte erschwerte und das Überleben selbst kleinster Reichsstädte zur Folge hatte. In Norddeutschland und im Rheinland gab es nur wenige, wenn auch bedeutende Städte, östlich der Linie Lübeck–Regensburg gar keine Reichsstädte. So bildeten nur vierzehn nord- und westdeutsche Städte die auf dem Reichstag zusammengeschlossene Rheinische Bank, darunter die drei Hansestädte sowie Köln, Aachen, Frankfurt am Main, Goslar und Nordhausen. Die Schwäbische Bank, die den süddeutschen Raum repräsentierte, umfaßte insgesamt 37 Städte: von Regensburg, Augsburg, Nürnberg und Ulm bis Kaufbeuren und Bopfingen.

Die Angaben über die Zahl der deutschen Städte in der zweiten Hälfte des 18. Jahrhunderts schwanken ebenso wie die über die Höhe der Reichsbevölkerung. Um 1800 gab es gemäß zeitgenössischen Schätzungen im Reichsgebiet 2 300 bis 2 400 Städte unterschiedlichster Größe, etwa 3 000 Marktflecken, 90 000 bis 100 000 Dörfer und ungefähr 30 000 bis 40 000 Rittersitze, weiterhin Stifte, Klöster sowie zahlreiche Einzelgehöfte.[13]

1762 schätzte der Pionier der deutschen Bevölkerungsstatistik, der Berliner Propst Johann Peter Süßmilch, die Einwohnerzahl Deutschlands auf etwa 24 Millionen, die Europas einschließlich der europäischen Gebiete der Türkei auf insgesamt 130 Millionen.[14]

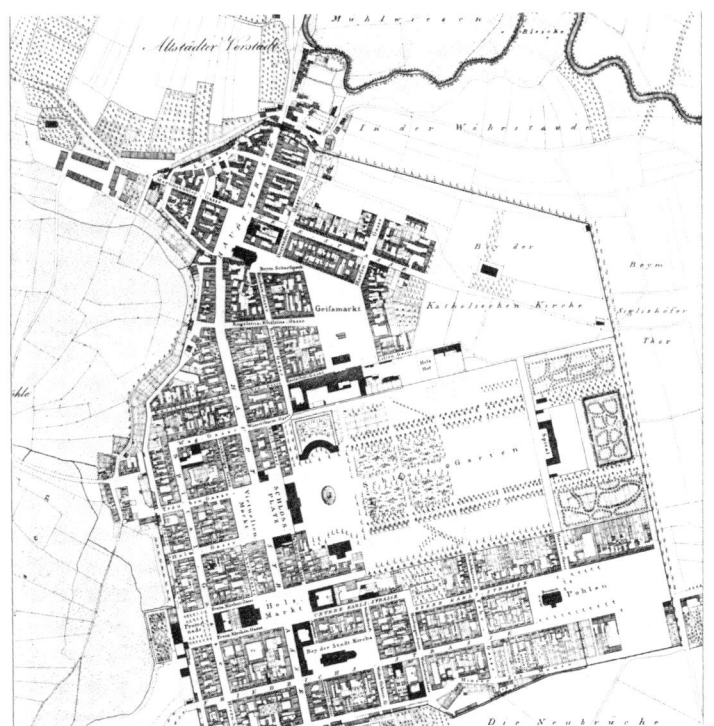

»Große Steuerkarte« von Erlangen aus dem Jahre 1822

Der Grundriß der 1686 gegründeten Hugenottenstadt Erlangen steht für viele vergleichbare rationalistische Neugründungen oder Stadterweiterungen im 18. Jahrhundert, wenngleich die wirklichen Neugründungen in diesem und dem folgenden Jahrhundert gering an Zahl waren.

Diese Schätzungen werden durch andere im wesentlichen bestätigt. Der wohl bedeutendste deutsche Geograph des 18. Jahrhunderts, Anton Friedrich Büsching, der bereits in stärkerem Maße auf amtliches Material zurückgreifen konnte, überprüfte in der neuen Auflage seiner Erdbeschreibung eigene frühere sowie Süßmilchs Berechnungen und schätzte die deutsche Bevölkerung 1779 ebenfalls auf 24 Millionen, während der Göttinger Statistiker Grellmann auf der Grundlage seiner Vorgänger bis zum Jahr 1792, in dem die Revolutionskriege ausbrachen, einen erheblichen Zuwachs der Einwohnerzahl annahm: Ohne Berücksichtigung Savoyens errechnete er für das Deutsche Reich eine Bevölkerung von 29,405 Millionen Menschen, die er nach Reichskreisen und kreisfreien Gebieten aufgliederte.

Von 1512 bis 1806 war das Heilige Römische Reich Deutscher Nation in zehn Reichskreise eingeteilt, die vor allem bei reichsweiten Verordnungen und Maßnahmen einen Zugriff der Reichsinstanzen auf die Glieder des Reiches ermöglichen sollten, beispielsweise im Justizwesen oder im Verteidigungsfalle, wenn ein Heer aufgestellt werden mußte. Außerhalb dieser Reichskreise standen 30 reichsunmittelbare, meist kleinere Herrschaften, einzelne Ortschaften, fünf freie Reichsdörfer, schließlich 1400 bis 1500 reichsritterschaftliche Güter, die ihrerseits in drei Kreisen – dem schwäbischen, fränkischen und rheinischen – organisiert waren.[15]

Insgesamt belief sich also die Einwohnerzahl der Reichskreise auf 22,805 Millionen und die der nicht eingekreisten Territorien auf 6,6 Millionen. Die Bevölkerungsdichte war aufgrund landschaftlicher Gegebenheiten und demzufolge differierender agrarischer

Reichskreise	Millionen Einwohner		Nicht eingekreiste Gebiete	Millionen Einwohner
Österreichischer Kreis	4,840		Königreich Böhmen	2,900
Burgundischer Kreis	2,000		Markgrafschaft Mähren	1,200
Kurrheinischer Kreis	1,185		Ober- und Niederlausitz	0,450
Oberrheinischer Kreis	1,170		Preuß. und österr. Schlesien	1,800
Fränkischer Kreis	1,100		Unmittelbare Reichsgraf-	
Bayerischer Kreis	1,960		schaften, Herrschaften und	
Schwäbischer Kreis	2,000		Stifte, die zu keinem Reichs-	
Westfälischer Kreis	2,300		kreis gehören, etwa 1470	
Obersächsischer Kreis	4,000		freie Reichsritterschaften	
Niedersächsischer Kreis	2,250		sowie freie Reichsdörfer	0,250

Einwohnerzahl der Reichskreise

Einwohnerzahl der nicht eingekreisten Gebiete

Strukturen auch außerhalb der städtischen Ballungsräume sehr unterschiedlich. Während sie in manchen Gegenden 4 000 Einwohner pro Quadratmeile beträchtlich überstieg, blieb sie beispielsweise in den norddeutschen Heidelandschaften gelegentlich deutlich unter 1 000 Einwohnern pro Quadratmeile.[16] Angaben über die Bevölkerungsdichte differieren noch stärker als diejenigen über die absoluten Bevölkerungszahlen, sie zeigen aber bereits innerhalb der Territorialstaaten erhebliche Unterschiede. So errechnete Dieterici[17] folgende Bevölkerungsdichten:

Bevölkerungsdichten einzelner Territorien

Territorium	Jahr	Einwohner pro Quadratkilometer
Ostpreußen und Litauen	1766	18,7
	1785	22,8
	1804	24,7
Pommern	1766/1768	14,5
	1786	17,2
	1804	20,0
Sachsen	1766	41,7
	1786	46,6
	1800	52,5
preuß. Rheinprov.	1768	39,4
	1786	45,9
	1793	50,0
Kurmark	1766	24,1
	1786	27,8
	1804	32,4
Schlesien	1765	32,4
	1785	45,6
Westfalen	1766	50,0
	1786	54,8
	1800	54,8
Landgrafschaft Hessen-Darmstadt	1792	53,3

Schon diese Beispiele zeigen die mit Abstand höchste Bevölkerungsdichte in Schlesien, dem preußischen Sachsen, im Rheinland,

Territorium	Fläche in Quadrat-meilen	Ein-wohner	Ein-wohner-pro Quadrat-meile	Städte	Markt-flecken	Dörfer	Häuser
A) Österr. dt. Erbstaaten							
1 Erzherzogtum Österreich							
Niederösterreich u. d.Enns	364,5	} 1 850 000	2631	35	238	4288	150 385
Niederösterreich o. d. Enns mit							
d. hinzugek. Teilen v. Salzb.	342,5			9	69	2959	65 576
				ohne den Inn- u. Salzburger Kreis			
2 Herzogtum Steiermark	399	799 000	2003	20	96	3540	165 653
3 Herzogtum Kärnten	200	278 000	1040	11	25	2081	51 313
4 Herzogtum Krain	196	377 000	1923	19	18	3312	74 654
5 Österr. Friaul nebst dem Gouver-nementsgeb. d. Stadt Triest (ohne d. Karlstädter u. Fiumer Kreis)	138	326 000	2362	10	18	862	40 517
6 Gefürstete Grafsch. Tirol m. d. vorarlbergischen Herrschaften u. d. v. Salzb. erh. Landesanteilen	546	718 000	1315	21	21	3664	98 689
7 Königreich Böhmen	951	3 200 000	3365	277	28	11 913	527 034
8 Markgrafschaft Mähren nebst d. österr. Anteil v. Schlesien	551	1 708 000	3100	119	178	3672	280 239
Summe d. österr. dt. Erbstaaten	3688	9 256 000	2510	521	948	36 291	
B) Galizische Erbstaaten	1523	3 645 000	2393	86	166	5421	550 073
C) Ungarische Erbstaaten							
1 Ungarn	4130	8 000 000	1913	66	691	11 068	883 einzelne Schlösser u. Höfe
2 Siebenbürgen	1046	1 797 000	1718	23	63	2611	1300 einzelne Höfe
3 Königreich Dalmatien nebst d. Karlstädter u. Fiumer Kreis	383	554 656	1448	12	18	2480	
4 Militärgrenze	609	804 777	1321	11	24	1195	3 Festungen
D) Lombardische Staaten							
1 Lombardei	391	2 130 100	5448	17	30	3000	2303 Gemeinden
2 Venedig	440	1 992 100	4527	24	76	2079	
Summe der sämtlichen k. k. österreichischen Staaten	12 210	28 179 633	2308	760	2016	64 145	

Die habsburgischen Erbländer im
Jahre 1818

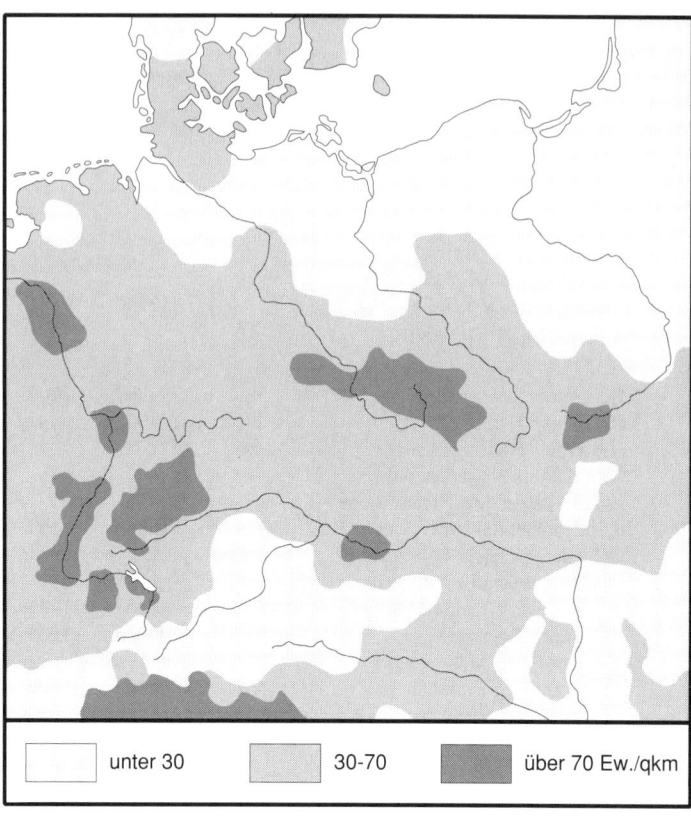

| unter 30 | 30-70 | über 70 Ew./qkm |

Ländliche Bevölkerungsdichte
Deutschlands um 1815

Westfalen und im Rhein-Main-Gebiet – Regionen, in denen die
Industrialisierung früher und intensiver einsetzte als beispielsweise
in den noch für mehrere Generationen überwiegend agrarisch strukturierten ostelbischen Gebieten Preußens.

Zu den am stärksten bevölkerten deutschen Territorien zählte
Württemberg, wo 1757 für Verwaltung und militärische Zwecke
eine periodische Bevölkerungszählung eingeführt wurde, so daß seit
1769 amtliche Zahlen vorliegen, die mit den zum Teil abweichenden
kirchlichen Erhebungen zu vergleichen sind. Gegen Ende des
18. Jahrhunderts umfaßte Württemberg bei einer Fläche von
166 Quadratmeilen eine Bevölkerung von ungefähr 660 000 Menschen; dies entsprach nahezu 4 000 Einwohnern auf eine Quadratmeile. Ein bis zwei Generationen zuvor, um 1750, waren es erst
knapp 3 000.[18] Für 1815 liegen genauere Angaben vor, die dieses Bild
bestätigen. Gemeinsam mit der hohen Bevölkerungsdichte des
Wiener Beckens zeigen diese Angaben, daß der Westen, der Südwesten und Südosten erheblich stärker besiedelt waren als der nord-
ostdeutsche Raum.

Im 18. Jahrhundert lebten indes mit geringfügig abnehmender
Tendenz noch etwa vier Fünftel der deutschen Bevölkerung auf
dem Land, die Urbanisierungswelle setzte erst im frühen 19. Jahrhundert ein, wenngleich zentrale Orte auch schon vorher erhebliche
Anziehungskraft ausübten.[19] Das beweist die überproportionale Bevölkerungszunahme aufstrebender Residenzstädte während dieser
Zeit.

Noch in der zweiten Hälfte des 18. Jahrhunderts gab es hinsichtlich der Bevölkerungszahl im alten Reich nur wenige Großstädte im
modernen Sinn, und diese konnten nicht mit London – das um 1800
bereits eine Million Einwohner erreichte – und Paris – das 1801
immerhin 547 000 Bewohner hatte – Schritt halten. Ebensowenig
war das alte Reich mit Italien – mit dem es den urbanen Polyzentris-
mus gemeinsam hatte – und seiner glänzenden städtischen Kultur
zu vergleichen. In Italien gab es nicht nur die größte Zahl von Städten in Europa, sondern in der zweiten Hälfte des 18. Jahrhunderts
außer dem 350 000 Einwohner zählenden Neapel noch fünf weitere
Metropolen mit mehr als 100 000 Einwohnern.[20] Die größten deutschen Städte im 18. Jahrhundert waren:[21]

Stadt	Einwohner		
	um 1750	um 1800	um 1815/19
Wien	169 000	231 949	264 000 (1823)
Berlin	113 000	172 122	198 000
Hamburg (o. Gebiet)	90 000	130 000	128 000
Lüttich		80 000	
Prag	58 000	72 874 (1786)	84 000 (1823)
Breslau	52 000	57 570	75 000
Dresden	52 052	60 000	65 000
München	35 000	40 000	54 000
Frankfurt am Main	38 000	48 000	42 000
Köln	44 000	50 000	50 000
Augsburg	31 000	36 000	30 000
Leipzig	30 000	40 000	35 000
Nürnberg	30 000	30 000	26 000
Königsberg		60 000	61 000
Bremen		40 000	38 000
Magdeburg		36 000	35 000

Einwohnerzahlen verschiedener
deutscher Städte

Die Bevölkerungszunahme[22] verlief in den einzelnen Fürstentümern des Reiches unterschiedlich, sie ist aufgrund der häufigen
Grenzveränderungen für einzelne Territorien schwierig oder kaum
vergleichend darzustellen, so daß die Einzelangaben ebenfalls unter
Vorbehalt stehen.[23] Trotzdem lassen sich für eine Reihe von Territorialstaaten oder ihre Provinzen aufschlußreiche Näherungswerte
angeben. So wuchs die Bevölkerung von 1700 bis 1800 beispielsweise
in Pommern um 138 Prozent, in Schlesien um 100 Prozent, in Württemberg um 94 Prozent. Verallgemeinert und auf alle Territorialstaaten bezogen werden können diese Steigerungsraten jedoch nicht.
Besonders deutlich wird dies im Falle Brandenburg-Preußens, wo
außer einem Anwachsen der Bevölkerung vor allem territoriale Er-
weiterungen sowie Wanderungsgewinne erheblich zu Buche schlugen.
Insgesamt verdoppelte sich die Bevölkerungszahl Preußens innerhalb von zwei Generationen von der Mitte des 18. bis zum
frühen 19. Jahrhundert. Dies wurde keineswegs als beängstigend
empfunden – im Gegenteil, lautete doch die Maxime der merkantilistischen Bevölkerungspolitik, die Friedrich der Große in seinem
Politischen Testament von 1786 zum Ausdruck brachte: die Be-

völkerung sei der »wichtigste Gegenstand der Regierung ... weil mit viel Bevölkerung der Fürst erst eigentlich reich ist«.[24] Die Konsequenz solcher Überzeugung lag in der gezielten Förderung der Einwanderung, die bereits der Große Kurfürst betrieben hatte, als er auf die Aufhebung des Edikts von Nantes am 29. Oktober 1685 mit dem Edikt von Potsdam antwortete und damit ungefähr 20 000 Hugenotten ins Land holte.[25] Auch hierin zeigte sich im übrigen, wie wenig Bedeutung der volksmäßigen Einheit eines Staates im 17. und 18. Jahrhundert beigemessen wurde.

Schon nach der Einverleibung Schlesiens erreichte Preußen im Jahre 1748 eine Einwohnerzahl von 3 479 649, die sich nach dem Siebenjährigen Krieg aufgrund der hohen Verluste kaum gesteigert hatte: Sie betrug 1764 noch immer erst 3 616 178, dann jedoch wuchs die Bevölkerung rapide: 1789 hatte Preußen 5 668 294 Einwohner, um 1800 schon 6 220 951.[26] Nach dem Wiener Kongreß 1816 waren es bereits 10,4 Millionen, wobei freilich auch jetzt die Gebietsgewinne erheblichen Einfluß hatten.

Zwischen 1685 und dem frühen 19. Jahrhundert, also vom Ende der Regierungszeit des Großen Kurfürsten bis zu derjenigen König Friedrich Wilhelms III., wanderten insgesamt 345 518 Personen aus anderen deutschen Territorien beziehungsweise dem Ausland nach Preußen ein, davon allein 284 487 während der Regierungszeit Friedrichs II., 1740 bis 1786.[27] Das entspricht unter Einbeziehung der Bevölkerungszunahme durch den Gewinn Schlesiens ungefähr einem Sechstel des Bevölkerungswachstums Preußens während dieser Jahrzehnte. Die Kolonisten nahmen während der Regierungszeit Friedrichs des Großen in erheblichem Ausmaß Meliorationen vor: Im Oderbruch gewannen sie 225 000 Morgen und im Warthebruch 130 000 Morgen Neuland; in der Kurmark wurden 100 000 Morgen Wiese kultiviert.[28]

Auch die Einwohnerzahl der deutschen Erbländer des Hauses Habsburg stieg seit der Mitte des 18. Jahrhunderts beträchtlich; zwischen 1750 und 1850 verdoppelte sich die Bevölkerung nahezu, allerdings begann auch hier die Zeit explosionsartigen Wachstums erst im frühen 19. Jahrhundert. 1754 lebten in diesen Ländern ungefähr 6,135 Millionen Menschen.[29] Bis 1805 stieg die Einwohnerzahl der deutschen Erbländer Habsburgs auf 9,263 Millionen an, die deutschstämmigen Bewohner bildeten in diesem Reich bereits eine Minderheit, betrug die Gesamtzahl der habsburgischen Untertanen doch 25,588 Millionen.

Im Jahre 1822, wenige Jahre nach der Gründung des Deutschen Bundes und den territorialen und politischen Neuordnungen Deutschlands seit 1803, hatte Preußen nach Einwohnerzahl und Fläche seinen Rivalen Österreich in bezug auf dessen deutsche Länder schon überholt:[30]

Territorium	Einwohner
Böhmen	1 941 000
Mähren	867 000
Schlesien	154 000
Niederösterreich	930 000
Oberösterreich	430 000
Steiermark	697 000
Kärnten	272 000
Krain, Görz, Gradisca	447 000
Tirol und Vorarlberg	397 000
Gesamt	6 135 000

Einwohnerzahlen der habsburgischen Erbländer um 1754

Flächen und Einwohnerzahlen Österreichs (deutsche Erbländer) und Preußens um 1822

Territorium	Fläche in Quadratmeilen	Einwohner
Österreich (deutsche Erbländer)	3 723,21	9 795 500
Preußen	5 014,61	11 277 500

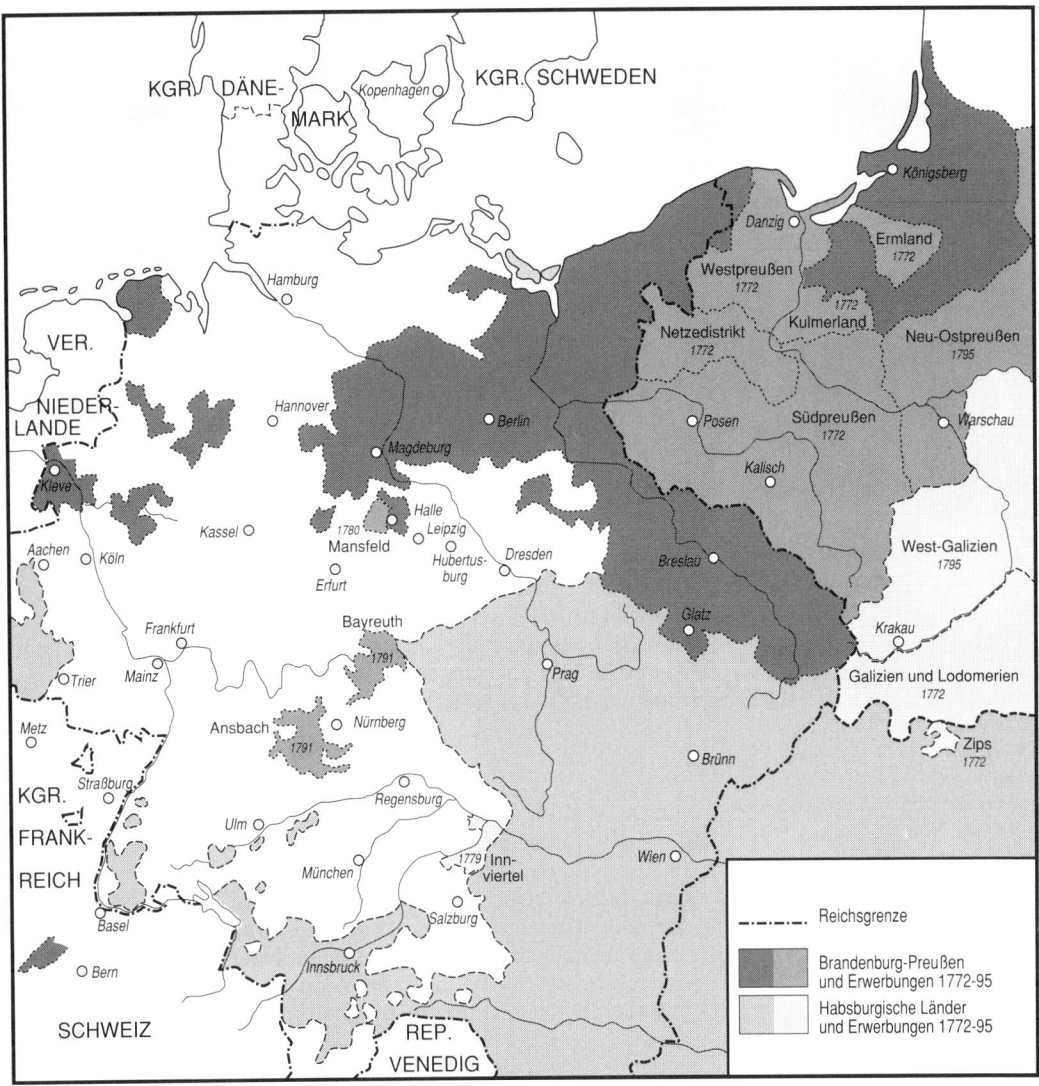

Preußen und Habsburg bis 1795

Die durchschnittliche Einwohnerzahl lag in den deutschen Erbstaaten des Habsburgerreichs etwas höher als in Preußen; im Jahre 1805 wurde eine Bevölkerungsdichte von 2 538 Einwohnern pro Quadratmeile berechnet, während sie in Preußen nur 1 744 betrug.[31] Im restlichen Deutschland erreichte die Bevölkerungsdichte damals 2 422 Einwohner pro Quadratmeile, wenngleich sie in den großen Reichsstädten freilich erheblich höher lag: in Hamburg bei 25 000, in Bremen bei 17 333, in Frankfurt am Main bei 6 927, in Lübeck bei 5 000 und in Nürnberg bei 3 500.[32]

Auch die habsburgischen Herrscher betrieben seit Ende des 17. Jahrhunderts eine merkantilistische Bevölkerungspolitik und nutzten deren Erfolge für Kolonisationen, allerdings erstreckten sie sich weitgehend auf die außerdeutschen Gebiete. So wurde der größte Teil der aus Süd- und Südwestdeutschland stammenden

Ansichten von Kolonistenhäusern im Banat, 1767

Den Bau eines Kolonistenhauses, *wie ein solches von gestampfter Erde füglich und dauerhaft herzustellen ist,* beschreibt Zacharias Johann Sax am 20. Januar 1771: *Die Haubt- und Schiedmauer komen von gestampfter Erde, wann gut und tauglicher Boden außerhalb mit einem Schuch Absatz; von 1 1/2 Schuch die gesamte Mauer dick und 1 Schuch dief das Fundament...*
Das Dach kommet von Stanglrohr oder Rohrenstroh einzudecken. Der Boden mit Siebenbürger Laden überlegt.

Kolonisten in Ungarn, später in den Karpaten sowie während der siebziger Jahre des 18. Jahrhunderts in Galizien und der Bukowina angesiedelt. Schätzungen zufolge waren es unter Maria Theresia 47 000 und unter Joseph II. 38 000 Kolonisten; letzterer ermöglichte aufgrund seiner Toleranzgesetzgebung seit 1781 auch die Ansiedlung von Protestanten, die nach 1786 allerdings vermindert und ohne staatliche Planung fortgeführt wurde. Von der Mitte des 18. bis zum Beginn des 19. Jahrhunderts zählte man in den Ländern des Hauses Habsburg insgesamt 90 000 zum größten Teil aus der Pfalz, Lothringen, Hessen, Mittelfranken, Schwaben und Bayern stammende Kolonisten.

Die merkantilistische Bevölkerungspolitik war in Österreich nicht ganz so erfolgreich wie die »Peuplierung« im Friderizianischen Preußen, obwohl sie mit dem Nationalökonomen Johann Heinrich von Justi und Joseph von Sonnenfels einflußreiche Protagonisten fand. Gerade der zum bedeutenden Gelehrten und politischen Reformer aufgestiegene Joseph von Sonnenfels, der 1797 in den Stand eines Reichsfreiherrn erhoben wurde, verkörperte eindrucksvoll die Verbindung humanitär-aufgeklärter Zielsetzung mit staatlich-ökonomischem Interesse: Für die einwanderungsfreundliche Bevölkerungspolitik gab es mehrere Motive, zu denen im übrigen auch Agrarreformen zählten. Die Steigerung der landwirtschaftlichen Erträge, der Bauernschutz sowie die Ansiedlung freier, nicht der Leibeigenschaft unterworfener Bauern trugen insgesamt zur Verbesserung der Ernährungslage bei, die ihrerseits eine der wesentlichen Ursachen des Bevölkerungswachstums seit der Mitte des 18. Jahrhunderts war.

Die jeweilige Ernährungslage läßt sich nicht allein am Bevölkerungswachstum ablesen, kaum minder aussagekräftig ist der Wanderungsverlust. Neben religiösen Motiven waren für die Auswanderung auch aus deutschen Territorien vornehmlich wirtschaftliche Gründe ausschlaggebend. So hatten die im Donau- und Schwarzmeergebiet angesiedelten Schwaben – man sprach damals von »Schwabenzügen« – ihre Heimat in der Regel wegen der schlechten ökonomischen Bedingungen verlassen. Und ähnlich verhielt es sich in anderen Regionen, zum Beispiel im Münsterland: Zahlreiche Westfalen zogen wegen des Mangels an Arbeitsplätzen in die Niederlande – die Zeitgenossen bezeichneten diese Abwanderung als »Hollandgängerei«.

Vom Ende des 17. bis zum Ende des 18. Jahrhunderts belief sich die Zahl der auswandernden Deutschen nach Schätzungen auf 200 000. Viele gingen nach Nordamerika. Für die Zeit um 1750 schätzt man die Zahl der deutschen Siedler in den dreizehn englischen Kolonien Nordamerikas auf etwa 100 000.[33] Auch der Soldatenhandel deutscher Fürsten nach Amerika erreichte in den Jahren 1775 bis 1783 ein beträchtliches Ausmaß: Braunschweig, Hessen-Kassel, Hessen-Hanau, Waldeck, Ansbach und Anhalt-Zerbst verkauften während des amerikanischen Unabhängigkeitskrieges insgesamt 29 166 Soldaten an die Engländer, von denen nur 17 313 zurückkehrten; vor allen anderen bereicherte sich der Landgraf von Hessen-Kassel an diesem »Geschäft«, für das er 16 992 Soldaten »lieferte«. England gab an Löhnung, Werbegeld und Subsidien während dieser Zeit insgesamt 6 096 857 Pfund Sterling aus.[34] Natürlich übten schon Zeitgenossen an diesem Menschenhandel scharfe Kritik, und es ist kein Zufall, daß die ersten Zahlen zum Soldatenhandel von dem aufgeklärten Göttinger Historiker und Staatswissenschaftler August Ludwig Schlözer stammten, der sie bereits 1778 einem empörten Publikum in seinen »Staats-Anzeigen« mitteilte.

Die Wanderungsbewegungen konstituierten sich also aus Bevölkerungsgewinnen und -verlusten. Auch sie müssen veranschlagt werden, wenn man das rasante Anwachsen der deutschen Bevölkerung seit Mitte des 18. Jahrhunderts angemessen einschätzen will. Die wesentlichen Ursachen aber waren die Verbesserung der Ernährungslage, die eine Stärkung der Widerstandskraft bewirkte, Fortschritte in der Hygiene und der Medizin, die allmählich bessere Möglichkeiten zur Bekämpfung von Epidemien schufen. Nach neueren Erkenntnissen war die Steigerung der Geburtenrate, mit der ein »dauerhafter natürlicher Geburtenüberschuß« erzielt wurde, von größerem Einfluß auf das Bevölkerungswachstum als die Verminderung der Sterblichkeitsrate. Diese allgemeinen Einschätzungen bedürfen indes der Spezifizierung nach Regionen sowie nach sozialen Schichten. So gelangt eine neuere Untersuchung zu dem Schluß: »Die Bevölkerungsexpansion in Regionen des ländlichen Gewerbes erscheint weitgehend als die eigentümlichste Folge hausindustrieller familienwirtschaftlicher Produktion unter den makroökonomischen Produktionsbedingungen des ländlichen Gewerbes.«[35] Die Zahl der Kinder steigerte die Überlebensmöglichkeiten, Kinder bildeten »lebendes Kapital« der Eltern. Die Senkung des Heiratsalters trug in solchen Regionen zur Erhöhung der Fertilität bei. Zugleich verminderte sich aufgrund des Arbeitskräftebedarfs die Abwanderung in die Städte.

Auch waren mit der »Verbesserung von Ernährung und Hygiene« alles andere als befriedigende Verhältnisse geschaffen: Verglichen mit den Fortschritten seit dem Ende des 18. und zu Beginn des 19. Jahrhunderts war die Situation für die Masse der Bevölkerung – besonders für die Stadtbevölkerung – im 18. Jahrhundert noch miserabel. So gab es in Berlin noch 1785 »Straßen, wo große Kloaken aufgetürmt liegen, faule Sümpfe in beständiger Gärung fließen und schädliches Ungeziefer sich generiert; selbst am königlichen

Einschiffung hessischer Soldaten für England, zeitgenössischer Kupferstich

Während der Kriege in der Neuen Welt befriedigten die Landgrafen von Hessen-Kassel ihre ständige Geldnot durch den Verkauf von 16 992 Untertanen an die Söldnerarmeen des Königreiches Großbritannien.

Schloß sind Exkremente von Menschen und Tieren zu finden, die vor den Vorübergehenden eben nicht die angenehmsten Gerüche verbreiten«.[36] Seit 1660 waren ständig Erlasse wiederholt worden, die beispielsweise das freie Herumlaufen von Schweinen in der brandenburgischen Residenzstadt beschränkten oder schließlich gänzlich verboten. Ein Erlaß des Berliner Polizeidirektoriums befahl den Einwohnern am 19. Februar 1789 nochmals, »die Rinnsteine vor ihren Häusern wöchentlich zweimal reinigen und aufkrücken zu lassen« und dies »schlechterdings bis 5 Uhr gegen Abend bei zwei Talern Strafe zu verrichten. Der Unrat muß nicht auf den Bürgersteig, sondern auf den Straßendamm, jedoch nicht auf Haufen, gebracht werden ... Da auch bemerkt wird, daß die Viehmäster und andere Personen, welche Rindvieh halten, sichs aufs neue beigehen lassen, denen vielfältig deshalb ergangenen Verordnungen entgegen die Kuhjauche von ihren Höfen auf die Straße abzuleiten, wodurch die Straßen sehr verunreinigt werden, so wird hierdurch ein jeder nochmals erinnert, bei 5 Talern Strafe sich des Ableitens der Kuhjauche auf den Straßen schlechterdings zu enthalten.«[37]

Dennoch konnte gegen Ende des 18. Jahrhunderts das durch Epidemien ausgelöste Massensterben – noch im ersten Drittel des 18. Jahrhunderts an der Tagesordnung – allmählich eingedämmt werden. Eine der Geißeln der Menschheit, die Pest, spielte nach der großen Pestwelle zu Beginn des Jahrhunderts, die in der Mark Brandenburg nahezu ein Drittel der Bevölkerung hinweggerafft haben soll – etwa 215 000 Menschen[38] –, im 18. Jahrhundert in Mittel- und Westeuropa keine Rolle mehr, wenngleich der Pesterreger erst 1894 erkannt wurde. Auch hierfür war vermutlich eine Verbesserung der hygienischen Verhältnisse ursächlich, wurde die Pest doch durch den Rattenfloh übertragen, die Bekämpfung der Ratten war also notwendig. Die genaue Ursache für die Zurückdrängung der Pest ist indes bis heute unbekannt.

Zu den auch noch im späteren 18. Jahrhundert epidemisch auftretenden Erkrankungen zählten die Pocken, sie bildeten beispielsweise im Jahre 1777 in Preußen nach der unspezifischen Sammelgruppe »Epilepsie und Zahnkrämpfe« die zweithäufigste, faktisch aber die häufigste Todesursache. In diesem Jahr betrug der Anteil der an Pocken verstorbenen Personen von insgesamt 117 715 Verstorbenen allein 16 492.[39] Unter den in den Jahren 1783 bis 1791 in Berlin verstorbenen 47 367 Menschen befanden sich 4 315 an Pocken erkrankte Kinder, während sich dieser Anteil schon eine Generation später drastisch verminderte: Von 1814 bis 1822 starben 51 389 Berliner, darunter nur noch 535 pockenkranke Kinder. In Württemberg lassen zeitgenössische Angaben einen eindrucksvollen Erfolg bei der Bekämpfung von Pocken erkennen: Starb in den Jahren 1772 bis 1796 noch 1/13 aller Kinder an Pocken, so betrug der Anteil zwischen 1822 und 1833 nur noch 1/1600.[40] Der englische Landarzt Edward Jenner entwickelte bereits 1798 eine Methode der Schutzimpfung mit Hilfe von Kuhpocken, doch waren keineswegs alle Ärzte zu ihrer Anwendung bereit.

Zu den häufigsten Todesursachen gehörten weiterhin fiebrige Lungenerkrankungen und Fleckfieber sowie die Schwindsucht. Die Kindersterblichkeit war extrem hoch; außer auf Pocken, Keuchhusten und Masern war dies auf die hohe Säuglingssterblichkeit sowie die hohe Zahl der Totgeburten zurückzuführen.

Pesthospital in Hamburg, Kupferstich von J. Haas, 1750

Epidemisch auftretende Krankheiten zählten bis in das 19. Jahrhundert hinein zu den Plagen Europas; Pocken, Fleckfieber und Pest dezimierten die Bevölkerung noch bis ins 18. Jahrhundert hinein drastisch. Erst mit der modernen Medizin ab Mitte des 19. Jahrhunderts stieg die Lebenserwartung vor allem der Oberschichten steil an.

Die durchschnittliche Lebenserwartung ist nur für einige europäische Länder beziehungsweise Regionen berechnet worden, sie betrug beispielsweise in Frankreich während des 18. Jahrhunderts 29 Jahre; allerdings war sie erheblich von der Standeszugehörigkeit abhängig: Die höhere Lebenserwartung der Oberschichten resultierte vermutlich aus der gesünderen und ausreichenderen Ernährung sowie besseren hygienischen Verhältnissen. Im übrigen bezeugen Lokalstudien das Ansteigen der Lebenserwartung in der zweiten Hälfte des 18. Jahrhunderts. Sie stieg beispielsweise bei der städtischen Oberschicht Genfs von 41,6 auf 47,3 Jahre. Während der zweiten Jahrhunderthälfte betrug die durchschnittliche Lebenserwartung in Schweden bei Männern 33,7 Jahre, bei Frauen 36,6 Jahre.[41] Eine Untersuchung über das Schweden des Jahres 1760, die als repräsentativ für vorindustrielle Populationen gilt, gelangte zu dem Ergebnis, daß von 100 Neugeborenen lediglich 78 das erste Lebensjahr, 66 das fünfte und nur noch 57 das zwanzigste erreichten.[42]

Allerdings gab es auch in der frühen Neuzeit Menschen, die sehr alt wurden, so der berühmte französische Philosoph Fontenelle, der 1757 im Alter von fast genau einhundert Jahren starb. In Brandenburg-Preußen ließ Friedrich Wilhelm I. im Jahre 1718 eine Statistik über Personen anfertigen, die ein besonders hohes Lebensalter erreichten. Und als Friedrich der Große hörte, in Altwohlau habe ein hundertsechsjähriger Mann in vierter Ehe eine achtunddreißigjährige Jungfer geheiratet, kommentierte er dies mit den Worten, der Greis lebe »als gesunder Mann jetzt der guten Hoffnung..., der Welt in seinem Ehestande noch nützlich zu werden«.[43]

Auch hinsichtlich der Lockerung der Heiratsbeschränkungen brachte Friedrich der Große die preußische Politik auf eine bündige Formel: »Ferner sollen die Offiziere allen Enrollierten des Kantons und allen Soldaten, die Landeskinder sind, einen unentgeltlichen Heiratspermeß erteilen. Das geschieht, um das Land zu bevölkern und die Rasse, die vorzüglich ist, nicht aussterben zu lassen.«[44]

Rekrutenaushebung in Apolda,
Zeichnung von Johann Wolfgang
Goethe, 1779

Dieses »Geschäft« bezeichnete
Goethe in einem Brief an den
weimarischen Herzog Carl August
als »ein unangenehmes, verhaßtes
und schmachvolles«.

Tatsächlich kannte die frühe Neuzeit mehr oder weniger strenge
Heiratsbeschränkungen. So war noch um die Mitte des 18. Jahrhunderts im Hessisch-Darmstädtischen eine Heiratserlaubnis vom vor-
ausgehenden Dienst in der Miliz oder in den Landbataillonen abhängig, in Rottweil erging im Jahre 1782 eine Verordnung, daß der
um Heiratserlaubnis Anhaltende nachzuweisen habe, »ob und wie
er sich zu ernähren imstande sei«. Dieser Gesichtspunkt bildete die
Richtschnur der Heiratserlaubnis während des 18. Jahrhunderts. Im
Herzogtum Württemberg war die Heiratserlaubnis ebenfalls von
der Erfüllung bestimmter Voraussetzungen abhängig, zu denen
unter anderem die Erreichung des 25. Lebensjahres zählte[45] – angesichts der niedrigen Lebenserwartung ein das Bevölkerungswachstum hemmender Faktor.
   Bis zur Einführung der – bis 1814 mit Modifikationen in Kraft bleibenden – Kantonsverfassung von 1733 bedurften auch in Preußen
die Immediatuntertanen auf dem Lande der Einwilligung des jeweiligen Gutsherrn, der – ebenso wie die Landräte, die eigentlich die ge-
nehmigungsfreie Heirat der Kantonisten garantieren sollten – be-
hindernd einwirken konnte: »Der Heiratskonsens des Regiments
oder der Behörde nutzte dem Bräutigam doch nichts ohne die Einwilligung des Gutsherrn, der als einziger der Ehe die wirtschaftliche
Basis im Gutsbereich geben oder sie ihr entziehen konnte. Schwierigkeiten dieser Art ergaben sich beispielsweise, wenn die Verheiratung, selbst wenn sie gegen Loskauf stattfand, der Gutsherrschaft eine Magd entriß, während der Gutsherr lediges Gesinde brauchte.«[46]
   Zu den Konsequenzen dieser faktischen, wenn auch nicht rechtlichen Ehehindernisse zählte nach zeitgenössischen Berichten der
enorme Anstieg der »Unzucht« unter der bäuerlichen Bevölkerung
sowie der – widerrechtliche – Verkauf von Heiratserlaubnissen
durch Offiziere. Auf der anderen Seite wirkte selbst die Rekrutie-

rung von Soldaten in einem Militärstaat wie Brandenburg-Preußen im 18. Jahrhundert »peuplierend«, denn die Zahl der ausländischen Soldaten in preußischen Diensten betrug während des 18. Jahrhunderts vermutlich 300 000 bis 400 000. Und für diese Gruppe wurde die Eheschließung gezielt erleichtert.[47]

Die Zahl der Eheschließungen war für die Entwicklung der Geburtenrate schließlich ausschlaggebend, denn die überwiegende Zahl der Kinder wurde ehelich geboren. Im Jahre 1817 befanden sich unter den 454 031 in Preußen geborenen Kindern beispielsweise nur 33 576 uneheliche.[48] Zeitgenössische Schätzungen demonstrieren näherungsweise den Anteil unehelicher Geburten für einzelne Städte: In Berlin rechnete man für die Jahre von 1789 bis 1798 auf 10,7 Geburten eine uneheliche, 1799 bis 1803 lautete das Verhältnis 9,3 : 1, 1804 bis 1808 7,2 : 1; für Stuttgart beläuft sich die Schätzung für die Jahre 1750 bis 1780 auf 29 : 1, für 1790 bis 1799 auf 12,5 : 1. In Leipzig waren 1789 unter 1 036 Geburten 227 uneheliche, also knapp 18 Prozent. Für München nahm man sogar eine uneheliche auf vier eheliche Geburten an. Der Prozentsatz unehelicher Geburten war in den Städten deutlich höher als auf dem Land, obwohl diese im bäuerlichen Milieu oftmals eher toleriert wurden als im städtisch-bürgerlichen und in vielen Fällen durch spätere Eheschließung eine Legitimation erfolgte. Ende des 18. Jahrhunderts kam im deutschen Durchschnitt in den Städten auf zehn eheliche Kinder ein uneheliches. Auf dem Lande betrug das Verhältnis 16 : 1.[49]

Allerdings ist die Dunkelziffer außerordentlich hoch, da Abtreibung und Kindesmord als Reaktion auf kirchliche, gesellschaftliche und staatliche Sanktionen, zum Beispiel öffentliches Auspeitschen, keine Seltenheit blieben. Insgesamt jedenfalls ist ein steiles Ansteigen unehelicher Geburten seit dem ausgehenden 18. Jahrhundert unverkennbar, in Mitteleuropa insbesondere nach den Napoleonischen Kriegen.[50]

Während des 17. und 18. Jahrhunderts war das Heiratsalter aufgrund der erforderlichen wirtschaftlichen Voraussetzungen relativ hoch, allerdings sind schichtenspezifische Unterschiede zu berücksichtigen. Flächendeckende Ergebnisse liegen nicht vor, deshalb sind wir auf oftmals einander widersprechende Verallgemeinerungen angewiesen, die von Stichproben oder Lokalstudien ausgehen. Fallstudien über niedersächsische bildungsbürgerliche beziehungsweise besitzbürgerliche Schichten errechneten ein durchschnittliches Heiratsalter der Männer von 33 Jahren, der Frauen von 21 bis 22 Jahren,[51] die Zahl der Unverheirateten blieb erheblich. Für Mitteleuropa schätzt man, daß im 17. und 18. Jahrhundert – als die Heiratserschwerungen sich zeitweilig sogar verschärften, bevor sie sich im letzten Drittel des 18. Jahrhunderts in den aufgeklärt-absolutistischen Staaten wieder zu lockern begannen – mit 30 Jahren maximal ein Drittel der Männer und weniger als die Hälfte der Frauen verheiratet waren.[52] In geistlichen Fürstentümern war die Zahl der Ehen noch geringer als in weltlichen, im Bistum Bamberg beispielsweise kam am Ende des 18. Jahrhunderts auf 166 Einwohner eine Ehe gegenüber einem Verhältnis von 120 : 1 in Preußen.[53]

Der Anteil von Frauen und Männern in der Bevölkerung war im allgemeinen ausgeglichen. Ausnahmen bewirkten Kriege, die die Zahl der Männer stärker dezimierten als die der Frauen. Für Preu-

Auspeitschung lediger Mütter, Stich nach Daniel Chodowiecki

Gegenüber der Libertinage früherer Jahrhunderte stieg die Zahl der ehelich geborenen Kinder in der Neuzeit steil an; nur auf etwa zehn Prozent schätzt man am Ende des 18. Jahrhunderts in Berlin die Zahl der unehelich Geborenen. Mit dem späten 18. und frühen 19. Jahrhundert stieg diese Zahl vor allem in katholischen Gegenden stark an, wo mitunter nur vier ehelich geborene Kinder auf ein uneheliches kamen.

ßen beispielsweise liegen folgende Daten über das Geschlechterverhältnis vor:[54]

Anteil der Frauen auf jeweils 1000 Männer zwischen 1748 und 1805

Zeitraum	Zahl der Frauen auf 1000 Männer
1748 – 1754	1010
1766 – 1775	1090
1776 – 1785	1043
1786 – 1795	1038
1796 – 1805	1031

Ein leichtes Übergewicht hatte der weibliche Bevölkerungsanteil auch in den deutschen Erblanden des Hauses Österreich: 1813 waren im Land unter der Enns 493146 Personen männlichen, 555178 weiblichen Geschlechts, im Herzogtum Steiermark betrug das Verhältnis 362677 : 400000, in der Markgrafschaft Mähren 804562 : 928757.[55] Es bestand hier also in der Regel ein Frauenüberschuß von gut 10 Prozent.

Ungefähr alle zweieinhalb Jahre wurde in einer durchschnittlichen Ehe ein Kind geboren, zwischen dem jüngsten und dem ältesten Kind lag oft fast eine Generation, 20 bis 30 Jahre. Verheiratete Frauen unter 40 Jahren waren also in der Regel »schwanger, oder sie stillten« (A. Armengaud). Trotzdem waren Großfamilien nicht selbstverständlich, überlebten in vielen Familien doch kaum mehr als zwei Kinder. In manchen Gegenden starb nach neueren Untersuchungen ein Drittel aller Neugeborenen; noch um die Jahrhundertmitte überlebten in manchen Ortschaften fast 70 Prozent der Kinder ihr 14. Lebensjahr nicht. Doch reichte der Geburtenüberschuß zur Vermehrung der Bevölkerung aus. Auch die Zahl der Eheschließungen lag in der zweiten Hälfte des 18. Jahrhunderts und vor allem zu Beginn des 19. in Brandenburg-Preußen, für das wir relativ solides statistisches Material besitzen, deutlich über den Vergleichswerten der Jahre vor 1763. Dies gilt auch unter Berücksichtigung der Gebietsvergrößerungen.

In dem hier behandelten Zeitraum wurde das Bevölkerungswachstum deutscher Gebiete in unterschiedlichem Maß durch exogene Faktoren beeinflußt. Die Bevölkerungsgeschichte Kursachsens, die gut erforscht ist, bietet ein Musterbeispiel. Zwar vermehrte sich die Bevölkerung Sachsens zwischen 1750 und 1843 um 82 Prozent – um ungefähr den gleichen Wert wie in den 200 Jahren zuvor,[56] doch sind drei Einbrüche in dieser sich im übrigen seit 1834 stark beschleunigenden Steigerung bemerkenswert:[57] Während des Siebenjährigen Krieges 1756 bis 1763, als Sachsen aufgrund langer Besatzung und der militärischen Operationen zu den Hauptleidtragenden des Krieges zählte, starben 120000 Menschen mehr als durchschnittlich in Friedenszeiten. Während des gleichen Zeitraums blieb die Geburtenrate unterdurchschnittlich, es wurden 20000 Menschen weniger geboren als üblich. Bei einer Gesamtbevölkerung von 1,7 Millionen (Stichjahr 1755) beliefen sich diese Verluste auf 8 Prozent. Und auch die Napoleonischen Kriege hinterließen in der Bevölkerungsgeschichte deutliche Spuren. Vor allem

Votivbild zur Kinder- und
Säuglingssterblichkeit aus
Württemberg, 18. Jahrhundert

infolge des von den Heeren eingeschleppten Typhus starben in den
Jahren 1806 und 1813 jeweils 100 000 Menschen mehr als in Durch-
schnittsjahren.

Nicht allein in Sachsen, sondern auch in zahlreichen anderen
Territorien des Reiches trieb die Hungersnot 1771/72 die Sterblichkeitsrate in die Höhe. Die Mißernten führten zum Versorgungsman-
gel, zu Unterernährung und darauf zurückzuführende Krankheiten,
und die Getreideeinfuhren aus weniger stark heimgesuchten Gebieten konnten den Mangel nicht ausgleichen: Erzielte Sachsen in diesem Zeitraum sonst regelmäßig einen Geburtenüberschuß, so überwogen 1772 und 1773 die Sterbeziffern die der Geburten:

Jahr	Geburten	Sterbefälle
1767	66 153	57 199
1769	71 363	53 815
1771	62 442	55 987
1772	45 925	111 822
1773	52 622	55 471
1774	67 871	48 372

Sterbeziffern und Geburten zwischen 1767 und 1774

Dieser Bevölkerungsverlust betrug bei einer Einwohnerzahl Sachsens von 1,632 Millionen (1772) ungefähr 100 000 Menschen, also
6 Prozent. Die regionale Differenzierung ergibt erhebliche Unter-

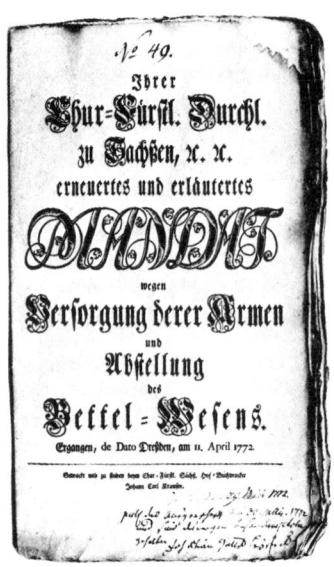

Sächsisch-kurfürstliches Mandat gegen die Abstellung des Bettelwesens, 1772

Das starke Anwachsen der Bevölkerung brachte über das 18. Jahrhundert Teuerungen und Hungerkatastrophen, vor allem im Falle von Mißernten und Klimaschwankungen. Der Französischen Revolution war eine Zeit katastrophaler Teuerungen vorausgegangen, die nichts mit der Verschwendungssucht luxuriöser Oberschichten zu tun hatte, sondern mit dem Fehlen eines Instrumentariums zur Meisterung unvorhergesehener regionaler Schwankungen in der landwirtschaftlichen Produktion.

schiede. So lagen das Erzgebirge und das Vogtland mit 9,3 beziehungsweise 8,3 Prozent der Verluste deutlich über dem Durchschnitt, was auf die ungünstigen klimatischen Verhältnisse und den wenig ertragreichen Boden dieser Gegend zurückzuführen ist: »Die gerade hier stark angewachsene Bevölkerung konnte sich zu einem großen Teil nicht mehr von der Landwirtschaft ernähren, sondern ging schon vielfach gewerblicher Tätigkeit nach. Durch die wirtschaftliche Differenzierung der Landesteile waren das Erzgebirge und das Vogtland zu Überschußgebieten der gewerblichen Produktion und zu Zuschußgebieten in bezug auf die Ernährung geworden … Es mußte … eine Katastrophe eintreten, sobald der Zuschußbedarf die Leistungsfähigkeit der Transportmittel überstieg, wie es infolge der Mißernten tatsächlich der Fall gewesen ist.« Auch steckte der Kartoffelbau in Sachsen damals noch in den Anfängen; als er sich durchgesetzt hatte, konnten sich derartig verheerende Hungersnöte wie die von 1771/72 nicht mehr wiederholen.[58]

Im Erzgebirge stieg mancherorts der Preis für einen Scheffel Roggen vom Frühjahr 1770 bis zum Frühsommer 1772 auf das Zehnfache – auf 14 Taler – und der Preis eines Sechspfundbrotes auf das Sechsfache – 12 Groschen. Der Wochenlohn eines Bergarbeiters betrug dort 24 Groschen: Während der durch die Mißernten hervorgerufenen Teuerung schrumpfte damit die Kaufkraft eines Bergarbeiters von im besten Fall 12 Sechspfundbroten in der Woche auf zwei Sechspfundbrote.[59] Unbeschreibliches Elend spricht aus den Berichten von Pfarrern und Medizinern, aber auch literarische Quellen legen davon erschütterndes Zeugnis ab. Wenngleich zahlreiche Landesherren, gewarnt durch frühere Teuerungen und Hungerkrisen, sich um Vorsorge bemühten, blieb sie doch begrenzt. Die wenigsten Fürsten besaßen ausreichende Mittel, und oftmals waren die gewählten Maßnahmen untauglich,[60] wie beispielsweise die »Allgemeinen Hochfürstlichen Ausschreibungen und Verordnungen« demonstrieren, die »zur Abwendung der eingerissenen unerhörten Getraid-Teuerung und Mangels, dann daraus entstandenen großen Not« während der Jahre 1770 bis 1773 in Ansbach erlassen wurden und die unter anderem das Totschlagen entbehrlicher großer Hunde und das Töten von Sperlingen vorsahen: Jeder Untertan mußte jährlich sechs Spatzenköpfe auf seinem Gemeindeamt abliefern,[61] um damit zu beweisen, daß er seinen Teil zur Beseitigung unnötiger Fresser beigetragen habe.

Teuerung, Hungerkrisen und hohe Sterblichkeit prägten sich indes aufgrund der unterschiedlichen wirtschaftlichen Struktur, der verkehrsmäßigen Erschließung – beispielsweise durch preisgünstige Frachtwege wie Wasserstraßen – und des jeweiligen Ausmaßes an Vorsorge verschieden aus. So lag etwa der Jahresdurchschnittspreis für Getreide nach den Berechnungen von Wilhelm Abel für die Jahre 1760 bis 1774 in Wien und München ungefähr ein Drittel über dem in Berlin, der seinerseits geringfügig über den Getreidepreisen in Frankfurt am Main und Hamburg lag. Besonders hoch war der Getreidepreis in Halle an der Saale. Gewerblich durchsetzte Kleinbauerngebiete sowie Gebiete mit minderwertigen Böden waren besonders gefährdet, ebenso die auf Getreidezufuhr angewiesenen Städte, die selbst keine umfangreiche Vorsorge betrieben. In der 9 000 Einwohner zählenden Universitätsstadt Göttingen beispielsweise kamen 1770 nur 48 Prozent der in den Jahren 1765 bis 1769 durchschnittlich angebotenen Getreidemenge auf den Markt, im Juni 1772 war der Preis für Roggen 3,1 mal so hoch wie in den Vorjahren.

Unübersehbar zeigt diese Lokaluntersuchung der Jahre 1764 bis 1800 die Auswirkungen der jeweiligen Ernährungslage auf das Heiratsverhalten. Auch wenn nicht für jede Teuerung eine Korrespondenz besteht, so doch für die Krise zu Beginn der siebziger Jahre: Als der Roggenpreis am höchsten war, verminderte sich die Zahl der Eheschließungen drastisch.

Im übrigen demonstriert das preußische Beispiel die Schwierigkeiten des frühneuzeitlichen Territorialstaates, flächendeckende Maßnahmen zu ergreifen, die die zum Teil gravierenden regionalen Unterschiedlichkeiten hinreichend berücksichtigten. So wurden beispielsweise die westfälischen Städte Halle und Minden trotz der Vorrathaltung von der Hungersnot ergriffen; aufgrund der extremen Arbeitslosigkeit im Leinen- und Garngewerbe war ein erheblicher Teil der Bevölkerung nicht einmal in der Lage, das vom preußischen König verbilligt angebotene Getreide zu kaufen. In manchen zu Österreich zählenden Gebirgsgegenden Böhmens und Mährens stieg die Arbeitslosigkeit der Weber auf 80 Prozent. Wer eine Chance zum Überleben haben wollte, mußte unweigerlich betteln.[62]

Noch fast zwei Generationen später wußten die Gelehrten[63] keine Mittel gegen solche Versorgungskrisen außer Friedrichs des Großen Rezept der Vorrathaltung. Wie die Hungerkrise von 1771/1772 viele Theoretiker[64] und Vorschläge auf den Plan rief, so erregten die merkantilistische Bevölkerungspolitik – und das Wachstum der Bevölkerung überhaupt – schon früh wissenschaftliche Neugier, die ihrerseits in der landesherrlichen Bevölkerungspolitik Spuren hinterließ. Die Bevölkerungsstatistik ist, nach Vorläufern im 17., ein Produkt des 18. Jahrhunderts.

Bereits seit dem 17. Jahrhundert beschäftigten sich die »politischen Arithmetiker« John Graunt, Edmond Halley und Kaspar Neumann sowie Gottfried Wilhelm Leibniz mit der statistischen Erfassung der Bevölkerung. Montesquieu behandelte als einer der ersten die politische Dimension der Bevölkerungsentwicklung, und seitdem verschwand dieses Thema nicht mehr aus der gelehrten Diskussion. Bahnbrecher der modernen Bevölkerungsstatistik wurde Johann Peter Süßmilch mit seinem 1741 publizierten Werk »Die göttliche Ordnung in den Veränderungen des menschlichen Geschlechts, aus der Geburt, dem Tode und der Fortpflanzung desselben erwiesen«. Der Protagonist dieses Zweigs der Sozialwissenschaft – der bereits Gesetzmäßigkeiten der Bevölkerungsbewegung nachweisen wollte – war von Haus aus Theologe: 1741 Feldprediger im Ersten Schlesischen Krieg, danach Pfarrer in der Mittelmark, schließlich 1742 Propst in Cölln an der Spree, Pfarrer an der Berliner Peterskirche und Oberkonsistorialrat. Die ihm zuteil gewordene Anerkennung zeigte sich darin, daß die Königliche Akademie der Wissenschaften zu Berlin Süßmilch auf Betreiben Friedrichs II. schon 1743 aufgrund seines Hauptwerkes aufnahm.

Statistik galt sogleich als eine praktisch verwertbare Wissenschaft, auf die die merkantilistische Bevölkerungspolitik nicht verzichten

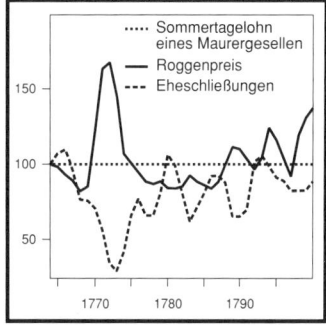

Roggenpreise und Eheschließungen in Göttingen bezogen auf die Löhne (dreigliedrig gleitende Jahresdurchschnitte)

In den Jahren 1771 und 1772 entstand fast in allen Provinzen Deutschlands ein gänzlicher Mißwachs an Getraide, und Hunger und Mangel an Brod quälten die Menschen. Viele Fürsten überzeugten sich nunmehr, daß mehr für das Gedeihen der Feldfrüchte als für die Jagd besorgt seyn müsse, ließen daher das so zahlreiche Wild vermindern und schränkten den so sehr pochenden Jäger in seinem Fache mehr ein. K. Joseph II. sowohl als alle Fürsten Deutschlands eröffneten, um dem Mangel des Getraides abzuhelfen und ihre Unterthanen vor dem Tode des Hungers zu retten, ihre Kornmagazine, steuerten dem Wucher durch eigene Vorkehrungen und Visitationen der Getraid-Speicher und kauften vom Auslande, vorzüglich aus Italien um große Summen Geldes Getraid, das sie um geringe Preise als wahrhaft gute Landesväter ihren Unterthanen austeilen ließen.

(Felix Joseph Lipowsky, Uebersicht der deutschen Geschichte, Bd. 1, München 1794, S. 403 f.)

Johann Peter Süßmilch (1707-1767), Kupferstich von J. F. W. Bollinger, 1795

Der Theologe Süßmilch, erst Feldprediger in den Kriegen Friedrichs des Großen, dann Pfarrer in der Mittelmark und schließlich Propst und Mitglied der Königlichen Akademie der Wissenschaften, suchte aus der empirischen Entwicklung Gesetze von Fruchtbarkeit, Sterblichkeit und Wanderung abzuleiten. Seine Arbeiten wenden zum ersten Mal bevölkerungsstatistische Methoden auf das bis dahin verwirrende Vielerlei der Einzelfakten an.

konnte – auch wenn die älteren Universitätsstatistiker wegen der umfassenden Heranziehung des damals im allgemeinen nicht öffentlich zugänglichen Zahlenmaterials die neuen Bevölkerungswissenschaftler als »Tabellenknechte« bezeichneten. Die Basis dieser Untersuchungen bildeten die seit dem 15. und 16. Jahrhundert zunächst unregelmäßig, später systematischer geführten Kirchenlisten, die Geburten, Sterbefälle und Eheschließungen verzeichneten. Durch die mit dem Konzil von Trient (1545-1563) eingeführte gemeindliche Erfassung der »Seelenzahl« waren diese Listen im Bereich der katholischen Kirche auch überregional sanktioniert. Allerdings führten einzelne Städte schon seit dem 15. Jahrhundert Volkszählungen durch, sei es zur Korrektur der Steuerlisten, sei es zur Berechnung des Proviantbedarfs im Fall der Belagerung.

Süßmilchs Ziel erschöpfte sich jedoch nicht allein in der Gewinnung exakter Daten, ihm ging es zugleich um eine theologisch begründete Interpretation der Bevölkerungsbewegung: Er wollte die »göttliche Ordnung in den Veränderungen des menschlichen Geschlechts« nachweisen. Zu diesem Zweck maß er die Grundvariablen der Bevölkerungsbewegung – Fruchtbarkeit, Sterblichkeit, Wanderung – und bemühte sich um das Verständnis ihrer gesetzmäßigen Entwicklung.

In der »zwoten und ganz umgearbeiteten Ausgabe« seines Werkes fragte er 1761: »Ist es für einen Theologen unanständig, daß ich die wahre Politic und Klugheit in der Regierungskunst aus dem ersten Grundgesetz und Befehl des Schöpfers: *Seyd fruchtbar und mehret euch und erfüllet die Erde, und machet sie euch unterthan,* herzuleiten mich bemühet, und daß ich gezeiget habe, daß kein Regent glücklich regieren könne, der nicht dieses göttliche Gesetz allezeit vor Augen hat und vernünftig befolget? Kann es mir übel gedeutet werden, daß ich in der Moral einige neue Bewegungsgründe zu entdecken und zu zeigen gesucht habe, daß die wahre Klugheit der Regenten die Moral und guten Sitten niemals aus den Augen lassen könne, wie sie nicht die Bevölkerung verringern, folglich dem Befehl des Schöpfers entgegenhandeln, zugleich aber auch die Sicherheit, Macht, Reichthum und Glückseligkeit des Staats und der Unterthanen schwächen will?«[65] Andere Autoren wie Büsching oder Nicolai verfolgten zwar nicht die theologische Zielsetzung Süßmilchs, wandten aber doch dessen bevölkerungsstatistische Methoden, Fragestellungen und Berechnungen an und führten sie im einzelnen weiter. Schon Süßmilch hatte beklagt, daß im allgemeinen nur für die größeren Städte ausreichende Daten vorlagen und noch viel Arbeit zu tun sei. In stärkerem Maße als Süßmilch suchte Friedrich Nicolai in seiner Reisebeschreibung zur Erklärung der von ihm zusammengestellten oder erstmals exakter berechneten Bevölkerungsentwicklung spezifische physische, sozialpsychologische, ernährungsphysiologische, ökologische, soziale, ökonomische und auch ortsübliche Gewohnheiten zu berücksichtigen.[66] Verständnis für den »Hang zum Wohlleben« bei der Wiener Bevölkerung oder deren Vorliebe für Mehlspeisen brachte er dabei nicht auf.

Dezidierter als diese Autoren wandte schließlich gegen Ende des 18. Jahrhunderts der anglikanische Geistliche Thomas Robert Malthus die in der vorhergehenden Generation gewonnenen bevölkerungsstatistischen Methoden auf die unverkennbare Zunahme der europäischen Bevölkerung an und erkannte den explosiven Charakter dieser Entwicklung. Seine Ergebnisse ängstigten ihn, denn er ging von der Prämisse aus, das Bevölkerungswachstum erfolge in geometrischer Reihe, die Zunahme der Nahrungsmittel indes nur in arithmetischer. Malthus, der im Zeitalter der Französischen Revolution seine Thesen in einer aktualitätsbezogenen antiutopischen Kampfschrift vertrat – die sich außerdem gegen William Pitts Poor-Law-Gesetzgebung in England richtete –, wollte trotz der schon im Vorwort genannten Gegnerschaft zu William Godwin, die den Anlaß des Buches gebildet hatte, nicht verschweigen, daß das Werk neben der aktuellen eine prinzipielle Dimension besaß. »Die natürliche Ungleichheit, die zwischen den beiden Kräften – der Bevölkerungsvermehrung und der Nahrungserzeugung der Erde – besteht, und das große Gesetz unserer Natur, das die Auswirkungen dieser beiden Kräfte im Gleichgewicht halten muß, bilden die gewaltige, mir unüberwindlich erscheinende Schwierigkeit auf dem Weg zur Vervollkommnungsfähigkeit der Gesellschaft.« Und angesichts der erwähnten Grundprämisse, daß die Nahrungsproduktion nicht in gleichem Maße wachse wie die Bevölkerungszahl, prophezeite Malthus, das Elend sei »eine absolut unausweichliche Folge«.[67]

Die Zeitgenossen erkannten diese prinzipielle Dimension, und die Diskussion über Malthus' pessimistische Beurteilung des ständigen Anwachsens der Bevölkerung setzte sogleich mit großer Heftigkeit ein; die erste deutsche Übersetzung des Werkes erschien (nach seiner Neubearbeitung von 1803) 1807 in Altona.

Malthus hatte den bevölkerungspolitischen Fortschrittsoptimismus der überwältigenden Mehrheit zeitgenössischer Bevölkerungswissenschaftler und -politiker mit einem Schlag in Frage gestellt; die noch wache Erinnerung an die Hungerkrisen während des Ancien régime schien Malthus zu bestätigen, die Bevölkerungswissenschaft hatte ihren Problemhorizont erneut erweitert. Eine bloße Bestandsaufnahme der Daten, so notwendig sie für exakte Diagnosen und Prognosen auch ist, reicht offensichtlich zur Interpretation der Bevölkerungsbewegungen nicht aus.

Thomas Robert Malthus (1766 bis 1834), Schabkunstblatt von J. Linnell

Der Engländer Malthus, ebenfalls ein Geistlicher, zog aus den Forschungen und Beobachtungen Süßmilchs sozusagen die Folgerungen. Zwischen dem Bevölkerungswachstum und der Nahrungserzeugung der Erde sah er ein wachsendes Mißverhältnis. Sein tief pessimistisches Weltbild interpretierte das offenbare Elend als Konsequenz der natürlichen Entwicklung.

2. Mensch und ständische Ordnung

Soziale Stände und gesellschaftliche Ungleichheit

Die Statistiker zählten die Menschen, reduzierten sie auf Zahlen, auf Gesetze. Geburt und Tod wurden statistische Größen, in denen sich die jeweilige Individualität ebenso auflöste wie die wirkliche Bedeutung, die diese Grundgegebenheiten menschlichen Daseins besaßen. Aber nicht nur die Abstraktion der Zahl, auch der Topos Menschheit täuschte in literarischen und philosophischen Texten des 18. Jahrhunderts darüber hinweg, daß das Allgemeinmenschliche eine Idee, ein ethisches Postulat, ein abstrakter Gattungsbegriff, eine Bezeichnung des allen Menschen gemeinsamen Kreatürlichen blieb. Auch wenn die Idee der Menschheit in Kultur und Religion gipfelte, so verbanden beide doch nicht nur, sondern trennten auch: Die »natürliche Religion«, die die aufgeklärten Deisten forderten, blieb ebenso abstrahierendes Postulat wie die allgemeine, kulturbegründete Menschenvernunft.

Wer Menschheit sagt, will betrügen, konstatierte Proudhon. Mag diese Ideologiekritik zutreffen oder nicht, die gesellschaftliche Realität des 18. Jahrhunderts ist durch die Tatsache gekennzeichnet, daß »bloße« Menschen nur in der Theorie existierten: Bis ins 19. Jahrhundert hinein entschied – im Prinzip – die Geburt über den gesellschaftlichen Platz eines Menschen. Sie entschied über Nahrung und Kleidung, über Sitten und Gebräuche, über Familie und Beruf, über Kultur und Religion – jedenfalls im Normalfall. Jeder Mensch wurde in eine geburtsständische Gesellschaftsordnung von strengster Regelhaftigkeit hineingeboren.

Doch veränderte sich diese gesellschaftliche Ordnung im letzten Drittel des 18. Jahrhunderts trotz ihrer normativen Statik immer schneller, löste sich schließlich in einem den Zeitgenossen nur selten bewußten Maße auf: Die Zeit um 1800 brachte Deutschland – wie Europa überhaupt – einen gesellschaftlichen Umbruch von zuvor nicht gekannten Auswirkungen und unvorstellbarer Geschwindigkeit, setzte über Jahrhunderte unangefochtene gesellschaftliche Regeln und Verhaltensnormen innerhalb weniger Jahrzehnte außer Kraft, ohne jedoch an die Stelle der alten ständischen Ordnung, die jedem Stand einen im Prinzip gesicherten Platz zuwies, neue, ebenso verbindliche Strukturen zu setzen. Gesellschaftliche Mobilität und Liberalisierung hielten ebenso wie die um 1800 einsetzende Entwurzelung vieler Menschen bis ins 20. Jahrhundert an. Die Umformung des noch auf mittelalterliche Ursprünge zurückgehenden Ordo bewirkte in Europa nicht allein deren Wandel, sondern die Auflösung des Ordo überhaupt. Kein Jahrhundert zuvor hatte Prometheus mit solcher Radikalität entfesselt; nicht allein Glauben und Wissen, auch Gesellschaft und Wirtschaft wurden radikal entgrenzt.

Der Begriff »Stand« ist auch in der frühen Neuzeit mehrdeutig; noch im 18. Jahrhundert besaß er im wesentlichen zwei Dimensionen, die allerdings miteinander verbunden waren. Zunächst meinte der Begriff eine in rechtlicher und sozialer Hinsicht abgeschlossene

Schicht identischer Herkunft und Abkunft. Spezifische Verhaltensnormen, eine Standesehre, kennzeichneten einen derartigen Stand
ebenso wie eine jeweils eigene Standeskultur. Engere Definitionskriterien konnten davon abgeleitet sein und beispielsweise einen
Berufsstand oder auch eine diesen Stand charakterisierende Befähi-
gung oder Bildung bezeichnen.

In jedem Fall stehen in diesen Definitionen sozialgeschichtliche
Aspekte im Vordergrund, die den Status einer Schicht oder einer
größeren, durch relativ präzise Merkmale abgrenzbaren gesellschaftlichen Personengruppe betreffen. Daneben besaß der Begriff
»Stand« aber eine verfassungsrechtliche Qualität, wie die Termini
Landstände, Reichsstände und Ständestaat erkennen lassen. Eine
durch Rechtsherkommen begründete beziehungsweise im Lehns-
recht wurzelnde politische Privilegierung, beispielsweise des grundherrlichen Adels oder der Reichsritter, führte zu partieller Überlappung von Standschaft und Herrschaft, also der sozial- mit der
verfassungsgeschichtlichen Dimension. Zur ständischen Struktur
im sozialgeschichtlichen Sinn gehörte notwendig eine Hierarchie
innerhalb der Stände, eine klare Über- beziehungsweise Unterordnung, die normalerweise mit gesellschaftlichen Funktionen gekop-
pelt war. Vom Begriff »Stand« zu trennen ist der seit dem 19. Jahrhundert geläufiger werdende, aber bereits von den Physiokraten
verwendete Begriff »Klasse«.

Auch in der ständischen Ordnung gab es außerständische Gesell-
schaftsgruppen sowie eine prinzipielle Höherrangigkeit der Personen »von Stand«, und die lange Dauer der ständischen Gesellschafts-
ordnungen in Europa gründete nicht zuletzt auch darin, daß
sie nie grundsätzlich in Frage gestellt wurde. Demgegenüber war die
Klassengesellschaft, die die Auflösung der ständischen Ordnung
logisch und historisch voraussetzte, wesentlich durch Dynamik charakterisiert. Sie resultierte zum einen aus der Nichtabgeschlossen-
heit der Klasse, die durch ihre wirtschaftliche und gesellschaftliche
Lage sowie ein dadurch mitgeprägtes gesellschaftliches Bewußtsein
definiert war, zum anderen aus der Bestreitung des Herrschaftsan-
spruchs der gesellschaftlich und politisch führenden Klasse durch
eine andere, ebenfalls große Klasse: Herrschaft wird in diesem stark
von Karl Marx beeinflußten Modell grundsätzlich als Klassenherr-
schaft begriffen und angegriffen.

Doch ist auch die herrschende Klasse nicht durch Geburt, sondern durch Teilhabe an den Produktionsmitteln definiert. Die unteren Klassen erkennen die bestehende Gesellschaftsordnung also
nicht als eine Ordnung an, die dem Gemeinwohl dient, sondern
betrachten sie als eine nur dem Klasseninteresse der Herrschenden
dienende Ordnung – Ordnung gilt nicht, wie in der ständischen
Gesellschaft, im Prinzip als »gute Ordnung«, sondern allein als
Herrschaftsinstrument einer Klasse über die andere. Die Klassenge-
bundenheit ist keine prinzipiell normative, vielmehr ist gesellschaftlicher Auf- und Abstieg möglich, das Klassenbewußtsein kann vorhanden sein oder fehlen, es können einzelne Gruppen – beispielsweise intellektuelle Schichten – das »Bewußtsein« proletarischer
Schichten emphatischer verkörpern als diese selbst. Legitimiert sich
die ständische Gesellschaft aus der korporativ verfaßten gesellschaftlichen Funktionalität der – prinzipiell – auf jeweils spezifische

Weise dem gemeinen Wohl dienenden Stände, vor allem aber aus der im individuellen und kollektiven Sinne historisch verstandenen Herkunft, so legitimiert sich die Klassengesellschaft aus der Zukunft. Dies gilt sowohl für die Gesellschaftstheorie des Liberalismus, zu der essentiell gehört, daß der einzelne durch Leistung seinen Platz in der Gesellschaft selbst bestimmen kann, als auch für die des Marxismus, in der der Klassenkampf mit dem Endziel der klassenlosen Gesellschaft das Bewegungsgesetz der Geschichte bildet. Auf die vorindustrielle Gesellschaftsordnung ist der Klassenbegriff nicht anwendbar, hier würde er in die Irre führen.

Die frühliberale Position formulierte bereits Kant 1793: Jedes Glied des Gemeinwesens »muß zu jeder Stufe eines Standes in demselben (die einem Untertan zukommen kann) gelangen dürfen, wozu ihn sein Talent, sein Fleiß und sein Glück hinbringen können«.[68] Doch sind die Einschränkungen durch die ständische Gesellschaftsordnung des absolutistischen Staates charakteristisch: Aufstieg durch Leistung wird jeweils auf den eigenen Stand bezogen, das Untertanenverhältnis gegenüber der Obrigkeit nicht berührt. Unter Gleichheit verstand Kant die Rechtsgleichheit der Untertanen in ihrem Verhältnis zur Obrigkeit. Und in diesem Sinne schrieb d'Alembert am 8. Juni 1770 an Friedrich II. von Preußen: Es sei töricht, die Stände gleichmachen zu wollen, es genüge, daß die Menschen vor dem Gesetz gleich seien und die Geburt keine Vorrechte verleihe; hierin allein besteht die Gleichheit.[69]

Die gesellschaftliche Struktur des Ancien régime wurde nicht allein durch die sozial- und verfassungsgeschichtlich definierte ständische Ordnung geprägt, sondern durch zahlreiche weitere Faktoren. Zu ihnen zählten unter anderem die wirtschaftliche Situation – die auch innerhalb der Stände sehr unterschiedlich sein konnte –, das spezifische Verhältnis der sozialen Gruppen zur Obrigkeit, die standesspezifischen und übergreifenden gesellschaftlichen Normen, aber auch die Fülle der innerhalb eines Standes bestehenden Regeln und Organisationsformen. Auch die biologischen Voraussetzungen und Grundbedingungen jeglicher gesellschaftlichen Ordnung, beispielsweise Vermehrung und Ernährung, wirkten sich aufgrund der differenten ökonomischen und rechtlichen Lage standesspezifisch aus. Ganz ähnlich gilt dies für Familienformen und Kindererziehung.

Schließlich ist zu berücksichtigen, welche außerordentliche Bedeutung die Religion trotz fortschreitender Säkularisierung noch im 18. Jahrhundert für die Menschen besaß, und zwar bis in das alltägliche Leben hinein. Die ständische Gliederung umfaßte folglich nur ein – wenngleich fundamentales – Segment der gesellschaftlichen Struktur des Ancien régime, die trotz der erwähnten Auflösungserscheinungen im Kern bis ins frühe 19. Jahrhundert erhalten blieb. Die grundsätzliche soziale Ungleichheit galt in der ständischen Ordnung trotz aufgeklärter Kritik als selbstverständlich, doch ist sie kein Spezifikum dieser Gesellschaftsform, sondern jeglicher geschichtlichen oder gegenwärtigen Gesellschaft. Die Spezifik liegt in den Grundbedingungen, aus denen gesellschaftliche Ungleichheit entsteht.[70] Aufklärer wie Friedrich Nicolai ließen zwar deutliche Distanz zur ständischen Ungleichheit erkennen, schickten sich indes in das jedenfalls für absehbare Zeit Unvermeidliche: »Da ein-

mal die Unterschiede der Stände nach der jetzigen Verfassung der
Staaten unvermeidlich sind, so ists nicht einerley, in seinem Stande
der erste, oder in einem andern der letzte zu seyn.«[71]
Eine derartige Haltung entsprang keineswegs besonderer deutscher Obrigkeitshörigkeit; es gab sie ebenso in anderen Staaten des
Ancien régime, beispielsweise in Frankreich, wo der große Voltaire
das Postulat gesellschaftlicher Gleichheit als unrealistisch durchschaute: »L'égalité est donc à la fois la chose la plus naturelle et
en même temps la plus chimérique.«[72] Voltaire gehörte noch
einer älteren, zwar gesellschaftskritischen, doch gesellschaftstheore-
tisch keineswegs radikalen Richtung der Aufklärung an, nicht mehr
dagegen die französischen Enzyklopädisten, die seit der Mitte des
18. Jahrhunderts eine Politisierung der Aufklärung betrieben. Diese
Aufklärer postulierten zwar die *natürliche* Gleichheit der Menschen,
erkannten aber zugleich die *gesellschaftliche* Ungleichheit an.[73]
Andererseits forderte am Vorabend der Französischen Revolution
1786 ein Autor der »Berlinischen Monatsschrift« »ganz genaue
Gleichheit der Menschen« sowie die Abschaffung der ständischen
Unterschiede.[74]
Doch die französische Entwicklung seit 1789 radikalisierte das
gesellschaftspolitische Denken nicht nur, sondern sie rief auch Skep-
tiker auf den Plan, zum Beispiel den Göttinger Staatsrechtler und
Verfassungshistoriker Pütter, der 1795 von der Prämisse ausging:
»Ueberzeugt, daß eine solche Volksmenge, wie wir sie in unseren
Staaten vor uns haben, ohne Verschiedenheit der Stände nicht
bestehen kann, und daß eine allgemeine Gleichheit ohne Umsturz
aller wesentlichen Ordnung sich nie bewirken läßt, bin ich nur der
Meynung, daß ein gewisses Ebenmaß bey aller Verschiedenheit der
Stände nicht genug empfohlen werden kann, um nicht einen Stand
zum unverhältnismäßigen Uebergewichte über andere gelangen zu
lassen; so wie alles Überspannte selten ohne üble Folgen ist.«[75] Unübersehbar warnte Pütter also sowohl vor der Revolution als auch
vor bloßem gesellschaftspolitischem Konservativismus.
Ein außerordentlich folgenreicher Vorgang für den Wandel der
gesellschaftlichen Struktur ist das Auseinandertreten von Staat und
Gesellschaft in der staatsphilosophischen Reflexion und Publizistik
seit der Mitte des 18. Jahrhunderts, dessen politische und gesellschaftliche Konsequenzen sich seit 1789 immer stärker auch in
Deutschland zeigten. Doch ist dieser Prozeß älter, wie bereits die
während der frühen Neuzeit dominierende ständische Dimension
des Begriffs der Nation deutlich werden ließ: Der Ursprung liegt –
anders als zahlreiche neuere Interpretationen erkennen lassen –
bereits im Wesen der frühneuzeitlichen Territorialstaatsbildung und
ihrer auf gesamtstaatlicher Ebene antiständischen Komponente.
Eine zweite Stufe des Auseinandertretens von Staat und Gesellschaft bildete zweifellos die naturrechtliche Dichotomie von Ge-
sellschafts- und Herrschaftsvertrag, die dritte schließlich zeigte sich,
als die Volkssouveränität bei Rousseau zum zentralen Problem der
Gesellschaftstheorie wurde. Aus ihr resultierte dann konsequent
der Anspruch, die Herrschaft legitimiere sich aus der Volkssouveränität: Indem der Untertan zum Staatsbürger einer Gesellschaft eigenen Rechts avancierte, beanspruchte er, selbst die Geschicke des
Staates mitgestalten zu dürfen, zumindest aber die Lenkung der
Staatsgeschäfte zu beurteilen, zu kritisieren, Reform zu verlangen.

Je mehr Staat und Gesellschaft sich voneinander entfernten, desto mehr änderte sich also auch das Verhältnis des einzelnen zur Obrigkeit. Als der dritte Stand 1789 in Frankreich beanspruchte, allgemeiner Stand zu sein, wollte er keineswegs die Ungleichheit in der Gesellschaft prinzipiell beseitigen, sondern nur ihren Rechtsgrund: Die Ungleichheit sollte nicht mehr aus der geburtsständischen und durch Geburt privilegierten Ordnung resultieren, sondern aus der Selbstbestimmung und Selbstverantwortung der Bürger für ihren Platz in der Gesellschaft. In diesem Sinne sprachen viele Aufklärer kritisch vom »Vorurtheil der Geburt«.[76]

Die erwähnten Kriterien gesellschaftlicher Schichtung verweisen bereits darauf, daß eine drei- oder vierteilige sozialständische Ordnung – Klerus, Adel, Bürger und Bauern –, wie sie für das Ancien régime charakteristisch gewesen ist, nur die Basis eines tatsächlich in sich vielfältig gegliederten sozialen Gefüges bildete, über dessen Legitimation und Erscheinungsformen öffentlich räsoniert wurde. Trotzdem enthält dieses Grundmuster den Schlüssel zur sozialgeschichtlichen Erfassung der frühen Neuzeit, wobei die Modifikationen und die allmähliche Umformung des lehnsrechtlichen mittelalterlichen Ordo, die die Voraussetzung der frühneuzeitlichen Gesellschaftsentwicklung bildeten, hier außer acht bleiben müssen. Unter dem Einfluß von Absolutismus, Naturrecht und Aufklärung erfolgte in zunehmendem Maße eine Rationalisierung des bestehenden gesellschaftlichen Gefüges, die zu seiner Modernisierung beitrug. Die aufgeklärten Gesellschaftstheorien stellten eine kritische Reaktion auf die bestehende Ordnung dar – eine Reaktion im übrigen, die schließlich das Selbstverständnis der Herrscher ergriff.

Im 18. Jahrhundert spielte für die ständische Ordnung die ursprünglich lehnsrechtliche Legitimation nur noch eine untergeordnete Rolle innerhalb der feudalen Strukturen; vielmehr war sie wesentlich durch den – vererbten – landwirtschaftlichen Grundbesitz und die aus ihm abgeleiteten Privilegien beziehungsweise ebenfalls vererbten Rechtstitel geprägt. Dazu zählten beim Adel im allgemeinen Steuerbefreiungen, ein privilegierter Gerichtsstand, niedere Gerichtsbarkeit, Kirchenpatronat sowie besondere Jagd- und Fischereirechte. Die Vermögensverhältnisse im engeren Sinn waren für die ständisch definierte Einordnung ohne wesentliche Bedeutung, Reichtum änderte an der rechtlichen und sozialen Zugehörigkeit zu einem Stand ebensowenig wie Armut. Die Rechtsstellung der einzelnen Sozialstände konnte in den Territorialstaaten unterschiedlich sein, die reichsstädtische Gesellschaftsstruktur wich von der territorialstaatlichen beträchtlich ab; insofern bedarf die allgemeine Phänomenologie der ständischen Gesellschaft der inhaltlichen Konkretisierung am Einzelfall, der nur mit Vorbehalt verallgemeinert werden kann

Die begrenzte horizontale soziale Mobilität durch Wanderungsbewegungen, insbesondere auch die – wenngleich noch nicht sehr starke – Zuwanderung vom Land in die Stadt, sowie die ebenfalls beschränkte vertikale soziale Mobilität durch Aufstieg mit Hilfe von Ämtern, Bildung und Heirat über Standesschranken hinweg, blieb individuell und betraf nicht etwa gesellschaftliche Gruppen insgesamt. Allerdings gab es standesspezifische Formen, zum Beispiel die Heirat zwischen der Witwe eines Handwerksmeisters und einem Gesellen, die diesem den sozialen und beruflichen Aufstieg sowie ökonomische Selbständigkeit ermöglichte.

Während in Frankreich formell der Klerus als erster Stand galt, bildete er in den weltlichen Territorialstaaten des alten Reiches gewissermaßen einen Sonderfall der ständischen Ordnung. Allerdings wurde er in zeitgenössischen Schriften des 18. Jahrhunderts oft als erster Stand bezeichnet.[77] Die Sonderstellung des Klerus ergibt sich aber bereits aus der Tatsache, daß er nicht geburtsständisch definierbar ist und seine Mitglieder unterschiedlicher sozialer Herkunft waren.

Adolph Friedrich Randel unterschied in Deutschland vier »Standesclassen ...

1. *Hoher* Adel, nemlich Fürsten, Grafen und Herren. (Dynasten.)
2. *Niederer* oder *Lehnadel* nach verschiedene Categorien des *Brief-* oder *Geschlechts-* des alten oder *neuen* Adels.
3. *Bürger.* Reichsstädtische; mittelbare Bürger mit dem *vollen* Bürgerrechte oder *Beysassen.*
4. *Bauern.* In den Wendischen Ländern, wie auch selbst in mehrern ursprünglich *deutschen* Provinzen unterliegt dieser Stand noch der *Leibeigenschaft,* wiewohl nicht so ganz ohne politische Existenz, wie in Polen und Rußland. Die *härteste* Art derselben ist in den *Wendischen* und *Holsteinischen* Ländern; die *mittlere* in den *Westphälischen;* die *gelindeste* in *Hessen* und *Schwaben.*«[78]

Der Adel stand an der Spitze der hierarchisch geordneten Ständepyramide, Adel und Klerus waren stärker privilegiert als der dritte Stand, zu dem in Deutschland anders als in Frankreich nicht die Bauern zählten, die einen eigenen Stand bildeten. Aber auch die Bürger besaßen rechtliche Privilegien beziehungsweise bildeten je eigene korporative Privilegien innerhalb ihrer Berufsstände aus. Auch die verfassungspolitische Privilegierung, nämlich die Beteiligung an der politischen Herrschaft durch Vertretungsrecht auf den Landtagen, erstreckte sich auf alle drei Stände, von einigen regionalen Ausnahmen (zum Beispiel Ostfriesland) abgesehen, jedoch nicht auf die Bauern oder gar die unterständischen Schichten. Die Landtagsfähigkeit der geistlichen und weltlichen Grundherren, Prälaten sowie der Städte – und damit der Bürger – demonstriert das Ineinandergreifen der verfassungspolitischen und der sozialgeschichtlichen Komponente des Begriffs »Stand«.

Nach neueren Untersuchungen,[79] die sich allerdings auf Deutschland in den Grenzen von 1937 beschränken, folglich die deutschen Erbländer des Hauses Habsburg nicht einbeziehen und für 1800 deshalb eine Bevölkerung von 24 Millionen Menschen annehmen, umfaßten die drei sozialen Stände ungefähr folgende Bevölkerungsanteile: Der Adel machte etwas über ein Prozent der Bevölkerung aus; dies waren 250 000 Personen beziehungsweise knapp 50 000 Familien. Die Bürger (Stadtbewohner) erreichten einen Bevölkerungsanteil von ungefähr 24 Prozent; das entspricht 5,76 Millionen Menschen. Die Bauern (Landbewohner) bildeten mit 75 Prozent den weitaus größten Stand; es handelte sich also um etwa 18 Millionen Menschen. Von ihnen zählten 35 Prozent der Gesamtbevölkerung zu den Hofbesitzern, 40 Prozent zu den besitzlosen Schichten.

Obwohl diese Zahlen wegen der Nichtberücksichtigung des Klerus und der modelltheoretisch-vereinfachenden Zuordnung der

Gutsherrliches Züchtigungsrecht am Ende des 18. Jahrhunderts

Das Züchtigungsrecht der Hausväter war noch im letzten Drittel des 18. Jahrhunderts selbstverständlich, auch im Haus eines städtischen Hausvaters. Der Adel, der nur etwa ein Prozent der Bevölkerung ausmachte, genoß viele Privilegien: rechnet man die Bürger zu den besitzenden Schichten, so sind etwa 75 Prozent der Bevölkerung »unterbürgerlicher« Herkunft – bäuerlicher, kleinbesitzender und ganz einfach landloser Unterschichten. Wer nicht am Besitz teilhatte oder lesen konnte, nahm aber auch an den geistigen Bewegungen seiner Zeit keinen Anteil.

Bürger zur Stadt beziehungsweise der Bauern zum Land mit einem gewissen Vorbehalt zu versehen sind, vermitteln sie doch einen annähernden Eindruck von der quantitativen Aufteilung der Ständepyramide. In den hier unberücksichtigten Territorien des Heiligen Römischen Reiches war die prozentuale Aufgliederung ähnlich. Die während der frühen Neuzeit von 1500 bis 1800 eingetretenen Verschiebungen sowie die Verbindung von ständischer und beruflicher Schichtung geben die folgenden Tabellen wieder:

Ständische Gliederung und berufliche Schichtung

Stand	Anteil an der Gesamt- bevölkerung in Prozent	Schichtung nach Stand, Beruf und Besitz	Anteil in Prozent
Adel	1	Herrenschicht	1
		Oberschicht	3-5
Bürger	24	Bürger	10-12
		Unterbürgerl. Schichten	11-13
Privilegierte	25	Nichtagrarische Bevölkerung	25-30
Bauern	75	Bauern	18-22
		Köter, Kleinbesitz	20-25
		Landhandwerk	6-8
		Landlose Unterschicht	20-25

Anteil der Stände an der Gesamtbevölkerung Deutschlands und Europas

Stand	Bevölkerungsanteil in Prozent			
	Deutschland		Europa	
	1500	1800	1500	1800
Adel (herrschender Stand)	1-2	1	1-2	1
Bürger (Stadtbewohner)	20	24	20	21
Bauern (Landbewohner)	80	75	78	78
davon: Hofbesitzer	60	35	53	43
landarme und besitzlose Familien	20	40	25	35
Bevölkerung in Millionen	12	24	55	190

Der Vergleich mit ähnlich erarbeiteten Statistiken für Europa insgesamt zeigt keine erhebliche Abweichung: Der Adelsanteil lag auch im europäischen Maßstab bei ungefähr einem Prozent, der der Bürger (Stadtbewohner) mit 21 Prozent etwas niedriger als im alten deutschen Reich, der der Bauern (Landbevölkerung) mit 78 Prozent also geringfügig höher.

Adel und Patriziat

Der Adel stellte trotz seines geringen quantitativen Anteils an der Bevölkerung einen vielfach differenzierten Stand dar; die erste Stufe des hohen Adels bildeten die Grafen. So bemerkte Pütter 1795: Ein *hoher Adel* könne »einen vom *niedern Adel* ganz unterschiedenen Geburtsstand ausmachen, wenn auch jener gleich wiederum verschiedene Abstufungen hat, zu denen letzterer vielleicht mancher gehören kann, dem ein oder anderes angesehenes Mitglied des niedern Adels an Glücksgütern wenig nachgibt. In Rang und Würde können Personen von einerley Stande auf verschiedenen Stufen stehen, ohne daß die Einheit des Standes sich damit verliehrt.«[80]

Der größere Teil des deutschen Adels zählte zum landsässigen Adel, stand also in keinem unmittelbaren Verhältnis zu Kaiser und Reich. Allerdings gab es Territorien, beispielsweise Württemberg, die kaum einen eigenen landsässigen Adel hatten, da der Adel im stark zersplitterten Südwesten des Reiches ganz überwiegend reichsunmittelbar war. Der reichsunmittelbare Adel besaß das Vertretungsrecht auf den Reichstagen – die Reichsfürsten und Reichsgrafen mit Virilstimmen (Einzelstimmen), die Reichsritter sowie die unbedeutenderen Reichsfürsten kollektiv mit nur vier Kuriatstimmen.

Die hochadligen Familien, die durch verschiedene Privilegien – beispielsweise in bezug auf ihren Gerichtsstand, ihre höheren Titel, ihre Reichsunmittelbarkeit – vom niederen Adel geschieden waren, grenzten sich stärker ab, als dies im allgemeinen für den niederen Adel galt. Dies kam nicht zuletzt in der strengeren Einhaltung der Ebenbürtigkeit bei Heiraten zum Ausdruck.

Während der zunehmenden Festigung der Landesherrschaft durch die absoluten Fürsten erfolgte in einer komplexen Verbindung von gesamtstaatlicher politischer Entmachtung und sozialer Sicherung des landsässigen Adels seit dem letzten Drittel des 17. Jahrhunderts die Trennung von Hof- und Landadel. Diese Trennung, die sich freilich territorial unterschiedlich ausprägte, war eine faktische, nicht aber eine rechtliche Trennung, die in barocker Hofhaltung und spezifischer höfischer Lebensform gipfelte. Allerdings waren hierfür nicht allein Größe und wirtschaftliche Kraft des Territoriums ausschlaggebend, sondern auch die individuellen Neigungen der einzelnen Herrscher, die am deutlichsten in der Verschiedenartigkeit der Rolle erkennbar sind, die Hof und Hofstaat bei Königen wie Friedrich I., Friedrich Wilhelm I., Friedrich II. und schließlich Friedrich Wilhelm II. in Brandenburg-Preußen während des 18. Jahrhunderts spielten.

Die politische und gesellschaftliche Stellung des Adels wurde erheblich davon beeinflußt, ob der König seinen Adel an den Hof zog, ihn damit auszeichnete, an sich band und zugleich in stärkerem Maße von sich abhängig machte.

Eine andere Form der Bindung des landsässigen Adels an die Landesherren resultierte aus der Ausbildung des frühneuzeitlichen Territorialstaats, dessen Säulen die Verwaltung und das stehende Heer wurden: Zwar war der Anteil des Adels an den hohen Staatsämtern und den Offiziersstellen nicht in jedem Territorium und unter jedem Herrscher gleich, doch war er durchweg dominant. Die im allgemeinen nicht zahlreichen bürgerlichen Räte und andere hohe Beamte wurden oftmals nobilitiert, was zwar einerseits eine, wenngleich begrenzte, Durchlässigkeit der Standesschranken dokumentiert, andererseits aber auch auf den äußeren Rang des Adels verweist, der notfalls eben »nachgeholt« wurde, zur Belohnung für geleistete Dienste zwar, aber auch, um das Defizit nichtadliger Geburt auszugleichen.

In diesen Vorgängen zeigt sich, daß das Königtum, das ursprünglich aus dem Adel hervorgegangen war, die Entwicklung des Adels prägte und dessen gesellschaftliche und politische Bedeutung folglich weniger statisch und epochenübergreifend konstant gewesen ist, als es das traditionsgeleitete ständische Selbstverständnis dieser Schicht nahelegt. Auf der anderen Seite trug der Adel auch in den Landständen in erheblichem Maß zur Ausbildung des Territorialstaats bei und behinderte sie nicht nur, wie dies die ältere Absolutismusforschung annahm.

Seit dem Hochmittelalter setzte sich im übrigen endgültig der Anspruch des Adels durch, allein die hohen kirchlichen Ämter, vor allem Erzbistümer, Bistümer und Abteien zu besetzen: Der hohe Klerus der katholischen Kirche war bis 1803 adliger Herkunft; die durch die Säkularisation eingeleitete beziehungsweise erzwungene Kirchenreform erwies sich also auch sozialgeschichtlich als äußerst folgenreich, zumal die Möglichkeit der Versorgung nachgeborener Adelssöhne in Stiften und Domkapiteln sich stark verminderte. Zugleich brachte die Säkularisation gemeinsam mit dem Ende des alten Reiches 1806 eine Mediatisierung der Reichsritterschaft und anderer kleinerer reichsunmittelbarer Fürsten. Das Ende des alten deutschen Kaisertums änderte oder beseitigte zugleich die Privilegien eines erheblichen Teils des Adels und demonstrierte so ein letztes Mal die enge Bindung des reichsunmittelbaren Adels an Kaiser und Reich. Während der frühen Neuzeit gelang es dem landsässigen Adel, seine Stellung als Herrschaftselite auch unter veränderten Bedingungen zu bewahren: Er konnte die weitgehend durch altes Recht legitimierten Steuerbefreiungen erhalten, die Unverkäuflichkeit von Rittergütern durchsetzen, die Erbteilung durch Fideikommisse verhindern, verfassungspolitische Rechte erkämpfen und schließlich hohe landesherrliche Ämter sowie vor allem im katholischen Bereich kirchliche Führungspositionen übernehmen. Gegen Ende dieser Epoche baute er diese Position in vielen Bereichen sogar noch aus. Dies gelang nicht zuletzt dank der Leistungen des Adels als Herrschaftsstand, aber auch aufgrund seiner ökonomischen Bedeutung, bildete doch »nach wie vor ... Herrschaft über Grund und Boden und die darauf wirtschaftenden Menschen ... den Rückhalt der sozialen Adelsstellung« (W. Zorn).

Ein Sonderfall war das Patriziat der Reichsstädte und einiger landesfürstlicher Städte, das einen Adelsanspruch durchsetzen konnte. In der Regel ergänzte es sich durch Kooptation, die die Patrizier selbst vornahmen, nachdem der Kaiser bereits in früheren Jahrhunderten gruppenweise Standeserhöhungen vorgenommen hatte. Seit 1696 setzte das Nürnberger Patriziat den Verzicht des Kaisers auf die Verleihung der Patriziatszugehörigkeit durch und sicherte die Selbstergänzung. Auch in Frankfurt am Main stand das städtische

Patriziat an der Spitze der gesellschaftlichen Pyramide: Die »Geschlechter« genossen schon aufgrund des Alters ihrer Familien eine gewisse Ehrwürdigkeit und gesellschaftlichen Vorrang, sie beanspruchten eine Gleichstellung mit dem stifts- und turnierfähigen Adel sowie ein Vorrecht bei der Besetzung von Ämtern, blieben rechtlich jedoch Bürger.[81] Allerdings erreichten während des 18. Jahrhunderts 32 Kaufmannsfamilien die kaiserliche Nobilitierung. Das Patriziat im westfälischen Münster prozessierte so lange gegen das adlige Domkapitel, bis 1685 das Reichskammergericht Adel und Stiftsfähigkeit des Patriziats anerkannte.

Insgesamt bildete das städtische Patriziat also eine lokal und regional sich unterscheidende Schicht, die hier rechtlich zum Adel, dort zum Bürgertum zählte, in jedem Fall aber eine adelsähnliche Stellung einnahm. Ihre Bedeutung erwuchs aus den durch die Stadtverfassung geschaffenen Privilegien für eine wirtschaftlich einflußreiche Schicht großer Kaufleute, ehemaliger Ministerialengeschlechter oder auch Großgrundbesitzer. Infolge ihrer politisch und gesellschaftlich führenden, sich immer stärker von den anderen Ständen abschließenden Stellung beschränkte sich das Patriziat zunehmend auf die Ausübung der städtischen Herrschaft und verzichtete seit dem 17. Jahrhundert oftmals auf wirtschaftliche Betätigung, wie beispielsweise das Frankfurter oder das Nürnberger Patriziat. Während des 18. Jahrhunderts erwuchs den patrizischen Geschlechtern in den einflußreichen Handwerkerzünften eine gesellschaftlich und politisch erstarkende, Spannungen erzeugende Konkurrenz.

Höfisches Fest: Wagen der Gräfin Cosel beim Ringrennen der Damen am 6. Juni 1709 in Dresden, Gouache von Johann Samuel Mock, 1710

Die Losentscheidung hatte ergeben, daß die Gräfin beim Karussell des Damenfestes im Wagen »Couleur de Rose« fuhr. Ihr Kutscher war König Friedrich IV. von Dänemark, die vorausreitenden Kavaliere waren König August II. und der Kammerherr Holtzendorf.

Der katholische Klerus und die protestantischen Pfarrer

Zu den privilegierten Ständen zählte auch der Klerus, gleich ob man ihn nun formell als ersten Stand ansieht, was er in den katholischen Territorien des Reiches bis 1803 gewesen ist, oder die Tatsache ernst nimmt, daß er aufgrund heterogener sozialer Herkunft in der geburtsständisch strukturierten gesellschaftlichen Schichtung ein Stand ganz eigener Art sein mußte. Die Kleriker machten in deutschen Territorien vermutlich einen geringeren Anteil der Bevölkerung aus als der Adel, also weniger als ein Prozent, wobei allerdings regionale Unterschiede zu berücksichtigen sind:[82] So wurde für Preußen im Jahre 1800 ein Anteil von einem Prozent, für das Königreich Sachsen um 1750 bei absteigender Tendenz nur einer von 0,4 Prozent geschätzt, während das Fürstentum Ostfriesland um 1780 mit 2,6 einen ungewöhnlich hohen Prozentsatz Geistlicher aufwies. Sowenig wie beim Adel sagen diese geringen Bevölkerungsanteile etwas über die tatsächlich sehr hohe gesellschaftliche Bedeutung des Klerus innerhalb der Ständegesellschaft aus.

Stärker als Adel und Bürgertum war der Klerus Berufsstand, doch war es dies nicht allein. Er war zunächst ein Personenstand, der Kirchengewalt besaß. Wesentlich für die Gliederung des Klerus ist die strenge Ämterhierarchie, zum anderen aber die Tatsache, daß der hohe Klerus in den geistlichen Territorien des Reiches zugleich kirchliche und weltliche Gewalt ausübte. Allein schon hieraus ergab sich der unterschiedliche gesellschaftliche und politische Rang der Kleriker: Ein Teil des hohen Klerus der katholischen Kirche zählte zu den Reichsfürsten, war nur ausnahmsweise theologisch vorgebildet und keineswegs immer zum Priester geweiht. An der Spitze standen die drei geistlichen Kurfürsten, die Erzbischöfe von Mainz, Köln und Trier, es folgten die Fürstbischöfe, Fürstäbte, Fürstpröbste und Fürstäbtissinnen. Sie alle vereinigten oft – trotz gegenteiliger Beschlüsse des Konzils von Trient – mehrere Fürstentümer in einer Hand. Die theologischen Aufgaben in den Diözesen, deren Grenzen selten mit den weltlichen Herrschaften übereinstimmten, nahm meist ein Generalvikar beziehungsweise ein Weihbischof wahr, während die geistlichen Fürsten selbst sich auf die Regierung ihrer Territorien und die Reichspolitik konzentrierten.

Schon hier wird die gesellschaftliche Teilung deutlich: Während die geistlichen Kurfürsten und Fürstbischöfe adliger Herkunft waren und auch für die Mehrheit der Sitze im Domkapitel ein altadliger Ahnennachweis erbracht werden mußte (in Köln allerdings wurden nur zwei Drittel der Domherren aus dem Adel gewählt, die anderen waren Doktoren der Theologie), stammten zahlreiche Fürstäbte und Generalvikare aus bürgerlichen oder sogar aus bäuerlichen Schichten. Die theologische Ausbildung konnte den gesellschaftlichen Aufstieg bis zu einer reichsfürstlichen Stellung ermöglichen, Bildung und (akademische) Ausbildung wirkten in gewissen Grenzen auch in der Kirche standestranszendierend.

Auch das Klosterleben war durch dieses soziale Nebeneinander charakterisiert, in vielen Klöstern dominierten Adlige, insbesondere Frauen und nachgeborene Söhne, die auf diese Weise »versorgt« wurden. Ende des 18. Jahrhunderts standen dem alten Adel einschließlich der österreichischen Stifte im Reich 1200 bis 1400

Kloster Kaisheim bei Donau-
wörth, Anfang 18. Jahrhundert

Ein eigenes kulturelles Zentrum
entwickelte sich in Deutschland
aus dem protestantischen Pfarrhaus. Aufgrund des Zölibats
konnte hingegen der katholische
Klerus keine vergleichbaren
Familientraditionen bilden, die in
die Gesellschaft hineinwirkten.
Der evangelische Pfarrer bürgerlicher Herkunft zählte im späten
18. und 19. Jahrhundert im
geistigen und gesellschaftlichen
Leben.
Der katholische Klerus hatte in
dem Jahrhundert zwischen
Dreißigjährigem Krieg und
Hubertusburger Frieden noch
einmal eine Blütezeit erlebt, die
in der geistlichen Musik, im Prunk
der fürstbischöflichen Residenzen
und der bildenden Kunst bewahrt
ist. Die Säkularisierung des
Kirchenbesitzes, in den österreichischen Erblanden mit dem
Edikt Josephs II. zur Aufhebung
von mehr als 700 Klöstern, die
umfassender weitergeführt wurde
mit dem Reichsdeputationshauptschluß, brachte diese weltliche
Macht der geistlichen Herren zu
ihrem Ende. Der Sieg über die
Türken durch Prinz Eugen hatte
in Österreich zur letzten Welle
von klösterlichen Neugründungen
geführt, deren bekanntestes und
schönstes Stift Melk ist. Seit der
Mitte des 18. Jahrhunderts ging
die Zahl der Neugründungen
zurück, und es machte Mühe, die
bestehenden Klöster zu bewahren.

Kapitelstellen zur Verfügung. Allerdings zeigen regionale Untersuchungen auch Einschränkungen der Kennzeichnung der katholischen Kirche als Adelskirche. So stammten zwischen 1648 und 1789
nur etwa sieben Prozent der landtagsfähigen bayerischen Prälaten
aus dem Adel, je 30 Prozent aus dem Beamtentum sowie gewerbetreibenden Schichten in Stadt und Land und 6,5 Prozent aus dem
Bauerntum. Der niedere Klerus ging in Bayern überwiegend aus
Handwerker- und Bürgerfamilien hervor. [83]
   Anders als die übrigen Stände konnten katholische Geistliche
aber nicht heiraten, persönlichen Besitz erwerben oder vererben.
Sie nahmen schon allein dadurch eine protestantischen Geistlichen
gegenüber abweichende gesellschaftliche Sonderstellung ein. Aufgrund des Zölibats unterschied sich also nicht allein die gesellschaftliche, sondern auch die geistes- und kulturgeschichtliche Rolle
katholischer und protestantischer Theologen: Während die einen
wissenschafts- und bildungsgeschichtlich über die Institution der
Kirche wirkten, entwickelte sich das protestantische Pfarrhaus über
Generationen einer Familie hinweg zu einem eigenen kulturellen
und mentalitätsgeschichtlichen Zentrum geistlich geprägter bürgerlicher Kultur. Charakteristisch blieb die Rekrutierung des geistlichen
Nachwuchses aus den eigenen Reihen, die starke akademisch-
gelehrte Prägung der evangelischen Pfarrer, schließlich die Dominanz bürgerlicher Herkunft und bürgerlicher Normen. Diese
Entwicklung resultierte auch aus der Tatsache, daß die höheren
Kirchenämter in den protestantischen Kirchen keine angemessene

Versorgung für nachgeborene Söhne des Hochadels boten und ebensowenig für unverheiratete adlige Töchter berufliche Möglichkeiten innerhalb des Klosters bestanden. Ausnahmen bildeten allerdings die nicht aufgehobenen evangelischen Stifte: Für die Stiftsherrnpfründe mußten bis zu 32 adlige Ahnen nachgewiesen werden.

Die Reformation bewirkte also, daß die sozialgeschichtliche Stellung von katholischem Klerus und protestantischer Geistlichkeit immer stärker voneinander differierte, wobei die sozial erheblich homogeneren Protestanten bald einen neuen, ganz eigenen, durch Konfession, Bildung,[84] Beruf und Staatsverbundenheit geprägten Stand darstellten. Das besondere protestantische Verhältnis von Staat und Kirche, Geistlichkeit und weltlicher Herrschaft erwuchs nicht allein aus der lutherischen Deutung weltlicher Obrigkeit – es ist keine Obrigkeit, denn sie sei von Gott –, sondern auch aus der kirchlichen Funktion des Landesherrn als Summus episcopus. Die protestantischen Pfarrer predigten nicht allein den Gläubigen Gehorsam gegenüber der Obrigkeit, sondern verlasen von der Kanzel überdies Verordnungen des Landesherrn – insofern nahmen sie neben ihren geistlichen Aufgaben auch solche landesherrlicher Bediensteter wahr.

Der katholische Klerus fühlte sich demgegenüber keineswegs der weltlichen Gewalt untertan, er war trotz seines erheblichen Einflusses auf die Landesherren, trotz der Ausübung weltlichen Regiments in den geistlichen Fürstentümern sowie spezifischer Formen des Staatskirchentums und der im 18. Jahrhundert entstehenden episkopalistischen oder gar nationalkirchlichen Tendenzen »ultramontan«, wie man im 19. Jahrhundert zu sagen pflegte. Aus diesen Gründen blieb der katholische Klerus stärker universal als national orientiert: Dies ist ein Charakteristikum, das sich im unterschiedlichen politischen Verhalten katholischer und protestantischer Theologen bis ins 20. Jahrhundert nachweisen läßt.

Eine besondere Form der Verbindung zwischen protestantischer Geistlichkeit und Obrigkeit bildete sich denn auch bereits im 17. und 18. Jahrhundert bei den brandenburgisch-preußischen Hofpredigern heraus, die gleichsam ein eigenes geistlich und sozial akzentuiertes Standesbewußtsein entwickelten. Im letzten Drittel des 18. Jahrhunderts institutionalisierte sich innerhalb dieser Schicht eine zeitweise kirchenpolitisch und geistesgeschichtlich besonders einflußreiche Gruppe im Oberkonsistorium. Die Ämter von Superintendenten und Pröpsten zeigten deutlich, daß innerhalb der protestantischen Geistlichkeit ebenfalls eine Ämterhierarchie mit gesellschaftlich und ökonomisch erheblichen Unterschieden bestand. In Württemberg entstammten im letzten Drittel des 18. Jahrhunderts 83,4 Prozent der Pfarrer dem bürgerlichen Honoratiorentum: Mehr als 44 Prozent der protestantischen Pastoren Württembergs waren Pfarrerssöhne, die Kinder höherer und mehr noch die Kinder unterer Beamter erreichten erhebliche Anteile, die Bauernsöhne blieben bei einem sehr geringen Prozentsatz von unter einem Prozent,[85] hatten also bei Protestanten viel geringere Aufstiegschancen über den geistlichen Beruf als bei Katholiken.

Sowohl der katholische Klerus als auch die protestantische Geistlichkeit spielten für Bildung und Ausbildung, Gelehrsamkeit und Wissenschaft, aber auch karitative Einrichtungen eine große Rolle.

Die Klöster besaßen im übrigen oftmals eine beträchtliche wirtschaftliche Bedeutung, betrieben sie doch unter anderem große Landwirtschaften; allein in Bayern besaß die katholische Kirche beziehungsweise ihre Institutionen ein Drittel des gesamten Bodens, der dem wirtschaftlichen Kreislauf wie auch der Besteuerung entzogen wurde, deshalb erschwerte der Landesherr hier bereits seit 1704 die Schenkung von Immobilien an die Kirche und blockierte sie seit 1764 bis auf Ausnahmefälle völlig.

Die bürgerlichen Schichten

Der dritte Stand, das Bürgertum, war anders als Teile der beiden ersten Stände kein Herrschaftsstand. Ungefähr ein Viertel der deutschen Bevölkerung wohnte um 1800 in Städten, etwa zehn bis zwölf Prozent der Stadtbewohner waren dem Bürgertum zuzurechnen, der Rest den unterbürgerlichen Schichten. Während der zweiten Hälfte des 18. und auch noch zu Beginn des 19. Jahrhunderts waren die Bürger im politischen und gesellschaftlichen Rang weder mit dem Klerus noch mit dem Adel vergleichbar. Die politische Standschaft auf Reichs- und Landtagen besaßen die Bürger nicht als sozialer Stand, sondern indirekt über die Städtevertretungen. Dennoch gehörte den Bürgern – genauer gesagt, einer neuen Schicht Bürgerlicher – die Zukunft.

Eine erhebliche soziale, berufliche, ökonomische und bildungsmäßige Differenzierung führte bis zum 18. Jahrhundert zu einer vielfältigen Gliederung des Bürgertums nach politischen Herrschaftsrechten – vor allem der Ratsfähigkeit –, Vermögen und Beruf (wo sie wiederum in der Gliederung nach Zünften und Gilden korporative Form gewann). Der Bürgerstand besaß noch weniger als die anderen Stände eine soziale Homogenität: Sie ergab sich weniger aus der sozialen Binnenrealität dieses Standes als aus der ständischen Abgrenzung zu anderen Schichten. Aber gerade die Heterogenität des Bürgertums eröffnete eine die ständische Begrenzung überwindende Perspektive, die sich auf die Rechtstradition besinnen konnte und aus der sozialen Partikularität einen umfassenden Anspruch entwickelte.

In der naturrechtlich geprägten Gesellschaftstheorie der Aufklärung gewann immer stärker ein ständeübergreifender, staats- und rechtsbezogener Bürgerbegriff an Boden, der die soziale Realität weit hinter sich ließ, zu ihr in ein spezifisches politisches Spannungsverhältnis geriet und die Standesschranken mit Hilfe eines umfassenden Staatsbürgerbegriffs relativierte. Mit der Ersetzung des Untertanen durch den Staatsbürger reklamierten die neuen Bürgerlichen eine zugleich besondere und allgemeine, nämlich staatstragende Funktion für sich. Sie stellten das Selbstverständnis, aber auch die Selbstverständlichkeit der ständischen Gesellschaftsordnung in Frage.

Hierbei handelte es sich um eine gesellschaftspolitische Perspektive, nicht schon um eine neue gesellschaftliche Ordnung. Tatsächlich blieb bis zum frühen 19. Jahrhundert die überkommene Sozialstruktur trotz vielfacher Erosionen bestehen. Gleichwohl besaß diese Perspektive im letzten Jahrhundertdrittel – und besonders seit

Modell mit der Darstellung des Direktors der Königlichen Porzellanmanufaktur zu Berlin, Johann Georg Grieninger (1763 bis 1798), im Kreise seine Familie, Entwurf von Friedrich Elias Meyer, 1765

Die bürgerlichen Schichten drängten in die Führungspositionen der neuen Gesellschaft, wobei sie oft genug in den Adelsstand erhoben wurden, wie der Vater der Brüder Humboldt oder Gottfried von Schadow.
Die bürgerliche Kultur, die heraufzieht, gibt sich auch darin zu erkennen, daß sie nicht mehr aristokratische, sondern bürgerliche Bedürfnisse befriedigt. Nicht mehr am Hof der Schönborns in Würzburg oder der ungarischen Magnaten Eszterházy südlich des Neusiedler Sees sind die neuen Zentren von Musik, Bildhauerei, Architektur und Wissenschaft, vielmehr gehen sie aus von den bürgerlichen Quartieren der Residenzstädte, in denen die Produzenten und Konsumenten der Kunst wohnen. Der Direktor der Königlichen Porzellanmanufaktur Grieninger oder der Gründer der Singakademie Zelter treten an die Stelle der Künstler, die eben noch am Hof der Herrscher tätig waren.

1789 – mehr als nur theoretische Bedeutung; sie war in Kritik und Krise gegenwärtig, stellte die bestehende Ordnung zunehmend unter das Verdikt, keine gerechte Ordnung zu sein. Die Bürgerlichen verkörperten die Zukunft gegen die Herkunft und untergruben mit dieser fundamentalen Gegensätzlichkeit stärker als mit allen konkreten Forderungen Legitimität und Lebensnerv der traditionalen ständischen Ordnung.

Da es zwar eine Fülle empirischer lokalhistorischer Studien, aber keine hinreichend umfassenden, auf das Quellenmaterial zurückgehenden Untersuchungen gibt, beruhen alle Zahlenangaben, die das Bürgertum des gesamten Heiligen Römischen Reiches betreffen, auf Schätzungen und Hochrechnungen. Auch sind erhebliche Abweichungen in bezug auf Rechtsstellung der Bürger und verfassungsrechtliche Privilegien der Städte zu berücksichtigen: Die Kaiserstadt Wien, die Residenzstadt Berlin, die Reichsstadt Nürnberg, die Hansestadt Hamburg und die hannoversche Universitätsstadt Göttingen wiesen in ihren politisch-sozialen Strukturen oft mehr Unterschiede als Ähnlichkeiten auf.

Nach neueren, die Beispiele generalisierenden Forschungen gehörten zur Oberschicht beziehungsweise den Honoratioren der Städte etwa drei bis sechs Prozent der Stadtbevölkerung.[86] Diese Oberschicht ist allerdings nicht grundsätzlich als bürgerlich zu charakterisieren, da das städtische Patriziat sowohl bürgerliche Oberschicht als auch städtischer Adel sein konnte. Außer den Patriziergeschlechtern der Reichsstädte gehörten in den Residenzstädten zur Oberschicht ebenfalls wohlhabende Kaufleute, die meist Fernhandel trieben, Manufakturunternehmer, höhere Beamte, Juristen, ein Teil der Professoren, Mediziner sowie andere akademische Berufe, sofern sie in angesehenen Stellungen waren, Großgrundbesitzer sowie – als besondere, nicht im ständischen Sinne bürgerliche Gruppe – in der Stadt lebende Adlige und Geistliche.

Die breite bürgerliche Mittelschicht umfaßte im Durchschnitt 40 Prozent der städtischen Bevölkerung und wurde vor allem von den Handwerkern, dem Dienstleistungsgewerbe, den Kleinhändlern sowie den Unteroffizianten der Behörden gebildet. Bei den Handwerkern hatte sich seit dem Mittelalter eine soziale Hierarchie der einzelnen Gewerbe herausgebildet; auch konnten besonders vermögende und in den Zünften bedeutende Mitglieder, die sich oftmals seit dem 14. Jahrhundert die Ratsfähigkeit erkämpft hatten, in die obere Mittelschicht oder die Oberschicht aufsteigen.

Unterbürgerliche Schichten, Arme und Bettler

Die klein- und unterbürgerlichen Schichten einschließlich der Armen umfaßten – mit erheblichen lokalen Unterschieden – von zwei Fünfteln bis über die Hälfte der städtischen Gesamtbevölkerung.[87] Allerdings differierte die soziale und ökonomische Lage in diesen Schichten beträchtlich. Von den häuslichen Bediensteten, den Wäscherinnen und Flickerinnen bis zu den Handlangern und Tagelöhnern reichte die Skala der Berufe. Doch zählten oftmals auch Witwen, arme selbständige Handwerker wie Schuster, Schneider, Spinner und Leinweber zu denen, die keinerlei Steuern zahlten, weil sie kein Einkommen hatten: Diese Armen erreichten, bei ansteigender Tendenz, beispielsweise in der Universitätsstadt Göttingen 1763 einen Bevölkerungsanteil von etwa acht Prozent.

Nach neueren Schätzungen umfaßte im 17. und 18. Jahrhundert in Deutschland die Unterschicht in Stadt und Land insgesamt 20 bis 25 Prozent der Bevölkerung.[88] In Köln sollen unter einer Bevölkerung von 50 000 Einwohnern 12 000 bis 20 000 Bettler gewesen sein. Diese Zahl dürfte zwar übertrieben sein, doch nahm man während des 18. Jahrhunderts für die geistlichen Territorien des alten Reiches immerhin einen Durchschnitt von 250 Bettlern je 1 000 Einwohner an.[89] Wenngleich die Zahl der Bettler, wie schon die protestantischen Aufklärer nicht müde wurden zu betonen, tatsächlich in den katholischen Regionen erheblich größer war, so handelte es sich doch beim »Armenproblem im Zeitalter des Absolutismus« keineswegs nur um eine konfessionelle Besonderheit, bezog doch nach dem Ende des Siebenjährigen Krieges im protestantischen Berlin ein Drittel der Bevölkerung Armenunterstützung.[90] Zwar ergriffen die Landesherren, die großen Kirchen und andere Religionsgemeinschaften, beispielsweise die Juden, aber auch Stiftungen unterschiedlicher Art eine Fülle sozialpolitischer Maßnahmen, um den Armen wenigstens ein Existenzminimum zu sichern. Vorbildhaft wurden die pietistisch geprägten Halleschen Anstalten August Hermann Franckes. In Leipzig errichtete man 1803 im wesentlichen auf Initiative der »Gesellschaft deutscher Armenfreunde« eine viel beachtete Armenanstalt.[91] Im letzten Drittel des 18. Jahrhunderts bestand in vielen Territorien des alten Reiches eine regelrechte Massenarmut, die die Vorstufe zum Pauperismus des 19. Jahrhunderts bildete.[92]

Eine üppig wuchernde Literatur nahm sich des Armenproblems, seiner Ursachen und möglicher Gegenmaßnahmen an. Der aufgeklärte Popularphilosoph Christian Garve schrieb ebenso darüber wie der philanthropische Pädagoge Eberhard Freiherr von Rochow, der Statistiker und Geograph Johann Georg Büsch und andere Autoren. Diesem brennenden Problem widmete man sogar eigens Periodika, zum Beispiel das »Göttingische Magazin für Industrie und Armenpflege« (1789-1803) und die »Schwäbischen Provinzialblätter für Armenversorgung und Erziehung« (1796-1798). Franz Ludwig von Erthal, Bischof von Bamberg und Würzburg, stellte 1787 an Weltliche und Geistliche zwei Preisfragen zum Armenwesen. 1798 erließ dieser aufgeklärte Kirchenfürst ein »Gesetzbüchlein zur Behandlung der Armenpolizei auf dem Lande« und betrieb auch sonst eine zielstrebige Sozialpolitik, zu der insbesondere die Fürsorge für Alte, Kranke und Arme zählte. Auch der Neubau des Allgemeinen Krankenhauses in Bamberg und die Erweiterung des Julius-Spitals in Würzburg gingen auf seine Initiative zurück.

Viele Städte und Landesherren erließen Verordnungen, um das Betteln und Vagabundieren einzudämmen, doch zeichneten sich Erfolge erst gegen Ende des 18. Jahrhunderts ab. Nicht allein Angehörige unterbürgerlicher Schichten bettelten, sondern auch verarmte, sozial abgesunkene Geistliche, Adlige und Bürgerliche. So beklagte die baden-durlachische Regierung 1747 das Vagabundieren von »bettelnden Edelleuten, deren Weibern, Witwen und Waisen, Officiers und deren Angehörigen, Pfarrern und Schullehrern, entlas-

Bettelndes Soldatenweib, Radierung von Daniel Chodowiecki, 1764

Die unterbürgerlichen oder armen Schichten umfaßten etwa 25 Prozent der Bevölkerung, wenn auch nach Region, Konfession und Profession differenziert. So sollen etwa in Köln von 50 000 Einwohnern 12 000 bis 20 000 Bettler gewesen sein. Im protestantischen Berlin bezog nach dem Siebenjährigen Krieg die Hälfte der Bevölkerung Armenunterstützung.

Der Ritter von Lang berichtet in seinen Memoiren von einem Freidorf im Schwäbischen, in dem alle Gewerbe unzünftig betrieben wurden:

Leider gehört zu dieser Gewerbsfreiheit auch der freie Bettel, welcher freilich nicht von den meist wohlhabenden Inwohnern selbst, aber von den angrenzenden, meist katholischen und höchst armseligen Dörfern auf eine unglaubliche Art betrieben wurde ... in den Hütten des sogenannten Dorfes und den Ruinen [einer alten Grafenburg] selbst, die man daher mit Sicherheit ohne eine größere Gesellschaft nicht besteigen konnte, hauste eine Ueberzahl von lauter Schindern oder sogenannten Freileuten; in ganzen Rotten, die Mütter mit der Wiege auf dem Rücken, der Vater mit mehreren an sich gelockten Hunden am Strick, die Mädchen meist blühende und gesunde Gestalten mit dem Strickstrumpf im Arm, andere große Buben mit Hausrath und Dingen auf dem Karren und im Schnappsack, denen es durchaus an den Ursprungszeugnissen ermangelte, dazu noch mit dem Dudelsack, Pfeifen und Geigen behangen, zogen sie die Landschaft auf und ab. Trotzig pochten sie an Fenster und Thore: »Unserer sind so viele Köpfe, gebt uns hiernach Brod, Eier, Schmalz.« Hinter der nächsten Ecke wurde ein Lager gemacht, Hunde und Menschen tanzten am Ende bei der Fidel und Sackpfeife; man schlief im Mondschein oder forderte den Bauern hervor, daß er seine Scheune öffne. Dafür war es wohlgethan, seine Häuser desto befestigter zu halten. Vor allen Fenstern hatten wir eiserne Gitter, Querbalken vor Thüren und Läden.
(Ritter von Lang, Memoiren, 1. Teil, S. 31 f.)

senen Beamten, Bekehrten, reisenden Sängern und Studenten, Jägern und andern abgedankten Domestiken, Unterofficieren, Collectanten, Musikanten, Glückshäfnern«. Noch 1803 gab die Stadt Leipzig an 8 438 fremde Bettler öffentlich Almosen aus, deren Gesamtwert sich auf 1 185 Taler belief, darunter 175 Taler an »Personen aus höheren Ständen«. Erhebliche Summen brachten auch Pfarrer und Angehörige anderer Stände für Almosen auf, zeitgenössische Schätzungen nahmen an, daß ein Landpfarrer jährlich im Durchschnitt etwa 40 Taler dafür ausgebe.[93]

Tatsächlich kannte auch die durch Merkantilismus und Absolutismus geprägte Welt der Planung, Ordnung und der obrigkeitlichen Regelungswut Regellosigkeit. Die sozialpolitischen Maßnahmen der Landesherren reichten ebensowenig wie die Standesnorm aus, abweichendes Verhalten zu verhindern. Wer einmal aus der ständischen Ordnung herausfiel, wer wirtschaftliche Probleme nicht bewältigte oder wer durch zünftigen Druck aus der Bahn geworfen wurde, war der Obdachlosigkeit ausgeliefert. Und sicher zählte zu den Motiven, wie die Zeitgenossen immer wieder beklagten, auch Arbeitsscheu, Unfähigkeit zur sozialen Integration in einer in höchstem Maße auf Anpassung ausgerichteten Gesellschaft.

Man betrachtete Landstreicherei und Bettelei keineswegs allein oder auch nur in erster Linie als ein ökonomisches und soziales Problem, sondern als eines der Mentalität.[94] Wenn Friedrich Nicolai bemerkte, in katholischen Ländern sei die Zahl der Geistlichen und der Bettler besonders hoch, so wollte er damit ein Beispiel für die von ihm und seinen Gesinnungsgenossen immer wieder angeprangerten gesellschaftlich fragwürdigen Folgen bestimmter – teilweise vulgarisierter – Glaubensinhalte geben. »Eine Masse von Welt- und Klostergeistlichen verbreitete weit über ihren Stand und ihre Klostermauern hinaus die faule Indolenz, an der sie selbst zu Grunde gegangen waren. Allein in den Hochstiften, mit Zuzählung einiger größerer Abteien, trieben sich sechzig bis siebzig Tausend Ordensleute umher und im Durchschnitt saßen auf jeder Quadratmeile geistlichen Landes funfzig Priester.«[95]

Müßiggang war für Nicolai nicht zuletzt die Antwort auf die Bereitschaft, in unkontrolliertem Ausmaß Almosen zu geben, was wiederum bei den Priestern aus religiösen Gründen als wünschenswert galt. »Der Arme im eigentlichen Sinn ist eine Schöpfung der christlichen Theologie.«[96] Armut und Reichtum galten als gottgewollt, zum Reichtum gehörte die Verpflichtung, Almosen zu geben, doch an der prinzipiellen Existenz beider rüttelte die katholische Soziallehre nicht.

Aufgeklärte Kritiker wie Nicolai übersahen, daß auch in katholischen Landstrichen energische Maßnahmen zur Bekämpfung der Bettelei ergriffen wurden. Sie waren ebensosehr von christlicher Caritas wie von der Maxime geleitet, Vagabunden und Bettler wieder in die Gesellschaft einzugliedern: Der Bischof Franz Ludwig von Erthal wirkte hier vorbildlich, indem er nicht allein Bettelei und Almosengeben einschränkte, sondern in seinen fränkischen Bistümern auch Arbeitsplätze schuf. Überdies unterschieden die protestantischen Aufklärer moraltheologisch nicht hinreichend zwischen der religiös motivierten, freiwilligen Armut aufgrund eines Gelübdes und der sozialökonomisch bedingten Armut. Die Lehre des heiligen Franz von Assisi, der Armut als »Leben ohne Eigentum«, als Ausdruck christlicher Hoffnung betrachtete, führte zu der entsprechenden Passage in seinem Testament: »Wenn uns der Arbeitslohn nicht gegeben wurde, nahmen wir Zuflucht zum Tisch des Herrn, indem wir von Tür zu Tür Almosen bettelten.« In den Bettelorden des 13. Jahrhunderts fand diese Maxime ihre religiöse und soziale Form – eine Form, die noch den protestantischen Aufklärern des 18. Jahrhunderts als symptomatisch erschien und die sie entschieden ablehnten.

Demgegenüber zählte die Beseitigung der Armut durch Arbeit zu den fundamentalen Prinzipien bürgerlicher Wirtschaftsauffassung des 18. Jahrhunderts. Der Sinn bürgerlichen Lebens erfüllte sich in der protestantisch geprägten Soziallehre vieler Aufklärer durch Arbeit und Leistung im Diesseits: Eigentum war der Lohn, und hieraus erhielt auch die Bindung bürgerlicher Rechte an die Voraussetzung des Eigentums ihre Legitimation. Voltaire brachte diese Lebenshaltung auf eine treffende Formel: »Der Eigentumssinn verdoppelt die Kraft des Menschen ... Man arbeitet für sich und seine Familie tatkräftiger und freudiger als für einen Herrn.«[97]

Soziale Schichtung in den Städten

Besonderheiten der sozialen Schichtung der Städte lassen sich beispielsweise anhand von Steuerlisten, Kleiderordnungen, aber auch anhand der durch die Stadtverfassungen erfolgende Privilegierung einzelner Stände ablesen. Neben der Größe gewann die verfassungsrechtliche Stellung der Städte im Reich beziehungsweise im Territorium Einfluß auf die innerstädtische gesellschaftliche Entwicklung. Im allgemeinen überwogen während des 18. Jahrhunderts in den einstmals politisch und wirtschaftlich führenden alten Reichsstädten retardierende oder konservierende Tendenzen. Die Städte waren normalerweise während des Mittelalters und zu Beginn der frühen Neuzeit weitaus dynamischer als gegen Ende des 18. Jahrhunderts. Während der ersten Jahrzehnte des 19. Jahrhunderts unterlagen sie indes infolge der sozialökonomischen und verfassungsrechtlichen Reformen, der Bevölkerungsexplosion sowie der Land-Stadt-Wanderung einer stärkeren Umstrukturierung als das platte Land.

Schon im 18. Jahrhundert galten Reichsstädte wie Nürnberg, Augsburg und Ulm – wenngleich nicht immer zu Recht – als prototypisch für eine gesellschaftliche und wirtschaftliche Erstarrung, die

Ausschnitt aus der »Zwölfmeistertafel« der Ulmer Drechsler, 1756

Die Bewahrung der alten Zunftordnung petrifiziert eine Produktions- und Wirtschaftsordnung, die längst überholt ist. Während überall der ideenreiche Unternehmer nach vorn drängt, wollen die Gilden die alten Formen und damit ihre Macht verteidigen; noch immer hat die Mehrheit der Meister nur einen Gesellen und zwei Lehrlinge, wenngleich derartige Zunftregeln in manchen Gewerben und Regionen schon längst durchbrochen sind. Lediglich für aristokratische oder geistliche Abnehmer sind Import und Export bestimmter Waren, vor allem von Luxusgütern, möglich. Bilder wie die »Zwölfmeistertafel« scheinen diese Gestrigkeit der alten Ordnung zu bewahren. Das Bild der Ulmer Drechsler zeigt keine zukunftsträchtige Schicht, die ihr Eigenrecht stürmisch behauptet, sondern erstarrte Handwerksmeister, die ihre Privilegien nicht ohne Züge der Anstrengung verteidigen.

Wolfgang Wilhelm Sayer.   Cornelius Klett.   Adolph Friederich Baur.   Hercules von Lapro.

nicht nur in der jeglicher Modernisierung feindlichen, unangefochtenen Herrschaft der Zünfte zum Ausdruck kam, sondern ebensosehr in der strengen Abschließung der Stände gegeneinander. Das städtische Patriziat verteidigte zäh und erfolgreich das Monopol auf die Mehrheit im Rat sowie die höheren städtischen Ämter, es genoß weitgehende steuerliche Privilegien. Nicht zufällig sprach Friedrich Nicolai von der »ganz aristokratischen Herrschaft« in den »kleinen Stadtrepubliken« und verband mit dieser zutreffenden Beschreibung zwei wesentliche Einsichten: Er konstatierte, daß eine starre ständische Ordnung keineswegs ein Charakteristikum territorialstaatlicher Monarchien war, und er demonstrierte zugleich, welcher Gegensatz zwischen der Gesellschaftsauffassung der bürgerlichen Aufklärer und derjenigen in den doch ebenfalls bürgerlich geprägten Reichsstädten bestand.

Das Nürnberger Patriziat hatte sich von einem dominanten Wirtschaftsstand immer stärker zu einem Handel und Gewerbe gegenüber abstinenten Herrschaftsstand entwickelt. Zu Anfang des 18. Jahrhunderts gab es dort nur noch ein einziges Handelshaus in der Hand eines alten patrizischen Geschlechts.[98]

Schlichtere bürgerliche Kleidung, um 1780

Seit dem 16. Jahrhundert legten die Nürnberger Patrizier ihr Vermögen vorwiegend in Landgütern an, seit 1667 führten sie das Adelsprädikat, seit 1697 erlaubte ein Privileg Kaiser Leopolds den zunächst 20 und seit 1788 dann 23 ratsfähigen Familien die Führung des Prädikats »Edel«. Am Ende des 18. Jahrhunderts schließlich erwogen die »Geschlechter« die Einführung einer Uniform, die die äußerliche Abhebung des führenden Standes von den übrigen noch über das bereits in den Kleiderordnungen Vorgesehene hinaustrieb. Nicht allein die oftmals in zeitgenössischen Texten anzutreffende Bezeichnung »Adel« für die Nürnberger Patrizier, sondern auch dieser Plan von 1790 entsprang im wesentlichen dem Wunsch, sich äußerlich dem fränkischen Adel, vor allem den Reichsrittern, anzugleichen. In dem Plan hieß es unter anderem: »Es sind schon vor mehreren Jahren Vorschläge zu einer allgemeinen National-Kleidung für das ganze deutsche Reich gemacht worden. Das deutsche Reich aber, von jeher wegen seiner Uneinigkeiten unter sich selbst berühmt, nahm diese nützlichen Vorschläge nicht an, und die Sache zerfiel im Allgemeinen. Jedoch ergriffen viele einzelne Stände diese Gelegenheit und verbanden sich zu einer Uniform unter sich. Dies geschehe im Hanöverischen, im Anspach-Baireuthischen und mehreren, wo der Adel eine Uniform einführte. Sollte dieses nicht auch im Nürnbergischen möglich seyn? Hier, wo eine so zalreiche Noblesse sich befindet, die noch immer unter dem Joche der Moden seufzet und sich stets vom Friseur und Barbier nacheifern, öfters wol übertreffen lassen muß.«[99]

Erst die Französische Revolution bewirkte seit 1789 zunehmend die Beseitigung der in vielen europäischen Staaten während der frühen Neuzeit zeitweise sogar verschärften, in der Kleidung zum Ausdruck gelangenden ständischen Abgrenzung. Die Sansculotten legten die von Aristokraten bevorzugten Culottes ab und zogen die Pantalons an: Der banale Hosenwechsel symbolisierte den Gesinnungswandel zum Republikanismus.

Allerdings zeigten Kleiderordnungen nicht nur die Standesunterschiede an, sondern dokumentierten in engem Zusammenhang hiermit (und dies manchmal sogar bis heute) die Berufszugehörigkeit. Die obrigkeitliche Absicht zielte überdies auf Einhaltung von Sitten und Gebräuchen sowie auf Unterbindung eines übermäßigen Luxus.[100] Die Städte regelten die Kleidung erheblich strenger als die Landesherren, insofern sind die Kleiderordnungen zunächst auch in stärkerem Maße Ausdruck der Gesellschafts- und Kulturgeschichte der Städte als der Territorialstaaten.[101]

Diese Protagonistenrolle der Städte sowie die spätmittelalterliche Herkunft beweisen, daß die Kleiderordnungen nicht der kameralistischen Regelungswut der frühmodernen Staaten entstammten, sondern vielmehr auf städtische Bürgerschaft und Stände zurückgingen. Der traditionale Charakter dieser Ordnungen steht außer Frage, ihr Ende bestätigt ihn: Die Kleiderordnungen verloren mit der Aufhebung der Reichsstädte jegliche Bedeutung.

Schon seit dem 17. Jahrhundert hatten die Kleiderordnungen gegen modische Einflüsse immer weniger vermocht, wenngleich die luftige Leichtigkeit des Rokoko verschiedentlich auch als französische Leichtlebigkeit gedeutet wurde, die zwar ein aristokratischer Hofstaat übernehmen konnte, die sich aber deshalb noch nicht für bürgerliche deutsche Sittsamkeit ziemte. Ständische und nationale Gesichtspunkte mischten sich auch hier. So war es kein Zufall, daß Leopold Mozart 1763 an seine Frau schrieb: »Ob die Frauen in Paris schön sind? das ist unmöglich zu sagen, denn sie sind gemalt [bemalt?] wie die Nürnberger Puppen und durch diese widerwärtigen Kunstgriffe derartig entstellt, daß eine von Natur schöne Frau in den Augen eines ehrlichen Deutschen völlig unkenntlich wird.«[102]

Natürlich nährte auch die Literatur die Überzeugung von der Frivolität anderer Völker; so berichtete Giacomo Casanova in der »Geschichte meines Lebens« über die spanische Tänzerin Nina Bergonzi, die in einem Ballett die einzige Figur, die sie wirklich beherrscht habe, die »Rivolta« (Drehsprung), zur Freude des Publikums derart temperamentvoll vorführte, daß sie damit ihre »Hosen« entblößte: Damit aber verstieß sie gegen eine gesetzliche Vorschrift. Wegen dieses in ihren »schamlosen Sprüngen« zum Ausdruck kommenden Vergehens wurde die Ballerina mit zwei Talern Gehaltskürzung bestraft. Bei der nächsten Vorstellung wiederholte sie ihre Rivolta mit dem gleichen Schwung und erregte dieses Mal noch größere Beifallsstürme. Daraufhin wurde sie sofort in die Loge des Vizekönigs bestellt, der ihr eine strenge Bestrafung androhte, da sie es an Achtung vor dem Publikum und dem Gesetz habe fehlen lassen. Nina tat unschuldig: »Was habe ich denn gemacht?« »Den gleichen Sprung wie vorgestern.« »Das ist richtig, aber ich habe keineswegs gegen Ihre katalonischen Gesetze verstoßen, denn niemand kann behaupten, daß er meine Hosen gesehen hat. Um sicher zu sein, daß man sie nicht sehen wird, habe ich keine angezogen. Konnte ich mehr tun angesichts Ihres verwünschten Gesetzes, das mich unversehens schon zwei Taler gekostet hat?«[103]

Diskussionen[104] um die obrigkeitlichen Kleiderordnungen durchziehen noch das gesamte 18. Jahrhundert.[105] Der Osnabrücker Staatsmann und Schriftsteller Justus Möser, ein Mann, der sinnvolle Traditionen durchaus zu schätzen wußte, setzte sich dabei kritisch mit den Plänen für neue Kleiderordnungen auseinander. Möser, der

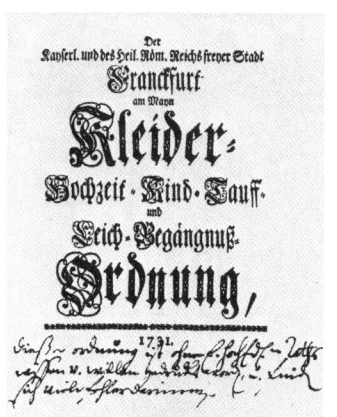

Die Kleiderordnungen suchten bis ins 18. Jahrhundert hinein alte, schon überlebte Zustände zu verewigen. Schon vor der Französischen Revolution, die endgültig die Beseitigung dieser uniformartigen Abgrenzung der einzelnen Stände brachte, hatten sie aber in den meisten deutschen Territorien und Städten ihre Verbindlichkeit verloren.

verschiedentlich den jetzigen »Hang zu allgemeinen Gesetzen und Verordnungen« beklagte, weil er der »gemeinen Freiheit gefährlich« sei,[106] gelangte zu dem Schluß: »Es ist eine allgemeine Klage des jetzigen Jahrhunderts, daß zu viel Generalverordnungen gemacht und zu wenige befolgt werden.«[107] Möser wandte sich entschieden gegen die in Kleiderordnungen intendierte ständische Abgrenzung, die oftmals einer dezidierten Zurücksetzung gerade der arbeitenden Schichten der Bürger und Bauern gleichkomme. Nach Mösers Meinung besaß der Fürst nur das Recht, *Hof*kleidung und damit den *Hof*rang zu bestimmen, nicht aber darüber hinauszugehen: »Allein, um die Kleider im ganzen Staat zu regulieren, ohne hier wider die Billigkeit, dort gegen die Klugheit und dann gegen sein eignes und des Landes Interesse anzustoßen, dazu gehöret sehr viel. Ich erwähne nichts von der Tyrannei, welche darin steckt, wenn Fürnehmere sich alles erlauben und den Geringern alles untersagen wollen; nichts davon, woher sie die Befugnis nehmen wollen, zehn freien Eigentümern das und zehn andern das zu verbieten und die Bürger eines Staats in willkürliche Klassen abzuteilen; und endlich nichts davon, wie gefährlich ein solcher Eingang für die allgemeine Freiheit sein würde, wenn ein Landesherr die *gemeine* Ehre wie die Hofehre bestimmen und alle, die sich weigerten ... in die niedrigsten Klassen verweisen« wollte.[108] So schrieb ein Autor, den Generationen von Historikern (mit oder ohne Sympathie) als »konservativ« einstuften.

Die Kritik Mösers belegt ebenso wie das Verschwinden gesetzlicher Regelungen über die Kleidung, daß die Diskussionen zu diesem Thema im 18. Jahrhundert bereits antiquiert waren, hat doch beispielsweise trotz der Initiative von 1790 die Nürnberger Obrigkeit tatsächlich seit 1693 keine neue Kleiderordnung mehr erlassen.

Der Verzicht auf Kleiderordnungen ist in nicht unerheblichem Maß auf den im 18. Jahrhundert zunehmenden Einfluß der Mode zurückzuführen, die schon damals aus Frankreich übernommen und nachhaltig durch den dortigen höfischen Stil geprägt wurde. Allerdings zeichnete sich, wie auch in der Literatur und dem Stil der Möbel, um 1770 ein Wandel ab, insofern der in England übliche bürgerliche Stil auch auf dem Kontinent das höfisch-französische Ideal zu verdrängen begann. In der Bürgerschaft, zumal in den wohlhabenden aufsteigenden Mittelschichten, regierte zunehmend die Mode, gegen die alle Reglementierung machtlos war.[109] Das ständische Ordnungsprinzip verlor in den Kleiderordnungen des 18. Jahrhunderts an Bedeutung, das wirtschaftliche Motiv setzte sich mehr und mehr durch, sein Ziel lag in der Eindämmung des – oftmals aus anderen Ländern importierten – Luxus. Die schließlich unter Montgelas 1815 und 1816 in Bayern erlassenen Verordnungen bezweckten nicht mehr soziale Abgrenzung, sondern pochten auf die Einhaltung politischer Loyalität gegenüber der Obrigkeit.[110] Wenngleich die Obrigkeit in der zweiten Hälfte des 18. Jahrhunderts oftmals auf den Erlaß neuer Kleiderordnungen verzichtete,[111] blieb davon doch die rechtliche Weitergeltung der bestehenden Ordnungen unberührt.[112] So hatte die Stadt Frankfurt am Main zwischen 1597 und 1731 siebenmal die Kleiderordnung vom Ende des 15. Jahrhunderts erneuert, die fünf in der Kleidung deutlich voneinander abgehobene Stände unterschied. Nach 1731 galt diese Ordnung durchaus fort, im

Jahre 1732 wurde ihre Überwachung dem Konsistorium der Stadt übertragen.[113]

Aber auch in Frankfurt vermochten Rügen und Strafen wenig gegen Übertretungen der Kleiderordnung; die Mode und das Streben nach einem sich auch äußerlich dokumentierenden gesellschaftlichen Aufstieg erwiesen sich als stärker. Die Verstöße lagen meist in der Verwendung von Kleidung der höheren Schicht durch die nachfolgende. Die immer laschere Handhabung in den letzten Jahrzehnten des 18. Jahrhunderts belegt auch in dieser traditionsreichen Reichsstadt die sich vermindernde Bindekraft der ständisch-hierarchischen Ordnung überhaupt.[114]

Auf der anderen Seite demonstriert die Kritik, die Nicolai noch 1801 übte, wie zählebig Kleidungsgewohnheiten auch ohne obrigkeitliche Reglementierung waren: Noch immer höre das Vorurteil nicht auf, »gewisse Stände müßten ... nothwendig [Perücken] tragen ..., das möchte man für unglaublich halten, wenn nicht die Erfahrung zeigte, daß in Absicht auf Moden und Vorurtheile von je her auch das Unglaublichste zuweilen wirklich geworden ist«.[115] Perücke und Degen gehörten lange Zeit zur adligen, zumindest aber gehobenen bürgerlichen Kleidung oder galten als berufsständisches Attribut.

Interessant aber ist, wie sich der Akzent bis zum Ende des 18. Jahrhunderts verschob: Diskutierten die Aufklärer die Kleiderordnungen, so beurteilten sie die Angemessenheit der Kleidung für die verschiedenen Stände meist nur noch unter den Aspekten von Nützlichkeit und Sparsamkeit. Eine staatliche Reglementierung, die die mittleren Stände im Sinne scharfer sozialer Abgrenzung zurückstufte, billigten sie selten. Die Nachahmung der oberen Stände lehnten sie ebenso ab wie übertriebenen Luxus, die Nachahmung der französischen Mode mißbilligten sie folglich auch, um das bürgerliche Selbstbewußtsein gegenüber der höfisch-aristokratischen Schicht zu bewahren. Die Herrschaft der Mode widersprach sowohl dem Gesichtspunkt der Funktionalität wie der Ablehnung der Modesüchtigkeit überhaupt: »Vielleicht ist dieß eine der schädlichsten Eigenheiten der Moden, weil dadurch der Luxus und die Nachahmungssucht den ärmern Classen zum Verderben gereicht. Da es die Reichsten sind, welche den Gang der Moden reguliren«, würden die anderen in diesen Sog gezogen und dadurch in Armut gestürzt: So pointierte der Breslauer Popularphilosoph Christian Garve seine Bedenken.[116]

Doch ging Garve in seiner Kritik noch weiter, wenn er die bei reichen Bürgersfamilien der Handelsstädte anzutreffende Modesucht auf den Wunsch zurückführte, »sich mit desto größerr Hitze auf den einzigen Zweig der Ueppigkeit zu werfen«, in welchem sie hoffen kann, »es dem höhern Stande gleich zu thun, und selbst durch Geld und Aufwand einen Vorzug über ihn zu erhalten«.[117] Garve befürchtete eine »unrichtige Schätzung des Werths der Menschen« durch die Herrschaft der Äußerlichkeit und sah zugleich die Konkurrenz der Stände, die sich in diesem Fall durch die Demonstration wirtschaftlichen Erfolgs gegenüber den höhern Schichten kundtat: Keinem Stande schade der Hang zum Modischen deshalb mehr als dem »Mittel- oder dem guten Bürgerstand«.

Und auch Goethes Wesensbestimmung des Bürgers in »Wil-

Der Sänger Chenard, Gemälde von L. L. Boilly

Die Sansculotten drücken mit einem banalen Hosenwechsel – also die Ersetzung der aristokratischen Culottes durch die bürgerlichen Pantalons – politischen Gesinnungswandel aus: Der Republikanismus gibt sich zu erkennen, indem man auf das vorrevolutionäre Gewand verzichtet. Der offene Kragen, der »Schillerkragen«, ist bis in die Mitte des 19. Jahrhunderts hinein ein Symbol der Gesinnung, wie denn auch die Frisur den jeweiligen Wandel der gesellschaftlichen Verhältnisse greifbar werden läßt: Der Perücke folgt die »unreglementierte« Frisur, und die offenen langen Haare, gegen die Metternichs Polizei vorgeht, sind ein Zeichen politischer Aufsässigkeit.

helm Meisters Lehrjahre[n]« offenbarte dieses soziale Selbstverständnis, wenngleich mit anderer Konsequenz: »Ein Bürger kann sich Verdienst erwerben und zur höchsten Not seinen Geist ausbilden; seine Persönlichkeit aber geht verloren, er mag sich stellen, wie er will.« Der Bürger werde gefragt: »Was hast du?«, der Edelmann: »Was bist du?« Und Wilhelm Meisters Neigung zum Theater rührte auch daher: »Auf den Brettern erscheint der gebildete Mensch so gut persönlich in seinem Glanz als in den obern Klassen.«[118]

Der Bürger scheint auf Dynamik und auf Selbstdarstellung verpflichtet: Was er hat, muß er zeigen, sonst entspricht seine gesellschaftliche Geltung nicht seinem wahren Wert. Der Adlige ist, was er *ist;* der Bürger ist, was er *wird.* Erhaltung der in der Kleiderordnung zum Ausdruck gelangenden ständischen Statik war also immer Sache des obersten oder doch der oberen Stände, ihre Auflösung war Sache der jeweils aufsteigenden Schichten. Ihr Luxus entsprach nicht bloß oder nicht in erster Linie der persönlichen Eitelkeit, sondern der sozialen Selbstdarstellung einer Schicht, die durch Leistung über den angestammten gesellschaftlichen Ort hinauswollte, ja geradezu hinausmußte, um sich selbst zu definieren. Erworbener Reichtum bedurfte der Demonstration, ererbter nicht. Die eigene Leistung konnte durch Bildung wie durch wirtschaftliche Arbeit erbracht werden, die äußere Darstellung war im letzteren Fall leichter. Zur höfischen Selbstdarstellung des Rokoko aber gehörten Spiel und Zufall, denen man die Inszenierung nicht anmerkte. Demonstrativer Leistungsstolz und trotziges Übertreten von Kleiderordnungen, die ihrerseits nur Ausdruck ständischer Abgrenzung, nicht aber ihr Kern waren, wirkten demgegenüber angestrengt und veräußerlichten die gesellschaftliche Auseinandersetzung: So erlag sie ihrerseits den Moden.

Entstand also die moderne Welt aus dem »Geist der Verschwendung«, wie Werner Sombart es so schön formulierte? Verschwender jedenfalls waren beide, der Hof als Verkörperung der überkommenen gesellschaftlichen Hierarchie und die reich gewordenen Bürger, die Luxus demonstrierten. Doch die einen konnten sich die Verschwendung leisten, solange die alte Welt Bestand hatte, und die anderen glaubten den Luxus nötig zu haben, so lange die neue Welt noch nicht existierte. Und es ist aufschlußreich, daß die »Regierungen niemals gegen den ostentativen Luxus der Oberschicht eingeschritten« sind. Bekleidung wurde »zumindest in Europa als Merkmal des gesellschaftlichen Avancements genau registriert«.[119]

Mode wurde mit dem wachsenden Luxus zum Ausdruck der *wirtschaftlichen* Privilegierung, weshalb Kleidung und modischer Luxus auch immer weniger geeignet waren, die *geburts*ständische Privilegierung auszudrücken. Der Verdrängungswettbewerb über den Luxus, die Imitation der Kleidung oberer Gesellschaftsschichten durch die unteren signalisierte zweifellos eine Verbreiterung der privilegierten Schichten, ebnete – zunächst äußerlich – Unterschiede ein: Das Modische verdrängte das Traditionale, das seinerseits nicht allein die Ständeordnung symbolisierte, sondern auch die Bodenständigkeit von Gebräuchen und Trachten überwand, die im Material greifbar wurde. Flachs, Hanf, Schurwolle, Baumwolle, Seide bildeten nicht allein eine Hierarchie der Verfeinerung, vielmehr setzten sich die feineren, aus anderen Teilen der Erde kommenden Textilien in den einzelnen Regionen Deutschlands ganz unterschiedlich durch – zuerst freilich immer bei den Oberschichten, die sie sich leisten konnten. Stärker als die Reichsstädte produzierten die Residenzstädte für den Luxusbedarf, da hier im Laufe des 18. Jahrhunderts die Absatzmöglichkeiten stark anstiegen. Ähnliches galt für weltoffene Handelsstädte wie Hamburg. In diesen Städten entwickelte sich schneller als anderswo die neue Schicht der Bürgerlichen, die mehr und mehr ein eigenes soziales Bewußtsein gewann.

In den Residenzstädten wandelten sich durch die neuen, vom königlichen Hof, der staatlichen Verwaltung und der Garnison entwickelten materiellen Bedürfnisse im Laufe des 18. Jahrhunderts auch Gewerbe, Handel und Dienstleistungen. So entwickelte sich in der königlichen Residenzstadt Berlin trotz des höfischen Zentrums im benachbarten Potsdam eine ganz eigene soziale Struktur, die durch die Existenz größerer Minderheitengruppen, vor allem der Franzosen und der Juden, sowie die von ihnen wahrgenommenen wirtschaftlichen Aufgaben erheblich mitgeprägt wurde.

Im Jahre 1784 gliederten sich die 145 000 Einwohner Berlins rechtlich in sechs Bevölkerungsklassen: Militärstand, Eximierte, Bürgerschaft deutscher Nation, französische Kolonie, böhmische Kolonie, Judenschaft. In sozialer Hinsicht teilten Zeitgenossen die Berliner Bevölkerung folgendermaßen ein: 33 400 Einwohner gehörten zur Garnison (einschließlich der Familienmitglieder der Soldaten). Allein die Garnison stellte einen Wirtschaftsfaktor allerersten Ranges dar, denkt man an Verpflegung, Kleidung, Ausrüstung und Unterbringung einer so erheblichen Zahl von Menschen; tatsächlich verdankte Berlin seinen ökonomischen Aufstieg in erheblichem Maße der Existenz dieser Garnison,[120] also nicht ihrer militärischen, sondern ihrer zivilen Bedeutung. Beispielsweise konnte der enorme Bedarf an Uniformen und sonstiger Ausrüstung nur noch durch den Ausbau des Textilgewerbes und manufakureller Produktionsformen gedeckt werden. So steigerte sich der Anteil der Arbeiter in der Textilproduktion bis 1756 auf 40 Prozent aller Beschäftigten, der Anteil der Manufakurarbeiter insgesamt wuchs zwischen 1729 und 1756 von zehn auf fünfzehn Prozent.[121]

Am Umsatz des Berliner Handelshauses Splittgerber & Daun, das im übrigen auch Eisenwerke pachtete und in der Geschützproduktion engagiert war, erreichte die Ausstattung des Militärs einen beträchtlichen Anteil: Vom Beginn des Ersten Schlesischen Krieges 1740 bis kurz vor Ende des Siebenjährigen Krieges 1762 steigerte sich der Umsatz von 0,8 auf 4,1 Millionen Taler. Das Porträt, das Friedrich II. dem Haus nach dem Krieg schenkte, erhielt zu Recht einen Ehrenplatz,[122] denn für das Handelshaus war Friedrich nicht nur der bewunderte Landesvater, sondern überdies der Garant für den wirtschaftlichen Aufschwung der Firma: Die Waffenfabrik, die der ungemein agile Berliner Unternehmer 1722 in Spandau und Potsdam gegründet hatte, erlangte bald das Monopol für Lieferungen an das preußische Heer.

Neben den Einwohnern, die der Garnison angehörten, zählte Berlin 1784 in der französischen Kolonie 5 168 Zivilisten und 3 373 in der »Judenschaft«. Die Einteilung der Berliner Bevölkerung im Hin-

David Splittgerber (1683-1764), Kupferstich

Die Familie Splittgerber mit David Splittgerber als Senior, unter dem das Familienunternehmen seinen wirtschaftlichen Aufschwung nahm, zählte zu den großen Eisenmanufakturisten Preußens, das ja noch nicht die schlesischen Hüttenwerke besaß, die später den Aufstieg der preußischen Eisenindustrie begründeten. Das Handelshaus Splittgerber & Daun war auf vielen Gebieten tätig, und die Geschützproduktion, die während des Dritten Schlesischen Krieges spektakulär expandierte, war ursprünglich nur ein Nebenprodukt eines Familienunternehmens gewesen, das sein Vermögen und seine wirtschaftliche Macht auf die Zuckerproduktion gründete.

blick auf ihre rechtliche und ökonomische Selbständigkeit ergibt folgendes Bild: 22 000 selbständige Männer, die zugleich »Hausväter« waren, im Normalfall also in ihrem Haus nicht allein Familienangehörige beherbergten, sondern außerdem eine unterschiedlich große Zahl von häuslichen Bediensteten oder gewerblichen Mitarbeitern: Insgesamt waren das 27 000 Frauen und 41 000 Jugendliche oder Kinder, 5 546 Gesellen und Handlungsbedienstete, 2 627 Lehrjungen, 2 924 Diener und Knechte, 9 903 Mägde.[123] Somit waren 20 Prozent der zivilen Bevölkerung Berlins rechtlich und wirtschaftlich selbständige Hausväter, das Gesinde umfaßte 17,6 Prozent der Bevölkerung.

Allerdings blieb die Mitarbeiterzahl der selbständigen gewerbetreibenden Berliner in Handwerk und Handel auch am Ende des 18. Jahrhunderts noch niedrig: Die insgesamt 21 539 Handwerker und Kaufleute beschäftigten 1784 nur 7 744 Gesellen und Bedienstete sowie 6 293 Lehrlinge und Arbeiter; im Durchschnitt, der hier natürlich nur von begrenztem Aussagewert ist, kam also nicht einmal auf jeden gewerblich Selbständigen ein Mitarbeiter.

In den Berliner Textilmanufakturen, die ihre Produktion zu 80 Prozent in Preußen verkauften, war schon im Jahre 1784 die Mehrheit der Arbeiter beschäftigt: 4 043 in den Wollmanufakturen, 1 922 in den Seidenmanufakturen. Weitere 2 602 Arbeiter waren in anderen Produktionszweigen tätig, davon allein 813 in der Gold- und Silbermanufaktur. Der vergleichsweise hohe Anteil der Arbeiter in der Seiden- und Edelmetallverarbeitung läßt erkennen, welche Nachfrage nach Luxusartikeln bereits zu dieser Zeit von seiten des Hofes, aber auch von seiten reicher Adliger und Bürgerlicher in Berlin herrschte. Ohne Beschäftigung, »bloß von ihren Mitteln«, lebten in Berlin damals 1 507 Personen – auch unter ihnen dürften viele Wohlhabende gewesen sein. Die Zahl der Armen, die in irgendeiner Form von der Stadt, von deutschen, französischen beziehungsweise jüdischen Armenanstalten Unterstützung erhielten, betrug 7 003. Allerdings sind nicht alle Almosenempfänger als erwerbslos einzustufen, da auch Menschen mit sehr geringem Einkommen unterstützt wurden.

Die Gruppe der staatlich oder städtisch Besoldeten, einschließlich der Schulmänner und Prediger, umfaßte 3 433 Personen. Und immerhin wirkten in Berlin und Potsdam (einschließlich der unmittelbaren Umgebung) insgesamt 165 durch Veröffentlichungen ausgewiesene Gelehrte, die aber in der Regel zu einer der bereits genannten Sozialgruppen gehörten.

Die soziale Schichtung der dynamischsten deutschen Residenzstadt am Ende des 18. Jahrhunderts ist besonders aussagekräftig: Insgesamt gehört nur noch ein Fünftel der Bevölkerung der Stadt zu den klassischen beiden Sektoren, dem handwerklich organisierten Gewerbe und dem Handel. Demgegenüber ist die Zahl der Manufakturarbeiter sowie derjenigen, die in irgendeiner Weise mit dem dynastischen Fürstenstaat verbunden sind, recht hoch, als da sind: Angehörige der Garnison, der königlichen Verwaltung sowie ein weiterer Personenkreis, der bestimmte Privilegien besaß, die Eximierten. Die Eximierten sind Einwohner, die unmittelbar der Gerichtsbarkeit des königlichen Kammergerichts unterstehen und also von derjenigen des städtischen Magistrats und des Stadtgerichts ausgenommen sind: Adel, Königliche Räte, sonstige königliche Bedienstete sowie die Eigentümer von etwa 500 »Freihäusern«. Die preußische Residenzstadt entwickelte sich zu einem zentralen Ort, für den die enge Verflechtung von Staat und Stadt charakteristisch wurde: Die Verwaltungselite und das Militär, darunter zahlreiche Offiziere, überlagerten das im städtischen Leben für Jahrhunderte dominierende Nebeneinander von traditionellem Gewerbe, Handel und Ackerbürgertum.

Hatte die Stadt, die aufgrund ihrer günstigen geographischen Lage einen regen Handel entwickelt und Anschluß an die Hanse gefunden hatte, im Spätmittelalter fast eine reichsstädtische Selbständigkeit erlangt und eine wohlhabende, die Geschicke der Stadt lenkende Patrizierschicht ausgebildet, so führte schon vor dem Aufstieg des Territorialstaats innerstädtischer Zwist, die sogenannten Berliner Unwillen, zum Entzug städtischer Privilegien und schließlich 1448 zur Unterwerfung der städtischen Bürgerschaft durch den Kurfürsten. Die enge Bindung an den Landesherrn fand nicht allein Ausdruck in einer regen kurfürstlichen Bautätigkeit, die bereits im 16. Jahrhundert begann und seit dem Ende des 17. Jahrhunderts unter Kurfürst beziehungsweise König Friedrich III. (I.) auf einen ersten Höhepunkt gelangte, sondern auch in der definitiven Änderung der Stadtverfassung, die einen beamteten Magistrat mit einem seit 1726 vom König ernannten Präsidenten vorsah. Die »Unterdrückung der alten korporativen städtischen Selbständigkeit« (G. Schmoller) bildete das Ergebnis dieser Verwaltungsreform, die im wesentlichen bis zur Steinschen Städteordnung in Kraft blieb. Das Motiv lag nicht allein im königlich-territorialstaatlichen Machtanspruch, sondern auch im Unvermögen der oligarchischen Stadtbehörden, eine geordnete Finanzverwaltung aufzubauen. Im Unterschied zu den Reichsstädten hatten die Residenzstädte, allen voran Berlin, auf diese Weise teil an der Dynamik der aufstrebenden frühmodernen Territorialstaaten. Sie wurden prototypisch für die Auflösung der traditionalen städtischen Sozial- und Wirtschaftsstruktur.

Auch das Umland Berlins wurde von den Veränderungen in der Residenzstadt ergriffen, nachdem insbesondere Friedrich der Große Maßnahmen zur Verbesserung der sich ständig ausweitenden städtischen Konsumtion anordnete. Wenngleich diese Strukturreformen im agrarischen Bereich sowie die gezielte Gewerbeförderung und Siedlungspolitik keineswegs alle gesteckten Ziele erreichten, so sind Bevölkerungswachstum, ökonomische und sozial-strukturelle Anpassungen im Umland und in den Neuansiedlungen doch unverkennbar.[124]

Einen weiteren Typus der Stadt charakterisiert die liberale Handelsstadt Hamburg: Sie kannte keinen städtischen Adel, kein Patriziat, es herrschte vielmehr – im Prinzip – die Rechtsgleichheit der bürgerlichen Stände. So schrieb ein zugewanderter Hamburger im Jahre 1803: »Wir haben keinen Adel, keine Patricier, keine Sklaven, ja selbst nicht einmal Untertanen. Alle wirklichen Hamburger kennen und haben nur einen einzigen Stand, den Stand eines Bürgers. Bürger sind wir alle, nicht mehr und nicht weniger.«[125]

Kam hierin die zu Idealisierungen führende Dankbarkeit eines Neu-Hamburgers zum Ausdruck, der wie viele andere Zuwanderer überraschend schnell in die hansestädtische Gesellschaft integriert und von seinen Mitbürgern als »Patriot« angesehen wurde, so doch auch die im Vergleich zu den süddeutschen Reichsstädten, aber auch den Residenzstädten flexiblere Gesellschaftsstruktur. Hamburg verkehrte die überkommene soziale Privilegienordnung in ihr Gegenteil: Adlige durften auf dem Stadtgebiet keinen Grundbesitz erwerben, sie konnten nicht »Bürger und daher auch nicht Beamte, höchstens Offiziere der Garnison werden. Wer ein Adelsdiplom annahm, müßte folgerichtig entweder auf seine bürgerliche Existenz Verzicht leisten oder seinen Adelsbrief in der Truhe verschließen.«[126] Der Ablehnung adliger Privilegien entsprach die vergleichsweise hohe Durchlässigkeit sozialer Schranken in einer durch die Selbstverwaltung der Bürger charakterisierten und von ihnen getragenen Ratsverfassung.

Doch wäre es verfehlt, aus dieser gesellschaftlichen Grundstruktur zu schließen, es habe in Hamburg völlige Rechtsgleichheit oder sogar soziale Gleichheit gegeben. Um 1800 zählten ungefähr 3 000 bis 4 000 Hamburger zu den politisch mitspracheberechtigten »erbgesessenen Bürgern« (J. Bolland), die eigene Versammlungen abhielten, in denen sich ihr politischer Einfluß dokumentierte. Die städtische Selbstverwaltung umfaßte gegen Ende des 18. Jahrhunderts etwa 650 Ämter, zu denen damals weitere 200 Ehrenämter traten. Da einzelne gleichzeitig mehrere kommunale Aufgaben wahrnahmen, trug etwa »ein Zehntel der mitspracheberechtigten Bürger die Selbstverwaltung«.[127] Tatsächlich war auch die republikanische hansestädtische Gesellschaft nach verschiedenem Bürgerrecht, sozialen Schichten, nach Einkommen und Bildung, Handel und Wandel geschieden: Das hieraus erwachsende sehr unterschiedliche Sozialprestige blieb auch im 18. Jahrhundert gültig. So entstammten beispielsweise in der Mitte des 18. Jahrhunderts zwei Drittel der Senatsmitglieder einer einzigen Familie, den Amsincks, die auch verschiedentlich den Bürgermeister stellten. Die Ratsfamilien genossen nicht nur ein höheres Ansehen und größeren Einfluß als die übrigen Bürger, sondern waren sehr darauf bedacht, ihre Exklusivität zu erhalten, was sich beispielsweise in der Bevorzugung von Eheschließungen untereinander kundtat.

Entscheidend für die rechtliche Situation der Hamburger blieb noch zu Beginn des 19. Jahrhunderts die Unterscheidung von »großem« und »kleinem« Bürgerrecht. So war 1808 einem Reiseführer zu entnehmen: »Das *grosse Bürger-Recht* muß jeder haben, der einen beträchtlichen Handel treibt und die Börse besucht, der offne Gewölbe und Waaren-Lager besitzt oder eine grosse Wag-Schale zu seinen Handlungs-Artikeln gebraucht. Das *kleine Bürger-Recht* ist hinreichend für diejenigen, welche der eben erwähnten Gegenstände zu ihrem Gewerbe nicht bedürfen, als Gelehrte, Künstler und Handwerker.«[128]

Die unterschiedliche Rechtsstellung hatte also Konsequenzen für die beruflichen und ökonomischen Möglichkeiten und nicht allein für die politischen Rechte, die die Inhaber des großen und kleinen Bürgerrechts – um 1759 etwa 9 000 Hamburger – wahrnehmen konnten. Daneben standen zu dieser Zeit etwa 4 000 Schutzverwandte und etwa 3 300 Personen, die ohne Bürgerrecht beziehungsweise unter sogenannter Schutzverwandtschaft lebten. Schließlich

Niederdeutsche Fassung des bis 1844 gebräuchlichen Hamburger Bürgereids

Die Rechte des Stadtbürgers waren stark abgestuft. Den Inhabern des großen und kleinen Bürgerrechts standen Personen gegenüber, die »Schutzverwandte« waren oder sogar ohne Schutzverwandtschaft leben mußten. In Hamburg waren die Einwohner in insgesamt neun Klassen eingeteilt, so daß eine sehr differenzierte soziale Schichtung bestand. Hier wie auch anderswo waren die wichtigsten Faktoren der Grad des Bürgerrechts, das Vermögen des Bürgers und sein Amt, modern gesprochen der Beruf. Zehn Prozent der Einwohner Hamburgs waren ohne Vermögen, besaßen also auch kein Bürgerrecht.

gab es Fremdenkontrakte für die noch nicht eingebürgerten Zuwanderer. Wie das vom Hamburger Rat immer wieder neu zu beschlie-
ßende »Reglement wegen des Kopf-Geldes« offenbart, das die Einwohner in insgesamt neun Klassen einteilte, entstand die soziale
Schichtung Hamburgs im wesentlichen aufgrund von drei Faktoren,
die allerdings miteinander verbunden sein konnten: dem Grad des
Bürgerrechts, dem Vermögen sowie dem Amt beziehungsweise
Beruf. Ohne Vermögen, also arm und ohne Bürgerrecht, waren vermutlich zehn Prozent der Einwohner Hamburgs, 1788 waren das
knapp 7 400 Menschen.

Es wäre indes verfehlt, Verfassungs- und Sozialstruktur einer
Stadt oder eines Territoriums im 18. Jahrhundert an heutigen De-
mokratievorstellungen zu messen – nach damaligen Maßstäben
erschien Hamburg vielen Zeitgenossen als vorbildhaft. So urteilte
der aufgeklärte Schriftsteller Johann Kaspar Riesbeck 1784: »Die
Regierungsverfassung von Hamburg ist vortrefflich. Ich kenne keine
Republik, die das Mittel zwischen Aristokratie und Demokratie so
glücklich traf und sich gegen die Inkonvenienzen beider Regierungs-
arten so sicherzusetzen wußte als diese. Die gesetzgebende Macht
ist in den Händen der gesamten Bürgerschaft.«

Riesbeck, der im übrigen von der Lebensart der wohlhabenden
Hamburger, von ihrem Burgunder und ihrem Portwein ebenso
beeindruckt war wie von ihrer Bildung, erläuterte seine aufgeklärte
Wertschätzung mit dem Hinweis: »Das elende Zunftsystem, welches in andern Republiken, die sich der Demokratie nähern, oft zu
so lächerlichen und oft auch zu so abscheulichen Auftritten Anlaß
gibt, hat also hier keinen Einfluß auf den Staat. Kein Handwerk kann
hier, wie in manchen andern republikanischen Städten, das ganze
Volk tyrannisieren ...«[129]

Es war also möglich, das volle Bürgerrecht zu erwerben, und tatsächlich ist es vielen Zuwanderern binnen kurzer Zeit gelungen,
durch wirtschaftliche, aber auch durch akademische Leistungen in
die gesellschaftliche Elite Hamburgs aufzusteigen. Die Hamburger
Gesellschaft, in der nicht allein die Großkaufleute, sondern auch
Geistliche und (promovierte) Akademiker – insbesondere Juristen –
in hohem Ansehen standen, war eine *vergleichsweise* offene Gesellschaft. Sie gliederte sich nicht zuletzt nach der beruflichen Leistung,
die die berufliche Stellung und den sozialen Rang neben der durch

die Geburt vorgegebenen Zugehörigkeit zu den Ratsfamilien wesentlich mitbestimmte. So galt der Großkaufmann mehr als der Kleinhändler, die Hauptpastoren erheblich mehr als die zum Teil sehr schlecht bezahlten durchschnittlichen Geistlichen, der städtische Pastor mehr als der in den angrenzenden ländlichen Gebieten wirkende.

Verfassungs- und Sozialstruktur der Hansestadt griffen unübersehbar ineinander, denn der Jurist aus kleinbürgerlicher Familie rangierte nicht nur in der Tischordnung vor dem Nichtakademiker aus alteingesessener Großbürgerfamilie, sondern wurde auch durch die Ratsverfassung bevorzugt: Die Ratsordnung von 1663 schrieb vor, daß drei von vier Bürgermeistern sowie die Hälfte der Ratsherren »gelehrte Juristen« sein mußten, weitere Ämter und Ratgeberfunktionen kamen hinzu. Die Juristen stammten zwar oft aus angesehenen Hamburger Kaufmanns- oder Geistlichenfamilien, doch gelangten auch Söhne kleinbürgerlicher Eltern sowie Zugewanderte in diese außerordentlich einflußreiche und zur gesellschaftlichen Elite der Stadt gehörende Gruppe.

Während des 18. Jahrhunderts traten neben die Handelshäuser, die das sozialökonomische Bild der Stadt prägten, vor allem in der nicht zünftig organisierten Textilproduktion auch Manufakturen, deren Ausbau sowohl einen neuen Unternehmertyp als auch einen neuen Arbeitertyp zur Folge hatte: Um 1800 waren in den größten Hamburger Manufakturen (Zuckerfabriken und Kattundruckereien) 6 000 bis 10 000 Arbeiter beschäftigt.[130] Hamburg, der »Sonderfall in der Geschichte Deutschlands« (P. E. Schramm), zählte zu den kontinuierlich aufstrebenden Städten, sein starkes Bevölkerungswachstum von ungefähr 90 000 Einwohnern im Jahre 1750 auf ungefähr 130 000 um 1800 begünstigte den sozialen Strukturwandel. Gerade die ungemeine Beschleunigung des Bevölkerungswachstums in dem Jahrzehnt von 1785 bis 1795, als die Einwohnerzahl Hamburgs um 30 000 zunahm, konnte nicht ohne Folgen bleiben. Immer wieder gab es durch soziale Spannungen bedingte Unruhen, nicht allein zu Beginn des 18. Jahrhunderts, sondern auch noch 1791. Allerdings lag die Ursache des damaligen Gesellenaufstands, dem sich die Manufakturarbeiter anschlossen, vor allem in der Verschlechterung der ökonomischen Situation.

Im Unterschied zu Hamburg besaß die Kaiserstadt Wien eher einen aristokratischen als einen bürgerlichen Charakter. Seit den Zeiten Kaiser Ferdinands I. hatte sich die Bedeutung der Wiener Residenz auf Kosten der Prager gefestigt, seit Mitte des 16. Jahrhunderts bildete die Stadt den Mittelpunkt des Habsburgerreiches und des Heiligen Römischen Reiches, war Sitz der Zentral- und Mittelbehörden, vor allem des Reichshofrats, der Reichshofkanzlei, schließlich seit 1619 der österreichischen sowie der böhmischen und der ungarischen Hofkanzlei, der Hofkammer, des Hofkriegsrats sowie der Regierung der Länder Niederösterreichs. Stärker als jede andere deutsche Stadt wurde Wien durch seine Regierungs- und Verwaltungsfunktionen geprägt, weniger als andere große Städte Deutschlands hatte es teil am Handel großbürgerlicher Kaufleute oder am Export einheimischen Gewerbes. Bis weit ins 18. Jahrhundert hinein wurde Wien als Messeplatz von Linz an der Donau überflügelt,

Die Zeitgenossen haben den Hang der Wiener zum Vergnügen und »Wohlleben« immer wieder in drastischen Schilderungen festgehalten. »Ökonomie ist eine unbekannte Sache, alles schwelgt und lebt bloß für seine Sinnlichkeit.«

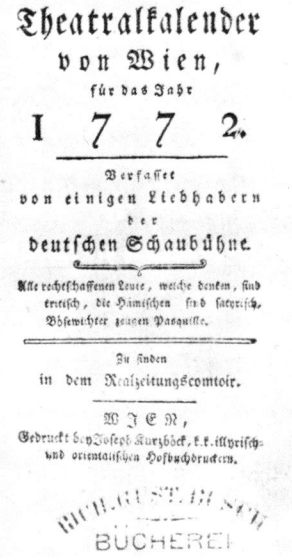

»Die neue Prater Lust oder das vergnügte Wien in seinem geliebten Joseph«, Radierung von J. Loeschenkohl, 1781

Wien wurde, obwohl die größte Manufakturstadt des Habsburgerreiches, durch die Behörden der Kaiserstadt geprägt. Der Reichshofrat, die Reichshofkanzlei, die Hofkanzlei, die Hofkammer und der Hofkriegsrat hatten ihren Sitz in der Kaiserstadt. Wien war vor Hamburg, Köln und Danzig die größte deutsche Stadt, bis dann Berlin die Metropole an der Donau im 19. Jahrhundert auch in dieser Hinsicht übertrumpfte.

obwohl große Handelshäuser der oberdeutschen Reichsstädte, insbesondere Nürnbergs und Augsburgs, in Wien Niederlassungen unterhielten. Während sich im Emporkömmling Berlin neben dem aristokratischen, bürokratischen und militärischen der bürgerliche Charakter ausprägte und sich Handel und Gewerbe aufgrund der stürmischen Entwicklung der Stadt rasch modernisierten, blieben Wirtschaft und Gesellschaft Wiens länger und stärker traditionsverhaftet.

Wie sich Friedrich Nicolai über den Hang der Wiener zum Wohlleben und zu den Mehlspeisen gewundert hatte, so bekundet der boshafte Johann Kaspar Riesbeck drastisch: »Man frühstücket bis zum Mittagessen, speist dann zu Mittag bis zum Nachtmahl; und kaum wird dieser Zusammenhang von Schmäusen von einem trägen Spaziergang unterbrochen, und dann geht's in das Schauspiel. Gehst du den Tag über in ein Kaffeehaus, deren es hier siebzig gibt, oder in ein Bierhaus, welche unter den öffentlichen Häusern die reinlichsten und prächtigsten sind ..., so siehst du halt das ewige Essen, Trinken und Spielen ... Die meisten der reichen Häuser haben sich durch diesen übertriebenen Aufwand mit Schulden belastet ... Die vom Mittelstand verzehren alles von Hand zu Mund und sind froh, wenn sie auch bei einem beträchtlichen Einkommen keine Schulden haben, wenn das Jahr zu Ende ist. Ökonomie ist hier eine unbekannte Sache. Alles schwelgt und lebt bloß für seine Sinnlichkeit.«[131]

Wien blieb zwar vor Hamburg und dann bis zu Beginn des 19. Jahrhunderts vor Berlin die größte deutsche Stadt, hatte auch teil am rasanten Bevölkerungswachstum, das zu rascher Vergrößerung der Vorstädte führte, doch bedeutete dies zunächst weder Verbürgerlichung noch Verstärkung der unterständischen Schicht. Die erste Volkszählung ergab 1754 für Wien 175 403 Einwohner, um 1800 waren es bereits etwa 232 000.

Die Verzögerung der Verbürgerlichung Wiens erklärt sich aus der historischen Voraussetzung, politisches, bürokratisches und gesellschaftliches Zentrum nicht allein eines, sondern mehrerer Territorialstaaten sowie des Reiches zu sein. Der Anteil bürgerlicher Schichten an den Wohnparteien der Wiener Altstadt betrug 1563 noch 64,7 Prozent gegenüber einem Anteil von 35,3 Prozent von Adel, Hofpersonal, Beamten und der Stadtguardia – der ständigen kaiserlichen Garnison; bis 1730 kehrte sich das Verhältnis um: Nun zählten nur noch 40 Prozent zu den bürgerlichen Schichten (Besitzbürger, Doctores, Handwerker, Handeltreibende sowie Angehörige des Gast- und Verkehrsgewerbes), aber 60 Prozent zum Hof, zum Adel beziehungsweise zu den Beamten. Dabei stellte das Hofpersonal mit 20 Prozent die größte Gruppe, es folgten mit achtzehn Prozent die Adligen, mit zwölf Prozent die Beamten und mit zehn Prozent Angehörige der Stadtguardia. Der Wandel in der Zusammensetzung der Bevölkerung ist noch signifikanter, als diese Zahlen erkennen lassen, denn im selben Zeitraum hatte sich die Bevölkerung der Wiener Altstadt von 18 000 auf 40 000 und die der Wohnparteien von 3 000 auf 8 000 erhöht.[132]

Infolge einer gezielten merkantilistischen Gewerbeförderung, die seit Maria Theresia und Joseph II. zur Privilegierung des Manufakturwesens führte, veränderte sich während der zweiten Hälfte des 18. Jahrhunderts die Wirtschafts- und Sozialstruktur der Stadt, die »Citybildung« setzte ein. Dabei blieben Adel und Angehörige des tertiären Sektors in der Innenstadt dominierend, während die Vorstädte durch landwirtschaftliche und gewerbliche Produktion und deren Arbeitskräfte geprägt wurden. In der Stadt wohnten überwiegend Einheimische und Alteingesessene, die Vorstädte nahmen große Gruppen von Zuwanderern auf, deren Anteil in Wien erheblich war, wie schon der »reisende Franzose« Riesbeck bemerkte: »Das Gewimmel ist nicht viel geringer als das in der Gegend der Neuen Brücke zu Paris, und es sieht hier viel bunter aus. Türken, Raizen, Polen, Ungarn, Kroaten und, ich glaube, auch Panduren und Kosacken und Kalmucken durchkreuzen auf eine stark abstechende Art den dicken Schwarm der Eingebornen ...«[133]

Die Entwicklung Wiens im 18. Jahrhundert ist also durch die »Herausdrängung des Handwerks in die Vorstädte« (E. Lichtenberger) und eine »Bipolarität« der städtebaulichen und sozialökonomischen Struktur charakterisiert. Wenngleich sich im Zuge der erwähnten Modernisierung der Wirtschaftsstruktur im letzten Drittel des 18. Jahrhunderts eine zweite, eine »bürgerliche« Gesellschaft neben der höfischen bildete, so verlief diese Entwicklung im Stadtkern keineswegs so dynamisch wie in Berlin, vor allem aber dehnte sich der Dienstleistungsbereich noch weiter aus. So ergaben Untersuchungen über die Wiener Altstadt für die Jahre 1822/1825 bei einer inzwischen auf 50 000 Einwohner gestiegenen Bevölkerung noch immer einen Anteil von 8,5 Prozent Adliger. Zu den Beamten und Freiberuflern zählten 5,4, zu den Gewerbetreibenden (Meister und Gehilfen) 15, zu den in Handel und Verkehr Tätigen 5,7 und zum Hauspersonal sogar 45,9 Prozent. 19,5 Prozent waren Hausangehörige ohne Berufsangabe.[134] Eine mögliche Erklärung lautet, daß der Adel den Hof und die wohlhabenden Bürgerlichen den Adel nachahmten und sich folglich eine aufwendige Haushaltsführung gönnten, die den enormen Anteil an Hauspersonal erklärt.

Auch in Wien waren Bürger und Inwohner nicht identisch, son-

dern hatten eine unterschiedliche Rechtsstellung, nicht allein in bezug auf das volle Bürgerrecht, das die sogenannten Inwohner nicht besaßen. Auf der anderen Seite waren auch in Wien bestimmte Gruppen der städtischen Obrigkeit und Gerichtsbarkeit entzogen, zu ihnen gehörte der Hof, die Adelspalais, die Geistlichkeit und die Universität. Welche Bedeutung indes Maria Theresia und in noch weit stärkerem Maße Joseph II. dem neuen Wirtschaftsbürgertum zumaßen, geht nicht allein aus der wachsenden Zahl derer hervor, die seit der bereits 1725 unter Karl VI. erfolgten Aufwertung nichtzünftigen Handwerks als sogenannte Dekretisten oder »Störer«, das heißt außerhalb der Zünfte, ihr Gewerbe ausüben durften, sondern ebenso aus der Zahl der Nobilitierten und ihrer beruflichen Zugehörigkeit. Zwischen 1701 und 1739 waren nur 4,5 Prozent der Nobilitierten Unternehmer oder Großkaufleute, nun stieg deren Anteil beträchtlich: Zwischen 1740 und 1780 entfielen schon sieben und zwischen 1780 und 1790, also dem Jahrzehnt der alleinigen Herrschaft Josephs II., 18,2 Prozent der Nobilitierungen auf Wirtschaftsbürger. Die Bedeutung der neuen Schicht Bürgerlicher für die absolute Herrschaft zeigt sich darin, daß neben den nobilitierten Wirtschaftsbürgern auch der Beamtenanteil unter den Geadelten außerordentlich hoch war: Unter den während der Regierung Maria Theresias Nobilitierten waren 38 Prozent Beamte, darunter nicht wenige sogenannte Kameralunternehmer, also Pächter, beispielsweise im Münzwesen.[135]

Verstärkte sich in Österreich und Preußen beziehungsweise den Städten Wien und Berlin die Bedeutung einzelner Sozialgruppen, beispielsweise der Hoffaktoren sowie der staats- und dynastiegebundenen Sozialschichten überhaupt, so zeigte sich in der Standes-

Die Freyung in Wien um die Mitte des 18. Jahrhunderts, Gemälde von Bernardo Bellotto, um 1759

Der Adel der deutschen Territorien versammelte sich selten um die Schlösser der Fürsten; in Bayern wie in Preußen lebte er auf dem Lande, weshalb in den Städten meist die Stadtpalais fehlen. In Österreich dagegen drängten sich die großen Familien in der Umgebung des Kaisers; die räumliche Nähe symbolisierte die herausgehobene Stellung, weshalb denn auch heute die Stadtschlösser der großen Familien Österreich-Ungarns sich um die Hofburg gruppieren.

politik der Hohenzollern und Habsburger doch ein außerordentlich bemerkenswerter Unterschied: Die Zahl der Nobilitierungen, Standeserhöhungen oder sonstigen Adelserneuerungen war in Preußen aufgrund der seit Friedrich dem Großen praktizierten Maxime, die Trennung der Stände zu verschärfen, ohnehin gering. Unter den 212 zwischen 1790 und 1806 Nobilitierten befanden sich 89 Offiziere, 68 Beamte, zehn Rittergutsbesitzer und nur fünfzehn Kaufleute beziehungsweise ähnlichen Sozialgruppen Zugehörige. Ihr Anteil verminderte sich in den nächsten Jahren sogar noch. Unter den zwischen 1807 bis 1815 insgesamt 20 Geadelten waren neun Offiziere, sechs Beamte und ein Kaufmann.[136]

Es unterliegt also keinem Zweifel, daß die Kaiserin und besonders ihr Sohn Joseph II. mit ähnlichem merkantilem Instrumentarium wie Friedrich der Große die österreichischen Städte aus der wirtschaftlichen Stagnation herausbringen wollten. Joseph bediente sich der Standeserhöhung besonders erfolgreicher Unternehmer, um das Sozialprestige dieser für die Modernisierung der Arbeitswelt und der Produktionsformen entscheidenden Schicht zu heben. Diesem Zweck diente auch eine Erleichterung des Erwerbs des Stadtbürgerrechts für die Produzenten in österreichischen Städten sowie die Trennung in »kommerzielle« und »polizeiliche« Gewerbe 1754/ 1756: Sie löste die moderne, »kommerzielle« Produktionsweise von den klassischen, stärker reglementierten und normalerweise zünftig gebundenen Formen.[137] Bereits Karl VI. hatte diesen Weg vorbereitet, indem er im Zusammenhang mit der Reichszunftgesetzgebung 1731 den österreichischen Städten die Hoheit über das Zunft- und Gewerbewesen nahm und damit die städtische Selbstverwaltung weiter einschränkte. Obwohl dieser Prozeß der völligen Unterordnung der Städte unter die landesherrliche Gewalt in Österreich erst Mitte des 19. Jahrhunderts völlig abgeschlossen wurde, bewirkten die mit dem Dekret vom 25. August 1783 erfolgten Magistratsregulierungen Josephs II. doch eine einheitliche Städteordnung für die wichtigeren österreichischen Städte und bedeuteten einen wesentlichen Schritt zur Zentralstaatlichkeit (F. Baltzarek). Der Weg zum Staatsbürgertum erwies sich auch hier als Umweg über die zunächst erfolgte Beseitigung korporativer Eigenständigkeit stadtbürgerlicher Freiheiten.

Die sich wandelnde Sozialstruktur Wiens spiegelte sich in der städtebaulichen Anlage der Stadt und der innerstädtischen Wohnsituation. Allerdings unterschied sich die Städtebaupolitik dieser nach London, Paris und Neapel am Ende des 18. Jahrhunderts viertgrößten europäischen Stadt von den kleineren Residenzen der Hohenzollern und der Wittelsbacher dadurch, daß das Herrscherhaus Desinteresse an der Gestaltung der Stadt zeigte. Der preußische König Friedrich II. zog italienische Kupferstecher zu Rate, um die Fassaden der Bürgerhäuser gestalten zu lassen; als königlicher Grundbesitzer und Bauherr prägte er planvoll das Gesicht der Residenz. Aus »Sparta ward Athen«, so sah es Voltaire. Demgegenüber gab es in Wien bis ins 19. Jahrhundert hinein keine städtebauliche Planung der Habsburger. Gleichwohl beeinflußte die residenzielle Funktion die sozialgeschichtliche Entwicklung der Stadt nachhaltig. Der aus dem Habsburgerreich nach Wien strömende Adel baute im Zeitalter des Barock und des Rokoko eindrucksvolle Stadtpaläste; allerdings konnten es sich schon damals nur Angehörige des Hochadels oder geadelte Finanziers leisten, allein mit ihrer Familie ein Stadtpalais zu bewohnen. So waren 1779 von den 369 Wiener Wohnbauten im Besitz adliger Familien nur 109 Familienpaläste, während Mietpaläste oder Miethäuser mit 70 Prozent den größeren Anteil ausmachten.[138] Zahlreiche Adlige wohnten mit anderen Ständen unter einem Dach zur Miete oder mußten Teile ihres Hauses vermieten. Johann Nestroy brachte 1835 in seiner Lokalposse »Zu ebener Erde und erster Stock« das Zusammenleben verschiedener Sozialstände und ihre räumlich-demonstrative Separierung auf die Bühne: Herr von Goldfuchs bewohnte die Beletage, Herr Schlucker zu ebener Erde.

Auch in Wien[139] gab es eine große Gruppe gesellschaftlicher Außenseiter, Vagabunden und Bettler. Dies waren nicht selten Frauen oder Kinder bürgerlicher Stände, die aufgrund des Todes des Ehemanns oder der Eltern völlig verarmt und am Rande des Existenzminimums ihr Dasein fristen mußten, so daß ihnen nur der Bettelstab blieb. Den Umfang dieser Gruppe zeigt allein schon die Wiener Erhebung aus dem Jahre 1790, der zufolge 65,5 Prozent der Verstorbenen ohne Vermögen waren: Zwei Drittel der Wiener waren also zum Zeitpunkt ihres Todes lediglich im Besitz der Kleidungsstücke, die sie auf dem Leib trugen, besaßen höchstens noch »einige schlechte Möbelstücke«. Doch auch unter dem restlichen Drittel hinterließen fünf Prozent der Verstorbenen nur Gegenstände im Wert von ein bis zehn Gulden, 9,3 Prozent ein »Vermögen« von bis zu 100 Gulden, 9,4 Prozent 100 bis 1000, nur 10,8 Prozent mehr als 1000 Gulden. Untersuchungen für das Jahr 1815 ergaben zwar eine gewisse Verbesserung der Vermögenslage der Wiener Bevölkerung, doch keine grundlegende Änderung.[140]

Auch in der Kaiserstadt gab es also die typischen sozialen Probleme des 18. Jahrhunderts, die die übrigen großen Städte des Reiches belasteten, und sie prägten sich in Wien viel stärker aus als beispielsweise in Berlin und Hamburg. Dazu mag die erheblich geringere ökonomische Produktivität beigetragen haben, denn Wien konnte erst im 19. Jahrhundert ein starkes Wirtschaftsbürgertum aufweisen. Der Weg von der aristokratisch-barocken Residenz zur bürgerlichen Metropole erwies sich trotz staatlicher Begünstigung durch die absolutistischen Herrscher als steinig. Zunächst hatte der Hof mit der Wiener Polizeiordnung von 1671 eine neuerliche Privilegierung der Hofbediensteten herbeigeführt: Sogar untergeordnete Angehörige des Hofpersonals, etwa Hoftrompeter oder Türhüter, waren den wohlhabenden und vornehmen bürgerlichen Großkaufleuten, Kupferstechern oder auch Sekretären von Landadligen gleichgestellt. Die Tätigkeit im Dienste des Hofes besaß in Residenzstädten auszeichnenden Rang und erhöhte in jedem Fall das Sozialprestige.

Auf der anderen Seite begünstigte auch in Wien der Ausbau der Verwaltung die Entwicklung eines Beamtenstandes, der an den frühmodernen Staat gebunden war und nicht an die stadtbürgerlichen Traditionen Wiens, die seit dem 16. Jahrhundert zurückgedrängt worden waren. Auch dies kam in der Bautätigkeit zum Ausdruck: Gab es 1664 insgesamt 54 öffentliche Bauten, so 1779 bereits 131; einige davon symbolisierten den Wandel vom aristokratisch-

Strohhuthändler, Stich aus Johann Christian Brands »Wiener Kaufruf«, 1775

Wie aus dem Habsburgerreich der Adel in die Kaiserstadt strömte, so zog auch die bürgerliche und unterbürgerliche Schicht in die Donauresidenz, vor allem die große Gruppe der Außenseiter, Vagabunden und Bettler, die ihr Leben am Rande des Existenzminimums fristete, drängte es in die für damalige Verhältnisse ungeheure Stadt Wien.
Über 65 Prozent dieser Menschen waren ohne jedes Vermögen, besaßen keine »hinterlassungsfähigen Güter«, die etwa testamentarisch festgehalten wurden. Sie hatten meist nur die Haken für die Kleider, an Möbeln selten mehr als eine Kommode und keinerlei Wertgegenstände. Nur fünf Prozent dieser Wiener hinterließen bei ihrem Tode Gegenstände im Wert von einem bis zu zehn Gulden. Solche Zahlen muß man im Auge haben, wenn Wien wegen seines Reichtums als aristokratisch-barocke Residenzstadt gerühmt wird.

barocken Absolutismus zum aufgeklärt-absoluten Beamtenstaat, handelte es sich doch um vom Staat aufgekaufte Adelspalais. Und auch die Aufhebung der Hofquartierspflicht durch die Kaiserin und die Einführung der Hauszinssteuer indizierten nicht nur den Wandel, sondern beschleunigten ihn auch. Es wurde jetzt auch für reiche bürgerliche Hausbesitzer, die nicht mehr verpflichtet waren, zwangsweise Hofpersonal in ihren Häusern aufzunehmen, interessant, ihr Vermögen in Miethäusern anzulegen; eine hektische Bautätigkeit war die Folge.[141]

Die deutschen Städte besaßen also auch im 18. Jahrhundert eine stark gegliederte Sozialstruktur mit einer in der Regel schmalen Oberschicht, einer nicht sehr breiten oberen Mittelschicht, umfangreichen unteren Mittel- sowie Unterschichten sowie schließlich einem Armenanteil, der wohl im Durchschnitt ein Viertel der Bevölkerung umfaßte. Zu den bestimmenden Merkmalen gehörte die unterschiedliche Rechtsstellung der Einwohner. Sie reichte von rechtlicher, politischer und sozialer Privilegierung einzelner Sozialschichten bis zur völligen Rechtlosigkeit anderer. Nicht weniger differenziert, sich teilweise mit dieser Hierarchie überlappend, ihr parallel oder sie bedingend, waren die Einkommensverhältnisse, die Vermögenslage, die ökonomische Struktur sowie die Wohnsituation.

Die spezifische Prägung erhielten die Städte dann durch ihre unterschiedliche verfassungsrechtliche Stellung, je nachdem, ob sie reichsunmittelbare Reichsstädte oder einem Landesherrn untertan beziehungsweise als Residenzstädte eng an ihn gebunden waren. Hinzu traten Besonderheiten des sozialen Gefüges, die beispielsweise aus einer starken bischöflichen Verwaltung, größerem Umfang und stärkerer Stellung der Geistlichkeit in Bischofsstädten beziehungsweise geistlichen Fürstentümern erwuchsen oder aus der rechtlichen Sonderstellung der Professoren und Studenten in Universitätsstädten, da diese eine eigene Gerichtsbarkeit besaßen. Garnisons- oder Festungsstädte entwickelten ihrerseits einen eigenen ökonomischen und sozialen Charakter, wobei ins Gewicht fiel, ob es neben einer starken Garnison noch andere Faktoren gab oder die Garnison schon aus quantitativen oder historischen Gründen dominante Bedeutung für eine Stadt hatte.

Entwicklung und unterschiedliche Bedeutung der deutschen Städte gingen nicht zuletzt auf die Städtegeographie zurück. So besaß beispielsweise Nürnberg aufgrund seiner wirtschaftlichen Kraft, seiner langen reichsstädtischen Tradition und seiner Größe eine unbestrittene politische Führungsrolle unter den Städten des fränkischen Kreises, die auch in der Rangfolge auf der Städtebank des Reichstags zum Ausdruck kam. Gerade Städte, die im Einzugsbereich führender Reichs- oder Residenzstädte lagen, stagnierten im 18. Jahrhundert oftmals. Auch weisen sie interessante sozialgeschichtliche Besonderheiten auf: Während in der patrizischen Reichsstadt Nürnberg Bildungspatente für die gesellschaftliche Hierarchie keine Bedeutung hatten, wie die Kleiderordnungen zeigen, verhielt es sich in einigen kleineren fränkischen Reichsstädten umgekehrt. Ausschlaggebend für die soziale Rangstufung waren hier Beruf, Vermögen und Bildung.

Während das Vermögen aus dem Steueraufkommen ablesbar

Marktplatz von Göttingen, Kupferstich von Georg Daniel Heumann, Mitte des 18. Jahrhunderts

Es machte den Reichtum der deutschen Städte aus, daß sie auf die jeweils sehr unterschiedliche »Städtegeographie« zurückgingen. An einem Ort war die reichsstädtische Tradition die Grundlage von Reichtum und Macht, wie besonders deutlich etwa in Nürnberg. Andernorts war es die geistliche Herrschaft, die den alten Bischofsstädten ihren Einfluß sicherte, wie zum Beispiel Mainz. In den weltlichen Herrschaften verlieh der Herrscher einem ganzen Gemeinwesen seinen Glanz, wie etwa in München, Hannover und Dresden. Das verschaffte Deutschland seinen Reichtum auch in kultureller Hinsicht, während in anderen Ländern der Hof alles an sich zog.

Die Universitätsstadt Göttingen zeigt als eines der gelehrten Zentren den Partikularismus auch des alten deutschen Reiches; die Dezentralisierung des Heiligen Römischen Reiches führte zu einer nur noch in Italien im vergleichbaren Maße vorhandenen Vielzahl bedeutender Städte.

war, ließ sich akademische Bildung am akademischen Titel erkennen. So gliederte die Rangordnung der fränkischen Reichsstadt Schweinfurt 1760 die Einwohner in vier Klassen: Zur *ersten* gehörten der Innere Rat, der Reichsvogt, der Syndikus, die Träger akademischer Titel, die Geistlichen sowie Rektor und Konrektor der Lateinschule; die *zweite* Klasse umfaßte Mitglieder des Äußeren Rats, die übrigen Lehrer an der Lateinschule und Handelsleute; die *dritte* Klasse wurde von den einfachen Handwerkern, Künstlern und den »teutschen« Schulmeistern gebildet, die *vierte* von Bauern und Häckern.

Die Mehrheit der Angehörigen der Schweinfurter Oberschicht besaßen eine nachweisbare akademische Bildung oder zumindest den Abschluß der Lateinschule. Allerdings klafften Sozialprestige und Vermögenslage bei den in der sozialen Pyramide hoch angesiedelten Bildungsschichten oft erheblich auseinander. Andererseits war ein akademisches Studium für die wirtschaftliche Oberschicht kaum attraktiv, während es für die obere Mittelschicht erhebliche gesellschaftliche und politische Bedeutung erlangte und hier Bildung gezielt gesellschaftspolitisch eingesetzt wurde. In den kleineren fränkischen Reichsstädten hatten akademische Grade »eine hohe gesellschaftliche Funktion. In dem politischen und sozialen Gefüge der kleinen Reichsstädte trennte die Bildung deutlich zwischen ›Literaten‹ und ›Illiteraten‹, und zwar hin bis zu Heiratskreis, Wohngegend und gesellschaftlichem Umgang. Dabei setzte das etablierte Bildungspatriziat alles daran, um Führungspositionen im Stadtregiment, in Kirche, Schule und Gesellschaft für die eigenen Nachkommen zu sichern ... In den protestantischen Reichsstädten Frankens führte dies über Generationen hinweg zu einer strengen Abschließung und Abkapselung der gebildeten Oberschicht.«[142]

Die partikulare Struktur des Heiligen Römischen Reiches bedingte die Dezentralisierung, was sich in einer vergleichsweise großen Zahl bedeutender Städte niederschlug. Wien war zwar Kaiserstadt, Sitz einiger Zentralbehörden des Reiches und größte deutsche Stadt, doch weder der politische noch der wirtschaftliche oder kulturelle

Mittelpunkt des Reiches. Und selbst die Reichsfunktionen verteilten sich: Königswahl und Krönung erfolgten in Frankfurt am Main, der Reichstag versammelte sich seit 1663 »immerwährend« in Regensburg, der Reichskanzler residierte in Mainz, das Reichskammergericht hatte seinen Sitz in Wetzlar. Die gesellschaftliche Struktur, die öffentliche Meinungsbildung, ja die Funktion der Öffentlichkeit überhaupt gewann aus dieser Polyzentrizität ihre Eigenart.

Schon Nicolai beklagte immer wieder, daß Deutschland eine wirkliche Hauptstadt fehle und bemerkte einmal: »Der Biograph eines verdienten Mannes in England oder Frankreich darf voraussetzen, daß seine in der Hauptstadt versammelten vorzüglichsten Leser jenen persönlich kannten, oder wenigstens doch von Vielem, was ihn anging, einen anschaulichen Begriff haben.«[143] Nicolais monumentale, von 1765 bis 1805 erscheinende Rezensionszeitschrift die »Allgemeine Deutsche Bibliothek« sollte nach dem Willen des Herausgebers in Deutschland ein intellektuelles Forum als Ersatz für ein räsonierendes hauptstädtisches Publikum schaffen. Und in ähnlichem Sinne beurteilte noch Ludwig Börne die Situation, als er am 6. Dezember 1820 aus Frankfurt am Main schrieb: »Wir ermangeln sowohl einer Hauptstadt, die für alle Strahlen einen Brennpunkt, für alle Erzeugnisse des Geistes einen Markt bilde, als auch einer Volks-Repräsentation, wobei die Besten aus der Menge diese vertretend, rathen und beschließen. Die kritischen Blätter könnten solche Kammern bilden, aber die meisten sind nur Wohnhäuser, worin die Familienväter Redacteurs nach Belieben schalten und walten. Es geht nie eine öffentliche Meinung daraus hervor.«[144] Am 8. November 1820 verwies Börne, sicher überzeichnend, aber doch bedenkenswert, auf die gesellschaftlichen Konsequenzen: »Man ist hier kein Weltbürger, kein Europäer, kein Deutscher, nicht einmal ein Frankfurter; man ist Kaufmann, Handwerker, Krämer, Doctor, Candidat, man ist Bürger, Beisaß, Permissionist, man ist Christ oder Jude. Gemeinwesen herrscht nur in Finanz und Polizei, nicht im geselligen Leben; Jeder steht einzeln; die Stufen bilden keine Treppe und die Bäume keinen Wald. Daher der Mangel jener Weltanschauung, die uns über Raum und Zeit erhebt und die nur gewonnen wird, wenn die Besten *aller* Stände sich vermengen. Daher jene Geisteigenschaft, die an das Pflaster des Geburtsortes bindet; daher die Unerquicklichkeit des hiesigen geselligen Treibens. Es mangelt nicht an Genüssen, aber am *Voll*genusse des Lebens.«[145] Und sollte Börne schon für Frankfurt einen wahren Kern getroffen haben, wie mochte es dann erst um das gesellschaftliche Leben der meisten anderen deutschen Städte dieser Jahrzehnte bestellt gewesen sein? Indes brachte auch die Größe der Metropolen Probleme. Definierten die französischen Enzyklopädisten die Kapitale gerade auch als politisches Zentrum des Staates, so kritisierte Louis-Sébastien Mercier die Mißstände und die »unmäßige Größe der Stadt«: »ein Wasserkopf, an dem der Staatskörper viel zu schwer zu tragen hat«. Große Städte seien im übrigen »genau nach dem Geschmack der absolutistischen Regierung«. Mercier verwies auf die sozialen Probleme der Stadt, ihre schwierige Ernährungslage, die Wohnprobleme. Er fand die Stadt genauso disproportioniert wie das Haupt des Königreichs, aber abschaffen könne man sie leider

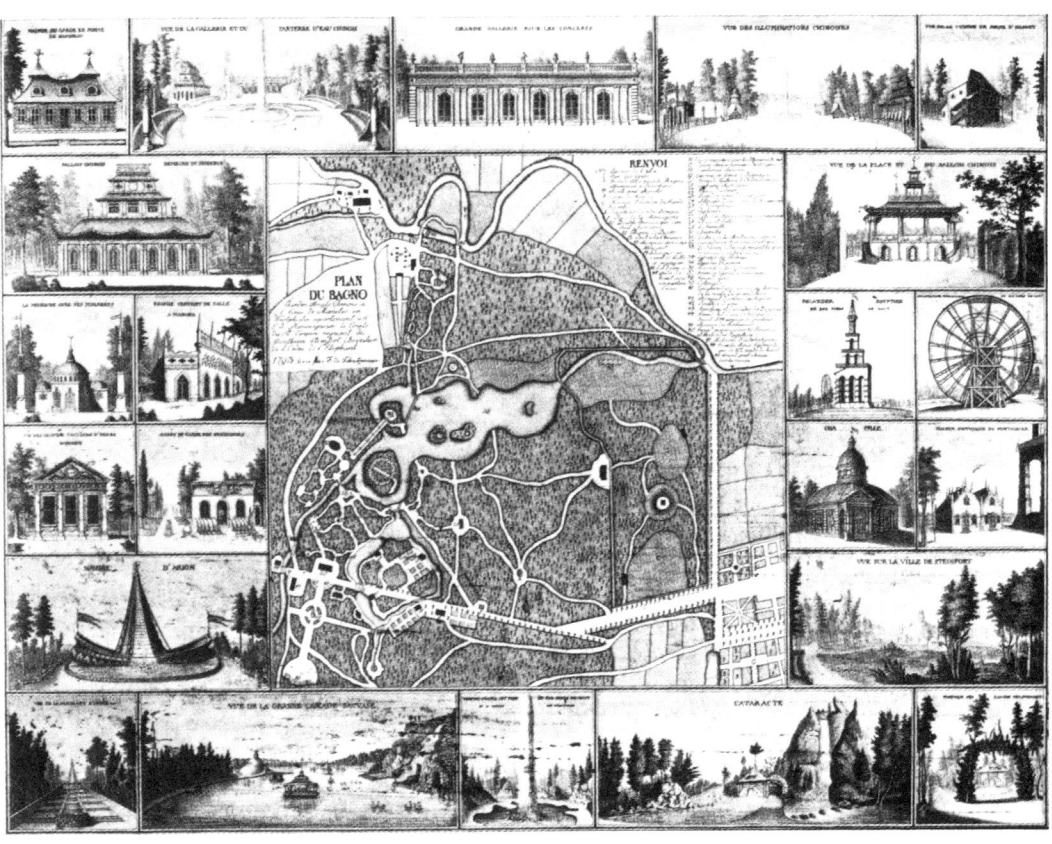

nicht: »Also wird uns die Geschwulst erhalten bleiben, da ihre Entfernung den ganzen Leib in Gefahr brächte.«[146]

Allerdings ist auch die Kehrseite zu bedenken. Zwar gab es in Deutschland um die Wende vom 18. zum 19. Jahrhundert keinen Magneten, der wie London oder Paris Menschen und Talente anzog, so daß sich ein Forum der Meinungsbildung hätte etablieren können, wo die öffentliche Meinung über Kultur und Politik nicht allein hätte beeinflußt, sondern auch dargestellt werden können, andererseits ließ der Mangel einer alles überragenden Metropole vielen aufstrebenden Städten Raum. Tatsächlich existierten viele Hauptstädte, die so eine eigenständige kulturelle Entwicklung nehmen konnten und deren spezifische Funktionen und staatsrechtliche Stellung ihren Charakter, aber auch ihre unterschiedliche Bedeutung markierten. Man mag darüber streiten, ob die Nichtexistenz einer Metropole, so sehr sie die staatsrechtliche und politische Struktur des alten Reiches symbolisierte, wirklich so »monströs« war, wie es Zeitgenossen und späteren Interpreten erschien;[147] die Bedeutung dieses Faktums für die deutsche Geschichte unterliegt indes keinem Zweifel. Und die seit 1763 offenkundige Ausbildung eines habsburgisch-preußischen Dualismus, die schließlich in der hauptstädtischen Bipolarität von Wien und Berlin ihren Ausdruck fand, bestätigt dies. Das Heilige Römische Reich umfaßte viele Fürstenstaaten und bedurfte in seiner Partikularität keiner mono-

Das Bagno, der gräfliche Park in Burgsteinfurt, mit seinen Bauwerken, Plan von 1793

Das Bagno war eine der bedeutendsten Parkanlagen Norddeutschlands. Auf dem weiten Gelände befanden sich Wasserkünste, ein künstlicher See und zahlreiche Gebäude, darunter eine Moschee, ein griechischer Tempel und ein Konzerthaus mit prachtvoller Stuckausstattung. Unter den Grafen Karl Paul Ernst (1728-1780) und Ludwig (1756-1817) von Bentheim-Steinfurt entwickelte sich hier das musikalische Leben der kleinen Residenz Burgsteinfurt zu beachtlicher Blüte. Die Burgsteinfurter Hofkapelle war trotz der geringen Größe des Ländchens zeitweise die größte und leistungsfähigste Westfalens. Beide Grafen waren begabte Flötenspieler.

polisierenden Kapitale; doch wie würde es künftig mit der Bürgernation stehen? Die modernen Nationalstaaten besaßen und besitzen jedenfalls ein hauptstädtisches Zentrum. Kaum zufällig bestanden in den »verspäteten« Nationalstaaten Deutschland und Italien lange Zeit viele eigenständige und bedeutende Stadtkulturen nebeneinander, und erst im 19. Jahrhundert bildeten sich überragende Metropolen aus oder gewannen wie im Falle Roms gesamtstaatliche Bedeutung.

Die Existenz zahlreicher hauptstädtischer Residenzen im Deutschland des 18. Jahrhunderts führte zu der unübersehbaren Konsequenz, daß die staatstragende Beamtenschicht wie der landsässige Adel an die fürstlichen Territorialstaaten gebunden blieb, nicht aber an das Reich. Zugleich veränderte sich die Bedeutung der Stadt für die »bürgerliche Gesellschaft«: Die neuen Bürgerlichen, zu denen vor allem die Beamten des frühmodernen Staates und die städtischen Bildungsschichten gehörten, hatten mit dem älteren Stadtbürgertum nur noch den Namen gemein: »Stadt und bürgerliche Gesellschaft sind von einem bestimmten Zeitpunkt an nicht mehr identisch. Die alte aristotelische Formel *res publica sive societas civilis* wird fortan, etwa seit der Mitte des 18. Jahrhunderts, zwar noch zur Beschwörung eines Ideals verwendet – sei es mit Blick auf die Vergangenheit oder auch die Zukunft –, aber sie entspricht offenkundig nur noch sehr begrenzt einer aktuellen Wirklichkeit.«[148]

Wie sehr Residenzstädte des 18. Jahrhunderts nicht allein politisch, sondern ebenso wirtschaftlich und kulturell an ihren Hof gebunden waren, das demonstriert gleichsam modellhaft die Geschichte derjenigen Städte, denen Hof und territorialstaatliche Regierung verlorengingen. Nachdem der pfälzische Kurfürst Karl Theodor 1777 durch Erbfall bayerischer Kurfürst geworden war, blieb ihm nichts anderes übrig, als seinen Hof von Mannheim nach München zu verlegen. Er tat diesen Schritt 1778 widerwillig genug, bedeutete dies doch kulturell und wirtschaftlich einen schweren Schlag für die 1606/07 begründete Festungsstadt Mannheim, die der aufgeklärt-kunstsinnige Kurfürst seit 1742 zu einer kulturellen und wirtschaftlichen Blüte geführt hatte. Die aufwendige Hofhaltung des Landesherrn Karl Theodor und seines Vorgängers Karl Philipp in einem der größten und eindrucksvollsten Barockschlösser Europas, das 1720 bis 1760 erbaut wurde, bescherte Gewerbe, Handel und Dienstleistungsbetrieben Auftrag um Auftrag, die landesherrliche Verwaltung stellte ihrerseits nicht allein einen sozialen, sondern überdies einen Wirtschaftsfaktor dar. Bedeutende Kunstsammlungen, das 1779 gegründete Nationaltheater, in dem am 13. Januar 1782 Schillers »Räuber« uraufgeführt wurden, eine Hofbibliothek mit wohl 100 000 Bänden und schließlich das Musikleben mit der Hofkapelle und der berühmten »Mannheimer Schule« machten die kurpfälzische Residenz zu einem der glanzvollen Zentren des alten Reiches. 1778 brach diese Entwicklung abrupt ab: Außer dem Kurfürsten bestiegen ungefähr 2 000 Angehörige des Hofstaats ihre Kutschen und verließen die Stadt für immer.

Eine Residenzstadt ohne Residenz war auf die Dauer nicht lebensfähig; es mußte gelingen, neue Lebensquellen und Aufgaben zu erschließen. So sank in einer Zeit rapiden Bevölkerungswachstums die Bevölkerung Mannheims von 26 000 Einwohnern im Jahre

1776 auf rund 18 000 um 1800, wobei die französische Bombardierung während der Revolutionskriege 1795 in dieser Abstiegsphase besonders verheerend wirkte. Nur der Initiative eines energischen Wirtschaftsbürgertums, das entschlossen die verkehrsgünstige Lage der Stadt und die Möglichkeiten der Rheinschiffahrt für den Handel nutzte, verdankte die Stadt, daß sie einen rasanten Wiederaufstieg erlebte: »... die Stadt ist seither für Jahrzehnte von Kaufleuten, von Vertretern des Fernhandels regiert worden. Diese waren zugleich die eigentlichen Repräsentanten und Wortführer des neuen, über alle ständisch-korporativen Grenzen und Beschränkungen hinausdrängenden Bürgertums, der neuen, der bürgerlichen Gesellschaft.«[149] Tatsächlich ließ sich nur auf diese Weise der vollständige Funktionsverlust der Stadt wettmachen: Die Wirtschaft ermöglichte den Wandel von der höfischen zur bürgerlichen Gesellschaft. Doch war dies nicht mehr eine durch Patrizier, rechtliche Privilegierung und Zünfte geprägte stadtbürgerliche Gesellschaft in mittelalterlich-

frühneuzeitlicher Tradition, sondern eine Gesellschaft mit neuen Qualitäten bürgerlichen Lebens und Arbeitens, die nicht mehr auf obrigkeitliche Förderung angewiesen war, sondern mit Hilfe frühliberaler Prinzipien ökonomisch und zunehmend auch politisch Selbstbestimmung anstrebte. Für die Jahrzehnte unmittelbar nach 1778 aber bot Mannheim das Gegenbeispiel zu Berlin, das sich weiterhin landesherrlicher Fürsorge erfreute und nicht zuletzt deshalb prosperierte. Die Mannheimer Bürger indes machten aus der Not eine Tugend, indem sie Ende des 18. Jahrhunderts ihre Geschicke selbst in die Hand nahmen.

Schon im 18. Jahrhundert entwickelte sich eine rege Diskussion über die topographische, bauliche, ökonomische und soziale Struktur der Städte, nicht allein aufgrund obrigkeitlicher Verordnungen, sondern auch infolge publizistisch-wissenschaftlicher Beiträge: Bereits in dieser Epoche entstand eine Art Kommunalpublizistik. So wurde 1771 in Leipzig eine Schrift mit dem Titel »Die Anleitungs-Sätze zur Beförderung der bürgerlichen Glückseligkeit« herausgegeben, die die städtische Verwaltung rubrizierte und im übrigen eine Bibliographie zur »Stadt-Policey« enthielt. Friedrich Nicolais Städtetopographien, allen voran diejenige Wiens und Nürnbergs, sowie die 1786 bereits in dritter Auflage publizierte »Beschreibung der Königlichen Residenzstädte Berlin und Potsdam« gehören

Mannheimer Nationaltheater, Kupferstich der Brüder Klauber, 1782

Der Partikularismus, der die politische und kulturelle Landkarte Deutschlands prägte, führte auch zu einer Vielzahl von »Nationaltheatern«, die miteinander um den Rang als vornehmste deutsche Bühne stritten. Die Mannheimer Bühne, 1779 auf Veranlassung des pfälzischen Kurfürsten gegründet, verdankte ihren Ruf nicht der politischen Macht des Kurfürsten, sondern der Heimstatt, die sie dem Sturm und Drang gewährte. Im späten 18. Jahrhundert war sie *die* avantgardistische Bühne Deutschlands. Der Name eines »Nationaltheaters« stand zwar zu der territorialen Zerrissenheit der politischen Landkarte Deutschlands im Widerspruch, drückte aber den Anspruch aus, der der deutschen Sprache als dem verbindenden Element zuerkannt wurde.

ebenso zu dieser Gattung wie eine Fülle anderer Städtedarstellungen: diejenigen des reisenden Franzosen Johann Kaspar Riesbeck, Georg Forsters »Ansichten vom Niederrhein«, in denen er seine Beobachtungen über zahlreiche, gemeinsam mit Alexander von Humboldt 1790 besuchte Städte niederschrieb, oder auch Georg Friedrich Rebmanns »Briefe über Erlangen« (1792).

Alle diese Autoren verfolgten mit ihren Werken zudem politische Absichten, so unterschiedlich ihre Darstellungsweise sonst auch sein mochte. Ein kommunalwissenschaftlicher Klassiker wurde schließlich das in Hamburg verfaßte und publizierte zweibändige Werk »Grundriß einer schönen Stadt« des dänischen Justizrats Johann Peter Willebrand, das in insgesamt 308 Paragraphen mit beängstigender Pedanterie alle nur erdenklichen Aspekte städtischer Verwaltung behandelt – darunter sogar den Umweltschutz: »Von der Wirkung der unreinen Luft.« In diesem Abschnitt beschrieb Willebrand die notwendigen »Anstalten gegen übelriechende Gewerbe« ebenso wie die »höchstschädliche Beerdigung der Leichen in den Kirchen« oder die gesundheitsschädliche Wirkung bestimmter Baumaterialien. Natürlich zählten zu Willebrands Hauptthemen Bevölkerungspolitik, Gewerbeförderung, Baupolitik, Sozial- und Gesundheitsfürsorge. Zweifellos bestand die Hauptabsicht des Autors darin, ein Idealbild zur »Beförderung des gemeinen Wohls« in den Städten zu entwickeln und zu erreichen, daß die Erlangung des Bürger- und Gewerberechts erleichtert werde. Auch gegen zu viele und zu hohe Steuern wandte er sich und gelangte zu dem Ergebnis: »Der Genuß der gesetzlichen Freyheit unterscheidet glückliche Bürger von elenden Sclaven, die in Ketten des Despoten seufzen: und diese Freyheit muß man jeden Fremden von einer Stadt versichern können; weil die Versicherung von Freyheit und Eigenthum sehr empfehlend ist.«[150] So lautete das Grundprinzip, nach dem nach Willebrands Meinung jeder Landesherr und jede Stadtobrigkeit verfahren sollte: »Glückselig ist die bürgerliche Gesellschaft, und sie wird nach der besten Regierungsform beherrschet, wenn das Trachten ihrer Regenten nur dahin gehet, jedermann bey der gesetzlichen Freyheit zu erhalten, und so wenig als möglich die natürliche Freyheit einzuschränken.«[151]

Willebrand verwies auch auf den Wert der Nachbarschaft einer Stadt, nicht nur der angrenzenden Obrigkeiten, sondern der fruchtbaren Umgebung. Stadtluft macht frei: Dieser mittelalterliche Grundsatz legitimierte im 18. Jahrhundert unter veränderten Bedingungen und mit anderer gesellschaftspolitischer Pointe die Stadt als Modell der bürgerlichen Gesellschaft. Die großen Städte ermöglichten im späten 18. Jahrhundert bürgerliche Lebensformen und wurden so nicht selten zum gesellschaftspolitischen Experimentierfeld: Rasantes Bevölkerungswachstum verstärkte insbesondere in Verbindung mit neuen Aufgaben, die aus der Residenz erwuchsen, den ökonomischen Anpassungsdruck und beschleunigte den gesellschaftlichen Strukturwandel. Der »Grundriß einer schönen Stadt« entwarf kommunale Strukturen, die diesen Erfahrungen Rechnung trugen. Doch Willebrand lehnte die »schändliche Verachtung eines Standes, der doch die übrigen Stände der Welt alle ernähret und glücklich macht ..., nemlich der Stand des Ackerbaues und der Viehzucht,« entschieden ab.[152]

Soziale Schichtung auf dem Lande:
Grundherrschaft und Gutsherrschaft

Wie sehr die Zuordnung der Bürger zur Stadt und die der Bauern
zum Land vereinfacht, sieht man schon daran, daß es in den Städten
auch Ackerbürger und Landbesitzer und daß es sogar sogenannte
Ackerbürgerstädte gab. Bei ihnen handelte es sich um Landstädte,
in denen die Mehrheit der Bürger nicht allein Land besaß, sondern
es auch selbst bewirtschaftete. Auf der anderen Seite lebten in diesen Ackerbürgerstädten und in größeren Dörfern Handwerker,
deren Gewerbe dem alltäglichen lokalen Bedarf diente. Eine Erhebung für die Kur- und die Neumark ergab für das Jahr 1802 in bezug
auf die konzessionierten Handwerker folgende Anteile: In den kur-
und neumärkischen Städten beziehungsweise auf dem Land (in
Klammern) arbeiteten damals 1033 (1624) Schmiede, 3222 (1788)
Schneider, 2261 (2431) Leineweber, 490 (598) Stellmacher, 377 (549)
Zimmerleute.

Auf dem Land gab es auch viele unkonzessionierte Handwerker:
68 Bäcker, 55 Barbiere, 125 Böttcher, 18 Drechsler, 8 Färber, 223
Maurer, 211 Schuhmacher und 188 Tischler. Die staatliche Finanzpolitik, die zur leichteren steuerlichen Erfassung die Gewerbe auf
die Stadt begrenzen wollte und sonstige rechtliche Beschränkungen
für die Ausübung von Gewerben auf dem Land vorsah, endete zwar
erst mit den liberalisierenden Gewerbereformen des Freiherrn vom
Stein, doch wurde sie schon im 18. Jahrhundert unterlaufen, wie die

Werkstatt auf einem Gutshof

Große Gutswirtschaften konnten
eigene Handwerker für Reparatur
und Neuanfertigung von Arbeits-
geräten beschäftigen, namentlich
Schmiede und Stellmacher
beziehungsweise Wagner.

Seite aus einem Heberegister mit dem Lageplan eines eigenbehörigen Schultenhofes des Domkapitels im Kirchspiel Greven, der genaue Angaben über die Größe des Hofes und die zahlreichen Abgaben enthält, 18. Jahrhundert

Die sozialökonomischen Strukturen des Spätmittelalters lebten in der frühen Neuzeit noch lange fort. Allerdings trugen das Bevölkerungswachstum und die ständige Teilung von Höfen im Erbfall zur allmählichen Auflösung dieser Strukturen bei, bis dann die definitive Bauernbefreiung das Leben auf dem Lande grundstürzend änderte. Aber die einigermaßen gleichbleibende Grundform der Agrarverfassung stand im eklatanten Gegensatz zur Mobilität der in den aufstrebenden Residenz- und Handelsstädten lebenden Bevölkerung, die viel »moderner« war. Angesichts dieser jahrhundertelangen Geltungsdauer ist die Veränderung der ländlichen Sozialstruktur geradezu ein revolutionärer Bruch.

zunehmende Zahl der auf dem Lande ansässigen Handwerker belegt.[153] In nicht wenigen Gewerben überstieg die Zahl der auf dem Lande tätigen Handwerker sogar die in den Städten, allerdings arbeiteten diese Handwerker überwiegend außerhalb der Zünfte.

Auch die übrigen sozialen Stände waren ja keineswegs ausschließlich in Städten angesiedelt, vielmehr lebte ein erheblicher Teil des Adels, der Geistlichen und auch der Unterschichten auf dem Land. Die Masse der Landbevölkerung stellten indes die bäuerlichen Schichten, deren Rechtsstellung ebenso unterschiedlich war wie ihre ökonomische Lage. Auch in diesem Fall läßt die rechtliche Privilegierung keine Rückschlüsse auf die Einkommensverhältnisse zu. Bei erheblichen regionalen Abweichungen betrug der Anteil der rechtlich freien Bauern noch im 18. Jahrhundert kaum mehr als vier bis acht Prozent, die übrigen befanden sich in sehr verschiedenen Formen rechtlicher Abhängigkeit von Grund- oder Gutsherren: Sie basierte auf der Überlassung von Grund und Boden an die Bauern.

Wenngleich insgesamt der Anteil des bäuerlichen Grundbesitzes im 18. Jahrhundert konstant blieb, so verschoben sich doch die Anteile von Vollbauern, die ausschließlich vom eigenen Hof lebten, und Klein- beziehungsweise Nebenerwerbsbauern. Handelte es sich zum Beginn des 17. Jahrhunderts bei der Mehrheit der Bauern um Vollbauern, so verminderte sich deren Zahl gegen Ende des 18. Jahrhunderts vor allem aufgrund der in manchen Gebieten üblichen Realteilung der Höfe im Erbfall drastisch; zugleich wuchs die kleinbäuerliche und unterbäuerliche Schicht, so daß um 1800 weniger als ein Viertel der bäuerlichen Bevölkerung Vollbauern waren, Nebenerwerbsbauern gab es in manchen Regionen nahezu doppelt so viele. Die völlig besitzlos in der Landwirtschaft Tätigen, unter ihnen Knechte und Tagelöhner, machten nach neueren Untersuchungen ungefähr ein Fünftel der bäuerlichen Bevölkerung aus. Die besitzlose Unterschicht war also auf dem Land im Durchschnitt kleiner als in den Städten. Nach den Schätzungen von Dietrich Saalfeld zählten von den 75 bis 80 Prozent der zur Landbevölkerung gehörigen Schichten 18 bis 22 Prozent zu den Bauern, 20 bis 25 Prozent zu den Kleinbesitzern beziehungsweise Kötnern (die im eigenen Haus, einer Kote oder Kate, wohnten), sechs bis acht Prozent zum Landhandwerk und 20 bis 25 Prozent zur landlosen Unterschicht. Im westlichen Deutschland bewirtschafteten ungefähr ein Drittel bis zwei Fünftel der Bauern insgesamt zwei Drittel der landwirtschaftlichen Nutzflächen, während sie in Ostelbien etwa die Hälfte besaßen.

Differenzierte Rechtsstellung und unterschiedliche Teilhabe am Landbesitz bilden also diejenigen Kriterien, nach denen die Landbevölkerung zu gliedern ist. Aus der Hofgröße erwuchs das Sozialprestige auf dem Dorf, dessen Geschicke im wesentlichen die wohlhabenden Vollbauern bestimmten, sofern nicht der Grundherr zuständig war. Die Hofgröße war der Maßstab einerseits für die Inanspruchnahme gemeindlicher Rechte, beispielsweise an der Allmende – dem Gemeindebesitz von Wiese, Wald und Ödland –, andererseits aber auch für die Pflichten und Abgaben. Demgegenüber hatte die land- und besitzlose Unterschicht keinerlei Gemeinderechte mehr. Schon seit dem Spätmittelalter wurde die Allmende immer stärker zum Eigentum der Dorfgemeinde; im 17. und

18. Jahrhundert entwickelte sich der ursprünglich persönliche Nutzungsanspruch aufgrund gesetzlicher Regelung immer mehr zu einem dinglichen, an Landbesitz, Haus beziehungsweise Hufe gebundenen Recht. Die Allmende wurde nun aufgeteilt beziehungsweise verpachtet.

Die überwältigende Zahl der Bauern lebte also noch um 1770 in rechtlicher Abhängigkeit, wenngleich die aufgeklärte Kritik hieran ständig zunahm und im letzten Drittel des Jahrhunderts einzelne Landesherren die ersten Maßnahmen zur Bauernbefreiung ergriffen. Doch noch 1779 erschien die rechtliche Abhängigkeit der Bauern zeitgenössischen Schriftstellern, die nicht von aufgeklärt-menschenrechtlichen Prämissen ausgingen, oft so selbstverständlich, daß sie eine rechtliche Gleichstellung nicht einmal diskutierten. Für Carl Friedrich von Beneckendorf stand noch 1779 die prinzipielle Abhängigkeit der Bauern keineswegs in Frage: »Der Bauernstand, so wie er in unsern deutschen Vaterlande eingeführt ist, lässet sich nicht denken, ohne zugleich den Begriff einer ihnen vorgesetzten Herrschaft oder Grundobrigkeit damit zu verbinden. Ein jedes Dorf hat seinen eigenen Grundherrn, unter dessen Befehlen und Gerichtsbarkeit nicht allein die Einwohner desselben stehen, sondern dem sie auch mancherlei Pflichten und Abgaben leisten müssen. Der Grundherr dagegen ist denenselben in allen Fällen Gerechtigkeit wiederfahren zu lassen, so viel an ihm lieget, gegen jedermann zu beschirmen und vor ihre Erhaltung zu sorgen, auch unter ihnen selber auf Beobachtung einer genauen Ordnung zu wachen, verbunden ... Ein jeder siehet von selbst ein, daß es hier auf wechselseitige Pflicht der Herrschaft und Untertanen ankommt, und deren richtige oder unrichtige Beobachtung der wahre Grund von dem Wohlstande oder Armut des Bauernstandes sei.«[154]

Die rational interpretierte Entwicklung rechtlicher Abhängigkeit, ihr Nutzen für beide Seiten und für die Garantie dörflicher Ordnung, vor allem aber für die Ernährung aller, bildeten die Grundprinzipien von Beneckendorfs Definition des Bauernstandes. Aber gerade die Gültigkeit dieser Normen bestritten zur gleichen Zeit die Aufklärer,[155] wenn sie alle Formen der Leibeigenschaft beziehungsweise der rechtlichen Abhängigkeit ablehnten und sie für ein mittelalterliches Relikt erklärten, das – vielleicht – vor Jahrhunderten seine Berechtigung gehabt haben mochte, nicht aber mehr im 18. Jahrhundert.[156]

Die beiden rechtlichen und sozialen Organisationsformen, in denen sich die Abhängigkeit der Bauern vom Herrn konkretisierte, waren die *Grundherrschaft* im Westen Deutschlands und die *Gutsherrschaft* im Osten. Beide Formen prägten sich regional unterschiedlich aus, waren hier milder, dort härter, ließen im einzelnen weit voneinander abweichende ökonomische, soziale und rechtliche Lagen entstehen.

Die Grundherrschaft bildete, wenn sich auch ihre Formen veränderten, für die Mehrheit der Bauern vom Mittelalter bis zu den Bauernbefreiungen seit dem späten 18. Jahrhundert die vorherrschende Form der Agrarverfassung. Sie stellte »ein Bündel unterschiedlicher Herrschaftsrechte« dar und ist »nur als eine spezifische, und zwar vielgestaltige Ausprägung des *Herrschaftsbegriffes* [zu] verstehen, als Herrschaft über Land und die darauf hausenden Menschen«. Dabei war die Grundherrschaft nur eine der Formen, »in denen sich der Herrschaftsbegriff realisierte. Er tritt uns – primär sogar – entgegen in der Hausherrschaft, der Muntherrschaft und Schutzherrschaft, ferner als Gerichts-, Dorf-, Schloß-, Stadt- und Landesherrschaft usw.«[157]

Die Grundherrschaft verband sich mit anderen Herrschaftsrechten, vor allem der Gerichtsherrschaft, oft auch der Leibherrschaft, die eine Herrschaft nicht bloß über Grund und Boden, sondern über Menschen war. In dieser Form bildete die Grundherrschaft also eine Herrschaft über Land und Leute. Eine bloße Anhäufung von Grundbesitz stellte hingegen keineswegs eine Grundherrschaft dar, vielmehr verquickten sich in ihr verschiedene Rechtstatbestände. Diese Verknüpfung stammte aus einer eigenständigen adligen Herrengewalt – zum Beispiel als Basis der Gerichtsherrschaft – gemeinsam mit der Fähigkeit, Schutz und Schirm zu gewähren. Erst die Kombination verschiedener Herrschaftsrechte definierte die Grundherrschaft, die eine Herrschaft neben anderen war.

Dieses Grundmuster verlor seinen Charakter durch die allmähliche Zurückdrängung des lehnsrechtlichen Ursprungs; seit dem

Sehr beträglich ist aber, hier zu finden, daß der größte Theil der hiesigen Landleute leibeigen ist... und zwar nach einer so schweren Leibeigenschaft, daß sie jährlich ein Leibgefäll und ihre Erben den Sterbefall bezahlen müssen. O! der einseitigen Freyheit, welche ihre Unterthanen leibeigen seyn läßt. Ulm ist doch kein Sparta, daß es Heloten haben müßte!
(Friedrich Nicolai, Reisebeschreibung, Bd. 9, S. 14)

Fuhrfronen für das Einbringen des herrschaftlichen Holzes

Spätmittelalter wandelte sich die Grundherrschaft zunehmend in eine Art Rentengrundherrschaft, das heißt, Zinszahlungen lösten die bis dahin üblichen Naturalleistungen des abhängigen Bauern an den Grundherrn ab. Bei dieser Form verdinglichter Rentenzahlung hatte der jeweilige Eigentümer des zur Grundherrschaft gehörigen Bodens eine Rente aufzubringen, für die keine persönliche Bindung an den Herrn Voraussetzung war.

Schon seit dem 11./12. Jahrhundert entwickelten sich in Nordwest-, West-, Südwest-, Mittel- und Südostdeutschland (Bayern, Österreich) unterschiedliche Typen der Grundherrschaft. Außerdem entstanden Sonderformen, die – wie die niederrheinische – durch bloße Pachtzahlungen charakterisiert sind. Diese bis zum 16. Jahrhundert im wesentlichen abgeschlossene Entwicklung hatte die ständige Lockerung der Bindungen an den Herrn zur Folge. Die personale Abhängigkeit verschwand meist völlig und blieb nur noch residual in Form von Abgaben erhalten.

Das Besitzrecht unterschied sich ebenfalls regional, im Prinzip durch den Umfang der Abgaben: »... *de facto sind die Bauernhöfe in aller Regel,* auch wo kein ›Erbrecht‹ besteht, in der bäuerlichen Familie *erblich,* woraus sich die über Jahrhunderte während Bodenständigkeit der bäuerlichen Familien ergibt ... Sozial gesehen ist der Bauernhof immer als *Familiengut* betrachtet worden, der jeweilige Bauer nur als ein Glied in einer Geschlechterfolge.« Eine Einschränkung dieser Familienbezogenheit des Bauernhofs entwickelte sich später in denjenigen Gebieten, in denen sich die Realteilung durchsetzte.[158]

Es handelt sich also hier um sozialökonomische Strukturen von langer Dauer, deren Auflösung sich zwar infolge des Bevölkerungswachstums und der Realteilung im 18. Jahrhundert beschleunigte, die aber bis zur definitiven und allgemeinen Bauernbefreiung das Leben auf dem Land entscheidend prägten. Gerade diese über Jahrhunderte hinweg vergleichsweise konstante Grundform der Agrarverfassung stand unübersehbar im Gegensatz zur Mobilität der an die Entwicklung des frühmodernen Territorialstaats gebundenen staatsbürgerlichen, städtischen Schichten. Angesichts ihrer langen Geltungsdauer läßt sich die Tiefe des revolutionären Bruchs ermessen, den die Aufhebung dieser ländlichen Sozialstruktur zwangsläufig zur Folge hatte.

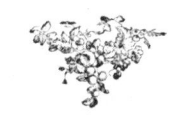

PUBLICANDUM

gegen den Ungehorsam

und

die Widerspenstigkeit der Unterthanen

wider

die Grund- und Gerichts-Obrigkeiten.

De Dato Berlin, den 8. November 1786.

Gedruckt bey George Jacob Decker, königl. Hof-Buchdrucker.

Sächsischer Bauernhof, um 1700

Die ländliche Verfassung stellt im
großen wie im kleinen ein konser-
vatives Element im ungeheuren
Wandel dar, der von der Mitte des
18. bis zur Mitte des 19. Jahrhunderts alle Strukturen revo-
lutioniert. Ein Bauernhof sah um
1600 nicht viel anders aus als um
1700 oder um 1800. Erst mit den
technischen Veränderungen von
Anbau und Ernte ergreift die
Revolution auch das Land. Bis dahin waren die Reformen der
Agrarverhältnisse am Bauern weitgehend vorübergegangen, wie ja
auch das Werkzeug, mit dem er
säte und erntete, über all die Jahrhunderte nahezu gleichgeblieben
war.

Die Belastungen der Bauern waren im einzelnen so unterschiedlich, daß die »chaotische Vielfalt« der bäuerlichen Leistungen schon
die Zeitgenossen verwirrte: Weder die rechtlichen Regelungen,
noch der soziale Status reichen zur Erfassung der tatsächlichen wirtschaftlichen Situation der abhängigen Bauern aus. Lokal begrenzte
Untersuchungen vermitteln zwar Eindrücke, aber keine Maßstäbe,
die sich verallgemeinern und auf ein Gesamtbild beziehen lassen.
Als Beispiel mögen zwei Dörfer der Ämter Wolfenbüttel und Gandersheim im Braunschweigischen dienen, die trotz ihrer geographischen Nähe sehr unterschiedliche Grade der wirtschaftlichen Abhängigkeit besaßen.

So betrug im Dorf Evessen die sich aus dem Grundzins, dem
Zehnten, den sonstigen Steuern und Abgaben sowie schließlich
dem sogenannten Dienstgeld zusammensetzende Belastung von
Bauernhöfen, die auf dem Getreiderohertrag lag, im Jahre 1620
noch 36,4 Prozent, bis 1760 sank die Gesamtbelastung auf 32,6 Prozent. Im Dorf Haieshausen, das zum Amt Gandersheim gehörte,
erreichte die sich aus diesen Faktoren ergebende Gesamtbelastung
im Jahre 1620 sogar 53,2 Prozent. Sie sank bis 1760 nur geringfügig
auf 51,4 Prozent, blieb also beträchtlich. Allerdings belegen neuere
Untersuchungen, daß der Getreiderohertrag nur ein unvollkommenes Kriterium für Ertrag und Belastung der Höfe darstellte. Tatsächlich müssen neben dem Getreideanbau Viehwirtschaft, Gartenland,
Hackfrüchte sowie Sonderkulturen berücksichtigt werden, die in
geringerem Maß zur Berechnung der Abgaben herangezogen wurden: Nach dieser Berechnungsgrundlage gingen den Bauern im
Dorf Evessen etwa 20 Prozent und im Dorf Haieshausen etwa
32 Prozent des Gesamtrohertrags als Abgaben verloren.

Aufgrund weiterer Beispiele kann für die der Grundherrschaft
unterworfenen niedersächsischen Bauernhöfe im letzten Drittel des
18. Jahrhunderts eine Belastung der Gesamtroherträge durch Abga-

ben und zu leistende Dienste von einem Fünftel bis zu einem Drittel angenommen werden. Allerdings führten weitere versteckte Abgaben oder das Vorkaufsrecht an agrarischen Erzeugnissen, das die Preise drückte, bei vielen Höfen zu großer wirtschaftlicher Bedrängnis, während andere Bauern es zu Wohlstand brachten. Doch bei einer Agrarverfassung, in der die Abgaben jeweils nach unten weitergereicht wurden, half oftmals auch die Ausnutzung wirtschaftlicher Chancen wenig, standen doch »die Bauern zumeist am Ende des Weges, auf dem in der vorindustriellen Gesellschaft die Lasten und die entzogenen Nutzungen weitergewälzt wurden. Es fehlte ihnen als letztem Stand in aller Regel der Hintermann.«[159]

In den nordwestdeutschen Realteilungsgebieten hing das Einkommen der bäuerlichen Bevölkerung oft von nichtagrarischem Nebenerwerb ab, den es in den ostelbischen Gutsherrschaften kaum gab. Tatsächlich erlangte in manchen Ortschaften der Nebenerwerb, zum Beispiel im hausindustriellen Textilgewerbe, so viel Bedeutung, daß sich die wirtschaftliche Lage der Bauern im letzten Drittel des 18. Jahrhunderts deutlich verbessern konnte, wie das Beispiel Minden-Ravensberg zeigt.[160]

Nach neueren Schätzungen konnten 70 bis 80 Prozent der Bauern infolge zu hoher Abgaben, zu geringer Erträge und oftmals zu kleiner landwirtschaftlicher Nutzfläche am Ende des 18. Jahrhunderts keinerlei Überschüsse erwirtschaften.[161] Für dieses betrübliche Bild ist zweifellos die Situation der ostelbischen Bauern in hohem Maße verantwortlich. Sie waren von einer anderen, wesentlich härteren Struktur der Agrarverfassung betroffen, von der der *Gutsherrschaft,* die ebenfalls unterschiedliche Formen kannte.

In der Gutsherrschaft verbanden sich Grund-, Gerichts- und Leibherrschaft und oft das Kirchenpatronat; dabei übten die Gutsherren unter anderem von der staatlichen Obrigkeit delegierte Rechte, also eine öffentlich-rechtliche Hoheitsgewalt, aus. Zur Verschlechterung der Lage der gutsuntertänigen Bauern trug etwa seit der Mitte des 16. Jahrhunderts das sogenannte Bauernlegen bei. Hierbei handelte es sich um das Einziehen wüstgewordener gutsherrlicher Bauernstellen, die dann als Gutsland genutzt wurden. Dieser Vorgang für sich genommen hätte noch keine so weitreichenden sozialgeschichtlichen Folgen gehabt, doch er weitete sich künstlich aus, da die Gutsherren in größerem Maßstab freie Bauernhöfe zum Teil unter Druck aufkauften.

Das Bauernlegen begann schon im Spätmittelalter und blieb auch nicht auf Deutschland beschränkt; im England des 15. und 16. Jahrhunderts diente es beispielsweise der Schaffung von Weideland für die Grundherren. Die noch im 18. Jahrhundert in ostdeutschen Territorien sich auswirkenden Vorgänge waren im wesentlichen eine Folge des Dreißigjährigen Krieges. Die Dezimierung der Bevölkerung und die Verwüstung weiter Landstriche bildeten die entscheidende Voraussetzung für die ständige Vergrößerung der Gutsherrschaften beziehungsweise des Gutsbesitzes: So wurden in Mecklenburg und Vorpommern zuhauf kleine Bauernhöfe aufgekauft oder zusammengelegt. In manchen adligen Dörfern ging der Anteil der Bauern um 75 Prozent zurück, während er in benachbarten Amtsdörfern königlicher Domänen oft nur um 28 Prozent sank.

Die Gutsherren konnten Bauernstellen, für die kein Erbrecht bestand, einbehalten und dem Gutsland einverleiben, wenn der Bauer starb. Das ursprüngliche Erbzinsrecht wurde vielerorts abgelöst durch nichterbliches Besitzrecht, das lassitische Recht. Während der Dreißigjährige Krieg in West- und Süddeutschland die Agrarverfassung nicht veränderte, war er in Ostdeutschland tatsächlich die »entscheidende Etappe auf dem Wege zur Gutsherrschaft, zur Vernichtung eines selbständigen Bauerntums und seiner Herabdrückung in die Erbuntertänigkeit oder auch Leibeigenschaft ... Nicht mehr das Bauerngut, sondern das Rittergut bestimmte die Agrarstruktur. Der Bauer wurde im Osten wirklich zum rechtlosen und geplagten Untertan seines Gutsherrn.«[162]

Zu den strengen Formen der Leibeigenschaft in Ostdeutschland zählten der Verlust der Freizügigkeit, Heiratsbeschränkungen oder doch die Notwendigkeit der Heiratserlaubnis durch den Gutsherrn, schließlich Gesindezwangsdienst für die Kinder. Zu diesen die persönliche Freiheit des einzelnen aufhebenden Regelungen konnten weitere Leistungen wie Leibzins, Sterbefallzins, Heiratsgebühren treten und zum Teil erhebliche oder sogar unangemessene Fronen für den Gutsherrn, Naturalabgaben und anderes mehr. Aufgrund des Arbeitskräftemangels in Ostdeutschland konnte ein Leibeigener kaum damit rechnen, daß ihm der Gutsherr die Erlaubnis zum Wegzug erteilte oder einer anderen Berufswahl seiner Kinder zustimmte. Friedrich der Große selbst schrieb 1752 über die Bauern in manchen Gebieten Oberschlesiens, sie lebten in der Rechtsstellung von Sklaven.[163]

Erbuntertänigkeit stellte im Vergleich zu den älteren Formen eine gemilderte Variante der Leibeigenschaft dar, war aber ebenfalls eine nicht allein wirtschaftliche, sondern überdies persönliche Abhängigkeit des Bauern vom Gutsherrn. Allerdings beinhaltete die Erbuntertänigkeit kein privatrechtliches Eigentum an Menschen, ist also insofern von der Sklaverei zu unterscheiden. Die Erbuntertänigkeit beruhte auf der öffentlich-rechtlichen Hoheitsgewalt des Gutsherrn über den Gutsuntertan. Zu den Merkmalen dieser Form der Leibeigenschaft gehörten unter anderem Schollenpflichtigkeit, Gesindezwangsdienst, der die Bauernkinder für zwei bis drei Jahre zur Gutsarbeit verpflichtete, sowie Frondienste. Auf der anderen Seite oblagen auch dem Gutsherrn gewisse Pflichten gegenüber dem Erbuntertänigen; so hatte er im Fall von Alter und Krankheit Unterstützung zu gewähren, und das Bauernlegen war ihm durch landesherrliche Verordnung ausdrücklich untersagt. Ein patriarchalischer Grundzug dieser Sozialstruktur war trotz der massiven Abhängigkeit der Bauern unverkennbar. Zu den verbleibenden Rechten der Erbuntertänigen gehörten im 18. Jahrhundert im Prinzip das Heiratsrecht (in der Regel mit Einwilligung des Gutsherrn oder zumindest Gebührenzahlung an ihn) und das Recht, Verträge mit der Herrschaft abzuschließen, Prozesse zu führen sowie Eigentum zu erwerben und zu vererben.

Die Beschränkung der Freizügigkeit vererbte sich auf die Nachkommen. Ein freier Mensch konnte durch die Übernahme von Bauernland durch den Gutsherrn in Unfreiheit geraten, es sei denn, er sicherte sich die Freiheit ausdrücklich per Vertrag. Dies bestätigt das Allgemeine Landrecht für Preußen noch 1794: »Personen des

Bauernstandes, welche ein zur Unterthänigkeit verhaftetes Gut ohne schriftlichen Vorbehalt ihrer persönlichen Freyheit übernehmen, treten dadurch in die Unterthänigkeit der Gutsherrschaft« (ALR II,7, § 106). Im übrigen bestätigte das Allgemeine Landrecht zwei weitere Gründe für die Erbuntertänigkeit: die Geburt als Kind untertäniger Eltern sowie die Heirat einer (freien) Frau mit einem Untertänigen (ALR II,7, §§ 93, 96). Allerdings konnte eine Frau in der Regel nicht gezwungen werden, einem Mann, den sie als Freien geheiratet hatte, in die Untertänigkeit zu folgen, wenn er sich während der Ehe in sie begab (ALR II,7, § 97).

Inwieweit allerdings die Verordnungen praktiziert wurden, hing von den Umständen ab. Zwar stand, wie in einem Erlaß von 1773 noch einmal eigens wiederholt wurde, »eigenmächtiges Entweichen« oder auch »langes Ausbleiben« unter Strafe, beispielsweise

Liebesbrief eines Bauernburschen aus Teichröda bei Rudolstadt, Papierfaltschnitt, 1792

Solche überall bekannten Liebesbriefe, dazu in Versform, waren meist von Schreibern, Lehrern, Kantoren oder Hausierern angefertigte Auftragsarbeiten; Bauernburschen sind zu derartigen kalligraphischen Künsten nur in den seltensten Fällen in der Lage gewesen.

Festungsarbeit. Doch wußte man selten, wo sich der Entwichene aufhielt und forschte auch nur dann nach, wenn Arbeitskräftemangel herrschte. Überdies bestanden verschiedene Möglichkeiten zum Erlangen der Freiheit, beispielsweise durch ein Studium, das indes der Genehmigung des Gutsherrn bedurfte, oder durch Loskauf. Auch ohne eine prinzipielle Abschaffung der Erbuntertänigkeit in den ostelbischen Gutsherrschaften bis zum frühen 19. Jahrhundert führte die Lösung des Arbeitskräfteproblems infolge des erheblichen Bevölkerungswachstums schließlich zu einer Verminderung der Lasten beziehungsweise einer Lockerung der Bindungen.[164]

Im letzten Drittel des 18. Jahrhunderts verlor die Erbuntertänigkeit immer mehr an Bedeutung, dies galt auch für die entscheidende Belastung, die die ostelbische Form der Untertänigkeit von analogen westlichen Strukturen unterschied, den Gesindezwangsdienst. In Ostpreußen spielte er gerade aufgrund des Arbeitskräftebedarfs eine so große Rolle. Um 1800 betrug der Anteil der abhängigen Bauern in Ostpreußen 13 Prozent der Gesamtbevölkerung, im Fürstentum Paderborn dagegen machten die eigenbehörigen Bauern ohne die unterbäuerlichen Schichten etwa 10 Prozent der Gesamtbevölkerung aus. Sie bewirtschafteten hier 75 Prozent der landwirtschaftlichen Nutzfläche, in Ostpreußen dagegen etwa 65 Prozent.[165]

Die Landesherren ergriffen bereits während des 18. Jahrhunderts verschiedene Maßnahmen zur Verbesserung der Rechtsstellung der Bauern. Dafür gab es sowohl rechtliche als auch ökonomische Gründe, wie beispielsweise aus der Kritik eines der führenden Kameralisten der Zeit, Johann Heinrich Gottlob von Justi, hervorgeht. Justi gibt 1761 zu bedenken, daß »doch der Nutzen, den die Gutsherren aus dem Rechte der Leibeigenschaft und aus denen Meyerei- und Laßgütern haben, gar geringe« sei. Nach seiner Meinung könnten die Gutsherren mehr Zinsen aus den Gütern ziehen, wenn sie das »vollkommene Eigentum« daran den Bauern überließen. Scharf lehnt Justi auch die Frondienste ab und gelangt zu dem Schluß: »Es bedarf keines weitläufigen Beweises, wie sehr die Bauern dadurch von der rechtlichen Kultur und Bearbeitung ihres Feldes abgehalten werden ... Der Bauer, der diese Arbeit allemal mit Unwillen und Verdruß verrichtet, arbeitet dabei so wenig als möglich und nur leicht und obenhin; und wenn der Bauer nicht unter dem Prügel des Pächters oder Verwalters stehet, welches aber in einem wohleingerichteten Staate, ja selbst nach der Natur der bürgerlichen Verfassungen nicht gestattet werden kann, so gereichet diese Frohnarbeit ... mehr zum Schaden als zum Vorteil der Kammer- und Rittergüter. Das ist auch eine der hauptsächlichsten Ursachen, warum die Ernte auf solchen Gütern in Ansehung ihrer Größe und Proportion allemal viel schlechter ausfällt als auf kleinen Gütern, die aufmerksame Wirte, aber keine Frohndienste haben.«[166]

Solche Überlegungen überzeugten die Landesherren allemal mehr als die naturrechtlich-aufgeklärte Kritik,[167] die alle Formen der Leibeigenschaft oder rechtlicher Abhängigkeit als unvereinbar mit der Menschenwürde ansah und die sich im letzten Drittel des 18. Jahrhunderts verschärfte. Allerdings gab es Ausnahmen. So befürwortete Justus Möser die im Westfälischen vorherrschende Form der Leibeigenschaft, die dingliche Gebundenheit mit weit-

Westfälischer Bauernhof,
Kupferstich von 1790

Die bäuerlichen Anwesen
Westfalens waren zumeist Einöd-
höfe in Streulage. Die von Wall
und Hecke umgebenen Gebäude
mit Gemüse- und Obstgarten
liegen inmitten der zum Hof gehörenden Äcker und Weiden.

gehender persönlicher Freiheit verband: »Eigenhörigkeit bezieht
sich auf die Gründe, und ein Gutsherr ist nicht gleich Halsherr.«[168]
Zu der von Möser dargestellten westfälischen Agrarverfassung
gehörten persönliche Freiheit, Eigentumsrecht, Erbrecht und
andere Rechte des Bauern, allerdings auch Pflichten gegenüber dem
Gutsherrn, unter anderem Zinszahlungen, angemessene Dienste
und im Todesfall die Abgabe der Hälfte der beweglichen Habe des
Leibeigenen an den Gutsherrn. Nach Mösers Urteil bot diese Form
für beide Seiten Vorteile: »Die Erfahrung lehrte es auch würklich,
daß die Eigentumsverfassung den Gutsherrn sowohl als den Leibeigenen in einen guten Stand setze, weil man in ganz Westfalen
durchgehends bei dem Landmann eine große Wohlhabenheit
antrifft.«[169]
Die verschiedenen Standpunkte resultierten nicht allein aus
unterschiedlichen Auffassungen, sondern mehr noch aus der Rezeption einer so vielgestaltigen Wirklichkeit selbst.[170] Aus ihr erklärt
sich auch, warum im 18. Jahrhundert extrem voneinander abweichende Beschreibungen der bäuerlichen Lage existierten, deren
Spannweite deutlich wird, wenn man Mösers Einschätzung mit der
des Frankfurters Johann Michael Freiherr von Loen vergleicht.
Loen, Goethes Großonkel, war seit 1752 preußischer Regierungs-
präsident in Lingen und verfaßte zahlreiche, durch die frühe Aufklärung geprägte Romane und sonstige Schriften über die gesellschaftliche Situation seiner Zeit, unter anderem über den Adel.
Loens Kritik wiegt um so schwerer, als er bereits 1694 geboren wurde
und einer sozialpolitisch im allgemeinen sehr gemäßigten Generation angehörte. 1771 schrieb er, allerdings ohne regionale Differenzierung: »Heute zu Tage ist der Landmann die armseligste unter
allen Kreaturen: die Bauern sind Sklaven und ihre Knechte sind von
dem Vieh, das sie hüten, kaum noch zu unterscheiden. Man kommt

Bauernjunge mit verbundenem Gesicht und lumpiger Kleidung, Kupferstich von Daniel Chodowiecki, 1758

auf Dörfer, wo die Kinder halb nackend laufen und die Durchreisenden um ein Almosen anschreien. Die Eltern haben kaum noch einige Lumpen auf dem Leib, ihre Blöße zu decken. Ein paar magere Kühe müssen ihnen das Feld bauen und auch Milch geben. Ihre Scheuern sind leer, und ihre Hütten drohen alle Augenblick über einen Haufen zu fallen. Sie selbst sehen verkahmt [kümmerlich] und elend aus.« Man hätte noch mehr Mitleid, wenn sie aufgrund ihres harten Schicksals nicht ein so »wildes und viehisches Ansehen« hätten. Die Bauern würden »wie das dumme Vieh in aller Unwissenheit erzogen«.[171]

Gerade hier setzen die neue Landschulpädagogik des philanthropischen Gutsherrn und Domherrn Friedrich Eberhard Freiherr von Rochow an, der Schulreform als Teil einer umfassenden Sozialreform verstand und praktizierte. Rochows 1776/77 veröffentlichter »Kinderfreund« war das erste, für mehrere Generationen gültige weltliche Lesebuch für Bauernkinder. Er brachte es »der Armen wegen so wohlfeil« für »zween Groschen in gutem Gelde« auf den Markt und war überzeugt, »daß dieses Buch so lange, bis ein besseres da ist, geschickt sey, die große Lücke zwischen Fibel und Bibel auszufüllen«.[172] Eine Abschaffung der ständischen Ordnung[173] lag keineswegs in Rochows Absicht, doch hielt er ihre Verbesserung für unumgänglich, und was er dazu beitragen konnte, trug er bei.

Die Verbesserung des Bauernschutzes, die eine Reihe von Staaten seit dem frühen 18. Jahrhundert in erster Linie aus fiskalischen Motiven einleitete, blieb in Ausmaß und Wirksamkeit davon abhängig, wer das Obereigentum über Grund und Boden besaß. Dies konnte denkbar unterschiedlich sein. So umfaßte der kirchliche Grundbesitz im späten 17. und im 18. Jahrhundert etwa ein Drittel des landwirtschaftlich genutzten Bodens (G. Franz). In einigen Territorien, beispielsweise Hessen-Kassel, war der Landgraf der mit Abstand größte Grundherr. Ähnliches galt auch für das Kurfürstentum Sachsen.

Eberhard Weis überprüfte eine Fülle von Einzeluntersuchungen und kam zu dem Ergebnis, daß im ausgehenden 18. Jahrhundert in Bayern dem Klerus 56 Prozent, dem Adel 34 Prozent und dem Landesherrn 13,2 Prozent der landwirtschaftlich genutzten Bodenfläche gehörten – Anteile, die sich signifikant von den französischen Verhältnissen am Vorabend der Revolution von 1789 unterschieden, besaß doch dort der Klerus 10, der Adel 20, die Bürger 30 Prozent der landwirtschaftlichen Nutzfläche. In Bayern hatten demgegenüber die Bürger gar keinen Anteil an der landwirtschaftlich genutzten Fläche. Die Bauern, die in Frankreich immerhin 35 Prozent eigentümlich bewirtschafteten, lebten in Bayern in zwar vergleichsweise milden, aber gleichwohl grundherrschaftlichen Strukturen, nur vier Prozent besaßen den Grund als freies Eigentum. Doch führen diese Angaben in die Irre, wenn man aus ihnen eine schwierigere rechtliche und materielle Situation der deutschen Bauern westlich der Elbe ableitet, bildete doch den Ausgangspunkt der deutschen Vergleichszahlen das Obereigentum, der französischen das Untereigentum. Legt man letzteres auch für Bayern zugrunde, dann lautet das Ergebnis: In Bayern sowie im übrigen westelbischen Deutschland besaßen die Bauern als Untereigentum nahezu 90 bis 95 Prozent des

Bodens, in Frankreich nur 35 Prozent, in der Regel minderwertigen Boden.

Tatsächlich unterschieden sich die grundherrschaftlichen Strukturen insofern fundamental, als Klerus, Adel und Bürgertum in Frankreich ihre Güter zum erheblichen Teil selbst bewirtschafteten beziehungsweise zu außerordentlich ungünstigen Bedingungen einer Naturalpacht (Abgabe der Hälfte oder zumindest eines Drittels der Ernte) ohne jede rechtliche Sicherung für die Pächter weitergaben. Demgegenüber verliehen in Deutschland westlich der Elbe Adel und Klerus nahezu ihren gesamten Landbesitz zu überwiegend vererbbarem Untereigentum an die Bauern; bürgerliche Grundherren spielten kaum eine Rolle. Anders als in Frankreich war die Realteilung in der Mehrheit der deutschen Territorien untersagt, wurde aber im Rheinland, in Teilen Frankens und Südwestdeutschlands in großem Ausmaß praktiziert. Die Pacht, die den französischen Bauern nahezu zwei Drittel des Bodens entzog, begründete keinerlei Miteigentum, war kurz- oder mittelfristig, aus ihr resultierte keinerlei persönliches oder gar patriarchalisches Verhältnis zwischen Grundherren und Bauern, wie das für die westdeutsche Form der Grundherrschaft galt, wo die Grundleihe mit bäuerlichem Miteigentum im 18. Jahrhundert vorherrschte.

Aufgrund dieser im westelbischen Deutschland üblichen Bewirtschaftung der Höfe durch die Bauern bildeten Fronen – auch im Vergleich zu den gutsherrschaftlichen Verhältnissen in Ostdeutsch-

Frontafel aus Schiefer, Thüringen, 18. Jahrhundert

Die Frondienste bildeten das Charakteristikum der Agrarverfassung Mitteleuropas. Bei aller Unterschiedlichkeit der Verhältnisse in den einzelnen Regionen gilt im allgemeinen, daß die Rechte der Landbewohner im Osten Deutschlands geringer waren, was schon daran lag, daß im Osten der Gutsherr im allgemeinen auch die niedere Gerichtsbarkeit ausübte, wie in Frankreich praktisch alle Bauern unterschiedlichen Formen seigneuraler Gerichtsbarkeit unterlagen. Insofern bestanden in der realen Lage der Bauern in Frankreich und im östlichen Deutschland Ähnlichkeiten, während in Westdeutschland die Lage der Landbevölkerung vor 1789 sehr viel besser gewesen ist als in den meisten Ländern des übrigen Europa.

Sachsen 1750	Einwohner	Einwohner in Prozent
Bürger	200 000	19,7
Inwohner in Städten	166 000	16,3
Bauern	250 000	24,6
Gärtner und Häusler	310 000	30,4
Inwohner in Dörfern	82 000	8,1
Geistliche	4 500	0,4
Grundherren (Adel)	5 500	0,5
Gesamt	1 018 000	100

land – eine zu vernachlässigende Größe. Die von Möser erwähnte Möglichkeit, Prozesse gegen den Grundherrn zu führen, bestand auch im Osten, doch waren dabei die Aussichten der westdeutschen Bauern besser, da ein großer Teil von ihnen nicht allein der höheren, sondern zudem der niederen Gerichtsbarkeit des Landesherrn unterstand – in Bayern waren dies 55,9 Prozent –, während im Osten der Gutsherr normalerweise auch die niedere Gerichtsbarkeit ausübte und in Frankreich nahezu alle Bauern einer gestaffelten seigneuralen Gerichtsbarkeit unterlagen.

Schließlich ließ die Agrarverfassung in Frankreich – und ebenso im ostelbischen Deutschland – eine vergleichsweise breite, völlig land- und besitzlose unterbäuerliche Schicht, ein Landproletariat, entstehen: Im östlichen Deutschland umfaßte dies regional und lokal unterschiedlich zwischen 30 und 100 Prozent der ländlichen

Bevölkerung (W. A. Boelcke). In Schlesien zählten 1767 nur noch 24,2 Prozent der Landbevölkerung zu den Bauern, 47,8 Prozent zu den Gärtnern und 28 Prozent zu den Häuslern (G. Franz).

Der von Eberhard Weis durchgeführte Vergleich demonstriert nicht allein, daß die rechtliche und materielle Lage der Landbevölkerung in *West*deutschland vor der Revolution von 1789 sehr viel besser gewesen ist als die der französischen und der ostdeutschen. Dieses Ergebnis gewinnt eine erhebliche – wenngleich geographisch und sektoral begrenzte – Bedeutung für die Beantwortung der Frage, in welchem Maße die differierenden sozialökonomischen Strukturen im letzten Drittel des 18. Jahrhunderts zur Revolutionsbereitschaft in Frankreich beitrugen beziehungsweise warum die Revolution in Westdeutschland ausblieb.[174]

Bauernunruhen im alten Reich und landesherrlicher Bauernschutz

Tatsächlich kam es auch in Deutschland im 18. Jahrhundert noch verschiedentlich zu Bauernunruhen, die ökonomisch motiviert waren, da sie oft mit Frondienstverweigerung einhergingen. Bezeichnend ist, daß sich in Österreich nach dem Regierungsantritt Maria Theresias die Unruhen verminderten: Die Bauernschutzmaßnahmen gegenüber dem grundherrlichen Adel, die sie und ihr Sohn Joseph II. ergriffen, trugen zum Abbau bäuerlicher Unzufriedenheit bei.

Die bäuerlichen Unruhen blieben im 18. Jahrhundert meist örtlich, zumindest aber regional begrenzt. Sie hatten sehr spezielle Ursachen und standen, wie im Falle des Ortes Crispendorf im schlesischen Greiz, im Zusammenhang mit Prozessen. In Crispendorf klagten die Bauern von 1773 bis 1784 gegen ihre Gutsherrschaft, weil sie Frondienste für einen Brückenbau nicht leisten wollten. In der Mark Brandenburg erhöhte sich die Zahl der Unruhen besonders im Gefolge des Prozesses gegen den Müller Arnold, in dem Friedrich der Große gegen das Urteil des Königlichen Kammergerichts entschied. Diese Unruhen wirkten bis nach Schlesien hinein, wo nicht nur die Lage der Bauern besonders übel war, sondern Willkür auf einigen Gutsherrschaften nach dem Siebenjährigen Krieg zum Auslöser eines regelrechten Aufstands wurde. In Schlesien kam es auch später, während der Französischen Revolution, immer wieder zu bäuerlichen Unruhen, die von anhaltendem Widerstandswillen zeugten. Nur scheinbar paradox war es, daß die Unruhen gerade den staatlichen Maßnahmen zur Verbesserung der Lage der gutsuntertänigen Bauern durch den preußischen Provinzialminister Ernst Wilhelm von Schlabrendorff folgten: Die Maßnahmen hatten Hoffnungen erweckt, die sich, wenn überhaupt, nur dann erfüllten, wenn die Bauern unruhig wurden und ihre Forderungen stellten.

Den Stein des Anstoßes, der die Unzufriedenheit der Bauern zum Siedepunkt brachte, lieferte das Gut Odersch im Kreis Leobschütz, das im Besitz der freiherrlichen Familie von Popper war und zum Zeitpunkt der Unruhen der Frau des Feldmarschalls Graf Geßler, einer geborenen Popper, gehörte. Davon abgesehen, daß Graf und Gräfin auf ihren Gütern die Untertanen mißhandelten – die Gräfin war wegen einiger Fälle von Mißhandlungen auf ihren ostpreußischen Gütern auf Veranlassung Friedrichs des Großen zu mehrjähriger Haft verurteilt worden, der sie sich durch Flucht entzog –, entwickelte sich der Konflikt vergleichsweise typisch: Die Bauern beriefen sich auf das Urbar aus dem Jahre 1574, das ihnen nur mäßige Frondienste auferlegte. Schon seit den vierziger Jahren des 18. Jahrhunderts klagten die Gutsuntertanen gegen die Erhöhung dieser Fronen durch ihre Herrschaft und erhielten schließlich in dritter Instanz vor dem Berliner Oberappellationsgericht 1747 recht.

Dieses Urteil hielt die Gutsherrin jedoch keineswegs davon ab, an der Steigerung der Fronen festzuhalten und sie »durch viele Schläge, Arrest und andere angetane Drangsale« in einem Vergleich teilweise zu erzwingen. Diesen 1748 erzwungenen »Vergleich« fochten die Untertanen wiederum an und obsiegten in der zweiten und dritten Instanz 1753 erneut über die Gutsherrin. Zwar sprach das Berliner Oberappellationsgericht Recht, die Macht lag jedoch weiterhin bei der Gräfin Geßler, und die änderte ihr Verhalten nicht: »Trotzdem hat uns von 1753 her unsere Grundherrschaft immerfort gequält und von Jahr zu Jahr die nur erdenklichen Bedrückungen ersonnen und solche durch Schläge, Arrest, Geldstrafe etc. von uns zu erzwingen getrachtet« – so die Bauern 1765 in einer Immediateingabe an den Provinzialminister von Schlabrendorff.

Während einige Bauern über die Grenze nach Österreich flüchteten, verweigerten die übrigen alle Dienstleistungen. Schlabrendorff beauftragte den zuständigen Landrat mit einer Untersuchung, die er ihm aber wieder entzog, nachdem dessen Parteilichkeit durch Mißhandlung der Bauern – er wollte sie mit Faustschlägen zur Arbeitsaufnahme zwingen – allzu offensichtlich geworden war. Auch der nachfolgende Beauftragte vergriff sich trotz des ausdrücklichen Tadels der Breslauer Kammer an den Bauern, die schließlich auch die gegen sie eingesetzten Husaren mit Mistgabeln und Steinen in die Flucht schlugen. Gegen die daraufhin aufgebotene Kavallerie waren die Bauern machtlos.

Die im Kreis Leobschütz niedergeschlagenen Unruhen, mit denen nichts anderes durchgesetzt werden sollte als die Befolgung der Urteile des Berliner Oberappellationsgerichts, griffen auf angrenzende Gebiete über, bis im Kreis Tost-Gleiwitz nahezu vierzig Dörfer im Aufstand waren. Zwar wurde ein Gutsherr, der nach der Niederschlagung eines Aufstands zwei seiner Untertanen mit Fußtritten auf den Hals und 150 Stockschlägen traktiert hatte, zu einer vierjährigen Haftstrafe und Abbitte verurteilt, doch blieb es für die Gutsuntertanen noch für Jahrzehnte schwierig, ein ihnen gerichtlich bestätigtes Recht zu erlangen, obwohl der preußische König verschiedentlich sogar den Zwangsverkauf von Gütern anordnete.

Schlabrendorff hatte sich während des Siebenjährigen Krieges in Schlesien, wo er seit 1755 wirkte, als glänzender preußischer Verwaltungsbeamter bewährt und den Bauernschutz durchaus im Sinne seines Königs betrieben. Aber gerade damit machte er sich, stärker als durch seine ein wenig selbstherrliche Rigorosität, bei den adligen Gutsherren Schlesiens verhaßt, die ihm eine Verletzung ihrer Gerechtsame vorwarfen. Der König gewährte seinem Provinzialminister als Anerkennung für seine Leistungen 1763 eine hohe Dotation zur Erwerbung einer Herrschaft im schlesischen Kreis Grünberg.

Bauernaufstand in Sachsen im Jahr 1790, zeitgenössische Lithographie aus Dresden

Die bäuerlichen Unruhen blieben im 18. Jahrhundert örtlich begrenzt und hatten meist lokale Ursachen. Zu größeren, ganze Provinzen erfassenden Aufständen kam es erst im 19. Jahrhundert.

Trotzdem ließ sich Friedrich II. von den Intrigen des schlesischen Adels gegen seinen Minister beeindrucken, zumal die Justizbehörden Schlabrendorff eine Beeinträchtigung ihrer Arbeit vorwarfen – wo es doch vor allem um die Verminderung der Gebühren für die Justizbeamten ging. Es gab eben ein Argument, mit dem man den ewig mißtrauischen König allemal beeinflussen konnte: den Vorwurf der Bestechlichkeit beziehungsweise finanzieller oder sonstiger dienstlicher Unregelmäßigkeiten. Friedrich II. setzte Schlabrendorff schließlich den Präsidenten der Breslauer Oberamtsregierung (und künftigen Großkanzler) von Carmer gleichsam als Aufpasser vor die Nase, und Carmer verhielt sich keineswegs so, wie man es von dem späteren aufgeklärten Rechtsreformer erwartete, sondern nahm, wenngleich eher zurückhaltend, Partei für den schlesischen Adel und die dortige Justiz. Unmittelbar bevor er endgültig abgelöst werden sollte, starb Schlabrendorff. Der eben Fünfzigjährige ließ seinen Landesherrn noch wissen, daß die königliche Ungnade den letzten Nagel in seinen Sarg geschlagen habe.[175]

Auch die schlesischen Unruhen, die über den Tod Friedrichs des Großen hinaus bis in die neunziger Jahre immer wieder aufflammten, zeigen die Grenzen des Fürstenstaates, der nur sehr eingeschränkt ein absoluter Staat war: Auf der lokalen und regionalen Ebene hing nicht nur in Schlesien, das als jüngste preußische Provinz ohnehin einen Sonderfall darstellte, die soziale Lage der Bauern mindestens ebensosehr von der Einsicht der Gutsherren wie von den Verordnungen des Landesherrn ab, zumal sie sich ohnehin durch Mißernten oder ungünstige Wirtschafts- und Preisentwicklungen oftmals drastisch verschlechterte.

Die hohe Zahl der Prozesse zeugt unmißverständlich von wachsendem Unwillen, dies gilt auch für außerpreußische Gebiete: So waren im Revolutionsjahr 1789 beim Dresdner Appellationsgericht 230 Prozesse der Bauern gegen ihre Herrschaft anhängig, die Fronen und Abgaben betrafen.[176] Diese Vorgänge belegen nicht allein die unterschiedliche Wirksamkeit landesherrlichen Bauernschutzes, sondern auch die sich während des 18. Jahrhunderts immer unterschiedlicher gestaltende Lage der königlichen Domänenbauern und der gutsuntertänigen Bauern.

Bereits Friedrich Wilhelm I. ergriff in Preußen Maßnahmen zum Bauernschutz. So hob der »Soldatenkönig« am 17. Juni 1718 im Bereich der deutschen Kammer in Königsberg die Leibeigenschaft der Bauern auf und ordnete in einer Kabinettsorder an, sie »zu Freibauern zu machen«. Das Inventar der Höfe schenkte er ihnen und ihren Kindeskindern »erb- und eigentümblich«. Allerdings mußten die Bauern ihm einen Treueid schwören und sich verpflichten, die Bauernhöfe in gutem Stande zu halten, dafür versprach er ihnen auch Hilfe in der Not: »Wenn ein General-Calamität ist, da Gott vor sei, alsdenn will Ich sie als ein treuer Landesvater unter die Arme Greifen.« Und in einem Edikt vom 10. Juli 1719 bestätigte der König diese Verordnung »nach reifer Überlegung und vollkommenen Vorbedacht, aus einer christlichen Intention und landesväterlicher Huld und Gnade«.[177]

Der fiskalische Gesichtspunkt zumindest der frühen Ansätze zur Bauernschutzpolitik zeigte sich schon bei Friedrich I., der 1708 prüfen ließ, welche materiellen Folgen eine Aufhebung der Leibeigenschaft für den König haben würde. Das wesentliche Motiv dieser Initiativen, die bereits 1702 begannen, lag darin, das Entweichen der gedrückten und bedrückten Bauern in benachbarte polnische Gebiete zu verhindern. Aber selbst die Edikte von 1719 verbesserten die rechtliche und ökonomische Lage der erbuntertänigen Bauern keineswegs so erheblich, wie es scheinen könnte, sondern ließen lediglich den königlichen Willen zu derartigen Reformen erkennen.[178] Tatsächlich erfolgte nur eine formale Besserstellung der erbuntertänigen Bauern im Besitzrecht. Doch darf der Wortlaut des Edikts keineswegs im Sinne des modernen Eigentumbegriffs, wie er sich seit dem späten 18. Jahrhundert durchsetzte, mißverstanden werden. Von einer Freizügigkeit der erbuntertänigen Bauern konnte auch jetzt keine Rede sein; eine Fülle weiterer Edikte in der Folgezeit läßt darauf schließen, welches Problem das Entweichen der Bauern weiterhin darstellte.

Zwar hatte Friedrich II. am 12. August 1749 an das Generaldirektorium den Befehl herausgehen lassen, das Bauernlegen zu verbieten, weil dies »der wahren Landeswohlfahrt schlechterdings« entgegenstehe,[179] doch geschah während der folgenden Jahrzehnte auch in Preußen wenig zur Verbesserung der rechtlichen und ökonomischen Situation der Bauern. Erst nach dem Siebenjährigen Krieg setzten die landesherrlichen Bemühungen verstärkt ein und brachten auf Krondomänen erste Resultate. Die einschlägigen Edikte verbesserten, wenn sie denn befolgt wurden, nicht die Rechtsstellung der Bauern, sondern verhüteten bestenfalls deren Verschlechterung. Allerdings unternahm der König auch Versuche, neue Bauernstellen einzurichten; in Schlesien gelang es zwischen 1763 und 1779, neuen bäuerlichen Besitz zu schaffen, allerdings vorzugsweise Kleinbesitz von Häuslern. Trotz aller Bauernschutzmaßnahmen blieben beispielsweise in Schlesien bis nach dem Siebenjährigen Krieg die eingegangenen Bauernhöfe unbesetzt, also weiterhin Herrenland, und dies galt nicht allein quantitativ, sondern auch qualitativ.

Auch bemühte sich der König, durch genaue Urbarien der zu leistenden Dienste deren Ausweitung zu Lasten der Bauern zu verhindern, ja sie womöglich zu vermindern. Immer wieder gab es solche Anläufe, zuletzt befahl Friedrich der Große 1784, »Dienste, Pflichten, Schuldigkeiten und Gerechtsame« der bäuerlichen Untertanen genau festzustellen, wie dies schon zehn Jahre zuvor einmal für Ost- und Westpreußen angeordnet worden war und dem Befehl an sämtliche preußischen Justizbehörden vom 8. Juli 1774 entsprach: Sie sollten die Prinzipien für eine landesweite Veränderung des Dienstwesens der erbuntertänigen Bauern erarbeiten. Ihr Maßstab lautete: Den Bauern solle nicht mehr abverlangt werden, als mit ihrer eigenen Hofbewirtschaftung vereinbar sei, und unangemessene Fronen seien abzuschaffen.

Doch blieben all diese Initiativen, nicht zuletzt wegen des Widerstands eines erheblichen Teils der Gutsbesitzer und der regional auch in Preußen extrem unterschiedlichen Verhältnisse, in den Anfängen stecken. Die für die Durchführung des Bauernschutzes verantwortlichen Landräte entstammten selbst der adligen Herrenschicht und verfolgten in aller Regel deren Interessen, die auch ihre eigenen waren. Oftmals mediatisierten sie sogar den Informations-

[X C. I I.]

Fürstliche Münstersche
In
Vier Theile
eingetheilte
Eigenthums-Ordnung
Welche
In dem ersten Theil
Von den persöhnlichen Rechten und Pflichten der Guts-Herren und Leibeigenen,
In dem zweyten Theil
Von dem Rechte der Guts-Herren und Eigenbehörigen in Ansehung der Güter.
In dem dritten Theil
Von Zuläßigen und verbottenen Contracten.
In dem vierten Theil
Von der Art und Weise, wie die Leibeigenschaft aufhöret, auch von Verwürckung des Gewinn- und Erb-Rechts, und von der Eigenbehörigen Recht- und Process-Sachen handelet und verordnet.

Mit Churfürstlichem gnädigsten PRIVILEGIO.
Gedruckt, und zu finden in der Churfürstl. Xberdinischen Hof-Buchdruckerey

Münsterische Eigentumsordnung von 1770

Noch im 18. Jahrhundert stand ein großer Teil der bäuerlichen Bevölkerung Westfalens in Abhängigkeit von einem Grundherrn. Von dem zur Bewirtschaftung überlassenen Hof mußte der Bauer dem Herrn bestimmte Abgaben und Dienste leisten. Mit der Eigentumsordnung versucht die Regierung, Rechte und Pflichten des Grundherrn wie des Bauern genau zu regeln.

fluß, so daß die zentralen königlichen Kommissionen kaum oder sehr spät beispielsweise von der Verminderung der Bauernstellen erfuhren. Im übrigen darf man sich die wirtschaftliche Lage auch des schlesischen gutsherrschaftlichen Adels nicht rosig vorstellen. Sie war ganz im Gegenteil nach Beendigung des Siebenjährigen Krieges ausgesprochen schlecht. Selbst die Bauern begegneten den königlichen Urbarienkommissionen mit Mißtrauen, allzuoft hatten sie erfahren müssen, daß entweder ihre Herrschaften sich nicht an neue, für sie günstigere Verordnungen hielten oder daß derartige Erhebungen sogar die Erhöhung der von ihnen geforderten Leistungen legitimieren sollten.

Natürlich erschwerte beziehungsweise unterbrach der Siebenjährige Krieg manche Initiative zur Reform der bäuerlichen Rechtsstellung, auch waren partielle Veränderungen wenig sinnvoll, manchmal sogar kontraproduktiv, so gut gemeint sie auch sein mochten. Dies galt beispielsweise für Versuche, in einzelnen Provinzen das Erbrecht für die untertänigen Bauern einzuführen oder auszugestalten. Ein Auftrag dieser Art erging in erneuerter Form nach dem Siebenjährigen Krieg in Schlesien mit der Begründung, »die ganze Untertänigkeit in Schlesien sei nichts nütze«. Der daraufhin von Schlabrendorff erstellte Bericht vom 20. Januar 1765 über die schlesischen Bauernhöfe und ihre erbrechtliche Stellung ergab eine Gesamtzahl von 42 219 Bauernhöfen, 76 955 Gärtner- sowie 54 276 Häuslerstellen. Unter ihnen besaßen 3 263 Bauern, 9 592 Gärtner und 2 074 Häusler kein Erbrecht an dem von ihnen bearbeiteten Grund und Boden.

Juristisch ergab sich – vor allem aufgrund des erheblich besseren niederschlesischen Besitzrechts – also keineswegs ein besonders negatives Bild, wenngleich bedacht werden muß, daß es sich bei den Gärtnern und Häuslern ja um Klein- oder Kleinstbesitz handelte, der normalerweise im Nebenerwerb bearbeitet wurde. Der König wünschte eine weitere Verbesserung des Erbrechts, worin dann zeitweise Fortschritte erzielt wurden. Doch hatte die Sache einen Haken: Viele der betroffenen Bauern lehnten eine Ausdehnung des Erbrechts ab, weil dies für sie neue Belastungen gebracht hätte.

Die Kehrseite bestand darin, daß bei nichterblichem Besitz die Herrschaft in Schlesien verpflichtet war, die Gebäude zu erhalten, Verluste an Vieh zu ersetzen und auch Steuerrückstände auszugleichen. Aus diesem Grunde wären zahlreiche schlesische Gutsbesitzer, deren eigene finanzielle Lage prekär war, sofort bereit gewesen, gegen eine durchaus nicht übermäßige Kaufsumme den Bauern das Land zu erblichem Besitz zu überlassen, zumal seit den Schlesischen Kriegen viele der Hofstellen und Gebäude ohnehin in schlechtem Zustand waren und die Grundherren auch bei gutem Willen ihre diesbezüglichen Pflichten kaum erfüllen konnten. Doch auch kleine Ablösesummen konnte die Mehrheit der untertänigen Bauern, die meist ebenfalls verschuldet waren, nicht aufbringen – selbst wenn sie es gewollt hätte.

Ein anderer Grund kam hinzu: Als die zuständige Kammer am 8. Juni 1764 ihren Bericht erstattete, strich sie die Passage, in der der Kammersekretär als einen der wesentlichen Gründe für das Scheitern des Reformplans angegeben hatte: »Die meisten Untertanen befürchten, daß die ihnen in den Kaufkontrakten versprochenen

Conditiones nicht möchten gehalten werden, ja daß sie oder ihre Erben wohl gar Gefahr liefen, über kurz oder lang durch List und Gewalt von ihrem erworbenen Eigentum verdrängt zu werden, absonderlich in dem Fall, wenn die erblich überlassenen Stellen durch ihren Fleiß in einen besseren Zustand würden versetzt sein. Es finden sich leider verschiedene Exempel davon, wodurch dieser Argwohn bestätigt wird.«[180] Die Reform des Besitz- und Erbrechts in Oberschlesien erwies sich infolgedessen als Fehlschlag, bis 1800 stieg die Zahl der Bauern, die kein Erbrecht an den ihnen von den Gutsherren überlassenen Höfen hatten, sogar wieder an, es waren damals 38 918, also über 90 Prozent.

An guten Absichten fehlte es dem preußischen König in dieser Frage nicht, aber mit Teilreformen ließ sich die schlesische oder überhaupt die ostelbische Agrarverfassung nicht kurieren, sie trugen sogar eher zur Erschütterung des ohnehin wackeligen Systems bei und bereiteten damit während des 18. Jahrhunderts indirekt die zunehmend dringlicher werdenden Agrarreformen des frühen 19. Jahrhunderts vor. Und war es tatsächlich möglich, über Jahrhunderte – wenngleich mit Modifikationen – gültige agrarische Strukturen und die auf ihnen beruhenden Gewohnheiten der Menschen ohne weiteres aufzuheben?

Als der König am 20. August 1783 mit dem Landrat Graf Henckel von Donnersmarck in Cosel zusammentraf, interessierte er sich wieder einmal für die Verhältnisse in Oberschlesien. Der König antwortete sehr gnädig auf den Bericht des Grafen: »Ich sehe, Sie sind einer von den guten Oberschlesiern und kennen Ihre Bauern völlig, und Er hat völlig recht, die Landesart des gemeinen Mannes läßt sich nicht auf einmal ändern, und wenn man ihn mit Gewalt brechen will, so macht man nur die Sache immer schlimmer; aber mit der Zeit wird alles, wenn man sich nur Mühe gibt.«

Doch blieb der alte König hartnäckig. Als er übers Jahr wieder eine Inspektionsreise machte, erkundigte er sich beim Grafen Donnersmarck am 19. August 1784 erneut nach der Lage der Bauern in Oberschlesien und meinte, »die Bauern und überhaupt die Landbevölkerung wäre hier zu viel Sklave und zu sehr mit Arbeit und Roboten überlegt. Der Graf versicherte ihm aber, daß jetzt alle Dienste bestimmt wären und die Roboten der Untertanen bloß nach der Größe der Äcker bestimmt ... und bloß als ein Zins von ihren Grundstücken anzusehen wären.« Der König schien zufrieden.[181]

Wenngleich Staatsräson und fiskalische Gesichtspunkte zu den wesentlichen Triebkräften der agrarreformerischen Zielsetzung Friedrichs des Großen zählten, so war ihm der humanitäre Gesichtspunkt doch keineswegs fremd. Nur schätzte er auch in dieser Beziehung seine Grenzen als Landesherr nüchtern ein, so als er 1777 über die Schollenpflichtigkeit und Leibeigenschaft der Bauern schrieb: »Von allen Lagen ist dies die unglücklichste und muß das menschliche Gefühl am tiefsten empören. Sicherlich ist kein Mensch dazu geboren, der Sklave von seinesgleichen zu sein. Mit Recht verabscheut man diesen Mißbrauch und meint, man brauche nur zu wollen, um diese barbarische Unsitte abzuschaffen. Dem ist aber nicht so; sie stützt sich auf alte Verträge zwischen den Grundherren und den Ansiedlern. Der Ackerbau ist auf der Bauern Frondienste zugeschnitten. Wollte man diese widerwärtige Einrichtung mit einem

Inspektionsreise Friedrichs II., Kupferstich von Daniel Chodowiecki

Friedrichs des Großen Inspektionsreisen waren etwas Neues: Seine Besuche in Ostpreußen, Schlesien oder der Mark galten der Anlage von Dämmen, Straßen und Kanälen und vor allem der Trockenlegung der Sümpfe in den tiefgelegenen Gegenden des Netze-Warthe-Distrikts und des Oderbruchs, die Friedrich energisch betrieb. Diese Maßnahmen trugen nicht unwesentlich zu der schnellen Gesundung des durch den Krieg ausgepowerten Landes bei.

Male abschaffen, so würde man die ganze Landwirtschaft über den Haufen werfen. Der Adel müßte dann für einen Teil der Verluste, die er an seinen Einkünften erleidet, Entschädigung erhalten.«[182]

Und dieses Prinzip lag dann auch der Bauernbefreiung zu Beginn des 19. Jahrhunderts zugrunde, die vielleicht schneller kam, als der König hatte annehmen können.

Domänen und Domänenpächter in Preußen

Blieben die Agrarreformen Friedrichs des Großen und seiner Vorgänger in den Grund- beziehungsweise Gutsherrschaften fragmentarisch, so galt dies nicht für die königlichen Krondomänen. Am 17. Juli 1777 ordnete der König an, die Dienste seiner kurmärkischen Amtsuntertanen, also der Domänenbauern, von vier beziehungsweise fünf Tagen Frondienst in der Woche auf drei zu mindern. Die dadurch entfallenden Frondiensttage sollten mit der Neuansiedlung von Bauern und der Bodenkultivierung ausgeglichen werden. Diese Verringerung der Fronen folgte einer in der Sache noch weitergehenden Verbesserung, die Friedrich wenige Monate zuvor, am 20. Februar 1777, in einem Erlaß an das Generaldirektorium angeordnet hatte: die Festsetzung des erblichen Eigentums für alle untertänigen Bauern der königlichen Domänen. Damals bemängelte er, daß die Beamten, das heißt die Domänenkammern beziehungsweise die Domänenpächter,»wenn hiernächst die Eltern gestorben, den Kindern die Höfe abnehmen und solche nach Gefallen an andere vergeben«. Friedrich wünschte,»daß alle Bauernhöfe, so unter dero Ämter gehören, sowohl in Pommern als in der Chur- und Neumark und in den übrigen Provinzien, den Besitzern eigentümlich verbleiben und von den Eltern auf die Kinder kommen sollen, weil solches den großen Nutzen zuwege bringet, daß die Untertanen dadurch aufgemuntert werden und bessern Fleiß anwenden, ihre Güter gut und ordentlich zu bewirtschaften und mit mehreren Eifer sich angelegen sein lassen, alles in gutem Stande zu unterhalten, sobald sie versichert sind, daß solche nach ihrem Tode ihren Kindern nicht abgenommen werden können.«[183]

Tatsächlich wurde also das zeitlich begrenzte bloße Nutzungsrecht von ungefähr 50 000 erbuntertänigen Domänenbauern in ein Eigentumsrecht umgewandelt. Dies war eine einschneidende Veränderung, denn im 18. Jahrhundert war die Weitergabe an den Sohn auf den königlichen Domänen keineswegs selbstverständlich: So wurden beispielsweise im ostpreußischen Domänenamt Bartenstein zwischen 1700 und 1740 nur etwa 50 Prozent der Höfe an die Söhne der untertänigen Bauern gegeben, und selbst während der Regierungszeit Friedrichs des Großen steigerte sich dieser Anteil erst auf 57 Prozent.[184] Tatsächlich lag die Entscheidung bei den Domänenpächtern, die das Recht hatten,»liderliche Wirte von ihren Erben ab- und bessere an deren Stelle zu setzen«, wie es im Pachtvertrag des Amtes Osterode 1737/38 hieß.

Die Domänen[185] erbrachten im Preußen Friedrichs des Großen etwa 25 Prozent der Staatseinnahmen, bildeten also einen Haushaltsfaktor ersten Ranges, so daß jeder Veränderung in diesem Bereich neben der sozialökonomischen und rechtlichen eine immense

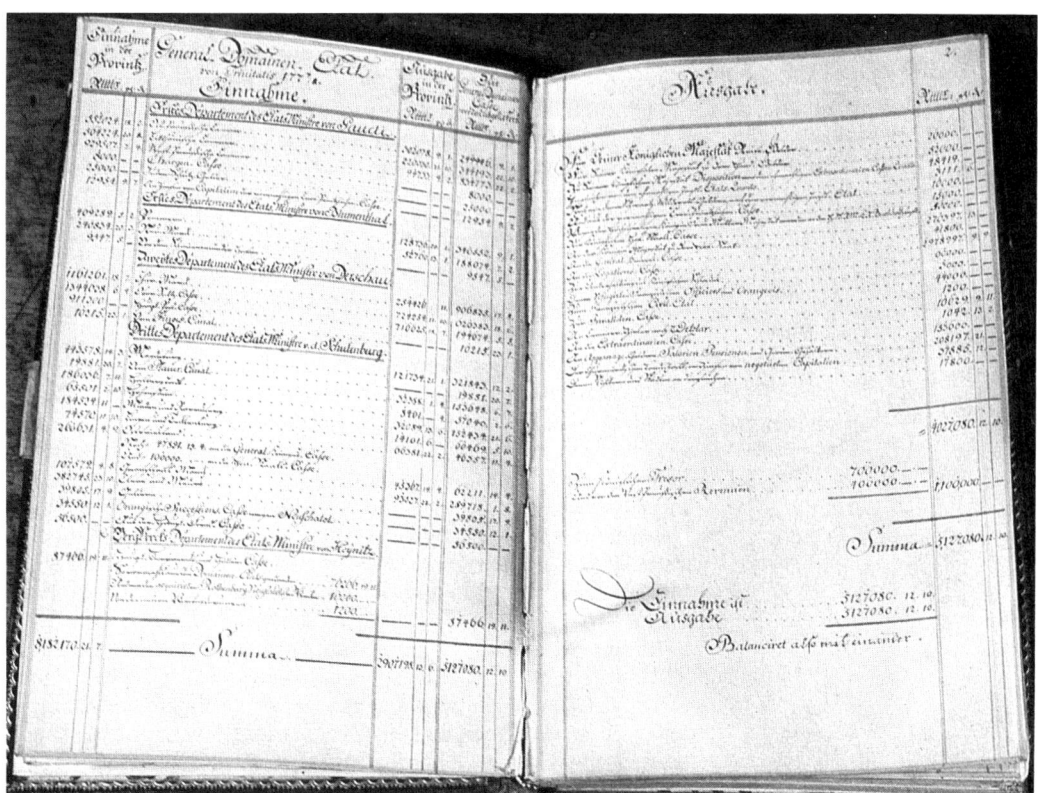

finanzpolitische Bedeutung zukam. Nicht zuletzt deswegen verlängerte die Domänenkammer, wenn sich der Pächter als fähiger Wirtschafter bewährt hatte, die sechsjährigen Pachtverträge. Für die Kurmark, Ostpreußen und Pommern konnte nachgewiesen werden, daß die tatsächliche Pachtzeit in der Regel dreißig Jahre – also fünf Pachtepochen – betrug, und oftmals blieben die Pachten auch danach noch zwei, drei Generationen lang in der Familie: Auf vielen Domänen konnte man sich kaum an andere Pächter beziehungsweise andere Familien erinnern. Das war im Interesse der Pächter wie der staatlichen Domänenkammer, bedurfte das Pachtsystem doch nicht allein der fachlichen Qualifikation, sondern überdies erheblicher finanzieller Mittel. Schon bei Antritt der Pacht mußte der Pächter viel investieren, um beispielsweise den teuren Viehbestand erwerben zu können, der im übrigen bei Nichtverlängerung der Pacht von ihm selbst – meist unter Verlusten – verkauft werden mußte.

Die Pachten selbst erreichten beträchtliche Höhen, im Schnitt 9 000 bis 12 000 Taler, manchmal mehr. Aus diesem Grund stammten die Pächter beziehungsweise Generalpächter der preußischen Krondomänen fast ausschließlich aus wohlhabenden bürgerlichen Schichten – Gewerbetreibenden, höheren Beamten, freien Großbauern (in Ostpreußen den sogenannten Köllmern) – und im letzten Jahrhundertdrittel zunehmend aus den Pächterfamilien selbst. Die Domänenkammer wählte als Generalpächter nur »Männer von Ein-

Rechnungsbuch Friedrichs II. mit dem Etat der General-Domänenverwaltung

sicht, Tätigkeit, Rechtschaffenheit und Vermögen«.[186] Die Einsetzung in eine Domänenpacht sowie ihre Verlängerung erforderte die Zahlung von Chargen beziehungsweise Prolongationsgebühren: Der Pächter mußte eine Kaution von etwa 3 000 bis 5 000 Talern stellen und für die wegen des Sozialprestiges begehrten Titel Oberamtmann, Amtsrat oder Kriegsrat ebenfalls Gebühren entrichten. Insofern handelte es sich hier um eine Form der Ämterkäuflichkeit.[187]

Das Prinzip, die Amtspachten an den Meistbietenden zu vergeben, wurde seit dem Regierungsantritt Friedrichs II. zunehmend durch ein anderes verdrängt: Qualifikation ging nun über Gebot. Bei Ablauf der Pacht sollte die Domänenkammer prüfen, ob der Pächter die Domäne erfolgreich bewirtschaftet hatte und mit den Domänenbauern gut umgegangen war. Bot ein Interessent einen höheren Pachtzins als der letzte Pächter, oblag ihm der Nachweis, daß er diesen ohne zusätzliche Belastung der Domänenbauern erwirtschaften könne.[188] Der Bildungsstand der Pächter war in der Regel hoch; die meisten hatten ein Gymnasium besucht und oft auch ein Universitätsstudium absolviert. Weite Bildungsreisen, auch ins nichtdeutsche Ausland, waren keineswegs die Ausnahme. Oftmals engagierten sie sich in Reformgesellschaften, beispielsweise in Eberhard Freiherr von Rochows Märkischer Ökonomischer Gesellschaft.

Andererseits waren viele Domänenpächter exzellente, manchmal harte und gelegentlich auch bedenkenlose Geschäftsleute: »Was die Domänenpächter ... vor allem auszeichnete, war ihr rechnender und berechnender Geist, ihr Gewinnstreben, ihre Jagd nach dem Profit« (H.-H. Müller). Ihr hoher finanzieller Einsatz hätte sich sonst in keiner Weise ausgezahlt, doch resultierte hieraus ja auch ihr Wille zur Produktivitätssteigerung und praktischen Umsetzung neuer agrarwissenschaftlicher Erkenntnisse. Sie konnten – mit Geschick, Einsatz und Risiko – reich werden, und viele wurden reich. Das förderte gegen Ende des Jahrhunderts einerseits die Neigung zu finanzieller Spekulation, aber auch zur Anlage des Gewinns in adligen Rittergütern, die – rechtlich gesehen – Bürgerliche gar nicht erwerben durften, wenngleich darauf zur Zeit Friedrich Wilhelms II. (wie zu derjenigen Friedrich Wilhelms I.) weniger streng geachtet wurde.

Die Schicht der Domänenpächter, deren Stellung sich im Laufe des 18. Jahrhunderts, insbesondere seit 1740, verbesserte, ist in mehrfacher Hinsicht von besonderem Gewicht: Sie brachte nicht allein Geld in die Staatskasse, sondern auch aus der Stadt ins Land. Die Domänenpächter stellten neben den adligen Rittergutsbesitzern, die die wachsende Bedeutung und den wirtschaftlichen Erfolg der Domänenpächter mit Mißbehagen beäugten, eine für die Agrarverfassung wesentliche bürgerliche Gruppierung dar. In Ostpreußen gab es neben 800 adligen Rittergutsbesitzern 250 Generalpächter, in Schlesien neben 900 adligen Gutsherren etwa 300 Generalpächter – eine jeweils erheblich höhere Zahl als die der Domänenämter. Insgesamt gab es um 1800 in Preußen etwa 27 800 Pächter und Verwalter königlicher und adliger Güter.[189]

Die Domänenpächter verbanden den agrarischen Einsatz mit der Wirtschaftsaktivität aufsteigender bürgerlicher Schichten, sie waren im frühmodernen Fürstenstaat zugleich an das Land und an den

Rittergut	Kreis	Größe in Morgen	Verkaufs-jahr	Name des Käufers	Domänen-amt	Kaufsumme in Talern
Kurmark						
Sieversdorf	Lebus	3191	1789	Oberamtmann P. H. Karbe	Chorin	(50000)
Diedersdorf	Lebus	3193	1792	Amtsrat Lehmann	Wollup	(72000)
Obergörlsdorf	Lebus	1780	1792	Amtsrat Lehmann	Wollup	
Rangsdorf	Teltow		1800	Amtmann Bohnstedt		[25000]
Heinersdorf			1802	Amtsrat Schultze	Lietzen	
Merz	Beeskow	11069	1803	Amtsrat W. Hagemann	Oranienburg	200000
Ragow						
Behlendorf	Lebus	3724	1802	Oberamtmann K. F. Baath	Sachsendorf	62000
Worin	Lebus	1771	1805	Oberamtmann W. Karbe	Biegen	(40000)
Wulkow	Lebus	2312	1812	Amtmann Hoffmann		
Neumark						
Marwitz	Landsberg		1780	Oberamtmann Horn	Wollup	[60000]
Hildesheim	Sternberg	2354	1780	Oberamtmann Stegemann		
Hammer	Soldin	782	1740	seit diesem Jahr in Händen verschiedener Pächter		
Rohrbeck	Arnswalde	5808	1780	Amtmann Heldberg		[19000]
Hanseberg	Königsberg		1785	Kriegsrat Krüger	Kienitz	(57000)
Groß Oßnig	Cottbus	2283	1788	Kriegsrat Giesel	Peitz	26000
Grünrade	Königsberg	3766	1800	Kriegsrat Berg	Golzow	(55000)
Giesenbrügge	Soldin	5885	1776	Oberamtmann W. L. Lüder	Kartzig	[24300]
Wildenow	Friedeberg	3807	1800	Amtmann Eisenhardt		37000
Voigtsdorf	Königsberg	3478	1802	Amtsrat Eisenhart		[20000]
Pommern						
Pustar	Kaschubien	2151	1765	Amtmann Levezow		
Groß Reichow	Belgard	2322	1776	Oberamtmann C. F. Wendland		
Stresen	Pyritz		1777	Kriegsrat Sydow	Kolbatz	
Groß Poblot	Kaschubien	2792	1780	Amtmann Conrath		
Brietzig			1786	Amtmann Ingermann	Ueckermünde	
Zuchen	Belgard		1794	Amtmann D. Loewe		7600
Storkow	Saatzig		1794	Amtmann C. R. Quandt		5653
Dakow	Saatzig		1799	Oberamtmann J. F. Gaewert		15000
Alt Martin	Kaschubien	2506	1802	Amtsrat Conraht		28000
Putzernin	Kaschubien	1111		Amtsrat Conraht		
Hohenfelde	Kaschubien	2625	1814	Amtsrätin Conraht		

Landesherrn gebunden, der wiederum aus finanz- und agrarpolitischen Gründen auf sie angewiesen blieb. Die Bauernschutzpolitik war aus fiskalischen, zunehmend aber auch humanitären Erwägungen auf den Krondomänen weitaus moderner und effektiver als auf den adligen Gutsherrschaften. In den letzten Jahrzehnten der Regierungszeit Friedrichs des Großen war sie dort vergleichsweise vorbildlich, denn die Domänenpächter konnten durch obrigkeitliche Anordnung anders als die adligen Gutsherren auf die Reformen verpflichtet werden, wenn sie das faktisch dauerhafte und quasi erbliche Pachtverhältnis nicht gefährden wollten. Letztlich förder-

Erwerb von Rittergütern durch Domänenpächter

Gutshäuser in Schlesien

Der adlige Grundbesitz geriet im späten 18. Jahrhundert in eine tiefe Krise, weshalb auch Friedrich der Große »Grundkreditinstitute« gründete, die in Bedrängnis geratene Adelsgüter unterstützen sollten.

Zu dieser besorgniserregenden Entwicklung trug die Spekulation der Gutsherren mit billigen Krediten bei; man suchte durch Aufkaufen verschuldeter Güter seinen Besitz zu vergrößern und geriet nun selber in eine wirtschaftliche Notlage, wenn die Ernten sanken oder die Preise verfielen.

Gut Königshain

Gut Rudelstadt

ten die bürgerlichen Domänenpächter die sozialpolitische Konzeption des Königs: Sie wurzelten in der agrarischen Struktur Preußens und bildeten doch ein neues Element des Soziallebens, das ebenso wie die beamtenbürgerliche Schicht über die geburtsständische Ordnung hinauswies. Stärker noch als die Beamten kombinierten sie Besitz und Bildung, Leistungswillen und Leistung. Schon zur Regierungszeit Friedrich Wilhelms I. verbanden die Domänenpächter nach dem Urteil Gustav Schmollers »hohe Technik, großen Kapitalienbesitz und modernen Unternehmersinn mit gewissen Beamtenqualitäten« und erbrachten für den Staat die höchsten Gelderträge.[190]

Nicht zu unterschätzen ist schließlich, daß der Schicht der Domänenpächter in einer weitgehend statischen agrarischen Sozialstruktur, zu der die oft jahrhundertealte Tradition grundherrschaftlicher Adelsbesitze ebenso beitrug wie die rechtlichen Beschränkungen für die untertänigen Bauern, eine vergleichsweise hohe, nicht allein vertikale, sondern auch horizontale Mobilität eigen war.

Adliger Grundbesitz in der Krise

Die sozialpolitischen Maßnahmen auf dem Land galten in Preußen allerdings nicht allein den Bauern, vielmehr gab auch die wirtschaftliche Lage des gutsherrlichen Adels dem König Anlaß zur Besorgnis. Der Adel bildete zwar in Friedrichs gesellschaftspolitischen Maximen die Basis des Staates, aber im Gegensatz zu den Domänenpächtern entwickelte er sich finanzpolitisch zu einer Problemgruppe.

Obwohl den Adligen oftmals mehrere Güter gehörten – 1788 besaßen in Ostpreußen beispielsweise 830 adlige Familien insgesamt 2 136 Güter, die gemäß den Vasallentabellen auf 23 Millionen Taler geschätzt wurden –, waren sehr viele von ihnen in drängenden Geldnöten.[191] Während des letzten Jahrhundertdrittels nahm der Wert der Adelsgüter erheblich zu, wie aus den Kaufpreisen ersichtlich ist, wobei es lokal begrenzt kurz nach der Jahrhundertwende einzelne Einbrüche im Preisniveau gab. Aber selbst bei diesen Ausnahmen überstiegen die erzielten Erlöse die Preise von 1770 oftmals um das Doppelte. So erbrachte das Gut Haugwitz in Schlesien 1770 einen Preis von 6 000 Talern, der bis 1796 auf 30 000 Taler anwuchs, bevor er 1800 auf 11 000 fiel, aber bereits drei Jahre später wieder bei 13 000 Talern lag. Eine enorme Wertsteigerung von 1770 bis 1800 war jedenfalls die Regel, und die meisten Güter hielten diesen Wertzuwachs in den ersten Jahren des 19. Jahrhunderts.[192]

Doch ist zu berücksichtigen, wie groß die Verschuldung im Einzelfall war, die zumindest für die provinzial organisierten Landschaften nachweisbar ist. Friedrich der Große hatte die Landschaften als Kreditsystem zur Erhaltung des adligen Grundbesitzes zunächst 1770 in Schlesien und dann auch in den anderen Provinzen organisiert und am 20. Dezember 1783 schließlich eine allgemeine Hypothekenordnung erlassen, die bald darauf für andere Territorialstaaten vorbildlich wurde. Auf den in diesem Kreditsystem erfaßten schlesischen Adelsgütern lasteten im Jahr 1802 etwa 22 Millionen Reichstaler in Form von Pfandbriefen. In einzelnen Provinzen handelte es sich zwar um eine erheblich niedrigere, aber immer noch beträchtliche Schuldenlast; in Pommern beispielsweise belief sie sich im Jahre 1801 auf 6,364 Millionen Taler.[193]

Das tatsächliche Ausmaß der Verschuldung ist aus dem Debit gegenüber den Landschaften allein allerdings nicht erkennbar, war es doch leicht möglich, weitere Hypotheken aufzunehmen, wenn der Gläubiger damit einverstanden war, sie rangniedriger zu plazieren. So lag nach Schätzungen der Wert adliger Güter in Schlesien um 1770 bei 60 Millionen Talern, die Belastung betrug damals etwa 25 Millionen Taler, und der Staat übernahm bei der Gründung der Landschaft 300 000 Taler Schulden.[194] Die Verschuldung stieg aber schneller als der Wert, zum Teil sogar rapide, wie das Beispiel der adligen Gutsherrschaften des Kreises Lüben zeigt, wo 1750 keine Verschuldung vorlag, aber 1775 schon 23,5 und 1800 sogar 58 Prozent des Güterwerts mit Hypotheken belastet waren. Infolgedessen entwickelte sich ein regelrechter Güterhandel mit ständigem Besitzerwechsel. Zahlreiche verarmte Adlige mußten um die königliche Erlaubnis nachsuchen, nur ein kleines Bauerngut oder gar eine Häuslerstelle erwerben zu dürfen, weil es nach dem Verkauf ihrer zum Teil heruntergekommenen Schlösser zu mehr nicht langte.

Viele kritische Beobachter erkannten nun, daß auf nicht wenigen Gutsherrschaften ein persönlich-patriarchalisches Verhältnis zwischen Gutsherren und untertänigen Bauern bestanden hatte: Die Gutsherren hatten die Probleme der Bauern durchaus ernst genommen und ihre Verpflichtungen eingelöst. Nun aber kam es oft zu einer massiven Häufung von Gütern in einer Hand, und die neuen Verwalter oder Unterpächter standen in keinerlei traditional geprägter persönlicher Beziehung zu den untertänigen Bauern und bewerteten ihre Ausbeutung ausschließlich unter ökonomischen Gesichtspunkten.

Natürlich beteiligten sich auch Adlige an diesem schwunghaften Güterhandel, so daß der Landrat der Grafschaft von Glatz, von Reibnitz, urteilte: »Nachdem der Adel großenteils das alte ehrwürdige Prinzip seiner Vorfahren, ein Vater seiner Untertanen zu sein, mit der Rolle eines Geldwucherers und Gütermäklers vertauscht, ist der Zustand der Bauernschaft mit jedem Jahr schlechter geworden. Ein einziger Partikulier besitzt jetzt das Eigentum von zehn adeligen Familien und vertauscht bei einer ihn anlächelnden kaufmännischen Spekulation ein Landgut ebenso geschwind als ein Kleid in seiner Garderobe und mit dem Gute leider auch die armen Untertanen, welche in einem Jahr oft mehrere Grundherrschaften erhalten, die von ihnen immer mehr begehren als ihre ursprüngliche Herrschaft, daher es nicht fehlen kann, daß das Band, welches Herrschaften und Untertanen ehehin so innig vereinigte, in der Folge gänzlich aufgelöst werden muß.«[195]

Kein Zweifel, diese (gutswirtschaftliche) Agrarverfassung war schon Jahrzehnte vor ihrer rechtlichen Abschaffung nicht mehr funktionstüchtig, sondern in Auflösung begriffen. Sogar die Grundkreditinstitute, die Friedrich zur finanziellen Stützung der in Bedrängnis geratenen Adelsgüter gründete, erwiesen sich als zweifelhaftes, zumindest aber zweischneidiges Hilfsmittel. Ihre Aufgabe bestand darin, den Gutsherren zur Sanierung und Modernisierung günstige Kredite zu gewähren, und sicher nahmen viele Gutsherren

Auf der anderen Seite wurde die Entwicklung in Preußen auch dadurch gekennzeichnet, daß Friedrich den Erwerb adliger Güter auf den Adel beschränkte und die Qualifikation bei der Verpachtung von Krondomänen eine erhebliche Rolle spielte. Die Domänenkammer hatte laut königlicher Anweisung vor der Vergabe von Pachtland die Eignung des Bietenden zu prüfen, weshalb denn der Bildungsstand der Pächter in der Regel sehr hoch war, und der Besuch von Gymnasien oder sogar Universitäten nicht selten. Auf die Dauer führte das zu einer beamtenbürgerlichen Struktur, die über die geburtsständische Ordnung hinauswies.

Gut Nieder-Heydersdorf

Gut Erdmannsdorf

sie auch zu diesem Zweck in Anspruch. Doch immer öfter setzten spekulierende Gutsherren die billigen Kredite zur Vergrößerung ihres Besitzes ein und kauften – mit den erwähnten Folgen – reihenweise überschuldete Güter auf.

Jahrzehnte später urteilt Joseph von Eichendorff, der oberschlesische Adlige vom Schlosse Lubowitz: Der »Adel als ein ganz und gar mittelalterliches Institut«, das auf der wechselseitigen religiösen Treue zwischen Vasall und Lehensherr begründet sei, habe schon längst an »menschlicher Altersschwäche« gelitten, als der Dreißigjährige Krieg, »diese große Tragödie des Mittelalters«, endgültig seinen Sinn zerstört habe, indem die Idee des Kaisers aus der Mitte des strenggegliederten Baus genommen worden sei: »Sehr alte Leute wissen sich wohl noch einigermaßen der sogenannten guten alten Zeit zu erinnern. Sie war aber eigentlich weder gut noch alt, sondern nur noch eine Karikatur des alten Guten.«[196]

Und so war es wohl auch: Mit erheblicher Energie und im klaren Bewußtsein der Probleme auch auf diesem Feld, kämpfte der preußische König trotz aller Reformanläufe und beachtlicher Erfolge im einzelnen einen aussichtslosen Kampf – einen Kampf gegen die Zeit. Lange vor der Revolution in Frankreich zeichnete sich dies auch in Deutschland ab, keineswegs nur in Preußen. Andernorts verzichtete man oftmals ganz auf Reformen dieser Art, hatte sie in manchen Regionen auch weniger nötig oder versuchte viel weiter zu gehen, als der Alte in Potsdam gehen wollte und gehen konnte, vor allem sein stürmischer Bewunderer, Nachahmer und Antipode in Wien, der junge Kaiser Joseph II. Bayern leitete solche Maßnahmen bereits 1778 ein, wenngleich sie auch hier erst im 19. Jahrhundert weitergeführt und abgeschlossen wurden.

Theresianische und Josephinische Agrarreformen
in habsburgischen Ländern

Joseph II. hatte ökonomische mit humanitären Erwägungen verbunden, als er am 23. April 1781 der Hofkanzlei mitteilte, warum er in Böhmen und Mähren die Leibeigenschaft aufheben und sie der milderen, in Österreich im allgemeinen üblichen Form der Untertänigkeit anpassen wolle: Dies würde »auf die Verbesserung der dortendigen Cultur und Industrie den nützlichsten Einfluß nehmen«, im übrigen spreche »auch die Vernunfts- und Menschenliebe selbst für diese Abänderung«. Joseph II., der den Auftrag gab, die Stellungnahme der »Gubernia und ... Stände« von Böhmen und Mähren einzuholen, erklärte sich bereit, gegebenenfalls gewisse Entschädigungen zu gewähren, da es stets zu seinen Absichten gehöre, »jeden Güter-Besitzer bei seinen billigen Einkünften, soweit es nur die allgemeine Wohlfart des Staats zuläßt, stets fest und ungestört handzuhaben und zu schützen«. Am 1. November 1781 war es dann soweit, und Joseph dekretierte nach Wiederholung der genannten Gründe, er habe sich entschlossen, »von nun an die Leibeigenschaft gänzlich aufzuheben, statt derselben eine gemäßigte Untertänigkeit einzuführen, und hierunter den Grundobrigkeiten und ihren Beamten, dann den Untertanen folgendes zur genauesten Nachachtung gesetzmäßig vorzuschreiben:

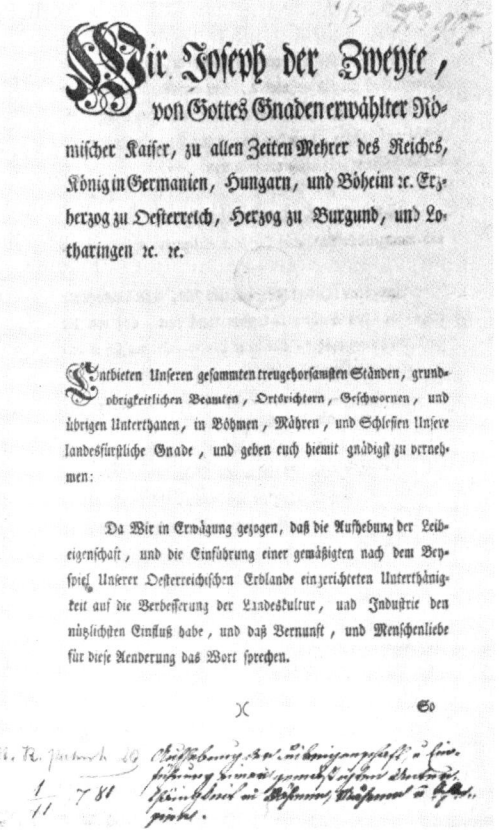

Untertanenpatent Kaiser
Josephs II. vom 1. November 1781,
mit dem die Leibeigenschaft in
Böhmen, Mähren und Schlesien
aufgehoben wurde

1. Ist jedem Untertan blos gegen vorherige Anzeige und unentgeltliche Meldezettel sich zu verehelichen berechtigt; so wie
2. jedem Untertan frei steht, unter Beobachtung dessen, was das Werbbezirks-System vorschreibet, auch von der Herrschaft hinwegzuziehen und inner Landes anderswo sich niederzulassen oder Dienste zu suchen …
3. Können Untertanen nach Willkür Handwerke und Künste etc. erlernen und ohne Losbrief … ihrem Nahrungsverdienste … nachgehen.
4. Sind die Untertanen künftig einige Hofdienste zu verrichten nicht mehr schuldig … «

Die folgenden Einschränkungen des Edikts betrafen unter anderem drei Dienstjahre für Waisenkinder: Dort, wo sie üblich waren, blieben sie bestehen; schließlich bestätigte Joseph II. alle übrigen »auf den untertänigen Gründen haftende Roboten, Natural- und Geld-Praestationen, zu welchen die Untertanen auch nach aufgehobener Leibeigenschaft verbunden bleiben«, und verwies auf die Regelung durch die Urbarial-Patente. Der Kaiser vergaß nicht hinzuzufügen, daß »die Untertanen ihren Obrigkeiten auch nach aufgehobener Leibeigenschaft vermög der diesfalls ohnehin bestehenden Gesetzen mit Gehorsam verpflichtet bleiben«. Dies bezog sich unter anderem auf die Weitergeltung der Patrimonialgerichtsbarkeit. Am selben Tag wie das Edikt zur Aufhebung der Leibeigenschaft erließ Joseph II. auch das Patent, mit dem er den bäuerlichen Untertanen in Böhmen, Mähren und den österreichisch gebliebenen Teilen Schlesiens die Möglichkeit gab, den von ihnen bewirtschafteten Grund und Boden als Eigentum zu erlangen.[197]

Zweifellos handelte es sich bei diesen Josephinischen Patenten um ein bedeutsames Signal, doch sollte weder ihre Modernität noch ihre Reichweite überschätzt werden. Tatsächlich hatte bereits Maria Theresia Erleichterungen für die untertänigen Bauern durchgesetzt, auf der anderen Seite betrafen diese Patente, denen weitere folgten – so etwa 1782 gegen den Einspruch der Landstände für Kärnten und die Steiermark –, nur einen kleinen Teil der habsburgischen Länder. Der größte Teil, gerade die deutschsprachigen Alpenländer, kannte bereits 1781 keine strengen Formen der Leibeigenschaft mehr, sondern die im übrigen Süddeutschland üblichen milderen Formen innerhalb der Grundherrschaft. Zwar lag der Anteil der landwirtschaftlich tätigen Bevölkerung in Böhmen und Mähren zwischen 1766 und 1769 mit 88 beziehungsweise 85,3 Prozent sehr hoch, doch hatten Böhmen mit 2,92 und Mähren mit 1,26 Millionen Einwohnern nur einen geringen Anteil an der damaligen Gesamtbevölkerung des Habsburgerreiches mit seinen 21,764 Millionen Menschen.[198] Während die Verhältnisse in vielen Teilen der Monarchie also erheblich besser waren, führten 1775 Aufstände in Böhmen, bei denen sich an verschiedenen Orten wohl bis zu 15 000 Bauern beteiligten und zu denen ein Sturm auf Prag gehörte, zur Einsetzung einer Untersuchungskommission, deren Ergebnis schließlich zunächst ein Robotpatent war und nach wenigen Jahren die Aufhebung der Leibeigenschaft in Böhmen und Mähren.

Maria Theresia ergriff seit 1748 Maßnahmen zum Bauernschutz. 1753 wurden die Grundherren angehalten, großzügig in der Erteilung der Heiratserlaubnis zu verfahren; in einigen Provinzen, beispielsweise in der Steiermark, bedurfte es bereits seit 1765 keines Heiratskonsenses der Herrschaft mehr. Auch die Behinderung der Freizügigkeit wurde verschiedentlich gelockert. Schließlich konnten sich seit 1749 in Niederösterreich ganze Herrschaften, Märkte und Dörfer kollektiv, aber auch einzelne Untertanen freikaufen und damit die mittelbare ständische Untertanenschaft mit der ausschließlichen Staatsuntertänigkeit vertauschen.

Die Kaiserin veranlaßte zudem erneut die Aufzeichnung bäuerlicher Besitzungen und Abgaben, auf deren Basis seit den sechziger Jahren verschiedentlich Anläufe zur Vermehrung des Bauernbesitzes durch Aufteilung großer Güter und Verminderung der Lasten unternommen wurden. Doch erkannte man zu Beginn der siebziger Jahre, daß die Zersplitterung des bäuerlichen Besitzes die Zahl der rekrutierfähigen Bauern verminderte, die sich als Hausväter auf ihrem Bauernhof freistellen lassen konnten. Das eigentliche Ziel aber war, das bäuerliche Einkommen zu verbessern, um die Besteuerungsfähigkeit zu erhalten und die Kaufkraft zu steigern. Die bis 1848 gültigen Maria-Theresianischen Urbare (Grundbücher) bildeten die Grundlage für die steuerliche Erfassung der Bauern, die Berechnung der Belastungen und Ablösezahlungen. Schon Maria Theresia trug sich mit dem Gedanken der völligen Aufhebung der Leibeigenschaft, wie eine Äußerung von 1772 erkennen läßt,[199]

zumindest wollte sie eine Regelung der Dienste erreichen. Aber auch sie stieß auf den Widerstand der Stände und des grundherrschaftlichen Adels: Die böhmischen Stände verbaten sich am 27. Oktober 1773 sogar ausdrücklich jegliche staatliche Regelung der Leistungen für die abhängigen Bauern, drangen damit jedoch bei der Kaiserin nicht durch, so daß sie sich schließlich zu Vergleichsvorschlägen bequemten.

Wie schwierig die Situation selbst einem Heißsporn wie Joseph II. erschien, zeigt eine Denkschrift vom 23. Februar 1774: Das Vermögen des Untertans und des Grundherrn hänge ebenso von einer richtigen Lösung des Problems ab wie das Einkommen, das der Staat von beiden beziehe. Wenn die Bauern ihre Contribution, die Grundherren ihre Abgabe, die Städte und Bürger ihre Steuern nicht länger bezahlen könnten, würden sich die Einnahmen des Staates so beträchtlich vermindern, daß er seinen Feinden hilflos ausgeliefert sein würde.[200] Das Ergebnis war schließlich das Robotpatent von 1775, das indes auf keiner Seite Begeisterung hervorrief. Nach dem Urteil des Staatskanzlers von Kaunitz handelte es sich um einen Eingriff in grundherrliche Rechte, obwohl es doch Roboten in erheblicher Höhe festsetzte.

Aber auch in anderen Provinzen waren die Roboten keineswegs niedrig. So wurden 1772 etwa für Niederösterreich 104 Tage im Jahr festgesetzt. Die höchsten Robotsteigerungen mußten nach diesen Regulierungspatenten in Krain (208 Tage) und in der Steiermark (156 Tage) geleistet werden. Diese Höchstsätze, die übrigens selten eingefordert wurden, entsprachen jedoch kaum der weiterreichen-

Joseph II. führt den Pflug, unbekannter Künstler, 1769

Josephs II. Reformen, die der Sohn Maria Theresias unter dem Eindruck des preußischen Gegenspielers einleitete, sind oft überschätzt worden, da die meisten neuen Regelungen schon in den letzten Jahren der Kaiserin erlassen worden waren. Der gutmeinende Herrscher schoß zuweilen weit über das Ziel hinaus, so daß viele seiner Maßnahmen später zurückgenommen werden mußten oder nach seinem frühen Tod von seinem Bruder nicht mehr weitergeführt wurden. Die unterschiedliche Verfassung seiner Länder erwies sich als starkes Hemmnis, da hier bäuerliches Land und dort Adelsland betroffen war, das zum Teil Latifundiencharakter hatte.

den Intention, die verschiedene Elemente verband: Schaffung neuer Bauernstellen, Ablösung der Roboten durch Geldzahlung zur Steigerung der Arbeitsleistung, Mobilisierung des Arbeitsmarktes. Zu den Absichten der Reform zählte also eher die Robotumwandlung als ihre Erhaltung, da man zu Recht von geringem Leistungswillen der Robotpflichtigen ausging. Sosehr die fiskalischen Gesichtspunkte die österreichischen Reformansätze bestimmten, so zweifelsfrei wollten Maria Theresia und Joseph II. einen effektiven Bauernschutz erreichen.

Trotz dieser 1782 bis 1785 auf einen Höhepunkt gelangten Reformen, deren wesentliches Ziel die Schaffung eines wohlhabenden Bauernstandes und die Ablösung persönlicher Dienste durch Geldzahlungen an die auf diese Weise zu entschädigenden Grundherren war, ist auch die Agrarpolitik Maria Theresias und Josephs II. fragmentarisch geblieben. Joseph II. unternahm kurz vor seinem Tod nochmals einen engagierten Versuch, eine grundlegende Steuerreform durchzusetzen, aber er scheiterte. Sein Bruder und Nachfolger Leopold II., als Großherzog von Toskana ein Aufklärer auf dem Thron, ließ angesichts des sich verstärkenden Widerstands der Grundherren von der Reform ab. Wäre sie durchgesetzt worden, hätten die Grundherren eine auf höchstens 17 Prozent des bäuerlichen Bruttoertrags festgesetzte Rente bezogen; der Staat sollte maximal 13 Prozent erhalten, so daß den Bauern in diesem wohl weitestgehenden Modell innerhalb der aufgeklärt-absolutistischen Bauerngesetzgebung 70 Prozent verblieben wären.

Das Scheitern der Agrarreform schob eine definitive Aufhebung der mittelalterlich-frühneuzeitlichen Agrarverfassung für die habsburgischen Länder bis 1848 hinaus. Allerdings bestand die Möglichkeit zur Robotablösung in gegenseitigem Einvernehmen, beispielsweise im »Robot-Provisorium« für Niederösterreich, von dem aufgrund des Interesses der Grundherren an Modernisierung und Geldzahlungen während der ersten Jahrzehnte des 19. Jahrhunderts in erheblichem Maß Gebrauch gemacht wurde.

Agrarreform in mittleren Territorialstaaten

Auch in anderen deutschen Territorien gab es vor 1789 Ansätze zur Reform der Agrarverfassung, zu deren Propagierung Kosten-Nutzen-Rechnungen der Leibeigenschaft aufgestellt wurden: So erbrachte das schleswigsche Gut Eckhof 1787 unter der alten Agrarverfassung vor der Reform einen Jahresertrag von 1555 Reichstalern, unter der neuen Verfassung nach Abschaffung der Leibeigenschaft 1965 Reichstaler, mithin »bei der neuen Einrichtung« 410 Reichstaler, also bald ein Viertel mehr. [201]

In Hannover, das ja in Personalunion mit England regiert wurde, wandelte der Landesherr bereits 1753 auf Domänen und Gütern die ihm zustehenden Naturaldienste in Geldleistungen um, allerdings blieben andere Lasten erhalten. In Bayern ließ Kurfürst Max III. Joseph seit 1752 verschiedene Güterverzeichnisse und Urbarien anlegen, die sein Nachfolger in den achtziger Jahren fortführte beziehungsweise erneuerte. Am 3. Mai 1779 erteilte der bayerische Kurfürst Karl Theodor ein Mandat zur »Befreiung« der unmittelbar

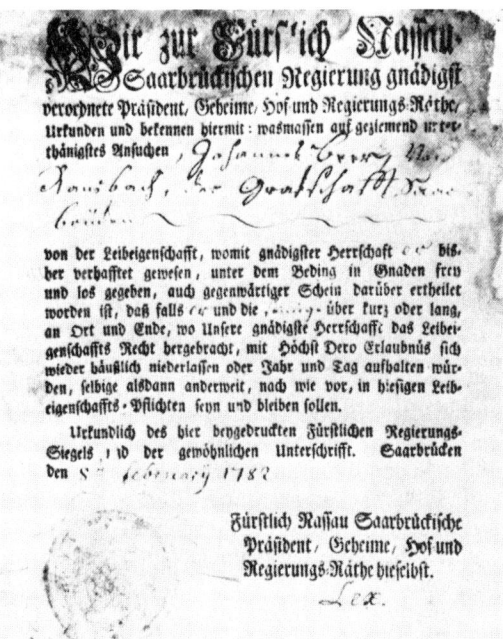

Befreiungsurkunde aus Saarbrücken-Bliesransbach vom 8. Februar 1782

Schon bevor die Französische Revolution des Jahres 1789 mit ihrer Mischung von aufgeklärten, konstitutionellen, liberalen, demokratischen und republikanischen Vorstellungen ganz Europa in Bewegung bringt, wird die von ihr geforderte Befreiung des Individuums von allen Fesseln grundherrschaftlicher Herrschaftsformen aus ökonomischen Gründen im Rheinland teilweise eingeleitet.

dem Landesherrn untertänigen Bauern, das ihnen die Möglichkeit gab, gegen vorher festgesetzte Geldrenten das erbliche Eigentumsrecht zu erlangen. Doch da die Bauern die erforderlichen Summen nicht aufbringen konnten, gab es trotz einiger Projekte zur Reform der Agrarverfassung in Bayern bis zur Reformzeit im frühen 19. Jahrhundert tatsächlich keine wesentlichen Veränderungen.

Eine Ausnahme bildete die Pfalz, in der wie in anderen linksrheinischen, unter französischer Herrschaft stehenden Gebieten 1794 bis 1798 analog zur französischen Revolutionsgesetzgebung die entschädigungslose Beseitigung feudaler Rechte erfolgte.

Eine wirklich vorrevolutionäre Initiative zur Bauernbefreiung ergriff indes Markgraf Karl Friedrich von Baden am 23. Juli 1783. Dabei war die *rechtliche* Lage der untertänigen badischen Bauern im Unterschied zur ökonomischen schon zu diesem Zeitpunkt besser als in manchen anderen Territorien. Vor allem aus fiskalischen Motiven hatte der Landesherr bereits 1773 die Fronen vermindert, die 1786 nochmals reduziert wurden. Der für den aufgeklärten Landesherrn anstößige Begriff der Leibeigenschaft verschwand zwar mit dem Generalreskript, doch betraf dies zunächst nur die rechtliche – in diesem Fall also die unwichtigere – Seite: Die Tilgung des Begriffs bedeutete auch hier keineswegs eine Verbesserung der wirtschaftlichen Lage. Der Markgraf erklärte: »... daß Wir ohne Absicht auf einigen Ersatz der Einkünfte, welche aus der Leibeigenschaft fließen, in Unsern gesamten Landen, welche unter Unserer alleinigen unmittelbaren hohen und niedern Gerichtsbarkeit und Landeshoheit stehen, die Leibeigenschaft von dem heutigen Tag an völlig aufheben ...« Ausdrücklich aber blieb es bei den bisherigen Fronen, bei Freizügigkeitsbeschränkungen und selbstverständlich bei der Pflicht zum Soldatendienst. Allerdings befreite der Markgraf seine Untertanen – unter ausdrücklichem Einschluß der Wiedertäufer und Juden –, sofern sie seiner alleinigen hohen und niederen Gerichtsbarkeit unterstanden, von einigen Abgaben und erleichterte ihnen den Wegzug.

Ein Schritt war getan, aber nur ein Schritt. Seine weitergehende Perspektive ließ Karl Friedrich von Baden dann am 19. September 1783 erkennen: »Der Geist der Freiheit ... muß gewiß viel zum Reichtum eines Volks beitragen, weil dadurch der Genuß des Eigentums einem jeden versichert und der Weg, seine Umstände zu verbessern, geöffnet wird.«[202] Der Markgraf erklärte dann in physiokratischem Geist die Landwirtschaft zur Basis des Reichtums aller Stände und des Staates und wünschte die »Vereinigung der Kräfte zum gemeinsamen Zweck: Harmonie!« Immerhin folgten dieser Beschwörung auch Taten: Seit dem 25. Juli 1785 konnten die Bodenzinsen zum fünfundzwanzigfachen Jahresbetrag abgelöst werden, ein Jahr später folgte das allgemeine Erbrecht. Aber wie in Bayern fehlte es den Bauern an finanziellen Mitteln, um von diesem Erlaß Gebrauch machen zu können. Eine grundlegende Veränderung der Agrarverfassung mit rechtlichen und ökonomisch durchgreifenden und fühlbaren Befreiungen ließ auch in Baden noch Jahrzehnte auf sich warten.

Von einer Bauernbefreiung vor der Bauernbefreiung kann also bei aller Unterschiedlichkeit der rechtlichen und sozialökonomischen Verhältnisse nirgendwo die Rede sein. Andererseits ist unbestreitbar, daß in den meisten Gebieten des Reiches die überkommene Agrarverfassung mehr und mehr ins Wanken geraten war. Die Probleme des ausgehenden Jahrhunderts lasteten zu schwer auf ihr, die Reformen der Landesherren an ihrer in fiskalischer, staatspolitischer und ökonomischer Beziehung gleichermaßen ineffektiven Struktur erwiesen sich als ungenügend – zumal die zunehmende Kritik der aufgeklärten Schriftsteller, zu denen im 18. Jahrhundert auch ein König gehören konnte, für lokale und sektoral begrenzte Probleme eine öffentliche Resonanz schufen, vor der die traditionalen Strukturen legitimiert werden und ihre ökonomische und sozialpolitische Leistungsfähigkeit erweisen mußten.

Mit Mißbehagen betrachteten die an der Staatsräson orientierten Herrscher schließlich die Mediatisierung eines erheblichen Teils ihrer Untertanen durch die Grund- beziehungsweise Gutsherrschaft: Sie behinderte die volle Indienstnahme der untertänigen Bauern für den Staat, zu der nicht zuletzt die Freisetzung ihrer Leistungsfähigkeit zählte. Staatsbürger konnten die untertänigen Bauern in dieser Agrarverfassung nicht einmal in dem allgemeinen, eher vorpolitischen Sinn des 18. Jahrhunderts sein. Von preußischem, bayerischem, österreichischem Patriotismus verspürten sie kaum etwas, und die deutsche Nation mußte erst recht auf einem anderen Stern liegen.

Gesellschaftspolitik zwischen Tradition und Fortschritt

Auch die überkommene Agrarverfassung stand also der Rationalisierung der Gesellschaftsstruktur durch den frühmodernen Staat entgegen. Doch gingen Modernisierung und Traditionsbindung im aufgeklärten Absolutismus nirgendwo enger zusammen als in der Gesellschaftspolitik. Sie war ausgesprochen ambivalent und brachte einen Prozeß in Gang, den sie nicht konsequent zu Ende führte und an dem sie letztlich scheiterte, weil sie die selbst ausgelöste Dynamik ebensowenig im Griff behielt, wie sie auf die Dauer dem revolutionären Modernisierungsdruck standhalten konnte. Kaum ein Herrscher formulierte damals seine Maximen so prägnant wie Friedrich der Große, bei kaum einem wird deswegen auch die Ambivalenz von Modernität und Traditionalität, die zum Dilemma seiner Agrarpolitik erheblich beitrug, so deutlich. Der preußische König wollte die gesellschaftlichen Strukturen durch eine zugleich aufgeklärte und absolutistische Herrschaft rationalisieren, ohne sie doch grundlegend zu verändern, ja seine Gesellschaftspolitik erwies sich letztlich sogar als konservativer als die seines Vaters.

Die progressive Komponente lag in der Instrumentalisierung der ständischen Ungleichheit für den frühmodernen Staat: Nicht das Herkommen, sondern die vom König formulierten Anforderungen an die Sozialstände legitimierten deren Rechte, sie resultierten erst aus den Pflichten für das Gemeinwohl. 1752 nahm Friedrich II. in Abweichung von der erheblich flexibleren und offeneren Politik seines Vaters eine starre Abgrenzung der Sozialstände vor. Über den Adel hieß es: »Ein Gegenstand der Politik des Königs von Preußen ist die Erhaltung seines Adels. Denn welcher Wandel auch eintreten mag, er wird vielleicht einen reicheren, aber niemals einen tapferen und treueren Adel bekommen. Damit der Adel sich in seinem Besitz behauptet, ist zu verhindern, daß die Bürgerlichen adlige Güter erwerben, und zu veranlassen, daß sie die Kapitalien im Handel anlegen, so daß, wenn ein Edelmann seine Landgüter verkaufen muß, nur Edelleute sie erwerben. Ebenso ist zu verhindern, daß der Adel in fremde Dienste geht. Vielmehr muß ihm patriotischer Sinn und Standesbewußtsein eingeflößt werden ... Da aber viele Edelleute Müßiggang und schlechtes Leben dem Waffenruhm vorziehen, so sind denen, die dem Staate dienen, Auszeichnungen und Vorrechte zu verleihen; denen aber, die nicht dienen, sind sie vorzuenthalten.«[203]

Offenkundig sah Friedrich die wesentliche Aufgabe des Adels im militärischen Dienst für den eigenen Staat. Die damals noch häufige Übernahme von Offiziersstellen in fremden Armeen lehnte der preußische König ebenso ab wie die für viele Staaten dieser Zeit charakteristische Existenz einer umfangreichen, ausschließlich höfischen Adelsschicht. Obwohl sie ihre althergebrachten Rechte beibehielten und sogar neue Privilegien gewannen, nahmen diese Adligen keine politisch relevanten Aufgaben mehr wahr, sondern wurden von manchen Monarchen gerade deswegen an den Hof gezogen, um sie vom König abhängig zu machen und ihre ständischen Mitwirkungsrechte auszuhöhlen. Einer solchen, gleichermaßen den absolutistischen Herrschaftsanspruch wie das höfische Selbstverständnis des Barock widerspiegelnden Politik stellte Friedrich II. die Privilegierung allein aufgrund der Leistungen für den Staat entgegen: Nicht Rechtsherkommen, nicht höfisches Zeremoniell und auch nicht die absolutistische Begrenzung ständisch-adliger Mitwirkung an gesamtstaatlicher Politik, sondern Instrumentalisierung im Dienste der Staatsräson prägte diese Begründung der privilegierten Stellung des Adels im Friderizianischen Preußen. Die Privilegierung war leistungsbezogen und konnte – jedenfalls dem königlichen Anspruch nach – versagt werden, wenn diese Leistung im Sinne der Staatsräson ausblieb.

Im Gegenzug hielt der König die Privilegierung des Adels aufrecht und sicherte dafür prinzipiell die materielle Basis, den guts- und grundherrschaftlichen Besitz. Und in diesem Sinn dekretierte noch 1794 das Allgemeine Landrecht für die Preußischen Staaten: »Personen bürgerlichen Standes können, ohne besondere Landesherrliche Erlaubniß, keine adliche Güter besitzen« (ALR II,9, § 51). Wenngleich diese Regelung, wie bereits die Formulierung erkennen ließ, auch Ausnahmen erlaubte, so blieb die prinzipielle Reservierung grundherrschaftlicher Güter für den Adel doch ein Charakteristikum der in Preußen besonders weitgehenden Trennung der Sozialstände.

Sicher entsprachen Friedrichs II. gesellschaftspolitische Maximen und die gesetzliche Normierung nicht völlig der Realität, doch ließen sie sich bis zum Beginn des 19. Jahrhunderts weitgehend einhalten. Für die Zeit um 1800 sind in Preußen 745 adlige Güter in bürgerlichem Besitz nachgewiesen, zu denen dann noch diejenigen in der Hand geadelter Bürgerlicher sowie eine gewisse Dunkelziffer von Scheinkäufen zu zählen ist. Insgesamt dürften – bei wachsender Tendenz – zehn Prozent der adligen Güter um die Jahrhundertwende bereits in bürgerlichem Besitz gewesen sein.[204] Die Regelungen des Allgemeinen Landrechts galten nur für die »nach den in jeder Provinz ergangenen besonderen Einschränkungsgesetzen, oder erst nach dem 18sten Februar 1775« erworbenen Güter (ALR II,9, § 71). Aber die einschlägigen Verordnungen und Gesetze beweisen ebenso wie der wachsende Anteil bürgerlicher Gutsbesitzer, daß dieser Trend langfristig nicht aufzuhalten war.

Besaß der Adel das Monopol auf die mit grundherrlichen Rechten ausgestatteten Güter und Offiziersstellen, so der Bürgerstand das Monopol in Handel und Gewerbe. Das Allgemeine Landrecht grenzte die Bürger zum einen negativ gegenüber den anderen Ständen, zum anderen durch ihren Wohnort ab: »Der Bürgerstand begreift alle Einwohner des Staats unter sich, welche, ihrer Geburt nach, weder zum Adel, noch zum Bauernstande gerechnet werden können; und auch nachher keinem dieser Stände einverleibt sind . . . Ein Bürger im eigentlichen Verstande wird derjenige genannt, welcher in einer Stadt seinen Wohnsitz aufgeschlagen, und daselbst das Bürgerrecht gewonnen hat« (ALR II,8, §§ 1, 2). Der Erwerb des Bürgerrechts blieb an eine Reihe von Voraussetzungen gebunden und wurde normalerweise vom städtischen Magistrat verliehen; jeder, der ein bürgerliches Gewerbe in einer Stadt betreiben wollte, mußte beim Magistrat um die Erteilung des Bürgerrechts nachsuchen.

Mehr Aufmerksamkeit als den Bürgern widmete Friedrich II. den Bauern. Der Grund lag weniger darin, daß Preußen in erster Linie ein Agrarstaat war, sondern in der gesellschaftspolitischen und militärischen Bedeutung dieser Schicht. Die Bauern waren sowohl zur Sicherung der Ernährung als auch für den Militärdienst unentbehrlich.

Die Lage der von Grundherren abhängigen Bauern und der Bauern auf den Krondomänen entwickelte sich während der Regierungszeit Friedrichs II. unterschiedlich; Friedrich selbst gab 1752 eine Beschreibung, die nur zum Teil der Wirklichkeit entsprach, in diesem Kontrast aber auch verdeutlichte, welch verzögernde Wirkung der Siebenjährige Krieg hatte. Vor allem aber machte er wiederum ohne Umschweife klar, wie er sich die Abgrenzung der Stände vorstellte: »Ich habe den Bauern die Frondienste erleichtert ... Statt sechs Tage in der Woche, wie früher, haben sie jetzt nur drei Tage zur Frone zu arbeiten. Das hat die dem Adel gehörenden Bauern aufgebracht, und sie haben sich an vielen Orten ihren Herren widersetzt. Der Herrscher soll das Gleichgewicht zwischen Bauer und Edelmann erhalten, so daß sie einander nicht zugrunde richten. In Schlesien, mit Ausnahme von Oberschlesien, geht es dem Bauern sehr gut. In Oberschlesien ist er ein Sklave. Man müßte ihn mit der Zeit frei zu machen suchen. Ich habe auf meinen Domänen das Beispiel gegeben und damit begonnen, ihn auf gleichen Fuß mit dem niederschlesischen Bauern zu setzen. Den Bauern ist zu verwehren, daß sie Ländereien von Adligen kaufen, und die Adligen sind am Bauernlegen zu verhindern. Denn die Bauern können nicht als Offiziere im Heere dienen, und die Adligen vermindern durch Erwerbung von Bauernland die Zahl der Einwohner und Ackerbauer[n].«[205]

Ein Projekt im Sinne des Gedankengutes von Jean-Jacques Rousseau: die Siedlung ohne Privateigentum, Stich von Daniel Chodowiecki in Franz Heinrich Ziegenhagens »Lehre vom richtigen Verhältnis zu den Schöpfungswerken«, 1792

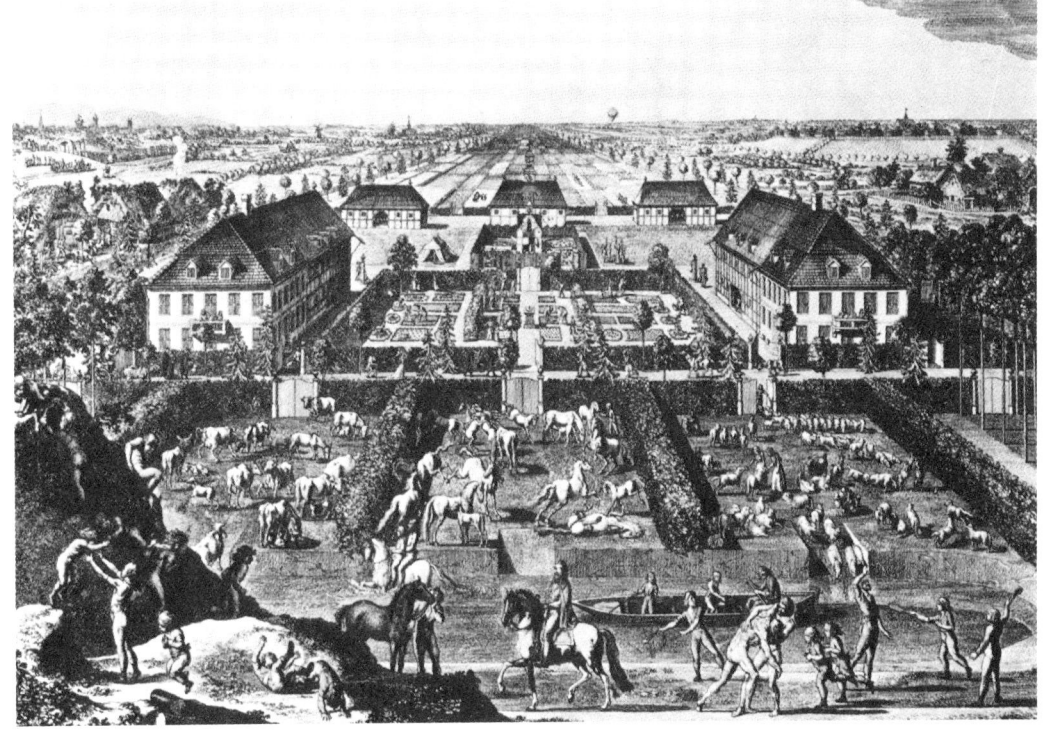

Die von Friedrich angeführten Gründe zur Erhaltung des Bauernstandes und zur Verbesserung seiner Lage waren also zum einen bevölkerungs- und zum anderen militärpolitischer Art. Die humanitären Motive brachte der König erst sehr viel später zum Ausdruck. Aber auch in diesem Fall gelangten Ziel und Realität nicht zur Deckung, gerade weil die Bauernpolitik Friedrichs durchaus vom aufgeklärten Fortschrittsdenken geprägt war: Die Diskrepanz zwischen den landesherrlichen und grundherrlichen Zielen war nur zu offensichtlich und belebte sich immer wieder. In diesen Punkten verweigerten die adligen Gutsherren die Gefolgschaft. Weder schlossen sie sich dem auf den Krondomänen gegebenen Beispiel Friedrichs des Großen an, noch unterließen sie tatsächlich das berüchtigte Bauernlegen.

Die Abschottung des Bauernstandes gegenüber den übrigen Ständen schrieb gegen Ende des 18. Jahrhunderts das Allgemeine Landrecht nochmals fest: »Unter dem Bauernstande sind alle Bewohner des platten Landes begriffen, welche sich mit dem unmittelbaren Betriebe des Ackerbaues und der Landwirtschaft beschäftigen; in so fern sie nicht durch adliche Geburt, Amt, oder besondre Rechte, von diesem Stand ausgenommen sind. Wer zum Bauernstande gehört, darf, ohne Erlaubniß des Staats, weder selbst ein bürgerliches Gewerbe treiben, noch seine Kinder dazu widmen« (ALR II,7, §§ 1, 2). Auch eine solche Erlaubnis änderte allerdings am Stand des Bauern nichts. Erwarb ein Bürger ein Bauerngut, blieb er ein Bürger, es sei denn, er verließ den bisherigen Stand gänzlich und ernährte sich fortan ausschließlich von seinem Bauerngut. Wie bei den anderen Ständen auch, enthielt das Allgemeine Landrecht einen bindenden Hinweis auf die gesellschaftliche Verpflichtung der Bauern – geradezu eine »Sozialbindung« –, zu welcher gehörte, sein Land zur »Unterstützung der gemeinen Nothdurft« wirtschaftlich zu betreiben; im Fall einer allgemeinen Notlage konnten die Bauern dazu verpflichtet werden, den erzielten Überschuß landwirtschaftlicher Produkte zum Verkauf anzubieten.

Nicht allein Friedrichs II. gesellschaftspolitische Maximen von 1752 und auch nicht das Allgemeine Landrecht für die Preußischen Staaten von 1794 wiesen allen Sozialständen ihren herkömmlichen gesellschaftlichen Platz zu, definierten ihn jedoch nicht durch das alte Recht, sondern die jeweilige gesellschaftliche Aufgabe im Sinne aufgeklärt-absolutistischer Staatsräson. Rechte, Pflichten und Privilegien wurden ungleich verteilt, doch rational begründet. Die strenge Zuordnung des grundherrschaftlichen Besitzes zum Adel, von Handel und Gewerbe zum Bürgerstand sowie die fortdauernde Abhängigkeit der Bauern, schließlich die Verbindung von Stand, Wohnung und Arbeit bewirkten eine scharfe Grenzziehung zwischen Stadt und Land und verhinderten den Zustrom ländlicher Bevölkerung in die Stadt, der erst mit der umfassenden Befreiung der Bauern seit 1807 möglich wurde. Die Funktionstrennung der Stände erschwerte im übrigen den Kapitalaustausch; das Kreditsystem für Adelsgüter erhielt diese meist auch dann in adligem Besitz, wenn sie unrentabel waren.

Zu dieser Hilfe war ein Staat genötigt, den viele Zeitgenossen als eine Armee ansahen, die sich einen Staat hielt. Als Friedrich Wilhelm I. im Jahre 1740 starb, war Preußen nach Ausdehnung der zehnte, nach Bevölkerungsstärke der dreizehnte, seiner militärischen Potenz nach aber der dritte oder vierte Staat Europas. Die Kriegsstärke des Heeres betrug mit knapp 83 000 Mann 3,7 Prozent der Bevölkerung, die Kosten beliefen sich auf zwei Drittel der gesamten Staatseinnahmen.

Hatte Friedrich Wilhelm I. die Heeresstärke seit seinem Regierungsantritt mehr als verdoppelt, so setzte Friedrich II. diese Politik fort, und zwar nicht allein in der Zeit des Siebenjährigen Krieges, sondern auch in den Jahrzehnten danach. Kurz vor Ausbruch des Krieges hatte Preußen 1755 insgesamt etwa 138 000 Mann unter Waffen, unter ihnen knapp 4 300 Offiziere und 10 000 Unteroffiziere. Als Friedrich II. 1786 starb, hatte er gegenüber 1740 die preußische Armeestärke wiederum mehr als verdoppelt: Wenngleich in Friedenszeiten mit Ausnahme der Manöver nur ungefähr drei Viertel der Soldaten besoldet wurden, brachte es die kleinste europäische Großmacht doch auf 194 086 Mann. Die Kriegsstärke machte etwa 3,33, die Friedensstärke 2,25 Prozent der Gesamtbevölkerung aus, der Anteil des Militärs an der Bevölkerung war trotz der enormen absoluten Verstärkung gegenüber 1740 nicht gestiegen. Die Zahl der Offiziere erreichte 5 511, die der Unteroffiziere 12 540, daneben unterhielt Preußen seit dem 17. Jahrhundert auch noch eine kleine Marine - vierzehn Schiffe mit 504 Matrosen und 130 Kanonen im Jahre 1762 -, die Friedrich II. allerdings nicht zu einer wirklichen Kriegsflotte ausbauen wollte. Kurz vor dem Zusammenbruch des preußischen Staates hatte sich der Umfang der Armee wiederum vergrößert: 1806 leisteten insgesamt 254 350 Mann Militärdienst, unter ihnen 6 717 Offiziere und 17 791 Unteroffiziere.[206]

Preußen bildete insofern einen Sonderfall der deutschen Staatenwelt des 18. Jahrhunderts, als der Vorrang der Militärpolitik nicht allein wesentliche innen- und außenpolitische Entscheidungen nachhaltig beeinflußte, sondern auch das soziale Gefüge des in sich äußerst heterogenen und fragilen Staates prägte: Preußen bedrohte und wurde bedroht, die Anspannung aller Kräfte bildete das Grundgesetz dieses Staates und konnte auch seine gesellschaftliche Struktur nicht unbeeinflußt lassen. Die einzelnen Stände waren davon freilich in unterschiedlichem Maße betroffen. Das Offizierskorps bestand im Durchschnitt während des 18. Jahrhunderts zu 90 Prozent aus Adligen. Diese Privilegierung und die damit verbundene strikte Indienstnahme zog die adligen Gutsbesitzer oftmals für Jahre oder Jahrzehnte von ihren Gütern ab; die Unterstützung zur Erhaltung ihres Besitzes, die Fortdauer der Steuerprivilegien und grundherrschaftlichen Rechte gehörten ebenso zu den Gegenleistungen des Königs wie der Verzicht, auf Kosten verschuldeter Gutsbesitzer die königlichen Krondomänen auszudehnen oder billigeres Getreide auswärtiger Erzeuger der heimischen Produktion vorzuziehen.

Wenn in dieser Weise die Sozial- und Wirtschaftspolitik eines Staates militärpolitischen Erwägungen untergeordnet wurde, die ihrerseits im Dienste einer entschiedenen, und zur Regierungszeit Friedrichs auch erfolgreichen Großmachtpolitik standen, dann mußten zweifellos alle Reformen der Agrarverfassung, ja der Gesellschaftspolitik überhaupt, die diese Hierarchie von Prioritäten durcheinanderzubringen drohten, von vornherein scheitern. Nicht allein die alltäglichen Formen des Soziallebens, wie es Otto Büsch grundlegend analysiert hat, waren durch das Militärsystem geprägt, sondern die politische Prioritätenskala überhaupt.

Allerdings zeigte auch die Bauernschutzpolitik anderer Staaten, insbesondere einer Großmacht wie Habsburg, in welchem Maße die Verbindung des militärischen Rekrutierungssystems mit der Organisation der Gutsbezirke beziehungsweise Grundherrschaften zur Modifizierung wirtschafts- und sozialpolitischer Zielsetzungen aus militärpolitischen Motiven führte. Nicht allein das 1733 eingeführte Kantonssystem in Preußen, mit dem die Rekrutierung der Regimenter an die Gutsbezirke gebunden wurde, sondern auch die Irritation in Wien über die Verminderung der Soldatenzahl durch die Schaffung neuer Bauernstellen zu Beginn der siebziger Jahre demonstriert diesen Zusammenhang. Auch Joseph II. wollte die wirtschaftliche Kraft der Bauern und der Grundherren nicht zuletzt zur militärischen Sicherung seines Staates erhalten beziehungsweise stärken.

In Preußen bildete der Adel tatsächlich eine viele Bereiche kontrollierende Führungsschicht. Der grund- und gutsherrschaftliche Adel stellte die Offiziere, einen erheblichen Teil der höheren Beamten sowie durch Gutsherren und Landräte auf dem Land auch die politische und jurisdiktionelle Mediatgewalt und schließlich das Kirchenpatronat. Der Adel stellte für die untertänigen Bauern in jeglichem zivilen und militärischen Sektor die Obrigkeit dar. Selbst ein »allgegenwärtiger«, immer wieder Inspektionsreisen unternehmender König wie Friedrich II. war in der Regel in weiter Ferne. Sollte die Reform der Agrarstruktur über Stückwerk hinausgelangen, mußte die gesamte Sozialverfassung geändert werden. Und paradox bleibt: Je erfolgreicher solche Teilreformen waren, desto stärker unterminierten sie den Staat, statt ihn gesellschaftspolitisch zu sanieren. Aber dies ist nicht die einzige Paradoxie: Schließlich waren das durch die traditionale Gesellschaftsstruktur derart geprägte preußische Heer, die Heeresverfassung überhaupt, aber auch die Bedeutung der Garnisonen für den wirtschaftlichen Aufschwung der Städte während des 18. Jahrhunderts ein integraler Teil der preußischen Modernität – bis zur Französischen Revolution, jedenfalls bis zu Napoleon: Nun erst wurde das ständisch strukturierte Söldnerheer zum umfassenden Bürgerheer, zum Volksheer umgeformt. Die Traditionalität Friedrichs des Großen, der doch zweifellos zu den modernsten Herrschern des 18. Jahrhunderts zählte, trat zwar erst unter seinen Nachfolgern, aber an seinem Staat zutage: Napoleon machte Friedrich den Großen zum Alten Fritz.

III.
Wirtschaften in Haus, Beruf und Staat

1. Das »ganze Haus«, Gewerbe und ökonomische Entwicklung

Den sozialen Wandel der letzten Jahrzehnte des 18. Jahrhunderts spürten viele Menschen zuerst an der Auflösung der Sozialstruktur des »ganzen Hauses«. Bereits 1788 beklagte Adolph Freiherr von Knigge: »Unsre feine Lebensart hat einem der ersten und süßesten Verhältnisse, dem Verhältnisse zwischen Hausvater und Hausgenossen, alle Anmuth, alle Würde genommen. Hausvaters-Rechte und Hausvaters-Freuden sind größtentheils verschwunden; die Gesinde werden nicht als Theile der Familie angesehn, sondern als Miethlinge betrachtet, die wir nach Gefallen abschaffen, so wie auch sie uns verlassen können, sobald sie sonst irgendwo mehr Freyheit, mehr Gemächlichkeit oder reichere Bezahlung zu finden glauben, und ausser den Stunden, die sie unserm Dienste widmen müssen, haben wir kein Recht auf sie, leben nicht unter ihnen, sehen sie nur dann, wenn wir ihnen das Zeichen mit der Schelle geben, und sie nun aus ihren gewöhnlich sehr schmutzigen, ungesunden Löchern zu uns hervorkriechen.«[1]

Die Ökonomisierung der Beziehungen zwischen Meister, Gesellen und Gesinde verstärkte sich und ergriff nun auch diejenigen Bereiche, für die eine Verbindung von Familie und bäuerlichem Hof, Familie und Gewerbe charakteristisch war. Gesellen, Knechte und Mägde, das Gesinde überhaupt, waren bis dahin in das Haus des Meisters und Familienoberhaupts einbezogen, wohnten und arbeiteten gemeinsam. Die Verwandtschaft spielte für diese Beziehung keine Rolle. Der Hausvater besaß nicht allein gegenüber den Kindern, sondern auch gegenüber dem Gesinde ein Züchtigungsrecht, hatte aber auch den Hausfrieden zu sichern. In diesem Sozialmodell kam überdies der Hausmutter eine bedeutsame Rolle zu, so daß sich mit dem Hausvaterideal auch ein Hausmutterideal verband.

Der Begriff »Vater« wurde noch im 18. Jahrhundert oft vom biologischen Sinn gelöst und auf die Beziehung zum Gesinde übertragen. So findet sich bei Goethe die Aufforderung: »Vater, verfüge, eh's Dein Gesinde spürt.«[2] Auch der Begriff Familie konnte noch im weiteren Sinn des Hauses gebraucht werden. Gellert schrieb beispielsweise: »Grüße mir Dein ganzes Haus.«[3] Die Hausmutter nahm normalerweise auch gegenüber den Lehrlingen die Rolle der Mutter wahr. Beide Rollen, Hausvater und Hausmutter, waren aufeinander bezogen, so daß eine Verehelichung zum ganzen Haus gehörte. Starb einer von beiden, verheiratete sich der verwitwete Teil erneut. Zweit- und Drittehen waren deswegen keine Seltenheit – mit häufig erheblichen Altersunterschieden zwischen den Eheleuten.

Die sich Jahrzehnte hinziehende Erosion des patriarchalischen Gefüges löste die persönlichen Bindungen, zu denen nicht allein die Herrschaft des Hausvaters über Familie und Gesinde gehörte, sondern ebenso die Fürsorge für sie. Die persönliche Beziehung trat seit dem ausgehenden 18. Jahrhundert zugunsten einer Kosten-Nutzen-Rechnung zwischen Interessenten zurück, Arbeitgeber und Arbeit-

Die Hausmutter.
Selig sind die Friedfertigen, denn sie werden
Gottes Kinder heißen.

nehmer traten einander zunehmend als »Klassen« gegenüber. Der Wille zum Erwerb, zur effektiven Leistung, verdrängte die Maxime der gesicherten Nahrung und des gerechten, »billigen« Preises. Charakteristisch für die Entwicklung einer Hausgemeinschaft zum »Oikos« (Karl Rodbertus) war nicht deren Größe oder die Eigenproduktion landwirtschaftlicher oder gewerblicher Erzeugnisse gewesen, sondern »der autoritär geleitete Großhaushalt eines Fürsten, Grundherrn, Patriziers, dessen letztes Leitmotiv nicht kapitalistischer *Gelderwerb,* sondern organisierte naturale *Deckung des Bedarfs des Herrn* ist ... Entscheidend bleibt: daß das formende Prinzip für ihn ›Vermögensnutzung‹ und nicht ›Kapitalverwertung‹ ist.«[4]

Tatsächlich prägte sich dieser Typus historisch kaum vollkommen rein aus, Übergänge waren die Regel. Und doch bezeichnete Arbeit für den Bedarf oder Arbeit zur Akkumulation von Kapital oder Sachbesitz zwei typologisch verschiedene Formen des Wirtschaftens. Die Verlagerung des Akzents zugunsten des Erwerbs läßt sich am sozialökonomischen Strukturwandel vom 18. zum 19. Jahrhundert beobachten. Er prägte nachhaltig auch die zwischenmenschlichen Beziehungen und die sozialen Bauformen. Wohnung und Arbeitsplatz, Haus und Haushaltung, Haus und Familie beginnen sich im 18. Jahrhundert zu trennen, die Familie als Produktionsstätte verliert an Bedeutung. Aus dieser sozialen Bauform leiteten sich nicht allein die Hausgewalt nach innen, sondern auch politische Rechte des Hausvaters nach außen ab, die er für sein Haus in Stadt oder Dorf wahrnahm.

Seit dem 16. Jahrhundert entwickelte die literarische Gattung der »Hausväterliteratur« – die ihrerseits aristotelische und römischrechtliche Wurzeln hatte – das Ideal des Hausvaters und stellte überdies enzyklopädisch die gesamte Wirtschaft und das Zusammenleben im Haus dar. Die gebotenen moralischen Maximen, Lebenshilfen und praktischen Anleitungen wurden durch Predigten über den christlichen Hausstand ergänzt. Das Hausvaterideal ruhte auf christlicher Grundlage, wie Ausführungen über das Verhältnis der Menschen zu Gott, den christlich begründeten Zweck des Hausstandes und andere Bereiche zeigen. Aufgrund der Vielfalt der behandelten Themen wuchsen viele dieser Werke zu dicken Wälzern heran. Die Kindererziehung und die Behandlung des Gesindes wurden ebenso ausführlich beschrieben wie das Verhalten der Eheleute zueinander. Ärztliche Hinweise, Rechtsbelehrungen aller Art, agrarwissenschaftliche Erkenntnisse und Anweisungen fanden eine ebenso eingehende Behandlung wie die Frage, wie ein Obstgarten oder ein Brauhaus anzulegen seien.

In der Tat lag diesen Beschreibungen das Ideal einer allumfassenden autarken Adelswirtschaft zugrunde, das sich auf die bäuerliche Wirtschaft ausdehnte. Das Wort Wirtschaft umfaßte – neben anderen Bedeutungen – bis weit ins 18. Jahrhundert hinein Haus und Arbeit, die Verwaltung von Haus und Besitz, die Hauswirtschaft,[5] die Haushaltsführung, nicht aber den Markt. Der Hausvater war zugleich Hauswirt: Daneben blieb der Bezug auf die Bewirtschaftung von adligen oder bäuerlichen Gütern aktuell.

Noch zum Ende des 18. Jahrhunderts waren Bücher dieser Art weit verbreitet, erlebten viele Auflagen und blieben noch Generationen später in Gebrauch, beispielsweise Francisci Philippi Florinis

Der Hausvater, die Hausmutter, Bilderbogen des 19. Jahrhunderts

Die Ökonomisierung aller Beziehungen färbte seit dem ausgehenden 18. Jahrhundert das bäuerliche und kleinstädtische Leben. Aber der Bilderbogen des 19. Jahrhunderts nahm davon wenig Kenntnis und brachte statt dessen eine rückwärtsgewandte Poetisierung des Lebens in der Stadt wie auf dem Lande.

1722 publizierte zweibändige Enzyklopädie »Allgemeiner kluger und rechtsverständiger Haus-Vatter«: Er ging von der »an sich selbst bekannten« und »unwidersprechlichen« Tatsache aus, »daß eine ordentliche wolbestellte Haushaltung ... niemals auf einer einzelen Person beruhe, sondern eine Societät oder Gesellschafft verschiedener Personen erfordere, welche nach unterschiedlichen Absichten, als *Ehemann* und *Ehefrau/Eltern* und *Kinder/Herrschafft* und *Untergebene*/insgesamt aber als Haußgenossen in einer Societät zu betrachten vorkommen«. Diese Haushaltung erfordere »eine gute Ordnung und einstimmige Harmonie, darinn man sich gebührend begegnet, und ein jeder seines Orts, er stehe den andern vor und regiere oder werde regiert, die schuldige Pflicht, die ihm obliegt, genau beobachtet«. Der Hausvater solle die Glieder regieren und jedem seine Verrichtungen anweisen. Jede Arbeit wurde, »so gering und verächtlich dieselbe an ihr selbst auch seyn mag, zu einem Gottes-Dienst geheiligt«.[6]

Erst seit dem letzten Jahrhundertdrittel lösten sich Themenkreise beziehungsweise Wissenschaften aus dieser auf die Antike zurückgehenden umfassenden »Ökonomik«, der Lehre vom Haus.[7] Das betraf infolge des sich intensivierenden Wissens vor allem die Wirtschafts- und die Agrarwissenschaften.

Obwohl sich in der Landwirtschaft bis ins 19., ja sogar bis ins 20. Jahrhundert hinein dem »ganzen Haus« ähnliche soziale Gebilde behaupten konnten und sich hier auch die Produktion für den Eigenbedarf länger hielt, betraf deren allmähliche Auflösung im 18. Jahrhundert auch das Bauernhaus. So bildeten bereits die Häusler eine Schicht, die nicht mehr zum Gesinde auf dem Bauernhof gehörte und dort auch nicht mehr wohnte. Und im gewerblichen Bereich, dem sekundären Sektor, wandelte sich im letzten Jahrhundertdrittel mit den Produktionsformen auch die Beschäftigungsstruktur: Die Sozialform des »ganzen Hauses« verlor ihren normativen Charakter, da gegen Ende des 18. Jahrhunderts nur noch die Hälfte der gewerblich Beschäftigten im Handwerk arbeitete, die andere Hälfte hingegen verteilte sich zu mehr als 40 Prozent auf das sogenannte Verlagswesen, während der Rest in Manufakturen tätig war. Beide Produktionsformen waren indes nicht an einen Meisterbetrieb gebunden und bewirkten automatisch die Trennung von Gewerbe und Wohnung und die Auflösung des »ganzen Hauses«. Die »protoindustrielle« Heimarbeit auf dem Lande nahm insofern eine Sonderstellung ein, als bei ihr die Berufsausübung noch in der Wohnung stattfand.

Schließlich förderte die allmähliche Lockerung der Heiratsbeschränkungen beziehungsweise der Bindung der Heirat an eine materielle Basis im letzten Jahrhundertdrittel Eheschließungen und damit selbständige Familien. Die strenge Formung des Familienlebens durch Arbeit und Beschäftigungsart, die bereits auf dem Dorf zu unterschiedlichen Familienstrukturen geführt hatte, verminderte sich ebenfalls. Die bis um 1800 allgemein übliche Ausrichtung der Familie an den Erfordernissen der Arbeit – und nicht an Zuneigung und Liebe – wurde zwar durch die literarische Gefühlskultur von Sturm und Drang und Empfindsamkeit verschiedentlich in Frage gestellt, erfuhr einen tiefgreifenden und umfassenden Wandel aber erst durch die Ablösung der Familie vom Arbeitsleben, was zugleich eine neue Privatheit und Intimität bewirkte.

Als Wilhelm Heinrich Riehl 1855 rückblickend klagte, die moderne Zeit kenne »leider fast nur noch die ›Familie‹, nicht mehr das ›Haus‹, den freundlichen, gemütlichen Begriff des ganzen Hauses, welches nicht bloß die natürlichen Familienmitglieder, sondern auch alle jene freiwilligen Genossen und Mitarbeiter der Familie in sich schließt, die man vor allem mit dem Worte ›Ingesinde‹ umfaßte«, begründete er seine Nostalgie wie folgt: »In dem ›ganzen Haus‹ wird der Segen der Familie auch auf ganze Gruppen sonst familienloser Leute erstreckt, sie werden hineinzogen, wie durch Adoption, in das sittliche Verhältnis der Autorität und Pietät. Das ist für die soziale Festigung eines ganzen Volkes von der tiefsten Bedeutung.«[8]

So zweifelsfrei Riehl mit seinen volkssoziologischen Betrachtungen eine wesentliche Bauform des sozialen Lebens des Ancien régime erkannte, so sicher verkannte er die Beziehungen, die zwischen der Sozialstruktur des ganzen Hauses und der weiteren Vergesellschaftung des Menschen während der vorindustriellen Epochen bestanden. Beim ganzen Haus handelte es sich doch keineswegs um die kleinste soziale Einheit eines organischen Baus, der sich bis zur Nation erhob, vielmehr ist es nur aus der ständischen Ordnung zu begreifen, für die weder das »Volk« im Sinne des 19. Jahrhunderts noch der frühmoderne Staat die übergeordnete Bezugsgröße sein konnte. Und natürlich idealisierte Riehl die alte Welt, wenn er dem ganzen Haus eine Geborgenheit attestierte, die vom Familienbegriff einer späteren Zeit geprägt war. Diese Gebor-

Ländliche Mahlzeit, Gemälde von Georg Melchior Kraus (1737-1806)

Die Romantisierung aller sozialen Beziehungen färbte im 18. Jahrhundert auch die bildlichen Darstellungen des ländlichen Lebens. In Wirklichkeit war es häufig von der Armut der Notzeiten bestimmt, die infolge von Mißernten sowie der vielen Kriege – vom Spanischen Erbfolgekrieg über den Nordischen Krieg bis zum Siebenjährigen Krieg – in immer schnellerer Folge über das Land zogen.

Das soziale Leben bestimmte die Wirklichkeit; das romantische Bild des Hauses prägte die Literatur wie die Kunst, in denen alles »geborgen« war.

genheit im modernen Sinn konnte in einer ständisch geprägten Ordnung, die Arbeitsleben und Privatsphäre gemeinsam regelte, gar nicht erst aufkommen.

Neben dem zweifellos im Wesen des ganzen Hauses begründeten fürsorglichen Patriarchalismus darf nicht vergessen werden, wie sehr diese Fürsorge nicht allein von den Traditionen und Gewohnheiten, sondern oftmals von individuellen Charakteren abhing: Erging es dem Gesinde im einen Haus gut, so im anderen schlecht; nahm der eine Hausvater seine Rechte *und* Pflichten ernst, so der andere nur seine Rechte. Schließlich gibt es Beispiele genug, in denen die Hausgewalt des Hausvaters und das im damaligen Verständnis legitime Züchtigungsrecht zu Mißhandlungen führten. So wenig Anlaß zur Idealisierung besteht, so wenig sollte indes die Sozialform des ganzen Hauses nach den Maßstäben des 20. Jahrhunderts be- und verurteilt werden: Historische Phänomene sind nicht schon deshalb »Legenden«,[9] weil sie modernem Verständnis fernliegen.

Charakteristisch für das ganze Haus war die Verbindung von Arbeit und Familie, keineswegs typisch war jedoch – wie zeitweise angenommen wurde – das Zusammenleben einer Mehrgenerationen-Familie unter einem Dach, das heißt, daß nicht allein Eltern und Kinder zusammen wohnten, sondern mit ihnen auch die Großeltern. Dies hatte zweifellos eine ökonomische Seite, weil die Großeltern noch leichtere Arbeit verrichten und sich um die Enkel kümmern konnten. Daneben besaß das Zusammenleben mit den älteren Generationen eine humane und soziale Dimension, die allerdings stärker moderner Projektion entstammen dürfte als zeitgenössischem Verständnis: Die Alten wurden nicht abgeschoben, sondern blieben im Haus, also Familie und Arbeit verbunden.

Zumindest für das ausgehende 18. Jahrhundert gilt dies mit einigen Einschränkungen: Aufgrund der geringen durchschnittlichen Lebenserwartung, die zwar wesentlich durch die hohe Säuglingssterblichkeit bedingt war, aber trotzdem weit unter der heute üblichen lag, war die Zahl der alten Leute erheblich geringer als heute. Auf der anderen Seite müssen Heiratsalter und die Dauer der Kinderaufzucht berücksichtigt werden. Letztlich lebten nur bei einem kleinen Teil der Bevölkerung tatsächlich drei Generationen zur gleichen Zeit. Die Familienstruktur prägte sich aufgrund ihrer engen Bindung an die Arbeitswelt bei den einzelnen Ständen beziehungsweise unterständischen Schichten auch verschieden aus: Beispielsweise konnten die Eltern eines im Haus seines Meisters lebenden Lehrlings oder Gesellen nicht mit ihm zusammenwohnen, und ähnliches gilt für das Gesinde überhaupt.

So gelangte eine neuere sozialgeschichtliche Untersuchung über vorindustrielle Familienformen am Beispiel von Salzburger »Seelenbeschreibungen« zu dem Schluß, daß die »Funktionsentlastung« des ganzen Hauses bereits im 17. Jahrhundert einsetzte und im 18. Jahrhundert in der Stadt weitgehende Wirkung erzielt hatte. Die sogenannte Stammfamilie (»famille souche«, Frédéric Le Play), also die Drei-Generationen-Familie, bildete tatsächlich aufgrund der differenzierenden Wirkungen der Arbeitsorganisation lediglich eine Familienform unter anderen. Denn schon die vorindustrielle Lohnarbeit führte zu einer weiteren Aufsplitterung der Familienformen.

Schätzungen zufolge lag der Anteil der Drei-Generationen-Familie normalerweise in Mitteleuropa weit unter 50 Prozent, in manchen Regionen bildete sie sogar die Ausnahme. Angesichts durchschnittlicher Zahlen im vorindustriellen Europa von 4 bis 5,5 Personen pro Familie kann die Stammfamilie von drei Generationen ohnehin keine Norm gewesen sein. Auf der anderen Seite stieg die Zahl der Drei-Generationen-Familie vermutlich aufgrund der steigenden Lebenserwartung und des Bevölkerungswachstums vom 17. zum Ende des 18. Jahrhunderts an, in einem salzburgischen Dorf beispielsweise von 1,2 Prozent im Jahre 1648 auf 11,1 Prozent 1772. Auch ist ein geschlechtsspezifischer Unterschied bemerkenswert: In städtischen Handwerkerfamilien Salzburgs lebten relativ häufig Töchter, aber kaum erwachsene Söhne.

Das »zentrale Problem des Strukturwandels der Familie« lag in der Gesindehaltung, wie Michael Mitterauer am Beispiel Salzburgs nachgewiesen hat. Dabei verminderte sich der Anteil der Familienformen mit Gesinde in der Stadt erheblich schneller und früher als auf dem Land: 1569 hatten 51,6 Prozent der Salzburger Familien Gesinde im Haus, 1647 noch 41,2 und 1794 nur noch 33,3 Prozent. In Salzburger Dörfern hingegen ergab sich ein recht unterschiedliches Bild, da ein Teil der Familienstrukturen in dieser Hinsicht konstant blieb, während sich in einem anderen der Anteil des Gesindes verminderte oder sogar zeitweise erhöhte. Insgesamt belegen diese

Kundschaftsbrief der Salzburger Mälzer und Bierbrauer, um 1760

Ergebnisse überdies, daß Familienformen mit Gesinde häufiger vorkamen als Familienformen, in denen Angehörige oder Verwandte im Haus lebten. Diese Befunde sind insofern besonders bemerkenswert, als der Anteil des Gesindes an der Salzburger Gesamtbevölkerung von 1647 bis 1794 mit etwa 21 Prozent gleichblieb. Ebenso verminderte sich der Anteil der Inwohner von Bauernhäusern des Salzburger Landes, nicht aber generell auf dem Lande. Inwohner waren in der Regel ledige oder verwitwete Einzelpersonen, die im Hause wohnten, aber keine Hausgemeinschaft im strengen Sinn mit dem Bauern eingingen. Normalerweise erbrachten sie eine Dienstleistung oder zahlten Miete.

In Salzburg selbst stieg überdies die Zahl der Einpersonenhaushalte zwischen 1647 und 1794 von 4,6 auf 12,8 Prozent mit einem höheren Anteil der alleinlebenden Frauen (8,9 gegenüber 3,9 Prozent). In der Stadt (nicht aber im Land) Salzburg nahm die Zahl der »unvollständigen« Familien beziehungsweise »Familienreste« bis zum Ende des 18. Jahrhunderts stark zu.

In der Stadt Salzburg waren Familienformen mit Kindern erheblich seltener als auf dem Land: Diese schon im 17. Jahrhundert unübersehbare Diskrepanz von etwa 66 zu 85 Prozent verstärkte sich bis zum Ende des 18. Jahrhunderts beträchtlich. Dazu trug nicht allein die in der Stadt aufgrund differenzierter Erwerbsmöglichkeiten größere Zahl der Einpersonenhaushalte bei, sondern ebenso die unterschiedliche Wirtschaftsstruktur von Bauernhof und Gewerbebetrieb: Im bäuerlichen Familienbetrieb blieben die Kinder relativ lange im Haus; zu den Gründen zählten die traditionale Erbfolge und vor allem der Arbeitskräftebedarf der Landwirtschaft. Familienformen ohne Kinder waren bei Bauern in der Regel auf den Beginn der Ehe beschränkt. Die Söhne von Handwerksmeistern oder Kaufleuten verließen früh, manchmal schon mit dem 10. oder 12. Lebensjahr, das elterliche Haus, um sich auszubilden, auf Wanderschaft zu gehen oder auch, weil das Geld nicht reichte. Eine außerordentlich hohe Mobilität war die Folge: So stammten im Jahre 1794 über 90 Prozent der in Salzburger Handwerksbetrieben tätigen Gesellen nicht aus ihrer Heimatstadt, die »Besitzkontinuität« zwischen den Generationen kam hier eher aus der weiblichen Linie, »sei es durch Wiederverheiratung der Meisterswitwe, sei es durch Heirat der Tochter mit einem Angehörigen desselben Gewerbes«.[10] »Als Hintergrund des Wandels von Familienformen durch veränderte Bedingungen der Erwerbstätigkeit wird insgesamt der Urbanisierung größere Bedeutung beizumessen sein als der Industrialisierung.«[11]

Die Salzburger Ergebnisse sind vielleicht exemplarisch, als repräsentativ im strengen Sinne können sie angesichts der lokalen und regionalen Unterschiedlichkeit des alten Reiches noch nicht gelten. Auch scheint die in Stadt und Land Salzburg erheblich differierende Bevölkerungszahl in ihrer relativierenden Bedeutung für den Vergleich nicht hinreichend berücksichtigt. Trotz solcher Einschränkungen ist diese Modellstudie doch von überregionalem Interesse. Die gewonnenen Ergebnisse zeigen, wie entscheidend wohl im allgemeinen die Urbanisierung für die Auflösung der Sozialstruktur des ganzen Hauses gewesen ist, die Industrialisierung bildete in dieser Hinsicht also keine Epochenschwelle. Der Strukturwandel von Erwerbstätigkeit und Arbeitsorganisation, der die vorindustriellen

Ehelichungs - Nachricht.

Ein bejahrter, verwittweter bürgerlicher Gewerbsmann, der kein Spieler, Vollsäufer noch Zänker ist, stets ein häusliches und bewerbsames Leben führet; dessen Ehrlichkeit und Fleiß im Thun und Lassen noch niemand in Zweifel zog; der jederzeit als ein guter Wirth und der Mäßigkeit ergebener Mann bekannt war, und sich niemals irgend einer Ausschweifung ergab; hat seit sieben und zwanzig Jahren eine Menge Unglücksfälle gehabt, wodurch sein Vermögen sehr verringert wurde. Er hat vier Kinder am Leben, drey davon sind schon versorgt, ein Sohn ist noch übrig der einer sorgfältigen Mutter bedarf. Er ist also gesinnet, derowegen eine seinem Alter angemessene Person zu suchen, die er heyrathen könnte, sie sey nun eine Wittwe oder Ledige, auch kann sie protestantischer Religion seyn, wenn sie nur wirthschaftlich, gut gesittet ist, ihn lieben kann, und wenigstens 3000 fl. im Vermögen hat, wodurch seinem Gewerbe könnte aufgeholfen, und er dadurch in eine bessere Lage gesetzet werden. Er wird sie gut halten, und ihr immer freundschaftlich und übereich begegnen. Weil er aber aus großer Scheu, nirgend persönlich anzusuchen sich getrauet, so nimmt er sich hier die Freyheit schriftlich um eine Braut zu werben; diejenige also, welche gesinnet ist, mit ihm ehelich zu leben, die beliebe sich in der Josephstadt in der Kaisergaße bey der schönen Schäferin im Laden neben dem Wirthe einzufinden, wo sie alsdann das Weitere mit einander verabreden können.

Heiratsanzeige aus dem 18. Jahrhundert

Die Ehe war die Norm des Lebens im 18. Jahrhundert. Wenn der Meister starb, heiratete die Meisterswitwe im allgemeinen sofort wieder einen Gesellen, für den die Ehe der sicherste Weg zur Aufnahme in die Gruppe der Meister war. Die alternde Meisterin und ihr oft noch junger Ehemann sind nicht nur ein bekannter Topos des 18. Jahrhunderts, sondern sie prägten aus durchaus handfesten Gründen auch die soziale Realität.

Familienformen prägte, setzte erheblich früher ein, also bereits im 17. Jahrhundert.

Die entscheidende Frage könnte nur eine Fülle weiterer empirischer Untersuchungen klären: Erstrecken sich die Ergebnisse tatsächlich auf die städtische Arbeits- und Lebenswelt überhaupt, oder sind sie nicht vielmehr auf die modernen, aufstrebenden Städte beschränkt, in denen überproportionales Bevölkerungswachstum und Residenzfunktionen die Wirtschaftsaktivität steigerten und so Produktionsformen und Dienstleistungsgewerbe veränderten?

Allerdings höhlte nicht allein das Wachstum von Bevölkerung und Wirtschaft die Sozialstruktur des ganzen Hauses aus, sondern auch die Rechtspolitik des reformabsolutistischen Territorialstaats, wofür wiederum das Friderizianische Preußen ein Modell lieferte. Vor der Aufgabe, diese sozialökonomische, traditional begründete und sich mentalitätsgeschichtlich ausprägende Sozialstruktur in präzise Rechtssätze zu fassen, kapitulierten die Autoren des Allgemeinen Landrechts für die Preußischen Staaten. Allerdings konnte man auf die Hausgewalt des Hausvaters selbst zu Beginn des 19. Jahrhunderts schon deshalb nicht verzichten, weil der Staat nur geringe Polizei- beziehungsweise Ordnungskräfte besaß, so daß einstweilen die Aufrechterhaltung der gesellschaftlichen Ordnung in den sozialen Mikrostrukturen an die Hausgewalt gebunden blieb.

Aber es waren wohl kaum die Zwänge einer präzisen Rechts-

181

sprache allein, die die Landrechts-Autoren zum Verzicht auf eine juristische Definition des Hauses im ständischen Sinn bewogen, sondern der Vertragscharakter, der aufgeklärt-naturrechtlichem Denken innewohnte und Sozialbeziehungen von Gruppen in Rechtsbeziehungen zwischen Individuen verwandelte oder zumindest diesem Wandel Vorschub leistete. War es schon bezeichnend, daß Svarez in seinen Kronprinzenvorträgen auf jegliche Darstellung der Rolle des Hauses im allgemeinen und des Hausvaters im besonderen verzichtete, so explizierte das Allgemeine Landrecht unübersehbar den Bruch mit der Tradition. Hier sollten sämtliche Rechtsmaterien normiert werden, doch reduzierte das Allgemeine Landrecht in Abweichung vom Sprachgebrauch des 18. Jahrhunderts das Haus auf die Familie im Sinne des 19. und 20. Jahrhunderts: Ehemann, Ehefrau und Kinder, also die biologisch und rechtlich definierte Kleinfamilie. Für das Gesinde sah das Allgemeine Landrecht ein eigenes Gesinderecht vor.

Die Juridifizierung brachte Svarez 1791/92 auf den Punkt: »Die Ehe ist ein Kontrakt, durch welchen zwei Personen verschiedenen Geschlechts sich verbinden, vereinigt zu leben, Kinder miteinander zu zeugen und zu erziehen und sich in ihren Bedürfnissen gegenseitig Hilfe und Unterstützung zu leisten ... Sie [die Ehe] ist aber auch ein für die ganze bürgerliche Gesellschaft äußerst wichtiger Vertrag. Das Glück und der innere Wohlstand der Familien, die Bevölkerung und darauf gegründete Macht des Staats hängt davon wesentlich mit ab.«[12] Svarez sah also im Vertragscharakter sowie der gesellschafts- beziehungsweise staatspolitischen Bedeutung der Familie die entscheidenden Kriterien.

Wenige Jahre zuvor hatte der führende deutsche Physiokrat Johann August Schlettwein – bis 1785 Professor der Nationalökonomie in Gießen und nachmaliger Hofrat des Markgrafen Karl Friedrich von Baden – die Konnotationen des Wortes Familie reflektiert: »Das Wort *Familie* hat sehr unterschiedene Bedeutungen. Bald wird ein bloßes *Hauswesen* oder *häusliche Gesellschaft* darunter verstanden; bald die *Bluts-Freundschaft oder -Verwandtschaft nach der ganzen Anzahl der dadurch mit einander verbundenen Personen;* und vormals hieß auch *Familie* der ganze Inbegriff aller Personen, die einem gewissen Dienstherrn bestimmte Dienste zu leisten pflichtig waren.«[13]

Schlettwein, der den Vertragscharakter der Familie ebenfalls behandelte, stellte also noch die verschiedenen Deutungen nebeneinander. Der biologischen Komponente maß er zentralen Wert bei, und er trennte bereits aus naturrechtlich-humanitären Maximen juristisch die Sphäre der modernen Familie von der der Arbeits- und Produktionsgemeinschaft: Auf diese Weise löste er die Sozialform des ganzen Hauses auf. Dies trat besonders klar hervor in der Definition der »dienstherrlichen Gesellschaft«: Sie ist »die Gesellschaft, darinne einer, der den Nahmen des *Hausherrn* hat, von dem andern, als seinem *Gesinde* gewisse Verrichtungen zu seinem häußlichen Nutzen zu fordern berechtiget, diesem aber für seine Arbeiten und Geschäfte den Unterhalt zu verschaffen schuldig ist. Eine solche Gesellschaft kann *ursprünglich* nicht anders als entweder durch Verträge oder durch Kriege entstehen.«[14]

Wie diese beiden Autoren sah Ernst Ferdinand Klein, mit Svarez einer der Hauptautoren des Allgemeinen Landrechts, in der Eheschließung ebenfalls einen Vertrag. Die »häusliche Gesellschaft« definierte er folgendermaßen: »Sie besteht gewöhnlich aus eigentlichen Mitgliedern und aus Personen, welche zum Dienst der häuslichen Gesellschaft bestimmt sind. Nicht alle Mitglieder der Gesellschaft haben an der Ausübung der gesellschaftlichen Gewalt Antheil, sondern nur die Häupter derselben, welche für die übrigen als Unmündige sorgen. Wenn auch die Gesellschaft nicht durch einen ausdrücklichen Vertrag errichtet worden« sei, so könne doch »kein Mitglied der Gesellschaft oder ein Untergebener derselben die ihm zugestandenen Rechte anders als gegen Uebernehmung der Verbindlichkeiten, welche dabei vorausgesetzt werden, ausüben«. Die Familie im engeren Sinne beschränkte Klein auf die »eigentlichen Mitglieder«, fügte aber hinzu, »im weitern Sinne werden auch die dienenden Personen darunter begriffen«. Diese dienenden Personen stellte Klein dann gesondert in den jeweiligen herrschaftlichen beziehungsweise gutsherrschaftlichen Rechtsverhältnissen dar, ohne indes die komplexe Mehrdimensionalität des ganzen Hauses zu berücksichtigen.[15]

Treuegelöbnisbild der Familie Freidhofer aus Wasserburg am Inn, Gemälde von Johann M. Delser

Auf den Billetts ist zu lesen: *Liebste Gemahlin, das versprech ich Dir, zweifle gar nicht, der Sohn auch mit mir.* Und: *Gemahl und Sohn, laßt Euch gesaget sein, das ist die Bluem Vergiß nicht mein.*
Erst um 1800 färbte das romantische Gefühl das populäre Bild von der Ehe. Im 18. Jahrhundert stand der Vetragscharakter der Ehe im Vordergrund, denn die Macht des Staates hängt nicht nur vom Glück der Familien, sondern auch von den gesicherten Verhältnissen ab.

Allen drei Autoren ist gemeinsam, daß sie das ganze Haus offenbar juristisch nicht präzis interpretieren konnten und wollten, zugleich aber die zwischenmenschlichen Beziehungen innerhalb des Hauses juridifizierten und voneinander separierten. Der begriffliche und strukturelle Wandel der Familie spiegelte so die Auflösung des ganzen Hauses als einer sozialökonomischen, rechtlichen und mentalen Einheit wider. Das Allgemeine Landrecht regelte Rechte und Pflichten der Familie im modernen Sinne, behandelte vor dem Familienrecht gesondert das Eherecht sowie Rechte und Pflichten von Eltern und Kindern. Dies brachte im einzelnen größere Freiheiten, zum Beispiel in bezug auf Religion und Berufswahl der Kinder sowie auf die Wahl des Ehepartners: Die Eltern mußten zustimmen, doch konnten sie nicht ihrerseits eine Ehe aufzwingen.

Die Juridifizierung dieser Beziehungen folgte der vertragstheoretischen Prämisse, mit deren Hilfe die Ehe hier als Kontrakt definiert wurde. Insofern gliederte das Allgemeine Landrecht bilaterale Personenbeziehungen nach den jeweiligen Rechtsmaterien. Ein Vertrag ist unter bestimmten Bedingungen auflösbar, konsequent enthält das Allgemeine Landrecht auch ein vergleichsweise modernes Scheidungsrecht. Zur Familie zählten nur noch die Blutsverwandten, Rechte und Pflichten der Herrschaft und des Gesindes regelte das Allgemeine Landrecht gesondert, bezeichnenderweise ebenfalls mit der Rechtsfigur eines – fiktiven – Kontrakts: »Das Verhältniß zwischen Herrschaft und Gesinde gründet sich auf einen Vertrag, wodurch der eine Theil zur Leistung gewisser häuslicher Dienste auf eine bestimmte Zeit so wie der andere zu einer dafür zu gebenden bestimmten Belohnung sich verpflichtet« (ALR II,5, § 1). Auf dieser Basis enthält das Gesetzbuch präzise Normen für das wechselseitige Verhalten: Auf seiten der Herrschaft erinnert die Hausgewalt durchaus an die Rechte des Hausvaters im ganzen Haus, zumal sie sich noch immer auf das häusliche *und* das außerhäusliche Verhalten des Gesindes bezieht.

Allerdings enthält das Allgemeine Landrecht gerade in bezug auf die Trennung des Erwerbslebens von der Kleinfamilie auch begriffliche Unschärfen. So kann der Passus über die Pflichten der Hausfrau doppelt gedeutet werden: »Sie ist schuldig, dem Hauswesen des Mannes nach dessen Stande und Range vorzustehen« (ALR II,1, § 194). Das Wort Hauswesen muß keineswegs auf die Familie reduziert werden.[16] Denn kann allein schon der Begriff »Hauswesen« auch im traditionalen Sinne verstanden werden, so legt gerade die Kombination mit dem Stand des Hausherrn diese Deutung nahe: Sowohl die auffällige Ambivalenz des Allgemeinen Landrechts zwischen Tradition und Moderne, die dem Übergangscharakter der Epoche entspricht, legt diesen Schluß nahe, als auch die zitierten Texte von Klein und Schlettwein, die – wenn auch gesondert – beide Aspekte berücksichtigen. Die hingegen noch patriarchalisch anmutenden Bestimmungen beinhalten oftmals moderne sozialpolitische Prinzipien, beispielsweise in bezug auf die Pflichten der Herrschaft bei Erkrankung des Gesindes (ALR II,5, §§ 82 ff.). Der Rechtsstellung der untertänigen Bauern galten eigene Abschnitte, die indes von der traditionalen Agrarverfassung nicht abwichen, sieht man einmal davon ab, daß das Allgemeine Landrecht für alle königlichen Untertanen ausdrücklich Sklaverei untersagte.

Zweifelsfrei zählte es zu den Zielen des Landrechts, vorstaatliche, durch staatliche Gesetzgebung nur indirekt erreichbare Mediatgewalten zu mindern, um eine unmittelbare Staatsuntertänigkeit zu schaffen. Die Auflösung der Sozialstruktur des ganzen Hauses wurde augenfällig in der Reduzierung des Zusammenlebens der Bewohner auf die vertraglich zu regelnden persönlichen Beziehungen zwischen den Eheleuten einerseits sowie den Arbeitsbeziehungen zwischen Hausherr und Gesinde andererseits. Die Normen setzte der Staat und stärkte also auch hier die rationalisierende Staatsgewalt auf Kosten einer altständischen sozialen Bauform, gegen die sich letztlich alle naturrechtlichen Vertragskonstruktionen richteten.

Die Wandlung der traditionalen ständischen Ordnung in eine staatsständische, in der jeder Stand eine durch die Staatsräson zu definierende gesellschaftliche Aufgabe erfüllen sollte, setzte sich hier konsequent fort: Der Staat regelte nicht mehr nur die allgemeinen Grundzüge des Gesellschaftsrechts, sondern griff in die Gestaltung der inneren Ordnung von Familie und Haus ein. Auf diese Weise löste er den ökonomischen Sinn des ganzen Hauses auf: Hier offenbarte sich das gleiche Motiv wie bei den Ansätzen zur Reform der Agrarverfassung. Wie weitgehend der reformabsolutistische Staat die Arbeitswelt steuern wollte, läßt sich nicht allein in bezug auf das ganze Haus und die wirtschaftspolitischen Maßnahmen zur Gewerbeförderung ermessen, sondern ebensosehr in den Versuchen zur Zunftreform.

2. Staatliche Zunftreformen

Bis zur Einführung der Gewerbefreiheit im frühen 19. Jahrhundert unternahmen sowohl der Reichstag als auch einzelne Landesherren während des 17. und 18. Jahrhunderts immer wieder Versuche, das seit dem 11./12. Jahrhundert in Zünften organisierte Handwerk zu reformieren und die als »Mißbräuche« bezeichneten Zustände abzustellen. Das Handwerk erschien den Ökonomen des frühneuzeitlichen Staates zunehmend als mittelalterliches Relikt und Hemmschuh wirtschaftlicher Produktivität. In dieser Einschätzung unterschieden sich Merkantilisten, Physiokraten und Aufklärer nicht. Aber während der physiokratische Minister Turgot in Frankreich 1776 den Zunftzwang kurzerhand aufhob und Necker sowie die Revolutionäre 1791 weitere Liberalisierungen folgen ließen, blieben die Reformen in den deutschen Staaten und Städten in den Anfängen stecken, wenngleich sich durch gezielte territorialstaatliche Gewerbeförderung und die Zulassung einer wachsenden Zahl von unzünftig Gewerbetreibenden, sogenannten Freimeistern oder Bönhasen, insbesondere auf dem Land bereits ein Strukturwandel des Handwerks vor Einführung der Gewerbefreiheit ankündigte.

Das Beispiel Englands, wo die Industrialisierung bereits Mitte des 18. Jahrhunderts einsetzte, beweist allerdings, daß die gesetzlichen Maßnahmen allein keineswegs ausschlaggebend waren, erfolgte doch dort die Verkündung der Gewerbefreiheit erst relativ spät, nämlich im Jahre 1814, als die nichtzünftige gewerbliche Produktion bereits dominierte und die Zunftschranken seit Jahrzehnten ihre Bedeutung verloren hatten. Auf der anderen Seite herrschte im – verglichen mit den westeuropäischen sowie den meisten deutschen Territorialstaaten – ökonomisch rückständigen Rußland schon lange Gewerbefreiheit.

Doch veranlaßten keineswegs nur die immer wieder beschworenen Mißbräuche die landesherrlichen Reformen. Vielmehr bestand auf diesem Sektor die Zielsetzung des absoluten Staates ebenfalls in Rationalisierung, Unterordnung und schließlich Beseitigung intermediärer Gewalten, die im Rahmen ihrer Zuständigkeit autonom oder zumindest halbautonom waren. Die Fürsten wollten zweifellos die staatlichen Eingriffsmöglichkeiten in die korporative Eigenständigkeit ständischer Institutionen und Privilegien steigern. Dies bekräftigen die landesherrlichen Erlasse, die der unter anderem durch Preußen initiierten Reichszunftgesetzgebung von 1731 folgten, beispielsweise die zwischen 1734 und 1738 ergangenen preußischen Handwerksordnungen.

Allerdings blieb die Gewerbegesetzgebung im Zeitalter des Merkantilismus bruchstückhaft und provozierte in der Regel den Widerstand der Zünfte, die auf das alte Recht und ihre Privilegien pochten und die neuen reichs- und territorialstaatlichen Verordnungen oft umgingen oder offen mißachteten. Die keineswegs seltenen Prozesse führten meist erst nach Jahren zu Urteilen. Stärker als staatliche Eingriffe tangierte der demographische, ökonomische und technologische Wandel die zünftige Struktur des Handwerks. Auch das Gutachten des Reichstags von 1731[17] und viele territorialstaatliche Maßnahmen entgingen nicht dem Schicksal früherer Anläufe, auf die die Reichskanzlei - also die »churfürstlich maynzische Cantzley« - am 22. Juni 1731 selbst Bezug nahm: nämlich die Reichsgutachten von 1672 und 1680, in denen schon die eingetretenen Mißbräuche beklagt wurden. Zwar hatten sich die Zeiten und mit ihnen die Probleme geändert, wie der Reichserzkanzler konstatierte, nicht aber der Widerstand der Zünfte gegen diese Eingriffe.[18]

Das Reichsgutachten von 1731 untersagte Zusammenkünfte der Handwerker ohne Wissen der Obrigkeit; Innungsartikel ohne obrigkeitliche Genehmigung wurden für ungültig erklärt, die Arbeitsbeziehungen wurden einheitlich geregelt, die zünftige Gerichtsbarkeit eingeschränkt, die *allgemeine* Anerkennung einer ordentlichen Lehre bei einem approbierten Handwerksmeister verfügt, selbst wenn die Zünfte anderer Städte abweichende Regelungen enthielten.

Heftig umstritten[19] blieb die Milderung der zünftigen Bestimmungen über die Zurückweisung »unehrlich« Geborener: So sollten, wie schon früher ohne Erfolg verordnet, künftig die Kinder von Angehörigen sogenannter unehrlicher Gewerbe, beispielsweise von Totengräbern, Gassenkehrern und Schäfern, nicht mehr vom zünftigen Handwerk ausgeschlossen werden: »... in summa keine Profeßion und Handthierung, dann bloß die Schinder allein bis auf deren zweyte Generation, insoferne allenfalls die erstere eine andere ehrliche Lebens-Art erwählet und darinn mit denen Ihren wenigstens dreyßig Jahr lang continuiret hätte, ausgenommen, verstanden und bey denen Handwercken ohne Weigerung zugelassen werden.«[20]

Die Obrigkeiten behielten sich ausdrücklich vor, Bestrafungen und Züchtigungen wegen Verletzung der Zunftordnungen in ausschließlichem Recht vorzunehmen, und untersagten den Handwerkern jegliche Bestrafung der Zunftgenossen, die in der Behinderung der Berufsausübung bestand. Zugleich aber drohte die neue Reichshandwerksordnung aufständischen Gesellen schwere Strafen an. »Ungebührliche Gebräuche« bei der Lossprechung der Lehrlinge wurden ebenso untersagt wie die Ablehnung der Zünfte, einen Lehrling zum Gesellen zuzulassen, weil ihm nur wenige Stunden oder Tage der Lehrzeit fehlten. Erneut untersagte die Reichshandwerksordnung, »daß die Handwercks-Gesellen gemeiniglich des Montags und sonsten ausser den ordentlichen Feyer-Tägen sich der Arbeit eigenmächtig entziehen«.[21]

Tatsächlich aber beanspruchten die Gesellen in der Regel weiterhin wenn nicht den seit dem 16. Jahrhundert so genannten »Blauen Montag«, dann wenigstens - wie die Nürnberger Bauhandwerker während des 18. Jahrhunderts - an jedem Montag und Samstag eine Stunde vor dem eigentlichen Arbeitsende Feierabend zu machen. Diese »nun schon zum Gewohnheitsrecht gewordene Eigenmächtigkeit« versuchte der Nürnberger Rat mit der neuen Bauordnung vom 11. August 1797 »bei ernstlicher und unausbleiblicher Strafe« zu unterbinden, doch vergeblich. Bereits nach einem halben Jahr stellte das Bauamt fest: Die Arbeiter »gehen auch nicht eher an und aus der Arbeit ab als sonst, kurz, sie bleiben bei ihrer alten Gewohnheit«.[22] Sicher existierte eine Reihe solcher Bräuche, die die Arbeitsproduktivität verminderten, gleich, ob es sich um Meister

Gesellenbrief der Hutmacherzunft, 1785

An der Wende vom 18. zum 19. Jahrhundert versuchten die Zünfte noch immer, ihre Rechte gegen Liberalisierung einerseits und staatliche Gewerbepolitik andererseits zu behaupten. In Wirklichkeit ging die Macht der Gilden dem Ende zu, denn die Gewerbefreiheit zog unverkennbar herauf, und Anfang des 19. Jahrhunderts wird die Niederlassungsfreiheit eine allgemeine Forderung der Handwerker. Damit zerbricht die Ordnung, die jahrhundertelang Leben und soziale Wirklichkeit der Handwerker bestimmt hat, die über Jahrhunderte einen in sich geschlossenen Kreis gebildet hatten.

oder Gesellen handelte. So war es beispielsweise üblich, die jeweils jüngsten Meister »von denen Aeltern mit Herumschicken, Aufwarten und dergleichen Diensten, zu ihrem mercklichen Schaden und bald anfänglichen Ruin« an der Arbeit zu hindern.[23]

Brachte der Reichsabschied von 1731 auch manche Abstellung von »Mißbräuchen«, so blieb doch die Geltung der Ehrbarkeitsnormen ungebrochen.[24] Zwar sollten sie von nun an der Vergangenheit angehören, aber die Wirklichkeit sah anders aus. »Ehrbarkeit« besagte nicht allein ehrbaren Lebenswandel von Meistern, Gesellen und Lehrlingen, sondern überdies eheliche Geburt und eheliche Zeugung – und dies nicht allein für die Eltern, sondern auch für die Großeltern. Ehrbarkeit besagte aber außerdem, daß mindestens diese beiden Generationen ein ehrbares Gewerbe ausgeübt haben mußten. Zu den nicht ehrbaren Gewerben zählte seit dem Mittelalter eine Reihe von Gewerben beziehungsweise Tätigkeiten, die für modernes Verständnis keinerlei Makel an sich tragen, beispielsweise auf dem platten Lande – also außerhalb der Zünfte – betriebene

Gewerbe, aber auch, wie schon erwähnt, das Gewerbe der Weber, Schäfer, Abdecker sowie das der Spielleute, Amts- und Gerichtsknechte, Scharfrichter und anderer. Allein die Berührung mit ihnen konnte den Verlust der Ehrbarkeit bewirken. »Ehrlichkeit« im Sinne der spätmittelalterlichen und frühneuzeitlichen Standes- und Zunftehre – im 18. Jahrhundert oft mit dem auszeichnenden Attribut »altdeutsch« versehen – unterscheidet sich also erheblich von der modernen Bedeutung: Sie umfaßte ein kompliziertes, durch Rechtsherkommen, Gewohnheitsrechte, Bräuche und ständische Ordnung entstandenes, nur historisch erfaßbares »Orientierungssystem«.[25]

Allein durch die ständische Struktur der Gesellschaft ist also zu erklären, warum einige Berufe noch im 18. Jahrhundert als »unehrlich« galten. Einen Schlüssel zum Verständnis liefert Justus Möser: »Der Mensch ist im Stande der Natur unehrlich ... Ehre nimmt ihren Anfang mit der Gesellschaft.« Konsequent unterschied Möser eine jeweils spezifische Standesehre und sah in verschiedenen Graden der Unehrenhaftigkeit, die er ebenfalls ständisch definierte, nichts Anstößiges: »Der Fürstenstand ist ohne königliche Ehre; der Grafenstand ohne fürstliche; der Stand der Ministerialen ohne gräfliche; der Bürgerstand ohne Ministerial-Ehre und der Abdeckerstand ohne bürgerliche Ehre.«[26] Und in anderem Zusammenhang erklärte Möser, ein »*ehrbarer* Mann« sei derjenige, »der eigentlich nicht durch eine Ausnahme, sondern der Regel nach frei ist«.[27]

Aufgrund der ursprünglichen, teilweise noch im 18. Jahrhundert üblichen rechtlichen Unfreiheit auf dem Land galten die dortigen Gewerbe als »unehrlich«, da die »Ehrlichkeit« eines Handwerks unter anderem an die ursprüngliche persönliche Freiheit gebunden war.[28] Und so attackierte Möser heftig den Reichsabschied von 1731: »Der Reichsabschied macht eine Menge von Leuten *ehrlich,* welche bis dahin für *unehrlich* gehalten wurden. Man kann aber darauf wetten, daß die Verfasser den Sinn des Worts *Unehrlichkeit* verfehlet und die Sache wiederum aus dem unpolitischen Gesichtspunkte der Menschenliebe betrachtet haben.«[29]

Mösers Ehrbegriff beruhte auf seiner historischen Herleitung aus dem mittelalterlichen Heerschild und der im Sachsen- und Schwabenspiegel enthaltenen, in sieben Rangstufen unterteilten Ordnung, die eine funktionale Trennung der Ständepyramide mit standesspezifischen Ehrbegriffen beinhaltete.[30] Wenn Möser die Ehrlichmachung »unehrlicher« Gewerbe durch die Landesherren kritisierte, erwuchs dies aus seinem ständischen Ehrbarkeitsbegriff, der die individuelle Ehre, beispielsweise eines Abdeckers, gar nicht betraf.

Möser lehnte den Reichsabschied von 1731 aber auch deswegen ab, weil sein durch das traditionale Recht geprägter Ehrbegriff eine ahistorische, rationalistische Ehrlichmachung durch die Obrigkeit als willkürlichen, unzulässigen Akt ansah. Er verteidigte das alte Recht aller Stände gegen das moderne Recht der Staatsräson. Zugleich aber bemängelte er naturrechtliche Setzungen, die eine unveräußerliche, natürliche Ehre des Menschen konstatierten, die *vor*ständisch und *vor*gesellschaftlich war und deshalb durch keine staatliche und soziale Ordnung tangiert werden durfte. Seine Kritik an der (aufgeklärt-christlichen) Menschenliebe, die den Verfassern des Reichsgutachtens von 1731 die Feder geführt habe, kam aus die-

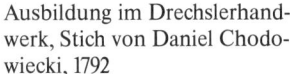

Ausbildung im Drechslerhand-
werk, Stich von Daniel Chodowiecki, 1792

Die allgemeine Regel war, daß
ein Meister zwar bis zu vier Gesellen beschäftigte (das war jedoch
schon die Ausnahme), aber mit
der drastischen Begrenzung der
Zahl der Lehrlinge – oftmals auf
nur einen – beschränkte man die
Zahl des Nachwuchses und hielt
daher den eigenen Lebenskreis
klein und den Preis der Ware
hoch. Das ist um so auffälliger, als
es im offenen Widerspruch zur
Bevölkerungsentwicklung stand,
sie sich in derselben Zeit stark
beschleunigte.

ser historisch-traditionalen Interpretation der Ehrbarkeit, die sich
gegen die naturrechtlich-rationale richtete, die im 18. Jahrhundert
zunehmend an Boden gewann.

Die Bezeichnung traditionaler Bräuche als Mißbräuche akzeptierte Möser keineswegs, insofern befaßte er sich auch nicht mit dem
symbolischen Charakter einzelner, im 18. Jahrhundert als irrational

eingestufter Handlungen, die sich vor allem darin äußerten, daß sie unmittelbar die »Unehrlichkeit« der Betroffenen herbeiführten. So bemängelte der Reichsabschied 1731, daß, »da ein Handwercker einen Hund oder Katze todt wirfft oder schläget oder erträncket, ja nur ein Aas anrühret und dergleichen, man eine Unredlichkeit daraus erzwingen will ... noch ferner unter dem falschen Wahn daraus fließender, jedoch gar keinen Grund habender Unredlichkeit, selbst denenjenigen, welche öffters, auch wohl bloß unwissend und unversehens, mit Abdeckern getruncken, gefahren oder gegangen, oder derselben einen oder ihr Weib und Kinder zu Grabe tragen helffen ...«

Auch das zu Unehrlichkeit führende »Aufheben« oder Zu-Grabe-Tragen von Selbstmördern wollte das Reichsgutachten nicht mehr akzeptieren.[31] Bezeichnend ist die Formulierung »gar keinen Grund habender Unredlichkeit«. Tatsächlich verlangten die Aufklärer ebenso wie der rational argumentierende Absolutismus der Landesherren nach Gründen, nach Begründung: Das bloße Rechtsherkommen, die bloß historische Begründung des »guten alten Rechts« reichte ihnen nicht aus. Bei den Zünften stieß indes gerade diese rationalistische Argumentation auf Unverständnis: Was gingen den Landesherrn oder gar den Kaiser korporative Normen an, und überhaupt: Warum sollte geändert werden, was seit alters so war, wie es war? Hier stießen Mentalitäten aufeinander, die so weit voneinander entfernt waren, wie das für Herkunft und Zukunft möglich ist.

Doch wäre die Meinung irrig, bereits gegen Ende des 18. Jahrhunderts seien die traditionalen Verhaltensweisen nur noch Erinnerung gewesen. So berichtete Goethes Freund Zelter, ursprünglich Maurermeister, später Direktor der Singakademie in Berlin: »Die Handwerksehre ging dem Handwerker über alles, und der geringste Schimpf oder die leiseste Verletzung erschuf eine Bewegung. Solche Bewegungen entstanden während meiner Lehrjahre und kurz vorher mehrere ... Ein Gesell warf dem andern eine tote Katze in seinen Kalkkasten. Augenblicklich warf dieser sein Handwerkszeug von sich, erregte die übrigen Arbeiter, welche das nämliche taten, und alle Gesellen dieses Baues zogen in Gesellschaft umher, riefen die Leute von anderen Bauen ab, und es entstand Bewegung in der ganzen Stadt.« Zelter führt nun zwei Alternativen der Schlichtung auf und bezeichnet damit den politischen und mentalen Wandel – stand die eine für die Tradition, so die andere für die Moderne: »Überließ man dem Gewerke, die Sache zu vermitteln, so war die Sache in einem Tage abgemacht, und die Schuldigen konnten nachher zur gebührenden Strafe gezogen werden. Dagegen ward aber das ganze Militär der Stadt in Bewegung gesetzt, um einige hundert trunkener Gesellen zu zerstreuen und zum Teil aufzubringen, und es gab einen Lärm, der eine ganze Woche dauerte.«[32]

Die Erzählung Zelters zeigt: Die Staatsgewalt duldete nicht mehr, daß die Zünfte selbst ihre Zunftehre wiederherstellten. Es ging nicht allein um die »Mißbräuche«, deren rechtliche Abschaffung im Jahre 1731 nichts daran änderte, daß im aufgeklärten Berlin des Jahres 1776 ein Maurer sich durch eine tote Katze in seiner Ehre gekränkt fühlte und sie nur durch zunftgemäße Reaktion retten konnte. Eine korporative Reaktion der Zunft schien gefordert, nicht individuelle Verhaltensweisen modernen Beleidigtseins oder gar

Maurer und Zimmerleute bei der Arbeit, Abbildung aus dem »Elementarwerk« von Johann Bernhard Basedow, 1774

Die Zahl der Maurer- und Zimmerleute vermehrte sich stark, hier galt nicht die strenge Beschränkung auf die alten Zunftregeln, der Grund lag vor allem in der ganz außergewöhnlichen Bautätigkeit, die im 18. Jahrhundert zu einem Anwachsen der Städte führte, dem nicht anders zu begegnen war.

staatliche Maßnahmen. Gerade solche Situationen beweisen die Stabilität des zünftigen Ehrbarkeitskodex und zugleich die Konkurrenz des moralisch-individuellen Begriffs der Ehrlichkeit.

In vielen anderen Städten hielt der Kampf um die Praktizierung der Reichszunftordnung von 1731 bis zur Einführung der Gewerbefreiheit im 19. Jahrhundert an. So blieb der Reichsabschied beispielsweise in Hildesheim auf das »Handwerk ohne beachtlichen Einfluß. Das Zunftwesen mit seinen ›Mißbräuchen‹ hielt sich fast unverändert bis zu seiner Aufhebung 1809.«[33] Eine besondere Rolle spielten während des 18. Jahrhunderts hier wie andernorts die Zugangsbeschränkungen. So weigerte sich die Hildesheimer Schneidergilde 1733, den zwar unehelich geborenen, aber durch eine nachfolgende Ehe legitimierten Schneider Bertram in die Zunft aufzunehmen und verstieß damit gegen den zwei Jahre zuvor ergangenen Reichsabschied. Zwar griff der Rat der Stadt zugunsten des Schneiders ein, doch vergeblich: Die Schneidergilde protestierte empört dagegen, daß ihre »gute und löbliche, durch vierhundert Jahre bewahrte Ordnung« durch das neue Gesetz aufgehoben worden sei und »fortan jeder, welcher nur laufen kommen, unter dem praetext des Kaiserlichen Mandats« in die Zunft aufgenommen werden müsse.

Dieser vehemente Protest der Gilde verunsicherte den Rat, er holte sich in Jena ein Gutachten, das jedoch eher die Stellung Bertrams stützte. Nachdem er nach einem Jahr noch immer nicht in die Zunft aufgenommen worden war, drohte der hartnäckige Schneider dem Rat mit einer Klage beim Reichshofrat in Wien. Offensichtlich kam es zu einem Vergleich, sei es, weil Rat und Zunft zurückschreckten, sei es, weil Bertram die hohen Kosten nicht aufbringen konnte: Die Schneidergilde erlaubte ihm die Betreibung seines Handwerks, ohne ihm indes die politischen Rechte zuzugestehen, die aus der Mitgliedschaft in der altstädtischen Korporation resultierten. Bertram zog daraufhin in die Neustadt um.

Die Erfahrung mit dem tapferen Schneider brachte die Gilde jedoch keineswegs zur Einsicht. 1751 verweigerte sie dem fünfzehnjährigen Sohn Bertrams die Einschreibung in die Schneidergilde, in die er als Lehrling aufgenommen werden wollte. Erst die

Drohung militärischer Exekution durch den Stadtrat machte die Schneidergilde gefügig, doch mit dem Vorbehalt, daß die Aufnahme von Bertram junior als Lehrling seine spätere Beförderung zum Meister nicht präjudiziere.

Nicht nur die Hildesheimer Schneider wollten die Reichszunftordnung von 1731 nicht akzeptieren, die Schmiede verhielten sich ähnlich: Als der Zinngießer Flegel, alteingesessener Bürger der Stadt und Mitglied der Schmiedeinnung, nach seiner Verlobung mit der Tochter eines anderen eingesessenen Bürgers namens Helmsen die Einschreibung seiner Braut in die Innung beantragte, um die Innungsfähigkeit künftiger Kinder von vornherein zu sichern, lehnten die Schmiede dies mit der Begründung ab, der Vater der Braut sei nicht »echt und recht erzielt«, sondern nach unehelicher Geburt erst nachträglich legitimiert worden. Flegel, als geschworener Innungsmeister in einer stärkeren Position als der arme Schneider Bertram, erhielt einen gewissen Beistand vom städtischen Ausschuß für die Angelegenheiten des Handwerks, doch letztlich ohne Erfolg. Als er sich daraufhin heimlich außerhalb der Stadt trauen ließ, verspielte er endgültig die Gunst seiner Innung, die er schon aufs Spiel gesetzt hatte, als er sich gegen die von ihm mitbeschworene Innungssatzung auf die Reichszunftordnung berief.

Seit 1744 ließen die Schmiedemeister Flegel nicht mehr zu den Meistersmahlzeiten und den Morgenansprachen zu. Er beschwerte sich, forderte schließlich von der fürstbischöflichen Regierung sein Recht. Doch diese ersuchte lediglich den Hildesheimer Magistrat um ein Urteil: Der Magistrat wiederum holte sich bei den Juristen der Universität Halle Rat, und diese gaben Flegel recht. Als daraufhin der Magistrat die Einschreibung der Frau Flegel anordnete, legten die Schmiedemeister Berufung ein, weil die Hallenser Gutachter des Hildesheimer Stadtrechts unkundig seien. Zwar verfügte der Rat auf Drängen der fürstbischöflichen Regierung die Exekution des Beschlusses, aber das bedeutete noch lange nicht Vollzug der Einschreibung. Es vergingen mit diesem Hin und Her und einem mehr oder weniger passiven Widerstand der Schmiedeinnung noch Jahre, bis Flegel und seine Frau schließlich 1747 nicht nur theoretisch, sondern auch praktisch ihr Recht erhielten. Doch lehnte die Innung die Übernahme der Prozeßkosten ab: Von neuem wurde prozessiert. Im Jahre 1752 versiegen die Quellen, elf Jahre nachdem der Schmiedemeister Flegel in Übereinstimmung mit dem Reichsrecht seinen Antrag gestellt hatte, aber mit dem Zunftbrauch in Konflikt geraten war.[34]

Daß es auch zünftige Handwerker – Meister und Gesellen – gab, die trotz ihres strengen Ehrbegriffs sich eine ganze Reihe von Verfehlungen zuschulden kommen ließen, belegt der Coburgische Rat und Amtmann Georg Paul Hönn in seinem »Betrugs-Lexicon« von 1761: Für die Meister führt er nicht weniger als 25 solcher frevelhaften Verhaltensweisen auf, die zum Teil mit Zunftnormen kaschiert wurden, bei den Gesellen nannte er immerhin 17 Beispiele.[35]

Bekannt sind in der Regel nur die Fälle, in denen ein Handwerker auf sein Recht pochte, die sicher erheblich zahlreicheren, in denen die Betreffenden resignierten, dagegen nicht. Und der Reichshofrat war fern, Exekutionsgewalt besaß er nicht. Auf der anderen Seite ließen die Zünfte oft reichsweit Listen kursieren, auf denen die

»Gescholtenen« – also diejenigen, die gegen die Zunftehre und ihre Normen verstoßen hatten – verzeichnet waren. Wer als Geselle bei einem »gescholtenen« Meister beschäftigt war, oder wer als Meister einen »gescholtenen« Gesellen beschäftigte und dies nach Aufforderung nicht unterließ, wurde ebenfalls gescholten.

Nicht allein die Durchsetzung der Reichszunftordnung stieß bis zum frühen 19. Jahrhundert auf Schwierigkeiten, vielmehr ließen bereits die Publikation und die rechtliche Anpassung der einzelnen Handwerksordnungen auf sich warten. Während die beiden Großmächte Österreich und Preußen den Reichsabschied bereits 1732 veröffentlichten – nachdem Preußen darauf gedrängt hatte, sie in beiden Staaten zur gleichen Zeit publik zu machen, weil anders die Wirksamkeit nicht garantiert werden könne –, dauerte es in manchen Reichsstädten fast Jahrzehnte, bis der Reichsabschied publiziert beziehungsweise formell durch neue Handwerksordnungen in Kraft gesetzt wurde. So zögerte die Reichsstadt Schweinfurt bis zum 27. Januar 1749, also nahezu achtzehn Jahre, obwohl die dann doch erlassene Ordnung fast wörtlich mit dem Text von 1731 übereinstimmte. Aufgrund des Widerstands der Zünfte dauerte es in denjenigen Städten besonders lange, in denen die Zünfte verfassungsmäßig am Stadtregiment beteiligt waren: Dies traf beispielsweise in Hildesheim zu und komplizierte die erwähnten Fälle beträchtlich.

Preußen erließ zwischen 1734 und 1736 61 Generalprivilegien für die Zünfte, deren Zweck es war, die bestehenden Handwerksordnungen mit dem neuen Reichsrecht in Einklang zu bringen. Im wesentlichen bestand dieses neue preußische Innungsrecht ohne entscheidende Veränderungen bis 1806 und, soweit nicht die Gewerbegesetzgebung von 1808 bis 1811 einzelne Passagen explizit außer Kraft setzte, sogar bis 1845.[36] König Friedrich Wilhelm I. hob aus »landesherrlicher Macht und Kraft« damit alle bestehenden Innungsbriefe und zünftigen Privilegien auf und ersetzte sie durch neue Handwerksordnungen. Weitere, den Reichstagsabschied von 1731 meist wörtlich wiederholende Verordnungen folgten in Hamburg 1753, in Holstein 1756, in Württemberg seit 1758, in Baden seit 1760 und in Braunschweig 1765. In Sachsen brachten nach einigen Anläufen erst die Generalinnungsartikel von 1780 eine wirkliche Anpassung an die Reichszunftordnungen von 1731. Schon diese Daten belegen die zögerliche Realisierung, denn tatsächlich sah sich Kaiser Franz I. 1764 veranlaßt, die mangelhafte Einhaltung zu beklagen, so daß der Reichstag in Regensburg 1771 dieses Thema wiederum auf die Tagesordnung setzte und die fortdauernden Mißstände im Handwerk rügte. Am 15. Juli 1771 erging erneut ein »Gutachten des Reichs-Tags, die Abstellung einiger Handwerksmißbräuche, insbesondere des sogenannten blauen Montags, betreffend«.[37]

Im letzten Drittel des 18. Jahrhunderts wurde in deutschen Territorien durchaus die Frage aufgeworfen, ob es nicht besser sei, die Zünfte überhaupt abzuschaffen. Einen neuerlichen Anlaß bot die Beratung des Allgemeinen Landrechts in Preußen. Svarez vertrat indes grundsätzlich die Ansicht, ein Staat dürfe »in der Grundverfassung einer von ihm bestätigten Gesellschaft eigenmächtig nichts ändern« wie »auch die Gesellschaft ohne sein Vorwissen und Genehmigung dergleichen Veränderungen nicht vornehmen« dürfe.[38] In seinen Anmerkungen zum gedruckten Entwurf des Allgemeinen

Schusterlehrling in der Werkstatt

Der Lehrling diente in dem jeweiligen Gewerbe nicht nur seinem Meister, sondern war nicht selten Handlanger der Hausfrau, der er auch in ganz berufsfremden Tätigkeiten zur Hand gehen mußte. Trotz aller »Innungsartikel« wurde er vielfach als Knecht genutzt, wenngleich solche Handwerksmißbräuche immer wieder gemaßregelt wurden.

Landrechts widersprach Svarez sogar dezidiert der Abschaffung der Zünfte: Die Gründe dafür seien »wenigstens zweideutig«, nur zu oft würden »Zunftmißbräuche mit der Zunfteinrichtung selbst verwechselt«. Auch seien die in anderen Staaten mit der Aufhebung der Zünfte gemachten Erfahrungen nicht günstig: »Solange man aber nicht mit vollkommener Gewißheit annehmen kann, daß ein überwiegend großer Vortheil für das allgemeine Beste dadurch zu erreichen stehe, so lange muß die offenbare Verletzung wohlhergebrachter und größtentheils in älteren Zeiten gar nicht unentgeltlich erworbener Rechte, ohne welche die gänzliche Aufhebung der Zünfte gar nicht erfolgen könnte, von einem solchen Schritte billig zurückhalten.« Solche Vorsicht schien Svarez um so angebrachter, als er zuversichtlich annahm, der Staat könne durch Reformen, durch die Zulassung von Freimeistern und andere liberalisierende Maßnahmen eine ausreichende Besserung der Gewerbestruktur erreichen und so jene »schätzbaren, beinahe nur noch in der Zunftverbindung anzutreffenden Überbleibsel der bürgerlichen Ehre«, die »gewiß nicht die geringsten« seien, retten.[39]

Tatsächlich gehören die Paragraphen über Handwerker und Zünfte zu den die Tradition wahrenden Teilen des Allgemeinen Landrechts (II,8, 3. Abschnitt §§ 179-400). Das Landrecht sah zwar vor, daß neue Gewerbe, für die keine Zunft oder Innung bestand, mit Erlaubnis der Obrigkeit frei betrieben werden konnten, doch blieb es dabei: »Wo Zünfte sind, muß ein jeder, der in der Stadt ein zunftmäßiges Gewerbe treiben will, sich in dieselben aufnehmen lassen« (ALR II,8, 3. Abschnitt §§ 179-181). Neue Zünfte konnte allein der Landesherr errichten, ebenso blieb es ihm unbenommen, Freimeister einzustellen, wodurch der im übrigen ausdrücklich bestätigte Zunftzwang faktisch eingeschränkt wurde: »Der Zunftzwang besteht in dem Rechte, die Treibung eines zunftgemäßen Gewerbes, innerhalb des der Zunft angewiesenen Distrikts, allen, welche weder zur Zunft gehören noch vom Staate besonders privilegirt sind, zu untersagen« (II,8, 3. Abschnitt § 224).

Das Allgemeine Landrecht bestätigte im allgemeinen die ältere Gewerbegesetzgebung seit 1718/1731 und regelte demgemäß die Zunftverfassung, das Meisterrecht, den Verkauf der Produkte sowie die Rechtsstellung von Gesellen und Meistern. Es bestätigte das ausschließliche Recht der zünftigen Meister zur Beschäftigung von Gesellen und Lehrlingen. Marktgesichtspunkte berücksichtigte auch das Allgemeine Landrecht nur ansatzweise beziehungsweise behielt sie einer lokalen Regelung vor. Die Arbeitsbeziehungen wurden bilateral ausgestaltet: Meister, Gesellen und Lehrlinge hatten Pflichten, aber auch Rechte. Zwar durfte der Meister den Lehrling »mäßig züchtigen«, dabei jedoch »die einem Vater vorgeschriebenen Gränzen nicht überschreiten«, ein mißhandelter Lehrling sollte bis zur Beendigung seiner Lehre bei einem anderen Meister untergebracht werden. Tatsächlich hatte es immer wieder Beispiele für üble Mißhandlungen von Lehrlingen gegeben. Die Fürsorgepflicht von Zunft, Armenkasse und Magistrat für erkrankte Gesellen, auch wenn sie arbeitslos oder zugewandert waren, wurde ausdrücklich hervorgehoben.

Wie wenig das Allgemeine Landrecht trotz des Verzichts auf Konservierung der Sozialstruktur des ganzen Hauses in dieser Frage persönliche und berufliche Sphäre trennte, geht beispielsweise aus folgendem Paragraphen hervor: »Der Meister ist befugt und schuldig, über das Betragen der Gesellen Aufsicht zu führen; sie zur Besuchung des öffentlichen Gottesdienstes und zu einem stillen und regelmäßigen Lebenswandel fleißig anzumahnen; von Lastern und Ausschweifungen aber, so viel an ihm ist, abzuhalten« (ALR II,8, 3. Abschnitt § 356). Bekräftigt wurde, daß die Gesellen »unter sich keine Commune oder privilegirte Gesellschaft« ausmachen: Versammlungsfreiheit wurde ihnen folglich nicht zugestanden, es sei denn im Rahmen der durch die Zunftsatzung oder Polizeigesetze gegebenen Zwecke.

Meistertafel der Weber von Vilsbiburg mit Darstellung des heiligen Bischofs Ulrich, 1812

Die preußische Zunftgesetzgebung war wie die der meisten größeren Territorialstaaten von dem Grundsatz geleitet, den die Kronprinzenvorträge über Recht und Verfassung dem österreichischen Thronfolger Joseph zu Zeiten Kaiserin Maria Theresias nahezubringen suchten. Was für Beamte und Gemeinden gelte, gelte auch für Zünfte und Handwerke: »Diese arbeiten unter dem Schatten der Majestät an einem gemeinschaftlichen Endzweck, folglich müssen sie alle von dem Wink des Regenten abhängen.« Der Fürst allein besitze das Recht, »ihnen Freiheiten zu erteilen, die Mißbräuche abzuschaffen, neue Gesetze und Ordnungen vorzuschreiben oder die bereits abgefaßten zu bestätigen, nachdem es dem gemeinen Wesen zuträglich ist«.[40]

Tatsächlich faßte das Allgemeine Landrecht nicht allein die preußische Gesetzgebung der dreißiger Jahre zusammen, sondern charakterisierte überdies die merkantile Gewerbepolitik der deutschen Territorialstaaten überhaupt: Zu den Zielen gehörte die eindeutige Subordination der Zünfte unter die staatliche Autorität ebenso wie die Rechtsvereinheitlichung und die Ersetzung des lokalen und partikularen durch territorialstaatlich-landesherrliches Recht. Neben der Rationalisierung der Zunftverfassungen nahmen sich die Landesherren auch der Arbeitsbeziehungen zwischen Meistern, Gesellen und Lehrlingen an. War dabei eine sozialpolitische Komponente durchaus erkennbar, so doch noch stärker die disziplinarische Unterordnung der Gesellen unter die obrigkeitliche Aufsicht sowie die Hausgewalt der Meister. Daneben spielte tatsächlich die wachsende Zulassung von unzünftigen Landhandwerkern in Preußen zwischen 1790 und 1806 eine erhebliche, die gewerbliche Struktur des Gesamtstaates modifizierende Rolle. Dieser Vorgang zählte zu den Strukturveränderungen gewerblicher Produktion.

In Österreich hatte sich im übrigen die Entwicklung zum nichtzünftigen Handwerk schon seit Beginn des 18. Jahrhunderts verstärkt. Seit 1725 erhielten viele Angehörige der schon seit Jahrhunderten zahlenmäßig wachsenden Schicht der nichtzünftigen Handwerker oder Störer eine sogenannte Hofbefreiung oder ein landesherrliches Dekret, wenn in den Residenzstädten Bedarf bestand: Tatsächlich korrespondierte die Zunahme dieser Schicht mit der Schließung der Zünfte. Diese Hofbefreiten und Dekretisten wurden gegen ein Schutzgeld direkt dem Landesherrn unterstellt. Die gesamte Gruppe der Handwerker, die sogenannten Professionisten, umfaßte in Wien im Jahre 1736 etwa 11 000 Personen, davon waren 3 345 zunftbürgerliche Handwerksmeister, 3 126 Dekretisten, 301 Hofbefreite und schließlich 2 942 Störer, die die landesherrliche

Hofbefreiung nicht oder noch nicht erlangt hatten. Tatsächlich waren also die zünftigen Handwerker bereits in der Minderheit.

1765 erging eine »Gewerbe- und Hanthierungsregelung«, die die kommerziellen Gewerbe in drei Gruppen einteilte: freie Gewerbe, Gewerbe, deren Ausübung das Bürgerrecht voraussetzte, und schließlich die Gewerbe, für die ein Schutzdekret erteilt wurde. Im übrigen reorganisierte Maria Theresia die staatliche Aufsicht und zentralisierte die Gewerbeverwaltung 1746 im Universalkommerzdirektorium für alle habsburgischen Länder. Am 30. März 1776 nahm eine Normal-Verordnung 84 einfachere Gewerbe von jedem Zunftzwang aus, allerdings wurde diese Zahl bald auf 64 verringert, da man einen Sturm der Entrüstung fürchtete. In den Jahren 1790 bis 1800 ergingen in Österreich weitere Gewerbegesetze, ohne daß allerdings eine wirkliche Gewerbefreiheit eingeführt wurde. Am Ende des 18. Jahrhunderts machte die österreichische Statistik schließlich keinen Unterschied mehr zwischen zünftigem und nichtzünftigem Handwerk – die Einebnung der Unterschiede konnte kaum deutlicher ausgedrückt werden.[41] Führte Joseph II. die liberalisierende Gewerbepolitik Maria Theresias fort, so brach Franz II. mit dieser Reformtradition: 1802 untersagte er die Erteilung weiterer Schutzdekrete und schränkte überdies 1815 die Befreiungen für die Ausübung von Gewerben wieder ein.

Der neuerliche Reichsabschied von 1771 und ein ergänzendes Dekret von 1772 forderten die strikte Einhaltung des Vorgängers von 1731, verboten den »blauen Montag«, erlaubten die Beschäftigung weiblicher Handwerker, hoben die Beschränkung der Zahl von Gesellen und Lehrlingen bei einem Meister auf, untersagten die Restriktionen für die Beschäftigung verheirateter Gesellen und ließen schließlich nun auch die Kinder von Abdeckern und Wasenmeistern zum zünftigen Handwerk zu – vorausgesetzt, daß sie »diese verwerfliche Arbeit noch nicht getrieben haben, noch treiben wollen«. Schließlich wurde bekräftigt, daß sich das Gesetz in Verbindung mit dem Reichsabschied von 1731 »auf alle handwerksmäßige Societäten und Gewerbe, sie mögen Namen haben, wie sie wollen, erstreket«.

Gesellenunruhen

Allerdings beseitigten auch diese Gesetze die bestehenden Widerstände nicht. Während sich im letzten Drittel des 18. Jahrhunderts die landesherrlichen Maßnahmen verstärkten und zum erheblichen Teil sogar über die Reichsgesetzgebung von 1731 und 1771/72 hinausgingen, sahen die Fürsten in den Handwerksbräuchen doch zunehmend »närrische Exzesse«. Die von den Meistern zäh verteidigten zünftigen Traditionen bildeten aber, wie schon die Reichsgesetzgebung zeigte, nicht die einzigen Probleme der merkantilistischen Gewerbepolitik, vielmehr verschärften sich die sozialen Auseinandersetzungen zwischen Meistern und Gesellen: Die Jahrzehnte nach 1731 brachten bis zur Jahrhundertwende die »*meisten und größten Streiks der Handwerksgesellen,* die bis dahin im Handwerk aufgetreten waren«, allerdings kaum in denjenigen Gewerben, in denen Ende des 18. Jahrhunderts zunehmend neue, maschinelle Produk-

Hoch-Fürstlich Anhalt=Zerbstisches MANDAT, Wegen des Von denen Schuh-Knechten zu Augspurg erregten Aufstandes,

De dato Zerbst, den 17. Junii 1729.

Fürstlich anhalt-zerbstisches Mandat wegen des Schuhmachergesellenaufstands in Augsburg 1729

Die meist aussichtslose und oft empörende Lage des Nachwuchses führte zu regelrechten »Gesellenaufständen«, deren Anstifter aber nicht nur durch die Zünfte selber, sondern auch durch die staatlichen Behörden verfolgt wurden. In allen Territorien des Reiches wurde nach Teilnehmern an solchen Aufständen gefahndet.

tionsmethoden Einzug hielten. Bei den zahlreichen, oft gleichzeitigen Arbeitsniederlegungen, die sich gegen die Arbeitsbedingungen richteten, standen die Gesellen in der Regel gegen die durch die landesherrlichen oder städtischen Obrigkeiten unterstützten Meister.[42]

Diese oft heftigen Auseinandersetzungen waren meistens auf zu geringe Entlohnung oder zu geringe Kost zurückzuführen, wobei nichtige Anlässe weitreichende Konsequenzen hatten. Bei der »Schimpfung« von Meistern, das heißt der Aufkündigung der »Zunftgerechtigkeit«, kam es auf Initiative der weiterwandernden Gesellen zu überlokalen oder überregionalen Solidarisierungen beziehungsweise zu Ächtungen derjenigen Gesellen, die sich nicht beteiligten. Wurde ein Handwerk »geschimpft«, so konnte kein Geselle mehr in ihm arbeiten, wollte er selbst »ehrlich« bleiben, also zum »ehrbaren« Handwerk gehören. Dieser starke Solidarisierungseffekt besaß eine organisatorische Basis in den seit dem Mittelalter bestehenden Gesellenbruderschaften, die nicht allein gemeinsame Geselligkeit pflegten, sondern auch wechselseitige Fürsorge in Notfällen praktizierten. Zu den Zielen der Reichszunftgesetzgebung und der anschließenden landesherrlichen Maßnahmen zählte es deshalb auch, die Gesellenvereinigungen auf ihre karitative Aufgabe zu beschränken und sozialpolitische Aktivitäten zu unterbinden.

Mangelte es an Arbeitskräften, kam es zur faktischen Anerkennung eines Streikrechts der Gesellen durch die Meister, obwohl die zeitgenössischen Schriftsteller normalerweise trotz Akzeptierung der materiellen Berechtigung eines Streiks unter Hinweis auf die Reichszunftordnung von 1731 ein Streikrecht prinzipiell bestritten und statt dessen den Gesellen eine ordnungsgemäße Kündigung als geeignetes Mittel zur Durchsetzung legitimer Forderungen empfahlen. Streik galt den meisten nicht unmittelbar betroffenen Zeitgenossen noch als Nötigung. Gesellenstreiks hatten auch in den Jahren nach 1789 auf die jeweilige Arbeitssituation bezogene soziale Gründe, kaum je aber politisch-revolutionäre Ziele. Insofern unterschieden sich beispielsweise die Streiks der Erlanger Schuhknechte von 1744, die sich auf moralische Normen der Ehrbarkeit bezogen, und die eher sozialen Auseinandersetzungen im Frankfurter Tischlerhandwerk zwischen 1779 und 1790, im Leipziger Schlosserstreik von 1788 oder in dem blutig niedergeschlagenen Breslauer Schneiderstreik 1793 nicht grundsätzlich voneinander. Im letzteren Fall kam es zum Einsatz des Militärs, 27 Tote sowie zahlreiche Verletzte waren zu beklagen. Auf seiten der Regierung war nun zweifellos Revolutionsfurcht im Spiele.

Ein Streik, der Einblick in die ökonomische Lage und Zielsetzung der Gesellen gewährt, war der Ausstand der Berliner Schneidergesellen im Jahre 1801. Den Anlaß lieferte eine auf Initiative der Berliner Schneiderinnung zustande gekommene Verfügung über Arbeitszeit und Entlohnung, die nach der Bestätigung durch König Friedrich Wilhelm III. am 27. März 1799 erging. Sie setzte den Lohn der Schneidergesellen auf 8 Groschen pro Tag fest und drohte jedem Meister, der mehr zahlte, eine Strafe von 7 Talern an. Die Arbeitszeit wurde auf die Zeit von 6 bis 12 sowie von 13 bis 21 Uhr festgesetzt.[43]

» Vor 3 Pf. Brodt,

vor 3 Pf. Butter,	
vor 3 Pf. Branttwein oder	
The beträgt auf 6 Tage	4 Gr. 6 Pfg.
Vor Mittags Eßen	
täglich 2 Gr.	12 Gr.
Vor Abend Eßen	
täglich 1 Gr.	6 Gr.
des Tages 2 Quart Bier	12 Gr.
des Sonntags vor	
Frühstück	1 Gr. 6 Pfg.
zu Mittage	2 Gr. 6 Pfg.
Zu Abende 1 Gr. 6 Pfg.	1 Gr. 6 Pfg.
2 Quart Bier	2 Gr.
die Woche Schlafgeld	3 Gr.
Vor Waesche	3 Gr. 6 Pfg.
Macht in Summe	2 Rthl. 6 Pfg.

Hier zeigt sich, daß an den Lohn, so wir Gesellen die Woche durch Verdienen, noch 6 Pfg. fehlen, um den körperlichen Nahrungsunterhalt zu bestreiten, ohne zu wissen, wo dessen Bekleidung besorgt werden soll. Welcher, wenn wir es ganz billig anzeigen sollen, folgendes betragen würde: erstlich alle zwey Jahr einen Rock vor 10 Rthl., wollen wir In wohlfeiler anschaffen, so würden wir keine Zwey Jahre damit reichen.

Das wäre also	
jährlich	5 Rthl.
Jährlich 2 Westen	
a Weste	
1 Rthl. 12 Gr.	3 Rthl.
zwey paar Hosen, a	
Paar 1 Rthl. 12 Gr.	3 Rthl.
zwey Hemden, a	
Stück 1 Rthl. 8 Gr.	2 Rthl. 16 Gr.
zwey Halstücher, a	
Stück 16 Gr.	1 Rthl. 8 Gr.
Ein paar Strümpfe in	
Stiefel zu tragen	16 Gr.
Zwei paar im Sommer	
in Schuh anzuziehen,	
a Paar 20 Gr.	1 Rthl. 16 Gr.
Zwei Taschentücher	
a Stück 6 Gr.	12 Gr.
Ein Paar Stiefeln	6 Rthl.
Ein Paar Schuh	1 Rthl. 6 Gr.
Ein Huth	1 Rthl. 8 Gr.
Jährliche Auflage	
Gelder vor die	
Kranken	2 Rthl.
Summe	28 Rthl. 10 Gr.

Dies ist also die Summa, die einen Schneider Gesellen gänzlich fehlt, wenn er vor beständig arbeitet und welcher sich gewiß wenig versichern kann, weil ofters der Fall eintritt, daß ein Gesell 2, auch wohl 4 Wochen ohne Arbeit ist. Da nun eine hohe Obrigkeit durch diese Auseinandersetzung der notwendigen Bedürfniße, welche in allen Stücken in einem solchen Preis stehen, daß der Geselle bey den festgesetzten Tagelohn nicht bestehen kan. Er stöhnt, so erkühnen wir uns ... als warum wir alleruntertänigst bitten, diese unsere Vorstellung in Euer Ohr gelangen lassen, damit sich auch höchstdieselben von der Lage der Schneider-Gesellen überzeugen, zu mahl da wir auch außer stand gesetzt werden, unsern kranken Mitbrüder die gehörige Unterstützung zu verschaffen und deren Zahl sich immer mehr vermehrt, weil sich die mersten Gesellen aus Unerfahrenheit an ihrer körperlichen Verpflegung abbrechen, um sich nur die nötigen Kleidung zu verschaffen; und sollten wir alle auf einen Lohn gesetzt werden, womit keiner bestehen kann, so würde dieß der Fall bey allen sey. Auch können wie den Hr. Geheimde Rath Fritz, so unsern Kranken seit 8 Jahren in Cur gehabt, mit zum glaubhaften Anweiß hierüber anfüren. Dieselben war es auffallend, woher wohl kommen, daß bey unsere Gesellschaft so viele Kranke an der Auszehrung und Schwindsucht litten und wovon auch jährlich gewiß 10 bis 12 sterben. Auf Anfragen wie viel Lohn ein Gesell verdient täglich, dem Altgesellen Lamake zur Antwort gab, 8 Gr., wo da derselbe erwiderte, dieses seye zu wenig, so würden die Gesellen sich um die andern Bedürfnisse zu bestreiten es gewiß an Biere abbrechen, und erklärte, das ein Schneider Geselle, so beständig sitzen, täglich 3, wenigstens 2 Quart gutes Bier trinken müsse, welches dieselben an Kranken so wohl, als den Altgesellen zur

Die Schneidergesellen erklärten, selbst 9 Groschen pro Tag reichten zur Bestreitung des Lebensunterhalts keineswegs aus und begründeten ihre Ablehnung der neuen Regelung mit einer Kostenaufstellung, die für den notwendigsten Lebensunterhalt pro Woche 2 Reichstaler und 6 Pfennige auswies. Zwei Reichstaler aber betrug allein der für Nahrung und Schlafgelegenheit aufzuwendende Wochenlohn, ohne daß in dieser Summe die Kosten für Kleidung und dergleichen enthalten gewesen wären: Dafür errechneten die Gesellen 28 Reichstaler und 10 Groschen jährlich. Demzufolge benötigte ein Berliner Schneidergeselle für seinen Lebensunterhalt, zu dem ausschließlich Nahrung, Kleidung und Wohnung zählten, um 1800 etwa 135 Reichstaler jährlich. Wie knapp diese Rechnung ausfiel, zeigen die Aufstellungen der Berliner Schneider. Doch blieb die Eingabe der Gesellen ohne Resonanz, so daß am 27. Juli 1801 200 Berliner Schneidergesellen die Arbeit niederlegten und zu ihrer Herberge zogen. Dort wurden sie von der Schloß- und Marktwache arrestiert und ins Rathaus gebracht. Die magistrale Untersuchung ergab vier unterschiedliche Grade des Vergehens, deren Schwere unter anderem davon abhing, ob sich die Gesellen zur Wiederaufnahme der Arbeit bereit erklärten. Folglich ergingen vier Strafmaße: das geringste lautete auf eine achtundvierzigstündige Gefängnisstrafe bei Wasser und Brot, die zur zweiten Gruppe Gezählten erhielten bis zu zwanzig Peitschenhiebe mit anschließender Einziehung der Kantonisten in ihre Regimenter beziehungsweise der nicht Kantonspflichtigen zu einer vierwöchigen Strafe im Arbeitshaus. Die höchste Strafe bestand in einer zwei- bis dreimonatigen Festungshaft. Der König bestätigte diese Urteile, so daß sie tatsächlich vollstreckt wurden, Gnadengesuche lehnte er nach Konsultierung seiner Ratgeber ab. Schon vorher hatten die Schneider in einem Schreiben an den König vom 2. April 1801 beteuert, daß »bey allen was heilig! ... keiner unter uns die Erhöhung des Arbeitslohn verlangt hat, sondern nur dasjenige, was von alten Zeiten her, in Gebrauch stets gewesen ist; nehmlich *daß ein jeder Meister nach seinem Gefallen, ohne allen Zwang, seine Gesellen* zu belohnen befugt verbleiben möchte. Dieses nur haben die gegenwärtigen Obermeister, so wie ein Theil der Meister, die nur zu weilen gute Arbeiter benötigt sind, abbringend wollen. Hirdurch nur allein sind die Unruhe entstanden ... Ew. Königliche Majestät werfen wir hiemit zu Füßen, und bitten in tiefster Erniedrigung ganz gehorsamst: Die hier submissest in Abschrift beigefügte Vorstellung, worauf wir keine Erhörung erlangt, durch einen unpartheiischen Richter, mit Zuziehung einiger hiesiger Mitmeister, Punkt für Punkt aller huldreichst untersuchen und priefen zu lassen. Hierdurch hoffen wir zuversichtsvoll, daß alle künftige Streitigkeiten gentzlich copiret und wir völlig beruhiget unsere Schuldigkeit nachleben werden können.«[44]

Revolutionär klang diese Bitte nun wahrlich nicht. Der König befahl schließlich eine Prüfung der Vorgänge, schaltete sich mehrmals persönlich ein und ordnete am 6. Januar 1802 ein neues Reglement an. Zwar änderte sich die Entlohnung von 8 Groschen am Tag nicht, doch blieb es künftig wieder jedem Meister freigestellt, höhere Löhne oder Zulagen zu gewähren. Auch die Arbeitszeiterhöhungen wurden rückgängig gemacht. Tatsächlich verwandten sich wiederholt Meister durch Eingaben beim König und baten um die Entlassung ihrer früheren Gesellen aus der Haft und ihre Wiedereinstellung.

Auf der anderen Seite war auch die ökonomische Lage vieler Meister keineswegs rosig, nur durch die Beschäftigung von Gesellen konnten sie in vielen Gewerben hoffen, wenigstens einen geringen Überschuß zu erwirtschaften. Also wird der Meister »bestrebt gewesen sein, die Arbeitsleistung zu steigern, den Lohn aber möglichst schmal zu halten. Das wiederum mußte den Widerstand der Gesellen hervorrufen ... Ihren schärfsten Ausdruck fanden die sozialen Spannungen und die permanente Unruhe unter den Gesellen in den Arbeitskämpfen, die das 18. Jahrhundert zu einem ›Zeitalter der Gesellenaufstände‹ (Hartwig Bopp) werden ließen.«[45]

Tatsächlich war die wirtschaftliche Lage der meisten Gesellen um 1800 schlecht, Aufstiegsmöglichkeiten besaßen auch die Tüchtigsten innerhalb ihres Handwerks kaum, die Auswege über eine außerzünftige handwerkliche Tätigkeit auf dem Land waren steinig. Aufgrund der nahezu immer aus wirtschaftlichen Gründen erfolgten Schließung der Zünfte konnten nur wenige Gesellen Meister werden, normalerweise nur über die Einheirat: entweder die Heirat einer Meisterstochter oder einer Meisterswitwe, die oft ihre Mutter hätte sein können. So lag in der badischen Stadt Durlach zwischen 1751 und 1780 der Anteil der Heiraten, bei denen die Frau (oft erheblich) älter als der Mann war, bei 30,38 Prozent, in Tondern betrugen die Anteile 28 Prozent für 1769 und 34 Prozent für 1803.[46] In manchen Territorien verschärften sich die Bedingungen gegen Ende des 18. Jahrhunderts noch: »Man konnte in Bayern, wenigstens in den größeren Städten, gegen 1800 nur noch mit voller Börse oder an der Hand einer verwelkten Meisterwitwe in den engen Ring der realberechtigten Meister eintreten.«[47]

Pflicht machten, es der Gesellschaft bekannt zu machen ... «
(Rudolf Wissell in: Des alten Handwerks Recht und Gewohnheit, Bd. 3, S. 182 f.)

3. Struktur des »sekundären« Sektors: Meisterbetriebe, Verlagswesen, Manufakturen

Tuchrauhen in der Manufaktur, Kupferstich von Antonio Baratta, 1772

Die technischen Neuerungen gingen am Handwerk im 18. Jahrhundert vorüber; der Zimmermann oder Schlosser arbeitete um 1800 mit denselben Methoden wie noch drei Jahrhunderte zuvor. Das zeigen die Abbildungen von Werkstätten, in denen dieselben Geräte gebraucht werden wie zur Dürerzeit. Es war die Organisation der Arbeit, nicht deren Technik, die sich im späten 18. Jahrhundert änderte; im 19. Jahrhundert sollte dann die Revolution der Technik selber alle Bereiche erfassen, wofür die Einführung der Dampfmaschine erhebliche Bedeutung gewann.

Die Ausbildungszeiten waren vergleichsweise lang, Heiratsbeschränkungen für wirtschaftlich Unselbständige – die beispielsweise Friedrich Nicolai bei den Nürnberger Zünften heftig tadelte[48] – betrafen auch die Handwerksgesellen. Die Lehrzeit dauerte zwischen zwei und sechs Jahren, nach der Lossprechung mußte der Junggeselle auf Wanderschaft gehen, die zwei bis fünf Jahre in Anspruch nahm. Lediglich für Meisterssöhne konnte die Wanderschaft, deren Organisation mit Hilfe der Gesellenbruderschaften des jeweiligen Gewerbes durchgeführt wurde, auf ein Jahr ermäßigt werden. Nach den Wanderjahren folgte die Arbeit bei einem ortsansässigen Meister, die »Muthzeit«. Im besten Fall konnte der Geselle danach das Meisterstück anfertigen, doch mußten für die Meisterprüfung erhebliche Gebühren erbracht werden. Einige Gewerbe waren in den Städten – zum Beispiel in Wien[49] – ohnehin an Grundstücke oder Häuser, sogenannte Realgerechtigkeiten, gebunden, wodurch sie faktisch erblich wurden. So kostete in Wien eine »Gerechtigkeit« für einen Perückenmacher 2 000, eine Kaffeehaus-Gerechtigkeit schon 8 000 bis 10 500 und eine Apotheker-Gerechtigkeit bereits 20 000 Reichstaler. Nicolai bemängelte noch 1781: »Ein großes Hinderniß der Industrie ist es, ... daß es einem Bürger so kostbar wird, in die Innungen zu kommen und die Gerechtigkeiten zu kaufen, vermöge deren er ein Gewerbe treiben darf.«[50]

Erlangte ein Geselle nun tatsächlich eine Meisterstelle, war gleichwohl an freies Wirtschaften nicht zu denken: Die Nahrung, nicht der über sie hinausgehende Erwerb blieb die Regel, durfte doch ein zünftiger Meister in vielen Gewerben nur einen einzigen Lehrling beschäftigen, der Verkauf von Waren anderer Hersteller war untersagt, ja sogar die Produktion der Meister selbst wurde reglementiert. Auch die Gesellenzahl blieb meist beschränkt, in Aachen beispielsweise, wie Georg Forster über die dortigen Weber berichtete, auf maximal vier. Die unzünftigen Freimeister durften ohnehin keine Lehrlinge oder Gesellen anstellen.

Eine rechtliche Änderung trat ein, als der Reichstagsabschied von 1771 den zünftigen Meistern eine beliebige Zahl von Gesellen und Lehrlingen erlaubte, doch paßten die Landesherren ihre Gesetze nur nach und nach an, als erste 1773 die Markgrafen von Baden. Allerdings erlaubten in Preußen bereits die Generalzunftprivilegien von 1734 einem Maurer- beziehungsweise Zimmermeister maximal 30 bis 40 Gesellen, zeitweilig wurden sogar 50 beschäftigt. In den siebziger Jahren galten in Berlin 23 bis 24 Gesellen bei Maurermeistern als Durchschnitt; Karl Friedrich Zelters Vater beschäftigte in den achtziger Jahren zeitweise 60 Maurer und 200 weitere Arbeiter, doch blieben dies im zünftigen Handwerk Ausnahmen, die zum Teil in den spezifischen Arbeitsbedingungen der Berliner Bauhandwerker begründet waren.

Um 1800 beschäftigte ein Drittel der Meister jeweils nur einen Gesellen, damals arbeiteten auf dem Gebiet des späteren Deutschen Reiches im Handwerk 1,23 Millionen Menschen, darunter allein 820 000 Meister sowie 410 000 Hilfskräfte.[51] Aus diesen Zahlen geht der hohe Grad an Selbständigkeit ebenso klar hervor wie die von den Zünften immer wieder beklagte »Übersetzung«, die eine Beschränkung der Meisterzahl erfordere mache.

Wie stark sich das Handwerk noch um 1800 auf traditionelle, in Kleinstbetrieben organisierte Formen konzentrierte, zeigt schon die Verteilung auf einzelne Gewerbezweige. So stellten die Schuhmacher 1805 in Preußen die mit Abstand größte Gruppe von Meistern, nämlich 46 509, es folgten die Schneider mit 39 672, die Schmiede mit 26 614, die Müller mit 25 485, die Bäcker mit 15 289, die Fleischer mit 11 443, die Tischler mit 11 394 und die Zimmerer mit 11 167 Meistern – also ohne Ausnahme die für den alltäglichen Bedarf von jeher zentralen Gewerbe. Allen anderen Gruppen von Meistern gehörten weniger, meistens noch weit unter 10 000 Personen an; nennenswerte Anteile besaßen noch die Rad- und Stellmacher, die Böttcher, die Maurer, die Kürschner sowie die Sattler und Taschenmacher.[52]

Selbstverständlich hatte die gewerbliche Produktion auch ausgeprägte regionale Schwerpunkte. Im übrigen begann die durch Zunftzwang und die konservierende Gesellschaftspolitik Friedrichs des Großen vorgegebene scharfe Grenzziehung zwischen Land und Stadt sich bereits vor 1800 aufzulockern, unter anderem durch die Zulassung von Freimeistern sowie neuer, aufgrund staatlicher Gesetzgebung nichtzünftiger Gewerbe. In der Kurmark ohne Berlin verteilten sich im Jahre 1802 die 24 416 selbständig Gewerbetreibenden wie folgt: 17 390 arbeiteten in der Stadt, immerhin schon 7 026 auf dem Land; in der Fabrikation betrugen die Beschäftigungszahlen 12 386 in der Stadt, 9 056 auf dem Land.[53] Wenngleich es auch hier regionale Differenzen gab, ändert dies doch nichts an der Einschätzung, daß das Landgewerbe sich bereits fest etabliert hatte. Von den 258 950 selbständigen Gewerbetreibenden in Preußen lebten 182 035 in der Stadt, 76 915 auf dem Land.[54] Tatsächlich vereinfacht also die rechtliche, soziale und ökonomische Zuordnung vom Gewerbe zur Stadt zu stark, war doch das Verhältnis etwa 7 : 3.

Der sekundäre Sektor, also die gewerbliche Produktion, in dem in

Modell der »Spinning Jenny«, des ersten mechanischen Spinnrads, um 1765

England ging auch in der Technisierung der Arbeit voran. Der mechanische Webstuhl setzte sich dort schon durch, als man in Deutschland noch in der alten Technik webte. Aber man hatte erfahren, was sich auf der Insel an Neuerungen tat, und immer mehr Besucher erkundeten die Revolution im Handwerk, weshalb denn die Reise in die englischen Manufakturen sehr bald schon wichtiger wird als die nach Frankreich und Italien, wohin es jahrhundertelang alle Gesellen gezogen hatte, die die fortgeschrittene Ausbildung studieren wollten.

Struktur des sekundären Sektors in Deutschland um 1800

Zweig	Handwerk in Prozent	Verlag in Prozent	Manufaktur in Prozent	Gesamt in Prozent	Gesamt absolut
Metall	5,6	1,0	1,0	7,6	170 000
Bau	10,4	0,0	0,0	10,4	240 000
Steine, Erden	2,9	0,0	0,2	3,1	70 000
Feinmechanik	0,7	0,1	0,1	0,9	20 000
Textil, Bekleidung	8,3	41,0	3,2	52,5	1 170 000
Holz, Papier	8,6	1,0	0,7	10,3	230 000
Nahrung	13,4	0,0	0,0	13,4	300 000
Bergbau	0,0	0,0	1,8	1,8	40 000
Gesamt	49,9	43,1	7,0	100,0	2 240 000

Deutschland mit Ausnahme Österreichs um 1800 rund 2,24 Millionen Menschen arbeiteten – dies entspricht einem Anteil an der Gesamtbeschäftigung von ungefähr 20 Prozent –, gliederte sich in drei Hauptgruppen: das Handwerk, das Verlagswesen und die Manufakturen.

Das Verlagswesen umfaßte vorindustrielle Produktionsformen, zu denen oft auch das Heimgewerbe, die sogenannte Hausindustrie, zählte: Die in dieser Weise rechtlich selbständig Arbeitenden produzierten ausschließlich und im Auftrag eines Verlegers, der ihnen die Rohstoffe lieferte, die bestellte Ware abnahm und sie vertrieb. Der Verleger war Lieferant, Kunde und Organisator von Herstellung und Verkauf, ohne direkt an der Produktion beteiligt zu sein. Allerdings war die Textil- und Bekleidungsfabrikation der einzige Sektor mit nennenswertem Anteil an der auf diese Weise dezentralisierten Hausindustrie, hier erfolgte die Produktion sogar ganz überwiegend im Verlagssystem. Die Textilherstellung bildete den umfangreichsten Produktionszweig des Gewerbes und umfaßte 52,5 Prozent der gewerblich Beschäftigten; 41 Prozent aller gewerblich Tätigen arbeiteten bei der Textilherstellung im Verlagssystem.

Das Verlagssystem, das nebenberuflich und folglich in kleinem Umfang betrieben wurde, ist nicht immer eindeutig vom Heimgewerbe oder vom Handwerk zu trennen, wie beispielsweise auch selbständige Handwerksmeister oftmals im Auftrag eines Verlegers arbeiteten. Es stellt entwicklungsgeschichtlich eine »Übergangsform vom Handwerk zu den kapitalistischen Betriebsformen des Gewerbes« dar.[55]

Bei Manufakturen handelte es sich um vorindustrielle unzünftige Gewerbebetriebe, in denen noch überwiegend in Handarbeit, aber bereits arbeitsteilig produziert wurde. Die Manufakturen bedurften, da sie außerhalb des zünftigen Gewerbes standen, der landesherrlichen Privilegierung und Konzession. Sie besaßen Vorläufer in schon immer arbeitsteilig produzierenden Gewerben, wie beispielsweise Bergwerken, und entstanden unter starker landesherrlicher Förderung im 17. und 18. Jahrhundert in einigen für diese Produktionsweise besonders geeigneten Gewerben, vor allem in der Fertigung von Luxusgütern wie Porzellan, Tapisserien, Teppichen. Manufakturen sind also – mit einigen Ausnahmen wie etwa der Augsburger Kattundruckerei – nicht aus dem autonomen städtischen Gewerbe oder der Marktstruktur hervorgegangen, sondern entsprangen territorialstaatlich-fürstlicher Initiative.

Die Manufakturen beschäftigten eine unterschiedliche Zahl von Lohnarbeitern, jedoch kaum unter zehn, oftmals Hunderte, gelegentlich sogar Tausende. Charakteristisch war, von Ausnahmen abgesehen, die Trennung von Wohnung und Betrieb. Ebenso bemerkenswert für die arbeitsteilige innerbetriebliche Organisation war es, daß die Leitung durch den Manufakturunternehmer, der das Kapital besaß (oder mit staatlicher Hilfe bereitstellte), Betriebsführung und Handarbeit, die im Handwerk noch verbunden waren, trennte. Der rechtlich nicht abhängige Manufakturarbeiter besaß keinerlei Eigentum an den Produktionsmitteln, die der Manufaktur gehörten.

Verteilte das Verlagssystem die Produktion auf zahlreiche, nach Stückzahl bezahlte, in der eigenen Wohnung oder Werkstatt Arbei-

Die Kunst der Porzellanherstellung breitete sich ab der Mitte des 18. Jahrhunderts vor allem in Nordeuropa aus; Kopenhagen, London, Paris und Meißen, später auch die Königlich Preußische Porzellanmanufaktur zu Berlin sind die wichtigsten Herstellungsorte des neuen Materials, das, ursprünglich für die Herrscher erfunden, sehr bald die Bedürfnisse wohlhabender Bürger befriedigte. In dieser geographischen Verlagerung nach dem Norden Europas sowie in die territorialstaatliche Gewerbeförderung spricht sich der Niedergang vieler Reichsstädte Süddeutschlands aus. Regensburg, Passau und Nürnberg spielen keine Rolle für die neuen Manufakturen, was auch daran liegt, daß aufgrund der Seeschiffahrt der küstennahe Kornpreis im Norden sinkt und also mehr Geld für die Befriedigung luxuriöser Bedürfnisse übrigbleibt.

tende, so zentralisierte die Manufaktur diese im Betrieb des Manufakturunternehmers. Gelegentlich gehörten mehrere Produktionsstätten dazu. Daneben existierten Manufakturen, bei denen nicht der gesamte Produktionsprozeß in einem Betrieb stattfand, sondern einzelne Herstellungsphasen ausgegliedert waren. Der Begriff »dezentralisierte« Manufaktur erfaßt dennoch diese Betriebsform nicht angemessen. Ein Beispiel für solche Mischformen bildete etwa die Linzer Wollmanufaktur, die Mitte der achtziger Jahre ungefähr 35 000 Spinner und Weber beschäftigte, deren größter Teil nicht im Betrieb arbeitete, sondern im Verlagssystem.

Die ebenfalls am Ende des 18. Jahrhunderts nach englischem Vorbild in Deutschland vereinzelt entstehenden Fabriken unterschieden sich von den Manufakturen prinzipiell durch die Mechanisierung der Arbeit aufgrund des technischen Fortschritts. Die Maschine begann hier die Handarbeit zu ersetzen, zumindest aber wesentlich zu ergänzen. Obwohl im Sprachgebrauch am Ende des 18. Jahrhunderts nicht zwischen Manufaktur und Fabrik unterschieden wurde, handelte es sich doch um unterschiedliche Betriebsformen. Allerdings erlangten die Fabriken damals noch keine nennenswerte wirtschaftliche Bedeutung. Das früheste deutsche Beispiel ist die mechanische Baumwollspinnerei des Elberfelder Leinwarenhändlers Brügelmann in Ratingen bei Düsseldorf, die 1784 mit 70 bis 80 Arbeitern begann und bezeichnenderweise einen englischen Namen erhielt: Cromford.

In Berlin wurde 1795 die erste Baumwollmaschinenspinnerei mit Dampfmaschine eröffnet, in Harthau bei Chemnitz gründete der aus der Pfalz stammende C. F. Bernhard, der eine Zeitlang in Manchester gelernt hatte, ebenfalls eine maschinell produzierende Spinnerei. Weitere Gründungen erfolgten in habsburgischen Ländern, insbesondere im nördlichen Böhmen.[56]

Zweifellos gewannen die Manufakturen im 18. Jahrhundert eine ungleich größere wirtschaftliche Bedeutung als die Fabriken, doch führt die zuweilen anzutreffende, auf Karl Marx zurückgehende, aber schon von Max Weber und Werner Sombart zu Recht abgelehnte Bezeichnung »Manufakturperiode« in die Irre, arbeiteten doch insgesamt nur sieben Prozent der Beschäftigten um 1800 in dieser Betriebsform. Allein in der Textilherstellung und -verarbeitung gewannen die Manufakturen mit einem Beschäftigungsanteil von 3,2 Prozent ein etwas größeres Terrain.

Die Gesamtzahl der Manufakturen betrug in Deutschland im letzten Drittel des 18. Jahrhunderts über 1 000, die meisten befanden sich in den deutschen Erbländern Habsburgs, insgesamt 280, davon die Hälfte allein in Niederösterreich, es folgte Brandenburg-Preußen mit 220, wovon der größte Teil (120) in den mittleren Provinzen Preußens, vor allem also in der Kurmark, lag.[57] Von den Mittelstaaten besaßen nur Sachsen mit 170 und Kurpfalz-Bayern mit 150 eine nennenswerte Zahl an Manufakturen, wenngleich es darüber hinaus weitere regionale Schwerpunkte gab, beispielsweise das rheinisch-westfälische Gebiet. Ein Drittel der Manufakturen entfiel auf die Textilherstellung, ein erheblicher Teil auf die Fayence- und Porzellanproduktion. In Preußen arbeiteten im Jahre 1802 von 174 288 Manufakturarbeitern 85 Prozent im Textil- und fünf Prozent im Metallgewerbe. Der Rest verteilte sich auf verschiedene Sektoren.[58]

In der Porzellanproduktion dürfte der Anteil der reinen Staatsbetriebe – insgesamt etwa 60 in Deutschland – am höchsten gewesen sein.[59] Einige der staatlichen Porzellanmanufakturen erlangten Berühmtheit: Die erste in Europa wurde 1710 in Meißen gegründet, es folgten Wien 1718/19 (1744 verstaatlicht), 1747 Nymphenburg, 1753 Fürstenberg, 1760 Berlin, dessen Manufaktur sich – für 225 000 Taler von Friedrich dem Großen 1763 gekauft – zur Königlich Preußischen Manufaktur (KPM) mauserte und um 1782 bereits an die 500 Arbeiter beschäftigte – damals das größte staatliche Unternehmen Preußens.

Die besondere Vorliebe vieler Fürsten war abzulesen an den kräftigen Finanzspritzen für bestehende oder neu zu errichtende Manufakturen. Sie erfolgten in Form von Krediten, verlorenen Zuschüssen, Steuerbefreiungen, kostenlosen Holzlieferungen sowie fortdauernder Subvention und Protektion. Allerdings bedurften die ökonomisch gesunden Manufakturen keiner staatlichen Gelder; einige der privaten Manufakturen erwiesen sich sogar als besonders ertragreich. Der Augsburger Manufakturunternehmer Schüle, der Kattun produzierte, erzielte in den Jahren 1769 bis 1781 mit einem Einlagekapital von 480 000 fl. einen Reingewinn von nahezu 889 000 fl., was einem Durchschnitt von 15,4 Prozent des investierten Kapitals entsprach.

Friedrich II. errichtete in Preußen bald nach Regierungsantritt 1740 ein »Departement für Manufactur und Commerziensachen« innerhalb des Generaldirektoriums, zu dessen wesentlichen Aufgaben die Verbesserung der Produktion, die Gründung von Manufakturen und statistische Erhebungen als Basis künftiger Wirtschaftspolitik zählten. Wie einer Marginalie Friedrichs zu entnehmen ist, ging es ihm um die Förderung des einheimischen Gewerbes. Er wollte überdies »verhindern, das nicht unnöthig gelt aus dem Lande gehe«, was den Manufakturen zugute kommen sollte. Der König

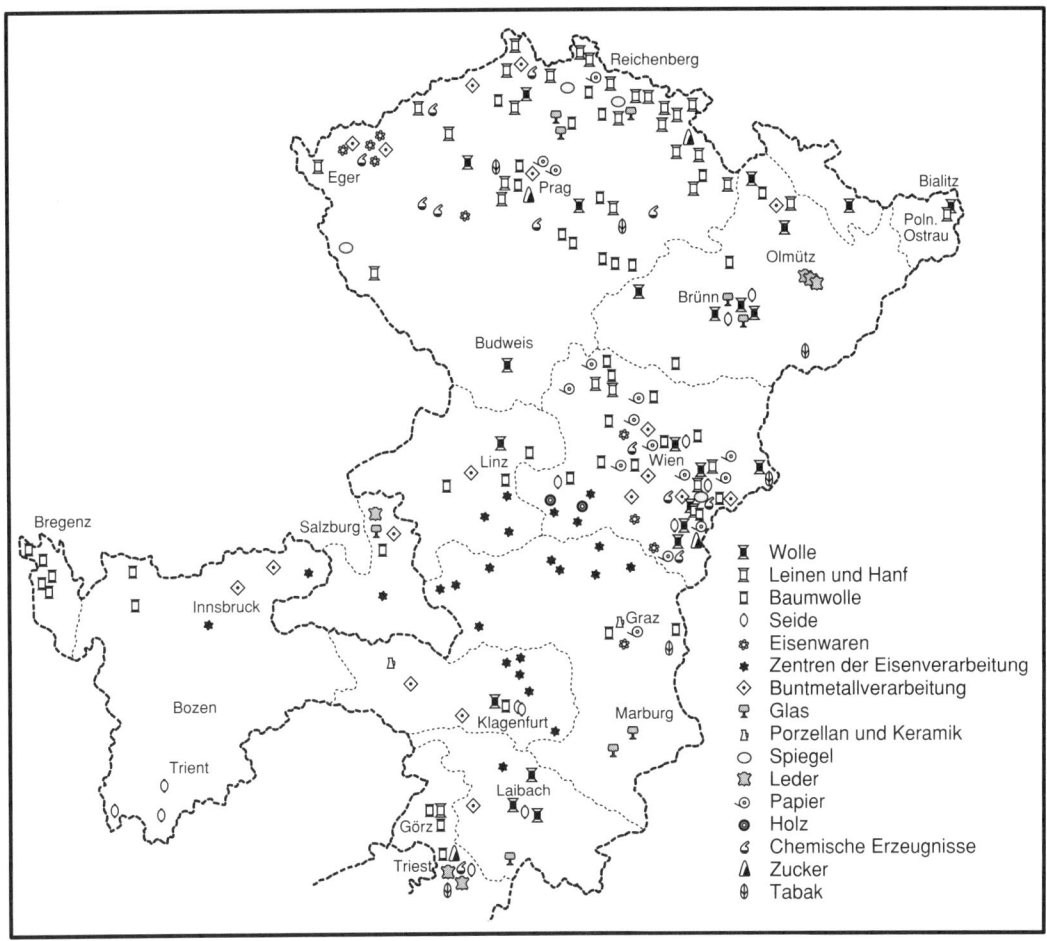

Reichenberg · Eger · Prag · Bialitz · Poln. Ostrau · Olmütz · Brünn · Budweis · Linz · Wien · Bregenz · Salzburg · Innsbruck · Graz · Bozen · Marburg · Trient · Klagenfurt · Laibach · Görz · Triest

⍓	Wolle
⊞	Leinen und Hanf
▯	Baumwolle
◊	Seide
⊙	Eisenwaren
✳	Zentren der Eisenverarbeitung
◇	Buntmetallverarbeitung
♉	Glas
◮	Porzellan und Keramik
○	Spiegel
⛨	Leder
⊙	Papier
⊙	Holz
ᘓ	Chemische Erzeugnisse
△	Zucker
⦶	Tabak

ordnete an, einen »außzug zu machen von allerhand art von mani-
factuhren die fehlen« und »exsaminiren wohr man Solche ansetzen
kann und wie starck solche Manifactur werden kann nach der Ein-
lendischen consomption«.[60]

Seit 1766 wurde eine General-Fabriken-Tabelle über alle Manufakturen und Fabriken in Preußen angelegt, die nach einem vorgegebenen Schema genaue Angaben über Ausstattung, Produktivität, Einkauf von Rohmaterialien, Absatz und Abnehmerländer
enthalten sollte. Vom Ende des 17. Jahrhunderts bis ungefähr 1770
existierten in Preußen 25 Unternehmen mit 51 bis 100 Beschäftigten
und 34 mit mehr als 100 Beschäftigten, das größte war die 1686
gegründete Gold- und Silberfabrik Ephraim & Söhne, die es 1769 auf
845 Beschäftigte brachte und deren Inhaber als Jude zwar Manufakturunternehmer, nicht aber zünftiger Handwerksmeister werden
konnte. Die 1722 gegründete Gewehrmanufaktur Splittgerber &
Daun beschäftigte 800 Mitarbeiter. Die 1731 in Krefeld gegründete
Samt- und Seidenmanufaktur von der Leyen & Lingen hatte einen
Personalbestand von 726 Personen. Wie Ephraim war auch von der
Leyen Mitinhaber weiterer großer Manufakturen.[61] Während der

Der Manufakturbestand in den
deutschen Erbländern der
Habsburgermonarchie unter
Maria Theresia und Joseph II.

Regierungsjahre Friedrichs des Großen kam es insbesondere zwischen 1750 und 1770 zu einer Gründungswelle, insgesamt nahm seit seinem Regierungsantritt die kapitalistische Produktionsform einen erheblichen Aufschwung, nicht zuletzt durch Heereslieferungen.

Trotz solch landesherrlicher Förderung erwiesen sich viele der Manufakturen als Zuschußbetriebe, als besonders krisenanfällig und oft kurzlebig. Nicht wenige Zuschüsse an die Manufakturen wanderten in die Taschen von Beamten, so daß man in bezug auf die staatlichen Betriebe sogar von Korruptionsgeschäften gesprochen hat. Die Betriebs- und Produktionsform, in der die territorialstaatliche Gewerbepolitik am freiesten schalten und walten konnte, wurde dadurch zum Prüfstein des Merkantilismus. Neue gewerbliche Sektoren wurden mit Hilfe der Manufakturen ebenso erschlossen, wie organisatorische und technologische Neuerungen erprobt werden konnten. Schließlich wurde die Förderung von Manufakturen zu einem wesentlichen Instrument regionaler Strukturpolitik. Sie ermöglichte die Massenproduktion für den Heeresbedarf, aber befriedigte zugleich den durch das Bevölkerungswachstum stark angestiegenen Kleidungs- und Textilbedarf überhaupt.

Allerdings zeigte sich auch in diesem Sektor die Regelungswut des kameralistischen Staates, der trotz vielerlei Einsichten des Guten zuviel tat: »Betrachtet man rückschauend die Fülle der zu diesen Punkten erlassenen landesherrlichen Gesetze und Anordnungen, so ist es geradezu beklemmend zu sehen, daß die einzelnen merkantilistischen Maßnahmen für sich allein gesehen durchaus vernünftig erscheinen und eines gewissen Scharfsinns ihres Entwerfers nicht entbehren. In ihrer Summierung indes und in ihrer gesamtwirtschaftlichen Wirkung ergab sich ein kaum mehr überschaubares (weder von der Obrigkeit, geschweige denn von einem einfachen Zollbeamten oder Manufakturinspizienten) verworrenes Knäuel von Verordnungen, Privilegien, Verboten und an ganz bestimmte Bedingungen geknüpften Sondererlaubnisse, die keineswegs mehr zielkonform wirkten, die zu abrupt geändert ... wurden und so die langfristige Wirtschaftsplanung eines Unternehmens überaus erschwerten. Man muß der landesherrlichen Wirtschaftspolitik einen Schuldanteil an der hohen Konkursquote der merkantilistischen Manufakturen zusprechen.«

In Bayern kam es zu verschiedenen Gründungswellen, wobei die Welle von 1740 bis 1799 75 neue Manufakturen hervorbrachte, von denen 28 in Konkurs gingen. Die dritte und letzte Welle fiel paradoxerweise schon in die Phase der liberalen Gewerbe- und Handelspolitik 1800 bis 1829: Damals wurden in Ober- und Niederbayern, der Oberpfalz, Neuburg sowie Sulzbach insgesamt 87 Manufakturen gegründet und 59 Konkurse angemeldet.[62]

Auch in Bayern konzentrierten sich die Manufakturen in wenigen Städten, insbesondere der Residenzstadt München, die sich im Gegensatz zur »Dezentralisation des Handwerks ... allmählich zu einem *Zentrum* der großgewerblichen Erzeugung« herausbildete: Ohne Einschluß der Glashütten lagen ungefähr zwei Drittel der zwischen 1740 und 1833 nachgewiesenen 125 Manufakturen mit zehn und mehr Arbeitern in Städten, davon allein 43 Prozent in München und seinen Vororten.[63] Insgesamt erlangten die Manufakturen in Bayern in quantitativer Hinsicht keine dem Handwerk vergleich-

Eisenwerk in Baruth in der Mark Brandenburg

Der Dampf bringt nicht nur eine Revolutionierung des Handwerks, er ermöglicht auch dort, wo bislang keine Wasserkraft gewesen war, den Einsatz von Maschinen – mechanischen Webstühlen oder Eisenwalzwerken. So wurden Regionen industrialisiert, die bislang fern der modernen Entwicklung gelegen hatten, selbst die Mark Brandenburg.

bare Bedeutung, blieben hier auch hinter dem Anteil, den die preußischen Manufakturen auf dem Arbeitsmarkt und in der wirtschaftlichen Produktion besaßen, zurück: In den um 1790 in Altbayern bestehenden 70 Manufakturen arbeiteten etwa 1 400 Arbeiter, bei denen es sich zu 30 Prozent um Fachkräfte handelte. Im Auftrag der Manufakturen, die Verlegerfunktionen ausübten, waren weitere 2 000 bis 3 000 Handwerker tätig. Zur gleichen Zeit arbeiteten in Bayern jedoch 49 000 selbständige Handwerker, 27 600 Gesellen, 7 500 Lehrlinge und sonstige Hilfskräfte. Nach Schätzungen lag der Anteil der Manufakturen am Bruttosozialprodukt Altbayerns im letzten Jahrhundertdrittel unter einem Prozent.[64]

Wenngleich die qualitative Komponente (und bei den Porzellanmanufakturen außerdem die künstlerische) sowie die entwicklungsgeschichtliche Bedeutung der Manufakturen für die Ausbildung moderner kapitalistischer Produktions- und Betriebsformen nicht außer acht gelassen werden darf, so lautet das Ergebnis doch auch für Bayern, das immerhin hinter den habsburgischen Ländern, Preußen und Sachsen den vierten Rang in der Manufakturproduktion der deutschen Territorialstaaten einnahm: Die merkantilistische Gewerbepolitik der Landesherren erzielte auf diesem Feld lediglich sehr begrenzte Erfolge.

Sicher existierten erfolgreichere Ausnahmen, in Preußen und Böhmen beispielsweise, vor allem aber im Rheinland: Hier florierten insbesondere das Textil- und das Metallgewerbe, aber anders als in Westfalen, wo diese beiden ebenfalls die Hauptstützen des Gewerbes bildeten, blieben sie in der zweiten Hälfte des 18. Jahrhunderts nicht so stark mit dem Landhandwerk und dem Heimgewerbe verflochten, sondern tendierten stärker zu moderneren Betriebs- und Produktionsformen wie der Manufaktur und später auch zur Fabrik.

So führten die territorialstaatlichen Maßnahmen im rheinischen Raum, insbesondere die der geistlichen Fürstentümer, »kaum zu einem staatlichen Dirigismus«, so daß sich hier der Merkantilismus stärker als in den meisten anderen Territorien mit der Aktivität eines durch Eigeninitiative charakterisierten Wirtschaftsbürgertums verband.[65] Der wirtschaftliche Strukturwandel zeichnete sich beson-

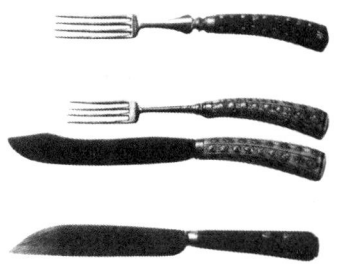

Solinger Bestecke mit verschiedenen Griffassungen, Ende des 18. Jahrhunderts

ders früh im Bergischen Land ab, wo Wuppertal zum eigentlichen Zentrum der bergischen Textilproduktion wurde. Zwischen 1760 und 1800 stieg hier die Zahl der Webermeister von 300 auf über 1 000.

Der »reisende Franzose« Johann Kaspar Riesbeck, der beklagte, daß in Köln aller »Industriegeist ... durch das Mönchswesen und die von ihm unzertrennliche Liederlichkeit unterdrückt« werde, zeigte sich ein Stückchen rheinabwärts über die dortigen »Länder« begeistert: »Ihr Anbau und Reichtum übertraf meine Erwartung so sehr, daß ich nicht genug staunen konnte. Alle Städte und Städtchen wimmeln von Fabrikanten. Mühlheim, Elberfeld, Solingen, Soest, Hamm, Duisburg, Moers, Wesel, Kleve und noch viele andre Städte sind voll der wichtigsten Manufakturen. Man verfertigt eine unglaubliche Menge Leinen- und Baumwollzeuge, versieht fast alle Gegenden des Oberrheins, fast ganz Schwaben und Franken mit gebleichtem Zwirn, hat Tuch-, Seiden- und Cottonmanufakturen und verarbeitet, besonders zu Solingen, Stahl und Eisen so gut, daß es nach den Engländern keine andre europäische Nation hierin den Einwohnern gleichtut. Ihr Handel breitet sich durch die Niederlande, einen Teil von Frankreich und durch das ganze Reich ... aus.«[66] Und ein anderer Zeitgenosse urteilte über Krefeld, die tüchtigen Fabrik- und Kaufherren sorgten dafür, daß die Stadt zu der »niedlichsten, saubersten, freundlichsten und blühendsten Manufakturstadt« der Zeit geworden sei.[67]

Zu den Ursachen zählte Riesbeck neben der Fruchtbarkeit dieser Landstriche vor allem den bewunderungswürdigen Fleiß der Bewohner, der sie »unter die Klasse der reichsten und merkwürdigsten« deutschen Länder setze. »Eine sanfte Regierung, die von patriotischen Landständen gegen Despotie gesichert ist, trägt nicht wenig zu ihrem blühenden Zustand bei.« Anders als viele aufgeklärte Kritiker sah Riesbeck keinen Unterschied in der »Industriosität« zwischen Protestanten und Katholiken dieser Gegend: Weder schade es in dieser Hinsicht, daß die dortigen Protestanten weniger aufgeklärt seien als in vielen anderen deutschen Ländern, noch schade die »Bigotterie der Katholiken dieser Gegenden ... dem Kunstfleiß und Anbau des Landes, ... weil sie durch die Erziehung bloß auf solche Dinge gerichtet wird, die auf die Sitten und das bürgerliche Leben keinen Einfluß haben«.[68] Nicht die Religion, sondern die Regierung sei die Ursache für die wirtschaftliche Rückständigkeit Kölns, sie sei der nämlichen »Verwilderung« ausgesetzt wie die anderen »bürgerlichen Verhältnisse«: Aus diesem Grund dürfe man nicht der Religion selbst zur Last legen, »wenn sie der bürgerlichen Gesellschaft nachteilig ist«.

4. Merkantilismus und Kameralismus

Der Geheime Preußische Registrator, Ökonom und Statistiker Leopold Krug, auf dessen Wirken die Gründung des Königlich Preußischen Statistischen Büreaus 1805 zurückging, setzte sich im selben
Jahr mit der Frage auseinander, worauf die Etablierung von Manufakturen zurückzuführen sei. Krugs Antwort beschrieb nicht allein
die Ursachen, sondern die Grundprinzipien merkantilistischer Wirtschaftspolitik überhaupt, die in der zweiten Hälfte des 17. Jahrhunderts der Finanzminister Ludwigs XIV., Jean-Baptiste Colbert, in
Frankreich so erfolgreich praktiziert hatte: »Die mehresten Staaten
Europens haben in Hinsicht auf die Fabriken und Manufakturen
und den sogenannten Erwerbsfleiß in den neuern Zeiten ein überall
ziemlich ähnliches Sistem befolgt ... Man hielt die Macht und den
Reichthum des Staats für unmittelbare und nothwendige Folgen des
Bestrebens: die inländischen Werkstätten des Kunstfleißes so zu
erweitern, daß auch Ausländer mit den Waaren derselben versorgt
werden könnten; man hielt das Geld, welches von Ausländern für
Produkte des inländischen Kunstfleißes bezahlt wurde, für baaren
Gewinn der Nation und diesen für das beste Mittel, die sogenannte
Handelsbilanz für sich vortheilhaft zu machen.«
   Krug verwies überdies auf ein anderes wesentliches Prinzip des
Merkantilismus, nämlich, »daß das Glück, die Macht und der Wohlstand eines Staats vorzüglich in der Menge seiner Unterthanen bestehe, erweckte den Wunsch der Regierungen, durch Fabriken und
Manufakturen die Zahl der Unterthanen zu vermehren, und so viel
als möglich von dem Auslande, welches ihre Fabrikate kaufen sollte,
ernähren zu lassen«.[69]
   Tatsächlich dominierte sowohl in der ökonomischen Theorie als
auch in der Wirtschaftspolitik vor allem der west- und mitteleuropäischen Staaten der sich bereits seit dem 16. Jahrhundert ausbildende Merkantilismus bis ins letzte Drittel des 18. Jahrhunderts:
Erst dann stellten ihn die Physiokraten sowie der Wirtschaftsliberalismus fundamental in Frage. Der Merkantilismus prägte also über
zwei Jahrhunderte hinweg die Wirtschaftspolitik der absolutistischen Staaten – in spezifischer Form aber auch die Handelspolitik
Englands seit Cromwells Navigationsakte (1651), die indes eher fis-
kalisch als außenhandelspolitisch motiviert war. Die wirtschaftspolitischen Maximen des Merkantilismus, die jedoch gemäß der jeweiligen ökonomischen Struktur der europäischen Staaten sich zum
Teil erheblich unterschieden, resultierten in Deutschland nicht zuletzt aus dem hohen Finanzbedarf der absolutistischen Staaten für
das stehende Heer, den Auf- und Ausbau einer zentralstaatlichen
Verwaltung sowie die Hofhaltung.
   Der Merkantilismus verband wirtschaftlichen Nationalismus mit
ausgeprägtem Dirigismus. Er war protektionistisch und subventio-
nistisch, begünstigte eine Monopolbildung und das einheimische
Gewerbe, das er auf diese Weise der Konkurrenz des Marktes, zumal mit ausländischen Produkten, entzog. Die Einfuhr von Fertig-

waren, die auch im eigenen Land hergestellt wurden, behinderte oder verhinderte die merkantilistische Wirtschaftspolitik rigoros durch hohe Zölle. Die Binnenzölle wurden demgegenüber reduziert oder ganz aufgehoben. Der gesteuerte Import von Rohstoffen gehörte ebenso zu den protektionistischen und monopolistischen Bestrebungen wie die Erschließung neuer Absatzmärkte, die Errichtung von Handelskompanien und neuen Handelswegen.

»Steigerung der Einnahmen über die Ausgaben« lautete die handelspolitische Devise der merkantilistischen Wirtschaftspolitik, doch prägte auch sie sich in der insularen See- und Kolonialmacht England anders aus als auf dem Kontinent, insbesondere in dem von einer Fülle von Zollschranken zerrissenen Heiligen Römischen Reich. So zählte Riesbeck bei einer Rheinfahrt zwischen Koblenz und Mainz – einer Strecke, die mit Krümmungen kaum neun deutsche Meilen messe – »nicht weniger dann neun Zollstätten. Zwischen Koblenz und Holland sind ihrer wenigstens noch sechzehn, und jede dieser Zollstätten wirft in einem Jahr selten weniger als 25 000, gemeiniglich aber 30 000 rheinische Gulden und drüber ab ... Ein alter englischer Schriftsteller hat schon dieses Zollsystem der deutschen Fürsten, welches zum allgemeinen Verderben ihrer Länder gereicht, eine unbegreifliche Raserei genennt.«[70]

Diese Umstände machten die konträren und zugleich analogen wirtschaftspolitischen Ziele der vielen deutschen Territorialstaaten und Städte augenfällig. Und diese Ziele wurden mit den gleichen, sich wechselseitig behindernden Mitteln durchgesetzt. Ein Reichsmerkantilismus, wie ihn der Nationalökonom, Chemiker und Mediziner Johann Joachim Becher schon 1668 gefordert hatte, konnte sich dabei kaum entwickeln. Becher hatte auf weiten Reisen die Wirtschaft vieler Staaten kennengelernt und sich besonders durch Holland beeindrucken lassen. Vor dem Hintergrund der Verwüstungen des Dreißigjährigen Krieges und der mangelnden Konkurrenzfähigkeit Deutschlands gegenüber England, Frankreich und den Niederlanden entwickelte Becher seine Konzeption und eilte mit ihr seiner Zeit weit voraus. Tatsächlich aber blieb der Merkantilismus der deutschen Territorien jahrzehntelang ein wirtschaftliches Wiederaufbauprogramm, worauf schon ein Teil der Überlegungen Bechers hinauslief.

Becher konzipierte einen einheitlichen nationalen Wirtschaftsraum, entwickelte eine Marktanalyse, betonte die Interdependenz aller ökonomischen Sektoren und erkannte die Bedeutung von Nachfragesteigerung und Wachstumspolitik. Er verband die soziale und wirtschaftliche Struktur, indem er seine »Civilsocietät« in Bauern-, Handwerker- und Handelsstand gliederte und alle wesentlichen Sektoren des Handels eingehend untersuchte. Ziel der staatlichen Wirtschaftspolitik war schon für Becher die »Populierung« des Landes mittels Förderung der einheimischen Produktion und der Ausfuhr, aber Verhinderung der Einfuhr. Vorsorge für die Nahrung, Zentralisierung des Einkaufs und Verkaufs der Ernte, Einrichtung staatlicher Lagerhäuser, Handelskompanien, Manufakturen und Banken sowie der Erwerb von Kolonien – dies alles zählte zu Bechers Programm: Zwar lehnte er Monopolbildungen ab, billigte aber, daß der Staat eine dirigistische Wirtschaftslenkung betrieb, um die Voraussetzungen für einen florierenden Binnenmarkt zu schaffen.

Viele von Bechers ökonomischen Prinzipien wirkten bis ans Ende des 18. Jahrhunderts fort, doch nicht, wie es der zeitweilige Kaiserliche Rat und Mitglied des Kommerzkollegiums befürwortete, auf Reichsebene, sondern in den mittleren und größeren Territorialstaaten. Ein Reichsmerkantilismus hätte den deutschen Nationalstaat vorausgesetzt, und so scheiterte neben vielen anderen Plänen Bechers bereits 1677 sein Versuch, ein prohibitives Embargo des Reiches gegen Frankreich durchzusetzen. In einigen Punkten war Becher moderner als der durchschnittliche Merkantilismus. So lehnte er sowohl Monopole, Propole (die künstlich beschränkte Konkurrenz einschließlich aller Arten der Wettbewerbsbeeinträchtigung) sowie Polypole (freie Konkurrenz) ab, da deren Wirkung auf den Markt und auf die Gesellschaftsstruktur gleichermaßen nachteilig sei: Das Monopol verhindere die »Populierung«, das Propol zerreiße die Gemeinschaft, das Polypol beeinträchtige die Nahrung.

In der Tradition Bechers und anderer Merkantilisten des 17. Jahrhunderts, allen voran Veit Ludwig von Seckendorff (1626-1692), standen die deutschen Wirtschaftstheoretiker bis ins letzte Drittel des 18. Jahrhunderts hinein. Zu den bekanntesten zählten Johann Heinrich Gottlob von Justi und Joseph von Sonnenfels. Justis Hauptwerke lassen schon im Titel das zentrale Anliegen erkennen: Seine zweibändige »Staatswirtschaft oder systematische Abhandlung aller Ökonomischen und Cameralwissenschaften« erschien zuerst 1755, seine ebenfalls wiederholt aufgelegten »Grundsätze der Polizeywissenschaft« 1756. Wirtschaft verstanden die deutschen Merkantilisten vornehmlich als Staatswirtschaft und Verwaltung, sie galt ihnen als Zweig der gesamten Staatsverwaltung. Tatsächlich gab es »ebenso viele Formen des Merkantilismus wie Merkantilisten«. Ort und Zeitpunkt müssen also zur Differenzierung herangezogen werden. Trotzdem kann man mit Fernand Braudel die Einschätzung vertreten, der Merkantilismus decke sich »mit dem nachdrücklichen, egoistischen und schon bald ungestümen Aufstieg des modernen Staates« und gebe sich als »Staatsreligion«. Seine entscheidende Devise sei die Anhäufung von Edelmetallen, die diese zugleich dem Weltmarkt und den anderen Staaten entziehe, kurz: der Merkantilismus sei ein »Metallismus«.[71]

Die in Deutschland vorherrschende Form des Merkantilismus war der sogenannte Kameralismus, für den die Verbindung von praktischer »Policey« und systematischer Erfassung der öffentlichen Verwaltung aus der Perspektive des landesherrlichen Haushalts und der fürstlichen Hof- oder Rentkammer – der »camera« – Priorität besaß. Die fürstlichen Ratgeber und Beamten waren es denn auch, die diese »Policeywissenschaft« – in der Terminologie der frühen Neuzeit also die Verwaltungswissenschaft – konzipierten. Kein Zufall also, daß die meisten Kameralisten dauernd oder zeitweilig einflußreiche Staatsbedienstete und nicht bloß Theoretiker waren, Justi in Preußen, Becher und Sonnenfels in Österreich. Doch wurde der Kameralismus nicht allein von Staatsbeamten entwickelt, sondern überdies zunehmend zu ihrer Ausbildung eingesetzt. So errichtete König Friedrich Wilhelm I. in den Jahren 1723 in Halle und 1727 in Frankfurt/Oder kameralistische Lehrstühle; andere Landesherren folgten ihm, unter anderem in Bayern, Hannover, Sachsen und Österreich.[72]

Joseph von Sonnenfels, Gemälde von J. B. Lampi, nach 1800

Die Kameralwissenschaftler, wie ihr prominentester Vertreter Joseph von Sonnenfels, waren Praktiker der staatlichen Wirtschaftstätigkeit und Theoretiker der Kameralistik zugleich. In immer stärkerem Maße übten sie Kritik an jenem »Retablissement« des darniederliegenden Gewerbes, das in dem Jahrhundert zwischen Dreißigjährigem Krieg und Siebenjährigem Krieg unentbehrlich geworden und von den Zünften getragen worden war. In der Phase der Wiederherstellung eines geordneten Wirtschaftslebens war die staatliche Förderung des Unternehmungsgeistes notwendig gewesen. Jetzt ging es um die Freisetzung der individuellen Kräfte, so daß von der Wirtschaftstheorie aus die Kritik am Merkantilismus und an den Zünften immer mehr zunahm. Im Grunde richtete sich die Polemik der Staatswissenschaftler zunehmend gegen allen staatlichen Dirigismus, was zu den vielen Konflikten beitrug, zu denen es im späten 18. und frühen 19. Jahrhundert kam.

Der Staatswissenschaftler Joseph von Sonnenfels, der 1763 bis 1791 an der Wiener Universität den neuerrichteten Lehrstuhl für Polizei- und Kameralwissenschaften innehatte, betrieb Kameralistik als angewandte Wissenschaft und äußerte sich zu zahlreichen praktischen Problemen der Wirtschaftspolitik: Er propagierte eine aktive Bevölkerungspolitik, die Entlastung der Bauern, die Aufteilung der Domänen, die Beseitigung der Staatsbetriebe und Monopole, die Abschaffung der restriktiven Normen der Zünfte. Sein kameralistisches Engagement bewog Joseph II., ihn 1780 zum Wirklichen Hofrat bei der böhmisch-österreichischen Hofkanzlei zu berufen, und 1791 beauftragte ihn Kaiser Leopold II. mit der Sammlung aller habsburgischen Verwaltungsgesetze und Verordnungen und der Redaktion eines umfassenden Verwaltungsgesetzes.

Wandte sich bereits Becher von einigen Doktrinen des Merkantilismus ab, so noch stärker Sonnenfels:[73] Monopolbildung beurteilte auch er als Behinderung der Wirtschaft, doch ging er mit seiner Ablehnung von Staatsbetrieben weit über Becher hinaus. Dies verwundert nicht, hatte sich doch die ökonomische Situation in den vergangenen Generationen verändert: In vielen Sektoren des Wirtschaftslebens ging es in den siebziger und achtziger Jahren nicht mehr um Wiederaufbau, »Retablissement«, wie nach dem Dreißigjährigen und in einigen Landstrichen wieder nach dem Siebenjährigen Krieg, sondern um Ausbau.

Dieser Wandel des Wirtschaftslebens ist an der restriktiven Politik der Zünfte, aber in noch stärkerem Maße an der dirigistischen Politik der Territorialstaaten deutlich ablesbar: Die überkommenen Grenzen waren mit kameralistischen Mitteln kaum zu überschreiten; in der Wirtschaftstheorie, aber auch der Wirtschaftspolitik wuchs die Kritik an den Zünften und am Merkantilismus, am staatlichen Dirigismus überhaupt. Die rigorose Abschottung gegen konkurrierende Importe begrenzte nur zu sichtbar den Markt, schrieb zum Teil überhöhte Preise fest und barg durch die ständigen Exportüberschüsse – dort, wo sie wirklich erzielt wurden – Inflationsgefahr.

Die in Preußen übliche Politik der Anlegung eines Staatsschatzes entzog die Geldmenge dem Wirtschaftskreislauf. In anderen Staaten wiederum gelang es der kameralistischen Politik nicht, die hohe Staatsverschuldung zu beseitigen oder auch nur ihre Zunahme zu bremsen. Daher die Experimente mit der Besteuerung, die allesamt erfolglos bleiben mußten, solange die Staaten des Ancien régime die privilegierende Steuerbefreiung ganzer Stände nicht antasten wollten. Andererseits erkannten gerade die Kameralisten die Notwendigkeit der Einkommenssteigerung für die besteuerten Schichten und förderten deshalb also vor allem das Wirtschaftsbürgertum. Subventionen, Privilegierungen und Monopolbildungen verminderten die Privatinitiative und die Leistungsbereitschaft, begünstigten aber die Korruption.

Das Wirtschaftsbürgertum blieb in den Residenzstädten – anders als beispielsweise in Hamburg oder in den alten Reichsstädten – in starker Abhängigkeit von der landesherrlichen Politik, worüber die ökonomische Expansion infolge von Bevölkerungswachstum, Residenzstadtfunktion und Heeresbedarf hinwegtäuschte: Der Staat monopolisierte über weite Strecken den Unternehmungsgeist, doch blieb die territorialstaatliche Förderung traditioneller und neuer

Gewerbezweige, neuer Betriebsformen – wie der Manufakturen – und auch des Handels bevormundend. Zwar war es durchaus ein Fortschritt, das kaufmännische Prinzip der Bilanzierung von Einnahmen und Ausgaben, Einfuhr und Ausfuhr in systematischer Form auf den Staat zu übertragen, doch sah man Handels- und Zahlungsbilanzen allzu schematisch allein unter dem Aspekt des Überschusses.

Trotz solcher Kritik sind die Verdienste der kameralistischen Politik weder im einzelnen noch im ganzen zu verkennen: Sie bildete bei allen Schwächen eine die Wirtschaft reorganisierende und ausbauende, planvolle Entwicklungsphase. Während der Auflösung der aus dem Mittelalter herrührenden Strukturen – die durch genossenschaftlich organisierte Autonomie der wirtschaftlichen Sektoren und der in ihnen arbeitenden sozialen Schichten charakterisiert waren – setzte der Kameralismus neue Maßstäbe und schuf paradoxerweise zugleich die Voraussetzungen für eine spätere Liberalisierung von Staat, Gesellschaft und Wirtschaft im 19. Jahrhundert.

Die über Jahrhunderte bestehenden Strukturen, die im umfassenden Selbstverständnis der frühen Neuzeit nicht allein im Verfassungsleben, sondern auch im Wirtschafts- und Sozialleben die *traditional* begründete »teutsche Libertät« verkörperten, konfrontierten der frühmoderne Staat mit dem Anspruch fürstenstaatlich monopolisierter *rationaler* Planung. Gegen Ende des 18. Jahrhunderts wurde die regelnde Omnipotenz des Territorialstaates dann fundamental bestritten durch das Postulat *liberaler* Selbstbestimmung der Gesellschaft und der gesellschaftlichen Schichten. Der Fürstenstaat sah sich dem modernen Anspruch zugleich individueller und sozialer Freiheit gegenüber, deren umfassender Argumentationsraum die Bürgernation wurde. Sie bot im Kontrast zu den regional und sektoral begrenzten, ständisch strukturierten Fürstenstaaten eine übergeordnete und zugleich fundamentale Identifikation. Zuvor aber lehrte der Kameralismus noch – bei aller Kleinräumigkeit der Wirtschaftspolitik –, in größeren wirtschaftlichen Räumen und Zusammenhängen zu denken und über die ursprünglich auf den Fürstenstaat übertragenen hauswirtschaftlichen Prinzipien hinauszugehen: So konnte aus der Ökonomie des Hauses Nationalökonomie werden, wie es zunächst die Physiokraten und dann in ungleich umfassenderer Weise der Wirtschaftsliberalismus demonstrierten.

5. Physiokratie und Wirtschaftsliberalismus

Anders als beim aufgeklärten Absolutismus in Deutschland, der bis in die achtziger Jahre hinein mehr oder weniger stark mit dem Kameralismus verbunden blieb, ging in Frankreich der Versuch zur Reform des Absolutismus für wenige Jahre mit einer neuen Wirtschaftstheorie einher, dem Physiokratismus. Zwar setzten die Physiokraten voraus, daß Grund und Boden die einzige Quelle des Reichtums seien, doch konzentrierte sich der Generalkontrolleur der Finanzen, Anne Robert Jacques Turgot, bei der Realisierung der physiokratischen Lehre zunächst wie die Kameralisten auf die Staatsfinanzen. Im übrigen fanden sich im physiokratischen System Turgots Komponenten, die über dieses System hinauswiesen und Ähnlichkeiten mit den Gedanken von Adam Smith enthielten.

Während seiner kurzen Amtszeit 1774 bis 1776 leitete der vom Begründer des Physiokratismus - dem Leibarzt der Marquise de Pompadour und Ludwigs XV., François Quesnay (1694-1774) - beeinflußte Turgot ein umfassendes Reformprogramm zur Sanierung der Staatsfinanzen ein.[74] Neben der Aufhebung der Zünfte betrieb Turgot die Freigabe des Getreidehandels, die Beseitigung der Frondienste für den Staat, die Modernisierung des Steuerwesens und schließlich der Justiz sowie die Einführung einer - wenn auch begrenzten - Selbstverwaltung. Turgots Ministerium und seine Reformen[75] blieben Intermezzo, andernfalls wäre es auch in Frankreich zu einem »despotisme éclairé« gekommen und vielleicht nicht zu einer Revolution. Doch die physiokratische Lehre wirkte weiter, in Frankreich und auch in Deutschland.

Die Physiokraten waren zweifellos Kinder des Naturrechts und der Aufklärung. Nicht zufällig verfaßte Quesnay eine Untersuchung »Le droit naturel« (1765) und arbeitete an Diderots und d'Alemberts »Encyclopédie« mit. Die Physiokraten entwickelten das erste wissenschaftliche System einer Nationalökonomie, indem sie den naturrechtlichen Grundgedanken einer im Prinzip dem menschlichen Zusammenleben innewohnenden Harmonie auf die Wirtschaft übertrugen. Das Wirtschaftsleben sollte natürlich geregelt werden, also selbst der vermeintlichen natürlichen Ordnung entsprechen. Folglich lautete die Devise der Physiokraten: »Laissez faire, laissez passer, le monde va de lui-même!« Sie schlugen eine einzige Steuer vor - un impôt unique -, bei der ausschließlich der Bodenreinertrag als Quelle des Reichtums erfaßt werden und die Grundrente die gesamte Steuerlast tragen sollte.

Schon Quesnay hatte ein soziologisches Schichtenmodell entwickelt, dessen Kriterium die rechtliche und wirtschaftliche Selbständigkeit war: Unter dieser Voraussetzung unterschied er Grundbesitzer, Pächter, Handeltreibende und Handwerker. Dieses Modell basierte auf einer Scheidung zweier Ordnungen, in denen der Mensch lebe: »L'ordre naturel« bezeichnete die durch die göttliche Vorsehung dem Menschen vorgegebene, gewollte Ordnung. Sie beruhte auf dem Naturrecht, auf Freiheit und Eigentum. Diese Ordnung ist überrechtlich, ewig. »L'ordre positif« hingegen bezeichnete die bürgerliche Ordnung des Staates und seiner Gesetze; sie ist von Zeit und Umständen abhängig, also gestaltungsfähig.

Der zugleich gesellschafts- und wirtschaftspolitische Ansatz von Quesnays Überlegungen führte zu seinem Schema des Güterkreislaufs, in dem er sämtliche ökonomischen Vorgänge aufeinander bezog, um zu einer – modern gesprochen – volkswirtschaftlichen Gesamtrechnung zu gelangen. Die physiokratische Lehre resultierte aus der schon zu Lebzeiten Colberts in Frankreich einsetzenden Opposition gegen die merkantilistische Wirtschaftspolitik, die die vom staatlichen Dirigismus behinderten Kaufleute betrieben und die später auf Unternehmer und Großgrundbesitzer übergriff. Sie alle beklagten sowohl die Erstickung wirtschaftlicher Eigeninitiative wie die für den Merkantilismus charakteristische Vernachlässigung der Landwirtschaft, schließlich das ausufernde Zoll- und Steuersystem.

Einer der führenden deutschen Physiokraten war der aus Leipzig stammende, in braunschweigischen Diensten stehende Jakob Mauvillon.[76] Mauvillons Beurteilung und seine Materialien über die preußische Wirtschaftspolitik lagen auch dem Werk »De la monarchie prussienne sous Frédéric le Grand« des Grafen Mirabeau zugrunde, das in sieben Bänden 1788 zunächst in London und bereits 1793 bis 1795 in einer vierbändigen Übersetzung Mauvillons und Blankenburgs mit zahlreichen Berichtigungen auf deutsch erschien.

Mirabeaus und Mauvillons Kritik an der merkantilistischen Wirtschaftspolitik Friedrichs des Großen erregte in Preußen beträchtliches Aufsehen. So versuchte Friedrich Nicolai mit Unterstützung friderizianischer Minister sogleich auf der Grundlage amtlichen Materials diese Argumente zu entkräften: Mirabeau habe sich durch seinen Mangel an Quellen mißleiten lassen, »weil er über den preußischen Staat urtheilen wollte, *ehe er ihn genug kannte* ... durch seine *physiokratischen theoretischen Grillen,* indem er darauf ausging, vorzuspiegeln, der preußische Staat, den Fr. II. durch *Befolgung seiner eigenen Grundsätze,* in einer 46jährigen Regierung *blühend und mächtig* gemacht hatte, würde *blühender und mächtiger* geworden seyn, wenn er *nach den physiokratischen Grundsätzen der französischen Oekonomisten* wäre regiert worden, die bisher noch *leere* und

Verzinnen von Weißblech in einer Metallfabrik, Stich von Bernard in der Erstausgabe der »Encyclopédie« von Diderot und d'Alembert

dazu noch sehr *bestrittene Theorie* sind, und nach denen noch *kein einziger Staat* ist regiert worden«.[77]

Dies stimmte nicht ganz, denn von Turgots Experiment abgesehen – das nicht an der Anwendbarkeit physiokratischer Theoreme, sondern der prinzipiellen Reformfeindschaft adliger, amtsadliger und bürgerlicher Privilegierter, des Hofes von Versailles sowie der zur Überhastung führenden Zeitknappheit Turgots scheiterte –, gab es weitere, wenngleich nicht sehr erfolgreiche Versuche physiokratischer Politik in europäischen Staaten. So ließ sich Markgraf Karl Friedrich von Baden (1728-1811) seit 1769 unter dem Einfluß des badischen Kammer- und Policeyrats Johann August Schlettwein zu einer physiokratischen Politik und zur Einführung einer einzigen Steuer in badischen Dörfern bewegen – ein Experiment, das indes bald scheiterte.

Der empfindliche Nerv der physiokratischen Wirtschaftspraxis lag nicht zuletzt in der Steuerpolitik; sie bestimmte auch die Diskussion der Friderizianischen Finanzpolitik, die wegen der unter französischer Leitung stehenden Akzise-Regie zu den umstrittenen politischen Entscheidungen des preußischen Königs gehörte. Soviel jedenfalls steht fest: Sowohl für die kameralistische als auch für die physiokratische Wirtschaftspolitik bildete das Steuersystem, das Sicherung und Steigerung der Staatseinnahmen erreichen mußte, ein zentrales Problem.

In einem aber hatte Nicolai recht: Der Physiokratismus gewann erheblich größere Bedeutung für die Wirtschaftstheorie als für die Wirtschaftspraxis. Bemerkenswert ist dabei, daß die Mehrheit der deutschen Physiokraten, die oftmals Universitätsprofessoren waren, mehr oder weniger lang im praktischen Dienst landesherrlicher Verwaltungen stand. In Deutschland, wo sich in der Nationalökonomie physiokratische Prinzipien vereinzelt bis zur Mitte des 19. Jahrhunderts hielten, handelte es sich auch bei dieser Wirtschaftstheorie um ein Modell von Staatsbeamten für den Staat. Die Dominanz der Agrarpolitik verstand sich dabei in Deutschland – wie in Frankreich – von selbst: Eine Staatenwelt, in der – mit regionalen Unterschieden – noch um 1800 70 bis 80 Prozent der Bevölkerung nicht nur auf dem Land, sondern vom Land lebten, mußte dieser Komponente größeres Gewicht zugestehen als das frühindustrialisierte England oder ein in starkem Maße handelsorientierter Staat wie die Niederlande.

Neben Schlettwein und Mauvillon machte sich in Deutschland als Verfechter der physiokratischen Theorie Karl Gottfried Fürstenau einen Namen. Er empfahl – weniger doktrinär als Schlettwein – die Modifikation einiger Prinzipien von Quesnay, um den jeweiligen Besonderheiten der einzelnen Staaten Rechnung zu tragen. Ein weiterer Protagonist der Physiokratie war in Deutschland zu Beginn des 19. Jahrhunderts der Tübinger Professor Friedrich Karl Fulda, der 1802 einen »Systematischen Abriß der Kameralwissenschaften« und 1805 eine Schrift »Über das Nationaleinkommen« veröffentlichte.

Der bekannteste deutschsprachige Physiokrat außerhalb des Reichsgebiets war aber zweifellos der Baseler Ratsschreiber und vielseitige Schriftsteller Isaak Iselin (1728-1782), der bereits 1762 eine Untersuchung mit dem Titel »Über den wahren Gebrauch der

Reichtümer« veröffentlichte und sich mit philanthropischen Argumenten für wirtschaftliche und soziale Reformen einsetzte.[78] Zu diesem Zweck gründete er die patriotische »Gesellschaft zur Beförderung des Guten und Gemeinnützigen« und beteiligte sich 1761 an der Gründung der »Helvetischen Gesellschaft«, zu deren Zielen die Förderung des schweizerischen Nationalgefühls, die Praktizierung konfessioneller Toleranz zwischen Katholiken und Protestanten sowie die Verminderung der Unterschiede zwischen den Kantonen zählten – Ziele also, die in modifizierter Form auch für Deutschland Bedeutung erlangten, worüber Iselin und seine zahlreichen deutschen Briefpartner in ihrer eingehenden Korrespondenz Zeugnis ablegen.

Der von König Friedrich Wilhelm III. hoch geschätzte Statistiker und Ökonom Leopold Krug, auch er war physiokratischen Grundsätzen verpflichtet, zählte zu den »produzierenden Klassen« im preußischen Staat »die adelichen Gutsbesitzer, die bürgerlichen Gutsbesitzer und den Bauernstand«,[79] vor allem aber erkannte er, bei Würdigung ihrer Verdienste, deutlich die Grenzen der merkantilistischen Wirtschaftspolitik.[80] So kritisierte er das Prinzip, jeweils auf Kosten anderer Staaten den eigenen Wohlstand zu mehren: Hierin erblickte er eine aggressive, ja kriegerische Konsequenz des Merkantilismus.[81]

Adam Smith (1723-1790), Punktierstich von W. Ridley, um 1800

Adam Smith war ein »Moralphilosoph« und Nationalökonom, dessen Theorien den modernen Wirtschaftsliberalismus begründeten. Sein Hauptwerk von 1776, das 1794/1796 auch in deutscher Sprache erschien, wurde eines der erfolgreichsten Bücher seiner Epoche und begründete den Wirtschaftsliberalismus, der von den Niederlanden bis nach Ostpreußen große Wirkung erzielte, wo Königsberg geradezu eine Hochburg der Nationalökonomie in der Prägung von Adam Smith wurde. Kant und seine Schüler spielten eine wichtige Rolle in der Verbreitung der neuen Wissenschaft.

In der Wirtschaftstheorie setzte sich – wie in anderen Bereichen – im letzten Drittel des 18. Jahrhunderts die Forderung nach Natürlichkeit zu Lasten der Künstlichkeit durch, indem man den durch die Antipoden Voltaire und Rousseau verkörperten philosophischen Antagonismus von Kultur und Natur simplifizierte. Während jedoch in Architektur und Bildung mit Klassizismus und Neuhumanismus zu Beginn des 19. Jahrhunderts wieder die Kultur die Oberhand gewann, wurde die planvolle Reglementierungswut des Kameralismus nicht allein durch die Physiokraten erschüttert. Viel nachhaltiger und mächtiger wirkten der nicht zufällig in England entstehende Wirtschaftsliberalismus, der die Wirtschaftspolitik demokratischer Staaten bis heute beeinflußt, sowie die dem übrigen Europa weit vorauseilende Industrialisierung Englands.

1776 veröffentlichte der schottische Moralphilosoph und Nationalökonom Adam Smith, der auf einer Reise durch Frankreich und die Schweiz in den Jahren 1764 bis 1766 auch führende französische Enzyklopädisten und Physiokraten persönlich kennengelernt hatte, sein den Wirtschaftsliberalismus systematisch begründendes Werk »An Inquiry into the Nature and Causes of the Wealth of Nations«. Der Breslauer Popularphilosoph Christian Garve gab dieses, im ideellen Sinn zu den erfolgreichsten Büchern aller Zeiten gehörende Werk 1794 bis 1796 in deutscher Übersetzung heraus; schon vorher war es diskutiert und rezipiert worden von den Gelehrten Königsbergs und vor allem Göttingens, das mit seiner hannoverschen Landesuniversität für englische Einflüsse stets besonders offen war.

Smith war es, der neben Quesnay am entschiedensten und schon früh den Merkantilismus kritisierte und diesen Begriff prägte. Allerdings unterstellte er dem Merkantilismus eine systematische Geschlossenheit, die dieser tatsächlich nicht besaß. Wie die Physiokratie war auch der Wirtschaftsliberalismus nicht allein Wirtschaftstheorie, sondern zugleich Moral- und Sozialphilosophie.

Die natürliche Wirtschaftsordnung konnte für Smith nur unter der Voraussetzung entstehen, daß der Staat sich dirigistischer Eingriffe in die Wirtschaft enthielt und freien Wettbewerb garantierte: Auf dieser Grundlage entwickele sich eine prästabilierte Harmonie von Wirtschaft und Gesellschaft, die von einer »unsichtbaren Hand« – Gott – geleitet wurde. Smith, der eingehend die Fehler des Merkantilismus analysierte[82] – seiner Ansicht nach war er nur den wenigen Manufakturunternehmern nützlich, aber nicht den Konsumenten und den übrigen Produzenten –, bewies die Überschätzung von Edelmetallvorrat, Außenhandel und Außenhandelsüberschuß im Merkantilismus, lehnte aber ebenfalls die Überschätzung des Bodens durch die Physiokraten ab.[83] Statt dessen erkannte er den Wert der Arbeit und der Arbeitsteilung, die er in den Mittelpunkt seiner klassisch gewordenen Nationalökonomie stellte: »Die Arbeitsteilung dürfte die produktiven Kräfte der Arbeit mehr als alles andere fördern und verbessern. Das gleiche gilt wohl für die Geschicklichkeit, Sachkenntnis und Erfahrung, mit der sie überall eingesetzt oder verrichtet wird.« Doch könne der Arbeitsmarkt begrenzend wirken: »Ist der Markt sehr klein, kann sich niemand ermutigt fühlen, sich ausschließlich einer Beschäftigung zu widmen, da er das, was er über den eigenen Bedarf hinaus herstellt, also den Überschuß seines Arbeitsertrages, nicht gegen die überschüssigen Erzeugnisse anderer, die er benötigt, eintauschen kann.«[84]

Bis sich das wohlverstandene Eigeninteresse als treibende Kraft des Wirtschaftskreislaufs durchsetze, sei zeitweilig eine gewisse Steuerung von Erzeugung und Verbrauch erforderlich: Dann aber gelangten Angebot und Nachfrage ins Gleichgewicht und entwickelten einen Preis, in dem sich der Gebrauchswert und der Tauschwert über den Markt anglichen. Im Freihandel, der die größten denkbaren Märkte schaffe, sah Smith die Voraussetzung für die Funktionsfähigkeit des liberalen Wirtschaftssystems.

Bezeichnenderweise durchbrach Smith die für manche deutschen Territorialstaaten, vor allem Brandenburg-Preußen, zur Maxime merkantiler Wirtschafts- und Gesellschaftspolitik gewordene scharfe Trennung zwischen Land und Stadt, die – freilich aus anderen Motiven – auch die zünftige Gewerbepolitik beibehalten wollte. Für Smith begann das »natürliche Wachstum des Wohlstands« gerade mit dem Austausch von Stadt und Land: »In jedem entwickelten Land findet der Handel hauptsächlich zwischen den Bewohnern der Städte und der Landbevölkerung statt. Er besteht im Austausch von Rohprodukten gegen Manufakturwaren, entweder im Naturalaustausch oder mit Hilfe von Geld …« Land und Städte machten auf diese Weise »ihre Gewinne gemeinsam und wechselseitig, und wie überall sonst, so ziehen auch in diesem Falle alle, die in einem Erwerb beschäftigt sind, welcher spezialisiert ist, aus dieser Arbeitsteilung Vorteile«.[85] Von diesen Prämissen aus entwickelte der Wirtschaftsliberalismus seine Dynamik.

Einige der Grundgedanken von Adam Smith wirkten auf die Reformen des frühen 19. Jahrhunderts, beispielsweise die Einführung der Gewerbefreiheit. Im späten 18. Jahrhundert trugen sie gemeinsam mit dem Physiokratismus, dem wirtschaftlichen Vorbild Englands, aber auch mit eigenen ökonomischen und gesellschaftlichen Problemen in den deutschen Staaten dazu bei, die Selbstge-

Richters Kaffeehaus in Leipzig zur Zeit der Messe, Kupferstich

Die Verlagerung des wirtschaftlichen Gewichts nach Mittel-, West- und Norddeutschland prägte das 18. und 19. Jahrhundert. Während die alten Zentren auch in Norddeutschland immer weiter zurückfielen, gewannen neue Handelsplätze Bedeutung. Neben die traditionsreichen Hansestädte Hamburg und Bremen traten Binnenstädte wie Berlin und Leipzig, die inmitten aufsteigender Territorialstaaten lagen. Die wirtschaftliche Dynamik schwächte schließlich auch die politische Dynamik der oberdeutschen Städte.

wißheit merkantilistischer Wirtschaftspolitik zu erschüttern und ihrer über zwei Jahrhunderte hinweg nicht wirklich angefochtenen Dominanz ein Ende zu bereiten.

Allerdings bedarf auch die Charakterisierung der Wirtschaftspolitik des Heiligen Römischen Reiches als merkantilistisch oder kameralistisch einer doppelten Einschränkung: zum einen in bezug auf die erwähnte Unmöglichkeit einer reichseinheitlichen Politik, also das Fehlen eines Reichsmerkantilismus, zum anderen im Hinblick auf die wirtschaftlich führenden Reichsstädte, allen voran Hamburg, Frankfurt am Main und die Hansestädte Bremen und Lübeck, die seit dem 17. Jahrhundert zunehmend die süddeutschen Handelszentren überflügelt hatten. Diese Städte befürworteten schon vor Adam Smith den Freihandel, auf dem ein beträchtlicher Teil ihrer wirtschaftlichen Kraft beruhte. Andere wichtige Handelsplätze des 18. Jahrhunderts, vor allem der traditionelle Messeplatz Leipzig, Drehscheibe zwischen dem West- und dem Osthandel, lagen in Territorialstaaten und konnten deswegen keine eigenständige Handelspolitik betreiben, weckten aber das landesherrliche Interesse mit ihrer Attraktivität als Handelszentren.

In gewissen Grenzen gelang es den Reichsstädten, die Wirtschaftspolitik des Reichstags zu beeinflussen und auf diese Weise die eigenen Freiräume zu sichern. Doch konnten die Handelsstädte nicht die von ihnen angestrebte Beseitigung der Zollschranken innerhalb des Reiches erreichen. In dieser Hinsicht brachte erst der Deutsche Zollverein seit 1834 für einen Teil des Deutschen Bundes einen entscheidenden Fortschritt.

Erfolgreicher waren die Reichsstädte indes bei der Verbesserung der Handelswege. Dies war besonders für Hamburg mit seinen Schiffahrtslinien günstig. Die Elbe sicherte einerseits den Anschluß an die brandenburgischen Kanäle und damit die Oder, andererseits an den Seehandel, in dem England seit seiner weiteren kolonialen Ausdehnung zur Zeit des Siebenjährigen Krieges die Niederlande als konkurrierende Handelsmacht eindeutig überrundet hatte.

Eine weitere Differenzierung des Kameralismus resultierte aus der religiösen Spaltung des Reiches, die zu einem unterschiedlich akzentuierten Staatsbewußtsein und insofern zu einer zunächst

Haupthandelswege, Messen und
Wechselplätze im 18. Jahrhundert

unterschiedlichen Inanspruchnahme staatlicher Kompetenz in der
Wirtschaftspolitik führte. So bedarf die besondere Ausprägung des
Kameralismus in Preußen seit dem 17. Jahrhundert durchaus der
Erklärung, zumal im katholischen Österreich eine vergleichbare
Aktivierung der Staatstätigkeit in der Wirtschaft erst mit Maria The-
resia und Joseph II. einsetzte. Die Kaiserin stand dabei unter dem
Eindruck der verabscheuten Friderizianischen Machtpolitik, den
jungen Kaiser leitete die Faszination durch den großen Friedrich.

Für die Entwicklung Preußens mochte tatsächlich die spezifische
Verbindung von Luthertum und Calvinismus seit dem Übertritt
Kurfürst Johann Sigismunds zum Calvinismus im Jahre 1613 eine
Rolle spielen:»Während sonst der Calvinismus im rein calvinisti-
schen Milieu liberalisierend wirkte, hat sich, wie der Typ der preußischen Staats- und Wirtschaftspolitik zeigt, durch die Verbindung der
lutherischen Schicht mit einer asketisch gerichteten Oberschicht
jene besondere Verstärkung des lutherischen Staatsdenkens durch
eine von oben kommende Staatsdisziplin ergeben, die die Struktur
der Staatsverwaltung und Wirtschaftspolitik in dieser Zeit bestimmte.«[86]

Demgegenüber fanden die modernen Wirtschaftsformen – darauf hat Alfred Müller-Armack aufmerksam gemacht – in katholischen Gebieten wie Österreich und Bayern nur langsam Eingang,
weil hier die Bindung an die universale Kirche nicht erlaubte, wie
in lutherischen Staaten »eine Hinlenkung aller Kräfte auf den Staat«
durch die Staatskirche herbeizuführen. Dem Calvinismus wiederum fehlte diese enge Bindung an den Staat: »Freie Unternehmertä-
tigkeit ist so besonders rege, und kaum eine wichtige Industrie in
Deutschland ist entstanden, die nicht kennzeichnend wäre durch
einen erheblichen Anteil der Reformierten und Sektierer unter
ihren Gründern. Besonders in Westdeutschland ist diese Tatsache
durch eine Fülle von Unternehmerbiographien bekräftigt.«[87] Folglich zerfalle Deutschland in klar gegeneinander abgehobene »Wirt-
schaftslandschaften«.

Der Außenhandel Deutschlands
um 1800

Ohne Zweifel war die Wirtschaftsgesinnung und ihre schon von
Max Weber betonte religiöse Fundierung von großer Bedeutung,
allerdings traten weitere Faktoren hinzu, verfassungspolitische und
geographische beispielsweise, wie die unterschiedlichen »Wirtschaftsstile« in Hamburg, Berlin und Nürnberg – alles überwiegend
lutherische Städte – zeigen: Die jeweilige Bindung an das Reich oder
einen Territorialstaat, die Integration von Zuwanderergruppen (in
Berlin der Hugenotten und der Juden) spielten ebenfalls eine wichtige Rolle für die Wirtschaftsaktivität.

Außenhandel, Staatshaushalt und Bankwesen

Die Modifikation und die Grenzen merkantilistischer Außenhan-
delspolitik der kontinentalen Territorialstaaten waren nicht zuletzt
von ökonomischen Gründen bestimmt: Einerseits belebte die Ge-
werbe- und Exportförderung den Außenhandel, die von den meisten europäischen Staaten betriebene Importerschwerung mittels
hoher Zölle aber blockierte wechselseitig deren Wirksamkeit. Da
genaue vergleichende Untersuchungen über den zweifellos im

Rends-burg
Holtenau
Eiderkanal
Königsberg
Danzig
Ham-burg
Lübeck
Stecknitzkanal
Emden
Bremen
Lüneburg
Stettin
Bromberger Kanal
Finowkanal
Plauer Kanal
Hannover
Minden
Braun-schweig
Berlin
Magdeburg
Frankfurt
Köln
Münden
Naumburg
Leipzig
Dresden
Breslau
Frank-furt
Fulda
Pirna
Kitzingen
Mainz
Würzburg
Gleiwitz
Klodnitzkanal
Prag
Speyer
Mannheim
Nürnberg
Teschen
Straßburg
Nördlingen
Regensburg
Passau
Wien
Augsburg
München
Linz
Basel
Zurzach
Bozen
Graz
Triest
Messestädte
Stapel im Binnenland
int. Wechselplätze
Kanäle
Handelswege

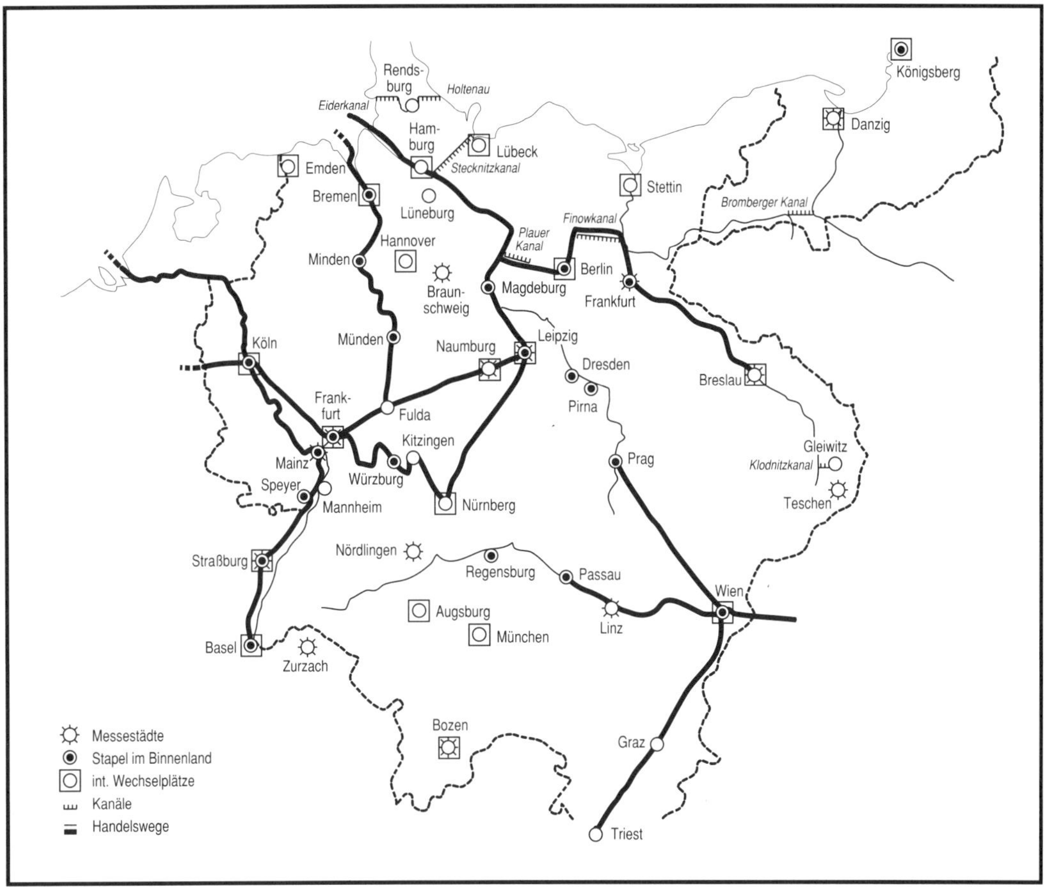

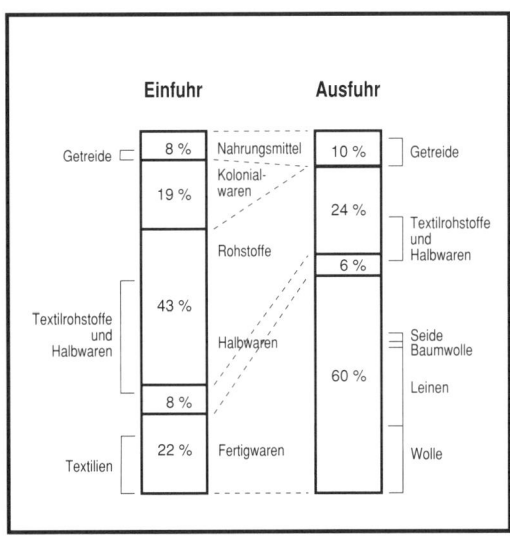

Einfuhr
Ausfuhr
Getreide
8 %
Nahrungsmittel
10 %
Getreide
Kolonial-waren
19 %
24 %
Textilrohstoffe und Halbwaren
Rohstoffe
6 %
43 %
Textilrohstoffe und Halbwaren
Halbwaren
Seide
Baumwolle
60 %
Leinen
8 %
22 %
Fertigwaren
Textilien
Wolle

a = Fertigwaren
b = Halbwaren
c = Rohstoffe
d = Kolonialwaren
e = Nahrungsmittel
Mio. Mark = 5 560 kg Silber
Ausfuhr
Einfuhr
200
100
a b c d e
a b c d e

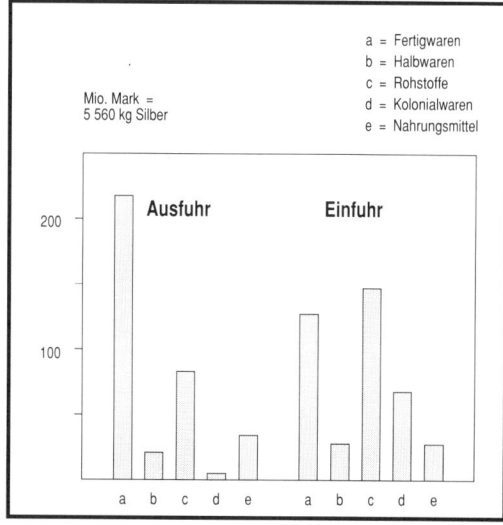

Provinz	Export an Landesprodukten und Fabrikwaren sind dem Wert nach ausgegangen		Import an fremden und einheimischen Produkten und Manufakturen sind dem Wert nach hinausgekommen und konsumiert	
	nach fremden Ländern in Talern	nach anderen königl. Provinzen in Talern	aus fremden Ländern in Talern	aus anderen königl. Provinzen in Talern
Ostpreußen	1 793 525	1 179 194	991 580	1 261 013
Westpreußen	1 983 256	490 864	1 116 676	1 165 160
Pommern	849 285	664 242	383 550	614 900
Neumark	591 684	1 266 110	436 439	606 052
Kurmark	2 134 725	3 813 128	4 476 720	2 694 477
Magdeburg	556 842	1 210 648	513 601	689 266
Halberstadt	608 601	198 190	282 275	203 441
Minden	1 275 494	62 985	663 137	127 391
Kleve – Geldern – Moers	1 217 386	177 346	711 808	203 996
Mark	1 376 550	179 735	770 151	83 157
Ostfriesland	938 485	99 637	805 537	165 094
Schlesien	9 036 083	738 070	4 992 008	2 266 402
für Werbungskosten			300 000	
für Remontepferde			170 000	
Summe	22 361 916	10 080 349	16 613 482	10 080 349

General-Balance Preußens 1785/86

Laufe des 18. Jahrhunderts anwachsenden Außenhandel der deutschen Territorien und Reichsstädte nicht vorliegen, geben die folgenden Angaben lediglich Näherungswerte: Die Ausfuhr und die Einfuhr Deutschlands um 1800 lag demzufolge bei etwa 360 Millionen Mark im Jahr; das entsprach einem Betrag von ungefähr fünfzehn bis sechzehn Mark je Einwohner und einem Anteil am Sozialprodukt von acht bis neun Prozent.[88]

Wie die strukturelle Gliederung zeigt, nahm der Textilsektor wiederum die Spitzenstellung ein: 60 Prozent der deutschen Ausfuhr um 1800 entfielen auf Fertigwaren dieses Produktionszweigs. Demgegenüber erreichte die Getreideausfuhr, vor allem über die Ostsee, nur noch zehn Prozent. Der wichtigste Handelspartner der deutschen Staatenwelt des 18. Jahrhunderts war Frankreich, aus dem nach offiziellen Angaben um 1790 Waren im Werte von 36,6 Millionen Talern, hauptsächlich Kolonialwaren, eingeführt wurden, während der Gesamtwert der deutschen Ausfuhr nach Frankreich wohl nur etwa drei Millionen Taler betragen haben dürfte. Eine fast gleichrangige Bedeutung als Handelspartner erreichten die Niederlande, gefolgt von Großbritannien. Alle drei Länder zusammengenommen erzielten gegenüber den deutschen Territorien außerordentlich hohe Außenhandelsüberschüsse, doch beruht ein großer Teil dieser Angaben auf erheblich voneinander abweichenden Schätzungen. Noch schwieriger ist es, für die Zeit um 1800 eine Zahlungsbilanz der deutschen Territorien gegenüber anderen Staaten aufzustellen; eine einigermaßen sichere volkswirtschaftliche Gesamtrechnung hat sich bisher als unmöglich erwiesen.[89]

Balance				Balance gegen 1784/85		Transito	
Die königl. Provinzen haben also bei dem Verkehr				Gegen voriges Jahr liefern die königl. Provinzen bei dem Verkehr nach fremden Ländern		An fremden Waren sind dem Wert nach transitiret für Rechnung	
nach fremden Ländern		nach anderen königl. Provinzen				einheimischer	fremder
gewonnen in Talern	verloren in Talern	gewonnen in Talern	verloren in Talern	Gewinn in Talern	Verlust in Talern	Kaufleute in Talern	Kaufleute in Talern
801945			81819	85952		3239742	208863
866580			674296	59172		3323884	2363070
465735		49342		419080		751000	14050
155245			660058	34726		176521	103825
	2341995	1118651			493905	529600	131582
43241		521382		26145		506976	4311706
326326			5051	159368		31844	1633315
612357			64406		116335	301020	1742077
505578			26650		40512	892664	4297468
606399		96578		123330		23555	2759105
132948			65457		107290	112169	140764
4044075			1528332	165916		1716566	180857
	300000						
	170000						
8560429	2811995	2446011	2446011	1673689	758042	11605541	17886682

Schon ein kundiger Zeitgenosse wie der preußische Kriegsrat Adolph Friedrich Randel klagte 1792, eine Bilanz »läßt sich wegen der vielherrischen Verfassung Deutschlands und des so vielfältig offenen Ein- und Ausganges der Waaren, aus keiner directen Quelle herleiten. Von einigen, und zwar den größten Staaten, nemlich Oestreich, Preußen und Sachsen, ist das Uebergewicht der Ausfuhr entschieden.« Deutschland gewinne bei seinem Handel mit Spanien, Portugal, Polen und den nordischen Ländern; mit England und Italien sei der Gewinn »problematisch«, ein Verlust sei indes gegenüber Frankreich und den Niederlanden zu verzeichnen. Aus den Einzelangaben zog Randel den Schluß, daß »*Gewinn* und *Einbuße* auf den Handel im Ganzen, sich gegeneinander wenigstens *ausgleichen* und mit dem stärkern Ertrag der Bergwerke verglichen«.

In bezug auf die Zahlungsbilanz schätzte Randel eine Vermehrung des deutschen »National-Capitals« und nahm mehr als 500 Millionen Reichstaler »baaren Geldvorrath« in Deutschland an »ohne die todten Schätze, profanen und geheiligten Geschirre«. Zu den Ursachen der Devisenverluste zählte er schon damals »Reisen in fremde Länder, Bäder und Wallfahrten; die Abhängigkeit der Römisch-Catholischen von der Päbstlichen Hierarchie ... Schulden verschiedener Höfe an Holland, Bern und Genua etc.; einige Besitzungen auswärtiger Monarchen; Assecuranzen im Ausland etc.«.

Auch über ein Süd-Nord- beziehungsweise Nord-Süd-Gefälle wurde im 18. Jahrhundert schon spekuliert: »Ob das *Südliche* oder *Nördliche* Deutschland verhältnismäßig *reicher* sey oder eine größere Summe von baarem Gelde besitze, läßt sich schwer entschei-

Die in Preußen, dem zweifellos modernsten und entschiedensten kameralistischen Staat, für 1785/86 erstellte »General-Balance« zeigt einen beträchtlichen Außenhandelsüberschuß: Durch Importe aus anderen Ländern, zu denen selbstverständlich sowohl deutsche als ausländische zählten, erwuchs ein Verlust von 2811995 gegenüber einem Exportgewinn von 8560429 Talern. Aber selbst in Preußen betrachtete man die einzelnen Fürstentümer weiterhin als eigene ökonomische Einheiten. Oftmals wurden noch am Ende des 18. Jahrhunderts innerhalb eines Territorialstaates Zölle erhoben, zumeist aber fehlte es selbst an einem landeseinheitlichen Zollsystem. Den größten Anteil an der preußischen Ausfuhr erlangten in Übereinstimmung mit dem gegebenen ökonomischen Gesamtbild Deutschlands Textilien. Dazu trug die schlesische Leinenherstellung erheblich bei.

den: Jenes zieht seine Schätze mehr aus den ersten Producten der Erde; dieses mehr aus dem Großhandel, aus Fabriken und Manufacturen. In jenem findet sich der größte Theil des National-Vermögens in den Händen des hohen Adels, der hohen Geistlichkeit, und selbst des wohlhabenden Bauernstandes; in diesem ist der Kaufmann und Fabricant im Durchschnitt reicher als der Edelmann und Landmann. Den Reichthum des Südlichen und Nördlichen Deutschlands blos nach dem Reichthum oder den geringern Schulden von Regenten und Landesständen beurtheilt: ist das *Nördliche* Deutschland ohne Frage viel *reicher* als das Südliche.« Allerdings führe dies auch zu unterschiedlichen Zinssätzen, so zahle man beispielsweise im Salzburgischen für Kredite nur 3,5 Prozent, und die Bauern untereinander liehen sich wechselseitig sogar für 2,5 Prozent.[90]

Die in Preußen, dem zweifellos modernsten und am entschiedensten kameralistischen Staat, für 1785/86 erstellte »General-Balance« zeigt einen beträchtlichen Außenhandelsüberschuß: Durch Importe aus anderen Ländern, zu denen selbstverständlich sowohl deutsche als ausländische zählten, erwuchs ein Verlust von 2 811 995 gegenüber einem Exportgewinn von 8 560 429 Talern. Aber selbst in Preußen betrachtete man die einzelnen Fürstentümer weiterhin als eigene ökonomische Einheiten. Oftmals wurden noch am Ende des 18. Jahrhunderts innerhalb eines Territorialstaates Zölle erhoben, zumindest aber fehlte es an einem landeseinheitlichen Zollsystem. Den größten Anteil an der preußischen Ausfuhr erlangten im letzten Drittel des 18. Jahrhunderts in Übereinstimmung mit dem gegebenen ökonomischen Gesamtbild Deutschlands Textilien. Dazu trug die schlesische Leinenherstellung erheblich bei.

In welch hohem Maße selbst die preußische Wirtschaft noch diejenige eines Fürstenstaates war, belegen die ständigen Nachfragen, Weisungen, Ermahnungen, die Friedrich der Große seinen Beamten gab. Sosehr sein eigenes wirtschaftspolitisches Denken demjenigen seiner kameralistischen Beamten entsprach, sowenig verzichtete er darauf, alles und jedes zu inspizieren. Die ständig von der Verwaltung eingeforderten Tabellen und Statistiken dienten nicht allein der Information über laufende Geschäfte, sondern als Grundlage künftiger ökonomischer Entscheidungen. Der König lenkte die Wirtschaftspolitik seines Staates in vielen Sektoren wie ein bürgerlicher Unternehmer, ja ein »Hausvater« von altem Schrot und Korn. Und er war überzeugt, die Ökonomie eines Staates könne anders nicht florieren: Der König als erster Diener seines Staates wollte auch im Wirtschaftsleben allgegenwärtig sein.

Selbst ein so unglaublich arbeitsamer und genialer Monarch wie Friedrich II. war mit dieser Aufgabe überfordert, doch eine solche Einschätzung lag dem preußischen König fern. Das eine Mal wollte er wissen, ob Lumpen genug vorhanden seien, um die Papierherstellung zu intensivieren: Friedrich II. hatte bemerkt, daß allein für die erhebliche Buchproduktion Berlins 1782 Druckpapier im Wert von 40 000 Talern importiert worden war. Ein anderes Mal wandte er eine ziemlich spezielle Anfrage wieder ins Grundsätzliche: Aus diesen Tabellen ersehe man, »was for fremde Sachen noch eingehen, wovon noch gar keine oder doch nicht genug fabricirt sind: die müßten an convenablen Orten noch angelegt werden. Wenn es auch

Provinz	Zahl der Einwohner	Seiden-waren	Woll-waren	Leinen-waren	Baum-woll-waren	Stahl, Eisen u. andere Waren	Gesamt
Ostpreußen – Litauen	853 981	980	60 100	32 332		39 415	132 827
Westpreußen – Netzedistrikt	504 335	4 600	172 228	25 547	3 100	25 803	231 278
Pommern	417 792		43 383	3 062	1 511	22 864	70 820
Kurmark	663 282	594 820	611 376	18 373	136 027	458 991	1 819 587
Neumark	247 413		269 632	2 471	132	30 772	303 007
Magdeburg – Halberstadt – Hohnstein	363 453	24 850	428 139	62 766	10 215	50 035	576 005
Minden – Ravensberg – Tecklenburg – Lingen	165 004		2 959	554 359	583	51 941	609 842
Mark – Kleve – Moers – Geldern	275 383	495 793	281 255	124 792	18 434	593 548	1 513 822
Ostfriesland	102 252		16 790	42 765		100 751	160 306
Schlesien	1 420 181	16 000	1 344 000	5 200 000	240 000	200 000	7 000 000
Gesamt	5 013 076	1 137 043	3 229 862	6 066 467	410 002	1 574 120	12 417 494

Kleinigkeiten sind, so kommt dabei eins zum andern und werden dadurch immer mehr Menschen beschäftigt und in Verdienst gesetzt. Überhaupt muß man auf alle Weise und Mittel bedacht sein, das Geld im Lande zu verdienen und immer mehr hereinzuziehen, das ist das Vornehmste, wonach man sich bemühen muß. Man muß immerfort speculiren und raffiniren, wo noch etwas in dem Fabrikwesen fehlt.«[91]

Ausfuhr preußischer Fabrikate im Jahre 1781

Friedrich II. leitete ein stets waches, zwar oft berechtigtes, doch manchmal schon krankhaftes Mißtrauen. So bekräftigte er 1748 eine Instruktion für das Generaldirektorium mit der Marginalie: »Ale unssere landtbauMeisters sindt Idiothen oder betriger, also erneuere ich die orders Ehrliche Mauer oder Zimmermeister zu solchen bau zu Employiren. paleste seindt nicht zu bauen, Sondern Schaf Ställe und Wirtschaftsgebeude, das kan ein Mauerer so guht als paladio; in der Cuhrmarck Sollen inskünftige alle ambtsgebeude Masif und solide gebaute werden, das ist Evich.«[92]

In dieser haushälterischen Weise, mit der Friedrich der Große durchaus seinem Vater folgte, gelang es ihm, vor und nach dem Siebenjährigen Krieg die von Friedrich Wilhelm I. betriebene Politik fortzuführen und den Staatsschatz zu erhalten beziehungsweise zu vergrößern. In seinen letzten Lebensjahren erreichte Friedrich II. im Durchschnitt jährliche Einnahmen von etwa 20 Millionen Talern: Jahr für Jahr führte er ungefähr drei Millionen dem Staatsschatz zu und gab in der Regel nur 16 bis 17 Millionen aus.[93]

Mit seiner Steuerpolitik hatte sich Friedrich der Große freilich der Kritik ausgesetzt. Dies galt weniger für die auf dem Land erhobene Grundertragssteuer als für die in den Städten erhobene Verbrauchs- und Verkehrssteuer: die Akzise. Verbrauchssteuern gehörten mit Domänenerträgen, Zöllen, Wegeabgaben und Regalien, unter ihnen das Münzregal, schon seit dem 17. Jahrhundert zu den Einkünften, mit denen sich die Fürsten vom Bewilligungsrecht der

Stände beziehungsweise der Landtage befreiten. Kein Wunder, daß die Landesherren auf diese Einnahmen besonderes Augenmerk richteten und den Ausbau der landesherrlichen Verwaltung – die die lokalen und provinzialen Verwaltungen überlagerte – vor allem als landeseinheitliche Finanzverwaltung anlegten: Der frühmoderne Staat etablierte sich zunächst und wesentlich als »Finanzstaat«. Die von den Merkantilisten empfohlene Steigerung der landesherrlichen Einkünfte konnte tatsächlich nur auf zwei Wegen erfolgen, entweder durch Edelmetallgewinnung – sei es durch Einfuhr oder nachhaltige Förderung des Bergbaus – oder die Erschließung neuer Steuerquellen beziehungsweise Steuererhöhungen.

Bald siegte die Einsicht, daß eine Erhöhung der Steuereinnahmen nur mit Verbesserungen der wirtschaftlichen Leistungsfähigkeit der Besteuerten sowie der Vergrößerung ihrer Zahl zu erreichen sei: Die Förderung des Gewerbes, aber auch der Landwirtschaft, die Begünstigung der Einwanderung und Behinderung der Auswanderung, die Steigerung der Bevölkerungszahl, die Verbesserung der Ernährung und der Gesundheitsvorsorge – sie alle waren nicht zuletzt auf finanzpolitische Triebkräfte zurückzuführen. All dies konnte am ehesten durch planmäßige Politik von einem Zentrum aus erreicht werden. Die Residenz wurde zum Mittelpunkt des Territorialstaates, der Fürst zur alles entscheidenden ersten und letzten Instanz. Ziel des Fürstenstaates war die Zentralisierung im Innern und die Expansion nach außen. Beide Tendenzen offenbaren im Vergleich zur traditionalen Wirtschafts- und Gesellschaftsverfassung seine Modernität.

Unter der Regierung Friedrichs des Großen behielt der Adel zwar im wesentlichen seine Steuerprivilegien, war also weitgehend steuerfrei, doch spielten bei der Steuerfestsetzung auch soziale Gesichtspunkte eine Rolle: Das Getreide wurde als Grundnahrungsmittel vollständig von der Akzise ausgenommen. Demgegenüber wuchs die Besteuerung von Luxusgütern, beispielsweise Kaffee, Wein, Branntwein und sogar Bier, dessen Besteuerung für die frühneuzeitliche Fiskalpolitik eine zentrale Rolle spielte. Bis zum Ende des Siebenjährigen Krieges änderte Friedrich II. nichts an der von seinem Vater eingeführten Finanzverwaltung. Erst nach der Berliner Wirtschaftskrise von 1763 und der nachfolgenden Krise von 1766,[94] die wie die Münzverschlechterung im Siebenjährigen Krieg das Vertrauen zwischen der Bevölkerung und dem König schwer beeinträchtigten, tat er einen weiteren falschen Schritt: Er folgte dem französischen Vorbild und verpachtete 1766 die Akzise an eine französische Regie unter der Leitung des bald berüchtigten de la Haye de Launay: Schließlich zahlt niemand gerne Steuern, und es liegt nahe, seinen Ärger über diese Zumutung auf diejenigen zu übertragen, die die Steuern eintreiben, und so erbitterten die französischen Steuerregisseure nur zu bald den Verbrauchssteuern zahlenden Teil der Bevölkerung in den preußischen Städten.

Die Akzise-Regie erzielte während der 21 Jahre ihrer Geltung nach Abzug aller Kosten 112 341 268 Taler Überschuß. Dies entsprach einem Mehrertrag gegenüber der zuvor vereinnahmten Akzise von netto 16 Millionen Talern – eine tatsächlich geringe Summe, wenn man den Unwillen der Preußen über diese Art der Steuerverwaltung und die durch die Regie faktisch eintretende

Zeitabschnitt	Einnahme	Ausgabe (soweit nachgewiesen)					
		für Militär-zwecke		für Hof- u. Zivilzwecke		Tresorgelder und für den Tresor gemachte Zahlungen	
		absolut	in	absolut	in	absolut	in
	in Talern	in Talern	%	in Talern	%	in Talern	%
Vor d. Siebenjährigen Krieg							
Höchste Einnahme 1754/55	10 799 620	8 319 728	83,1	1 090 389	10,9	600 000	6,0
Niedrigste Einnahme 1740/41	7 145 860	5 346 018	75,8	1 035 570	14,7	667 773	9,5
Jährl. Durchschnitt 1740-1756	10 013 619	7 951 076	83,0	1 035 984	10,8	590 898	6,2
Während d. Siebenjäh. Krieges							
Höchste Einnahme 1757/58	18 166 348	13 869 468	88,8	1 046 025	6,7	700 000	4,5
Niedrigste Einnahme 1756/57	11 129 991	8 701 207	83,4	1 026 686	9,9	700 000	6,7
Jährl. Durchschnitt 1756-1763	15 514 787	12 795 827	86,8	1 238 351	8,4	708 571	4,8
Nach d. Siebenjährigen Krieg							
Höchste Einnahme 1786/87	19 689 145	12 263 812	68,7	4 491 925	25,1	1 100 000	6,2
Niedrigste Einnahme 1767/68	11 819 547	8 954 849	84,0	999 180	9,4	700 000	6,6
Jährl. Durchschnitt 1763-1786	14 931 018	10 564 599	79,9	1 723 338	13,0	940 274	7,1
Jährl. Durchschnitt für die Regierungszeit 1740-1786	13 343 958	10 007 199	82,0	1 417 113	11,6	786 829	6,4

Erhöhung der Steuerbelastung für den einzelnen in Rechnung stellt.[95]

Auch andere Versuche Friedrichs, mit Hilfe französischer Pächter höhere Einkünfte zu erzielen, erwiesen sich als Mißerfolg, so daß die betreffenden Verpachtungen meist schon nach wenigen Jahren wieder in staatliche Verwaltung übernommen wurden, beispielsweise die Postverwaltung, das Tabakmonopol und anderes. Die französische Akzise- und Zoll-Regie indes schaffte erst sein Nachfolger ab und zwar noch in Friedrichs Todesjahr: Am 15. November 1786 ersetzte der neue König die Regie durch eine »General-Accise- und Zoll-Administration«. Friedrich Wilhelm II. ordnete an, bei Wahrung des staatlichen Finanzinteresses die Wohlfahrt der Untertanen zu berücksichtigen und nur nach Recht und Gesetz zu verfahren – eine Bestimmung, die sich gegen so manche Eigenmächtigkeiten der früheren Regisseure richtete. Immerhin brachten Akzise und Zölle etwa ein Drittel der Staatseinkünfte, blieben also der größten Aufmerksamkeit der Regierung wert.

Friedrich II. selbst hinterließ 1786 einen Staatsschatz von 51 Millionen Talern, das entsprach einer Versechsfachung; dabei dürfte der Siebenjährige Krieg, dessen Kosten er selbst mit 125 Millionen Talern berechnete, tatsächlich ungefähr 139 Millionen Taler gekostet haben.[96] Friedrichs Nachfolger führte zwar ebenfalls noch Summen an den Staatsschatz ab, doch viel unregelmäßiger und vor allem in geringerer Höhe.[97] Allerdings war dies nicht in erster Linie auf Verschwendung zurückzuführen – obwohl sich die Kosten des Hofes von 1787 bis 1797 verdoppelten –, sondern auf die Feldzüge und

Nachweis des reinen Staatseinkommens und der Ausgaben während der Regierung König Friedrichs II.

Regierungszeit	Einnahme	Ausgabe					
		für Militärzwecke		zur Schuldentilgung		für alle anderen Zwecke	
	in Talern	absolut in Talern	in %	absolut in Talern	in %	absolut in Talern	in %
Im ersten Regierungsjahr 1787/88	18 242 679	11 939 622	65,5			6 303 057	34,5
Im letzten Regierungsjahr 1797/98	20 499 383	14 606 325	71,3	1 547 755	7,5	4 345 302	21,2

Nachweis der reinen Staatseinnahmen und der Ausgaben während der Regierung König Friedrich Wilhelms II.

Nachweis der reinen Staatseinnahmen und der Ausgaben während der Regierung König Friedrich Wilhelms III. bis zum Frieden von Tilsit

Kriege, die Preußen 1787 und 1792 bis 1795 und schließlich im frühen 19. Jahrhundert gegen Napoleon führte: Bereits 1794 war der Staatsschatz erschöpft, so daß Friedrich Wilhelm II. den Krieg mit Anleihen finanzierte, die zum Teil in Holland, zum Teil in Frankfurt am Main aufgenommen wurden. Später folgte dann die Ausgabe tresorierter Scheidemünzen und noch 1794 die Prägung von sieben Millionen Talern neuer Münzen. Von nun an hatte auch Preußen eine Schuldenlast zu tragen.

Zur Zeit des Friedens von Tilsit, 1806, hatte das um mehr als die Hälfte verkleinerte Preußen im In- und Ausland insgesamt 53 494 914 Taler Schulden, pro Kopf der Bevölkerung waren das 10,61 Taler, allerdings betrugen die Auslandsanleihen davon nur 3,43 Millionen Taler.[98] Ins Auge fallen aber die schon während der Friedensjahre extrem hohen Militärausgaben, deren Anteil im Durchschnitt der Jahre 1763 bis 1786 nicht weniger als 79,9 Prozent der nachgewiesenen Staatsausgaben betrug, während der gesamten Regierungszeit Friedrichs des Großen waren es aufgrund der Kriegsjahre sogar 82 Prozent. Im Todesjahr des Königs waren zwar nicht die absoluten Ausgaben, doch der Anteil des Militäretats infolge der Einnahmesteigerung auf 68,7 Prozent gesunken. Während der Regierung der Nachfolger blieb er – ohne Kriegskosten – ebenfalls niedriger, 1786 bis 1797 lag er im Schnitt bei 71,3 Prozent,

Etatjahr	Einnahme	Ausgabe							
		für Militärzwecke		für Hof- u. Zivilzwecke		für Schuldentilgung und Verzinsung		für den Staatsschatz	
	in Talern	absolut in Talern	in %	absolut in Talern	in %	absolut in Talern	in %	absolut in Talern	in %
1797 – 1798	20 586 019	13 987 436	67,9						
1798 – 1799	22 278 202	14 714 083	66,0						
1799 – 1800	23 870 625	15 581 002	65,3						
1800 – 1801	24 065 291	15 670 109	65,1	5 772 308	23,5	2 440 784	9,9	1 100 000	4,5
1801 – 1802	25 596 941	14 678 146	57,3						
1802 – 1803	26 623 666	15 635 607	58,7						
1803 – 1804	26 368 706	15 428 668	58,5						
1804 – 1805	27 033 434	16 222 896	60,0						
1805 – 1806	26 956 859	17 185 112	63,8	6 775 448	25,1	1 896 296	7,2	1 100 000	4,1

bis 1806 zwischen 57,3 und 67,9 Prozent.[99] Doch auch so gab Preußen prozentual gesehen von den deutschen Staaten zweifellos am meisten für das Militär aus. In Österreich betrug der Anteil der Militärausgaben im Durchschnitt dieser Jahrzehnte auch nicht wenig und erreichte bald 50 Prozent der Staatsausgaben, während Bayern immerhin 30 Prozent seines Etats für das Militär aufwandte.[100]

Um 1790 hatten nach Randels Angaben die deutschen Staaten insgesamt eine Friedensstärke von 625 000 Mann, davon Österreich 280 000, Preußen 200 000, Kurpfalz-Bayern 35 000, Sachsen 30 000.[101] Andere Angaben weichen davon ab, sie zeigen aber im allgemeinen eine wachsende Heeresstärke der Großmächte und also eine Zunahme der Militäretats. So betrugen die österreichischen Staatsausgaben nach dem Wiener Kongreß pro Jahr etwa 126 Millionen Gulden gegenüber 83 Millionen Gulden im Jahr 1783. Die Ausgaben in Höhe von 126 Millionen Gulden gliederten sich wie folgt auf: 54 Millionen Gulden entfielen auf den Ziviletat, 48 Millionen auf den Militäretat, 24 Millionen auf den Schuldendienst.[102]

Insgesamt bestätigen diese Zahlen, welch enormer Wirtschaftsfaktor das Militär im 18. und 19. Jahrhundert gewesen ist, worauf bereits Werner Sombart[103] in systematischer Erfassung aufmerksam gemacht hat. Neben dem Massenbedarf der großen Städte, vor allem der Residenzstädte, und dem Luxusbedarf der Höfe stand als dritter entscheidender Abnehmer in den großen Staaten Österreich, Preußen, Bayern und Sachsen das Heer.

Auch das Bankenwesen war im 18. Jahrhundert eng an die Landesherren gebunden. Die Banken gewannen wichtige Funktionen bei der Kreditgewährung für Gewerbe und Handel, aber auch bei der Sanierung adliger Guts- und Grundherrschaften. Das Kreditgeschäft beruhte zum beträchtlichen Teil auf der Sicherung durch Hypotheken und Grundpfandrechte.

Ein Hauptproblem bestand in der Bereitstellung von Staatskrediten, wodurch sich die Liquidität vieler Banken schnell verschlechterte, was schon zu Beginn des 18. Jahrhunderts zur Aufhebung überbeanspruchter Banken führte. Notenbanken begegnete man im 18. Jahrhundert noch immer mit Mißtrauen: Das »Vorbild« der von John Law 1716 in Paris gegründeten Banque Générale schreckte ab, denn der Bankier hatte die Notenpresse derart rotieren lassen, daß das Papiergeld immer wertloser wurde. Infolgedessen gab es im Deutschland des 18. Jahrhunderts nur eine einzige Notenbank: Die von Friedrich dem Großen 1765 mit acht Millionen Talern Kapital (und einer realen Einzahlung aus dem Staatsschatz von 500 000 Talern) ausgestattete Königliche Giro- und Lehn Banco in Berlin, die in Breslau eine Filiale unterhielt.

Hauptaufgaben der 1767 in München gegründeten Kurbayerischen Land Banco bildeten der Schuldendienst und die Abtragung staatlicher oder landwirtschaftlicher Kredite. Auch in Wien wurde, neben schon bestehenden Banken, 1787 eine Wiener Commercial-, Leih- und Wechselbank gegründet, die erstmals auf Aktien basierte. Neben diesen und den in anderen Territorien, beispielsweise 1780 in Ansbach-Bayreuth, gegründeten mehr oder weniger landesherrlichen oder reichsstädtischen Banken blieben die zahlreichen Privatbanken, die schon damals Frankfurt am Main zum füh-

Wiener Stadt-Banco-Zettel, 1771

Die Entwicklung von Handel und Gewerbe machte eine Kreditgewährung in großem Stile nötig. Das überstieg bald die Kräfte der Landesherrn, die bis ins frühe 19. Jahrhundert eine entscheidende Rolle auch in der finanziellen Absicherung der Guts- und Grundherrschaften gespielt hatten. Die Sicherung der Hypotheken und Grundpfandrechte führte zu neuen Gesellschaften, deren Tätigkeit nicht mehr bei den Landesgrenzen endete. Allmählich kamen Commercial-, Leih- und Wechselbanken auf, die überregional organisiert waren; in der zweiten Hälfte des 18. Jahrhunderts spielten Privatbanken eine immer größere Rolle: so konnte eine Stadt zum »Bankplatz« werden und über ihre politische Rolle weit hinauswachsen.

renden deutschen Bankplatz machten, unentbehrlich – auch für die Fürsten. Das 1746 erneut gegründete Frankfurter Bankhaus Bethmann etwa vermittelte dem Habsburger Hof zwischen 1778 und 1796 Obligationen im Werte von 32,975 Millionen Gulden.

Eine wesentliche Rolle im Bankgeschäft aller Residenzstädte spielten während des 18. Jahrhunderts die sogenannten jüdischen Hoffaktoren, in Preußen zum Teil als »Münzentrepreneure« – wie ihre offizielle Bezeichnung lautete –, im Volksmund aber als »Münzjuden« bezeichnet: Für die Finanz- und Münzpolitik des preußischen Königs erwiesen sie sich als hilfreich, obwohl sie seit 1755 keine höheren Zinsen mehr fordern durften als christliche Bankiers. Für die Krone erwirtschafteten sie während des Siebenjährigen Krieges 29 Millionen Taler. Diese zum erheblichen Teil durch Verringerung des Edelmetalls in den Münzen herbeigeführten Gewinne glich der König nach 1763 insofern aus, als diese Münzen eingezogen und zur Herstellung höherwertiger verwendet wurden. Aber während des Krieges hatten sie ihre Aufgabe erfüllt.

Das Bankenwesen im allgemeinen und einzelne Sektoren im besonderen – beispielsweise das Börsen- oder Hypothekengeschäft (1783 führte Preußen eine Hypothekenordnung ein) – nahmen bis zum Beginn des 19. Jahrhunderts erheblichen Aufschwung, doch reichte keine der deutschen Residenzstädte – auch nicht die Reichsstadt Frankfurt am Main oder das im Warenhandel engagierte Hamburg – an die bankpolitische Bedeutung von London oder Amsterdam heran. Nur für wenige Jahre fiel nach dem französischen Einmarsch 1794 das Amsterdamer Börsengeschäft an Hamburg.

Bis zum Beginn der Revolutionskriege 1792, als das streng merkantilistische Zeitalter in Deutschland zu Ende ging, hatte – insgesamt gesehen – wohl nur Preußen wesentliche Ziele erreicht: volle Staatskassen, einen erheblichen Außenhandelsüberschuß, wenigstens teilweise florierende Manufakturen. Adolph Friedrich Randel rubrizierte denn auch die deutschen Territorialstaaten in drei Gruppen, wobei er in der ersten, den durch »Überschüsse und Schatzkammern« charakterisierten Staaten, nur Preußen aufführte. In der zweiten schuldenfreien Rubrik rangierten nur kleinere Staaten beziehungsweise einige geistliche Fürstentümer, unter anderen Kurbraunschweig (Hannover), Kassel, Ansbach-Bayreuth, Braunschweig-Wolfenbüttel, Anhalt-Dessau, Kurköln, Salzburg, Würzburg, Osnabrück, Speyer, Regensburg. Die dritte Rubrik der verschuldeten Staaten führte neben Bayern das im 18. Jahrhundert notorisch auf Kredite angewiesene Österreich an, dem im Jahre 1791 rund 500 Millionen Gulden Schulden attestiert wurden, allerdings mit dem Zusatz: »seit dem letzten Türkenkriege und den Niederländischen Unruhen«.

Kurpfalz-Bayern hatte demnach wohl etwa 50 Millionen Gulden Schulden, doch handelte es sich dabei um eine Schätzung. Bayern stand zwar nach merkantilistischen, stärker auf die Gewerbepolitik fixierten Maßstäben ungünstig da, weil es keinen nennenswerten Export gewerblicher Produkte besaß, doch in Wirklichkeit war Bayern ein »reiches Agrarland«, dessen landwirtschaftliche Überschüsse und dessen Salz ausgeführt werden konnten, und diese Exporte finanzierten die gewerblichen Importe: »Die Kurfürsten und ihre Räte verwechselten nur allzuoft Reichtum mit Gewerbereichtum.« So war die Warenhandelsbilanz Ober- und Niederbayerns – gemäß offiziellen Statistiken für die Jahre 1765 bis 1799 – fast ausgeglichen: Die Importe beliefen sich auf etwa 205, die Exporte auf 203 Millionen Gulden. Allerdings war Bayern bei vermutlich nicht unbeträchtlichem Kapitalimport während dieser Jahrzehnte hoch verschuldet.[104]

Zu den verschuldeten Staaten der dritten, von Randel gegebenen Rubrik zählten außer Österreich und Bayern noch Kursachsen, Hessen-Darmstadt, Mecklenburg, die meisten geistlichen Staaten und die Mehrheit der Reichsstädte, insbesondere Nürnberg.

Das deutsche Gesamtbild ist dadurch bestimmt, daß außer Preußen (bis 1794) nahezu alle Territorialstaaten Kapital einführen mußten und hohe Zinslasten zu zahlen hatten. Diese Kapitalien kamen vor allem aus den Vereinigten Niederlanden, Großbritannien sowie in geringerem Umfang aus der Schweiz. Im übrigen war die Investitionsneigung gering und privates Sparen selten, der »weitaus größte Teil des Sozialproduktes [floß] in den privaten Verbrauch« (Wilhelm Zorn), ein sehr hoher Anteil der Arbeitskraft ging in den unproduktiven Dienstleistungsbereich: Dies gilt nicht nur, doch vor allem für die fürstlichen Höfe.

Auch in Staaten, deren wirtschaftliche Entwicklung überdurchschnittlich weit fortgeschritten war, blieb die Staatsverschuldung erhalten, wie das kursächsische Beispiel zeigt. Nach einer zeitgenössischen Quelle betrug die Summe aller Staatsschulden Kursachsens 1792 etwa 20,5 Millionen Reichstaler.[105] In Sachsen bestanden um 1800 »Fortschrittskerne«, in denen die ersten Schritte zur Industrialisierung schon getan waren. In ihnen lebten damals nur noch 20 Prozent[106] der Bevölkerung ausschließlich vom Land, während es im deutschen Durchschnitt zu dieser Zeit zwischen 70 und 80 Prozent waren. Unter diesen Menschen war der Anteil derjenigen, die sich selbst mit Nahrungsmitteln versorgten, sehr hoch, was einen noch geringen Grad an Arbeitsteilung indiziert. In beiden Fällen sind allerdings die Nebenerwerbsbauern hinzuzuzählen. Ähnliche »Fortschrittskerne«, die bereits die Zeitgenossen bemerkten, lassen sich auch in anderen Regionen ausmachen, was Riesbecks Beobachtungen bestätigen. Solche wirtschaftlich überdurchschnittlich entwickelten Gebiete lagen vor allem am Niederrhein, im Bergischen Land, in Westfalen, in der Lausitz, in Niederschlesien. In der Regel verdankten sie dies einer florierenden, in erheblichem Ausmaß für den Export arbeitenden Textilproduktion sowie dem Eisengewerbe.

Sachsen erreichte nach zeitgenössischen Angaben im Durchschnitt der Jahre 1790 bis 1800 eine fast ausgeglichene Handels- und Zahlungsbilanz: Demzufolge betrug die Einfuhr 6 345 429, die Ausfuhr 5 596 870 Taler, wobei die hierin enthaltene Zahlungsbilanz sogar positiv war. Einen erheblichen Anteil des Exports stellten die Luxuswaren.[107] Für Sachsen gibt es im übrigen eine zeitgenössische Schätzung über die Finanzierung der Staatsausgaben: die Bauern und Landarbeiter erbrachten 31,25 Prozent, die Handwerker und »Kapitalisten« 18,5 Prozent, die Rittergutsbesitzer 10,4 Prozent, die Bergwerke 27,67 Prozent, Kirchen und Domänen nichts.[108]

Entscheidend für die Beurteilung des ökonomischen Entwicklungsstandes im letzten Drittel des 18. und im frühen 19. Jahrhundert ist, daß in zahlreichen deutschen Regionen sich eine bereits über die Selbstversorgung hinausgehende Arbeitsteilung durchgesetzt hatte; in den größeren Städten war dies ohnehin schon die Norm. Außerdem gab es in manchen Produktionszweigen und Regionen eine ausgesprochene Überproduktion für den Export. Schließlich unterliegt es keinem Zweifel, in welchem Maße sich zunächst handwerkliche, dann aber auch im Verlagssystem produzierende »Heimgewerbe« auf dem Land ausgebreitet hatten; gewerbliche Produktion war also um 1800 schon längst keine ausschließliche Angelegenheit der Städte mehr.

Die spezialisierte Massenproduktion gewerblicher Güter, die über den lokalen Bedarf hinausging, bezeichnen einige Forscher als »Industrialisierung vor der Industrialisierung«, als »Protoindustrialisierung«.[109]

6. Ernährungsprobleme, Landwirtschaft und Agrarwissenschaft

Wirtschaftliche Krisen und Konjunkturen waren noch um 1800 angesichts der gesamten Wirtschaftsstruktur in erster Linie agrarisch bedingt: Die generelle Abhängigkeit von der Ernte führte bei Mißernten im alten Europa meist zu Hungerkatastrophen. Allerdings bewirkte allein die Urbarmachung weiter Landstriche, in Preußen beispielsweise des Oder- und Netzebruchs, während des 18. Jahrhunderts Ertragssteigerungen. Eine weitere Steigerung entstand durch die Ausdehnung der landwirtschaftlich genutzten Flächen und die sich um 1800 entwickelnde Agrarwissenschaft.

Trotz der insgesamt sehr zielstrebigen Meliorationen galten um 1800 selbst in Preußen noch 40 Prozent des Landes als Unland, 25 Prozent entfielen jährlich auf die zur Erholung der Böden notwendige Brache. Die agrarwissenschaftlichen Forschungen führten zu einer Änderung der Fruchtfolge, besserer Düngung und damit zur Verminderung der Brache. Tatsächlich konnten um 1800 mehr Menschen ernährt werden als um 1750 und viele von ihnen sogar besser.[110]

Bauern bei der Ernte, Abbildung aus dem »Elementarwerk« von Johann Bernhard Basedow, 1774

Die neuen Erfahrungen wurden bald in systematisches Wissen umgesetzt. Der führende Agrarwissenschaftler der Zeit war der aus Celle stammende Arzt und Landwirt Albrecht Daniel Thaer, der unter landesherrlicher Förderung – und seit 1806 in preußischen Diensten – auf seinem Gut Möglin im Oderbruch neue ertragssteigernde Methoden vorführte; seine unter Berücksichtigung naturwissenschaftlicher Kenntnisse betriebenen agrarwissenschaftlichen Forschungen setzte er sogleich in die Praxis um. Insbesondere förderte er Kartoffelanbau, Schafzucht und Ackerfutterbau. Überdies gründete er ein Lehrinstitut, das 1819 zur Königlich Preußischen Akademischen Lehranstalt des Landbaus erhoben wurde. An der neugegründeten Universität Berlin erhielt der 1807 zum preußi-

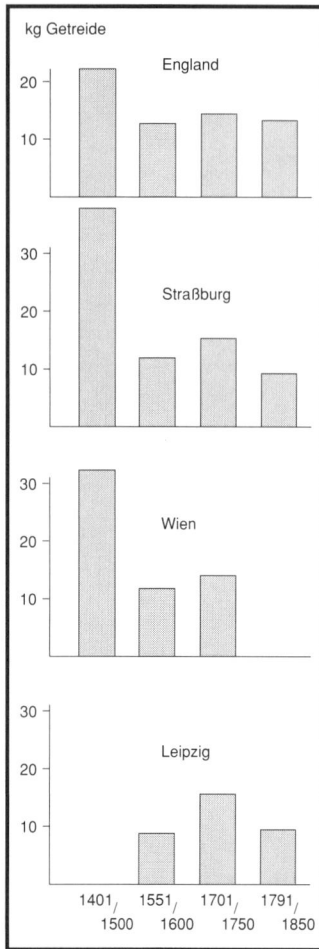

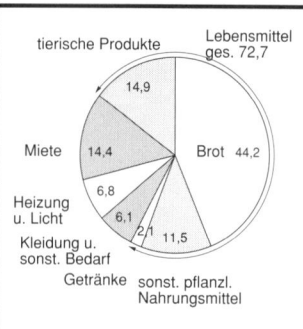

Die Stufen des Reallohnverfalls in Mitteleuropa, Tagelohn eines Maurer(Zimmer-)gesellen in Kilogramm Brotgetreide

Lebenshaltungskosten einer fünfköpfigen Maurerfamilie in Berlin um 1800 (in Prozent des Einkommens)

Preis- und Lohnbewegung in Mitteleuropa in der zweiten Hälfte des 18. Jahrhunderts

schen Staatsrat ernannte Thaer einen Lehrstuhl für Agrarwissenschaft, den er bis 1819 innehatte.

Albrecht Thaers Lebensleistung belegt, wie damals die individuelle Initiative sogleich der Förderung des Königs sicher sein konnte. Aus Thaers praktischer und wissenschaftlicher Tätigkeit gingen mehrere landwirtschaftliche Lehrbücher hervor, die schnell zu Standardwerken avancierten: 1798 veröffentlichte er zunächst ein Buch über die englische Landwirtschaft. Nachdem er sich an der Vorbereitung der Bauernbefreiung beteiligt hatte, publizierte er 1809 bis 1810 sein vierbändiges Hauptwerk »Grundsätze der rationellen Landwirtschaft«, dem 1815 noch eine landwirtschaftliche Gewerbelehre folgte.

Nach der Wirtschaftswissenschaft wurde nun auch im Agrarsektor die dazugehörige wissenschaftliche Disziplin aus der traditionellen Ökonomik ausgegliedert. In beiden Fällen bestand das Ziel nicht bloß in der Erhaltung, sondern der Steigerung der Wirtschaftsaktivität und des Ertrags, was angesichts der sich abzeichnenden Bevölkerungsexplosion lebensnotwendig war. Die aufgrund des Bevölkerungswachstums zunehmende Binnennachfrage und eine Exportkonjunktur bewirkten in Norddeutschland zwischen 1780 und 1800 eine enorme Preissteigerung für landwirtschaftliche Produkte, insbesondere Roggen. Die Preise kletterten auf das Doppelte des langfristigen Durchschnitts, worauf sich sogleich der Brotpreis erhöhte. Im gleichen Zeitraum aber sanken die Reallöhne der städtischen Arbeiter immer weiter, bis sie schließlich auf dem Tiefstand des 18. Jahrhunderts anlangten.[111]

Welch massive Folgen diese Preissteigerung, die vor allem auf die Bevölkerungszunahme zurückging, für die unteren und mittleren Einkommensgruppen hatte, zeigten schon die Berichte über die Hungerjahre und die Proteste der Berliner Handwerksgesellen gegen die Lohnkürzungen. Solche Agrarkrisen gab es in Deutschland 1770/1774, 1801/1806 – letztere traf vor allem Ostdeutschland – und schließlich 1804/05: Mißernten führten wiederum zu einem rasanten Preisanstieg, so daß es erneut zu einer Hungerkrise kam. Die dann folgenden guten Erntejahre bewirkten das Gegenteil. Nun litt die Landwirtschaft, da bis 1811 geradezu ein Verfall der Getreidepreise einsetzte, bevor neuerliche Mißernten einsetzten sowie die Aufhebung der Napoleonischen Kontinentalsperre gegen die britischen Inseln im Jahre 1813 Exporte ermöglichte. Diese Ursachen ließen die Getreidepreise um 1815 wieder in die Höhe schnellen, so daß 1816/17 ein Hungerjahr wurde.[112]

Albrecht Daniel Thaer (1752-1828), Gemälde von J. J. de Lose

Moderne Berechnungen bestätigen dieses Bild. Ein Berliner Maurergeselle mit einer fünfköpfigen Familie mußte um 1800 73 Prozent seines gesamten Lohns für die Ernährung ausgeben, 44,2 Prozent seines Einkommens entfielen dabei auf das tägliche Brot. Modellrechnungen für andere deutsche Städte ergaben nur geringfügige Abweichungen (±2 Prozent)): Eine schwerwiegendere Preissteigerung als die des Getreides konnte es also für den durchschnittlich Verdienenden im letzten Drittel des 18. und im frühen 19. Jahrhundert nicht geben.

Diese Probleme ermöglichten den Siegeszug der Kartoffel. Tatsächlich setzte sie sich in Deutschland, vor allem in Preußen aufgrund der Mißernten und Teuerungen der Jahre 1770 und 1771 durch. Zwar war die Kartoffel keineswegs unbekannt, aber noch 1699 galt sie als derartige Rarität, daß sie am Rande Berlins im Botanischen Garten zu finden war. Auch die Vorliebe der um 1720 einwandernden Pfälzer für die Kartoffel überzeugte einen echten Berliner, der damals lieber Hülsenfrüchte aß, keineswegs. Allerdings ließ sich König Friedrich Wilhelm I. beeindrucken und ein Stück Ödland vor den Toren Berlins mit Kartoffeln bepflanzen. Den Ertrag stiftete er der Charité.

Die Berliner aber hielten die Kartoffel weiterhin für Viehfutter. So ordnete Friedrich der Große gegen den Widerstand seiner Ratgeber und der kurmärkischen Kammer an, ein Fünfzehntel der Ackerfläche künftig mit Kartoffeln zu bepflanzen; 1768 verschärfte er diesen Befehl, zumal noch 1766 das widerstrebende Gesinde nachdrücklich, und das besagt unter Strafandrohung, zum Verzehr von Kartoffeln gezwungen werden mußte. Seit 1770 aber stieg der Anbau beträchtlich, um 1800 betrug der Wert der in Preußen angebauten Kartoffeln bereits 8,841 Millionen Taler, ihre Menge 671 815 Berliner Wispel, das entspricht etwa 887 000 Tonnen.[113] Allein in der Kurmark steigerte sich die Kartoffelernte von 5 200 Tonnen im Jahre 1765 auf 103 000 Tonnen im Jahre 1801; in den anderen Teilen Deutschlands verlief die Entwicklung seit 1770/71 ähnlich.[114]

Die Lebenshaltungskosten können jedoch nur dann angemessen beurteilt werden, wenn der hohe Grad der Selbstversorgung berücksichtigt wird. Tatsächlich milderte das enorme Ausmaß an haupt- und nebenberuflicher landwirtschaftlicher Tätigkeit beziehungsweise der Gartenbau auf dem Land und in kleineren Städten die Folgen der Preissteigerung. Dies macht ein Blick auf die wirtschaftliche Binnenstruktur der Städte klar.[115]

So erzielten die preußischen Städte um 1800 noch beachtliche landwirtschaftliche Erträge, und zwar pro Jahr 10,5 Millionen Reichstaler aus dem Ackerbau und 6,93 aus der Viehzucht[116] – eine Summe, die insgesamt sogar über der gewerblichen Produktion von Handwerk und Fabriken lag, die einen Wert von 11,3 Millionen Reichstalern erwirtschafteten. Hinzu kam, daß nicht alle Preise in gleichem Maße anzogen wie die Getreidepreise, also zum Teil Ausgleich durch andere Nahrungsmittel – beispielsweise tierische Produkte oder in Flußlandschaften und in Meernähe durch Fisch – möglich war. Auch verglichen mit den übrigen gewerblichen Produkten verlief die Preiskurve für Getreide eher atypisch.

Allerdings konnte solcher Ausgleich keineswegs überall erfolgen, da in manchen Teilen Deutschlands die Viehhaltung zugunsten

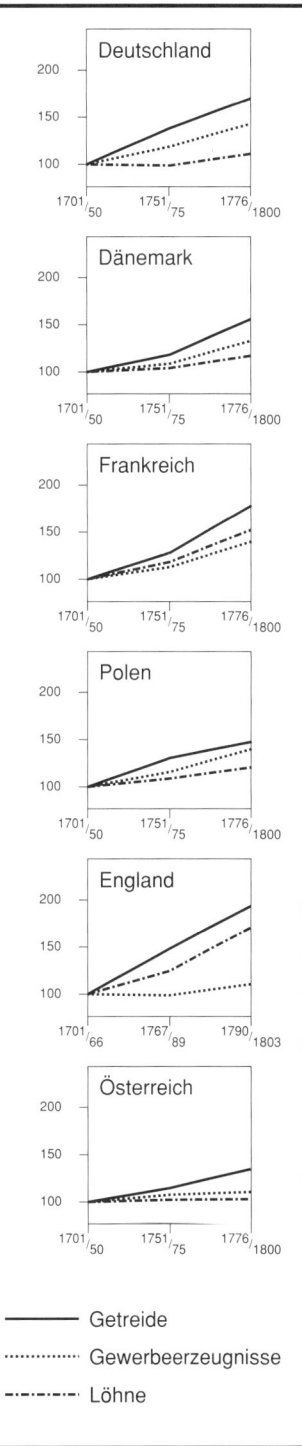

des Getreideanbaus bis zur Jahrhundertwende vermindert wurde. Welch geringe Bedeutung die Viehhaltung im Vergleich zur Ackernutzung besaß, zeigen die Anteile am Nationaleinkommen. Die Viehzucht erbrachte um 1800 durchschnittlich nur ein Fünftel bis ein Viertel des reinen Nationaleinkommens. Dies gliederte sich um 1800 wie folgt auf:[117]

Nationaleinkommen in Deutschland um 1800

Nutzung	Reichstaler
Kultiviertes Ackerland	50656000
Wiesen, Weide und Anger	19652000
Holzwirtschaft	6500000
Gartenbewirtschaftung	2782000
Bergwerke	300000
Fischerei	749000
Jagd	665000
Produktion d. »industriösen Klassen«	1638000
Gesamt	82942000

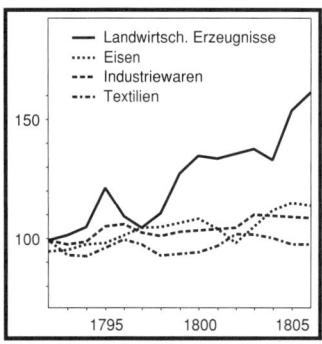

Preisindizes (Großhandelspreise) verschiedener Warengruppen und Waren von 1792 bis 1806 (1820 = 100)

Tierische Produkte konnten also in Phasen hoher Getreidepreise nur begrenzt das Brot ersetzen. Tatsächlich nahm während der frühen Neuzeit die Fleischerzeugung erheblich ab. Gegen Ende des 18. Jahrhunderts waren Schlemmereien – oder gar Freßorgien wie im 16. Jahrhundert – selbst bessergestellten Bürgern kaum noch möglich. Betrug im Spätmittelalter der Fleischverzehr in den deutschen Territorien etwa 100 Kilogramm pro Kopf und Jahr, so waren es zu Beginn des 19. Jahrhunderts nur noch 16 Kilogramm.

Die Bauern in Mittelgebirgen, die nur schlechte Böden zu bewirtschaften hatten, zum Beispiel im Spessart und im Steigerwald, mußten um 1800 im allgemeinen mit folgender »Speisefolge« vorliebnehmen: Ihr Frühstück bestand aus »Brotwassersuppe mit etwas Milch geschmelzt«, das Mittagessen aus »gequellten Kartoffeln mit Sauermilch« und das Abendessen aus »Brotwassersuppe«. Im übrigen spielte auch das Bier, bei regionalen Unterschieden, nicht allein als Genußmittel, sondern auch als Nahrungsmittel für breite Bevölkerungsgruppen eine wichtige Rolle: Zwar verminderte sich in Norddeutschland der Bierverzehr, doch stieg er in Bayern, besonders in München, stark an. Der geschätzte deutsche Durchschnittsverbrauch lag um 1800 mit jährlich 300 Litern pro Kopf doppelt so hoch wie heute in der Bundesrepublik. Wein hingegen wurde im Verlauf der frühen Neuzeit auf die klimatisch günstigeren Zonen im Westen, Südwesten und Österreich verdrängt, im Norden weitgehend durch Getreideanbau ersetzt. Allerdings stieg dafür im Norden der Branntweinverbrauch stark an, in Berlin lag er um 1700 bei etwa 24 Litern pro Kopf und Jahr (gegenüber neun Litern in der Bundesrepublik um 1980): »Schnaps wurde das Getränk der Armen.«[118]

Die Schilderungen sind Legion, in denen Jugendliche über karge Mahlzeiten berichten, die sie bei ihrem Meister, bei Verwandten, bei Vormündern oder auch bei ihren Eltern erhielten, seien es nun die Braunschweiger Erlebnisse von Karl Philipp Moritz' »Anton Reiser«

oder andere autobiographische Texte;[119] so berichtete der vierzehn-jährige Karl Friedrich von Klöden über die Lehre bei seinem Onkel, einem Berliner Goldschmied, im Sommer 1801: »Es war eine trau-rige Existenz. Gearbeitet wurde im Sommer von des Morgens 6 Uhr bis abends um 7 Uhr, im Winter von des Morgens um 7 Uhr bis abends 8 Uhr, also 13 Stunden ohne Unterbrechung. Des Morgens erhielt ich zwei Tassen Kaffee, mittags um 12 Uhr wurde ein Gericht, meistens mit etwas Fleisch, genossen; doch öfters mußte ich mir, um satt zu werden, noch ein Stück Brot erbitten, das mir sehr unwil-lig und meist mit spitzen Bemerkungen über meinen guten Appetit gereicht wurde. Um 4 Uhr durfte ich mir zur Vesper ein Stück Brot abschneiden und Salz daraufstreuen. Um 8 Uhr wurde zu Abend gegessen, zwei Stullen mit wenig Butter oder ›Pellkartoffeln‹ mit einer Probe von Butter und Salz ... Frühstück und Vesper wurde an dem Werktische verzehrt, ohne die Arbeit zu unterbrechen.«[120]

Mundraub scheint in dieser Lage – trotz des schlechten Gewis-sens – ein häufiger Ausweg gewesen zu sein: So konnte Johann Gottfried Seume nicht umhin, »trotz der Ehrlichkeit meines Wesens, die Diebsneigung meiner Natur in solchen Kleinigkeiten anzuklagen. Meine Jugend ist voll davon. Man hätte mich unter Goldhaufen sicher lassen können, ich hätte nichts angerührt: aber in dem Garten war trotz aller Verbote doch selten ein Apfelbaum, den ich nicht verstohlen dezimierte.«[121] Ob Mißernten oder nicht: Selbst in normalen Jahren lebte der Durchschnittsmensch im letzten Drit-tel des 18. Jahrhunderts kärglich.

Selbstverständlich erzählten die Zeitgenossen auch von üppigen Gelagen. So schilderte Goethes Darmstädter Freund Johann Hein-rich Merck im Jahre 1779 eine Landhochzeit, bei der der reiche Müller Reusch seine Tochter an den Rentsekretär des Amtes verhei-ratete: Zwei Tische waren gedeckt, ein großer für die besseren Stände und ein kleiner für die einfachen Landleute. Aber selbst auf dem einfacher »servirten« Tisch fanden sich neben Schüsseln mit Hirsebrei und dürren Pflaumen ein großer Schweinebraten und »in Ringeln gelegte vielerlei Bratwürste«. Allerdings irritierte Merck nicht nur seine Nachbarn, den reichen Müller und dessen Schwie-gersohn, weil er den kleinen an den großen Tisch heranrückte, auch die Bauern »erschraken herzlich«, als die »Teller mit dem englischen Steingut« plötzlich an sie kamen und »die silbernen Löffel auf dem Porzellain erklangen«.[122]

Solche Beispiele ändern nichts daran, daß Hunger – nicht allein in Deutschland – zu den alltäglichen Lebenserfahrungen der vor-industriellen Zeit zählte.[123] Selbst für die bessergestellten Schichten brachten Krisenjahre oftmals Ernährungsprobleme, auch wenn sie nicht an den Rand des Existenzminimums oder gar darunter ge-rieten. So berichtete der Philosoph Johann Gottlieb Fichte am 17. August 1799 seiner Frau in Jena über einen höheren Berliner Be-amten, einen Kriegsrat: Er halte sich zwar einen Diener in prächtiger Livree, doch als er am Samstag für seine Familie ein halbes Pfund Rindfleisch, sechs Pfund Kartoffeln und Mohrrüben zum Mittages-sen kochen ließ, ergab sich, »daß das Fleisch nicht weichgekocht ist; es wird sonach nur das Gemüse gespeist und das halbe Pfund Fleisch wieder gekocht zum Sonntagessen. Seine Frau wäscht das Hemd, das sie den Sonntag tragen will, sonnabends selber in der

Mein kleiner Vorrat an Erdapfeln und anderm Gemüs' aus meinem Gärtchen, was mir die Dieben übrig-gelassen, war aufgezehrt; ich mußte mich also Tag für Tag aus der Mühle verproviantieren; das kostete mich am Ende der Woche eine hüb-sche Handvoll Münze, nur für Rot-mehl und Rauchbrot ... Die Not stieg um diese Zeit so hoch, daß viele eigentlich blutarme Leute kaum den Frühling erwarten moch-ten, wo sie Wurzeln und Kräuter finden konnten. Auch ich kochte allerhand dergleichen und hätte meine jungen Vögel noch immer lieber mit frischem Laub genährt, als es einem meiner erbarmungs-würdigen Landsmänner nachge-macht, dem ich mit eignen Augen zusah, wie er mit seinen Kindern von einem verreckten Pferd einen ganzen Sack voll Fleisch abgehackt, woran sich schon mehrere Tage Hunde und Vögel satt gefressen.
(Bräker, Armer Mann, S. 164 f.)

Stube und geht indes ohne Hemd. So sollen gar viele Berliner leben.«[124]

Nach dem Maßstab des Markgrafen Karl Friedrich von Baden mußte das Glück dieser Menschen sehr beschränkt sein, hatte er doch 1786 bemerkt: »Das Glück des menschlichen Geschlechts besteht in der Vielfalt seiner Genüsse.«

Variierten auch am Ende des 18. und zu Beginn des 19. Jahrhunderts sowohl Löhne als auch Lebenshaltungskosten in den einzelnen Städten und Regionen,[125] so zeigte das Gesamtbild doch, daß die Armut auf dem Land im Laufe des 18. Jahrhunderts immer breitere Bevölkerungsschichten ergriff, so daß sich zwei Drittel der Landbewohner mit den selbstbewirtschafteten Flächen keine ausreichende Nahrung mehr sichern konnten. Zusätzlicher Erwerb – etwa durch Arbeit im Kleingewerbe oder als Tagelöhner – war nur einem geringen Teil dieser Bevölkerungsgruppe möglich: Sie galt auch im zeitgenössischen Verständnis als arm. In den Städten sah das Bild besser, aber keinesfalls gut aus, erhielt doch um 1800 ein Viertel aller Stadtbewohner irgendeine Form von kirchlicher, staatlicher oder privater Armenunterstützung.[126] Nach dem Staat riefen schon die Zeitgenossen, und in der Tat: Ohne ihn erschien Abhilfe ausgeschlossen.

Die Revolutionäre in Frankreich standen vor dem gleichen Problem: Die Nationalversammlung konnte sich nicht nur mit den Menschenrechten befassen, sondern mußte sich auch des Brotpreises annehmen, bildete er doch gerade in der Schlußphase des Ancien régime eine der wesentlichen Ursachen für Unruhen in der Bevölkerung, vor allem in Paris. Die Menschenrechte erklärte die Nationalversammlung bereits 1789, aber noch am 2. Dezember 1792 sah sich Robespierre nach erneuter Teuerung zu der Erklärung veranlaßt: »Die dem Menschen nötigen Lebensmittel sind so heilig wie das Leben selbst.«[127] Also Menschenrechte und Brot!

Die sich im Laufe der frühen Neuzeit, insbesondere im 18. Jahrhundert, stetig verbessernden Produktionsformen, die zunehmende Arbeitsteilung, die Intensivierung von Bildung und Ausbildung, die sich enorm erweiternden natur- und schließlich auch agrarwissenschaftlichen Kenntnisse, die trotz aller Unzulänglichkeit nach zeitgenössischen Maßstäben dann doch beeindruckende Fülle wirtschafts- und sozialpolitischer Strukturreformen des kameralistischen Fürstenstaats und seiner Beamten sind unbestreitbar, doch konnten sie schließlich die Versorgungsprobleme einer wachsenden Bevölkerung nicht befriedigend lösen. Zweifellos wäre deren materielle Lage ohne diese umfassend geplanten, aber nur sektoral erfolgreichen fürstenstaatlichen Maßnahmen im Durchschnitt noch viel erbärmlicher gewesen. Denn tatsächlich spielten der frühmoderne Staat und die mit ihm besonders eng verbundenen bürgerlichen Führungsschichten in Verwaltung und Bildung die entscheidende Rolle im komplexen Modernisierungsprozeß des alten deutschen Reiches.

IV.
Die Verfassung des
Heiligen Römischen Reiches
Deutscher Nation bis 1806

1. Kaiser, Reich und Reichsstände

Mit dem Reich war im 18. Jahrhundert kaum Staat zu machen. Bald nachdem der Westfälische Frieden von 1648 und der »Jüngste Reichsabschied« von 1654 die Struktur der Reichsverfassung in der bis 1806 gültigen Form modifiziert hatten, gelangte Samuel Pufendorf zu dem vielzitierten Ergebnis, das Reich sei ein irreguläres Monstrum.[1] Diese Charakterisierung traf zu und doch auch wieder nicht: Zwar kann man Pufendorf nicht vorwerfen, das Reich nach den Maßstäben des modernen Nationalstaats beurteilt zu haben; seine Einschätzung basierte auf der von Aristoteles in der »Politik« entwickelten Staatsformenlehre einerseits sowie auf der durch Jean Bodin und Thomas Hobbes formulierten Souveränitätslehre andererseits. Immer wieder stritten die Juristen des 16., 17. und 18. Jahrhunderts über die Natur des Reiches: Es war kein Staat und erfüllte doch staatliche Funktionen, es hatte einen Kaiser, der Staatsoberhaupt war und den Bestand des Reiches garantierte, der aber dennoch nur über mäßige Kompetenzen verfügte.

Pufendorfs Urteil enthielt einen weiterführenden Aspekt, argumentierte er doch nicht allein normativ, sondern auch historisch. Die Verfallsgeschichte der Macht von Kaiser und Reich provozierte die Frage: Wohin führt die künftige Entwicklung, welche verfassungspolitischen Möglichkeiten bleiben offen? Bereits der zentrale Satz Pufendorfs enthielt diese Perspektive: »Es bleibt uns also nichts anderes übrig, als das deutsche Reich, wenn man es nach den Regeln der Wissenschaft von der Politik klassifizieren will, einen irregulären und einem Monstrum ähnlichen Körper zu nennen, der sich im Laufe der Zeit durch die fahrlässige Gefälligkeit der Kaiser, durch den Ehrgeiz der Fürsten und durch die Machenschaften der Geistlichen aus einer regulären Monarchie zu einer so disharmonischen Staatsform entwickelt hat, daß es nicht mehr eine beschränkte Monarchie, wenngleich der äußere Schein dafür spricht, aber noch nicht eine Föderation mehrerer Staaten ist, vielmehr ein Mittelding zwischen beiden ... Wir können also den Zustand Deutschlands am besten als einen solchen bezeichnen, der einem Bund mehrerer Staaten sehr nahe kommt, in dem ein Fürst als Führer des Bundes die herausragende Stellung hat und mit dem Anschein königlicher Gewalt umgeben ist.«[2]

Tatsächlich war die Perspektive des alten Reichs die Föderation, eine »immer währenden Vereinigung« (Pütter) und nicht ein deutscher Nationalstaat. Wenn man sich an die Entwicklung der deutschen Geschichte und den Satz von Theodor Heuss hält, der Föderalismus sei keine deutsche Unart, sondern eine deutsche Eigenart, dann relativiert sich die ausschließlich negative Bewertung des alten Reichs von selbst. Der führende Staatsrechtslehrer des 18. Jahrhunderts, Johann Jacob Moser, konstatierte denn auch kurz und knapp: »Teutschland wird auf teutsch regiert, und zwar so, daß sich kein Schulwort oder wenige Worte oder die Regierungsart anderer Staaten dazu schicken, unsere Regierungsart dadurch begreiflich zu machen.«[3] Stehen die Deutschen schon damals am Beginn eines

»Sonderwegs«? Wohl kaum, dies waren nur Versuche, die allein historisch zu erklärende Individualität des alten Reiches zu erfassen.

Das alte Reich besaß einen Status mixtus. Mehrere Generationen nach Pufendorf und immerhin fast eine nach Moser nahm der Göttinger Staatsrechtslehrer Johann Stephan Pütter solch pragmatische Beurteilungen 1788 wieder auf: »So ist also nunmehr Teutschland als Ein Reich betrachtet zwar noch ein einiger Staatskörper, aber nicht wie die übrigen Europäischen Reiche ein einfacher, sondern ein *zusammengesetzter Staatskörper,* dessen einzelne Theile wieder lauter besondere Staaten sind, die nur ihren Zusammenhang unter dem Kaiser als einem gemeinsamen Oberhaupte behalten haben.«[4]

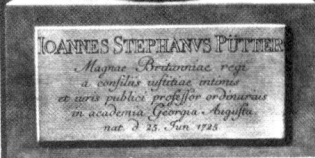

Tatsächlich lag die Souveränität mit gewissen Einschränkungen bei den Landesherren, deren Landeshoheit der Osnabrücker Teil der westfälischen Friedensverträge bestätigte und erweiterte: Keineswegs standen sie dem Reich einfach gegenüber, vielmehr bildeten die Reichsstände *mit* dem Kaiser und *neben* ihm das Reich. In diesem Sinn bestimmte der Osnabrücker Friedensvertrag von 1648: Damit »künftig in der politischen Ordnung keine Streitigkeiten entstehen, sollen alle und jede Kurfürsten, Fürsten und Stände des Römischen Reichs in ihren alten Rechten, Vorzügen, Freiheit und Privilegien und der freien Ausübung der Landeshoheit sowohl in geistlichen als auch in weltlichen Angelegenheiten, in ihren Gebieten, Regalien und deren aller Besitz kraft dieses Vertrages so befestigt und bestätigt sein, daß sie von niemandem jemals unter irgendeinem Vorwand tätlich gestört werden können und dürfen.«[5]

Der folgende Artikel regelte das »Stimmrecht in allen Beratungen über Reichsgeschäfte«. Dieses erstreckte sich auf die Reichsgesetzgebung, die Entscheidung über Krieg und Frieden, Steuerbewilligungen auf Reichsebene, den Bündnisschluß, Besatzung, Festungsbau und Einquartierungen: »... nichts dergleichen soll künftig jemals ohne die auf dem Reichstag abgegebene freie Zustimmung und Einwilligung aller Reichsstände geschehen oder zugelassen werden.« Der Vertrag hob ausdrücklich das Recht der Reichsstände hervor, »unter sich und mit dem Ausland Bündnisse für ihre Erhaltung und Sicherheit abzuschließen«. Dies stehe den einzelnen Ständen immerdar frei, »jedoch unter der Bedingung, daß dergleichen Bündnisse nicht gegen Kaiser und Reich und dessen Landfrieden oder besonders gegen diesen Vertrag gerichtet« seien (Art.VIII, § 2). Die Wertlosigkeit dieser Verpflichtung zeigt sich in der Bündnispraxis der deutschen Staaten, insbesondere bei den Allianzen Brandenburg-Preußens in den Schlesischen Kriegen: Auf Kaiser und Reich nahmen die Reichsstände keine Rücksicht, wenn es um ihre eigenen Interessen ging. Und die Ohnmacht des Reichstags, seine mangelnde Eignung als zugleich reichisches und ständisches Verfassungsorgan konnte kaum deutlicher dokumentiert werden als durch die Begründung der Reichsexekution gegen Preußen 1757: Sie erfolgte wegen Landfriedensbruchs.

Der Osnabrücker Friedensvertrag erkannte also die Ausdehnung der Landeshoheit der Reichsstände ausdrücklich an und ließ zugleich offenbar werden, daß es für den Kaiser unmöglich war, das Reich ohne Mitwirkung der Reichsstände monarchisch zu regieren: Keine reichspolitische Frage von Bedeutung konnte künftig ohne einen ordentlichen Beschluß des Reichstags entschieden werden.

Der Jurist Stephan Pütter (1725 bis 1807) entstammte einer Iserlohner Kaufmannsfamilie. Nach dem Studium in Marburg, Halle und Jena nahm er 1746 einen Ruf an die neue Universität Göttingen an, wo er über fünfzig Jahre wirkte. Seine Veröffentlichungen und vielbesuchten Vorlesungen, insbesondere über deutsches Staatsrecht, das Fürstenrecht und die Reichsgeschichte, brachten ihm die allgemeine Anerkennung seiner Zeit.

Während die wesentlichen landeshoheitlichen Rechte genau angegeben wurden, blieben die reichsständischen Pflichten gegenüber dem Reich sehr allgemein formuliert. Ohne eine ausdrückliche Regelung blieb die Frage, wieweit die exekutive Befugnis des Kaisers reichte und welche Reservatrechte er behielt. Doch die explizite Anerkennung der uneingeschränkten Landeshoheit ließ ohnehin kaum Spielraum. Wesentliche Elemente der Reichsverfassung blieben einer künftigen Reichsgesetzgebung vorbehalten, unter ihnen die Königswahl, eine beständige Wahlkapitulation, die kaiserliche Gerichtsbarkeit in Lehnsangelegenheiten, die Kreisverfassung und die Reichsmatrikel, auf deren Basis die Steuerleistung zu erfolgen hatte.[6]

Kaum eines dieser Probleme konnte auf dem Reichstag in Regensburg durch den sogenannten »Jüngsten Reichsabschied« vom 17. Mai 1654 wirklich gelöst werden, trotzdem war sein Ziel eine Neuordnung der Reichsverfassung in Form eines kaiserlichen Mandats.[7] Nennenswerte Bestimmungen enthielt der »Jüngste Reichsabschied« fast nur in bezug auf die Reichsjustiz und das Gerichtsverfahren, beispielsweise für Appellationen. Schon des öfteren von den Reichsständen unternommene Versuche, die konkurrierende Zuständigkeit des kaiserlichen Reichshofrats in Wien gegenüber dem von Katholiken und Protestanten paritätisch besetzten Reichskammergericht in Wetzlar zu beseitigen, mißlangen erneut. Weitere Bestimmungen betrafen die Kreisverfassung sowie die reichsständischen Pflichten gegenüber der militärischen Struktur des Reiches, beispielsweise beim Unterhalt für Garnisonen und Festungen. Da der Beitrag der Untertanen an die Landesherren geleistet werden sollte, fiel diesen die Wehrsteuerhoheit zu, und damit erfuhren sie eine neuerliche Stärkung (Jüngerer Reichsabschied, § 180).

Wesentliche Streitfragen zwischen kaiserlicher und reichsständischer Kompetenz konnten 1654 nicht geklärt werden, eine umfassende Reichsreform blieb dringend erforderlich. Sie kam aber bis 1806 nicht zustande. Rechtsfragen entwickelten sich in der Regel zu Machtfragen, die von Fall zu Fall nach den jeweiligen politischen Konstellationen beantwortet wurden. Dieser Kampf um Zuständigkeit – beziehungsweise um die Verminderung von Reichskompetenzen – begann jeweils mit den Wahlkapitulationen, nachdem eine beständige Wahlkapitulation nicht hatte durchgesetzt werden können.

Der zweite Reichstag, der nach dem Westfälischen Frieden 1663 in Regensburg zusammentrat, wurde bis zum Ende des Reiches nicht mehr geschlossen und so zum »immerwährenden Reichstag«: Die Unmöglichkeit, die entscheidenden verfassungspolitischen Probleme des Reiches zu lösen, kam hierin ebenso zum Ausdruck wie die ausschlaggebende reichsständische Mitwirkung an der Reichspolitik.

Im übrigen besaß der Westfälische Frieden sogar in verfassungspolitischer Hinsicht keineswegs nur eine deutsche, sondern eine europäische Dimension. Frankreich und Schweden traten 1648 als Garantiemächte auf, und noch am 17. Mai 1779 wiederholte sich diese Konstellation, als außer Frankreich auch Rußland den verfassungspolitischen Status quo in Deutschland garantierte: Die deut-

Frankfurt am Main zu Beginn des 19. Jahrhunderts, Gemälde von Christian Georg Schütz, 1854

Im Stadtbild durchdringen sich die Spuren des gotischen Mittelalters, der Renaissance, des Barock und des Klassizismus. Fast ein Jahrtausend hat die Geschichte kontinuierlich die Stadt geprägt, ihre Menschen geformt.
Die Beeinträchtigung, zum Teil sogar die Auslöschung der geschichtlichen Spuren charakterisieren allein die deutschen Städte nach dem Zweiten Weltkrieg, in denen bis dahin gemeineuropäische Züge überwogen. Heute sind in England, Frankreich und Italien die Städte noch immer von der Vergangenheit geprägt. Allein an Donau, Elbe und Rhein sind die gestern noch mittelalterlichen oder barocken Gebäude durch gesichtslose Neubauten ersetzt worden, teilweise eine Folge des Bombenkriegs, teilweise ein Zeugnis jenes Modernisierungseifers, der nach dem Kriege weithin planierte, was die Vernichtungen überstanden hatte.

sche Frage erwies sich wieder einmal als europäisches Problem, ihre Regelung war und blieb bis ins 20. Jahrhundert – in welcher Form sie auch erfolgen mochte – Teil des europäischen Staatensystems und der mit ihm intendierten, wenngleich nicht erreichten Friedensordnung. Und insofern mußte der Aufstieg Preußens zur zweiten deutschen Großmacht von vornherein eine europäische Bedeutung gewinnen, mußten die drei Schlesischen Kriege zu europäischen Kriegen werden. Diese 1740 begonnene und 1763 abgeschlossene Entwicklung zum deutschen Dualismus erwies sich zwar nicht in rechtlicher, um so stärker aber in politischer Hinsicht als prägender Faktor der Verfassungsgeschichte der letzten Jahrzehnte des alten Reiches.

Obwohl die Entwicklung von 1648 bis 1806 für Kaiser und Reich insgesamt ungünstig verlief, blieb noch bis zum Ende des 18. Jahrhunderts die Reichsidee lebendig, sogar so lebendig, daß Napoleon nicht eher ruhte, bis er die staatsrechtliche Basis des Reiches beseitigt hatte. Selbst in seiner rudimentären Form stand das Reich dem Napoleonischen Empire im Wege, obwohl seit dem Dreißigjährigen Krieg eine Säkularisierung der noch religiös fundierten, übernationalen mittelalterlichen Reichsidee eingesetzt hatte, die schließlich aus dem universalen ein deutsches Reich machte.

Zweifellos erhielt sich die Reichsidee in den Reichsstädten und den zahlreichen kleineren reichsunmittelbaren Fürstentümern stärker als in den mittelgroßen Staaten oder gar in Preußen. Welche Faszination zum Beispiel die seit 1562 in Frankfurt stattfindende Königswahl und die Kaiserkrönung ausübten, läßt Goethes Bericht in »Dichtung und Wahrheit« über die Wahl Josephs II. zum römisch-deutschen König am 3. April 1764 ahnen, gerade weil es sich um eine rückblickende Betrachtung des alten Dichters handelt.

Der vierzehnjährige Johann Wolfgang teilte seine Aufmerksamkeit zwischen einer jungen Blumenhändlerin, Gretchen mit Namen, und den Vorbereitungen der Königswahl: »Kaum war ich zu Hause angekommen, als mein Vater mich berufen ließ und mir die Eröffnung tat, es sei nun ganz gewiß, daß der Erzherzog Joseph zum Römischen König gewählt und gekrönt werden sollte. Ein so höchst bedeutendes Ereignis müsse man nicht unvorbereitet erwarten, und etwa nur gaffend und staunend an sich vorbeigehen lassen. Er wolle daher die Wahl- und Krönungsdiarien der beiden letzten Krönungen mit mir durchgehen, nicht weniger die letzten Wahlkapitulationen, um alsdann zu bemerken, was für neue Bedingungen man im gegenwärtigen Falle hinzufügen werde. Die Diarien wurden aufgeschlagen, und wir beschäftigten uns den ganzen Tag damit bis tief in die Nacht, indessen mir das hübsche Mädchen, bald in ihrem alten Hauskleide, bald in ihrem neuen Kostüm, immer zwischen den höchsten Gegenständen des Heiligen Römischen Reichs hin und wider schwebte.«[8]

Das alte Reich war eine Wahlmonarchie. Die Kurfürsten, die beim Kurverein von Rhense 1338 die sogenannte Goldene Bulle Kaiser Karls IV. von 1356 vorbereiteten, wiesen einerseits den päpstlichen Anspruch auf Approbation und Bestätigung der deutschen Königswahl zurück und regelten andererseits das Wahlverfahren, nachdem es im hohen Mittelalter immer wieder zum Streit über die Königswahl und zu Doppelwahlen gekommen war. Die Goldene Bulle zählte mit dem Augsburger Religionsfrieden und den entsprechenden Passagen des westfälischen Friedensvertrags zu den verfassungsrechtlichen Grundgesetzen des alten Reiches bis zu seiner Auflösung. Das Reich war also ein Wahlreich, aber doch mit starker Berücksichtigung des dynastischen Prinzips. Dies erhellt bereits daraus, daß von Kaiser Friedrich III. (1440-1493) bis zur Auflösung des alten Reiches 1806 mit Ausnahme des Wittelsbachers Karl VII. (1742-1745) ausschließlich Habsburger die Kaiserkrone trugen, normalerweise also – mit Ausnahme Maria Theresias – der jeweils älteste männliche Nachkomme des Kaisers oder einer Nebenlinie gewählt wurde.

Das über Jahrhunderte gültige Zeremoniell war streng geregelt, Goethe mochte sich bei der Arbeit an »Dichtung und Wahrheit« so manches Mal an die Goldene Bulle erinnert haben, die er als Kind in der lateinischen Originalfassung teilweise auswendig gelernt hatte.[9] Die Wahl fand in Frankfurt durch die Kurfürsten statt, deren weltlicher Teil ein erbliches Wahlrecht gemäß der Primogenitur besaß. Die Goldene Bulle schrieb das Wahlrecht von drei geistlichen und vier weltlichen Kurfürsten fest, das waren die Erzbischöfe von Mainz, Köln und Trier sowie der Pfalzgraf bei Rhein, der Herzog von Sachsen, der Markgraf von Brandenburg und schließlich der König von Böhmen. Als erster stimmte der Erzbischof von Trier, als letzter der von Mainz.

Die Zusammensetzung des Kurfürstenkollegs änderte sich bis zum 18. Jahrhundert insofern, als die pfälzische Kurwürde in den Jahren 1622 bis 1628 an Herzog Maximilian I. von Bayern übertragen und für die Pfalz 1648 eine achte Kur eingeführt wurde; sie sollte allerdings mit dem Aussterben der bayerischen Linie der Wittelsbacher wieder erlöschen. Dies geschah 1777, so daß beim Regierungsantritt des Pfälzers Karl Theodor in Bayern beide Kurwürden zusammenfielen. Die ursprüngliche Absicht, das Kollegium aus sieben Kurfürsten wiederherzustellen, ließ sich trotzdem nicht verwirklichen, weil das Haus Braunschweig-Lüneburg 1692 beziehungsweise 1709 für das von ihm regierte Hannover eine neunte Kurwürde erhalten hatte (Kurhannover) und außerdem die zeitweilig suspendierte böhmische Kurwürde wieder eingesetzt war.

Gegen Ende des alten Reiches trat mit dem Frieden von Lunéville 1801 und dem Reichsdeputationshauptschluß aufgrund der Säkularisation der geistlichen Fürstentümer eine kurzfristige Änderung ein. Die Säkularisation beseitigte die Kurwürde der Erzbischöfe von Trier und Köln, transferierte aber die des Mainzers Karl Theodor von Dalberg, der zugleich Kurerzkanzler war, nach Regensburg. Außerdem brachte die territoriale Neuordnung vier neue Kurwürden: für den Markgrafen von Baden, den Herzog von Württemberg, den Landgrafen von Hessen-Kassel sowie für Salzburg, dessen Kur jedoch schon 1805 mit dem neuen Herzogtum Würzburg verbunden wurde. Diese Vorgänge spiegelten die veränderten Machtverhältnisse aufgrund des Napoleonischen Einflusses in Deutschland, blieben aber ohne praktische Konsequenzen, da keine Kaiserwahl mehr anstand.

Für die Frankfurter warf die Wahl ihren Glanz voraus, das Stadtbild belebte sich durch den genau geregelten Einzug der die Wahl vorbereitenden kurfürstlichen Gesandten und die Tätigkeit des Reichsquartiermeisters. Die Gesandten nahmen bei angesehenen

Feierliche Begleitung der Reichsinsignien von Nürnberg nach Frankfurt am Main am 27. September 1790

Die Einholung der Reichsinsignien galt der Würde des alten Reiches. Das Zeremoniell galt nicht den Gegenständen, sondern ihrem Gehalt. Auch nach der Französischen Revolution wurden sie noch von der alten Freien Reichsstadt Nürnberg verwahrt und jeweils nach Frankfurt am Main verbracht, das seit Jahrhunderten schon Ort der Kaiserwahl war, die noch Goethe im alten Pomp miterlebte.

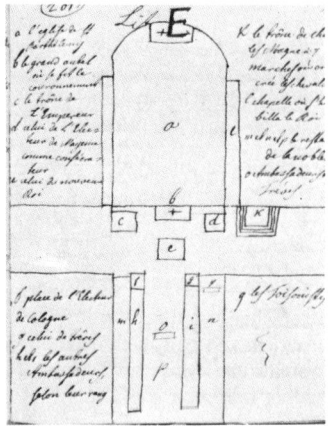

Bürgern der Stadt Quartier, auch am Hirschgraben bei Johann Caspar Goethe: »Bei den übrigen Ratsverwandten ... war es auch keine gute Zeit: denn sie hatten so viel mit Einholen der vornehmen Gäste, mit Bekomplimentieren, mit Überreichung von Geschenken« zu tun, daß Besuche des jungen Johann Wolfgang nur störten.

Eine Menge Neugieriger von nah und fern kam hinzu, obwohl die Goldene Bulle der Reichsstadt Frankfurt die Aufnahme von Fremden während der Vorbereitung des Wahlakts untersagte. Aber daran hielt man sich schon lange nicht mehr: Das Getümmel wuchs, und »selbst diejenigen, die nichts dabei zu leisten oder zu verantworten haben, fangen an, sich unbehaglich zu fühlen«. Doch in diesen Tagen lebte das Reich, indem es sich darstellte. Goethe empfand zwar Mißbehagen beim Studium der Verfassung, die ihn zu der Einsicht führte, »daß hier mehrere Gewalten einander gegenüber standen, die sich das Gleichgewicht hielten, und nur insofern einig waren, als sie den neuen Regenten noch mehr als den alten zu beschränken gedachten«. In der Tat: Dies war die deutsche Form der Gewaltenteilung, die vielgerühmte, vielbeschworene, vielgeschmähte »teutsche Libertät«, und sie war von alters her föderativ.

Doch das Getriebe, die Zeremonien, die pompöse Selbstinszenierung des Reiches, die Zeitaltern entstammte, für die der politische Wert von »Herrschaftszeichen und Staatssymbolik« – um mit Percy Ernst Schramm zu sprechen – noch außer Frage stand, bereitete dem kleinen Goethe, der Reichsstadt Frankfurt und offenbar auch ihren nicht ganz legalen Besuchern »manche Lust: weil alles, was vorging, es mochte sein von welcher Art es wollte, doch immer eine gewisse Deutung verbarg, irgendein innres Verhältnis anzeigte, und solche symbolische Zeremonien das durch so viele Pergamente, Papiere und Bücher beinah verschüttete Deutsche Reich wieder für einen Augenblick lebendig darstellten«.

Dies alles war nur Vorgeplänkel. Erst der von zeitweilig ohrenbetäubendem Kanonendonner begleitete Einzug des Kurfürsten von Mainz am 21. März 1764 enthüllte den politischen Gehalt der Festlichkeit: »... denn alle die Männer, die wir bisher auftreten sahen, waren, so hoch sie auch standen, doch immer nur Untergeordnete; hier aber erschien ein Souverän, ein selbständiger Fürst, der Erste nach dem Kaiser, von einem großen, seiner würdigen Gefolge eingeführt und begleitet.«

Die Frankfurter Bürger trugen ihren Teil zu dem Ereignis bei. Sie leisteten den Sicherheitseid »nicht etwa durch Repräsentanten, sondern persönlich und in Masse ... erst auf dem großen Römersaal der Magistrat und die Stabsoffiziere, dann auf dem großen Platze, dem Römerberg, die sämtliche Bürgerschaft nach ihren verschiedenen Graden, Abstufungen und Quartieren, und zuletzt das übrige Militär. Hier konnte man das ganze Gemeinwesen mit *einem* Blick überschauen.« Am Vorabend des Wahltags wurden schließlich alle Fremden doch noch »aus der Stadt gewiesen, die Tore sind geschlossen, die Juden in ihrer Gasse eingesperrt, und der Frankfurter Bürger dünkt sich nicht wenig, daß er allein Zeuge einer so großen Feierlichkeit bleiben darf«. Und dies schlug sich auch im eigenen städtischen Zeremoniell nieder: Die Reichsstadt Frankfurt präsentierte sich unter so vielen Souveränen selbst als kleiner Souverän.

Beim Festbankett am 3. April 1764 saßen dem Kaiser Franz I. Stephan und dem jungen, gerade gekrönten römisch-deutschen König Joseph II. in ihren Ornaten die drei rheinischen Erzbischöfe gegenüber: Kurtrier zur Rechten, Kurköln zur Linken, Kurmainz in der Mitte. Krone und Zepter lagen etwas rückwärts auf goldenen Kissen hinter den Majestäten. Auffällig erschien es schon den Zeitgenossen, wie nah die geistlichen Kurfürsten den Majestäten blieben, während sich die weltlichen durch Gesandte vertreten ließen. Während der obere Teil des Saales erfreulich und würdig erschien, »ließen die zwar prächtig aufgeputzten, aber herrenleeren Büffette und Tische der sämtlichen weltlichen Kurfürsten an das Mißverhältnis denken, welches zwischen ihnen und dem Reichsoberhaupt durch Jahrhunderte allmählich entstanden ist. Die Gesandten derselben hatten sich entfernt, um in einem Seitenzimmer zu speisen.« Darin zeigte sich zweifellos Sinn für politische Symbolik, Sinn für den geziemenden Stil war es nicht! Durch die leeren Tische erhielt der festliche Saal denn auch ein gespenstisches Aussehen. War das alte Reich doch nur noch ein Gespenst?

Nach dem Tod seines Vaters Franz Stephan von Lothringen, des Gemahls der Kaiserin Maria Theresia, wurde Joseph II. 1765 schließlich zum Kaiser gekrönt und somit Mitregent seiner Mutter. Außer der Wahl Josephs II. fand noch zweimal eine Wahl zum deutschen König und römischen Kaiser statt: Als Joseph II. 1790 starb, folgte ihm sein Bruder, der Großherzog von Toskana als Leopold II., nach dessen frühem Tod 1792 sein Sohn Franz II., der die Kaiserkrone bis zur Niederlegung am 6. August 1806 trug.

Symbolisierte die Abwesenheit der weltlichen Kurfürsten beziehungsweise das Verhalten ihrer Gesandten die Geringschätzung des Kaisertums durch die weltlichen Großen des Reiches, so offenbarten die Wahlkapitulationen die Einschränkung kaiserlicher Macht. Aus Wahlversprechen deutscher Landes- und Kirchenfürsten hervorgegangen, erfolgte die erste förmliche Wahlkapitulation durch Karl V. im Jahre 1519. Sie interpretierte die Wahl ständestaatlich und engte folglich die kaiserliche Macht staatsrechtlich ein. Schon seit dieser Zeit gab es Bestrebungen zu einer Capitulatio perpetua, einer ständigen Wahlkapitulation, die dann den Rang eines die Regierungszeiten überdauernden Verfassungsgesetzes gewonnen hätte. Doch erlangten auch die jeweiligen Wahlkapitulationen für die Regierungszeit des Kaisers Verfassungsrang, zumal die auf einer Vereinbarung von Kurfürsten und Fürsten basierende Wahlkapitulation von 1711 normierende Kraft für alle späteren Wahlkapitulationen behielt.[10]

Einblick in die defensive Stellung des Kaisers gegenüber den fürstlichen Reichsständen bietet die Präambel der Wahlkapitulation von Franz I. Stephan von Lothringen. Dort hieß es unter anderem: »Wir Franz ... Bekennen offentlich ... Daß wir Uns demnach aus freyem gnädigen Willen mit ... sämtliche Churfürsten, Fürsten und Stände des Heil.Röm.Reichs Geding- und *Pacts*-weiß dieser nachfolgenden Articulen vereiniget, verglichen, angenommen und zugesaget haben ...« Die einzelnen Artikel enthielten neben dem Bekenntnis zum Papst, zur christlichen Kirche und zu den Pflichten des Kaisers vor allem die Zusicherung, Rechte und Würden der Reichsfürsten und Reichsstände nicht anzutasten sowie die Mitwirkung

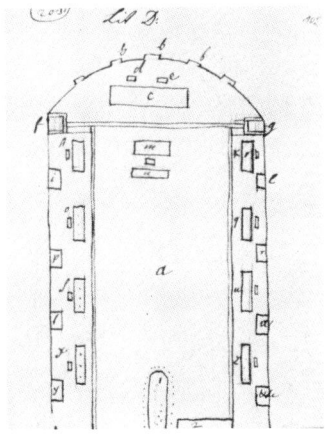

Zwei Seiten aus dem Reisetagebuch des Erzherzogs Leopold mit der Sitzordnung des Krönungsmahls, 1764

Die Selbstinszenierung des Hofes, der auch Sitzordnungen als symbolisch begriff, geht auch aus dem Reisetagebuch Erzherzogs Leopold hervor. Leopold begleitete seinen Bruder Joseph 1764 zur Königswahl nach Frankfurt und hielt in seinem Tagebuch alles ihm wichtig erscheinende fest.

der Reichsstände auf den Reichstagen zu achten. Einige dieser reichsständischen Rechte erfuhren eine eingehendere Erklärung, die Landeshoheit der Reichsstände fand eine erneute Bestätigung. Die Verfassungsgesetze des Reiches, vor allem die Goldene Bulle und die westfälischen Friedensverträge, wurden ausdrücklich bestätigt.[11]

Diese durch umständliche Wiederholungen ermüdende Wahlkapitulation vereinigte in sich also eine Art Amtseid und eine allgemeine Regierungserklärung. Ihr Zweck war die Wahrung reichsständischer und landesherrlicher Rechte gegenüber dem Kaiser und damit die Beschränkung seiner Macht. Ein erheblicher Teil der Artikel bekräftigte lediglich bestehendes Recht, beispielsweise die Versicherung, der Kaiser werde keinerlei Versuche machen, ohne ordnungsgemäßen Beschluß des Reichstags neue Gesetze zu erlassen. Vor allem aber wollten die Reichsstände jegliche Ausdehnung der jurisdiktionellen und exekutiven Gewalt des Kaisers von vornherein ausschließen. So mußte der Kaiser zugestehen: »Wie Wir dann in der Reichs-*Executions*- und Crayß-Ordnung nichts ändern wollen, ohne was gedachter *Executions*-Ordnung halben auf allgemeinem Reichstag von allen Ständen beliebet und geschlossen werden mögen ...« (Art. XII, § 5).

Kaum deutlicher als durch die in den Wahlkapitulationen zum Ausdruck kommende konstitutionelle Entwicklung des Reiches könnte der Satz Ferdinand Lassalles bestätigt werden: Verfassungsfragen sind zweifellos Machtfragen. Schon vor dem *österreichisch-preußischen Dualismus* des 18. Jahrhunderts existierte der die Reichsverfassung prägende *Dualismus von Kaiser und Reichsständen*. Bis zur Auflösung des alten Reiches immer wieder aktualisiert, zählte er zweifellos zu den Ursachen für das Ende des Reiches: Das antikaiserliche Interesse zahlreicher Reichsfürsten und die hegemoniale Zielsetzung Napoleons trafen sich hier.

Während der vorausgegangenen Jahrhunderte hatte sich der Sinn der Formel »Kaiser und Reich« verschoben: Bezeichnete sie ursprünglich die Identität von Kaiser und Reich, so traten beide Komponenten immer stärker auseinander und entwickelten sich seit dem 15. Jahrhundert zunehmend zu einem Antagonismus, in dem das Reich als die Gesamtheit der Stände dem Kaiser gegenübertrat. Und dieses Verhältnis komplizierte sich insofern, als der König und Kaiser nach seiner Wahl Reichsstand und Landesherr blieb, während die Reichsstände eben nicht allein eine landesherrliche, sondern ebenso eine reichspolitische Funktion wahrnahmen. Kaiser und Reich: Das war seit dem 15. Jahrhundert Satz *und* Gegensatz. Aus der Lehre von der gemischten Verfassung des Reiches folgte konsequent das Modell einer doppelten Majestät, »der Majestas realis der zumeist erblichen Stände und der Majestas personalis des Wahlkaisers«. Ihr zufolge ist der Kaiser »administrator imperii«, nicht aber »dominus imperii«.[12] Auf diese reale Verfassungsstruktur ließ sich Jean Bodins Begriff der Souveränität tatsächlich nicht anwenden.

Erfaßten die Staatsrechtslehrer des 17. und 18. Jahrhunderts die Verfassungswirklichkeit des alten Reiches, so schloß dies keineswegs die Billigung durch die Zeitgenossen ein. In Goethes »Götz von Berlichingen« – einem Stück, dessen Held Reichsritter ist – fin-

Bankett Josephs II. im Römer zu Frankfurt am Main aus Anlaß der Krönung zum römisch-deutschen König am 3. April 1764, Gemälde der Schule van Meytens', nach 1764

Johann Wolfgang von Goethe erlebte als Vierzehnjähriger den feierlichen Einzug Josephs II. in Frankfurt. In »Dichtung und Wahrheit« schildert ein berühmtes Kapitel den Glanz und die Pracht der festlichen Stadt, die noch einmal für einige Tage Mittelpunkt des Reiches war.

det sich eine aufschlußreiche Bemerkung über die Formel »Kaiser und Reich«. In der Urfassung von 1771 wehrte sich der Held gegen die Behauptung, er habe sich »gegen Kaiser und Reich rebellischerweise aufgelehnt«: »Das ist nicht wahr, ich bin kein Rebell, habe gegen ihre Kaiserliche Majestät nichts verbrochen, und das Reich geht mich nichts an. Kaiser und Reich! Ich wollt, Ihro Majestät ließen Ihren Namen aus so einer schlechten Gesellschaft. Was sind die Stände, daß sie mich Aufruhrs zeihen wollen? Sie sind die Rebellen, die mit unerhörtem geizigen Stolz mit unbewehrten Kleinen sich füttern und täglich Ihro Majestät nach dem Kopf wachsen. Die sinds, die alle schuldige Ehrfurcht außer Augen setzen und die man laufen lassen muß, weil der Galgen zu teuer werden würde, woran sie gehenkt werden sollten.«[13] Lassen wir Götzens nicht unbekannte Drastik beiseite und auch den Anachronismus, der Goethe unterlief, als er dem Berlichingen aus dem 16. Jahrhundert die dualistische Bedeutung der Formel »Kaiser und Reich« unterschob: Im 18. Jahrhundert galt sie nur zu offensichtlich, doch erfaßte der begriffliche Wandel erst im 17. Jahrhundert die reale Verfassungsentwicklung.[14]

Als Goethe nach seinen Erfahrungen als Praktikant beim Reichskammergericht in Wetzlar (1772) größeren Einblick in die komplizierte Verfassungsentwicklung des Reiches gewonnen hatte und 1773 die zweite Fassung des »Götz« schrieb, ließ er an dieser Stelle die Formel »Kaiser und Reich« weg, wenngleich Götz weiterhin darauf beharrte: »... das Reich geht mich nichts an.«[15] Zum Kaiser bekannte sich der Held auch jetzt: Kein Wunder, waren die Reichsritter doch, wollten sie nicht von den Landesherren mediatisiert werden, schon deshalb kaisertreu, weil ihre Existenz von ihm abhängig war.

Der Kaiser behielt bis zum 18. Jahrhundert sogenannte Reservatrechte – Hoheitsrechte, die er zum Teil ohne reichsständische Mitwirkung, zum Teil mit Zustimmung der Kurfürsten ausüben durfte. Zu diesen Reservatrechten zählten Standeserhöhungen, Legitimierungen, die Erteilung von Privilegien, die Exemtion von der Reichsgerichtsbarkeit, Begnadigungen, schließlich die Ausübung der oberlehnsherrlichen Gewalt – bildete das Reich doch noch immer einen Lehnsverband und der Kaiser die Spitze der Lehnspyramide.

Einschränkungen der Kompetenzen des Kaisers ergaben sich allein schon daraus, daß mit der Ernennung zum Reichsfürsten oder Reichsgrafen Sitz und Stimme auf den Reichstagen verbunden war: Dies bedurfte seit 1648 der Anerkennung der Reichsstände und setzte einen entsprechenden Territorialbesitz im Reich voraus. Überdies besaß der deutsche König seit dem 12. Jahrhundert gegenüber der Kirche das Recht der sogenannten Ersten Bitten: Für die jeweils ersten im Anschluß an seine Krönung frei werdenden Pfründen aller Klöster und Stifte durfte er die neuen Amtsinhaber vorschlagen. Dieser erhebliche Einfluß auf die Besetzung hoher und niederer kirchlicher Pfründen blieb aber zeitlich begrenzt und deshalb von Zufällen nicht frei.

Neben den Reservatrechten standen die »iura comitialia« des Kaisers, bei deren Wahrnehmung er verfassungsgemäß an die Mitwirkung des Reichstags gebunden war: die Gesetzgebung, die Erhebung von (indirekten) Reichssteuern, die Entscheidung über Krieg und Frieden, die Reichsexekution im Fall des Bruchs des Reichslandfriedens durch einen Reichsstand, schließlich der Abschluß von Bündnissen für das Reich. Tatsächlich erlangte nur ein Teil dieser kaiserlichen Kompetenzen politische Bedeutung, in anderen wieder besaßen die Kurfürsten faktisch ein Vetorecht: So konnte der Kaiser die Reichsacht gegen einen Reichsstand, der seine Pflichten gegen das Reich verletzt hatte, nur mit Zustimmung der Kurfürsten verhängen. Erkannten diese die kaiserliche Entscheidung an, oblag die Exekution aber nicht ihm, sondern den Reichskreisen.

Außer in dem Wahl- und Krönungsort Frankfurt am Main er-

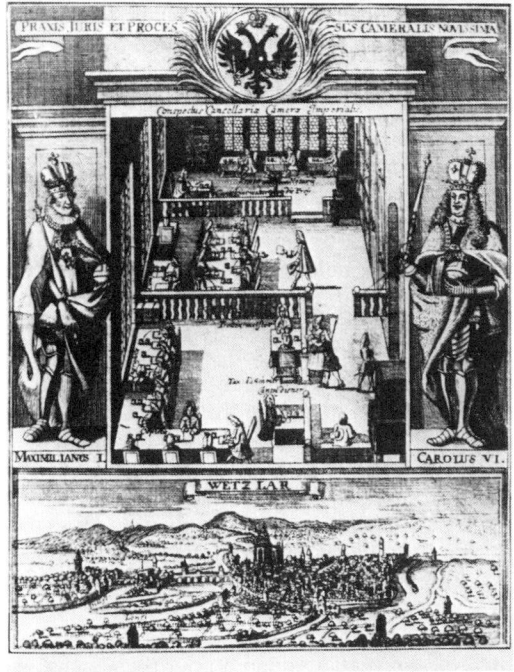

Das Reichskammergericht in Wetzlar, Kupferstich aus Johann Friedrich Hofmanns »Praxis Juris et Processus Cameralis Novissima«, Wetzlar 1721

Das Reichskammergericht war 1693 nach Wetzlar verlegt worden, wo es bis zum Ende des Heiligen Römischen Reiches residierte. Hier war Goethe 1772 Praktikant und verliebte sich in »Werthers« Lotte. Die nur wenige tausend Einwohner zählende Stadt war auch für damalige Verhältnisse klein, aber mit der Übersiedlung des höchsten Gerichts war sie zu einem der wichtigsten Plätze der Reichspolitik geworden – neben der Kaiserstadt Wien, die den Reichshofrat beherbergte, und Regensburg, wo der Immerwährende Reichstag seinen Sitz hatte. Die übrigen »Erzämter« des Reiches waren an die jeweilige Kurwürde gebunden und besaßen nur sehr begrenzte Wirkung.

reichte das alte Reich in drei Städten eine dauernde Präsenz, weil dort Verfassungsorgane residierten: in der Kaiserstadt Wien, wo außer dem Kaiser der Reichshofrat, die Reichshofkanzlei und auch der Reichspfennigmeister seinen Sitz hatten; Regensburg war und blieb der Sitz des Reichstags, und Wetzlar beherbergte das Reichskammergericht. Demgegenüber blieben die Erzämter an die Kurwürde gebunden, so daß deren sehr begrenzte Reichsfunktionen für die Bürger nicht sichtbar waren. Allerdings hatte sich die Bedeutung der Erzämter im Laufe der Zeit so vermindert, daß sie lediglich Titulaturen glichen beziehungsweise ausschließlich bei der Krönung protokollarische Bedeutung erlangten.

Das politisch gewichtigste Verfassungsorgan des Reiches war der Reichstag. Wie die anderen Reichsorgane auch, verdankte der Reichstag seine frühneuzeitliche Gestalt im wesentlichen der von Kaiser Maximilian I. gegen Ende des 15. Jahrhunderts durchgeführten, wenngleich aufgrund zahlreicher Widerstände nur fragmentarisch gebliebenen Reichsreform.[16] Seit 1489 beziehungsweise 1495 bis 1498 erhielt der Reichstag festere Konturen und gliederte sich in drei Kurien: den Kurfürstenrat, den Fürstenrat und die Reichsstädtebank. Innerhalb der Kurien erfolgten Entscheidungen seit 1648 durch Mehrheitsbeschlüsse. Ursprünglich konnten durch Erbteilung sowie Ernennung zum Reichsfürsten Änderungen in der Zusammensetzung eintreten, später wurde diese unkontrollierte Stimmenvermehrung durch Erbfall jedoch ausgeschlossen und die Stimme an das Territorium gebunden. Personalunion erlaubte die Kumulation von Stimmen. Seit 1648 stand es nicht mehr im Belieben des Kaisers, Reichsstände einzuladen oder nicht, der Reichstag erhielt nun eine feste Zusammensetzung. Ein förmliches Stimmrecht existierte erst seit dem Westfälischen Frieden, auch die Stimmführung unterlag Wandlungen. Virilstimmen, also fürstliche Einzelstimmen, standen neben Kuriatstimmen, also Gesamtstimmen, die mehrere Stimmberechtigte nur gemeinsam führen konnten.

Die Kurfürsten, die im übrigen zu eigenen Kurfürstentagen außerhalb des Reichstags zusammentraten, bildeten unter Leitung des Erzkanzlers und Erzbischofs von Mainz, der zudem das Reichstagsdirektorium innehatte, den Kurfürstenrat: Er war das politisch entscheidende Gremium, dessen Einfluß die übrigen Kurien zwar immer wieder einmal vermindern wollten, doch letztlich ohne Erfolg. Die Kurfürsten gaben auch bei der Formulierung der Wahlkapitulation den Ausschlag; ihre wesentlichen Rechte basierten auf der Goldenen Bulle von 1356.[17]

Der Fürstenrat des Reichstags bestand aus einer weltlichen und einer geistlichen Bank, er wurde alternierend von Österreich und Salzburg geleitet. Am Ende des alten Reiches hatte er insgesamt 100 Stimmen, 94 Viril- und sechs Kuriatstimmen für vier Grafenkollegien sowie zwei Prälatenbänke. Die geistliche Bank führte 35 Viril- und zwei Kuriatstimmen, die weltliche Bank zusammen 63 Stimmen. Die Reichsritter besaßen trotz ihrer Reichsunmittelbarkeit kein Stimmrecht auf den Reichstagen.

Die dritte Kurie bildeten die Reichsstädte, die unter der Führung derjenigen Stadt standen, in der der Reichstag abgehalten wurde, das war im 18. Jahrhundert mit zwei Ausnahmen Regensburg. Wegen der Pest tagte der Reichstag 1713 in Augsburg und aufgrund des österreichischen Erbfolgekrieges 1742 bis 1745 in Frankfurt am Main.

Die Städtekurie besaß eine rheinische und eine schwäbische Bank. Am Ende des Reiches umfaßte die Städtebank insgesamt 51 Stimmen. Die Städte erreichten erst durch den Westfälischen Frieden volles Stimmrecht, das Votum decisivum, doch blieb dies insofern umstritten, als sie im Fall unterschiedlicher Voten von Kurfürstenrat und Fürstenrat keineswegs automatisch den Ausschlag gaben, da beide diese Möglichkeit ziemlich rüde ablehnten. Das politische Gewicht der Städtebank war gering; stimmten die beiden ersten Kurien überein, galten die Beschlüsse als bindend. Die Zustimmung der Städtekurie setzte man in diesem Fall ohne förmliches Votum voraus. Bestenfalls gestanden die beiden anderen Kurien der Städtekurie zu, daß ihre abweichende Stellungnahme in das Reichsgutachten aufgenommen und so dem Kaiser zur Kenntnis gebracht wurde.[18]

Die für die kirchliche, kulturelle, politische und gesellschaftliche Entwicklung Deutschlands außerordentlich folgenreiche religiöse Spaltung seit der Reformation wird auch in der Verfassungsgeschichte erkennbar. Den sichtbarsten Ausdruck fand sie in der konfessionellen Zweiteilung des Reichstags seit dem Westfälischen Frieden, der den Augsburger Religionsfrieden von 1555 bekräftigte und ergänzte: Von nun an teilte sich der Reichstag in ein Corpus catholicorum und ein Corpus evangelicorum, wenn Fragen der Religion tangiert wurden. Gegenseitiges Überstimmen schloß diese »itio in partes« aus; nur bei gütlicher Einigung konnte ein Beschluß gefaßt werden. Die Entscheidungsschwäche des Reichstags resultierte auch aus dieser Verfahrensregelung, zumal die Reichsstände sie immer wieder als Instrument zur Verschleppung oder Verhinderung mißliebiger Beschlüsse benutzten. Dies war um so leichter möglich, als weite Bereiche des Staatsrechts wie des alltäglichen Lebens im alten Reich die Religion beziehungsweise die Kirchen berührten. Oftmals war es lediglich eine Frage der Formulierung, welches Problem zur Religionsfrage erklärt wurde und welches nicht. Die Konsequenz lautete also: Konnten sich die Religionsparteien nicht einigen, blieben die anstehenden Probleme ungelöst.

Allerdings lag die Problematik tiefer, als von Fall zu Fall entstehende Auseinandersetzungen der Konfessionsparteien erkennen ließen. Denn tatsächlich bestanden bei Katholiken und Protestanten gravierende Divergenzen in der Auffassung des Reiches, die bereits in der Bewertung des Namens »Heiliges Römisches Reich« zum Ausdruck kamen. Zwar liegt in Anklang an Friedrichs II. boshaften Spott die Sentenz nahe, dieses komplexe Gebilde sei weder heilig noch römisch noch Reich gewesen. Und die protestantischen Reichspublizisten des 18. Jahrhunderts wußten in der Tat wenig mit der Bezeichnung »heilig« anzufangen und schon gar nichts mit dem römisch-universalen Charakter, der aus der Bindung an die katholische Kirche resultierte. Diese Bindung drückte sich auch darin aus, daß der Kaiser Vikar der Kirche war, während im protestantischen Bereich das landesherrliche Kirchenregiment herrschte und der Fürst zugleich Summus episcopus war.

Die protestantische Seite leugnete den »religiösen Charakter« des Reiches, »der den Katholiken bis zuletzt so wichtig war«.[19] Andererseits lebte das Heilige Römische Reich gerade aus diesem unauflöslichen Ineinander von weltlicher und kirchlicher Verfassung sowie seinem römisch-universalen Bezug. Seit der Reformation stellte sich die Frage, wie lange das Reich, dessen konfessionelle Einheit zerbrochen war, überleben konnte, wenn sich die landeshoheitlichen Tendenzen mit der neuen Bikonfessionalität verbänden. Eine fundamentale Verfassungs- und Reichsreform wäre also notwendig gewesen, doch gerade an ihr hätte das Reich zerbrechen können, während es in seiner partiell entpolitisierten Form noch Jahrhunderte Bestand hatte und sogar den Dreißigjährigen Krieg überdauerte.

Der Reichstag war im 18. Jahrhundert längst keine Versammlung der Fürsten mehr, bei der auch der Kaiser persönlich anwesend war. Vielmehr ließ er sich seit 1654 durch einen sogenannten kaiserlichen Prinzipalcommissarius vertreten. Die immer längere Tagungsdauer machte aus dem Reichstag schließlich einen Gesandtenkongreß: Die Beratungen wurden noch schwerfälliger, denn es handelte sich bei den Gesandten der Reichsstände nicht um entscheidungsbefugte Repräsentanten, sondern um weisungsgebundene Vertreter ihrer Regierungen, die immer wieder bei ihren Fürsten rückfragen mußten. Das war, trotz des Kurierdienstes, eine mühsame und zeitraubende Prozedur.

Die Zahl der Rückfragen stieg naturgemäß mit der Schwierigkeit der zu beratenden Materie. Hinzu kam, daß die nach einer Proposition des kaiserlichen Vertreters getrennt in Kurien tagenden Gesandten nicht eigentlich verhandelten, sondern in der Regel lediglich ihre Instruktionen verlasen, die dann protokolliert wurden.

Aufgabe des Reichserzkanzlers war es, die Voten zu »vergleichen«, also einen Kompromiß beziehungsweise eine Zustimmung der beiden ersten Kurien zu erzielen. Das Ergebnis dieses »Vergleichs« – falls er zustande kam – bestand im sogenannten Reichsgutachten. Stimmte der Kaiser zu, war es damit ratifiziert und zum Conclusum imperii, zum Reichsschluß erklärt. Alle derartigen Reichsschlüsse bildeten dann den Reichsabschied. Allerdings besaß der Kaiser die Möglichkeit, einem Reichsgutachten nicht beizutreten, also faktisch ein Veto auszusprechen. In den wenigen Fällen, in denen er so verfuhr, verhinderte er damit die Entscheidung über eine Gesetzesvorlage oder eine Streitfrage.

Die legislative Zuständigkeit des Reichstags war unbeschränkt, verschiedentlich brachte er bedeutende Gesetzgebungswerke hervor. Eines der berühmtesten war das reichseinheitliche Strafrecht und die reichseinheitliche Strafprozeßordnung, die berühmte Carolina von 1532, auch »Peinliche Hals- und Gerichtsordnung« Kaiser Karls V. genannt. Das wichtigste Gesetzgebungswerk des 18. Jahrhunderts war die Reichszunftordnung von 1731 mit den anschließenden Gesetzen von 1771 und 1782. Zweifellos ist die legislative Gesamtleistung des Reichstags vom Ende des 17. bis zum Beginn des 18. Jahrhunderts äußerst mager. Schon Pütter konstatierte, es werde wegen der Unterschiedlichkeit der einzelnen Landesherrschaften immer schwieriger, Reichsschlüsse zu fassen.[20] Die Reichshandwerksordnung bildete insofern eine Ausnahme, als die wichtigsten Reichsstände übereinstimmend die Auffassung vertraten, nur mit reichseinheitlichen Maßnahmen ihre gewerbepolitischen Ziele erreichen zu können, so daß insbesondere Preußen und Österreich zusammenwirkten. Doch selbst in diesem Fall zeigte sich die höchst unterschiedliche Praktizierung, da eine reichseinheitliche Exekutive fehlte: Die Exekutive lag bei den Reichsständen selbst oder bei den Reichskreisen.

Der Verlust an politischer Bedeutung des Reichstags läßt sich nicht zuletzt daran ablesen, daß nur noch die wenigsten Fürsten eigene Gesandte in Regensburg unterhielten und ein Gesandter oft für mehrere Höfe agierte. Zwar spielten Kostengründe eine Rolle, doch waren sie kaum allein entscheidend. Am Ende des 18. Jahrhunderts führten nur noch 20 Gesandte die 100 Stimmen des Fürstenrats. Die Kurfürsten blieben die einzigen, die sich noch durch eigene Gesandte vertreten ließen, während die Reichsstädte – zum Teil gemeinsam – Regensburger Ratsherren mit der Stimmführung beauftragten: Insgesamt »pflegt doch der ganze Reichstag jetzt kaum aus mehr als 30 Comitialgesandten zu bestehen«. Dabei war Regensburg der einzige Ort des Reiches, wo eine reichseinheitliche Gesetzgebung erfolgen und für das gesamte Reich über Krieg und Frieden entschieden werden konnte!

Aber in Regensburg fiel im letzten Drittel des 18. und zu Beginn des 19. Jahrhunderts tatsächlich keine wesentliche Entscheidung mehr. Kamen noch Beschlüsse zustande, verdankten sie das den Vorbereitungen durch die Unterhändler der Höfe. Der Regensburger Reichstag ging folglich über Jahre hinweg in Ferien, »ohne daß nur Sitzungen und Protocolle am Reichstage oder in einem der drey Reichscollegien gehalten werden«.[21]

Der Reichstag sollte in Form einer reichsständischen Vertretung das Reich repräsentieren, nicht aber seine Bevölkerung im Sinne moderner Repräsentation der Nation, wie sie sich seit der Französischen Revolution entwickelte. Aber selbst in dieser traditionalen ständischen Form wollte das Reich offenbar nicht mehr repräsentiert werden.

Der Regensburger Reichstag bot den Zeitgenossen Stoff für manche Satire, nicht allein wegen der marginalen Bedeutung der normalerweise behandelten Materien, sondern vor allem wegen seiner ineffektiven Umständlichkeit. So erschien eine Satire mit dem Titel »Germania im Jahre 1795«: Die Schutzgöttin Germania schneit urplötzlich in das kurfürstliche Konferenzzimmer des Regensburger Reichstags hinein und verlangt die Einberufung einer allgemeinen Reichsversammlung, um ihr den Willen der Götter kundzutun. Aber auch eine Göttin vermochte nichts gegen den schleppenden Gang der Geschäfte. Einer der Geschäftsträger, Baron von Strauß, antwortet auf dieses unvorhergesehene Ereignis: »Zuvörderst muß ich Ew. Divinität allerunterthänigst bitten, durch ein, allenfalls in der kurmainzischen Kanzlei zu Protokoll zu gebendes, allergnädigstes Decret die Gegenstände allerhöchsten Willens der allgemeinen Reichsversammlung anzukündigen, damit ich dieses Decret ad dictaturam und sodann durch den Reichserbmarschall vermittelst des Ansagezettels zur Deliberation sämmtlicher fürtrefflicher Gesandtschaften aller drei Collegiorum bringen könne, welchemnächst es in jedem Collegio besonders in Berathschlagung genommen werden wird. Nach Endigung dieser Berathschlagung werde ich nicht ermangeln, die Sache reichsordnungsgemäß zur Re- und Correlation zu befördern.« Da Germania auf der Einberufung einer Reichsversammlung besteht, setzt sich der Dialog endlos und immer umständlicher fort, weil Germania allerunterthänigst über die schier unüberwindliche Schwierigkeit belehrt werden muß, den immerwährenden Reichstag tatsächlich zu einer Sitzung zu bewegen.[22]

In den wenigen Jahren bis zum endgültigen Reichsabschied 1806 änderte sich an der Schwerfälligkeit kaum etwas, hiergegen vermochte auch der ungeduldige Kaiser der Franzosen nichts: Die Auflösung des Reiches ließ sich einfacher bewerkstelligen als ein Beschluß des Reichstags in einer wesentlichen politischen Frage. Doch führten nicht allein barock anmutende Verfahrensregeln zur Schwerfälligkeit des Reichstags, vielmehr resultierte seine Entscheidungsschwäche kaum minder aus politischen und verfassungsrechtlichen Gründen. So standen beispielsweise um 1749/50 folgende Materien auf der Tagesordnung, ohne daß der Reichstag wenigstens für einen Teil in den nächsten Jahren tragfähige Lösungen fand:
- der Sachsen-Weimarische Vormundschaftsstreit;
- die Auseinandersetzung der beiden hohenlohischen Linien wegen einer Belehnung;
- vergleichbare Streitigkeiten zwischen den Herzögen von Mecklenburg und ihrer Ritterschaft;
- ein Konflikt zwischen Magistrat und Kaufmannschaft von Nürnberg;
- Klagen mehrerer Reichsstände über die »Anmaßungen« der Reichsritterschaft und die ihr angeblich von Kaiser und Reichshofrat zum Nachteil der Reichsstände gewährte Unterstützung;
- Klagen des Reichskammergerichts über rückständige Beiträge;

- die Beschwerde der Arbeiter auf der Reichsfestung Philippsburg wegen rückständigen Lohns und die dringende Bitte um Auszahlung.

Mehrere Verhandlungsgegenstände berührten die gegensätzlichen Interessen einzelner Reichsstände. Da sie selbst in Regensburg zugegen waren, verwundert es nicht, wie schwierig sich eine Einigung gestaltete, und die reichspolitischen Schwierigkeiten vergrößerten sich noch durch die rechtlichen Voraussetzungen. Zwar war das Gesetzgebungsrecht des Reichstags formal unbeschränkt, material aber blieb es an die Beachtung anderer Rechte gebunden beziehungsweise durch sie begrenzt: Gerade sie spielten jedoch in Streitfällen der Reichsstände untereinander eine Rolle. So mußte die Reichsgesetzgebung das Gewohnheitsrecht und das Partikularrecht der einzelnen Territorien berücksichtigen. Und dies kann man sich nicht komplex genug vorstellen, ging doch das innerhalb des Reiches gültige Recht aus einer Mischung verschiedener Rechtstraditionen hervor. Zu ihnen zählten mit territorial und regional unterschiedlicher Akzentuierung römisches Recht, kanonisches Recht, alte Gewohnheitsrechte der jeweiligen Regionen und Provinzen sowie mitunter stark differierende Stadtrechte.[23]

Vorrang besaßen zunächst die städtischen oder provinzialen Rechte; fehlten sie für eine Materie und ließen auch territorialstaatliche Normen eine Lücke, griff man auf römisches Recht zurück, soweit es allgemein rezipiert war. Die Reichsstände waren befugt, für ihren Herrschaftsbereich in Zivilsachen Gesetze zu erlassen, die vom gemeinen Recht abwichen. Sie waren nicht einmal verpflichtet, sie dem Kaiser anzuzeigen. Allerdings ließen die meisten Reichsstände auch ohne diese Vorschrift ihre Gesetzgebung vom Kaiser bestätigen. Selten hatten solche legislativen Akte antireichische Motive, vielmehr waren sie auf das Fehlen reichseinheitlicher Regelungen zurückzuführen. Den interessierten Reichsständen erschien es meist zwecklos, einen entsprechenden Antrag beim Reichstag zu stellen. Die Vielzahl der territorial begrenzten Rechtssetzungen vergrößerte sich also im Laufe des 18. Jahrhunderts eher, statt sich zu vermindern. Allerdings bemühten sich Landesherren zum Teil um die Schaffung subsidiären Rechts, weil sie ihrerseits mit den unterschiedlichen Provinzialrechten innerhalb ihres Herrschaftsbereiches Probleme hatten.

Wie die Beratungsgegenstände des Reichstags zeigen, mußte er sich oftmals mit Materien befassen, die normalerweise nicht zu den Aufgaben einer Reichsrepräsentation gehören, sondern Sache der Gerichte waren. Diese Entwicklung vollzog sich keinesfalls zufällig, sondern erwuchs in vielen Fällen aus der Unmöglichkeit, eine Einigung im Reichshofrat oder im Reichskammergericht zu erzielen. So nahmen die Reichsstände in Streitsachen untereinander oder mit dem Reich ihre Zuflucht zum Reichstag und forderten dort ein Reichsgutachten an, auf dessen Basis der Kaiser zur Aufhebung oder Abänderung einer reichsgerichtlichen Entscheidung ersucht werden sollte.

Tatsächlich zählten aber die Reichsgerichte zu denjenigen Institutionen, in denen das Reich noch Leben entfaltete. Sie bildeten nicht allein für die Reichsstände, sondern auch für den einzelnen Bürger eine Appellationsinstanz. Trotz zeitgenössischer Kritik und offenbarer Unzulänglichkeiten erbrachten die Reichsgerichte Leistungen, die gerade für die kleineren Reichsstände zum Schutz gegen die größeren unentbehrlich blieben.

Das 1495 gegründete, von 1693 bis zum Endes des alten Reiches in Wetzlar ansässige Reichskammergericht, das seit 1548 durch die einzige ständige Reichssteuer, den von den Reichsständen zu entrichtenden sogenannten Kammerzieler, unterhalten wurde, erhielt durch den Jüngsten Reichsabschied 1654 eine neue Grundordnung,[24] nachdem der Dreißigjährige Krieg die Reichsjustiz gelähmt hatte. Zur Zuständigkeit des Reichskammergerichts gehörten in erster Instanz Landfriedensbruch, Reichsacht, Prozesse gegen Reichsunmittelbare sowie deren Besitzstreitigkeiten. In zweiter Instanz entschied das Reichskammergericht über Appellationen. Gegen Urteile des Reichskammergerichts konnte der Reichstag als Revisionsinstanz angerufen werden. Das von einem meist hochadligen Kammerrichter geleitete und zur Hälfte aus gelehrten Juristen bestehende Reichskammergericht war personell unterbesetzt, gewann aber trotz der unendlichen Schwerfälligkeit seiner Entscheidungsfindung große Bedeutung für die Rechtsentwicklung des Reiches und wirkte durch die Rezeption des römischen Rechts auf seine Rechtsprechung und viele territorialstaatliche Gerichtsverfassungen normierend. Stärker als die meisten anderen Reichsbehörden verkörperte das Reichskammergericht die Einheit des immer am Rande der Atomisierung stehenden Reiches.

Kanzlei des Reichskammergerichts

Die Verschleppung vieler Prozesse ergab sich von Beginn an aus der Regel, im Falle einer Revision automatisch das Urteil zu suspendieren. Aufgrund der mißbräuchlichen Handhabung dieses Instruments schränkte die neue Reichskammergerichtsordnung diesen Automatismus 1654 zwar ein, doch insgesamt mit nur mäßigem Erfolg. Auch gelang es aus finanziellen Gründen nie, die seit 1654 vorgesehene Zahl von 50 Beisitzern – seit 1648 sollten 26 katholisch und 24 protestantisch sein – zu erreichen: Zu keiner Zeit konnte das Reichskammergericht mehr als dreizehn Assessoren besolden. Als man 1654 eine Reichsdeputation einsetzte, die die längst überfälligen Revisionssachen aufarbeiten sollte, dauerte es mehr als einhundert Jahre, bis diese Reichsdeputation tatsächlich ihre Arbeit aufnahm: 1767 setzte Joseph II. dies endlich durch. Die dann neunjährige Tätigkeit der Deputation mutet dagegen bescheiden an.

Auch hier bleibt ein zwiespältiger Eindruck: Trotz der erheblichen rechtsgeschichtlichen und reichspolitischen Bedeutung des Reichskammergerichts,[25] das seine Urteile im Namen des Kaisers *und* der Reichsstände fällte und durch die paritätische Besetzung auch konfessionspolitisch integrierend wirken sollte, stand es wegen der allzu offenkundigen Mängel bei vielen Zeitgenossen in mäßigem Ansehen. Schon lange vor der Übersiedlung des Gerichts nach Wetzlar spottete man: Prozesse beim Reichskammergericht gelangten zwar zum Vortrag, nie aber zum Austrag.

Da die Schaffung des Reichskammergerichts die Jurisdiktion des Kaisers beschränkte, setzte zunächst Kaiser Maximilian I. (1498) zeitweilig als neue Reichsinstanz einen Reichshofrat ein,[26] der dann durch Ferdinand I. als ständige kaiserliche Behörde seit 1559 seine endgültige Gestalt als Justizkollegium fand.

Auch der Reichshofrat erfuhr 1654 eine Reorganisation, doch

Das Reichskammergericht war im 18. Jahrhundert längst zum Gespött im Reich geworden, weil die Prozesse sich Jahre, oft Jahrzehnte hinzogen, aber trotz ihrer Brüchigkeit gab die vielverspottete Institution dem Reich eine gewisse Rechtssicherheit. Das Reichskammergericht hatte eine außerordentliche Bedeutung für die Rechtsentwicklung im Reich, da es normierend auf die territorialstaatlichen Gerichtsverfassungen einwirkte. Seine schlechte finanzielle Ausstattung machte es aber niemals möglich, die vorgesehene Zahl von fünfzig Beisitzern auch wirklich zu erreichen; nur dreizehn Assessoren konnten besoldet werden, und so verschleppten sich die Verfahren immer weiter. Man brauchte allein schon hundert Jahre, bis die in der Mitte des 17. Jahrhunderts beschlossene Reichsdeputation tatsächlich ihre Arbeit aufnahm – und auch nicht ohne Kaiser Josephs II. Machtwort. Es war ein Ausnahmefall, wenn ein Kaiser das Ende der unter seiner Regierung eingeleiteten Reformen in den Verfahren des Gerichts erlebte.

wurde die neue, bis 1806 geltende Reichshofratsordnung allein vom Kaiser ohne reichsständische Mitwirkung erlassen. Die Mitglieder des Reichshofrats – der aus einer Herren- und einer Gelehrtenbank bestand – berief der Kaiser mit Ausnahme von sechs evangelischen Räten selbst; jene ernannte seit 1648 das Corpus evangelicorum des Reichstags, um eine bikonfessionelle Besetzung auch in diesem Gericht sicherzustellen. Der Präsident mußte Reichsfürst oder Reichsgraf sein.[27] Noch die Reichshofratsordnung von 1654 konstatierte: »Die Mitglieder des Reichshofrats sollen Seiner Majestät, dem römischen Kaiser, allein durch einen theuren Eid verbunden, daher vor allen Dingen ihm jederzeit getreu, gehorsam und gewärtig sein.« Tatsächlich gelang es den Kaisern, mit dem Reichshofrat eine Behörde am Leben zu erhalten, die dem reichsständischen Einfluß weitestgehend entzogen blieb.

Die Kaiser verliehen dem Reichshofrat vielfältige und nicht klar gegen das Reichskammergericht abgegrenzte Kompetenzen. Vor allem behandelte der Reichshofrat Strafsachen gegen Reichsunmittelbare, Streitigkeiten über kaiserliche Privilegien und Reservatrechte, schließlich Reichslehensangelegenheiten. Die Konkurrenz zum Reichskammergericht führte verschiedentlich zu Problemen. So wandte sich der Reichshofrat 1767 im Namen des Kaisers an die ausschreibenden Fürsten des oberrheinischen Kreises und forderte sie auf, sich einem Mandat des Reichskammergerichts nicht zu fügen, weil die Sache bereits beim Reichshofrat anhängig sei.

Dem Reichshofrat gelang es des öfteren, seine Urteile auch vollstrecken zu lassen und vor allem den besonders diffizilen Schutz der Landstände gegen Übergriffe ihrer Landesherren zu übernehmen – allerdings nur gegenüber den kleineren, weniger mächtigen Reichsfürsten.

Ein Beispiel dafür ist die Verurteilung des Wild- und Rheingrafen Karl Magnus von Salm im Jahre 1775. Der kaiserliche Spruch aufgrund des vom Reichshofrat erstellten Gutachtens lautete: »... daß derselbe der von ihm selbst eingestandenen schändlichen Betriegereyen, unverantwortlichen Mißbrauchs der landesherrlichen Gewalt und vielfältig begangener, befohlner und zugelassener Fälschungen halber zehn Jahre lang auf einer im Römischen Reiche gelegenen Festung in peinlichen Haften zu halten, der bisher genossenen Competenz gänzlich zu priviren und statt derselben ihm nichts als der höchst nothwendige Unterhalt aus seiner Concursmasse abzureichen sey.« Immerhin saß der Reichsgraf mehr als sechs Jahre in peinlichster Weise in der Festung Königstein ab.[28] Solche Urteile waren keineswegs die Ausnahme, so daß der Reichshofrat den Untertanen also im besten Fall die durch Reichsgewalt zu sichernde Gerechtigkeit vor Augen führte – eine Reichsgewalt, die unangefochten kaiserliche Gewalt war, gab doch im Zweifelsfall der Kaiser im Reichshofrat den Ausschlag.

Gegen derartige Kompetenzen setzten sich die Reichsfürsten indes zur Wehr. So verwundert es nicht, daß der Deutsche Fürstenbund 1785 auf der ungeschmälerten Erhaltung der »reichsständischen Gerechtsame« bestand. Wie in den Wahlkapitulationen üblich, verwahrten sich die Reichsstände auch 1785 ausdrücklich dagegen, daß ihren Rechten »von den Reichs-Gerichten oder sonst Eintrag« geschehe.[29] Versuchte der Kaiser über den Reichshofrat die

Reichskompetenzen zu stärken oder unter der Ägide Josephs II. sie sogar auszudehnen, so versuchten die Reichsstände ihrerseits, sich ihnen zu entziehen. Aber so wenig wie die anderen Reichsbehörden erwies sich der Reichshofrat als Institution von großer Beweglichkeit; die zeitgenössischen Kritiker sahen zur Nachsicht kaum mehr Anlaß als beim Reichskammergericht, bemängelten überdies fehlende Unparteilichkeit und hielten sogar einige Mitglieder für bestechlich.

Die mangelnde Effektivität des Reichshofrats rührte nicht zuletzt aus der Schwierigkeit, manchmal gar der Unmöglichkeit, Urteile zu vollstrecken: Es fehlte die exekutive Gewalt. Sie lag bei den Landesherren, die sich prinzipiell gegen das Einschreiten der Reichsgerichte zugunsten ihrer Untertanen stellten. Trotzdem gewann der Reichshofrat während des 18. Jahrhunderts infolge der immer längeren Prozeßdauer des Reichskammergerichts an Bedeutung.

Insgesamt blieb selbst die zeitgenössische Bewertung der beiden Reichsgerichte ambivalent. Von mehr als rechtsgeschichtlichem Interesse ist, daß nicht allein ihr herausragender Beitrag zur Wahrung von Reichskompetenzen Anerkennung fand, sondern überdies die zukunftsweisenden Elemente gewürdigt wurden, die die Reichsgerichte für die Entwicklung der Rechtsstaatlichkeit und der bis in die Territorialstaaten hineinreichenden Verwaltungsgerichtsbarkeit besaßen.[30]

So urteilte Pütter: »In dem allgemeinen Bande, das ganz Teutschland, ungeachtet seiner Abteilung in so viele besondere Staaten, unter Kaiser und Reich und den beiden höchsten Reichsgerichten doch noch immer ... zusammen erhält, wird allemal ein Hauptzweck der ganzen Reichsverfassung noch dadurch erreicht, daß unter so vielerley Staaten und Mitgliedern des Teutschen Reichs, unter denen sonst das Recht der Selbsthülfe bald den Mindermächtigen dem Stärkern Preis geben würde, dennoch keine Selbsthülfe statt findet, sondern einem jeden ohne Unterschied hier noch Mittel und Wege angewiesen sind, durch *richterlich Hülfe* im Seinigen gesichert zu seyn, oder, wo es ihm vorenthalten wird, zu seinem Rechte zu gelangen ... « Bestünden solche rechtlichen Möglichkeiten nicht, bliebe nur die Macht der Waffen. »Und wo in unabhängigen Staaten auch eines jeden *Unterthanen* Sicherheit doch nur von der Gerechtigkeit abhängt, die man im Lande selber widerfahren läßt, da enthält unsere Reichsverfassung noch Mittel und Wege, wie selbst Unterthanen gegen ihre Landesherrschaft bey einem höhern Richter Schutz finden können ... « Demgegenüber bleibe in andern Staaten nur Geduld und Gehorsam übrig, »wenn anders nicht ein noch größeres Uebel von Aufstand und bürgerlichem Kriege daraus erwachsen soll«.[31] Diese vergleichende Einschätzung der deutschen Rechtsentwicklung veröffentlichte Pütter ein Jahr vor Ausbruch der Revolution in Frankreich und lenkte damit die Aufmerksamkeit auf einen kaum beachteten Aspekt der Frage, warum in Deutschland keine Revolution ausbrach.

Trotz dieser nicht zu unterschätzenden günstigen Bewertung eines sonst durchaus kritischen Staatsrechtslehrers bleibt ein unbestreitbarer Tatbestand: Das Reich krankte keineswegs allein an der verfassungsrechtlichen Begrenzung seiner Möglichkeiten, sondern in kaum geringerem Maß am Mangel einer Exekutive. Sie bestand bestenfalls residual, obwohl die schon erwähnten Reichskreise, in die das Reich zwischen 1512 und 1806 eingeteilt war,[32] exekutive Aufgaben des zunehmend unregierbarer werdenden Reiches erfüllen sollten.

Den Reichskreisen stand jeweils ein kreisausschreibender Fürst vor, oft aber ein geistlicher und ein weltlicher, die auch den Kreistag einberiefen. Schon seit dem 16. Jahrhundert war ihnen die Reichsexekutionsordnung und damit die Wahrung des Landfriedens übertragen; weiter oblag den Reichskreisen die Vollstreckung der Urteile des Reichskammergerichts, die Aufsicht über Münzprägung und Münzumlauf, seit 1681 betraute die Reichskriegsordnung die Reichskreise mit der Aufstellung und Unterhaltung des Reichsheeres sowie der Eintreibung der zu diesem Zweck vom Reichstag beschlossenen Abgaben. Die Reichskreise besaßen überdies polizeiliche Kompetenzen, beispielsweise in der über die Grenzen der Territorialstaaten hinausgehenden Verbrechensbekämpfung, der Seuchenbekämpfung, der Bettelei, dem Wegebau und dergleichen mehr. Seit 1648 beziehungsweise seit der Reichskreisordnung des Jüngsten Reichsabschieds 1654[33] wurden die Kreistage, auf denen die zugehörigen Reichsstände durch Gesandte vertreten waren, ausschließlich durch die Stände berufen. Die kaiserlichen Kommissare nahmen Beschlüsse zur Kenntnis, übten jedoch keinerlei Ratifikation aus.

Aufgabenbereich und Arbeitsweise der Kreistage standen in deutlicher Analogie zum Reichstag in Regensburg, natürlich mit Einschränkung auf den eigenen Kreis. Die Stände eines Kreises – auch die kleineren Herrschaften – führten jeweils eine Stimme im Kreistag und fällten Entscheidungen mit einfacher Mehrheit. Die Reichskreise waren die einzigen Verwaltungsorganisationen, die mehrere Territorien umfassende Maßnahmen ergreifen konnten; insofern erwiesen sie sich als unentbehrlich. Gleichwohl hing ihr Erfolg nicht allein von den geographischen Voraussetzungen ab, sondern ebensosehr von der Bereitschaft der in ihnen zusammengeschlossenen Stände zur Mitarbeit. Sie war im allgemeinen bei den kleineren Reichsständen größer, so daß in sehr zersplitterten Regionen, beispielsweise im Südwesten des alten Reiches, die Reichskreise sich in den gegebenen Grenzen durchaus bewährten. Zu den aktiven Reichskreisen zählte auch der Fränkische Kreis, der sich anders als der ebenfalls aktive Schwäbische von kaiserlichem Einfluß freihielt. Am Ende des 17. und zu Beginn des 18. Jahrhunderts kam es sogar zu übergreifenden Zusammenschlüssen, den sogenannten Kreisassoziationen oder Allianzen im Westen und Südwesten des Reiches, die dem Sicherheitsinteresse der kleineren Reichsstände entsprangen.

Bis ins 18. Jahrhundert blieben sieben der zehn Reichskreise lebensfähig, meist unter Dominanz geistlicher Fürsten.[34] Allerdings bestanden einige strukturelle Probleme, die bis zum Ende des Reiches ungelöst blieben: Zum einen wurde nicht das gesamte Reichsgebiet durch die Kreisverfassung abgedeckt, zum anderen waren manche Reichsstände in mehreren Kreisen zugleich angesiedelt, beispielsweise Brandenburg-Preußen oder der Erzbischof von Mainz. Schließlich wirkten sich die differierende politische Bedeutung der zum Kreis gehörenden Fürsten sowie die außerordentlich

unterschiedliche Größe der einzelnen Kreise nachteilig aus: So bestand der Österreichische Kreis aus nur fünf Ständen, während der Schwäbische 95 umfaßte.

Die Reichskreise bildeten teils ständische, teils aus der Reichsgewalt abgeleitete, genossenschaftliche Korporationen, die als Mittelinstanz zwischen dem Reich und den Reichsständen sowohl ein Element des Föderalismus als auch der Selbstverwaltung darstellten. Sie verbanden die kreisständische, landständische und reichsständische Ebene, machten die Stände zu Trägern der Reichsexekutive, wovon der Kaiser aber ausgeschlossen blieb. Die integrierende Funktion der Reichskreise im alten Reich ist unverkennbar, zumal über die Kreisverfassung auch die protestantischen Fürsten an der Reichsverwaltung beteiligt wurden.

Die größte Bedeutung gewannen die Reichskreise für die kleineren Reichsstände beziehungsweise Herrschaften, weil sie sich in Form umfassenderer Verwaltungseinheiten besser gegen die größeren Territorialstaaten behaupten konnten. Die kleineren Herrschaften, die ohne Sitz und Stimme auf den Reichstagen blieben, konnten sich auf diese Weise an der Reichsverwaltung beteiligen; zugleich ermöglichten die Reichskreise die Einleitung einer regionalen »Strukturpolitik«, die in den größeren Territorien bereits als selbstverständlich galt, die Kräfte der kleineren aber überstieg. Die Reichskreise hemmten nicht allein die Zersplitterung des Reiches, sondern wirkten in gewissen Grenzen als Vorreiter einer bis zum Ende des alten Reiches zunehmenden Konzentration und Zentralisierung. Sie ergänzten damit die machtpolitische Konzentration aufgrund von Erbfällen – beispielsweise des wittelsbachischen 1777 – oder aufgrund von Verzicht – wie im Fall des Markgrafen Carl Alexander auf Ansbach-Bayreuth, das gegen finanzielle Entschädigung

Sitzung des Schwäbischen Kreistages in Ulm im Jahre 1669, Stich von Joseph Arnold

Die Institutionen des Reiches zogen ihre Würde aus ihrem Alter, aber auch ihre Untätigkeit. Die Kreistage versammelten sich in der Mitte des 18. Jahrhunderts nach demselben Zeremoniell wie ein Jahrhundert zuvor.

261

1791 an Preußen fiel. Diese Konzentration im Gebiet des alten Reiches fand also auf verschiedenen Ebenen statt: Da die kleineren und kleinsten reichsunmittelbaren Herrschaften, beispielsweise Reichsritterschaften und Reichsgrafschaften, vom Kaiser abhängig waren, galten ihre Gebiete trotz der ihnen zustehenden Landeshoheit in gewisser Weise als Reichsland. Insgesamt verminderten sich die 405 im Jahre 1521 noch selbständigen Territorien auf 314 im Jahre 1780.[35]

Neben den genannten Behörden existierten in der frühen Neuzeit weitere Reichsinstitutionen, denen aber im 18. Jahrhundert kaum noch politische Bedeutung zukam, beispielsweise die Reichshofkanzlei in Wien. Der dort als ständiger Vertreter des in Mainz residierenden Reichserzkanzlers amtierende Reichsvizekanzler verlor gegenüber dem österreichischen Hofkanzler zunehmend an Einfluß, worin sich eine Verminderung des reichspolitischen Engagements des Hauses Habsburg ausdrückte: Wie in den anderen größeren Territorialstaaten orientierte sich die Politik primär am Staatsinteresse der eigenen Dynastie, obwohl Joseph II. auch reichsreformerische Aktivitäten ins Auge faßte. Auf die Außenpolitik besaß der Reichsvizekanzler keinen Einfluß mehr; die Reichsinnenpolitik hingegen wurde wesentlich durch den als Beratungsorgan des Kaisers fungierenden geheimen Rat mitbestimmt, der seit 1767 die Bezeichnung »Konferenz für Reichssachen« führte.

Die Schwäche des Reiches offenbarte sich nicht zuletzt am Nervus rerum der Politik, dem Finanzwesen. Auf wie schwachen Füßen die Reichsfinanzverwaltung stand, erwies sich bereits in der Unmöglichkeit einer ausreichenden Finanzierung des Reichskammergerichts und dem Fehlen einer eigenen Exekutive. Der Reichspfennigmeister in Wien war tatsächlich kaum mehr als ein Pfennigmeister. In der frühen Neuzeit gab es keine direkte Besteuerung der Untertanen durch das Reich, vielmehr führten die Reichsstände für sich und ihre Untertanen die Steuern ab, jedenfalls gebot das die Rechtslage. Außer dem Kammerzieler sollten die Reichsstände den aus einer Kriegssteuer hervorgegangenen sogenannten Römermonat entrichten. Dafür bildete die Reichsmatrikel von 1521 mit ihren zwischenzeitlichen Modifikationen die Berechnungsgrundlage, wobei der Verteilungsschlüssel vervielfacht werden konnte. Die Reichsstände beziehungsweise die Reichskreise sammelten die Römermonate ein und führten den Steuerertrag an den Reichspfennigmeister ab.

In der Praxis erwies sich dieses System als nur begrenzt funktionsfähig: Wie die Kammerzieler gingen die Römermonate nur zögerlich und ungleichmäßig ein; eine Reform wäre um so notwendiger gewesen, als die Verteilung der Steuerlast höchst ungerecht war. So zahlte beispielsweise die Stadt Nürnberg im Jahre 1767 fast eineinhalbmal so viel an Kammerzielern wie das Königreich Böhmen! Am Ende des 18. Jahrhunderts trugen die Reichsstädte Nürnberg, Ulm, Augsburg und Hamburg – die mit Ausnahme Hamburgs wirtschaftlich keinesweg saniert waren – gemeinsam den siebzehnten Teil des Kammerzieleraufkommens im Reichsgebiet. Die Ursache lag im differierenden Berechnungsmodus: Während die Reichsstädte gemäß ihrem vollständigen Einkommen veranschlagt wurden, entrichteten die übrigen Reichsstände ihren Kammerzielerbeitrag ausschließlich nach dem geschätzten Ertrag ihrer Kammergüter.

Wenngleich die Veranschlagung des Römermonats nach einem anderen Prinzip erfolgte, befriedigte doch auch das Ergebnis dieser Steuererhebung keineswegs: »Jeder Stand muß für jedes Simplum eines Römermonats so viele Male beziehentlich 12 und vier Gulden zahlen, als er nach der Reichsmatrikel von 1521 bez. an Cavallerie oder Infanterie zu dem damals beliebten Römerzuge zu stellen verbunden gewesen.«[36] Tatsächlich erwiesen sich gerade die größeren Reichsfürsten als besonders säumig und geschickt in der Abwälzung von Steuerlasten: Immer wieder stellten die Reichsstände beim Reichstag Anträge auf Verminderung ihrer Matrikularbeiträge.

Das Steueraufkommen aus dem Römermonat sank auf diese Weise kontinuierlich ab, um 1750 betrug es nur noch 58 000 Gulden im Jahr – weniger als die Hälfte der ursprünglichen Summe. Zusätzliche Steuerbewilligungen des Reichstags erzielten noch begrenztere Erfolge. So beschloß der Reichstag zur Errichtung eines Neubaus für das Reichskammergericht 1729 und 1753 einen zusätzlichen Römermonat, aber im Jahre 1763, also 34 Jahre nach dem ersten Gesetz, waren nur knapp 23 000 Gulden eingegangen. Und nicht einmal der oberste Stand, die Kurfürsten, deren Bank die Steuer selbst beschlossen hatte, kam seinen Reichspflichten nach: von den neun Kurfürsten hatten 1763 lediglich zwei, der Erzbischof von Trier und der Kurfürst von Hannover, ihre Schuldigkeit getan. Sieht man von den Kriegsereignissen ab, so zählten wiederum Verfahrensmängel zu den Ursachen der Säumigkeit und machten sie geradezu zwangsläufig: Reichsstände, die während der Beschlußfassung über eine Sondersteuer dem Reichstag fernblieben, waren in der Regel nicht zur Zahlung verpflichtet. In gesonderten Verhandlungen mußten Beauftragte des Kaisers sie bewegen, die jeweilige Steuer zu entrichten.

Die mangelhafte und von Fall zu Fall unsichere Finanzierung des Reiches dokumentierte symptomatisch die Ohnmacht der Zentralbehörden und des Kaisers gegenüber den territorialen Gewalten, insbesondere den größeren Landesherren: Sie hielten sich nur an ihre Reichspflichten, wenn sie sie für nützlich hielten; die Machtmittel des Kaisers blieben theoretischer Natur. Höchstens gegenüber den kleineren Reichsständen konnte sich die Reichsgewalt durchsetzen, zumal sie ihrerseits den Kaiser zur Existenzsicherung benötigten. So entwickelte sich gewissermaßen eine doppelte Verfassung des Reiches: Ein Gebiet, in dem sie anerkannt, aber nur begrenzt praktiziert wurde, und ein anderes, in dem sie wenigstens normalerweise in Kraft war.

Unter solchen Voraussetzungen war es kein Wunder, daß sich das Reichsheer, das eigentlich die Macht des Reiches symbolisieren sollte, in noch desolaterem Zustand als die anderen Reichsinstitutionen befand – im letzten Drittel des 18. Jahrhunderts stand es nur noch auf dem Papier. Seine mangelhafte Kampfkraft trug ihm im Siebenjährigen Krieg ja den Namen »Reißausarmee« ein. Natürlich existierten verfassungsrechtliche Regeln, doch hielt sie niemand ein, schon gar nicht die größeren Reichsfürsten, die doch die Macht des Kaisers nicht stärken wollten. Und dem Kaiser selbst schien die Vorstellung eines wirklich einsatzfähigen Reichsheeres kaum geheuer, denn die Befürchtung lag nahe, daß die Landesherren nur ihre eigenen Kontingente stärken würden.

Memorandum der Kaiserin Maria Theresia über die Verteilung der Truppen, 1763

Die ständigen Übergriffe der Nachbarn auf das Reich hatten die Notwendigkeit eines Reichsheeres gezeigt; aber die Territorialstaaten verhinderten die Aufstellung eines stehenden Reichsheeres eifersüchtig und kamen ihren Verpflichtungen nur unvollkommen nach. Die Reichsgewalt konnte sich nur den kleinen Reichsständen gegenüber durchsetzen und mußte sich den mächtigen Territorien gegenüber auf Bitten verlegen. Nicht zuletzt der militärischen Schwäche des Kaiserhauses verdankte Preußen 1701 die langfristig so wirksame Rangerhöhung zum Königtum; unter anderem für die Stellung einer Hilfsarmee im Spanischen Erbfolgekrieg akzeptierte der Kaiser die Erhebung des alten Herzogtums Preußen zum Königreich, allerdings in dem außerhalb des Reiches gelegenen Herzogtum (dem späteren Ostpreußen), während Brandenburg weiterhin Kurfürstentum blieb.

Was den großen Reichsständen recht war, mußte den kleineren in diesem Fall besonders billig sein. Sicher stellten sie Soldaten, in der Regel aber viel weniger, als es die Reichskriegsverfassung vorsah. Und diese Soldaten waren bestenfalls Wachmannschaften: Ihre Gewehre funktionierten nur im Ausnahmefall, ihre sonstige »Ausrüstung« verdiente den Namen nicht und als »uniformiert« hätten selbst Kurzsichtige sie nicht bezeichnet. Die zusammengewürfelten Haufen wirkten so buntscheckig wie die deutsche Landkarte. Und so streng manche Reichsstände bei der Auswahl ihrer eigenen Offiziere verfuhren, so lässig handhaben sie die Bereitstellung für die Reichskontingente. Sie hielten sich an die eherne Regel, nur diejenigen zu entsenden, deren Unbrauchbarkeit über jeden Zweifel erhaben war. Was nützten da die Beschlüsse, das Simplum zu erhöhen, die Ausstattung zu verbessern und dergleichen mehr? Vermutlich stimmten die Reichsstände nur zu, wenn sie sicher sein konnten, daß ihre Beschlüsse nicht die geringste Realisierungschance hatten.

Militärisch war das Reich also noch ohnmächtiger als finanziell. Die schon erwähnte zeitgenössische Satire »Germania im Jahre 1795« nahm sich auch der Reichskriegsverfassung an: »Man berathschlagt, ob die Heere der Deutschen nicht ohne Brot und Pulver Krieg führen, ob unsere Festungen nicht mit Luftröhren statt Kanonen vertheidigt werden können. Der eine Reichsstand will warten, was der andere beschließen werde. Ein anderer stimmt für die wenigst möglichen Beiträge. Ein dritter läßt sagen, es müsse erst im Regierungsrath in Hannover überlegt werden, ob man Geld brauche, Krieg zu führen, dann müsse erst das Gutachten des Regierungsraths über's Meer nach London geschickt werden, um zu wissen, ob der König von Großbritannien überzeugt sei, daß in Deutschland ebenso wie in England Geld zum Kriegführen gebraucht werde; von London müsse dann zurück über's Meer Instruction an die Regierung von Hannover geschickt werden, und diese Regierung brauche Zeit, aus der Instruction über's Meer eine Instruction über's Land zu machen und diese dem Gesandten in Regensburg – zur Erleichterung des Briefportos mit dem Postwagen – zu übersenden. Man müsse also die Franzosen vor allen Dingen ersuchen, mit ihren Kriegsoperationen zu warten, bis der kurbraunschweigische Gesandte über diesen Fall, den man bei Anfang dieses Krieges gar nicht habe voraus sehen können, vollkommene Instruction erhalten habe. Ein vierter Reichsstand verwundert sich, wie man ihm Beiträge zumuthen könne, da es weltkundig sei, daß er mit Polen und Frankreich in Verhältnissen stehe, welche die Besiegung der deutschen Heere seiner Convenienz vortheilhaft machten.«[37]

Eine maßlose Übertreibung oder Satire war das kaum, eher die Wirklichkeit, in der die Deutschen den französischen Revolutionsheeren gegenüberstanden – jedenfalls soweit es sich um Reichsheere handelte. Sehr viel kampfkräftiger waren die österreichischen und die preußischen Heere, die sich die großen Landesherren etwas kosten ließen, wie der hohe Anteil der Militäraufwendungen an den Staatsausgaben zeigt. Die Stärke des eigenen Heeres galt als Instrument und Garant der Großmachtpolitik.

Die wesentlichen Aufgaben des Reiches, das kein Staat war und keine Großmachtpolitik treiben konnte, lagen in der Sicherung des

Landfriedens und der Erhaltung seiner Rechtsordnung. Sie konnten und sollten allein defensiv erfolgen: Im Sinne der Zeit verstand man diese Zielsetzungen nicht in erster Linie militärisch. Gleichwohl zeigte sich immer wieder, daß eine exekutive Gewalt, zu der auch die militärische Komponente zählte, notwendig war, um diese primären Reichsaufgaben zu erfüllen. Das militärische Instrumentarium darf deshalb nicht unterschätzt werden. Dieses Problem erkannte der Kaiser durchaus, einen Beleg bildet die Reichskriegsverfassung von 1681, mit der die Aufstellung des Reichsheeres den Reichskreisen und nicht etwa den Reichsfürsten zugewiesen wurde.[38] Nicht an Einsicht fehlte es also, sondern an den Möglichkeiten zur Realisierung. Die Übertragung einer Reichsexekution an einzelne oder mehrere Reichsstände konnte sich schnell als zweischneidiges Schwert erweisen, wenn territorialstaatliche Interessen involviert waren. Und aus bloßem Reichsinteresse zog im 18. Jahrhundert kein Landesherr in den Krieg.[39]

Tatsächlich drückte sich in der unterschiedlichen »Armierung« des militärisch ohnmächtigen Reiches und seiner militärisch starken Großmächte Österreich und Preußen das Dilemma aus: Beide entwickelten sich gerade in ihrer Modernität aus dem altertümlichen, auf das Rechtsherkommen und die Rechtswahrung gerichteten Reich heraus. Bezeichnend dafür war, wie verständnislos der aufgeklärt-absolutistische Joseph II. der Tradition des Reiches gegenüberstand, als er nach ebenso eiligen wie erfolglosen Anläufen zur Reichsreform jegliches Interesse am Reich verlor und sich ebenso hektisch auf die Reform seiner Erbländer konzentrierte. Und kaum weniger charakteristisch war, daß die beiden einzigen Mächte von nennenswerter militärischer Kraft sich in bezug auf die Heeresaufwendungen von fallweiser ständischer Mittelbewilligung unabhängig gemacht hatten.

Demgegenüber gelang es den Landständen in vielen mittelgroßen Staaten, auf die Verfassungsordnung des Reiches gestützt und durch den Reichshofrat geschützt, die in der Aufstellung eines stehenden Heeres zum Ausdruck kommende absolutistische Zielsetzung zu blockieren. In diesen Territorialherrschaften existierte folglich keine nennenswerte Armierung. Rigorose landesherrliche Reformen gegen den Widerstand ihrer Stände waren daher bis zum Ende des alten Reiches auf die absolutistischen Staaten beziehungsweise einige im Sinne katholischer Aufklärung regierte geistliche Fürstentümer beschränkt. Das Reich garantierte also dort, wo sein Einfluß ungebrochen war, die traditionalen Strukturen und begünstigte dadurch die Dreiteilung in aufgeklärt-reformorientierte Territorialstaaten, allen voran Preußen und Österreich, und sehr traditionalistische kleinere weltliche Reichsstände und Reichsstädte, in denen selbst zaghafte Ansätze des Reichshofrats zur Modernisierung der reichsstädtischen Verfassungsstrukturen auf wenig Gegenliebe stießen. Daneben stand eine dritte Gruppe geistlicher und weltlicher Fürstentümer, in denen die Aufklärung in unterschiedlichem Maße reformförderlich wirkte, ohne jedoch die jeweilige Verfassungsordnung im Sinne des Absolutismus oder der Aufklärung fundamental zu ändern.

Indem Joseph II. eine Umstrukturierung der Verfassung auf Reichsebene versuchte, legte er in gewissem Sinn die Axt an die

Kaiser Joseph II. (1741-1790), Kupferstich von Anton Tuchler, 1764

Joseph II. scheiterte an der Wirklichkeit des Reiches, dessen traditionelle Strukturen weithin unüberschaubar geworden waren. Die Reichsreformen, die er anstrebte, mißlangen, da sie die komplizierte Ausbalancierung der durch regionale, territorialstaatliche und konfessionelle Gegensätze charakterisierten Realität nur mit einem viel stärkeren Kaisertum hätten ändern können, gerade dies aber provozierte den Widerstand der größeren Reichsfürsten.

Wurzel des Reiches, das noch immer ein katholisches und am Rechtsherkommen orientiertes Reich war. Den jungen Kaiser irritierte verständlicherweise die Schwerfälligkeit der Reichsorgane, und so setzte er 1767 die Visitation des Kammergerichts in Gang. Übereilt wird man diesen Entschluß auf den ersten Blick kaum nennen können, ging er doch auf den Jüngsten Reichsabschied von 1654 zurück und war in der Wahlkapitulation Karls VII. auf Initiative der Kurfürsten erneuert worden. Doch hatte Joseph II. weder die inzwischen eingetretenen Veränderungen berücksichtigt noch sich der für eine erfolgreiche Visitation nützlichen Unterstützung des Reichstags versichert. Ohne Umschweife verzichtete er auf dessen Konsultation, obwohl der Reichstag inzwischen neuerliche Beratungen angestellt hatte.

Tatsächlich dauerte es neun Jahre, bis ein Visitationsbericht zustande kam, der dann 1775 sogar in ein Reichstagsgutachten und einen förmlichen Reichsschluß einging. Doch geriet er zwischen die Mühlen konfessioneller Auseinandersetzungen, bis schließlich das Corpus catholicorum und das Corpus evangelicorum unterschiedliche Schlüsse faßten: Die aufwendige Visitation, die Verstimmungen über das ohne Rücksprache erfolgende Vorgehen des Kaisers ausgelöst hatte, blieb schließlich ohne wesentliche Konsequenzen.[40]

Nicht besser erging es Joseph II. mit Versuchen, in die Kirchenverfassung einzugreifen. Indem er staatlichen Appetit auf das Kirchengut entwickelte und in Österreich liegende Gebiete kurzerhand von ihren die territorialstaatlichen Grenzen überschreitenden Diözesen abtrennte und sie neugebildeten österreichischen Diözesen einverleibte, stieß er eine Reihe geistlicher Fürsten des Reiches vor den Kopf – also gerade diejenigen, auf deren Kaisertreue er am ehesten rechnen konnte. Schließlich verfolgte er ein im Reich erheblichen Unwillen auslösendes Tauschprojekt: Er wollte nach dem Aussterben der bayerischen Linie der Wittelsbacher 1777 das Kurfürstentum Bayern gegen die österreichischen Niederlande (das heutige Belgien) eintauschen. Karl Theodor von Kurpfalz hätte so ein starkes rheinisches Territorium erhalten, Österreich aber wäre durch den bayerischen Besitz stärker in das Reich hineingewachsen. Auf diese Weise trieb Joseph II. in den Jahren 1783 und 1784 die natürlichen Anhänger des Kaisertums in die Arme seiner Gegner, die dann 1785 mit dem Deutschen Fürstenbund einen Bund gegen den Kaiser, aber zur Wahrung der Reichsverfassung gründeten.

Friedrich der Große wollte die Stärkung der habsburgischen Stellung im Reich nicht hinnehmen und instrumentalisierte den Fürstenbund für seine antihabsburgische Eindämmungspolitik. So erschien plötzlich der führende protestantische Reichsfürst als Garant des in seinen Grundzügen nach wie vor katholisch geprägten Reiches, »*preußisches* und *deutsches* Interesse« waren dasselbe, wie es Christian Wilhelm von Dohm formulierte.[41] Sogar der Reichserzkanzler und Erzbischof von Mainz trat nun dem Fürstenbund bei. Der Kaiser besaß im entscheidenden Gremium des Reichstags, dem Kurfürstenrat, keine Mehrheit mehr. Damit aber relativierte er die tragende Bedeutung, die der katholische Reichsadel für das Kaisertum besaß und verunsicherte diese Schicht. Der kaiserliche Gesandte beim Kurfürsten von Mainz, Graf Ferdinand Trauttmannsdorff, konnte am 6. Februar 1786 an Kaunitz, der die bezeichnende Frage gestellt hatte, auf welche Stände Österreich sich verlassen könne, wenig Tröstliches berichten: Er traue sich »fast gar keinen anzugeben, ... auf welchen völlig gezählt werden könne«.[42]

Gegen Preußen war offensichtlich eine Ausdehnungspolitik Österreichs, die das innerdeutsche Gleichgewicht der beiden Großmächte empfindlich störte, nicht mehr durchzusetzen. Preußen beurteilte die österreichischen Tauschpläne, die in den achtziger Jahren wieder auflebten, als Verletzung des Teschener Friedensvertrags von 1779, zumal dieser Österreich schon das Innviertel zugestand und die Garantie der gegenwärtigen Struktur des deutschen Reiches durch Frankreich und Rußland enthielt. Pütter sah im Deutschen Fürstenbund »eine der letzten und glänzendsten Unternehmungen« Friedrichs des Großen.[43]

Der preußische König hatte in einem Kabinettserlaß an den Minister Graf Finckenstein am 21. Februar 1784 den Anstoß gegeben und die Frage gestellt, wer für ein Bündnis »lediglich zum Zweck der Aufrechterhaltung des Reichssystems, wie es jetzt besteht«, in Frage komme.[44] Bald darauf entwarf er einen Plan für den zu gründenden Fürstenbund, den sein Minister Graf Hertzberg dann ausarbeitete. Friedrich leitete seinen Entwurf mit den Sätzen ein: »Da dieser Bund keine offensiven Tendenzen verfolgt, so soll er einzig in der Absicht gebildet werden, um die Rechte und Freiheiten der deutschen Fürsten aufrechtzuerhalten, und zwar ohne Unterschied der Religion. Es versteht sich, daß alles nur auf die Rechte und Privilegien hinauslaufen soll, die durch das Herkommen und die Goldene Bulle festgesetzt sind ... Er [der Bund] soll verhindern, daß es einem ehrgeizigen und unternehmendem Kaiser gelingt, die deutsche Verfassung umzustoßen, indem er sie stückweise zerstört.«

Der alte preußische König verwies auf die Gefahr der Säkularisierung der geistlichen Fürstentümer, die der Kaiser dann mit Angehörigen seiner Dynastie besetzen werde, und erwähnte außerdem die »widerrechtliche Besitznahme eines Teiles von Bayern« im bayerischen Erbfolgekrieg. Er war 1778/79 durch den Versuch Josephs II. ausgelöst worden, Niederbayern und die Oberpfalz zu gewinnen, um Österreichs Stellung im Reich zu stärken. Der kurze »Krieg« – mangels Kampfhandlung auch als »Kartoffelkrieg« bezeichnet – endete bereits nach einem demonstrativen Feldzug Preußens nach Böhmen durch Vermittlung Frankreichs und Rußlands im erwähnten Teschener Frieden. Aber auch ohne kriegsgeschichtliche Bedeutung offenbarten die Ereignisse die ehrgeizige Politik des Kaisers.

Von besonderem Interesse ist, daß Friedrich in seinem Entwurf nicht allein auf die mächtepolitische Konstellation einging, sondern auch auf die Verfassungsorgane. So erklärte er: »Nicht weniger wichtig ist, was sich auf den Reichstag zu Regensburg und auf das Reichskammergericht zu Wetzlar bezieht. Werden nicht beizeiten die rechten Maßnahmen ergriffen, um diese alten Institutionen aufrechtzuerhalten, so wird der Kaiser das benutzen, um einen tyrannischen Despotismus in ganz Deutschland aufzurichten.«[45]

Der in seiner eigenen Landesherrschaft durchaus modernisierungsbereite König erwies sich also reichspolitisch als konservativ. Nachdem er die Großmachtstellung Preußens auf Kosten Habsburgs durchgesetzt hatte, hielt er seinen Staat in dieser Hinsicht offenbar für saturiert; er versuchte die ehrgeizigen Pläne Josephs II.

Allegorie auf den Ausgang des bayerischen Erbfolgekrieges, Kupferstich von J. C. Krüger und Bernhard Rode

Der Frieden von Teschen schloß den bayerischen Erbfolgekrieg ab, mit dem Habsburg seine alten Ziele verfolgt hatte, seine niederländischen Territorien gegen die bayerischen einzutauschen. Friedrich der Große setzte alle Hebel in Bewegung, die Transaktion zu verhindern, die Wien stärker ins Reich eingebunden hätte, was nahezu alle deutschen Fürsten als Bedrohung empfanden, weshalb sie einen Deutschen Fürstenbund schlossen, der sich die Wahrung der Reichsverfassung aufs Panier schrieb.

auch nicht zu nutzen, um die Kaisermacht aus dem Reich herauszudrängen: Von einer kleindeutschen Lösung des 19. Jahrhunderts war Friedrich weit entfernt, zumal er nicht in nationalen, sondern in fürstenstaatlichen Kategorien dachte.

Auch der Vertragstext des Deutschen Fürstenbundes ließ die konservative Zielsetzung klar hervortreten, die bündnisschließenden Fürsten erklärten in der Präambel: Das unter so vielen Opfern bisher über Jahrhunderte »erhaltene teutsche Reichs-System, wovon die Freiheit und Sicherheit eines jeden Mitgliedes des Reichs, und nicht weniger die von ganz Europa wesentlich abhängig ist«, solle »in seinem ungekränkten Wesen beständig aufrecht erhalten und auf eine constitutionsmäßige Weise gehandhabt werden«. In dem Vertrag wird die Gefahr völligen Umsturzes beschworen und die Notwendigkeit betont, »die allgemeine Reichs-Versammlung«, also den Regensburger Reichstag, als das festeste Band und »die wichtigste Stütze der teutschen Reichs-Verfassung« in ihrem »gesetzmäßigen Wesen und beständiger Thätigkeit« zu bewahren. Eine ähnliche Sicherung verlangten die Fürsten für die Reichskreise.[46]

In der zeitgenössischen Publizistik erweckte der Deutsche Fürstenbund 1785, der zunächst zwischen den Kurfürsten von Sachsen, Brandenburg-Preußen und Braunschweig-Lüneburg (Kurhannover, also dem englischen König) geschlossen wurde, Hoffnungen auf eine umfassende Reichsreform. Eine Reihe weiterer Reichsfürsten trat ihm bei: die Herzöge von Braunschweig-Wolfenbüttel, Sachsen-Gotha, Sachsen-Weimar, Pfalz-Zweibrücken und Mecklenburg, die Markgrafen von Ansbach-Bayreuth und Baden, der Landgraf von Hessen-Kassel, der Fürstbischof von Osnabrück, die Fürsten von Anhalt und schließlich der Erzbischof von Mainz und sein Koadjutor. Insbesondere der Goethe-Freund Herzog Carl August von Weimar, ein Neffe Friedrichs des Großen, unterstützte gemeinsam mit dem preußischen Minister Hertzberg die Gründung des Fürstenbundes und darüber hinausgehende Reformpläne. Doch mit den Reformplänen scheiterte er, beispielsweise bei seiner Befürwortung des Herderschen Planes einer »Akademie für den Allgemeingeist Deutschlands«, den auch der Mainzer Koadjutor Karl Theodor von Dalberg und der Markgraf Karl Friedrich von Baden unterstützten.[47]

Die sich zumal nach Ausbruch der Französischen Revolution rapide verändernde Konstellation der internationalen Beziehungen ließ Preußen bald das Interesse am Deutschen Fürstenbund verlieren, der aber ohne Preußen nicht lebensfähig war. Das Ziel, die Pläne Josephs II. zu durchkreuzen, war erreicht, der österreichische Einfluß im Reich extrem vermindert. Schon Dohm sah im Fürstenbund einen großen Erfolg Friedrichs des Großen.

Die mögliche Chance, über den Fürstenbund eine Reichsreform einzuleiten, nutzte Preußen nicht. Es hätte dazu die ständische Komponente des Bundes aufgeben oder verstärken, in jedem Fall aber die eigene Großmachtpolitik zugunsten einer aktiven Reichspolitik hintanstellen müssen. Doch eine offensive Politik hatte Preußen mit dem defensiv angelegten Fürstenbund niemals beabsichtigt.

Indem er Hoffnungen weckte, die die führende Macht nicht erfül-

Friedrich II. stiftet den Fürstenbund, allegorisches Gemälde von Bernhard Rode, 1785

Der Fürstenbund setzte sich nach außen die Wahrung des Reichssystems zum Ziel und gab sich in konservativer Reichstreue. Tatsächlich konzentrierte er sich darauf, den Einfluß des Kaisers auf das Reich zu begrenzen und verhinderte damit auch rational begründete territoriale Neuordnungen im Reich. Insofern diente der Fürstenbund dem Interesse Preußens, und Friedrich II. erzielte mit ihm seinen letzten außenpolitischen Erfolg.

len wollte, hinterließ der Fürstenbund dann im Reich eher nachteilige Wirkungen. Die Fürsten mußten das Reich gegen den Kaiser schützen, ohne jedoch selbst einen konstruktiven Weg einzuschlagen. Was aber blieb vom Reich, wenn das kaiserliche Ansehen derart beschädigt war? Was sollten die kleineren Reichsstände tun, denen die Großmacht Preußen nur eine Statistenrolle zumaß, statt sie als gleichberechtigte Partner der drei weltlichen Kurfürsten anzuerkennen? Auch gab es schon beim Zustandekommen des Fürstenbundes in Preußen Kritiker, die seine defensive und konservierende Zielsetzung nicht teilten: Für einen modernen Staat wie Preußen sei es unnütz, die altertümliche Verfassungsstruktur des Reiches im allgemeinen und der kleineren Reichsstände und Reichsstädte im besonderen zu erhalten.[48] Aber nicht Friedrich II. allein, auch der preußische Diplomat Christian Wilhelm von Dohm bezeichnete noch im Rückblick die Verfassungsordnung des Reiches trotz ihrer Mängel als erhaltenswert.

Als Befürchtungen aufkamen, die »teutsche Libertät« könne verlorengehen, weil der unbefangene Umgang des Kaisers mit wesentlichen Elementen der Reichsverfassung und seine rigorose Modernität die sich aus dem Rechtsherkommen legitimierenden Reichsstände verunsicherten, erörterten die Publizisten, aber auch die Reichsjuristen Pläne einer Reichsreform. Überdies stand wieder einmal die Aufhebung der geistlichen Staaten öffentlich zur Diskussion: Eine Säkularisation der geistlichen Fürstentümer aber mußte nicht allein diese selbst, sondern das gesamte Gefüge des Reiches tödlich treffen, schon deshalb hätte sich der Kaiser an keinerlei Aktivitäten gegen sie beteiligen dürfen. Spätestens die Säkularisation 1803 machte die unauflösliche Verbindung deutlich, das neunhundertjährige Reich überlebte sie nur um kaum drei Jahre.

Trotz dieser Diskussionen, trotz herber Kritik und verbreiteter Unzufriedenheit mit den Reichsorganen und den Verfassungsstrukturen hatte das Reich – wie verschiedene Stimmen zeigen – aber keineswegs eine ausschließlich schlechte Presse, erschien es doch vielen Zeitgenossen zugleich als Garant der »teutschen Libertät«, als das Reich ohne flächendeckenden Absolutismus, als Hort gegen die politische Expansion der absolutistischen Staatsräson im Innern und nach außen. Selbst Rousseau sah in der Existenz des so schwer zu erfassenden Reichsgefüges eine Garantie des europäischen Gleichgewichts, tarierte es doch die Großmachtpolitik im Reich aus und verhinderte jeglichen Reichsexpansionismus auf Kosten anderer europäischer Staaten.

Das Reich ließ jedem das Seine und war auch darin im Vergleich zu den modernen Großmächten atypisch. Christoph Martin Wieland, der zeitweise Sympathien für die Französische Revolution hegte und zu den politisch hellsichtigen Kritikern deutscher Politik zählte, gelangte nach den Revolutionserfahrungen in seinen vergleichenden Betrachtungen 1795 zu dem Ergebnis: »Die dermahlige Deutsche Reichsverfassung ist, ungeachtet ihrer unläugbaren Mängel und Gebrechen, für die innere Ruhe und den Wohlstand der Nazion im Ganzen unendlich zuträglicher, und ihrem Karakter und der Stufe von Kultur, worauf sie steht, angemessener als die Französische Demokratie.«[49]

Diese abwägende Gerechtigkeit vermochte das altertümliche und monströse, aber im Vergleich zu den modernen Staaten doch auch sympathische Reich auf die Dauer freilich nicht zu retten. Das Reich lag mitten in Europa und nicht auf einer Insel, und wie in den führenden Staaten des Heiligen Reiches selbst gingen in Europa die Uhren bald anders. Wie anders sie gingen, verrieten 1802 Hegels Gedanken über die deutsche Verfassung: »Wenn alle Teile dadurch gewännen, daß Deutschland zu einem Staat würde, so ist eine solche Begebenheit nie die Frucht der Überlegung gewesen, sondern der Gewalt, und wenn sie auch der allgemeinen Bildung gemäß [wäre] und das Bedürfnis derselben tief und bestimmt gefühlt würde. Der gemeine Haufen des deutschen Volkes nebst ihren Landständen, die von gar nichts anderem als von Trennung der deutschen Völkerschaften wissen und denen die Vereinigung derselben etwas ganz Fremdes ist, müßte durch die Gewalt eines Eroberers in eine Masse versammelt, sie müßte gezwungen werden, sich zu Deutschland gehörig zu betrachten.«[50]

Nur noch wenige Jahre, und der Eroberer kam, unbeabsichtigt verstärkte er das nationale Zusammengehörigkeitsgefühl der vielen deutschen Stämme. Die Nationalidee kittete zusammen und sprengte doch das alte Europa auseinander. Die ständisch-»teutsche Libertät« des Reiches entsprach ebensowenig den Sehnsüchten der Zeit wie seine katholische Universalität. Und insofern berührten auch die Diskussionen der deutschen Bischöfe, die nach den Vorstellungen des Trierer Weihbischofs Johann Nikolaus von Hontheim auf einen reichskirchlichen Episkopalismus hinausliefen, nicht allein die Kirchenverfassung. Nicht nur Joseph II., auch der Febronianismus tastete die Kirchenverfassung des alten Reiches an.

Unter dem Pseudonym Justinus Febronius veröffentlichte der Theologe Johann Nikolaus von Hontheim zwischen 1763 und 1773 sein fünfbändiges kirchenpolitisches Hauptwerk »De statu ecclesiae et de legitima potestate romani pontificis«. Seinen förmlichen Widerruf von 1778 schwächte er 1781 ab. Die zentrale politische Zielsetzung des Febronianismus, der Vorläufer im französischen

Gallikanismus, aber auch in der konziliaren Bewegung des 15. Jahrhunderts hatte, lag in der Schaffung einer deutschen Nationalkirche, die im übrigen eine künftige Wiedervereinigung der Konfessionen implizierte. Um dieses Ziel erreichen zu können, hielt es Febronius für notwendig, auf die Kirchenverfassung des ersten Jahrtausends zurückzugehen. Konzilssuperiorität und Pluralität der Nationalkirchen sollten generell an die Stelle der päpstlichen Superiorität treten, das Studium der Kirchengeschichte sollte die Grundlage für die Aufklärung der Gläubigen bilden, die staatliche Unterstützung den Weg zu diesen Zielen bereiten.

Febronius billigte den Bischöfen die Ausübung der kirchlichen Gewalt unter dem Ehrenvorsitz des Papstes zu, die Unfehlbarkeit des Papstes in Glaubensentscheidungen lehnte er ebenso ab wie die päpstliche Jurisdiktion über die gesamte Kirche. Der Febronianismus wollte dem Papst das Recht zur Ein- und Absetzung der Bischöfe nehmen, gestand hingegen dem Staat die Oberaufsicht über die Kirche zu: Hierin berührte sich der Febronianismus mit staatskirchlichen Bestrebungen des Josephinismus in Österreich.[51] Die vom Febronianismus geforderte Neubestimmung der geistlichen und weltlichen Aufgaben hatte eine Stärkung der deutschen Bischöfe und der Reichskirche im Auge. Der Wunsch nach größerer Unabhängigkeit von Rom war nicht zuletzt aufgrund zahlreicher Beschwerden gegenüber der Kurie und den päpstlichen Nuntien entstanden.[52]

Im übrigen war Febronius Mitverfasser der Emser Punktation der Erzbischöfe von Mainz, Trier, Köln und Salzburg vom 25. August 1786. Die Erzbischöfe wandten sich »kraft des Reichsgrundgesetzlichen Kirchenschutzes« an den Kaiser und erbaten seine Unterstützung gegen die römische Kurie. Zum »Wohl der Uns anvertrauten Diözesen und selbst jenem der gesammten teutschen National-Kirche gemäß«, wollten sie sich untereinander verständigen und auf die ursprünglichen bischöflichen Rechte zurückgehen.

Die Erzbischöfe fuhren schweres Geschütz auf, indem sie unter Hinweis auf frühere Gravamina erklärten, »wie kläglich der bisherige Zustand der teutschen Kirche vor jener Zeit gewesen« sei, »da die ungehinderte volle Ausübung unserer schweren Hirtenpflicht … durch die Mißgriffe eines unaufgeklärten Zeitalters allenthalben gehemmt war, und da Wir in den Verrichtungen unseres Pastoralamtes durch nichts so sehr als durch die Ein- und Übergriffe des römischen Hofes gehindert waren.« In der päpstlichen Politik erblickten die Bischöfe als Reichsfürsten eine Beeinträchtigung der »teutschen Kirchenfreiheit«. Sie warfen der Kurie und den päpstlichen Nuntien Verletzung der Konkordate vor; sie sahen die Zeit gekommen, frühere zeitbedingte Beschränkungen der reichskirchlichen Kompetenz rückgängig zu machen, und wünschten, daß im Fall der Fruchtlosigkeit kaiserlicher Intervention beim Papst »die in den teutschen Konkordaten ausbedungene und wirklich zugesicherte Kirchenversammlung durch einen Nationalzusammentritt der teutschen Erz- und Bischöfe endlich einmal zu Stande komme, und darin die teutsche Nation von allen Bedrückungen gänzlich befreiet, sofort die ihr zuständige, in den ersten Zeiten durch Jahrhunderte genossene vollkommene Freiheit wieder hergestellt werde.«[53]

Johann Nikolaus von Hontheim (1701-1790), Kupferstich von Johann Friedrich Schleuen

Der »Febronianismus«, benannt nach dem Pseudonym Febronius des Theologen Johann Nikolaus von Hontheim, hatte die Schaffung einer deutschen Nationalkirche im Auge. Die damit beabsichtigte Wiedervereinigung der christlichen Konfessionen sollte an die vorreformatorische Tradition der Kirchenverfassung anknüpfen, was zugleich die Bedeutung der konziliaren Bewegung gegenüber päpstlicher Superiorität gestärkt hätte. Aus mehreren Gründen scheiterten also alle derartigen Reformbestrebungen schließlich am Widerspruch des Papstes.

Wenngleich die Erzbischöfe hier den Begriff der Nation durchaus traditional im ständischen Sinn verstanden, so überrascht doch die Häufung dieses Worts, das eine reichskirchliche Autonomie der deutschen Kirchenverfassung symbolisierte. Die Berufung auf die nationale »teutsche Libertät«, die Aufklärung sowie die kaiserliche Schutzaufgabe gegenüber der Kirche stellten eine brisante Mischung dar und besaßen in der Analogie zu den zeitgenössischen Reichsreformbestrebungen eine politische Pointe. Allerdings blieben die weltlichen Reichsfürsten gegenüber dieser Zielsetzung gleichgültig, während die Bischöfe die päpstliche der erzbischöflichen Jurisdiktion vorzogen.

Diese reichskirchlichen Bestrebungen blieben ebenso erfolglos wie die schon 1769 durch die drei rheinischen Erzbischöfe geltend gemachten 31 Gravamina, die unter anderem die Eingriffe der Nuntien in die Jurisdiktion der deutschen Bischöfe betrafen. Weitere kirchenpolitische Initiativen gingen der Emser Punktation in der ersten Hälfte der achtziger Jahre voraus, so daß die mit ihr erfolgte Verschärfung der Kritik unverkennbar ist. Die Gravamina von 1786 gelangten über den Reichshofrat an den Reichstag, der aber zu keiner Lösung fand. Allerdings erwähnte die Wahlkapitulation Leopolds II. 1790 die drei Hauptprobleme (Konkordate, Kompetenzen der Nuntien sowie geistliche Gerichtsbarkeit). Die Säkularisation 1803 und die Auflösung des alten Reiches entzogen dann dem Febronianismus die Basis. Deutscher Fürstenbund und reichskirchliche Bestrebungen bildeten unmittelbar vor Ausbruch der Französischen Revolution die letzten größeren Versuche von seiten der beteiligten Reichsfürsten, die Verfassungsstruktur des alten Reiches unter dem Gesichtspunkt der »teutschen Libertät« zu bewahren beziehungsweise in bezug auf die Reichskirchenverfassung zu reorganisieren.

Diese Politik ist ein Beweis dafür, daß die Reichsstände das alte Reich keineswegs aufgegeben hatten, wenngleich sie die Rolle des habsburgischen Kaisers unterschiedlich bewerteten. Die geistlichen Kurfürsten wußten sehr wohl, daß sie ihn zumindest zur Sicherung ihrer weltlichen Rechte ebenso benötigten wie zur Schaffung einer deutschen Nationalkirche.

Auch Friedrich der Große beabsichtigte trotz seiner antihabsburgischen Politik ja nie die Zerstörung des Reiches. Die Rolle etwa eines »Gegenkaisers« lag Friedrich II. fern. 1752 bezeichnete er es zwar als möglich, daß nach Aussterben der bayerischen Linie der Wittelsbacher das mit der Pfalz vereinigte Kurfürstentum Bayern erneut als Kandidat für die Kaiserkrone in Betracht komme, seinen Nachfolger aber warnte der König ausdrücklich davor, in dieser Beziehung eigenen Ehrgeiz zu entwickeln: Es gebe zwar kein Gesetz, das die Protestanten von der kaiserlichen Würde ausschließe, aber der König von Preußen müsse sich mehr anstrengen, »eine Provinz zu erobern, als sich mit einem leeren Titel zu schmücken«. Die vordringlichen Sorgen, »die Ihr in Angriff nehmen solltet, ... wären, den Staat zu der Größe zu bringen, von der ich Euch ein ideales Bild gemacht habe«. Sein Nachfolger dürfe sich nicht der Eitelkeit hingeben, bevor er seine Macht dauerhaft begründet habe.[54]

Tatsächlich spielte Bayern in Friedrichs Reichspolitik immer eine herausragende Rolle, wenngleich sich die Konstellationen und die

Akzente verschoben: Dies galt schon für das wittelsbachische Kaisertum von 1742 bis 1745 und wieder bei dem bayerischen Tauschprojekt Kaiser Josephs II., das die Gründung des Fürstenbunds auslöste. Friedrichs auf geostrategischen Prinzipien beruhende Lagebeurteilung des Reiches und Europas taucht an vielen Stellen seines Werks auf und spiegelt seine praktische Reichspolitik. So bemerkte er 1768 über die Struktur des Reiches: Es bestehe aus einem »Chaos kleiner Staaten, zu schwach, um selbständig zu handeln, immer eingespannt in die nie geschlossene Kolonne einer großen Allianz ... Die beiden Hauptmächte dieses schlecht zusammengesetzten Staatskörpers sind das Haus Österreich und das Haus Brandenburg. Ihr Gleichgewicht erhält die Vorrechte, Besitzungen und die Freiheit dieser Republik von Fürsten, die mehr als einmal in der Vergangenheit in Gefahr waren, von den Kaisern unterdrückt zu werden. Seit dem Westfälischen Frieden ist die kaiserliche Macht auf die rechten Grenzen beschränkt, und durch die Rivalität Preußens im Zaume gehalten, kann sie nicht mehr über die Ufer treten.«[55]

Der österreichisch-preußische Dualismus garantierte also in den Augen Friedrichs des Großen die »teutsche Libertät« und damit die Grundlage des Reiches, die von allen Reichsständen immer wieder beschworen wurde, also nicht einem preußischen Partikularinteresse entsprang. So betonte Friedrich 1784/85 ausdrücklich die Notwendigkeit, auch die Rechte der geistlichen Reichsfürsten zu sichern, eine Sorge, die ihm vor dem Siebenjährigen Krieg noch ferngelegen hatte. Dies zeigt, wie sehr sich der alte Friedrich schließlich auf die Reichspolitik einließ und die verfassungsrechtlichen Grundlagen des Reiches akzeptierte. Ein so vielgestaltiges Reich der »Libertät« bildete im übrigen kein Reich, in dem die Revolution eine Chance hatte, denn diese hätte ausschließlich eine Revolution der Reichsfürsten sein können, die zwar die Vielheit des Reiches garantierten, ohne die es aber auch keine Einheit gab.

2. Fürstenstaat und Landstände

Das alte Reich machte zwar keinen Staat, doch bildete es gleichsam das Dach moderner Staatsbildung in den größeren und mittleren Territorialherrschaften. Und es ist insofern kein Zufall, als die Landesherren uns immer wieder als mehr oder weniger zielstrebige Reformer entgegentreten, lag bei ihnen doch die Exekutive. Allerdings gab es bemerkenswerte Unterschiede, die nicht allein auf die fürstliche Politik zurückzuführen sind, sondern kaum minder auf Größe und Entwicklung der Territorien sowie ihrer Verfassungsstruktur. Sie im einzelnen darzustellen, hieße Hunderte von Verfassungsgeschichten vorzuführen. Aus diesem Grund geht es hier nur um die zentrale Frage: Was bedeutete Landesherrschaft in den letzten Dekaden des alten Reiches, worin bestand das Grundmuster, und welche Typen des Verhältnisses der Fürsten zu den Landständen gab es? Anders gefragt: Wie absolutistisch war der Absolutismus?

Das alte Reich bestand aus unmittelbaren und mittelbaren Gliedern. Die unmittelbaren waren nicht zugleich Teil eines anderen deutschen Staates, sondern allein des Reiches. Das Schlüsselproblem bestand in der Frage, ob es in den einzelnen Territorialstaaten Landstände gab und welche Kompetenzen sie noch besaßen. Hier lag eine Analogie zur Reichsverfassung vor: »Nach der ursprünglichen Teutschen Verfassung, wie sie zur Zeit des Westphälischen Friedens noch mehr als jetzt zu erkennen war, ließ sich selbst einige Gleichheit zwischen der Verfassung des Reichs im Ganzen und der einzelnen Länder, wie in mehr anderen Dingen, so auch hierin wahrnehmen, daß ungefähr auf eben die Art, wie der Kaiser zum Reichstage, so die meisten Fürsten sich zu ihren Landtagen verhielten. Ordentlicher Weise waren es alle im Lande befindliche Prälaten, alle Besitzer freyer Rittergüter und alle ursprüngliche Städte des Landes, die auf dem Landtage Sitz und Stimme hatten. Nur der einzige Unterschied war freylich nicht zu verkennen, daß nicht so, wie ganz Teutschland unter Reichsstände vertheilt und dem Kaiser nichts übrig geblieben ist, die Landstände das ganze Land ausmachen, sondern ein großer Theil des Landes landesherrliches Cammergut ist.«[56] Die Landstände besaßen ursprünglich das Recht zur Steuerbewilligung, auch bedurfte der Landesherr ihrer Zustimmung zu Gesetzen und sonstigen hoheitlichen Akten, wenn sie in ihren Gebieten rechtswirksam werden sollten. So beschrieb Pütter 1788 die landständische Verfassung.

Wenngleich sich die landständischen Kompetenzen in den meisten größeren Territorialstaaten bis zum Ende des alten Reiches erheblich abschwächten, so ist doch unverkennbar, daß der Begriff Absolutismus im Verständnis des 19. und frühen 20. Jahrhunderts die verfassungspolitische Realität der frühmodernen Staaten verkannte. Die moderne, weniger auf ein Nationalstaatsideal fixierte Forschung ist im Gegensatz hierzu seit dem Zweiten Weltkrieg, angeregt durch Otto von Gierke und besonders Otto Hintze, zu dem Ergebnis gelangt, daß die Macht der absoluten Fürsten in vielerlei

Hinsicht beschränkt, also strenggenommen gar nicht absolut gewesen ist. So konstatierte Otto Brunner in Analogie zu der Formulierung Pütters, die Stände machten das Land aus, am Beispiel des spätmittelalterlichen Österreich: Die Stände sind das Land. Der moderne Staatsbegriff ist also im strikten Sinn nicht anwendbar.

Andererseits verschoben sich im Laufe der frühen Neuzeit in den größeren Territorien zunehmend die Gewichte. Werner Näf betonte, daß seit dem 13. Jahrhundert »als *Korrelat der Monarchie* die *Stände* wirksam wurden«. Der Dualismus von Fürsten und Ständen konstituierte also den frühmodernen Staat, es handelte sich um einen »notwendigen Dualismus«, da es der »monarchischen Kraft nicht gelang, alle durch die Feudalisierung zersplitterten und sogar privat gewordenen staatlichen oder einst staatlich gewesenen Rechte an sich zu nehmen« und die wachsenden organisatorischen Aufgaben rasch zu verstaatlichen.[57]

Näf veranschaulicht die Struktur des frühmodernen Staates mit dem Bild einer Ellipse und ihren zwei Brennpunkten: Fürsten und Stände. Diese Charakterisierung liefert nicht allein Aufschlüsse für die Entstehungsgeschichte des frühmodernen Staates, sondern behält ihren Erkenntniswert partiell noch für seine Spätphase. Der moderne Staat war keineswegs allein Ergebnis fürstlicher Politik. Zu Recht wies Otto Brunner deswegen darauf hin, daß die Steigerung der Fürstenmacht mit der Ausbildung ständischer Organisation parallel verlief. Der Wandel zeichnet sich in der modernen absoluti-

Huldigung der schlesischen Stände im Breslauer Rathaus am 7. November 1741, Kupferstich von Gabriel Bodenehr

Nach der Gewinnung Schlesiens durch den Ersten Schlesischen Krieg, huldigten die Landstände dem preußischen König in einer feierlichen Zeremonie im Rathaus zu Breslau. Die Zeremonie zeigte, daß die Stände noch eine machtpolitische und staatsrechtliche Bedeutung besaßen; doch längst gab es den komplizierten Dualismus von Fürsten und Ständen, der den frühmodernen Staat charakterisiert.

stischen Definition des Fürstentums ab, die notwendigerweise in gleichem Maß die Rolle der Stände veränderte: »Die zum Absolutismus drängende Fürstengewalt nimmt in Anspruch, nun allein zu entscheiden, was rechtens sei, das Landrecht auszulegen in ihrem Sinn. Damit wird die Rechtsstellung der Landstände ›prekär‹: Wurzelt sie bis zuletzt auch im ›alten Herkommen‹, so entscheidet doch allein der Fürst, was an diesem Herkommen Recht ist. So wandelt sich die Landschaft zu dem, als was sie der Fürst ansieht: zu einer Korporation privilegierter Gruppen. Bezeichnend ist, daß man immer mehr von den ›Ständen‹ an sich spricht, nicht mehr so sehr von Landschaft und Land.«[58]

Trotz dieses Sieges des landesfürstlichen Absolutismus bestanden in sehr vielen Territorien landständische Vertretungen bis weit ins 19. Jahrhundert fort, in Österreich beispielsweise bis 1848, in Mecklenburg in modifizierter Form gar bis zur Revolution 1918/19. Zwar waren die Stände im 18. Jahrhundert normalerweise nicht mehr das Land, beanspruchten aber in vielen Territorien noch immer, es zu repräsentieren: Indem »allgemeine Landesangelegenheiten auf Landtagen verhandelt wurden«, sahen sich die »Landstände ... gewissermaßen als Repräsentanten des ganzen Landes« an.[59]

Der Wandel zum Fürstenstaat reduzierte überall dort, wo die Ausdehnung fürstlicher Macht und die Zentralisierung gesamtstaatlicher Kompetenzen gelangen, die Landstände auf privilegierte Stände. Gleichwohl nahmen selbst diese privilegierten Stände noch staatliche Hoheitsaufgaben wahr – allerdings regional und lokal begrenzt. Es handelte sich also nicht einfach um steuerbefreite, privilegierte Sozialschichten, wie allein schon die Existenz von Städtekurien oder die Landtagsfähigkeit von Bauern in Oberösterreich zeigt. Indem sie auf dem Land wesentliche staatliche Funktionen in Recht und Verwaltung ausübten, wahrten die Stände nicht allein einen Rest ihrer traditional legitimierten Rechte, sondern blieben selbst im Fürstenstaat unentbehrlich, weil unter den frühmodernen Organisationsbedingungen staatlicher Herrschaft zwangsläufig die Realisierung des Absolutismus hinter seinem Anspruch zurückbleiben mußte.

Wo der Absolutismus also erfolgreich war, stärkte er die staatliche Zentralgewalt auf Kosten der ständischen Partikulargewalt.[60] Er versuchte überdies, die verbliebenen Privilegien und Hoheitsaufgaben aus genuinen, historisch entwickelten Rechten zu staatlich delegierten Aufgaben umzudeuten. In den auf diese Weise strukturierten Territorien entwickelte sich aus der im Westfälischen Frieden bestätigten mittelalterlichen Landeshoheit die territorialstaatliche Gewalt, die über die kaiserliche Gewalt in nahezu jeder Beziehung hinausging. Anders als in Frankreich vollzog sich die moderne Staatsbildung und ihre absolutistische Ausprägung nicht im gesamten Reich, sondern in einigen größeren Territorialstaaten. Demgegenüber blieben andere Teile des Reiches, beispielsweise die Reichsstädte, die Reichsritterschaften[61] sowie kleinere Herrschaften, in denen oftmals gar keine Landstände existierten, davon unberührt.

Der Wandel des Territorialstaats schlug sich in der Staatsrechtslehre der Zeit nieder, vor allem seit Johann Jacob Moser. Im 18. Jahrhundert umfaßte die Landeshoheit demzufolge alle bürgerlichen

Hoheitsrechte und die eigenen landesherrlichen Rechte mit »Ausschließung der kaiserlichen Gewalt«, wie es Andreas Joseph Schnaubert 1787 ausdrückte. »Die Territorialgewalt ist nicht mehr eine in ganz bestimmte *actus superioritatis* zerlegbare *superioritas territorialis,* sondern umfassende höchste Herrschaftsmacht, der alle für die Regierung des Staates erforderlichen Rechte zu Gebote stehen.«[62]

Immer wieder wird deutlich, daß diese neue Territorialstaatslehre einen Anspruch formulierte, der keineswegs grundsätzlich durchgesetzt werden konnte. Nicht allein die Landesherren beschränkten die kaiserliche Gewalt, vielmehr blieben auch sie in das Reichsrecht und die Kreisordnungen eingebunden. So bemerkte Carl Gottlieb Svarez unter einschränkendem Hinweis auf die große Unterschiedlichkeit der Verfassungen in den einzelnen deutschen Staaten: »Jeder Reichsstand hat in seinem Gebiete Landeshoheitsrechte: Gesetze, Polizei, Jurisdiktion, Ius foederum, Truppen werben, Festungen anlegen, Auflagen machen, auswärtige Kriege führen, Frieden schließen.« Doch dann nannte er nicht weniger als zehn Einschränkungen der Landeshoheit, die sich aus dem Reichsrecht ergaben.[63]

Selbst die Landesherren besaßen also keine volle Souveränität. Kein Wunder, daß die Wiener Staatsrechtslehrer, die am kaiserlichen Hof den Erzherzog und nachmaligen Kaiser Joseph II. unterrichteten, auf diese Begrenzungen besonderen Wert legten. So hieß es dort über das Verhältnis von Reich und Landeshoheit unter anderem: »Nichtsdestoweniger ist sie der Majestät des ganzen Staats subordiniert und muß dessen Grundverfassung gemäß ausgeübt werden, so daß die Untertanen eines Landes, dessen Herr sich gegen das Reich und dessen Oberhaupt widerspenstig bezeugt, nicht den landesfürstlichen, sondern den kaiserlichen Befehlen zu gehorchen schuldig sind.« Und an anderer Stelle: »Ohngeachtet die Reichsstände keine souveränen Fürsten, sondern der Majestät des Reichs unterworfen sind, so haben sie dennoch kraft der besonderen Regimentsform Deutschlands alle *jura majestatica,* wiewohl mit einiger Einschränkung, teils durch Verträge und teils durch die Observanz erlangt.«[64]

Auch in seinen entschiedensten Ausprägungen mußte jeglicher Absolutismus im alten Reich begrenzt bleiben. Selbst die oftmals laxe Auslegung von Reichspflichten und die Reduzierung landständischer Gerechtsame änderten hieran nichts. Staatlichkeit oszillierte also bis 1803/06 in einem eigentümlichen Schwebezustand zwischen Reich, Landesherren und allerdings meist nur noch rudimentären ständischen Gerechtsamen. Und in dieser Mischung erfuhren die Deutschen bei regional unterschiedlicher Akzentuierung im 18. Jahrhundert den Staat. Wer konnte bei einer solchen Konstellation der Adressat von Revolutionen sein?

Allerdings nahm die landesherrliche Macht im alten Reich immer stärker zu, während sich die des Reiches auf der einen und die der privilegierten Stände auf der anderen Seite ständig verminderte. Die größeren Territorien gewannen also zunehmend Staatlichkeit und versuchten mit mehr oder weniger Erfolg, Rechte an sich zu ziehen und zu monopolisieren.

Die deutschen Dinge komplizierten sich indes dadurch, daß auch

Johann Jacob Moser (1701-1785), zeitgenössisches Pastellporträt

Johann Jacob Moser zählte zu jenen Staatsrechtslehrern des 18. Jahrhunderts, die einen Anspruch formulierten, der sich nicht mehr durchsetzen ließ, da die jeweiligen Landesherren längst die kaiserliche Macht eingedämmt hatten. Im alten Reich beschränkte sich die Ausbildung »absoluter« Herrschaft auf die Territorialstaaten – und dies auch nur mit Einschränkungen. Auf Reichsebene gab es keinen Absolutismus, nicht einmal in rudimentärer Form.

der Rechtsstatus der Landesherren unterschiedlich war. So besaßen führende Reichsfürsten beziehungsweise Dynastien außerdeutsche Territorien oder übten dort in Personalunion Herrschaft aus. Gerade die größeren Landesherren sammelten oftmals durch Erbfall oder Eroberung Herrschertitel. Dies galt für die Habsburger, die Hohenzollern, Kurhannover-Braunschweig, schließlich für die Kurfürsten von Sachsen als zeitweilige Könige von Polen. Beispielsweise lag Ostpreußen außerhalb des Reichsgebiets, und ein Landesherr konnte zu seinen Territorien solche mit und solche ohne Landstände zählen. Mit anderen Worten: Ein König, Herzog oder Fürst konnte gleichzeitig Herrscher in völlig souveränem Staatsgebiet und in einer durch Reichsgesetze oder ständische Gerechtsame beschränkten Herrschaft sein. Bei den geistlichen Fürsten spielte nicht allein die Mitwirkung der Kapitel eine Rolle, sondern auch die geistliche Superiorität des Papstes. Während ein protestantischer Fürst als Summus episcopus die landeskirchliche Gewalt ausübte, galt dies nicht für einen weltlichen katholischen Landesherrn.

Die Herrschaftsrechte eines Reichsfürsten konnten also selbst in seinen eigenen Territorien von höchst unterschiedlicher Reichweite sein; beispielsweise besaßen während der frühen Neuzeit die Landstände der Kurmark andere Rechte als die ostpreußischen. Und dies erklärt auch, warum die früher erwähnten sozialökonomischen Reformanläufe der Landesherren so fragmentarisch blieben. Was Friedrich dem Großen auf seinen Krondomänen möglich war, ließ sich auf adligen Gutsherrschaften nur sehr begrenzt oder überhaupt nicht bewerkstelligen, leiteten sich doch deren Privilegien aus den ständischen Gerechtsamen ab.

Und freie Hand besaßen nur solche, oft kleinen Fürsten, in deren Herrschaft während der Entstehung der Landeshoheit keine mit entsprechenden Privilegien ausgestattcten Klöster, Rittergüter und Städte existierten. Meist handelte es sich um Grafschaften, die ausschließlich aus dem Stammsitz der regierenden Grafen bestanden, die dann häufig durch eine Reihe von Dörfern ergänzt wurden, in denen nur Leibeigene beziehungsweise unfreie Untertanen lebten. Auch gab es Territorien, die mehrere solcher Grafschaften umfaßten und trotz größerer Ausdehnung keine Landstände hatten: Ein Beispiel bildet die Pfalzgrafschaft bei Rhein.

Existierten innerhalb eines Territoriums viele kleinere Reichsstände, also Reichsstädte, Reichsritterschaften, Reichsprälaturen oder Reichsdörfer, so behinderte dies in der Regel die Ausbildung von Landständen. In Württemberg beispielsweise gab es keine landsässige Ritterschaft, so daß dort nur Prälaten und Städte die Landschaft ausmachten. In protestantischen Territorien wiederum fehlten bei den ständischen Vertretungen aufgrund der Säkularisationen von Stiften und Klöstern seit der Reformation die Prälaten. Dort, wo die absolutistischen Landesherren im 16./17. Jahrhundert die Stadtrechte eingeschränkt oder beseitigt hatten, traf dies selbstverständlich auch die landständischen Rechte der Städte. Die Reihe dieser Besonderheiten ließe sich leicht verlängern. Die folgende Aufstellung der Landstände gibt also nur die Regel wieder. Zu den Landständen gehörten normalerweise folgende, zum Teil in einem »Stand« zusammengefaßte Gruppen:

1. Prälaten (sofern vorhanden);

2. der landsässige Adel sowie ehemalige Ministerialgeschlechter;
3. die Ämter;
4. die Städte, sofern sie nicht reichsunmittelbar waren.

Unterschiedlich verhielt es sich mit den freien Bauern, die nur vereinzelt landständische Vertretungsrechte besaßen. Ursprünglich standen der Landschaft, also der Gesamtheit der Landstände, auf den Landtagen beziehungsweise gemeinsam mit dem Landesherrn folgende Rechte zu: das Recht, dem Landesherrn die Steuererhebung zu bewilligen, bei der Gesetzgebung mitzuwirken, Gravamina gegen öffentliche Mißstände geltend zu machen oder gar ständische Gerechtsame mit Waffengewalt zu verteidigen. Doch war schon im 17. Jahrhundert in den absolutistischen größeren Staaten auf gesamtstaatlicher Ebene in der Regel wenig von diesen Rechten übriggeblieben. Gleichwohl ist die seit dem 13. Jahrhundert aus der spätmittelalterlichen Landesherrschaft sich entwickelnde »Kumulation von Herrschaftsrechten«, die der Herrscher in seiner Person vereinigte, ebensowenig ohne die Landstände zu verstehen wie die ständischen Privilegien und provinzialen Rechte, die bis zum frühen 19. Jahrhundert fast überall Geltung behielten.

Der Prozeß moderner Staatsbildung war dadurch gekennzeichnet, daß sich aus der Ansammlung von Besitztiteln und Herrschaftsrechten eine zentralstaatlich organisierte Verwaltung, ein einheitliches Rechtswesen und ein stehendes, von der ursprünglichen ständischen Steuerbewilligung unabhängiges Heer entwickelten.

Die Ausbildung der modernen zentralstaatlichen Heeresverfassung – die die Landstände ausschaltete – resultierte aus dem Dreißigjährigen Krieg, die enorme Intensivierung staatlicher Wirtschaftspolitik ebenfalls. Nur so waren die katastrophalen Verwüstungen zu beseitigen. Die Staatsräson konnte nur gesamtstaatlich sein, der Landesherr selbst mußte sie praktizieren: Aus dem Wohl des Staates legitimierte sich der absolute Anspruch des Fürsten gegenüber den auf ihre partikularen Befugnisse zurückgedrängten Ständen, die nun endgültig privilegierte Korporationen wurden.

Wie die Landesherrschaft legitimierten sich die Stände aus eigenem Recht, sie stellten aber keine Repräsentation der Bevölkerung dar. Die durch Standschaft und Herrschaft konstituierte Verfassungsordnung bildete zugleich ein soziales und ökonomisches Gefüge. Staatliche und ständische Herrschaft ergänzten sich auf mannigfaltige Weise, was unter anderem in der Ausübung politischer Ämter sowie von Gerichts- und Verwaltungsrechten durch Grundbeziehungsweise Gutsherren im alltäglichen Leben für jedermann sichtbar war.

Das Ständewesen spielte also noch im 18. Jahrhundert eine bedeutsame, wenngleich gegenüber seiner ursprünglichen Form geminderte Rolle. Kaum je hatten die absoluten Fürsten mehr erreicht – oder auch erreichen wollen – als die Entmachtung oder Reduzierung politischer Rechte der Landstände auf *gesamt*staatlicher Ebene, kaum je wurden funktionstüchtige ständische Institutionen völlig beseitigt. Der Absolutismus stellte also eine nur partiell realisierte Zielvorgabe dar. Die absolute Monarchie war ständisch-korporative Herrschaft, sie war gesellschaftlich, ökonomisch und verfassungspolitisch ständestaatlich strukturiert.

Wenngleich der fürstliche Absolutismus gegenüber dem Ständewesen das modernere, rational und nur partiell traditional begründete Herrschaftsprinzip darstellte, so ist doch neben dem unverkennbaren Beitrag, den auch die Stände zur Staatspraxis geleistet haben, für das moderne Verständnis eine Paradoxie bemerkenswert: Die Stände sicherten die Gewaltenteilung, indem sie eine volle Ausformung absoluter Herrschergewalt verhinderten, sie trugen auf diese Weise zur Wahrung der »teutschen Libertät« bei. Der für die moderne Rechtsstaatlichkeit so entscheidende Grundsatz der Gewaltenteilung besitzt hier Vorformen, zumal noch die Gewaltenteilungslehre von Montesquieu ständisch konzipiert war. Die ständische Verfassung, wie schon Otto von Gierke sie genannt hat, bildete zweifellos eine wesentliche Stufe der verfassungsgeschichtlichen Entwicklung Europas zwischen mittelalterlicher Feudalverfassung und modernem Staat.[65]

An die in der Forschung zeitweilig kontrovers beurteilte Rolle der Stände im Prozeß der modernen Staatsbildung anknüpfend,[66] entwickelte Gerhard Oestreich eine Periodisierung landständischer Mitwirkung: Ihr zufolge entwickelte sich seit der zweiten Hälfte des 17. Jahrhunderts der frühneuzeitliche Militär-, Wirtschafts- und Verwaltungsstaat, ein Typus, den allerdings die meisten kleineren deutschen Territorien nicht ausbildeten. In allen drei Phasen prägte sich die Macht der Stände verschieden aus, folglich waren sie in unterschiedlichem Grad an der Staatsbildung beteiligt.[67]

Während landständische Verfassungen in anderen Territorialstaaten – beispielsweise in Sachsen, den beiden Mecklenburg und Württemberg[68] – fortbestanden, unterblieb selbst im oft als Modellfall absolutistischer Staatsbildung angesehenen Brandenburg-Preußen zur Regierungszeit Friedrichs des Großen keineswegs ständischer Widerstand. So setzte sich die kurmärkische Landschaft verschiedentlich zur Wehr, wenn königliche Erlasse in die adligen Privilegien eingriffen. Aber auch eigene Initiativen fehlten nicht.[69]

3. Tradition und Reform: der Absolutismus in Deutschland – Maria Theresia, Friedrich der Große, Joseph II.

Obwohl es den Fürsten in den großen Territorialstaaten meist gelang, die Stände auf der gesamtstaatlichen Ebene auszuschalten, konnten sie also weiterhin »als sozio-politische Gruppen auf der regionalen und lokalen Ebene eine bedeutende Rolle spielen«.[70] Doch nicht allein die Stände hinderten den Fürstenstaat an der vollen Durchsetzung seiner Ziele. Der frühneuzeitliche Absolutismus besaß keinerlei Ähnlichkeit mit dem Totalitarismus des 20. Jahrhunderts. Trotz seiner Regelungs- und Disziplinierungswut waren seine tatsächlichen Machtmittel viel zu beschränkt, auch fehlte den absoluten Herrschern die Bedenkenlosigkeit moderner Tyrannen und Ideologien. Selbst die Theorie absoluter Herrschaft erlaubte dem Fürsten keine unbeschränkte Ausübung staatlicher Macht, wenngleich dies manchmal so scheint. Die Staats- und Gesellschaftstheoretiker des Absolutismus unterschieden diesen zweifelsfrei vom Despotismus – was zuweilen despotisches Verhalten des Menschenverächters Friedrich II. nicht ausschloß.

Die Prinzipien der naturrechtlich geprägten Herrschaftstheorie des Absolutismus gingen bis ins 16. Jahrhundert zurück, trotz mancher Modifikationen änderten sich die Argumentationsmuster bis ins letzte Drittel des 18. Jahrhunderts kaum. Allerdings begann in Frankreich seit der Mitte des 18. Jahrhunderts mit Rousseau und den Enzyklopädisten eine Radikalisierung des staatstheoretischen Diskurses. Seit den siebziger Jahren politisierte sich auch in Deutschland die öffentliche Diskussion. Der sich 1776 zur Revolution ausweitende Unabhängigkeitskrieg der nordamerikanischen Kolonien und die Französische Revolution griffen seit 1789 auf wesentliche naturrechtliche Prämissen zurück, wie nicht zuletzt die Menschenrechtserklärungen dokumentieren; doch begann 1776/1789 eine neue Epoche der politischen Theorie, die ebensowenig wie die Erörterung und Begründung absoluter Herrschaft durch die Staatsphilosophen bloße Theorie blieb.

Schon die frühen Theoretiker des modernen Staates, allen voran der Florentiner Staatsmann Niccolo Machiavelli, Thomas Hobbes und Jean Bodin, reflektierten die politischen und gesellschaftlichen Probleme ihrer Zeit und boten Lösungen an. Hobbes beispielsweise reagierte im Kontext eines sozialökonomischen Strukturwandels auf die Auseinandersetzung des Königtums mit ständischen Vertretungen, vor allem die Kämpfe der Stuart-Könige mit dem Parlament, die schließlich zu – unter anderem konfessionell begründeten – Bürgerkriegen führten. Und in Frankreich bildete die Fronde gegen den König, aber auch der anhaltende Streit über die rechtliche und konfessionelle Stellung der Hugenotten den Erfahrungshintergrund der neuerlichen Reflexion über das Wesen staatlicher Herrschaft.

Hobbes entwickelte eine mittelalterliche Lehre fort und stellte einem – angenommenen – natürlichen Zustand des Menschen, in dem keinerlei staatliche Gesetzgebung das Ausleben eines ungezügelten Egoismus hinderte, den bürgerlichen Rechtszustand gegenüber, in dem die Menschen einen Gesellschaftsvertrag geschlossen hatten. Das Recht des Stärkeren wurde durch Vereinbarung über gesellschaftliches Verhalten, durch die Schaffung von Regeln ersetzt. Der »natürliche Zustand der Menschen, bevor sie zur Gesellschaft zusammentraten«, sei der Krieg gewesen. Die Schaffung des Staates diente also der Schaffung und Sicherung des Friedens: »Der Staat ist daher als *eine* Person zu definieren, deren Wille vermöge des Vertrages mehrerer Menschen als ihrer aller Wille gilt, so daß sie die Kräfte und Fähigkeiten des einzelnen für den gemeinsamen Frieden und Schutz verwenden kann.«[71]

Diese *eine* Person ist der Herrscher, dessen Gewalt ebenfalls auf Vereinbarung beruht: Zum Gesellschaftsvertrag trat bei Hobbes der Herrschaftsvertrag als Unterwerfungsvertrag. »... Macht und ... Recht zu herrschen besteht darin, daß jeder einzelne Bürger all seine Kraft und Macht auf jenen Menschen oder jene Versammlung übertragen hat.«[72] Dies könne nur dadurch geschehen, daß »jeder sein Recht des Widerstandes aufgegeben hat«.

In den politischen Theorien von Hobbes wie von Bodin blieb der Souverän gebunden: »Alle Pflichten der Herrschenden lassen sich in den *einen* Satz zusammenfassen, daß das Wohl des Volkes das höchste Gesetz ist.«[73] Es ist die Pflicht des Herrschenden, »der rechten Vernunft, welche das natürliche, moralische und göttliche Gesetz ist, nach Möglichkeit in allem zu gehorchen«. Da die Herrschaft des Friedens wegen eingesetzt sei, der seinerseits das allgemeine Wohl bezwecke, »würde der mit der Herrschaft Ausgestattete gegen die Bedingungen des Friedens, das heißt gegen die natürlichen Gesetze verstoßen, wenn er seine Macht anders als zum Wohle des Volkes gebrauchte«.[74] Damit erklärte Hobbes das allgemeine Wohl zum Staatszweck und schloß darin ausdrücklich das »möglichst glückliche Leben«, nicht nur seine »notdürftige Erhaltung« ein.

Vom Staatszweck war auch schon Niccolo Machiavelli ausgegangen. Seine Staatstheorie beruhte auf zwei korrespondierenden Begriffen: der *virtù* – der Fähigkeit des Fürsten zur Staatsgründung und Staatserhaltung – sowie der *necessità* – dem zwingenden Charakter der dem Fürsten feindlichen Umwelt, der die ansonsten bestehende Freiheit in der politischen Zielsetzung beeinträchtige. Machiavelli wirkte insbesondere durch seine Lehre von der Staatsräson bis weit ins 18. Jahrhundert hinein.

Der junge brandenburgisch-preußische Kronprinz Friedrich hat sich zwar mit dem Florentiner in seinem berühmten »Anti-Machiavel«, der mit einem Vorwort von Voltaire anonym kurz nach der Thronbesteigung gegen seinen Willen veröffentlicht wurde, auseinandergesetzt, doch bekannte Friedrich der Große 1775 im Vorwort zur »Geschichte meiner Zeit«, die Fürsten seien die »Sklaven ihrer Mittel«: »Das Staatswohl ist ihr Gesetz ... «[75] Die Verquickung von Staatsräson und Staatswohl wurde denn auch zu einem Charakteristikum im Selbstverständnis des aufgeklärten Absolutismus, wenngleich die Deutung von Staatszweck und Staatsräson unterschiedlich sein konnte. Fürstliche Machtsteigerung, die im stehenden Heer und den grandiosen fürstlichen Schloßbauten des Barock Ausdruck fand, territoriale Eroberungen, Festungsbauten, durch die Überspannung außenpolitischer Zielsetzung bedingte Kriege und ihre enormen Kosten – das alles war charakteristisch für die absoluten Monarchen, aber entsprach es auch dem Staatszweck, den die frühen Theoretiker, vor allem Bodin und Hobbes, vor Augen hatten?

Der Begriff Absolutismus selbst ist zwar ein Kunstbegriff der Geschichtswissenschaft des 19. Jahrhunderts, aber einer, der in der frühneuzeitlichen Doktrin wurzelt. Er geht auf die privatrechtliche römische Formel *legibus solutus* aus dem »Corpus Iuris« Kaiser Justinians I. (527-565) zurück und findet sich in der für den Absolutismus charakteristischen Weise bereits bei Jean Bodin. »Majestas est summa in cives ac subditos legibusque soluta potestas«, so lautete die lateinische Fassung Pufendorfs, von der sich der moderne Begriff ableitet.

Dieses Prinzip steht im Zusammenhang mit der Lehre von der Souveränität, die Bodin in seiner Staatslehre »Les six livres de la république« (1576) entwickelte: »Der Begriff Souveränität beinhaltet die absolute und dauernde Gewalt eines Staates, die im Lateinischen *majestas* heißt … Souveränität bedeutet höchste Befehlsgewalt.«[76] Mit dieser Formulierung wollte Bodin die Forderungen der französischen Stände gegenüber dem König im Innern sowie die Ansprüche von Kaiser und Papst von außen abwehren. Dieser doppelte Bezug innen- und außenpolitischer Geltung blieb künftig für die Definition der Souveränität ausschlaggebend.

Als Charakteristikum der Souveränität galt für Bodin die Dauer der Ausübung der Staatsgewalt: Souveräne Gewalt ist nicht auf eine begrenzte Zeit einer oder mehreren Personen übertragene Gewalt. Der wirkliche Souverän bleibt stets im Besitz der Staatsgewalt und kennt keinen weltlichen Herrscher über sich: »Souverän ist nur derjenige, der allein Gott als größeren über sich anerkennt.«[77] Bezeichnenderweise bestritt Bodin das Selbstversammlungsrecht der Stände und betonte ihre Abhängigkeit beziehungsweise Bedingtheit durch eine andere, die königliche Gewalt. Die Stände waren nach Bodins – allerdings von der antiabsolutistischen Gegenrichtung der Monarchomachen bestrittenen – Meinung dem König untertan, während er selbst weder an ihre Wünsche gebunden war noch ihren Rat benötigte. Die Idee der »potestas« des »pater familias«, die später noch bei Wolff nachwirkte, prägte diese Interpretation der königlichen Gewalt: Das Hauptmerkmal souveräner, absoluter Gewalt sah Bodin in dem Recht, allen Untertanen ohne deren Zustimmung Gesetze auferlegen zu können, an die der absolute Monarch seinerseits jedoch nicht gebunden war.

Trotzdem blieb die absolute Monarchie der frühen Neuzeit in mehrfacher Hinsicht in der Ausübung der ihr zustehenden Gewalt eingeschränkt, was bereits Bodin betonte: »Wenn wir aber feststellen, daß nur derjenige absolute Gewalt besitzt, der schlechthin keinem Gesetz unterworfen ist, so fände sich auf der ganzen Welt kein souveräner Fürst. Denn alle Fürsten dieser Welt sind den Gesetzen Gottes und der Natur sowie gewissen menschlichen Gesetzen, die allen Völkern gemeinsam sind, unterworfen.«[78] Tatsächlich mußte

Titelseite des »Antimachiavell« (2. Auflage)

Der »Antimachiavell« des Kronprinzen Friedrich, obwohl anonym erschienen, erregte weit über die Grenzen Preußens hinaus Aufsehen, weil jedermann den zukünftigen König Preußens als Autor nannte. Die Bekenntnisschrift, die sich gegen den »Fürsten« des Florentiner Renaissancephilosophen richtete, wendet die vernunftgemäßen Lehrsätze der Aufklärung auf das Zusammenleben der einzelnen und der Staaten an – ein sonderbarer, wie den Mitlebenden schien schreiender Gegensatz zu dem Handeln Friedrichs II., der wenig später alle diese Grundsätze verleugnete und als König den reinsten Machiavellismus vertrat, indem er bei der erstbesten Gelegenheit Schlesien überfiel.

nach Auffassung Bodins und seiner Nachfolger bis ins 18. Jahrhundert die absolute Monarchie *göttliches Recht,* das *Naturrecht* und das *Völkerrecht* achten. Und für die praktische Ausübung der Herrschaft blieb im allgemeinen auch das *historische Herkommen* verbindlich, das beispielsweise in den überlieferten Rechten zum Ausdruck kam, auf die sich Stände und Zünfte immer wieder gegen den Monarchen beriefen. Wenngleich diese Bindungen absoluten Königtums verschieden ausgelegt werden konnten und auch wurden, so blieben sie doch im Prinzip anerkannt. Und das besagte: Absolute Herrschaft war keine willkürliche, keine despotische Herrschaft, sondern sollte in einer Welt der Bürgerkriege dem Zerfall von Ordnung und Herrschaft entgegenwirken.

So unterschiedlich sich bei den Wegbereitern moderner Staatslehre und ihren Nachfahren naturrechtliches Denken auch ausprägte, es besaß immer eine sozialphilosophische Pointe, die Rechtsordnung als Sozialordnung begriff, wofür insbesondere Pufendorf wegweisend war, der aus der Schwäche des Einzelmenschen die Notwendigkeit der gesellschaftlichen Organisation, der »sozialitas«, hergeleitet hatte. Gerade deswegen sind die Gesellschafts- und Herrschaftstheorien allein aus dem weiten Spektrum der unterschiedlichen Naturrechtslehren, die hier gestreift werden, für die spätere Politisierung aufgeklärten Denkens so wesentlich. Auf dieser Grundlage basierten die Definition des Staatszwecks in der Aufklärung und die frühen staatsrechtlich definierten Toleranzpostulate, die in bezug auf die christlichen Religionen schon Bodin und Hobbes für Absolutismus und Aufklärung wegweisend formuliert hatten.

Gerade im Toleranzpostulat bündeln sich die aus den religiösen Bürgerkriegen herrührenden Intentionen der Legitimation und Theorie absoluter Herrschaft mit späteren natur- und menschenrechtlichen Postulaten der Aufklärung. Das Toleranzpostulat demonstriert die frühe Korrespondenz von Absolutismus und Aufklärung ebenso wie den politischen Bedingungszusammenhang, in dem auch die aufgeklärte Religionsphilosophie stand. Damit wird die konstitutive Rolle des Antikonfessionalismus für die Aufklärung deutlich.

Wegweisende Bedeutung für die aufgeklärte Staatslehre und vor allem die Gewaltenteilungslehre gewann über Hobbes hinausführend John Locke, der seinerseits von den englischen Revolutionen des 17. Jahrhunderts und der spezifischen Verfassungsentwicklung Englands, die den Absolutismus schon im 17. Jahrhundert definitiv beendete, geprägt worden war. John Locke begriff den Naturzustand keineswegs als Kampf aller gegen alle: »Im Naturzustand herrscht ein natürliches Gesetz, das für alle verbindlich ist. Die Vernunft aber, welcher dieses Gesetz entspringt, lehrt alle Menschen . . . , daß niemand einem anderen, da alle gleich und unabhängig sind, an seinem Leben, seiner Gesundheit, seiner Freiheit oder seinem Besitz Schaden zufügen soll. Alle Menschen nämlich sind das Werk eines einzigen allmächtigen und unendlich weisen Schöpfers . . . «

Locke begründete seine naturrechtlichen Postulate also nicht zuletzt theologisch. Er ging über das traditionelle Naturrecht allerdings insofern hinaus, als er bestritt, daß die Prinzipien der naturrechtlichen Normen dem Menschen angeboren seien.[79] Er setzte voraus, daß es ein vom Menschen, also auch seinen Rechtssetzungen, unabhängiges Naturgesetz gibt, das aber aufgrund der Vernunft einsehbar ist. Diese Vernunft führte seiner Auffassung nach zu einem Vertrag: »Wo immer ... eine Anzahl von Menschen sich ... zu einer Gesellschaft vereinigt hat, daß jeder seines Rechtes, das Naturgesetz zu vollstrecken, entsagt und zugunsten der Allgemeinheit darauf verzichtet, dort – und einzig dort entsteht eine politische oder bürgerliche Gesellschaft.«[80]

Die Einsetzung der Herrschaft, die institutionellen Ausdruck in einer Legislative und einer Exekutive fand, erfolgte also auch bei Locke durch Gesellschaftsvertrag. Die höchste Gewalt im Staate, die Legislative, handelte ihm zufolge lediglich treuhänderisch. Das Volk behielt sich die Möglichkeit vor, die Legislative abzuberufen oder zu ändern: »Denn aller Gewalt, die im Vertrauen auf ein bestimmtes Ziel verliehen wird, sind durch jenes Ziel die Grenzen gesetzt, und immer wenn dieses Ziel offenkundig vernachlässigt oder ihm zuwider gehandelt wird, ist dieses Vertrauen notwendigerweise verwirkt, und die Gewalt fällt zurück in die Hände derjenigen, die sie verliehen haben ...«[81]

Es konnte nicht ausbleiben, daß die Orientierung des Staatszwecks am allgemeinen Wohl, die sich in der Aufklärung verstärkte, die Frage nach einem Widerstandsrecht provozierte. Die naturrechtlich begründete Herrschaftstheorie, die die Legitimation monarchischer Herrschaft aus dem Gottesgnadentum zugunsten der Vertragstheorie verdrängte, legte die kritische Prüfung der absolutistischen Staatspraxis nahe. Schon vor Locke hatten die Monarchomachen seit dem späten 16. Jahrhundert und den Vorfällen der Bartholomäusnacht ein Widerstandsrecht der Stände gegen tyrannische Herrschaft proklamiert – und auch sie hatten Vorläufer. Sie beriefen sich bereits auf die Volkssouveränität. Richtete sich die Erörterung des Widerstandsrechts noch bei John Locke und später bei Montesquieu im Interesse der Stände konservativ gegen den expandierenden und zugleich modernisierenden monarchischen Absolutismus, so dehnten die am Naturrecht orientierten aufgeklärten Staatsphilosophen nach 1700 die Diskussion bereits prinzipiell auf das Volk als Vertragspartner aus: Wie sollten sich die Untertanen gegenüber pflichtvergessenen Monarchen verhalten, die die aus dem Gesellschafts- und Herrschaftsvertrag resultierenden Pflichten nicht einhielten? So betonte Christian Wolff 1721, sowohl die Obrigkeit als auch die Untertanen seien verpflichtet, »den zwischen ihnen aufgerichteten Vertrag zu halten«.[82]

Kernpunkt der frühneuzeitlichen Staatstheorien war die Stellung des Fürsten sowie das diese Stellung reflektierende Selbstverständnis, welches die Regierungsmaximen prägte. Das Verhältnis von Herrschern und Beherrschten präzisierte Christian Wolff unter anderem 1721 in seiner für den aufgeklärten Absolutismus in Deutschland charakteristischen Staatstheorie: Die Obrigkeiten seien »Personen, denen die Sorge für die gemeine Wohlfahrt und Sicherheit im gemeinen Wesen oblieget. Hingegen die Unterthanen sind Personen, welche sich verbindlich gemacht, den Willen der Obrigkeit ihren Willen seyn zu lassen. Es ist demnach zwischen der Obrigkeit und den Unterthanen ein Vertrag, nemlich die Obrigkeit verspricht alle ihre Kräffte und ihren Fleiß dahin anzuwenden, daß sie zu Beförderung der gemeinen Wohlfahrt und Sicherheit diensame Mittel erdencke und zu deren Ausführung nöthige Anstalten mache: hingegen die Unterthanen versprechen dargegen, daß sie willig seyn wollen alles dasjenige zuthun, was sie für gut befinden wird.«[83]

Auf der Grundlage prinzipieller Gegenseitigkeit der Verpflichtungen von Obrigkeit und Untertanen hielt Christian Wolff verschiedene Regierungsformen für möglich; allerdings beurteilte er sie im Vergleich zur grundsätzlichen Legitimierung der Herrschaft als sekundär. Interessant ist Wolffs Abgrenzung von Monarchie und Tyrannei. Dem Monarchen wurde die Sorge für das Allgemeinwohl und die öffentliche Sicherheit übertragen, damit erhielt er das Recht, die ihm geeignet erscheinenden Maßnahmen ohne Einwilligung anderer Personen zu ergreifen. Monarchie aber erschien Wolff als Tyrannei, »wenn die regierende Person wieder die gemeine Wohlfahrt und Sicherheit mit Vorsatz handelt und nur ihr besonderes Interesse zu ihrer Hauptabsicht machet«.[84]

Der Unterschied lag für Wolff also nicht in der möglichen Begrenzung, der Kontrolle oder der Mitwirkung an der monarchischen Herrschaft wie bei Locke, sondern ausschließlich in der Art und Weise ihrer Ausübung durch den Monarchen. Absolute Monarchie durfte nach Meinung Wolffs nicht mit Tyrannei gleichgesetzt werden, die Tyrannei hielt er nicht für eine legitime Herrschaftsform. Dennoch blieb die Staatslehre Wolffs sehr stark vom patriarchalischen Absolutismus geprägt. So bemerkte er, regierende Personen verhielten sich zu den Untertanen wie Väter zu ihren Kindern. Diese Vorstellung korrespondierte mit dem Hausvaterideal der Sozialstruktur des »ganzen Hauses«. Wolff selbst wies im übrigen ausdrücklich auf die Analogie von Obrigkeit und Hausvater hin.

In Wolffs Reflexion legitimer Herrschaft verquickten sich traditionale und moderne Elemente. Er stellte die bestehende absolute Monarchie keineswegs in Frage, dachte über ihr Wesen aber öffentlich in einer Weise nach, die sie früher oder später verändern mußte; und dies vor allem in vier Richtungen:

1. Die Herkunft und damit die Legitimation der Herrschaft wurde in einen Vertrag verlegt, an dessen Zustandekommen die Beherrschten als gleichberechtigte Partner beteiligt waren. Auch hier spielte jedoch der traditionelle Huldigungseid und die Bestätigung der Privilegien beim Herrscherwechsel noch eine Rolle, da sie ihrerseits Vertragscharakter besaßen – allerdings zwischen Herrschern und Ständen.
2. Beide Partner blieben gleichermaßen zur Einhaltung des Vertrags verpflichtet.
3. Die Herrschaft diente der Gesellschaft und dem Staat, nicht mehr der Dynastie.
4. Die Herrschaftsausübung konnte dem Sinn und der Intention des Vertrags entsprechen oder ihnen widersprechen; in jedem Fall aber befanden sich die Person des Herrschers und dessen Amtsführung nicht mehr jenseits der Diskussion durch seine Untertanen.

Charakteristisch für die aufgeklärte Form des Absolutismus war, daß der Herrscher diese Prinzipien seinerseits nicht bestritt oder gelegentlich, wie Friedrich der Große, sogar anerkannte. Freilich bedeutete das nicht, daß die aufgeklärt-absoluten Monarchen eine direkte öffentliche Diskussion oder gar unverhohlene Kritik an ihrem Regierungsstil zugelassen hätten, das verhinderte bereits die Zensur.

Sowohl die Herrschaftspraxis als auch die theoretische Diskussion über die Grundlagen gerechter Herrschaft wiesen mancherlei Inkonsequenzen auf. In jedem Fall brauchte es Zeit, bis man sich darüber klar wurde beziehungsweise die konkreten Konsequenzen durchdachte. So erkannte Christian Wolff ausdrücklich die unumschränkte, also absolute Gewalt des Monarchen an und sah über ihr ganz im Sinne des klassischen Absolutismus allein Gott. Aber wie Bodin betonte auch er Grenzen der Herrschaftsausübung: »... da im gemeinen Wesen doch nichts darf befohlen werden, als was die gemeine Wohlfahrt befördert und die gemeine Sicherheit erhält, so bleibet doch auch die höchste Gewalt von der Natur, folgends von Gott eingeschräncket.«[85] Aber trotz dieser Feststellungen folgerte Wolff: »Derowegen ob gleich kein Mensch sie [die Obrigkeiten] zur Rede setzen kan, was sie thun; so dörffen sie doch nicht schlechter Dinges thun, was sie gelüstet, sondern sie haben so wohl als diejenigen, welche eine eingeschränckte Gewalt besitzen, allzeit auf die gemeine Wohlfahrt und Sicherheit zu sehen, wo sie nicht Tyrannen werden wollen.«[86]

Aber hier stellt sich mit größerer Intensität die Frage, die John Locke mit der Bejahung eines Widerstandsrechts beantwortet hatte: Was geschieht, wenn der Herrscher seinen Pflichten nicht nachkommt, zum Tyrannen wird, seinerseits den Vertrag nicht hält? Haben die Untertanen in einem solchen Fall das Recht zur Vertragsauflösung, zu Widerstand und Revolution? Diese Konsequenz zog die Staatslehre des aufgeklärten Absolutismus sowenig wie die des klassischen Absolutismus und blieb somit logisch wie politisch auf halbem Wege stehen. Denn worin konnte die Begründung für Einhaltung eines Vertrages durch die Untertanen liegen, wenn der andere Vertragspartner ihn brechen konnte? Fiel die Rechtfertigung der Herrschaft aus dem Gottesgnadentum weg, war Obrigkeit im Sinne Luthers nicht mehr notwendig von Gott eingesetzte Obrigkeit, dann gab es keinen zwingenden Grund mehr, auf Widerstand zu verzichten. Aus dieser Konstellation resultierten weitere Fragen: Wem sollte ein Urteil darüber zustehen, ob der Herrscher seinen Pflichten nachkam oder nicht? Wie läßt sich die Allgemeingültigkeit eines solchen Urteils feststellen, wie wird es vollstreckt?

Die Französische Revolution stellte die Erörterung dieser Probleme seit 1789 auf eine völlig neue Grundlage, nachdem in Frankreich der Versuch gescheitert war, in der Fronde ein vor allem ständisch begründetes, gegen den Absolutismus Mazarins gerichtetes Widerstandsrecht durchzusetzen – ein Versuch, der 1648 bis 1653 zum Bürgerkrieg geführt hatte.[87]

Die aufgeklärte Diskussion seit Mitte des 18. Jahrhunderts hingegen verlagerte die Legitimation des Widerstands aus der landständischen Begründung, die sich von ständischer Mitregierung herleitete, im Sinne der Vertragstheorie konsequent auf die Volkssouveränität. Dies zeigte sich am schärfsten in Rousseaus Theorie der *volonté générale,* aber auch bei anderen Staats- und Sozialphilosophen wie dem Baron d'Holbach. Dieser Diskurs legte die innere Widersprüchlichkeit des aufgeklärten Absolutismus bloß – allerdings war er ohne diesen Widerspruch gar nicht denkbar, denn mit der Akzeptierung eines aus dem Gesellschafts- und Herrschaftsvertrag resultierenden Widerstandsrechts hätten sich die Fürsten selbst außer Gefecht gesetzt – und so schwach war die Stellung der aufgeklärt-absoluten Monarchen im 18. Jahrhundert bei weitem nicht, daß sie das nötig gehabt hätten. Die aufgeklärte Herrschaftstheorie war der Herrschaftspraxis voraus. Das wurde nicht zuletzt deutlich am Wandel des monarchischen Selbstverständnisses von einer absoluten zu einer aufgeklärt-absoluten Herrschaft, die noch mit Wolffs Darstellung der Herrscherpflichten in wesentlichen Prinzipien übereinstimmte.

Schon Friedrichs II. vom Pietismus geprägter Vater, der seine Herrschaft aus dem Gottesgnadentum legitimierte, betrachtete strenge Pflichterfüllung des absoluten Monarchen als oberstes Gebot. Seinem Thronfolger schrieb er 1722: »... der liebe Gott hat euch auf den trohn gesetzet nicht zu faullentzen sondern zu arbeitten und seine Lender wohll zu Regiren ...«[88] Friedrich der Große räsonierte unter dem Einfluß der naturrechtlich aufgeklärten Vertragstheorie noch als König über die Regierungsform, wenngleich er nicht weniger absolut regierte als sein Vater: Auch wenn Friedrich Wilhelm I. ein an gelehrter Diskussion orientierter Mensch gewesen wäre, nie hätte er sich auf eine öffentliche Diskussion darüber eingelassen, ob ein Monarch abgesetzt werden dürfe oder nicht. Genau das aber tat sein Sohn und Nachfolger Friedrich. Als der französische Philosoph Paul-Henri Thiry Baron d'Holbach 1770 in seinem Hauptwerk »Système de la nature« behauptete, aus dem Herrschaftsvertrag folge das Recht der Untertanen zur Absetzung eines unerwünschten Monarchen, griff Friedrich sogleich zur Feder und bestritt zwar nicht grundsätzlich das Recht zur Herrscherabsetzung, aber seinen Sinn.[89]

Die aufgeklärt-absolutistische Staatslehre wirkte im 18. Jahrhundert, insbesondere in Form des Kameralismus, ideell und praktisch in Justizpolitik und Staatsverwaltung der deutschen Territorialstaaten fort, vor allem bei den beiden Großmächten Österreich und Brandenburg-Preußen. Bis zu den Reformen des frühen 19. Jahrhunderts entfalteten die in ihrem Geist – und das heißt weitgehend in dem der Rechtslehre Samuel Pufendorfs und Christian Wolffs – ausgebildeten Beamten eine rege Wirksamkeit. Faßbar wird das Verfassungsverständnis dieser Schule in den großen Rechtskodifikationen der Spätaufklärung, insbesondere im Allgemeinen Landrecht für die Preußischen Staaten (1794).

Vor allem aber zeigte sich die Fortentwicklung in den nur partiell realisierten verfassungspolitischen Zielen der Rechtsreformer in Preußen, des Großkanzlers von Carmer und seiner Hauptautoren, des Geheimen Oberjustizrates Carl Gottlieb Svarez und seines Mitstreiters Ernst Ferdinand Klein. Sie wollten den König in strikter Auslegung naturrechtlicher Prämissen des Herrschaftsvertrages weitgehend an Fundamentalnormen und an die bestehenden Gesetze binden. Stand der absolute Monarch über den Gesetzen, auch den von ihm selbst erlassenen, so sollte er nun an diese Gesetze gebunden werden. Aus der Definition des Staatszwecks und seiner

Das Allgemeine Landrecht für die preußischen Staaten, in der Ära Friedrichs des Großen erarbeitet, war eine der folgenreichsten Reformen der Aufklärungszeit. Obwohl Friedrich unter dem Einfluß des Naturrechts sich sogar am Räsonnement über die Rechte des Monarchen beteiligte, regierte er in der Praxis nicht weniger absolut als sein Vater. Aber Friedrich fühlte sich auf ein System vernünftiger Zwecke verpflichtet, und damit näherte er sich der Theorie von Svarez, der den Monarchen an Gesetze binden wollte.

naturrechtlich verstandenen Legitimation folgerte Svarez: »Der Despot betrachtet den Staat und seine Untertanen als sein Privateigentum, der Regent betrachtet sie als eine Gesellschaft vernünftiger und freier Menschen, die ihm nur deswegen die Disposition über ihre Handlungen und Kräfte übergeben haben, damit er desto ungehinderter und nachdrücklicher im Stande sein möge, ihre Sicherheit zu schützen und ihren Wohlstand zu befördern.«[90]

Ausdrücklich sprach Svarez von »Forderungen«, die »der Staatsbürger an seinen Souverän machen kann«, und folgerte daraus, die Rechte eines Souveräns hätten ihre »natürlichen in dem Grundvertrage der bürgerlichen Gesellschaft bestimmten Schranken«.[91] Noch weiter als vor dem preußischen Thronfolger ging Svarez vor der Berliner Mittwochsgesellschaft – einer Geheimgesellschaft der führenden Berliner Aufklärer –, als er in bezug auf das in Vorbereitung befindliche Allgemeine Gesetzbuch ausführte: Die allgemeine Gesetzgebung habe »feste, sichere und fortdauernde Grundsätze über Recht und Unrecht festzustellen, die besonders in einem Staat, welcher keine eigentliche Grundverfassung hat, die Stelle derselben gewissermaßen ersetzen soll, die also auch für den Gesetzgeber selbst Regeln enthalten muß, denen er ... nicht zuwiderhandeln darf«.[92]

Die heutige Forschung ist sich nicht darüber einig, ob die Ziele von Svarez frühkonstitutioneller Art waren,[93] doch geht aus diesen und anderen Äußerungen von Svarez klar hervor, daß er den Monarchen auf ein System vernünftiger Zwecke verpflichten und in sehr viel stärkerem Maße als noch Wolff die Machtausübung des Königs an Gesetze binden wollte. Einen Anhänger »unumschränkter Monarchie«[94] kann man ihn schon deswegen wohl kaum nennen. Und ebensowenig zufällig war es, daß Svarez das Allgemeine Landrecht als eine Art Ersatzverfassung ansah. Allerdings zog selbst Svarez nicht explizit die Schlußfolgerung eines Widerstandsrechts; ob er sie aber nicht wenigstens implizit erwogen hat, ist schwer zu ent-

Ernst Ferdinand Klein, Kupferstich von Johann Friedrich Bolt, 1794

scheiden: »Der Souverän hat sein Recht aus dem bürgerlichen Vertrage. Er stößt selbst diesen Vertrag um, wenn er Despot wird.«[95]

Welche politischen Konsequenzen aus dieser Feststellung zu ziehen waren, blieb also einstweilen offen, auch Svarez' Mitstreiter Ernst Ferdinand Klein ging in dieser Beziehung nicht wesentlich über ihn hinaus, verwies aber ebenfalls ausdrücklich auf die Bindung des Herrschers, wenn er ausführte: »Wenn auch die Regierung der bürgerlichen Gesellschaft gewissen Subjekten in oder außer der Gesellschaft übertragen ist, so geht doch dadurch weder die Grundgewalt noch das Recht der Gesellschaft, sich in ihrer Verfassung zu behaupten, verloren.«[96]

Interessant ist, daß Klein nicht nur die Mitglieder der bürgerlichen Gesellschaft als Bürger bezeichnete, sondern sie ausdrücklich von den Untertanen im engeren Sinn unterschied, die ihrerseits von den Bürgern abhängig seien. Zwar behielt Klein daneben den weiteren Untertanenbegriff bei, definierte ihn aber nicht durch das Verhältnis zu einer personal verstandenen Obrigkeit, sondern fast rousseauistisch: »Unterthanen im weitern Sinne sind alle Bürger, in sofern der Wille Aller dem allgemeinen Willen unterworfen ist.«[97]

Auch Klein differenzierte die Staatsgewalt in eine gesetzgebende und eine vollziehende: Sie durfte allein dem Staatszweck dienen, der unter anderem in der Sicherung des Eigentums und der Sicherheit der Bürger lag und gewährleisten sollte, daß Macht dem Recht untergeordnet wurde. An diesen Grundsatz mußte sich Klein zufolge selbst die Staatsgewalt halten.

Klein unterschied bürgerliche und politische Freiheit. Die bürgerliche Freiheit »besteht in der Unabhängigkeit von fremder Willkühr, soweit die Einschränkung nicht zum Zwecke des Staats notwendig ist. Die Einschränkung der bürgerlichen Freyheit geschieht entweder zufolge der Grundgesetze, oder aus der bloßen Willkühr der Herrschenden. Im letzten Falle ist Despotismus vorhanden. Da dieser dem Zwecke des Staats zuwider ist, so ist er immer unerlaubt.« Politische Freiheit bestand nach Klein in der »Mitwirkung der Staatsbürger bey der Regierung des Staats, besonders bey der Gesetzgebung«.[98] Je geringer aber die politische Freiheit sei, desto größer müsse die bürgerliche Freiheit sein, forderte Klein acht Jahre nach Ausbruch der Französischen Revolution und unmittelbar vor Ende der Regierungszeit Friedrich Wilhelms II. und seiner rosenkreuzerischen Staatsminister.

Schärfer als die anderen erwähnten Staatstheoretiker des aufgeklärten Absolutismus pochte Klein auf Einhaltung seiner Grenzen: »Der Monarch ist nothwendig den Verfassungsgesetzen unterworfen. Auch den übrigen Gesetzen muß er sich unterwerfen, so weit sie nicht blos für die Unterthanen gegeben sind, und er muß daher auch in seinen Privatgeschäften und Familienverhältnissen nach den bürgerlichen Gesetzen beurtheilt werden, wofern er nicht als Mitglied eines größern Staats nach dessen allgemeinen Gesetzen beurtheilt werden muß.«[99]

Kleins Staatslehre bezeichnete einen Übergang, so wie seine Epoche eine Epoche beschleunigten politischen Strukturwandels gewesen ist: Die deutschen Aufklärer diskutierten derart engagiert über die Revolution im Nachbarland, als handele es sich um eine deutsche Revolution. Niemand schrieb nach 1789 über Politik, Recht und Staat, ohne unter dem Eindruck der Revolution zu stehen: Die sich ungefähr seit Mitte des 18. Jahrhunderts in der französischen Publizistik abzeichnende Politisierung des Revolutionsbegriffs[100] war nun um die tatsächliche Erfahrung der Revolution erweitert worden. Klein war kein Vertreter des staatstheoretischen Absolutismus mehr, auch nicht seiner aufgeklärten Form. So leitete der königliche Kammergerichtsrat Klein seine 1790 veröffentlichten fiktiven Gespräche über die politischen Ereignisse in Frankreich mit den Sätzen ein: »Meine Grundsätze des Naturrechts und der Gesetzgebung konnten nicht besser als durch die Staatsveränderung in Frankreich erläutert werden; und die Form des Gesprächs verstattete mir einen bequemern Vortrag der Einwürfe und Gegengründe.«[101]

Diese literarische Form stand in der Tradition des aufgeklärten Disputs, der sich die antiken Dialoge zum Vorbild nahm: Ganz bewußt sollte er die Unabgeschlossenheit des politischen Urteils demonstrieren, die ihrerseits die Unabgeschlossenheit des politischen Wandels reflektierte, wie Kleins 1797 veröffentlichter Essay »Ueber die Natur der bürgerlichen Gesellschaft« vorführte.

Eine skeptische Einschätzung sowohl der aufgeklärt-absoluten Monarchien wie der Französischen Revolution ließ Klein erkennen, als er die politischen Verhältnisse seiner Zeit mit den Worten umriß: »Ueberall finden wir Regierungen, welche entweder weit von dem Ziele, welches sie bey bessern Einrichtungen hätten erreichen können, zurückgeblieben oder über dasselbe hinausgeschritten sind und sich unerlaubte Mittel zur Erreichung eines scheinbar guten Zwecks erlaubt haben.« Kleins Ziel blieb es zwar, diese Erfahrungen zu verarbeiten, sich aber durch sie keineswegs von der Frage abbringen zu lassen, »welchen Zweck eine ausgebildete Nation zu erreichen streben könne und müsse«.[102]

Diesen Zweck sahen Klein und andere deutsche Autoren schon vor Ausbruch der Französischen Revolution – die die politische Diskussion in Deutschland zwar klärte, aber keineswegs erst entfachte[103] – zunächst in einer Sicherung der Menschenrechte. In diesem Sinn formulierte auch Johann August Schlettwein den Titel seines 1784 publizierten Werkes »Die Rechte der Menschheit oder der einzige wahre Grund aller Gesetze, Ordnungen und Verfassungen«. Die bürgerliche Gesellschaft »als solche ... ist kein bürgerlicher Unterthan«, sondern besaß nach Schlettwein selbst »die *bürgerliche Grund Gewalt*«. Die Hauptabsicht der bürgerlichen Gesellschaft sah Schlettwein darin, »*daß ein jeder die vollkommenste Garantie aller seiner Menschen Rechte und des Genusses derselben darinnen findet*«.[104]

Auch Schlettwein betonte immer wieder die Verpflichtung des Regenten, die Staatsgewalt ausschließlich im Sinne des Staatszwecks auszuüben und »offenbaren Mißbrauch derselben zu unterlassen«. Wenngleich nicht klar ist, wie Schlettwein den Mißbrauch der Staatsgewalt verhindern wollte, so sprach er doch diese Notwendigkeit offen aus. Auch bei ihm lag der Akzent auf den Pflichten des Regenten, der keine anderen Gesetze erlassen dürfe als die, »*welche die natürliche Staats Ordnung in sich fasset*«: Er betonte, keine Macht dürfe sich das »gemeine Beste« nach Gutdünken vorstellen oder etwa willkürlich bei der Gesetzgebung verfahren. »Solch eine Macht hat kein Mensch und kann kein Mensch haben ...« Eine solche

Carl Gottlieb Svarez (1746-1798), Gipsbüste von Melchior zur Strassen

Die beiden einflußreichsten preußischen Verfassungstheoretiker der Epoche, Svarez und Klein, postulierten eine theoretische Unterscheidung zwischen der politischen und der bürgerlichen Freiheit. Während der erstere auch nach dem Einfluß der Französischen Revolution unerreichbar blieb, formulierte man die bürgerliche Freiheit immer entschiedener: Unter dem Eindruck der Pariser Entwicklung diskutierte man über die Revolution in Frankreich als handele es sich um Vorgänge im deutschen Reich, deren Bedeutung man in der Sicherung unentbehrlicher Menschenrechte sah.

Macht stünde ganz offenbar im Widerspruch zum Menschenrecht.[105] Und Kant formulierte knapp und apodiktisch: *»Was ein Volk über sich selbst nicht beschließen kann, das kann der Gesetzgeber auch nicht über das Volk beschließen.«*[106]

Kein Zweifel: Die Staatstheoretiker der späten Aufklärung betonten auch in Deutschland immer unmißverständlicher die Grenzen staatlicher Macht und die Zweckgebundenheit staatlicher Herrschaft. In jedem Fall endete sie bei unveräußerlichen Rechten des Menschen und fand ihre Richtschnur in dem das Interesse des einzelnen einschließenden Gemeinwohl.[107] Die rechtswissenschaftlichen und staatstheoretischen Traktate ergänzten auf diese Weise die alte Gattung der »Fürstenspiegel«, die auch noch im 18. Jahrhundert das Idealbild des Herrschers beschrieben und ihm zur Norm dienen sollten.[108] Noch 1798 verfaßte Johann Jakob Engel einen solchen »Fürstenspiegel«.

Engels Absicht bestand darin, »jungen Prinzen und besonders solchen, die zum Regieren bestimmt sind, manche eben ihnen nützliche Wahrheit zu sagen«.[109]

> *Drei Lehren fass' ein Herrscher wohl in's Herz.*
> *Die erste: daß er über Menschen herrscht;*
> *Die andre: daß er nach Gesetzen herrscht;*
> *Die dritte: daß er nicht auf immer herrscht.*[110]

Zu den Realisierungen der menschenrechtlichen Postulate, die immer wieder als zentrales Anliegen der Aufklärer deutlich wurden, zählten gewiß Teile des Allgemeinen Landrechts für die Preußischen Staaten. Gerade die einschlägigen Passagen brachten den Kompromiß zwischen Naturrecht, traditionalem Ständerecht sowie dem auf den staatlichen Gesetzgeber zurückgehenden positiven Recht zum Ausdruck: »Die Rechte des Menschen entstehn durch seine Geburt, durch seinen Stand und durch Handlungen oder Begebenheiten, mit welchen die Gesetze eine bestimmte Wirkung verbunden haben.« Eine stärkere Akzentuierung natürlicher Rechte enthielt indes der folgende Paragraph: »Die allgemeinen Rechte des Menschen gründen sich auf die natürliche Freyheit, sein eignes Wohl, ohne Kränkung der Rechte eines Andern, suchen und befördern zu können« (ALR, Einl. II, §§ 82, 83).

Wie immer man derartige Regelungen des Allgemeinen Landrechts deuten mag, sie resultieren unmittelbar aus dem naturrechtlich-menschenrechtlichen Diskurs der Aufklärer, der auf diese Weise Praxis wurde.

Die Widersprüchlichkeit des aufgeklärten Absolutismus zeigte sich auch hier. Ebenso unverkennbar war der spezifische Weg der deutschen Aufklärung, den Absolutismus auf eine Weise zu interpretieren, die seine Grundlagen veränderte und eine Konstitutionalisierung der Herrschaft vorbereitete. Dabei spielte die Verbindung von Recht und Geschichte eine wesentliche Rolle. Auch Autoren wie Klein und Schlettwein waren sich des hypothetischen Charakters des Naturzustands beziehungsweise der naturrechtlichen Prämissen bewußt – gerade aus ihm resultierte die normative Kraft, die aus »historischen« und also relativen Aussagen allein nicht zu gewinnen war: Bei den postulatorischen Wahrheiten des säkularisierten Naturrechts handelte es sich um aufgeklärte Vernunftwahrheiten, die ihrerseits nicht mehr ableitbar waren, sondern aus der

Leopold II. mit seiner Familie, Gemälde von W. Werlin, 1773

Leopold II. bestieg 1790 nach dem frühen Tod seines Bruders Joseph den Kaiserthron, doch schon nach zwei Jahren, am 1. März 1792, starb auch er. Leopold suchte die Reformpolitik seines Bruders auf bedächtigere Weise fortzusetzen, denn beide Monarchen wollten im Geist der Aufklärung wirken. Aber die Kompliziertheit der Rechtsstrukturen des Habsburgerreiches und die Kürze ihrer Regierungszeit verhinderten eine längere Auswirkung dieser Reformansätze. Konnte Leopold als Großherzog von Toskana einen aufgeklärten Modellstaat mit frühkonstitutionellen Zügen durchsetzen, so ließ sich diese Konzeption weder im Reich noch in seinen habsburgischen Ländern verwirklichen.

philosophischen Anthropologie der Aufklärung stammten und ohne die Kritik der geschichtlichen Überlieferung nicht denkbar gewesen wären.[111]

Die theoretischen Gemeinsamkeiten des Absolutismus in Europa traten in dieser Diskussion ebenso hervor wie die Besonderheiten, die die aufgeklärte Reflexion der Herrschaft in Deutschland kennzeichneten. Während die Aufklärung in den größeren deutschen Staaten zunehmend Einfluß auf das Selbstverständnis der Herrscher gewann, galt das nicht in Frankreich, obwohl Frankreich zu den klassischen Ländern der Aufklärung zählte. Ob man den Begriff »aufgeklärter Absolutismus« für treffend hält oder nicht:[112] Es unterliegt doch keinem Zweifel, daß sich in den größeren Staaten Deutschlands ein Reformabsolutismus entwickelte, in den wesentliche Prinzipien der aufgeklärten Staatstheorie eingingen. Auch außerhalb Deutschlands entstanden vergleichbare Herrschaftsformen, vor allem im Rußland der Zarin Katharina II. Die verfassungspolitisch ausgeprägteste Form setzte sich im habsburgischen Großherzogtum Toskana durch, wo der Bruder Josephs II., der spätere Kaiser Leopold II., einen reformabsolutistischen Modellstaat schuf, der frühkonstitutionelle Züge aufwies.[113]

Neben dem Wandel des Herrschaftsverständnisses kommt freilich der Frage wesentliche Bedeutung zu, in welchem Maß sich die Staatspraxis unter dem Einfluß der Aufklärung änderte. Beschränkt man die Antwort auf die persönliche Regierungsweise der aufgeklärten Monarchen, so sind gegenüber den Vorgängern kaum wesentliche Änderungen auszumachen: Sie blieb absolutistisch, blieb autokratische »Kabinettsregierung«, das heißt Regierung aus dem königlichen Kabinett heraus. Friedrich II. regierte mit Kabinettsordres, Marginalien, vielfältigen Kontrollen, ständigen Inspektionsreisen, forderte täglich Rechenschaft und mißtraute grundsätz-

Erzherzogin Maria Theresia vor ihrer Thronbesteigung im Alter von 23 Jahren, Ölgemälde von Andreas Møller, 1727

lich all seinen Beamten. Und auch der hochfahrende Joseph II. war in bezug auf wesentliche politische Entscheidungen kaum geneigt, seinen Ratgebern zu folgen. Eine Mitsprache verantwortlicher Minister existierte ebensowenig wie eine verfassungsrechtlich zwingende Bindung des Königs an die von ihm selbst erlassenen Gesetze. Hielt sich der Monarch an den Rat seiner Minister, Beamten oder Generäle, dann nicht, weil er mußte, sondern weil er wollte.

Freilich verließen diese modernen Herrscher in manchen Sektoren die Bahnen der von ihren Vorgängern eingeleiteten Politik nur wenig. Daneben aber standen politische Entscheidungen, die die Väter nie gefällt hätten. Auch die aufgeklärte Phase des Absolutismus verband Traditionalität und Modernität. Vorarbeiten der Vorgänger wurden ohne weiteres übernommen, wenn sie nützlich schienen.

Der Beitrag des Absolutismus zur modernen Staatsbildung ist in der älteren Forschung sicher überschätzt worden,[114] doch sollte man nicht in den gegenteiligen Fehler verfallen. Wie immer wieder deutlich wurde, erreichte der Absolutismus seine Ziele nirgendwo vollständig, oft blieb er gar im ersten Anlauf stecken, und es gehört sicher zu den bemerkenswerten Illusionen Friedrichs II., daß er hartnäckig an der Überzeugung festhielt, seinen Staat bis ins einzelne persönlich oder mittels Delegation von der zentralen bis hinunter auf die lokale Ebene regieren zu können. Und Joseph II. unterlag der Illusion, durch einen Federstrich die traditionalen Strukturen und über Jahrhunderte ausgeprägten Mentalitäten ändern oder aus der Welt schaffen zu können. Die Mängel des autokratischen Regierungssystems waren nur zu offensichtlich, moderne Großstaaten konnten so in der zweiten Hälfte des 18. Jahrhunderts nicht mehr regiert werden.

Trotz dieser Einschränkungen leisteten die aufgeklärt-absolutistischen Monarchen in bezug auf die Stärkung zentralstaatlicher Gewalt, Rechtsvereinheitlichung, Wirtschaftsförderung sowie die Lösung sozialer Probleme Beachtliches. Dies wird deutlich, wenn man die Ergebnisse ihrer Politik an der Modernisierungswirkung mißt und nicht an der Zielvorgabe der absoluten Monarchien. Es dient auch nicht der angemessenen Beurteilung, einen das zeitgenössische Verständnis weit übersteigenden Begriff des Absolutismus oder des Staates zugrunde zu legen. Tatsächlich zog die Verstaatlichung sich über mehrere Epochen der frühen Neuzeit bis zum 19. Jahrhundert hin, und auch die Monopolisierung der staatlichen Gewalt in der Zentrale stellte einen längerfristigen Prozeß dar.[115]

Fünf Jahre jünger als ihr preußischer Gegenspieler Friedrich II., gelangte Maria Theresia im selben Jahr 1740 auf den Thron. Auf ihre Regierung trifft die Charakterisierung Reformabsolutismus besser zu als aufgeklärter Absolutismus, war sie doch durch die Aufklärung kaum oder jedenfalls eher indirekt beeinflußt. Aber um wieviel schwerer hatte es Maria Theresia als Friedrich: Von Beginn an, ja schon vor ihrer Geburt am 13. Mai 1717, war ihre Thronfolge umstritten. Und es waren nicht allein die Schlesischen Kriege, die ihre Herrschaft erschwerten, nicht nur die unübersichtliche Reichspolitik und die wittelsbachischen Ambitionen auf den Kaiserthron, sondern kaum minder die Struktur des Habsburgerreiches überhaupt.

Zu Recht ist immer wieder betont worden, daß es zu den großen

Leistungen der brandenburgischen Kurfürsten und preußischen Könige von der Mitte des 17. bis zum letzten Drittel des 18. Jahrhunderts gehörte, die ebenso heterogenen wie territorial zersplitterten Länder und Herrschaftstitel zu einem Staat zusammenzuschmieden. Und bezeichnenderweise sprach man noch am Ende des Jahrhunderts von »den preußischen Staaten«. Aber verglichen mit der auseinanderstrebenden, nach Bevölkerung, Politik, Wirtschaft, Kultur und Sprache denkbar unterschiedlichen Ländermasse des Habsburgerreiches war diese Aufgabe in Preußen doch erheblich einfacher zu lösen. Ein gemeinsames Staatsbewußtsein konnte in dem nach damaligen Maßstäben riesigen Reich nicht entstehen. Österreich-Ungarn blieb immer eine Doppelmonarchie, selbst als andere Territorien während der Napoleonischen Kriege verlorengingen.

Es bedurfte daher dringend einer Reorganisation der Verwaltung unter dem Aspekt zentralstaatlicher Rationalisierung. Und auch hier befand sich Maria Theresia in einer ungleich schwierigeren Situation als ihr Widerpart: Friedrich Wilhelm I., den Carl Hinrichs zu Recht als »Preußens größten inneren König« charakterisierte, hatte bereits 1723 die zentralisierende Neuordnung der staatlichen Verwaltung zum Abschluß gebracht, die die provinzialen und lokalen ständischen Institutionen überlagerte. Maria Theresia mußte für das Habsburgerreich erst nachholen, was der Große Kurfürst und Friedrich Wilhelm I. mit der Zurückdrängung ständischer Rechte und dem Aufbau einer modernen Staatsverwaltung für Brandenburg-Preußen schon geleistet hatten, als Friedrich den Thron bestieg. Und nicht zu vergessen: Während dieser einen Staatsschatz übernahm, den sein spartanischer und gestrenger Vater angelegt hatte, mußte Maria Theresia ihre Reformen mit leerem Staatssäckel, ja sogar mit einer erheblichen Schuldenlast vorantreiben. Als wären die innen- und außenpolitischen Probleme ihrer Herrschaft nicht schon groß genug gewesen, kam zu alldem die Niederlage gegen Preußen und damit der Verlust der Vormachtstellung.

Um so höher ist die Leistung dieser Königin und Kaiserin zu bewerten; zweifellos zählte sie zu den eindrucksvollsten Herrschern des 18. Jahrhunderts. Und obwohl für sie in kaum geringerem Maß als für den Preußen Staatsräson die leitende Maxime blieb, setzte dies weder ihre religiösen noch ihre darauf gründenden ethischen Motive außer Kraft. Bei alldem blieb sie schließlich eine Kaiserin voller Menschlichkeit und Lebensfreude. Ihr Familienleben war an Glück reich, wenngleich ihr durch den frühen Tod mehrerer Kinder und ihres Gemahls Leid nicht erspart blieb.

Friedrich II. dagegen flößte trotz seiner geringen Körpergröße Furcht ein, schonte weder sich noch andere, arbeitete mit geradezu selbstquälerischer Besessenheit. Ein Familienleben kannte er nicht und wollte er nicht kennen. Seine durchaus sympathische, literarisch interessierte, aber ihm – nach anfänglicher Zustimmung – gegen seinen Willen 1736 aus dynastischen Überlegungen vom Vater aufgezwungene Gemahlin Elisabeth Christine von Braunschweig-Bevern ließ er ihr Leben lang dafür büßen, daß er sie nicht – und wahrscheinlich auch keine andere – heiraten wollte. Gleichwohl leistete er sich weder Affären noch Mätressen – ungewöhnlich genug für einen Monarchen dieser Zeit.

Friedrich II. von Preußen als Kronprinz, Gemälde von Antoine Pesne, 1736

Mit der österreichischen Kaiserin Maria Theresia und dem preußischen König Friedrich II. bestiegen sehr junge Monarchen den Thron Habsburgs und Preußens und brachten jugendliche Energie in das Regierungsgeschäft. Beide zeigten sich auch darin der Idee und den Idealen der Epoche verpflichtet, daß sie ihre Staaten bis ins einzelne persönlich regieren wollten. Beide Herrscher, einander in persönlicher Abneigung verbunden, prägten ihre Länder auf fast ein halbes Jahrhundert, ja ihre Herrschaft wirkte noch weit darüber hinaus.

Der Glanz, den der literarisch produktive und militärisch geniale Hohenzoller um sich verbreitete, läßt die Zeitgenossen und Nachlebenden oft übersehen, daß auch die Habsburgerin höchst modern regierte, und zwar im Sinne der Stärkung der zentralstaatlichen Autorität. Rechtsvereinheitlichung, Wirtschaftsförderung und Modernisierungsenergie charakterisieren auch ihre Regierungszeit. Die Kaiserin brachte – obwohl sie persönlich der Aufklärung fernstand – den Reformabsolutismus wahrscheinlich noch deutlicher zum Ausdruck als ihr preußischer Gegenspieler, bei dem die absolutistischen Züge zuweilen stärker ausgeprägt waren als die der Aufklärung.

Friedrich vereinsamte zunehmend, mit seiner Frau lebte er nur als Kronprinz, wenn auch nur dem Schein nach, zusammen. Nach der Thronbesteigung verbannte er sie buchstäblich aus seinem Blickfeld und sah sie nie wieder. Von seinem Vater rauh und tyrannisch erzogen, von vornherein mit ganzer Härte auf seinen künftigen Herrscherberuf vorbereitet, tyrannisierte er später selbst, blieb in seinen ungewöhnlichen Gaben und seiner einzigartigen Leistungsfähigkeit ein zutiefst zwiespältiger, vermutlich unglücklicher Mensch, gehaßt und bewundert über seinen Tod hinaus. Hatte bereits sein Vater trotz monarchisch-absolutistischer Selbstgewißheit die bürgerliche Tugend der Leistung zu seinem Lebenselixier gemacht, so fügte Friedrich die Kultur hinzu, indem er auf eigenartige Weise bürgerliches mit höfischem Denken verband. Er schuf geradezu eine bürgerliche Hofkultur, eine kulturelle Szenerie, die im 18. Jahrhundert ihresgleichen suchte. Rheinsberg und Sanssouci, Berlin und Potsdam: Eine Herrschernatur wie nur einer, ein großer Staatsmann und Feldherr, der seinem Vater keineswegs nachstand, war er doch auch ein Künstler, Gelehrter, Philosoph, der über sich und die Welt nachdachte. Das zeichnete ihn aus und machte ihn zu einer tragischen Persönlichkeit: ein Machiavellist, der den Machiavellismus kritisierte. Der Aufstieg bildete schon vor ihm das Lebensgesetz des Hauses Brandenburg, er aber mußte ihn vollenden.

Friedrichs II. Großvater Friedrich I. und dessen gebildete Gemahlin Sophie Charlotte wichen davon nur scheinbar ab. Sie wußten, welch hohe Bedeutung im höfisch-barocken Herrscherideal die kulturelle Selbstdarstellung besaß. Der Enkel nahm diese Tradition wieder auf und führte das Werk seines vermutlich ebenso bewunderten wie gehaßten Vaters dennoch fort: Trotz aller Akzentuierung des Militärischen und der Privilegierung des Adels zeigte der Staat der beiden prägenden preußischen Könige des 18. Jahrhunderts in einer Welt altadliger Tradition Züge bürgerlichen Aufstiegs. Dem Leistungswillen mußte sich alles unterordnen, auch das persönliche Glück.

So schwierig die Anfänge Maria Theresias auch waren, dieser bürgerliche Ehrgeiz blieb ihr fremd, das Haus Habsburg hatte ihn nicht nötig. Die seit Jahrhunderten angesehenste und führende deutsche Dynastie, das Kaiserhaus, lange Zeit die einzige deutsche Großmacht, lebte stärker aus der Herkunft als aus der Zukunft. Die Habsburger waren etwas, mußten es nicht erst werden: Bewahrung der Führungsrolle lautete denn auch die Maxime. Anders als Friedrich II. wurde Maria Theresia keineswegs auf ihren Herrscherberuf getrimmt, im Gegenteil, auf Politik hatte man sie weit weniger vorbereitet als auf barocke Repräsentation. Wie Friedrich 1736 vermählt, führte sie anders als dieser wohl eine überaus glückliche Ehe. Während der preußische König kinderlos blieb, gebar die Wienerin nicht weniger als sechzehn Kinder, von denen zehn überlebten.

Nach dem unerwarteten Tod ihres Vaters Karl VI. erwies sich Maria Theresia ihrer großen Aufgabe überraschend schnell gewachsen, eignete sich bald mit Energie die notwendigen Kenntnisse an, nahm den Rat ihres Gemahls, aber auch von Staatsmännern wie Johann Christoph von Bartenstein, Fürst Georg Adam Starhemberg und später Fürst Kaunitz an. Allerdings entstanden zwischen ihr und diesem bedeutendsten österreichischen Staatsmann des

Lohn der Ausschweifung zur Warnung für andere in Wien neue verordnung 1782

N.1.) Der Policei Comissary. (2) Der Schreiber (3.) Ein Policei Wachter der auf den Befehl wartet was mit den (4.) zwey bittenden Mädchen zu thun seye (5) Drey sitzende Galanterie Mädchen wovon einer eben die Haare abgeschnitten werden (6) Ein Mann mit einem Korb abgeschnittenen Haare. (7) Drey Mädchen die ihre Haare bereonen (8) Ein Kupplerin welche zwey Polizza Wachter brauchen (9) Ihr Mann an die erste zwey Tag gewester Koch

folget ihr nach (10) Buben die sie aus spotten (11.) Zwey Zucht-Jungfern in ihrer Kleidung die Strasse kehren (12) Zuchlinge in der ihnen angeordneten gleich formigen Tracht (13) Ein der auf nicht habender Policei Wachter (14) Bende welche und die Haar reyse (15) Masche Haube Nadeln Kam. Locke und 3 ander liegen von dem geschnne Zucht Mädgen auf dem Bode herum.

Joh. Martin Will excude. Aug Vind

18. Jahrhunderts auch Meinungsverschiedenheiten, vor allem, als er im Verein mit dem Mitregenten Joseph II. gegen den Willen der Kaiserin bei der ersten polnischen Teilung 1772 die Annexion Galiziens durchsetzte: Damals prägte Friedrich II. das boshafte Aperçu: »Sie weinte, aber sie nahm.« Weitere, von ihr nicht gewünschte, aber dann doch geduldete österreichische Gebietsannexionen folgten auf dem Fuße: 1775 die Einverleibung der Bukowina auf Kosten des Osmanischen Reiches und 1779 des bayerischen Innviertels.

Diese Vorgänge zeigen, wie wenig singulär der Länderhunger des Preußenkönigs war. Auch Maria Theresia trug trotz ihres Widerstrebens letztlich die Mitverantwortung für derartige Annexionen. Das Interesse an Arrondierungen und die Mißachtung der Rechte kleinerer, machtloser Staaten beschränkte sich nicht allein auf den Aufsteiger Preußen, wenngleich man diese Politik Friedrich ankreidete und Maria Theresia nachsah: Auch wenn der machtpolitische Ehrgeiz Josephs II. und Kaunitz' den Ausschlag gaben, so fielen diese Eroberungen doch in die Regierungszeit der Kaiserin. Fremd war selbst ihr die Machtpolitik nicht. Und in dieser Hinsicht beeindruckt die Offenheit des Preußenkönigs dann doch; weniger durch aggressive Handlungen als durch das offene Eingeständnis seiner Maximen unterschied er sich von den Königen anderer Großmächte des 18. Jahrhunderts, und es ist zu fragen, ob die Kennzeichnung Zynismus hier wirklich zutrifft.

Maria Theresia war sicher nicht zynisch. Anders als der agnostische Freigeist von Sanssouci blieb die Kaiserin eine fromme Frau. Frömmelndes Wesen lag ihr hingegen fern, wenngleich ihre Maßnahmen zur Erhaltung oder Verbesserung des sittlichen Lebenswandels bei aufgeklärten Zeitgenossen auf heftige Kritik stießen –

Bestrafung ausschweifender Frauen durch Abschneiden des Haares laut einer in Wien im Jahre 1782 erlassenen Verordnung

Die junge habsburgische Herrscherin hatte sechzehn Kinder. Während der drei Schlesischen Kriege war sie fast unablässig schwanger, war äußerst sittenstreng und setzte eine »Keuschheitskommission« ein, die über den Lebenswandel der Untertanen wachte. Aber ihre tiefe katholische Religiosität hinderte sie nicht daran, ihre königlichen Rechte auch gegenüber der Kirche zu wahren: Ihre Herrschaft wurzelte im Absolutismus und nicht in der Aufklärung.

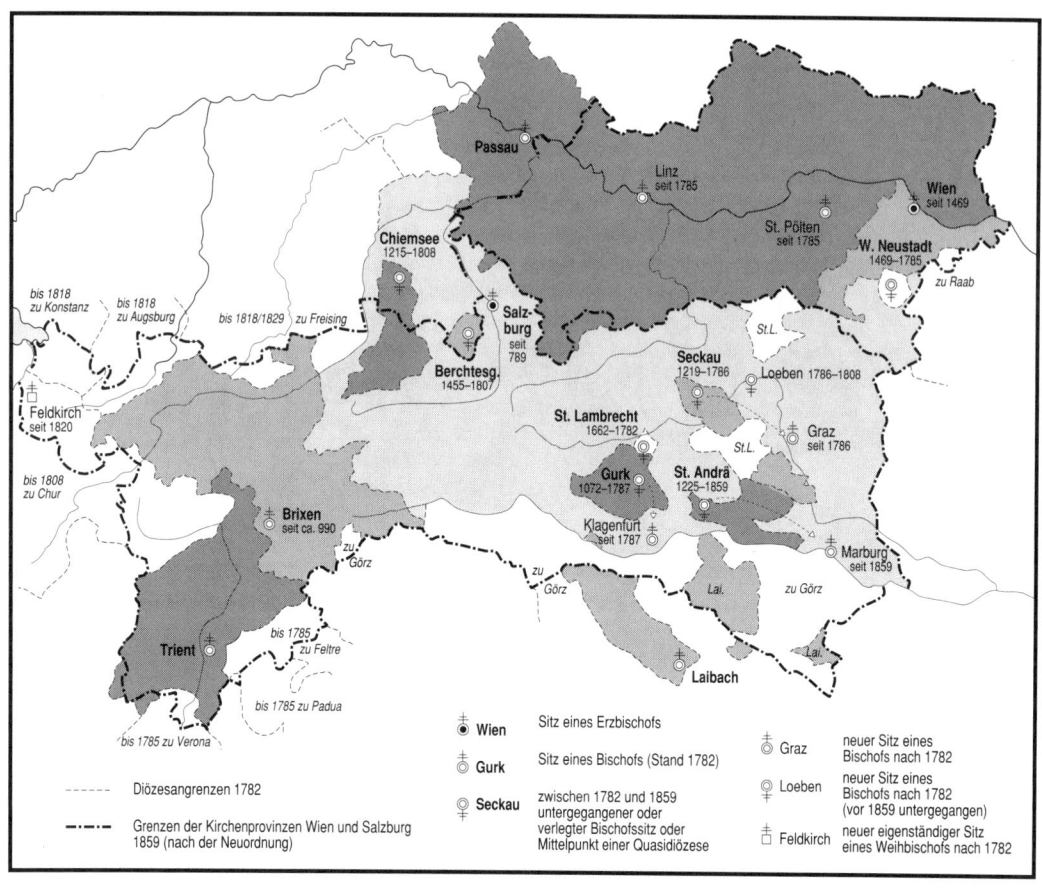

Österreichs Bistümer 1782 und die Kirchenprovinzen nach 1859

die von der Kaiserin eingesetzte »Keuschheitskommission« reizte weniger die Sünder als die Spottlust. Tiefe katholische Religiosität hinderte Maria Theresia keineswegs, gegenüber der Kirche die königlichen Rechte zu bewahren, ja sogar auszubauen: Die Anfänge des österreichischen Staatskirchensystems gehen auf sie zurück. Es wurzelt im Absolutismus und nicht in der Aufklärung.

Maria Theresia sah wohl, daß die Stellung katholischer Herrscher gegenüber der Kirche schwächer war als die der protestantischen, deren bessere Finanzlage nicht zuletzt auf die Säkularisation des Kirchenguts im Gefolge der Reformation zurückging. Auch kannten die protestantischen Territorien nicht das Problem eines dominanten Kirchenbesitzes, der einen Großteil von Grund und Boden dem Wirtschaftskreislauf entzog und zum Besitz der »Toten Hand« machte. Wenngleich erst Joseph II. mit der Säkularisation von etwa 700 Klöstern zu ausgesprochen spektakulären Maßnahmen griff, spielten wirtschaftliche Überlegungen auch in der Theresianischen Kirchenpolitik, insbesondere beim Staatskanzler Kaunitz eine Rolle. Und paradox mutet es an, daß Friedrich II. – und auch Katharina II. – nach ursprünglicher Ablehnung der Jesuiten sich der Aufhebung des Jesuitenordens 1773 widersetzten, während Maria Theresia, die den Jesuiten an sich gewogen war, die Entscheidung aus-

Die Fabel die zuvor als Fabel wurd verlacht /
Wird durch geheimen Trieb zur Wahrheit jetzt gemacht.

Jesuitisches Flugblatt zur Aufhebung des Jesuitenordens

Die Kirchenpolitik Maria Theresias folgte nicht philosophischen Prinzipien, sondern bezweckte die Wohlfahrt des Staates, weshalb sie, die zu den frömmsten Herrschern Habsburgs gehörte, zugleich den geistlichen Besitz, die geistliche Gerichtsbarkeit, die Zahl der Geistlichen und schließlich sogar die Zahl der Feiertage beschränkte, um die der Arbeit gewidmete Zeit der Ausschweifung zu entreißen.

drücklich Papst Clemens XIV. überließ. Gerade ein Widerspruch der Kaiserin, auf den der Papst wohl hoffte, hätte den Jesuitenorden retten können.[116]

Die Kirchenpolitik Maria Theresias wies also unverkennbar etatistische und kameralistische Züge auf: Der Staat besaß für sie in weltlichen Dingen eindeutig Priorität gegenüber der Kirche, sein wirtschaftliches Interesse setzte die Kaiserin in verschiedenen Bereichen durch. So hob sie nicht allein die Steuerfreiheit des Adels auf und handelte damit moderner als Friedrich II., sondern auch die des Klerus. Sie beschränkte den geistlichen Besitz, die geistliche Gerichtsbarkeit, die Zahl der Geistlichen, schließlich 1754 die Feiertage: »Dann ist es gewiß, daß jene Zeit, die man der Arbeit widmet, dem Laster und der Ausschweifung entrissen wird.«[117] Die moralische Begründung der Abschaffung kirchlicher Feiertage besaß also einen ökonomischen Kern. Der Konfessionalismus der Kaiserin hinderte diese freilich nicht, schon 1745 mit dem bedeutenden niederländischen Arzt und Gelehrten Gerard van Swieten einen überzeugten Aufklärer an ihren Hof zu berufen, der nicht allein als Leibarzt und Präfekt der Hofbibliothek, sondern außerdem als Vorsitzender der Zensurkommission der jansenistisch geprägten katholischen Aufklärung in Österreich Eingang verschaffte.[118]

Die Notwendigkeit einer umfassenden Staatsreform, die sich allerdings im wesentlichen auf die österreichisch-böhmischen Länder des Hauses Habsburg beschränkte, erkannte Maria Theresia unmittelbar nach der ersten Niederlage gegen Preußen, und es verdroß sie die Einsicht in die schwache politische Stellung ihrer Dynastie im Reich. Da die Überzeugung, dem Hause Habsburg das Seine sichern zu müssen, zu ihren unerschütterlichen Zielen zählte, lauteten ihre Absichten: Reorganisation der Staatsverwaltung, Schaffung einer leistungsfähigen Finanzverwaltung, Zurückdrängung ständischer Kompetenzen zugunsten der Zentrale, Aufbau eines einsatzstarken, straff organisierten stehenden Heeres, aktive Außenpolitik zur Verbesserung der österreichischen Machtstellung, Justizreform sowie Schaffung eines Schulwesens, das den Ausbildungsstand der Bevölkerung verbessern konnte, schließlich – und nicht zuletzt – soziale Reformen.

Alles in allem ein riesiges Reformprogramm. Vieles nahm sie beherzt nach preußischem Vorbild in Angriff und erreichte zügig Erfolge, anderes dauerte Jahrzehnte. Für die meisten Sektoren fand sie die geeigneten Staatsmänner: Graf Friedrich Wilhelm von Haugwitz (1702-1765), der vom österreichisch verbliebenen Rest Schlesiens aus die preußischen Maßnahmen im benachbarten Teil aufmerksam beobachtet hatte, beauftragte die Kaiserin schon bald nach dem Ersten Schlesischen Krieg mit der Reorganisation der inneren Staatsverwaltung. Haugwitz übernahm Grundprinzipien des preußischen Behördensystems, modifizierte sie aber gemäß den besonderen österreichischen Verhältnissen und führte die neue Verwaltungsstruktur von 1744 an in verschiedenen Landesteilen ein, zuerst im österreichischen Schlesien.

Seit 1748 verhandelte er mit den Landständen der einzelnen Länder, bis das neue System von 1749 an in allen deutschen Erbländern des Hauses Habsburg praktiziert wurde. In Analogie zum preußischen Generaldirektorium schuf er ein »Directorium in publicis et cameralibus«, dem er als oberster Behörde die Finanzverwaltung und die Verwaltungen Österreichs und Böhmens unterstellte; die »oberste Justizstelle« und damit die Justiz überhaupt verselbständigte Haugwitz, die Provinzialregierung zentralisierte er in der in Wien ansässigen Hofkommission. Gegen schwerste ständische Widerstände setzte er die Schaffung eines stehenden Heeres von 108 000 Mann durch, sicherte dessen Finanzierung – wie die des Staatshaushalts insgesamt – durch Vorausbewilligung eines höheren Steueraufkommens und führte schließlich die erwähnte Besteuerung privilegierter Sozialstände ein. In Form von Kreisverwaltungen organisierte er außerdem Mittelbehörden.

Nach dem Siebenjährigen Krieg beseitigte der Staatskanzler Wenzel Anton Graf von Kaunitz, den Maria Theresia nach seiner Pariser Botschafterzeit 1753 zum Leiter der österreichischen Außenpolitik berief, manche Schwerfälligkeiten dieses Systems, die sich nicht bewährt hatten. 1761 setzte er unter Aufhebung des Direktoriums eine flexiblere oberste Zentralbehörde, den Staatsrat, ein und reorganisierte vor allem die Finanzverwaltung. Die von Haugwitz begonnenen, dann von Kaunitz weitergeführten Reformen trugen wesentlich dazu bei, Österreich und Böhmen zu einem modernen, zentral geleiteten und strukturierten Staat zu machen.[119]

Wenzel Anton Graf Kaunitz-
Rietberg, Schabblatt von
J. G. Haid, 1755

Graf Kaunitz war vier Jahrzehnte,
nämlich von 1753 bis 1793, der
Staatsminister Maria Theresias
und ihrer Söhne Joseph II. und
Leopold II. Seine beherrschende
Persönlichkeit machte ihn trotz
seines schwierigen Charakters und
seines hochfahrenden Selbstbewußtseins zur nahezu unentbehrlichen Gestalt am Hof der
Habsburger. Das führte unter
Maria Theresia so weit, daß er nur
mit Rücktritt zu drohen brauchte,
um sich durchzusetzen.

Der hochgebildete, durch die Aufklärung geprägte Kaunitz, auf
dessen politische Initiative auch das Staatskirchensystem und seine Josephinische Ausformung zurückgingen, blieb zu Zeiten
Josephs II. der maßgebliche, die inneren und äußeren Geschicke
Österreichs lenkende Staatsmann, wenngleich während der Alleinregierung des jungen Kaisers nach dem Tode Maria Theresias 1780
und während der Regierungszeit Kaiser Leopolds II. 1790 bis 1792
sein Einfluß nachließ.

Mit Leopold Reichsgraf von Daun fand Maria Theresia nach dem
Frieden von Aachen 1748 den Reorganisator des österreichischen
Heeres. Er stellte unter anderem durch Schaffung einer Militärakademie 1752 und einer Ingenieurakademie 1754 die Offiziersaus-
bildung auf eine neue Grundlage. Als Feldherr taktierte er vorsichtig, oft zu zaudernd, doch gelang ihm mancher Sieg; der berühmteste wurde derjenige über die Preußen bei Kolin am 18. Juni
1757. Dieser Erfolg trug ihm das Großkreuz des gerade gestifteten
Maria-Theresien-Ordens ein. Obwohl der Cunctator später auf
Betreiben von Kaunitz verschiedentlich durch Feldmarschall Laudon[120] ersetzt wurde, blieb doch die von Daun geprägte Struktur des
österreichischen Militärwesens von nachhaltiger Wirkung.

Ein Vergleich mit der späteren revolutionären und insbesondere
Napoleonischen Kriegführung zeigt die Traditionalität dieser auf
defensives Manövrieren angelegten Strategie: Aber anders als die
Heere des revolutionären Nationalstaats Frankreich blieb die österreichische Armee multinational und schon insofern für großräu-
mige aggressive Strategien weniger geeignet. Und auch das preußische Militärwesen war bis zur Niederlage gegen Napoleon der
klassischen Organisation, Strategie und Taktik verpflichtet, erst die

Revolution veränderte das Verständnis des Krieges als diplomatisch zu begrenzendes Mittel der Politik sowie die Rekrutierung der Soldaten. Allerdings wurde bereits zur Zeit Maria Theresias 1770 eine ebenfalls preußischem Vorbild – dem Kantonssystem – folgende Konskriptionsordnung erlassen, die die Aushebung verbessern sollte. Doch blieb die Wehrpflicht normalerweise auf Bauern und Handwerksgesellen beschränkt.

Der Blick auf diese Staatsreformen Maria Theresias offenbart, daß es sich dabei überwiegend um Maßnahmen handelte, mit denen die deutschen Erbländer des Hauses Habsburg den Anschluß an die Entwicklung in Preußen hielten. Das 1748 bis zur Bedeutungslosigkeit beschnittene Steuerbewilligungsrecht der Stände ist hierfür ebenso kennzeichnend wie die Verwaltungsorganisation. Mit der Anlegung der Theresianischen Kataster zur Steuererhebung und der Beseitigung der Steuerbefreiung von Adel und Klerus ging Maria Theresia jedoch über vergleichbare vorrevolutionäre Reformen erheblich hinaus, zweifellos sogar über die Absichten Friedrichs des Großen, dessen Adelspolitik die sozialen und ökonomischen Privilegien konservierte. Wesentliche Teile der Theresianischen Staatsreform behielten über die Reformzeit des frühen 19. Jahrhunderts hinaus Geltung, so daß in diesen Jahren kein eigentlicher Bruch oder eine umfassendere Weiterführung der vorrevolutionären Reformen zu erkennen ist. Dies gilt auch für die Reformansätze in Wirtschaft und Gesellschaft, beispielsweise für die Bauernschutzpolitik, die der Kaiserin sehr am Herzen lag.

Schrittweise gelang es Maria Theresia also, den Absolutismus in Österreich im zeittypischen Rahmen zu vollenden und das stehende Heer, eine nach Fachdepartements und nicht mehr provinzial organisierte fürstliche Zentralverwaltung und schließlich ein leistungsfähiges Finanz- und Steuersystem durchzusetzen. Aus ihrem persönlichen Regierungsstil resultierte ein entscheidender Unterschied zu Preußen: Bestand hier eine autokratische Kabinettsregierung, so mündete der »österreichische Absolutismus früher als der preußische in das bürokratische Regierungssystem« ein.[121] Diese Tendenz fand tatsächlich im Staatsrat eine von Kaunitz aus außenpolitischen Motiven gewünschte innenpolitische Institutionalisierung,[122] mit der er seine Wiener Gegner matt setzen konnte. Nach dem definitiven Ende der Ära Haugwitz behinderten manche Querelen und Eifersüchteleien die kontinuierliche Fortführung der Reformen, so daß einige Gesetzesvorhaben Stückwerk blieben beziehungsweise über die erste grundlegende Phase nicht nennenswert hinausgelangten.

Der oft starrsinnige Kaunitz erwies sich selbst für die Kaiserin – aber auch noch für ihren Sohn – als schwieriger Partner. Von seinen eigenen Fähigkeiten besaß er nicht zu Unrecht eine hohe Meinung, von seiner Unentbehrlichkeit wußte er Maria Theresia derart zu überzeugen, daß sie über Kränkungen des machthungrigen Staatsmannes verschiedentlich hinwegsah. Als er beispielsweise 1766 mit Rücktritt drohte, bot die Kaiserin ihren ganzen Charme und ihre Herzlichkeit auf, um Kaunitz zum Bleiben zu bewegen.

Wollte Kaunitz wirklich die Zügel aus der Hand geben? Wohl kaum. Durchschaute Maria Theresia ihn? Bat sie ihn, weil er gebeten werden wollte? Jedenfalls spielte sie mit: »Ich bin nachsichtig

Die Geldstrafe vor Gericht, Kupferstich von Daniel Chodowiecki, 1774

Der preußische Großkanzler Samuel Freiherr von Cocceji wurde bereits im ersten Jahrzehnt der Regierungszeit Friedrichs II. mit Rechtsreformen beauftragt, da eine Rundreise durch die Provinz ein Juristenkollegium zu einem vernichtenden Urteil über die Gerichtspraxis geführt hatte. Die Reformpraxis, die im Gefolge der vielen Initiativen Coccejis sich entwickelte, zeigte jene absolutistische Tendenz zur Vereinheitlichung und Rationalisierung, die Friedrichs Maßnahmen auch auf anderem Gebiet prägte.

und gutmütig, ja, ich kann sogar versichern, daß ich unfähig bin zu grollen und die Sachen vollständig vergessen kann ... Ich biete Ihnen wie früher meine ganze Freundschaft und mein volles Vertrauen.« Sie bat ihn, weiter dem Staate »nützlich zu dienen«, sie zu unterstützen und »Leute heranzubilden, die nach unserem Tode dem Staate ebenso ersprießliche Dienste zu leisten vermögen, als wir uns bemüht haben es zu tun«.[123]

Obwohl Österreich in der Justiz- wie der Schulpolitik der Zeit nicht so sehr hinterherhinkte, leitete Maria Theresia in diesen Bereichen ebenfalls Reformen ein – ganz so wie Friedrich II., der hier nicht auf Vorarbeiten seines Vaters zurückgreifen konnte. Die Friderizianischen Rechtsreformen zählen trotz mancher Mängel und Halbheiten zu den Glanzstücken seiner Regierung und des aufgeklärten Reformabsolutismus überhaupt. Er begann mit seinen Maßnahmen nicht nur früher als Maria Theresia, sondern verfolgte sie auch erheblich konsequenter als die Kaiserin, da seine Justizpolitik aufgeklärten Leitlinien folgte.

Schaffte Friedrich II. bereits kurz nach seinem Regierungsantritt 1740 für die meisten Strafverfahren die Folter ab – die gänzliche Aufhebung erfolgte 1754 –, so Maria Theresia erst 1776. Allerdings kam es immer wieder zu Überschreitungen, und 1772 und 1777 erlaubte sogar der König die Anwendung des sogenannten Foltertrogs gegen die Mitglieder von Räuberbanden. Bereits 1747 beauftragte der Preußenkönig den naturrechtlich geprägten Großkanzler Samuel Freiherr von Cocceji mit Rechtsreformen, die dieser schon gegen Ende der Regierungszeit Friedrich Wilhelms I. vorgeschlagen hatte. (Vergleichbare Ansätze folgten in Österreich erst seit 1753 und blieben einstweilen stecken.) Cocceji bereiste sogleich mit einigen fähigen Juristen die Provinz, prüfte die Gerichtspraxis und gelangte zu einem vernichtenden Urteil. Schon innerhalb der ersten acht Monate brachte Cocceji 2320 länger laufende Verfahren zum Abschluß.

Allgemeines

Geſetz

über

Verbrechen,

und derſelben Beſtrafung.

WIEN,

gedruckt bey Johann Thomas Edlen von Trattnern
k.k. Hofbuchdruckern und Buchhändlern.

1787.

Aus diesem Vorgehen resultierte 1754 eine Visitationsordnung, die alle drei Jahre eine Kontrolle der Gerichte vorsah.

Die absolutistische Tendenz der Vereinheitlichung zeigte sich auch hier: Das Ergebnis bestand in einer gegen erheblichen ständischen Widerstand, dem sich das Kammergericht anschloß, durchgesetzten, für den Gesamtstaat einheitlichen Gerichtsverfassung mit einem dreigliedrigen Instanzenzug. Etliche, zum Teil miteinander konkurrierende Obergerichte in den Provinzen wurden aufgehoben und in Berlin wurde eine einheitliche höchste Appellationsinstanz eingerichtet, die seit 1772 den Namen Obertribunal führte. Das Prozeßrecht wurde vereinheitlicht, neu gefaßt und bereits 1748 veröffentlicht. Die Prozeßdauer wurde erheblich verkürzt: Wie sein Vater wünschte auch Friedrich den Abschluß eines Verfahrens binnen einem Jahr, selbst wenn alle drei Instanzen durchlaufen werden mußten. Neben der Reform des Verfahrensrechts stand eine Reform der Juristenausbildung und der Einstellungspraxis. Die noch von Cocceji vorbereitete Examinationskommission trat bald nach seinem Tod 1755 zusammen. Die ebenfalls von Cocceji vorgesehene Rechtsvereinheitlichung, ein in der gesamten Monarchie gültiges allgemeines Landrecht, kam dann allerdings erst vierzig Jahre später zum Abschluß, doch ging dies auf die Initiative Friedrichs des Großen zurück, der 1780 erneut eine Verbesserung des Justizwesens anordnete.[124]

Von ausschlaggebender Bedeutung für die reformierte Gerichtsverfassung erwies sich die Personalpolitik. Wie Friedrich der Große während seiner Regierungszeit die Ausbildung der Beamten in der allgemeinen Staatsverwaltung verbesserte, so auch die der Richter. Er beseitigte generell das auch in Preußen – wenngleich in geringerem Ausmaß als vor allem in Frankreich – vorhandene System der Ämterkäuflichkeit. Finanziell begründete Anwartschaften auf Ämter wurden ebenso abgeschafft wie die mit diesen verbundenen Einnahmen aus Gebühren. An ihre Stelle traten feste Gehälter. Der Grundsatz »Qualifikation geht über Gebot« fand überall Eingang, und am Ende der Friderizianischen Zeit gab es sowohl in der Justiz wie in der Verwaltung diese in der frühen Neuzeit allgemein übliche Steigerung von Staatseinnahmen durch den Verkauf von Ämtern nicht mehr. Wenngleich es sich bei diesem System, das auch den sozialen Aufstieg über die Erwerbung von Ämtern ermöglichte und insofern der sozialen Mobilität diente, keineswegs oder zumindest nicht in erster Linie um ein Bestechungssystem handelte, ist diese Reform der Personalpolitik für das Justizwesen kaum zu überschätzen.[125] Im übrigen wurden auch in Preußen Justiz und Verwaltung seit 1749 schärfer gegeneinander abgegrenzt.

Die Theresianischen Justizreformen, die Joseph II. fortführte, ohne sie selbst abschließen zu können, basierten auf vergleichbaren Grundsätzen, soweit die Zweckmäßigkeitserwägungen des absoluten Staates betroffen waren. Auch hier wurde die politische Ethik zur Richtschnur der Gesetzgebung erklärt und eine Rechtsvereinheitlichung zumindest in den deutschen Erbländern des Hauses Habsburg angestrebt. Noch zur Regierungszeit Maria Theresias trat beispielsweise 1768 ein neues Strafgesetzbuch, die »Constitutio criminalis theresiana« in Kraft, doch läßt es kaum den Einfluß aufgeklärten Rechtsdenkens erkennen. Der folgende Versuch, auf der

Grundlage des gemeinen Rechts ein naturrechtlich konzipiertes allgemeines Privatrecht zu entwickeln, führte zwar zum »Codex theresianus iuris civilis« für die deutschen Erbländer, doch umfaßte der Entwurf der Wiener Kommission nicht weniger als acht umfangreiche Folianten. Nach dem Gutachten von Kaunitz verwarf Maria Theresia den Entwurf, setzte 1772 eine neue Kommission ein, die sich der Kürze, Eindeutigkeit und Simplizität befleißigen und außerdem der natürlichen Billigkeit Rechnung tragen sollte. Hier handelte die Kaiserin durchaus ähnlich wie der Preußenkönig, der bei Vorlage des Entwurfs eines Allgemeinen Gesetzbuchs für die Preußischen Staaten, wie es ursprünglich hieß, 1784 erklärte: »Es ist aber sehr dicke, und Gesetze müssen kurz sein!«

Das neue Gesetzbuch gelangte erst nach dem Tod der Kaiserin zum Abschluß. Der erste Teil konnte zwar 1786 als »Josephinisches Gesetzbuch« veröffentlicht werden, doch dabei blieb es zunächst. Zum Abschluß kamen die von Leopold II. weiterhin geförderten Arbeiten an dem Gesetzbuch noch lange nicht. Zu den damit befaßten Kapazitäten gehörte unter anderen der aufgeklärte Naturrechtler und Rechtsreformer Karl Anton von Martini, der einst die vier Söhne Maria Theresias in die katholische Aufklärung, aber auch in das Staats- und Völkerrecht eingeführt hatte, nun aber gegen den zupackend-reduzierenden Utilitarismus seines ehemaligen Zöglings Joseph II. manche Bedenken anmeldete. Die Fassung, die schließlich 1811 als »Allgemeines Bürgerliches Gesetzbuch für die deutschen Erblande« publiziert wurde, verdankte ihre endgültige Gestalt nicht zuletzt dem Wiener Professor des Naturrechts Franz Aloys Felix von Zeiller, der seit 1797 der österreichischen Gesetzgebungskommission angehörte. Das Allgemeine Bürgerliche Gesetzbuch gehörte trotz seines Ursprungs in der Theresianischen Epoche nicht mehr zu den durch die Kaiserin geprägten Leistungen.

Demgegenüber blieb das Allgemeine Landrecht trotz seiner späten Publikation und der zwischenzeitlichen Modifikationen in Entstehung und Ausführung das reifste Werk der naturrechtlich-aufgeklärten Friderizianischen Rechtspolitik und des aufgeklärten Absolutismus überhaupt. So urteilte Franz Wieacker: »Nicht nur nach den Maßstäben seiner Zeit ist das Gesetzbuch nach Stil und Inhalt Ausdruck hoher Rechtskultur. Insofern fast einzigartig in der europäischen Gesetzgebungsgeschichte, zeichnete es von einem prinzipiellen Grundriß der menschlichen Gesellschaft her einen umfassenden Plan des Staatsaufbaus durch. Diese gegliederte Architektur war methodisch erst durch die vernunftrechtliche Anthropologie ermöglicht worden und ging schon im Code civil als Gesetzbuch einer ständelosen Nation und im österreichischen ABGB als dem eines Erb- und Völkerreichs mit sehr mannigfachen Verfassungszuständen wieder verloren ... Die Grenzen des Gesetzes liegen in der historisch bedingten Lösung, die das aufgeklärte Staatskunstwerk für die Ordnung der menschlichen Gesellschaft gefunden hatte: in seinem unkritischen Vernunftglauben und seinem Mißtrauen gegen die staatsbürgerliche Selbstverantwortung und in seinem schon veralteten Gesellschaftsbild.«[126]

Tatsächlich kam das Gesetzbuch 1794, fünf Jahre nach Ausbruch der Französischen Revolution, zu spät: Die ihm innewohnende Ambivalenz zwischen Traditionalität und Modernität verschob sich

Titel und Textseite der Josephina, Wien 1787

Joseph II. setzte die Theresianische Justizreform fort, die ebenfalls die politische Ethik zur Richtschnur der Gesetzgebung erklärte. Aber die Dinge lagen in den jahrhundertealten Erbländern des Hauses Habsburg komplizierter als in dem noch jungen Brandenburg-Preußen, das trotz der Heterogenität im Vergleich dazu überschaubarer, kleiner und weniger traditionsverhaftet war. So brauchte Maria Theresia nahezu drei Jahrzehnte, um ein neues Strafgesetzbuch in Kraft zu setzen, und auch dann ließ es kaum den Einfluß der Aufklärung erkennen. Erst nach dem Tod der Kaiserin kam das neue Gesetzbuch in eine fertige Form – sein erster Teil wurde als Josephinisches Gesetzbuch veröffentlicht –, aber selbst unter Leopold II. gelangte es noch nicht zum Abschluß. In Wien dauerte Jahrzehnte, was sich in Berlin – wenngleich auch dort nur gegen heftige Widerstände – in Jahren bewerkstelligen ließ. Die Langwierigkeit des Theresianischen Reformwerks trübt den Blick für die Energie dieser Herrscherin.

Titelseite des Entwurfs der von Friedrich dem Großen geplanten Justizreform, 1749

Friedrich schaffte zwei Jahrzehnte vor Maria Theresia die Folter ab, und das war einer der Gründe, die dem jungen Monarchen den europäischen Ruhm des aufgeklärten Philosophen eintrugen.

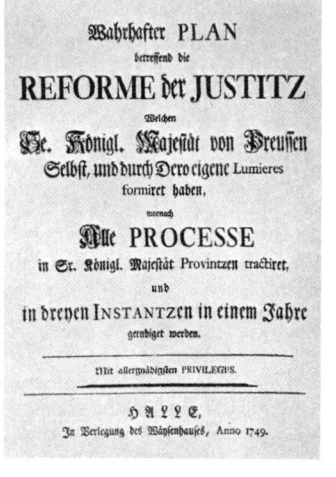

Wahrhafter PLAN
betreffend die
REFORME der JUSTITZ
Welchen
Se. Königl. Majestät von Preussen
Selbst, und durch Dero eigene Lumieres
formiret haben,
wornach
Alle PROCESSE
in Sr. Königl. Majestät Provintzen tractiret,
und
in dreyen INSTANTZEN in einem Jahre
geendiget werden.

Mit allergnädigsten PRIVILEGIIS.

HALLE,
In Verlegung des Wäysenhauses, Anno 1749.

aufgrund des Zeitsprungs, so daß die gesellschaftspolitisch konservierenden Züge Friedrichs des Großen markant hervortraten. Friedrichs justizpolitische Maximen waren demgegenüber durchaus modern, königliche Eingriffe in die Rechtsprechung lehnte er explizit ab, wie zum Beispiel das Politische Testament 1752 zeigt. Freilich hielt er sich des öfteren nicht an seine eigenen Einsichten: Das berühmteste Beispiel ist der Fall des Müllers Arnold, der objektiv im Unrecht, Friedrichs Unterstützung fand, weil dieser Rechtsbeugung seiner adligen Juristen befürchtete.

Friedrich der Große wies in seiner streng ständisch orientierten Gesellschaftspolitik allen sozialen Ständen ihren herkömmlichen Platz zu und verteilte Rechten und Pflichten ungleich gemäß der jeweils für sie vorgesehenen sozialen und ökonomischen Rolle. Und doch ordnete diese Sozialordnung die Sozialstände konsequent den Interessen des Staates unter; insofern argumentierte er nicht traditional, sondern rational. Die Instrumentalisierung der Gesellschaft, die mit dem König als erstem Diener des Staates einsetzte, ließ dann doch die staatsbürgerliche Gesellschaft der Zukunft aufscheinen.

Maria Theresias Politik verlief pragmatischer. Sie reagierte stärker auf die politischen Situationen, die sie vorfand: Zu rationalen Konstruktionen neigte sie sowenig wie zur Spekulation – eine lebenskluge, warmherzige und temperamentvolle Frau, ein politisches Naturtalent ohne Frage, keine zwiespältige Intellektuelle. Sie war ausgesprochen fleißig, stand im Winter um sechs, im Sommer zwischen vier und fünf Uhr auf und widmete sich bis mittags Regierungsgeschäften, las Berichte, konferierte und arbeitete meist auch noch nachmittags.[127] Dem Hause Habsburg und Österreich diente sie nicht nur mit Hingabe, sondern auch mit großem Erfolg, und dies war 1740, als sie den Thron bestieg, kaum vorhersehbar. Der Reichspolitik hingegen vermochte sie keine neuen Impulse zu geben, aber dies hätte wohl auch kein anderer Herrscher dieser Zeit vermocht.

Der Vergleich der beiden bedeutendsten Herrscher des 18. Jahrhunderts an einigen Stationen ihres Lebens zeigt zwei denkbar verschiedene Persönlichkeiten, aber ihr Leben und ihre Politik weisen doch überraschend viele Parallelen auf – Antipoden mußten sie wohl notwendigerweise sein. Die politische Konstellation, in der sie zur gleichen Zeit, aber gegeneinander 1740 ihren Thron bestiegen, machte dies wahrscheinlich, auch wenn Friedrich nicht zwangsläufig der Angreifer und Maria Theresia die Verteidigerin sein mußte.

Friedrich II., wenig kulant, wie er nun einmal war, versagte seiner Gegnerin jedoch die Anerkennung nicht. Als er sich während des Krieges am 13. Mai 1759 über sie beklagte, erklärte Henri de Catt: »Ich glaube, Sire, daß Sie ihr mit gleicher Münze heimgezahlt haben.« »Nicht so sehr, mein Lieber, wie ich es gewünscht hätte. Trotz des Üblen, das sie mir zugefügt hat, muß ich zugeben, daß diese Fürstin sehr achtenswert ist durch ihre Sittenreinheit. Es gibt wenige Frauen, welche ihr in dieser Hinsicht gleichen; die meisten sind Huren, und die Königin verabscheut die Huren; sie bemüht sich, sie einsperren zu lassen, besonders wenn sie sie im Verdacht hat, daß sie es auf ihren Gatten abgesehen haben.« Man sieht, der Preußenkönig war über die Wiener Hofgeschichten und die zuweilen erkennbare Eifersucht der Kaiserin gut informiert und konnte sich seine Bosheit nicht verkneifen.[128] Aber er schätzte die Kaiserin,

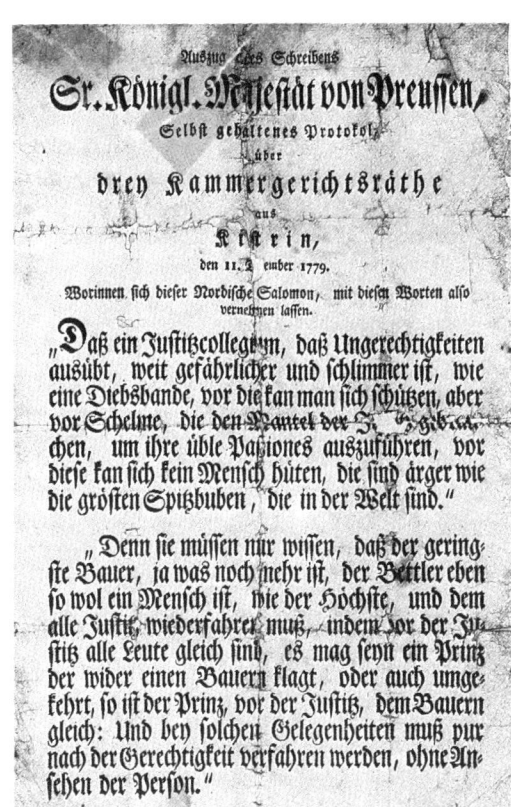

Auszug des Schreibens
Sr. Königl. Majestät von Preussen,
Selbst gehaltenes Protokoll
über
drey Kammergerichtsräthe
aus
Küstrin,
den 11.ten ember 1779.

Worinnen sich dieser Nordische Salomon, mit diesen Worten also
vernehmen lassen.

„Daß ein Justitzcollegium, daß Ungerechtigkeiten
ausübt, weit gefährlicher und schlimmer ist, wie
eine Diebsbande, vor die kan man sich schützen, aber
vor Schelme, die den Mantel der Ju-gib.xx
chen, um ihre üble Paßiones auszuführen, vor
diese kan sich kein Mensch hüten, die sind ärger wie
die gröften Spitzbuben, die in der Welt sind."

„Denn sie müssen nur wissen, daß der geringste Bauer, ja was noch mehr ist, der Bettler eben
so wol ein Mensch ist, wie der Höchste, und dem
alle Justitz wiederfahren muß, indem vor der Justitz alle Leute gleich sind, es mag seyn ein Prinz
der wider einen Bauern klagt, oder auch umgekehrt, so ist der Prinz, vor der Justitz, dem Bauern
gleich: Und bey solchen Gelegenheiten muß pur
nach der Gerechtigkeit verfahren werden, ohne Ansehen der Person."

Flugblatt über die Gleichheit vor dem Gesetz, Küstrin, 1779

Der noch 1780, vier Jahrzehnte nach seiner Thronbesteigung, mit einer neuerlichen Verbesserung des Justizwesens befaßte Preußenkönig suchte insbesondere die Ausbildung der Beamten zu heben; nun gab es nicht mehr ererbte oder erkaufte Anwartschaften auf Ämter, sondern die Bevorzugung von »Qualifikationen«, die mit festen Gehältern verbunden war. Die wichtigste Maßnahme betraf die Abgrenzung von Justiz und Verwaltung.

die er mit Vorliebe zur »Königin von Ungarn« degradierte, wirklich: »Sie ist sehr strebsam und hat Talente auf mehr als einem Gebiete; ich muß ihr darin Gerechtigkeit angedeihen lassen, wie ich auch von Kaunitz nicht verhehlen kann, daß er ein kluger Kopf und sehr großer Staatsmann ist; keiner unserer jetzigen Politiker erreicht ihn hierin.«[129] Und als er sein eigenes Alter spürte, bekannte er nach Maria Theresias Tod am 6. Januar 1781 ohne Umschweife – und ohne jede Spitze – gegenüber d'Alembert: »Indes habe ich dennoch den Tod der Kaiserin-Königin bedauert: sie hat ihrem Thron und ihrem Geschlecht Ehre gemacht; ich habe mit ihr Kriege geführt, aber nie war ich ihr Feind.«[130]

Und Maria Theresia? Der Preußenkönig verführte sie buchstäblich zu wesensfremden Verhaltensweisen, er gehörte zu den vermutlich wenigen Menschen, die sie verabscheute, und wenn sie Kaunitz schrieb, sie sei ohne Groll und trage nichts nach, so veranlaßte Friedrich eine Ausnahme. Die ihr mit der Eroberung Schlesiens in schwierigster Lage angetane Schmach vergaß sie niemals. In einer ihrer Denkschriften hieß es: »... so ferne nicht allezeit gesegneten Leibes gewesen, mich gewiß Niemand aufgehalten hätte, selbsten diesem so meineydigen Feinde [Friedrich II.] entgegenzusetzen.«[131] Zweifellos war dies der resoluten Kaiserin durchaus zuzutrauen, zumal sie auch eine ausgezeichnete, beängstigend rasante Reiterin war.

Als 1763 das Gerücht aufkam, der König sei mit ihr in brieflichen

Kontakt getreten, reagierte sie mit der gepreßten Bemerkung: »Ich bin dem König wohl obligirt, daß er mir nicht geschrieben; meine Feder hätte ihm niemals geantwortet. Mein Herz sagt nichts dahin.«[132] Und noch vor ihrem Tod nannte sie Friedrich kurz und knapp »unser böser Nachbar«. Aber das war eher eine harmlose Charakterisierung. Gegenüber ihrem Sohn Joseph II. wurde sie am 20. Juni 1778 deutlicher – übrigens bevorzugte sie wie Friedrich das Französische –, Friedrich sei ein »Monstrum«, ein »elender König«: »Da sieht man, wie dieser große Mann ist, den man für einen Salomo hält, wenn man ihn aber genau und von Anbeginn verfolgt, ist er ganz klein und ein rechter Charlatan, was nur von seiner Macht und seinem Glück bemäntelt wird.«[133]

Vielleicht fürchtete die besorgte Mutter, die ihren längst erwachsenen Kindern bis zuletzt brieflich immer wieder mütterliche Ratschläge gab, die Bewunderung für den wohl doch nicht gar so kleinen Friedrich vermöchte ihren Sohn zu blenden: Denn dieser radikale Reformer, der »Revolutionär auf dem Thron«, wie man ihn nannte, stand im Bann des einsamen Alten von Sanssouci; keine Frage, Friedrichs aufgeklärter Geist und seine Reformen faszinierten Joseph ebenso wie die Friderizianische Machtpolitik.

Joseph II. erfreute sich der Schätzung Friedrichs des Großen und traf 1768 in Neiße und 1770 im mährischen Neustadt mit ihm persönlich zusammen. Seine darüber nicht besonders erbaute Mutter hatte Joseph schon früh, nämlich seit 1765, in die Regierungsgeschäfte eingebunden, vermutlich weil sie selbst 1740 diese Schulung schmerzlich vermißt hatte. Persönliches Glück blieb Joseph, der im Unterschied zu Maria Theresia alles andere als eine heitere Natur war, versagt. Ausgerechnet vier Monate vor dem Ereignis, das für den ehrgeizigen jungen Mann eines der schönsten hätte werden können – nämlich die Königswahl 1764 –, starb seine geliebte Frau Isabella, Herzogin von Parma. Dieses kurze Eheglück war nicht ungetrübt, denn Isabella erwiderte diese Liebe wohl nicht. Allerdings spricht einiges dafür, daß dem egozentrischen Joseph, dem es allezeit schwerfiel, sich auf andere Menschen einzustellen, die innere Distanz der Prinzessin zu ihm kaum bewußt war.

Wie dem auch sei, als Joseph die Kutsche bestieg, um mit seinem Vater und seinem Bruder Leopold nach Frankfurt zu reisen, fühlte er sich zutiefst unglücklich. Bis zu seinem qualvollen Tod im Alter von knapp 49 Jahren ist er von der schwermütigen Trauer um Isabella nicht mehr losgekommen. Die folgende, ebenfalls aus dynastischen Erwägungen geschlossene Ehe mit Prinzessin Josepha von Bayern, einer Tochter des Wittelsbachers Karl VII., blieb für ihn eher eine Formsache. Der Tod Josephas im Jahre 1767 traf ihn vermutlich wenig, verstärkte aber dennoch seine menschliche Vereinsamung, die nicht zuletzt Folge seines überaus ironisch-verletzenden Naturells war. Das Verhältnis zu seiner Mutter, die er liebte und verehrte, wurde durch politische Meinungsverschiedenheiten belastet. Die Dominanz der Mutter, aber auch die des Staatskanzlers Kaunitz sah er als Beschränkung eigener politischer Absichten an.

Joseph hatte als Kronprinz einen gründlichen staatswirtschaftlichen, historischen und juristischen Unterricht genossen, zu seinen Lehrern gehörten Bartenstein, Beck und Martini, doch gibt es berechtigte Zweifel daran, ob er beispielsweise von Becks Vorträgen

»Instruction pour mes enfants«
von Maria Theresia

Maria Theresia war ihrem Erstling,
dem späteren Kaiser Joseph II., in
Zärtlichkeit zugetan, und früh
suchte sie, ihn an die Aufgaben
des Staates heranzuführen. Aber
solange sie lebte, wollte sie ihn
lenken, und ihre Instruktionen
wiesen ihn bei aller Billigung im
großen im konkreten Einzelfall
immer wieder zurecht.

über das Staatsrecht des Heiligen Römischen Reiches überhaupt
etwas aufgenommen hat.[134] Joseph mangelte es keineswegs an Intelligenz, im Gegenteil. Aber der stets sprunghaft ungeduldige
Kronprinz, der diese Eigenschaften auch später nicht verlor, brachte
kaum die Geduld für die umständlichen Distinktionen auf, die zum
Verständnis der komplizierten Verfassungsstruktur des Reiches notwendig war. Und wie er später dazu neigte, die enervierend-zähe
Langsamkeit der reichspolitischen Entscheidungsbildung zu umge-
hen, so neigte er in seiner Jugend dazu, sich schnell anderen, ihm
interessanter erscheinenden Gegenständen zuzuwenden. Von ner-
vöser Aufnahmebereitschaft, las er viel, vor allem aufgeklärte Schriften, doch wohl recht unsystematisch.

Seit Ende der fünfziger Jahre wurde Joseph an wichtigen Konfe-
renzen beteiligt, seit 1761 auch an den Beratungen des Staatsrats.
Seine aus solchen frühen politischen Erfahrungen gewonnenen
Ansichten brachte er schnell zu Papier, den Beifall der Mutter fan-
den sie nur begrenzt. Immer wieder war sie befremdet von Josephs
Menschenverachtung und seiner rüden Behandlung verdienstvoller
Beamter, seiner Überheblichkeit, ja sie erkannte in seinem Herzen
»bissige, spöttische und böse Züge«: Die Demütigung anderer, die

bei Joseph keine Ausnahme, sondern habituell war, bestürzte die Mutter und beunruhigte die Kaiserin: »Ich muß Dir gestehen, das ist genau das Gegenteil dessen, was ich mein Leben lang getan habe. Ich habe immer durch gute Worte die Leute zu veranlassen gesucht, meinen Willen zu tun, sie mehr überzeugen wollen als zwingen. Und ich bin gut damit gefahren. Ich wünsche Dir nur, daß Du ebensoviel Hilfe bei Deinen Staaten und bei den Menschen finden wirst, wie ich gefunden habe.«

In den Heeresangelegenheiten, die Maria Theresia ihrem Mitregenten überlassen hatte, fand sie oft genug Grund, seine Maßregeln zu beanstanden, wenngleich sie ihm oft freie Hand ließ – auch da, wo er ihrem Rat nicht folgte: »Du magst noch so viele Talente haben, unmöglich kannst Du genug Erfahrung besitzen und alle Umstände der Vergangenheit und der Gegenwart so beherrschen, daß Du allein fertig werden kannst ... Du bist eine Kokette des Geistes«, schrieb sie dem Sohn, den sie doch so liebte. »Indem ich dieses Schreiben beschließe, nehme ich Dich beim Kopf und küsse Dich zärtlich und wünsche, daß Du mir den Verdruß dieser Strafpredigt verzeihst ... Ich wünsche ja nur, Dich von jedermann geachtet und geliebt zu sehen, wie Du es verdienst ... Deine gute alte treue Mama.«[135]

Maria Theresias Wunsch ging nicht in Erfüllung, vielleicht wäre andernfalls Josephs II. Alleinregierung nach ihrem Tod erfolgreicher verlaufen. Anders als seine Mutter starb Joseph zutiefst unbeliebt. In vielem knüpfte er durchaus an die Reformen seiner Mutter an, insbesondere in dem geradezu zum Signum seiner Regierung gewordenen Josephinismus, in der Staatskirchenpolitik. Aber wie in anderen Bereichen auch wäre eine kontinuierliche Fortführung der Theresianischen Politik vielversprechender gewesen. Während der Dekade seiner Alleinregierung 1780 bis 1790 veränderte er viel, sehr viel, aber auf so wenig überzeugende Weise, daß er auf dem Sterbebett große Teile seines Reformwerks wieder rückgängig machen mußte: In den letzten Jahren seines Lebens wurde ihm klar, daß er gescheitert war. Man wartete auf seinen Tod, und es war wohl keineswegs nur menschliche Anteilnahme, die das Leiden des Kaisers verkürzt sehen wollte, als Kaunitz die Mitteilung über Josephs Tod mit der Bemerkung quittierte: »Es war Zeit.« Das Reformprogramm Josephs kannte im europäischen Ancien régime während des 18. Jahrhunderts nicht seinesgleichen, und im Fall des Erfolgs hätte er ein sichtbares Zeichen für die Abwendbarkeit von Revolutionen gesetzt und die fundamentale Reformfähigkeit des Absolutismus bewiesen. Aber es kam anders.

Joseph war zweifellos bester Absicht, aber gute Absichten machen noch keine gute Politik, nicht selten kommt das Böse durch gute Absichten in die Welt. Allerdings wäre es ungerecht, nur Josephs Unbeliebtheit beim Volk, bei den Geistlichen und bei den meisten seiner Staatsmänner und Beamten herauszustellen, verkörperte er doch für die Aufklärer seiner Zeit eine große Hoffnung. Sein Rationalismus, aber auch sein bescheidener Lebensstil schien Geist von ihrem Geiste: »Joseph ist der erste seines Hauses, der für alle Menschen Mensch ist, der seine Kron und seinen Zepter für ein unbedeutendes Gepränge der Eitelkeit hält, die Kaiserwürde bloß im Wohltun sucht und sich bloß durch den größeren Wirkungskreis, wohlzutun,

von seinen Untertanen unterscheidet.« So urteilte Riesbeck, der sich von der Herrschaft Josephs versprach, daß es in Wien »heller« werde, und der ihm bescheinigte, sowohl dem »sultanischen Stil« des Wiener Hofes als auch der Frömmelei und der moralischen Überwachung der Untertanen Einhalt zu gebieten.[136] Und Friedrich Nicolai, der selbst mit der Theresianischen Zensur in Konflikt geraten war, als man 1778 in Wien seine »Allgemeine Deutsche Bibliothek« verbot, zeigte sich des Lobes voll für diesen Kaiser.

Natürlich begrüßten die Aufklärer besonders Josephs II. radikale Kirchenpolitik, die alles bis dahin von katholischen Herrschern seiner Zeit Unternommene in den Schatten stellte: Joseph schaffte die Jurisdiktion ausländischer Ordensoberer ab, hob die kontemplativen Orden auf, weil er sie als nutzlos ansah, entzog der Kirche die Ehegesetzgebung und überführte sie in staatliche Zuständigkeit, unterstellte die Ausbildung der Geistlichen staatlicher Kontrolle und ließ sogar den schriftlichen Verkehr der österreichischen Bischöfe mit dem Papst überwachen. Gegen die Proteste Papst Pius' VI. stärkte ihm Kaunitz den Rücken, doch schreckte der Kaiser schließlich vor dem sich abzeichnenden definitiven Bruch mit dem Heiligen Stuhl zurück, der aufgrund der Ernennung von Bischöfen unter Mißachtung des päpstlichen Rechts zur Nomination schon drohte.

Der Wille, die Souveränität des Staates gegenüber der Kirche durchzusetzen, bildete die wesentliche Triebfeder Josephs. Sie gelangte auch in dem streng konzipierten staatskirchlichen Verwaltungssystem zum Ausdruck, das, durch Kaunitz 1768 entworfen, bereits zur Zeit Maria Theresias in den Grundzügen eingeführt worden war. Joseph verschaffte ihm allgemeine Geltung, sein Bruder Leopold II. bestätigte es 1791 in den entscheidenden Punkten, und auch die Nachfolger tasteten es bis 1850 nicht an. Keineswegs sind alle Reformen Josephs als falsch zu bezeichnen, vielmehr trug beispielsweise seine Diözesanregulierung, die Vermehrung der Pfarr-

Joseph mit seinen beiden Gemahlinnen Isabella von Parma und Josepha von Bayern sowie seiner Tochter Maria Theresia

Das Leben Josephs wurde von dem frühen Tod seiner ersten Gemahlin überschattet. Isabella von Parma starb schon im Alter von 22 Jahren, und Joseph überwandt diesen Verlust niemals, auch durch seine zweite Ehe mit Josepha von Bayern nicht, die nach kurzer Ehe bereits 1767 starb. Im tiefsten unglücklich und vereinsamt, ist Josephs II. Leben ganz auf den Staat gestellt. Aber auch dies blieb bei allem Reformabsolutismus – oder auch gerade deswegen – eine unglückliche Liebe, wie die Mutter schon vermutete: »Du bist eine Kokette des Geistes«, schrieb sie dem heißgeliebten Sohn, dessen Schwächen sie überdeutlich sah, »ich küsse Dich zärtlich ... Ich wünsche ja nur, Dich von jedermann geachtet und geliebt zu sehen ... Deine gute alte treue Mama.«

stellen, ihre erhöhte Dotierung und anderes mehr zur Verbesserung der kirchlichen Infrastruktur bei. Das Problem bestand vor allem darin, daß Joseph die Kirche nicht mehr als eine gegenüber dem Staat eigenständige Institution akzeptieren wollte.

Der Josephinismus ist in der Forschung bis heute umstritten geblieben. Die einen sehen in Übereinstimmung mit Joseph selbst in seinen Maßnahmen einen letzten Reformversuch, den die Kirche nicht durchzuführen die Kraft hatte, beurteilen ihn als »Reformkatholizismus« mit langer Tradition, als den letzten historischen Versuch »einer vom Staate ausgehenden Kirchenreform«.[137] Andere finden durch den Josephinismus »das Recht der Kirche in offenkundiger und zugleich brutaler Weise verletzt«.[138]

Außer Frage steht indes: Joseph II. führte seine Maßnahmen derart überhastet durch und versuchte mit kleinlichen Polizeimaßnahmen jeden Widerstand zu brechen, daß ihr Scheitern wahrscheinlich war. Auch scheute er nicht davor zurück, massiv reglementierend in religiöses Brauchtum, in Bestattungszeremonien und sogar in die Gottesdienstordnung einzugreifen und bis ins einzelne gehende Regeln zu erlassen: Dies trug ihm schließlich den Spottnamen »Bruder Sakristan« ein; sein Bruder Leopold hob diese Reglementierungen schon 1790 wieder auf.[139]

Die gesellschafts- und wirtschaftspolitischen Reformen Josephs – für die er 1777 bei seinem Studium des Physiokratismus in Paris weitere Anregungen erhielt – wurden bereits in anderem Zusammenhang vorgestellt, vor allem seine 1781 erfolgte Aufhebung der Leibeigenschaft und deren Grenzen. Zu Josephs ebenfalls außerordentlich bemerkenswerten Reformen zählte die Toleranzgesetzgebung, zunächst gegenüber den Protestanten und dann auch gegenüber den Juden, für die seit 1781 eine Reihe von Toleranzpatenten mit jeweils provinzialer Geltung erlassen wurden, die weit über alle früheren Maßnahmen zur Besserstellung der Juden hinausgingen. Allerdings ist die Unterschiedlichkeit der Regelungen für die einzelnen Teile der Monarchie zu beachten: Die konsequenteste Form fand sich im Patent für die allerdings nur wenige hundert Personen umfassende Wiener Judenheit vom 2. Februar 1782. Demgegenüber gingen die Patente für die weitaus größere Zahl in den böhmischen Ländern (etwa 70 000) oder in Galizien (etwa 200 000) weniger weit. Die Wiener Juden erhielten 1782 im wesentlichen Rechtsgleichheit, das Recht auf freie wirtschaftliche Tätigkeit, sei es im Gewerbe, sei es im Handel. Beseitigt wurden auch die diskriminierenden Kleiderordnungen und anderes mehr; Anlaß zur Kritik bot indes der Versuch, die Juden zur Assimilation zu zwingen, indem sowohl die Gemeindebildung verboten als auch der Gebrauch des Hebräischen eingeschränkt wurde.

Die Toleranzpatente insgesamt folgten weitgehend den Überlegungen Christian Wilhelm von Dohms,[140] die wenig später auch für die vollständige Emanzipation der Juden durch die Französische Nationalversammlung 1789 maßgebliche Bedeutung erlangten.[141] Dieser Zusammenhang ist gerade im Vergleich aufschlußreich, da die revolutionäre und die evolutionäre Komponente der Judenemanzipation sich hier verbinden: Die theoretische Reflexion ging in Preußen am weitesten, die früheste, wenngleich noch begrenzte Realisierung unternahm Joseph II., und die konsequenteste Ausprä-

Allegorie auf Joseph II. anläßlich des Toleranzpatents von 1781, Kupferstich von J. F. Beer

Joseph hatte durchaus ein Gefühl für die Vergeblichkeit seines Tuns. In einem seiner letzten Briefe, wenige Tage vor seinem Tod an die russische Zarin Katharina II. gerichtet, schrieb er: »Je n'ai fait que vouloir«, ich habe immer nur gewollt – eine Geste des Eingeständnisses seiner Ohnmacht, die noch krasser zutage trat, da Joseph seinen Staatskanzler das Schreiben vor dem Absenden lesen und billigen ließ.

gung brachte ungefähr acht Jahre später die Französische Revolution.

Die Josephinische Gesetzgebung wurde nicht allein von humanitär-menschenrechtlichen Maximen geleitet, sondern auch von etatistischen und ökonomischen. Diese Verbindung verschiedener Argumentationsebenen fand sich bereits bei Dohm und resultierte aus der zutreffenden Einsicht, daß die aufgeklärten Ziele mit dem absolutistisch verstandenen Staatsinteresse zusammengehen mußten, um eine wirkliche Gleichstellung der Juden tatsächlich zu erreichen.

Bei allen Grenzen brachte diese Toleranzgesetzgebung den Juden erhebliche Verbesserungen, die beispielsweise im Friderizianischen Preußen zur gleichen Zeit noch nicht erlangt wurden. Dort beschränkte sich die Politik gegenüber den Juden wie bis dahin in Österreich auf die Vorzugsbehandlung privilegierter Hofjuden, die der staatlichen Wirtschafts- und Finanzpolitik von Nutzen waren. Erst im Zuge der Reformen des frühen 19. Jahrhunderts zog Preußen in dieser Hinsicht gleich: Auch das läßt den vorausweisenden Charakter der Josephinischen Toleranzgesetzgebung erkennen. Ihre Grenzen entsprangen nicht einem antijüdischen Affekt, sondern der rationalistisch-etatistischen Komponente der Politik Josephs überhaupt, die ihren Erfolg von vornherein stark beeinträchtigte: In der Verfolgung seiner politischen Ziele im Interesse der Staatsräson erwies sich Joseph selbst als intolerant und doktrinär. Um jeden Preis strebte er einen zentralistisch regierten Staat an, der angesichts der vielen konfessionellen, nationalen und regionalen Besonderheiten seiner Monarchie unerreichbar war, wie sich bis ins 20. Jahrhundert immer wieder bestätigte: An dieser Aufgabe hätte auch ein Größerer, als er es war, scheitern müssen.

So verordnete Joseph Deutsch als Staatssprache, wobei Bürokratie und Heer die Säulen dieser Herrschaft bildeten, die keinerlei Sonderrechte oder gar eine Sonderstellung der einzelnen Länder der Vielvölkermonarchie erlauben wollte. Die zahlreichen sinnvollen wirtschaftlichen und sozialen Reformen – von der Einführung einer generellen Grundsteuer bis zur Errichtung von Krankenhäusern und der Intensivierung der von seiner Mutter begonnenen Schulpolitik – verblaßten hinter diesem Doktrinarismus. Und dennoch, die Reformen, die Joseph auf nahezu allen Sektoren der Politik in Angriff genommen hat, waren gerade diejenigen, die in den nächsten Jahrzehnten auf der Tagesordnung der deutschen und europäischen Staaten standen: Nicht die lange Reihe verfehlter oder überspitzter Einzelmaßnahmen, sondern der umfassende Reformansatz Josephs II. erfuhr schließlich postum seine Legitimierung.

Am Ende seines Lebens besaß Joseph II. – der als Zeuge der ersten Monate der Revolution in Frankreich, von der er sich als Bruder Marie-Antoinettes auch persönlich betroffen fühlte – ein waches Bewußtsein dafür, wie sehr seine politischen Ziele denjenigen der ersten Phase der Revolution ähnelten. Um so tragischer erscheint es, daß die als Ständekonflikt beginnende Revolution in Lüttich und den österreichischen Niederlanden seit 1787, welcher der bereits national akzentuierte ungarische Aufstand 1788 bis 1790 auf dem Fuße folgte, das kunstvolle Gebäude seiner Politik zum Einsturz brachte. Die Wiener Opposition, aber auch sein Bruder Leopold fürchteten nicht zu Unrecht das Auseinanderfallen der vielgliedrigen Monarchie, deren innere Spannungen die auf historisch gewachsene Rechte und Kulturen keine Rücksicht nehmende Politik Josephs bis zur Siedehitze gesteigert hatte. Vielleicht auch fühlte sich Joseph nachträglich in seinem – wie manch andere außenpolitische Aktivitäten – gescheiterten bayerischen Tauschprojekt gegen die österreichischen Niederlande bestätigt.

Als er vom Türkenfeldzug mit Anzeichen fiebriger Tuberkulose nach Wien zurückkehrte, blieb ihm nichts anderes übrig, als wesentliche seiner großen Reformen – bis auf die Toleranzpatente, die Bauernbefreiung und einige kirchenpolitische Maßnahmen – zurückzunehmen und sogar in einigen Erbländern, zum Beispiel in Böhmen, die Wiederherstellung ständischer Privilegien zuzugestehen. Auf der anderen Seite wirkten eine Reihe weniger spektakulärer Maßnahmen fort, mit denen Joseph die Politik seiner Mutter weitergeführt hatte oder an denen er schon während der Mitregentschaft beteiligt war. Insofern blieb von seiner Herrschaft – die während nur eines Jahrzehnts in über 6 000 Edikten ihren Niederschlag fand – doch erheblich mehr als ein bloßes Signal.

Die Verfrühung, die Radikalität, aber auch das partielle Scheitern mögen dazu beigetragen haben, daß Österreich zu Beginn des 19. Jahrhunderts nicht wie die meisten anderen deutschen Staaten eine umfassende Reformgesetzgebung erlebte: Einerseits war manches schon geschehen, andererseits waren die Fehler Josephs und sein klägliches Ende noch in zu lebhafter Erinnerung, um zur Nachahmung zu reizen. Josephs strikt am Staatsinteresse ausgerichtete Politik war die Politik eines absoluten Monarchen, zweifellos aber auch die eines der Tradition wenig verhafteten, zukunftsorientierten Aufklärers, dessen schon bürgerlicher Lebensstil und bürokratischer Etatismus Fürstenstaat und staatstragende bürgerliche Gesellschaft miteinander verbanden.

Als Joseph II. am 16. Februar 1790 vier Tage vor seinem Tod der russischen Zarin Katharina II. einen ergreifenden Abschiedsbrief schrieb, gipfelte dieser in dem Satz: »Je n'ai fait que vouloir . . .« Ich habe immer nur gewollt![142] Er gestattete Kaunitz, den Brief vor der Absendung zu lesen. Dies war eine Geste an den großen Staatsmann, die dominierende politische Persönlichkeit der Zeit, mit der der Kaiser und seine Mutter die Politik Österreichs im wesentlichen gestaltet hatten, mit dem Joseph II. aber trotz vieler gemeinsamer Überzeugungen in einem konkurrierenden Spannungsverhältnis gestanden hatte. Die letzten Zeilen, die beide daraufhin wechselten, scheinen Zeilen einer rührenden Versöhnung gewesen zu sein.

Wir mußten uns auf die wirkungsmächtigsten deutschen Herrscher des 18. Jahrhunderts beschränken, zumal sie den aufgeklärten Absolutismus verkörperten, während in vielen mittleren Staaten im 18. Jahrhundert zumindest Reste der landständischen Verfassung erhalten blieben. Dies galt in Grenzen auch für geistliche Fürstentümer, in denen ursprünglich die adligen Domkapitel die Landesherren wählten und als Landschaft oder als erster Stand die Herrscher banden. Auch nachdem der Papst 1695 dort alle Wahlkapitulationen verboten und der Kaiser diese Entscheidung bestätigt hatte, verschwanden die landständischen Mitwirkungsrechte nicht völlig und nicht überall in gleichem Maße.

Die schwierigen Probleme der Zeit, die einer Lösung harrten, konnten die moderneren Großstaaten eher bewältigen, zumal sie hier dringlicher in Erscheinung traten, aber es gab in den mittleren und manchmal auch den kleineren Territorien – beispielsweise mit Karl Theodor von Pfalz-Bayern, Karl Eugen von Württemberg, Karl-Friedrich von Baden, Carl August von Sachsen-Weimar – viele Fürsten, die in ihrem Rahmen eine rege Reformtätigkeit entfalteten,

Blick auf München, Gemälde von Bernardo Bellotto, um 1761

München, die Residenz der Wittelsbacher, war im Vergleich zu Wien und Berlin eine liebenswürdige Provinzstadt; erst unter Ludwig I. und Maximilian gewann sie architektonischen Glanz, der ihrer politischen Bedeutung aber noch immer nicht entsprach – wie denn auch Habsburg ganz ungeniert mit den Wittelsbachern verhandelt hatte, ob sie Bayern nicht gegen die habsburgischen Niederlande eintauschen wollten, wozu diese sogar geneigt waren. Aber am Widerspruch der deutschen Fürsten, insbesondere Friedrichs II. scheiterte dieser Tausch. Bayern war keine Großmacht und zu diesem Zeitpunkt noch Gegenstand dynastischer Überlegungen, bevor sich in den Reformen des frühen 19. Jahrhunderts eigenstaatliche Prinzipien durchsetzten.

die trotz ihres geringeren, oft eng begrenzten Wirkungskreises nicht zu unterschätzen ist.

Vor allem die für die aufgeklärt-absolutistischen Großmächte so charakteristischen Rechtsreformen fanden in mittleren Territorien seit der Mitte des 18. Jahrhunderts ein Pendant. Ein herausragendes Beispiel dafür bilden die bayerischen Rechtskodifikationen zwischen 1751 und 1771, nicht allein wegen ihres frühen Datums, sondern auch weil sie – als das Werk eines einzelnen, jedenfalls in der zweiten Phase – aus einem Guß waren und zügig entstanden. Der bayerische Kurfürst Max III. Joseph hatte den Wirklichen Geheimen Kanzler Wiguläus Xaverius Aloysius Reichsfreiherr von Kreittmayr unter dem Eindruck der preußischen Rechtsreformen der vierziger Jahre mit vergleichbaren Kodifikationen beauftragt, deren erste, durchaus absolutistische Zielsetzung eine das gesamte Territorium umfassende Rechtsvereinheitlichung sein sollte. Kreittmayr war ein im Reichsjustizdienst und im Dienst seines Landesherrn erfahrener Jurist und wurde später Leiter der kurbayerischen Staatsverwaltung. Der sammelnde, ordnende und in prägnantem Deutsch formulierte, 1751 in Kraft tretende »Codex juris Bavarici criminalis« ließ allerdings in wesentlichen Teilen noch keinen Einfluß aufgeklärten Rechtsdenkens erkennen: Die Strafen waren nach den Maßstäben der Aufklärung durchaus noch barbarisch, die Folter blieb erhalten, die Bestimmungen gegen Ketzer und Hexen waren von Aberglauben geprägt. Dies änderte sich erst allmählich mit den weiteren Kodifikationen.

Der 1753 folgende »Codex juris Bavarici judicarii« regelte das Zivilprozeßrecht und die Gerichtsverfassung: Dieses Gesetzbuch gilt als »eigenständigste Leistung« Kreittmayrs (L. Hammermayer). Das dritte Werk regelte 1756 das kurbayerische Landrecht: Diesen »Codex Maximilianus Bavaricus civilis« erschloß Kreittmayr dann 1758 bis 1768 mit einem fünfbändigen Kommentar. Schließlich unternahm es Kreittmayr 1771 – neben einer regen wissenschaftlichen Tätigkeit, die vor allem dem bayerischen sowie dem Reichsstaatsrecht gewidmet war –, der Zersplitterung des bayerischen Verwaltungsrechts mit einer Sammlung der zentralen landesherrlichen Mandate entgegenzuwirken. Die politische Bedeutung der Kreittmayrschen Rechtskodifikationen erhellt daraus, daß sie den Grund für die staatskirchlichen Aktivitäten legte, die von 1763 an einer Kommission unter der Leitung des Direktors der Philosophischen Klasse der Bayerischen Akademie der Wissenschaften, Peter von Osterwald, anvertraut wurde.

Vor allem die langfristige Geltung der Codices beeindruckt: Nur das Strafrecht, das bereits im Zeitalter der Aufklärung antiquiert wirkte, wurde 1813 durch Anselm Feuerbachs Neufassung ersetzt; die Gerichtsverfassung und das Prozeßrecht blieben für mehr als hundert Jahre bis 1869 und der Codex Civilis sogar bis 1900 gültig, als das im ganzen Deutschen Reich gültige Bürgerliche Gesetzbuch an seine Stelle trat.[143] Diese lange Geltung hatten das Bayerische und das Preußische Landrecht gemein: Auch das Allgemeine Landrecht blieb in den altpreußischen Provinzen sowie in Westfalen im wesentlichen bis zum 1. Januar 1900 in Kraft. Nichts kann den Rang der naturrechtlich aufgeklärten Gesetzeskodifikationen besser verdeutlichen.

V.
Aufklärung in Deutschland

1. Was ist Aufklärung?

Absolutismus und Aufklärung besaßen vielerlei gemeinsame Ziele und schlossen sich doch in grundsätzlichen Fragen aus. So stimmten beide in der Kritik der alten Wirtschafts- und Sozialstrukturen überein; beide strebten eine Rationalisierung fürstlicher Herrschaft an und seit Mitte des 18. Jahrhunderts zunehmend auch ihre Säkularisierung. Hierzu zählte nicht allein die Begrenzung der weltlichen Macht der Kirche, sondern bei vielen katholischen Fürsten auch die wirtschaftliche Stärkung des Staates auf Kosten der Kirche. Und schließlich akzeptierten die Aufklärer trotz ihrer Distanz zu der im Absolutismus fortdauernden Privilegierung des Adels sogar die in den absoluten Monarchien betriebene »Sozialdisziplinierung« (G. Oestreich) der gesamten Gesellschaft und ihrer Stände für die Staatsräson – unter der Voraussetzung allerdings, daß sie auf das Gemeinwohl abzielte. Schließlich verdankte sowohl die aufgeklärte als auch die absolutistische Staats- und Gesellschaftslehre entscheidende Anregungen dem frühneuzeitlichen Naturrecht.

Diese Übereinstimmung aber beschränkte sich auf die Modernisierung der gesellschaftlichen Ordnung, deren ständisch-traditionalen Charakter selbst die ausgesprochen gemäßigten Aufklärer zumindest mit Distanz, normalerweise aber mit mehr oder weniger ausgeprägter Ablehnung betrachteten, war doch Aufklärung prinzipiell zukunftsorientiert. Demgegenüber hielten die meisten absoluten Fürsten nach der politischen Entmachtung der Landstände am Adel als privilegiertem Sozialstand fest. In diesem Punkt erwies sich Joseph II. zweifellos als moderner. Die Sozialdisziplinierung der Gesellschaft erschien den Aufklärern deswegen zeitweilig akzeptabel, weil sie mit der strikten Indienstnahme aller Stände für den Staatszweck der ständischen Ordnung einen rationalen Sinn unterschob, der für bloß traditional legitimierte Privilegien auf die Dauer keinen Raum mehr ließ, sondern sie durch ein staats- und gesellschaftsorientiertes Leistungsprinzip ersetzte. Hier lag je länger, je stärker ein Sprengsatz, der Aufklärung und Absolutismus auseinandertrieb.

Viele Ziele der Aufklärung kamen in unterschiedlichen Zusammenhängen bereits zur Sprache, trotzdem muß die klassische Frage »Was ist Aufklärung?« in ihrer prinzipiellen Tragweite beantwortet und ihr in Deutschland besonders ausgeprägter theologisch-kirchenkritischer Ansatz erfaßt werden. 1783 schrieb der Berliner Theologe Johann Friedrich Zöllner in einem der führenden deutschen Aufklärungsjournale, der »Berlinischen Monatsschrift«: *»Was ist Aufklärung?* Diese Frage, die beinahe so wichtig ist, als: *was ist Wahrheit,* sollte doch wohl beantwortet werden, ehe man aufzuklären anfinge! Und doch habe ich sie nirgends beantwortet gefunden!«[1] Der Zeitpunkt dieser Frage überrascht, denn die Aufklärung hatte nach einigen Vorläufern in allen westeuropäischen Staaten und auch in Deutschland doch schon im 17. Jahrhundert eingesetzt. Warum brauchte man einhundert Jahre, um auch nur die Frage zu stellen? Die »Eule der Minerva beginnt erst in der Dämmerung ihren Flug« – so hätte Hegel geantwortet, wenn er nicht die Aufklärung für eine ziemlich seichte geistige Bewegung, eine zu seiner Zeit bereits überwundene Epoche gehalten hätte.

Tatsächlich löste Zöllners Frage eine lebhafte Diskussion aus.[2] Die beiden berühmtesten Antworten stammen von dem Königsberger Philosophen Immanuel Kant und dem Berliner Kaufmann und Popularphilosophen Moses Mendelssohn, dem führenden jüdischen Aufklärer dieser Zeit, dessen Ruhm und großes persönliches Ansehen oft vergessen lassen, daß er einer diskriminierten konfessionellen und sozialen Gruppe angehörte, die in einem Status minderen Rechts leben mußte. Sooft diese beiden Stellungnahmen auch zitiert worden sind, wir können auch hier nicht auf sie verzichten.

Mendelssohn erklärte: »Die Worte *Aufklärung, Kultur, Bildung* sind in unsrer Sprache noch neue Ankömmlinge. Sie gehören vor der Hand bloß zur Büchersprache. Der gemeine Haufe verstehet sie kaum. Sollte dieses ein Beweis sein, daß auch die Sache bei uns noch neu sei? Ich glaube nicht.« Mendelssohn sah in den drei erwähnten Worten »Modifikationen des geselligen Lebens«. Bildung zerfalle in Kultur und Aufklärung; während Kultur mehr auf das *Praktische* gehe, scheine sich Aufklärung »mehr auf das *Theoretische* zu beziehen. Auf vernünftige Erkenntniß (objekt.) und Fertigkeit (subj.) zum vernünftigen Nachdenken, über Dinge des menschlichen Lebens, nach Maaßgebung ihrer Wichtigkeit und ihres Einflusses in die Bestimmung des Menschen.« Und dieser schon für sich genommen die Aufklärung charakterisierenden Beschreibung fügte Mendelssohn bekräftigend den Schlüsselsatz der Aufklärung an: »Ich setze allezeit die Bestimmung des Menschen als Maaß und Ziel aller unserer Bestrebungen und Bemühungen ...«[3]

Das Denken der Aufklärung ging in der Tat vom Menschen aus, war anthropozentrisch in einem emphatischen Sinn. Die von Mendelssohn formulierte Maxime war weder neu noch auf die deutsche Aufklärung beschränkt. Schon Alexander Pope hatte um 1733 ähnliche Überlegungen formuliert: »Erkenne dich selbst. Maße dir nicht an, Gott zu erforschen, das eigentliche Studium der Menschheit ist der Mensch.«[4] Und in der französischen Aufklärung findet sich ein verwandtes Prinzip: »Unser Heil ist unser eigenes Werk, mit Hilfe der Gnade ...«[5]

Beide Sätze zeigen, in welcher Richtung die Anthropozentrik offensiv wurde: Die Diesseitigkeit des Menschen wurde gegen seine religiös verstandene Jenseitigkeit ausgespielt. Und auch Kants Definition der Aufklärung von 1783 implizierte diesen Zusammenhang, wenn er seine Reflexionen mit den berühmten Sätzen einleitete: »*Aufklärung* ist der Ausgang des Menschen aus seiner selbst verschuldeten Unmündigkeit. Unmündigkeit ist das Unvermögen, sich seines Verstandes ohne Leitung eines anderen zu bedienen. Selbstverschuldet ist diese Unmündigkeit, wenn die Ursache derselben nicht am Mangel des Verstandes, sondern der Entschließung und des Muthes liegt, sich seiner ohne Leitung eines andern zu bedienen. Sapere aude! Habe Muth, dich deines eigenen Verstandes zu bedienen! ist also der Wahlspruch der Aufklärung.«[6]

Sapere aude! Dieser Imperativ der Aufklärung galt für alle Lebensbereiche, galt für Religion und Kirche, Staat und Gesell-

Moses Mendelssohn (1729-1786), Rötelzeichnung von Daniel Chodowiecki

Friedrichs Preußen ähnelt in mancher Beziehung Kolonialgründungen, insofern es sich neuen Schichten und neuen Ideen öffnete. Der zugewanderte Moses Mendelssohn, 160 Zentimeter groß und verwachsen, wurde zu einem Protagonisten der Toleranzidee, die Friedrich nur in Traktaten feierte, in bezug auf die Juden in Preußen aber keineswegs begünstigte.

Titelblatt der Erstausgabe von Kants »Kritik der reinen Vernunft«, Riga 1781

Kants Werk ist in weit höherem Maße als das der französischen Aufklärer die philosophische Begründung eines neuen Zeitalters, eine kopernikanische Wende der Erkenntnistheorie. In der Kunst wie in der Philosophie kündigt sich der revolutionäre Umbruch lange vor den Ereignissen von 1789 an.

schaft, Philosophie und Wissenschaft, Geschichte und Gegenwart. »Selbstdenken«, ein anderes Schlüsselwort der Aufklärung, zielte ebenfalls auf die intellektuelle Mündigkeit des Menschen. Im Sinne dieses Grundsatzes bildete nach Ansicht Kants Freiheit die Voraussetzung der Aufklärung – die Freiheit nämlich, »von seiner Vernunft in allen Stükken öffentlichen Gebrauch zu machen«.[7]

Wenngleich Kant den öffentlichen Vernunftgebrauch auf die Gelehrten beschränkte, sah er doch zweifelsfrei den Ausgang des Menschen aus seiner selbstverschuldeten Unmündigkeit »vorzüglich in Religionssachen«.[8] Aber dieser zentrale Bezug aufgeklärten Denkens weitete sich bald aus, wie Kant selbst in der Vorrede zur »Kritik der reinen Vernunft« 1781 klar erkennen ließ: »Unser Zeitalter ist das eigentliche Zeitalter der Kritik, der sich alles unterwerfen muß. *Religion,* durch ihre *Heiligkeit,* und *Gesetzgebung* durch ihre *Majestät,* wollen sich gemeiniglich derselben entziehen. Aber alsdann erregen sie gerechten Verdacht wider sich und können auf unverstellte Achtung nicht Anspruch machen, die die Vernunft nur demjenigen bewilligt, was ihre freie und öffentliche Prüfung hat aushalten können.«[9]

Für das Verhältnis der Aufklärung zum Staat gilt also im Prinzip das gleiche wie gegenüber den Kirchen: Freie und öffentliche Prüfung durch die selbstdenkende, nicht außengeleitete oder fremdbestimmte menschliche Vernunft, so lautete die Maxime, ihrem Richtspruch sollten sich weder Traditionen noch Institutionen, noch Individuen entziehen dürfen, Vernunft galt als letzte Instanz für alles Menschliche, ihr Mittel war die Kritik.

Wie Vernunft zählte Kritik zu den Schlüsselwörtern der Aufklärung. Eine Legion von Schriften trägt im Titel das Wort Kritik, von Pierre Bayles »Dictionnaire historique et critique« (1695-1697) über Johann Christoph Gottscheds »Versuch einer critischen Dichtkunst vor die Deutschen« (1730) bis zu Immanuel Kants berühmten Kritiken, die Erkenntnistheorie (1781), Ethik (1788) und Ästhetik (1790) enthalten. Und so überrascht es kaum, daß einer der Autoren der Romantik, die der Aufklärung ablehnend gegenüberstanden, nämlich Friedrich Schlegel, im Jahre 1800 Kants Diktum ironisch abwandelte. Das Zeitalter verdiene »den bescheidenen, aber vielsagenden Namen des kritischen Zeitalters . . ., so daß nun bald alles kritisiert sein wird, außer das Zeitalter selbst, und daß alles immer kritischer und kritischer wird . . .«[10] Tatsächlich hatte sich das Wort Kritik, das zunächst die Kunst des sachgemäßen Urteils in Kunst und Wissenschaft meinte, nachdem es im 17. Jahrhundert aus dem Französischen ins Deutsche gelangt war, schnell verbreitet, und bereits bei Goethe findet sich neben dem positiven Gebrauch – nämlich durch Kritik das Wahre vom Falschen zu scheiden – der Hinweis auf eine destruktive Form der Kritik.[11] Aus Kritik wurde nur allzuleicht Krittelei: »... weg mit allen Wortkritteleien!«[12] forderte Lessing daher schon 1780.

Der ursprüngliche, für die Aufklärung wesentliche Sinn der Kritik basierte auf der philosophischen Textkritik, die sich aus der historischen Bibelkritik des katholischen Theologen Richard Simon im 17. Jahrhundert entwickelte. In ihrer theologischen, wissenschafts- und kulturgeschichtlichen Wirkung ist diese kaum zu überschätzen. Schon der große Bahnbrecher der französischen Aufklärung im späten 17. Jahrhundert, Pierre Bayle, wollte in seinem monumentalen historisch-kritischen Wörterbuch, das Gottsched 1740 ins Deutsche übertrug, »un recueil des fautes«, ein »Register von Fehlern« geben: »Nirgends zuvor war mit solcher Strenge und Unerbittlichkeit, mit solcher minutiösen Genauigkeit die Kritik der Überlieferung durchgeführt worden … Und hier erst kommt seine wirkliche Genialität als Historiker zutage. Sie besteht, so paradox dies klingen mag, nicht in der Entdeckung des Wahren, sondern in der Entdeckung des Falschen.«[13] Und noch Lessing kündigte 1767 seine »Hamburgische Dramaturgie« ganz in diesem Sinne an: »Diese Dramaturgie soll ein kritisches Register von allen aufzuführenden Stücken halten und jeden Schritt begleiten, den die Kunst, sowohl des Dichters als des Schauspielers, hier thun wird.«[14]

Der kritische Grundzug blieb also auch nach Bayle über weite Strecken ein Charakteristikum der Aufklärung, deren Verfechter oft mit einer Vehemenz kritisierten, als gelte es, das Falsche überhaupt aus der Welt zu schaffen. Aber Kritik selbst mag für eine Methode stehen, für ein Prinzip des Denkens, ist an sich aber formal, sagt über Inhalte nichts aus. Und auch das ist kennzeichnend: Selten ließen die Aufklärer einen Inhalt unkritisiert stehen. Aber eine solche Verselbständigung der Kritik birgt auch die Tendenz zur Auflösung des Inhalts in die Methode und zur Überzeugung, der Weg sei allemal wichtiger als das Ziel.

Gotthold Ephraim Lessing mit Freunden in Hamburg, Kupferstich

Gotthold Ephraim Lessing zählt neben Mendelssohn und Nicolai zu den profiliertesten Wortführern der deutschen Aufklärung. Allerdings fand dieser zweifellos bedeutendste Schriftsteller der deutschen Aufklärung in den beiden führenden Residenzstädten Wien und Berlin keine Heimstatt, sondern verbrachte das letzte Jahrzehnt seines Lebens als Bibliothekar im braunschweigischen Wolfenbüttel.

So verwundert es kaum, wenn der den Höhepunkt deutscher Aufklärung verkörpernde Lessing 1778 zu dem Schluß gelangte: »Nicht die Wahrheit, in deren Besitz irgend ein Mensch ist, oder zu seyn vermeynet, sondern die aufrichtige Mühe, die er angewandt hat, hinter die Wahrheit zu kommen, macht den Werth des Menschen. Denn nicht durch den Besitz, sondern durch die Nachforschung der Wahrheit erweitern sich seine Kräfte, worinn allein seine immer wachsende Vollkommenheit bestehet. Der Besitz macht ruhig, träge, stolz – Wenn Gott in seiner Rechten alle Wahrheit, und in seiner Linken den einzigen immer regen Trieb nach Wahrheit, obschon mit dem Zusatze, mich immer und ewig zu irren, verschlossen hielte, und spräche zu mir: wähle! Ich fiele ihm mit Demuth in seine Linke, und sagte: Vater gieb! die reine Wahrheit ist ja doch nur für dich allein!«[15]

Die den Menschen erkennbare Wahrheit ist allemal relativ, niemals absolut – so lautete die Botschaft der Ringparabel aus Lessings und der deutschen Aufklärung reifstem Werk »Nathan der Weise«. Und nur konsequent war es von dieser Position aus, daß die Toleranz

– und das bedeutete zunächst die Toleranz unter den verschiedenen Religionen, den christlichen und außerchristlichen – zu einem Hauptanliegen der Aufklärung wurde. Die Aufklärer begründeten die Forderung nach Toleranz aber keineswegs nur negativ mit der Begrenztheit menschlichen Erkenntnisvermögens, sondern ebenso als positives menschenrechtliches Postulat: »Der wahre Grund der Toleranz ist: daß ein jeder Mensch ein angebohrenes Recht hat, in Glaubenssachen seiner Überzeugung zu folgen.«[16]

Aufklärung bezeichnete also zunächst keine feststehenden Inhalte, sondern ein prozessual verstandenes Denkprinzip. Die dem Wort innewohnende Lichtmetaphorik wurde auf die Erkenntnis der Sachen und Begriffe übertragen. Was Aufklärung sei, so meinte Christoph Martin Wieland 1789, wisse doch jeder, der den »Unterschied zwischen Hell und Dunkel, Licht und Finsternis« kenne. Im Dunkeln sehe man entweder gar nichts oder doch nicht so klar, »daß man die Gegenstände recht erkennen und voneinander unterscheiden kann: sobald Licht gebracht wird, klären sich die Sachen auf, werden sichtbar und können voneinander unterschieden werden«. Die natürliche Fähigkeit des Menschen zu sehen, zu unterscheiden, zu erkennen, setzte Wieland voraus. Die Frage, auf welche Gegenstände sich die Aufklärung beziehe, fand Wieland »drollig«: auf »alle sichtbaren Gegenstände«[17] natürlich! Die Immanenz des menschlichen Erkenntnisvermögens bewirkte also den Verzicht, das Transzendente, menschlicher Erfahrung und Erkenntnis Unzugängliche, in gleicher Weise in die Gegenstandsbereiche der Aufklärung einzubeziehen.

Doch schloß Wieland offensichtlich ethische Setzungen in seine Definition ein, denn an welcher menschlichen Erfahrung konnten das Gute und das Böse, deren Erkenntnis er forderte, identifiziert werden, wenn die Maßstäbe zur Bewertung fehlten. Solche ethischen Grundsätze waren nicht erfahrbar, sondern nur postulierbar – sei es aufgrund des Glaubens oder naturrechtlich-menschenrechtlicher Prämissen.

Vernunft ist, wie die anderen der hier erwähnten Schlüsselbegriffe der Aufklärung auch, zunächst eine formale Kategorie, sie bezeichnet ein menschliches Vermögen, das sich von göttlicher Offenbarung unterscheidet. Der Begriff bekam in der Aufklärung zeitweise einen polemischen Inhalt, wie sich schon in der Begriffsverbindung »Vernunftreligion« kundtut, bezeichnete aber zugleich die Begrenztheit der Vernunft als bloß menschlicher Vernunft. Der »Gedanke der ›Aufklärung‹ setzt, historisch wie sachlich gesehen, die Idee einer ›allgemeinen Menschenvernunft‹ voraus, die auf die verschiedenen Subjekte verteilt ist«.[18] In der Sicht der Aufklärer unterlag die Vernunft der Individuen mannigfachen Einflüssen, die von Konfession, Erziehung, jeweiliger gesellschaftlicher und wirtschaftlicher Lage, Interessen und Vorurteilen ausgingen. Die ständige Reflexion und öffentliche Diskussion sollte also den vernünftigen Kern der individuellen Überzeugungen herausschälen, dazu bedurfte es aber der Kenntnis aller denkbaren und erfahrbaren Positionen.

Da Vernunft also nur als Vermögen gegeben ist, nicht aber als vollendete Befindlichkeit, mußte die Aufklärung zwangsläufig als Prozeß begriffen werden. Und das galt auch für die Epoche ihrer

»Toleranz«, Radierung von Daniel Chodowiecki

Blüte. Auf die Frage »Leben wir jetzt in einem *aufgeklärten* Zeitalter?« antwortete Kant denn auch folgerichtig: »Nein, aber wohl in einem Zeitalter der *Aufklärung*.«[19] Aufklärung ist nicht, sondern wird. Aber indem die Aufklärer sowohl von der Bildungsfähigkeit des Menschen überzeugt waren, als auch ihr eigenes Zeitalter als aufgeklärter beurteilten denn die Zeit ihrer Väter und Vorväter, gingen sie von der Möglichkeit des Fortschritts in der Geschichte aus. Bei nicht wenigen verdichtete sich diese Prämisse zur Deutung der Geschichte als Fortschritt.

Allerdings waren sich die zeitgenössischen Autoren keineswegs in der Einschätzung ihrer eigenen Zeit einig. Selbst Kant hatte noch ein Jahr zuvor anders gesprochen und in seinen »Prolegomena zu einer jeden künftigen Metaphysik« das eigene Zeitalter als »aufgeklärt« beziehungsweise »denkend« charakterisiert.[20] Friedrich Schiller hielt auch noch 1794 an dieser Überzeugung fest. Er fragte: Woher diese »noch so allgemeine Herrschaft der Vorurteile und diese Verfinsterung der Köpfe bei allem Licht, das Philosophie und Erfahrung aufsteckten?« Und er antwortete: »Das Zeitalter ist aufgeklärt, das heißt, die Kenntnisse sind gefunden und öffentlich preisgegeben, welche hinreichen würden, wenigstens unsre praktischen Grundsätze zu berichtigen. Der Geist der freien Untersuchung hat die Wahnbegriffe zerstreut, welche lange Zeit den Zugang zu der Wahrheit verwehrten, und den Grund unterwühlt, auf welchem Fanatismus und Betrug ihren Thron erbauten.«[21]

Offensichtlich erfolgte die Beurteilung der eigenen Zeit mit unterschiedlichen Begriffen von Aufklärung:[22] Der eine orientierte sich an der Existenz aufgeklärter Kenntnisse und Prinzipien, war also material; der andere bezog sich auf die Durchsetzung dieser aufgeklärten Denkansätze und Methoden, fragte nach dem Grad ihrer Wirkung in Religion, Kultur, Gesellschaft und Staat, fragte vielleicht auch nach den Erfolgen der Aufklärung: Zur Intention von Aufklärung trat hier ihre Funktion. Und diesem funktionalen Begriff von Aufklärung lag offensichtlich Kants spätere Bewertung seiner Epoche als eines Zeitalters der Aufklärung zugrunde. Eine solche instrumentelle Verwendung des Begriffs Aufklärung enthielt stets eine mehr oder weniger radikale Kritik an der eigenen Zeit und betonte ihren Prozeßcharakter auf Kosten der eindeutig feststellbaren Gehalte. Damit führte der instrumentale Aufklärungsbegriff nicht nur in die zeitliche Dimension der Gegenwart, sondern auch über diese hinaus in die Zukunft, die den Fortschritt der Aufklärung bringen sollte.

Dieser Aufklärungsbegriff enthielt zweifelsfrei eine emanzipatorische Pointe; zugleich aber stellte sich mit größerer Dringlichkeit die Frage nach dem Epochencharakter der Aufklärung, war sie doch nicht mehr bloß durch einzelne Inhalte identifizierbar, die mehr oder weniger umfassend, mehr oder weniger reflektiert bei einem oder vielen Autoren vorliegen konnten, ohne daß das Zeitalter deshalb schon die Bezeichnung »aufgeklärt« verdiente. In solchen Zusammenhängen wird Aufklärung gewöhnlich als Epochenbegriff verstanden, der später in der Historiographie über das 18. Jahrhundert mehr oder weniger modifiziert übernommen wurde. Und ebenso notwendig ging diese Interpretation des Begriffs Aufklärung über die Frage nach der Elite der Aufklärer hinaus, indem ihr Publi-

»Aufklärung«, Radierung von Daniel Chodowiecki

Die Begriffe »Toleranz« und »Aufklärung« sind Schlüsselworte der Epoche, selbst für jene Geister, die in ihrer Formensprache stark der Tradition verhaftet bleiben. Die Ideen des Zeitalters entstehen lange bevor sie Breitenwirkung erlangen.

kum, ja Öffentlichkeit und Gesellschaft überhaupt, mit einbezogen werden mußten. Ein Zeitalter der Aufklärung konstituierte sich nicht allein durch die Existenz einer an Maximen der Aufklärung orientierten Gelehrtenrepublik.

Erst die von Kant geforderte »Reform der Denkungsart«, die das Selbstdenken ermöglichen sollte, erlaubte es, durch die Aufklärung Aufgeklärtheit, also einen Zustand herbeizuführen. Ein solcher Zustand der Aufklärung aber bedurfte der Definition durch Inhalte. Solange dies nicht geschah, blieb bei Kant und anderen Autoren der Begriff Aufklärung tatsächlich auf eine oft irritierende Weise mehrdeutig. Die vom spezifischen historischen Bezug abgekoppelte Verwendung des Begriffs im Sinne eines Denkansatzes, im Sinne einer Methode freien und öffentlichen Gebrauchs der Vernunft ohne Leitung eines anderen, ohne Rücksicht auf den Zwang von Denktraditionen, bei freiem Experiment und empirisch begründetem Urteil anstelle gesellschaftlich, historisch oder ideell begründeter Vorurteile, ermöglichte es immer wieder, den Begriff Aufklärung auch auf andere Epochen als das 18. Jahrhundert, ja bis auf unsere Gegenwart anzuwenden und damit seine historische Spezifik zu verwischen. Der formale Charakter des Begriffs Aufklärung und ihrer Schlüsselwörter sowie die zeitgenössische Unsicherheit in der Verwendung des Begriffs Aufklärung, die im letzten Drittel des 18. Jahrhunderts zum Streit über »wahre« und »falsche« Aufklärung führte, begünstigten seine epochal nicht gebundene Benutzung. Und daraus erklärt sich auch der Zeitpunkt der Frage »Was ist Aufklärung?«.

Aufgrund des formalen Charakters der grundlegenden Kategorien prägte sich die Aufklärung, die vom späten 17. bis zum Beginn des 19. Jahrhunderts zu den beherrschenden geistigen und gesellschaftlichen Bewegungen Europas zählte, epochal, national und auch individuell unterschiedlich aus. Zu den Voraussetzungen der Aufklärung gehörten die durch Reformation, überseeische Entdeckungen, naturwissenschaftliche Erkenntnisse, Renaissance und Humanismus verursachten Erschütterungen des christlichen Weltbilds sowie das frühneuzeitliche Naturrecht. Die deutsche Aufklärung erfuhr eine wesentliche Prägung durch die in Deutschland seit dem 16. Jahrhundert sich entwickelnde bikonfessionelle Kultur. Der Protestantismus, der in ihm angelegte jeweils eigene Weg zu Gott mit seinem größeren subjektiven Spielraum und nicht zuletzt die mit ihm verbundene Verbreitung der Muttersprache seit Luthers Bibelübersetzung begünstigten die Entwicklung der Aufklärung, während sich das katholische Deutschland zögerlicher und etwas später – dann aber in durchaus eigenständiger Form – der Aufklärung öffnete. Das katholische Frankreich zählte zu den führenden Ländern der Aufklärung und auch im katholischen Italien, beispielsweise in Mailand, fand sie breite Resonanz. Schon deswegen ist die zeitweilig anzutreffende Meinung, die Aufklärung habe sich vornehmlich in protestantischen Ländern entwickelt, ein Trugschluß.[23]

Zweifellos aber schuf der Protestantismus für die sich zeitweilig als Antikonfessionalismus artikulierende deutsche Aufklärung[24] besondere Ausgangsbedingungen. Die nachhaltige Prägung der norddeutschen Aufklärung durch theologische Strömungen, beispielsweise die praxisorientierte Variante des Pietismus, ist hierdurch erklärbar. In der Interpretation von Carl Hinrichs bildete der

1777 erscheint »Heinrich Stillings Jugend«, ein autobiographischer Roman des in Hilchenbach bei Siegen geborenen Johann Jung (1740-1817), der in seinen Erinnerungen empfindsamen Pietismus mit anschaulichem Realismus verbindet. Neben seiner schriftstellerischen Tätigkeit ist Jung Professor der Staatswissenschaft und praktischer Arzt.

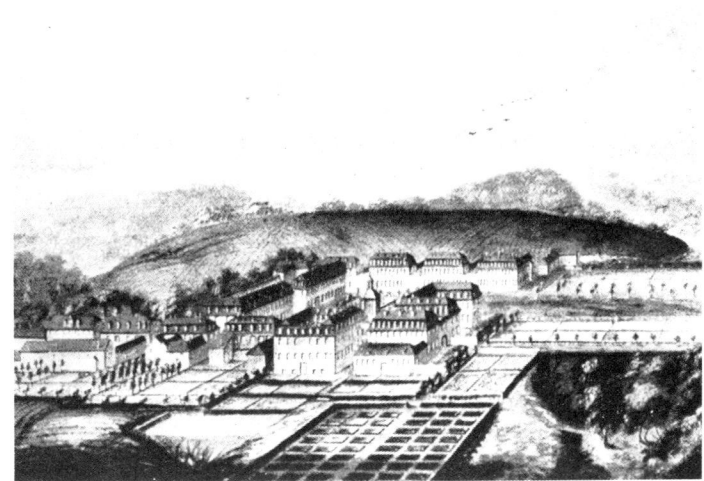

Siedlung der Brüdergemeinde Herrenhag in der Wetterau bei Frankfurt am Main, Aquarell, um 1750

Die Aufklärung prägt die anderthalb Jahrhunderte vom Ende des 17. bis zum Anfang des 19. Jahrhunderts, aber sie prägt sich überall unterschiedlich aus, hier ist sie von der protestantischen Theologie, dort stärker von weltlichen wissenschaftlichen Disziplinen gefärbt; das katholische Deutschland öffnet sich einige Jahrzehnte später dem Geist des Neuen. Im übrigen behalten lokal beheimatete religiöse Gruppierungen Bedeutung. So gehörte die Brüdergemeinde in der Wetterau bei Frankfurt am Main zu den Strömungen, die auch in Pommern und Südwestdeutschland Erfolg hatten.

Pietismus gar das »große Eingangstor der deutschen Aufklärung«, da der hallische Pietismus eines August Hermann Francke nicht mehr nur eine Reform der Kirche, sondern der Welt anstrebte.[25] Daneben entwickelten sich indes kontemplative, ja weltflüchtige Strömungen des Pietismus, die mit der Aufklärung nichts mehr gemein hatten, sondern zu ihr im Gegensatz standen – wie beispielsweise die wechselseitige Polemik von Friedrich Nicolai und Heinrich Jung-Stilling Mitte der siebziger Jahre bezeugt.

Diese Phänomene verweisen darauf, daß die Aufklärung nicht allein durch die naturrechtliche Reflexion über Staat und Gesellschaft eine politische Dimension erhielt, sondern kaum minder durch theologisch begründete Staats- und Gesellschaftsauffassungen. Dies galt keineswegs erst für die Verbindung von Preußentum und Pietismus, sondern schon für die zwischen Politik, Calvinismus und Neustoizismus im Kurfürstentum Brandenburg während des 17. Jahrhunderts, deren Wurzeln in den Niederlanden zu suchen sind.[26] Die Existenz einer bikonfessionellen Kultur ermöglichte zunächst eine Konzentration aufgeklärten Denkens auf das protestantische Deutschland, machte aber zugleich die Koexistenz der Konfessionen notwendig; sie brachte überdies die Konfessionen in ein Konkurrenzverhältnis zueinander. Schließlich trug die anhaltende theologische Prägung der deutschen Aufklärung, auch der katholischen, erheblich zu ihrer relativen Mäßigung bei: Zwar kannte sie bereits im 17. Jahrhundert extreme Strömungen, die nicht selten von abtrünnigen protestantischen Theologen ausgingen, doch blieben solche Positionen ebenso wie die radikalen politischen Tendenzen im Jahrzehnt nach der Französischen Revolution die Ausnahme. Demgegenüber spitzte sich in Frankreich seit der Mitte des 18. Jahrhunderts die theologisch-philosophische Kritik oftmals auf materialistische und atheistische Richtungen zu, und seit Rousseau verschärfte sich auch die politische Kritik.

Während der letzten Jahrzehnte des 18. Jahrhunderts wirkte sich die national unterschiedliche Akzentuierung der Aufklärung stärker aus als in den Jahrzehnten zuvor. Zwar spielte auch in den anderen europäischen Ländern die kirchenkritisch-theologische Komponente für die Entstehung der Aufklärung eine wesentliche Rolle, doch insgesamt entwickelte sich die Aufklärung in England stärker als politisches, in Frankreich mehr als gesellschaftliches Bedürfnis, während sie in Deutschland länger ein »Bedürfnis des menschlichen Verstandes« blieb. Dies schloß die gesellschaftlichen und die politischen Komponenten nicht aus, gab ihnen aber eine spezifische Färbung: Die deutsche Aufklärung blieb länger und in stärkerem Maße Gelehrtenaufklärung.

2. Kritik und Kirche

Die deutsche Aufklärung war also, von wenigen Ausnahmen abgesehen, keine areligiöse Bewegung, und die Mehrheit der deutschen Aufklärer teilte Kants Interpretation aus dem Jahre 1787: Gott, Freiheit, Unsterblichkeit seien Postulate der reinen praktischen Vernunft, die »alle vom Grundsatze der Moralität« ausgehen, der seinerseits »kein Postulat, sondern ein Gesetz ist, durch welches Vernunft unmittelbar den Willen bestimmt«.[27] Kant wollte andererseits durch seine Kritik des menschlichen Erkenntnisvermögens für den Glauben Platz bekommen.

Nicht der Atheismus, sondern der Deismus wurde im Laufe des 18. Jahrhunderts zur einflußreichsten theologischen Richtung der Aufklärung im protestantischen Deutschland. Er gründete auf der Überzeugung einer allen Menschen gemeinsamen Religion, die auf Jean Bodin sowie auf Autoren des 17. Jahrhunderts zurückging, vor allem auf Herbert of Cherbury: Ihm galt Gott zwar als Schöpfer der Welt, doch als ein Schöpfer, der auf ihre Geschichte keinen Einfluß mehr nahm. Wie Kant in der »Kritik der reinen Vernunft« treffend bemerkte, glaubt der Deist einen Gott, »der *Theist* aber einen *lebendigen Gott*«.

Die Deisten, die sich in England bereits in verschiedene Schulen aufsplitterten, kritisierten den Glauben an eine von Gott offenbarte Religion und stellten ihm das Postulat einer »natürlichen« Religion der Menschen gegenüber: Sie wollten daher die existierenden Religionen, auch die außerchristlichen, auf einen ebenso »natürlichen« wie »vernünftigen« Kern zurückführen. John Locke erklärte ohne Umschweife: »Gegen einen klaren Vernunftbeweis kann keine Offenbarung zugelassen werden ... geschweige denn eine überlieferte Offenbarung.«[28] Diese Kampfansage der menschlichen Vernunft, die eine Kritik historischer Überlieferung enthielt, bestritt die zwingende Legitimation jeglicher christlichen Dogmatik, die auf dem Glauben an die Offenbarung beruhte. Auch der englische Philosoph Matthew Tindal wandte diese erkenntnistheoretische Prämisse an und gelangte zu dem Schluß, die natürliche Religion sei von der Offenbarung völlig unabhängig und könne sie bestenfalls bestätigen.

Die Wiederentdeckung der vorchristlichen Antike durch die Renaissance lieferte für die Entwicklung der aufgeklärten Religionsphilosophie zweifellos Anstöße. Für die deutsche Diskussion spielten außer den englischen Philosophen auch die französischen Kirchenkritiker eine wichtige Rolle. Insbesondere Voltaire, der seinerseits von den Engländern beeinflußt worden war, bildete den Kristallisationspunkt verschiedener Richtungen. Allerdings standen neben seinem Bannfluch gegen die Kirche »Écrasez l'infâme« auch weniger scharfe Äußerungen. So begründete er 1771 in den »Questions sur l'Encyclopédie« die Notwendigkeit, an ein höchstes Wesen zu glauben, während beispielsweise d'Holbach die Gottesideen als Geschichte menschlicher Irrtümer entlarven wollte.

Doch diskutierte man in Deutschland weniger diese Sentenzen

Titel der Erstausgabe von Leibniz'
»Theodizee«

Die »Neologen« bilden innerhalb
des Protestantismus die zeitweilig
wirkungsvollste theologische Richtung in der Mitte des 18. Jahrhunderts. Sie wollen die kirchliche
Lehre mit aufgeklärter Philosophie in Einklang bringen, wobei
sich die einen textkritischer Überlieferungsmethoden, die anderen
kirchen- und dogmengeschichtlicher Kritik bedienen. Am Ende
des Jahrhunderts gewinnt die
Neologie starken Einfluß.

als die kritische Auseinandersetzung mit Leibniz' Theodizee in Voltaires »Candide, ou l'optimisme«. Diese beißende Satire erregte deswegen so großes Aufsehen, weil Leibniz' Topos, diese Welt sei die beste aller möglichen Welten, zum Gemeingut der deutschen Literatur in der Mitte des 18. Jahrhunderts geworden war. Hinzu kam Voltaires »Poème sur le désastre de Lisbonne«, von dem allein im Jahre 1756 zwanzig Auflagen erschienen. Hier sinnierte er über das ungeheures Aufsehen erregende Erdbeben von Lissabon, das am Allerheiligentag 1755 vermutlich 50 000 Menschenleben gekostet hatte. Die außerordentliche Erschütterung aufgrund dieses Ereignisses fand noch in Goethes »Dichtung und Wahrheit« ihren Niederschlag.[29] Allerdings gab es in Deutschland auch erhebliche Kritik an der französischen Religionsphilosophie, insbesondere an Voltaire, Helvetius und den Enzyklopädisten, die Moses Mendelssohn der Zügellosigkeit in Religionsfragen bezichtigte, »die gar manches gute Gemüth zum Aberglauben zurückgejagt und also ihrer eigenen Sache geschadet« hätten.[30] Und Justus Möser wandte sich gegen die Anmaßungen der Vernunft, glaubte er doch, »daß keine Religion auf bloßen *Vernunftschlüssen* beruhen dürfe. Denn dieses kann nicht geschehen, ohne eines jeden Menschen Vernunft zum Richter zu machen«.[31] Trotz dieser Ablehnung und Kritik erlangten die aufgeklärten Theologen in Deutschland größere Resonanz als die protestantische Orthodoxie und die pietistischen Strömungen.

Zwischen 1740 und 1790 bildeten die Neologen die wohl einflußreichste, wenngleich keineswegs unangefochtene theologische Richtung. Diese Wirkung bezog sich allerdings weniger auf die innerwissenschaftliche Diskussion. Die Neologen wollten die kirchliche Lehre mit aufgeklärten Grundsätzen in Übereinstimmung bringen. Allerdings lehnten nicht alle Richtungen die Offenbarung ab, sondern betrachteten sie auf der Basis der natürlichen Religion als eine Erweiterung menschlicher Möglichkeiten. Die Mehrheit der Neologen übernahm die erwähnten deistischen Grundpositionen. Sie bedienten sich sowohl textkritischer und überlieferungsgeschichtlicher Methoden als auch kirchen- und dogmengeschichtlicher Kritik.[32]

In der zweiten Hälfte des 18. Jahrhunderts gewann die Neologie vor allem pädagogischen Einfluß, der nach dem Tod Friedrichs des Großen 1786 in Preußen allerdings zunehmend eine kirchen- und kulturpolitische Dimension erhielt. Die neologischen Theologen besaßen im Berliner Oberkonsistorium großes Gewicht und hielten zur Zeit der rosenkreuzerisch beeinflußten Herrschaft Friedrich Wilhelms II. hartnäckig an aufgeklärten Positionen fest. Die Neologen waren ebensowenig originell wie die aufgeklärten Popularphilosophen, erwiesen sich aber für die Verbreitung aufgeklärten Gedankenguts als unentbehrlich und waren dafür wichtiger als die eigenständigeren größeren Denker. Die Kanzel bildete oft genug das »Katheder der Aufklärung«,[33] erreichten doch die Pfarrer ein Publikum, das den Schriftstellern im allgemeinen unzugänglich blieb: Die erheblich größere Autorität der Geistlichen bei der Mehrheit der Bevölkerung verstärkte diese Wirkung noch. Allerdings prägten auch die theologischen Debatten den Zeitgeist, zumal sich in erheblichem Ausmaß Nichttheologen an ihnen beteiligten.

Aus den vielen heftigen theologischen Auseinandersetzungen

ragte die aufsehenerregende Diskussion um die Fragmente des Hamburger Theologen Hermann Samuel Reimarus heraus, die Lessing 1774 bis 1778 unter dem Titel »Fragmente eines Wolffenbüttelschen Ungenannten« veröffentlichte. Reimarus kämpfte sowohl gegen die radikale französische Religionskritik als auch gegen die protestantische Orthodoxie. Mit ihm begann die kritische Leben-Jesu-Forschung, die zu den bevorzugten Themen der neutestamentlichen Forschung des 19. Jahrhunderts zählte. Er lehnte die Offenbarungsreligion ab und postulierte eine Vernunftreligion, die er mit den drei Postulaten Kants – Gott, Freiheit und Unsterblichkeit – verband. Neu war vor allem Reimarus' historisch-kritische »Untersuchung über Ursprung und Gehalt der vorgeblichen biblischen und vor allem christlichen Offenbarung« sowie das historische Tableau über die verschiedenen biblischen Darstellungen der Auferstehung.[34]

Berühmtheit erlangte das Werk des Reimarus durch die Attacke des Hamburger Hauptpastors Goeze auf Lessing. Seit 1777 flammte die Diskussion heftig auf, doch untersagte die braunschweigische Zensur dem herzoglichen Wolfenbütteler Bibliothekar Lessing die Publikation weiterer Fragmente. Auch die aufgeklärten Theologen stimmten keineswegs überein, griff doch einer ihrer führenden Vertreter, Johann Salomo Semler (1725–1791), die Fragmente heftig an. Allerdings rührte die Schärfe der Diskussion nicht zuletzt aus der Existenz radikalerer Kritik, als sie Reimarus übte. Den gemäßigten Neologen schien deswegen eine Abgrenzung ratsam. Gerade Semlers Beitrag läßt diesen Zusammenhang erkennen, attackierte er doch ebenfalls den ehemaligen Leipziger Theologieprofessor Carl Friedrich Bahrdt. Bahrdt machte allerdings nicht allein durch seine Freigeisterei, sondern mehr noch durch seinen Libertinismus von sich reden. Nach längerer Universitätslehre, Kanzeldienst, Tätigkeit als Schulleiter und sogar als Generalsuperintendent endete er schließlich als Gastwirt. Seine Erlebnisse und geistigen Auseinandersetzungen überlieferte er der Nachwelt in der seit 1790 erscheinenden vierbändigen »Geschichte seines Lebens«, doch verfaßte Bahrdt daneben dickleibige theologische Werke, die nicht allein den Orthodoxen anstößig erschienen. So ließ Bahrdt in einem fiktiven Gespräch Jesus unter anderem die »große Wahrheit« verkünden, »daß Religion und äußerer Gottesdienst ganz verschiedene Dinge sind – daß Religion nichts als allgemein erkennbare Anweisung zur Glückseligkeit ist – daß sie also die Sprache der Vernunft ist«.[35]

Die theologische Entwicklung des Protestantismus erweckte freilich nicht einmal bei einem so über jeden Zweifel erhabenen Aufklärer wie Lessing eitel Freude. 1774 schrieb er seinem Bruder Karl, dieser mißverstehe sein Verhältnis zur Orthodoxie: »Ich sollte nicht von Herzen wünschen, daß ein jeder über die Religion vernünftig denken möge? ... Nicht das unreine Wasser, welches längst nicht mehr zu brauchen, will ich beybehalten wissen: ich will es nur nicht eher weggegossen wissen, als bis man weiß, woher reineres zu nehmen ... und was ist sie anders, unsere neumodische Theologie, gegen die Orthodoxie, als Mistjauche gegen unreines Wasser ... Flickwerk von Stümpern und Halbphilosophen ist das Religionssystem, welches man jetzt an die Stelle des alten setzen will; und mit weit mehr Einfluß auf Vernunft und Philosophie, als sich das alte anmaßt.«[36]

Hermann Samuel Reimarus (1694 bis 1768), Kupferstich von Christian Fritsch, 1752

Mit dem hamburgischen Theologen Hermann Samuel Reimarus beginnt jene kritische Leben-Jesu-Forschung, die dann in der neutestamentlichen Theologie des 19. Jahrhunderts ein bevorzugtes Thema wird. Reimarus, von Lessing sekundiert, lehnte die Offenbarungsreligion ab und suchte sie durch eine Vernunftreligion zu ersetzen: Gott, Freiheit und Unsterblichkeit bleiben wie bei Kant die zentralen Postulate dieser Richtung.

Lessing brachte die traditionskritische und historische Argumentation klar zum Ausdruck, als er den ein Jahrhundert währenden aufgeklärt-kritischen Diskurs gewissermaßen abschloß: »Zufällige Geschichtswahrheiten können der Beweis von nothwendigen Vernunftwahrheiten nie werden.«[37] Diese den Kern treffende Grundsatzerklärung besaß freilich eine doppelte Zielrichtung, die einige aufgeklärte Religionskritiker einseitig verkürzten. Lessing relativierte zwar eine Reihe von Glaubensinhalten aufgrund der kritischen Überlieferungs- und Kirchengeschichte, bestritt aber zugleich die Möglichkeit, den Glauben aus bloß historischen Gründen zu rechtfertigen.

Die Aufklärung der Theologie beschränkte sich nicht auf eine theoretische Diskussion, ihr ging es ebensosehr um die gesellschaftliche Wirkung der Religion im allgemeinen und des Christentums im besonderen. So ließ Lessing seinen Nathan sagen: »Begreifst du aber, wieviel andächtig schwärmen leichter als gut handeln ist?« (I,2). Und in einer anderen Maxime formulierte Lessing den Praxisbezug aller Aufklärung: »Der Mensch ist zum Tun und nicht zum Vernünfteln geschaffen.«

Zwar verwässerte so mancher Aufklärer die Religionsphilosophie zu einer schlichten Sittenlehre für den sozial verantwortungsbewußt handelnden Menschen, doch entwickelte sich andererseits auf dem Boden der Aufklärungstheologie in Deutschland erstmals eine protestantische Sozialethik.[38]

Im Unterschied zum Protestantismus blieb der Katholizismus stärker an universalen als an nationalen Bezügen orientiert, die Entwicklung der Nationalsprachen spielte keine so wesentliche Rolle, der katholische Klerus verband sich nicht in der Weise mit den Landesherren wie die protestantischen Pfarrer. In Preußen kam es während der Regierungszeit Friedrichs des Großen zeitweilig gar zu einer Symbiose von aufgeklärter Theologie und Patriotismus. Die aufgeklärten Theologen zählten in Preußen zweifellos zu der neuen bürgerlichen Bildungsschicht, die sich in besonders enger Weise mit ihrem Staat verband.[39] Im katholischen Deutschland entwickelte sich die Aufklärung im allgemeinen ein bis zwei Generationen später, behielt hier aber länger Einfluß und spielte im frühen 19. Jahrhundert für den Wandel der katholischen Kirche von einer Adels- in eine Volkskirche eine wesentliche Rolle.[40]

Wurde die Aufklärung im katholischen Deutschland bis zum frühen 20. Jahrhundert ungünstig bewertet, so dominiert heute ein unvoreingenommeneres Urteil, nachdem der Würzburger Kirchenhistoriker Sebastian Merkle eine Revision der tradierten Einschätzung einleitete. Er gelangte 1911 zu dem Ergebnis, daß »die Aufklärung die Anregung gab zu einer Erneuerung der theologischen Studien, indem sie, ein zweites humanistisches Zeitalter, wiederum energischer das Quellenstudium betonte und eine zweckmäßige, fruchtbare Methode schaffen half«.[41] Und tatsächlich war es nicht Protestantismus, wie ihre Gegner argwöhnten, sondern Humanismus, der die aufgeklärt-katholischen Theologen umtrieb. Eigenständige Bedeutung gewann die katholische Aufklärung vor allem für das kirchliche Leben und die Reformen in den geistlichen Fürstentümern. Sie beseitigte »viele morsche und überholte Zustände ... Sie hat den vielfach verknöcherten Studienbetrieb einer entarteten, mit fremdartigen Elementen vermischten Scholastik und Kasuistik überwunden und überhaupt das Schulwesen ausgebreitet und verbessert; sie hat den Aberglauben erfolgreich bekämpft, das katholische Denken von der Vergangenheit auf die Gegenwart gelenkt, die Laienwelt gehoben und zur Arbeit in der Kirche herangezogen.«[42]

Neben der Diskussion über das Verhältnis von Staat und Kirche sowie des deutschen Episkopats zum Heiligen Stuhl, die im Febronianismus, Jansenismus und Josephinismus Ausdruck fanden, stand die Lösung praktischer Probleme. Die katholische Aufklärung widmete sich intensiv der Ekklesiologie, der Reform von Seelsorge, Liturgie und Katechetik, sie bemühte sich darum, die Diskrepanz zwischen der Messe, die reine Klerusliturgie war, und der Volksfrömmigkeit zu verringern.[43]

Im Zuge solcher Bemühungen gab Johann Ignaz von Felbiger 1767 die erste deutschsprachige Schulbibel heraus, und es erschienen deutschsprachige Gesangbücher, beispielsweise 1787 im Erzbistum Mainz. Einige katholische Aufklärungstheologen verschrieben sich auf der Basis aufgeklärter Grundsätze der Reform des theologischen Unterrichts, unter ihnen der Fürstabt von St. Blasien, Martin Gerbert, und der Freiburger Augustiner und Professor für Dogmatik Engelbert Klüpfel. Sie alle hielten ein intensives Bibelstudium für die unentbehrliche Voraussetzung der Priesterweihe: So selbstverständlich heute derartige Forderungen klingen mögen, damals waren sie es keineswegs. Österreichische Benediktiner entwickelten in aufgeklärtem Geist eine neue, 1774 eingeführte theologische Studienordnung, die noch während des 19. Jahrhunderts in den katholischen Fakultäten der deutschen Universitäten gültig blieb.

Die Arbeit an solchen Reformen hinderte die katholischen Aufklärungstheologen nicht, sich den prinzipiellen Herausforderungen des rationalistischen Denkens zu stellen; auch sie mußten die Fragen beantworten, die die Aufklärung mit Vehemenz immer wieder stellte. Historische Textkritik war der katholischen Theologie durchaus vertraut, hatten doch gerade Mauriner und Bollandisten schon seit dem 17. Jahrhundert wegweisende Methoden für die moderne

Blick in ein Schulzimmer, in dem Johann Ignaz Felbiger entweder gerade einem Lehrer seine neue Lehrmethode erklärt oder Erläuterungen gebend einer Unterrichtsstunde beiwohnt, die in seiner »Lehrart« gehalten wird, 1782

Franz Ludwig von Erthal, Fürstbischof von Bamberg und Würzburg (1779-1795), Ölgemälde

quellenkritische Geschichtsschreibung entwickelt und eine Fülle kirchengeschichtlicher Editionen erarbeitet. Auch im 18. Jahrhundert besaß die katholische Aufklärung Schwerpunkte gelehrter Studien: neben den Klöstern, die sich der Wissenschaft widmeten, beispielsweise die 1759 gegründete Bayerische Akademie der Wissenschaften in München.

Im katholischen Bayern bestieg mit Max III. Joseph ein Kurfürst den Thron, der von führenden katholischen Gelehrten im Geist der Aufklärung erzogen worden war: Johann Adam von Ickstatt und Daniel Stadtler gehörten ihrerseits zur Schule des Lutheraners Christian Wolff, der auf Betreiben dieses katholischen Kurfürsten 1745 in den Stand eines Reichsfreiherrn erhoben wurde. Wolff prägte nachhaltig sowohl die protestantische wie die katholische Aufklärung, da er selbst durch seinen Bildungsgang in Breslau in intensive Berührung mit dem Katholizismus, insbesondere der Scholastik, gekommen war.[44]

An allen aufgeklärten Unternehmungen der zweiten Hälfte des 18. Jahrhunderts beteiligte sich auch das katholische Deutschland, beispielsweise bei der Gründung von Universitäten oder Zeitschriften. So ging die Gründung der Universität Münster 1780 auf Initiativen des dortigen Generalvikars Franz von Fürstenberg zurück. Die berühmteste katholische Zeitschrift war wohl das »Journal von und für Deutschland«, das der Fuldaer Domkapitular Freiherr von Bibra seit 1784 zunächst mit dem protestantischen preußischen Kanzleidirektor Leopold Friedrich Günther Goeckingh und danach von 1785 bis 1792 allein herausgab. Dieses katholische Journal fand auch bei den protestantischen Aufklärern große Anerkennung. So urteilte Nicolai 1788, die Ausrottung des Aberglaubens, die Beseitigung der Vorurteile und die Verbreitung der Aufklärung seien der Hauptzweck des »Journals«.[45]

Die Zeitschrift stand keineswegs in Opposition zum Katholizismus, sondern warnte sogar immer wieder vor der Übertreibung der theologischen und der politischen Kritik; Bibra wollte statt dessen den Glauben vom Aberglauben reinigen. In diesem Sinn veröffentlichte ein Priester 1789 in Bibras »Journal« eine Selbsteinschätzung der katholischen Aufklärung: »Noch ist die Dämmerung nicht vorüber, die Mittagssonne steht noch nicht über unserem Zenith. Die gebildete Menschenklasse genießt freilich schon länger auf einem höheren Standorte das Licht, daß ihr aufging; aber unten über dem niederen Tal schwebt noch dichtes Dunkel. Der Einfluß des gebildeten Teils auf die Denkart des gemeinen Mannes ist bis jetzt noch gar nicht merkbar.«[46]

Und in der Tat: Die nicht allein von Protestanten immer wieder angeprangerten Formen der Volksfrömmigkeit und des Aberglaubens machten den aufgeklärten katholischen Theologen und Landesherren schwer zu schaffen, vor allem wenn sie sich aus kirchlichem Brauchtum entwickelt hatten. Hierzu zählten beispielsweise die Häufung zum Teil pompöser Wallfahrten, auf denen es keineswegs immer keusch zuging: Oftmals entarteten sie nach Einschätzung zahlreicher zeitgenössischer Kritiker zu Lustreisen der kleinen Leute, boten Arbeitsscheuen ebenso Zuflucht wie denjenigen, die gern einmal ihr Zuhause fliehen wollten, aber sonst keine Gelegenheit oder kein Geld dazu hatten. »Mißbräuche« gab es auch bei der

Heiligen- und Reliquienverehrung sowie im Ablaßwesen, und der Hexenglaube blieb weit verbreitet. Keine zweihundert Jahre ist es her, daß in Europa die letzte Hexe verbrannt wurde: in Posen im Jahre 1793, und wenig vorher mußten im schweizerischen Glarus (1782), in Kempten (1775) und in Würzburg (1749) Frauen den Scheiterhaufen besteigen. Die katholische Aufklärung hatte eine Fülle von Aufgaben zu bewältigen.

Das Epochenbewußtsein unterschied sich bei den katholischen Aufklärern kaum von dem der protestantischen. So kritisierte eine der großen Gestalten der katholischen Aufklärung, der Würzburger Fürstbischof Franz Ludwig von Erthal, immer wieder den erstarrten Traditionalismus, hartnäckig sich haltende Vorurteile und orthodoxen Widerstand gegen jegliche Regung aufgeklärten Zeitgeistes. Er gelangte zu dem Ergebnis: »... bei dem unwiderstehlichen Schwung, den der menschliche Forschungsgeist in neueren Zeiten genommen hat, und bei der an sich selbst wohltätigen und gemeinnützigen Aufklärung« habe »sich der Menschen ein Freiheitssinn bemächtigt ..., welcher bei mehreren Dingen durch Anwendung schwerster Zwangsmittel oder durch Gewalt schlechterdings nicht zurückgehalten werden kann«.[47]

Freiherr Franz Friedrich Wilhelm von Fürstenberg, Gemälde, um 1770/1780

Auch die katholische Theologie entzog sich nicht dem aufklärenden Geist der neuen Zeit. Der Generalvikar Franz von Fürstenberg und der Fürstbischof Franz Ludwig von Erthal bekämpften den Aberglauben und die Vorurteile, die auch protestantische Aufklärer heftig attackierten. Überall hatte man das Gefühl, daß die »Dämmerung nicht vorüber« sei, aber die gebildeten Menschenklassen schon von einem höheren Standpunkt aus das neue Licht sehen, während der »gemeine Mann« noch im dichten Dunkel leben muß.

Mochte der Aberglaube auch im protestantischen Deutschland weniger verbreitet und weniger spektakulär gewesen sein, sehr viel besser war es auch dort nicht um die Aufklärung der Bevölkerung bestellt. Wenngleich Ritter von Zimmermann Berlin damals als Hort der »Freigeisterei« und des Unglaubens ansah, dürfte das Urteil Friedrich Nicolais aus dem Jahre 1775 der Realität wohl näherkommen: »Die Regierung begünstigt die Freiheit, zu denken, besonders in Religionssachen; wir haben auch einige sehr würdige Geistliche(n), die die Untersuchungen wichtiger Wahrheiten nicht für Ketzerei halten, aber das Publikum ist nicht völlig so tolerant. Die Einwohner von Berlin sind sowenig als die Einwohner irgendeiner anderen Stadt geneigt, Neuerungen in der Lehre machen zu lassen.« Eher schon sei der »berlinische Pöbel« bereit, aufgeklärten Geistlichen die Fenster einzuschlagen.[48] Zweifellos lag überall die theologische Aufklärung den reformfreudigen Landesherren, den gebildeten Bürgerlichen, Geistlichen und Adligen mehr am Herzen als der Durchschnittsbevölkerung, die auch in religiösen Dingen sehr viel traditionsverhafteter blieb.

Aber auch die theologische Aufklärung nahm manchmal ein Janusgesicht an, denn es neigten nicht allein intolerante Orthodoxe zum Fenstereinschlagen, sondern auch manche Revolutionäre, die sich auf die Aufklärung beriefen. Als die Französische Revolution ihre Siedehitze erreichte, stürmten sie gar die ehrwürdige gotische Kathedrale von Chartres. Die Revolutionäre wollten die herrlichen Glasfenster aus dem 12. und 13. Jahrhundert einschlagen, um das Licht der Vernunft in ein Bauwerk einströmen zu lassen, das für sie das finstere Mittelalter symbolisierte. Die Volksaufklärung, über deren Sinn sich die Aufklärer stritten, ließ sich offensichtlich nicht so leicht herbeiführen, wie einige Schriftsteller meinten. Licht und Dunkel lagen dichter beieinander, als aufgeklärte Optimisten ahnten.

Auch in nichtchristlichen Religionen stieß die Aufklärung auf Widerstand. Zwar war Moses Mendelssohn überzeugt, das Juden-

Siegel und Unterschriften von Juden, die sich verpflichten, in dem ihnen zugewiesenen Terrain der Stadt Temesvár in Ungarn zu bauen

Die Juden blieben nicht nur von den meisten bürgerlichen und bäuerlichen Berufen ausgeschlossen, sondern unterlagen selbst in ihrer Familienzahl strengen Regeln und waren zudem Niederlassungsgesetzen unterworfen. Die eine Stadt erlaubte gar keine jüdische Zuwanderung – zum Beispiel Augsburg und Osnabrück; die andere gestattete die Zuwanderung auch ortsfremder Juden, die aber in abgeschlossenen Stadtbezirken leben mußten; so war es in Prag, Berlin oder Wien.
Im habsburgischen Österreich war die örtliche Reglementierung von kleinen Konfessionsgruppen nicht nur für die Angehörigen des mosaischen Glaubens vorgeschrieben. Selbst die Mährische Brüdergemeinde wurde von der katholischen Bevölkerung streng geschieden. Bei aller Toleranz waren die konfessionellen Konflikte zwischen den einzelnen Religionen stark ausgeprägt, die Zahl konfessionell motivierter Streitschriften war hoch.

tum entspreche eher den Gesetzen der Vernunft als das Christentum, doch folgte ihm nur eine Minderheit seiner Glaubensgenossen bei dem Versuch, die Übereinstimmung eines richtig verstandenen Judentums mit der Aufklärung vorzuführen und auf diese Weise eine Neubestimmung jüdischer Identität zu erreichen. Ein Schlüsseldokument bildet Mendelssohns »Jerusalem oder über religiöse Macht und Judentum« (1783), an das sich der sogenannte Pantheismus-Streit anschloß. Er entzündete sich an der Frage, ob der 1781 verstorbene Lessing einem spinozistischen Pantheismus gehuldigt habe. Lessings Freund Mendelssohn bestritt dies, während der Philosoph Friedrich Heinrich Jacobi unter Berufung auf ein Gespräch mit Lessing im Jahre 1780 behauptete, dieser habe sich ihm als Anhänger Baruch de Spinozas offenbart. Jacobi seinerseits reagierte 1785 mit einer Schrift, die den Titel trug »Über die Lehre des Spinoza, in Briefen an Moses Mendelssohn«.

Wie sehr Mendelssohn bemüht war, jüdische Glaubensinhalte seiner Zeit zu vermitteln, zugleich aber die Juden an die deutsche Kultur heranzuführen, dafür legen seine auch sprachgeschichtlich bedeutsamen Übersetzungen des Pentateuchs, des Psalters und des Hohenliedes ins Deutsche Zeugnis ab. Mendelssohn förderte damit das Deutsche auch als Sprache der Juden, wirkte sprachschöpferisch und gab mit Hilfe der Übersetzung eine Interpretation des Judentums in den Begriffen der Aufklärung.[49]

Tatsächlich kann die Bedeutung von Religion und Kirchen trotz der zweifellos im 18. Jahrhundert fortschreitenden Säkularisierung kaum überschätzt werden. Das Leben des einzelnen wie der sozialen Gruppen behielt über weite Strecken eine religiöse beziehungsweise konfessionelle Prägung. Die Konfession stand im 18. Jahrhundert nicht nur auf dem Papier, der religiöse Glaube galt den meisten Menschen als bare Selbstverständlichkeit. Religiöse Minoritäten, insbesondere nichtchristliche, unterlagen mehr oder weniger starken Diskriminierungen, vor allem die Juden, für die jeweils besondere landesherrliche Gesetze galten: Ihre Familienzahl wurde beschränkt, sie mußten eine besondere Steuer, ein »Schutzgeld«, entrichten, sie blieben von den meisten bürgerlichen und bäuerlichen Berufen ausgeschlossen, soweit dies nicht bereits durch Zunftordnungen geschah. Viele Menschen waren bereit, aus Glaubensgründen zu emigrieren, wenn strikt nach dem Prinzip verfahren wurde, »cuius regio, eius religio«. Dier seit dem Augsburger Religionsfrieden von 1555 gültige – wenngleich dort nicht wörtlich formulierte – Grundsatz, der im Westfälischen Frieden bestätigt und auf die Calvinisten ausgedehnt doch faktisch bedeutungslos wurde, enthielt das Recht des Landesherrn, die Konfession seiner Untertanen zu bestimmen. Aus ihm folgte gewissermaßen der konfessionelle Absolutismus der Landesherren, die so zu geistlichen Obrigkeiten erhoben wurden und eine geistlich legitimierte Autorität gewannen. Gegenüber dem *ius reformandi* der Landesherren besaßen die Untertanen nur ein *ius emigrandi*.

Die Zersplitterung in zahlreiche voneinander unabhängige Landeskirchen im protestantischen Deutschland bildete das Ergebnis dieser Entwicklung seit der Reformation. Das Prinzip »cuius regio, eius religio« festigte sowohl im katholischen wie im protestantischen Staatskirchenrecht die fürstenstaatliche Stellung gegenüber den Untertanen. Die aufgeklärte Toleranzforderung, die innerhalb der christlichen Konfessionen vergleichsweise weitgehend in Preußen praktiziert und durch Joseph II. in den deutschen Erblanden des Hauses Habsburg eingeführt wurde, besaß also eminente staatsrechtliche und politische Dominanz.

Im Deutschland des 18. Jahrhunderts stellten die Katholiken die Mehrheit der Bevölkerung. Nach zeitgenössischen Schätzungen lebten 1792 im alten Reich etwa 16 Millionen Katholiken, vor allem im südlichen Deutschland, einschließlich Österreichs, sowie zehn Millionen Lutheraner, vor allem im nördlichen Deutschland.

Die etwa zwei Millionen Reformierten konzentrierten sich am Rhein, in Hessen, Westfalen, Brandenburg, Anhalt und einzelnen Hugenottenstädten wie Erlangen. Die bis zu Beginn des 19. Jahrhunderts erheblich steigende Zahl der Juden belief sich aufgrund dieser Schätzungen auf mehr als 200 000, wobei allein in den deutschen Erblanden Habsburgs ungefähr 80 000 lebten. Während in manchen Städten keine Juden geduldet wurden, beispielsweise in Augsburg und Osnabrück, gab es in anderen Städten größere jüdische Gemeinden, die in Gettos lebten, vor allem in Prag, Frankfurt am Main, Fürth, Wien, Berlin und Hamburg. Außerdem bestanden noch kleinere Konfessionsgruppen, unter denen allein die Mährische Brüdergemeinde mit etwa 25 000 Angehörigen eine nennenswerte Zahl erreichte.[50]

Obwohl gerade die Aufklärer das Gespräch über die Konfessionsgrenzen hinweg suchten, ließ das Verständnis füreinander in der Regel noch sehr zu wünschen übrig. Als beispielsweise Friedrich Nicolai, der mit katholischen Aufklärern in vielen deutschen Städten in freundschaftlichem Briefwechsel stand, 1781 Süddeutschland besuchte, irritierten ihn die Bräuche in den katholischen Gegenden derart, daß manche Passagen seiner im ganzen höchst aufschlußreichen Reisebeschreibung zur bloßen antikatholischen Polemik ausarteten. Einer seiner zahlreichen Gegner, der Philosoph Johann Gottlieb Fichte, schrieb daher später mit spitzer Feder: »Sein Weg führte den Berliner, der bisher zwischen dem protestantischen Berlin und dem protestantischen Leipzig und seiner Buchhändlermesse sein Wesen getrieben hatte, durch katholische Provinzen. Da sahe er Cruzifixe an den Strassen, Heiligenbilder, Amulette, Votivtafeln; hörte, dass gewisse Heilige die Schutzpatrone gegen gewisse Landplagen oder Krankheiten wären; hörte, dass ein wohlmeinender Katholik, da seine Religion allein seligmachend ist, jeden Menschen in den Schooss derselben zu bringen suchen müsse u.s.w. ... Jetzt sah er es mit seinen Augen und rief atemlos durch das heilige römische Reich: hörts, Deutsche hörts, das Unglück – die Entdeckung meines Scharfsinns; es giebt Katholiken, die da katholisch sind ...«[51]

Titelblatt eines der ersten Werke von Moses Mendelssohn

Moses Mendelssohns philosophische Schriften, aber auch seine Persönlichkeit wirkten auf die protestantische Öffentlichkeit, weit über den Kreis der jüdischen Gemeinde hinaus, der er selber immer treu blieb. Wenngleich aufgeklärte Theologie und Philosophie zunehmend die Bedeutung des Konfessionsunterschiedes im 18. Jahrhundert bestritten, bestand die Diskriminierung von Minderheiten, insbesondere Juden, noch bis zum 19. Jahrhundert fort. Auch Moses Mendelssohn selber mußte jene besondere Steuer entrichten, die als »Schutzgeld« galt.

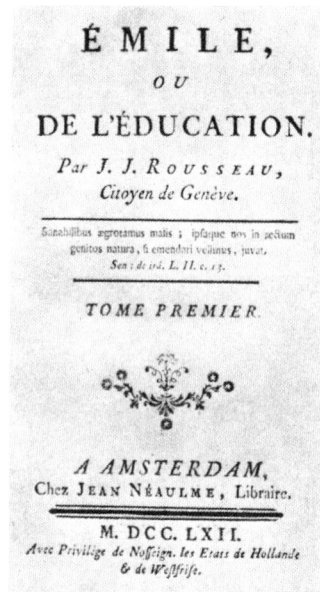

ÉMILE,

o u

DE L'ÉDUCATION.

Par J. J. ROUSSEAU,
Citoyen de Genève.

Sanabilibus ægrotamus malis ; ipsique nos in pectum
genitos natura, si emendari velimus, juvat.
Sen : de ira. L. II. c. 13.

TOME PREMIER.

A AMSTERDAM,
Chez JEAN NÉAULME, Libraire.

M. DCC. LXII.

Avec Privilège de Nosseign. les Etats de Hollande
& de Westfrise.

Titelseite der 1762 erschienenen
ersten Ausgabe des »Émile« von
Jean-Jacques Rousseau (1712-1778)

In einer Zeit, in der die Spannungen zwischen den im Alten
verharrenden privilegierten
Schichten und den aufstrebenden
Bürgerlichen ständig wuchsen,
fand dieser Erziehungsroman,
dessen Verfasser in einer völlig
neuartigen Erziehung das gründliche Heilmittel für die Verbesserung der gesellschaftlichen
Zustände sah, einen Widerhall,
wie ihn nur selten ein Buch fand.

3. Das pädagogische Jahrhundert: Schule, Gelehrsamkeit, Bildung

Nennt man das 18. Jahrhundert ein philosophisches Jahrhundert, so könnte man es mit kaum geringerem Recht ein pädagogisches Jahrhundert nennen. Die Aufklärer waren in gleichem Maße gelehrt wie lehrhaft, waren ohne jede Scheu belehrend. Ihr pädagogischer Impetus durchzog den Zeitgeist und verband sich mit dem philosophischen, literarischen und politischen Anliegen. Das Schlüsselwerk dieser pädagogischen Intensität, das Familie, Schule und Universität gleichermaßen beherrschte, erschien 1762: Rousseaus »Émile, ou de l'éducation«. Doch handelte es sich bei dieser wirkungsmächtigsten pädagogischen Schrift des 18. Jahrhunderts keineswegs um die erste Programmschrift aufgeklärter Erziehungsprinzipien: John Locke, der in vielen Sektoren aufgeklärten Denkens bahnbrechend wirkte, hatte bereits 1693 »Some Thoughts Concerning Education« verfaßt, in denen er – von der Prämisse der Tabula rasa ausgehend – Erkenntnistheorie und Erziehung auf sehr moderne Weise miteinander verband. Und Fénelon hatte in seinem »Traité de l'éducation des filles« (1687) unter Erziehung – ähnlich wie später Rousseau – bedachtes, vorsichtig dirigierendes Wachsenlassen und Entwickeln natürlicher Anlagen verstanden.

Der anthropologische Ausgangspunkt der Aufklärung führte zwangsläufig zur Reflexion über die Erziehung, auch wenn man nicht von Rousseaus Prämisse ausging, die da lautete: »Alles, was aus den Händen des Schöpfers kommt, ist gut; alles entartet unter den Händen der Menschen ... Nichts will er so, wie es die Natur gemacht hat, nicht einmal den Menschen.«[52] Solche Überlegung forderte die Konsequenz, Natur und Geschichte miteinander zu konfrontieren: Welche Entwicklung hatte zu dieser Verbildung des Menschen geführt? Mit Hilfe welcher Bildung ist die wahre, gute Natur des Menschen zurückzugewinnen?

Rousseau stellte das Problem der Erziehung nicht nur in das Spannungsfeld von Urzustand und Spätkultur, sondern verwies auf die gesellschaftliche Dimension jeglicher Erziehung. Aber eine unmittelbare Rückkehr zum natürlichen Zustand des Menschen, das heißt der Verzicht auf Erziehung, konnte das Problem in den Augen Rousseaus keineswegs lösen: »So, wie es im Augenblick steht, würde ein nach seiner Geburt völlig sich selbst überlassener Mensch das verbildetste aller Wesen sein. Vorurteile, Autorität, Vorschriften, Beispiele – alle die Einrichtungen der Gesellschaft, in denen wir ertrinken, würden seine Natur ersticken und ihm kein Äquivalent dafür geben.«[53] Diese Sicht des Erziehungsproblems implizierte eine weitere Ebene, nämlich die Frage nach dem Verhältnis von Natur und Kultur des Menschen. Diese Polarität bildete im Denken des 18. Jahrhunderts ein zentrales Problem, personifiziert im Gegensatz von Voltaire und Rousseau.

Für die deutsche Aufklärung stand die Erziehung ebenfalls im Mittelpunkt, waren die Fragen und Antworten in prinzipieller Hinsicht kaum andere. Die Differenzen resultierten aus der Bikonfessionalität sowie aus der gesellschaftlichen und politischen Unterschiedlichkeit der Territorien, die sich vor allem in der Lehrerbildung sowie der Organisation des Bildungswesens niederschlugen. Solche Konsequenzen in der Praxis änderten jedoch nichts an der grundlegenden pädagogischen Prämisse: Auch die deutschen Aufklärer waren überzeugt, die Erziehungsfähigkeit des Menschen impliziere zugleich eine Erziehungsnotwendigkeit. Die Aufklärung sollte bereits beim Kind beginnen. Deshalb besaß die Pädagogik für Menschenbild und Reformstreben der Aufklärung eine außerordentliche Bedeutung, nur mit Hilfe einer aufgeklärten Pädagogik konnten bessere Menschen erzogen werden, nur so konnte die Zukunft ein aufgeklärtes Zeitalter werden. Theoretische Untersuchungen über die Erziehung waren zahlreich, doch bildeten sie nicht den entscheidenden Aspekt der aufgeklärten Pädagogik, deren große Leistungen in der reflektierten Praxis lagen.

Das Ziel vernünftiger Erziehung sahen die Aufklärungspädagogen in der Mündigkeit des Bürgers, die aber nicht allein selbständiges Denken im Sinne Kants, sondern überdies gesellschaftliche Verantwortung umfaßte. Die Pädagogik sollte ermitteln, was zur Erreichung dieser Ziele am besten geeignet war; die Erziehung mußte die Natur des Menschen berücksichtigen und die Entfaltung seines Vernunftvermögens fördern. Die Aufklärer betonten immer wieder, daß die Erziehung nicht im gesellschaftsfreien Raum erfolge und die Gesinnungen der Menschen wie ihr Handeln von einer komplexen Vielfalt äußerer Faktoren abhängig seien: unter anderem Konfession, wirtschaftliche Umstände, soziale Herkunft und Mentalität.

Die pädagogischen Forderungen der Aufklärung beschränkten sich nicht auf bestimmte Gesellschaftsschichten – beispielsweise die höheren Stände –, vielmehr ging es erstmals in der Geschichte der Pädagogik um eine umfassende Volkserziehung.[54] Friedrich Nicolai lieferte zum Beispiel in seiner Reisebeschreibung eine an aufgeklär-

Dorfschule, Kupferstich von J. C. Klengel, 18. Jahrhundert

Zwischen Hausrat und zum Trocknen aufgehängter Wäsche erhalten Kinder in der Dorfschule »Unterricht«.

ten Prinzipien orientierte kritische Bestandsaufnahme des Schulwesens der besuchten Städte und gelangte etwa in Augsburg zu dem Ergebnis, die niederen Schulen seien bei beiden Religionsparteien schlecht: Es sei für einen Menschenfreund »sehr traurig, die Kinder des Mittelmannes und gemeinen Mannes, die nicht zum Studieren bestimmt sind und die doch die eigentlichen Bestandtheile einer Nation ausmachen, fast allenthalben so gar elend unterwiesen zu sehen«. An anderer Stelle klagte er über die »unglaublich elende Beschaffenheit der Trivialschulen« in den meisten deutschen Ländern.[55]

Der miserable Zustand des »Schulwesens« offenbarte sich in den Schulzimmern. So hieß es in der neuen Würzburger Bauordnung 1781, also einer amtlichen Quelle: »So eng, niedrig, finster, dumpfig und an innerer Einrichtung verwahrlost sind manche Schulzimmer, daß es uns unbegreiflich ist, wie Väter und Mütter ohne Ahnung vieler hieraus auf die Gesundheit entstehenden traurigen Zufälle ihre eigenen Kinder als die baldigen Gehülfen ihres bessren Nahrungsstandes mit der täglichen Gefahr zu ersticken oder angesteckt zu werden in so unbequemen Behältnissen bisher haben einsperren lassen können, wie denn die gemeiniglich unter Schulkindern im Herbst oder Frühjahr ausbrechenden bösen Seuchen daher rühren mögen.« Und in Fulda sah es zu dieser Zeit nicht besser aus: »Die Nebenschulen haben zum Theil gar keine ständigen Schulhäuser; man führt die Kinder wochenweise von einem zum andern Hause. Bei den Pfarreien stecken sie zum Theil in finstern Winkeln, gleichen Gefängnissen, Wohnungen der Dürftigkeit und Freistätten der Bettelei; zum Theil sind sie nicht gut eingerichtet, und es fehlt an den nöthigen Gerätschaften. Hier ist die Schulstube zu klein und faßt die Kinder nicht oder wird vom Hausgeräthe des Lehrers, der sie zugleich zur Wohnstube macht, versperrt. Dort unterbrechen die häuslichen Geschäfte der Frau, der Kinder, der Dienstpersonen, auch oft das Vieh, Hunde und Katzen den Unterricht, oder ziehen wenigstens die Aufmerksamkeit der Schüler an sich.«[56]

Derartige Urteile gab es viele, und sie zeigten die Berechtigung aufgeklärter Kritik am Zustand des Schulwesens. Doch es blieb nicht bei Kritik, vielmehr leiteten die Aufklärer aus ihren prinzipiellen Zielsetzungen konkrete pädagogische Prinzipien ab. In charakteristischer Weise verband sich gesellschaftlich-politische Zweckbezogenheit mit humanitären Motiven: Der mündige Bürger der Aufklärung suchte sein individuelles Glück innerhalb des »gemeinen Nutzens« der bürgerlichen Gesellschaft. Die Forderung gemeinen Nutzens bestimmte den Kanon des Lehrstoffs, während die Prämisse, die Erziehung habe vom Kinde her zu erfolgen, die humanitäre Anthropologie widerspiegelte.

Kinder dürften nicht militärisch abgerichtet werden, vielmehr müßten ihre Neigungen und Kräfte entwickelt werden. Mechanisches Auswendiglernen sei ebenso von Übel wie gedankenloses Wiederholen unverstandener abstrakter Aussagen: Der Despotismus der Normalschulen, so erklärte Nicolai, verhindere jeden pädagogischen Fortschritt.[57] Und Klöden, der Bahnbrecher des preußischen Berufsschulwesens, berichtete von regelmäßiger schmerzhafter Züchtigung und harten Strafen während seiner Schulzeit. Die heftig attackierte »militärische Erziehungsart« war

Einladungsschrift von J. B. Basedow zur Unterstützung des Philanthrophin, 1774

In der Schule der Philanthropen in Dessau sollten nach Basedow »Reiche für Geld zu Menschen, Ärmere für wenig Geld unter dem Namen Famulanten zu Schullehrern gebildet werden«. Basedows Erziehungsziel war es, die Kinder vorzubereiten zu »einem gemeinnützigen, patriotischen und glückseligen Leben«.

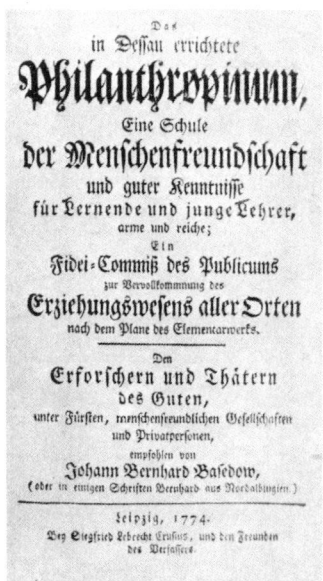

vor allem in Brandenburg-Preußen verbreitet, wo in kleinen Dorf-schulen verschiedentlich ausgediente Unteroffiziere mit dem Schul-unterricht betraut wurden. Dieser Mißstand, der zweifellos zur Mili-tarisierung des Zivillebens beitrug, führte zum Ruf nach einer angemessenen und staatlich geregelten Lehrerausbildung, die indes erst im frühen 19. Jahrhundert durchgesetzt werden konnte. Aller-dings trifft es nicht zu, daß die Schule eine Domäne von Kriegsinva-liden gewesen ist, die möglicherweise selbst nicht schreiben und lesen konnten. Vielmehr waren beispielsweise 1788 von 4 258 Invali-den nur 79 Schullehrer, also 1,9 Prozent. Das Kabinettsdekret vom 31. Juli 1779 ordnete an, daß des Lesens, Rechnens und Schreibens kundige Invaliden, die sich »zu Schulmeistern auf dem Lande und sonsten gut schicken ... besonders an den Orten, wo Höchstdiesel-ben [also der König] die Schulmeister salariren employiret werden sollen«.[58]

Tatsächlich verschwanden nicht zuletzt aufgrund des hartnäcki-gen Widerstands des zuständigen Oberkonsistoriums die Invaliden aus der Schule, so daß Leopold Krug 1805 feststellen konnte, die »Versorgung der invaliden Offiziers und Soldaten« erfolge mit Zivil-diensten, aber »nicht mehr mit Schullehrerstellen«.[59] Aber immer noch war das Unterrichten von Kindern in der Regel eine nebenamt-liche Tätigkeit beziehungsweise ein Durchgangsstadium auf dem Weg zu einem anderen Beruf. »Geringe Motivation, fehlende ›berufs‹-spezifische Vorbereitung, mangelndes Sozialprestige und unzureichende Entlohnung ... sind die Charakteristika des (bran-denburgischen) Lehrers an städtischen Schulen.«[60]

Die Aufklärungspädagogik erhielt besondere Impulse durch den halleschen Pietismus, der an der dortigen Waisenhausschule trotz der Dominanz religiöser Unterweisung und trotz mancherlei auf-geklärter Kritik pädagogisch wegweisende Elemente enthielt, bei-spielsweise die Einbeziehung der Realien in den Unterricht. Nicht zufällig war der Gründer der späteren Berliner Realschule, Johann Julius Hecker, ursprünglich Lehrer an der Waisenhausschule in Halle gewesen, nicht zufällig bildete die dort vollzogene Hinwen-dung der Ausbildung zur bürgerlichen Arbeitswelt auch ein Credo vieler deutscher Aufklärer. »Pietistische Berufsaskese ist Arbeit für andere, gemeinnützige Arbeit.«[61] Trotz der partiellen Gegensätz-lichkeit zwischen Aufklärung und Pietismus erlangten einige päd-agogische Maximen der reformerisch-praktischen Richtung des Pie-tismus erst durch die Aufklärung eine über die religiöse Intention hinausweisende breitere Wirksamkeit.[62]

Im letzten Drittel des 18. Jahrhunderts wurde die aufgeklärte Reformpädagogik besonders durch die unter anderem von Rous-seaus »Émile« beeinflußten Philanthropen geprägt. Anders als die Pietisten standen sie in keinem Spannungsverhältnis zur Aufklä-rung, sondern waren Geist von ihrem Geiste. In Übereinstimmung mit der pietistischen Reformpädagogik förderten die Philanthropen ihre Pädagogik berufsbezogen. Sie wollten eine gleichermaßen natürliche wie vernünftige Erziehung, die die Entfaltung der indivi-duellen natürlichen Fähigkeiten des Kindes begünstigte. Nicht zurück zur Natur, aber doch Nähe zur Natur war eine der philan-thropischen Maximen, die sich pädagogisch beispielsweise in der körperlichen Abhärtung, der Gartenarbeit und anderen Lehrstoffen niederschlug.

Blick in den Hof und Garten einer philanthropischen Erziehungs-anstalt, Stich von Daniel Chodowiecki, 1771

»Natur! Schule! Leben! Ist Freundschaft unter diesen dreien, so wird der Mensch, was er werden soll und nicht allsobald sein kann: fröhlich in Kindheit, munter und wißbegierig in Jugend, zufrieden und nützlich als Mann«, meinte Basedow.

Erstauflage des »Ameisenbüch-
leins« von Christian Gotthilf
Salzmann, 1806

Die Ameisen versinnbildlichen
Geschöpfe, die sich ihrer Jungen
annehmen, so daß jeder Ameisen-
haufen wieder »ein Wohnsitz der
Gesundheit, Reinlichkeit, Tätigkeit
und Folgsamkeit« ist.

Auch die Philanthropen setzten sich nachdrücklich für eine moderne Lehrerausbildung ein. So schrieb Christian Gotthilf Salzmann 1806 sein berühmtes »Ameisenbüchlein oder Anweisung zu einer vernünftigen Erziehung der Erzieher«, nachdem er schon 1780 eine Anweisung zur modernen Kindererziehung, den pädagogischen Roman »Carl von Carlsberg« (1784-1788) und eine Reihe weiterer pädagogischer Schriften verfaßt hatte. Salzmann wurde nach seiner Tätigkeit als evangelischer Pfarrer in Erfurt 1781 Religionslehrer an dem von Johann Bernhard Basedow 1774 in Dessau gegründeten Philanthropin, der Modellschule der Philanthropen. Hier wurden die pädagogischen Erkenntnisse in der Praxis erprobt, hier wirkten vor allem Basedow selbst, Christian Gotthilf Salzmann, Ernst Christian Trapp, Friedrich Gabriel Resewitz, Friedrich Gedike, Isaak Iselin, Peter Villaume, Carl Friedrich Bahrdt sowie der bereits als Protagonist der Landschulpädagogik vorgestellte Friedrich Eberhard von Rochow.

Basedow, der seine pädagogischen Ziele in Schriften und seit 1768 in mehreren Werken verbreitete, fand in dem Fürsten Leopold Friedrich Franz von Anhalt-Dessau einen Menschenfreund und vermögenden Mann, der bereit war, die Umsetzung dieser Ideen in die Praxis zu finanzieren. Damit war auch der Weg beschritten, den die Philanthropen grundsätzlich forderten: Die institutionelle Grundlage der Erziehung und ihre Beaufsichtigung sollte Aufgabe des Staates und nicht der Kirchen sein, denn nur so schien ihnen die Erziehung zu religiöser beziehungsweise konfessioneller Toleranz im Sinne aufgeklärter Vernunftreligion – in der Regel waren die Philanthropen Deisten – gesichert. Sie folgten der pädagogischen Maxime, die Kant seinen Vorlesungen zugrunde legte: Der Schüler und Studierende solle »nicht *Gedanken*, sondern *denken* lernen; man soll ihn nicht *tragen*, sondern *leiten*, wenn man will, daß er in Zukunft von sich selbst zu *gehen* geschickt sein soll«.[63]

Der unter Rousseaus Einfluß stehende Kant begrüßte denn auch das Dessauer Philanthropin, 1777 schrieb er in einem Zeitungsartikel: »Wir würden in Kurzem ganz andere Menschen um uns sehen, wenn diejenige Erziehungsmethode allgemein in Schwung käme, die aus der Natur selbst gezogen, nicht von der alten Gewohnheit roher und unerfahrener Zeiten sclavisch nachgeahmt wäre. Aber vergeblich ist es, dieses Heil des Menschengeschlechts von einer allmäligen Schulverbesserung zu erwarten. Nicht eine langsame Reform, sondern eine schnelle *Revolution* kann dies bewirken.«[64]

Die Philanthropin blieb nicht die einzige Einrichtung dieser Art, vielmehr wurden nach dem Dessauer Vorbild unter anderem im schweizerischen Graubünden, im Heidesheimer Schloß des Grafen von Leiningen, in Hamburg und im thüringischen Schnepfental ähnliche Institutionen gegründet, zum Teil von ehemaligen Dessauer Mitarbeitern Basedows wie Campe und Salzmann. Die Verbindung der Ideen Rousseaus und Basedows zeigte sich deutlich in Joachim Heinrich Campes für Jugendliche bearbeiteter Ausgabe von Daniel Defoes »Robinson Crusoe« unter dem Titel »Robinson der Jüngere« (1779/80), vor allem aber in der Enzyklopädie der deutschen Aufklärungspädagogik, die Campe in sechzehn Bänden in den Jahren 1785 bis 1792 herausgab: »Allgemeine Revision des gesammten Schul- und Erziehungswesens«.

Campe, der zeitweise Hauslehrer der Familie von Humboldt gewesen war, reiste 1789 mit Wilhelm von Humboldt ins revolutionäre Frankreich. Von dort berichtete er 1792 mit Sympathie über die Französische Revolution und wurde Ehrenbürger der Stadt Paris. Im Stile bester Aufklärer blieb er keineswegs nur Theoretiker: Nach seiner in Dessau und bei eigenen Schulgründungen in Hamburg und Holstein erworbenen pädagogischen und organisatorischen Praxis wirkte er als Schulrat im heimatlichen Braunschweig und reformierte zwischen 1786 und 1805 im Sinne des Philanthropinismus das dortige Schulwesen. Außerdem fand er noch Zeit, neben einer Reihe weiterer pädagogischer Schriften eine siebenunddreißigbändige Bibliothek von Kinder- und Jugendschriften zu verfassen beziehungsweise vorliegende Stoffe gemäß den pädagogischen Maximen der Aufklärung zu bearbeiten, eine Sammlung von Reisebeschreibungen für Kinder sowie das fünfbändige »Wörterbuch der deutschen Sprache« (1807-1811) herauszugeben: alles in allem eine immense Ordnungs- und Sammlungsleistung und inzwischen selbst historische Quelle.

Die Aufklärung schuf eine eigene Gattung der Kinder- und Jugendliteratur, in der der Realitätsbezug und die praktische Verwendbarkeit des Gelesenen dominierten. Nicht von ungefähr betrieben die Philanthropen intensiv die Einrichtung von Industrieschulen; allerdings gehört diese Strömung – bis auf einige Vorläufer – eindeutig in die zweite Phase aufklärerischer Pädagogik. Goethe – der im übrigen von der »wohltätigen Wirkung« von Fénelons »Télémaque« auf sein Gemüt berichtete – bestätigte, daß man in seinen Kinderjahren »noch keine Bibliothek für Kinder veranstaltet« habe.[65] Zwar hatte sich schon John Locke[66] Gedanken darüber gemacht, welches die angemessene Lektüre Heranwachsender sei, jedoch keine eigene Literaturgattung im Auge gehabt. Dies forderte dann erst Sulzer in seinem »Versuch von der Erziehung und Unterrichtung der Kinder« (1748).

Die Wendung zum Kind kam in dieser neuen literarischen Form deutlich zum Ausdruck. So wurden in den »Sittenbüchlein« für Kinder oft diejenigen Stoffe kindgerecht aufbereitet, die sich eine Generation zuvor noch in den »Moralischen Wochenschriften« fanden[67] und die zum Teil auch die Benimmbücher enthielten, deren berühmtestes sozialgeschichtlich instruktives Beispiel Adolph Freiherr von Knigges »Über den Umgang mit Menschen« (1788) bildete. Allerdings nahm die von den Philanthropen geforderte Atmosphäre freien und frohen Lernens ohne Zwang in den Kinderbüchern eine zuweilen etwas bemühte Form an, waren ihre Autoren doch aufgeklärte Enzyklopädisten, die sowenig wie möglich dem Zufall überlassen wollten und folglich gezwungen waren, erdrückende Massen von Lehrstoff zu bewältigen.

Trotz solch vorausweisender pädagogischer Maximen und erfolgreicher praktischer Reformarbeit blieben die meisten Pädagogen in bezug auf die Mädchenerziehung tradierten Leitbildern verhaftet. Campe schrieb in seinem 1789 veröffentlichten Bestseller »Väterlicher Rath für meine Tochter. Ein Gegenstück zum Theophron. Der erwachsenern weiblichen Jugend gewidmet«: »... ihr seid ... geschaffen ... um beglückende Gattinnen, bildende Mütter und weise Vorsteherinnen des innern Hauswesens zu werden; Gat-

Titelbild zu Campes »Robinson«, Radierung von Daniel Chodowiecki

Der »gute Wilde« zieht in der Mitte des 18. Jahrhunderts in die Literatur ein, in englischen Robinsonaden wie in französischen Verklärungen des Indianers. Im 19. Jahrhundert las man solche Bücher als eine romantische Spielart des Abenteuerbuches, als Teil der Kinder- und Jugendliteratur. Sie waren meist als Kritik an der gegenwärtigen Gesellschaft gemeint und wurden aufklärerisch verstanden. Der höfischen Welt des 18. Jahrhunderts stellte man das natürliche Leben entgegen, das auf einsamen Inseln unter Palmen noch zu finden sei.

Ein weitverbreitetes Buch des Pädagogen Joachim Heinrich Campe war das »Sittenbüchlein für Kinder«, in dem ein alter Mann in Abendgesprächen die Kinder über ihre Pflichten gegen sich selbst, gegen andere und gegen Gott belehrt.

tinnen, die der ganzen zweiten Hälfte des menschlichen Geschlechts, der männlichen, welche die größern Beschwerden, Sorgen und Mühseligkeiten des Lebens zu tragen hat, durch zärtliche Theilname, Liebe, Pflege und Fürsorge das Dasein versüßen sollen; Mütter, welche nicht bloß Kinder gebären, sondern auch die ersten Keime jeder schönen menschlichen Tugend in ihnen pflegen, die ersten Knospen ihrer Seelenfähigkeiten weislich zur Entwicklung fördern sollen; Vorsteherinnen des Hauswesens, welche durch … Ordnung, Reinlichkeit, Fleiß … den Wohlstand, die Ehre, die häusliche Ruhe und Glückseligkeit des erwerbenden Gatten sicher stellen, ihm die Sorgen der Nahrung erleichtern und sein Haus zu einer Wohnung des Friedens, der Freude und der Glückseligkeit machen sollen.«[68]

Die Frau sollte durch Unterricht und aus Büchern ihre Kenntnisse erweitern, damit sie in der Lage sei, kleine Kinder beiderlei Geschlechts vernünftig zu behandeln und die gesamte Erziehung der Töchter zu übernehmen. Als Lektüre empfahl Campe kleinere Schriften von Basedow, Garve, Cicero und Ferguson sowie sein eigenes Buch. Die religiöse Unterweisung sollte anhand der Schriften von Reimarus, Jerusalem, Spalding und Zollikofer sowie seines eigenen »Leitfaden beim kristlichen Religionsunterrichte« erfolgen.[69] Insgesamt bewertete er dieses Lektürepensum als ausreichend. Eine gelehrte Bildung empfahl Campe nur demjenigen, »dessen Standort in der menschlichen Gesellschaft ihm eine nützliche Anwendung davon erlaubt«. Frauen bürgerlichen Standes gehörten nicht dazu.[70]

Zu den unentbehrlichen Tugenden des weiblichen Geschlechts zählte Campe die »*Gewöhnung an Abhängigkeit!* Dazu bist du nun einmahl geboren; dazu bist du nun einmahl von der Natur sowol als von der menschlichen Gesellschaft bestimmt«.[71] Campes Ansichten über Mädchenerziehung und Frauenrolle können durchaus als repräsentativ gelten. Ganz ähnlich äußerte sich beispielsweise Carl

Campes 1789 erschienener Bestseller zur Mädchenerziehung, in
der der Reformpädagoge die
Töchter über ihre gesellschaftliche
Aufgabe belehrt: »... ihr seid ...
geschaffen, um ... beglückende
Gattinnen, bildende Mütter und
weise Vorsteherinnen des inneren
Hauswesens zu werden.«

Friedrich Pockels in seinem fünfbändigen »Versuch einer Charakte-
ristik des weiblichen Geschlechts«.[72]

Ein vergleichsweise einsamer Rufer in der Wüste für die Emanzipation der Frau war der Königsberger Jurist, Polizeidirektor und
Geheime Kriegsrat Theodor Gottlieb von Hippel – doch keines-
wegs von Beginn seiner Laufbahn an. Die erste 1774 erschienene
Auflage seines Buches »Über die Ehe« unterschied sich kaum von
der gängigen Auffassung der Frauenrolle. Unter dem Einfluß der
Französischen Revolution erklärte er dann jedoch in der 1794
erschienenen vierten Auflage: »Es liegt nicht in der Bestimmung des
Menschen, daß Eva die Untergebene Adams und er das einzige
Haupt der ehelichen Gesellschaft und ein Herr des Weibes ist.«[73]
Und in seiner 1793 veröffentlichten programmatischen Schrift
»Über die bürgerliche Verbesserung der Weiber« kritisierte Hippel
die französische Revolutionsverfassung von 1791, weil sie den
Frauen nicht die gleichen Bürgerrechte zugestand. »Alle Menschen
haben gleiche Rechte. – Alle Franzosen, Männer und Weiber, soll-
ten frei und Bürger sein.«

Hippel ließ keinen Zweifel daran, daß er eine Erziehung ohne
Geschlechtsunterschied als »Staatsbedürfnis« ansah: »Man erziehe
Bürger für den Staat, ohne Rücksicht auf den Geschlechtsunterschied, und überlasse das, was Weiber als Mütter, als Hausfrauen
wissen müssen, dem besondern Unterricht; und alles wird zur Natur
zurückkehren. Noch lange ist Erziehung nicht das, was sie sein
könnte und sollte ... Die Staaten und ihre Repräsentanten selbst,
deren erstes und wichtiges Interesse die Erziehung ist, scheinen dieses Bedürfnis entweder noch nicht genug zu fühlen oder wohl gar
sich für verpflichtet zu halten, den gemachten Versuchen, Bürger zu
bilden, Hindernisse in den Weg zu legen ... Lange mutete man Lehrern zu, die in der Regel selbst keine Erziehung hatten, sie sollten
zugleich Erzieher sein ...«[74]

Tatsächlich verband der Ruf nach dem Staat auch unterschiedliche Richtungen aufgeklärter Reformpädagogik, deren fundamentale Ziele trotz aller konfessionell, territorial oder politisch bedingten Grenzen gemeinsam blieben: Erziehung zur Mündigkeit und zur religiösen Toleranz, Erwerb nützlicher Kenntnisse, Erziehung vom Kind her, Reform von Lehrerbildung, Unterricht und Lehrplan nach natürlichen und vernünftigen Grundsätzen, staatliche Organisation und Beaufsichtigung des Schulwesens. Die nachdrückliche Betonung staatlicher Kompetenz hatte dabei außer der konfessionspolitischen Pointe auch noch eine praktische: Der Staat versprach am ehesten, aufgeklärten Grundsätzen in der Pädagogik Geltung zu verschaffen, so daß die Aufklärer bereit waren, staatlichen Interessen Rechnung zu tragen.

Schließlich stand eine Reihe der Schulreformer, insbesondere in Österreich und Brandenburg-Preußen, selbst in staatlichen Diensten: Von hier aus konnten sie direkten Einfluß auf die Schulpolitik nehmen. Dies bildete den Hintergrund für Resewitz' Definition der Nationalerziehung von 1786: Sie sei die »öffentliche und allgemeine Veranstaltung eines Staates, seiner Jugend einerlei Grundsätze einzuflößen, sie auf einen herrschenden Geist zu stimmen, ihre Lebens- und Leibeskräfte nur auf diejenige Tätigkeit zu richten, die den vorgesetzten Zweck der Staatsverfassung bewirken kann, alle andere mögliche Ausbildung derselben aber darüber hintenanzusetzen oder wenigstens nicht zum Augenmerk zu haben.«[75] Eine solche Zielrichtung besaß eine inhärente Dialektik und bedeutete keineswegs nur die Indienstnahme des absolutistischen Reformpotentials für die Aufklärung, sondern in nicht geringerem Maß die Indienststellung der Aufklärung für den Staatszweck.

Neben diese politische Dialektik trat die soziale. Trotz der intensiven Bemühung der aufgeklärten Reformpädagogik um die Erziehung der unteren Schichten in den Trivial- und Industrieschulen, behielten die deutschen Philanthropen anders als Rousseau die prinzipielle Standesspezifik der damaligen Erziehung bei. Diese standesorientierte Zweckbezogenheit brachte Johann Stuve 1785 unzweifelhaft zum Ausdruck: »So notwendig die Verschiedenheit der Stände und Geschäfte, des Ansehens und des Vermögens ist, so notwendig ist auch die Verschiedenheit der Ausbildung der Körper- und Geisteskräfte. Der Landmann, der Handwerker, der Soldat, der Künstler, der Gelehrte, der Regent müssen jeder für ihre Verhältnisse und Geschäfte gebildet werden.«[76]

Die Absicht der Philanthropen, den praktischen Nutzen der zu erwerbenden Kenntnisse sicherzustellen, spielte hier ebenso eine Rolle wie die Existenz der ständischen Gesellschaftsordnung selbst. Doch zwischen der Forderung nach standes- und berufsbezogener Erziehung und der ebenfalls postulierten ständetranszendierenden Menschenbildung war der Konflikt angelegt, der ausbrechen mußte, wenn Bildung als Selbstzweck von der berufsbezogenen Erziehung getrennt und zugleich zum Standesprivileg erhoben wurde: Seit dem letzten Drittel des 18. Jahrhunderts, insbesondere aber im Neuhumanismus um 1800 trennen sich die Begriffe Bildung und Erziehung, die vorher häufig synonym verwendet wurden; darin dokumentierte sich die Entwicklung dieses Problems.

In der anthropologischen Begründung der Erziehung, die Kant gab, ist indes von der späteren Divergenz noch nichts zu spüren, for-

»Schrobl-Stube« einer böhmischen Tuchmanufaktur, in der Kinder und Jugendliche die Wolle zausen und mit Baumöl besprengen, bevor sie von den Männern an den »Schrobl-Bänken« gekämmt wird. In Böhmen gab es eine große Zahl von Industrieschulen.

mulierte er doch nicht die Konsequenzen, sondern den gemeinsamen Ausgangspunkt der rousseauistischen, der philanthropischen und der späteren neuhumanistischen Pädagogik: »Der Mensch ist das einzige Geschöpf, das erzogen werden muß ... Die Menschengattung soll die ganze Naturanlage der Menschheit, durch ihre eigne Bemühung, nach und nach selbst herausbringen. Eine Generation erzieht die andere.« Und apodiktisch fügte er hinzu: »Der Mensch kann nur Mensch werden durch Erziehung. Er ist nichts, als was die Erziehung aus ihm macht.«[77] Bei aller Berücksichtigung natürlicher Anlagen lag Kant doch nichts ferner als ein Verzicht auf Leitung. Vielmehr kehren bei ihm die Begriffe Unterweisung, Disziplin als Mittel sowie Moralisierung, Kultivierung und Zivilisierung als Ziele der Erziehung immer wieder. Im übrigen gab Kant der Pädagogik geradezu eine geschichtsphilosophische Perspektive: »Kinder sollen nicht dem gegenwärtigen, sondern dem zukünftig möglich bessern Zustande des menschlichen Geschlechts, das ist: der Idee der Menschheit, und deren ganzer Bestimmung angemessen, erzogen werden.«[78]

Überall mühten sich während des späten 18. Jahrhunderts Reformer um die Umsetzung solcher pädagogischen Prinzipien, seien es Martini, van Swieten und Rautenstrauch in Wien oder der von 1771 bis 1788 für das Erziehungswesen zuständige Friderizianische Minister Karl Abraham Freiherr von Zedlitz sowie die Gymnasialdirektoren Anton Friedrich Büsching und Friedrich Gedike in Berlin. Zedlitz' Ziel war es, die geistlichen Angelegenheiten von den Schulangelegenheiten zu trennen. Zu diesem Zweck setzte man schließlich 1787 ein Oberschulkollegium ein, was allerdings die schulpolitische Richtung nicht änderte, da Oberkonsistorium und Oberschulkollegium weitgehend identisch zusammengesetzt waren. Übrigens standen auch die Berliner Juden den reformpädagogischen Bemühungen nicht nach: Isaac Daniel Itzig und David Friedländer, einer der tatkräftigsten Protagonisten der Judenemanzipation, gründeten 1775 in Berlin die jüdische Freischule, an der neben Hebräisch Deutsch Unterrichtssprache war.

Das Allgemeine Landrecht für die Preußischen Staaten bildete auch für die Reform des Schulwesens insofern einen Meilenstein, als es – wenigstens theoretisch – dekretierte: »Schulen und Universitäten sind Veranstaltungen des Staats, welche den Unterricht der Jugend in nützlichen Kenntnissen und Wissenschaften zur Absicht haben … Dergleichen Anstalten sollen nur mit Vorwissen und Genehmigung des Staats errichtet werden« (ALR II,12, §§ 1, 2).

Wie in anderen Sektoren des Staatsdienstes auch, sah das Allgemeine Landrecht künftig im Schulwesen geregelte Eignungsprüfungen vor: »Ueberall aber soll kein Schulmeister bestellt und angenommen werden, der nicht zuvor, nach angestellter Prüfung, ein Zeugniß der Tüchtigkeit zu einem solchen Amte erhalten hat« (ALR II,12, § 24). Und schließlich wurde eine – wenngleich noch begrenzte – Schulbesuchspflicht landesweit eingeführt: »Jeder Einwohner, welcher den nöthigen Unterricht für seine Kinder in seinem Hause nicht besorgen kann oder will, ist schuldig, dieselben nach zurückgelegtem Fünftem Jahre zur Schule zu schicken« (ALR II,12, § 43). Der Schulunterricht sollte so lange fortgesetzt werden, »bis ein Kind, nach dem Befunde seines Seelsorgers, die einem jeden vernünftigen Menschen seines Standes nothwendigen Kenntnisse gefaßt hat« (ALR II,12, § 46). Ging dieser Passus auch von einem standesspezifischen Begriff des Unterrichts aus, so bedeuteten diese Regelungen doch einen unverkennbaren Fortschritt. Und dies gilt ebenso für eine Reihe anderer Punkte, etwa die Einschränkung und Kontrolle von Züchtigungen: Das Allgemeine Landrecht untersagte sowohl Mißhandlungen wie allzu gewalttätiges Vorgehen der Lehrer (ALR II,12, §§ 50-53).

Natürlich erlauben diese gesetzlichen Normen Rückschlüsse auf die tatsächlichen Zustände, die mit ihnen verändert werden sollten. Aber noch Jahre nach Inkrafttreten des Allgemeinen Landrechts konnte von einem staatlich-zentralisierten Schulmonopol keine Rede sein, zumal selbst das Landrecht Privatschulerziehung und reinen Privatunterricht zuließ. Die Tätigkeit als Hauslehrer – in der Sprache der Zeit als Hofmeister – war weit verbreitet und zählt zu den bemerkenswerten Phänomenen der deutschen Bildungsgeschichte. Ein Hofmeister galt als Bediensteter, der aber immerhin am Tisch seiner oft adligen Herrschaft speisen durfte – allerdings am unteren Ende. Kant, Wieland, Hegel, Hölderlin und viele andere deutsche Gelehrte, Dichter und Theologen arbeiteten zeitweilig als Hofmeister.[79]

Die gesetzlichen Normen belegen also lediglich die Absicht der Reform, keineswegs schon ihre Realisierung. Die Schulpflicht war im übrigen nicht neu, wenngleich sie in den einzelnen Territorien unterschiedlich geregelt wurde. So führte Sachsen-Coburg-Gotha bereits 1642, Württemberg 1649, Brandenburg 1662, und Preußen landesweit 1717 eine Schulbesuchspflicht ein – jedenfalls dort, wo Schulen vorhanden waren. 1736 folgte eine Bekräftigung dieser Anordnung, was jedoch nichts über die Ausführung, nichts auch über den Umfang besagt. Und insofern hinkte Bayern, wo der Schulzwang erst 1802 eingeführt wurde, nicht gar so weit hinterher, wie es den Anschein hatte: Wie neuere Untersuchungen zeigen, besuchte beispielsweise in manchen Gebieten Westpreußens noch 1784 weniger als ein Prozent der Kinder die Winterschule, und mit dem Sommerschulbesuch, der im allgemeinen auf zwei Tage pro Woche festgesetzt war, verhielt es sich kaum anders.[80]

Das »preußische Generallandschulreglement« von 1763 war wohl die umfassendste aller bis dahin erschienenen Schulordnungen, doch von einer wirklich aufklärerisch-pädagogischen Schulreform kann kaum die Rede sein, die überkommenen Maximen der Erziehung standen im Vordergrund.

In Preußen ist mit dem Generallandschulreglement von 1763 erstmals der ausdrückliche Wille des Königs erkennbar, eine wirkliche Schul- beziehungsweise Unterrichtspflicht durchzusetzen, die in der Regel für Kinder vom vollendeten fünften bis zum dreizehnten beziehungsweise vierzehnten Lebensjahr gelten sollte.[81] Doch standen der Verwirklichung massive Hindernisse entgegen. Dazu zählte zunächst die in seinem Gutsbezirk jeweils autonome Stellung des Gutsherrn, der auch das Kirchen- und Schulpatronat wahrnahm. Da über die Hälfte des Staatsgebiets zur privaten Gutsherrschaft gehörte,[82] wirkte sich dies in der Schulpolitik ebenso aus wie die Rechte von Domänenpächtern und der gutsherrlichem Kirchenpatronat unterliegenden Geistlichkeit. Der Landesherr selbst nahm nur in einem Teil seines Staates auch das Schulpatronat wahr. Die »Dominanz dezentraler Kräfte« (Neugebauer) ist unverkennbar. Da es aber an Schulen und an Lehrern fehlte, war die lokale und kirchliche Organisation des Schulwesens über Jahrhunderte hinweg geradezu unentbehrlich, gleichviel ob man sie für wünschenswert hielt oder nicht. Von der gesetzlichen Normierung bis zur Realisierung mußte also in jedem Fall ein weiter Weg zurückgelegt werden.

Der Hofmeister beim Unterricht, Kupferstich aus der »Bildergalerie weltlicher Mißbräuche«, 1785

Die schon seit der Regierung Friedrich Wilhelms I. in zehnjährigem Abstand durchgeführten turnusmäßigen Visitationen des Schulwesens erbrachten regelmäßig die niederschmetterndsten Ergebnisse. Nicht nur die Landschulen, deren Förderung Friedrich der Große sich besonders angelegen sein ließ, waren in einem besonders miserablen Zustand, selbst in Berlin besuchte nur ein kleiner Teil der Schulpflichtigen tatsächlich den Unterricht.[83]

Am Ende des 18. Jahrhunderts gab es in der Kurmark, vor allem in den Städten, zwölf Gelehrtenschulen, sieben Mittel-, 55 Bürger- und 173 Elementarschulen. Die Zahl der königlichen Dorfschulen be-

Normallehrplan für die preußische Landschule, 1763

Stunden	1. Haufen Lesekinder	2. Haufen Buchstabierkinder	3. Haufen ABC-Schüler
8.00 – 9.00	Üben des Kirchenliedes (alle vier Wochen ein neues); Gebet; Lesung des monatlichen Psalms; Üben eines Stückes aus dem Katechismus (alle sechs Wochen von vorne)		
9.00 – 9.30	Lesen und Buchstabieren aus der Bibel		ABC-Übungen (täglich zwei Buchstaben)
9.30 – 10.00	Aufschlagen üben in Bibel und Gesangbuch; Lernen der Wochensprüche	Buchstabieren	ABC-Übungen (täglich zwei Buchstaben)
10.00 – 11.00	Schreiben; Lehrer korrigiert schriftlich	Buchstabieren; erstes Lesen	Unterscheiden von lauten und stummen Buchstaben
13.00 – 14.00	Singen einiger Kirchenlieder; Lesung des monatlichen Psalms; Lernen des Hauptinhalts der biblischen Bücher; Lesen aus dem »Lehrbüchlein zum Unterricht der Kinder auf dem Lande in allerhand nötigen und nützlichen Dingen«		
14.00 – 14.30	Lernen des neuen Stücks aus dem Katechismus		
14.30 – 15.00	Lesen	Buchstabieren	ABC-Übungen
15.00 – 16.00	Schreiben und Rechnen	Buchstabieren	ABC-Übungen

Die Bauernschule, Radierung von Daniel Chodowiecki, 2. Hälfte 18. Jahrhundert

Vermutlich handelt es sich um eine »Reihenschule«. Da meist keine geeigneten Unterrichtsräume vorhanden waren, ging der »Lehrer« bei den Besitzbauern reihum, um dort gegen Kost und Logis eine Woche lang Elementarunterricht zu erteilen.

trug 588, die der privaten Dorfschulen 1060, allerdings waren sie größtenteils in kümmerlichstem Zustand. Wenngleich die Zahlen nur partiell vergleichbar sind, demonstrieren sie doch schon zwanzig Jahre später eine extreme Verbesserung: Im Jahre 1816 bestanden in Preußen bereits 20345 staatliche Volksschulen mit 21766 Lehrern und 1,167 Millionen Schülern. Damals besuchten bereits 60 Prozent der Schulpflichtigen staatliche Volksschulen.[84]

Ein wohlunterrichtetes Volk sei leicht zu regieren, meinte Friedrich der Große. Ob dies zutrifft, sei dahingestellt; jedenfalls erreichte der König dieses Ziel nicht. Bis zum Ende seiner Regierungszeit wies das Schulwesen Preußens vielfach mehr Ähnlichkeit mit den Strukturen des 16./17. als denen des 19. Jahrhunderts auf. Auch für das Schulwesen gilt Kants Diktum über das späte 18. Jahrhundert: Ein Zeitalter der Aufklärung? Ja, vielleicht, aber noch kein aufgeklärtes Zeitalter! Unverkennbar fiel die Bilanz in der Modernisierung des Schulwesens nicht allein im Vergleich mit den aufgeklärten Forderungen, sondern auch zu anderen Sektoren staatlicher Reformpolitik dürftig aus: *»Das Schulwesen war in den Prozeß der modernisierenden Staatsbildung noch nicht einbezogen:* es stellte vielmehr einen Freiraum im absolutistischen Verfassungsgefüge dar.«[85]

Aber in anderen Staaten war es um die Schulwirklichkeit kaum besser bestellt.[86] In Österreich bemühte sich Maria Theresia ebenfalls um eine Reorganisation des Trivialschulwesens, damit die Bevölkerung wenigstens in Religion, Lesen, Schreiben und Rechnen unterrichtet werden konnte. Zwar bestanden während der siebziger Jahre in den deutschen Erbländern ebenso viele Schulen wie Pfarreien, doch besuchte nach neueren Schätzungen im Durchschnitt nur jedes fünfte Kind den Unterricht, wobei ein deutliches Gefälle zwischen Stadt und Land auffällt. Trotz der Theresianischen Schulreform, zu der eine Vereinheitlichung von Lehrmethode und Lehrbüchern aufgrund der Vorschläge des Abts Johann Ignaz Felbiger aus Sagan in Niederschlesien gehörte, blieben langfristig die »deutschen Schulen« unter kirchlicher Schulaufsicht. Allerdings wurde für eineinhalb Jahrzehnte eine hierarchisch strukturierte Schulaufsicht organisiert, der Geistliche und Laien angehörten und deren

Österreichische Knabenvolks-
schule um die Mitte des 18. Jahrhunderts, Gemälde eines Unbekannten, um 1750

Oberdirektor seit 1777 Felbiger war. Die von Felbiger erarbeitete
»Allgemeine Schulordnung« bildete künftig die Basis für die Reorganisation des Elementarschulwesens und wurde für einige deutsche Territorien vorbildhaft. Auch in Österreich wurden die obrigkeitlichen Ermahnungen an die Eltern, für den Schulbesuch ihrer
Kinder zu sorgen, nur sehr begrenzt befolgt, obwohl die »Allgemeine Schulordnung« eine sechsjährige Schulpflicht einführte. Es
fehlten ebenfalls ausgebildete Lehrkräfte. Unter den nebenamtlich
Unterrichtenden standen Küster und Organisten an erster Stelle.
   Insgesamt scheint der Schulbesuch trotzdem etwas besser gewesen zu sein als in Preußen. Eine von Joseph II. zu Beginn der achtziger Jahre in Auftrag gegebene Untersuchung gelangte bei extremen
regionalen Unterschieden zu dem Resultat, daß ein knappes Drittel
der schulfähigen Kinder wirklich in die Schulen ging. Dieser Anteil
erhöhte sich während der Regierungszeit Josephs II., der den Unterricht im Deutschen auch in den anderssprachigen Teilen der
Habsburgermonarchie vorantrieb, um eine Integration schon im
Kindesalter zu fördern.
   Überhaupt ist eine gewisse Einseitigkeit der von Joseph II. inten-
sivierten staatlichen Schulpolitik unverkennbar, da er sie ausschließlich unter Nützlichkeitsaspekten betrieb. In Böhmen lag um 1790
der Schulbesuch bereits bei knapp 42 Prozent. Allerdings blieb die
Ausstattung der Schulen schlecht: Ausgebildete Lehrer fehlten
nach wie vor, die kirchliche Schulaufsicht wurde im Habsburgerreich 1792 wieder fester institutionalisiert. In dieser Beziehung verlief die Entwicklung Österreichs wiederum atypisch, da sich die
staatliche Regelung des Schulwesens auch zu Beginn des 19. Jahrhunderts nicht durchsetzte. Die antiaufklärerische Kritik führte in
Österreich sogar wieder zur Begrenzung der Lehrpläne auf das Not-
wendigste, denn die Kritiker befürchteten, die Volksaufklärung
könne zu weit gehen.[87]
   Die meisten Territorien nahmen im letzten Drittel des 18. Jahrhunderts Schulreformen in Angriff. Überall blieben sie in den
Anfängen stecken. Doch zeigen die Pläne und Diskussionen, daß
die fundamentale Reorganisation des Schulwesens entschiedene

Schulunterricht im 18. Jahrhundert, Kupferstich aus dem Jahre 1731

Die Philosophie der Aufklärung führte zwangsläufig zu neuen pädagogischen Prinzipien. Kant brachte auch darin die Grundtendenz der Epoche zur Geltung, daß er jene pädagogischen Ideen in einer philosophischen Anthropologie begründete. Die Menschen, insbesondere die Kinder sollten nicht dem gegenwärtigen, sondern einem zukünftigen besseren Zustand des menschlichen Geschlechts dienen. Ihre Erziehung habe sich nicht an der Wirklichkeit des Lebens, sondern an der Idee zu orientieren. Auch die Aufklärungspädagogen wollten vernünftig erziehen; der Schüler sollte nicht durch Prügel, sondern durch das gute Beispiel gebessert werden.

Schulbediente. 8.
Bevor erkenne dich, eh du wilst andre lehren,
sonst wird dein Wißen sich, in Thorheit bald verkehren,
Dann ohne Gottesfurcht, ist Wißheit Rauch und Dunst,
Wer christlich lebt und stirbt, der hat die beste Kunst.

Verfechter fand. Vergleichsweise untypisch verlief die Entwicklung in Sachsen-Gotha, wo Herzog Ernst I. nicht nur als erster deutscher Fürst bereits in der Mitte des 17. Jahrhunderts eine allgemeine Schulpflicht für alle Kinder zwischen fünf und zwölf Jahren eingeführt, sondern außerdem für alle Erwachsenen Katechismusunterweisung verbindlich gemacht hatte. Die Gymnasialbildung förderte er ebenfalls so zielstrebig, daß das gothaische Gymnasium vorbildhaft in Deutschland wurde. Sowohl diese Maßnahmen als auch die weiteren wegweisenden Reformen in diesem kleinen Herzogtum erwuchsen aus einem lutherisch geprägten absolutistischen Herrschaftsverständnis, das das Interesse des absoluten Fürstenstaats an der Erziehung getreuer Untertanen erkennen ließ.

So begrenzt in den meisten deutschen Staaten die Erfolge staatlicher Schulpolitik tatsächlich blieben, leisteten sie doch insgesamt unentbehrliche Vorarbeit für die Ablösung des dezentralisierten und in der Regel im argen liegenden Volksschulwesens zu Beginn des 19. Jahrhunderts. Die Schulwirklichkeit ist in dieser Hinsicht ein unentbehrlicher, aber nicht der einzige Maßstab zur Bewertung der schulreformerischen Bestrebungen im letzten Jahrhundertdrittel. Und wenn Zedlitz noch 1787 in einer Denkschrift erklären mußte: »Den Bauer läßt man aufwachsen wie ein Thier«, so zeigt dies, welch außerordentliche Aufgabe die Schulreform gewesen ist.

Die Verbreitung der Aufklärung, aber auch die Verankerung des noch lediglich kulturellen Nationalbewußtseins in Deutschland war ohne die Unterrichtung breiter Bevölkerungsschichten kaum möglich. Wie lauteten angesichts der geschilderten Zustände die Ergebnisse? Im Durchschnitt des 18. Jahrhunderts dürften etwa zehn Prozent der Deutschen des Lesens kundig gewesen sein, doch wuchs dieser Anteil unaufhörlich, so daß man für 1770 fünfzehn, für 1800 bereits 25 und für 1830 schließlich 40 Prozent annimmt. Wenngleich einige Annahmen höher liegen, stimmen sie doch mit der generellen Einschätzung einer vor allem seit dem letzten Drittel des 18. Jahrhunderts sich ständig ausdehnenden Kenntnis des Lesens überein. Natürlich sagen diese Zahlen nichts darüber aus, ob Goethe und Kant, Gesangbücher und die Bibel oder Trivialromane gelesen wurden. Vielleicht machten viele gar keinen Gebrauch von dieser doch so seltenen und kostbaren Fähigkeit. Das eigentliche Lesepublikum umfaßte um 1800 kaum ein Prozent.

Nicolai, der damals wohl den besten Überblick über Buchmarkt, Autoren und Leser besaß, schätzte 1773 die Zahl der Autoren auf etwa 20 000, das Verhältnis der Schreibenden zu den Lesenden charakterisierte er mit beißendem Spott: »Der Stand der Schriftsteller bezieht sich in Deutschland beinahe bloß auf sich selber oder auf den gelehrten Stand. Sehr selten ist bei uns ein Gelehrter ein Homme de Lettres. Ein Gelehrter ist bei uns ein Theologe, ein Jurist, ein Mediziner, ein Philosoph, ein Professor, ein Magister, ein Direktor, ein Rektor ..., und er schreibt auch nur für seine Zuhörer und seine Untergebenen ... Die zwanzig Millionen Ungelehrte vergelten den 20 000 Gelehrten Verachtung mit Vergessenheit.«[88]

Allerdings finden sich auch andere Stimmen. So vertrat Georg Friedrich Rebmann 1793 die Ansicht, über das ökonomische Schicksal der Schriftsteller entschieden die Friseure und Dienstboten.[89] Und Friedrich Schlegel erfaßte das zweifellos wachsende Lesebe-

Johann Heinrich Pestalozzi (1746 bis 1827) mit Kindern, Kupferstich von Anker

Pestalozzi ist ein typischer Wortführer der Volksaufklärung. Im ausgehenden Jahrhundert spitzen sich die Konflikte auch auf diesem Felde zu: Den einen ist die Lesesucht ein Laster, weshalb dann das Lesen mit unangenehmen Eigenschaften in Zusammenhang gebracht wird und die bücherlesenden Kinder Bücherwurm oder Leseratte genannt werden. Das Lesen führe zu Weichlichkeit und Sinnlichkeit und bringe falsche Ideen in Umlauf, weshalb es politisch gefährlich sei. Den anderen ist die steigende Buchproduktion und die Verbreitung des Gedruckten ein Zeichen der Hoffnung: die Vernunft breite sich selbst in Schichten aus, die bis dahin keinen Zugang zum Geist gehabt haben. Tatsächlich nimmt der Anteil der theologischen Literatur in diesen Jahrzehnten von 40 bis auf sechs Prozent ab, während sich die Anteile von Philosophie und Poesie vervielfachten.

dürfnis seiner Zeitgenossen 1798 mit dem Begriff »Leserevolution«, der trotz seiner Übernahme in moderne Darstellungen übertrieben ist. Wie dem auch sei, am Ende des 18. Jahrhunderts beklagten sich die ersten Zeitkritiker schon nicht mehr darüber, daß zuwenig, sondern daß zuviel gelesen werde, und Rudolph Gottlieb Beyer empfahl 1795 gar eine Einschränkung der Lesesucht: Sie halte von der Arbeit ab, mache für das wirkliche Leben untauglich, führe zu Weichlichkeit und Sinnlichkeit, bringe falsche oder unausgereifte Ideen in Umlauf und sei schließlich gar politisch gefährlich.[90]

In dieser Diskussion ging es freilich um mehr: die Frage nämlich, wieweit Aufklärung zur Volksaufklärung werden oder die Bildung standesspezifisch bleiben solle. Eine solche soziale Reduzierung widersprach zwar dem aufgeklärten Postulat einer ständetranszendierenden, allgemeinen Menschenbildung, trotzdem hielten einige Schriftsteller eine Begrenzung der über das bloß Nützliche hinausgehenden Bildung auf bürgerliche und adlige Schichten für sinnvoll. Christian Wilhelm Dohm bemerkte 1796: »Unser Bürger und Bauer liest unstreitig mehr als die nächste Generation vor ihm, und dieß ist noch einiger Zunahme fähig. Aber Lage und Bedürfnis werden hier schon immer ein gewisses Maß halten, der gemeine Mann wird zu allen Zeiten nur wenig lesen und ich nehme keinen Anstand zu sagen – er muß nur wenig lesen.«[91]

Die wachsende Lesefähigkeit ging einher mit der steigenden Buchproduktion und dem größer werdenden Anteil deutschsprachiger Literatur. Während des gesamten 18. Jahrhunderts wurden vermutlich etwa 175000 deutschsprachige Veröffentlichungen produziert, die Zahl der jährlichen Neuerscheinungen, die um 1775 ungefähr 2000 betrug, wuchs 1783 auf 3000, 1790 auf 3560 und erreichte 1805 bereits die stattliche Zahl von 4180. Friedrich Nicolais »Allgemeine deutsche Bibliothek« rezensierte zwischen 1765 und 1811 etwa 80000 Bücher. Von 1740 bis 1800 verminderte sich der Anteil der in lateinischer Sprache veröffentlichten Werke von 27,7 auf knapp vier Prozent, wobei die entscheidende Reduzierung allerdings erst in den beiden letzten Jahrzehnten des 18. Jahrhunderts einsetzte. Bezeichnende Veränderungen vollzogen sich auch in den einzelnen Fachgebieten; sie lassen insgesamt eine wachsende Säkularisierung erkennen: Während der Anteil theologischer Literatur zwischen 1735 und 1800 von 40,5 auf sechs Prozent sank, verdoppelte sich der Anteil der Philosophie in diesem Zeitraum auf ungefähr 40 Prozent. Und ähnlich verlief die Entwicklung bei der Poesie, die zwischen 1750 und 1800 ihren Anteil von 8,7 auf 27,3 Prozent steigerte. Um 1800 entfielen also etwa zwei Drittel aller Neuerscheinungen auf Philosophie und Literatur.[92]

Nicht die Erweiterung der Lesefähigkeit beziehungsweise die Hebung des Bildungsstandes, sondern die Anpassung an den Geist der Zeit bildete das Problem der höheren Schulen. Die pädagogischen Maximen der Aufklärung beanspruchten auch hier Geltung, wenngleich dieser Sektor im allgemeinen in erheblich besserem Zustand war. Neben den Dorfschulen und den deutschen Stadtschulen gab es in den Städten lateinische Stadtschulen sowie die eigentlichen Gelehrtenschulen.[93] Die Lateinschulen basierten bis zum Ende des 18. Jahrhunderts noch immer auf dem schon während der Reformationszeit entwickelten Schema von drei Klassen mit drei Lehrern. Die Lateinschule, die ein höheres Prestige besaß als die deutsche Schule, hielt mehr Berufswege offen, auch Handwerksmeister schickten ihre Kinder oftmals auf solche Schulen, ohne daß diese Absolventen später einen »gelehrten« Beruf anstrebten.

Ein Teil der Lateinschulen entwickelte sich im Laufe der Zeit zu Gelehrtenschulen, in denen der altsprachliche Unterricht, insbesondere das Latein, gemäß humanistischen Prinzipien dominierte. Die dort vermittelte Bildung war weitgehend literarische Bildung. Nach Latein und Griechisch gewann Französisch – die höfische Bildungssprache – zunehmend an Bedeutung. Doch standen diese Lektionen meist noch außerhalb des obligatorischen Unterrichts und mußten zusätzlich bezahlt werden. Weiter wurden Geschichte, Religion, Mathematik und Naturwissenschaften unterrichtet. Dieses Programm erforderte fachlich vorgebildete Lehrer, so daß schon deshalb die Gelehrtenschulen in einer unvergleichbar besseren Situation als die Trivialschulen waren. Ein hohes Ansehen genossen aber selbst die Lehrer höherer Schulen nicht - mit Ausnahme einiger führender Gymnasialdirektoren -, und sie waren meist schlecht besoldet.

Die Entwicklung größerer Lateinschulen zu Gelehrtenschulen zeichnete sich nicht allein in den Landesschulordnungen des 18. Jahrhunderts in Braunschweig-Lüneburg 1737 sowie in derjenigen Kursachsens von 1773 ab, sondern auch in der Zielsetzung Friedrichs des Großen. Der König kritisierte wie viele seiner Zeitgenossen die »Latinitätsdressur«[94] und wollte das Auswendiglernen lateinischer Texte in den Lateinschulen durch ein modernes Lehrprogramm ersetzen. Unter anderem bemängelte er 1770 die Adelsbildung in den Gymnasien und Ritterakademien, weil sie »nur darauf ausgehen, das Gedächtnis ihrer Schüler anzufüllen, statt sie an selbständiges Denken zu gewöhnen«. Dabei ging Friedrich von der Maxime aus, daß »man aus Menschen machen kann, was man will«. Sosehr er eine am gesellschaftlichen Nutzen und Staatszweck orientierte Reform der Lehrpläne forderte, sowenig wollte er sie utilitaristisch verengen, wie das bei Joseph II. der Fall war. Nie könne der Mensch zu viele Kenntnisse erwerben, welchen Beruf er auch

Art der Lehranstalten / Provinzen	Zahl der Lehranstalten	Zahl der Professoren und Lehrer	Besoldungsetat überhaupt Taler	höchstes Gehalt Taler	G.	Pf.	niedrigstes Gehalt Taler	G.	Pf.	königlichen Kassen Taler	landesherrlicher Stiftung Taler	Accisevergütung Taler	der Kämmerei Taler	Privatstiftungen, Kirchen Taler	Summe der Ausgaben Taler
Universitäten															
Königsberg	1	32	7330	447	33	14	141			4546	2822	1414		960	9742
Frankfurt	1	15	9709	1115	9	10	100			767	11179	233	1190	150	13519
Halle	1	22	11628	1239	18	4	131	12	6	9357	2089	560	700	4945	17651
Duisburg	1	11	3833	437	12		270			3300	1598				4898
Culm	1		2419											2419	2419
Summe	5	80	34919	1239	18	4	100			17970	17688	2207	1890	8474	48229
Gymnasien															
Prov. Preußen	5	40	3600	278	3	5	41	8				275	1704	1630	3609
Prov. Pommern	9	62	8637	660	9	6	30					799	883	10939	12621
Prov. Neumark	4	26	3408	300			49	8		804		617	581	1406	3408
Prov. Kurmark	20	142	35170	1000			24			2895	34755	2363	3814	14938	58765
Prov. Magdeburg	13	110	17738	1170			15			2270		641	3948	76126	82985
Prov. Halberstadt	3	20	1808	264			56	13				55	521	1232	1808
Prov. Minden	4	29	5709	743			16	8		1907		15	972	2815	5709
Prov. Kleve	8	44	6344	301			16			1125			1036	4680	6841
Prov. Ostfriesland	3	17	2441	329	15	1	5	2	2	437			341	1663	2441
Summe	69	490	84855	1170			5	2	2	9438	34755	4765	13800	115429	178187
Staat	74	570	119774	1239	18	4	5	2	2	27408	52443	6972	15690	123903	226416

ergreife. Und selbst die Standeserziehung stellte Friedrich in Frage, obwohl er sonst viel für ihre Stabilisierung tat: »Der Dienst in der Justiz, Finanzwirtschaft, Diplomatie und Armee ist für den Edelmann gewiß ehrenvoll. Aber alles wäre verloren in einem Staate, wenn die Geburt über das Verdienst siegte.«[95] Das war gut bürgerlich gedacht, aber selbst für den großen Friedrich galt: Gedanken sind frei.

Bis zur Zeit Friedrichs II. lagen kaum statistische Materialien über die höheren Schulen vor. Zur Vorbereitung von Reformen forderte der König derartige Erhebungen, die dann durch das Oberschulkollegium organisiert wurden. Neben den insgesamt etwa 300 bis 350 kleineren Stadtschulen gab es in Preußen gegen Ende des 18. Jahrhunderts 69 Gelehrtenschulen mit 490 Lehrern. Etwa 40 entsprachen den späteren Gymnasien.[96]

1788 wurde eine Universitätsreifeprüfung eingeführt, die zur beginnenden Differenzierung des höheren Schulwesens erheblich beitrug, wenngleich sie noch keine Pflichtprüfung für die Zulassung zum Universitätsstudium darstellte. Bemerkenswert war übrigens die auf einen Vorschlag des Oberschulkollegiums zurückgehende

»General-Etat von denen Universitäten und Gymnasiis in Sr. Königl. Majestät Landen excl. Schlesien, worunter die kleine Lateinische Schulen unter 5 Classen nicht mit begriffen«

DER RAUFFENDE STUDENT.

Der nett ü glücklich focht um niemand sich geschoren
vor dessen frecher Faust ein jeder sich entsetzt
dem kan ein schwache Hand die tolle Brust durchbohren
Ein Zwerg hat Riesen offt in Sand ü Grufft gesetzt.

Exemtion der Lehrer an Gymnasien und anderen höheren Schulen vom Militärdienst durch das neue Kantonreglement von 1792: In dieser Hinsicht wurden die Gymnasiallehrer nun dem Adel, der bürgerlichen Oberschicht, den höheren Beamten und Professoren gleichgestellt.[97]

Nach dem Urteil von Friedrich Nicolai, dem später auch Friedrich Paulsen folgte, blieb das höhere Schulwesen in den süddeutschen Ländern hinter den norddeutschen Verhältnissen zurück – und zwar nicht allein in den katholischen, sondern ebenso in den protestantischen Territorien. Der Grund lag in dem fortbestehenden starken kirchlichen Einfluß, der auch von den protestantischen Landeskirchen ausging. Württemberg besaß im 18. Jahrhundert gar aufgrund der Dominanz der alten Klosterschulen bildungspolitisch den Ruf, das »Sibirien des Geschmacks« zu sein. Zwar erließ der Landesherr 1757 eine neue Schulordnung, doch änderte sie nichts an der harten klösterlichen Schulorganisation und der Dominanz des Lateinischen. Alljährlich fand ein Landesexamen statt, das nach Besuch der Lateinschule über die Aufnahme in die Klosterschulen entschied. Die Härte der württembergischen Schulen veranlaßte einen zeitgenössischen Philanthropen zu der Einschätzung, ein schwäbischer Schullehrer habe während seiner 51 Dienstjahre nach mäßiger Rechnung 911 527 Stockschläge, 124 000 Rutenhiebe, 136 715 Handschmisse und 1 111 800 Kopfnüsse ausgeteilt – nebst anderen »kleineren Handreichungen«.[98]

Wie übertrieben diese »Rechnung« auch erscheinen mag, sie wirft ein Schlaglicht auf die zeitgenössische Einschätzung. Wesentlicher aber war, daß das höhere Schulwesen im 18. Jahrhundert aufgrund der zunehmenden Neigung des Adels und dann auch der wohlhabenden Bürgerlichen, ihren Kindern Privatunterricht erteilen zu lassen, auf der Stelle trat. Nach Abschluß des Privatunterrichts begleitete der Hofmeister in der Regel seinen Zögling und frischgebackenen Studenten an die Universität.

Die Universitäten standen im 18. Jahrhundert nicht in bestem Ruf. »Deutschland ist das Land der Doktoren und Professoren. Davon lehrt ein großer Theil ihren Zuhörern eine Menge Zeug, das zu gar nichts zu brauchen ist«, so lautete eine nicht nur aus dem utilitaristischen Zeitgeist, sondern auch biographisch erklärbare Kritik an der Universitätsgelehrsamkeit.[99] Aber nicht nur der polemische Berliner Autodidakt und gestandene Weltgelehrte Nicolai, sondern auch der Göttinger Professor der Physik, Georg Christoph Lichtenberg, ließ Kritisches über Universitätsgelehrsamkeit vernehmen: »Sechs ganzer Jahre habe ich bei gesunder Vernunft auf einer berühmten Universität zugebracht, ich habe die ersten Schritte von mehr als hundert jungen Leuten gemessen, auf die man vorzüglich sah, unter diesen, ich wette wohl hundert gegen eins, werden keine zwei, vielleicht keiner den gelehrten Fond unseres Vaterlandes um einen Groschen bereichern.«[100]

Weniger polemisch als diese beiden für ihren scharfen Witz bekannten Autoren waren die meisten Mitglieder der Berliner Mittwochsgesellschaft, doch diskutierten auch sie immerhin die Möglichkeit, »daß Universitäten in unserem Zeitalter entbehrlich wären, weil theils ihr Zweck auf andere und bessere Weise erreicht werden kann, theils mehr Uebels dadurch gestiftet werde als Gutes befördert werde, und daß, wenn sie doch ferner bestehen sollten, wenigstens die scholastische Einteilung in Facultäten und das Monopol, welches in jeder die Wissenschaft mit ihrer Lehre treibe, aufhören müsse«. Schließlich sprach man sich einstimmig für die Beibehaltung der Universitäten aus, forderte jedoch ebenso nachdrücklich ihre Reform.[101]

Die Kritik an den Universitäten durchzog das ganze 18. Jahrhundert, nachdem schon im späten 17. Jahrhundert wegweisende Frühaufklärer wie Leibniz und Pufendorf aus ihrer Geringschätzung für die Universitäten keinen Hehl gemacht hatten. War auch die Forderung nach Reform der Universität so alt wie diese Institution selbst, so bot doch die Wissenschaftsauffassung der Aufklärer, ihr Nützlichkeitsdenken, ihre Ablehnung erstarrter Scholastik und überlebter Traditionen erneut Anlaß, sich über die Ineffektivität, das Statusdenken und zünftige Beschränktheiten zu beklagen. Hinzu kam, daß auch die durch keine andere Institution zu ersetzende Ausbildungsaufgabe nur sehr mangelhaft erfüllt wurde und die Universitäten überfüllt waren von einer Vielzahl von Studenten, die weniger das Studium als das freie Studentenleben interessierte. Klagen über Zuchtlosigkeit, Trunksucht, Schlägereien, Ausschreitungen waren an der Tagesordnung. Die ganz überwiegend schlecht bezahlten Professoren blieben auf Nebeneinkünfte angewiesen und mit der Lehre vollkommen überlastet: im Durchschnitt lasen sie 20 bis 24 Stunden wöchentlich, die provinzielle Enge der Universitäten war in der Regel erschreckend. Kein Wunder, daß einen Gelehrten von europäischem Ruf wie Leibniz diese »Territorialisierung der Geistigkeit« (H. Schelsky) abstieß.

Eine oft wiederholte Kritik richtete sich gegen die akademische Gerichtsbarkeit sowie die auf Abschließung bedachte Autonomie der Universitäten, die sich in dieser Hinsicht kaum von den Zünften unterschieden. Die Universität bildete in mehrfacher Hinsicht einen eigenen Ordo, der aus ihrer historischen Herkunft wie ihrer Stellung in der ständischen Gesellschaftsordnung erklärbar war, ihrem Selbstverständnis entsprach und in ihrer Selbstdarstellung bis in die Kleiderordnung hinein zum Ausdruck gebracht wurde. Dabei umfaßte der universitäre Kanon Bereiche, die sich im 18. Jahrhundert zunehmend auszugliedern begannen. So gehörte bis dahin zur Universität beziehungsweise ihrem Einflußbereich selbst die gelehrte Poesie. Stellte diese akademische Gesellschaft ihrerseits einen Stand dar, so sah sie sich wie die Freimaurer dem Anspruch nach als eine ständeungebundene Gemeinschaft, eine »Gelehrtenrepublik«. Gelehrte, Poeten, Künstler, Professoren bildeten folglich als eigener Stand eine »überständische oder ständefreie Gesellschaft eruditer Privilegierter«, lebten »als Gesellschaft an Universitäten, Höfen und Schulen« und bildeten eine Art eigener »Öffentlichkeit«.[102]

Die jahrhundertealte, im Mittelalter einsetzende Geschichte hatte die Universitäten geprägt, sie waren also auch dort keine genuinen Institutionen der Aufklärung, wo sie deren Ansprüchen genügten. Doch darf die Universitätskritik, die sich insbesondere in der deutschen Aufklärung wieder einmal verschärfte und zur Auflösung zahlreicher Universitäten führte, nicht zu dem Fehlschluß verleiten, die Universitäten besäßen für die Kommunikationsstruk-

*Der seine Zeit ü. Geld weiß nützlich anzuwenden,
heißt recht ein Musen Sohn ü. würdiger Student
Dan die gelehrte Welt läßt sich den Schein nicht blenden,
ü. wahre Weißheit wird allein mit Ruhm gekrönt*

Studenten zu Beginn des 18. Jahrhunderts

Der Niedergang der deutschen, insbesondere der süddeutschen Universitäten im 18. Jahrhundert kommt auch darin zum Ausdruck, daß der Adel und nach seinem Vorbild das wohlhabende Bürgertum die Söhne weniger auf Universitäten (beziehungsweise früher auf Ritterakademien) schickten. »Die Universitätsgelehrsamkeit« wird ein Gegenstand der Kritik, bis mit der Aufklärung im späten 18. Jahrhundert eine Aufwertung der akademischen Bildung einsetzt. Aber der Geltungsverlust der alten Universitätsstädte hält – mit Ausnahme weniger »Reformuniversitäten« wie Göttingen – bis in die letzten Jahrzehnte des 18. Jahrhunderts an, wie denn die Zahl der Studierenden im Verhältnis zur Bevölkerungszahl auf ein Drittel sinkt. Erst die Verbürgerlichung der Bildungsschichten trägt zur Aufwertung des Besuchs der alten Universitäten bei.

Das neue Universitätsgebäude in Wien nach Plänen von Nicolas Jadot (heute Akademie der Wissenschaften)

Selbst die Wiener Universität verlor im 18. Jahrhundert an Einfluß, wie die Liste der Berufungen zeigt. Der Aufstieg Preußens und seine gegenüber Österreich größere Dynamik zeigen sich auch in der Universitätsentwicklung, die zu verschiedenen Epochen bedeutende innovative Gründungen kannte: am Ende des 17. Jahrhunderts Halle und zu Beginn des 19. Jahrhunderts die Gründung der Berliner Universität; während der mittleren Jahrzehnte des 18. Jahrhunderts gelangte die Berliner Akademie zu hohem Ansehen.

tur der Aufklärung beziehungsweise die Bildungsgeschichte überhaupt keine oder nur geringe Bedeutung: Das Gegenteil war der Fall, obwohl zeitweise die Akademien als eigentliche Stätten aufgeklärter Gelehrsamkeit gelten konnten und viele kulturelle Zentren am Ende des 18. Jahrhunderts keine Universitäten besaßen, beispielsweise Berlin, Hamburg und München. Und im katholischen Bereich behielt die Klostergelehrsamkeit große Bedeutung.

Vor der Begründung eines erheblich modifizierten Universitätstypus zu Beginn des 19. Jahrhunderts durch Wilhelm von Humboldt erfolgten zwischen 1648 und 1789 mittelbar oder unmittelbar im Sinne aufgeklärter Wissenschaftsauffassung vierzehn Universitätsgründungen. Insgesamt bestanden um 1790 im alten Reich 37 Universitäten. Die Neugründungen waren: Bamberg (1648), Duisburg (1655), Kiel (1665), Innsbruck (1673), Halle a. d. Saale (1694), Breslau (1702), Fulda (1734), Göttingen (1737), Erlangen (1743), Bützow (1760), Münster (1773/1780), Stuttgart (1781), Lemberg (1784), Bonn (1777/1786). Die Motive der Universitätsgründer waren höchst unterschiedlich und vermengten sich meist: Sie konnten wirtschaftlicher Art sein, in dem noch barocken Wunsch fürstlicher Prachtentfaltung begründet liegen oder auch ganz konkreten Ausbildungsbedürfnissen der absoluten Monarchie dienen, da der frühmoderne Fürstenstaat in wachsendem Maß funktional ausgebildete – meist bürgerliche – Staatsbedienstete benötigte.

Der nachhaltige Einfluß, den die Universitäten im 18. Jahrhundert juristisch und philosophisch im Sinne aufgeklärten Naturrechts – mit Förderung der absoluten Monarchie – auf die Staatsbeamten ausübten, ist noch bei den preußischen Rechtsreformern, die das Allgemeine Landrecht konzipierten, aber auch bei den österreichischen Reformern, beispielsweise Sonnenfels, nachweisbar: »Die soziologische Analyse der dynamischen Elite Kontinentaleuropas zwischen 1720 und 1789 zeigt, daß sie eine einheitliche, durch eine originale Universitätsbildung charakterisierte Schicht bildet. Die größte Anzahl dieser ›Grand Commis‹ der Verwaltung, des Gerichtswesens, der Kirchen und der Universitäten haben in Halle, Marburg, Leipzig, Jena oder auch Straßburg oder Leyden Wolffsche Philosophie und Naturrecht studiert.« Die führenden Angehörigen dieser Schicht bildeten eine »wahre philosophische Sekte mit politischen Zielen«. Mag hier der Einfluß der Wolffschen Form der Naturrechtslehre auch etwas übertrieben sein,[103] zumal diejenigen Angehörigen der »dynamischen Elite«, die keine juristische oder rechtsphilosophische Universitätsausbildung genossen hatten, zahlreich waren, so steckt darin doch ein wahrer Kern.

Noch uneinheitlicher als der Grad der Aufklärung in den einzelnen Universitäten ist die sozialgeschichtliche Binnenstruktur der Universität sowie ihre Funktion in der gesellschaftlichen Entwicklung. Nach Einschätzung von Norbert Elias bildete die Universität den bedeutendsten sozialen Ort der bürgerlichen Intelligenzschicht. Die Universität sei das »wichtigste Präge- und Ausstrahlungszentrum der deutschen Mittelstandskultur … gewissermaßen das mittelständische Gegenzentrum des Hofes«.[104] Diese Einschätzung ist allerdings problematisch, berücksichtigt sie doch nicht hinreichend die Unterschiedlichkeit der Universitäten, die Existenz der übrigen gelehrten und anderen Gesellschaften sowie der publizistischen

Bilder aus dem Studentenleben in einem Jenaer Stammbuch – oben: Prüfung des Studenten, unten: Hospiz zu Ehren des Studenten nach bestandenem Examen

Württemberg hat im 18. Jahrhundert ganz allgemein den Ruf, ein »Sibirien des Geschmacks« zu sein, was auch an der harten klösterlichen Schulorganisation lag. Aber die Härte der Schulordnungen war tatsächlich kein Sonderfall.

Unternehmungen und schließlich die Aufklärungszentren ohne Universität.

Die Studenten des 17. und 18. Jahrhunderts entstammten keineswegs einem sozial homogenen Stand. So erhielten die berühmten juristischen Fakultäten im frühmodernen Staat erheblichen Zulauf aus adligen Schichten, deren Kinder sich auf eine höhere Verwaltungslaufbahn vorbereiteten. Man hat sogar von einer »Aristokratisierung« der Universitäten in diesem Zeitraum gesprochen. Dieser Trend verstärkte sich, seitdem die Landesherren im Laufe des 18. Jahrhunderts zunehmend bestimmte Kriterien beruflicher Qualifikation als Einstellungsvoraussetzungen festlegten und eine Professionalisierung herbeiführten. Von der 1693 erfolgten Einführung einer Prüfung für die Besetzung von Ratsstellen beim brandenburgischen Hof- und Kammergericht in Berlin bis zur Bestimmung des Allgemeinen Landrechts 1794 war es freilich ein weiter Weg. Dort hieß es: »Es soll niemanden ein Amt aufgetragen werden, der sich dazu nicht hinlänglich qualificirt und Proben seiner Geschicklichkeit abgelegt hat.«[105]

Neben Studenten adliger Herkunft besuchten auch in größerem Ausmaß Bürgerliche, insbesondere aus höheren wohlhabenderen Schichten die juristischen Fakultäten. Sie strebten ebenfalls sozialen Aufstieg im landesherrlichen Verwaltungsdienst oder im Justizwesen an. Demgegenüber wurden die theologischen Fakultäten mehr von unteren bürgerlichen und bäuerlichen Schichten frequentiert. Immerhin bot das Studium in diesen Fakultäten soziale Aufstiegsmöglichkeiten und verminderte mit der allmählichen Durchsetzung von Qualifikationskriterien für höhere landesherrliche Ämter die Wirkung einer ausschließlich geburtsständischen Privilegierung, wenngleich der Adel in der höheren Verwaltung und im Militär weiterhin dominierte. Die Universität war also eine Institution, die in Grenzen die soziale Mobilität begünstigte.[106] Im übrigen spielten nach wie vor die finanziellen Möglichkeiten der Amtsbewerber eine Rolle, da sie den Erwerb akademischer Grad erleich-

Einweihung der Universität
Erlangen am 14. November 1743,
Kupferstich

terten, der Ämterkauf erst im Laufe des 18. Jahrhunderts beseitigt
wurde oder längere Probezeiten ohne Gehalt den Rückgriff auf
anderen Unterhalt voraussetzten.[107]

Wie weit diese »Aristokratisierung« in der sozialen Herkunft der
Studenten insgesamt ging, ist noch nicht hinreichend erforscht,
doch bestätigen vorläufige Einzelergebnisse diesen Tatbestand. So
hat man eine »soziale Verengung« des Zugangs zum Universitätsstudium konstatiert, da die Zahl der von Gebühren befreiten Armen
zurückging und andererseits ein – verglichen mit dem Bevölkerungsanteil – weit überproportionaler Anteil adliger Studenten
zu verzeichnen war: In der »vornehmsten« Universität Göttingen
stellten sie bis zum Ende des 18. Jahrhunderts zunächst 13, dann
18 Prozent der Studenten, in Erlangen erreichten sie immerhin
12,7 Prozent. Da auf der anderen Seite ungefähr die Hälfte der Studenten aus akademisch vorgebildeten bürgerlichen Schichten
stammte, hat man von einer »bildungsbürgerlichen« Selbstrekrutie-
rung über die Universität gesprochen. Die nicht akademisch vorgebildeten »besitzbürgerlichen« Schichten erzielten demgegenüber
nur einen Anteil von ungefähr zehn Prozent an den Studierenden
im letzten Jahrhundertdrittel.

Bei ansteigender Bevölkerungszahl schrumpfte die der Studenten, so daß der Anteil der Studierenden im 18. Jahrhundert von 2,19
auf 0,75 Prozent sank.[108] Für die Ludwig-Maximilians-Universität
Ingolstadt liegen genauere Untersuchungen vor, die diese Ergebnisse am Beispiel einer katholischen Universität bestätigen. So
wurden die Stipendien reduziert und wie in Preußen Zulassungs-
kriterien eingeführt. Sie resultierten zwar aus der funktionalen
Definition der Ausbildung für den Berufszweck, waren aber auch
gesellschaftspolitisch motiviert und schränkten im Ergebnis die Stu-
dierfreiheit ein. Allerdings kann die Verbesserung der schulischen
und gymnasialen Vorbildung als Eingangsvoraussetzung nicht allein
aus dem Ziel erklärt werden, die ständisch-hierarchische Struktur
der Gesellschaft in den absoluten Monarchien des 17. und 18. Jahr-

hunderts aufrechtzuerhalten, da auch Universitätsprofessoren immer wieder begründete Klagen über die völlig unzureichende Vorbildung der Studenten erhoben. Gerade der Wandel der philosophischen Fakultät von ihrer vorwiegend propädeutischen Funktion zur Gleichberechtigung mit den anderen Fakultäten, der im frühen 19. Jahrhundert abgeschlossen war und in Reformuniversitäten wie Göttingen schon sehr früh angestrebt und erreicht wurde, zwang zu schärferen Eingangsvoraussetzungen.

Keinem Zweifel unterliegt jedoch auch in Ingolstadt die Erhöhung des Anteils adliger Studenten gerade in der juristischen Fakultät von einem Fünftel Ende des 17. auf ein gutes Drittel am Ende des 18. Jahrhunderts. Und ebenso signifikant war zwischen 1780 und 1800 der starke Anteil der Kinder von Staatsbediensteten, der 18,2 Prozent betrug. Insgesamt belief sich damals der »Anteil der durch Geburt und Studium privilegierten Schicht auf 61,3 Prozent«.[109]

Allerdings bestanden in den einzelnen Fakultäten charakteristische Unterschiede. So war der Anteil von Studenten, die dem handwerklich-kaufmännischen oder dem bäuerlich-landwirtschaft-

Bibliothek der Universität Göttingen, um 1750

lichen Milieu entstammten, in der medizinischen Fakultät mit 38,3 Prozent erheblich höher als in der juristischen, wo er nur ungefähr 30 Prozent betrug. Die theologische Fakultät erhielt den stärksten Zulauf von Studierenden aus unteren Sozialschichten. Das prononcierte Urteil Rainer A. Müllers lautet: Die bayerische Schul- und Hochschulpolitik orientierte sich »in bezug auf Sozialstatus und Studienchance im Verlauf des 18. Jahrhunderts verstärkt an den Normen der ständischen Gesellschaft« und suchte »bei gleichzeitigem Ausbau des Bildungssystems auf der unteren Ebene die Attraktivität des Hochschulwesens einzudämmen ... Sozialer Aufstieg vollzog sich weitgehend im affirmierten Rahmen der staatlichen Bedarfsplanung; öffentliche Bildung und Erziehung dienten der Stabilisierung des hierarchischen Konzepts von Staat und Gesellschaft.«[110]

Wieweit diese Einschätzung verallgemeinert und auch auf andere

Territorien des alten Reiches bezogen werden kann, bleibt ebenso zu untersuchen wie der Konflikt, der sich in diesem Fall aus aufgeklärter Zielsetzung und gesellschaftspolitischen Implikationen monarchischer Universitätspolitik ergeben mußte. Der überständische Anspruch des aufgeklärten Bildungs- und Wissenschaftsverständnisses stand solcher Universitätspolitik jedenfalls ebenso entgegen wie das landesherrliche Interesse in denjenigen Staaten, die – wie Brandenburg-Preußen – einen erhöhten Bedarf an Universitätsabsolventen besaßen. Schließlich übernahmen die modernen Universitäten des 18. Jahrhunderts zunehmend Aufgaben und Stil der Gymnasien oder auch der adligen Ritterakademien.[111] Reiten, Fechten, Tanzen zählten zu den Unterrichtsfächern. Anfänglich orientierte sich der Lebensstil soweit wie möglich an höfischen und quasihöfischen Idealen. Paulsen urteilte über die Zeit um 1700: »Im ganzen ist die Situation dadurch bezeichnet, daß neben der alten Gelehrtenbildung eine neue, die höfisch-französische Bildung aufgekommen ist und jene in den Schatten stellt.«[112]

Streitigkeiten über Rangordnungen und Ehrverletzungen waren an der Tagesordnung. In vielerlei Hinsicht entsprachen die universitären Verkehrsformen nicht den bürgerlichen Normen, die der größte Teil der Aufklärer vertrat. Auf der anderen Seite legte man Wert auf den Erwerb einer weltläufigen Bildung, die nicht im Äußerlichen steckenblieb. In einer Zeit, in der das Lateinische als dominierende Sprache an den Universitäten trotz gelegentlicher Verordnungen mehr und mehr durch den muttersprachlichen Unterricht ersetzt wurde, erhielten die Vorlesungen des Göttinger Professors Christian Gottlieb Heyne, der zusammen mit seinem Vorgänger Geßner sowie Ernesti an der Universität seit 1763 die klassische Philologie als wissenschaftliche Disziplin begründet hatte und auf das neuhumanistische Bildungsideal vorauswies, großen Zulauf von Studenten aller Fakultäten: 80 bis 100 Hörer galten als normal, seine Privatissima über Homer und Pindar brachten es nach Angaben seines Schwiegersohns und Biographen, des Historikers Heeren, regelmäßig auf 60 bis 70 Teilnehmer;[113] die meisten der bedeutenden neuhumanistischen Altphilologen und Vertreter der klassischen Altertumswissenschaft waren Schüler Heynes.

Trotz der notwendigen Einschränkungen der Interpretation von Elias bleibt unbestreitbar: Die Universitäten boten der Aufklärung eine bei allen Mängeln funktionsfähige organisatorische Struktur, die für die Durchsetzung ihrer Wissenschaftsauffassung und die Vermittlung ihrer Prinzipien an die Studenten bedeutsam war. Freilich konnten auch die Gegner der Aufklärung die Möglichkeiten der Universitäten nutzen. Insgesamt aber bildete die für damalige Verhältnisse weitgehende Unabhängigkeit, Lehrfreiheit und materielle Sicherung an den Reformuniversitäten – mochten sie auch mit Ausnahme Halles und Göttingens ein vergleichsweise niedriges Niveau erreichen – eine grundlegende Basis für Theorie und Praxis der Aufklärung, die vor allem im protestantischen Deutschland eine enge Bindung dieser Schicht aufgeklärter Universitätsprofessoren an den reformwilligen absoluten Staat bewirkte. Schließlich erlaubte die Universität eine Integration der aufgeklärten Professoren in die traditionelle Gelehrtenrepublik.

Nach neueren Berechnungen nahm die Gesamtzahl der Studenten an deutschen Universitäten zwischen 1650 und 1800 zwar zeitweise erheblich zu, sank jedoch insgesamt in den letzten Jahrzehnten des 18. Jahrhunderts ab. Die Schicht derjenigen, die auf der Universität mit aufgeklärten Prinzipien in Berührung kam, wuchs also nicht, auch die aufgeklärten Reformuniversitäten oder die renommierte und stark besuchte Jenaer Universität machten hier keine Ausnahme. Allerdings dürfte der Grund nicht allein oder kaum in der Krise des Universitätswesens zu suchen sein, sondern in den Revolutionskriegen und der Napoleonischen Herrschaft über zahlreiche deutsche Territorien, die zu Universitätsschließungen führten. So sank die Zahl der Studenten, die Mitte des 18. Jahrhunderts 8 833 betragen hatte, 1806/1810 auf nur 5 357 ab. Um 1781/1785 hatte die attraktivste deutsche Universität Göttingen 1 076 Immatrikulierte.[114] Die Entwicklung verlief in den einzelnen Fakultäten jedoch unterschiedlich.[115]

Die Zahl der sich für den Kirchen- beziehungsweise Staatsdienst qualifizierenden Studenten bestätigt die herausragende Bedeutung dieser Schichten für die Aufklärung sowie das landesherrliche Interesse, das in protestantischen Territorien nachhaltig der Ausbildung der Pfarrer galt, da sie zu Landeskirchen gehörten, deren Summus episcopus der Fürst war. Das brandenburgisch-preußische Beispiel verdeutlicht dies.[116] Die amtliche Statistik für die 1804 sieben preußischen Universitäten zählte 1 873 Studenten, davon studierten 868 die Rechte, 623 Theologie, 164 Medizin, 130 Philosophie und Mathematik, 82 Kameralwissenschaften, vier Ökonomie und zwei Kriegswissenschaft.[117]

Die Schul- und Universitätspolitik zeigt, daß Aufklärung zwar zu den vornehmsten Anliegen bildungsbürgerlicher Schichten gehörte. Zweifellos aber verschrieb sich auch ein erheblicher Teil des Adels diesen Zielen, so daß eine soziale Begrenzung der Aufklärung auf die Bürger eine unzulässige Verengung bedeuten würde, einmal abgesehen von der Distanz der alten stadtbürgerlich-zünftig geprägten Schicht zu vielen Maximen der Aufklärung.[118]

Bisher zeigte sich immer wieder, wie stark trotz vieler Gegensätze Aufklärung und Absolutismus korrespondierten. Die deutsche Aufklärung wurde in erheblichem Maß nicht allein durch ihre theologiegeschichtliche Komponente, sondern in den Territorien durch ihre zwar spannungsreiche, doch gleichwohl enge Verbindung mit dem Fürstenstaat geprägt. Dies schloß spezifische Entwicklungen der Aufklärung in Städten wie in Hamburg[119] nicht aus, gewann aber insgesamt eine kaum zu unterschätzende Wirkung auf die politische Zielsetzung der überwältigenden Mehrheit der deutschen Aufklärer: Aufklärung des Staates in und mit dem Fürstenstaat.

Eine Schlüsselrolle in dieser Konzeption spielte zweifellos der absolutistische Aufklärer auf dem Thron: Friedrich der Große. Neben der bürgerlichen stand in Deutschland – anders als in Frankreich – eine fürstliche Aufklärung. Ihr spezifischer Charakter kann nur biographisch erfaßt werden.

Titel des 1751 erschienenen, von Friedrich II. verfaßten Werkes »Memoires de Brandebourg«

Das Gegeneinander von Fürstenstaat und Bürgernation, also nicht zuletzt von Absolutismus und Aufklärung, zeigte sich auch in der Universitätspolitik der Epoche. Die Aufklärung des Staates fand in und mit dem Fürstenstaat statt, wenn auch patrizisch-bürgerliche Verhältnisse – wie in Königsberg und Hamburg – zu dieser Entwicklung beitrugen. Das Preußen Friedrichs spielte auch hier eine Schlüsselrolle: Friedrich der Große verhalf einer fürstlichen Aufklärung zur Geltung, und selbst seine Beamtenschaft und sein Offizierskorps durchliefen die zum Teil aristokratisch geprägten Universitäten.

4. Die »königliche« Gesellschaft von Sanssouci: Friedrich II. als Philosoph

Wie immer man Friedrichs politische und militärische Taten beurteilen mag, keinem Zweifel unterliegt ihre große Wirkung. Der preußische König hielt nicht nur seine Untertanen in Atem, sondern Europa. Zeit seines Lebens zählte er unbestritten zu den Bewegern und Gestaltern deutscher und europäischer Politik.

Wie aber verhielt es sich mit Friedrich als Aufklärer, Friedrich als Philosoph und Schriftsteller? Produktiv war er zweifellos, doch war er auch auf diesem Feld *kreativ?* Würden wir uns heute mit seinem schriftstellerischen Werk, seinen in zahlreichen Briefen geäußerten Ideen zu Politik, Geschichte, Gesellschaft, Literatur und Philosophie befassen, wäre er nicht der königliche Philosoph von Sanssouci, sondern ein bürgerlicher Gelehrter aus der Brüderstraße gewesen?

Stellen wir diese hypothetische Frage zunächst zurück, denn die Faszination für Bewunderer und Kritiker Friedrichs bestand und besteht gerade darin, daß Friedrich alles zugleich war: ein an Staatsräson und eigenem Ruhm orientierter Staatsmann, ein gewitzter Diplomat und Politiker; kein Clausewitz der Kriegskunst, aber ein fähiger Feldherr und Kriegsschriftsteller; ein am ciceronischen Pflichtbegriff geschulter erster Diener des Staates, ein Despot – wenn er es für notwendig hielt oder zuweilen durchbrechende Bosheit ihn dazu verleitete – und eben auch ein philosophisch reflektierender Schriftsteller; ein an aufgeklärtem Naturrecht und Humanität gebildeter Mensch, ein durch die römische Geisteswelt und die französische Klassik des 17. Jahrhunderts geformter Literat, ein feinsinniger Kunstsammler und Bauherr, ein begabter Flötist und Komponist. Mochte er auch auf keinem dieser Gebiete ein ganz Großer, ein »Originalgenie« gewesen sein – beachtlichen Rang, ja Meisterschaft erreichte er allemal.

Kein zeitgenössischer König kam ihm in dieser universalen Kombination der Fähigkeiten gleich: Oft widersprüchlich und unzulänglich im einzelnen, war er doch einzigartig im ganzen – ein Mann zudem von schier unglaublicher Zähigkeit, einer, der nie aufgab. Insofern trifft das zeitgenössische Diktum »Friedrich der Einzige« unbestreitbar zu: Er wog eine ganze Akademie auf. Nicht zufällig formulierte Friedrich selbst diesen Satz zur Charakterisierung zweier älterer universaler Geister der Aufklärung: Leibniz, der mehr als eine Seele gehabt habe, schrieb er, »war wohl würdig, den Vorsitz in einer Akademie zu führen, die er im Notfall allein hätte darstellen können«.[120] Und fast ein Menschenalter später bemerkte er: »Man kann sagen, wenn der Ausdruck erlaubt ist, daß Voltaire eine ganze Akademie aufwog ...«[121]

Universal und *enzyklopädisch* wie Leibniz und Voltaire wollte auch Friedrich sein, denn beides charakterisierte die europäische Aufklärung des 17. und 18. Jahrhunderts.[122] Und als ein geschichtlich denkender Politiker und Historiograph des Hauses Brandenburg fragte er ebenso nach dem Verhältnis von Politik und Kultur unter seinen Vorgängern. Über Friedrich Wilhelm von Brandenburg hieß es:

»Durch seine unermüdliche Tätigkeit schenkte der Große Kurfürst seinem Land alle nützlichen Künste. Ihnen die angenehmen hinzuzufügen, fehlte ihm die Zeit.«[123] Nachdem er die Kunstförderung unter Friedrich I. und Sophie Charlotte umrissen hatte, gelangte er zu dem Schluß: »Unter Friedrich I. war Berlin das Athen des Nordens gewesen; unter Friedrich Wilhelm wurde es dessen Sparta.«[124]

Friedrich rühmte Gewerbepolitik und Städtebau seines Vaters, der nicht »das kleinste Bauwerk« für sich, »sondern alle für seine Untertanen« errichtet habe, aber er fand die meisten Bauwerke »durch holländischen Geschmack verdorben«: Friedrich Wilhelm I. »teilte das Schicksal aller Städtegründer, die nur auf die Solidität ihrer Schöpfungen bedacht waren und darüber meist die Schönheit, die mit denselben Mitteln erzielt werden könnte, außer acht ließen«.[125]

Noch kritischer aber beurteilte er die Kulturpolitik Friedrich Wilhelms I. und beklagte den Niedergang der Künste, was dazu geführt

Gedicht von Friedrich II. »A mon frère Ferdinand«

Die Dichtung Friedrichs des Großen, zu ihrer Zeit hoch geschätzt, ist den Nachgeborenen vor allem interessant, weil der Monarch selber seinen Ehrgeiz daransetzte, vor den Augen der vornehmen Geister der Epoche zu bestehen. Ein Lob Voltaires war ihm so wichtig wie eine gewonnene Feldschlacht, und sein eigener historiographischer Ehrgeiz orientierte sich an Voltaires historischer Darstellung »Das Zeitalter Ludwigs XIV.«.

hatte, daß Johann Friedrich Böttger, der Schöpfer des Meißener Porzellans, nach Dresden geflohen war und die Kunstakademie verfiel. Vor allem aber bedauerte Friedrich – trotz vieler wertvoller Neuerungen in der Gewerbe-, Finanz- und Gesellschaftspolitik –, daß man »die Akademie der Wissenschaften, die Universitäten, die freien Künste und den Handel ganz in Verfall geraten ließ . . . Das Zeitalter war so verblendet, Mißachtung gegen eine Einrichtung zur Schau zu tragen, die so erlauchten Ursprungs war und deren Leistungen ebensosehr den Ruhm der Nation wie den Fortschritt des menschlichen Geistes förderten . . . Wolff wurde ausgewiesen, weil er die Beweise für das Dasein Gottes mit bewundernswerter Klarheit entwickelt hatte.«[126]

Schon diese Kritik läßt Friedrichs eigene Zielsetzung erkennen: Geist und Macht sollten seine Herrschaft charakterisieren, und nicht von ungefähr bezeichnete Friedrich an anderer Stelle die kulturelle Blüte eines Staates als »augusteisch«; oft auch verwies er auf das Beispiel Ludwigs XIV. von Frankreich: Der »esprit classique« faszinierte den preußischen König, bildete sich sein literarischer Geschmack doch vor allem an Racine,[127] und die Regierungszeit des Sonnenkönigs sah er durch die Brille von Voltaires großartiger historiographischer Darstellung »Le siècle de Louis XIV.«, die in ihrer Endfassung 1751 publiziert wurde.

Kopfstudien von Voltaire, Kupferstich nach Jean Hubert

Das Verhältnis zwischen Voltaire und Friedrich war nicht frei von Spannungen. Obwohl die Erscheinung eines Philosophen auf dem Königsthron Voltaire bis zuletzt faszinierte und die beiden europäischen Celebritäten einander respektierten, so waren die Bemerkungen, die sie übereinander machten, oft kritisch, ironisch, ja verletzend.

An Friedrichs historiographischem Werk ist vielerlei bemerkenswert. Das historische Interesse des Königs war zugleich ein politisches, das die eigene Standortbestimmung immer auf dem Weg über die Geschichte vornahm. Schon in dieser Hinsicht war er ein Aufklärer, denn die Aufklärung war tatsächlich alles andere als eine ahistorische Bewegung.[128] Geschichte bildete für die meisten Richtungen der Aufklärung ein zentrales Bezugsfeld ihres Denkens und Handelns – auch und gerade in der Kritik der Tradition. Der Weg zur Autonomie der Gegenwart gegenüber der Vergangenheit, der Weg zum Selbstdenken im kantischen Sinn führte über die Kenntnis und produktive Auseinandersetzung mit der Geschichte, nicht aber – wie manche heutigen Emanzipatoren meinen – über Ignoranz.

»Die Geschichte trägt der Aufklärung die Fackel vor«,[129] so formulierte es Friedrich Nicolai. Und Wieland brachte das anthropologisch und instrumental begründete Interesse der Aufklärer an der Geschichte auf die Formel: »Um herauszubringen, was dem Menschen *möglich* ist, muß man wissen, was er *wirklich ist* und *wirklich geleistet* hat ... Im Grunde ist also alle ächte Menschenkenntniß *historisch.*«[130] Sicher kannte dieses aufgeklärte geschichtliche Interesse wie auch die Historiographie der Aufklärer insgesamt vielfältige, im einzelnen höchst unterschiedliche Formen, doch ändert diese Vielfalt nichts an der generellen Einschätzung.

Anfangs in der Tradition dynastischer Geschichtsschreibung stehend und im übrigen die historische Darstellung zur Rechtfertigung der eigenen Politik einsetzend, überwand Friedrich diese Form der Geschichtsschreibung in drei Richtungen: Er schrieb *erstens* nicht bloße politische Erfolgsgeschichte der Hohenzollern, sondern kritisierte oft auch seine Vorgänger; *zweitens* diente ihm in diesen Werken Geschichte nicht zur historisch-juristischen Untermauerung politischer Ansprüche; und *drittens* erweiterte er den Themenbereich. Neben dem Schwerpunkt der Militärgeschichte berücksichtigte Friedrich in vielen Werken Wirtschaft, Finanzen, Städtebau, Kultur und andere Themen. Hierin folgte er programmatischen Äußerungen von Leibniz und Voltaire, der es seinerseits nicht bei Postulaten hatte bewenden lassen, sondern sie in seinem Œuvre auch realisiert hatte.

Sosehr Friedrich auch von Voltaire angeregt war, sowenig wurde er ein von ihm abhängiger Geschichtsschreiber. Er hat 1759 Voltaires »Geschichte Karls XII.« kritisiert – die Darstellung eines »höchst geistreichen Schriftstellers, der aber seine militärischen Kenntnisse nur aus Homer und Virgil geschöpft hat«.[131]

Die Faszination des großen Franzosen lag in seiner Darstellungskunst, der Brillanz seines Stils, der philosophischen Betrachtung der Geschichte im Sinne einer *erklärenden* und nicht bloß beschreibenden Methode, schließlich in der thematischen Vielfalt: Sie zeugte vom umfassenden Interesse eines weltläufigen Geistes, der aus der Studierstube hinausgetreten war und vielerlei praktische Erfahrungen gesammelt hatte. Dieser für die Aufklärung charakteristische Drang zur Erfahrung der wirklichen Welt und nicht bloß zum Theoretisieren über sie fand philosophisch im Empirismus Ausdruck, der den Praxisbezug aller Aufklärung fundierte.

Solche Zielsetzung verband Friedrich mit der Wiederaufnahme

eines klassischen ciceronischen Topos: Historia magistra vitae – »Diese Betrachtungen über die Ungewißheit der Geschichtsschreibung haben mich oft beschäftigt und in mir den Gedanken angeregt, die wichtigsten Begebenheiten, an denen ich teilhatte oder deren Zeuge ich doch war, für die Nachwelt niederzuschreiben, damit die, welche den preußischen Staat künftig regieren werden, Kunde erhalten von der wahren Lage der Dinge zur Zeit meines Regierungsantritts, von den Ursachen meines Handelns ..., von den Anschlägen meiner Feinde, den Verhandlungen und Kriegen und vor allem von den Ruhmestaten unserer Offiziere ... Da mein Buch für die Nachwelt bestimmt ist, bin ich von dem Zwange befreit, die Lebenden zu schonen und gewisse Rücksichten zu nehmen, die mit dem Freimut der Wahrheit unvereinbar sind ... Ich werde die Fürsten schildern, wie sie sind, ohne Vorurteil für meine Verbündeten und ohne Haß gegen meine Feinde. Von mir selbst werde ich nur da reden, wo es unvermeidlich ist, und man wird mir erlauben, alles, was mich selbst betrifft, nach Cäsars Vorbild in der dritten Person zu erzählen, um den häßlichen Schein der Selbstsucht zu vermeiden.«[132]

Unparteilichkeit und wahrheitsgetreue Darstellung historischer Vorgänge zählten zweifellos zu den Postulaten aufgeklärter Geschichtsschreibung.[133] Und ebensowenig wie die anderen zeitgenössischen Historiographen konnte Friedrich dieses regulative Postulat der Objektivität – um mit Max Weber zu sprechen – immer realisieren. Von Bedeutung bleibt aber, daß er dieses Postulat als Konstituens der Geschichtsschreibung ansah.

Ebenfalls in Übereinstimmung mit der Aufklärungshistoriographie des 18. Jahrhunderts befand sich Friedrich, wenn er die Erklärung historischer Vorgänge aus Ursache und Wirkung anstrebte. Auch hier handelte es sich freilich um eine klassische Methode der sogenannten pragmatischen Geschichtsschreibung, deren Grundprinzipien von Polybios entwickelt worden waren. Gerade die Vertrautheit mit der antiken Geschichtsschreibung befreite Friedrich aus der historiographischen Abhängigkeit von Voltaire, weil sich seine methodischen Grundsätze aus mehreren Quellen speisten und diese auch bei anderen zeitgenössischen Historiographen normative Geltung besaßen.

Allerdings setzte Friedrich diese Prinzipien auf bedeutsame Weise anders um als die übrigen Historiographen seiner Zeit, die oft ebenfalls keine professionellen Historiker waren, beispielsweise Hume in Schottland, Montesquieu in Frankreich, Justus Möser in Deutschland. Friedrich war eben nicht allein Staatsmann, sondern er war auch König.

Stellten die anderen Aufklärungshistoriographen die Leistungen bürgerlicher Schichten in Arbeit und Kultur dar, so blieb bei ihm der Fürst im Mittelpunkt des Geschehens. Kritisierte er seine eigenen Vorgänger, so hatte das, wie bei den bürgerlichen Historiographen auch, nicht selten den Charakter eines Fürstenspiegels und wurde zum historiographischen Gegenstück der »Politischen Testamente«. So kam es vor, daß kritische Teile seines historiographischen Werkes nicht veröffentlicht wurden. Und schließlich konnte Friedrich das Lob der vergangenen Zeit kaum zur Kritik der gegenwärtigen benutzen, wie es der Schweizer Arzt Johann Georg Zim-

Widmung Voltaires an Friedrich II. Die Freundschaft mit Voltaire, dem berühmtesten Philosophen der Gegenwart, lenkte die europäische Aufmerksamkeit auf den jungen Monarchen des bis dahin nur gelegentlich beachteten norddeutschen Territorialstaates. Geradezu eine Sensation war es, daß Voltaire Friedrich nicht nur besuchte, sondern seinen Wohnsitz in dem wenige tausend Einwohner zählenden Potsdam nahm, wo Friedrich sich gerade erst anschickte, dem Landstädtchen am Ufer der Havel durch den Umbau des Stadtschlosses und den Neubau von Sanssouci den Charakter einer zweiten Residenzstadt zu geben. Hier führte Friedrich ein Leben im Kreise von Musikern und Philosophen. Flötenkonzerte und Disputationen prägten den Charakter des geselligen Zusammenseins, bis der Fünfundzwanzigjährige noch im Jahr seiner Thronbesteigung aufbrach zum Rendezvous des militärischen Ruhms.

mermann nicht ohne Grund manchen Aufklärungshistoriographen vorwarf,[134] schrieb Friedrich auch die Leistungsgeschichte seiner eigenen Regierungszeit, doch war er von einem starken Traditionsbewußtsein und genuinem historischen Interesse geleitet.

In Religion und Philosophie erwies sich Friedrich gleichermaßen als Skeptiker, der gern den Aristotelischen Satz: »Der Zweifel ist der Vater aller Weisheit« zitierte und der deshalb auch ein großer Bewunderer des Protagonisten der französischen Frühaufklärung Pierre Bayle wurde. An dessen kritische Methode hatte sich Friedrich geschult, ihm blieb er auch dann noch verpflichtet, als andere Sterne am Firmament der Aufklärung aufstiegen. So gab Friedrich 1765 selbst einen zweibändigen Auszug aus Bayles fundamentalem »Dictionnaire historique et critique« heraus, das 1695 bis 1697 erschienen war.

Nach Friedrichs Urteil übertraf »Bayle durch die Kraft seiner Logik« alles, »was die Alten und Neueren in diesem Fache geleistet haben«.[135] Zwar sah der König, daß im Vergleich zu Bayle beispielsweise Descartes und Leibniz die schöpferischen Geister waren, und doch hielt er Bayle für den größeren Denker. Friedrich publizierte im wesentlichen nur die philosophischen Artikel, um eine allgemeine Verbreitung von Bayles bewunderungswürdiger Logik zu erreichen: Der hohe Preis des Werkes habe bisher »den Gelehrten und den wenig begüterten Liebhabern der Wissenschaft« eine Anschaffung unmöglich gemacht, tatsächlich aber sei sein Werk »ein Brevier des gesunden Menschenverstandes und die nützlichste Lektüre für Personen jeden Ranges und Standes. Denn es gibt für den Menschen kein wichtigeres Studium als die Bildung seiner Urteilskraft.«

Friedrichs Urteil über Pierre Bayle bietet uns einen weiteren Schlüssel für sein Verhältnis zu den geistigen Strömungen seiner Zeit: Sooft er sich auch zu philosophischen Themen äußerte, er blieb ein kritischer Skeptiker, dem es nicht um die Konstruktion eines Systems zu tun war, ja oft nicht einmal um die Befestigung neuer oder bereits herrschender aufgeklärter Positionen. So eklektisch Friedrich in vielem war, so undogmatisch blieb er in den meisten Fragen. Sicher lassen sich einige für die Aufklärung insgesamt oder ihre einflußreichsten Richtungen charakteristische Überzeugungen auch bei Friedrich ausmachen, zum Beispiel die Art des historischen Interesses, die zuweilen scharfe Kirchenkritik, der deistische Grundzug – den Friedrich mit Voltaire teilte –, der Glaube an die kritische Vernunft, naturrechtliches und utilitaristisches Denken, der mit der Lebenserfahrung zunehmende Skeptizismus – der sich zuweilen bis zur Misanthropie steigerte –, das kämpferische Gerechtigkeitsgefühl und dergleichen mehr.

Der Freundeskreis der Rheinsberger Jahre 1736 bis 1740, vor allem aber die Tafelrunde von Sanssouci 1745 bis 1756 diskutierte neben historischen und naturwissenschaftlich-kosmologischen immer wieder auch philosophische Themen: Die Frage nach der Unsterblichkeit der Seele oder der Freiheit des Willens gehörten ebenso dazu wie die klassische französische Dramatik des 17. Jahrhunderts oder der Disput über historische Größe in alten und neuen Zeiten. Der Diskurs blieb wichtiger als die Antworten, Friedrich selbst schrieb kleinere philosophische Traktate oder Gedichte.

Längst waren die Tage vorbei, in denen der Kronprinz Friedrich mit Hilfe eines festen Systems – demjenigen Christian Wolffs – philosophische Antworten gab und Voltaire zu überzeugen suchte. Als der junge Friedrich Voltaire mit der Metaphysik Wolffs vertraut machen wollte, replizierte Voltaire 1737 ironisch: »Es bleibt nur noch zu verstehen übrig, wie nach Herrn Wolff die Materie aus einfachen Wesen und ohne Ausdehnung zusammengesetzt sein kann; das wird mein armer Verstand schwerlich begreifen. Ich erwarte also den zweiten Teil der Metaphysik, den mir Eure Königliche Hoheit zu überreichen geruhen will. Ich hoffe, daß mir dieser zweite Teil Flügel gibt, um mich zu dem einfachen Wesen aufzuschwingen; meine leidige Körperschwere zieht mich indessen immer zu den ausgedehnten Wesen herunter.«[136] Und nur wenige Jahre später fand auch der König, je mehr er den geistsprühenden Witz und die Leichtigkeit eines Voltaire kennenlernte, an der umständlichen systematischen Schwere und Gelehrsamkeit Wolffs kaum noch Gefallen.

Der spielerische Charakter des Rokoko wirkte sich in der Architektur von Sanssouci ebenso aus wie in den geistvollen Gesprächen, deren Höhepunkt die Tafelrunde von Sansscouci in den Jahren erreichte, als mit Voltaire ein Friedrich ebenbürtiger, literarisch und philosophisch sogar überlegener Geist dazustieß: 1750 bis 1753. »Soupiert wurde in einem kleinen Saal, wo als kuriosester Schmuck ein Bild hing, zu dem er [Friedrich] seinem Maler Pesne, einem unserer besten Koloristen, den Vorwurf gegeben hatte. Es war eine prächtige Priapee. Junge Männer, Frauen umarmend, waren darauf abgebildet, Nymphen unter Satyrn, Amouretten im Spiel der Enkolpe und Lustknaben ... Die Mahlzeiten verliefen meist nicht weniger philosophisch. Wäre jemand plötzlich eingetreten, hätte dieses Bild gesehen und uns zugehört, er hätte geglaubt, die sieben Weisen Griechenlands unterhielten sich im Bordell. Nirgends auf der Welt wurde je mit so viel Freiheit über den Aberglauben der Menschen gesprochen, und nie mit so viel Spott und Verachtung, Gott war ausgenommen; aber von denen, die in seinem Namen die Menschen getäuscht hatten, blieb keiner verschont.«[137] So be-

Wasserfahrt auf dem Rheinsberger See, nach dem Gemälde von W. Graf von Knobelsdorff

War er als Kronprinz und junger König avantgardistisch gewesen, so rekapitulierte Friedrich II. im Alter die Taten seiner Jugend; daß der Vorklassizismus die Rokokoarchitektur längst abgelöst hatte, nahm er nicht mehr wahr und beschäftigte sich noch in seinen letzten Jahren mit Architekturen, die mehr aus dem Anfang als aus dem Ende des Jahrhunderts zu stammen schienen. Das »gelobte Land« hatte sich um ihn längst entfaltet, ohne daß er es sah.

schrieb Voltaire 1759, nachdem er und der preußische König miteinander gebrochen hatten, das Gastmahl, das Friedrich allabendlich in Sanssouci gab. Die lichte Gastlichkeit des Baus hätte auch die Tafelrunde animiert, wären die erlauchten Geister auf solche Anregung angewiesen gewesen.

Doch war die heitere Geistigkeit sogar während dieser Jahre nicht ungetrübt, aus Witz wurde nicht selten Bosheit, aus geistiger Verwandtschaft und Nähe ein wechselseitiges Belauern, Mißtrauen und Eifersucht: darin lag die dunkle Kehrseite der aufgeklärten Gesellschaft von Sanssouci. Und auch die Freiheit des Denkens und Sprechens, die Voltaire als charakteristisch für den brandenburgisch-preußischen Hof betrachtete, blieb nicht unbestritten, höhnte doch einer der führenden deutschen Aufklärer, Gotthold Ephraim Lessing, in seinem vielzitierten Brief vom 25. August 1769 an Friedrich Nicolai, das Haupt der Berliner Aufklärer: »... sagen Sie mir von Ihrer Berlinischen Freyheit zu denken und zu schreiben ja nichts. Sie reducirt sich einzig und allein auf die Freyheit, gegen die Religion so viele Sottisen zu Markte zu bringen, als man will.« Preußen, so meinte Lessing, sei bis heute das »sklavischste Land von Europa«.[138] Das traf gewiß nicht zu, und Lessings Urteil über das Preußen Friedrichs des Großen war keineswegs unbefangen.

Doch wer waren die Männer – Frauen waren nur auf den Bildern zugelassen –, die Friedrich damals um sich versammelte? Adolph Menzel malte 1850 die Tafelrunde, das 1945 verbrannte schöne Gemälde zeigt zehn Teilnehmer: Von links sieht der scharfgesichtige, geistsprühende Voltaire zu dem noch jungen, seinen brillanten Gesprächspartner mit Skepsis und Bewunderung betrachtenden König. Voltaire gegenüber auf der Rechten sitzt, vornübergebeugt, Pierre-Louis Moreau de Maupertuis – Präsident der nach den Plänen von Leibniz 1700 gegründeten und von Friedrich wiederbelebten Königlichen Akademie der Wissenschaften – und blickt seinen noch berühmteren Landsmann Voltaire mit unverhohlener Distanz an: Menzel deutet auf diese Weise den späteren Bruch der Antipoden in der auf den ersten Blick harmonischen Runde an. Und noch etwas ist bemerkenswert: Menzel hob den König kaum hervor, Friedrich sitzt zwar in der Mitte, bildet aber offenbar nicht den Mittelpunkt des Gesprächs. Das trifft zwar nicht die historische Realität, doch das Ideal: Friedrich war zwar der König, war der Gastgeber, aber als aufgeklärter Geist stand er seinen Gästen gleich – mit Ausnahme des als Schriftsteller ihm überlegenen und in diesem Bild leicht akzentuierten Voltaire. Ein intellektuelles Tabu sollte es bei diesem Gastmahl nicht geben, so wollte es der König – aber auf die eigene Politik sollte sich diese vorbehaltlose Freiheit der Rede und der Kritik wohl kaum beziehen.

Maupertuis (1698-1759) repräsentierte die Akademie, an deren Spitze Friedrich ihn 1741 berufen hatte, bis er aufgrund der Streitigkeiten mit Voltaire und dessen gegen den Willen des Königs veröffentlichte beißende Satire sein Amt 1756 aufgab. Wenngleich die Eifersüchteleien, die Maupertuis zugleich mit Voltaire verbanden und sie zu Gegnern machten, sowie der wissenschaftliche Anlaß seines Abgangs nicht schmeichelhaft für Maupertuis waren, so hatte er als Physiker und Mathematiker, der in der Nachfolge Newtons bedeutsame Erdvermessungen durchgeführt hatte, doch beträcht-

Die Tafelrunde von Sanssouci, Gemälde von Adolph von Menzel, 1850

Friedrich der Große lebt in den Bildern Menzels weiter, obwohl sie ein Jahrhundert nach den Ereignissen gemalt wurden. Die Illustration von Kuglers »Geschichte Friedrichs des Großen« erwies sich als folgenreichste Popularisierung des Preußenkönigs weit über die Grenzen Preußens hinaus.

liche Meriten, die unter anderem in der bereits 1731 erfolgten Berufung in die Pariser Akademie der Wissenschaften anerkannt worden
waren. Als Philosoph war Maupertuis weniger eindrucksvoll. Er
lehnte sich weitgehend an David Humes Erkenntnislehre an und
war wie dieser Deist.

Zu den naturwissenschaftlich Gebildeten der Runde zählte auch
der vielseitige italienische Schriftsteller Francesco Algarotti (1712 bis

Pierre Louis Moreau de Maupertius (1698-1759), Schabkunstblatt von J. J. Haid

1764), der seit seiner eleganten Darstellung »Il Newtonianismo per le dame« von 1736 europäischen Ruhm erlangt hatte und von Friedrich gleich 1740 in die Berliner Akademie berufen worden war – ein charmanter Plauderer und aufgrund seiner Fähigkeit, komplizierte Probleme leicht und einprägsam darzustellen, ein für die Verbreitung aufgeklärten Gedankenguts in Italien verdienstvoller Autor.

So ablehnend Friedrich radikaleren Tendenzen der französischen Aufklärung seit der Jahrhundertmitte auch gegenüberstand, den persönlichen Umgang scheute er keineswegs. Er holte beispielsweise Julien Offray de La Mettrie (1709-1751), den materialistischen Verfasser von »L'homme machine« (1748) an die Tafelrunde von Sanssouci. Zwar teilte Friedrich die philosophischen Überzeugungen La Mettries, der unter dem Einfluß Carl von Linnés auch naturphilosophisch-biologische Studien trieb, keineswegs, doch er schätzte seine Verdienste als Mediziner, vor allem aber seine Unbefangenheit, seinen Witz, seine Fähigkeit zu geistreicher Plauderei. Vor dem Neid der Kollegen und der Verfolgung durch die Theologie wollte er La Mettrie, wie er in seinem Nachruf sagte, in Preußen Zuflucht gewähren. La Mettrie, der für seine kenntnisreichen Vorträge über kulinarische Genüsse und die königliche Küche berühmt war, starb 1751 vermutlich infolge übermäßigen Genusses einer Trüffelpastete. Obwohl Friedrich am Grabe des kauzigen Materialisten eine ehrende Gedenkrede hielt, war selbst der tote La Mettrie vor Friedrichs Bosheit nicht sicher: »Er war lustig, ein guter Kerl, ein guter Arzt und ein sehr schlechter Schriftsteller; aber wenn man seine Bücher ungelesen ließ, konnte man mit ihm zufrieden sein.«[139]

Ein ständiger Gast Friedrichs war der als Verfasser kulturkritischer Schriften, die noch heute eine wichtige Quelle zur Kulturgeschichte des 18. Jahrhunderts bilden, ungemein produktive Marquis Jean Baptiste d'Argens (1704-1771). Argens schrieb unter anderem eine vierzehnbändige »Histoire de l'esprit humain«. Er lebte zeitweise ebenso wie La Mettrie in Holland und kam 1744 an den preußischen Hof, wo er Kammerherr und Direktor der literarischen Klasse der Berliner Akademie wurde. Wie die anderen Teilnehmer der Tafelrunde war Argens ein ausgesprochener Freigeist – kein Wunder also, daß die Gespräche vom aufgeklärten Interesse an der Religion und der Kirchengeschichte ausgehend, oft zu beißendem Spott führten. An theologischem Tiefgang dürfte es dabei gewiß gefehlt haben, denn kein Teilnehmer der Tafelrunde war tatsächlich ein intimer Kenner der Theologie; für den Aberglauben waren sie eher zuständig als für den Glauben.

Aber zweifellos handelte es sich um eine illustre Runde, die geistvoll über alle wesentlichen Themen der Aufklärung zu disputieren verstand: Über Religion und Philosophie, Geschichte und Politik, Naturwissenschaften und Literatur, Staat und Gesellschaft. Und an keinem anderen der europäischen Höfe dieser Zeit gab es etwas Vergleichbares: Ein Monarch, der als Schriftsteller und Philosoph in einer solchen intimen und zugleich internationalen gelehrten Runde eine führende Rolle spielte – nicht als König, sondern als Homme de lettres.

In allem war Voltaire ein kongenialer und oft überlegener souveräner Gesprächspartner von universalem Kenntnisreichtum und der

Fähigkeit zum blitzend-erhellenden Aperçu in der ausschließlich französisch geführten Unterhaltung. Schon vor der Mitte des 18. Jahrhunderts galt Voltaire als dominierende Persönlichkeit der europäischen Aufklärung, er war die geistige Autorität dieser Jahrzehnte, was Friedrich uneingeschränkt anerkannte. Der mehrjährige persönliche Umgang in Sanssouci führte dann allerdings, anders als der kurze Aufenthalt Voltaires beim preußischen König 1743, dazu, daß beide – ungemein scharfsinnige Beobachter, die sie waren – wechselseitig ihre persönlichen Schwächen durchschauten und einander dies wissen ließen.

Und da beide auch darin übereinstimmten, ungemein kämpferische Aufklärer zu sein, die lieber auf einen Freund als eine Pointe verzichteten, konnte ihre Freundschaft nur dann Bestand haben, wenn sie aus räumlicher Ferne in einem der für die Zeit so charakteristischen Briefwechsel geführt wurde: Nach der turbulenten Trennung 1753 begannen sie wieder miteinander zu korrespondieren. Als Voltaire 1778 im Alter von 84 Jahren bald nach seinem triumphalen Einzug in Paris starb, pries ihn der inzwischen zunehmend vereinsamte preußische König am 26. November in der Akademie in seiner Gedächtnisrede.[140]

Verbanden Voltaire und Friedrich auch in einer für die Aufklärung charakteristischen Weise theoretische Reflexion mit praktisch-nüchternem Sinn und entsprechenden Fähigkeiten, so wuchs bei Friedrich im Laufe der Jahrzehnte doch die Distanz zu den »freischwebenden« Genies der Aufklärung. Aus dem Bewunderer des französischen Parnaß wurde ein zunehmend selbstbewußter, aber auf außerordentlich beeindruckende Weise selbstkritischer Staatsmann und Schriftsteller, der die eigene Regierung nüchterner bewertete als so mancher Historiker nach ihm. Friedrich war eben keineswegs in erster Linie Schriftsteller, immer wieder suchte er die geistige Gesellichkeit von Tafelrunden: als Kronprinz in der Rheinsberger Zeit, in seinen vielleicht glücklichsten Friedensjahren zwischen den ersten beiden Schlesischen Kriegen und dem Siebenjährigen Krieg in Sanssouci, schließlich ein drittes Mal in den Jahren seit 1763. Einen der Tafelrunde von Sanssouci ebenbürtigen Kreis fand er jedoch nicht mehr. Die einstmals geistvolle Heiterkeit verdüsterte sich in seinen letzten Lebensjahren schließlich zur strengen aufopfernden Pflichterfüllung des einsamen Alten im Dienste der Staatsräson: »Sanssouci« war kaum mehr gelebte Gegenwart, sondern Erinnerung.

Aufschlußreich ist, wer in der Tafelrunde fehlte: Zwar zählte es zweifellos zu den außerordentlich bedeutsamen kulturpolitischen Leistungen Friedrichs, eine so stattliche Reihe bedeutender ausländischer Gelehrter, seien es nun Naturwissenschaftler, Mathematiker, Philosophen oder Literaten, an die Berliner Akademie berufen zu haben. Aber von Voltaire abgesehen, handelte es sich bei seinen Gästen in Sanssouci beziehungsweise der Akademie doch nur in Ausnahmefällen um die allererste Garnitur. Das lag keineswegs an mangelndem Qualitätsbewußtsein, wie beispielsweise sein Versuch zeigt, den führenden Mathematiker, Philosophen und Mitherausgeber der großen französischen »Encyclopédie«, Jean-Baptiste d'Alembert (1717-1783), als Nachfolger von Maupertuis für die Präsidentschaft der Akademie zu gewinnen. D'Alembert zog es

Friedrich II. und der Marquis d'Argens besichtigen den Gruftbau in Sanssouci, Gemälde von J. C. Frisch, um 1802

Die Tafelrunde von Sanssouci faszinierte das Jahrhundert; daß ein König die erlesensten Köpfe der Zeit um sich sammelte, hatte die Welt noch nicht gesehen. Voltaire, Maupertius und d'Argens wurden allein durch die Person des Herrschers fasziniert, lange bevor er als Schlachtengott in das allgemeine Bild einging. Allerdings wurde aus dem zurückhaltenden Bewunderer der Geistesgrößen ein immer selbstbewußterer Herrscher, der die Mitglieder seiner Tafelrunde zunehmend kritisch sah, teils weil seine politischen und militärischen Taten ihm ein Eigengewicht gegeben hatten, teil weil er die Schwächen seiner Umgebung überdeutlich sah.

Nach den drei Schlesischen Kriegen war Sanssouci vor allem eine Erinnerung; die aufopfernde Ableistung seiner Pflicht nahm den König ganz und gar in Anspruch.

jedoch vor – vielleicht gewitzigt durch Voltaires Potsdamer Erfahrungen –, in Paris zu bleiben und von dort aus mit dem Philosophen von Sanssouci einen freundschaftlichen Briefwechsel zu führen.

Friedrich aus der Ferne zu bewundern war mit Sicherheit weniger strapaziös, denn der König schonte das Selbstwertgefühl seiner Gäste kaum. Anwesenheit bei der Tafelrunde bedeutete keineswegs, vor dem zuweilen aggressiven Spott und der Ironie des Königs sicher zu sein. Voltaire stand Friedrich in bissiger Ironie nicht nach, im Gegenteil, und auch La Mettrie scheute sich nicht, dem königlichen Gastgeber Widerpart zu bieten, was dieser im Prinzip auch akzeptierte. Im Streitfall war Friedrich aber doch nicht nur der gleichberechtigte Gelehrte, sondern ein bißchen gleicher als die anderen, denn schließlich war er im Hauptberuf Monarch und nicht Schriftsteller: Voltaire bekam es zu spüren, allerdings war er alles andere als unschuldig, und man kann darüber streiten, wer an ihrem später wieder notdürftig beigelegten Zerwürfnis die Hauptschuld trug.

War schon die Akademie zu Friedrichs Regierungszeit überwiegend von Franzosen beherrscht, so zählte zur noch exklusiveren Tafelrunde von Sanssouci keiner der führenden deutschen Aufklärer dieser Jahre. Und das war kein Zufall. Friedrich war zweifellos ein umfassend gebildeter Mann, aber Aufklärung war für ihn in erster Linie französische Aufklärung – wie sie sich bis zur Mitte des 18. Jahrhunderts ausgebildet hatte.

Schon während der Friedensjahre in Sanssouci zeigte sich jedoch, daß Friedrich durchaus nicht in jeder Hinsicht mit der französischen Aufklärung übereinstimmte, wie oft zu lesen ist. Um die Mitte des Jahrhunderts erreichte die Aufklärung in Frankreich nicht nur einen Höhe-, sondern auch einen Wendepunkt. Sie radikalisierte sich religiös, philosophisch und politisch, sie begann nach der kritischen und skeptischen Phase von Bayle und Fontenelle bis zu Voltaire ihre eigenen Positionen in einer umfassenden enzyklopädischen Bestandsaufnahme festzulegen. Zwar beanspruchten die Enzyklopädisten für ihr Werk keineswegs kanonische Geltung, doch zeigte der Schritt zu eindeutigen Positionen stärker die Risse innerhalb der Aufklärungsbewegung, als es für die Phase kritisch-skeptischer Negation der Fall war.

Aus diesem Grund ist Friedrichs Einschätzung der seit 1751 von Diderot und d'Alembert herausgegebenen »Encyclopédie« von zentraler Bedeutung für sein Verhältnis zu den geistigen Entwicklungen seiner Zeit. Tatsächlich blieb die Resonanz auf dieses, den Fortschritt der Aufklärung verkörpernde, bis 1780 in insgesamt 34 Bänden abgeschlossen vorliegende Monumentalwerk in Deutschland vergleichsweise reserviert. Ein Beispiel für solche, dem Rang des Werkes insgesamt nicht angemessene Reaktion bot der preußische König: Sonst ein großer Bewunderer der französischen Kultur, blieb er der »Encyclopédie« gegenüber skeptisch, zuweilen auch ablehnend.

Allerdings hatte schon d'Argens diese Vorbehalte gegenüber dem Werk stimuliert.[141] Friedrichs Skepsis sollte freilich differenzierter gesehen werden als die von d'Argens. Vor allem ist der Zeitpunkt seines Interesses bemerkenswert: Ende der fünfziger Jahre, als er d'Argens bat, die Bände der »Encyclopédie« zu besorgen, stand er mitten im Siebenjährigen Krieg. Auch dürfte Friedrich die vor allem in religionsphilosophischen Artikeln durchschlagende Radikalität gestört haben, die in Österreich dazu führte, daß das Werk 1762 auf den Index gesetzt wurde.

Friedrichs philosophische und literarische Maßstäbe gehörten noch der vorhergehenden Epoche an: Die französische Klassik, das Zeitalter Ludwigs XIV. bildeten den Hintergrund seines Urteils. Bezeichnend ist eine eher beiläufige Bemerkung vom 19. Februar 1760 gegenüber d'Argens: »Sagen Sie mir bitte, ob meinen Versen das Studium Racines anzumerken ist. Ich möchte es gerne wissen, denn vielleicht gebe ich mich einer Selbsttäuschung hin.«[142] Und am 1. August 1780 schrieb er ihm: »Das Grab Voltaires wird das der schönen Künste sein. Er war der Schlußstein des schönen Zeitalters Ludwigs XIV.«[143]

Wenngleich dem König die kritische philosophische Skepsis Pierre Bayles erheblich näher lag als der Optimismus der Enzyklopädisten, schätzte er doch insbesondere d'Alembert außerordentlich. Ungeachtet gelegentlicher Kritik an dessen philosophischen Schriften, hielt er d'Alembert neben Pascal und Newton für den größten europäischen Mathematiker. Jedoch lehnte der König die philosophische und vor allem die politische Radikalisierung der französischen Aufklärung seit Mitte des 18. Jahrhunderts ab, die auch in der »Encyclopédie« Ausdruck fand. Der Direktor der philosophischen Klasse der Berliner Akademie, Johann Georg Sulzer, berichtete nach einem Gespräch mit dem König im Jahre 1777, dieser habe wohl keine genauere Vorstellung der damaligen Philosophie in Frankreich.[144]

Aus politischen Motiven kritisierte der preußische König gelegentlich auch Artikel der »Encyclopédie« direkt, so 1779 den Kosmopolitismus der Enzyklopädisten. Friedrich stimmte zwar im allgemeinen der Ansicht zu, »alle Menschen seien Brüder und müßten einander lieben«. Aber sollte die Meinung, der Weise sei ein Weltbürger, zu Vagabundentum führen, müsse er widersprechen: Die Folge solcher Ideen »sind dem Wohl der Gesellschaft stets zuwider. Sie führen zur Auflösung des gesellschaftlichen Verbandes; denn sie entwurzeln im Herzen der Bürger unmerklich den Eifer und die Anhänglichkeit, die sie ihrem Vaterlande schulden.«[145]

D'Alembert gegenüber rechtfertigte der König am 3. Dezember 1779 seine Attacke damit, er habe in den Werken der Enzyklopädisten gelesen, »daß die Vaterlandsliebe ein Vorurteil sei, das die Regierungen zu befestigen versucht hätten, daß es aber in einem aufgeklärten Jahrhundert wie dem unsern Zeit wäre, mit solchen alten Hirngespinsten aufzuräumen ... Derartige Behauptungen zu widerlegen, ist zum Besten der Gesellschaft unbedingt erforderlich.«[146] Skeptisch erwies sich Friedrich II. sowohl gegenüber einem als missionarisch angesehenen Reformismus als auch gegenüber der Menge banaler Wahrheiten und Berichte über Mißstände.

Friedrichs eher kritische Beurteilung der »Encyclopédie« war von besonderem Gewicht, weil er unter den deutschen Aufklärern derjenige war, der sich am stärksten an Frankreich orientierte und für den weder eine Sprachbarriere noch Geldmangel die Rezeption des Werkes behinderte. Friedrichs Skepsis teilten vermutlich nicht wenige der deutschen Literaten. Im allgemeinen äußerte man sich

Jean le Rond d'Alembert (1717 bis 1783)

Friedrich bemühte sich um die illustren Vertreter des französischen Geistes, allen voran Voltaire und d'Alembert, den er vergeblich an die Berliner Akademie der Wissenschaften zu binden suchte. Der König war so sehr dem Geist des frühen 18. Jahrhunderts verpflichtet, daß ihm Aufklärung fast ausschließlich französische Aufklärung war, Moses Mendelssohn, Lessing oder Kant nahm er kaum wahr.

Das charakterisiert überhaupt die Haltung des Monarchen gegenüber den zeitgenössischen Tendenzen in Philosophie, Literatur und Architektur. Er glaubte »wie Moses« sein Volk in die neue Welt zu führen, ohne sie selber zu erleben; er sah nicht, daß mit Kant die Philosophie der Aufklärung zu seinen Lebzeiten und in seinem Land auf ihren Höhepunkt gekommen und im benachbarten Weimar mit Goethe und Schiller die klassische Epoche der deutschen Dichtung angebrochen war.

eher beiläufig, selten aber enthusiastisch über die »Encyclopédie«. Goethe berichtet, welche Verwirrung gerade der Reichtum und die Vielfalt des Werkes auf ihn in seiner Jugend ausgeübt hatten,[147] und auch der reife Goethe äußerte sich noch kritisch über die Enzyklopädisten.[148] Die Generation des Sturm und Drang, an ihrer Spitze Herder, wußte mit der »Encyclopédie« nichts anzufangen.[149]

Friedrich II. selbst fühlte sich als Angehöriger der République des lettres, als Philosoph in dem weiten Sinn, den der Begriff im 18. Jahrhundert bis zu Kant besaß. Insofern sprach aus dem Titel seiner nur für Freunde bestimmten Erstausgabe der in drei Bänden 1750 bis 1752 gedruckten »Œuvres du philosophe de Sanssouci« weniger Selbstüberhebung als zeitgenössisches Selbstverständnis. Auch die sogenannten Popularphilosophen waren keine professionellen Philosophen im nachkantischen Sinn, sondern reflektierende Schriftsteller, die eine kritisch-vernünftige Urteilskraft auf alle Probleme des menschlichen Lebens anwenden wollten.

Friedrichs Verhältnis zu den geistigen Bewegungen seiner Zeit kam also auch darin zum Ausdruck, daß ihm der Umgang mit bedeutenden Gelehrten, Philosophen und Literaten ein Bedürfnis war. Er bemühte sich zeitweise sehr erfolgreich darum, nicht nur der Residenz Potsdam, sondern auch Berlin mit Hilfe zahlreicher Gelehrter und Schriftsteller intellektuellen Glanz zu verleihen. Der König führte nach 1759 formell selbst die Präsidentschaft der Akademie, wobei er sich unter anderen von d'Alembert, später auch für eine kurze Zeit von Condorcet beraten ließ. Die Zahl der bedeutenden Mitglieder war groß; zu ihnen zählte beispielsweise einer der führenden und produktivsten Mathematiker des Jahrhunderts, Leonhard Euler, der von 1741 bis 1766, zeitweise als Direktor der mathematischen Klasse, an der Berliner Akademie wirkte.

Unter den erwähnten Schriftstellern waren nur vereinzelt deutsche Aufklärer. Da Friedrich sie großenteils ignoriert hat, liegt es nahe, dies hier ebenfalls zu tun.[150] Die wenigsten deutschen Literaten und Philosophen zahlten dies mit gleicher Münze heim, sondern zollten dem preußischen König in der Regel Bewunderung, waren oft genug »fritzisch« gesinnt.

Auch hier ist eine zeitliche Differenzierung zu berücksichtigen, die bereits in einem einfachen Beispiel Ausdruck findet: Zwar wurde Christian Wolff, der einflußreichste deutsche Philosoph der Frühaufklärung, bald nach der Reorganisation der Akademie zum auswärtigen Mitglied gewählt, doch Immanuel Kant wurde erst 1786, nach Friedrichs Tod, aufgenommen, ähnlich wie die Mehrheit der bekanntesten preußischen Aufklärer. Zwar wurde Lessing 1760 Mitglied, Gellert aber abgelehnt. Und um die Aufnahme Moses Mendelssohns entspann sich ein Streit. Friedrich lehnte sie ab, weil Mendelssohn Jude war; die konfessionelle Toleranz, sonst religionspolitische Richtschnur seines Handelns, fand hier ihre Grenze.

Allerdings ist die Einschätzung unzutreffend, daß der Akademie kaum Deutsche angehört hätten.[151] Unter den auswärtigen Mitgliedern war, bei abnehmender Tendenz, gegen Ende der Regierungszeit Friedrichs II. ein Fünftel deutscher Herkunft. Unter den 1751 bis 1760 aufgenommenen 79 Mitgliedern waren 23 Deutsche, den 1764 bis 1786 zugewählten 27 Mitgliedern nur ein Deutscher. Insgesamt erstarrte gegen Ende der Ära Friedrichs die Akademiearbeit immer mehr, auch die Zahl der Mitglieder sank.

Diese Erstarrung stand bekanntlich im Gegensatz zu der stürmischen Entwicklung deutscher Literatur, Philosophie und Geschichtsschreibung, die Friedrich nicht oder nur ganz unvollkommen wahrnahm, was seine in dieser Hinsicht entlarvende berühmte Schrift »De la littérature allemande« von 1780 bekräftigt. Manche seiner Forderungen standen der aufgeklärten zeitgenössischen Zielsetzung gar nicht so fern; so kritisierte Friedrich die Dominanz des Lateinischen in den Wissenschaften, die 25,9 von 26 Millionen Deutschen von den Wissenschaften ausschließe.[152] Friedrich hatte wohl nicht bemerkt, daß im Gefolge der von ihm selbst erwähnten, schon gegen Ende des 17. Jahrhunderts durch Christian Thomasius einsetzenden und von Christian Wolff teilweise fortgesetzten Bemühungen das Lateinische schon merklich zurückgedrängt war.[153]

Und ebenso verhielt es sich mit Friedrichs Einschätzung der Literaturfähigkeit der deutschen Sprache, der er – noch ein Jahr vor dem Tod Lessings – Deutlichkeit, Verständlichkeit und Geschmeidigkeit absprach, womit er weniger die deutsche Literatur seiner Zeit als seine eigene unvollkommene Kenntnis des Deutschen charakterisierte: »... ich habe von Jugend auf kein deutsch Buch gelesen, und ich rede es sehr schlecht (je parle comme un cocher), jetzo aber bin ich ein alter Kerl von 46 Jahren und habe keine Zeit mehr dazu«, sagte er 1757 zu Gottsched,[154] für den er sich mehr als Bayle-Herausgeber denn als Literaturtheoretiker interessierte – wobei er vielleicht so unrecht nicht hatte.

Die übliche kritische Einschätzung der Deutschkenntnisse Friedrichs, der seine Werke französisch verfaßte, mag übertrieben sein. Tatsache aber ist sein Desinteresse an der deutschen Philosophie und Dichtung in der zweiten Hälfte des 18. Jahrhunderts. Die deutschen Frühaufklärer Leibniz, Thomasius und Wolff kannte er besser als alles, was nachher von deutschen Philosophen veröffentlicht wurde. Seine ganz außerordentliche Belesenheit in der lateinischen und französischen Literatur, in Grenzen auch der englischen Philosophie, von der er in erster Linie John Locke sehr bewunderte, fand kein deutsches Pendant.

Sicher führte Friedrich das eine oder andere Gespräch mit deutschen Literaten der Aufklärung, außer Gottsched empfing er beispielsweise Gellert, den Historiker und Juristen Pütter, Sulzer, Garve, Nicolai und Gleim, aber eine nähere Kenntnis der literarischen Entwicklung Deutschlands gewann er dadurch nicht.

Und was für die deutsche Aufklärung seit Mitte des 18. Jahrhunderts galt, das traf noch mehr auf die neuen literarischen Strömungen zu: Mit Sturm und Drang und Klassik wußte er nichts anzufangen. Die Rezeption Shakespeares in der deutschen Literatur stieß den König ab, wenn er auch nur Spuren von ihr gewahr wurde: »Dem *Shakespeare* kann man indeß seine sonderbaren Ausschweifungen wohl verzeihen; denn er lebte zu einer Zeit, da die Wissenschaften in England erst geboren wurden, und man also noch keine Reife von denselben erwarten konnte. Aber erst vor einigen Jahren ist ein ›Götz von Berlichingen‹ auf unserm Theater erschienen, eine abscheuliche Nachahmung jener schlechten englischen Stücke: und doch bewilligt unser Publikum diesem eckelhaften Gewäsche seinen lauten Beyfall, und verlangt mit Eifer ihre öftere Wiederholung.«[155]

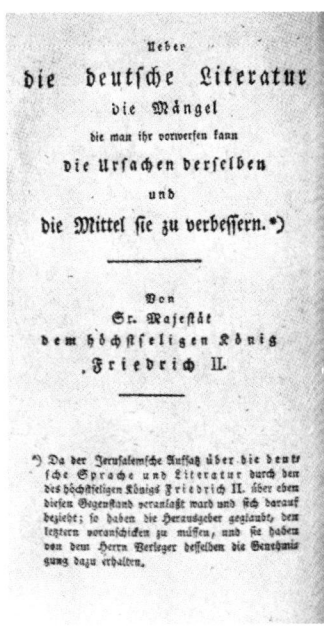

Titelblatt einer 1780 erschienenen Schrift gegen das Urteil Friedrichs II. über die deutsche Literatur

Über Goethes »Götz von Berlichingen« hatte Friedrich in seiner Schrift »De la littérature allemande« das vernichtende Urteil gefällt: *Man mag Shakespeare solche wunderlichen Verirrungen verzeihen; denn die Geburt der Künste ist niemals die Zeit ihrer Reife. Aber nun erscheint noch ein »Götz von Berlichingen« auf der Bühne, eine scheußliche Nachahmung der schlechten englischen Stücke, und das Publikum klatscht Beifall und verlangt mit Begeisterung die Wiederholung dieser abgeschmackten Plattheiten.*

Der König sprach sich im übrigen für eine Verbesserung der deutschen Literatursprache aus und empfahl die Übersetzung klassischer Werke – die zeitgenössischen deutschen Literaten aber sahen vor allem die Kritik und die Unkenntnis des von ihnen bewunderten Königs, die zahlreiche Gegenschriften provozierte: Die bekannteste ist die 1781 von Justus Möser verfaßte. Wäre Friedrichs Schrift 1750 und nicht 1780 erschienen, hätte er vermutlich des Beifalls derjenigen sicher sein können, die ihn nun mit Recht der Ignoranz ziehen. Allerdings traf die von einem frühen, noch gänzlich literarischen Nationalbewußtsein geübte Kritik kaum immer ins Schwarze; es war nicht Friedrichs Vorliebe für die Ausländer, die ihm die Feder führte, sondern seine Orientierung an der französischen Klassik eines Racine und an der Frühaufklärung. Freilich waren auch die deutschen Spätaufklärer über die literarische Entwicklung nicht immer glücklich – der Streit um Goethes »Werther« in den siebziger Jahren demonstrierte diesen Geschmackswandel des literarischen Stils und seine sozialen Implikationen nur allzu deutlich.

Selbst die Reaktion auf das bedeutendste philosophische Werk des Jahrhunderts, das Friedrichs Königsberger Untertan Immanuel Kant 1781 publizierte, zeigte einen Wandel der Aufklärung an: Friedrich nahm die »Kritik der reinen Vernunft« nicht zur Kenntnis – obwohl er verschiedentlich beklagt hatte, er suche einen guten Philosophen in Deutschland, finde aber keinen. Doch auch die aufgeklärten Popularphilosophen, die Kants Hauptwerk lasen, wußten damit nicht viel anzufangen. Philosophie war eine Wissenschaft geworden, zwar in deutscher Sprache, aber deswegen noch nicht unbedingt jedem verständlich.

An Friedrichs literarischen Maßstäben wird der Generationswandel der Aufklärung ebenso deutlich wie an seinen Zeitgenossen. Auch der König muß historisch angemessen und nicht nach absoluten Maßstäben beurteilt werden. Und im übrigen war die Aufklärung zu keinem Zeitpunkt homogen.[156]

Aufschlußreich ist die zeitgenössische Beurteilung eines bürgerlichen aufgeklärten Schriftstellers, dessen Werk den König kaum interessierte, mit dem er sich aber unterhalten hat: Der Breslauer Christian Garve, der Friedrich unter anderem mit dem römischen Kaiser Mark Aurel verglich – einer der vom Preußenkönig besonders geschätzten historischen Persönlichkeiten –, gelangte zu dem Schluß: »*Friedrich* war beydes: Schriftsteller und der thatenreichste Mann seines Jahrhunderts ... In der That waren die Talente dieses Königs so mannigfaltig und so geschmeidig: daß er zugleich Dichter, speculativer Philosoph, Geschichtschreiber, feiner Weltmann, angenehmer Gesellschafter für schöne Geister und Gelehrte, einer der ersten praktischen Geschäftsmänner, im Fache der privat- und öffentlichen Haushaltung, Soldat, Feldherr und geschickter Unterhändler seyn konnte ... Und dies alles war er, wenn auch nicht auf gleich vollkommene, doch auf eine ihm eigenthümliche Weise.«[157]

Konnte ein solch vielseitiger Mann ohne Widersprüche sein – in einem Jahrhundert, das selbst voller Widersprüche war, einem Jahrhundert, welches Kant das »Jahrhundert Friedrichs«[158] genannt hat? Das Jahrhundert Friedrichs – obwohl dieser zweifellos ein scharfsinnig-kritischer und bis heute lesenswerter, aber kein im strengen Sinne schöpferischer Schriftsteller und Philosoph gewesen ist.

5. Aufgeklärte Gesellschaften in der hauptstädtischen Residenz: das Beispiel Berlin

Neben der französisch geprägten, königlichen Aufklärung organisierte sich auch in Preußen eine bürgerliche deutsche, die besonders für die Hauptstadt charakteristisch wurde. Berlin zählte neben Halle an der Saale, Königsberg, Breslau und Frankfurt an der Oder zu den Zentren preußischer Aufklärung, besaß anders als diese Städte aber bis 1810 keine Universität. Diese Tatsache prägte die Kommunikationsstruktur der Berliner Aufklärung. Die Berliner Aufklärung war folglich in geringerem Maße als die der anderen preußischen Städte Gelehrtenaufklärung. Ihre Organisationsbasis unterschied sich von derjenigen der anderen Zentren vor allem durch einen weiteren Punkt: Aufgrund eigener gelehrter Interessen, aber auch im Einklang mit den meisten Akademien der Zeit, blühte die Berliner Akademie bis in die sechziger Jahre hinein nicht zuletzt dank landesväterlicher Fürsorge. Die Gründung von Akademien in den Residenzstädten folgte oftmals dem Repräsentationsbedürfnis des Fürsten; die Nähe zu ihm war durchaus nicht unproblematisch.[159]

Bis 1786 entwickelte sich die Berliner Aufklärung trotz der aufgeklärten Neigungen des Landesherrn weitgehend unabhängig von ihm und in Konkurrenz zu seiner Akademie. Eine Überlappung der Kommunikationsnetze aufgeklärter Vergesellschaftungsformen mit der Akademie begann erst nach dem Tod des Königs, als dessen ehemaliger Minister Graf Hertzberg die Akademie reorganisierte und eine Reihe führender Berliner Aufklärer aufnahm; Nicolai beispielsweise wurde 1799 außerordentliches und 1804 ordentliches Mitglied. Als einer der wenigen führenden Berliner Aufklärer war Sulzer vor 1786 zugleich Akademiemitglied und Mitglied aufgeklärter Assoziationen. Aufgrund dieser Lage entwickelten sich in Berlin in stärkerem Maße zwei selbständige, jedoch was die Mitglieder betraf teilweise identische Kommunikationsformen:[160]
- Erstens ein eigener Typus aufgeklärter Assoziationen sowie
- zweitens die führenden Journale nicht nur der Berliner und preußischen, sondern der deutschen Aufklärung überhaupt.

Allen voran standen die von Johann Erich Biester und Friedrich Gedike seit 1783 herausgegebene »Berlinische Monatsschrift« sowie die von Friedrich Nicolai seit 1765 publizierte »Allgemeine deutsche Bibliothek«, die – abgesehen von einer kurzen Unterbrechung – bis 1806 erschien. Alle genannten Herausgeber gehörten dem Montagsclub und der Mittwochsgesellschaft an.

In welchem Maß sich diese beiden Kommunikationsnetze mit den Freimaurerlogen überschnitten, ist noch nicht genauer erforscht. Allerdings ist für eine Reihe der Angehörigen der Aufklärergesellschaften die Mitgliedschaft in Logen erwiesen oder wahrscheinlich.[161] Doch muß das nicht gleichzeitig der Fall gewesen sein, denn einige Logenmitglieder schieden aus aufgrund der Tendenzen zu irrationalen maurerischen Hochgradsystemen beziehungsweise infolge der Aufhebung des Illuminatenordens durch den bayerischen Kurfürsten Karl Theodor 1785[162] und des damit verbundenen politischen Aufsehens.

Die zeitliche Differenzierung des Assoziationswesens in der preußischen Hauptstadt verweist auf einen weiteren Tatbestand: In den letzten Jahrzehnten und Jahren des 18. Jahrhunderts traten neben die aufgeklärten Assoziationen andere, konkurrierende Vergesellschaftungsformen, zunächst die nach 1786 unter Friedrich Wilhelm II. starke, wenn auch nur kurz Einfluß gewinnende Geheimgesellschaft der Gold- und Rosenkreuzer, zum anderen seit den neunziger Jahren die romantischen Salons, die um 1800 die aufgeklärten Gesellschaften weitgehend ablösten.

Die Aufklärungsgesellschaften besaßen – wie die Freimaurerlogen und die Gold- und Rosenkreuzer – gegenüber dem Salon eine sehr viel strengere Gestaltungsform. So war die Zahl der Mitglieder beschränkt, Geheimhaltung war oberstes Gebot und diskutiert wurde in der Mittwochsgesellschaft über vorher vereinbarte Themen in einem festen Verfahren. Die Themen waren zwar auch philosophischer und gelehrter Natur, häufig aber berührten sie zentrale gesellschaftliche Probleme oder betrafen unmittelbar die preußische Politik. Zweckgebundenheit der Diskussion und ihr »gemeiner Nutzen« dominierten.

Adlige blieben in den Berliner Aufklärungsgesellschaften die Ausnahme, waren diese doch in erster Linie bildungsbürgerlich geprägt. Wie in den Freimaurerlogen und dem Orden der Gold- und Rosenkreuzer verkehrten sie jedoch in den Salons. In dieser Hinsicht bildeten alle drei Vergesellschaftungsformen einen Ort sozialer Exterritorialität, in dem Stand, Religion, Nationalität und Geschlecht nur sekundäre Bedeutung besaßen. Zweifellos gelangte unter diesen Aspekten die Wirkung aufgeklärter Ideen bis in die romantischen Salons. Auch bei der literarisch-künstlerischen Avantgarde, die die Salons bevölkerte, transzendierte Bildung die geburtsständischen Grenzen, wurde zum neuen und unterscheidenden sozialen Definitionskriterium, dessen Voraussetzung sowohl Frauen als auch Juden erfüllen konnten – die beiden Gruppen, die im Montagsclub und der Mittwochsgesellschaft gar nicht beziehungsweise kaum vertreten waren.

Drei Berliner Aufklärerassoziationen sind von besonderem Interesse, stellen sie doch jeweils spezifische Formen aufgeklärt-bürgerlicher Vergesellschaftung dar. Die erste und bezeichnenderweise kaum politisierte Form bildete der 1749 von Pastor Schulthess gegründete Montagsclub, dessen Mitgliederzahl auf 24 beschränkt war. Hier traf sich eine aufgeklärte Bildungselite mit hohen, ebenfalls der Aufklärung zuzurechnenden Beamten. Es handelte sich um eine Gesinnungsgemeinschaft, deren Zweck die Pflege einer »freien heiteren Conversation« war. Jedes Mitglied konnte Freunde mitbringen, so daß immer wieder auswärtige Literaten und Gelehrte zu Gast waren. Informationsaustausch und Diskussionen, kaum aber konkrete politische Zielsetzung charakterisierten den Montagsclub. Dies wurde auch dadurch unterstrichen, daß die meisten Mitglieder der später gegründeten Mittwochsgesellschaft angehörten, also im Montagsclub, dem sie weiterhin verbunden blieben, nicht all ihre Ziele verwirklichen konnten.

Einen zweiten offeneren Typus bildete die *Feßlersche Lesegesellschaft,* die in mancherlei Hinsicht einen Übergang zu den Salons darstellte, aber auch Ähnlichkeit mit der Mittwochsgesellschaft aufwies. Die Feßlersche Lesegesellschaft kannte zwei Veranstaltungstypen, *gesetzförmige* und *gesetzfreie.* Man kam an den Empfangstagen, aber nicht zu festgesetzten Zeiten. Auch in der Feßlerschen Lesegesellschaft waren auswärtige Gäste willkommen, die Mitgliedschaft aber war an formelle Aufnahme – der eine Abstimmung vorausging – gebunden. Vier Gegenstimmen genügten, um einen Aufnahmevorschlag abzulehnen. Die gesetzförmigen Veranstaltungen hatten als Hauptprogrammpunkt die Lektüre und Diskussion von Abhandlungen aus Philosophie, Ästhetik, Geschichte und dergleichen mehr, die gesetzfreien Abende galten der Lesung beziehungsweise Aufführung von Schauspielen, Gedichten und Musik.

Über Feßlers Vereinigung berichtete denn auch Wolf Davidsohn 1798, sie habe einen höheren Zweck als bloß Essen und Trinken.»Es darf nicht gespielt, auch kein Tabak geraucht werden. Die Sitzung dauert bis 8 Uhr, dann wird ein mäßiges Abendbrot gegessen und nachher ein fröhliches Lied gesungen.« Es ging fürwahr streng zu beim Professor Feßler. Den festen Verhaltenskodex, insbesondere die Erschwerung der Aufnahme neuer Mitglieder, kommentierte Davidsohn wie folgt: »Du wirst dies vielleicht für ein wenig hart halten; allein bei einer Gesellschaft, die einen Geist atmet, nur nach einem Zwecke strebt, müssen auch alle Mitglieder sich freundschaftlich die Hand bieten und keiner den anderen mit scheelen Augen ansehen ...«[163]

Davidson berichtete noch über weitere Gesellschaften, unter anderem über den gelehrten Montagsclub: »Hiervon sind die meisten Gelehrten von Profession Mitglieder, als: Gedike, Biester, Zöllner, Nicolai, Spalding, Hermbstädt und so weiter. Du kannst dir leicht denken, daß man hier seine Zeit sehr angenehm und unterhaltend zubringen kann, nur riecht es hier und da nach Pedanterie. Urbanität, Leichtigkeit, Konversation, mit einem Wort, was der Engländer good humor nennt, ist der deutschen Gelehrten ihre Sache nicht.«[164]

Am exklusivsten und für den politischen Wandel bedeutsam waren vor allem zwei der Berliner Gesellschaften: die in ihrer Zielsetzung gegenaufklärerischen *Gold- und Rosenkreuzer* sowie die zentrale Assoziation der aufgeklärten Elite Berlins, die von 1783 bis 1798 bestehende *Mittwochsgesellschaft:* Die Mittwochsgesellschaft setzte wie der Montagsclub eine Höchstzahl von 24 Mitgliedern fest. Erst lange nach Auflösung der Gesellschaft wurde bekannt, wer ihr alles angehört hatte. Diese strenge Geheimhaltung war nicht allein eine Reaktion auf den Absolutismus, war nicht eine Mode oder Marotte, sondern während des rosenkreuzerischen Jahrzehnts in Preußen eine Notwendigkeit, wollten die Aufklärer ihren Einfluß zugunsten staatlicher Reformen erhalten. Da sich diese Entwicklung schon Jahre vor dem Regierungswechsel abzeichnete, bildete die Mittwochsgesellschaft also auch eine Gegengründung zum schon einflußreichen Gold- und Rosenkreuzerorden, dessen dominante politische Einwirkung wegen des Thronwechsels voraussehbar war.[165]

Die Mitglieder der Mittwochsgesellschaft stammten ausschließ-

Ignaz Aurelius Feßler (1756-1839), Radierung von Johann Friedrich Bolt, 1792

Die Feßlersche Lesegesellschaft bildete in vielerlei Hinsicht einen Übergang zu den Salons der Zeit, in jeweils eigener Form verkörperten die aufgeklärten Assoziationen den Prozeß der bürgerlichen Vergesellschaftung. In diesen Verbindungen gingen viele Ideen der Epoche ineinander über: Die strenge Geheimhaltung, die sogar die Namen der Mitglieder betraf und die sich bei den Illuminaten, aber vor allem bei den antiaufklärerischen Rosenkreuzlern ausprägte, schließlich auch der bürgerliche Verhaltenskodex, der genau festlegte, wann gegessen und getrunken werden durfte. Auch wurden ein »mäßiges Abendbrot« und ein »fröhliches Lied« vorgeschrieben. In vielen Punkten sind die Gesellschaften typische Produkte der Aufklärungszeit, einer Epoche, in der sich zunehmend neue Ideen durchsetzten.

lich aus der intellektuellen, politisch einflußreichen Oberschicht Preußens. Bis auf vier Adlige waren sie bürgerlicher Herkunft und gehörten überwiegend der zwischen 1730 und 1745 geborenen Generation an. Die prominentesten Vetreter waren der Staatsminister von Struensee, die Oberkonsistorialräte Diterich und Teller, die beiden Herausgeber der »Berlinischen Monatsschrift« – der Gymnasialdirektor Gedike und der Königliche Bibliothekar Biester –, der Diplomat und Protagonist der Judenemanzipation Christian Wilhelm von Dohm, die beiden Hauptautoren des Allgemeinen Landrechts für die preußischen Staaten – Carl Gottlieb Svarez und Ernst Ferdinand Klein –, die Popularphilosophen Johann Jakob Engel und Moses Mendelssohn sowie der Verleger und Schriftsteller Friedrich Nicolai.

Die bei den Sitzungen der Mittwochsgesellschaft diskutierten gelehrten und philosophischen Themen besaßen oftmals eine politische Dimension. Das gilt insbesondere für die Vorträge von Svarez, die im engsten Zusammenhang mit den Beratungen des Allgemeinen Landrechts standen und prinzipielle Fragen der Gesetzgebung im absoluten Staat berührten, dessen Aufklärung nicht allein gesetzgebungspolitisch angestrebt wurde. Das Diskussionsverfahren war streng geregelt: Der Vortrag eines Mitglieds zirkulierte in einer verschlossenen Kapsel, bis er mit den Voten der einzelnen Mitglieder – die einen Schlüssel besaßen – zurückkam. Um einen offenen Diskurs über alle interessierenden Themen sicherzustellen, hielt die Gesellschaft nicht allein die Geheimhaltung ihrer Existenz, sondern überdies einzelne Sicherheitsmaßnahmen für notwendig.

Die Mittwochsgesellschaft und die entgegengesetzte Ziele vertretenden Gold- und Rosenkreuzer nahmen spätere politische Vereinsbildung vorweg, ihre Arkanpraxis korrespondierte mit derjenigen der Regierung. Die Verfechter staatlicher Reformen und gemeinen Nutzens im Sinne der aufgeklärt-naturrechtlichen Staatsauffassung bedienten sich mit der Arkanpraxis einer Methode, die sie im Prinzip ablehnten, ohne die sie aber einen wirksamen Einfluß auf fürstliche Entscheidungen kaum erreichen konnten.

Die Integration dieser aufgeklärten, in ihrer Mehrheit und ihrem Selbstverständnis bürgerlichen Elite in den Staat war die Voraussetzung ihrer Wirksamkeit: Als prinzipielle Oppositionsbewegung freischwebender Intellektueller hätte die Gesellschaft eine praktische Reformarbeit nicht ausüben können. Und ebensowenig hätte die gelehrt-literarische Diskussion einer zunehmend politisierten Öffentlichkeit allein dies vermocht.

Die schon angedeutete personelle und sachliche Überlappung zweier aufgeklärter Kommunikationsformen – die beide von 1783 an bestanden – war also gut begründet und politisch effektiv. Tatsächlich liegt hier der seltene, vielleicht einzigartige Tatbestand vor, daß ein Journal in gewisser Weise zum offiziösen Publikationsorgan einer geheimen Assoziation wurde: Die »Berlinische Monatsschrift« druckte einige der in der Mittwochsgesellschaft unter Ausschluß der Öffentlichkeit gehaltenen Vorträge ab, unter anderem:
- Johann Friedrich Zöllner, »Ist es rathsam, das Ehebündnis nicht ferner durch die Religion zu sanciren?« (BM, Bd. 2, Sept. 1783, S. 508-517);
- Moses Mendelssohn, »Ueber die Frage: was heißt aufklären?« (BM, Bd. 4, Dez. 1784, S. 481-494);

- Christian Gottlieb Selle, »Versuch eines Beweises, daß es keine reine von der Erfahrung unabhängige Vernunftbegriffe gebe.« (BM, Bd. 4, Dez. 1784, S. 565-575);
- Carl Gottlieb Svarez, »Inwiefern können und müssen Gesetze kurz sein?« (BM, Bd. 12, Aug. 1788, S. 99-112);
- Moses Mendelssohn, »Soll man einer einreißenden Schwärmerei durch Satyre oder durch äußerliche Verbindung entgegenarbeiten?« (BM, Bd. 5, Febr. 1785, S. 133-137).

Noch stärker fällt ins Gewicht, daß zentrale Themen der öffentlichen Auseinandersetzung mit denen der Mittwochsgesellschaft übereinstimmten beziehungsweise von ihr ausgegangen sein dürften. Ein Beispiel bildet die berühmte Erörterung der Frage, was Aufklärung eigentlich sei. Sie wurde von Johann Friedrich Zöllner in der »Berlinischen Monatsschrift« 1783 öffentlich gestellt und war innerhalb der Gesellschaft von Karl Wilhelm Möhsen am 17. Dezember 1783 in seinem Vortrag: »Vorschlag zur Eröffnung einer Diskussion der Frage: Was ist Aufklärung?« behandelt worden. Zöllner und Selle hielten weitere Vorträge zu diesem Thema, während andere Mitglieder ausführlichere Voten abgaben. Dieser internen Diskussion entsprachen die öffentlichen Stellungnahmen von Mendelssohn – der auch in der Gesellschaft referierte – und Kant in der »Berlinischen Monatsschrift«.

Dieses doppelgleisige Verfahren erinnert an die zugleich interne und öffentliche Diskussion über das bedeutendste rechtspolitische Reformwerk des aufgeklärten Absolutismus in Preußen, das »Allgemeine Landrecht für die preußischen Staaten«. Friedrich der Große hatte auf Vorschlag seines Großkanzlers von Carmer den für einen absoluten Herrscher revolutionären Beschluß gefaßt, den Entwurf zum »Allgemeinen Gesetzbuch für die preußischen Staaten« abschnittsweise öffentlich zur Diskussion zu stellen.[166] Zwar gehörte Carmer selbst der Mittwochsgesellschaft nicht an und zählte auch nicht zu den Autoren der »Berlinischen Monatsschrift«, doch galt dies für seine wichtigsten Mitarbeiter Svarez und Klein.

Bezeichnend war, daß die Aufforderung zur Diskussion nicht an eine allgemeine, unbegrenzte Öffentlichkeit erging, sondern an Gelehrte. Das Verfahren erinnerte an Preisfragen der Akademie oder – wenn man den Zeitsprung nicht scheut – an moderne Sach-

Friedrich Nicolai im Kreise seiner Familie, Kupferstich von Johann Friedrich Bolt

Friedrich Nicolai war einer der einflußreichsten Geister seiner Zeit; ein großer Verleger, Organisator, Historiker und Schriftsteller auch über die berühmte Korrespondenz mit seinen Autoren hinaus. Nicolais zahlreiche Werke, vor allem sein Roman »Sebaldus Nothanker« und die »Beschreibung einer Reise durch Deutschland und die Schweiz« wurden in großen Auflagen verbreitet und fanden Leser überall im alten Reich.

verständigenanhörungen. Diese Gewährung öffentlicher Diskussion durch den Landesherrn und zugleich ihre Eingrenzung auf eine bestimmte Schicht folgte der von Kant formulierten Unterscheidung des öffentlichen und des privaten Vernunftgebrauchs: Der öffentliche Vernunftgebrauch blieb den Gelehrten vorbehalten. Dieser Vorgang bestätigt in gewisser Weise, daß für einen erheblichen Teil der Mitglieder der Mittwochsgesellschaft das Postulat der Pressefreiheit ständisch begrenzt war.[167] Traditionale Auffassungen verbanden sich hier mit dem elitären Selbstverständnis der Aufklärer.[168] Vor dem Hintergrund der Pressepolitik des Ancien régime wird jedoch deutlich, daß die hier geforderte Pressefreiheit weniger die ständische Begrenztheit akzentuierte als die prinzipielle Öffnung und sukzessive gesellschaftliche Verbreitung und Verbreiterung aufgeklärter Postulate. Auch ist zweifelhaft, ob die gesellschaftliche Selbstbegrenzung mancher aufgeklärten Postulate mit dem Begriff »ständisch« angemessen zu erfassen ist, stellte doch die in der Mittwochsgesellschaft und anderen aufgeklärten Vergesellschaftungsformen sich organisierende Schicht sowohl in ihrer sozialen Zusammensetzung als auch ihrem gesellschaftlichen Anspruch die traditionelle ständische Struktur in Frage.

Diese zum Teil beamtete Bildungsschicht beanspruchte – wie es später Hegel und andere formulierten – *allgemeiner Stand* zu sein und war zwangsläufig stärker an den reformabsolutistischen Staat gebunden als an die ständische Gesellschaftsordnung. Der aufgeklärt-elitäre Anspruch wies sowohl über die ständische Ordnung hinaus als auch über das Machtmonopol des absoluten Herrschers. Dies ergibt sich einmal daraus, daß eine schichtenspezifische Begrenztheit aufgeklärter Postulate nicht prinzipiell begründbar war und folglich auch nicht prinzipiell, sondern temporär begrenzt wurde: Als »Vormünder des großen Haufens«[169] betrachteten sich die Aufklärer nur bis zu dem Zeitpunkt, da die Masse selbst aufgeklärt und die Aufklärung allgemein sein würde. Naturgemäß führte ein solch elitäres Selbstverständnis einer bürgerlich geprägten Sozial- und Bildungsschicht, die die Aufklärung aller auf ihre Fahnen schrieb, zu einer inhärenten Problematik und Dialektik.

Bedeutsamer für die kurzfristige Wirkung war wohl, daß der Schritt in die Öffentlichkeit eine eigene Dimension gewann und auf Dauer nicht sozial begrenzt blieb. Dies zeigte sich nicht zuletzt darin, daß die öffentliche Diskussion des Entwurfs zum Allgemeinen Gesetzbuch in den Beratungen der Mittwochsgesellschaft ihr Pendant hatte. Hier wurde über allgemeine Probleme der Reformgesetzgebung, aber auch über Pressefreiheit und Verlagsrecht diskutiert. Herausragende Beispiele sind die Vorträge von Svarez, so etwa seine »Vorschläge zu Censurgesetzen« (5. Mai 1784), seine Darlegungen »Über den Einfluß der Gesetzgebung in die Aufklärung« (1. April 1789) sowie »Über den Zweck des Staats« (19. Januar 1791). In diesen Vorträgen ging es aber nicht nur um eine schichtenspezifische Begrenzung der Pressefreiheit, sondern zu allererst um deren – wenn auch noch begrenzte – fundamentale gesetzliche Sicherung. Und damit korrespondierten Svarez' Vorschläge seinen vom Naturrecht ausgehenden Überlegungen zur rationalen Definition und Einbindung königlicher Macht in den Staatszweck.[170]

Die öffentliche Diskussion fand ihren Niederschlag beispielsweise in einem Aufsatz in der »Berlinischen Monatsschrift« von 1785 mit der Überschrift »Neuer Weg zur Unsterblichkeit der Fürsten«: »Will ein Fürst seinen Gesetzen … eine ungewöhnliche Dauer verschaffen, so muß er dem Staate eine Verfassung geben, wodurch es seinen Nachfolgern unmöglich wird, die von ihm eingeführten Gesetze willkührlich abzuändern. Er muß bewirken, daß von nun an keine Gesetze anders als mit Einwilligung des gesammten Staats gegeben werden können; mit einem Worte, er muß den Staat in eine Republik verwandeln, in welcher das Haupt der regierenden Familie den bloßen Vorsitz hat.«[171]

Aus der einmalig gewährten Diskussionsmöglichkeit leitete der Autor also das Postulat einer Regel ab, deren Akzeptierung dem regierenden Herrscher mit dem Hinweis auf den bekanntermaßen ungeliebten und antiaufklärerisch-rosenkreuzerischen Nachfolger Friedrich Wilhelm versüßt werden sollte: Nur so könne Friedrich der Große über seine Lebenszeit hinaus wirken, lautete der Appell!

Und ist es Zufall, daß Svarez in dem erwähnten Vortrag vor der Mittwochsgesellschaft am 1. April 1789, also ebenfalls vor Ausbruch der Französischen Revolution, zu dem Schluß gelangte: Die allgemeine Gesetzgebung müsse nicht bloß die Wohlfahrt der gegenwärtigen, sondern auch künftiger Generationen befördern, »diese kann und darf sich bei allen dergleichen Nebenrücksichten auf bloß temporelle Bedürfnisse oder Umstände nicht aufhalten. Ihr Geist und ihre Grundsätze müssen gleichsam die Feste [sein], in welche sich die durch Zeitgesetze gedrängte Freiheit zurückziehen und aus der sie unter günstigeren Umständen zur Wiedererlangung ihrer gekränkten Rechte mit gestärkten Kräften zurückkehren kann.«[172]

Auf der anderen Seite handelte es sich hier zweifellos um eine Kommunikationsstruktur vorrevolutionärer Art. Ihr ambivalentes Verhalten zu revolutionären Veränderungen zeigte sich in Kleins Gesprächen über »Freiheit und Eigentum« (1790): Diese Erörterung von Verfassungsfragen im Zeichen der Revolution mochte fiktiv sein und kein »Protokoll« eines Gesprächs der Mittwochsgesellschaft, aber auch in der verschlüsselten Form des fiktiven Gesprächs ist der Text aussagekräftig.[173] Die Mittwochsgesellschaft verweist wie die Gold- und Rosenkreuzer auf die spezifische Struktur des Politischen zwischen Absolutismus und Konstitutionalismus. Zugleich kommt hier die begrenzte gesellschaftliche Rekrutierungsbasis der Politik außerhalb des fürstlichen Kabinetts zum Ausdruck.

VI.
Höfische und bürgerliche Kultur: vom Barock zur Romantik

1. Schlösser und Parks – Bürgerhäuser und Gärten

Noch stellten die grandiosen Schlösser des höfischen Barock, mit denen die absolutistischen Fürsten ihrer Idee der Herrschaft Ausdruck gaben, alle anderen Baudenkmäler in den Schatten. Mit Schönbrunn und Nymphenburg, Ludwigsburg und Herrenhausen, Mannheim und dem Berliner Schloß ließ sich so leicht nichts vergleichen. Jeder Fremde, der in die Residenzstädte kam, sah sofort, wo und wie die Macht symbolisiert war und wo sie residierte – und die Einheimischen sahen es täglich. Mit dem Siebenjährigen Krieg ging diese Zeit fürstlich barocken Bauens zu Ende. Eine letzte Reprise bildete das Residenzschloß des Fürstbischofs Maximilian Friedrich von Königsegg-Rothenfels (1762-1784) in Münster. Johann Conrad Schlaun aus Paderborn (1695-1773) schuf diesen gewaltigen Bau, erlebte aber seine Vollendung nicht mehr. Stände und Domkapitel hatten gehofft, ihren Bischof und seinen Hof wenigstens für einen Teil des Jahres nach Münster ziehen zu können, wenn man ihm eine entsprechende Residenz baute. Dieser Plan schlug fehl, niemals nahmen die Landesherren hier Wohnung.

Das Residenzschloß von Münster besteht aus einem Mittelteil mit zwei Seitenflügeln, deren Gliederung die ganze Meisterschaft Schlauns zeigt. Ein gewölbter Mittelrisalit stellt die Verbindung zwischen den zwanzig Fensterachsen her und wird von einem erhöhten Giebel mit Balustrade und Laterne gekrönt. Die Fassade des dreistöckigen Gebäudes besteht aus Sand- und Ziegelstein, die die teuren Pilasterordnungen ersetzen. An den Fassaden der Seitenflügel sind die Wappen der Landstände angebracht, die überraschend die reichere Ausstattung des Baus nicht allein forderten, sondern selbst finanzierten. Allegorien der Tages- und Jahreszeiten, der Monate, Planeten, antiker Götter und Tierkreiszeichen runden die Gestaltung ab: Noch einmal erscheint die Bildersprache des Barock in ihrer verschwenderischen Fülle. Im Inneren des Baus befinden sich zur Linken die Repräsentationsräume und zur Rechten der Fürstensaal, die Seitenflügel beherbergen die Privatgemächer. 1787 stellte man die Bauarbeiten ein, die Außenanlage blieb unvollendet. Das Pathos des fürstlichen Barockbaus hatte sich endgültig überlebt: Seit 1815 residierte ein preußischer General im Schloß.[1]

Fünfzig Jahre wirkte Schlaun. Seinen Ruf als Meister des westfälischen Barock verdankt er so berühmten Bauten wie dem Schloß Nordkirchen, dem Erbdrostenhof, den Schlössern Clemenswerth und Augustusburg bei Brühl: Nachdem es ihm gelungen war, die Eindrücke französischer und italienischer Baukunst, die er auf Reisen nach Paris und Rom gewonnen hatte, mit der ausgeprägten Bautradition Westfalens zu vereinen, blieb er diesem Stil bis an sein Lebensende treu.

Auch ein anderer Baumeister des Barock, Balthasar Neumann (1687-1753), erlebte die Vollendung seiner bedeutendsten Werke nicht mehr: Die Wallfahrtskirche Vierzehnheiligen wurde erst zwanzig Jahre nach seinem Tod, die Würzburger Residenz gegen

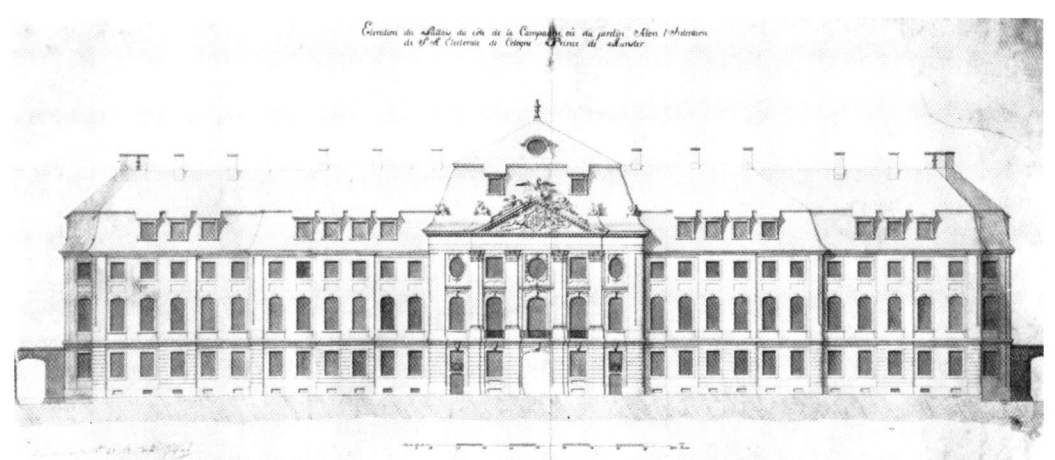

Ende des 18. Jahrhunderts vollendet. Allerdings hatte Neumann in Würzburg noch die von Tiepolo prachtvoll ausgemalten Haupträume und das Treppenhaus bewundern können.

Aber auch die Würzburger Residenz erfüllte ihren eigentlichen Zweck nur ein Vierteljahrhundert lang. Die Familie Schönborn hatte in dem gewaltigen Schloßbau in Würzburg dem Gedanken Ausdruck verliehen, daß es Aufgabe der geistlichen Fürsten sein mußte, den Reichsgedanken gegenüber den Ansprüchen der Einzelstaaten und besonders gegenüber Preußen zum Ausdruck zu bringen. Daneben erfüllte ein solches Bauwerk die Aufgaben einer Bauakademie, denn es schulte in jahrzehntelanger Arbeit Maler, Stukkateure, Bildhauer, Maurer und Schreiner, bis nicht wenige von ihnen sich zu Meistern ihres Faches entwickelt hatten.[2]

Zwar entstanden noch im letzten Jahrhundertdrittel einige große Schloßbauten in Deutschland, beispielsweise Koblenz (1777-1786) und Wilhelmshöhe bei Kassel (1786-1803), doch zählen diese bereits zum klassizistisch beeinflußten Spätbarock, ihre Schöpfer waren französische Baumeister. Über Generationen hinweg hatte das grandiose Vorbild Ludwigs XIV. und seiner Versailler Schloßanlage die Träume großer und kleiner Fürsten beherrscht, geringen und begabten Architekten höchste Leistungen abverlangt. Nun aber hatte sich diese Suggestion verbraucht. Die deutschen Fürsten waren der riesigen Schloßanlagen müde, sie suchten die Intimität kleinerer, außerhalb der Hauptstädte gelegener Schlösser: Friedrich der Große bevorzugte das nicht weit von seinem Potsdamer Stadtschloß gelegene Sanssouci; seine Schwester, Wilhelmine von Bayreuth, schuf sich in ihrer Residenz eine Reihe kleinster Pavillons: Eremitage, Monplaisir, Sanspareil. Die Wittelsbacher ließen im Park des Nymphenburger Schlosses die Amalienburg, die Badenburg und die Pagodenburg als Refugium anlegen. Selbst die Äbte der großen österreichischen Klöster bauten sich Sommerschlößchen. Überall in Europa entstanden Eremitagen, Solitüden, Teehäuser, Fasanerien, Nymphenbäder und dergleichen.

Die höchste Blüte des deutschen Rokoko, des sich in Deutschland zögerlicher als in Frankreich durchsetzenden Nachfolgestils des Barock, entfaltete sich in der zweiten Jahrhunderthälfte in den so

Gartenseite des Schlosses in Münster, Entwurf von Johann Conrad Schlaun

1767 erhielt Schlaun den Auftrag, in Münster an der Stelle der geschleiften Zitadelle ein fürstbischöfliches Residenzschloß zu errichten. Die Vollendung dieser dreiflügeligen Anlage erlebte Schlaun allerdings nicht mehr, er starb 1773.

Georg Wenzeslaus von Knobelsdorff, Gemälde von Antoine
Pesne, 1739

Knobelsdorff, mit dem
Friedrich II. sich nahezu freundschaftlich verbunden fühlte, starb
schon 1753, aber in den noch nicht
einmal anderthalb Jahrzehnten
seines Schaffens blieb er der
wichtigste Architekt des preußischen Königs, und nicht nur
Sanssouci, sondern auch der
Umbau des Potsdamer Schlosses
und der neue Flügel des Charlottenburger Schlosses zeigen
seine Handschrift. Das größte
Schloß der Friderizianischen Ära,
das Neue Palais in Potsdam, ließ
Friedrich aber von seinen Baumeistern Büring und Manger
zeichnen; nach dem Tode Knobelsdorffs fand er kein Genie
mehr, seine Pläne zu verwirklichen, und er begnügte sich mit
Köpfen zweiten Ranges, denen er,
oft mit der Feder in der Hand, in
ihre Pläne hineinredete.

völlig verschiedenen Städten Berlin und München. Maßgeblicher Wegbereiter des bayerischen Rokoko war François Cuvilliés d. Ä. (1695-1768). Er baute die Klosterkirchen von Schäftlarn südlich Münchens und Dießen am Ammersee, die Amalienburg im Park von Nymphenburg, das Stadtpalais Holnstein – das heutige Erz-bischöfliche Palais –, Schloß Falkenlust bei Brühl und viele andere Bauten. Seit 1730 wirkte er als Ausgestalter der Münchner Residenz: Die Grüne Galerie und die Reichen Zimmer sowie das 1750 errichte-te Residenztheater gelten als seine Hauptschöpfungen.[3]

Vielfalt in der Einheit: So fasziniert das Friderizianische neben dem bayerischen Rokoko den Betrachter. Unmittelbar nach seinem Regierungsantritt 1740 ernannte Friedrich II. den Freiherrn Georg Wenzeslaus von Knobelsdorff (1699-1753) zum Oberintendanten der königlichen Schlösser und Gärten. Sowenig der königliche Bau-herr etwas vom spartanisch-»holländischen Geschmack« seines Vaters wissen wollte, sowenig von der barocken Prachtentfaltung seines Großvaters – obwohl Friedrich I. immerhin damit begonnen hatte, ein Athen des Nordens in den märkischen Sand zu setzen.

Friedrich der Große erwartete von seinem Architekten Höchs-tes – und dazu Geduld und Selbstverleugnung, Eigenschaften, die ein Genie sehr selten besitzt. Ein solches war Knobelsdorff zweifel-los. Es war durchaus nicht die Unfähigkeit seines Baumeisters, die den jungen Herrscher zu ständigen Eingriffen in die Baupläne be-wog, sondern der Ehrgeiz des von ausgeprägtem Stilempfinden um-getriebenen allmächtigen Bauherrn. Friedrich hatte einen Knobels-dorff nötig, denn Geschmack allein macht noch keinen Baumeister, und das wußte der König wohl.

Knobelsdorff hatte 1740 Italien bereist und Paris gesehen – diese Reisen formten ihn zum Schöpfer eines unnachahmlichen Stils, des sogenannten Rokoko-Klassizismus. Die bedeutendsten Zeugnisse des Friderizianischen Klassizismus sind der Umbau des Potsdamer Stadtschlosses sowie der neue Flügel des Charlottenburger Schlos-ses. Der Kontrast zwischen kühlem klassizistischem Außenbau und den in reichem Rokoko gehaltenen Innenräumen verblüfft. Dabei setzte der König häufig seine eigenen Vorstellungen durch. In die Deckenentwürfe seines Architekten für den Marmorsaal des Stadt-schlosses trug er eigenhändig Änderungswünsche ein, zum Beispiel »Die Partie größer«, an eine Rosengirlande schrieb er »Lohrbehr«.

Schloß Sanssouci erbaute Knobelsdorff auch nach Plänen Fried-richs II. in den Jahren 1745 bis 1747. Allerdings zerstritten sich der königliche Auftraggeber und sein Architekt darüber, denn der König hatte den Wunsch, durch jede Tür ins Freie gehen zu können, während Knobelsdorff einen Sockel für erforderlich hielt. Nach dem Siebenjährigen Krieg wurde dann das größte Schloß der Friderizia-nischen Epoche gebaut: das Neue Palais in Potsdam. Der Krieg hatte die Ausführung durch die Baumeister Büring und Manger lediglich verzögert, denn die Pläne waren viel älter.[4] Allerdings durchwehte bereits »der Eishauch des Klassizismus« (H. Keller) die Marmor-galerie, den Marmorsaal und die die Communs verbindenden Ko-lonnaden.

Trotz seines großen Interesses für französische Kultur und seiner Vorliebe für französische Denker, Dichter und Künstler beschäftigte Friedrich II. keine französischen Architekten, Bauhandwerker oder

Bildhauer: daher die Distanz seiner Bauwerke zu der Architektur Frankreichs. Während die Rückfront von Sanssouci mit dem bogenförmigen korinthischen Säulenportikus noch nach französischem Vorbild, dem Hôtel de Soubise in Paris, gestaltet ist, zeigen die späteren Bauten Wiener oder italienische Einflüsse, insbesondere die des berühmten Andrea Palladio.

Nachdem das Vorbild Versailles bereits verblaßt war, ließ im letzten Jahrhundertdrittel der französische Einfluß auf die Schloßbaukunst weiter nach. Während man in den ersten beiden Jahrhundertdritteln französisch »sprach, schrieb und dachte« (Keller), übernahm im letzten Drittel England die Führung in der Bau- und Gartenkunst. Der Siegeszug des Palladianismus durch Europa

begann nicht in Italien, sondern in England. Die Deutschen sahen die italienische Renaissance mit den Augen des englischen Palladianismus. Auch die Wiederentdeckung der Gotik erfolgte zuerst in England, und zwar schon 1740, also eine volle Generation vor Goethes Hymne auf das Straßburger Münster. Englischer Landhausstil, englische Innendekoration, englische Stadtbaukunst und englische Gartenkunst verbreiteten sich in Europa fast zur selben Zeit, in der die deutschen Dichter Shakespeare entdeckten.

Die Schloßbauten verschlangen ungeheure Geldsummen, selbst die vier großen Residenzen in Wien, Berlin, München und Dresden konnten sich den Aufwand einer absolutistischen Hofhaltung nur mit Mühe leisten. Zwar fand der Wiener Hof oft auch auswärtige Kostenträger, aber Friedrich II. mußte in Potsdam als einziger Fürst seiner Zeit alles aus eigener Schatulle bezahlen. München und Dresden bewegten sich am Rande oder jenseits des Bankrotts: Die großen Bauvorhaben des 18. Jahrhunderts konnten nur deshalb ausgeführt werden, weil in der Vorstellung dieser Zeit die Kreditwürdigkeit der Fürsten unbegrenzt schien.[5]

Der Sinn solcher fürstlichen und königlichen Prachtbauten erschöpfte sich durchaus nicht in der Selbstdarstellung, vielmehr dienten sie auch einem ausgeprägten Harmoniebedürfnis und nicht zuletzt dem Wohl der Bürger, von denen nicht wenige wirtschaftlich von solchen Großprojekten profitierten.

Friedrich baute gern nach französischen Stichen.[6] Den Potsdamer Wilhelmplatz etwa ließ er seit 1769 durch Karl von Gontard (1731-1791) nach einem Entwurf umgestalten,[7] den Pitrou für ein Pariser Rathaus geschaffen hatte. Die ersten Bewohner dieser neuen Häuser waren ein Tischler, ein Postillon, ein Ziegler, ein Schneider und ein Brauer sowie die Witwe eines Tuchscherers. Die großzügigen Fassaden und Grundrißlösungen erstaunen noch heu-

Nordseite der Nauenschen Plantage in Potsdam mit Blick auf das Nauener Tor, lavierte Federzeichnung von A. L. Krüger, um 1773

Die Bürgerhäuser, die Friedrich für Potsdam baute, um seiner absolutistischen Hofhaltung einen würdigen Rahmen zu geben, waren zumeist nach französischen oder englischen Vorbildern entworfen, wenn auch auf sparsam preußisches Maß reduziert. Mitunter fiel der Widerspruch zwischen der Großzügigkeit der Fassade und der Bescheidenheit der Bewohner in die Augen; Tischler, Schneider oder Ziegler bewohnten Miniaturpalais, wobei Friedrich einen großen Teil der Kosten trug. Allerdings entsprach der Grundriß selten den Bedürfnissen der späteren Bewohner, die in Repräsentationsetagen Werkstätten hatten und im Mezzaningeschoß ihre Privaträume.

te, und schon die zeitgenössischen Betrachter rühmten immer wieder die Architektur Berlins und Potsdams, was aber nicht heißt, daß alle Bürger mit dem neuen Baustil zufrieden waren: »Auf das Geheiß solcher Architekten pflanzt ein Privatmann Säulen vor sein Haus, so daß mancher ehrliche Landmann glaubt: es sey eine Kirche, und niederkniet und den Weihkessel suchet. Diese elenden Stümper von Baumeister haben überall manchen ehrlichen Mann zu Grunde gerichtet, der ein Haus von ihnen verlangte, aber ein seltsames unbewohnbares Gebäude dafür bekam ... Der gefährlichste Mann im Staate ist also ein Baumeister, in dessen Kopfe es nur einigermaßen verkehrt aussieht. Jeder Monarch, der sein Volk liebt, muß einen solchen als einen Plünderer des öffentlichen Schatzes und der Börse seiner Unterthanen betrachten. Durch die Baumeister wurde Ludwig 14sten Ruhm vernichtet.«[8]

Von der Einrichtung der Wohnungen wissen wir wenig. Zwar gab es schön dekorierte Räume, doch dürften die meisten sehr schlicht und dürftig ausgestattet gewesen sein. Eine Deckenvoute, ein gerahmter Kamin bildeten oft den einzigen Schmuck des Raumes. Heinrich Ludewig Manger berichtet über die 1752 gebauten Häuser, daß den neuen holländischen Besitzern »zugleich die erforderlichen Weberstühle, Scheermühlen, Kleider- Wasch- und Porcellainschränke etc. zu ihrem Eigenthume unentgeltlich« geschenkt worden seien; mehr erfahren wir nicht. Und Alexander von der Marwitz beschreibt am 20. Oktober 1811 Rahel Varnhagen die drei Zimmer, die er damals in Potsdam bewohnte: »... das eine mit der Aussicht auf die Straße, nach Mitternacht, sehr geräumig, mit großscheibigen Fenstern, Panelen, einer roten Tapete, um die eine Weinguirlande läuft; zwei Tische, ein guter, schwarz überzogener Sopha, wenige Stühle, eine Kommode, ein Spiegel mit goldnem Rahm, das Bett ... Zwei Zimmer gegen Mittag; das eine größere im besten Stile modern, mit einer heitern grünen Tapete, an der meine Augen sich von Zeit zu Zeit erholen ...«[9]

Vielerorts entstanden zu dieser Zeit eindrucksvolle Wohnhäuser für die Bürger, deren gesteigertes Lebensgefühl sich in erweitertem Wohnraum und behaglicherer Inneneinrichtung Geltung verschaffte. Beispielsweise baute sich der Kunsttischler David Roentgen – dessen Unternehmen alle Fürstenhöfe von Rang belieferte, darunter die Höfe von Versailles und Petersburg – 1774 ein Haus in Neuwied, das neben dem fürstlichen Schloß als das stattlichste der Stadt galt. Es hatte drei Stockwerke, sieben Fensterachsen, Keller und Boden. Hinzu kamen drei Hintergebäude, die als Lagerräume dienten und von denen jedes größer war als die üblichen Handwerkerhäuser. Roentgen beschäftigte 1777 zwölf Gesellen.[10]

Goethes Vater, der Kaiserliche Rat Dr. Johann Caspar Goethe, wohnte zunächst mit seiner Frau im oberen Stock des Hauses seiner Mutter am Hirschgraben in Frankfurt am Main. Erst nach deren Tod, 1754, konnte er seine zwei ineinander verschachtelten Häuser nach eigenen Plänen umbauen und zu dem stattlichen Haus machen, das als Goethes Elternhaus berühmt ist und das Goethe so anschaulich beschrieb.[11] Goethes Vater umging dabei einige Bauvorschriften, um keinen Zentimeter Raum zu verlieren. Dem größeren Lichtbedürfnis der Aufklärungszeit kommt er nach, indem er die alten runden Fensterscheiben durch große Spiegelscheiben ersetzt.

Abendgesellschaft in einem Haus am Dönhoffplatz zu Berlin, Aquarell von Julius Schoppe, um 1826

Im 19. Jahrhundert nahmen die bürgerlichen Innenräume eine wohnliche Atmosphäre an; der Epochenstil des Klassizismus prägte nun die Gestaltung der Adelspalais wie der Bürgerhäuser.

»Die alte, winkelhafte, an vielen Stellen düstere Beschaffenheit des Hauses« war nach dem Umbau »durchaus hell und heiter, die Treppe frei, die Vorsäle luftig«.[12] Überhaupt wetteiferten die Bürgerhäuser mit den fürstlichen Palästen in der Anbringung von Spiegelscheiben und Kristalleuchtern, weißen Stuckdecken, Gold- und Silberverzierungen sowie Porzellangegenständen, die das durch die Fenster einströmende Licht reflektierten.

Freilich konnte sich nicht jeder einen solchen Luxus leisten. »Die Beschaffenheit der Wohnungen ließ großentheils noch viel zu wünschen übrig. Die Residenz Braunschweig hatte 1729 noch fast lauter hölzerne Häuser, ebenso Wolfenbüttel, Stuttgart, Carlsruhe, am letztgenannten Orte sogar einschließlich des markgräflichen Schlosses. In der Reichsstadt Mühlhausen war es nicht anders. In den sämtlichen Städten Schlesiens gab es 1763 erst 4 034 Ziegeldächer, welche Zahl sich zwar bis 1777 auf 12 060 vermehrt hatte, aber doch noch immer nicht ein Drittheil der vorhandenen Gebäudezahl (38 000) erreichte, so daß mehr als zwei Drittheile mit Holz oder Stroh gedeckt waren. Und Schlesien galt für eins der wohlhabendsten Länder Deutschlands. Demgemäß waren auch die Preise der Häuser noch meist ziemlich niedrige. In Cöln wurde im Jahre 1788 ein Haus für 1 800 Thlr. verkauft, welches 1825 schon 5 133, 1838 gar 9 000 Thlr. galt ... Ein Bauerngehöft in der Kurmark durfte damals nach den Statuten der kurmärkischen Feuerassecuranz nicht höher als 400 Thlr., ein Kossätenhof [Häusler, Kätner] nicht über 200 Thlr. geschätzt werden. Anderwärts, z. B. im Hildesheimischen, kommen allerdings auch höhere Ansätze vor. Die Aufrichtung der Gebäude ganz von Holz, mit Lehmwänden und schindelbeschlagenen Giebelseiten, die kleinen, mit Blei eingefaßten, runden Fenstertafeln, die ungedielten, nur mit Steinen oder Ziegeln belegten Vorsäle, auch in den oberen Stockwerken, waren auf dem Lande und in kleineren Städten noch so ziemlich die Regel. In so manchen Bauern-

Rekonstruktionszeichnungen von
Hamburger Bürgerhäusern

»Haus Wortmann« am Gänse-
markt Nr. 39, erbaut 1805 von dem
Architekten C. F. Hansen, 1919 abgebrochen

häusern waren Stube, Küche, Kammer, Stall, Mensch und Vieh,
Alles in Einem Raume beisammen.«[13]

So oder ähnlich sah es im 18. Jahrhundert in den meisten Städten
aus; Ideal, Planung und Wirklichkeit lagen oft weit auseinander. In
den Städten stand es schlecht um die Sauberkeit, nirgendwo gab es
eine geregelte Straßenreinigung. Im letzten Jahrhundertdrittel wurden beispielsweise die Bürger Ansbachs verpflichtet, mehrmals in
der Woche vor ihrem Hause bis zur Straßenmitte zu fegen. Immerhin waren zu dieser Zeit die Straßen schon gepflastert und die Stadt-
bäche in gemauerte Bachbette verlegt, an die die Häuser durch hölzerne oder gemauerte Abwasserrohre angeschlossen waren. Die
schon 1720 in Ansbach eingeführte Straßenbeleuchtung, die jedoch
wegen ungeklärter Kompetenzen häufig unterblieb, wurde erst
1795, als Ansbach preußisch geworden war, wirksam beaufsichtigt.[14]

Die Heiztechnik führte oft zu unerwünschten Nebenwirkungen,
selbst in den Häusern wohlhabender Hamburger Kaufleute. Dort
lagen die Küchen meist im dunklen Keller und hatten nicht einmal
Oberlicht; ihr einziges Licht fiel durch die Kaminöffnung, obwohl
man schon damals Rauch und Ruß als gesundheitsschädigend empfand: »Die meisten älteren Häuser unserer Kaufleute haben zwei
Stock hohe Dielen, und durch das ganze Haus sind große Öffnungen
angebracht, durch welche die Waren nach den Böden aufgewunden
werden. Dazu kommt die große, der Geschäfte wegen fast beständig
geöffnete Tür. Die Treppen und Vorplätze sind dunkel und erhalten
ihr Licht durch die Glastüren der Stuben. Die Fenster und Türen
schließen fast überall schlecht. Daher herrscht in diesen Häusern
eine beständige Zugluft, die um so unangenehmer ist, wenn man

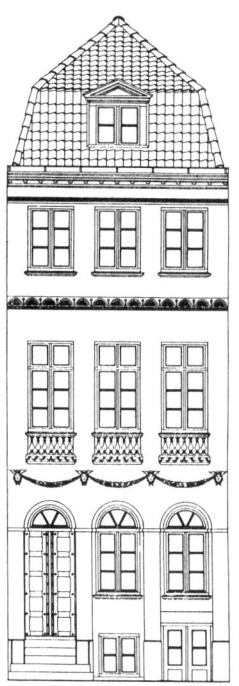

aus den oft niedrigen, dunstigen, im Winter wohl gar mit doppelten Fenstern verwahrten Zimmern kömmt. Diese sind noch jetzt in den meisten Häusern mit Kachelöfen versehn, die man von außen heizt.«[15]

Die großstädtische Enge in Hamburg ist nicht zuletzt abzulesen an der kontinuierlichen Vermehrung der Mietwohnungen. Miethauseigentümer waren entweder Einzelpersonen, die Stadt oder Kirchspiele. Um 1750 betrug der Anteil der Miethäuser in Hamburg bereits 80 Prozent. Rechte und Verpflichtungen zwischen Mieter und Vermieter waren geregelt, die Miethöhe wurde nach Bedarf und Angebot festgesetzt. Schon Chr. L. von Griesheim entsetzte sich 1760 über Mieterhöhungen, die bis zum Dreifachen der bis dahin gezahlten Mieten gingen.

Wohlhabende Hamburger Bürger, die sich ein Grundstück außerhalb der Stadt leisten konnten, entflohen der städtischen Enge: Das vorstädtische Landhaus nimmt seit dem 18. Jahrhundert in der Vorstellungswelt des Stadtbürgers seinen Platz ein. Der zunehmende Wohlstand geriet immer stärker in Gegensatz zu den Beschwernissen eines so beengten Lebens. In Handelsstädten wie Hamburg waren es wohl auch der Blick nach Übersee, aufgeklärtes Gedankengut und romantische Ideen, die dazu führten, Gärten anzulegen und schließlich ein zunächst noch einfaches Gartenhaus für den Gebrauch der eigenen Familie zu bauen. Ein Zweithaus diente auch damals schon zur Selbstdarstellung – von seinen Annehmlichkeiten einmal ganz abgesehen. Im 19. Jahrhundert trat dann das vorstädtische Landhaus mehr und mehr an die Stelle des Stadthauses, in dem man kaum noch wohnte und das nur noch als Stadtgeschäft mit Comptoir und Lager diente.

Hüxter 17, erbaut um 1790, zerstört 1943

Große Reichenstraße 65 / 67, erbaut 1770-1780

Kleine Bäckerstraße 3, erbaut um 1820-1830, zerstört 1943

Die Residenzen in der Mitte des 18. Jahrhunderts bestanden häufig noch aus hölzernen Häusern, in Potsdam wie in Stuttgart oder Karlsruhe. Hamburgs Bürgerhäuser zeigten den Anspruch der alten Hansestadt und sind so wenig repräsentativ für die Zeit wie die Kölns; in Hildesheim oder in Augsburg ist alles bescheidener und überschreitet selten die zweigeschossige Bebauung.

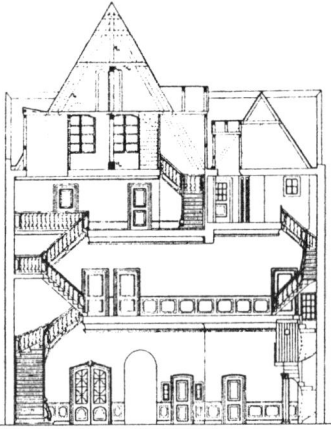

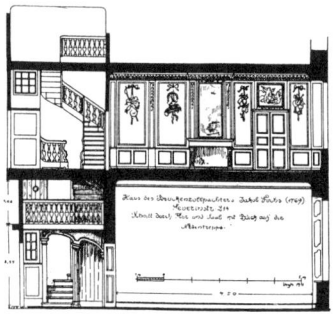

Haus des Brückenzollpächters und Holzhändlers Jakob Fuchs in Köln, Severinstraße 214, erbaut 1769

Wer jedoch bereits über einen Garten verfügte – wie der Brückenzollpächter und Holzhändler Jakob Fuchs aus Köln – konnte stolz und zufrieden sein, wie die Tagebucheintragung seines Sohnes von 1769 erkennen läßt:

»Hinter dem Hause befindet sich ein geräumiger Steinweg, der von dem Saal einen Grasplatz bildet und vor der Küche die Abtritte und eine Regenpumpe enthält. Dann folgte ein großer, mit guten Obstbäumen besetzter Garten, der links hinter den beiden Nebenhäusern herläuft, an den von Monschauischen Gärten anstößt und am Ende Stallungen für vier Pferde und zwei Brunnen – – und eine Waschküche hatte.

Ich konnte nicht anders als meiner Mutter über diesen Bau viel Schönes sagen, besonders, wo alle Zimmer, alle Gänge, selbst das Vorhaus mit platten Decken auf mit Draht geflochtenem Rohr verziert, alle Türen mit französischen kupfernen Schlössern und Fischbeinen versehen sind, die sich alle mit einem Hauptschlüssel aufmachen lassen, daß außer einem alle Böden im Hause neu und mit holländischen Borden nach der Länge des Zimmers belegt sind.«[16]

Die äußere und innere Ausstattung der bürgerlichen Wohnhäuser veränderte sich im Laufe des 18. Jahrhunderts, da mit der Erhöhung des Lebensstandards die Neigung zu Schönheit und Pracht wuchs. Der zunehmende Individualismus erforderte für alle Familienmitglieder eigene Räume, wenn die Wohnverhältnisse es zuließen.[17]

Einblick in die Ausstattung eines norddeutschen Bürgerhauses vermittelt der Briefwechsel zwischen dem Landvogt zu Meldorf in Dithmarschen, dem führenden Dichter des Göttinger Hain und Zeitschriften-Herausgeber Heinrich Christian Boie und seiner Braut Luise Mejer, die 1784/85 insgesamt 21 Briefe über ihren künftigen Hausstand wechselten. Zunächst kaufte Boie auf einer Versteigerung »eine Zeugrolle, Servietten, Küchengerät, 24 Tische, sechs Spiegel, viele Schränke, Kisten und Kasten, ein Service von Fayence und eine Menge Sachen mehr..., die zum Haushalt unentbehrlich sein sollen, und [die] ich zum Teil nicht zu nennen weiß. Auch drei bis vier Dutzend Stühle sind dabei. Ein Dutzend neuer Stühle mit einem Kanapee hab ich bestellt, ein paar Spiegel brauch ich auch noch. Die größte Sorge macht mir nur das unentbehrliche Leinenzeug, nebst den Betten.«[18] Darauf antwortete Luise zehn Tage später: »Von dem ganzen Verzeichnis wünsch ich nichts zu wissen als wie viele Bettstellen Du gekauft und wie vieler Betten Du überhaupt bedarfst... Sag mir auch, ob Gelegenheit kommen kann, wo Du mehr als 24 Personen zu Tische haben mußt? Ein gutes Gedeck muß [dafür] da sein...« Im weiteren Verlauf des Briefwechsels schrieb Boie, er habe fünf neue Bettstellen zusätzlich zu seiner bereits vorhandenen gekauft und zwei wolle er in Hamburg für das künftige gemeinsame Schlafzimmer noch anfertigen lassen. Die Boies hielten einen alten und einen neuen Diener, eine Haushälterin, zwei Mädchen sowie ein Gerichtsdienerehepaar, das zusätzlich aushelfen sollte. Bei Gesellschaften rechnete Boie mit bis zu 24 geladenen Gästen. Alles in allem ein recht großzügiger Haushalt, wenn es auch an Geld mangelte, um alles dafür Notwendige anzuschaffen.[19]

Außer vielen anderen Dingen suchten sich die Boies bei der Planung ihres Hauses auch verschiedene Tapeten aus, die sie sorgfältig auf die einzelnen Räume abstimmten. Neben Stoff- und Papiertapeten gewannen während der zweiten Jahrhunderthälfte Goldledertapeten eine solche Beliebtheit, daß man in Köln 1766 nicht allein das Rathaus, sondern sogar das städtische Armenhaus damit schmückte. Teppiche wurden meist aus Belgien oder Frankreich eingeführt, gemalte Tapeten stammten aus Paris oder Lyon, sofern nicht »fremde Tapetenmacher« sie in Deutschland herstellten. Trotz der zunehmenden Verbreitung von Papiertapeten galten »tapezierte Räume« als etwas Besonderes. Die Tapetenmacher waren so modisch orientiert, daß sofort nach dem Einmarsch der russischen Truppen in Köln, die als »Befreier« von den Franzosen kamen, »russische Landschaften« angeboten wurden.[20]

Viel bescheidener richtete sich Heinrich Jung, genannt Jung-Stilling, 1772 ein, als er sich in Schönenthal als Arzt niederließ und mit seiner Frau Christine in ein Miethaus zog: »Es stand von der Hauptstraße etwas zurück, nahe an der Wupper und hatte einen kleinen Garten nebst einer herrlichen Aussicht in das südliche Gebirge. Die Magd war ein paar Tage voraus gegangen, hatte alles gereinigt und den kleinen Vorrath von Hausgeräthen in Ordnung gebracht ... Jetzt stand nun das junge Ehepaar da und sah sich mit nassen Augen an – der gesammte Hausrath war sehr knapp zugeschnitten, sechs bretterne Stühle, ein Tisch, ein Bett für sie und eins für die Magd, ein paar Schüsseln, sechs fayancene Teller, ein paar Töpfe zum Kochen u.s.w. und dann das höchst nöthige Leinwand, nebst den unentbehrlichsten Kleidern war alles, was man in dem großen Hause auftreiben konnte. Man vertheilte diese Geräthe hin und her, und doch sah es überall unbeschreiblich leer aus. An den dritten Stock dachte man gar nicht, der war wüste und bliebs auch.«[21]

Jung-Stilling erwähnte keinerlei Schrank oder Kasten, obwohl dies ein Möbelstück war, das ebenso wie Tisch, Stuhl und Bett schon immer zur Wohnungseinrichtung gehörte. Allerdings waren früher Sitzbank und Schrank fest mit der Wand verbunden und verselbständigten sich erst im 18. Jahrhundert, während das Bett weiterhin in Form des Alkovens an der Wand stand. Ein neues Möbel war die ab 1720 in Deutschland nachweisbare Kommode, die sich mit einem Aufsatz zum Schreibschrank beziehungsweise zu dem berühmten Zylinderbureau entwickelte. Eine weitere neue Errungenschaft war der Glasschrank. Man verwendete vielfach helle einheimische Holzsorten wie Kirsch- oder Birnbaum, aber auch ausländische, zur Politur geeignete Arten.

Durch die technische und künstlerische Blüte der Möbelfertigung verwischten sich die Unterschiede zwischen höfischer und bürgerlicher Wohnkultur immer mehr. Jedenfalls standen die Einrichtungen von Bürger- und Patrizierhäusern in Reichsstädten und Handelsmetropolen wie Augsburg, Hamburg und Aachen denen des Adels kaum noch nach. Möbelzentren entstanden in Aachen, Braunschweig, Mainz, Würzburg, Lüttich und Neuwied, den Stil prägten jedoch die großen Residenzstädte Wien, Berlin, Dresden und München.

Während die Hofschreiner oder Ebenisten von der Reglementierung durch die Zünfte ausgenommen waren und ohne Rücksicht auf den Preis kostbare Materialien – wie Gold, Silber, Elfenbein, Schildpatt, Bronze oder Bernstein – verwenden konnten, mußten die

Der Sohn des Erbauers beschreibt seinen ersten Besuch im Haus Severinstraße 214 ausführlich in seinem Tagebuch:

Zwischen dem ersten und dem zweiten Stock war ober dem Domestikenzimmer eine Hangstube, die sehr angenehm war, weil man von da aus das ganze Haus und auch den Garten übersehen konnte. Neben dieser Hangstube über der Küche her war's Comptoir, in welchem ein kleiner Gang zu einem reinlichen Abtritt führte, dann ein kleines, gut tapeziertes Nebenzimmer, das auf die steinerne Treppe führte.

Im dritten Stock waren straßen- und gartenwärts drei Zimmer, nämlich ein kleiner Saal und zwei Kabinette und ein sehr breiter Gang. Seitwärts über dem Nebenhause waren noch drei Zimmer für Domestiken.

Nun ging es auf die Speicher, deren drei übereinander waren. Der erste ging übers ganze Haupthaus, war mit außerordentlich langen Borden gedielt, die alle anderthalb Zoll übereinander lagen. Er hatte einen Nebenspeicher, und daselbst war ein Belvedere, von wo aus man das ganze Bergische übersehen konnte und die Stadt Bonn und das Siebengebirge erblicken konnte. Eine kleine italienische Treppe führte dahin.

(Hans Vogts, Das Kölner Wohnhaus, S. 592f.)

zunftgebundenen Möbelschreiner sich nicht allein an ihre Regelungen, sondern überdies stärker an die Bedürfnisse und Möglichkeiten ihrer bürgerlichen Kundschaft halten. Dennoch galten die Hofkünstler als das große Vorbild. Die Zünfte taten sich oft schwer, ein Möbelstück als Meisterstück anzuerkennen: So wurde der Schreibschrank, den es bereits seit mehreren Jahrzehnten gab, erst 1786 in Braunschweig als Meisterstück zugelassen. Er galt als das eigentliche Prunkstück des 18. Jahrhunderts und erhielt in fast allen deutschen Möbelzentren eine charakteristische Form. Seit 1740 verbreitete sich die bis gegen Ende des 18. Jahrhunderts übliche Bauart aus Kommodenuntersatz, Schreibfach mit schräger Pultplatte oder gerader Fallplatte zum Aufklappen und einem Aufsatz mit zwei Türen darüber. Beim Sekretär oder der Schreibkommode handelte es sich um das gleiche Möbelstück, jedoch ohne Aufsatz. David Roentgen stellte besonders qualitätvolle und formschöne Zylinderbureaus her, deren Pultteil durch eine Jalousie verschlossen wurde. Dieser Typ erfreute sich besonders um 1770/1780 hoher Wertschätzung. Marketerien aus Elfenbein oder Zinn erhöhten noch die Kostbarkeit dieser Möbel.

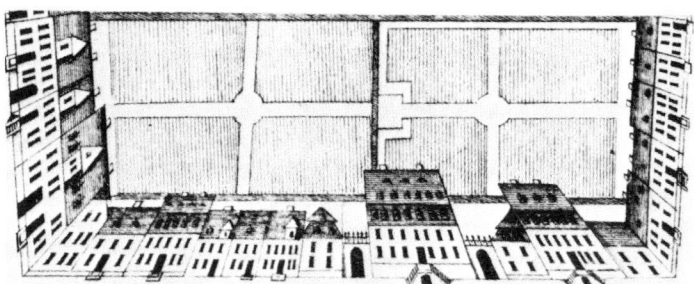

Ausschnitt aus dem Grund- und Aufriß der Stadt Neuwied von M. Süßle, 1779

Auf der nordwestlichen Seite der Pfarrstraße in Neuwied befindet sich das große Geschäfts- und Wohnhaus David Roentgens, zu erkennen an den beiden seitlichen Toreinfahrten und »Pavillons«.

Aber auch zierliche Damenmöbel für die aufkommenden Salons erfreuten sich zunehmender Nachfrage. Verschiedene leichte Tischchen, Guéridons (zum Aufstellen von Kerzenleuchtern), Konsoltische, Spieltische, Kaffeetische, kombinierte Tische wie Schmink- und Schreibtisch verdrängten die schweren Eichentische mit gewundenen Säulenfüßen früherer Epochen. Für die spielerisch leichten Rokokomöbel wünschten die Kunden seltene Hölzer wie Rosen-, Veilchen-, Zitronen-, Amarantenholz, die mit einer raffinierten Furnierkunst zu Girlanden und anderen Mustern verarbeitet wurden. Bronzebeschläge vervollständigten diese kostbaren Möbel. Während in der höfischen Raumkunst ein Künstler Innenraum und Mobiliar noch gemeinsam gestaltete, wobei die geschnitzten und vergoldeten Prunkmöbel eine Einheit mit der Wanddekoration bildeten, entwickelten sich die neuen bürgerlichen Formen unabhängig von einem Raumkonzept. Der Einfluß Frankreichs trat hier zurück und regionale Eigenheiten blieben länger erhalten.[22]

Die Bürger mittleren Standes und Einkommens ließen sich natürlich nicht allein von Schönheit und Repräsentation leiten, vielmehr spielten Kosten-Nutzen-Überlegungen eine erhebliche Rolle. »Von den Bücherschränken werden verschiedene Arten ... ihrer ganzen, und zu Verzierung eines Zimmers dienenden, Beschaffenheit nach, ausführlich beschrieben, hierauf aber 21 Schränke, deren erstere 100

Rollschreibtisch mit Aufsatz, sogenannter Papstschreibtisch von David Roentgen, 1778

Der Ebenist David Roentgen war als Hofschreiner von den Reglementierungen der Zünfte ausgenommen und arbeitete vorwiegend für den Export. Seine Kundschaft saß in Sankt Petersburg und Riga, in Wien und Paris; durch Musterbücher prägte der Stil seiner Arbeiten die Möbel weit über die eigene Werkstatt hinaus.

bis 150 Thlr., die letzten aber 4 bis 5 Thlr. kosten, berechnet. Ich führe aus denen Beschreibungen derselben nur die eine Art von Bücherschränken an, die nicht sonderlich groß sind, und in einer Höhe von 4 bis 5 Fuß vom Boden an der Wand befestigt werden. Ehemals waren sie bey Leuten mittlern und geringen Standes sehr gebräuchlich, und unter dem Namen Tresohr oder Tresohrgen sehr bekannt. Sie enthielten wenig Bücher, oft zugleich das ganze Silber- und Kaffeeservice. Sie werden hin und wieder in Deutschland noch geachtet, auch noch unter den Namen Tablettes und Schelfs in Frankreich und England. Wo sie noch geliebt werden, da sind sie gemeiniglich im Sinesischen Geschmack lackirt. Wenn sie über den Nachttisch einer Hausmutter mittlern Standes befestigt, und mit demselben gleichsam verbunden werden, so gereichen sie nicht nur dem Kabinet zur Zierde, sondern haben auch den Nutzen, daß sie ihre Erbauungsbücher sowohl, als diejenigen, die alle Morgen zu ihrer Uebersicht in der Oekonomie nöthig sind u.s.f. darauf stellen und während dem Anziehen gebrauchen kann.«[23]

Um 1775 breitete sich der Louis-seize-Stil in der Möbelkunst aus. Gerade Formen und Flächen wurden wieder modern, die Begeisterung für das Altertum förderte die Ausschmückung mit antiken Ornamenten wie Girlanden, Urnen, Mäandern und Rosetten sowie figürlichen Darstellungen. Die Luxusmöbel waren in weiß und gold gehalten, während die einfacheren aus Birne, Esche, Pappel oder – hauptsächlich im Norden Deutschlands – aus Mahagoni bestanden. Die Maserung des Holzes und die polierten Oberflächen ersetzten nun die bunten Marketerien des Rokoko. Im letzten Drittel des 18. Jahrhunderts dominierten leichte, elegante, jedoch funktionale Möbel: So setzten sich Klapptische, ineinander geschachtelte Tischsätze und der aus England kommende Stuhl mit losem Polster durch.

Seit 1806 verdrängte unter dem Napoleonischen Einfluß der Empirestil in Deutschland den Louis-seize-Stil. Zu seinen charakteristischen Merkmalen gehörten schwere Bronzebeschläge, große ungegliederte Flächen und majestätische Löwenfüße statt der schlanken, sich verjüngenden Beine des Louis-seize. In diesen Jahrzehnten entstanden zahlreiche Manufakturen, die Möbel in Serienarbeit herstellten, an der allerdings Bildschnitzer, Mechaniker, Bronzegießer und Maler mitwirkten.

Eine der renommiertesten Möbelwerkstätten von internationalem Ruf befand sich in Neuwied, wo David Roentgen 1772 die Werkstatt seines Vaters Abraham übernommen hatte. 1779 eröffnete er eine Niederlassung in Paris. Seine Möbel zeichneten sich durch handwerkliche Vollkommenheit und mannigfaltige farbige Intarsien aus. Zu den Eigenheiten dieser technisch und organisatorisch sehr modernen Möbelmanufaktur mit europäischem Absatzmarkt zählten nicht nur die große Zahl der neu erfundenen und variierten Möbeltypen überhaupt, sondern insbesondere die vielen Varianten von Schreibmöbeln, deren Äußeres sich vom Rokoko bis zum Klassizismus der stilistischen Entwicklung der Zeit anpaßte. David Roentgens Möbel waren allerdings fast nur für die Fürstenhöfe erschwinglich: 1786 lieferte er beispielsweise 130 Einzelmöbel im Wert von 56 085 Rubel an den Petersburger Hof. Als es dann infolge der Französischen Revolution zu Absatzschwierigkeiten für höfische Möbel kam, mußte Roentgen 1794 die Werkstatt in Neuwied schließen. Seine besten Mitarbeiter konnte er allerdings noch an andere Höfe und Städte vermitteln. Einige von ihnen gründeten in Berlin, Braunschweig, Weimar, Kassel, Leipzig, Kopenhagen und Petersburg eigene Betriebe.[24]

In Bayreuth und nach 1764 in Potsdam machten sich die Brüder Johann Friedrich und Heinrich Wilhelm Spindler einen Namen. Nach dem Tod der Wilhelmine von Bayreuth lösten sie ihre Werkstatt auf und gingen – wie viele andere Bayreuther Hofkünstler – nach Berlin und Potsdam, wo sie als Hofebenisten Friedrichs des Großen von den ansässigen Zunftmitgliedern nicht eben gern gesehen wurden, weil sie zahlreiche Privilegien vom König erhielten. Die Brüder Spindler erlangten durch ihre in Holz eingelegten Szenerien und mit Raumillusion arbeitenden Blumenmarketerien Berühmtheit. Sie gehörten zu den wichtigsten Hofkünstlern der spätfriderizianischen Epoche und wirkten zusammen mit anderen Hofkünstlern vor allem an der Ausstattung des Neuen Palais mit. Die Organisationsform ihrer Werkstatt sprengte »die Wirtschaft des ›ganzen Hauses‹. Arbeiter, Lager, Vorrichtungen und Kontor brauchten viel Raum. Die Zunftvorstellung, daß Haus, Familie und Werkstatt nichts bedeuteten als verschiedene Aspekte ein und derselben sozialen Einheit, war unvereinbar mit Geschäftsumfang und

 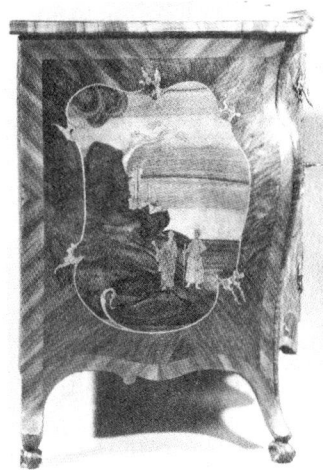

Organisation des neuen Unternehmenstypus. Oeben, Riesener, oder Jacob in Paris, Roentgen in Neuwied, die Brüder Spindler in Bayreuth ... J. A. Nahl in Potsdam und am Hof zu Cassel ... oder J. C. Fiedler in Berlin waren, der Zunfttradition längst entwachsen, Manager, Entwerfer und technische Fachleute.«[25]

Viele der Hofschreiner hatten Jahre im Ausland gelebt und beispielsweise aus England eine rationelle Betriebsführung und technische Fertigkeiten mitgebracht. Insofern konnten die als »englisch«, »französisch« oder »holländisch« apostrophierten Möbel überwiegend in einheimischer Produktion hergestellt werden. Nur der Hof bestellte direkt im Ausland und einige reiche Bürger, die es dem Hof gleichtun und sich prunkvoll einrichten konnten. Gleichwohl blieben die von den Hofebenisten gefertigten kostbaren Möbel fürstliche Statussymbole.

Aber der Bedarf war groß, und so erlebte auch das bürgerlich zunftgebundene Schreinerhandwerk eine Blüte mit vielen regionalen Ausprägungen. Das westliche Rheinland zwischen Eifel und Mosel galt als Gebiet mit anspruchsvoller Wohnkultur, die sich an Frankreich orientierte. Die Möbel bestanden dort aus schwerer ungefaßter Eiche mit feinem Schnitzdekor, die sich kaum in der Form, sondern lediglich im Dekor den verschiedenen Stilrichtungen anpaßte.[26] Norddeutschland dagegen stand unter englischem Einfluß. Ab 1770 hielt dort auch das Mahagoni Einzug in die Bürgerhäuser. In Bayern bildete sich unter dem Einfluß der Cuvilliés ein typisch bayerisches Rokoko aus, in dem sich französische und bayerische Elemente mischten. Charakteristisch für den Münchner Hofstil waren gefaßte und vergoldete Möbel mit geschweiften Beinen.

Die regionale Zuordnung der im letzten Jahrhundertdrittel gearbeiteten Möbel ist zum Teil schwierig, weil die Meister häufig international kursierenden Vorlagen folgten und die Gesellenwanderung ebenfalls zur weiteren Verbreitung und Angleichung von Möbeltypen beitrug. Thomas Chippendales »The gentleman's and cabinet-maker's director« (1754), Robert und James Adams »Works in architecture« (1773), George Hepplewhites »The cabinet maker's and upholsterer's guide« (1786) und die Werke von Thomas

Kommode der Brüder Spindler

Kurz vor der Revolution wurden Materialien und Formen der Schreibschränke, Spieltische und Konsolen immer kostbarer, man verwendete besonders seltene Hölzer wie Veilchen-, Zitronen- und Amarantenholz, die mit raffinierter Furnierkunst verarbeitet wurden, wobei die Bronzebeschläge eigens von Spezialisten hergestellt wurden und oft auf die Wanddekoration abgestellt waren. Diese Welt bricht Anfang der neunziger Jahre zusammen, und die Französische Revolution besiegelt diesen Untergang eines Repräsentationsverlangens, das sich bald niemand mehr leisten kann.

Directoire und Empire sind bei allem Aufwand unter handwerklichen Gesichtspunkten eine Vereinfachung des Möbels, das mehr durch die Proportionen als durch die Materialien seinen Anspruch zu erkennen gibt.

Türen eines Schrankes mit adligen Porträts, vermutlich von Johann Heinrich Rößler, um 1800

Das bürgerliche und bäuerliche Möbel ersetzte oft durch Schnitzereien und Malereien, was es an Kostbarkeit des Materials vermissen ließ. Aber auch an diesen Bemalungen einfacher Gebrauchsmöbel läßt sich der Zeitstil von Rokoko und Klassizismus ablesen, so regional gebunden auch die Form bleibt.

Sheraton, allen voran »The cabinet maker's and upholsterer's drawing book« (1791-1794) lasen die Kenner auch in Deutschland. Ein »gleichsam einheitlich europäisches Geschmacksempfinden« (Ehret) setzte sich durch. Im übrigen öffnete sich das Möbelhandwerk früh modernen Verkaufsformen: Der Leipziger Möbelschreiner Friedrich Gottlob Hoffmann veröffentlichte bereits 1789 den ersten deutschen Möbelkatalog.

Traditioneller war naturgemäß die Einrichtung der wohlhabenden bäuerlichen Bevölkerung. In Hohenlohe gab es beispielsweise eine erstaunliche Fülle von Schreinerwerkstätten, die gut verarbeitete und farbig gefaßte Kleider- und Weißzeugkästen, Küchenbehälter, Truhen, Wiegen und Betten herstellten und an die Bauern verkauften. Die Bemalung dieser Möbelstücke ließ durchaus die Beeinflussung durch Rokoko oder Klassizismus erkennen, während die Form bodenständig blieb. Die Möbel von Johann Heinrich Rößler (1751-1832) waren mit »bemerkenswert selbstbewußten Signierungen versehen«.[27]

Erheblich schlichter ging es bei den unteren Bürgerschichten zu. Ihre Wohnungen bestanden aus Stube, Kammer und Küche.[28] Unbeheizte Kammer und getünchte Zimmer waren die Regel, die Möblierung sparsam und einfach. Außer den tönernen oder eisernen Öfen, auf denen die Armen, um Holz zu sparen, auch noch kochten, bestand die Einrichtung aus Ofenbänken, Kästen und Truhen, Tisch und Stühlen. Der räumlichen Enge konnte man in den Familien kleinerer Handwerker kaum entfliehen, denn die Stube war Aufenthalts-, Arbeitsraum und Kinderzimmer zugleich.

Anton Reiser, der während seiner Schulzeit bei dem Oboisten Filter und dessen Frau untergebracht war, fühlte deutlich, wie sehr er durch seine bloße Gegenwart das Ehepaar störte, dessen Leben seit zwanzig Jahren in »unverbrüchlicher Ordnung« ablief: »Weil sie nur eine Stube und eine Kammer hatten, so mußte Reiser in der Wohn-

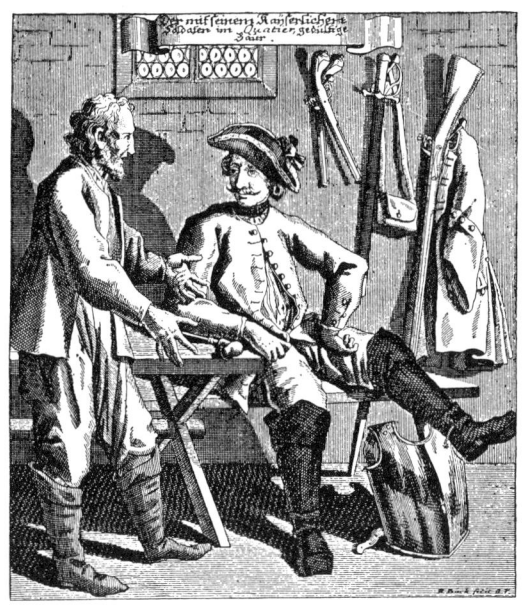

Soldat beim Bauern im Quartier, Kupferstich

Die räumliche Enge wird während der Kriegszüge des Jahrhunderts noch bedrückender, da die Bevölkerung auch durch Einquartierungen stationierter oder durchziehender Truppen belastet wird; Hauseigentümer mußten dabei ihr Quartier stets unentgeltlich zur Verfügung stellen.

stube schlafen, welches ihnen nun alle Morgen, sooft sie hereintraten, einen unvermuteten Anblick von Unordnung machte, dessen sie nicht gewohnt waren, und der sie wirklich in ihrer Zufriedenheit störte. – Anton merkte dies bald, und der Gedanke, lästig zu sein, war ihm so ängstigend und peinlich, daß er sich oft kaum zu husten getraute, wenn er an den Blicken seiner Wohltäter sahe, daß er ihnen im Grunde zur Last war.«[29]

Noch beengter wurde es, wenn bei Bürgern in Garnisonstädten Soldaten einquartiert wurden. Das preußische Regulativ vom 25. Juni 1787 setzte unter anderem fest: »Ein Quartier ist ordonnanzgemäß, wenn 4 Mann darin schlafen und auf ebenso vielen Wollrädern spinnen können, d. h. die Stube muß 208 Quadratfuß [= 20,5 m²] haben, Kammern sollen 78 Quadratfuß [= 7,7 m²] groß sein ... Die Hauseigentümer müssen das Quartier unentgeltlich geben. Sie müssen ferner die Stuben heizen und reinigen, die Betten machen und zu Mittag kochen. Die Kosten für den Unterhalt der Utensilien und der Betten, für die Reinigung der Betten und der Wäsche, für Stroh, Licht usw. werden vom Kompaniechef bezahlt, der diese Ausgaben aus den etatmäßig zugewiesenen Geldern bestreitet. Das nötige Holz wird den Wirten in Natura unentgeltlich geliefert.«[30] Trotz der vorgesehenen Kostenerstattung war die Einquartierung für die Bevölkerung eine enorme Belastung.

Einen letzten Rest von Intimsphäre boten die Himmelbetten oder Alkoven, denen man noch zu Beginn des 19. Jahrhunderts in Kassel beziehungsweise Bremen sehr häufig begegnete. Kinder und Mägde in Hamburg schliefen auf der Schlafbank. Allerdings sah schon Germershausen Anlaß, die Hausfrauen zu tadeln, denn »es werde gemeiniglich zu wenig Rücksicht auf die Liebe des Nächsten bey den Gesindebetten genommen, und zwar unter dem Vorwande, dergleichen Leute wären nicht weichlich gewöhnt, daher man sie auch oft Kälte und Blöße leiden lasse«. Der Autor berief sich dabei

Das Schlafzimmer, Gemälde von
Daniel Chodowiecki, 18. Jahrhundert

auf die Leipziger Intelligenzblätter von 1772.[31] Er bot auch eine
detaillierte Aufstellung über den Hausrat, den die Hausmutter je
nach Einkommen dem Gesinde, den vornehmeren und geringeren
Bedienten – er unterschied zwischen Ackergesinde und Hausbedienten – zur Verfügung stellen müsse.[32]

Schließlich machte sich Germershausen Gedanken über die gesundheitsschädigende Wirkung feuchter Betten. Seine Mahnung,
das Gesinde besser zu behandeln, desavouierte er allerdings selbst,
indem er vorschlug, unbenutzte und daher feuchte Betten den Bedienten zu geben und dann erst die Gäste darin schlafen zu lassen,
»weil sich ein Fremder, zumal von etwas zärtlicher Complexion, nirgends eher als im feuchten Bette erkältet«.[33]

Die Küche der Bürgerhäuser und Bürgerwohnungen war meist
zugig und kalt. Der Herd bestand normalerweise aus einem gemauerten Aufsatz, in dessen Mitte sich ein Rost befand, und der
Rauchfang führte durch den Schornstein unmittelbar ins Freie. Der
Ausguß des Spülbeckens ging ebenfalls unmittelbar nach draußen.
Das Wasser mußte vom nächsten Brunnen in Eimern oder Krügen
getragen werden, denn die wenigsten Häuser besaßen eigene Brunnen.

Um die Hygiene war es selbst bei den wohlhabenden Bürgern
schlecht bestellt. Den Nachtstuhl tarnte man gern, meist als
»Spind«. Kommerzienrat Schütze in Schöneiche besaß um 1790
einen »Fauteuil mit Comodité« sowie fünfzehn Nachttöpfe und
weitere »Nacht-Commoden«. Diese waren im königlich preußischen sowie in zahlreichen bürgerlichen Haushalten mit Textilien
bezogen. 1771 wurde im Berliner Rathaus diese Installation mittels
eines Lederbezugs etwas hygienischer; um das Dekorum zu wahren, galt allerdings selbst in der Sessionsstube des Berliner Rathauses ein Wandschirm weiterhin als ausreichend. 1794 machte das
»Journal des Luxus und der Moden« folgende Vorschläge für
getarnte Gartenabtritte:

1. in Form eines hölzernen Obelisken mit der Aufschrift »Deae
   Cloacinae;

Schlafstelle eines Knechts im Pferdestall, Anfang des 19. Jahrhunderts

Möbel gab es in früheren Zeiten für das einfache Volk nicht, bestenfalls Truhen für die Mitgift. Die Kleider wurden an Haken aufgehängt, und das Geschirr bestand ohnehin meist aus hölzernen Bechern und Tellern; einfaches Steingut war schon ein Zeichen von Luxus. Erst im 18. Jahrhundert kommen über Tische und Stühle hinaus schlichte Gebrauchsmöbel auf wie Schränke und Beistelltische. Die Kommode mit zwei bis vier Schubladen ist die letzte Erfindung des Schreinerhandwerks und ihr Vorkommen ein Zeichen von Wohlstand.

2. in Form eines Pumpbrunnens;
3. in Form eines aufgeschichteten Holzstapels.[34]

Sehr verbreitet war im 18. Jahrhundert der Spucknapf, der dem »Journal des Luxus und der Moden« zufolge in jedes reinliche Zimmer gehörte. Der schon mit Nachttöpfen gut ausgestattete Berliner Großkaufmann und Bankier Schütze besaß 1794 auch davon reichlich: achtzehn kupferne und weitere hölzerne und irdene Spucknäpfe. Die aus Frankreich stammenden Spucknäpfe hielten sich bis in die Bismarck-Zeit: Damals tauchte das Gerät in Gestalt einer Schildkröte auf. Wilhelm von Humboldt hielt es für so wichtig, daß er höchst irritiert 1818 seiner Frau aus London mitteilte, trotz Reinlichkeit besitze man in England keine »Speykästchen«.[35] Die Armen spuckten wohl ebenfalls, aber kaum in Spuckkästchen, selbst solche Moden waren standesspezifisch.

Sosehr auch die fürstlich-höfische Baukultur und die bürgerliche auseinanderklafften, Schloß und Wohnhaus also auf den ersten Blick wenig gemein hatten, so stimmten sie doch auch immer wieder überein, und zwar desto stärker, je mehr der inkommensurable, grandiose Barockstil, der den Herrscher und sein Schloß weit über seine Untertanen erhob, schlichter und funktioneller wurde.

Der Frühklassizismus drang in zwei Schüben ins alte Reich vor, wo noch im Rokokostil gebaut wurde, und setzte sich hier in der zweiten Jahrhunderthälfte durch. Die Neumann-Schüler in den Schönbornschen Ländern wehrten sich zwar gegen die neuen Einflüsse,[36] aber die späten Schloßentwürfe Johann Balthasar Neumanns, beispielsweise für die Wiener Hofburg oder die Stuttgarter Residenz, zeigten, daß sie dem Neuen keine überzeugenden Baugedanken mehr entgegenzusetzen hatten.

Die beiden mächtigen klassizistischen Strömungen gingen von Frankreich aus: Die 1743 von Jacques Blondel in Paris gegründete private Bauakademie bildete Simon du Ry (1726-1799) aus, der später das Gesicht der Stadt Kassel prägte, wo er Adelspalais, Bürger-

Schloß Wörlitz, Lithographie von
Karl Kuntz, 1797

Friedrich Wilhelm von Erdmanns-
dorff ist der eigentliche Begründer
des deutschen Klassizismus. Die
Architektur seiner Bauten und die
Innenausstattung seiner Räume
ist an Andrea Palladio und Robert
Adam geschult. Und tatsächlich
sind die Reisen nach England und
Italien bahnbrechend für seine
Arbeit. Die Entwürfe für die
Innenausstattung des Dessauer
Schlosses und die Wörlitzer
Schloßanlage machten Epoche;
von nah und fern kam man, diese
Bauten und Räume zu besichtigen, die uns heute weniger revolutionär erscheinen, da in den
folgenden Jahrzehnten klassi-
zistische Bauten in ganz Deutsch-
land entstehen.
Nach dem Tode Friedrichs des
Großen wurde Erdmannsdorff
nach Berlin geholt, wo er im
Verein mit Schadow und Gilly die
Privaträume des Königs neu aus-
stattete, die damals »das Modernste waren, was es dort zu sehen
gab«. Erdmannsdorffs Werk steht
für den Übergang zwischen dem
Rokoko Knobelsdorffs und dem
Klassizismus Schinkels.

häuser, das Rathaus und das Französische Hospital schuf. Damit trat
in Kassel der einmalige Fall ein, daß eine hugenottische Neustadt
von Hugenotten selbst erbaut wurde. Die Hugenottenfamilie du Ry
prägte das Stadtbild über drei Generationen hinweg. Ein weiterer
Schüler Blondels war der aus Mannheim stammende Karl von Gontard, der nach dem Siebenjährigen Krieg in Preußen Baudirektor
und später Oberbaudirektor Friedrichs II. wurde.

Die zweite klassizistische Strömung ging von Nicolas de Pigage
aus, einem Lothringer, der seit 1749 am Mannheimer Hof wirkte und
für Kurfürst Karl Theodor 1752 das Theater im Schwetzinger
Schloßpark schuf, 1755 bis 1769 das Jagdschloß Benrath bei Düsseldorf erbaute, Teile des Schlosses in Mannheim errichtete und in den
sechziger Jahren auch die Schwetzinger Parkanlage im englischen
Stil anlegte.

In Wien setzten sich Klassizismus und Gotizismus erst mit dem
Historismus des 19. Jahrhunderts durch, jedenfalls kam es während
des 18. Jahrhunderts zu keiner geschlossenen Platzgestaltung, die
mit Karlsruhe oder Kassel vergleichbar gewesen wäre. Österreich,
das im Barock europäischen Rang erreicht hatte, blieb diesem Stil
noch verhaftet, als in anderen Teilen Deutschlands das Rokoko
bereits durch den Klassizismus verdrängt wurde. Lediglich mit der
Gloriette und der versunkenen Ruine im Park von Schönbrunn
gelangten spätbarock-klassizistische Tendenzen zum Durchbruch.

Gleichzeitig mit dem Frühklassizismus wurde der Palladianismus
über den englischen Umweg in Deutschland rezipiert. Berühmte
Bauwerke dieses Stils sind der Neubau von St. Blasien im Schwarzwald (1768), das Museum Fridericianum in Kassel und Schloß Wörlitz bei Dessau. Die Klosterkirche von St. Blasien gilt als »Hauptwerk des Klassizismus« in Deutschland (G. Dehio). Der Architekt,
Pierre Michel d'Ixnard, schuf einen kreisrunden Kuppelsaal, dessen
Gesims auf sechzehn korinthischen Säulen ruht, die sich darüber
wölbende Kuppel ist durch ebenfalls sechzehn Fenster gegliedert.
Ein Triumphtor führt zum Altar und einer dahinter liegenden Säu-
lenhalle, die die betenden Mönche vor neugierigen Blicken verbirgt:
die Kirche als Ort der Einkehr und der Erhebung gewiß, doch zugleich ein grandioses Denkmal, ein frühes Pantheon, ein Tempel
mitten im Schwarzwald; der alte Klostergedanke in der Formensprache des neuen Stils![37] Aber nicht nur Kirchen, auch Mausoleen,
Museen und Theater wurden zu Tempeln. Und während sich an
Friedrichs des Großen Opernhaus noch die Widmung »Fridericus
Rex Apollini et Musis« fand, hieß es am Potsdamer Schauspielhaus,
das Friedrich Wilhelm II. durch Langhans 1795 erbauen ließ, ungleich bescheidener: »Dem Vergnügen der Einwohner«.

Schloß Wörlitz symbolisiert bereits die Verbürgerlichung höfischer Kultur, denn es läßt schon äußerlich nichts mehr von ständischer Gliederung erkennen – es gleicht eher einer englischen Fabri-
kantenvilla, und die Bewohner Dessaus nennen es auch »das neue
Haus«. Die Landschlösser Anhalt-Dessaus zeigen die Entwicklung
vom Barock zum Klassizismus besonders gut: von Schloß Oranien-
baum, im holländischen Stil mit »absolutistisch geschlossenem
Ehrenhof, bei dem die Kavaliershäuser gerade den ersten Schritt zur
Ablösung getan haben«, bis zu Mosigkau, »wo sich die Kavaliershäuser bereits losgelöst und verselbständigt haben«.[38] Da die eng-

lische Baukunst nicht allein durch Palladio beeinflußt wurde, sondern zugleich an der Gotik orientiert blieb, entstanden auch in Deutschland Bauwerke einer historisierenden, gotischen Architektur. Im Park von Wörlitz ließ Fürst Leopold Friedrich Franz von Anhalt-Dessau fast gleichzeitig mit dem Schloß nach eigenen Vorgaben das »Gotische Haus« errichten, in dem der Fürst eine Sammlung gotischer Bilder zusammentrug. Auch den Garten gab der Fürst nach seiner Rückkehr von Studienreisen durch England und Italien von 1764 an in englischem Stil in Auftrag.[39]

Der Hofarchitekt des Fürsten von Anhalt-Dessau, Friedrich Wilhelm von Erdmannsdorff (1736-1800), blieb jedoch dem Frühklassizismus und dem Louis-seize-Stil treu. Erdmannsdorff war der eigentliche Begründer des deutschen Klassizismus. Während eines Englandaufenthalts machte er Bekanntschaft mit dem Stil von Robert Adam, dem er in der Innenausstattung folgte, und während eines Italienaufenthalts lernte er Palladios Architektur schätzen, für deren Durchsetzung in Deutschland er bahnbrechend wirkte. Die beiden konstitutiven Rezeptionen finden sich in seinen Werken in reinster Form: Erdmannsdorff schuf den klassizistischen Neuausbau des Festsaals und der Luisen-Rotunde im Dessauer Schloß; 1773 erlebte er nach vierjähriger Bauzeit die Einweihung des Wörlitzer Schlosses.

Nach dem Tod Friedrichs II. ging Erdmannsdorff nach Berlin, wo er für den neuen König arbeitete. Dort entstand nach seinen Plänen die Privatwohnung Friedrich Wilhelms II. mit ihren sieben Sälen, die nach Tischbeins Urteil »das Modernste waren, was es damals dort zu sehen gab«. Unter Erdmannsdorffs Leitung beteiligten sich Johann Gottfried Schadow (1764-1850) und Friedrich Gilly (1772 bis 1800) an der Ausgestaltung der königlichen Räume. Bei aller klassizistischen Formenstrenge behielten Erdmannsdorffs Innenräume stets die Grazie des Rokoko.

In seinen letzten Lebensjahren leitete Erdmannsdorff noch die spätklassizistische Epoche ein: Seine Bürgerhäuser, deren Fassaden immer strenger wurden, fanden in Preußen, Weimar und Braunschweig Nachahmung. Wie in Wörlitz verbürgerlichte sich auch in Berlin die im Dienste des Königs stehende Baukunst. Friedrich Wilhelm II. liebte Behaglichkeit und Intimität. Für sich und Wilhelmine Enke ließ er das Schlößchen auf der Pfaueninsel errichten, das Belvedere im Charlottenburger Schloßpark war ihm lieber als das eigentliche Schloß. Selbst der König wollte »vivre bourgeoisement«. Friedrich Wilhelm III. schließlich beauftragte Oberbaurat Gilly dort, wo das Schloß Paretz gestanden hatte, ein »Gutshaus im ländlichen Stil« für sich und die Königin Luise zu bauen. In diesem bescheidenen Haus wollte er in beschaulicher Zurückgezogenheit leben und »Schulze« sein, während die Königin als »gnädige Frau« angeredet werden sollte.[40]

Dresden, das Muster einer Barockstadt, öffnete sich frühzeitig klassizistischen Strömungen, deren wichtigster Repräsentant der Begründer des Dresdener Rokoko, Johann Christoph Knöffel (1686 bis 1752) ist. Er erbaute das Brühlsche und das Coselsche Palais sowie die Rathäuser am Altmarkt und in der Neustadt. Friedrich August Krubsacius (1718-1790) setzte sein Werk fort und errichtete unter anderem 1766 für den sächsischen Minister von Brühl Schloß Neschwitz bei Dresden. Seine »Betrachtungen über den Geschmack der Alten in der Baukunst« lassen den frühen Zeitpunkt der Antikenrezeption erkennen, denn sie erschienen schon 1745, also Jahre bevor Johann Joachim Winckelmann (1717-1768) sich 1755 »Gedanken über die Nachahmung der griechischen Werke in der Malerei und Bildhauerkunst« machte und nach einer Reihe kleinerer Abhandlungen 1764 sein Meisterwerk »Geschichte der Kunst des Altertums« herausgab.

Winckelmann, dieser einfühlsame Kenner der »idealischen Schönheiten« Athens, suchte das Land der Griechen nur (aber warum eigentlich nur?) mit der Seele: Nie reiste er von Rom, wo er 1766 ein halbes Jahr lang täglich mit Erdmannsdorff zusammentraf, nach Athen, obwohl doch seine Deutung der griechischen Kunst das im 18. Jahrhundert klassische Hauptthema der Rezeption, Rom, zeitweilig zu verdrängen schien. Aber Winckelmanns Hochschätzung für Griechenland war keineswegs ausschließlich, vielmehr lag seine epochale Tat in der vergleichenden Kunstbetrachtung.[41] In Rom, der »Hauptstadt der Welt«, machte er immer wieder den »Cicerone«, keiner kannte die römische Kunst wie er, und dennoch wußte er: »Die reinsten Quellen der Kunst sind geöffnet: glücklich ist, wer sie findet und schmeckt. Diese Quellen suchen, heißt, nach Athen reisen.«

Das Glück, nach Athen zu reisen, blieb Winckelmann versagt. Möglicherweise liegt es daran, daß seine Charakterisierung der griechischen Kunst späteren Kunsthistorikern keineswegs immer als so original erschien, wie das geflügelte Wort es Generationen naheleg-

Die Antikenrezeption, die mit dem mecklenburgischen Kettlerssohn Johann Winckelmann europäischen Rang erreichte, führte eine neue Epoche der Geistesgeschichte herauf. Anstelle von Barock und Rokoko tritt ein neues Sehnen nach den klaren Formen der antiken Klassiker, die man nicht in der Architektur Roms, sondern in der Griechenlands sucht. Das Brandenburger Tor von Langhans, das nach dem Muster der griechischen Propyläen gebaut ist, steht für diese Hinwendung zur griechischen Antike auf nahezu jedem Felde.

Eine Griechenland-Schwärmerei überlagerte die Rom-Verehrung. Rom ist nun eher die barocke Stadt der Päpste, während die Sehnsucht der vermeintlich »stillen Einfalt und edlen Größe« gilt, die man in Paestum wahrzunehmen glaubt und der die Architektur von Berlins Linden und Münchens Königsplatz nachempfunden ist.

te: »Das allgemeine vorzügliche Kennzeichen der griechischen Meisterstücke ist endlich eine edle Einfalt und eine stille Größe, sowohl in der Stellung als im Ausdruck. So wie die Tiefe des Meeres allezeit ruhig bleibt, die Oberfläche mag noch so wüten, ebenso zeigt der Ausdruck in den Figuren der Griechen bei allen Leidenschaften eine große und gesetzte Seele.«[42]

Tatsächlich galt Winckelmanns Hauptaugenmerk der griechischen Skulptur. Programmatisch aber für jeglichen Klassizismus waren seine Maximen: »Der einzige Weg für uns, groß, ja, wenn es möglich ist, unnachahmlich zu werden, ist die Nachahmung der Alten.«[43] Und: »Es kann also die wahre und völlige Kenntnis des Schönen in der Kunst nicht anders als durch Betrachtung der Urbilder selbst, und vornehmlich in Rom, erlangt werden.«[44] Und daran hielt er sich und prägte andere.

Im selben Jahr, als in Paris die Französische Revolution ausbrach, erbaute Karl Gotthard Langhans (1732-1808) in Berlin das Brandenburger Tor; die Quadriga schuf Gottfried Schadow. Das Tor, dessen Vorbild die Propyläen der Akropolis bildeten, eröffnete eine neue Epoche der Baukunst, den preußischen Klassizismus.

Das Bauwerk gewann bald eine Bedeutung, die nicht allein auf seinem Ruhm als hervorragendes Zeugnis des neuen Stils beruht. 1791 erhielt es den Namen »Friedenstor«, und dieser Sinngebung entspricht auch der bildliche Schmuck des Tors: Die Göttin in der Quadriga ist die Friedensbringerin, Nike und Eirene in einer Person; die Reliefs in den Durchgängen stellen die Kriege Friedrichs II. in einem Zyklus der Taten des Herkules dar; die Statuen in den Seitenflügeln verkörpern Mars, den Kriegsgott, und als dessen Gegenpol Minerva, die Beschützerin der Künste. 1807 entführte Napoleon die

Aquarellierte Zeichnung für ein Denkmal Friedrichs des Großen von Friedrich Gilly, 1796/97

Friedrich Gilly ist das jugendliche Genie der Epoche; sein unausgeführter Entwurf für das Denkmal Friedrichs des Großen zeigt noch heute den Glanz dieser jugendlichen Antikenrezeption, die durch die französische Architektur beeinflußt wurde. Aber Gilly starb bereits 1800, so daß der Achtundzwanzigjährige nicht zu seiner eigentlichen Entfaltung kam. Fraglos wäre er der wirkungsmächtigste Architekt dieser Zeit geworden, und selbst Schadow und Schinkel blieben verehrungsvoll unter dem Einfluß des früh Verstorbenen.

Quadriga nach Paris, Blücher holte sie 1814 zurück; seitdem gilt das Brandenburger Tor als Siegestor, Eirene wandelte sich zur Viktoria. Im Zweiten Weltkrieg wurde das Bauwerk schwer beschädigt, in den Jahren 1956/57 aber wiederhergestellt, wobei der preußische Adler und das Eiserne Kreuz, das die Siegesgöttin in der Hand hielt, entfernt wurden. Seit dem Bau der Berliner Mauer hat das Tor seine Funktion eingebüßt – es verbindet nicht mehr, sondern trennt das westliche und das östliche Berlin.

Langhans' früh verstorbener Schüler Friedrich Gilly nahm die neuen Maximen begierig auf und entwickelte sie weiter. Neben den Plänen für ein monumentales Denkmal Friedrichs des Großen, das nie ausgeführt wurde, fand sich in seinem Nachlaß eine Vielzahl städtebaulicher Visionen sowie der Entwurf eines Berliner Schauspielhauses, der wegweisend für den Theaterbau wurde. Der geniale Gilly hat in ihm die Anregungen von vierzehn Pariser Theaterbauten verarbeitet.[45] Die Konzeption zeigt einen flachgedeckten Würfelbau, an dessen beiden Seiten sich Halbzylinder mit Pfeilerarkaden anschließen. Das Bühnenhaus befindet sich im Würfel, der Halbzylinder sollte den Zuschauerraum aufnehmen. Als Eingang sah Gilly eine Giebelhalle mit dorischem Säulenportikus vor.

Gillys Werk wurde durch seine Schüler fortgeführt. Einer von ihnen war Friedrich Weinbrenner (1766-1826), der selber viele Schüler ausbildete. Ihm verdankt die Stadt Karlsruhe ihr Gesicht. Zwar begann die Erweiterung Karlsruhes schon vor Weinbrenners Anstellung als Bauinspektor, doch als späterer Oberbaudirektor prägte er bis heute sichtbar die städtebauliche Planung. Seit 1803 entstand nach seinen Vorstellungen der neue Marktplatz, einer der schönsten und einheitlichsten klassizistischen Plätze Europas.[46]

Nach den Freiheitskriegen führten zwei weitere Baumeister den Klassizismus zu höchster Vollendung. In Berlin wirkte Gillys Lieblingsschüler Karl Friedrich Schinkel (1781-1841), der größte deutsche Architekt des 19. Jahrhunderts. Er war gleichzeitig Bildhauer, Maler,

Entwurf für die Umgestaltung der Kayserstraße in Karlsruhe von Friedrich Weinbrenner

Graphiker, Bühnenbildner und Architekt. Seit 1810 stand er in preußischen Diensten. Zu seinen berühmtesten Werken zählen die Neue Wache in Berlin (1816) und das Schauspielhaus am Gendarmenmarkt (1818/21). Schinkel mußte dabei Teile des alten Langhansschen Theaterbaus, der an dieser Stelle gestanden hatte und abgebrannt war, in seine Planung einbeziehen; trotzdem gelang ihm ein einheitlicher klassizistischer Bau mit neuartigen, funktionsbezogenen Stilelementen. Viele seiner Berliner Werke haben bis heute überdauert: die Neue Wache und das Schauspielhaus, der Schinkel-Pavillon im Schloßpark Charlottenburg, das Denkmal auf dem Kreuzberg, Schloß Glienicke, das Humboldt-Schlößchen in Tegel und anderes mehr.

Gestaltete Schinkel maßgeblich das Berliner Stadtbild, so Leo von Klenze (1784-1864) das Münchner. Klenze wurde 1816 nach München berufen, wo er allein für Ludwig I. etwa dreißig Bauten errichtete, hauptsächlich an der Brienner Straße mit dem abschließenden Königsplatz und der Ludwigstraße. Dabei wandte sich Klenze mit dem Bau der Glyptothek, die die Antikensammlung des Kronprinzen aufnehmen sollte, einer der wichtigsten Aufgaben der Architektur des 19. Jahrhunderts zu: dem Museumsbau.

Etwa zur gleichen Zeit, als die ästhetischen Forderungen zur Nachahmung der Natur laut wurden, ergriff dieses Ideal auch die Gartengestaltung. Im Zeitalter der Empfindsamkeit galten die strengen Parkanlagen nach französischem Vorbild als langweilig und unnatürlich, der höfische Geschmack war schal geworden. Verschwisterten sich die kolossalen Schloßbauten noch mit geometrischen Gärten, deren schnurgerade Achsen den Blick auf gleichmäßig gestutzte Bäume, streng geformte Bassins und Springbrunnen sowie mit kleinen Buchsbaumhecken eingefaßte Blumenbeete freigaben, machte sich nun auch hier der englische Einfluß geltend.

Der französische Garten war häufig in Terrassenform angelegt. In den Stufen des terrassierten Geländes befanden sich Nischen, in denen Orangen oder andere frostempfindliche Gewächse überwintern konnten. Alle Pflanzen, Wasserläufe, Wäldchen und Hecken erschienen gezähmt, der barocke Garten bildete den absolutistischen Herrscherwillen ab, der sich sogar die Natur untertan machte. Nirgendwo drückte sich dieser Wunsch stärker aus als in Versailles: Ludwig XIV. hatte für seinen Garten eigens ein Sumpfgebiet trockenlegen lassen; das Wasser wurde von weither herangeführt, wozu der König Soldaten einsetzte. Der Garten von Versailles symboli-

Entwurf für einen Freiheitsdom von Karl Friedrich Schinkel, Federzeichnung

Nach dem siegreichen Abschluß der Befreiungskriege fertigte Schinkel eine Fülle von Entwürfen, darunter einen »Freiheitsdom« mit gotisch verstandenen Spitzbogen inmitten eines von Spitzbogenarkaden umgebenen Hofes. Von den gotischen Entwürfen Schinkels ist nur wenig verwirklicht worden, darunter das Denkmal auf dem Kreuzberg, der damals noch weit vor den Toren der Stadt lag. Der Wettbewerb für den Dom wurde erst gegen Ende des Jahrhunderts vom neuen Kaiserreich vergeben.

Leo von Klenze, Die Propyläen in
München, Stahlstich, um 1850

sierte die Herrschaft von Logik und Vernunft über Phantasie und
Gefühl,[47] was Ludwig XIV. durchaus bewußt war. Auch das Ensemble der vielen antiken Götterstatuen im Park von Versailles war
keineswegs bloß Dekoration, vielmehr bildete der Sonnengott Apoll
die zentrale Gestalt – eine mythologische Darstellung des Roi soleil,
dessen Lever und Coucher täglich mit der Regelmäßigkeit eines
wiederkehrenden kosmischen Ereignisses zelebriert wurde.[48]

Da sich der Sinn des höfischen Parks in der Selbstdarstellung des
absolutistischen Herrschers erfüllte, können wir in Deutschland auf
eine Vielzahl solcher Gartenanlagen oder zumindest deren Abbildungen zurückgreifen, denn jeder kleine Potentat legte sich selbstverständlich einen solchen Garten an – auch wenn es sich eher um
eine absolutistische Geste denn eine absolutistische Realität handelte.

Am Ende des 17. Jahrhunderts ließen sich sogar wohlhabende
Bürger Prachtgärten in der Manier französischer Könige und deutscher Fürsten gestalten. Als erster ließ sich 1685 der Leipziger
Kauf- und Ratsherr Caspar Bose einen Garten anlegen, mit einer

»Prospect des Königlichen
Lustschlosses Sans Soucy bei
Potsdam«, Kupferstich von
J. D. Schleuen, 1748

Leo von Klenze, Die Walhalla bei Regensburg, aquarellierte Zeichnung, um 1830

Im Gefolge Erdmannsdorffs und Schinkels nimmt ganz Deutschland ein klassizistisches Gesicht an; Gärtner und Klenze in München, Weinbrenner in Karlsruhe, Moller in Darmstadt und Hansen in Hamburg prägten die Städte, wobei ihre neuen Bauaufgaben zeigen, daß der Geist der Zeit auf die zweckfreie Architektur geht: Siegestore, Propyläen, Nationalheiligtümer wie die Walhalla und Museen treten an die Stelle der fürstlichen Schlösser, die bis dahin die Architekten fast ausschließlich beschäftigt hatten.

Orangerie, einem Treibhaus, Standbildern, Springbrunnen, Schaukabinetten sowie einem Theater- und Konzertsaal. Dieser Garten war an bestimmten Tagen der Öffentlichkeit zugänglich. Weil die Städte meist eng waren, wurden solche Gärten außerhalb der Stadtbefestigungen angelegt, häufig auch anstelle der alten Mauern und Gräben. In Leipzig wurden bürgerliche Ziergärten jedenfalls bald zu einer wahren Modeerscheinung, denn 1768 gab es bereits 38 solcher Gärten vor den Toren. Die barocken Parks griffen über die Städte hinaus aufs Land, gestalteten ein Stück Natur, zeigten nicht selten einen Zug ins Großzügig-Weite.

Dieser bürgerlichen Initiative folgte dann auch eine städtische: Seit 1783 besaß Leipzig einen englischen Garten mit Schwanenteich, Schneckenberg und einem »Gotischen Tor« zur Erbauung der Bevölkerung.[49] Joseph II. öffnete den Wiener Augarten – der bis dahin ausschließlich den Vergnügungen des Hofes vorbehalten war – der Bevölkerung oder, wie es in einer Inschrift über dem Eingang heißt: »Der Menschheit gewidmet von ihrem Schätzer«.[50] 1789, im Jahr der Französischen Revolution, machte der Kurfürst

Der »kleine Garten« des Augartens in Wien, Zeichnung von S. Kleiner, um 1738

Während in Preußen die Gartenkunst im Laufe des 18. Jahrhunderts vom strengen Barock über das heitere Rokoko sich allmählich zum Vorklassizismus wandelt, folgen in Wien die Entwürfe noch Mitte des Jahrhunderts dem Muster des »strengen Geschmacks« der vorausgegangenen Zeit. In England setzt William Kent damals schon den freien Wuchs aller Pflanzen durch; die schnurgeraden Alleen gehörten dort schon der Vergangenheit an.

Karl Theodor den Englischen Garten in München der Öffentlichkeit zugänglich, der damit nicht nur in seiner Gestaltung, sondern durch die promenierenden Bürger ein bürgerlicher Garten wurde.

Ein Beispiel für den Stilwandel der Gartenkunst ist der Berliner Tiergarten. Diesen Park, ursprünglich ein Jagdrevier, wandelte Friedrich der Große zu einem öffentlichen Park im französischen Stil. Knobelsdorff wurde bald nach Friedrichs Regierungsantritt mit der Gestaltung betraut, und das Ergebnis stellte den König wohl zufrieden, denn er lobte seinen Baumeister: »Er machte ihn [den Tiergarten] zu einem köstlichen Stückchen Erde durch die Mannigfaltigkeit der Alleen, der Hecken und Rondele und durch die reizvolle Mischung des verschiedensten Laubwerks. Er verschönerte den Park durch Statuen und die Anlage von Wasserläufen, sodaß die Bewohner der Hauptstadt hier eine bequeme, geschmückte Promenade finden, wo die Reize der Kunst nur unter den ländlichen Reizen der Natur auftreten.«[51]

Im Jahre 1792 schmückte man den Tiergarten mit einer Rousseau-Insel und gestaltete den südlichen Teil im englischen Stil. Die Ruhestätte Rousseaus in Ermenonville diente als Vorbild. Unter hohen Erlen wurde eine Urne zur Erinnerung an den Philosophen aufgestellt.[52] Und tatsächlich ging die Kritik am französischen Garten nicht zuletzt von Rousseaus Briefroman »Julie ou la nouvelle Héloise« (1761) aus, der insbesondere auf den Sturm und Drang wirkte. Rousseaus grandioser Verherrlichung der Schweizer Alpen und Seenlandschaften konnte sich gerade die junge Generation der europäischen Literaten kaum entziehen. Die Anlage der Insel mit der Urne Rousseaus kennzeichnete eine immer mehr Boden gewinnende Stimmung des ausgehenden 18. Jahrhunderts.

Das Naturgefühl, dem der englische Garten entsprach, war alles andere als optimistisch, sondern »eher lebensverneinend: Trauer, Schwermut; im besten Fall die zwischen Freude und Leid schillernde Wehmut. Man liebte es, die dunkeln Gefilde des Naturlebens aufzusuchen und schwärmte in süßer Selbstauflösung für Nacht und Tod, Trauer und Grab.«[53] Kein Wunder, daß in dieser Zeit die aufs höchste gesteigerte individuelle Selbsterfahrung des Sturm und Drang »Werthers Leiden« hervorbrachte und bald darauf Karl Philipp Moritz von 1783 bis 1793 sein »Magazin zur Erfahrungsseelenkunde« veröffentlichte, um Tiefen und Abgründe der menschlichen Psyche auszuforschen.

Die Transparenz des französischen Parks konnte einer solchen Gefühlslage kaum entsprechen, der englische Garten und der englische Dichter Shakespeare erwiesen sich als zeitgemäßer. Disziplinierten der französische Park und das höfische Zeremoniell das Gefühl, wie Racine und Corneille die dramatische Gestaltung diszipliniert hatten, so ließen der englische Garten, die englische Dichtung es frei – jedenfalls frei zu sich selbst. Vor Rousseau sprachen die Dichter nie von sich, nachher sprachen sie von nichts anderem mehr (A. Hauser). Rousseaus Bekenntnisse, Rousseau und die Natur: Nicht nur im Berliner Tiergarten siegten sie damals über (Selbst-)Ironie und Vernunft eines Voltaire.

Der Gartenstil, der sich in England schon seit William Kent (1684 bis 1748) durchgesetzt hatte, forderte statt der den Garten umgebenden Mauern und Gitter versenkte Gräben, die dem Auge des Be-

Illustration zu Rousseaus
»Héloise« von J. M. Moreau d. J.

Rousseau ist auch darin ein Vorbote des Stilwandels, daß seine »Héloise« die ungeplante Landschaft des Schweizer Hochgebirges preist; seiner grandiosen Verherrlichung des Natürlichen entzogen sich die Dichter am Ende des 18. Jahrhunderts nicht; das neue Naturgefühl liebte Wehmut, Schwermut und Selbstauflösung. Der »Werther« ist die poetische Entsprechung dieser von Rousseau empfundenen Abgründe der menschlichen Psyche.

trachters verborgen blieben, den freien Wuchs aller Pflanzen; statt der schnurgeraden gefielen nun sanft gekrümmte Alleen. Die planierte Fläche wich dem sanften, von Bachläufen umwundenen Hügel – und für das Auge, das hier und da einen besonderen Blickpunkt benötigt, wurden kleine Pavillons, Teehäuser nach chinesischem Vorbild und antike Tempelchen in diese Landschaft gesetzt. Zwar entfernte man sich dadurch vom eigenen Ideal, doch setzte sich dieser Stil durch.

Das berühmteste deutsche Beispiel für einen englischen Landschaftsgarten ist der Park des Wörlitzer Schlosses, über den Goethe am 14. Mai 1778 an Frau von Stein schrieb: »Hier ists jetzt unendlich schön. Mich hats gestern Abend wie wir durch die Seen, Canäle und Wäldgen schlichen sehr gerührt wie die Götter dem Fürsten erlaubt haben einen Traum um sich herum zu schaffen. Es ist wenn man so durchzieht wie ein Mährgen das einem vorgetragen wird und hat ganz den Charackter der Elisischen Felder.«[54]

Der Wörlitzer Park entstand nach einer Englandreise des Fürsten Leopold Friedrich Franz von Anhalt mit seinem Gärtner Eyserbeck und seinem Baumeister Erdmannsdorff etwa um 1770. Die landschaftlichen Gegebenheiten entsprachen einem englischen Garten: In der Mitte griff ein langgestreckter See mit Buchten und Armen tief in das Land ein und gab den Blick auf eine Inselgruppe – auch hier eine Rousseau-Insel – und das gegenüberliegende Ufer frei. Die im Garten angehäuften Staffagen entstammten der römischen Antike, der italienischen Landschaft, dem deutschen Mittelalter,

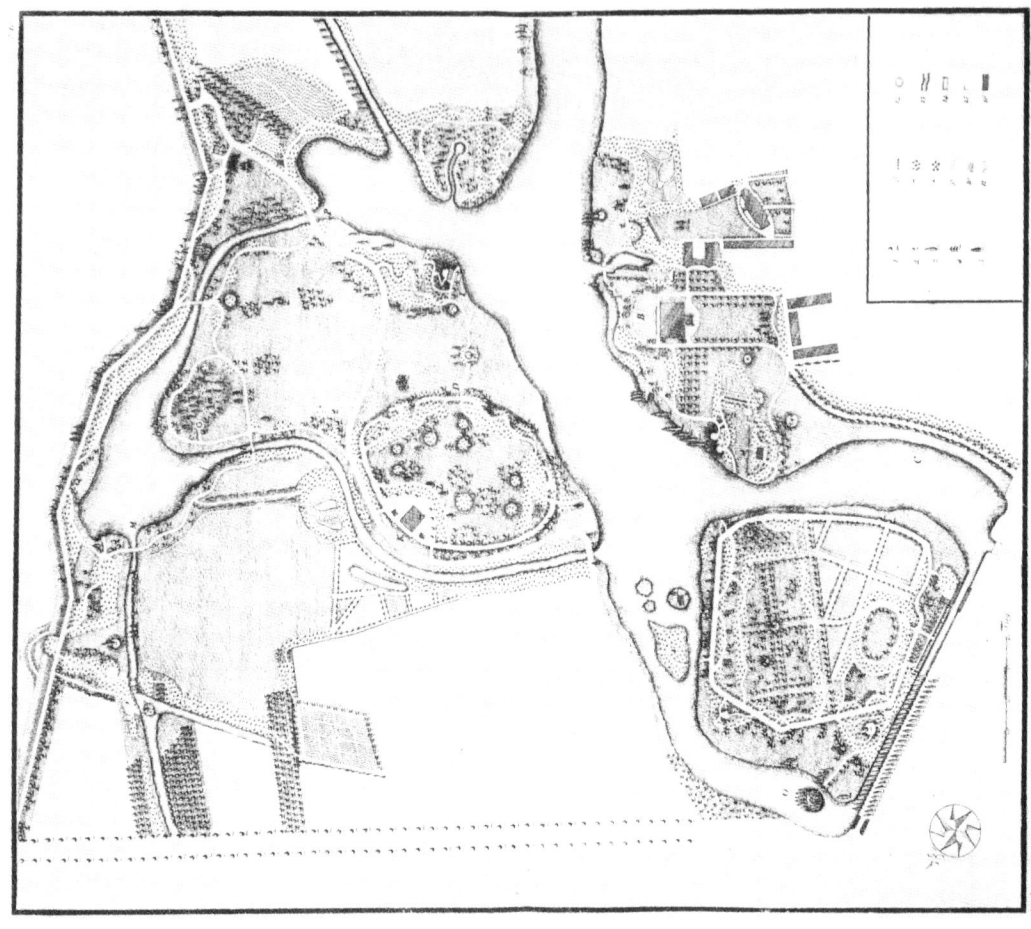

dem Geniekult, der religiösen Vorstellung sowie geheimen Kulten.[55]

Im letzten Drittel des 18. Jahrhunderts trat die Natur hinter den vielen, nicht unmittelbar zusammengehörigen Staffagen zurück. Dieser Wandel wirft nicht allein ästhetische Fragen auf, sondern auch philosophische: Was verursachte diese Forderung nach Nachahmung der Natur und die gleichzeitige Anhäufung solcher Parks mit aus aller Welt herbeigeholten Staffagen? Zunächst einmal brachten die den Park schmückenden, von der klassischen Antike bis zu Rousseau reichenden Szenen literarische Bildung zum Ausdruck. Sie demonstrierten aber auch den Wunsch, »durch die Einbeziehung aller möglichen europäischen und exotischen Baustile ... sich die Mannigfaltigkeit des Kosmos zu eigen zu machen«.[56] Der berühmteste Gartentheoretiker der Zeit, Christian Cajus Laurenz Hirschfeld, sah Wörlitz als vorbildlich an.

Die Wörlitzer Parkanlagen leiteten eine Entwicklung ein, an deren Ende der ausgereifte Landschaftsgarten stand. Diesen Weg gingen während der ersten Jahrzehnte des 19. Jahrhunderts noch andere berühmte Landschaftsgärtner, allen voran Peter Joseph Lenné, Friedrich Ludwig von Sckell – der 1789 in München den Englischen Garten und später den Nymphenburger Park in eine Landschaft umgestaltete und Begründer des englischen Stils in Deutschland war – und schließlich Hermann Fürst von Pückler-Muskau.

Aber im Jahre 1794 befand Schiller, daß die Gartenkunst, der er einen den anderen Künsten gleichwertigen Platz nach der Architektur zugewiesen hatte, in Deutschland noch nicht die rechte Mitte gefunden habe: »Aus der strengen Zucht des Architekten flüchtete sie sich in die Freiheit des *Poeten,* vertauschte plötzlich die härteste Knechtschaft mit der regellosesten Lizenz und wollte nun von der Einbildungskraft allein das Gesetz empfangen. So willkürlich, abenteuerlich und bunt, als nur immer die sich selbst überlassene Phantasie ihre Bilder wechselt, mußte nun das Auge von einer unerwarteten Dekoration zu andern hinüberspringen ... So wie sie [die Natur] in den französischen Gärten ihrer Freiheit beraubt, dafür aber durch eine gewisse architektonische Übereinstimmung und Größe entschädigt wurde; so sinkt sie nun, in unsern sogenannten englischen Gärten, zu einer kindischen Kleinigkeit herab und hat sich durch ein übertriebenes Bestreben nach Ungezwungenheit und Mannigfaltigkeit von aller schönen Einfalt entfernt und aller Regel entzogen. In diesem Zustande ist sie größtenteils noch, nicht wenig begünstigt von dem weichlichen Charakter der Zeit, der vor aller Bestimmtheit der Formen flieht und es unendlich bequemer findet, die Gegenstände nach seinen Einfällen zu modeln, als sich nach ihnen zu richten.«[57]

Grundriß des Wörlitzer Parks aus August Rodes »Beschreibung des Fürstlichen Anhalt-Dessauischen Landhauses und Englischen Gartens zu Wörlitz«, Dessau 1788

Die Gartenanlage von Wörlitz wurde vom Fürsten und seinem Gärtner zusammen mit dem Architekten Erdmannsdorff entworfen; sie sind mit ihren romantischen Hügeln und verschwiegenen Seen, deren Buchten und Arme man nicht sehen, sondern ahnen sollte, eine rousseausche Landschaft am Ufer der Elbe. Die römische Antike, das deutsche Mittelalter, die italienische Landschaft und der geheime Kult der Rosenkreuzer finden sich in einer höchst kunstvollen Mischung zusammen, die den Eindruck des Natürlichen erwecken will und zugleich auch das Geheimnisvolle der Natur symbolisieren soll.

2. Mensch und Natur in der Kunst

Ebenso wie in der Architektur und in der Gartenbaukunst setzte sich gegen Ende des 18. Jahrhunderts in der Malerei und Bildhauerei die Neigung zum Kleinformatigen, Intimen, zur naturgetreuen Wiedergabe durch. Diese Entwicklung prägte vor allem die Porträtmalerei. Auch hier war zunächst der französische Einfluß besonders stark, weil häufig französische Porträtisten an die deutschen Höfe gerufen worden waren: In München wirkte Joseph Vivien, in Mannheim Pierre Gaudreau, in Dresden Louis Silvestre und Antoine Pesne, der wohl berühmteste, am preußischen Hof. Da das höfische Porträt repräsentativ sein sollte, wurde auf Gewänder, Herrschaftssymbole und Gestik mehr Wert gelegt als auf eine einfühlsame Darstellung der Physiognomie.

Das Interesse an der Physiognomie belebte sich durch Johann Kaspar Lavaters Bestrebungen ganz entscheidend; physiognomische Studien wurden nun sogar zur Modebeschäftigung. Lavater vertrat die Ansicht, daß die Seele das Gesicht des Menschen präge. Zu dieser Erkenntnis war der Genfer Naturphilosoph Charles Bonnet bereits um die Jahrhundertmitte gelangt: 1754 veröffentlichte er seinen »Essai de Psychologie«, dem 1762 ein umfangreicher »Essai sur les Facultés de l'âme« folgte; beide Werke wurden bald ins Deutsche übersetzt. Seine 1764 publizierte »Contemplation de la nature« beeinflußte – vor allem über Lavater – deutsche Dichter wie Goethe, der im übrigen an Lavaters »Physiognomischen Fragmenten« mitarbeitete.

Kaum minder wurde das Interesse an der Physiognomik durch das aufgeklärte Interesse an allem Menschlichen – und das hieß auch, an der menschlichen Individualität – befördert. »The proper study of mankind is Man«, so lautete die Devise von Alexander Pope in seinem »Essay on man« (1732-1734), und er brachte damit die Anthropozentrik des aufgeklärten Zeitgeistes schon früh auf eine ebenso einprägsame wie treffende Formel.

Sicher begünstigte das physiognomische Interesse die Verfeinerung des Porträts, und Verfeinerung hieß hier, den Menschen nicht mehr allein als Standesperson, sondern als Individuum zu sehen und darzustellen. Aber die allzu ernsthaft betriebene, wissenschaftlichen Rang anstrebende Physiognomik führte auch zur Karikatur, nicht allein im beabsichtigten Sinn des Genres, sondern eher unfreiwillig. Der scharfzüngige Lichtenberg spottete darüber, indem er aus dem geringelten Schweineschwänzchen auf die Schweineseele schloß, und er machte sich auch lustig über manche physiognomischen Versuche Nicolais, der bei der süddeutschen Bevölkerung den »katholischen Blick« entdeckte, in Wien Kaunitz physiognomisch analysierte und die Gesichtszüge der Wiener Stubenmädchen eingehend·auf die sich in ihnen ausdrückende seelische Beschaffenheit prüfte.

Nicht jedem machte es freilich Freude, mit seinem physiognomischen Psychogramm konfrontiert zu werden. Nicolai selbst ärgerte sich über den zeitweiligen Freund Lavater, als dieser ihm am

Die Kunst der physiognomischen
Deutung faszinierte die unter-
schiedlichsten Geister der Epoche,
bis hin zu Goethe, der bis zum
Bruch seiner Beziehungen zu
Lavater zu dessen engstem Freundeskreis gehörte. Alle Welt will
aus der Physiognomie auf die
Charaktereigenschaften schließen,
was Lichtenberg zu dem Spott
veranlaßte, daß Schweineschwänzchen wohl die Schweineseele zu
erkennen geben.

19. Februar 1774 nach Berlin schrieb, seine »vorgeschobene Unter-
lippe« gebe seinem »hypochondrischen Gesichte eine etwas fatale
Gestalt«. Sicher, Lavater vermerkte auch Angenehmes: »Ihre Physiognomie ist freylich eine von den *festen* ...« Dann aber wieder:
»Sie scheint ... lange nur *einseitig* gelernt, gelesen u. studiert zu
haben.« Im übrigen möge sich der Berliner Aufklärer um Veredelung seines gewiß »perfectiblen Herzens«[58] bemühen und im
Umgang mit Menschen ein halbes Jahr nur das Gute heraussehen.
Worüber mochte sich wohl Goethe geärgert haben, dessen Freundschaft mit Lavater ebenfalls zerbrach? Vielleicht weil Lavater seine
Physiognomik als prophetischer Sektierer betrieb, und dieser Typ
lag Goethe nicht.

Die Physiognomik gehörte jedenfalls zur Zeit, und möglicherweise war sie der Kunst des Porträts eher förderlich als der Psychologie. Viele der Proportionsskizzen zu Gesicht und Körper knüpften
an die Tradition der Renaissance an, beispielsweise an Leonardo da
Vinci und Albrecht Dürer, und wie die Renaissance mühte sich das
späte 18. und frühe 19. Jahrhundert um Individualisierung der Porträtierten – von der analogen Vergegenwärtigung antiker Kunst in
Renaissance und Klassizismus zu schweigen. Die traditionelle Strenge repräsentativ-höfischer Darstellung im Porträt lockerte sich im
letzten Jahrhundertdrittel und ermöglichte eine freiere malerische
Behandlung sowie eine individuellere Wiedergabe der Dargestellten.[59] Zu den führenden Malern dieser Gattung gehörte Anton
Graff (1736-1813), der seit 1766 Lehrer an der Dresdner Akademie
war. Graff wirkte fast ausschließlich als Maler von mehr als 1500
höfischen und bürgerlichen Porträts, und er verstand es, seelische
und intellektuelle Qualitäten der porträtierten Persönlichkeiten zu
gestalten. Auch dem Herrscher verlieh er individuelle Züge, so daß
er nicht mehr allein als Personifikation des Staates erschien.[60]

Graffs Zeitgenosse Anton Raphael Mengs (1728-1779) schuf zwar
außerdem Fresken, doch sein wahres Genie erreichte auch er in den
Porträts. Bereits mit siebzehn Jahren malte er ein Bildnis des Kurfür-
sten Friedrich Christian von Sachsen: Die Herrschaftszeichen des
Kurfürsten, Eleganz und Pracht, verband er mit der Darstellung der
Arroganz und zeigte so ein von den üblichen Fürstenporträts ent-

Anton Graff, Selbstbildnis mit
Augenschirm, 1813

Das Selbstporträt, um physiognomische Ähnlichkeit bemüth, wird
nun wieder ein Gegenstand der
Kunst.

Selbstbildnis, an der Staffelei stehend, von Johann Friedrich August Tischbein (1750-1812), dem Vetter Johann Heinrich Wilhelm Tischbeins

scheidend sich abhebendes Persönlichkeitsbild. Mengs schuf unter anderen eindringliche Porträts von Winckelmann. Sein rationaler eklektischer Ansatz wurde allerdings schon bald überholt, obwohl er viele Schüler ausbildete und durch sie schulbildend wirkte.[61]

Johann Heinrich Wilhelm Tischbein (1751-1829), ein Vetter des in der höfischen Welt beliebten Friedrich August Tischbein (1750 bis 1812), ist nicht nur durch Goethes Bericht über die gemeinsame Zeit in Rom bekannt, sondern vornehmlich durch sein berühmtes Gemälde »Goethe in der Campagna« (1787). Dies Bild zeigt den Dichterfürsten, »wie er auf den Ruinen sitzet und über das Schicksal menschlicher Werke nachdenket«.[62] Im Hintergrund sind die Trümmer der Antike zu sehen, die Efeuranke erscheint als Symbol dafür, daß der Dichter die Antike zu neuem Leben erweckte, Goethes Blick über Natur und Geschichte deutet darauf hin, wie sehr Tischbein zeitlos Gültiges anstrebte. Doch wie erklären sich die beiden linken Füße Goethes?

Fast genauso berühmt wie dieses großformatige Gemälde ist die getuschte Federzeichnung Tischbeins, auf der Goethe aus dem Fenster seiner römischen Wohnung am Corso blickt und dem Betrachter den Rücken zuwendet: eine »Momentaufnahme«, nicht eine Huldigung oder gar ein historischer Deutungsversuch Goethes und seines Verhältnisses zur Antike und zu Italien.

Aber das Interesse der Maler richtete sich in dieser Zeit keineswegs allein auf die Individualität, sondern ebenso auf die für das neue bürgerliche Selbstverständnis so wichtige (Klein)-Familie einschließlich der Kinder. So können wir aus zahlreichen Familienbildern auf Interieurs, Stellung von Vater und Mutter, Eigenständigkeit der Kinder, Sitten und Gebräuche schließen. Neben Georg Melchior Kraus ist hier vor allem Daniel Chodowiecki (1726-1801) zu nennen, der als getreuer Chronist des Bürgertums Tausende von Radierungen, Zeichnungen, Gemälden, Genrebildern, Familienidyllen und Buchillustrationen schuf. Chodowiecki erlernte zunächst einen kaufmännischen Beruf, den er aber aufgrund seines Erfolgs als Kunsthandwerker und Radierer 1754 aufgeben konnte. Er war Mitglied der französischen Kolonie in Berlin, die er auch nach außen vertrat. Außerdem wirkte er als Sekretär der Berliner Akademie der Bildenden Künste, seit 1797 als deren Direktor. Ausgeprägtes bürgerliches Selbstbewußtsein verband Chodowiecki mit Sympathie für den König. Die bürgerlichen Tugenden – Fleiß, Betriebsamkeit, ein gutes Familienleben, christliche Werte – stellte er nicht nur dar, sondern er lebte sie vor.

Chodowiecki war ein selbständiger Künstler, von keinem Hof abhängig, mit wachsendem Bewußtsein für den Markt und die sich ausweitende Buchproduktion, die er durch viele Illustrationen bereicherte. Berühmtheit erlangten seine Zeichnungen zu Erstausgaben von Werken Klopstocks, Lessings, Nicolais, Lavaters, Goethes, Schillers, Basedows und vieler anderer. Chodowiecki illustrierte derart viel, daß sein Werkverzeichnis sich streckenweise wie ein Verzeichnis der deutschen Literatur in der zweiten Hälfte des 18. Jahrhunderts liest. Seine Selbstporträts zeigen ihn als einfachen Bürger, der meist arbeitet: Welcher Gegensatz zu den Selbstdarstellungen etwa Antoine Pesnes, der auf Repräsentation bedacht war.[63] Zwar waren Chodowieckis Darstellungen wie die William Hogarths

Johann Wolfgang von Goethe in der Campagna, Gemälde von Johann Heinrich Wilhelm Tischbein, 1788

Das ideale Bild Goethes in der italienischen Campagna zählt zu den populärsten Darstellungen des weimarischen Geheimen Rats. Tatsächlich ist das Jahrzehnt ein Wendepunkt im Leben des Dichters, der von nun an auf dem Weg zum Olympier ist; man tut gut daran, von einem Goethe vor und nach der Italienreise zu sprechen. Tischbeins großformatiges Gemälde ist eines der Hauptwerke des Malers, der sich mit Goethe darin traf, daß sie dem Augenblickseindruck zeitlos Gültiges verleihen wollten. Späteren Generationen wurden die spontanen Federzeichnungen Tischbeins wichtiger, von denen das Bildnis Goethes in seiner römischen Wohnung am berühmtesten geworden ist: Muster einer zeichnerischen Momentaufnahme, die dann erst wieder mit Menzel in die Kunst Eingang findet.

didaktisch und moralisierend, aber im Unterschied zu denen des Engländers niemals bissig. So konnte sich das immer größer werdende Lesepublikum mit den detailgetreuen Szenen bürgerlicher Intimität identifizieren.

Wie viele seiner Zeitgenossen betätigte sich Chodowiecki auch als Miniaturmaler. Diese Gattung der Porträtmalerei war nicht nur preiswerter und entsprach dem bürgerlichen Geschmack, sondern an ihr beteiligten sich auch zahlreiche Frauen, unter anderen die beiden Schwestern Mengs sowie Dorothea Stock und Franziska Schöpfer.

Die Miniaturensammlungen zeigen den Sammeleifer des 18. Jahrhunderts. Ein ins Feld ziehender Soldat konnte das Bildnis seiner Geliebten am Busen tragen, bei Heiratsanträgen konnte die Braut schon vorab ihren Zukünftigen in Augenschein nehmen – die Idealisierung mochte ihr dabei die Entscheidung der Eltern verständlicher machen. Und man konnte seine Lieben wenigstens im Bildnis mit sich führen, wenn man auf Reisen ging, die ja meistens Monate dauerten. Aber die Miniatur war keineswegs nur ein bürgerliches Genre, sondern auch ein höfisches. Nicht zuletzt hatten die kleinen Werke die Aufgabe, das Bild des Herrscher zu verbreiten. Friedrich der Große beschäftigte zwei Miniaturmaler an seinem Hofe, einer von ihnen war Anton Friedrich König (1722-1787), von dem die meisten Golddosen mit dem Emailbild des Königs auf dem Deckel stammen, die Friedrich oft verschenkte. Und Anton Graff mußte während seiner Lehrzeit bei dem »Ansbacher Hofmaler Leonhard Schneider 1758/1759 jeden Tag eine Kopie des Friedrichbildnisses von Pesne abliefern, um die Nachfrage danach zu befriedigen«.[64]

Bei vielen Miniaturen handelte es sich um Aquarelle auf Pergament oder Elfenbein sowie Ölfarbe auf Kupfer. Der Vorliebe Maria Theresias für Kleinkunst und besonders für Miniaturen ist es zu verdanken, daß Wien zu einem Zentrum der Miniaturmalerei wurde

Joseph Anton Koch, Wasserfälle
bei Subiaco, 1813

und bis zum Niedergang dieser Kunstform blieb: Die Photographie
bereitete im 19. Jahrhundert der Miniaturmalerei schließlich das
Ende.

Die Entwicklung der Porträtmalerei läßt sich in dieser kleinformatigen Kunstgattung sehr gut nachvollziehen: Die Porträts hoben die
Besonderheiten immer mehr hervor, auf Feinheiten wie Haare, Spitzen, Schmuck legte man Wert, entscheidend aber war der Gesichts-
ausdruck. Den Hintergrund bildeten fein gemalte Landschaftsstaf-
fagen. Gegen Ende des Jahrhunderts wurden Miniaturen Mode,
deren Reiz in ihrer scheinbaren Flüchtigkeit lag. Was die Miniatur
den Wohlhabenderen, das war die Silhouette den Ärmeren; sie
erforderte zwar auch Kunstfertigkeit, aber kein großes Künstler-
tum.[65]

Vignette aus Salomon Geßners
»Idyllen«, Radierung des Autors

Konnten Fürsten und Bürger die Baukunst, den Möbelstil, das Porträt zur Selbstdarstellung nutzen, so eignete sich die Landschaftsmalerei hierzu kaum. Die ästhetische Komponente, das Ringen mit
Farbe und Form, dominierte unangefochten, die große Tradition
der idealisierenden arkadischen Landschaft wirkte bis zum 19. Jahrhundert nach, das Licht von Claude Lorrain und Nicolas Poussin
überstrahlte die Jahrhunderte. Doch wie in der Gartenarchitektur
schlug sich die veränderte Auffassung der Natur am deutlichsten in
der Landschaftsmalerei nieder. Großen Einfluß auf diesen Wandel
gewann der Schweizer Salomon Geßner (1730-1788), der als Maler
und Dichter in Berlin und Zürich wirkte. Sein fünfbändiges Werk
»Idyllen« (1772, Erstausgabe 1756) illustrierte er selbst: Seine Bilder
stellen ein paradiesisches Naturzeitalter dar, eine zartgetönte Ideal-
landschaft, der Schrecken und Bedrohlichkeit genommen sind. Die
idealisierten Schäfer- und Bauerndarstellungen erzählen von der
Sehnsucht der Menschen nach einer Welt der Unschuld und Sittlichkeit, nach einer Harmonie, die es im wirklichen Leben nicht gab und
die man sich erträumte oder in der Antike suchte. Doch fehlten
Geßner Erhabenheit und Leidenschaft. Während die Gletscher der

Philipp Hackert, Italienischer
Hafen bei Mondschein, 1773

Die italienische Landschaft wird
Ende des Jahrhunderts für nahezu
ein Jahrhundert der beliebteste
Gegenstand der deutschen Landschaftsmalerei. Von der »idealen«
Landschaft Kochs über Hackert
spiegelt sie in nahezu jeder
Epoche die vorherrschende Stimmung der Zeit; von den komponierten Bildern der Deutsch-
Römer über die um religiöse
Versenkung bemühten Werke der
Nazarener bis zu den flüchtigen
Landschaftsimpressionen aus
Blechens italienischem Skizzenbuch und den Zufallsschilderun-
gen Schirmers, die nicht mehr ein
paradiesisches Naturbild geben
wollen, sondern die Wirklichkeit.

Alpen bei Adrian Zingg noch klein und unbedeutend im Hintergrund blieben, gerieten sie mit dem Radierungszyklus des Werkes
»Beschreibung einer Reise, die im Jahre 1776 durch einen Teil der
Bernischen Alpen gemacht worden«, in den Mittelpunkt des künstlerischen Interesses.[66] Ferdinand Kobell schwebte mit seiner
»Gebirgslandschaft« von 1778 weder die Darstellung einer als
bedrohlich empfundenen Natur noch eine idealisierte arkadische
Landschaft vor, vielmehr verweist dieses Gemälde bereits auf den
sachlichen Realismus des frühen 19. Jahrhunderts.[67] Diese veränderte Landschaftsauffassung läßt sich bis zu Caspar David Friedrich (1774-1840) verfolgen: Der gewaltigen Natur seiner Gebirge
oder Meere steht der Mensch winzig klein gegenüber.

Zu den bedeutendsten Zeugnissen einer an Poussin und Lorrain
geschulten, vor allem in Rom ausgebildeten idealistischen Landschaftsmalerei zählt das Werk von Joseph Anton Koch (1768–1839).
Seine »Heroische Landschaft mit Regenbogen« von 1805 stellt eine
aus verschiedenen Motiven – ideale Landschaft, Kahnfahrt, Hirten-
idylle, ferne Burg, Stadt – komponierte, aber nicht geschlossene
Landschaft dar. Vielmehr werden einzelne, im Atelier gemalte
Komponenten mit mehreren Blickpunkten durch einen höheren
Symbolgehalt zusammengefügt, um die vom Klassizismus geforderte »Landschaft als Darstellung von Ideen«[68] zu realisieren.

Wie der Tiroler Koch lebte auch der Norddeutsche Philipp
Hackert (1737-1807) seit 1768 in Italien und schuf klassizistische
Landschaftsbilder und italienische Veduten. Hackert, der 1787
Goethe kennenlernte, war stark beeinflußt durch Sulzers »Allge-
meine Theorie der schönen Künste« (1771-1774), einem Hauptwerk
des akademischen Klassizismus. Sein kunstsinniger Gönner, Baron
Olthoff, ermöglichte ihm viele Reisen, unter anderem nach Stock-
holm und Paris. Von dort ging Hackert nach Rom, wo er sich in der
Akademie und in Galerien weiter ausbildete; er zeichnete nach
der Natur, was damals in Rom durchaus nicht üblich war, wie
Goethe ausdrücklich vermerkte: »Man hatte solche solide Studien

der Landschaft seit den Zeiten der Niederländer und Claude Lorrains vernachlässigt, weil man nicht einsah, daß dieser Weg ebensogut zum Wahren als zum Großen und Schönen führt.«[69]

Hackert wurde so berühmt, daß sogar die russische Kaiserin Bilder von ihm wünschte; seine Aufträge aus Holland, England, Deutschland, Polen und Rußland mußten trotz unermüdlichen Fleißes oft jahrelang auf Erledigung warten. Der König von Neapel berief ihn schließlich als Kammermaler an seinen Hof, aber als solcher hatte er sämtliche Launen des Herrschers auszuhalten, Paläste zu schmücken, einzurichten, ein Schwimmbad zu dekorieren und Festsäle zu gestalten. Als die Tanten Ludwigs XVI. aufgrund der Kriegswirren nach Neapel flohen, mußte Hackert seine Wohnung im königlichen Palast räumen. Aber der Krieg erreichte schließlich auch Neapel, der Palast wurde geplündert, der Hof flüchtete nach Palermo. Hackerts Werke wurden zerstört, er selbst konnte sich retten. Goethe hat ihn als den ersten Landschaftsmaler seiner Zeit gelobt: »... durch ihn erreichte das Fach der Prospektmalerei die höchste Vollkommenheit, indem es unmöglich scheint, den realistischen Forderungen mit geringerem Nachteil für die wahre Kunst besser Genüge zu leisten, als in seinen Bildern geschieht.«[70] Goethe sah also in Hackerts Malerei den Weg von der idealen zur realistischen Landschaftsmalerei beschritten.

Bereits 1794 hatte Schiller in seiner Rezension über Friedrich Matthissons Gedichte das Stichwort für die Entwicklung der Malerei gegeben: Er stellte der Landschaftsmalerei und -dichtung als Darstellung des »Ausdrucks von Ideen« die Landschaftsmalerei als »Darstellung des Empfindungsvermögens, mithin Nachahmung der menschlichen Natur«, gegenüber, womit er die Frühromantik einleitete.[71]

Einer der bedeutendsten Maler der deutschen Romantik war zweifellos Philipp Otto Runge (1777-1810). Er versuchte, in seinen Bildern Kunst und Religion wieder zu vereinen. Jedes seiner Bildelemente ist ein Symbol, dessen Deutung dem Betrachter zufällt. Pflanzliche und figürliche Darstellungen stehen dabei für das göttliche Wirken in der Natur. Eines seiner bekanntesten Gemälde zeigt die Hülsenbeckschen Kinder, die lebensfroh und kraftstrotzend in einem Garten tollen.

Die Gedankenschwere der Romantiker, die ihre Kunst aus Seele und Empfindung gestalteten, ging mit der Wiederentdeckung des Mittelalters und dem Rückblick auf die Vergangenheit einher. Friedrich Schlegel wurde zum Theoretiker der Nazarener.[72] Aber gegen die romantischen Forderungen, die mit den klassizistischen im Widerstreit lagen, setzte sich ab der Jahrhundertwende mehr und mehr der Realismus durch.

Die Plastik entfaltete sich zur Zeit des Rokoko am reichsten in Bayern. Noch heute bekannt sind Johann Baptist Straub (1704-1784) und dessen Schüler Ignaz Günther (1725-1775). Von Straub stammen beispielsweise die Altäre von St. Michael in München, Günther stattete die Benediktinerkirche in Rott am Inn aus und schuf die Altargruppen in Starnberg. Wenn auch bei Straub die einzelnen Bestandteile des kirchlichen Schmucks eine Einheit mit dem Raum zu bilden scheinen, so kündigte doch eine etwas gedämpftere Stimmung das Ende des barocken Zeitalters an. Charakteristisch für

Entwurf zu einem St.-Petrus-Altar, lavierte Federzeichnung von Ignaz Günther

Die österreichischen und bayerischen Künstler des späten 18. Jahrhunderts bleiben ganz dem Rokoko verhaftet; nicht zufällig sind sie mit der Ausstattung von Klöstern und Kirchen befaßt, was in Norddeutschland längst keine künstlerische Aufgabe mehr ist.

Günther waren eine Verfeinerung und Vergeistigung, besonders in seiner scheinbar schwebenden Verkündigungsgruppe in Weyarn.[73]

Im fränkisch-schwäbischen Raum wirkte Johann Michael Feuchtmayer (auch Feichtmayr, 1709-1772), der nicht nur das Stuckdekor von Amorbach, sondern auch in den sechziger Jahren die Altäre von Ottobeuren, Zwiefalten und Vierzehnheiligen schuf. Sein Namensvetter Joseph Anton Feuchtmayer (1696-1770) wirkte mehr im Bodenseeraum und stattete die Wallfahrtskirche in Birnau aus. Beide entstammten der Wessobrunner Stukkatorenschule. Der in Freiburg geborene Christian Wenzinger (1710-1797) zählte ebenfalls zu den bedeutenden Vertretern des südwestdeutschen Rokoko. Wie so viele seiner Kollegen war er nicht nur Stukkateur, sondern auch Maler. Seine Meisterwerke sind Maria Einsiedeln und die Stiftskirche von St. Gallen.

Bis in die sechziger Jahre des 18. Jahrhunderts hinein war die Kirche der größte Auftraggeber der Bildhauer, weiter bildeten Grabmäler für bedeutende Persönlichkeiten ein beträchtliches Auftragsvolumen und nicht zuletzt die Gartenplastiken der Parks. Die Statuen des Parks von Veitshöchheim – des letzten Parks, der 1763 bis 1768 im französischen Stil angelegt wurde, wenn auch schon mit englischen Einflüssen – schuf Ferdinand Dietz (1708-1777). Diese Statuen stellen nicht mehr Götter dar, sondern eine verkleidete Hofgesellschaft. Programmatisch stehen in diesem Park einerseits der Parnaß und andererseits die vier Weltteile, Europa wird durch Joseph II. als Römischer Kaiser Deutscher Nation dargestellt.

Im Barock und Rokoko, insbesondere im Sakralbau, dominierte der Süden Deutschlands, im Klassizismus dagegen brachten es vorwiegend die norddeutschen Künstler zur Meisterschaft. Als bedeutendster klassizistischer Bildhauer gilt Gottfried Schadow (1764 bis 1850) – sein 1790 geschaffenes Grabmal für den im Alter von acht Jahren verstorbenen Grafen von der Mark und die Gruppe der Prinzessinen Luise und Friederike erlangten Weltruhm. Die Plastik der Prinzessinen war zunächst für die Porzellanmanufaktur in kleinem Format geplant, wurde aber wegen ihres »ächt griechischen Styls« unter Friedrich Wilhelm II. in Lebensgröße in Marmor ausgeführt. Schadow schuf aber auch kraß realistische Statuen, beispielsweise 1821 Friedrich II. mit seinen Windspielen, wobei er den König in einen persönlicheren Rahmen stellte.

Im 19. Jahrhundert, dem eigentlichen Jahrhundert der Denkmalkunst, setzte Schadows Schüler Christian Daniel Rauch (1777-1857) das Werk fort; ihm gelang die Synthese von allgemeingültigem Klassizismus und individuellem Realismus. Rauchs erstes Meisterwerk war ebenfalls ein Grabmal: das Grabmal für die Königin Luise im Charlottenburger Schloßpark.

In Stuttgart wirkte der Bildhauer Johann Heinrich Dannecker (1758-1841), der in Paris und Rom studiert hatte. Sein Name ist vor allem mit zwei Schillerbüsten verbunden.

In Wien schließlich arbeitete Franz Anton Zauner (1746-1822). Die Abkehr vom Barock vollzog sich dort erst spät, dann aber leicht. Zauner schuf das Denkmal Kaiser Josephs II. vor der Nationalbibliothek in den Jahren 1804 bis 1807: Die Figur des Kaisers sitzt, als Imperator gekleidet, in würdiger Gemessenheit auf dem Roß. Als Zauner das Kunstwerk fertigstellte, bestand das Heilige Römische Reich nicht mehr, das deutsche Kaisertum war auf das österreichische reduziert worden. Reiterstandbilder verloren während des gesamten 18. Jahrhunderts nicht an Bedeutung; und sie alle standen im Bann des berühmten, von Schlüter um 1700 geschaffenen Reiterstandbilds des Großen Kurfürsten in Berlin, des bedeutendsten Werkes dieser Art.

Im 19. Jahrhundert entwickelte sich das Denkmal zum beherrschenden Typ der deutschen Plastik, der Denkmalskult erreichte einen Höhepunkt. Ende des 18. Jahrhunderts, als man begann, Pläne für ein Denkmal Friedrichs II. zu diskutieren, hatten sich allerdings Verunsicherungen zum Beispiel in der »Kostümfrage« gezeigt: Sollte der Monarch in römischer Toga, im mittelalterlich-teutschen oder im zeitgenössischen Kostüm dargestellt werden? Friedrich Wilhelm II. schrieb schließlich 1791 und 1797 einen Wettbewerb für ein solches Denkmal aus, das bis nach 1800 die Berliner Bevölkerung, die Künstler und die Publizisten beschäftigte. Rauch erhielt schließlich den Auftrag und schuf in zwölfjähriger Arbeit einen volkstümlichen »Alten Fritz« zu Pferde, der in seiner zeitgenössischen Kleidung ruhige Würde ausstrahlt. Den überproportioniert hohen Sockel schmücken Darstellungen der preußischen Geschichte.

Denkmal für Friedrich den Großen, Bleistiftzeichnung von Christian Daniel Rauch, 1839

Nahezu fünfzig Jahre ringt man in Preußen um ein Denkmal Friedrichs des Großen. Von Gilly und Schadow bis zu Weinbrenner und Genelli gibt es Dutzende von Entwürfen für Skulpturen, Gedächtniskirchen und Mahnmale, die man meist in der Nähe der Linden plaziert. Schinkel hat eine Reihe von Entwürfen angefertigt, die alle Baugedanken der Epoche durchspielen; am Ende erhielt Rauch den Auftrag für eine Reiterstatue, die den ursprünglichen Klassizismus in einen idealistischen Realismus wendet. 1839 errichtet, ist Rauchs Friedrich das Gegenstück zu Schlüters Großem Kurfürsten an der Schloßbrücke, so daß die beiden bedeutendsten Reiterbilder Preußens nur wenige hundert Meter voneinander entfernt sind.

Daß ausgerechnet Friedrich der Große 65 Jahre auf ein Denkmal hatte warten müssen, erklärt sich nicht allein aus der damals herrschenden Stilunsicherheit, sondern ebensosehr aus der künstlerischen Darstellung des Königs: Nicht wie ein Held, sondern wie ein Bürgerkönig mit Dreispitz und Krückstock erscheint Rauchs Friedrich. Um die Gestaltung der Plastiken auf dem Sockel wurde jahrelang gerungen. Rauch mußte Zugeständnisse machen: Die ursprünglich auf drei Seiten geplanten Reliefs »Frieden«, »Wissenschaft« und »Künste« wurden auf die Rückseite des Denkmals verbannt, die Darstellung des »Kriegs« nahm die drei Hauptseiten ein! Bei der Denkmalsenthüllung gab sich der gesamte preußische Hochadel die Ehre – das Volk hingegen blieb ausgeschlossen, obwohl auf dem Sockel ein »Bürgerkönig« thronte. Die Beschränkung auf den Adel sollte den unumschränkten dynastischen Anspruch der Hohenzollern auf die durch die Revolution von 1848/ 1849 erschütterte Monarchie bekräftigen.

Das 18. Jahrhundert vereinigte eine Vielzahl stilistischer Strömungen, die in den Historismus des 19. Jahrhunderts mündeten. Schon lange vor der Jahrhundertmitte tauchten präromantische Züge auf. Die ersten gemalten Ruinenveduten und die ersten gebauten Ruinen entstanden unabhängig voneinander in den zwanziger Jahren des 18. Jahrhunderts in Venedig und in den Parks der englischen Aristokratie. In den vierziger Jahren legte Wilhelmine von Bayreuth ihre Ruinentheater in Eremitage und Sanspareil an sowie einen Felsengarten mit Geröll, Fels- und Waldgelände. Man wollte die Natur, die in den französischen Parks so zurechtgestutzt worden war, wieder möglichst natürlich vor sich haben, auch wenn man sich dazu paradoxerweise ebenfalls künstlicher Mittel bediente. Die durch Rousseau und Shaftesbury propagierte Hinwendung zur Natur gipfelte in der Schäferpoesie. Diese Form idealisierten Landlebens fand nicht allein in Frankreich und nicht bloß beim Adel Anklang, sondern kaum minder beim Bürgertum. So ließ sich beispielsweise der Kaiserliche Rat Johann Kaspar Goethe 1763 von Seekatz mit seiner Frau und den Kindern als Schäferfamilie malen.

In der Malerei und in der Baukunst weitete sich seit den fünfziger Jahren der holländische Einfluß aus. Die Nachahmung Rembrandts stand hoch im Kurs. Seine Kontraste zwischen hell und dunkel, die inhaltliche Vertiefung des Dargestellten durch absetzende Einbeziehung der Umgebung, womit eine Aufwertung des Raums ermöglicht wurde – dies alles erlaubte eine intensivere Abbildung des individuellen Seelenzustands; und gerade darauf kam es der Kunst und der Literatur während der zweiten Hälfte des 18. Jahrhunderts zunehmend an, sogar in der Landschaftsmalerei.

Während des 18. Jahrhunderts lösten also französische, italienische, holländische und – besonders im letzten Jahrhundertdrittel – englische Einflüsse einander ab beziehungsweise vermengten sich. Die jeweilige Umsetzung dieser Anregungen durch deutsche Künstler führte indes zu ganz und gar nicht epigonalen, sondern zu spezifischen und unnachahmlichen künstlerischen Ausprägungen. Die Kunst des 18. Jahrhunderts verband also in allen Phasen die kosmopolitische Aufgeschlossenheit der Aufklärung und ihren prinzipiell transnationalen Charakter mit der national individualisierenden Prägung, die künstlerische Leistungen ganz eigenen Ranges hervorbrachte.

Die Vielfalt der territorialstaatlich-kulturellen Räume Deutschlands beförderte noch den Reichtum der Stilvarianten wie den Reichtum lokal und regional bestimmter Kunstwerke. Besitzt ein Nationalstaat eine die bedeutendsten Künstler und Auftraggeber anziehende, manchmal aufsaugende Metropole, so hatte das Alte Reich Hunderte von Residenzen, also Hunderte von städtebaulichen Gestaltungen – nicht alle original zwar, aber meist von eigenem Reiz. Und nicht zuletzt: Neben den überragenden Baumeistern, Malern, Stukkateuren und Porzellanbildnern, die überall gefragt waren und die ganzen künstlerischen Räumen ihren Stil gaben, standen die vielen weniger bekannten Künstler und Kunsthandwerker, denen die große Nachfrage einen Arbeitsmarkt eröffnete, der zugleich der Entwicklung großer Talente Chancen bot und Vielfalt garantierte. Die zahllosen künstlerischen Aufträge der geistlichen und weltlichen Fürsten setzten nicht allein Zehntausende, ja Hunderttausende Handwerker in Lohn und Brot, sondern wirkten für den künstlerischen Nachwuchs mäzenatisch.

Die alten Reichsstädte mit ihrer jahrhundertealten, gewachsenen und deshalb meist weniger planvollen Stadtbaukultur boten während des 18. Jahrhunderts in der Regel wenig Neues: Sprechender könnte ein Vergleich nicht ausfallen als zwischen der mittelalterlichen Reichsstadt Nürnberg und der modernen fürstlichen Residenzstadt München. Und ebensowenig zufällig ist es, daß die eindrucksvollen, kunsthistorisch bedeutenden Rathausbauten, die Macht und Pracht des alten patrizischen Stadtbürgertums symbolisieren, alle früheren Epochen entstammen – meist dem späten Mittelalter oder auch noch, wie das Augsburger Rathaus von Elias Holl, der Renaissance. Erst im späteren 19. Jahrhundert, das die kommunale Selbstverwaltung wiederbelebte, entstanden dann oft im historisierenden, meist neugotischen Stil wieder repräsentative städtische Rathäuser. So erhielt beispielsweise die mittelalterliche Hansestadt Braunschweig nach einem bedeutenden spätgotischen Rathaus des 14. Jahrhunderts im 18. Jahrhundert wohlhabende Bürgerhäuser, die fürstliche Residenz und das noch erhaltende Lustschlößchen Richmond (1768). Im 19. Jahrhundert folgten zunächst klassizistische Privathäuser, später große kommunale Bauten, darunter ein neugotisches Rathaus.

Die Braunschweig benachbarte kleine Residenzstadt Wolfenbüttel aber profitierte im 17. und frühen 18. Jahrhundert von der kulturprägenden Kraft der Herzöge und trug (und trägt teilweise noch) das Gepräge des 17. und 18. Jahrhunderts.

Im Laufe des 18. und frühen 19. Jahrhundert lösten verschiedene Kunst- und Baustile einander ab, hier waren die Übergänge fließend, dort abrupt: Einen größeren Bruch als den zwischen Rokoko und Klassizismus kennt die Kunstgeschichte nicht. War der Rokokostil die letzte Ausprägung des Barock, der mit seiner theatralischen Inszenierung von Religion und Herrschertum sakrale und profane Bauten einander immer ähnlicher werden ließ, dem es aber in seiner höchsten Stufe gelang, Gesamtkunstwerke von unübertrefflicher künstlerischer Einheit und Vollendung zu schaffen, so machten sich doch auch schon zur Zeit des Rokoko Auflösungserscheinungen bemerkbar. Die großen Schloßbauten bildeten keine geschlossene Anlage mehr, sondern zerfielen in mehrere kleinere, intime Gebäude. Die Parks erhielten noch kleinere Pavillons, Raum und Form lösten sich allmählich auf. Die geometrischen Muster in den Parkanlagen wichen den der Natur nachgebildeten geschlängelten Wegen und Bachläufen, an die Stelle von Wasserspielen und Kaskaden traten künstliche Grotten und Seen. Die Neigung zum Pittoresken, Intimen gewann die Oberhand. Die Konsequenzen lagen in der Aufwertung des Ornaments sowie in der Hinwendung zur Kleinkunst und zum Kunstgewerbe. Möbel, Miniaturen, psychologisch einfühlsame Porträts, Kinderbilder, Porzellane und Spiegel waren gefragt.

Als Antwort auf diese ausufernde Überladenheit, auf ihre Künstlichkeit, setzte sich gegen Ende des 18. Jahrhunderts und zu Beginn des 19. Jahrhunderts der Klassizismus durch mit ausgewogenen Proportionen, zurückhaltender Linienführung, bis zur Schmucklosigkeit gehender Dezenz der Innenräume, schließlich dem Verzicht auf Farben und Bildwerk. Die Hinwendung zur Antike, zur griechischen Form, kam aus dem Wunsch nach idealer Humanität. Die Kunst erhielt einen sittlichen Wert, der Mensch sollte und konnte sich durch das Studium der griechischen Kunst läutern. Obwohl das

Brosche mit Amor und der Inschrift: »Je contrains le plus haurs«, Frankreich, um 1770

Das halbe Jahrhundert zwischen 1770 und 1820 ist die große Zeit auch der Kleinkunst, die allmählich immer deutlicher biedermeierliche Züge annimmt.

Jacques-Louis David, Der Schwur der Horatier, 1784

Der Rückgriff auf die griechische und römische Mythologie bedarf nicht der Ereignisse von Paris als Anstoß; Jahrzehnte vor der Revolution trägt die Aufklärung diesen Rückgriff in die Kunst.

mit dem Klassizismus verschwisterte humanistische Bildungsverständnis andere Wege ging, korrespondierten doch auch aufgeklärte Rationalität und Klarheit der jedem Schnörkel abholden Transparenz des Klassizismus.

Seit dem letzten Drittel des 18. Jahrhunderts brachte die schubweise erfolgende Rückwendung zur Antike und zur Gotik eine verstärkte Beschäftigung mit der eigenen Vergangenheit. Der historische Horizont erweiterte sich ständig, man dachte über sich selbst nach, aber dazu gehörte die Bestimmung des eigenen Ortes in der Geschichte. Die scheinbar widersprüchlichen Strömungen in Baukunst und Malerei indizierten die Abwendung von Unbefangenheit und Überschwang barocker Lebensfreude.

Nicht von ungefähr häuften sich während der Aufklärungszeit in der Kunst Darstellungen der griechischen und römischen Mythologie: Auf verschiedenen Ebenen entwickelte sich die Antikenrezeption des 18. Jahrhunderts zu einem der kulturgeschichtlich, aber auch politisch folgenreichen Vorgänge des 18. und frühen 19. Jahrhunderts.

3. Musikkultur in Deutschland zwischen 1763 und 1815

In den Jahren 1770 und 1772 unternahm ein berühmter Musikschriftsteller, der Engländer Charles Burney, zwei Reisen auf den Kontinent, um Material für eine Musikgeschichte zu sammeln. Seine Reiseeindrücke enthält das »*Tagebuch einer musikalischen Reise*«, das Christoph Daniel Ebeling und Johann Joachim Christoph Bode 1773 ins Deutsche übersetzten. Obwohl das »Tagebuch« schon von den Übersetzern ergänzt und kritisiert wurde, obwohl Johann Friedrich Reichardt in seinem Buch »Briefe eines aufmerksamen Reisenden, die Musik betreffend« (1774-1776) gegen den »englischen Schwätzer« und dessen vorschnelles Urteil wetterte, ist es doch sehr aufschlußreich und vermittelt ein eindrucksvolles Bild von den damaligen Musikzentren, der Aufführungspraxis und den Musikschaffenden selbst.

Die Reise durch Deutschland führte Burney unter anderem nach Frankfurt am Main, Darmstadt, Mannheim, Schwetzingen, Ludwigsburg, München, Nymphenburg, Wien, Prag, Dresden, Leipzig, Berlin, Potsdam und Hamburg. Aufgrund zahlreicher Empfehlungsschreiben und nicht zuletzt aufgrund seines bereits erschienenen Werkes über Frankreich und Italien, wohin er ebenfalls gereist war, gewährte man ihm überall Zutritt, so daß er mit vielen musikalischen Großen seiner Zeit Gespräche führen konnte. Sein Urteil lautete, nicht Natur, sondern Kultur führe dazu, »daß die Deutschen so allgemein Musik verstehen; und ein genauer Betrachter der menschlichen Natur, der lange unter diesem Volke lebte, hat gesagt, ›daß, wenn es angeborenes Genie gebe, Deutschland gewiß nicht der Sitz desselben sei, ob man gleich zugeben müsse, daß geduldiger Fleiß und Applikation darin zu Hause gehören‹«.[74]

Dieses harte Urteil provozierte so heftigen Widerspruch, daß es aus der zweiten Auflage gestrichen werden mußte.

Wien war damals *das* Musikzentrum Europas. Obwohl Haydn in Eisenstadt oder auf Schloß Eszterházy ziemlich abgeschieden lebte, der siebzehnjährige Mozart erst 1773 von seiner dritten Italienreise zurückkehrte und Beethoven soeben geboren war, sind es doch diese drei Namen, denen Wien hauptsächlich seinen Ruhm verdankt. Zur Zeit von Burneys Besuch lebten in Wien der heute fast vergessene J. A. Hasse, ein bedeutender Vertreter der Opera seria, Christoph Willibald Gluck, der Begründer der sogenannten »Reformoper«, und Metastasio, der damals berühmteste Librettist und seit 1729 kaiserliche Hofdichter, der drei Generationen von Opernkomponisten mit Texten versorgte. Von einer »Wiener Klassik« konnte nach Guido Adler erst seit 1781/82 die Rede sein. Indessen gab es ein äußerst lebhaftes Musikleben, dessen verschiedene Strömungen als Vorläufer der eigentlichen Klassik gelten. Noch bestand die wesentliche Institution des 18. Jahrhunderts »in dem System italienischer Hofopern, das sich von Neapel und Madrid bis nach St. Petersburg und von London bis nach Wien ausbreitete. Die Musik des 18. Jahrhunderts war ... in ihren charakteristischen Ausprägungen immer noch höfisch und international.«[75]

Wien war damals die Hauptstadt des Reiches und kaiserliche Residenz, entsprechend groß war die Anzahl seiner glanzvollen Theater. Das musikalische Interesse der kaiserlichen Familie scheint ebenfalls sehr groß gewesen zu sein: Der Kaiser selbst verfügte über »hinlängliche Fertigkeit sowohl auf dem Violincell als auch dem Flügel«; die vier Erzherzoginnen, des Kaisers Geschwister, traten bei Hofe in einer von Hasse komponierten Oper als Sängerinnen auf und »agierten sehr gut für Prinzessinen«.[76] Dennoch wollte Maria Theresia – die Klavierschülerin Wagenseils war, selbst sang und Zither spielte, sich also durchaus ein musikalisches Urteil erlauben konnte – dem jungen Mozart wegen der nach dem Krieg mit Preußen notwendig gewordenen Sparmaßnahmen keine Stelle am Wiener Hof geben, ja sie verhinderte sogar dessen Anstellung bei ihrem Sohn, dem Erzherzog Ferdinand, in Italien. In einem Brief vom 12. Dezember 1771 schreibt sie: »Du frägst mich, ob Du den jungen Salzburger in Deine Dienste nehmen sollst. Ich wüßte nicht warum, da Du doch nicht nötig hast, einen Komponisten oder unnütze Leute anzustellen ... Vermeide es durchaus, solchen Menschen Titel zu verleihen, als ob sie in Deinem Dienst stünden. Das diskreditiert den Dienst, wenn diese Leute in der Welt wie Bettler herumlaufen. Zudem hängt ihm eine große Familie an.«[77]

Mit Maria Theresias Regierungsantritt begann denn auch der Niedergang der habsburgischen Hofmusikkapelle. Zusammen mit einer veränderten Einstellung zum Hofzeremoniell führte diese Entwicklung allmählich zu einer Verlagerung des Musiklebens in andere Bereiche. »Kunst war nicht mehr ein Zur-Schau-Stellen von sozialem Rang, sondern sollte auf das individuelle Gefühl wirken.« Die Musik im zweiten Drittel des 18. Jahrhunderts versuchte man mit Begriffen wie Rokoko, Vorklassik, galanter Stil und Empfindsamkeit zu fassen. Tatsächlich tauchte das Galante aber schon zu Beginn des Jahrhunderts auf, während sich das Empfindsame erst nach der zweiten Jahrhunderthälfte verbreitete.[78]

Wodurch sich das »Empfindsame« in der Musik äußerte, läßt sich besonders gut an der legendären »Mannheimer Schule« beobachten. Während der Regierungszeit des Kurfürsten Karl Theodor von der Pfalz zwischen 1743 und 1778 erlebte Mannheim seine Blütezeit. Die kurfürstliche Kapelle, die sich im Sommer in Schwetzingen aufhielt, bestand aus fast hundert Musikern, Sängern und Spielern. Es gab zwei Kapellmeister, der eine war für italienische Opern, der andere für französische zuständig. Die Prachtentfaltung in Schwetzingen und Mannheim war ungeheuerlich, Burney berichtet, daß in Schwetzingen bei einem Ballett mehr als hundert Personen zugleich auf die Bühne kamen – eine größere Zahl als er jemals in Paris oder London auf der Bühne gesehen hatte.

Das Theater von Mannheim faßte 5 000 Zuschauer, zwischen November und Ostern wurde zweimal wöchentlich eine Oper gegeben, wobei sich die Kosten für eine Inszenierung auf 4 800 Gulden beliefen.[79] Über das in ganz Europa berühmte Orchester sagt Burney: »Es sind wirklich mehr Solospieler und gute Komponisten in diesem als vielleicht in irgendeinem Orchester in Europa. Es ist eine Armee von Generälen, gleich geschickt, einen Plan einer Schlacht zu entwerfen, als darin zu fechten.«[80]

Zur älteren Generation der in Mannheim wirkenden Musiker

gehörte Stamitz, der Begründer der »Mannheimer Schule«. Er war Violinvirtuose und wurde 1748 zum Direktor der Instrumentalmusik befördert. Neben ihm standen Franz Xaver Richter und Ignaz Holzbauer als »Hofkomponisten«, Anton Filtz als Cellist sowie Carlo Toeschi, Stamitzens Nachfolger als Direktor der »Cammermusik«. Zur jüngeren Generation der Mannheimer zählten die Söhne von Stamitz, Anton und Carl, Christian Cannabich, der 1774 Direktor der Instrumentalmusik wurde und später die Errungenschaften der Mannheimer an die Wiener Klassik weitervermittelte,[81] sowie zahlreiche andere, heute weitgehend vergessene Künstler.

Die Leistung der Mannheimer Schule bestand hauptsächlich im Aufbau eines Orchesters: Sie gab dem bis dahin üblichen Ensemble eine genormte Struktur, führte einen neuen Klang ein und leistete kompositorisch – nämlich auf dem Gebiet der Symphonie – Bahnbrechendes.

Eine feststehende Besetzung der Instrumente im Symphonieorchester, wie sie für uns heute selbstverständlich ist, kannte das Barockensemble nicht, vielmehr wurde damals je nach Bedarf und Angebot »ad libitum« zusammengestellt. Der Leiter eines solchen Ensembles war meist der Cembalist, der die Musiker nicht nur von seinem Instrument aus führte, sondern auch die zur Baßstimme erforderlichen Akkorde anschlug, was auf den Melodieinstrumenten ja nicht möglich war. Die darüberliegenden Stimmen übernahmen beliebige Instrumente. Bei den Mannheimern übernahm nun der Konzertmeister mit dem Geigenbogen die Leitung der Musik, das Orchester erhielt eine mehr oder weniger genormte Struktur, die Begleitung war obligat. Schon daran ist das Ende des Generalbaßzeitalters abzulesen. Der Klang eines Orchesters und die Darbietungsweise traten von nun an in den Vordergrund. Die Artikulierung der Töne, das Crescendo und Diminuendo, das Forte und Piano, bestimmte melodische Formeln wie »Walze«, »Rakete«, »Seufzer« und dergleichen gaben dem Orchester einen unverwechselbaren Klang, sein Ruhm verbreitete sich in ganz Europa. Natürlich verband sich damit auch Effekthascherei, so daß Leopold Mozart seinen Sohn in einem Brief vom 11. Dezember 1777 vor dem »vermanirirten Mannheimer goût« warnte.

In kompositorischer Hinsicht schufen die Mannheimer – in Verbindung mit anderen, bereits existierenden Strömungen – die Grundvoraussetzungen für die Entwicklung der klassischen Sonatenform beziehungsweise der späteren Symphonie.[82]

Obwohl es den Mannheimern gelang, ein einheitliches Klangbild zu schaffen, war das Orchester in sich keineswegs homogen. Die Kapelle war mit Böhmen, Italienern und Deutschen besetzt – wie die Mannheimer Residenz überhaupt offen war gegenüber Einflüssen von außen. Es entstand eine Instrumentalmusik, die zwar »die verschiedenen nationalen Eigentümlichkeiten aufnahm, aber sie nicht mehr... als separierte behandelte, sondern sie zu einem neuen Ganzen verschmolz«. Der Mannheimer Stil setzte sich in Europa durch.[83]

Ein weiteres bedeutendes Musikzentrum dieser Zeit war Berlin. Friedrich II. spielte nicht nur selbst die Flöte, er komponierte auch und schrieb Libretti. Zu seiner Kapelle zählten mehr erstrangige Komponisten als an anderen Höfen: unter anderen Carl Heinrich

Der Musikdirektor und kurfürstliche Hofkapellmeister Franz Xaver Richter (1709-1789) am Dirigentenpult

Während an fast allen rheinischen Fürstenhöfen des 18. Jahrhunderts die Hofmusik durch Sänger und Instrumentalisten gepflegt wird, hebt sich die Mannheimer Residenz zusätzlich durch eine Komponistenschule hervor, in der auch Mozart längere Zeit verweilte. Die Prachtentfaltung der Oper in Mannheim und in der Sommerresidenz Schwetzingen war außerordentlich, beim Ballett waren auf der Bühne mehr Tänzer, als sie London oder Paris je gesehen hatte, wobei die Inszenierung einem Feldzugsplan ähnelte, nur daß man auf sie mehr Genauigkeit verwandte.

Graun, dessen Bruder Johann Gottlieb Graun, der Flötenlehrer Friedrichs II., Johann Joachim Quantz, der 300 Flötenkonzerte für den König verfaßte, Johann Friedrich Agricola, Franz Benda und Carl Philipp Emanuel Bach. Die Musiker dieser Kapelle gingen sogar als »Berliner Schule« in die Musikgeschichte ein. Allerdings war diese Schule sehr stark vom Geschmack des Monarchen geprägt, dem im instrumentalen Bereich strenger Satz, hochbarocke Formen und eine heitere Melodik am meisten zusagten. Die Berliner Schule war daher stärker an der Tradition orientiert. Auf dem Gebiet der Oper bevorzugte Friedrich zwar den italienischen Stil, aber deutsche Komponisten, den größten Ruhm erlangte Johann Adolf Hasse, der über achtzig Opern schuf und fast alle Texte Metastasios vertonte.

Das von Friedrich 1742 mit Grauns Oper »Cesare e Cleopatra« eröffnete Opernhaus hatte »außer einem sehr großen Parterre vier Logenreihen, jede von dreizehn Logen, deren etliche bis dreißig Personen fassen konnten. Da der König alle Kosten der Oper trägt, so wird für den Eingang nichts bezahlt und wird jedermann, der nur anständig gekleidet ist, frei ins Parterre eingelassen. Die erste Logenreihe ist für die königliche Familie und den hohen Adel; die Reihen, welche mit dem Parterre eben sind, wie auch die zweiten und dritten Ranglogen sind für die Staatsminister, für die fremden Gesandten und andre adelige Personen am Hofe bestimmt; und ein angesehener Fremder, welcher sich an den Kammerherrn, Baron von Pöllnitz, wendet, welcher Directeur des spectacles ist, kann sicher sein, daß ihm ein schicklicher Platz im Theater angewiesen wird. Die Vorstellung beginnt des Abends um sechs Uhr. Der König mit den Prinzen und seinem Gefolge nimmt seinen Platz im Parkett, dichte hinterm Orchester; die Königin, die Prinzessinen und die vornehmsten Hofdamen sitzen in den großen Logen. Bei Ihro Majestät Kommen und Gehen lassen sich zwei Chöre Trompeten und Pauken hören, welche an beiden Seiten des Orchesters in der obersten Logenreihe gestellt sind. Der König steht fast beständig hinter dem Kapellmeister, welcher die Partitur vor sich hat; er sieht fleißig hinein und ist wirklich eben ein so guter Generaldirektor hier als Generalissimus im Felde.«[84]

Friedrich stellte die besten deutschen Instrumentalisten, italienischen Sänger und Sängerinnen sowie französischen Tänzer und Tänzerinnen ein und ließ jährlich in der Karnevalszeit (Mitte Dezember bis Ende Januar) prächtige neuneapolitanische Opern aufführen. Weilte der König in Potsdam, nahm er einen Teil der Hofmusiker mit, die sich jeden Monat mit den in Berlin zurückgebliebenen abwechseln mußten.

Aber die Glanzzeit der Berliner Oper hielt nicht lange an. Die drohende Kriegsgefahr zwang Friedrich schon 1754, den Kulturetat einzuschränken. Und ab 1756 blieb die Oper gar für acht Jahre geschlossen. Nach der Wiedereröffnung wurde sie von Johann Friedrich Agricola geleitet, 1774 für kurze Zeit von Carl Friedrich Fasch und ab 1775 von Johann Friedrich Reichardt. Nur der Intervention von Quantz ist es zu verdanken, daß die Oper 1770 nicht in Privathände überging.[85] Während der Schließung hatten ohnehin schon einige der besten Musiker Berlin verlassen.

Aber auch das Beharren des Königs auf dem längst durch die

Wacholdersaft-Händler vor der Oper und der katholischen St.-Hedwigs-Kathedrale

Friedrichs Leidenschaft für die Musik im allgemeinen und die Oper im besonderen gab sich in jenem Opernhaus zu erkennen, das er zwei Jahre nach seiner Thronbesteigung von Kobelsdorff errichten ließ. Er selber trug alle Kosten für den Unterhalt, wobei jedermann freien Zugang hatte, wenn er nur die Bedingung anständiger Kleidung erfüllte.

europäische Entwicklung überholten Geschmack seiner Jugend führte zur Erstarrung des Musiklebens in Potsdam und an der Berliner Oper. Immer wieder mußten die alten Opern nach italienischer Art aufgeführt werden. Dem jeweiligen Hofkomponisten fiel lediglich die Aufgabe zu, einige Arien durch neue zu ersetzen, selbstverständlich im alten Stil.[86] So verwundert es nicht, daß Carl Philipp Emanuel Bach, der seit Friedrichs Regierungsantritt in dessen Diensten gestanden hatte, 1767 nach Hamburg ging, um dort als Musikdirektor die Nachfolge Telemanns anzutreten. Bach trat vom höfischen Dienst in einen bürgerlichen, nicht nur aufgrund seiner Unzufriedenheit mit der musikalischen Praxis am Hofe Friedrichs II., sondern auch, weil er dort ungerecht behandelt wurde: Er fungierte nicht etwa als Hofkapellmeister, sondern nur als Cembalist, sein Gehalt war viel geringer als das italienischer Sängerinnen oder auch dasjenige von Quantz, und wie aus seiner Autobiographie hervorgeht, erwies ihm beim Verlassen der preußischen Residenz nicht Friedrich, sondern die Schwester des Königs, »Prinzessin Amalia von Preussen Hoheit«, die Gnade, ihn zu »Höchstdero Kapellmeister« zu ernennen.[87]

Eine erhebliche Verbreiterung der gesellschaftlichen Basis des Musiklebens bedeutete es, daß sich Johann Friedrich Reichardt dem Aufbau eines öffentlichen bürgerlichen Musiklebens in Berlin widmete. Er gründete nach Pariser Vorbild die »Concerts spirituels«, für die es seit 1784 gedruckte Einführungen gab.

Zwar hatte es schon seit dem 17. Jahrhundert ein öffentliches Musikwesen an verschiedenen Orten Deutschlands gegeben, beispielsweise öffentliche kirchliche Musikaufführungen, »Akademien« und dergleichen, aber diese Veranstaltungen waren noch nicht unternehmerisch geprägt, wie später, als die Musiker nicht mehr von Amts wegen, sondern als eigens dafür verpflichtete und besoldete Künstler vor die Öffentlichkeit traten. »Hierzu zählte überdies, daß ein bürgerlicher Verein oder ein einzelner Konzertunternehmer (der im Fall des Virtuosenkonzerts häufig der Künstler selbst ist) die Musikveranstaltung finanziert und daß grundsätzlich jedermann gegen Entrichtung eines Eintrittsgeldes Zugang hat.«

Die ersten öffentlichen Konzertunternehmen in Deutschland entstanden in Hamburg (1722) und in Frankfurt am Main (1723). In Leipzig entwickelte sich das Große Konzert (1743) später zum Gewandhauskonzert (1781), außerdem gab es dort die Musikübende Gesellschaft unter Johann Adam Hiller (seit 1775). In Berlin bestand seit 1745 ebenfalls eine Musikübende Gesellschaft. In der Zeit zwischen 1770 und 1800 wurden zahlreiche Liebhaberkonzerte in Mittel- und Kleinstädten gegeben, in Wien 1771 die Tonkünstler-Societät gegründet. In dieser Zeit entwickelte sich also die moderne Form der bürgerlichen Musikpflege. Die Kirchenmusik spielte nach wie vor ihre traditionelle Rolle, die klassische Oper stand ebenfalls weiter im Mittelpunkt des Interesses, das bürgerliche Haus aber wurde zur privaten Pflegestätte der Musik. Die musikalischen Aktivitäten des klassisch-romantischen Zeitalters gingen aus der Hausmusik der Liebhaber hervor.[88]

Mit der zunehmenden Öffentlichkeit von Musik eröffnete sich auch ein weites Feld für die Kritik. Die ersten regelmäßig erscheinenden musikkritischen Publikationen waren Johann Adam Hillers »Wöchentliche Nachrichten« (1766), denen 1782 Reichardts »Musikalisches Kunstmagazin« folgte. Obgleich die namhaften Künstler noch in fester Anstellung standen, darf nicht übersehen werden, daß dieses Verhältnis zwischen Dienstherren und Künstlern mehr und mehr dem zwischen Mäzen und freischaffendem Künstler glich. Wie im öffentlichen Konzert, so ist es »gleichgültig, ob der Patron ein einziger vornehmer Herr oder das gemischte Publikum ist«.[89] Die finanziellen Auswirkungen des freien Unternehmertums aber bekam der Künstler sofort zu spüren, wenn er dem Publikumsgeschmack nicht entsprach.

Der als Epochen- und Stilbezeichnung seit dem Ende des 19. Jahrhunderts in Anlehnung an die »Weimarer Klassik« gängige Begriff »Wiener Klassik« bezeichnet in der Musikgeschichte den Zeitraum zwischen 1781 und 1803, zwischen der Ankunft Mozarts in Wien und dem Verstummen Haydns. In diesem Zeitraum gelangten alle Gattungen der Musik zu höchster Vollendung. Zu den epochemachenden Werken zählten Mozarts »Entführung aus dem Serail« (1782), das das deutsche Singspiel vom Unterhaltungsgenre zur Kunstgattung erhob, Haydns und Mozarts Streichquartette, Haydns Symphonien, Mozarts Opern »Le nozze di Figaro« (1786), »Don Giovanni« (1787) und »Die Zauberflöte« (1791) sowie Haydns späte Messen und Oratorien.[90] Diese Werke ragen so weit aus ihrem stilistischen Umfeld heraus, daß ihnen ein einzigartiger Rang zukommt. Manche Musikhistoriker sprechen von einer »klassisch-romantischen Stilperiode«, die sich erst seit 1910 allmählich abgeschwächt habe.

Wie immer man diese schwierigen Periodisierungsfragen beurteilt, unumstritten bleibt doch, daß die Vereinfachung aller Formen und Stilmittel und die Souveränität der Melodie als tragendes Grundelement in den Vordergrund traten. Die Melodie wurde »begleitet« und nicht durch obligate Stimmen übertönt. Allein diese

Mozart trägt zum ersten Mal seinen »Giovanni« vor, Holzschnitt nach einem Gemälde von F. Hamann

Kamen die Architektur und die Skulptur in Preußen auf ihren Höhepunkt, so war Wien der unbestrittene Mittelpunkt der Musik. Von Haydn über Mozart bis zu Beethoven und Schubert schlug die Habsburgerresidenz fast alle führenden Komponisten der Zeit in ihren Bann; in diesen Jahrzehnten entsteht eine bürgerlich-deutschsprachige Musikkultur anstelle des bis dahin triumphierenden französischen Schauspiels oder der italienischen Oper.

Forderungen bedeuteten eine entscheidende Absage an alle vorangegangenen Stilepochen. Es ging um einen vollständigen Bruch mit dem Vergangenen, um die »Entthronung der Vernunft zugunsten des Herzens«.[91] Die Wiederentdeckung der schlichten Volksmusik spielte dabei eine wichtige Rolle. Das berühmte Diktum Haydns: »Meine Sprache versteht man in der ganzen Welt«, deutet auf das Bemühen um eine universal verständliche Kunst, die bei aller technischen und künstlerischen Vollendung jedermann zugänglich sein sollte. Schon Quantz hatte in seinem »Versuch einer Anweisung die Flöte traversière zu spielen« 1752 die Vermischung der deutschen, französischen und italienischen Stilarten empfohlen, so daß eine Musik entstünde, die »von vielen Völkern angenommen und für gut erkannt wird«.[92] Diese Forderung nach Allgemeinverständlichkeit wird nun in der Klassik zum anerkannten Postulat.

Neben der Instrumentalmusik erlebte auch die Vokalmusik einen Aufschwung. In Haydns und Mozarts Gesamtschaffen sind beide Bereiche gleichrangig, während Beethoven bekanntlich nur eine einzige Oper schuf. Die höfische Prunkoper hielt sich in Deutschland erstaunlich lange. Mozarts »Titus« von 1791 bildet dafür ein spätes Beispiel, obgleich hier der musikalische Stil bereits der Klassik angepaßt ist. Einen sogenannten klassischen Operntypus hatte aber schon Christoph Willibald Gluck herausgebildet. Das Bühnenpathos der italienischen Opern wurde nun als unecht empfunden, es wurde die Darstellung allgemein menschlicher Charaktere angestrebt, die nicht mehr nur den Adel, sondern die ganze Menschheit angingen.

Neben der Opera seria etablierte sich die Opera buffa, und im Gefolge des ersten, 1752 nach Deutschland gelangten französischen Singspiels eroberten bürgerliche musikalische Komödien und Tragödien die Bühnen. Auch hier verschmolzen die einzelnen Nationalstile ineinander. Bestrebungen, eine ernste deutsche Nationaloper zu schaffen, sind schon bei Mozart erkennbar, der am 21. März 1785 an Professor Anton Klein in Mannheim schrieb: » ... das wäre ja ein ewiger Schandfleck für Deutschland, wenn wir Deutsche einmal mit Ernst anfingen, deutsch zu denken – deutsch zu handeln –

»Gründliche Violinschule« von
Leopold Mozart, 1770 (die Erstauflage erschien 1756)

Das Zeitalter der Aufklärung gab
dem bürgerlichen Publikum sein
Recht auch auf dem Felde der
Musikpädagogik, von Quantz bis
zu Leopold Mozart, dessen
»Gründliche Violinschule« auf die
Epoche fast größere Wirkung
hatte als auf den eigenen Sohn.

deutsch zu reden, und gar deutsch – zu singen!!!« Zwar waren
»Zauberflöte« (1791) und »Fidelio« (1805) Meisterwerke auf diesem
Gebiet, die Gattung erreichte aber erst in der Romantik mit Carl
Maria von Weber ihren Höhepunkt.

Neben dem überwältigenden Interesse des klassischen Zeitalters
an der Oper waren auch weiterhin Oratorien gefragt. Bedeutende
Vertreter der verschiedenen Oratorientypen waren Hasse, Eberlin,
Haydn, Mozart und Johann Christian Friedrich Bach, dessen Orato-
rientexte häufig von Herder stammten, sowie Johann Heinrich
Rolle, der unter dem Einfluß Klopstocks allein 21 Oratorien oder
musikalische Dramen komponierte. Das Oratorium wurde überwiegend in Konzerten aufgeführt und war nicht in den Gottesdienst
eingebunden.

Das Zeitalter der Aufklärung brachte unter dem Einfluß eines
aufgeschlossenen bürgerlichen Publikums viele pädagogische
Bücher hervor, zu denen in erster Linie das Werk von Quantz sowie
Leopold Mozarts »Versuch einer Gründlichen Violinschule« (1756)
zählen. Der Vater des großen Komponisten sammelte pädagogische
Erfahrungen während seiner Zeit als Geiger in der Hofkapelle des
Erzbischofs von Salzburg, als ihm dort die Unterweisung der Kapell-
knaben im Violinspiel oblag. Auch Carl Philipp Emanuel Bach
publizierte 1753 bis 1762 einen »Versuch über die wahre Art, das
Klavier zu spielen«. In dieser Tradition stehen schließlich Friedrich
Wilhelm Marpurgs »Kritische Einleitung in die Geschichte und
Lehrsätze der alten und neuen Musik« (1759), Heinrich Christoph
Kochs »Versuch einer Anleitung zur Composition« (1782-1793),
Johann Kirnbergers »Die Kunst des reinen Satzes in der Musik«
(1771-1779) und andere theoretische Werke. Allein die Zahl dieser
Schriften läßt das Interesse in der Öffentlichkeit ahnen, sie sind aber
auch ein Zeugnis der Aufführungspraxis und der Musiktheorie der
Zeit. Wenn die drei letztgenannten Schriften sich wohl eher an Fachleute wandten, so ist doch anzunehmen, daß die drei erstgenannten
viele Musikliebhaber ansprachen, die selbst ein Instrument erlernen
wollten.

Zwar berichtet Burney, daß zur Zeit seiner Reise durch Deutschland in Böhmen »nicht nur in jeder großen Stadt, sondern auch in

allen Dörfern, wo nur eine Lese- und Schreibschule ist, die Kinder beiderlei Geschlechts in der Musik unterrichtet werden«,[93] dennoch scheint die öffentlich organisierte Musikerziehung in anderen Gebieten Deutschlands eine Art Fürsorgeeinrichtung gewesen zu sein. In den katholischen Gegenden des Reichs gab es Jesuitenkollegs, denen eine Musikschule angegliedert war, in der Kinder auf Instrumenten und im Singen unterrichtet wurden. Die Münchner Musikschule wurde in den achtziger Jahren von 80 Schülern im Alter von elf und zwölf Jahren besucht, die dort Musik, Lesen und Schreiben lernten. Sie erhielten bis zu ihrem zwanzigsten Lebensjahr Unterkunft und Kost, aber keine Kleidung. Dafür mußten sie auf den Straßen singen, um zu ihrem Unterhalt beizutragen. Den Unterricht erteilten nicht die Jesuiten, sondern die städtischen Musikmeister.[94]

In Frankfurt erlebte Burney eine Anzahl Mädchen, die in der Kirche ohne Begleitung der Orgel »mit den Priestern und Canonicis sangen: und viele davon waren sogar lutherisch oder reformiert, obgleich der Gottesdienst römisch-katholisch war. Des nachmittags waren auch auf der Gasse eine Anzahl junger Schüler, welche unter Anführung eines Kaplans Hymnen in drei oder vier Stimmen singen. Es sind arme Schüler, die der Kirche gewidmet sind und auf diese Weise milde Gaben zu ihrer Unterhaltung sammlen.«[95] In Berlin stellte Burney fest, daß die »Kurrentschüler (eine Anzahl Knaben, welche durch die Gassen gehend singen) noch itzt in Berlin Bestand haben. Sie bekommen graue Röcke und Manteln und sind ihrer vierundzwanzig an der Zahl. Das Geld, was sie sammeln, wird unter sie verteilt.«[96] Dieses Kurrendesingen ermöglichte den Schülern den Besuch der Lateinschule; häufig war der Kantor auch gleichzeitig der Schulmeister.

Die musikalische Ausbildung der großen Musiker des 18. Jahrhunderts verlief ganz unterschiedlich. Wenn man nicht, wie Mozart, den eigenen Vater zum Lehrmeister hatte, so blieb sie meist dem Zufall überlassen. Haydns Gesangstalent wurde 1737, als er fünf Jahre alt war, von einem Verwandten entdeckt, woraufhin der kleine Joseph zunächst zu diesem Schulmeister gegeben wurde. Er erhielt Unterricht in den Elementarfächern und im Chorsingen. Da der Chor bei besonderen Anlässen von Instrumenten begleitet wurde, hatte Haydn Gelegenheit, sich auch mit diesen und mit der Notenschrift zu beschäftigen. Als er sieben Jahre war, »entdeckte« ihn Georg Reutter d. J., der Hofcompositeur und Domkapellmeister der Wiener Stephanskirche, mit acht Jahren kam Haydn als Sängerknabe nach St. Stephan.

Die Domkapelle bestand damals aus den Sängern und einem Orchester von dreizehn Musikern. Die Knaben waren zusammen mit dem Kapellmeister und anderen Mitgliedern der Kapelle in der Kantorei untergebracht, wo der Kapellmeister nicht nur den Unterricht erteilte oder überwachte, sondern auch für das leibliche Wohl der Zöglinge verantwortlich war. Haydn mußte täglich zweimal im Messe- und Vespergottesdienst singen, die Mitwirkung bei Prozessionen, Festlichkeiten, Begräbnissen, Konzerten kam hinzu, denn häufig mußten die Sängerknaben mit der Hofkapelle zusammenarbeiten. So nahm der gelehrige Haydn auf, was sich ihm bot, und versuchte sich bald selbst im Instrumentenspiel und in der Kompo-

Charles Burney, Kupferstich von Francesco Bartolozzi nach einem Gemälde von Joshua Reynolds

Der Engländer Charles Burney reiste zu Beginn der siebziger Jahre durch Europa und führte dabei das »Tagebuch einer musikalischen Reise durch Frankreich, Italien, Flandern, die Niederlande und am Rhein bis Wien, durch Böhmen, Sachsen, Brandenburg Hamburg und Holland«.

Aufführung von Joseph Haydns »Schöpfung«, seinem ersten Oratorium nach John Miltons »Verlorenem Paradies«, im Festsaal der Wiener Universität im Jahre 1798, Farblichtdruck nach dem Aquarell von Balthasar Wigand, 1808

Die Uraufführungen finden jetzt häufig nicht mehr in den Kirchen und Schlössern statt; die Verbürgerlichung der Musik gibt sich auch in der des Auditoriums zu erkennen, und so fand die Aufführung von Haydns »Schöpfung« in der Wiener Universität statt, ein Ereignis der Stadt, nicht mehr des Hofes.

sition. Mit siebzehn Jahren schied Haydn wegen eines Jugendstreichs aus der Kantorei aus und stand mittellos auf der Straße. Später bemerkte er einmal, er habe in der ganzen Zeit in der Kantorei »in der theoretischen Musik nur zwey Lektionen erhalten«; die Ausbildung war also eher praxisorientiert.

Nach acht schwierigen Jahren, in denen er sich selbst weiterbildete und sein Leben mit musikalischen Gelegenheitsarbeiten fristete – er spielte zum Tanz auf, kopierte Noten, bearbeitete Musikstücke, beteiligte sich an abendlichen Ständchen und unterrichtete Schüler –, nahm er Lakaiendienste bei dem berühmten Tonsetzer Porpora an. Schließlich fand er Zugang zu einem Kreis aristokratischer Musikfreunde, wo er Anregungen erhielt, Unterricht erteilte und an Kammermusikaufführungen teilnahm. 1758 bekam er aufgrund einer Empfehlung eine feste Anstellung als Kammerkomponist und Musikdirektor beim Grafen Morzin, der ihm 200 Gulden jährlich bot, dazu Kost an der »Offiziantentafel« und Logis. Auf dem in der Nähe von Pilsen gelegenen Schloß seines Dienstherrn schrieb Haydn seine erste Symphonie.[97]

Einen ganz anderen Werdegang hatte der Berliner Maurermeistersohn Karl Friedrich Zelter.[98] Zelter wurde 1758 in Berlin geboren und mußte zunächst den Beruf des Vaters erlernen, obwohl es ihn von früher Kindheit an zur Musik zog. Die Familie scheint ziemlich wohlhabend gewesen zu sein. Es befand sich ein Flügel im Haus, und man konnte sich einen Hauslehrer leisten. Der Hauslehrer – es handelte sich um einen Theologen – mußte mit seinem Zögling ein Zimmer teilen und unterrichtete ihn, bis er aufs Gymnasium kam.

Mit zwölf Jahren sah Zelter die erste italienische Oper, »Phaeton«

von Graun, die ihn sehr beeindruckte. Der Besuch des Gymnasiums endete etwa im sechzehnten Lebensjahr wegen einer Schlägerei. Um diese Zeit begann Zelter, wie schon vor ihm seine beiden älteren Schwestern, den Flügel zu spielen. Nach einem Jahr Unterricht bei einem Organisten konnte er einen Choral im Gottesdienst auf der Orgel begleiten. Gegen das Maurerhandwerk dagegen faßte Zelter eine tiefe Abneigung, obwohl ihm immer wieder gesagt wurde, »daß Handwerk über alles gehe, besonders über hohen Stand und herrschaftliche Abhängigkeit ... der Handwerker sei der wahre Bürger ... er sei frei« – worin sich das ausgeprägte bürgerliche Selbstbewußtsein der Familie zeigte.

Nachdem Zelter sich ohne Lehrer ein wenig auf der Violine und auf dem Klavier geübt hatte, ging er heimlich zu einem Stadtpfeifer, bei dem er auf sämtlichen Instrumenten üben durfte. Dieser Stadtmusikus spielte alle gängigen Instrumente gut, Violoncello und Klarinette vorzüglich, hervorragend aber war er auf dem Kontrabaß. Mehrere Lehrlinge und Gehilfen gehörten diesem völlig chaotischen Haushalt an. Zelter ging bald mit auf die Türme der Stadt, auf Hochzeiten, Serenaden und sonstige »Aufwartungen«. Schon 1782 wurde eine Komposition Zelters in der St. Georgenkirche in Berlin aufgeführt. Das Lob des Kantors indes und des berühmten Marpurg wurde zunichte gemacht durch die Schelte Kirnbergers, und dessen Schülerin, Prinzessin Amalia: Die Schwester Friedrichs des Großen unterbrach Zelters Vorspiel mit den Worten: »Hör Er man auf. Er kann ja nischt ...«

Aber der junge Mann ließ sich nicht entmutigen. Er wandte sich an Christian Friedrich Carl Fasch, den berühmten Komponisten, der von 1774 bis 1776 die Königliche Oper in Berlin geleitet hatte und danach seinen Lebensunterhalt als Privatlehrer verdiente. Dieser gründete 1791 die Berliner Singakademie, die durch die Aufführung älterer wie zeitgenössischer Chormusik wesentlich zur Pflege der bürgerlichen Musikkultur beitrug. Obwohl Zelter, dem Wunsch seines Vaters entsprechend, nun doch noch die Meisterprüfung als Maurer ablegte, nahm er weiterhin Unterricht bei Fasch in Potsdam. Dorthin mußte er zu Fuß gehen, was ihn jedesmal fünf bis sechs Stunden kostete. Auf dem Weg aber arbeitete er seine Kompositionen aus.

1786 erschienen Zelters erste Kompositionen bei dem Berliner Musikalienhändler Rellstab. Nach Faschs Tod übernahm Zelter die Leitung der Singakademie. Vielleicht trug die so schwer erkämpfte Ausbildung als Musiker auch entscheidend zu den eigenen späteren Leistungen auf dem Gebiet der Musikpädagogik bei. Er gründete 1807 eine »Ripienschule« für den Orchesternachwuchs und stiftete 1809 eine »Liedertafel«, die zum Vorbild der Männergesangvereine des 19. Jahrhunderts wurde. 1822 richtete er ein Königliches Institut für Kirchenmusik ein. Er wurde Musikdirektor an dem von ihm gegründeten Seminar an der Universität Berlin und Mitbegründer einer Musikabteilung an der königlichen Bibliothek. Goethe schätzte seine Liedvertonungen und führte einen regen Briefwechsel mit Zelter. Viele der Ideen Zelters zur Neuordnung des Musikwesens und der Musikerziehung in Staat, Kirche und Schule wurden erst im 19. Jahrhundert verwirklicht. Mendelssohn-Bartholdy, Meyerbeer und Loewe zählten zu seinen Schülern.

Karl Friedrich Zelter, Gemälde von Karl Begas

Karl Friedrich Zelter, einer der engsten Freunde Goethes, ist für die Nachwelt fast bedeutender durch die Gründung der Singakademie als durch seine eigenen Kompositionen. Sein Lieblingsschüler war Felix Mendelssohn-Bartholdy, dessen Frühbegabung – mit siebzehn Jahren komponierte er die »Sommernachtstraum«-Ouvertüre – das Staunen der Epoche hervorrief und noch Richard Wagner irritierte, der erklärte, alles mühsam lernen zu müssen, was Mendelssohn nur so zuflöge.

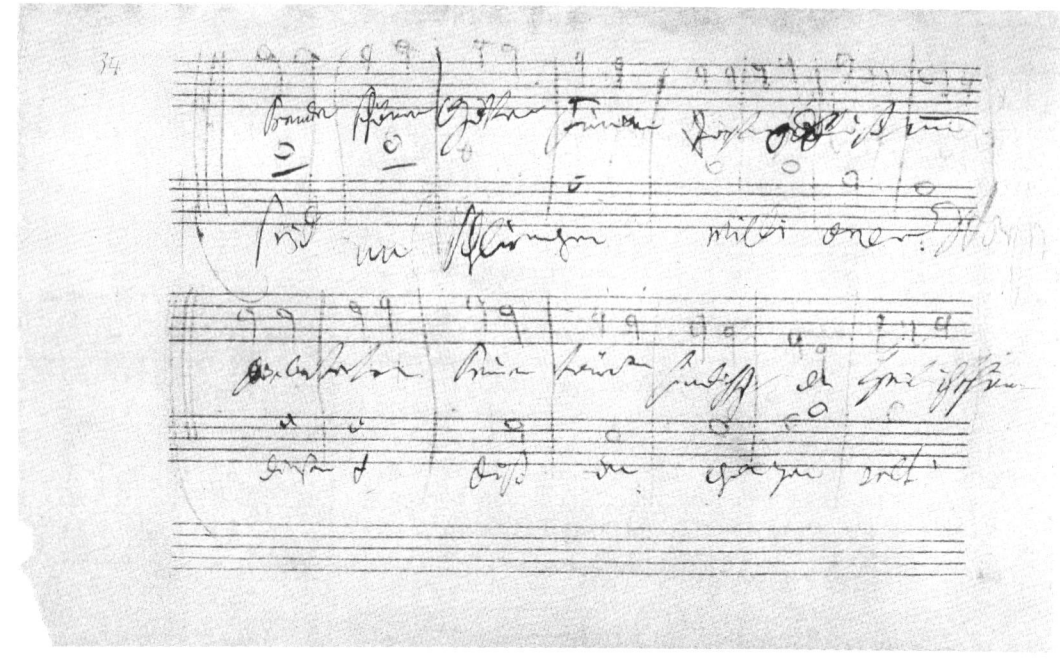

Erster Entwurf Beethovens zu dem Schlußchor »Freude schöner Götterfunken« der Neunten Symphonie, Seite aus dem Skizzenbuch, 1823/24

Beethoven schloß die klassische Epoche Wiens in vielerlei Hinsicht ab; er steht an der Wende zur romantischen Schule, die dann jahrzehntelang von Schubert bis zu Schumann das Musikleben beherrschen wird. Die Neunte Symphonie brachte in ihrem vierten Satz einen Schlußchor nach Schillers »Lied an die Freude«; das war etwas Unerhörtes, denn bisher hatte nur die sakrale Musik dergleichen Montage von Chören in instrumentale Musik gekannt.

Während Zelter einen selbstbewußten Musikertypus repräsentierte, der sich mit bürgerlicher Musikpflege beschäftigte, war Haydn noch ganz der höfischen Kultur verbunden. Er trug Perücke und Uniform, die ihm zweimal jährlich vom Fürsten Eszterházy gestellt wurden. In seinem Vertrag mit diesem Fürsten, der im übrigen recht großzügig war, befand sich eine Klausel, nach der alle Haydnschen Kompositionen in das Eigentum des Fürsten übergehen sollten, er durfte auch für niemand anderen komponieren. Erst bei der Erneuerung des Vertrags 1779 wurde diese Klausel gestrichen. Im übrigen hatte Haydns Musik mit oder ohne sein Zutun längst Verbreitung gefunden.[99] Obwohl er ausgedehnte Reisen nach England unternahm, während er sich in Diensten seines Fürsten befand, war er sich seiner Unfreiheit bewußt. Aus England schrieb er am 17. September 1791 an Marianne von Gentzinger: »... das bewußt sein, kein gebundener diener zu seyn, vergütet alle mühe ...«

Mozart, der 1781 seinen Dienst als Hoforganist beim Erzbischof von Salzburg quittierte, schrieb am 12. Mai 1781: »Ich wußte nicht, daß ich Kammerdiener wäre, und das brach mir den Hals. – Ich hätte sollen alle Morgen so ein paar Stunden in der Antecamera verschleudern.« Selbstverständlich wußte er es, aber er wollte nicht mehr dienen, zumal er bei Tisch neben den Köchen sitzen und andere Demütigungen erdulden mußte. Zu seinem Abschied erhielt er gar einen Fußtritt vom Grafen Arco, dem Küchenmeister des Erzbischofs. Von nun an mußte Mozart sich seinen Unterhalt als freischaffender Künstler selbst verdienen, denn die Stelle, die er 1787 als k.k. Cammer-Compositeur in Wien erhielt, war mit 800 Gulden nur mäßig dotiert.[100] Wie schwierig das auch bei seinen vielseitigen Beziehungen zu aristokratischen Kreisen war, zeigte sich sehr

bald, denn trotz des wachsenden Selbstbewußtseins des Musikers vollzog sich der Wandel zum freien Künstler nur langsam. Noch immer war er abhängig von Aufträgen des Adels.

Beethoven erhielt zwar schon mit vierzehn Jahren eine festbesoldete Stelle als Mitglied der Hofkapelle des Kurfürsten Maximilian Franz, aber er ging 1792 nach Wien, um sich weiterzubilden. Er nahm Unterricht bei Joseph Haydn, Johann Schenk und Georg Albrechtsberger. 1795 gab er im Burgtheater sein erstes öffentliches Konzert als Pianist. Er hatte Freunde und Bewunderer in musikliebenden Adelskreisen und wurde in den Jahren zwischen 1796 und 1814 einer der am meisten anerkannten und gefeierten Komponisten seiner Zeit. Er brauchte keine finanzielle Not zu leiden, denn ab 1809 erhielt er eine Rente von 4 000 Gulden jährlich, die ihm Erzherzog Rudolf, Fürst Franz Joseph Lobkowitz und Ferdinand Kinsky zuerkannten, um seine Berufung nach Kassel durch Jérôme Bonaparte abzuwenden. Schon im Jahre 1800 hatte Fürst Lichnowsky ihm ein Jahresgehalt von 600 Gulden ausgesetzt, ein anderes Mal schenkte er ihm seine kostbaren Streichinstrumente. Beethoven nahm in der Gesellschaft des Adels einen Platz »als Ebenbürtiger« ein. Diese Tatsache war auch nicht ohne Einfluß auf sein Schaffen, denn als erster Künstler brauchte er nicht mehr auf Bestellung oder für einen bestimmten Zweck zu komponieren.[101]

Die Musik im 18. Jahrhundert war das einzige Gebiet der Kunst, das ständeübergreifend ausgeübt wurde. Häufig stellten Adlige Bediente sogar deshalb an, weil sie auch ein Instrument spielen konnten, und das Bürgertum strebte danach, es dem Adel gleichzutun. Das Konzertwesen bildete sich immer mehr aus. Neben den Liebhaberkonzerten und den Übungskonzerten mit bürgerlicher Trägerschaft entwickelten sich bis 1800 das Hauskonzert, das Unter-

Hausmusik bei der Familie Bruch, Gemälde von Johann Friedrich Dryander, 1798

Intimes Musizieren im Freundes- oder Familienkreis, das im 18. Jahrhundert zunahm, war etwas neues für eine Musiktradition, die bis dahin die Kirche oder das Schloß als ihren Ort gekannt hatte. Zwar setzte auch bürgerliche Hausmusik einen gewissen Wohlstand voraus, aber sie war doch nicht mehr an Instrumente gebunden und daher jedermann erschwinglich. Eine Flöte und ein Klavier genügten; die anderen sangen, weshalb denn schon Johann Sebastian Bach im Hinblick auf die häusliche Musik schrieb, daß sie es erlaube, »ein Konzert vocaliter und instrumentaliter mit der Familie zu formiren«.

haltungskonzert und das Virtuosenkonzert. Üblich waren auch Benefizkonzerte zugunsten von Musikerwitwen. Damen und Dilettanten hatten in Liebhaberkonzerten einen breiten Aktionsradius. Die schöne Kunst galt als ein »Gemeingut der gebildeten und sich bildenden Menschheit«.[102]

Mit der Kunstpflege einher gingen auch der Wunsch nach Aufbewahrung (Notendruck), Verbreitung (Verlage) und Tradition (Aufführungspraxis). Zugleich wurde Kunst eine Angelegenheit des Geschmacks, eine ästhetische Angelegenheit, auch daher rührte die Entwicklung von Musikkritik und Musikästhetik im 18. Jahrhundert. Für die Interpretation der neuen symphonischen Literatur waren größere ständige Orchester erforderlich, weil die höfischen Kapellen beispielsweise einer Beethoven-Symphonie nicht gewachsen waren. Häufig mußten Liebhaberkapellen einspringen, bis später Staat und Städte sich dieser Aufgabe annahmen. Auch die genossenschaftlichen Vereinigungen, wie die Wiener Tonkünstlersocietät, eine Art Pensions- oder Sozialversicherungsverein, beförderten den Übergang zum frei ausgeübten Beruf des Musikers.[103]

Fanden die höfischen Musikveranstaltungen, abgesehen von der Oper, eher in kleinem Rahmen statt, so wurden um die Jahrhundertwende Großveranstaltungen populär. An der Aufführung von Händels »Messias« in Berlin 1786 beteiligten sich 188 Orchestermitglieder und ein hundertköpfiger Chor. Das Orchester bestand aus der Hofkapelle des Prinzen Heinrich von Preußen und »einer großen Anzahl braver Dilettanten von hohem und geringern Stande«. Die Einnahmen von 1111 Reichstalern wurden zum größten Teil zur Versorgung armer Witwen und Waisen verstorbener Musiker »zinsbar niedergelegt«, zum Teil sofort an bedürftige Musikerfamilien verteilt.[104] Auch an Zelters Oratorienaufführungen wirkten 160 bis 200 Personen mit. Ihr Gesang sollte »dem Könige, dem Vaterlande, dem allgemeinen Wohl, dem deutschen Sinn, der deutschen Treue« gelten. Die Mitglieder der Singakademie gehörten den höchsten Kreisen der Berliner Gesellschaft an. Für diese Art musikalischer Veranstaltungen mußten Konzertsäle gebaut werden, für die kleineren Kammerkonzerte hatte noch die Wohnung oder das Haus des Mäzens ausgereicht.

Neben dem Wiederaufleben geistlicher Chormusik zeigte sich aber noch eine völlig andere Entwicklung, nämlich die des Liedes. Bedeutsam für die Entwicklung des Sololiedes mit Klavierbegleitung in der zweiten Hälfte des 18. Jahrhunderts ist die vor allem durch Herder und Goethe geförderte Volksliedbewegung sowie die dadurch hervorgerufene Aufnahme und Nachahmung des Volksliedes. Auch auf diesem Gebiet standen Wien und Berlin an führender Stelle. In Wien wurde ein literarisch weniger anspruchsvoller Typus gepflegt, der dem Volksliedgut, dem Singspiel und der italienischen Opernarie verpflichtet war. Gleichzeitig schufen Haydn und Mozart ihre Liedkompositionen, die allerdings nicht im Mittelpunkt ihres kompositorischen Schaffens standen. Beethoven komponierte bereits 79 Sololieder mit Klavierbegleitung, die wegen ihres Formenreichtums große Bedeutung für die Gattung erlangten. Der wichtigste Vertreter des Wiener Liedes wurde zweifellos Franz Schubert, er machte das Lied zu einer eigenständigen Kunstgattung, und seine über 600 Lieder gelten als Inbegriff romantischer Musik.

M E S S I A H

AN

Oratorio

IN SCORE

As it was Originally Perform'd.

Compos'd by

Mr. H A N D E L

To which are added

His additional Alterations.

London. Printed by Messrs. Randall & Abell Successors to the late Mr. J. Walsh in Catharine Street in the Strand.– of whom may be had the compleat Scores of Samson, Alexander's Feast, and Acis & Galatea.

Das Wiederaufleben der geistlichen Chormusik begünstigte auch das Sololied, das sich neben der italienischen Oper und dem französischen Singspiel behaupten konnte.

In Berlin entstanden zwar zwischen 1758 und 1786 Bachs »Geistliche Oden und Lieder« und Neefes »Klopstocks Oden mit Melodien«, sie wurden aber an Popularität weit überragt durch die deutschen Singspiel-Lieder, beispielsweise von Hiller. Schulz' Sammlung »Lieder im Volkston« (1785) ist sogar heute noch bekannt. Die Liederkomponisten bevorzugten unter anderem Texte der Dichter des Göttinger Hainbundes, etwa von Hölty und Voß. Reichardt und Zelter vertonten überwiegend Goethe-Texte.[105]

Die vielen Liedkompositionen wurden in ganz Deutschland gesungen, in Freundschaftskreisen, Mädchenzirkeln, Singeinstituten und Singetees. Die Gattung des Liedes zog viele Menschen an, da sie sich ihr ohne größeres technisches Können widmen konnten, sie war ideal für die Hausmusik. Allein in Berlin gab es Zelter zufolge 1807 schon 50 verschiedene Singetees oder Familienkreise. Der Anspruch, daß das Volkslied ein nationales Gut sei und gepflegt werden müsse, führte in den siebziger Jahren – in Analogie zu den literarischen Bestrebungen – zum Ruf nach Unterstützung durch Staat und Städte für ein deutschsprachiges Musiktheater. Der Wunsch der Komponisten und Interpreten nach deutschem Liedgut entsprang nicht nur dem Ziel, sich von französischem und italienischem Einfluß freizumachen, sondern auch dem Verlangen des zunehmend bürgerlichen Publikums, sich mit den dargebotenen Stoffen und Inhalten identifizieren zu können. Nationalismus und Patriotismus fanden in der Romantik einen fruchtbaren Boden. Zu den Gründen dafür gehörte sicherlich die Reaktion auf die Französische Revolution und die französische Besetzung vieler deutscher Städte.

Der Kosmopolitismus und der Internationalismus der musikalischen Klassik bildeten den Nährboden für die Aufnahme des Rufs der Französischen Revolution nach Freiheit, Gleichheit, Brüderlichkeit in der deutschen Musikwelt. Wenngleich es nahezu unmöglich erscheint, das Verhältnis der musikalischen Klassik zur Revolution, in deren Epoche sie fällt, angemessen und vorurteilslos zu bestimmen, so ist doch unübersehbar, daß sich Beethoven in seiner Dritten (1803-1804), Fünften (1804-1808) und Neunten (1822-1824) Sinfonie an die »Menschheit« wandte, das heißt an ein bisher nicht vorhandenes Massenpublikum, zugleich aber an die Humanität des einzelnen. Das Postulat der Klassiker, an der »Bildung zur Menschheit« (Herder) teilzuhaben, erreicht bei Beethoven und Haydn seine höchste Vollendung. Der musikalische Ausdruck war nicht mehr, wie in der Zeit der Empfindsamkeit, vom Pathos bestimmt, sondern vom Ethos.[106] Die Allgemeingültigkeit der Wiener Klassik beruht nicht allein auf der Formvollendung einzelner musikalischer Gattungen, nicht allein auf dem Überleben einzelner Werke im musikalischen Repertoire, sondern eben auch auf ihrem humanitären Anspruch.

Hausmusik bei Franz Schubert, Skizze von Ferdinand Waldmüller, 1827

Von Haydn und Mozart bis zu Beethoven schuf fast jeder Komponist der Epoche Lieder; der Gesang war eine Leidenschaft der höchsten Kreise, wie denn der Singakademie Zelters selbst Mitglieder des königlichen Hauses und des Berliner Großbürgertums angehörten. Die Kompositionen Beethovens, Schuberts oder Mendelssohns waren das Tagesgespräch, und die Arien neuer Opern wurden am Tage nach der Uraufführung von den Straßenjungen gepfiffen. Das ist die Atmosphäre, in der Franz Schubert groß wird; seine Lieder sprechen nicht nur für das Genie des Komponisten, sondern für den allgemeinen Aufschwung des musikalischen Lebens.

4. »Shakespeare und der deutsche Geist«: Dichtung und Wahrheit

»Deutschland, so lange von auswärtigen Völkern überschwemmt, von andern Nationen durchdrungen, in gelehrten und diplomatischen Verhandlungen an fremde Sprachen gewiesen, konnte seine eigne unmöglich ausbilden.« So sah Goethe den Zustand der deutschen Literatur um die Mitte des 18. Jahrhunderts.

Aber der Olympier beklagte nicht allein das Fehlen einer deutschen Literatursprache, sondern ebenso den Mangel an Inhalten: Der deutschen Poesie fehle »ein Gehalt, und zwar ein nationeller«. In allen souveränen Staaten komme der »Gehalt für Dichtkunst von oben herunter«. Da der Stoff mehr oder weniger die Form bestimme, mußte es sich negativ auswirken, daß die Deutschen »wenig oder keine Nationalgegenstände« behandelt hatten. Doch sollte das nicht länger so bleiben: »Der erste wahre und höhere eigentliche Lebensgehalt kam durch Friedrich den Großen und die Taten des Siebenjährigen Kriegs in die deutsche Poesie. Jede Nationaldichtung muß schal sein oder schal werden, die nicht auf dem Menschlich-Ersten ruht, auf den Ereignissen der Völker und ihrer Hirten, wenn beide für *einen* Mann stehn. Könige sind darzustellen in Krieg und Gefahr, wo sie eben dadurch als die Ersten erscheinen, weil sie das Schicksal des Allerletzten bestimmen und teilen. In diesem Sinne muß jede Nation, wenn sie für irgend etwas gelten will, eine Epopöe besitzen ...«[107]

Trifft Goethes Sicht zu, so konnten die Deutschen bei den politischen Voraussetzungen von der Mitte des 18. bis zum Beginn des 19. Jahrhunderts kaum eine Nationalliteratur ausbilden, bestenfalls eine patriotische. Und so nannte Goethe Lessings »Minna von Barnhelm« kaum zufällig ein »Werk von vollkommenem norddeutschen Nationalgehalt«.

Die große Geschichte findet sich in Lessings Stück im kleinen wieder, individuelle Folgen des preußisch-sächsischen Konflikts werden zum guten Schluß durch »Anmut und Liebenswürdigkeit der Sächsinnen« entschärft, die den »Wert, die Würde, den Starrsinn der Preußen« (Goethe) überwinden: Das sächsische Edelfräulein Minna von Barnhelm bringt mit größtem psychologischem Einfühlungsvermögen den friderizianischen Major von Tellheim von seiner ehrenvollen Verbohrtheit ab – doch auch Tellheim ist Sachse von Geburt! Der Krieg bot Lessing für sein 1767 uraufgeführtes Lustspiel, das nahe daran war, zum Trauerspiel zu werden (E. Staiger), nur die Folie. Tatsächlich ist Tellheims Schicksal – das vordergründig dem des leichtfertigen Spielers und französischen Leutnants Riccaut de la Marlinière ähnlich ist, der es mit der Ehrlichkeit nicht so genau nimmt – »national« betont.

Schon die Begrüßung zeigt Minnas nationalen Stolz: Höchst ungewöhnlich für eine adlige Dame dieser Zeit, weigert sie sich, Französisch zu sprechen: »Sie sprek nit Französisch, Ihro Gnad?« fragt Riccaut etwas irritiert. »Mein Herr, in Frankreich würde ich es zu sprechen suchen. Aber warum hier? Ich höre ja, daß Sie mich verstehen, mein Herr. Und ich, mein Herr, werde Sie gewiß auch verstehen; sprechen Sie, wie es Ihnen beliebt.« Immerhin – doch Riccaut läßt sich nicht lumpen: »Gutt, gutt! Ik kann auk mik auf Deutsch explicier.«[108]

Hier wird ein zentrales Anliegen laut, von dem schon einleitend die Rede war, das Literatur, Gesellschaft und Nationalität umfaßt: Lessing feilte an der deutschen Sprache und verlieh ihr literarischen Glanz. In seinen dramentheoretischen Überlegungen und seinen Dichtungen lehnte er die hölzern-steife Prosa und die klassizistische Ästhetik eines Gottsched ebenso strikt ab wie die noch immer einflußreiche französische Klassik selbst. Lessing begann als Literaturkritiker. In den fünfziger Jahren korrespondierte er mit seinen Freunden Mendelssohn und Nicolai über das Trauerspiel und arbeitete an mehreren literaturkritischen Zeitschriften mit, vor allem an der von Nicolai und später Christian Felix Weisse seit 1757 herausgegebenen »Bibliothek der schönen Wissenschaften und der freyen Künste« und danach an den gemeinsam mit Nicolai, Mendelssohn und später Thomas Abbt herausgegebenen »Briefe(n), die neueste Literatur betreffend« (1759-1765). Schließlich beteiligte er sich, wenn auch mit viel weniger Engagement, noch an Nicolais »Allgemeine(r) Deutsche(r) Bibliothek« (1765-1806).

Im 17. Literaturbrief rechnete Lessing am 16. Februar 1759 mit Gottsched ab. Keineswegs gehe von Gottsched die erste Verbesserung des deutschen Theaters aus. Ganz im Gegenteil: Hätte sich doch »Herr *Gottsched* niemals mit dem Theater vermengt!« Gottsched, der seine Stücke mit Kleister und Schere verfertigt habe, habe der Schöpfer eines »französirenden« Theaters werden wollen, »ohne zu untersuchen, ob dieses französirende Theater der deutschen Denkungsart angemessen sei oder nicht«. Die Deutschen würden durch die zu große Einfalt mehr ermüdet als durch die zu große Verwicklung: »Wenn man die Meisterstücke des *Shakespear*, mit einigen bescheidenen Veränderungen, unsern Deutschen übersetzt hätte, ich weiß gewiß, es würde von bessern Folgen gewesen seyn, als daß man sie mit dem *Corneille* und *Racine* so bekannt gemacht hat. Erstlich würde das Volk an jenem weit mehr Geschmack gefunden haben, als es an diesen nicht finden kann; und zweytens würde jener ganz andre Köpfe unter uns erweckt haben, als man von diesen zu rühmen weiß. Denn ein *Genie* kann nur von einem *Genie* entzündet werden; und am leichtesten von so einem, das alles bloß der Natur zu danken zu haben scheinet und durch die mühsame Vollkommenheit der Kunst nicht abschrecket.«[109]

Lessing war nicht der einzige und nicht der erste, der die Deutschen auf Shakespeare hinwies. Vielmehr tat dies zuerst ein Schüler Gottscheds: Johann Elias Schlegel – Bruder des Fabeldichters Johann Adolf Schlegel sowie Onkel von August Wilhelm und Friedrich – publizierte 1741 eine »Vergleichung Shakespears und Andreas Gryphs« und gelangte trotz Kritik an der »Schwülstigkeit« des Shakespeare zu dem Ergebnis, »daß diejenigen, die alte Poeten lieben, wo mehr ein selbstwachsender Geist als Regeln herschen, und die sich nicht abschrecken lassen, etwas rauhes zu lesen ... die Tugenden eines Poeten zu bewundern wissen, ohne seine Fehler hochzuachten«.[110]

Die erste klassizistische Übertragung eines Shakespeare-Stücks,

Illustration zu Lessings »Minna von Barnhelm« von Daniel Chodowiecki

Mit Lessings Theaterstücken hebt eine Verbürgerlichung des theatralischen Lebens an, weshalb er denn seine »Minna von Barnhelm« ein bürgerliches Trauerspiel nennt. Nicht nur Shakespeare und Marlowe haben Königsdramen verfaßt, auch Corneilles und Racines antikische Dramen spielten an Höfen. Jetzt kommt das dem Zuschauer bekannte Alltagsleben auf die Bühne, das schließlich am Ende des 19. Jahrhunderts mit Hauptmanns Stücken den Schritt zum Proletarischen nicht scheut.

nämlich des »Julius Caesar«, stammte von dem preußischen Gesandten von Borck (1741).[111] Erheblichen literarischen Einfluß gewann die Übersetzung von insgesamt 22 Stücken des großen englischen Dichters durch Christoph Martin Wieland in der Zeit von 1762 bis 1766, sie stieß endgültig das Tor zur deutschen Shakespeare-Rezeption auf. Die Begegnung mit Shakespeare befreite die deutsche Literatur von dem normativen Klassizismus der großen Franzosen Corneille, Racine, Molière und Boileau-Despréaux. Wenngleich diese Übersetzung viel Kritik erfuhr, so erhielt sie doch das Lob Lessings: Was Wieland gut gemacht habe, könne schwerlich jemand besser machen, und trotz mancher Mängel handelte es sich um ein Buch, das man nicht genug empfehlen könne.[112]

Dem Ideal der Natürlichkeit und Urwüchsigkeit, zu der auch die Darstellung großer Leidenschaften und abgründigen Seelenlebens gehörte, kam Shakespeare näher als irgendwer, zumal er sich nicht an die klassischen drei Einheiten von Ort, Zeit und Handlung hielt, die die Franzosen in Anlehnung an die aristotelische Poetik dogmatisiert hatten. Der wachsende Einfluß Shakespeares auf die deutsche Literatur ging mit einer Entdeckung des deutschen Mittelalters einher, das ebensowenig wie der große englische Dichter mit bloß rationalistischen oder klassizistischen Kategorien erfaßt werden konnte. So urteilte Eichendorff später: »Shakespeare ist durch den germanischen Geist Altenglands, der durch seine Schauspiele weht, fast unser Landsmann geworden.«[113]

Die Parallelen zu der Englandbegeisterung auf anderen kulturellen Gebieten sind offenkundig, ihren symbolischen Ausdruck fand sie im englischen Garten, im Landhausstil, schließlich in der »Empfindsamkeit«, die mit der Übersetzung der reichen Romanliteratur von Richardson bis zu Laurence Sterne in den siebziger Jahren in Deutschland nochmals Auftrieb erhielt. Ein herausragendes Beispiel bildete das Werk des aus Braunschweig stammenden Lessing-Freundes und aktiven Hamburger Freimaurers Johann Joachim Bode, der unter anderem Sterne, Fielding und Goldsmith, aber auch Montaigne und Voltaire meisterlich verdeutschte und dem Lessing vorschlug, das englische Wort »sentimental« mit »empfindsam« zu übersetzen. Allerdings besaß die »Empfindsamkeit«, in der das religiös gestimmte Naturgefühl des Pietismus zum Ausdruck kam, schon eine längere Tradition, zu der neben Gellert vor allem auch Klopstock beigetragen hatte. Für die Darstellung des Gefühls, der Selbsterfahrung, des Freundschaftskults eigneten sich insbesondere bekenntnishafte Literaturgattungen wie Briefe, Tagebücher, Liebeslyrik, Idyllen sowie auf das individuelle Erleben konzentrierte Reiseschilderungen.[114]

Der englische Einfluß auf die deutsche Geistesentwicklung, der sich auch im politischen Denken – unter anderem bei Schlözer und Möser – bemerkbar machte, setzte allerdings auf verschiedenen Ebenen ein, hatte doch die Rezeption der führenden englischen Aufklärer von John Locke bis zu David Hume längst begonnen. Die großen englischen Zeitschriften des frühen 18. Jahrhunderts, die Joseph Addison und Richard Steele herausgegeben hatten und in denen neben anderen Pope und Swift publizierten, hatten schon während der zwanziger Jahre in den »Moralischen Wochenschriften« Nachahmung gefunden und nachhaltig das bürgerliche Wert-

system beeinflußt.[115] Prägten die französischen Vorbilder insbesondere die höfische, so die englischen in stärkerem Maße die bürgerliche Kultur in Deutschland.

Doch so außerordentlich die Übersetzungsleistung deutscher Literaten – beispielsweise diejenige Johann Joachim Eschenburgs, Johann Heinrich Voß' und vor allem August Wilhelm Schlegels – in diesen Jahrzehnten erscheint,[116] so viele Kulturen sie auch erfaßte, sie verblaßt vor der einzigartigen literarischen und philosophischen Entwicklung Deutschlands vom letzten Drittel des 18. bis zum frühen 19. Jahrhundert: Diese Entwicklung gewann durch die Rezeption entscheidende Anstöße, erschöpfte sich aber nicht in der Übertragung aus anderen Sprachen und erlangte bald Eigenständigkeit. Die Jahrzehnte von Klopstock, Wieland, Lessing und Herder bis zu Goethe, Schiller, Kleist, Hölderlin, Jean Paul, den Brentanos, Arnim, E.T.A. Hoffmann, den Schlegels, Schleiermacher, Schelling, Kant, Hegel und Fichte brachten eine solch verschwenderische Fülle literarischer und philosophischer Glanzleistungen hervor, daß sie fürwahr ein augusteisches Zeitalter bilden, dem keine literarische Epoche vorher und nachher gleichkommt: Ein augusteisches Zeitalter ohne Augustus. Denn Friedrich der Große konnte trotz seines unvergleichlichen Ranges diese Rolle für das ganze Deutschland nur sehr indirekt wahrnehmen.

Zwar brach zwischen den wesentlichen literarischen Strömungen, also Aufklärung, Sturm und Drang, Klassik sowie Romantik, immer wieder ein heftiger Federkrieg aus, der die Fronten klärte, Gruppenbildungen initiierte, eine öffentliche Meinung erst schuf, dennoch treten im Rückblick nicht allein die jeweiligen Besonderheiten der literarischen Strömungen, sondern kaum minder ihre Gemeinsamkeiten hervor. Und ebenso deutlich wird, wie wenig die

Christoph Martin Wieland mit seiner Familie, Gemälde von Georg Melchior Kraus, 1775

Wielands Romane spielten zwar in höfischer und feudaler Umwelt, aber sein Porträt zeigt ihn voll bürgerlichen Behagens mit seiner Frau und seinen fünf Kindern, wobei seine Kleidung zu erkennen gibt, daß man ihn sich ohne Publikum denken soll.

Hamburg. 1771.
Bey Johann Joachim Christoph Bode.

An

Bernstorff.

deutsche Literatur wirklich auf das große, von Goethe gestellte Thema einer Nationalliteratur angewiesen war: Brauchten »Emilia Galotti« und »Nathan«, die »Räuber« und »Don Carlos«, »Werther«, »Wilhelm Meister« und »Faust« wirklich den erhabenen Gegenstand, den Herrscher, der im Krieg als Größter zugleich dem Allerletzten nahe war? Verlangte die deutsche Dichtung unbedingt nach dem souveränen Nationalstaat, um ihre höchsten Leistungen zu erbringen? Und bedurfte Kants »Kritik der reinen Vernunft« des Siebenjährigen Krieges oder der Persönlichkeit seines großen Königs? Wo liegt da der Zusammenhang?

Tatsächlich beherrschten religiöse und soziale Themen, das Problem der Identität, das Verhältnis von Individuum und Gesellschaft, die Naturerfahrung die deutsche Literatur ungleich stärker als Staat und Krieg. Und dies schadete ihr nicht. Da entstanden bürgerliche Trauerspiele, die Idylle, der Bildungsroman: Ihre Thematik war bürgerlich – auch dort, wo nicht der Konflikt zwischen adlig-höfischer und bürgerlicher Welt den eigentlichen Vorwand lieferte. Und Klopstocks »Messias« war kein weltliches, sondern ein biblisches Epos in zwanzig Gesängen und Hexametern. Unter dem herausfordernden Eindruck von Homer und Milton hatte der vierundzwanzigjährige Friedrich Gottlieb Klopstock 1748 zunächst in Prosaform begonnen, auf der Grundlage des Johannes-Evangeliums und der Apokalypse das Martyrium Jesu darzustellen. Als der neunundvierzigjährige Dichter 1773 das grandiose Werk abschloß, stand er als der Schöpfer des ersten großen deutschen Epos seit dem Mittelalter vor seinen Lesern. Doch ragte es aufgrund seiner religiösen Thematik, seiner lyrisch-rhapsodischen Sprache, seines überhöhenden dichterischen Ausdruckswillens bereits als ein Fremdling in die literarische Landschaft: »Wer wird nicht einen Klopstock loben; doch wird ihn jeder lesen? Nein!« Und mit dieser Einschätzung mochte Lessing wohl recht haben.

Klopstocks Oden zeugen von tiefer Empfindungsfähigkeit und stehen nicht allein in der formalen Tradition der antiken Bauform von Horaz und Pindar, sondern folgen außerdem einem der wesentlichen Ziele griechischer Tragödien: Die Erschütterung sollte erhebende Läuterung bewirken, das Endliche mit dem Unendlichen verbunden werden. Seine erste Odensammlung von 1771 beeindruckte durch die Sprache des Gefühls ebenso wie der »Messias«. Die empfindsame Generation, die Autoren des Sturm und Drang, vor allem die Haindichter, huldigten Klopstock. Schon 1751 hatte der dänische König den Dichter nach Kopenhagen geholt und ihm ein Jahresgehalt ausgesetzt, 1774 lud ihn der Markgraf Karl Friedrich von Baden ein. Aber derselbe Klopstock, der zu den Wegbereitern der Empfindsamkeit gehörte, wurde auch zum Protagonisten der Bardensänger und gestaltete dramatisch vermeintlich »nationale« Themen. Von den religiösen Gehalten und der antiken Mythologie wandte er sich zur germanischen und schrieb – nachdem schon Johann Elias Schlegel 1743 mit seinem »Hermann« ebenfalls einen »vaterländischen« Stoff behandelt hatte – zwischen 1769 und 1787 eine Hermann-Trilogie, in der er germanischen Freiheitssinn und Sittlichkeit hymnisch besang. Klopstock lebte seit 1770 nicht mehr in einem Fürstenstaat, sondern bis zu seinem Tod 1803 in Hamburg. Sein hohes Ansehen gründete kaum in seiner Germanen-Verherrlichung, deren dichterischer Rang weder dem des »Messias« noch dem der Oden gleichkam.

Den dichterisch stärksten Ausdruck fanden die sozialen Probleme zunächst im bürgerlichen Trauerspiel, deren eigentlicher Schöpfer Lessing war. Ließ er in »Minna von Barnhelm« vor allem den Adel auf der Bühne agieren, so schuf er nach dem bürgerlich-rührseligen Familienporträt der »Miss Sara Sampson« (1755) mit »Emilia Galotti« (1772) geradezu den Prototyp des bürgerlichen Trauerspiels. Sein eigentliches Thema war der Konflikt zwischen höfischer Leichtfertigkeit, ja Gewissenlosigkeit und bürgerlich-rechtschaffenem Ehrverständnis: Der Bürger wurde tragödienfähig, nachdem George Lillo dies 1731 mit »The London Merchant« und Denis Diderot in seinen bürgerlichen Dramen »Le fils naturel« (1757) und »Le père de famille« (1757) vorexerziert hatten. Beide Stücke Diderots übersetzte Lessing 1760 sogleich ins Deutsche. Die französische Aufklärung verlor trotz Shakespeare auch während der zweiten Jahrhunderthälfte nicht ihren Einfluß.

Der Stoff der »Emilia Galotti« entstammte – wie viele literarische Vorgaben dieser Jahrzehnte – der Antike: Hierin zeigte sich wieder einmal ihr ungebrochenes Fortleben, wie in der Kunst war die Rezeption der Antike in der Literatur neben der Aufnahme französischer und englischer Einflüsse von Bedeutung.

Dem bürgerlichen Odoardo und seiner Tochter Emilia ist kein Opfer zu groß, nicht einmal das Leben, um sich den Machenschaften des Prinzen von Guastalla zu entziehen und die Ehre zu retten. Der italienische Duodezfürst indes bleibt nur so lange liebenswürdig, wie er seine Wünsche durchsetzen kann, danach wird er zum willkürlichen Despoten, der sogar den von seinem Kammerherrn initiierten Mord am Verlobten der Emilia Galotti, dem Grafen Appiani, billigt, um Emilia in seine Gewalt zu bekommen. Als Emilia die Zusammenhänge erkennt, fürchtet sie gleichwohl die eigene Verführbarkeit und verlangt vom Vater den Dolch. Der ersticht sie, um ihr den Selbstmord zu ersparen. Am Ende stellt er sich dem Prinzen: »Nun da, Prinz! Gefällt sie Ihnen noch? Reizt sie noch Ihre Lüste? Noch, in diesem Blute, das wider Sie um Rache schreyet? ... Ich gehe und liefere mich selbst in das Gefängniß. Ich gehe und erwarte Sie, als Richter. Und dann dort – erwarte ich Sie vor dem Richter unser aller!« Und der Prinz: »... Geh, dich auf ewig zu verbergen! – Geh! sag ich. – Gott! Gott! – Ist es, zum Unglücke so mancher, nicht genug, daß Fürsten Menschen sind: müssen sich auch noch Teufel in ihren Freund verstellen?«[117]

Zweifellos eine Tragödie antiken Maßes, eine scharfe politische und gesellschaftliche Kritik. Noch zu Beginn der Arbeit an diesem Stück hatte Lessing am 21. Januar 1758 an Nicolai über den jungen Autor, also sich selbst, geschrieben: »Er hat nehmlich die Geschichte der römischen Virginia von allem dem abgesondert, was sie für den ganzen Staat interessant machte; er hat geglaubt, daß das Schicksal einer Tochter, die von ihrem Vater umgebracht wird, dem ihre Tugend werther ist als ihr Leben, für sich schon tragisch genug und fähig genug sey, die ganze Seele zu erschüttern, wenn auch gleich kein Umsturz der ganzen Staatsverfassung darauf folgte.«[118]

Wie wahr! Trotzdem gewann das Stück die ursprünglich nicht beabsichtigte politische Dimension. Darin spiegelte sich die wach-

Friedrich Gottlieb Klopstock, Gemälde von Jens Juel

Klopstock entstammt der höfischen Welt des 18. Jahrhunderts; der dänische König und der Markgraf von Baden umwarben ihn gleicherweise, aber sein Werk vollzieht die Wende zu »nationalen« Themen, indem es die antike Mythologie und die religiösen Stoffe verläßt, vaterländischen Barden huldigt und germanischen Freiheitssinn beschwört. So steht er zwischen den Zeitaltern, das machte seine immense Popularität nach der Mitte des Jahrhunderts und sein schnelles Vergessen an dessen Ende aus.

sende Politisierung der Literatur bis zur Fertigstellung der Tragödie nach nahezu eineinhalb Jahrzehnten. Doch erinnert der Brief Lessings an eine grundsätzliche Dimension: Wirkliche Kunstwerke sind mehr als bloße Reflexe auf die politische oder gesellschaftliche Entwicklung, die poetische Darstellung des Menschlichen erschöpft sich in ihnen nicht. Nicht zuletzt deshalb konnte sich die deutsche Literatur dieser Jahrzehnte zu solchem Rang erheben, weil sie sich von dem Zwang zur bloßen Abbildung oder Nachahmung des sichtbaren Teils der Realität befreite: Zur literarischen und philosophischen Reflexion solcher Wirklichkeit gehörte stärker als der große Zwang gesellschaftlicher Determination das freie Spiel.

Die Wirkung dieses dramatischen Kunstwerks war enorm, sein Einfluß auf Schiller ist kaum zu überschätzen. Er folgte Lessings Spuren und schuf ein kongeniales bürgerliches Trauerspiel, das 1784 in Frankfurt uraufgeführt wurde: »Kabale und Liebe«. Schiller verfaßte sein Trauerspiel in Prosa, dies gab ihm die Möglichkeit, die soziale und politische Kritik erheblich realitätsnäher als Lessing zu gestalten, zumal er den Schauplatz in die kleinstaatliche absolutistische Welt verlegte. In die Situationsschilderung ließ Schiller viele Erfahrungen aus seiner eigenen Heimat, dem Württemberg des Herzogs Karl Eugen, einfließen. Neben dem unverkennbaren sprachlichen Pathos bediente er sich volkstümlicher, zum Teil derber Reden: Das Theater begnügte sich nicht mehr damit, moralische Anstalt zu sein, vielmehr wurde es zum kritischen Forum, auf dem die politische[119] und gesellschaftliche[120] Realität Deutschlands bloßgelegt werden sollte.

Vermittelte Schiller[121] die Botschaft des Glaubens und der Hoffnung gegen die ständische Ordnung der Gesellschaft, so konfrontierte Lessings »Nathan der Weise« (1779) in der berühmten Ringparabel die Konfessionen mit dieser Botschaft: »Es eifre jeder seiner unbestochnen / Von Vorurtheilen freyen Liebe nach! / Es strebe von euch jeder um die Wette, / Die Kraft des Steins in seinem Ring' an Tag / Zu legen! komme dieser Kraft mit Sanftmuth, / Mit herzlicher Verträglichkeit, mit Wohlthun / Mit innigster Ergebenheit in Gott, / Zu Hülf'! Und wenn sich dann der Steine Kräfte / Bey euren Kindes-Kindern äussern: / So lad' ich über tausend Jahre, / Sie wiederum vor diesen Stuhl. Da wird / Ein weisrer Mann auf diesem Stuhle sitzen, / Als ich; und sprechen.«[122]

»Nun aber bleibt Glaube, Liebe, Hoffnung, diese drei, aber die Liebe ist die größte unter ihnen.« Auf diesen Satz aus dem ersten Korinther-Brief konnte sich auch das Humanitätsideal der Klassik berufen, das Lessing im »Nathan« vorbereitete. Doch zur gleichen Zeit, noch auf dem durch Lessing erreichten Höhepunkt der Aufklärung, entwickelte sich eine konträre literarische Strömung, die doch in wesentlichen Grundsätzen auf der Vorarbeit der Aufklärer basierte. An ihr waren der junge Herder, der junge Goethe, der junge Schiller beteiligt, sie übersteigerte die Empfindsamkeit und war ihrerseits ohne Shakespeare kaum vorstellbar: der Sturm und Drang.

Der aus dem Schleswigschen stammende Dichter Heinrich Wilhelm von Gerstenberg leitete 1766/67 mit seinem »Versuch über Shakespeares Werke und Genie« eine neue Welle der Verherrlichung des englischen Dichters ein. Bald schuf er mit seiner einfühl-

Iffland als »Nathan der Weise«

In der Ringparabel des »Nathan« verdichtet sich die Erkenntnis der deutschen Aufklärung, daß nicht die Wahrheit selber den Menschen gegeben sei, sondern allein die Suche nach ihr.

Der Geniestreich des fünfundzwanzigjährigen Goethe, »Die Leiden des jungen Werther«, wurde als Bruch aller Sittlichkeit verstanden, Rechtfertigung und Feier des Selbstmordes. So wurde der Roman an vielen Orten verboten, durfte nicht veröffentlicht und gelesen werden. Dieses Schicksal teilte der junge Goethe, dessen »Götz von Berlichingen« ebenfalls als skandalöse Herausforderung der Epoche verboten wurde, mit dem nur zehn Jahre jüngeren Friedrich Schiller, den die Mannheimer Aufführung der »Räuber« mit einem Schlag in ganz Deutschland bekannt machte. Die neue Dichtung wurde als Bedrohung der alten Gesellschaft empfunden; die Klassiker des 19. waren die Provokateure des 18. Jahrhunderts.

samen psychologischen Tragödie »Ugolino« (1768) ein Panorama der menschlichen Natur, das auf Dantes »Göttlicher Komödie« gründete. In rascher Folge erschienen die weiteren Werke des Sturm und Drang, zunächst Johann Gottfried Herders »Journal meiner Reise im Jahr 1769«. Friedrich Maximilian Klinger lieferte der Richtung mit seinem 1776 veröffentlichten Drama »Sturm und Drang« unfreiwillig den Namen, hatte er selbst dem Stück doch den Titel »Wirrwarr« gegeben – eine Bezeichnung, die den Aufklärern durchaus angemessen erschien, standen sie doch den jungen Genies dieser Jahre äußerst kritisch gegenüber. Klinger schrieb später unter anderem noch einen »Faust«: »Fausts Leben, Taten und Höllenfahrt« (1791). Zu den Stürmern und Drängern gehörten außer den Genannten zunächst die Dichter des Göttinger Hain: Boie, Hölty, Goeckingh, die beiden Grafen zu Stolberg, Johann Martin Miller, Voß, dann Heinrich Leopold Wagner, Johann Anton Leisewitz, Maler Müller und in gewisser Weise auch der pietistisch geprägte Jung-Stilling. Zu den bekanntesten Dichtungen zählten die beiden Dramen von Jakob Michael Reinhold Lenz: »Der Hofmeister oder Vorteile der Privaterziehung« (1774) sowie »Die Soldaten« (1776).

Während die literarische Empfindsamkeit, mit nationalen Unterschieden zwischen 1740 und 1780 aktuell, eine europäische Erscheinung war, blieb der Sturm und Drang auf Deutschland beschränkt. Er war eng mit der Empfindsamkeit verbunden, übersteigerte sie jedoch. Zugleich aber behielt die Aufklärung Einfluß, während der sich am aufgeklärten Rationalismus reibende Sturm und Drang zeitlich und sachlich begrenzt blieb. Bei ihm handelte es sich um eine kurzlebige Gruppierung junger Dichter, alle zwischen zwanzig und dreißig Jahre alt, die nur vom Ende der sechziger bis zur Mitte der achtziger Jahre im Sinne des Sturm und Drang wirkten. Diejenigen, die auch danach noch dichteten, wandten sich mehr oder weniger radikal von ihren früheren Positionen ab: Der Sturm und Drang war, so viele literarische Talente er auch hervorbrachte, eine generationsspezifische Protestbewegung gegen die aufgeklärten Väter. Viele Stürmer und Dränger flüchteten aus dem bürgerlichen Leben und fanden nicht wieder zurück, starben früh im Elend, endeten oftmals im Selbstmord, der die Flucht aus der Gesellschaft ebenso wie das persönliche Scheitern symbolisierte. Sie verstanden sich als »Originalgenies«, weshalb auch von »Genieperiode« gesprochen wird. Auch in dieser Beziehung war ein englischer Dichter von wesentlichem Einfluß: Edward Young, der schon die Empfindsamkeit durch seine Weltschmerz atmenden »Night Thoughts« beeinflußt hatte, publizierte 1769 »Conjectures on original composition«, die ursprüngliche, schöpferische Inspiration propagierten. Beide Werke wurden schon nach wenigen Jahren ins Deutsche übertragen.

In sozialer Hinsicht stellte dieser Geniekult überwiegend bürgerlicher Schriftsteller erstmals eine gruppenspezifische Auseinandersetzung des modernen Künstlertums mit den bürgerlichen Werten, aber auch mit der alten Adelswelt dar. In jedem Fall erfuhren diese jungen Schriftsteller ihre Außenseiterexistenz gegenüber der festgefügten gesellschaftlichen Ordnung als Bedingung ihres Dichtens.

Die Stürmer und Dränger stellten Gefühl, Gemütsbewegungen, Phantasie, ja die Natur überhaupt, gegen die Vernunft: Mit Shakespeare und Rousseau gegen Voltaire! Die »Originalgenies« übersahen jedoch, daß die Aufklärung neben der rationalistischen eine auf Locke zurückgehende sensualistische Komponente besaß, die der Empfindsamkeit schon den Weg bereitet hatte und die zu den Voraussetzungen ihres eigenen Denkens gehörte. Zur programmatischen Selbsterfahrung trat bei der Mehrheit der Stürmer und Dränger Selbstüberschätzung, ihr bedeutendster Dichter schrieb den »Prometheus«, der gegen die Götter wetterte:

> »Hier sitz' ich, forme Menschen
> Nach meinem Bilde,
> Ein Geschlecht, das mir gleich sei,
> Zu leiden, weinen,
> Genießen und zu freuen sich,
> Und dein nicht zu achten,
> Wie ich.«[123]

Wenngleich sich solche künstlerische Kraftmeierei weit von der pietistischen Empfindsamkeit eines Jung-Stilling entfernte, führte doch die gefühls- und erlebnisbetonte Erfahrung Gottes zur Erfahrung des Gefühls und des Erlebens selbst – von den herrnhuterischen »Bekenntnissen einer schönen Seele« Susanna Katharina von Klettenbergs, die das Vorbild für die »Schöne Seele« im 6. Buch von Goethes »Wilhelm Meister« lieferte, zur säkularisierten Selbsterfahrung, ja zum rauschhaften Selbstgenuß des Gefühls. Man ging nicht mehr zur Beichte, beichtete aber ständig vor allen Lesern: Auch für den Sturm und Drang mußten der autobiographische Roman, die Briefromane, die gefühlsbetonte Lyrik die beliebtesten Gattungen neben dem Drama sein. Die stärker objektivierenden Gattungen der Epik spielten indes eine geringe Rolle. Und etwas davon findet sich selbst noch beim reifen Goethe, der bekannte, seine Werke seien doch nur »Bruchstücke einer großen Confession«.

Der Gegensatz zu den Aufklärern manifestierte sich in einer Darstellungsform, die beiden gemeinsam war: in der Reisebeschreibung. Vermaßen die Aufklärer Städte und Landschaften, berichteten sie buchhalterisch und pedantisch über das Gesehene, schichteten sie gewissenhaft Steinchen auf Steinchen, um so zu einer genauen Weltdarstellung zu gelangen, so wollten die Stürmer und Dränger Selbstdarstellung um jeden Preis. Die Wirkung des Erlebten auf das individuelle Seelenleben bildete das wahre Anliegen: Der sich in sprachlicher Expressivität ausdrückende Individualismus bildete ihr Lebensgesetz. Sah Herder 1769 in seiner Reise einen Akt der Selbstbefreiung aus dem »Tintenfaß von gelehrter Schriftstellerei«, warf er seine Vergangenheit buchstäblich über Bord, um sich den neuen Eindrücken völlig hinzugeben, so trug Nicolai dieses Tintenfaß mit sich, um die Gelehrsamkeit durch die Bestandsaufnahme der Welt immer mehr auszudehnen. Herder hingegen zerriß die Fesseln seiner bisherigen Umwelt. Auf See beschwor er den Aufbruch zu neuen Ufern. »Das flatternde Segel, das immer wankende Schiff, der rauschende Wellenstrom, die fliegende Wolke, der weite unendliche Luftkreis! … Wo ist das veste Land, auf dem ich so veste stand! … Wenn werde ich soweit seyn, um alles, was ich gelernt, in mir zu zerstören, und nur selbst zu erfinden, was ich denke und lerne und glaube!«[124]

Büsching, Nicolai, Riesbeck, Wekhrlin, Rebmann, Forster – sie alle hätten lieber die Feder abgebrochen, als derartige Impressionen und solche Selbstverunsicherung aufs Papier zu bringen wie der junge Herder. Diese Unterschiedlichkeit rührte nicht zuletzt von dem gesellschaftlichen Selbstverständnis der Aufklärer her, die doch den Sinn ihres Lebens im Dienst am Gemeinwohl sahen. Tugend war für sie eine soziale Kategorie. Zwar betonten auch sie die Rechte des Individuums, aber ebensosehr seine gesellschaftliche Verpflichtung. Sie wollten Staat, Gesellschaft, Kultur reformieren, blieben aber bei aller Kritik an der bestehenden Ordnung in sie eingebunden. Die »Ungebundenheit« der Stürmer und Dränger bewerteten sie als Unverantwortlichkeit.

Allerdings spielte auch für die Stürmer und Dränger das Verhältnis von Individuum und Gesellschaft eine fundamentale Rolle, auch Herder reflektierte die humanen Ziele, die für die Aufklärung konstitutiv waren. So träumte er davon, als Staatsmann Livland umzugestalten und Schulreformen im Sinne Rousseaus durchzuführen. Auch er dachte 1769 über Natur, Gesellschaft, Politik nach. Doch blieben dies damals Assoziationen, Gedankensplitter, Begeisterung – Vorspiel für das eigene spätere Werk über die Ursprünge der Menschheit. Auch die Generation des Sturm und Drang übte immer wieder soziale oder politische Kritik.

Einer der schärfsten politischen Polemiker war Christian Friedrich Daniel Schubart, der unter anderem in seiner Zeitschrift »Deutsche Chronik« (1774-1777) fürstlichen Despotismus und Unmoral anprangerte. Auch Adel und Klerus attackierte er heftig. Seine politische Lyrik, beispielsweise das berühmte Gedicht »Die Fürstengruft« (1780), machte Furore, es begann mit den Zeilen: »Da liegen sie, die stolzen Fürstentrümmer, / Ehmals die Götzen ihrer Welt.« Schubart, ein ungezügeltes Temperament, vielseitig begabt, brach sein Theologiestudium ab, wurde Hofkapellmeister, Organist, Komponist, Lyriker und Publizist. Für seine Kritik und Polemik

Gefangenentransport zu der Festung Hohenasperg, kolorierte Lithographie, Anfang des 19. Jahrhunderts

Herzog Karl Eugen von Württemberg verkörperte noch einmal einen eigentlich schon unzeitgemäßen absolutistischen Despotismus. Zugleich huldigte der widersprüchliche Herrscher der Kultur seiner Zeit, auch die Dichtung nahm er ernst und las vor allem die Lieder, Dramen und Romane der zeitgenössischen Autoren. Die württembergische Festung Hohenasperg, auf der er viele seiner Untertanen meist ohne Gerichtsverfahren einkerkern ließ, war ein Symbol seiner rigorosen Verfolgung freien Denkens; hier verbrachte Christian Friedrich Daniel Schubart insgesamt zehn Jahre für die scharfe Kritik in seiner Zeitschrift »Deutsche Chronik« und insbesondere sein Gedicht »Die Fürstengruft«, das in der Tat eine unverhüllte Absage an den Herzog, den Adel und den Klerus war.

büßte er mit einer auch nach damaligen Maßstäben illegalen zehnjährigen Kerkerhaft auf dem Hohenasperg – auf dem früher schon Johann Jacob Moser eingesperrt worden war. Herzog Karl Eugen von Württemberg hatte Schubart willkürlich verhaften und ohne Urteil auf die Festung bringen lassen. Aufgrund preußischer Fürsprache kam der Dichter 1787 frei, wurde Theater- und Musikdirektor am württembergischen Hof, wo der zwischen despotischer Willkürherrschaft und aufgeklärten Reformen schwankende, äußerst zwiespältige Karl Eugen noch bis 1793 regierte.

Auch Lenz, der sich in seinen 1774 veröffentlichten »Anmerkungen über das Theater, nebst angehängtem übersetztem Stück Shakespeares« erneut mit der aristotelischen Poetik auseinandersetzte und zu dem Ergebnis gelangte, ein Genie brauche keine Regeln, übte in seinem »Hofmeister« beziehungsweise in seinen »Soldaten« Kritik am Schulwesen, an der Privaterziehung und anderen Dingen. Trotz aller gelungenen Situationsbeschreibung im einzelnen erreichte er doch nur geringe Stringenz im ganzen. So lautete denn auch das literarische Urteil Ludwig Tiecks: der »Hofmeister« sei weniger ein Stück als »Novellen im Dialog«.

Den heftigsten Zusammenstoß zwischen Aufklärung und Sturm und Drang lösten Goethes »Leiden des jungen Werther« aus. Nichts hätte den Konflikt besser symbolisieren können, der hier zwischen den gesellschaftlichen Maximen und den literarischen Vorstellungen beider Generationen aufbrach. Dabei verband Goethe wie kein zweiter Dichter den Bildungsgehalt aller literarischen Strömungen von der Aufklärung bis zur Romantik. Seine literarische Entwicklung spiegelt die deutsche Literaturgeschichte bald dreier Generationen, sein Werk umfaßt alle literarischen Gattungen. Hinzu treten vielfältige theoretische und praktische Arbeiten, ein zeichnerisches Werk, naturwissenschaftliche und kunsthistorische Forschungen, schließlich die politische Tätigkeit als Weimarer Staatsmann. Alle Einflüsse, die uns in Kunst und Literatur begegnet sind, fanden bei Goethe ihren individuell geprägten Ausdruck: »Und keine Zeit und keine Macht zerstückelt / geprägte Form, die lebend sich entwickelt.« Seine Beiträge über die deutsche Baukunst des Mittelalters, vor allem das Straßburger Münster in den »Blättern von deutscher Art und Kunst«, sein Aufsatz »Zum Shakespearestag« bilden Schlüsseldokumente für den Ausbruch und Aufbruch der jungen Generation und bezeugen zugleich die geschichtlichen Perspektiven, in denen sie standen. Goethes frühe Lyrik, seine frühen Stücke setzten sogleich die Reflexionen um, ihr poetischer Gehalt ist nach seinen eigenen Worten der Gehalt des eigenen Lebens, aber in gleichem Maße der Gehalt seiner Zeit. Sein Werk verwirklicht die beiden grundlegenden Möglichkeiten der Literatur, Ausdruck der eigenen Zeit zu sein und in Opposition zu ihr zu stehen, und es wies zugleich über die eigene Zeit hinaus.

Werthers Leiden symbolisierten die Leiden der Sturm-und-Drang-Generation wie kein zweites Werk. Der »Werther« erlangte eine Wirkung, die sich nicht auf das Literarische beschränkte – und die selbst Napoleon ergriff. Als der Imperator nach Deutschland kam, wollte er den Dichter des »Werther« sehen. In Deutschland löste das Werk geradezu eine Werther-Epidemie aus; in Wien veranstaltete man noch Jahre nach dem Erscheinen ein »Werther-

Goethes Haus in Weimar, Illustration aus Friedrich Albrecht Klebes »Historisch-statistische Nachrichten von der berühmten Residenzstadt Weimar«, Elberfeld 1800

Der Herzog von Weimar machte seine provinzielle Residenz von wenigen tausend Einwohnern zum geistigen Mittelpunkt der zeitgenössischen Dichtung; während Königsberg mit Kant und Hamann und Wien mit Haydn und Mozart Mittelpunkte der neuen, oft als revolutionär empfundenen Philosophie und Musik bildeten, war die kleine thüringische Stadt der deutsche »Musenhof«. Von Goethe und Schiller bis zu Wieland und Herder gelang es dem Landesherrn, jene Dichter an sich zu binden, über die man in ganz Deutschland sprach, wobei er vor den rebellischen Köpfen, die anderswo verfolgt wurden, nicht zurückschreckte. Ihre Häuser spiegelten den sozialen Status der Bewohner und die Nähe zum Herzog. So errichtete sich Goethe am Frauenplan ein großbürgerliches Haus, das durch seinen repräsentativen Zuschnitt bereits die Geltung zu erkennen gab, die der Dichter im neuen Jahrhundert beanspruchte.

Feuerwerk«, man trug Werther-Hosen, den blauen »Frack« und die gelbe Weste. Diesen Unfug hätten die Aufklärer noch hingehen lassen, schadete er doch niemandem, aber was schlimmer war: Das Werther-Fieber führte zu Werther-Selbstmorden. Goethes wirkungsvollstes Werk erwies sich als sein problematischstes. Goethe lebte den »Werther« nur bis an die Grenze, statt zur Pistole griff er zur Feder und ließ den Helden an seiner Stelle sterben. Nicht wenige Leser aber kehrten dieses Verhältnis um. Werk und Wirkung standen in einem dialektischen Spannungsverhältnis. Die Nachahmung des Lebens in der Literatur wandelte sich zur Nachahmung der Literatur im Leben. Lehnten die Stürmer und Dränger die Nachahmung der Natur als Aufgabe der Kunst ab, so zeigte die Werther-Mode, wie sehr ein Teil dieser Generation, die doch dem Kult der Originalität huldigte, tatsächlich Nachahmung in ungeahntem Ausmaß trieb.[125] Und hatte Nicolai so unrecht, wenn er den gereiften Martin in seiner Parodie sagen ließ: »Dein Held mag Werther seyn, mein Held ist der Autor.«[126]

Der reife Goethe betrachtete den Geniestreich seiner Jugend kaum weniger skeptisch als die Aufklärer, doch zeitlebens nahm er ihnen übel, daß sie früher als er zu dieser Einsicht gelangt und sogleich rüde mit seinem Werk umgesprungen waren. Unter vielen Parodien ragte als erfolgreichste diejenige Nicolais hervor: »Freuden des jungen Werthers, Leiden und Freuden Werthers des Mannes – voran und zuletzt ein Gespräch« (1775).

Doch geißelte nicht allein Nicolai[127] die problematische Wirkung dieses Buches, auch der über jeden literarischen Zweifel erhabene Lessing billigte den »Werther« nicht. Goethe, Schiller und in ihrem Gefolge viele Literaturkritiker bezichtigten die Aufklärer zu Unrecht, den literarischen Wert des Werkes verkannt zu haben. Entscheidend für die Aufklärer aber war, daß sie die Literatur nicht über das Leben stellten, daß sie Subjektivismus verabscheuten und das Buch gesellschaftlich unverantwortbar fanden.[128]

Goethes »Werther« verlieh mit suggestiver Poesie in unvergleichlicher Weise dem Lebensgefühl einer ganzen Generation Aus-

druck: Er demonstrierte die Autonomie des Individuums und des literarischen Kunstwerks gegenüber der Gesellschaft, setzte Selbstverwirklichung an die Stelle der Fremdbestimmung. Natur und Empfindung pries er als höchste Werte und stellte zugleich das gesamte aufgeklärt-bürgerliche Normensystem fundamental in Frage. Sowenig die Sturm-und-Drang-Generation eine Unterordnung der Individualität unter gesellschaftliche Normen anerkannte, sowenig stellte sie Literatur und Kunst in den Dienst der Gesellschaft. Das literarische Werk stand über der Gesellschaft und implizierte schon deshalb ihre Kritik. Der Selbstmord Werthers stellte die konsequenteste Form dieser Verweigerung dar und brachte zugleich seine fehlende Integration zum Ausdruck. Insofern thematisierte Goethes »Werther« schärfer als andere zeitgenössische Romane die Polarität von Individuum und Gesellschaft. Doch stand das Buch gerade dort in der Tradition aufgeklärten Denkens, wo es dieses sprengte: Radikaler als alle Aufklärer stellte Goethe grundsätzlich die Tradition in Frage, insofern es ihm um den »bloßen« Menschen ging: Nicht allein die ständische, jegliche gesellschaftliche Ordnung erschien unter dieser Perspektive zweitrangig. Stellten die Aufklärer Menschenrecht gegen Ständerecht, so die Stürmer und Dränger noch prinzipieller Individualrecht gegen Gesellschaftsrecht.

Der utopische Charakter solcher »Sozialphilosophie« konnte zwar einen Goethe auf die Dauer nicht befriedigen, fand aber in anderen Dichtungen des Sturm und Drang seinen Niederschlag, etwa in Friedrich Leopold Graf zu Stolbergs dialogischem Roman »Die Insel« (1788), der das Ideal naturgemäßen Lebens der Zivilisation entgegenstellte. War der adlige Diplomat Stolberg religiös geprägt und konvertierte 1800 zum Katholizismus, so ästhetisierte Wilhelm Heinses dionysische Utopie »Ardinghello und die glückseligen Inseln« (1787) am Ende des Sturm und Drang den Immoralismus. Sein italienischer Held, ein kraftstrotzender, genialischer Renaissancemensch, schwelgt in Natur und Kunst, überläßt sich dem Sinnenrausch, macht das Leben zum Fest: »All mein Wesen ist Genuß und Wirksamkeit; heiter der Kopf, immer voll heller Gedanken, reizender Bilder und bezaubernder Aussichten, und das Herz schlägt mir wie einer jungen Bacchantin im ersten ganz freien Liebestaumel.« Doch propagierte Heinse auch weitere Ideale: »Die Griechen sind noch immer an Gehalt und Schönheit die ersten Menschen auf dem Erdboden, ihre Liebe zur Freiheit und ihr Haß gegen alle Art von Unterdrückung noch ebenso wie bei den Alten.«[129]

Nicht nur wegen des hier vorgestellten kompromißlosen Freiheitsdranges wurde das Buch für gefährlicher gehalten als der »Werther«. Stolberg urteilte gar: »... verbrennet das böse Büchlein, wenn Euch an der Tugend Eurer Weiber, Schwestern und Kinder etwas gelegen ist.«[130] Tatsächlich beschränkte sich Heinse nicht auf Sinnenrausch und Kunstgenuß, vielmehr gelangte er außerdem zu staatsphilosophischen Betrachtungen, die den radikaleren Aufklärern keineswegs fernstanden und besondere Beachtung verdienen, zumal er sie zwei Jahre vor der Revolution in Frankreich zu Papier brachte. Heinse bemerkte: »Das Wohl des Ganzen ist das erste Gesetz ..., und jede Staatsverfassung, wo nur ein Teil sich wohl befindet oder gar abgesondert wäre, ist ... eine Mißgeburt. Ein Des-

Wilhelm Heinse (1746-1803)

Wilhelm Heinse, der mit der Zeitschrift »Iris« den ersten rheinischen Musenalmanach vorzugsweise für weibliche Leser herausgab, war ein Gegenspieler Goethes und Schillers, der viel erfolgreicher war als die Weimarer Klassiker. Seine Feier des Immoralismus, die den Sinnenrausch verherrlichte, war ein Produkt des Sturm und Drang. Sein Roman »Ardinghello und die glückseligen Inseln« kam fast gleichzeitig mit Goethes »Italienischer Reise« heraus, aber während Goethes Reisetagebuch vom großen Publikum nahezu ungelesen blieb, brachte es Heinses erotischer Roman auf mehrere Auflagen. Zusammen mit »Renaldo Renaldini«, dem Abenteuerroman von Goethes Schwager Vulpius, war das Buch ein Bestseller der Epoche, während im Falle von Goethes Werken deren Einfluß in keinem Verhältnis zu ihrer Verbreitung stand; noch Ende des 19. Jahrhunderts konnte man viele Werke in ihren unverkauften Erstauflagen erwerben.

Wielands Haus in Weimar, Illustration aus Friedrich Albrecht Klebes »Historisch-statistische Nachrichten von der berühmten Residenzstadt Weimar«, Elberfeld 1800

Wieland, der als Prinzenerzieher nach Weimar gekommen war, errichtete sich ebenfalls ein bürgerliches, aber viel bescheideneres Haus, in dem er seine Gäste angemessen empfangen konnte, da seine Zeitschrift »Deutscher Merkur« den Autoren des »Agathon« und später des »Goldenen Spiegels« zum Mittelpunkt einer Gesellschaft machten, die immer weniger dem Rokoko und immer stärker dem Rationalismus huldigte.

pot ... ist ein Mensch, der ohne Gesetze, die aus dem Wohl des Ganzen entspringen, über die andern herrscht, bloß nach seinem Gutbefinden.« Aristokratische Herrschaft beurteilte er als »vielköpfigen Despotismus«. Ein Staat »von Menschen, die des Namens würdig sind, vollkommen für alle und jeden, muß im Grunde immer eine Demokratie sein ..., das Wohl des Ganzen muß allem andern vorgehn, jeder Teil gesund leben, Vergnügen empfinden, Nutzen von der Gesellschaft und Freude haben; der allgemeine Verstand der Gesellschaft muß herrschen, nie bloß der einzelne Mensch«. Aber Heinse sah wohl, daß einmal bestehende Verfassungsordnungen nicht durch bloße Vernunftschlüsse aufzulösen sind, sprach sogar von der »ursprünglichen Ungleichheit der Menschen und der daraus entspringenden Ungleichheit der Besitzungen und der Gewalt«. Nur der Dichter sei in der Lage, mit einem Schlag Millionen von Menschen in eine beliebige Ordnung zu bringen.[131]

In seiner politischen Kritik, ihrer teilweise utopischen Einkleidung sowie in seiner gelegentlichen Frivolität ähnelte Heinse einem weit bedeutenderen Zeitgenossen, Christoph Martin Wieland. Wie andere Schriftsteller seiner Zeit ist auch Wieland kaum einer einzigen literarischen Strömung zuzurechnen, vielmehr durchlief er verschiedene Schaffens- und Stilphasen und schuf ein weit gefächertes literarisches Werk. Seine Übersetzungsleistung wurde bereits erwähnt, die meisten Stürmer und Dränger lasen Shakespeare in Wielands Verdeutschung. Sein umfangreiches Werk ist qualitativ ungleichgewichtig, neben dem empfindsam-religiösen steht der »Rokoko-Wieland«, außerdem war er politischer Romancier, Essayist, Publizist und Herausgeber einer der führenden kultur- und literaturkritischen Zeitschriften seiner Zeit: Sein »Teutscher Merkur« erschien von 1773 bis 1810 überwiegend monatlich, mit verschiedentlich modifiziertem Titel. Mit dieser Zeitschrift wirkte der erfolgreichste deutsche Schriftsteller der vorklassischen Zeit nachhaltig geschmacksbildend im Sinne aufgeklärt-bürgerlicher Kultur. Mit ungefähr 2 500 Exemplaren zählte sie zu den auflagenstärksten Journalen, wenngleich sich ihre Auflage, wie die anderer Zeitschriften auch, später stark verminderte, gegen Ende des 18. Jahrhunderts wurden nur noch 800 Exemplare abgesetzt.

Wieland wurde 1733 in der Nähe von Biberach als Sohn eines pietistischen Landpfarrers geboren, betätigte sich zeitweilig als Hofmeister, Kanzleidirektor, schließlich seit 1769 in Erfurt als Professor der Philosophie und kurmainzischer Regierungsrat, bevor ihn die Herzogin Anna Amalia 1772 (bis 1775) als Prinzenerzieher nach Weimar berief, wo er zum Glanz des dortigen Hofes erheblich beitrug. Wie nur wenige überlebte er mehrere Epochen deutscher Geistesgeschichte, zum Teil als einer ihrer führenden Repräsentanten, wandelte sich mit ihr und blieb doch stets unverwechselbar, bis er 1813 auf seinem Landgut bei Weimar starb.

Nach religiös schwärmerischen Anfängen kam Wieland als Berner Hauslehrer mit dem Geist und den Dramen des französischen Rokoko in Berührung und arbeitete zunächst unter diesem Einfluß. Anschließend lernte er die empfindsamen englischen Romane seiner Zeit kennen und schrieb, durch sie angeregt, die »Geschichte des Agathon« (1766/1767), die sein erster großer Erfolg wurde und zugleich Epoche machte, handelte es sich doch um den ersten großen deutschen Bildungsroman. Mit eindringender Erzählkunst und psychologischem Gespür stellte Wieland – in antiker Einkleidung – seinen eigenen widersprüchlichen Bildungsgang dar: Der Konflikt zwischen religiös-idealistischer Sinnenfeindschaft und ungehemmtem Sinnengenuß erfährt schließlich eine harmonische Lösung in vernunftgeleiteter und gemäßigter Daseins- und Sinnenfreude, in Moralität und geistiger Autonomie – eine Harmonie, die dem späteren klassischen Ideal nahekommt.

Viele Romane Wielands bedienen sich antiker Stoffe – Wieland liebte die literarische Verkleidung und war ein außerordentlich gebildeter Kenner nicht allein der englischen und französischen Literatur, sondern ebenso der griechischen und römischen. Ihr widmete er zahlreiche Übersetzungen, unter vielen anderen verdeutschte er Horaz, Lukian, Euripides und Cicero.

Schon Goethe sah in Wielands Heldengedicht »Oberon«, das in vierzehn Gesängen und modifizierter Stanzenform aus verschiedenen Quellen schöpft – Chaucer, Shakespeare, Erzählungen aus 1001 Nacht – und in romantisierender, ritterlich-höfischer Form mit tiefem Ernst deutsche Tugenden wie Treue, Tapferkeit und Sittsamkeit beschwört, ein Meisterwerk. Carl Maria von Weber vertonte den Oberon 1816. Eleganz und Geschmeidigkeit der Sprache zeichneten auch dieses Werk Wielands aus.

Der Erzähler Wieland gehörte mit dem Lyriker Klopstock und dem Dramatiker Lessing zu den drei bedeutenden literarischen Wegbereitern der deutschen Literaturentwicklung vor der Klassik. Zweifellos besaß er eine hochgradige politische Sensibilität, gelangte aufgrund präzis-nüchterner Beobachtungen der Zeitläufte zu klugem Urteil, nicht allein in der Literatur, sondern ebenso in der Politik. Wielands Essays, seine Aufsätze über die Französische Revolution, seine Beurteilung der deutschen Politik, gehören zu den gehaltvollsten literarischen Reflexionen der damaligen Politik.

Seine bekannteste politische Satire trug ihm die Berufung an den Weimarer Hof ein: »Der goldene Spiegel oder die Könige von Scheschian« erschien 1772 und schilderte in der Form eines satirischen Romans – innerhalb einer morgenländischen Rahmenerzählung nach dem Vorbild von 1001 Nacht – die Herrschaftspraxis aufgeklär-

Herders Haus in Weimar, Illustration aus Friedrich Albrecht Klebes »Historisch-statistische Nachrichten von der berühmten Residenzstadt Weimar«, Elberfeld 1800

Auch Herder bewohnte als Generalsuperintendent und erster Prediger an der Stadtkirche das Haus eines hohen Geistlichen, der auf Dienstpersonal zählen konnte.

ter und absolutistischer Fürsten. Die Wieland bekannte Tradition dieser Art des romanhaften Fürstenspiegels reichte von Xenophon über Fénelon bis zu Albrecht von Hallers »Usong« (1771). Zwar gab Wieland seinem Roman sogleich utopische Züge, was durch den indischen Schauplatz und die Beschreibung eines idealen Staates unterstrichen wird, doch viele seiner Charakterisierungen enthalten konkrete Anspielungen auf die Realität des Heiligen Römischen Reiches und die deutschen Fürstenstaaten, auch auf den aufgeklärten Absolutismus Josephs II. Der Untertitel des in seiner literarischen Technik oft hintergründigen Werkes lautete denn auch: »Eine wahre Geschichte aus dem Scheschianischen übersetzt.« Wielands Absicht war wie die Fénelons durchaus eine pädagogische. Sein Werk war alles andere als radikal, ja es litt sogar unter seinem Kompromißwillen: Trotz scharfer Kritik im einzelnen besaß Wielands »Idealstaat« in vielerlei Beziehung eher absolutistische als aufgeklärte Züge, sein Autor trieb die Methode indirekter Kritik auf die Spitze. Die unumschränkte Stellung des Königs als Statthalter Gottes und die strikte ständische Struktur mit ihren völlig undurchlässigen sozialen Schranken entsprach schon damals kaum mehr der Realität.

Wieland nahm später diesen Kompromiß, mit dem er sich nach seinen frivolen Erzählungen wieder als seriöser, für die Höfe akzeptabler Schriftsteller auswies, zurück: So verfaßte er schon 1775, als Carl August Regent wurde und er damit seine Funktion als Prinzenerzieher verlor, ein gleichsam korrigierendes Opus dieser Art, das er selbst als »Anhang zur Geschichte von Scheschian« bezeichnete; bei der Umarbeitung des »Goldenen Spiegels« 1794 verschärfte er unter anderem den Schluß. Seit den achtziger Jahren tendierte Wieland in sehr viel stärkerem Maße zu konstitutionellen Verfassungsreformen und zur Forderung politischer Mitbestimmung für bürgerlich-aufgeklärte Schichten – als »Vormünder des großen Haufens«. Der »Idealstaat« von Scheschian genügte seinen politischen Zielen wohl kaum noch. Als freier Schriftsteller, als Mann von souveränem Humor stand er mit den drei bedeutendsten ehemaligen Stürmern und Drängern, die – sie waren moderner als er – nun zu Klassikern

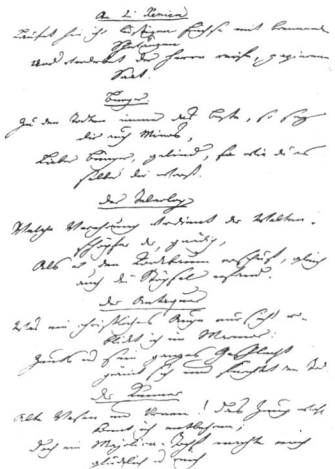

Die »Xenien«, erstes Blatt des von Goethe und Schiller gemeinsam verfaßten Werks, 1796

geworden waren, in freundschaftlicher Beziehung. Mit ihnen vor allem bildete der Einzelgänger Wieland den Weimarer Parnaß: mit Goethe, Herder und dem benachbarten Schiller in Jena, deren ganz anderen Rang er neidlos anerkannte – eine Verkörperung aufgeklärter Toleranz.

Der Sturm und Drang hatte die das 18. Jahrhundert durchziehende Antinomie von Natur und Vernunft nochmals verschärft, hatte die Individualität aus den Fesseln der Normalität und die Literatur aus dem beengenden klassizistischen Schematismus befreit. Doch lag die Einheit des Sturm und Drang eher im Protest: Befreiung ist noch nicht Freiheit. Die bedeutendsten Leistungen des Sturm und Drang wiesen über ihn hinaus; Herder blieb im Glauben verwurzelt und suchte nach einer geschichtsphilosophischen Begründung der Kulturen und Nationen, Schiller strebte zwar mit der Instrumentalisierung des Theaters als moralischer Anstalt eine politische Instanz an, behielt aber gegenüber dem Sturm und Drang das Bewußtsein der Antinomie von Natur und Vernunft, trotz aller literarischen und philosophischen Entwicklung blieb er immer zugleich Aufklärer.

Und Goethe? Mit Herder der große Programmatiker des Sturm und Drang, mit Schiller durch seinen »Götz von Berlichingen« dessen wegweisender Dramatiker, durch den »Werther« der Begründer eines neuen Lebensgefühls, das Leben, Leid und Liebe poetisierte, genügte ihm der Protest nie, nie war er sich selbst genug. Extreme konnten auf die Dauer Goethes Sache nicht sein. Um Maß und Mitte bemüht, schien er stärker noch als Herder und Schiller für die frei sich ausbildende Harmonie von Natur und Vernunft geschaffen – nachdem er dem Naturgefühl, das auch bei ihm pantheistische Züge annahm, zu vollem Durchbruch verholfen hatte. Überwand Kants »Kritik der reinen Vernunft« bereits 1781 den erkenntnistheoretischen Rationalismus und den Empirismus, indem sie von der Kritik der Erkenntnis zur Reflexion der Kritik führte, so überwand das Humanitätsideal der Klassiker die Dualismen des 18. Jahrhunderts, indem es sie im Sinne Hegelscher Dialektik »aufhob« – ohne der Natur oder der Vernunft abzuschwören: Der Bildungsroman, der mit »Wilhelm Meisters Lehrjahre« seine höchste Vollendung erfuhr, und die Naturlyrik entwickelten sich neben dem Faust-Thema zu den wesentlichen Gehalten der deutschen Nationalliteratur. In ihnen gestalteten die Klassiker in einer für ihre Zeit gültigen Form das Verhältnis von Individuum und Gesellschaft, von Glauben und Wissen, von Natur und Vernunft.

Aber anders als bei der Mehrheit der Aufklärungsliteraten dienten Form und Sprache nicht allein der Transponierung von Inhalten, vielmehr formten sie ihre Inhalte: Kunst und Poesie erhoben sich über die Realität, blieben nicht Zweck, sondern wurden wie alle große Kunst zugleich Selbstzweck: »Die Besonderheit des Dichters bezieht sich eigentlich auf die Form, den Stoff gibt ihm die Welt nur allzu freigebig, der Gehalt entspringt freiwillig aus der Fülle seines Innern.« Und an anderer Stelle forderte Goethe, daß »Form, Stoff und Gehalt sich zueinander schicken, sich ineinander fügen, sich einander durchdringen.«[132] Es war kein Zufall, daß Kunst sich zur Religion gesellte, so daß man später von »Kunstreligion« sprach. In den »Maximen und Reflexionen« begründete Goethe diesen Zusammenhang: »Die Kunst ruht auf einer Art religiösem Sinn, auf einem tiefen unerschütterlichen Ernst; deswegen sie sich auch so gern mit der Religion vereinigt. Die Religion bedarf keines Kunstsinnes, sie ruht auf ihrem eigenen Ernst; sie verleiht aber auch keinen, sowenig sie Geschmack gibt.«[133]

So unterschiedliche Geister wie Goethe und Herder trafen auf eine für die deutsche Kultur folgenreiche Weise 1771 in Straßburg zusammen. Zu den Ergebnissen dieser Begegnung gehörten nicht zuletzt die spezifische Prägung des Sturm und Drang sowie eine beginnende Vertiefung geschichtlichen Verstehens. In der Freundschaft Goethes mit Schiller entwickelte sich die literarische Klassik: Das unschätzbare Denkmal dieser Freundschaft ist der Briefwechsel beider Dichter. Nicht allein die gemeinsamen Unternehmungen, wie die geschliffen-bösen »Zahmen Xenien« und ihre literarisch-kulturphilosophischen Journale »Die Horen« und »Propyläen«, legen davon Zeugnis ab, sondern auch der klassische Charakter, der das Werk beider Autoren seit Ende der achtziger Jahre auszuzeichnen begann. Bildung im Sinne Goethes bedeutete, die fremde Individualität als das zu nehmen, was sie ist: »Individuum est ineffabile!«, schrieb er an Lavater und leitete daraus eine Welt ab.

»Der Xenienkampf im Spiegel der Karikatur«, zeitgenössischer Kupferstich

Der temperamentvolle Schiller schlägt sich mit Kritikern, im Hintergrund sich zurückhaltend Goethe.

Jeder Klassiker widmete sich seinen eigenen Sujets, Schiller, Professor der Geschichte an der Universität Jena, der auch eine »Geschichte des Dreißigjährigen Krieges« verfaßte, wählte für seine großen Dramen immer wieder historische Themen. Sie entstammten keineswegs der deutschen Geschichte allein, vielmehr bezog er mit »Maria Stuart« die englische, mit »Johanna von Orléans« die französische und mit »Don Carlos« die spanische Geschichte ein. Allerdings lieferte ihm auch die Antike manchen Stoff, insbesondere für seine großen Balladen. Schillers Konzept der »ästhetischen Erziehung des Menschen«, die er 1795 in dem gleichnamigen Essay »in einer Reihe von Briefen« beschrieb, lief auf die Bildung des Menschen durch die Kunst hinaus. Dies war die Basis seiner politischen Überzeugungen. Der dichtungstheoretische Essay, den Goethe und Schiller 1797 gemeinsam als Teil ihres Briefwechsels verfaßten und der später unter dem Titel »Über epische und dramatische Dichtung« veröffentlicht wurde, formuliert in Auseinandersetzung mit der frühen Romantik in konzentrierter Form die Poetik der Klassik. Zwischen Goethes Rezeption des griechischen Ideals der Schönheit, das für ihn die Vollkommenheit bedeutete und metaphysische Dimension hatte, und Schillers philosophisch-spekulativer und pädagogischer Ästhetik entwickelte sich die Weimarer Klassik.

Für Schiller transzendierte der idealische Charakter der Kunst die Realität: »In dem ästhetischen Staate ist alles – auch das dienende Werkzeug ein freier Bürger, der mit dem edelsten gleiche Rechte hat ... Existiert aber auch ein solcher Staat des schönen Scheins, und wo ist er zu finden? Dem Bedürfnis nach existiert er in jeder feingestimmten Seele ...« Zu »den wichtigsten Aufgaben der Kultur« zählte Schiller folgerichtig, »den Menschen auch schon in seinem bloß physischen Leben der Form zu unterwerfen und ihn, soweit das Reich der Schönheit nur immer reichen kann, ästhetisch zu machen, weil nur aus dem ästhetischen ... der moralische sich entwickeln kann«.[134] Aber so erhaben Schillers Reflexionen – auch die über »Anmut und Würde« – erscheinen mögen, er blieb durchaus

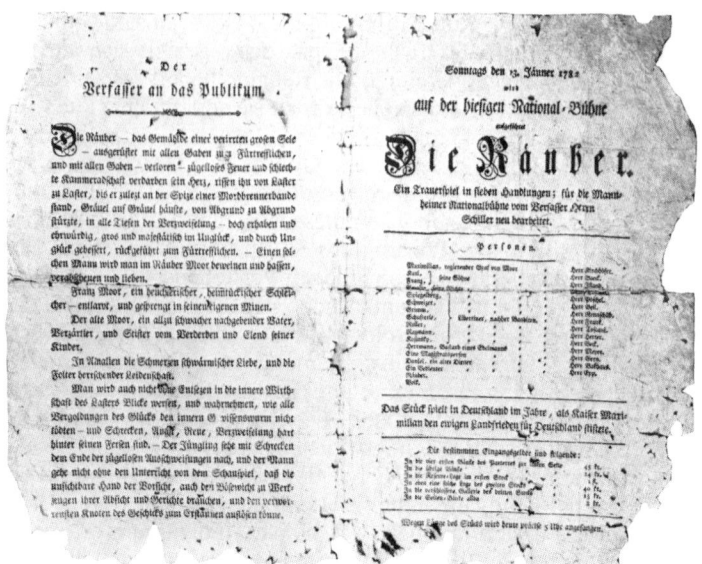

Theaterzettel der ersten Aufführung der »Räuber« in Mannheim

ein politischer Mensch: Die Forderung der Denkfreiheit aus dem
»Don Carlos« blieb ihm allezeit essentiell, wahre Humanität
erschien ihm ohne sie unmöglich. Einen Bildungsroman schrieb
Schiller nicht, aber die Bildung des Menschen, des einzelnen wie des
Menschengeschlechts, galt ihm wie Goethe als zentrale Aufgabe.

Menschenbildung, nicht Standesbildung: Goethe wollte die
Stände in ihrer Eigenart verstehen und kritisierte nicht wie Schiller
die ständische Ordnung des Fürstenstaates, doch auch seine Idee
der Menschenbildung mußte die Standesbildung letztlich aufheben.
Allerdings war Bildung bei Goethe insofern bürgerliche Bildung, als
der Bürger immer erst werden muß, während der Adlige immer
schon ist. »An diesem Unterschied ist nicht etwa die Anmaßung der
Edelleute und die Nachgiebigkeit der Bürger, sondern die Verfassung der Gesellschaft selbst schuld; ob sich daran einmal etwas
ändern wird und was sich ändern wird, bekümmert mich wenig ...
Ich habe nun einmal gerade zu jener harmonischen Ausbildung
meiner Natur, die mir meine Geburt versagt, eine unwiderstehliche
Neigung«,[135] schrieb der junge Wilhelm Meister und schlug den Weg
auf die Bühne ein, die ihrerseits die Welt bedeutete, zugleich aber
die Gegenwelt darstellte. Erst in und durch die Welt bildet sich der
Mensch. Das Subjektive bedarf des Objektiven, um sich zu finden,
seine Anlagen, die nur Möglichkeit sind, Wirklichkeit werden zu lassen. Das Wahre ist das Ganze: Dieser Satz Hegels koinzidierte mit
Goethes Bildungsbegriff.

Wie die alltäglichen Pflichten,[136] der Dienst und die Einordnung
des Menschen in die Gesellschaft Goethe reifen ließen, so nicht
minder die Verbindung mit Charlotte von Stein: Seine Leonore in
»Torquato Tasso« gestaltete er 1790 dichterisch nach ihrem Vorbild.
Dieses Stück dokumentiert den Wandel Goethes zur Klassik insofern besonders eindrücklich, als hier ein altes Sturm-und-Drang-
Thema – das Verhältnis des schöpferischen Genies zu seiner Umwelt – erneut aufgenommen wurde. So überrascht es auch nicht,

Szenenbild aus einer Aufführung von Schillers »Don Carlos«, Zeichnung von H. Ramberg, 1791

»Die Räuber«, das Erstlingswerk des zweiundzwanzigjährigen frisch bestallten Regimentsmedikus, im Mannheimer Nationaltheater von Dalberg uraufgeführt, machte den Namen Friedrich Schiller mit einem Schlag in ganz Deutschland bekannt; von Wien bis Berlin wurde er als Nachfahre Shakespeares gefeiert, und nie wieder sollte der Dichter eine vergleichbar breite Resonanz bekommen. Der knapp zehn Jahre später erscheinende »Don Carlos« spiegelte bereits die Wendung des ungebärdigen Dramatikers zum Humanitätsideal des Weimarer Klassikers; so blieb der Erfolg literarischer Natur, die Werke erreichten nur geringe Auflagen.

Das ist das Schicksal der Weimarer Klassik, denn auch Goethes »Iphigenie auf Tauris«, jenes »ganz verteufelt humane Stück«, blieb ein Ereignis der Bildungsschicht und erreichte niemals das breite Publikum.

daß Goethe schon 1780 begann, den Stoff zu bearbeiten, dann jedoch abbrach und erst nach der Italienreise 1788/89 fortfuhr. »Der Mensch gewinnt, was der Poet verliert«: Mit dieser Einsicht des Tasso stellte Goethe den Sturm und Drang geradezu auf den Kopf und implizierte zugleich die Distanz zu der späteren Poetisierung des Lebens in der Romantik. In »Iphigenie auf Tauris« (1787) gestaltete er schließlich in feierlicher Form die ideale Harmonie von Individuum und Gesellschaft, die nur in der Entsagung möglich wird – das klassische Ideal der Humanität gelangte hier zu seiner Vollendung. Später fand Goethe seine »Iphigenie« selbst »ganz verteufelt human«. Freilich: Goethe war alles andere als weltfremd, den Einbruch des Elementaren, des Dämonischen sowie des individuellen Aufstands gegen die Ordnung hat er immer wieder am eigenen Leibe erfahren und dichterisch gestaltet, sei es in seiner Lyrik, sei es in seinen Dramen, Novellen oder besonders subtil in seinen »Wahlverwandtschaften« (1809).

Mit vielen Stoffen rang Goethe nicht nur einmal, schuf neue Fassungen, erläuterte sie, ironisierte sie zuweilen. Seine persönliche Entwicklung und zugleich die der deutschen Literatur spiegelt sich in seinem grandiosen Werk. Eines der klassischen Themen deutscher Literatur bildete schon seit dem Volksbuch »Historia von D. Johannes Fausten« (1587) der Faust. Auch Goethe hat dieses Thema vom »Urfaust« (1773) über »Faust I« (1806) bis zur Vollendung von »Faust II« (1832) immer wieder gestaltet, von einer Liebestragödie wandelte es sich zu einer Seelentragödie, bis es schließlich die Tragödie des um die Erkenntnis ringenden Menschen zwischen Gott und Teufel symbolisierte. Goethe schuf im »Faust« die deutsche Tragödie schlechthin – ein Thema der Nationalliteratur bis zu Thomas Manns »Doktor Faustus«. Gut und Böse, Erkenntnis und Verfehlung, Schuld und Erlösung, Wirklichkeit und Mythos – die Fülle von Geschichte und Gegenwart, Staat, Krieg, Politik, all dies findet sich in Faust I und II – kein literarisches Werk ist funda-

Goethe, Schiller und die Brüder
Humboldt in Jena

Die 1557 gegründete Universität
im nur wenige Kilometer von
Weimar entfernten Jena war in
den Jahrzehnten des Übergangs
vom 18. zum 19. Jahrhundert die
akademische Entsprechung zur
poetischen Residenz Weimar. Die
kleine Stadt hatte von Königsberg
bis Hamburg Geltung; nicht nur
Schiller fand hier eine Anstellung,
sondern auch Fichte, und von
Goethe bis zu den Brüdern Humboldt zog sie die Besucher aus
allen deutschen Ländern an.

mentaler und reicher. So wollte Goethe an die Vollendung des
»Faust« erst ganz zuletzt gehen, wenn er alles andere hinter sich
habe, gestand er am 8. Dezember 1787 Herzog Carl August: »Um
das Stück zu vollenden, werde ich mich sonderbar zusammennehmen müssen.« Nach einer solchen Reihe von »Hauptwerken« auch
noch dies! Und über den »Faust II« äußerte er Zelter gegenüber im
Juni 1820: Dies müsse »das seltsamste Werk werden, was die Welt
gesehen habe«. So deutsch das Werk ausfiel, war es doch weit mehr
als »Nationalliteratur«.

Die Romantiker, die vom Ende des 18. bis in die dreißiger Jahre
des 19. Jahrhunderts in mehreren sich unterscheidenden Phasen
wirkten, nahmen alle zentralen Themen wieder auf, die sich seit der
Aufklärung bis zu Klassik entwickelt hatten. In ihren fundamentalen Antrieben, ihrem dezidierten Naturgefühl, ihrem Individualismus und Subjektivismus, ihrer Poetisierung des Lebens knüpfen sie
vor allem an Empfindsamkeit und Sturm und Drang an. In mancherlei Hinsicht waren die Romantiker weniger original, als sie sich
wähnten. Sie tauchten in die Geschichte ein und besangen Gewalt
und Schönheit der Natur, aber sie entdeckten sie nicht. Zwar wandten sie sich dem deutschen Mittelalter und den Germanen zu, doch
waren sie nicht die ersten, wie sie und viele Literaturhistoriker nach
ihnen manchmal glaubten.

Allerdings betrieben die Romantiker – unter anderem im Anschluß an Herder – die Nationalisierung der deutschen Geschichte
in vorher nicht gekanntem Ausmaß. Und ähnliches gilt für die große
Entdeckung, die immer wieder der Romantik zugeschrieben wird,
die Entdeckung des Unbewußten: Tatsächlich empfand diese Generation – beispielsweise E.T.A. Hoffmann –, das Unheimliche, Abgründige, die gewaltige und gewaltsame Naturhaftigkeit, das Wissen
um das Unbewußte ungleich intensiver als ihre Vorgänger. Aber den
Boden hatten schon der Sturm und Drang, die psychologischen

E. T. A. Hoffmann mit Ludwig Devrient im Weinkeller von Lutter & Wegner zu Berlin, Holzstich nach einem Aquarell von Carl Themann, 1871

Der »Weinkeller« wurde ein Treffpunkt der Gesellschaft; Lutter & Wegner in Berlin war nicht nur das Stammlokal E. T. A. Hoffmanns, sondern auch der Schauspieler und Sänger der königlichen Bühnen. Was in Wien die Kaffeehäuser waren, bildeten für Berlin die Weinstuben, wo man sich traf, um Franzweine, nicht moussierenden »Sekt« und Muskateller zu trinken, über alles dichte Wolken von Zigarrenrauch paffend.

Romane und Studien – beispielsweise diejenigen von Karl Philipp Moritz aus den achtziger Jahren – und nicht zuletzt Goethe bereitet.

Die Frühromantik, die bei aller nationalen Ausprägung freilich als Teil einer phasenverschobenen europäischen Bewegung zu sehen ist, stellte gleich dem Sturm und Drang nicht zuletzt eine jugendliche Protestbewegung gegen das rational Objektivierende der Aufklärung und das vollendet Klassische dar. Dagegen stellten die Romantiker bewußt das Unvollendete und idealisierten dies: zu keiner Zeit blieben so viele Kunstwerke fragmentarisch. Die große Form, den Roman – den sie doch trotz der in dieser dezidierten Weise erstmals betriebenen Mischung aller Gattungen und Künste zu einer »progressiven Universalpoesie« im Sinne Friedrich Schlegels als ihre Form begriffen – brachten sie nur in wenigen Fällen zur Vollendung, dies gilt auch für Novalis' »Heinrich von Ofterdingen« (1802).

Sehr viel Eindrucksvolleres gelang den Romantikern dagegen in der Naturlyrik. Vollendung erreichte die Romantik außer in der Lyrik – an Goethe anschließend – vor allem in der kleinen Form, den Novellen, Märchen und Legenden, die sich zur Darstellung des Mythischen besonders eigneten. Die Wiederentdeckung des Christentums gegenüber den deistischen und pantheistischen Umdeutungen zählte ebenfalls zu den zentralen Anliegen, und natürlich lag hierin auch ein universaler Zug, wie beispielsweise Novalis' »Christenheit oder Europa« (1799, postum 1826 veröffentlicht) zeigt. Auch die Konversionen zum Katholizismus resultierten hieraus. Die Romantik gewann durch die Fülle großer Talente und die tiefgehende geistesgeschichtliche Substanz eine außerordentliche Bedeutung, die weit über die des Sturm und Drang hinausreichte. Neben ihren bedeutenden Vertretern wie Novalis, Arnim, Brentano, Eichendorff, Tieck, Hoffmann, Wackenroder standen einige Dichter von ungewöhnlichem Rang, die von der Romantik geprägt waren, ihr aber nicht ohne weiteres zuzuordnen sind, vor allem Jean Paul, Friedrich Hölderlin und Heinrich von Kleist. Die romantische Generation aktualisierte die Problematik des modernen Künstlertums in einer noch geschlossenen, aber sich bereits auflösenden gesellschaftlichen Ordnung.

Die Entwicklung des Deutschen zu einer Literatursprache von Rang, die auf je eigene Weise zuerst Klopstock, Lessing und Wieland ermöglicht hatten, bot die Voraussetzung, dem Gehalt die unverwechselbare Gestalt zu verleihen, sie war die Voraussetzung für die Fortbildung der literarisch-philosophischen Tradition von Aufklärung, Empfindsamkeit und Sturm und Drang. Die zum Teil durch Winckelmann vermittelte Rezeption der Antike, sowie die sich über Shakespeare, Shaftesbury und die Empfindsamkeit vollziehende Aneignung der englischen Literatur und Philosophie erwiesen sich als ebenso wesentlich wie die stilformende Italienbegeisterung der Zeit, der auch Goethe in seiner »Italienischen Reise« ein unvergängliches Denkmal setzte.

Zum selbstverständlichen Bildungsgut des 18. Jahrhunderts gehörte schließlich die lebendige Gegenwart der französischen Literatur. So war es ein Kuriosum, aber doch ein symbolisches, daß Diderots Meisterwerk »Le Neveu de Rameau« zuerst 1805 in deutscher Sprache publiziert wurde, bevor es aus Goethes Übertragung 1821 ins Französische zurückübersetzt wurde; das Original tauchte erst 1936 auf. Diese so vielfältigen Einflüsse europäischer Kultur, das durchaus gezielte Experimentieren mit dem Morgenland bei Lessing, Wieland und noch in Goethes Gedichten des »West-östlichen Divan« führten nicht zu Nachahmung, sondern zu einer unverwechselbaren Nationalliteratur, die die Freiheit besaß – anders als es Goethe in »Dichtung und Wahrheit« beschrieben hatte –, über vordergründig nationale Gehalte weit hinauszugehen, weil ihnen kein politisch-normativer Charakter zukam: Jenseits der politischen Realität gewannen deutsche Kunst, Literatur und Philosophie in der Endphase des Heiligen Reiches in freilich säkularisierter Form dessen Universalität zurück. Das den Stürmen europäischer Politik ausgesetzte Reich wurde auch von den geistigen Strömungen Europas stärker bewegt als politisch geschlossenere Nationalstaaten. Der deutschen Kultur bekam diese Offenheit gut, sie war deswegen nicht weniger deutsch, aber weniger borniert als kulturelle Volkstümelei.

5. Stilwandel in Kultur und Gesellschaft: der Salon um 1800

Auf dem Programm stand Schillers »Maria Stuart«. Madame Unzelmann, eine wegen ihrer Kunst und ihrer Schönheit berühmte Berliner Schauspielerin, spielte in dieser Saison für gewöhnlich die
Titelrolle. Welch ein Pech für den Besucher aus Paris an diesem –
vermutlich – kalten Dezemberabend des Jahres 1801: Die Unzelmann spielte in dieser Vorstellung nicht! Gast und Gastgeber interessierten sich mehr für die Schauspielerin als für ihre Rolle und
verloren augenblicklich die Lust am Theater. »Wissen Sie was?«
fragte der schwedische Diplomat Carl Gustaf Freiherr von Brinckmann seinen Gast, den Grafen S.: »Statt des Theaters sollen Sie
heute die beste Gesellschaft kennen lernen, die beste in Berlin,
und da können Sie nur getrost Ihren Maßstab von Paris und Wien
anlegen, wir scheuen ihn nicht!« Ob diese Ankündigung Graf S.
gespannt machte oder nicht, als höflicher Mensch stimmte er zu:
»Wo wollen Sie mich hinführen?« »Zu Mademoiselle Levin, Rahel
Levin.«[137]

Wo konnte man unangemeldet noch hingehen an diesem Abend,
wo fand sich die beste Gesellschaft, und warum wurde der Maßstab
von Paris bemüht? Mußte es den Grafen nicht irritieren, daß eine
Dame, eine Dame mit bürgerlichem und obendrein jüdisch klingen-
dem Namen, die beste Gesellschaft empfing? Jedenfalls ließ er es
sich nicht anmerken, schließlich kannte er bereits die Usancen,
war er doch am Abend zuvor bei Madame Veit gewesen. Und da er
aus Paris kam, antizipierte der Graf natürlich, daß Mademoiselle
Levin (die spätere Rahel Varnhagen) offenbar einen Salon führte.

Was war ein Salon um 1800? Wo waren seine Vorbilder oder Vorläufer? Worüber unterhielt man sich in den Salons? Worin lag seine
gesellschaftliche Bedeutung? Was unterschied ihn von den bereits
vorgestellten Aufklärungsgesellschaften und den Vergesellschaftungsformen des 19. Jahrhunderts? Und schließlich: Veränderte der
Salon, wenigstens in den gebildeten Schichten, die gesellschaftliche
Position der Frau?

Ein Salon bildete sich durch regelmäßige, aber in der Zusammensetzung keineswegs immer identische Zusammenkunft von
Angehörigen adliger und bürgerlicher Schichten im Empfangsraum
vornehmer, in der Regel adliger schöngeistiger Damen im Frankreich des 17. und 18. Jahrhunderts. Die Salons trugen wesentlich zur
Bildung des literarischen Geschmacks und geistiger Moden bei, seit
der Jahrhundertmitte wurden in den Salons verstärkt aufgeklärte
Ideen diskutiert und propagiert, die zunehmend politischen Charakter gewannen und die ideellen Grundlagen der Revolution von 1789
mitprägten. In den französischen Salons dominierten Gebildete
ganz unterschiedlicher sozialer Herkunft, vor allem Adlige, Schriftsteller, Gelehrte und Künstler.

In Frankreich hatten die Salons bereits lange Tradition. So führte
die ebenso charmante wie geistreiche Marquise de Rambouillet
nach ihrem Rückzug vom Hofleben in ihrem Pariser Stadtpalais

Rahel Varnhagen von Ense, geb.
Levin (1771-1833),
Aquarell von Moritz Michael
Daffinger

In Berlin herrschte Anfang des
19. Jahrhunderts ein reges literarisches Leben. Einer der Mittelpunkte war der Salon Rahel Varnhagens. Ihren ersten Salon öffnete
sie schon vor ihrer Ehe mit Varnhagen in den bescheidenen
Mansarden in der Jägerstraße, in
denen sie lebte.

um 1610 einen Salon, der bald das zentrale »Bureau d'esprit« der Précieuses wurde und recht eigentlich die aristokratische Salonkultur begründete. Einen berühmten Salon führte auch Madame de Sevigné, deren in vielen Bänden gesammelter Briefwechsel zu den klassischen Werken der Weltliteratur zählt und eine Fülle von Beobachtungen aus dem Salonleben enthält. Andere bekannte Damen waren ebenfalls entscheidend beteiligt an der Entwicklung der Salonkultur des 17. Jahrhunderts, zum Beispiel die Marquise de Maintenon, Ninon de Lenclos und die Comtesse de La Fayette, die Freundin La Rochefoucaulds. Sie gehört zu den Schöpferinnen des inneren Monologs und des psychologischen Romans; ihr bekanntestes Werk, »La Princesse de Clèves« (1672), besitzt hohen literarischen Rang und schildert einfühlsam eine liebende Frau zwischen zwei Männern.

Im 18. Jahrhundert entwickelten sich viele Pariser Salons zu Zentren aufgeklärten Denkens, so trafen sich bei Madame de Tencin – der Mutter d'Alemberts – unter anderem Fontenelle, Montesquieu und Marivaux; zu Madame du Deffant kamen Montesquieu und Voltaire, die Enzyklopädisten gingen zu Madame de Goeffrin und Mademoiselle de Lespinasse. Die meisten Gastgeberinnen waren adliger Herkunft, eine Ausnahme bildete die Frau des zeitweiligen Finanzministers Ludwigs XVI., Jacques Necker, die Schriftstellerin Madame Necker-Curchod, bei der Diderot, Buffon, Melchior Grimm und eine Reihe weiterer Enzyklopädisten verkehrten – und deren Salon die Bildung ihrer Tochter prägte, der späteren Madame de Staël. Germaine de Staël reiste nach ihrer durch Napoleon verfügten Verbannung aus Paris 1802 nach Deutschland. In Weimar lernte sie Goethe, Schiller und Wieland, nach 1804 in Berlin August Wilhelm Schlegel kennen, der sie zum Schloß Coppet am Genfer See begleitete, wo sie selbst zu einem Mittelpunkt europäischen Geistes wurde. Madame de Staël kannte im übrigen auch die Berliner Salonkultur zu Beginn des 19. Jahrhunderts und berichtete darüber in ihrem Hauptwerk »De L'Allemagne« (1810), das das Deutschlandbild der französischen Romantik formte – ein Idealbild weltfremder Dichter und Denker, das von den Erfahrungen in deutschen Salons beeinflußt gewesen sein dürfte.

Im Paris des 18. Jahrhunderts existierten neben den Salons adliger Damen auch solche der großen Finanziers beziehungsweise ihrer Frauen. Sie wollten nicht einfach Kopie intellektuell geprägter höfisch-adliger Gesellschaftsformen sein, sondern einen gleichsam institutionalisierten gesellschaftlichen Verkehr mit dem Adel ermöglichen: Da diese Finanziers trotz ihres Reichtums nicht nach Versailles gebeten wurden, veranstalteten sie selbst Versailles und trieben oft genug einen maßlos-üppigen Aufwand. Die berühmtesten dieser Salons befanden sich in den Häusern von Samuel Bernard, John Law und der Madame de Pléneuf, bei der Konzertaufführungen stattfanden. Den größten Salon dieser Art unterhielt im Paris des 18. Jahrhunderts Grimod de la Reynière. Im Salon Trudaine oder dem »Salon du garçon philosophique« versammelte sich eine erlesene Herrengesellschaft, zu der neben Angehörigen der Finanzwelt Juristen, Schriftsteller und Gelehrte von Rang und Namen erschienen; kaum weniger nobel war die Gesellschaft, die sich im Salon Laborde zu kulinarischen und musikalischen Genüssen traf.

Die Finanziers ließen sich dieses Entrée in die gesellschaftliche und intellektuell-künstlerische Oberschicht einiges kosten. Anders als die klassischen Salons veranstalteten sie oftmals große Opern- und Theateraufführungen. Gelegentlich stand auch anderes auf dem Programm: Wer an Theater und Oper kein Interesse hatte, konnte sich beispielsweise an chinesischen Tänzen erfreuen. Über den Salon der Tochter einer Tänzerin und Frau eines reichen Finanziers wird berichtet, neben den »normalen« Dienstagsempfängen habe es zusätzliche Sonntagsempfänge mit folgender Programmfolge gegeben: Morgens eine musikalische Messe, später Diner, um 17 Uhr Couvert in der großen Galerie, um 21 Uhr Souper und nach 22 Uhr Kammermusik – fürwahr ein tagesfüllendes Programm.

Die französischen Salons des 17. und 18. Jahrhunderts waren zweifelsfrei Vorbilder der deutschen Salonkultur um 1800, dennoch gibt es Unterschiede: In Frankreich führten Angehörige des Adels und später der reichen Großbourgeoisie die Salons zum Zwecke intellektuell-künstlerischer Geselligkeit beziehungsweise zur eindrucksvollen Repräsentation – die zugleich durch die Attribute des Höfischen und Kulturellen charakterisiert war. Leisteten sich die adligen Gastgeberinnen ihre sozial niedriger stehenden, aber durch Geist ausgezeichneten Gäste aufgrund ihres intellektuellen Reizes und dem gleichsam außerständischen Rang, den die Kultur in der ständischen Gesellschaft besaß, so wollten die Finanziers ihre eigene gesellschaftliche Bedeutung dokumentieren und auf dieser Ebene eine Gleichstellung mit den privilegierten Adligen erreichen – dazu nahmen sie auch Geist und Kunst in Kauf.

In den Salons wurde, so oder so, die an Ort und Zeit gebundene unterschiedliche soziale Herkunft suspendiert, in den meisten –

Blick vom Brandenburger Tor auf den Pariser Platz, um 1800

Die »Linden«, der glänzendste Prospekt Deutschlands, wird in der Zeit Friedrichs des Großen zu einem Corso, vergleichbar dem Corso Roms und den Avenuen von Paris. Während Friedrich ein Forum Fridericianum konzipiert, das den machtpolitischen Anspruch des jungen Staates an der Spree dokumentiert, stellen die »Linden« die Bühne dar, auf der dann die Gesellschaft einer neuen Epoche flanieren wird. Um 1800 sind alle Besucher Berlins von der Stadt mit ihren vier Lindenreihen fasziniert; dergleichen gab es weder in Wien noch in München oder Hamburg.

aber keineswegs in allen – der genannten Salons spielte die Frau als alleinige Gastgeberin oder als Hausherrin eine dominierende Rolle, oftmals war sie selber Schriftstellerin, fast immer hatte sie Teil an der Briefkultur der Zeit, die gleichsam spiegelbildlich die Salonkultur reflektierte.

Das nur als Sozialform, nicht aber im repräsentativen Bereich nachahmbare Vorbild der französischen Salons bildet indessen lediglich einen der mittelbaren Traditionsstränge, in denen der deutsche Salon der Jahre um 1800 steht. Zwei weitere, aus der deutschen Gesellschaftskultur der Aufklärung erwachsene Vorformen bildeten die Lesegesellschaften einerseits und der stärker formalisierte Typus aufgeklärter Vereinigungen im 18. Jahrhundert andererseits.

Vier Definitionskriterien gelten allerdings sowohl für die französischen als auch die deutschen Salons um 1800:
1. Mittelpunkt des Salons war meist eine Frau.
2. Man traf sich regelmäßig, aber ohne formelle Einladung.
3. Es wurde über literarische, intellektuelle und künstlerische Themen diskutiert.
4. Die Gäste gehörten verschiedenen sozialen Ständen an.

Nach diesen Maßstäben gab es laut Deborah Hertz in Berlin vierzehn Salons und ungefähr hundert Personen, die zwischen 1780 und 1806 wenigstens einen dieser Salons besuchten, darunter auch Frauen, die keinen eigenen Salon führten.[138]

Eine exakte definitorische Abgrenzung wird durch die flexible Gestaltung dieser Salons erschwert. Bereits diese Flexibilität aber unterscheidet die Salons der Romantik von den anderen bürgerlichen Vergesellschaftungsformen des 18. Jahrhunderts, mit Ausnahme des »offenen Hauses«, das Berliner Aufklärer wie Friedrich Nicolai und Moses Mendelssohn führten: An bestimmten, dem Kreis der Freunde bekannten Tagen wurde dort empfangen. Freunde oder durchreisende Besucher waren willkommen, und sogar dem Gastgeber völlig Fremde durften aufgrund von Empfehlungsschreiben erscheinen. Hierin stimmten der Salon und das »offene Haus« durchaus überein: Der seit der Aufklärung ungemein belebte Dialog über Hunderte oder Tausende von Kilometern hinweg, der sich in weitgespannten Korrespondenzen niederschlug, kannte selbstverständlich diese Form persönlicher Begegnung.

Aufgrund der sich hieraus ergebenden Unbestimmtheit der Besucherzahl, aber auch aus finanziellen Gründen wurden normalerweise keine Gastmähler zelebriert oder größere Buffets angeboten; bei Moses Mendelssohn ließ dessen Frau an einem Jour fixe meist Mandeln und Rosinen reichen, im Salon der Rahel Levin (beziehungsweise Varnhagen) gab es Tee, den eine alte Haushälterin zubereitete – oftmals für 36 Personen. So berichtete Carl Gustaf von Brinckmann seinem Gast: »Sie macht keinen Aufwand, die Bewirtung ist es nicht, um derentwillen man hingeht, alles Äußere ist höchst einfach, aber um so behaglicher ...«[139]

Und in der Tat führte Rahel Varnhagen ihren Salon nicht in einem luxuriösen Empfangsraum, sondern in einer Dachstube. Von adliger Hofkultur sowie von den großen französischen Salons war man also in Hinblick auf die Räumlichkeiten und den Aufwand weit entfernt. War für die Häuser der französischen Aristokratie eine Zweiteilung der Gesellschaftsräume für große Repräsentation und intimere Gelegenheiten wie die engeren Verkehrskreise des Herrn, vor allem aber der Dame, charakteristisch und der große Salon »das Zentrum höfisch-aristokratischer Geselligkeit« (N. Elias), so waren die bürgerlichen Verhältnisse deutlich beengter. Das Vorbild höfischer und adliger Salonkultur war zwar präsent, doch war die Zahl der zu Empfangenden erheblich geringer, die bloße Repräsentation trat deutlich zurück.

Die Zeit der literarisch-bildungsbürgerlichen Salons war in Deutschland mit Vorläufern in den achtziger Jahren des 18. Jahrhunderts in Berlin, aber auch in anderen deutschen Städten, vornehmlich auf eineinhalb Jahrzehnte begrenzt, auf die Zeit von 1790 bis 1806. Berühmte Salons führten nach dem literarischen Zirkel, den die Schriftstellerin Sophie von La Roche von 1771 bis 1780 in Ehrenbreitstein bei Koblenz unterhielt, in diesen Jahren beispielsweise

Sophie von La Roche (1731-1807)

- Rahel Levin und Henriette Herz; beide Salons bildeten Treffpunkte des literarischen Berlin. Hier verkehrten zeitweise oder ständig unter anderen Hohenzollernprinzen, Fürst Radziwill, Graf Dohna, Diplomaten wie der schon erwähnte Gesandte von Brinckmann, Friedrich Gentz, der Staatsrat Stägemann, Schriftsteller wie Friedrich Schlegel, Clemens von Brentano, Ludwig Tieck, Adelbert von Chamisso, Friedrich Baron de La Motte Fouqué, Jean Paul, Heinrich Heine, Ludwig Börne, die Gebrüder Humboldt, Schleiermacher, der Bildhauer und Graphiker Johann Gottfried Schadow sowie Schauspieler wie die Unzelmann, die Marchetti und Fleck.
- Caroline Schlegel in Jena, bei der sich die dortigen Frühromantiker, unter anderen Novalis sowie Schiller, Goethe, Herder, Georg Forster trafen.
- Johanna Schopenhauer in Weimar, bei der auch Goethe gern verkehrte.
- Fanny Arnstein und Karoline Pichler in Wien, bei denen unter anderen Metternich, Gentz, Felix Mendelssohn, gelegentlich auch Rahel Varnhagen anzutreffen waren.

Auch in anderen Städten fanden sich in diesen Jahren bürgerliche Salons, beispielsweise in Dresden, Göttingen und Heidelberg. Weniger bekannte Berliner Salons führten gemeinsam mit ihren Frauen der spätere preußische Finanz- beziehungsweise Kultusminister Karl Freiherr vom Stein zum Altenstein, Stägemann, der Arzt Wolfart und der Verleger Sander, der sogar zwei Salons unterhielt: Diese bieten wegen der gegensätzlichen literarischen Tendenzen, die in ihnen dominierten, ein besonders interessantes Beispiel. Sander verlegte antiklassische und antiromantische Literatur, zum Beispiel Kotzebues Zeitschrift »Der Freimütige« (1803-1806). Empfing er selbst Literaten dieser Richtung in einem Salon, so verkehrten im Salon seiner Frau Autoren der Romantik, von den Gebrüdern Schlegel bis zu Eichendorff. Der Anteil der von jüdischen Frauen geführten Salons war vergleichsweise hoch, neben Rahel Varnhagen und Henriette Herz handelte es sich um Dorothea Veit-Schlegel, geborene Mendelssohn, Sarah Levy und Amalie Beer – nur die beiden letzteren blieben indessen jüdisch, die anderen konvertierten, worauf noch einzugehen ist.

Gemeinsam war den Gesellschaften und den Salons die Verbindung geselligen und kulturellen Interesses. Insbesondere in der

Weibliche Schriftsteller gewinnen erst Ende des 18. Jahrhunderts in größerer Zahl Bedeutung, bis dahin waren sie an die Höfe oder Klöster gebunden gewesen; nun verkehrten sie in den literarischen Zirkeln ihrer Zeit oder bildeten gar selber – wie Sophie von La Roche in Mainz – deren Mittelpunkt. Die Romane dieser Schriftstellerin sind – bis auf ihre von Wieland geschätzte »Geschichte des Fräuleins von Sternheim« (1771) – heute nahezu vergessen, doch bleibt sie als eine der gebildetsten Frauen der Epoche in Erinnerung; in ihrem Salon wollte damals jeder Reisende zugelassen werden.

sozialen Zusammensetzung, der organisatorischen Struktur, partiell der Zielsetzung sowie dem Zeitpunkt ihrer Blüte bestanden jedoch erhebliche Unterschiede.

Die Salons des einleitend definierten Typus beschränkten sich tatsächlich auf die Zeit um 1800, obwohl Rahel Varnhagen seit 1819 nochmals einen Salon führte. Nach dem Zusammenbruch Preußens in Jena und Auerstedt und dem Frieden von Tilsit 1807 waren Salons dieser Art in Berlin nicht mehr anzutreffen, dafür mögen unter anderem finanzielle Gründe verantwortlich gewesen sein, mit Sicherheit aber vor allem das sich nun rasch politisierende Nationalgefühl. In der zweiten Phase der Romantik wurden Religion und Nation die programmatischen Gestirne der Epoche (Renate Böschenstein-Schäfer). Liberalität und Humanität, die die Geselligkeit der Salons prägten, traten demgegenüber zurück. Als der Däne Steffens 1806 Berlin besuchte, spürte er »kriegerisch nationale Gesinnung als das keimende Lebensprinzip des Volkes«.[140] Friedrich Schleiermachers 1799 anonym publiziertem Opus »Über die Religion, Reden an die Gebildeten unter ihren Verächtern« folgten im Winter 1807/08 die im Unterschied zu jenen tatsächlich gehaltenen »Reden an die Deutsche Nation« Johann Gottlieb Fichtes. Es war kein Zufall, daß der Berliner Philosoph diese Vorlesungsreihe als Fortsetzung einer anderen über die »Grundzüge des gegenwärtigen Zeitalters« (1804/05) konzipiert hatte. Das aufgeklärte kosmopolitische Humanitätsideal wirkte im Zeitalter des durch die Französische Revolution und Napoleon virulent gewordenen nationalen Sendungsbewußtseins antiquiert.

Das reformorientierte Zweckdenken dieser Jahre nahm Ziele der Aufklärung wieder auf, modifizierte sie aber zeitgemäß als partiell erzwungene Antwort auf die revolutionäre Herausforderung und die Napoleonischen Reformen. Für zweckfreie literarische und in der privaten Lebensgestaltung avantgardistische Geselligkeit nach Art der Salons blieb wenig Raum, der Salon selbst wurde museal. Das offene Haus bürgerlicher Familien von höheren Beamten und Gelehrten – zum Beispiel das des Enkels Friedrich Nicolais, Gustav Parthey – erfuhr bald eine Renaissance.

Und nicht zu vergessen: Berlin erhielt 1810 mit der Humboldtschen Universität ein das neuhumanistische Bildungspotential institutionalisierendes geistiges Zentrum, das in gewisser Weise die Salons beerbte. Als Gegentypus zum Salon manifestierten sich überdies neue Vergesellschaftungsformen: Ein Beispiel dafür bildet die 1811 durch Achim von Arnim gegründete *Christlich-deutsche Tischgesellschaft*. Sie traf sich jeden zweiten Dienstag zum gemeinsamen Mittagessen. Der durch lockere Statuten arrangierte Bund behielt zwar die Gemeinsamkeit von Bürgerlichen und Adligen bei, doch veränderte sich die Zusammensetzung gegenüber den Salons signifikant: Frauen, »Philister« und Juden waren ausgeschlossen. Die Klausel »in christlicher Religion geboren« richtete sich gegen Zwecktaufen. Arnim nannte das Ideal dieser Gesellschaft unter anderem: »Freiheit christlich-deutscher Treue, Liebe zum Königshaus, gemeinsamer Dienst aller an Preußen«.[141] Zu dieser Tischgesellschaft gehörten Offiziere, höhere Beamte, zum Beispiel Carl von Clausewitz, der spätere Kultusminister Eichhorn, Staatsrat von Stägemann, Postrat Pistor, Verlagsbuchhändler Georg Andreas

Reimer, Clemens von Brentano und andere. Die Tischgesellschaft besaß ein literarisches und ein nationales Selbstverständnis. Man glaubte, »daß Deutschland ... nur in Preußen, und soweit es mit Preußen verbunden, noch vorhanden war.«[142] Von den Idealen der Salons blieb hier sowenig übrig wie von denen der Aufklärungsgesellschaften oder denen der Freimaurerei. Weder Kosmopolitismus noch religiöse Toleranz waren in Arnims Tischgesellschaft besonders gefragt. Die ständetranszendierende Intention verschwand zwar nicht, war aber kaum gesellschaftspolitisch oder naturrechtlich-humanitär motiviert. Vielmehr wurde sie durch die dominierende Verbindung von religiöser und nationaler Zielsetzung überlagert.

Wie organisierten sich die Salons, was waren ihre Themen? Die Struktur der Salons war so locker, daß es sich eigentlich verbietet, von Organisation überhaupt zu sprechen. Bereits hierin äußerte sich die Distanz der jüngeren, meist zwischen 1765 und 1770 geborenen Generation zur Geistesart und Lebensform ihrer Väter: Dieser Gegensatz hatte sich bereits eine Generation zuvor in der Reaktion des Sturm und Drang auf die Aufklärung gezeigt, in der Frühromantik fand er seine Neuauflage. Die gelehrte Pedanterie und die gesellschaftspolitischen Ordnungsvorstellungen der Aufklärer wurden ebenso als starr empfunden wie die das private Leben prägende gesellschaftliche Moral, die die Individualität gegenüber der gesellschaftlich sanktionierten Norm beengte. Die lockeren Gestaltungsformen der Salons sind also nicht allein auf das französische Vorbild zurückzuführen, dieses Vorbild bot vielmehr eine hinreichend flexible Form, dem individuellen Unabhängigkeitsdrang gegenüber der Vätergeneration Geltung zu verschaffen.

Mitglieder der aufgeklärten Vereinigungen waren durchweg etablierte Angehörige der aufgeklärten Oberschicht in Staat und Gesellschaft. In den Salons gingen zwar auch eine Reihe bedeutender Persönlichkeiten aus und ein, die früher oder später eine politische, gelehrte oder literarische Karriere machten, doch die meisten von ihnen standen erst am Anfang ihres Werdegangs, waren es nun Wilhelm und Alexander von Humboldt oder Friedrich Gentz.

Die ausgeprägte Zweckbezogenheit der Aufklärungsgesellschaften, die auch in der gemeinschaftlichen diskursiven Erarbeitung gelehrten oder philosophischen Wissens zum Ausdruck kam, fand in den Salons einen Kontrapunkt: Man traktierte keineswegs zielstrebig nach bestimmten Regeln ein vorher vereinbartes, als gemeinnützig angesehenes Thema, sondern überließ sich der Inspiration und dem Zufall des Gesprächs: Man plauderte über Themen der Literatur, Kunst und Philosophie – unterhaltsam, witzig, originell. So berichtete der uns schon bekannte Graf S., der – welch ein Zufall – in Rahels Salon auch die Schauspielerin Madame Unzelmann traf: »Das Gespräch wurde sehr lebhaft, und wogte zwischen den Personen wechselnd, über die mannigfachsten Gegenstände hin. Ich wäre nicht fähig, die raschen Wendungen und den verschiedenartigen Inhalt hier wiederzugeben ... Man sprach vom Theater, von Fleck, dessen Krankheit und wahrscheinlich nahen Tod man allgemein beklagte, von Righini, dessen Opern damals den größten Beifall hatten, von Gesellschaftssachen, von den Vorlesungen August Wilhelm Schlegels, denen auch Damen beiwohnten. Die

Johann Gottlieb Fichte, der Autor der »Wissenschaftslehre«, war der Sohn eines Bandwirkers. Als er 1792 sein Erstlingswerk »Versuch einer Kritik aller Offenbarungen« anonym veröffentlichte, wurde es allgemein für ein Werk Immanuel Kants gehalten, und das verschaffte dem unbekannten Fichte über Nacht philosophisch-literarische Geltung, vor allem da Kant selber sich höchst günstig über den jungen Emporkömmling äußerte. Nach Jena und Auerstedt gewann Fichte 1807/08 mit seinen »Reden an die deutsche Nation« Bedeutung und Einfluß weit über den Kreis der Philosophie hinaus. Sein Freiheitspathos verband sich mit einem nationalen deutschen Sendungsbewußtsein, das er geschichtsphilosophisch motivierte.

kühnsten Ideen, die schärfsten Gedanken, der sinnreichste Witz, die launigsten Spiele der Einbildungskraft wurden hier an dem einfachen Faden zufälliger und gewöhnlicher Anlässe aufgereiht. Denn die äußere Gestalt der Unterhaltung war, wie in jeder anderen Gesellschaft, ohne Zwang und Absicht, alles knüpfte sich natürlich an das Interesse des Augenblicks, der Person, des Namens, deren gerade gedacht wurde. Vieles, was in Anspielungen bestand, und irgendeine Kenntnis voraussetze, entging mir ganz ...«[143]

Wahrscheinlich zelebrierte so manches junge Genie an diesem Abend und wohl auch sonst seine mit Tiefsinn verschwisterten Grillen. Jedenfalls konnte unser Pariser Gast befriedigt feststellen: »Madame Unzelmann wirkte durch Heiterkeit und Laune unaufhörlich belebend.«

Am merkwürdigsten aber schien dem Gast Rahel Levin, die Gastgeberin: Ihrer Munterkeit vermochte niemand zu widerstehen, so voller Inspiration war sie, oft sprudelnd vor Einfällen, dann wieder mit wenigen Worten, die wie Blitze durch die Luft fuhren, die Szene erhellend. Und niemals hatte der Gast mit soviel Bewunderung über Goethe sprechen hören. Diese Kunde drang auch zu Nicolai: Dessen Ärger entlud sich 1799 in aufklärenden Briefen über die romantische Ehe: »Vertraute Briefe von Adelheid B** an ihre Freundin Julie S.**«: Goethes »Wilhelm Meister« werde in diesem »Bureau d'esprit«, diesem »wöchentlichen Witzmarkt, ... wo Schöngeisterei verhandelt und eingetauscht wird«, rückwärts gelesen – denn so tue er viel größere Wirkung.[144]

Allerdings gingen auch in den Salons einige Aktivitäten über das freie Spiel der Individualität hinaus: So las man beispielsweise Texte oder Theaterstücke mit verteilten Rollen. Häufiger erwähnte Lektürestoffe boten Schiller, Jean Paul, Schleiermacher, Friedrich Schlegel und natürlich Goethe, etwa »Die Leiden des jungen Werther«, »Götz von Berlichingen«, »Torquato Tasso«, »Wilhelm Meister«. Auch Gesellschaftsspiele und Tanz waren den Salons nicht fremd, so brachte Alexander von Humboldt Henriette Herz das »Menuet à la reine« bei.

Diese offene, kaum fixierte Geselligkeit besaß ein geschlosseneres Vorspiel: So hatte Henriette Herz Anfang der achtziger Jahre einen »Tugendbund« zur »gegenseitigen sittlichen und geistigen Heranbildung, sowie Übung werktätiger Liebe« gegründet.[145] Die Mitglieder verpflichteten sich, voreinander keine Geheimnisse zu haben, redeten sich mit Du an, schrieben sich lange Briefe, wechselten Ringe und – »priesterliche Küsse«. Dieser »Tugendbund« stand offensichtlich im Zeichen empfindsamen Freundschaftskults. Seine Angehörigen tauchten in den späteren Salons wieder auf, unter anderen Wilhelm von Humboldt, Dorothea Veit (geb. Mendelssohn), ihre Schwester Henriette Mendelssohn, Caroline von Dacheroeden, die spätere Frau Wilhelm von Humboldts, Carl von La Roche, der Sohn der Schriftstellerin und Jugendfreundin Wielands, Sophie von La Roche.

Kann man diese Salons als bildungsbürgerlich bezeichnen? Ihre soziale Zusammensetzung ist derjenigen der französischen Salons vergleichbar, allerdings mit dem sehr bedeutsamen Unterschied, daß die Berliner Salons ganz überwiegend von Frauen bürgerlicher Herkunft geführt wurden, von denen die bekanntesten Jüdinnen waren.

Brief Wilhelm von Humboldts an Henriette Herz

Briefwechsel zwischen den führenden Geistern der Zeit und geistreichen Jüdinnen sind ein Charakteristikum der Zeit. Henriette Herz, die Frau des jüdischen Arztes und Philosophen Marcus Herz, und Fanny Arnstein, geb. Itzig, stehen für diese Emanzipation des Judentums auch in geistiger Hinsicht.

Wie beurteilten auswärtige Gäste die sozialen Beziehungen in den Berliner Salons? Jean Paul berichtete über den Umgang der dort verkehrenden sozialen Stände am 12. Januar 1801 an Karoline Herder: »Der Ton hier übertrifft an Unbefangenheit weit den Weimarschen. Der Adel vermengt sich hier mit dem Bürger, nicht wie Fett mit Wasser, auf welchem dieses immer oben schwimmt und äugelt, sondern sie sind innig vereinigt wie diese durch Laugensalz, woraus Seife entsteht. Gelehrte, Juden, Offiziere, Geheime Räte, Edelleute, kurz alles, was sich an anderen Orten (Weimar ausgenommen) die Hälse bricht, fället einander um diese und lebt wenigstens freundlich an Tee- und Eßtischen beisammen.«[146] Auch Madame de Staël beschäftigte sich mit der Trennung der Stände in Deutschland. In ihrem Werk »De L'Allemagne« schrieb sie über Berlin: »Diese Stadt, im Centrum Norddeutschlands gelegen, kann als der Herd feiner Bildung betrachtet werden. Man pflegt dort die Literatur und die Wissenschaften und bindet sich gelegentlich der Herrenessen bei den Ministern und anderwärts nicht an die Trennung der Klassen, die Deutschland so sehr schadet, sondern weiß Leute von Talent aus allen Ständen um sich zu versammeln.«[147]

Beim Vergleich der Salons mit den früheren Aufklärungsgesell-

Prinz Louis Ferdinand, Gemälde
von J. L. Mosnier

Die Verbürgerlichung der Gesellschaft am Ausgang des Jahrhunderts gab auch den Frauen eine
bis dahin auf die aristokratischen
Salons beschränkte Rolle, wobei
man sehr vorurteilslos war und in
aristokratischen wie in jüdischen
Häusern verkehrte. Zeitgenössische Schilderungen halten fest,
wie sich hier nicht nur die jungen
Literaten einfanden, sondern auch
königliche Prinzen und die Offiziere der Garde. In den alten Offi-
zierslokalen waren »Weiber«,
Pferde, Jagderlebnisse und
Roggenpreise das wichtigste
Gesprächsthema gewesen, jetzt
redete man nicht nur über die
neueste Dichtung aus London
und Paris, sondern auch über die
modernen philosophischen Ideen,
die überall vom Rationalismus
oder dem Sensualismus beeinflußt worden waren und durch
den philosophischen Idealismus
eine neue Prägung gewannen.
Der körperlich und geistig strah-
lende Prinz Louis Ferdinand, der
1806 bei Saalfeld fiel, zählte zu
den regelmäßigen Gästen dieser
Salons, die sich allmählich vom
Geist der Aufklärung zu dem der
Romantik wenden.

schaften fällt ins Auge: Der Adel, einschließlich des Hochadels, der
in den Aufklärungsgesellschaften, mit Ausnahme der Freimaurerlogen, fehlte, war in den Salons außerordentlich stark vertreten. Zu
den adligen Salonbesuchern zählte beispielsweise Prinz Louis Ferdinand. Und sehr viel höher war auch der Anteil der Juden, schlechthin neu war die Anwesenheit – und mehr noch die Dominanz – der
Frauen. Unter dem Aspekt der sozialen Emanzipation gingen also
die Salons in mehrfacher Hinsicht über die aufgeklärten Gesellschaften hinaus. Die Aufklärer propagierten die Judenemanzipation – allen voran Christian Wilhelm Dohm –, blieben aber in der
Praxis oftmals zurückhaltend, und es spricht viel dafür, daß Moses
Mendelssohn in die Mittwochsgesellschaft aufgenommen wurde,
obwohl und nicht weil er Jude war. Die romantischen Salons aber
praktizierten die Emanzipation, indem sie den privilegiertesten
Stand, den Adel, mit der am stärksten diskriminierten sozialen
Gruppe, den Juden, zusammenführten.

Allerdings beruhte der Umgang von Adligen, Bürgerlichen,
Juden und Frauen in den Salons auf einer doppelten Basis:

1. In den Salons verkehrten keineswegs alle Schichten der Bevölkerung, wie fälschlich immer wieder behauptet wird. Was Lessing
über die Freimaurerlogen bemerkte, galt auch hier: In gewisser
Weise waren alle Gäste von einem Stand, die Aufnahme in die
Salons war zweifelsfrei auf die literaten Schichten begrenzt, Bildung
war in den Aufklärungsgesellschaften wie in den romantischen
Salons die Bedingung für die Zugehörigkeit.

2. Bildung und literarisch-künstlerisches Interesse in der Aufklärung stellte intentional ein sozial übergreifendes, außerständisches
Konstituens dieser Vergesellschaftung dar und bildete zugleich ihre
außerständische Legitimation. Gerade weil diese Vergesellschaftungsform ideell legitimiert war, gleichsam ein Ort sozialer Exterritorialität, galten ständische und religiöse Unterschiede, galt auch die
Volkszugehörigkeit als sekundär. Und deshalb konnten sich die privilegierten Schichten auf diesen ständetranszendierenden Umgang
einlassen. Diese Vergesellschaftungsform basierte auf aufgeklärten
Maximen, die Stände, Nation und Religion mit Hilfe der Postulate
von Natur- und Menschenrecht, Kosmopolitismus und natürlich-
vernünftiger Religion in die Defensive gedrängt hatten.

Humanität und Individualität jenseits bindender gesellschaftlicher und ideeller Normen aller Art ermöglichten diese, sich in
einer Sozialform abspielende und auf sie beschränkte Art der Emanzipation, die – im Rahmen der Salons – die Praktizierung sozialer
Gleichheit bedeutete. Aber sie griff nicht, oder doch nur in sehr
begrenztem Maße, auf die Gesellschaft insgesamt über, selbst die
emanzipatorische Wirkung für die Juden ist fraglich, sind doch viele
der beteiligten Jüdinnen konvertiert – so Rahel Varnhagen, Henriette Herz und die Töchter Mendelssohns. Die Religion ihrer Väter
galt ihnen wenig, insofern hatte die durch die Aufklärung beförderte
Säkularisation ihr Werk getan. Und die zuweilen anzutreffende religiöse Schwärmerei bewirkte oft mehrmalige Konversionen, eine
Tendenz zu Spontaneität und Subjektivität ist auch hier unverkennbar.

Und trotzdem scheint es paradox, daß gerade die Jüdinnen imstande waren, eine solche, wenngleich partielle gesellschaftliche

Bildnis der Henriette Herz,
Gemälde von Anna Dorothea
Therbusch

Henriette Herz ist als vierzehn-
jährige Braut des Arztes Marcus
Herz mit den Attributen der
Hebe, Göttin der Jugend, darge-
stellt. Sie führte, etliche Jahre vor
Rahel Levin, einen bedeutenden
Salon in Berlin, war jedoch im
Unterschied zu anderen Salon-
damen literarisch kaum produktiv.

Integration zu bewirken. Aber diese Paradoxie löst sich gerade dann
auf, wenn die gesellschaftliche Außenseiterrolle dieser Frauen be-
achtet wird: Die jüdischen Salons besaßen in der ständischen
Gesellschaftsordnung ebensowenig einen Platz, wie die Juden überhaupt, sie waren sozial nicht festgelegt. So konstatierte Hannah
Arendt: »Sowenig die deutsche Bildung in irgendeiner Gesellschaftsschicht verankert war, so wenig waren die jüdischen Salons,
obwohl Zentren gebildeter Geselligkeit, ein Zeichen für die gesellschaftliche Verwurzelung der deutschen Juden. Das genaue Gegenteil ist der Fall: Gerade weil die Juden außerhalb der Gesellschaft
standen, wurden sie für kurze Zeit eine Art neutralen Bodens, auf
dem sich die Gebildeten trafen.«[148]

Schon Henriette Herz selbst traf den Kern: »Und ebenso lag es in
den Verhältnissen, daß zuerst der strebende Teil der adligen Jugend
sich anschloß, denn der Adel stand in der bürgerlichen Gesellschaft
den Juden zu fern, um selbst, indem er sich unter sie mischte, als
ihresgleichen zu erscheinen. Freilich aber änderten sich innerhalb
unseres Kreises die Verhältnisse früh genug. Der Geist ist ein gewaltiger Gleichmacher, und die Liebe, welche hin und wieder auch
nicht unterließ, sich einzumischen, wandelte oft den Stolz gar in
Demut. Höfisches Wesen vollends hätte sich hier, wo Zwanglosig-
keit eine Lebensbedingung war, bald der Satire ausgesetzt gesehen.
Sie richtete sich ohnedies schon gegen die ganze Klasse des Hof-
adels mit seinem kalten steifen Formenwesen.«[149]

Auch standen die Salons kaum in Konkurrenz, wie ein Brief
Schleiermachers an seine Schwester zeigt: »Daß junge Gelehrte und
Elegants die hiesigen großen jüdischen Häuser fleißig besuchen, ist
sehr natürlich, denn es sind bei weitem die reichsten bürgerlichen

Familien hier, fast die einzigen, die ein offenes Haus halten, und bei denen man wegen ihrer ausgebreiteten Verbindungen in allen Ländern Fremde von allen Ständen antrifft. Wer also auf eine recht ungenirte Art gute Gesellschaft sehen will, läßt sich in solchen Häusern einführen, wo natürlich jeder Mensch von Talenten, wenn es auch nur gesellige Talente sind, gern gesehn wird und sich auch gewiß amüsirt, weil die jüdischen Frauen – die Männer werden zu früh in den Handel gestürzt – sehr gebildet sind, von allem zu sprechen wissen und gewöhnlich eine oder die andere schöne Kunst in einem hohen Grade besizen.«[150]

Zwar waren keineswegs alle Damen reich, die einen Salon führten, doch treffen die anderen Charakterisierungen Schleiermachers zu. Und nicht nur für die Juden galt die Feststellung, die Männer würden zu früh in den Handel gestürzt: Tatsächlich spielte das wirtschaftlich tätige Bürgertum in den Salons kaum eine Rolle. Und wenn beispielsweise der handeltreibende Hausherr die materielle Voraussetzung schuf, dann erklärt gerade dies die bedeutsame Rolle der Frauen in den Salons: Sie brachten Interesse und Zeit für die literarisch-künstlerischen Themen auf, ein Schritt, aber eben nur ein Schritt zur Emanzipation ließ sich mit Hilfe literarischer Bildung und der auf sie bezogenen Geselligkeit tun – einer Bildung indes, die anders als in der Aufklärung in erster Linie zweckfreie Menschenbildung des Individuums über die Gesellschaft, keineswegs aber zweckbezogene Gesellschaftsbildung über das Individuum war. Die Bildung diente also im neuhumanistischen Verständnis der in den Salons verkehrenden Schichten keineswegs zur Erreichung gesellschaftlicher Emanzipation benachteiligter Sozialgruppen; sie konnte dazu bestenfalls objektiv und mittelfristig beitragen.

So entfernt dieses Bildungsverständnis auch von dem der Aufklärung sein mochte, sie bildete auch hier die Basis, war die Leserevolution doch ebenso wie die Schreibwut des »tintenklecksenden Säkulums« (Schiller) die Voraussetzung dieser Art literarischen Interesses.

Was kann also nach den hier geschilderten Charakteristika »bildungsbürgerlich« heißen – ein Begriff, der gern zur sozialgeschichtlichen Einordnung herangezogen wird? Waren die aristokratischen Damen, die im Frankreich des Ancien régime große Salons führten, etwa bildungsbürgerlich? Waren die Berliner Salons, in denen sich Adlige und Bürgerliche verbrüderten, bürgerlich? Waren die literarischen Avantgardisten der Salons bürgerlich? Waren die Jüdinnen, die nicht einmal die bürgerlichen Rechte besaßen, die das Allgemeine Landrecht von 1794 den Untertanen zubilligte, bürgerlich? Im rechtlichen Sinne gewiß nicht, im sozialen höchstens bei einer sehr weiten Auslegung des Begriffs, auch wenn die Berliner Juden nicht in Gettos lebten.

Die Antwort auf diese Fragen hängt, sofern man sie nicht einfach wegen der beträchtlichen Präsenz nichtbürgerlicher Schichten in den Salons verneint, von der Definition ab. Das Bildungsbürgertum stellte sich dar »als jener Teil des Bürgertums, dessen soziale Lebenslage und individuelle Lebenschance bestimmt sind durch den Besitz von Bildungspatenten« – so lautet eine neuere Interpretation.[151] Auf unsere Fragen bezogen, stellt sich ein schwer lösbares Problem: Um 1800 hatte sich die ständische Gesellschaftsordnung in Deutsch-

Gesellschaft bei Schadows

Johann Gottfried Schadow wurde schon mit 24 Jahren Direktor der Hofbildhauerschule, um 1815 wurde er Direktor der Königlichen Akademie der Künste, und sein Haus wurde wie das Zelters ein Mittelpunkt des geistigen Berlin; beide kamen aus der Handwerker-schicht, wie auch Hackert und Schinkel. Die soziale Durchlässig-keit ist lange, bevor davon die Rede ist, ein Merkmal des neuen Zeitalters, denn auch Winckel-mann und Fichte waren gesell-schaftliche Aufsteiger.

land noch keineswegs aufgelöst, der Begriff Bürger bezieht sich also auf einen rechtlich definierten Sozialstand. Dieser Stand wurde durch Herkunft, nicht durch Bildungspatente definiert.

Und überdies: Bildungspatente im formellen Sinn konnten die wenigsten der Salonbesucher vorweisen, die berühmten Gastgebe-rinnen jedenfalls nicht, und sie waren im Sinn des rechtlich fixier-ten Standesbegriffs auch nicht Bürger. Die gegebene Definition hilft in bezug auf die ständische Gesellschaftsordnung nicht weiter. Die Kriterien, die Max Weber für seine Kennzeichnung des Bildungs-bürgertums als Ausprägung »ständischer Vergesellschaftung« zu-grunde gelegt und mit »Privilegierung in der sozialen Schätzung« umschrieben hat, sind relativ unbestimmt. Das zeigen auch die Konsequenzen, die andere Interpreten daraus ziehen, wenn sie den Anspruch auf besondere Hochschätzung, auf ein »nachgewiese-nes, normativ durchwirktes Bildungswissen« (W. Conze, J. Kocka) gründen, dessen Besitz sich in einer bestimmten Lebensführung zeige.[152]

Und weiter: Für den Anspruch auf besondere gesellschaftliche Hochschätzung muß es allgemein anerkannte Kriterien sozialer Stände, Klassen oder Gruppen geben: Die Salonkultur aber pflegte eine literarisch-künstlerische Bildung, die weder durch Patente nachweisbar noch gesellschaftlich sanktioniert war. Die Universität als Ort akademischer Qualifikation spielte für die Salons ebensowe-nig eine Rolle wie andere Institutionen des Bildungs- und Wissen-schaftssystems.

Überdies herrschten in den Salons Lebensformen, oder sie wur-den doch von einigen ihrer Mitglieder vorgelebt und propagiert, die keineswegs der gesellschaftlich sanktionierten Norm entsprachen, ja ihr sogar widersprachen. Bildung war zwar Voraussetzung für die Aufnahme in einen Salon, aber dies besagt nichts über die Art der Bildung. Ihre Anerkennung bedeutete die Anerkennung nicht *der* Gesellschaft, sondern einer bestimmten Vergesellschaftungsform, die jedenfalls keine dezidiert bürgerliche war, sondern ein spezifisches, darüber hinausweisendes sozialkulturelles Milieu bezeichnete. Bildung wurde zwar im 18. Jahrhundert immer wieder zum Kampfmittel gegen die Höfe, sie wurde zur Legitimation bürgerlicher Ansprüche eingesetzt, Arbeit und Kultur wurden zur Domäne der aufsteigenden Bürgerlichen – und doch erschöpfte sich Bildung grundsätzlich nicht im sozialen Konnex mit den Bürgerlichen. Wie das Innenleben der Salons, war Bildung intentional und funktional ständetranszendierend und mußte es sein. Hier liegt das eigentliche Paradox: Bildung begründete zwar eine soziale Lage und einen sozialen Status, der exklusiv schien und immer wieder exklusiv praktiziert wurde – und doch auf Dauer nicht begrenzt bleiben konnte. Bildung blieb, im Prinzip, für alle Stände offen, gerade deshalb konnte sie die soziale Exterritorialität in den Salons konstituieren. Ebensowenig wie die Sozialgruppe der Juden war der Sozialcharakter der Bildung um 1800 gesellschaftlich fixiert.

Die dominierende Stellung der Frau in den Salons hat immer wieder zu der Schlußfolgerung geführt, diese Vergesellschaftungsform habe die Frauenemanzipation befördert. Wie steht es damit? »L'âme n'a point de sexe«: Diese ebenso unbestreitbare wie unbeweisbare Sentenz Jean-Jacques Rousseaus begründete leitmotivisch das Recht der Frauen auf Teilhabe an der Bildung. Schon die Gottschedin war im Geiste der Zeit ebenso vernünftig wie belesen, aber eine grundsätzliche Änderung der Frauenrolle bewirkten solche Einzelfälle damals kaum. Noch der von vielen Salonbesuchern geschätzte Schiller schrieb im »Lied von der Glocke«: »Und drinnen waltet / Die züchtige Hausfrau, / Die Mutter der Kinder, / Und herrschet weise / Im häuslichen Kreise, / Und lehret die Mädchen / Und wehret den Knaben, / Und reget ohn Ende / Die fleißigen Hände, / Und mehrt den Gewinn mit ordnendem Sinn ... Und ruhet nimmer.«[153] Und auch beim hochverehrten Goethe klang es 1797 in der beliebten Salonlektüre »Hermann und Dorothea« nicht anders: »Dienen lerne beizeiten das Weib nach seiner Bestimmung!« Auch die Fortsetzung des Zitats ändert nichts an dem Sinn dieser Sentenz: »Denn durch Dienen allein gelangt sie endlich zum Herrschen, / Zu der verdienten Gewalt, die doch ihr im Hause (!) gehöret ... Und ihr Leben ist immer ein ewiges Gehen und Kommen / Oder ein Heben und Tragen, Bereiten und Schaffen für andre (!)«[154] Gar so genau richtete sich der Weimarer Geheimrat selbst bekanntlich nicht nach diesem Frauenbild: Was Frau von Stein recht war, konnte Christiane Vulpius keineswegs billig sein. Aber wie reagierten die Damen in den Salons auf solche Rollenbeschreibungen durch die Dichterfürsten auf dem Weimarer oder Jenenser Parnaß? Mit Belustigung! »Über das die ›züchtige Hausfrau‹ preisende Schillersche ›Lied von der Glocke‹ sind wir gestern Mittag fast von den Stühlen gefallen vor Lachen«, berichtete Caroline Schlegel im Oktober 1799 aus Jena.[155] Sie selbst hatte die Divergenz zwischen Liebe und bürgerlicher Ehe erfahren und stand im Begriff, diese Erfahrung zu erneuern, denn sie, die Frau August Wilhelm Schlegels, hatte sich gerade in den jungen Schelling verliebt, der 1803 nach der Scheidung ihr dritter Ehemann wurde.[156]

Auch die Romantik besaß kein einheitliches Frauenbild, die Zeit nach 1807 war eher durch eine Wiederbelebung des traditionellen

Charlotte von Stein war die Frau des herzoglich-weimarischen Stallmeisters Friedrich Freiherr von Stein, und ihr Haus spielte eine gesellschaftliche Rolle in der thüringischen Residenz. Von 1775 bis zu Goethes Italienreise ist sie die Seelenfreundin des gesellschaftlich noch nicht arrivierten Neuankömmlings in Weimar, der mit ihr den wichtigsten Briefwechsel seiner Frühzeit unterhält. Durch ihre Seelenfreundschaft mit dem sieben Jahre jüngeren Goethe ging Charlotte von Stein in die Literatur ein.

Bildes gekennzeichnet als durch die Fortführung der in den Salons sich dokumentierenden Modernisierung. Von Chamisso, Kleist und Eichendorff bis zu Börne[157] dominierte der Topos der dienenden Frau.[158] Und was dem eifrigen Salonbesucher Wilhelm von Humboldt widerfahren war, als er nach siebzehnjähriger Ehe 1808 an seiner Frau Caroline – sie Madame de Staël gegenüberstellend – »deutsche Weiblichkeit« entdeckte, wissen wir nicht.[159]

Als Madame de Staël 1804 Einblick in die deutsche Gesellschaft erhielt, schränkte sie das erwähnte Lob für die Abschwächung ständischer Schranken unter dem Signum der Bildung in Berlin doch auch wieder ein: »Nichtsdestoweniger aber erstreckt sich diese glückliche Mischung noch immer nicht auf die Damengesellschaften: es gibt allerdings einige Frauen, deren glänzende Eigenschaften und Vorzüge alles, was sich auszeichnet, zu ihnen hinzieht, im allgemeinen aber ist auch in Berlin wie im ganzen übrigen Deutschland die Gesellschaft der Frauen noch nicht hinreichend mit der der Männer verschmolzen.«[160] Gerade aus dieser »Verschmelzung des Geistes der Männer und Frauen für die Unterhaltung« gewinne in Frankreich das gesellschaftliche Leben seinen großen Reiz. Die herausgehobene Rolle der Frauen in den Salons ergab sich allein schon daraus, daß sie die Initiative ergriffen. Die jüdischen Frauen hatten es offenbar leichter, Zugang zu den Salons zu gewinnen als die jüdischen Männer. Deborah Hertz gelangte zu dem Ergebnis, daß in den Salons nur acht von 69 Männern jüdisch waren, aber zwölf von 31 Frauen: das entspricht 37 Prozent. In der Regel gelang es erst den Männern der folgenden Generation, Zugang zu ähnlichen Gesellschaftsschichten zu finden. Die Vätergeneration der berühmten Salondamen hatte nur in ganz wenigen Ausnahmefällen persönliche Kontakte zu höheren Gesellschaftsschichten. Männer wie Moses Mendelssohn, David Friedländer und Marcus Herz bildeten trotz ihrer Wirkung auf die jüdische Intelligenz tatsächlich Ausnahmen, wie auch Henriette Herz, Rahel Varnhagen und der von ihnen verkörperte Typus innerhalb der jüdischen Gemeinde isoliert blieben. Schon bevor sie konvertierten, begannen sie sich vom Judentum zu lösen.

Wie weit die Bildung der Salonbesucher tatsächlich reichte, ist im einzelnen umstritten, selbst bei der schönen Henriette Herz (1764 bis 1847).[161] Sie war die Tochter des sephardischen Arztes de Lemos, der das streng jüdisch erzogene Mädchen nach ungefähr zweijähriger Verlobung mit fünfzehn Jahren an Marcus Herz verheiratete. Henriette Herz war ausgesprochen polyglott, lernte Hebräisch, Griechisch und Latein, später auch noch Französisch, Englisch und Italienisch, schließlich studierte sie Türkisch und Sanskrit. Sie las schon als Kind außerordentlich viel und frequentierte dazu die »wohlversehene« Viewegsche Leihbibliothek in Berlin. Ihre Sprachkenntnisse nutzte sie später, indem sie nach dem Tode ihres Mannes 1803 wegen ihrer schlechten finanziellen Situation Sprachunterricht erteilte und Mary Godwin-Wollstonecrafts unter dem Einfluß Rousseaus stehendes feministisches Werk »A vindication of the rights of women« (1792) übersetzte. Henriette Herz engagierte sich überdies karitativ und unterrichtete während der Befreiungskriege Waisenkinder und Kinder mittelloser Eltern.

Henriette Herz ging selbst der Frage nach, was die Salonkultur im

Germaine de Staël-Holstein, geb. Necker (1766-1817), Gemälde von Elisabeth Vigee-Lebrun

Das Haus der Madame de Staël am Genfer See wird ein europäischer Salon; man besucht die von Napoleon aus Frankreich Verbannte nicht, weil man sich gerade in der Nähe aufhält, sondern man sucht sie auf, obwohl sie abgelegen wohnt. Henry-Benjamin Constant lebt hier einige Jahre als Hauslehrer ihrer Kinder, und sein Roman »Adolphe« hält das zwiespältige Verhältnis beider fest. Einflußreich wird Madame de Staël aber durch ihre verschiedenen Deutschlandreisen und vor allem durch ihr Buch »De L'Allemagne«, mit dem sie die unbekannte Provinz östlich des Rheins für das literarische Frankreich entdeckt. Ihre Abneigung gegen das Napoleonische Frankreich läßt sie das Deutschland Schillers und Goethes in vordem undenkbarer Weise feiern: Deutschland als geistiger Mittelpunkt des neuen Europa, als romantisch verklärtes Land der Dichter und Denker.

Hinblick auf die Frauen von der vorhergehenden Zeit unterschied. Dabei lautete ihr Urteil über die spätfriderizianische Epoche: »Die christlichen Häuser Berlins boten ... nichts, welches dem, was jene jüdischen an geistiger Geselligkeit boten, gleichgekommen oder nur ähnlich gewesen wäre.« Über die Generation der aufgeklärten Bürger bemerkte sie: »Ihre Frauen hätten ihrer Eigenschaft als gute und ehrsame Hausmütter Eintrag zu tun geglaubt, wenn sie geistigen Interessen irgend Raum in sich gegönnt hätten, und nächstdem wäre ihre Gegenwart bei den gelehrten Gesprächen ihrer Eheherren diesen eine Störung geworden, hätte sie ihnen nicht gar eine Profanation ihres Heiligtums der Wissenschaft geschienen.«[162] Henriette Herz begründete in ihren anschaulich und klar geschriebenen Erinnerungen das Entstehen der Salonkultur mit dem Desinteresse des Berliner Mittelstandes an wirklicher, über den Beruf hinausgehender Bildung. Außer bei Nicolai und Moses Mendelssohn habe es in Berlin keine geistig anziehenden Geselligkeiten gegeben. Gerade für die Jugend sei dies unbefriedigend gewesen, man wird hinzufügen müssen: besonders auch für wißbegierige Mädchen und Frauen. War es ein Wunder, daß die »Gelegenheit zu geistreicher Geselligkeit trotz der damals gegen die Jugend herrschenden Vorurteile begierig von denjenigen ergriffen wurde, welche überhaupt auf dem Wege mündlichen Ideenaustausches geistige Förderung suchten?«[163]

Wie Henriette Herz hatte auch Rahel Levin durchaus eine aufgeklärte Ausbildung genossen. Sie lernte bei Hauslehrern Mathematik und Französisch, las Voltaire, Rousseau, Kant, Fichte und vor allem Goethe.

Rahel stammte aus einer reichen, aber im literarischen Sinne ungebildeten jüdischen Kaufmannsfamilie; wahrscheinlich empfand die bildungshungrige, hochintelligente und vielseitig interessierte, aber nicht besonders ansehnliche Frau aus diesem Grund ein Leben lang Ungenügen an ihrer Bildung, zumal sie höchste Ansprüche an sich selbst stellte. Ihre jüdische Herkunft nannte sie in einem Brief an Heinrich de La Motte Fouqué am 26. Juli 1809 das »Unglück meiner falschen Geburt«.[164] Nach zweimaliger Verlobung mit Adligen heiratete sie, die sich wie ihr Bruder bereits 1810 in Robert umbenannt hatte, 1814 den Diplomaten, Offizier und Schriftsteller Karl August Varnhagen von Ense: Sie war damals 43, ihr Mann 29 Jahre alt. 1814 konvertierte sie und nahm nun auch einen anderen Vornamen, Friederike, an. Verzweiflung war ihr nicht fremd, schrieb sie doch 1809: »Jedes menschliche Verhältnis ist mir mißglückt.« Doch tatsächlich suchte die junge Intelligenz ihre Gesellschaft, und diese Gesellschaft bedeutete ihr Glück: »Menschen locken, rühren, reizen mich.«[165]

So sehr sich ihr Wesen, ihre Seelenzustände, ihre treffsichere, vor Bosheiten nicht zurückscheuende Beobachtungsgabe auch in ihren Briefen, ihren Tagebuchblättern ausdrückten – in Briefen überdies, die als literarisches und kulturgeschichtliches Zeugnis der Romantik unschätzbar sind –, vermitteln sie nach Ansicht Varnhagens doch nur ein unvollkommenes Bild ihrer Persönlichkeit. Varnhagen sah in Rahel den »reinsten und vollständigsten Typus ... eines echten Menschen ... überall Natur und Geist in frischem Wechselhauche, überall organisches Gebild, zuckende Faser, mitlebender Zusam-

Ausschnitt aus einem Brief Rahel Varnhagens an Gustav von Brinckmann

Von Rahel Levin, die weder durch gesellschaftliche Stellung noch durch Schönheit ausgezeichnet war, muß ein großer geistiger Reiz ausgegangen sein, denn ihr Salon spielt Ende der neunziger Jahre in Berlin eine große Rolle; ihre Ehe mit dem vierzehn Jahre jüngeren Karl August Varnhagen von Ense empfindet sie als großes Glück. Nach ihrem Tode beginnt Varnhagen sein schriftstellerisches Werk, mit dem er auch in der gebildeten preußischen Beamtenschicht großen Einfluß gewann.

menhang für die ganze Natur, überall originale und naive Geistes- und Sinnesäußerungen, großartig durch Unschuld und durch Klugheit und dabei in Worten wie in Handlungen die rascheste, gewandteste zutreffendste Gegenwart. Dies alles war durchwärmt von der reinsten Güte, der schönsten, stets regen und tätigen Menschenliebe, der zartesten Achtung für jede Persönlichkeit, der lebhaftesten Teilnahme für fremdes Wohl und Weh.«[166]

Rahel und Varnhagen empfanden ihre Ehe als unbeschreibliches Glück, eine Ehe, die für sie keinem ökonomischen oder konventionellen Zweckdenken entsprach, sondern echte, sich wechselseitig anerkennende Partnerschaft und rückhaltlos offenes Sich-Verstehen bedeutete.[167]

Nach ihrer Heirat schrieb Rahel Varnhagen am 10. Juli 1815 Ernestine Goldstücker in Baden bei Wien: »Mein Hauptglück besteht aber *darin,* daß ich *durchaus* nicht merke, daß ich verheirathet bin! *ganz* in *allem,* im Größten und Kleinsten frei bin, lebe und mich fühle, Varnhagen alles sagen kann, *ganz* wahr sein darf: und daß dies gerade ihn so freut und entzückt. Er ist aber auch glücklich durch mich: nur durch mich.«[168]

Doch blieb die Gewinnung neuer Individualität durch die Liebe nicht die einzige Dimension in Rahels Leben, galt ihr doch wie schon Lessing nicht der Besitz, sondern mehr noch die Suche als entscheidend für die Menschenbildung, denn »was ist am Ende der Mensch anders als eine Frage! Zum Fragen, nur zum Fragen, zum ehrlich kühnen Fragen, und zum demütigen Warten auf Antwort, ist er hier ... Die große allgütige Einrichtung Gottes, das wirkliche Verhalten der Dinge untereinander ... wird uns doch zum schwereren, demütigern Werke mit fortreißen ... Dies ist *für mich* ›der Gedanke aller Gedanken, die Menschwerdung Gottes‹; die Gnade, uns eine Person werden zu lassen ...«[169]

Friedrich Schlegels 1799 erschienener Roman »Lucinde« ist das Skandalbuch der Epoche, was nicht nur an der Verherrlichung der erotischen Libertinage liegt, sondern auch an der Selbstenthüllung des neunundzwanzigjährigen Autors über sein Zusammenleben mit der sechsunddreißigjährigen Dorothea Veit, die gerade geschieden worden war. Aber die platte Denunziation dieses Werkes als unsittlich verkennt die geheime Religiosität des Buches, das in der erotischen Liebe ein Abbild der geistigen Liebe sieht, die immer auch die Liebe zu Gott meint.

Rahel ist also mit dem Begriff »Freigeist« kaum angemessen beschrieben,[170] vielmehr finden sich bei ihr Zeugnisse einer zuweilen schwärmerischen, wenngleich kaum konfessionell fixierbaren Religiosität. Und ebensowenig ist Liebe für sie ausschließlich oder in erster Linie mit Ungebundenheit assoziiert, sondern mindestens in gleichem Maße mit Hingabe und - freiwilliger - Bindung. Aber mit einer angesichts der Familientradition und der traditionellen Frauenrolle überraschenden Selbstverständlichkeit lehnte sie es ab, Ehe und Liebe als ein Untertanenverhältnis zu begreifen oder Ehe ohne Liebe als einen Zweckverband zu akzeptieren, den die Eltern zumindest für die Tochter begründeten. Immer wieder bezeugen ihre Briefe die Maxime, der Mensch könne nur durch den Menschen zur Persönlichkeitsbildung gelangen, und zwar vor allem durch den liebenden Menschen. Hierin trifft sich ihr Verständnis der Liebe mit dem anderer Romantiker. So heißt es beispielsweise in Friedrich Schlegels »Lucinde«, dem damaligen Skandalroman, in dem die meisten Zeitgenossen nicht allein die Verherrlichung freier Liebe ohne Ehe, sondern überdies eine (literarisch mißlungene) peinliche Selbstenthüllung über das Zusammenleben des zum Zeitpunkt des Erscheinens (1799) siebenundzwanzigjährigen Autors mit der sechsunddreißigjährigen, eben geschiedenen Dorothea Veit sahen: »Ja! ich würde es für ein Märchen gehalten haben, daß es solche Freude gebe und solche Liebe, wie ich nun fühle, und eine solche Frau, die mir zugleich die zärtlichste Geliebte und die beste Gesellschaft wäre und auch eine vollkommene Freundin. Denn in der Freundschaft besonders suchte ich alles, was ich entbehrte und was ich in keinem weiblichen Wesen zu finden hoffte.«[171]

Leben und Lieben galten Friedrich Schlegel gleich, er beschwor die vollkommene Harmonie der eigenen Persönlichkeit in der anderen. Doch nannte Schlegel nicht zufällig seine »Lucinde« »ein religiöses Buch«, und ebensowenig zufällig machte sich der Freund und Theologe Schleiermacher mit seinen 1800 anonym publizierten »Vertraute(n) Briefe(n) über Friedrich Schlegels Lucinde« sogleich zur Verteidigung des Romanfragments auf. Denn für Schlegel bedeutete Liebe zwischen Mann und Frau die Keimzelle der Liebe zur Menschheit und schließlich der Liebe zu Gott: »So schlingt die Religion der Liebe unsre Liebe immer inniger und stärker zusammen, wie das Kind die Lust der zärtlichen Eltern dem Echo gleich verdoppelt.«[172]

Liebe, Menschheit, Gott: Sie gehörten trotz des die aufgeklärtbürgerlichen Zeitgenossen irritierenden, irrlichternden individuellen Freiheitsdrangs und des die Salons charakterisierenden idealischen Impressionismus zusammen. Die Beziehungen zwischen den Geschlechtern, zwischen den Menschen, zwischen den sozialen Ständen, ja zwischen den Menschen und Gott wurden ästhetisiert. Und insofern stellt die »Lucinde« weniger einen lebensnahen, realistischen Roman dar - als der sie mißverstanden wurde - als einen poetisierenden Essay über die Bildung von Humanität und Religiosität durch die Liebe.

Aber konnte diese nach außen gekehrte Intimität einer durch das literarische Bekenntnis hergestellten Öffentlichkeit standhalten? Dem Urbild der Lucinde, Dorothea Veit, die den jungen Schlegel im Juli 1797 im Salon ihrer Freundin Henriette Herz kennen und bald auch lieben gelernt hatte, kamen sogleich Bedenken, schrieb sie doch am 8. April 1799 dem vertrauten Freund Schleiermacher: »Oft wird es mir heiß und wieder kalt ums Herz, daß das Innerste so herausgeredet werden soll – was mir so heilig war, so heimlich, jetzt nun allen Neugierigen, allen Hassern preisgegeben ... Ach es ist nicht die Kühnheit, die mich erschreckt. Die Natur feiert auch die Anbetung des Höchsten in offenen Tempeln und durch die ganze Welt – aber die Liebe?«[173]

Dorothea tröstete sich, indem sie den Ewigkeitswert des Werkes beschwor und ihre eigenen Gefühle bei der Veröffentlichung für vergleichsweise unwesentlich ansah. Und im Zweifelsfall stellte Dorothea Veit eigene Wünsche ohnehin zurück, wenn sie mit denen des von ihr nicht allein geliebten, sondern überdies grenzenlos bewunderten, ja angebeteten Friedrich Schlegel kollidierten.

Dorothea Schlegel (1763-1839) hatte zwei Söhne aus der Ehe mit dem Bankier Simon Veit, mit dem sie ihr Vater Moses Mendelssohn in der üblichen Weise, ohne sie um ihre Meinung zu fragen, verheiratet hatte. Veit akzeptierte die Scheidung nach vermittelnden Gesprächen mit Henriette Herz nur widerwillig, unterstützte seine ehemalige Frau aber auch nach der Scheidung noch materiell. Dorothea konvertierte kurz vor ihrer in Paris vollzogenen Heirat mit Friedrich Schlegel 1804 zum Protestantismus. 1808 traten beide zum Katholizismus über. Dorothea Veit versuchte sich auch als Schriftstellerin, 1801 veröffentlichte Friedrich Schlegel anonym den ersten (und einzigen) Band ihres Romans »Florentin«, der sich in Form, Stil und Aufbau an Goethes »Wilhelm Meisters Lehrjahre« (1794 bis 1796), in manchem auch an Ludwig Tiecks Roman »Franz Sternbalds Wanderungen« (1798) anschloß und im wesentlichen Friedrich Schlegels und Schleiermachers Auffassungen über Liebe, Freundschaft und Ehe in dem Romanhelden Florentin personifizierte. Sein unstetes Leben, seine Liebesabenteuer, seine Sehnsüchte stellt der Roman ebenso dar wie seinen künstlerischen und musikalischen Dilettantismus und seine Kunstauffassungen. Dorothea Veit dachte bescheiden von ihrem Roman, dem es an einem »befriedigenden Schluß« mangelte, Goethe und Schiller mokierten sich über die Verbindung von Epigonalität und Kritik am »Wilhelm Meister«. Der Literaturhistoriker Rudolf Haym urteilte später milder: »Sie hätte sich immerhin ein wenig mehr auf den ›humoristischen Taugenichts‹ einbilden dürfen. Denn, Roman gegen Roman gehalten, so ist der Florentin in seiner bescheidenen Unselbständigkeit ein hundertmal besserer Roman als die Lucinde mit ihrer anmaßlichen Originalität.«[174]

Weitere Arbeiten Dorothea Veits erschienen in Schlegels Zeitschrift »Europa« (1803-1805), die allen Künsten gewidmet war. Ihre schriftstellerische Tätigkeit ebenso wie ihre Arbeit als Übersetzerin von Madame de Staëls vierbändigem Roman »Corinne« (1807/08) sowie die Bearbeitung von Ritterromanen entsprangen weniger literarischem Ehrgeiz als der Absicht, Friedrich Schlegel auch materiell zu unterstützen und ihm zugleich ideell nahe zu sein. Die arme Dorothea, »... die mit so rücksichtsloser Entschlossenheit ihr Lebensschicksal an das ihres Freundes geknüpft hatte, wurde zur Dichterin, sie wußte nicht wie. Die Freundin Schlegels mußte schriftstellern, das verstand sich von selbst.«[175] Die Verbindung mit

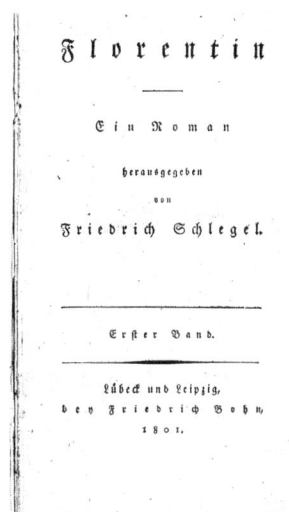

Dorothea Veit, das Urbild der Lucinde, trat als Autorin auch selber an die Öffentlichkeit. Ihr Roman »Florentin« war ebenfalls eine Paraphrase über das Thema der Liebe in der Gesellschaft, literarisch in vielem Goethes »Wilhelm Meisters Lehrjahre« und Tiecks »Franz Sternbalds Wanderungen« verpflichtet.

Caroline Schlegel (1763-1809), zeitgenössisches Gemälde

Liebesverhältnisse waren nicht nur das Thema der zeitgenössischen Literatur, auch die realen Liaisons der Zeit beschäftigten die Gesellschaft. Caroline Michaelis, die Tochter des Göttinger Orientalisten, führte das in den Romanen behandelte Thema der freien Liebe in extremer Form vor. Nach der kurzen Ehe mit dem Clausthaler Bergarzt Böhmer ging sie nach Mainz, wo sie eine stürmische Affäre mit einem französischen Offizier während der Besatzung von Mainz hatte. Sie wurde die Geliebte Friedrich Schlegels, heiratete aber dessen Bruder August Wilhelm. Die Verbindung ihres Lebens aber wurde die Ehe mit Schelling, dem sie sich schon während der letzten Ehejahre mit Schlegel versprach und den sie tatsächlich 1803 heiratete. Die Wirklichkeit folgte der Literatur, alle Welt meinte, daß sie die »Wahlverwandtschaften« Goethes vorwegnahm.

Friedrich Schlegel, dessen materielle Ungesichertheit bei einem zuweilen unsteten Wanderleben sich mit hochfahrender Launenhaftigkeit, hochgradig sensibler Intelligenz und erregbarer Subjektivität paarten, verlangte Dorothea manches Opfer ab. Oft mußte sie auch zwischen ihrem Mann und Freunden wie Schleiermacher vermitteln. Nicht ganz zu Unrecht fürchtete die Freundin Henriette Herz um ihr Lebensglück: »... ihr späteres Leben war ein fortwährender innerer Läuterungsprozeß, infolgedessen sie immer höhere Ansprüche an sich selbst und immer geringere an andere, namentlich sofern es deren Beziehungen zu ihr betraf, machte.«[176] Manche familiären Probleme, so das im Haß endende Zerwürfnis mit ihrer zeitweiligen Schwägerin Caroline Schlegel kamen hinzu.

So oder so, die kluge, liebenswürdige, gebildete, trotz ihrer schönen Augen nicht besonders gutaussehende Dorothea, die später vorübergehend bei ihren Söhnen, den Malern Philipp und Johannes Veit in Rom und Frankfurt lebte, führte dann doch nicht die romantische Traumehe, die zu Zeiten der »Lucinde« und der Berliner Salons in der Poetisierung von Liebe und Leben eine so große Rolle spielte. Als Henriette Herz das Ehepaar im Jahre 1811 in Wien besuchte, fand sie »ein zufriedenstellendes Verhältnis« vor, fragte sich aber: »... wohin war die Poesie entschwunden, welche das frühere, von der Welt so verpönte durchdrungen hatte! Freilich lag auch die poetische Jugendzeit hinter ihnen.«[177]

Jenseits des individuellen Zufalls symbolisierte auch diese romantisch verklärte und poetisch überhöhte Verbindung der Jahrhundertwende die Grunderfahrung der erregten und erregenden gefühlvollen Geistigkeit der Salongeneration: Die Frühromantiker vermochten sowenig wie eine Generation vor ihnen die Stürmer und Dränger Dauer im Wandel zu finden und der Alltäglichkeit zu entrinnen. Nicht allein die literarischen Werke, das Leben selbst blieb Fragment.

Tatsächlich erwies sich nicht Dorothea Schlegel – also das lebende Vorbild der literarischen Lucinde – als die Femme fatale der Salons, die Liebhaber und Ehemänner schnell wechselte, sondern die Professorentochter aus Göttingen, Caroline Michaelis. Sie war im gleichen Jahr wie Dorothea geboren, 1763, starb aber schon 1809, vermutlich an Ruhr. Hochgebildet, von kritischer, doch kaum produktiver Intelligenz, prägte Caroline als Mittelpunkt der Jenaer Frühromantik Lebensmaximen und literarische Maßstäbe ihrer Gesinnungsgenossen und vermittelte ihnen kritische Distanz gegenüber Schiller und Bewunderung gegenüber Goethe. Die schöne, von Friedrich August Tischbein 1789 gemalte Caroline Michaelis wurde 1784 mit dem Clausthaler Berg- und Stadt-Medicus Dr. Böhmer, einem Nachbarn aus Jugendtagen, verheiratet. Anfangs glaubte sie, ihn zu lieben, doch trug ihre »Zärtlichkeit für ihn ... nicht das Gepräge auflodernder Empfindungen«.[178] Böhmer starb schon 1788, worauf Caroline nacheinander in den Universitätsstädten Göttingen und Marburg lebte, bevor sie sich seit 1790 mit dem eng befreundeten Georg Forster vermutlich zuerst für die Französische Revolution und dann für die Mainzer Republik begeisterte. Wegen des (unbegründeten) Verdachts revolutionärer Umtriebe wurde sie 1793 auf der Rückreise nach Göttingen mit ihren Reisebegleiterinnen für kurze Zeit in der Festung Königsstein im Taunus inhaftiert.

Es folgte eine Freundschaft mit Friedrich Schlegel, bevor sie 1796 in Braunschweig dessen Bruder August Wilhelm heiratete. Warum? Hatte sie doch am 1. November 1781 ihrer Freundin Luise Gotter geschrieben: »... ich würde, wenn ich ganz mein eigner Herr wäre und außerdem in einer anständigen und angenehmen Lage leben könnte, weit lieber gar nicht heiraten, und auf andre Art der Welt zu nutzen suchen ...«[179] Sie liebte ihren zweiten Ehemann nicht, empfand aber Dankbarkeit für ihn, der ihr in prekärer Lage Schutz und Sicherheit gewährte. 1803 trennte sie sich von ihm. Er selbst folgte – wie erwähnt – nach einem Berlinaufenthalt, bei dem er mit seinen »Vorlesungen über schöne Literatur und Kunst« 1801 bis 1804 ein die junge Intelligenz der Salons begeisterndes eindrucksvolles entwicklungsgeschichtliches Panorama des europäischen Geistes vorgetragen hatte, nach anfänglichem Widerstreben Madame de Staël an den Genfer See.

Caroline ging eine neue Verbindung mit dem zwölf Jahre jüngeren Philosophen Friedrich Wilhelm Joseph Schelling ein, der schon zu Zeiten ihrer Ehe mit dem ungeliebten August Wilhelm Schlegel ihr Geliebter geworden war. Die Verzögerung dieser Heirat ging auf den jähen Tod ihrer fünfzehnjährigen Tochter Auguste Böhmer zurück, die schon mehrere Freunde als die künftige Frau Schellings ansahen. Doch dürfte der unter anderem von Dorothea Veit nach ihrem Zerwürfnis mit Caroline verbreitete Klatsch kaum zutreffen. So oder so: Sowohl Caroline, die sich dem Verhältnis mit Schelling einstweilen entzog und nur noch seine mütterliche Freundin sein wollte, als auch Schelling selbst waren durch den Tod Augustes schwer erschüttert, ja sogar zeitweilig in Depression gefallen. Aus Caroline Michaelis-Böhmer-Schlegel wurde schließlich aber doch Caroline Schelling.

Caroline hatte drei Kinder aus der kurzen Ehe mit Böhmer, ein weiteres entstammte einer kurzen Liaison in Mainz mit dem neunzehnjährigen französischen Leutnant Dubois-Crancé; alle Kinder starben früh. Viel geliebt, wurde die »Dame Luzifer«, wie Schiller sie nannte, doch auch mißachtet, ja gehaßt. Von ihren »unlauteren Künsten« sprach Friedrich Schlegel, der ihr viel an geistiger Anregung verdankte und 1793 bekannte: »Mein Zutrauen zu ihr ist ganz unbedingt. Sie ist nicht mehr die Einzige, Unerforschliche, von der man nie aufhört zu lernen, sondern die Gute, die Beste, vor der ich mich meiner Fehler schäme.«[180] Wilhelm von Humboldt sah in ihr ein »sehr kaltes, aber romantisches und eitles Geschöpf«, sie selbst nannte sich die »gottlose, kleine Frau – die kokette junge Witwe« –, jedenfalls gebe es doch dergleichen Lesarten über sie. Dorothea Veit beklagte sich in ihrem Brief an Schleiermacher am 15. Mai 1800 nach einigen Monaten des Zusammenlebens mit ihrem Lebensgefährten sowie seinem Bruder August Wilhelm Schlegel und Caroline Schlegel in Jena bitterlich über die »thörichte Frau«, die offensichtlich versucht hatte, Friedrich gegen Dorothea auszuspielen. Ein späterer Literaturhistoriker argwöhnte – ohne Belege versteht sich –, Caroline habe gar Goethes (spätere) »Wahlverwandtschaften« aus der Poesie in die Wirklichkeit holen wollen. Wie dem auch sei, in den ersten Wochen schien sich eine innige Freundschaft anzubahnen, die letzten wurden Dorothea zur Qual. Der eigentliche Grund dürfte in dem Verhältnis Carolines mit Schelling gelegen

Dorothea Schlegel, geb. Mendelssohn, Gemälde von Anton Graff, um 1790

Auch Dorothea Schlegel war eine der jungen Berliner Jüdinnen, die im geistigen Leben der Residenzstadt eine große Rolle spielten. Dorothea heiratete nach der gescheiterten Ehe mit dem jüdischen Bankier Simon Veit Friedrich Schlegel, dessen unstetes Wanderleben bei ihr zumindest zeitweise zur Ruhe kam. Das Verhältnis zu ihrer Schwägerin Caroline beschäftigte die Zeitgenossen, wie denn überhaupt die privaten Verhältnisse öffentlich abgehandelt wurden.

Die Fürstin Gallitzin mit Freunden in Angelmode, Gemälde von Theobald von Oer

Die Fürstin von Gallitzin war zusammen mit dem aufgeklärten Generalvikar Franz von Fürstenberg der Mittelpunkt eines legendären Zirkels in Münster.

haben, von dem August Wilhelm wußte und das Friedrich Schlegel und Dorothea Veit zutiefst mißbilligten – dies wiederum empfand Caroline als Einmischung, nicht ohne ihrerseits von Dorotheas »Unterwürfigkeit« gegenüber Schwager Friedrich abgestoßen zu sein.

Bald nach der Ankunft in Jena, am 11. Oktober 1799, hatte Dorothea in einem Brief an Schleiermacher die angenehmen Manieren, die Liebenswürdigkeit und Gefälligkeit Carolines gerühmt, die »hübsch«, aber »manchmal mit etwas Pathos« spreche, sich im Gespräch aber nicht durch besondere Einfälle oder Witz auszeichne, ja ihre Verdienste nicht merken lasse. Im übrigen fiel Dorothea auf: »Sie ist sehr kokett! wirklich recht sehr, aber doch auch hübsch, das kann man ihr nicht ganz nehmen . . . «[181] In Jena entwickelte sich Carolines Salon in der Zeit von 1796 bis 1800 bald zu einer literarischen Institution ersten Ranges. Die geistreiche und schöne Frau beeinflußte die Schlegelsche Zeitschrift »Athenäum«, arbeitete mit ihrem Mann August Wilhelm an der Shakespeare-Übersetzung, die ein literarisches Ereignis werden sollte, stand in persönlichem Kontakt mit zahlreichen bedeutenden Dichtern und Philosophen der Zeit, allen voran mit dem verehrten Goethe, und hinterließ zwei Bände Briefe, die sie als eine der großen Briefschreiberinnen der Literaturgeschichte ausweisen. In diesem geistig-seelischen Austausch lebte sie sich selbst – nicht immer den anderen, doch der eigenen Natur treu: »Ich weiß im Grunde doch von nichts etwas als von der sittlichen Menschheit und der poetischen Kunst«, schrieb sie am 4. Februar 1799 aus Jena an Novalis.[182]

In den Monaten der gemeinsamen Arbeit an Shakespeare fühlte sie sich mit August Wilhelm glücklich. Im Frühjahr 1801 bekannte sie sich gegenüber Schelling, dem »allerliebsten Freund«: » . . . ich war doch zur Treue geboren, ich wäre treu gewesen mein Leben lang, wenn es die Götter gewollt hätten, und ungeachtet der Ahndung von Ungebundenheit, die immer in mir war, hat es mir die schmerzlichste Mühe gekostet untreu zu werden, wenn man das so nennen will, denn innerlich bin ich es niemals gewesen . . . Du siehst, ich nehme es mit der Treue im Großen – aber gewiß nicht um Dir zu entschlüpfen, nur weil mir das so nahe liegt; insofern ich mir treu

Die Herzoginnen Anna Amalia und Luise mit ihren Gesellschafts-damen im Park zu Weimar

bin, bin ich es auch Dir . . . «[183] Eine erstaunliche Frau – erstaunlich nicht zuletzt, weil sie selbstbewußt die Verantwortung für ihr eigenes Leben trug und das Risiko des Scheiterns bewußt auf sich nahm – ohne die Selbstzweifel, die Dorothea Veit wohl oft beschlichen haben, auch ohne deren Aufopferungswillen für den geliebten Mann.

Auch Caroline versuchte zu dichten, doch vergeblich. Sie, die ungleich Gebildetere, literarisch Urteilsfähigere brachte nicht einmal, wie die Antipodin Dorothea Veit, einen »Florentin« zustande. Verglichen mit Dorothea war sie die eigenständigere, auf andere weniger angewiesene Persönlichkeit, verglichen mit Bettina von Arnim war sie die literarisch schwächere, aber beiden Frauen war sie überlegen, insofern sie ihr Leben nicht nur erträumte und erdichtete, sondern lebte, wie sie es für richtig hielt. Caroline lebte die Poesie und gewann nicht Leben erst aus der Poesie. Wie Rahel und Henriette bedurfte sie der mündlichen Spontaneität der Salons und der schriftlichen der Briefe – Dialog war beides. Im Roman hätte sie einen Monolog führen müssen, einen Monolog mit sich, einen Monolog ohne Farbe. Ihr »Entwurf eines Romans« ist denn auch so vordergründig autobiographisch, daß er viel romantische Suche nach der Frauenrolle und wenig Kunst verrät.[184]

Geistreiche, gebildete und schriftstellernde Frauen kannte nicht erst die Romantik, sie begegnen schon in der Aufklärungszeit und auch noch danach – repräsentativ für das Selbstverständnis oder die gesellschaftliche Rolle der Frau waren sie alle nicht: die Gottschedin, die Karschin, Meta Klopstock, die »schöne Seele« Susanna Catharina von Klettenberg, Sophie von La Roche sowenig wie Rahel, Henriette, Dorothea und Caroline. Selbstverständlicher war da schon die gesellschaftliche Rolle adliger Frauen beziehungsweise ihre Bedeutung für die höfische Kultur: die gebildete brandenburgische Kurfürstin und Königin Sophie Charlotte, die ein volles Jahrhundert früher als die romantischen Damen in regem philosophischen Gedankenaustausch – mit Leibniz – stand; die Fürstin von Gallitzin, die gemeinsam mit dem aufgeklärten Generalvikar Franz von Fürstenberg seit 1779 zum Mittelpunkt des berühmten Münsteraner Zirkels, der »familia sacra« wurde; die Braunschweiger

Prinzessin Anna Amalia, Herzogin von Sachsen-Weimar, oder die Freundin Friedrich Nicolais, Elisa Freifrau von der Recke, Tochter des kurländischen Kammerherrn Graf Medem, deren Tagebüchern und Briefen wir manche reizvollen Einblicke in das gesellschaftliche und kulturelle Leben des späten 18. und frühen 19. Jahrhunderts verdanken, und schließlich ihre Stiefschwester, die Herzogin von Kurland, die in Berlin einen Salon führte.

Veränderten also die romantischen Salons um 1800 die gesellschaftliche Stellung der Frau und damit auch die Familie? Eine solche Schlußfolgerung ginge schon deshalb zu weit, weil damit die Lebensformen einer außer- und überständischen künstlerisch-intellektuellen Avantgarde, die nur einige hundert Personen umfaßte, zum Maßstab für die gesamte Gesellschaft erklärt würden. Doch schloß die gesellschaftliche Außenseiterposition kurz- oder mittelfristige Wirkung auf andere soziale Schichten nicht aus; das in den Salons praktizierte Modell der Vergesellschaftung ist kulturgeschichtlich ohne Zweifel äußerst bemerkenswert.

Innerhalb der von der Salonkultur beeinflußten beziehungsweise sie tragenden Gruppen gaben Lektüre und Bildung den Frauen eine Legitimation zur Neubestimmung ihrer Rolle – wie es schon Max Weber sah. Lesen hatte sich bereits durch die Aufklärung zum sozial verbindenden Medium entwickelt, es förderte Freundschaften, die auf Gesinnungs- und Verhaltensgemeinschaften beruhten und aus ihnen hervorgingen. Unter diesen Umständen öffnete sich die Familie in den Salon. Dies führte oftmals, aber nicht notwendig, zur Lockerung der Ehe, zu einem auf Liebe und nicht mehr auf materiellem Zweckdenken beruhenden Eheverständnis. Eine solche Ehe konnte nicht mehr von anderen, also den Eltern für die Kinder, insbesondere die Töchter, geschlossen werden, sondern nur noch von den künftigen Ehepartnern selbst. Die Selbstbestimmung bildete die Grundlage der partnerschaftlichen Harmonie. Die Frau wurde zur Geliebten und – im Prinzip – gleichberechtigten Freundin, die auch an der intellektuellen oder künstlerischen Arbeit des Mannes und seinen Interessen Anteil hatte und sogar die geistig Führende sein konnte. Nicht alle sahen die rechtlich vollzogene Ehe als Voraussetzung einer solchen Form der Partnerschaft an, normalerweise wurden aber auch langjährige Verbindungen schließlich legalisiert.

Die durch Bildung begründete Gleichberechtigung der Frau ließ sie aus dem bloßen Dienst des Mannes heraustreten; sie schrieb, übersetzte, arbeitete an Zeitschriften mit, war als Gesprächspartnerin unentbehrlich. Nicht allein das Verhältnis zum Ehemann oder Partner änderte sich, auch das zu den Kindern – sowenig der Dienst für den Mann dominierte, sowenig auch die Aufopferung für die Kinder: Beide Verhaltensweisen waren zwar nicht ausgeschlossen, definierten aber nicht ausschließlich die Frauenrolle. In der Folge verminderte sich die Zahl der Schwangerschaften, die zusammen mit der Säuglingspflege und der Kinderaufzucht normalerweise zwanzig Jahre im Leben einer Frau prägten. Doch blieben die Ehen keineswegs grundsätzlich kinderlos.

Die Zahl der offenen Partnerschaften erweckte schon bei Madame de Staël den Eindruck, die Institution Ehe werde unterhöhlt: »Die Liebe ist in Deutschland eine Religion, aber eine poetische Religion, die nur zu gern alles duldet, was die Empfindsamkeit zu entschuldigen im Stande ist. Es steht fest, daß die Leichtigkeit der Ehescheidung in den protestantischen Gegenden der Heiligkeit der Ehe Abbruch thut. Man wechselt dort die Gatten so friedlich, als ob es sich um das Arrangement der Nebenumstände in einem Drama handle ... Doch verlieren die Sitten und der Charakter auf diese Weise alle Festigkeit, der Geist des Widerspruchs erschüttert die heiligsten Institutionen, und für alles fehlt am Ende die feste Regel.«[185]

Tatsächlich galt das preußische Ehescheidungsrecht, das im Allgemeinen Landrecht niedergelegt ist, als das progressivste in Europa. Das Allgemeine Landrecht ging von der Feststellung aus, Ehescheidungen sollten »nicht anders als aus sehr erheblichen Ursachen statt finden«. Dazu zählten unter anderem Ehebruch, aber auch der auf Luther zurückgehende Grund der »böslichen Verlassung«. Auch ein in der Salongesellschaft sich häufender Grund der Scheidung war rechtlich sanktioniert: »Verläßt die Frau den Mann ohne dessen Einwilligung, oder rechtmäßigen Grund der Entfernung, so muß sie der Richter zur Rückkehr anhalten. Bleibt die richterliche Verfügung fruchtlos: so kann der Mann auf Trennung der Ehe dringen« (ALR II, 1, §§ 685, 686). Im übrigen enthielt das preußische Scheidungsrecht (ALR II, 1, §§ 668-834, 934-944) auch eine Reihe von Sicherungen für die Frau, nicht allein materieller Art. Es erlaubte im übrigen eine Ehescheidung wegen »unüberwindlicher Abneigung« (ALR II, 1, §§ 716-718 b), ein Fall, der angesichts der normalen Nichtbeteiligung der Ehefrau an der Gattenwahl von erheblicher Relevanz war. Allerdings erklärte das Allgemeine Landrecht kategorisch: »Aeltern können ihre Kinder zur Wahl eines künftigen Ehegatten nicht zwingen« (II, 2, § 119). Der Paragraph 716 komplementierte dieses Prinzip: »Ganz kinderlose Ehen können auf den Grund gegenseitiger Einwilligung getrennt werden, sobald weder Leichtsinn oder Uebereilung, noch heimlicher Zwang an einer oder der andern Seite zu besorgen ist.« Und ganz in diesem Sinn faßten Caroline und August Wilhelm Schlegel ihr Scheidungsgesuch an den »Durchlauchtigsten Herzog« und »Gnädigsten Fürsten und Herrn« ab.[186]

Tatsächlich war die Zahl der Scheidungen innerhalb der Salongesellschaft hoch, doch gab es auch Gegenbeispiele: Henriette Herz war nicht geschieden und blieb unverheiratet, nachdem sie 1803 Witwe wurde. Rahel Varnhagen war ebenfalls nicht geschieden. Trotzdem zeigt das Gesamtbild zwar nicht die Auflösung der Institution der Ehe, doch die schwindende Geltung der überkommenen Norm; immerhin wurden von den zwanzig bekannten Jüdinnen, die einen Berliner Salon unterhielten, neun geschieden.[187]

Ähnlich verhielt es sich mit der Verbindlichkeit der Konfession: Ihre normierende Kraft verminderte sich insbesondere bei den jüdischen Salonbesuchern. Die Zahl der Konversionen zum Christentum – oftmals gefolgt von einem weiteren Wechsel vom Protestantismus zum Katholizismus – ist mit siebzehn von zwanzig sehr hoch, indiziert aber nicht notwendig einen Mangel an Religiosität, die sich ja auch in der neuen Konfession erfüllen konnte. Überraschend ist allerdings, wie spät viele dieser Konversionen erfolgten, Henriette Herz beispielsweise wurde erst 1817 katholisch. Auch in dieser Hinsicht gab es Gegenbeispiele, so konvertierte Sarah Meyer, kehrte aber später zum Judentum zurück.

Schließlich wurde die ständische Trennung nicht allein durch den Umgang in den Salons, sondern noch stärker durch nicht standesgemäße Heiraten berührt, da einige bürgerliche Salonbesucherinnen, auch jüdischer Herkunft, in den Adel einheirateten. Die vielbegehrte Marianne Meyer, Tochter eines jüdischen Bankiers, die mit Lessing, Herder und Goethe in Kontakt stand, heiratete den österreichischen Botschafter in Berlin, Fürst Reuß, durfte nach dessen Tod den Namen von Eybenberg annehmen und lebte seit 1799 in Wien; ihre Schwester Sarah, die Novellen, Dramen und politische Aufsätze verfaßte, heiratete Baron von Grotthuss. Auch zwei Töchter Daniel Itzigs – er war während des Siebenjährigen Krieges Bankier Friedrichs des Großen, preußischer Münzmeister und Oberlandesältester der Judenschaft Preußens – heirateten Adlige: Fanny (Franziska) – sie wurde als Baronin Arnstein in Wien zum Mittelpunkt eines Salons von europäischer Ausstrahlung – und Cäcilie Baronin Eskeles. Insgesamt heirateten fünf der zwanzig Berliner Jüdinnen, die einen Salon unterhielten, Adlige, zwei weitere Nobilitierte.

Das preußische Allgemeine Landrecht schloß 1794 unstandesgemäße Heiraten des Adels nicht völlig aus, beschränkte sie aber auf höhere bürgerliche Schichten: »Mannspersonen von Adel können mit Weibspersonen aus dem Bauer- oder geringerem Bürgerstande keine Ehe zur rechten Hand schließen« (II,1, 1, § 30). Das Landrecht zählte zum »höheren Bürgerstande«: die öffentlichen Beamten mit Ausnahme der subalternen, »Gelehrte, Künstler, Kaufleute, Unternehmer erheblicher Fabriken, und diejenigen, welche gleiche Achtung mit diesen in der bürgerlichen Gesellschaft genießen« (II,1, 1, § 31). Die Subalternbeamten wurden als diejenigen definiert, deren Kinder kantonspflichtig waren. Von den Eheverboten konnte unter bestimmten Umständen Dispens erteilt werden. Tatsächlich blieb dieses ständische Eherecht, dessen Wurzel eine 1739 auf den preußischen Gesamtstaat ausgedehnte Magdeburger Polizeiordnung von 1688 war, über die Reformzeit hinaus bis 1869 gültig, obwohl es im Gegensatz zu anderen Reformgesetzen dieser Jahre stand.[188]

Verstöße und Dispensgesuche häuften sich schon am Ende des 18. Jahrhunderts, und bereits während der Beratung des Allgemeinen Landrechts erschienen diese Regelungen suspekt. Die Schwierigkeit begann mit der Abgrenzung der bürgerlichen Schichten untereinander, die Svarez positiv formulierte, nachdem die frühere negative Abgrenzung der unteren Sozialstände zu Problemen geführt hatte. In seinen Vorträgen vor dem Kronprinzen äußerte er sich dazu in einer auf die Salongesellschaft indirekt vorausweisenden Art. Vom bestehenden Recht ausgehend, das den geringeren Bürgerstand exemplifizierte (»Handwerker, Professionisten, Tagelöhner und alle diejenigen, die einen noch niedrigeren Rang als diese in der bürgerlichen Gesellschaft einnehmen«), erklärte er die Eheverbote »bloß politisch«: »Es ist einem militärischen Staat wie der preußische ausnehmend viel daran gelegen, daß unter seinem Adel wirklich edle, großmütige und ehrliebende Gesinnungen und Gefühle soviel als möglich erhalten und fortgepflanzt werden.« Solche Gesinnungen aber dürfe man von Kindern nicht erwarten, die durch Mütter aus den niedrigen Volksklassen oder dem Pöbel ihre erste Bildung erhielten. Doch könne von einem so begründeten Eheverbot dispensiert werden, denn es sei »möglich, und die Fälle sind so gar selten nicht, daß auch eine Person von niedriger Herkunft sich durch die Eigenschaften ihres Geistes und Herzens über ihre Geburt erhebe, daß ihr besondere Glücksfälle eine feinere und gebildetere Erziehung über ihren Stand haben zuteil werden lassen, daß sie Vermögen besitzt, mit welchem einer würdigen um den Staat verdienten Familie, die durch Unglück in Verfall geraten ist, wieder aufgeholfen werden kann.«[189]

Tatsächlich werden Bildung und Besitz nun zum Kriterium der Abgrenzung gegenüber den unteren Ständen, sie drängen die geburtsständischen Schranken zurück und verbinden Adel und höhere bürgerliche Schichten. Die Bildung aber, gerade wenn ein erhebliches Vermögen sie für den künftigen adligen Ehemann noch versüßte, erlaubte auch die Einheirat aus unteren Ständen in den Adel: So konnte dieser aus prekärer finanzieller Lage gerettet werden. So unterschiedlich das Bildungsverständnis der Aufklärer und der Neuhumanisten sein mochte, gemeinsam war ihm der gesellschaftlich auszeichnende Rang: Dies verband den Landrechtsautor Svarez mit dem eifrigen Salonbesucher Wilhelm von Humboldt und legitimierte auch in den Salons die soziale Integration verschiedener Stände. Konsequent erläuterte Fichte 1796 in der »Grundlage des Naturrechts nach Principien der Wissenschaftslehre« bei seiner Interpretation des Eherechts: »Es giebt aber von Natur nur zwei verschiedene Stände: einen solchen, der nur seinen Körper für mechanische Arbeit, und einen solchen, der seinen Geist vorzüglich ausbildet. Zwischen diesen beiden Ständen giebt es eine wahre Mésalliance; und ausser dieser giebt es keine.« Und an anderer Stelle definierte Fichte die Würde des Menschen ausschließlich durch die Harmonie von Individualität und Humanität, ständischen Unterschieden maß er dabei keinerlei Bedeutung zu.[190]

In der Tat liefert die nicht allein literarisch, sondern als sittliche Veredelung des Menschen begriffene Bildung und ihre gesellschaftliche Definition den Schlüssel zum Verständnis des romantischen Salons als einer zwar einstweilen Intermezzo bleibenden, aber doch Modellcharakter gewinnenden Form avantgardistischer Vergesellschaftung. Da die Salons im Vergleich zu den Aufklärungsgesellschaften eher eine Wendung nach innen zur Gemeinschaft der Gleichgesinnten als nach außen zur Reform der Gesellschaft darstellten,[191] mußte ihre unmittelbare emanzipatorische Wirkung sowohl für die Bürgerlichen überhaupt als auch für Frauen und Juden im besonderen begrenzt bleiben. Die soziale Klassifizierung einer mehrere Stände umfassenden gesellschaftlichen Avantgarde, die Verhaltensweisen antizipierte, die den Normen der bestehenden gesellschaftlichen und privaten Ordnung weit voraus waren, sollte also – wie auch die Betrachtung anderer Aspekte zeigte – nicht auf den Begriff »bildungsbürgerlich« verkürzt werden. Die Verhaltensweisen in den Salons betrachteten gerade die bildungsbürgerlichen Aufklärer mit Mißtrauen.

Tatsächlich konkurrierten bereits in der Frühromantik verschiedene Definitionen der Frauenrolle, neben dem emanzipatorischen stand ein stark traditional geprägtes Rollenverständnis. So wider-

Königin Luise von Preußen und ihre Schwester Friederike, Plastik von Gottfried Schadow, 1795-1797

Die »Prinzessinnengruppe« wurde erst mehr als ein Jahrhundert nach ihrem Entstehen zum Hauptwerk der Berliner Klassik erklärt. Als Schadow die Skulptur der jungen preußischen Königin und ihrer Schwester Friederike schuf, war der königliche Auftraggeber wegen des für seinen Geschmack übertrieben erotischen Charakters degoutiert und verbannte sie auf einen Treppenabsatz des Berliner Schlosses. Erst nach der Revolution 1848 konnte das Werk der Öffentlichkeit gezeigt werden, die es bis dahin nur aus Abbildungen kannte. Luise wurde vor allem nach ihrem frühen Tode 1810 in Preußen von der Literatur verklärt, ihr bedeutendstes Abbild aber wurde vor der Öffentlichkeit verborgen gehalten.

sprach das Frauenideal von Novalis dem der Salondamen. Als einer der frühesten Protagonisten des Luise-Kults, der sich nach den Befreiungskriegen und dem frühen Tod der preußischen Königin 1810 zur Legende auswuchs, schrieb er bereits 1798 in »Glauben und Liebe« oder »Der König und die Königin«: »Die Königin hat zwar keinen politischen, aber einen häuslichen Wirkungskreis im großen. Vorzüglich kommt ihr die Erziehung ihres Geschlechts, die Aufsicht über die Kinder des ersten Alters, über die Sitten im Hause ... zu ... Ihr Beispiel wird übrigens unendlich viel wirken. Die glücklichen Ehen werden immer häufiger und die Häuslichkeit mehr als Mode werden ... Von der öffentlichen Gesinnung hängt das Betragen des Staats ab. Veredlung der Gesinnung ist die einzige Basis einer echten Statsreform. Der König und die Königin können und müssen als solche das Prinzip der öffentlichen Gesinnung sein.« Novalis verquickte die Tradition der Fürstenspiegel mit dem romantischen Staatsgedanken und sah im Hof »das große Muster einer Haushaltung«. Ehe und Familie betrachtete er als Keimzelle des Staates, daraus resultierte die Rolle der Frau als Hausmutter. Königin Luise pries er als Vorbild für Mütter und Töchter, von der »beständige(n) Verwebung des königlichen Paars in das häusliche und öffentliche Leben« versprach er sich die Entstehung eines »echten Patriotism«.[192]

Trotzdem besuchte Novalis eifrig Caroline Schlegels Jenaer Salon, gewann die Freundschaft Friedrich Schlegels und publizierte im »Athenäum«. Mit seinen Ansichten über Frau und Familie stand er keineswegs allein. Auch Heinrich von Kleist, um nur diesen zu nennen, bemerkte am 16. September 1800: »Die Bestimmung des Weibes ist wohl unzweifelhaft und unverkennbar, denn welche andere kann es sein, als diese, *Mutter zu werden, und der Erde tugendhafte Menschen zu erziehen?*«[193] Kleist maß der Frau die Aufgabe zu, den Naturzweck zu erfüllen, während der Mann überdies dem Staatszweck zu dienen habe.

Diese Beispiele zeigen, wie unterschiedlich schon die romantische Intelligenz die Rolle der Frau beurteilte, das Ideal der Salons blieb also nicht einmal bei ihr unbestritten. Selbst innerhalb der generationsspezifischen Protestbewegung überdauerten aufgeklärtbürgerliche Normen und Ordnungen. Bald gewannen die traditionellen Vergesellschaftungsformen wieder an Boden, die Avantgarde löste sich auf, der kulturelle und politisch-gesellschaftliche Aufbruch mündete nach den revolutionären Erschütterungen und den Napoleonischen Kriegen in Reformen und schließlich in die Restauration. Das offene Haus und die Gesellschaften der gesetzten, bürgerlichen Staatsbeamten und Gelehrten folgten den romantischen Salons der unruhigen intellektuellen und künstlerischen Avantgarde. Sie beerbten die Aufklärungsgesellschaften, nicht die Salons.

VII.
1789 – Todesstunde der Alten Welt, Morgenröte der Menschheit

1. Kritik und Krise: die Deutschen und die Politik am Vorabend der Französischen Revolution

Lange vor Ausbruch der Französischen Revolution gab es immer wieder Ansätze zur Kritik an der bestehenden politischen, sozialen und ökonomischen Verfassung, immer wieder auch umfassende und kleinere Reformen. Zwar erweckten die zum Teil außerordentlich lange bestehenden sozialökonomischen und politischen Strukturen den Eindruck von Stabilität und Statik, zumal ihre teilweise mittelalterlichen Ursprünge trotz vieler Modifikationen erkennbar waren. Doch Kritik und Reformen zeigen gleichermaßen: Staat und Politik des Ancien régime befanden sich schon Jahrzehnte vor 1789 in einem sich beschleunigenden Umbruch. Auch die außerordentliche Entwicklung in vielen Sektoren der Kultur bezeugt diesen Strukturwandel.

So indizierte der Sturm und Drang, der nicht allein literarischer Art gewesen ist, sondern der vehemente Ausbruch einer für die Veränderung der Welt sensiblen Generation, seinerseits Krisenhaftigkeit. Die Stürmer und Dränger stießen zwar auf den massiven Widerstand der älteren bürgerlich-aufgeklärten Generation, sie wurden aber nicht unterdrückt. Die literarische und künstlerische Entwicklung in Deutschland wurde trotz vielerlei Zensurmaßnahmen kaum oder gar nicht durch obrigkeitlichen Zwang eingeengt. Im Bereich der Literatur gab es allerdings auch wenig fürstliche Anregungen oder gar Aufträge, wie sie für andere künstlerische Bereiche, etwa die Baukunst, oder aber für die sich über wissenschaftliche Akademien vollziehende fürstliche Wissenschaftsförderung charakteristisch waren. Die Literatur entwickelte sich deshalb stärker als andere Sektoren der Kultur zum Medium bürgerlichen Geistes.

Die literarisch interessierte bürgerlich-aufgeklärte Schicht gewann durchaus ein soziales Selbstbewußtsein, wie nicht zuletzt die Dichtung dokumentiert. Die in vielen Darstellungen immer wieder anzutreffende Behauptung, das deutsche Bürgertum sei schwach gewesen, habe keine politische Initiative entwickelt und deshalb auch keine Revolution herbeigeführt, entbehrt jeglicher empirischen Basis. Diese Einschätzung ist allein schon deshalb fragwürdig, weil es ein homogenes deutsches Bürgertum im 18. Jahrhundert sowenig geben konnte wie einen deutschen Nationalstaat. Dies resultierte aus regional bedingten Unterschiedlichkeiten, die nicht mit dem Begriff »Schwäche« zu fassen sind.

So unangemessen eine Rückprojektion der Erscheinungsformen des Bürgertums aus dem 19. in das 18. Jahrhundert bleibt, so unergiebig ist auch die Verwendung eines normativen Politikbegriffs. In einer fürstenstaatlich-ständischen Verfassungsordnung, in der auf der gesamtstaatlichen Ebene ein fürstliches Politikmonopol und auf der provinzialen und lokalen neben der fürstenstaatlichen Regierung unterschiedliche Formen ständischer beziehungsweise grundherrschaftlicher Entscheidungsgewalt fortbestanden, besaßen die

CATALOGUS
LIBRORUM
A
COMMISSIONE
CÆS. REG. AULICA
PROHIBITORUM.

EDITIO NOVA.

Cum Privilegio S. C. R. Apost. Majestatis.

VIENNÆ AUSTRIÆ
TYPIS GEROLDIANIS.
1776.

♦ ♦ ♦   173

Légende (la) de maistre Pierre Faiseu, mise en
   Vers par Charles Boudigne. Paris 1723. in 8.
Legende der Weisen und Thoren. Breßlau und Leip-
   zig 1768. in 8.
Légier. Sieh Amusemens.
Legum Mosaicarum forensium explanatio Authore
   Wilhelmo Zeppero. Herbornæ Naßov. 1604. in 8
Lehmanns (M. Joh. Christoph) biblischer Predigei.
   schatz. Dresden 1702. in 4.
Lehrart (die alte, und neue) in den untern Schulen
   Deutschlands. Straßburg 1775. in 8
Lehre (die alte und neue) der böhmischen und mäh-
   rischen Brüder, von M. Joh. Gottfr. Chwale.
   Danzig 1756. in 8.
—— (gerettete) von der Præexistenz der mensch-
   lichen Seele. von J. G. Rostock 1743. in 8.
Lehrgebäude der Herrnhuter. Sieh Rhoden.
Lehrmann (Christ) sieh Florilegium.
Lehrsätze (die eigenthümlichen) und Maximen der Je-
   suiten, nach welchen sie dem Christenthume, und
   den Staaten schädlich geworden sind. Züllichau
   1769. in 8.
Leiden (die) des jungen Werthers. 1=und 2ter Theil.
   Leipzig 1774. in 8.
Le je ne sçais quoi par Mr. C. D. P. à la Haye
   1723. in 12.
Leipziger (der lustige) Spaßfeld 1764. in 8.
Leischings (M. Karl Gottlob) Abhandlung von den
   natürlichen Kräften des Menschen, in Absicht der
   Religion, und Tugend, gegen die Grundsätze des
   Hrn. Rousseau. Langensalza 1770. in 8.
Lenz (Ignaz) sieh Tractatus.
Leßings (G. E.) Schriften. 2. Theile. Berlin 1753
   in 12.
—— Item Dritter Theil. Berlin 1754. in 12.

Les

Titel und Textseite des Wiener
Katalogs verbotener Bücher, 1776

---

bürgerlichen Schichten im *engen* Sinn keine Möglichkeit politischen Handelns. Gleichwohl muß berücksichtigt werden, daß in den zahlreichen kleinen »Stadtrepubliken«, also den Reichsstädten, ein Teil der bürgerlichen Schichten in spezifisch frühneuzeitlichen Formen an der Regierung beteiligt war.

In den frühmodernen Territorialstaaten bestanden allerdings trotz aller politischen und sozialen Disziplinierung Möglichkeiten, auf politische Entscheidungen Einfluß zu nehmen. Da war zunächst die systemimmanente Mitwirkung, die sich aus dem Aufstieg im Staatsdienst ergab: In vielfältiger Weise beteiligten sich adlige und bürgerliche Beamte an der Politik. Selbst Friedrich der Große, Maria Theresia und Joseph II. hätten ihre Reformen – beispielsweise die des Justizwesens – ohne diese Schicht weder entwerfen noch verwirklichen können. Und das eindrucksvollste justizpolitische Werk des aufgeklärten Absolutismus, das Allgemeine Landrecht für die Preußischen Staaten, war im wesentlichen das Werk bürgerlicher Juristen. Gerade die Entstehungsgeschichte des Allgemeinen Landrechts und die Ermöglichung öffentlicher Erörterung zeigen aber, wie sehr sich die Politik in Deutschland bereits vor 1789 zu verändern begonnen hatte: Die Regierung aus dem Kabinett heraus ließ sich in einem modernen Großstaat nicht mehr praktizieren.

Zugleich bedeutete die Ermöglichung öffentlicher Diskussion eine epochemachende vorrevolutionäre Tat, deren Symptomatik kaum zu überschätzen ist. Zum ersten Mal experimentierte eine

Wien war noch für Jahrzehnte wesentlich strenger in der Verfolgung freigeistiger Bücher als Berlin, München oder Karlsruhe. Der Katalog verbotener Bücher umfaßte Goethes »Werther« ebenso wie Schillers »Räuber«; noch als beide Autoren in allen deutschen Ländern längst gefeiert wurden, hielt der Wiener Hof an der Verbannung von Druckwerken fest, die nach seiner Ansicht Religion oder Sittlichkeit gefährdeten.

absolutistische Regierung mit öffentlicher Beratschlagung eines umfassenden Gesetzesvorhabens von Verfassungsrang. Die öffentliche Meinungsbildung wurde trotz ihrer Beschränkung auf die gelehrt-literate Schicht ins politische Kalkül einbezogen. Dies hatte Friedrich der Große auch schon früher getan, um Anhänger zu mobilisieren oder seine Politik zu rechtfertigen, beispielsweise 1740 oder in den achtziger Jahren zur Propagierung des Deutschen Fürstenbundes, mit der er Dohm beauftragte. Aber hier hatte es sich um mehr oder weniger außenpolitische Vorgänge und fürstliche Adressaten gehandelt. Die Diskussion um das Allgemeine Landrecht betraf indes das zentrale innenpolitische Problem seiner letzten Regierungsjahre.

Diese Entscheidung entsprach im übrigen dem »Strukturwandel der Öffentlichkeit«. Die bürgerlichen Aufklärer hatten seit den siebziger Jahren die zunächst auf literarische und gelehrte Gegenstände beschränkte öffentliche Meinungsbildung auch auf politische Themen hingelenkt. Diese Politisierung der Öffentlichkeit begann mit dem Kampf der Schriftsteller, Verleger und Gelehrten gegen die Zensur, der sich zunächst überwiegend auf theologische Themen, dann immer stärker auf solche von Staat und Gesellschaft bezog. 1778 hatte die österreichische Zensur Nicolais »Allgemeine Deutsche Bibliothek« verboten – 1793 mußte er mit seiner Zeitschrift wegen Schwierigkeiten mit der preußischen Zensur zeitweilig ins dänische Altona umziehen. In der königlichen Verfügung des Verbots hieß es am 17. April 1794, die Zeitschrift sei »als ein gefährliches Buch gegen die christliche Religion in Meinen Staaten verboten«.[1] Wenngleich dieses Verbot auf die antiaufklärerische Zensurpolitik des im damaligen Preußen einflußreichsten Ministers zurückging, des Rosenkreuzers Wöllner, so stand es doch keineswegs allein. Auch in anderen deutschen Staaten blieben Zeitschriften oder sonstige Druckwerke nicht unbehelligt. Schon bevor während der achtziger Jahre in den meisten deutschen Staaten die Zensur verschärft wurde, existierte in kaum einem deutschen Staat wirklich Pressefreiheit. Selbst im Friderizianischen Preußen, das die Zeitgenossen im allgemeinen als besonders fortschrittlich ansahen, bestand keine Pressefreiheit im strengen Sinn. »Die Gazetten solen nicht geniert werden«, diese Maxime Friedrichs II. von 1740 galt nur so lange, wie keine direkte politische Kritik an der eigenen Regierung geübt wurde. Noch 1784 untersagte der preußische König sogar jede öffentliche Kritik an Hof und Verwaltung.[2]

Zu den entschiedensten Verfechtern der Pressefreiheit gehörte Christoph Martin Wieland: »*Freiheit der Presse* ist Angelegenheit und Interesse des ganzen Menschengeschlechts. Ihr haben wir hauptsächlich die gegenwärtige Stufe von Cultur und Erleuchtung, worauf der größere Theil der europäischen Völker steht, zu verdanken. Man raube uns diese Freiheit, so wird das Licht, dessen wir uns gegenwärtig erfreuen, bald wieder verschwinden; Unwissenheit wird bald wieder in Dummheit ausarten und Dummheit uns wieder dem Aberglauben und dem Despotismus preisgeben... Freiheit der Presse ist nur darum ein Recht der *Schriftsteller*, weil sie ein Recht der *Menschheit* oder, wenn man will, ein Recht *policirter* Nationen ist...«[3]

Diese Äußerungen waren keineswegs die ersten zu diesem Pro-

»Erneuertes Censur-Edict von König Friedrich Wilhelm II. von Preußen für die Preußischen Staaten exclusive Schlesien«, 1788

Die Politisierung der Öffentlichkeit führte in Preußen nicht zu so radikalen Restriktionen wie in Habsburg, aber auch die Berliner Zensur erklärte viele Bücher zu Staat, Kirche oder Sittlichkeit gefährdenden Angriffen, und nicht wenige Werke konnten nur im dänischen Altona gedruckt werden.

Erneuertes
Censur-Edict
für die
Preußischen Staaten
exclusive Schlesien.

De Dato Berlin, den 19. December 1788.

Gedruckt bey G. J. Decker und Sohn, Königl. geheim. Ober-Hofbuchdruckern.

blem, vielmehr hatte Schubart bereits 1774 Freiheit der Presse gefordert. Als er sich 1774 daran machte, vierteljährlich eine »Deutsche Chronik« herauszugeben, klagte er: »Beynahe scheint's in Deutschland, nach der *itzigen* Verfassung unmöglich zu seyn, eine gute politische Zeitung zu schreiben. Bey jedem kühnen Gedanken, der dem Novellisten entwischt, muß er einen Seitenblick auf öffentliche Ahndung werfen, dann wird er furchtsam und kalt.«[4] Lobte Schubart in seinem Journal auch immer wieder Joseph II. und Friedrich den Großen, so flocht er doch vielfach Ironie in seine Elogen. Und auch unmißverständliche Kritik fehlte nicht, wenn er beispielsweise nach einer kräftigen Lobeshymne auf den preußischen König unvermittelt einfließen ließ: »Ueber die Geheimnisse seines Kabinets hängt ein dicker Schleyer; wir können uns also nur auf einige minder wichtige Neuheiten ausbreiten.«[5]

Zwei Jahre später wurde Schubart noch deutlicher: »Ich verdenk' es den Zeitungsschreibern nicht, wenn sie jetzt ihre Blicke von Europa abkehren und sie auf Amerika heften. Was liefert uns dann Europa für Stof zur Unterhaltung? Die Großen verschließen sich ins Kabinet, wie in ein Pandämonium, und Niemand weiß, was sie drinn rathschlagen.« Interessanter noch als die Kritik an der Arkanpraxis absolutistischer Regierung ist der Zusammenhang, in den Schubart diese Kritik stellte, verglich er doch den europäischen Absolutismus mit den auf revolutionäre Weise Unabhängigkeit gewinnenden nordamerikanischen Kolonien: Plötzlich erscheint ein Hoffnungsschimmer am Horizont, die Neue Welt. Dieses Vorbild mußte die Alte Welt, mußte Schubart elektrisieren: »Alle unsere Schriften haben das Gepräge unsers sklavischen Jahrhunderts, und die Zeitungen am meisten. Kann man unter diesen Umständen wohl was bessers thun als wegschlüpfen über unsre entartete Halbkugel, und sehen, was auf der andern Hälfte vorgeht! Dort giebts doch noch Menschen, die's fühlen, daß ihre Bestimmung nicht Sklaverey sey, die mit edlem Unmuthe das Joch eines herrschsüchtigen Ministeriums vom Nacken schütteln, und diesen Volkspeinigern bald zeigen werden, daß man ohne sie leben könne.«[6]

In der Tat erregte nicht erst die Französische, sondern schon die amerikanische Revolution in Europa erhebliche Aufmerksamkeit, die Deutschen waren davon keineswegs ausgeschlossen, Schubart war nicht der einzige, der das Aufsehen konstatierte und kommentierte.[7]

Auch der Göttinger Professor August Ludwig Schlözer, der unter wechselndem Titel die führende politische Zeitschrift seiner Zeit herausgab, beobachtete aufmerksam die Vorgänge. Gleich im ersten Heft seines eben gegründeten »Briefwechsels meist historischen und politischen Inhalts« beschäftigte er sich 1776 ausführlich mit der »Empörung der Nord-Amerikaner«. Dabei verfocht der frühliberale Pionier politischer und staatswirtschaftlicher Kommentierung des Zeitgeschehens das unbestreitbare Recht der Engländer, ihren Kolonien Lasten aufzuerlegen. Schlözer war wie Möser ein Kenner und Bewunderer Englands, auch in dieser Kritik an der Revolution der amerikanischen Kolonien gegen ihr Mutterland erwies er sich als Anhänger des englischen Parlamentarismus.

Schlözer wollte mehr erreichen als eine auf den Einzelfall beschränkte Berichterstattung, wie seine anschließenden politi-

Die Unterzeichnung der Unab-
hängigkeitserklärung der dreizehn
amerikanischen Kolonien am
4. Juli 1776, Gemälde von Edward
Hicks, um 1840

Die Radikalität der französischen
Ereignisse verdrängte lange das
Bewußtsein über die Revolution
der dreizehn amerikanischen
Kolonien mehr als ein Jahrzehnt
zuvor. Vielleicht lag das an der
geographischen Nähe von Paris,
vielleicht auch an dem weniger
offensiven oder gar aggressiven
Charakter der amerikanischen
Revolution, die sich gegen keine
aristokratische Gesellschaft durchsetzen mußte. Als die englische
Vorherrschaft abgeschüttelt
worden war, war auch für immer
der Konflikt in den Kolonien
beseitigt, und keine Restauration
führte die alten Verhältnisse
wieder herauf.

schen Betrachtungen von grundsätzlicher Tragweite zeigen: »Man
fängt an zu fühlen, daß jeder Fürst, jeder Stat, jeder Beherrscher
ohne Ausnahme, nur in dem Maaße mächtig ist, als seine Untertanen glücklich, frei und zufrieden sind, daß der große Haufe
nicht einigen Einzelnen aufgeopfert werden dürfe, daß Gleichheit
und politische und bürgerliche Freiheit ein Natur-Recht sind.«

Wenn Schlözer dem amerikanischen Unabhängigkeitsstreben die
Legitimation absprach, dann nicht als politischer Reaktionär. Vielmehr fürchtete er die Wirkung auf die europäischen Staaten, insbesondere natürlich die deutschen. Die »subalternen Politiker, die in
den Palästen der Fürsten und den Kabinetern der Minister nisten«,[8]
würden Anarchie und Aufruhr auf die aufgeklärt-humanitären Prinzipien zurückführen und sie als Alibi für künftige Unterdrückung
nutzen, mit der sie das erreichte Maß an Aufklärung wieder rückgängig machen wollten. Schon damals sprach Schlözer eine grundsätzliche Frage an, die nach 1789 noch drängender wurde: Führt Aufklärung zur Revolution? Schlözers Antwort: Nein!

Auch Schlözer hielt die öffentliche Information über Staatsange-
legenheiten nicht nur für notwendig, sondern für politisch nützlich.
Am Beispiel des Justizwesens erklärte er 1777, die Publizität begün-
stige die Abstellung von Mißständen: »Auf sie, die heil. Justiz, hat
die Preßfreiheit eben so woltätige Einflüsse als auf die bürgerliche
und kirchliche Freiheit. Man frage hierüber England und Schweden.«[9]

Schlözer war nicht allein ein politischer Kommentator mit maß-
vollem, aber dezidiertem Urteil, er sorgte zudem – wie nur wenige
andere Publizisten dieser Zeit – für Information, indem er aus
umfassendem Blickwinkel mit den wichtigsten europäischen und
außereuropäischen Vorgängen bekannt machte und eine Fülle von
statistischen Angaben über Wirtschaft, Gesellschaft und Justiz
zusammentrug. Als hannoverscher Professor in Göttingen, als Mitglied angesehener gelehrter Akademien wie der kaiserlich-russi-
schen in St. Petersburg, der königlich-schwedischen in Stockholm
und der kurfürstlich-bayerischen in München verfügte er über ausgezeichnete Kontakte und Informationsquellen. Seine vergle-
chende Perspektive ließ ihn auch die politischen Verhältnisse in
Deutschland mit der notwendigen Verbindung von Nähe und
Distanz beurteilen. Zu einem reflektierten Frühliberalen wurde er
im Laufe der achtziger Jahre, insbesondere aber seit der Französischen Revolution. Kurz nach ihrem Ausbruch wagte er sich sogar an
das bestgehütete Geheimnis absoluter Herrschaft, den Staatshaushalt.

Schon 1781 hatte der französische Finanzminister Jacques Necker
zur Mobilisierung der öffentlichen Meinung für seine Sanierungs-
politik erstmals staatliche Einnahmen und Ausgaben, insbesondere
die des Hofes, offengelegt. Sein freilich zum Teil gefälschter Bericht,
der berühmte Compte rendu, versetzte dem Absolutismus einen
schweren Stoß. 1790 befürwortete auch Schlözer die Information
der Öffentlichkeit über die Staatshaushalte. Geschickt berief er sich
auf die Klage eines deutschen Fürsten, die Untertanen würden die
für die Landesbedürfnisse notwendigen Ausgaben nicht kennen
und deshalb fälschlich annehmen, ihre Abgaben würden verpraßt.
Schlözer empfahl den Fürsten, wenn schon nicht aus landesväter-

lichem Wohlwollen, dann »doch aus Sorge für ihr eignes Beste, herzlicher mit ihren Untertanen um[zu]gehen, sich mer zu ihren geringern Brüdern herab[zu]lassen, ihnen öffentlicher zeigen, wozu sie die eingegangenen *Gelder der Untertanen verwenden*: kurz, möchten sie populär seyn, und Publicität lieben, schätzen und schützen.«[10]

Pressefreiheit und Forderung nach Offenlegung fürstenstaatlicher Politik zählten also in Deutschland zu den zentralen Anliegen der aufgeklärt-bürgerlichen Publizisten während der letzten eineinhalb Jahrzehnte vor 1789. Wurden ihnen diese verwehrt, so schrieben die Publizisten trotzdem über Politik, ob dies den Fürsten recht war oder nicht. Und meist hing es von ihrem eigenen Geschick ab, wie gefährlich solche politische Kritik war. Wurde Schubart auch eingekerkert, manche Zeitschriften verboten, in Wien durch eine Geheimpolizei sogar Wirtshausgespräche bespitzelt,[11] so blieben doch tatsächlich die meisten Schriftsteller – auch diejenigen mit besonders spitzer Feder – unbehelligt.

Wegen der politischen Unterschiedlichkeit der zahlreichen deutschen Herrschaften war es möglich, in vergleichsweise liberaleren Territorien oder Städten zu publizieren. Die Druckorte konnten fingiert, die Kritik anonym oder pseudonym veröffentlicht werden. Und vor allem perfektionierten die politischen Schriftsteller in den letzten Jahrzehnten des 18. Jahrhunderts das Mittel einer indirekten politischen Kritik. Man wählte, wie Wieland oder Knigge, weit entfernte oder erfundene Schauplätze, man nutzte die Geschichte, um beispielsweise die Politik des eigenen Landesherrn zu attackieren: An einem früheren Fürsten exemplifizierte man diese Attacke oder lobte den Vorgänger, um den Nachfolger zu treffen. Die politischen Handlungen eines anderen Fürsten, mit dem der eigene gerade nicht in gutem Einvernehmen stand, ließen sich meist gefahrlos kritisieren, doch legte man dabei dem fremden Landesherrn diejenigen Eigenschaften bei, die am eigenen störten. Briefe, die angeblich anonym eingesandt worden waren, boten den Herausgebern immer wieder ein probates Mittel.

Überhaupt die Briefwechsel! Sie verbanden die Gelehrtenrepublik in umfassender Weise, wohl in keiner Zeit hat es so umfangreiche Korrespondenzen gegeben: Die Briefe Voltaires oder Lavaters füllen über 100, die Nicolais 90 Bände, und sie sind unvollständig. Zwar existierte kein Postgeheimnis, aber Anspielungen, Abkürzungen ließen sich meist schwer entschlüsseln. Aber der Briefwechsel war darüber hinaus eine beliebte literarische Gattung, er stellte eine Plattform politischer Diskussion und ermöglichte fiktive Dialoge. Nicht zufällig lobte Schubart Montesquieu, den größten Mann, den Frankreich vermutlich hervorgebracht habe: Er »wußte seine tiefe politische Bemerkung so schlau in seine persianische Briefe und vorzüglich in seinen Geist der Gesetze zu verweben, daß alle seine Vorfahren und Nachfolger weit hinter ihm blieben«.[12]

Und hier zeigt sich auch der Weg, der von den großen staatstheoretischen Traktaten, aus denen die politischen Publizisten immer wieder zitierten, zu Gegenwartsfragen führte. An ihre grundsätzlichen Reflexionen schlossen die Publizisten konkrete politische Beobachtungen oder Schlußfolgerungen an. Und besonderes Raffinement verriet es natürlich, wenn man seinen eigenen König zitierte, ihn aber in einer Weise auslegte, die den eigenen politischen Zielen entsprach. Dies fiel bei Friedrich dem Großen vergleichsweise leicht, da er so unvorsichtig war, sich immer wieder in aufgeklärter Weise zu äußern.

Ein Beispiel dafür ist Ernst Ferdinand Kleins Aufsatz von 1784 »Ueber Denk- und Drukfreiheit. An Fürsten, Minister und Schriftsteller«. Mit äußerstem Geschick kompilierte er darin Passagen aus Friedrichs »Antimachiavell« über die Pressefreiheit, ihre naturrechtliche Begründung und ihren Nutzen für den Staat. Nicht nur den anderen deutschen Fürsten wurde der junge Friedrich als Spiegel vorgehalten, auch der altgewordene Friedrich wurde mit sich selbst konfrontiert: »Was mich betrifft, so wünsche ich ein edles, kühnes, freidenkendes Volk zu beherrschen, ein Volk, das Macht und Freiheit hätte, zu denken und zu handeln, zu schreiben und zu sprechen ...« Alles solle in seinen Staaten »frei und öffentlich gelehrt werden können, was nicht geradezu wider den Staat, die guten Sitten und die allgemeine Religion streitet«. Wann endlich, so fragte Klein, wollen die deutschen Fürsten ihren Völkern »die Freiheit geben, worauf sie von Geburt an unveräußerliche Ansprüche haben: Die Freiheit zu denken und ihre Gedanken mitzutheilen?«[13] Gerade diese Freiheit sei bisher die sicherste Schutzwehr des preußischen Staates gewesen. Klein veröffentlichte seinen Beitrag zwar

Freimaurerversammlung zur Aufnahme eines Lehrlings, anonymer französischer Stich, 1745

Geheimgesellschaften spielten in den Jahrzehnten des Übergangs zwischen dem Ancien régime und dem neuen Zeitalter überall eine wichtige, wenig später kaum noch verständliche Rolle. Vereinigungen wie die Rosenkreuzer, die am Hofe Friedrich Wilhelms II. Einfluß hatten, und schon eine Generation zuvor Freimaurerlogen, denen auch Friedrich II. von Preußen nahestand, waren eine Angelegenheit der führenden Gesellschaftsschichten.

anonym, was bei einem der wichtigsten rechtspolitischen Berater der königlichen Regierung nicht verwundert, aber er sprach aus, was viele der führenden, in der Berliner Mittwochsgesellschaft zusammengeschlossenen Beamten und Schriftsteller dachten.

Zweifellos hatte sich also während der siebziger und achtziger Jahre in Deutschland eine politische Öffentlichkeit entwickelt, die die staatliche Politik nicht mehr den Fürsten allein überlassen wollte. Diese direkten und indirekten Mittel politischer Kritik bezeugen ebenso wie der vergleichsweise hohe Absatz und die Zahl der hier nun an wenigen Beispielen exemplifizierten Journale politisches Interesse und Engagement in den zeittypischen Formen.

Zu den zeitbedingten Organisationsformen dieser politischen Öffentlichkeit gehörten auch die zahlreichen geheimen Gesellschaften, die keineswegs allein in Berlin entstanden. Sie orientierten sich zum größeren Teil an dem Vorbild der zwar öffentlich bekannten, in ihrer Organisation und Mitgliedschaft aber geheimen Freimaurerorden. Die Freimaurerei stellte – bevor sie seit der Mitte des 18. Jahrhunderts zum Teil durch sogenannte Hochgradsysteme pervertiert wurde – eine Gemeinschaftsbildung mit humanitär-aufgeklärter Zielsetzung dar, die sie auf Kirchen, Staaten und Stände bezog. Die Freimaurerorden können zwar nicht als politische Vereinigung im engeren Sinn angesehen werden, gleichwohl vertraten sie indirekt gesellschaftspolitische Zielsetzungen.

Die Entwicklung von der operativen zur spekulativen Maurerei vollzog sich in England seit dem Ende des 17. Jahrhunderts und war mit der Vereinigung der vier Londoner Logen zur Großloge 1717 abgeschlossen. Sie arbeitete nach dem sogenannten klassischen Ritus mit den drei aus der Werkmaurerei entlehnten Graden Lehrling, Geselle und Meister, der zunächst auch in Deutschland vorbildhaft wurde. Die erste deutsche Loge konstituierte sich unter dem Namen »Absalom« 1737 in Hamburg.

Die Entwicklung geheimer Gesellschaften im Deutschland des 18. Jahrhunderts ist durch vier Phasen gekennzeichnet:

1. Von 1737 bis in die vierziger Jahre dominierte die Johannesmaurerei mit ihrer nur begrenzten Arkanpraxis.

2. Von Mitte der vierziger Jahre an setzten sich allmählich sogenannte Hochgradsysteme Strikter Observanz durch. Sie blieben bis

zum Wilhelmsbader Konvent 1782 in der deutschen Freimaurerei vorherrschend.

3. Seit den sechziger Jahren bildeten sich auf dieser Basis und unter Aufnahme freimaurerischer Tradition rationale beziehungsweise mystifizierende Geheimbünde, die bis Ende der achtziger Jahre bestanden. Die Französische Revolution bedeutete zwar nicht unmittelbar das Ende der Geheimgesellschaften in Deutschland, doch verschärfte sich die bereits seit Aufhebung des Illuminatenordens in Bayern 1785 eingeleitete Bekämpfung. Bis gegen Ende des Jahrhunderts hatten die meisten deutschen Staaten auch formelle Verbote geheimer Gesellschaften erlassen, ohne daß diese immer sofort befolgt worden wären.

4. Neben der Verbreitung mehr oder weniger antiaufklärerischer Gesellschaften zwischen 1765 und 1795 blieb ein Typus aufgeklärter Vereinigungen bestehen, der vom Einfluß mystifizierender Hochgradsysteme vollkommen unberührt war: beispielsweise die schon erwähnte Berliner »Mittwochsgesellschaft«, die sich infolge des dem Allgemeinen Landrecht folgenden »Edicts wider die geheimen Gesellschaften« (1798) auflöste.

Während beispielsweise über die französische Freimaurerei detaillierte und umfassende Untersuchungen zur Sozialgeschichte vorliegen, steckt die deutsche Forschung in dieser Beziehung noch in den Anfängen. Allerdings lassen sich Analogien konstatieren. Über die Gesamtzahl der Logen in Deutschland liegen keine präzisen Angaben vor, doch vollzog sich die Ausbreitung auch hier ähnlich rasch wie in England oder Frankreich: In Frankreich wuchs die Zahl der Logen von ungefähr 200 im Jahre 1742 auf 497 im Jahre 1771. Kurz vor Ausbruch der Revolution existierten in Frankreich bereits 698 Logen, die stärkste Konzentration lag in Paris. In England, dem Mutterland der Freimaurerei, stieg die Zahl der Logen ebenfalls schnell: 1725 waren es noch 52, 1732 schon 109. Im Jahre 1814, also ungefähr ein Jahrhundert nach der offiziellen Gründung der Freimaurerei, gehörten zur Vereinigten Großloge von England 544 Logen, von denen in London selbst 140 residierten. Die tatsächlichen Zahlen lagen in allen Fällen höher, da immer Logen bestanden, die nicht der Großloge angehörten, sogenannte Winkellogen: Sie besaßen kein Patent des Großmeisters einer Großloge.

Für Deutschland lassen sich Zahlen für einzelne Territorien angeben, die eine deutliche Zunahme der Logen in der zweiten Hälfte des 18. Jahrhunderts erkennen lassen. In Hamburg, wo das Logenwesen aufgrund der Handelsbeziehungen mit England am frühesten Fuß fassen konnte, gab es Ende des 18. Jahrhunderts fünf Logen. Die Einzellogen wiesen eine unterschiedliche, in der Regel aber steigende Mitgliederzahl auf, beispielsweise begann die 1778 gegründete »Loge Friedrich zu den drei Balken« mit achtzehn Mitgliedern und brachte es bis 1803 auf 103 Logenbrüder. Zur Zeit der ersten amtlichen Volkszählung in Hamburg im Jahre 1811 gab es unter den 132 000 Einwohnern 803 Freimaurer.

In Brandenburg-Preußen entstanden mit Genehmigung Friedrichs des Großen, der schon als Kronprinz 1738 im Braunschweiger Gasthaus Korn Freimaurer geworden war und bald nach seinem Regierungsantritt am 4. Juli 1740 im »Journal de Berlin aux nouvelles politiques et littéraires« seine persönliche Protektion für die

Kopie des ersten Logenprotokolls der Freimaurerloge »Aux Trois Canons«, Wien 1742

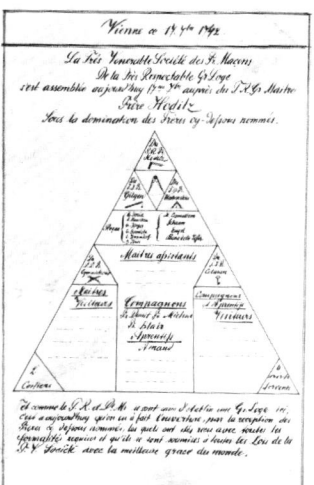

Frontispiz der »Geheimnisse der Freimäurer, deren Sitten und Gebräuche bei ihren Versammlungen und Aufnehmen der Brüder, Diener, Lehrlinge, Gesellen, Meister, u. Obermeister«, 1766

Freimaurerei öffentlich bekanntmachte, zwischen 1741 und 1781 43 Logen. Exakte Mitgliederzahlen liegen erst für das Jahr 1852 vor: Damals zählten die deutschen Freimaurerlogen insgesamt 21 607 Mitglieder.

Auch in Österreich breitete sich die Freimaurerei seit der 1742 erfolgten Logengründung in Wien schnell aus, obwohl Kaiserin Maria Theresia der Freimaurerei – anders als ihr Gemahl Franz und auch ihr Nachfolger Joseph II. – ablehnend gegenüberstand und diese 1766 und 1767 ausdrücklich, aber unwirksam verbot. Bis 1795 entstanden allein in Wien vierzehn Logen. 1785 wurde eine Große Landesloge von Österreich gegründet, zu der insgesamt 61 Logen des Habsburgerreichs zählten. In dieser Zahl sind die außerdeutschen Territorien mit Ausnahme Ungarns inbegriffen.

Wenngleich genaue sozialstatistische Untersuchungen fehlen, so läßt sich doch das Sozialprofil der Freimaurerei in großen Zügen erkennen. Der sozialpolitische Ansatzpunkt blieb keineswegs theoretisch: Tatsächlich ging die Freimaurerei von der prinzipiellen Gleichheit[14] der Menschen aus, der die ordensspezifische Hierarchie nicht widersprach. Die Freimaurer, die deistische, humanitäre und kosmopolitische Ideen vertraten, kamen während des 18. Jahrhunderts aus bürgerlichen und adligen, sogar hochadligen Schichten, unter ihnen waren nicht wenige Fürsten. Allerdings bemerkte bereits Lessing ironisch, daß das Gleichheitspostulat insofern seine Grenze habe, als keineswegs alle Stände vereinigt waren: Zwar schwärmten in den Logen Prinzen, Grafen, Herren von, Offiziere, Räte, Kaufleute, Künstler ohne Unterschied des Standes durcheinander, aber tatsächlich seien sie nur von »Einem Stande«, weil es sich »nur« um »gute Gesellschaft« handele.[15] Zwar konnte theoretisch jedermann, unabhängig von seinem Stand, Logenbruder werden, faktisch aber stammten die Freimaurer aus den aufgeklärten Bildungsschichten des ersten und des dritten Standes. Der dritte Stand konnte hier außerhalb der ständischen Ordnung sein Egalitätspostulat durchsetzen, doch wurde dies selbst zum bürgerlichen Standesinteresse, als man sich nach unten abschloß. Das blieb nicht das einzige Paradox der Freimaurerei.

Im Zeitalter der Aufkärung trieb man in den Logen die Verdunkelung, den Kult des Geheimnisses auf die Spitze – auch in den Fragen, die mit Politik nichts zu tun hatten und keine Gefährdung durch die Obrigkeit implizierten. Geheimnis und Geheimnistuerei entfalteten ihre eigene Faszination, man vermutete übersinnliche Kräfte bei den den meisten Mitgliedern »Unbekannten Oberen«, traute ihnen ungeheuren Einfluß zu. Tatsächlich wucherte im Schatten der Aufklärung der Irrationalismus – auch in anderen Sektoren trieb Wundergläubigkeit eigenartige Blüten, »Träume eines Geistersehers« waren keine Seltenheit, Hochstapler wie Cagliostro machten daraus ein Geschäft. Die Aufklärer vermuteten in ihrer schon pathologisch anmutenden Jesuitenfurcht dahinter den aufgehobenen Orden, die sogenannten Exjesuiten. Und 1788 warnte der Freiherr von Knigge – selbst lange Zeit einer der führenden deutschen Freimaurer – vor der »Mode-Thorheit«, sich in Geheimen Gesellschaften zu betätigen.

Das Hochgradsystem, die Einführung immer neuer – bis zu 60 – Geheimnisstufen, inspirierte zwei in ihren Strukturen ähnliche, in ihren Zielen aber gegensätzliche Geheimgesellschaften, die in den achtziger Jahren politische Bedeutung erlangten: die Illuminaten sowie die Gold- und Rosenkreuzer. Beide zogen die Legitimation zu dieser Form politisierender Vereinigung aus der Struktur absolutistischer Regierung, sie antworteten auf Geheimhaltung mit Geheimhaltung. So begründete Kant 1793 die Existenz von Geheimgesellschaften: »Es muß in jedem gemeinen Wesen ein *Gehorsam* ... aber zugleich ein *Geist der Freiheit* sein.« Gehorsam ohne Freiheit sei »die veranlassende Ursache aller *geheimen Gesellschaften*. Denn es ist ein Naturrecht der Menschen, sich ... einander mitzuteilen; jene Gesellschaften würden wegfallen, wenn diese Freiheit begünstigt wird.«[16] Dennoch besitzt die Interpretation der Geheimgesellschaften als bloße Reproduktion absolutistischer Herrschaftspraxis nur begrenzten Erklärungswert. Zum einen hatten keineswegs alle Geheimgesellschaften politische Ziele, zum anderen bildeten sie nur in eingeschränktem Maße eine politische Opposition: Das schloß schon die Beteiligung führender Staatsmänner aus, vor allem aber die der Landesherren selbst.[17]

Dem antiaufklärerischen Orden der Gold- und Rosenkreuzer gehörte ein König an: Friedrich Wilhelm II., der Nachfolger Friedrichs des Großen von 1786 bis 1797. Und zwei seiner Minister, Wöllner und Bischoffwerder, waren ebenfalls Ordensmitglieder, Wöllner möglicherweise sogar der »Unbekannte Oberste«. Dieser Orden, der im übrigen auch in Österreich, vor allem aber in Bayern zeitweiligen Einfluß besaß,[18] betrieb als eine Art politischer Verein Personalpolitik, Innenpolitik und Kulturpolitik.[19]

Nicht ganz so erfolgreich, aber doch kurzfristig einflußreich war der durch den Ingolstädter Professor des Naturrechts und des Kanonischen Rechts, Adam Weishaupt, 1776 gegründete Illuminatenorden, dem zeitweilig der spätere Schöpfer des modernen

Bayern, Graf Montgelas, angehörte. Weishaupt wollte wie Wöllner seinen Orden zur Erlangung der Macht im Staate einsetzen und zu diesem Zweck möglichst viele und wichtige Mitglieder in der Nähe des Landesherrn und seiner Regierung plazieren. Geheimhaltung und Mystifizierung dienten also zweifelsfrei einem politischen Zweck. Weishaupt – ein Schüler Christian Wolffs und Verfechter aufgeklärter Ziele – gab eine rationale Begründung seiner Arkanpraxis: »Was kann eine geheime Gesellschaft wirken, welche so wenig Geheimnis hat, daß ihre ganze innre Verfassung der übrigen Welt bekannt ist?« In seiner Verteidigungsschrift räumte er 1788 allerdings unumwunden ein, Geheimgesellschaften könnten Herrschsucht und politische Absichten begünstigen.[20]

Weishaupts Illuminatenorden, dessen Schwerpunkt in Bayern lag, hatte nach neueren Forschungen 600 bis 700 Mitglieder, vor allem aus der bürgerlichen und adligen Bildungsschicht. Besonders hoch war der Anteil bürgerlicher Gelehrter und Beamter,[21] die meisten katholischen Mitglieder zählten zu den Verfechtern einer vergleichsweise radikalen Aufklärung. Wie die Rosenkreuzer waren auch die Illuminaten von den Freimaurern unabhängig, benutzten sie aber als Rekrutierungsbasis. Aufgeklärte Menschenbildung, Erziehung zur Tugend – das waren Weishaupts Maximen; Moralisierung der Politik lautete die Devise. »Wer also allgemeine Freyheit einführen will, der verbreite allgemeine Aufklärung: aber Aufklärung heißt nicht Wort-, sondern Sachkenntniß, ist nicht die Kenntniß von abstracten, speculativen, theoretischen Kenntnissen, die den Geist aufblasen und das Herz um nichts bessern.« Die politischen Ziele gewannen zum Teil utopischen Charakter, da man eine klassenlose Gesellschaft und eine sowohl kosmopolitische als auch republikanische Weltordnung anstrebte. Diese geschichtsphilosophischen Perspektiven sollten in »geheimen Weisheitsschulen« unterrichtet werden: »... diese waren vor allzeit die Archive der Natur und der menschlichen Rechte, durch sie wird der Mensch von seinem Fall sich erholen, Fürsten und Nationen werden ohne Gewaltthätigkeit von der Erde verschwinden, das Menschen Geschlecht wird dereinst eine Familie, und die Welt der Aufenthalt vernünftiger Menschen werden. Die Moral allein wird diese Veränderung unmerkbar herbeyführen. Jeder Hausvater wird dereinst, wie vordem Abraham und die Patriarchen, der Priester und unumschränkte Herr seiner Familie und die Vernunft das alleinige Gesetzbuch der Menschen seyn.«[22]

Sektiererische Züge kennzeichneten beide Orden, auch die Illuminaten fanden unter den Landesherren Anhänger, so die Herzöge von Braunschweig, Sachsen-Gotha und Sachsen-Weimar, die Landgrafen von Hessen-Kassel und Hessen-Homburg. Zu den Inskribierten zählten Goethe, Herder, Klopstock, Nicolai und Sonnenfels. Der Orden breitete sich schnell über weite Teile des Reiches aus und gewann auch außerhalb Deutschlands Anhänger. Allerdings kam es in den letzten Jahren vor der Französischen Revolution zum Streit darüber, wie eng die Verbindung vieler Persönlichkeiten, die in den Mitgliedslisten geführt wurden, tatsächlich gewesen ist. Und Kaiser Josephs II. bayerisches Tauschprojekt, das von einer Reihe bayerischer Illuminaten unterstützt wurde, rief sogar innerhalb des Ordens Gegner auf den Plan. Eine Gruppe bayerischer Patrioten spaltete sich ab und prangerte die Pläne der anderen als landesverräterisch an. Solche Informationen sowie das Verschwinden politischer Dokumente aus dem kurfürstlichen Geheimarchiv Karl Theodors, das den Illuminaten zur Last gelegt wurde, führten am 2. März 1785 zum Verbot der Illuminaten und der Freimaurerlogen. Das kurfürstliche Edikt bezeichnete sie als landesverräterisch und religionsfeindlich.

Es folgten zahlreiche Verhaftungen, Weishaupt floh zunächst in die Reichsstadt Regensburg, dann nach Gotha und wurde seiner Professur enthoben. Dieser ersten, nicht besonders intensiven Bekämpfung illuminatischer Umtriebe folgte nach Ausbruch der Französischen Revolution seit 1790 eine zweite, dieses Mal heftigere im Zusammenhang mit der durch die sogenannten deutschen Jakobiner ausgelösten Revolutionsfurcht. Das kurfürstliche Illuminatenpatent vom 15. November 1790 bekräftigte unter anderem die Verbote von 1785: Wer »Religions-Spöttereyen und unerlaubte Kritiken über dieselbe oder andere gegen den Staat und zur Störung der öffentlichen Ruhe abzweckende Reden hört, bey schwerster Strafe schuldig seyn soll, sie entweder bey der ordentlichen Obrigkeit oder, wenn etwa bedenkliche Umstände gegen dieselbe obwalten sollten, Unsrer höchsten Person selbst gehorsamst anzuzeigen«.[23] Ausdrücklich erstreckte sich diese Verordnung auch auf Druckschriften und geheime Zusammenkünfte, bei denen es um derartige inkriminierte Äußerungen ging.

Ende der achtziger Jahre galt der Orden, dessen Reste außerhalb Bayerns tatsächlich keine politische Bedeutung mehr besaßen, als konspiratives Zentrum. Diese These hatten bereits während der ersten Verfolgung ehemalige Jesuiten vertreten: Nur wenig später kam es dann zur Interpretation der Französischen Revolution als Verschwörung von Freimaurerei und Aufklärerzirkeln, die bis ins 20. Jahrhundert Anhänger fand. Wenige Monate nach Ausbruch der Revolution, am 3. Oktober 1789, warnte der preußische König Friedrich Wilhelm II. den Kurfürsten von Sachsen vor den Illuminaten: Diese überaus gefährliche »Freimaurersekte« habe sich nach der Ausweisung aus Bayern überraschend schnell in ganz Deutschland und den benachbarten Ländern ausgebreitet. Die Illuminaten beabsichtigten, die christliche Religion und jede andere Religion abzuschaffen, die Untertanen des Treueids gegen ihre Landesherren zu entbinden und »ihren Anhängern unter dem Namen Rechte der Menschheit allerlei Extravaganzen gegen die in jedem Lande zur Wahrung der gesellschaftlichen Ruhe und Wohlfahrt eingesetzte gute Ordnung zu lehren, ihre Einbildung durch die Vorstellung einer allgemeinen Anarchie zu erhitzen, damit sie sich jedwedem Gebot unter dem Vorwande ... das Joch der Tyrannen abzuschütteln, entziehen«. Der König ermahnte den Kurfürsten, die Freimaurerlogen genau beobachten zu lassen, »umsomehr als diese Brut nicht verhehlen wird, heimlich in allen Ländern den Geist der Empörung anzustacheln, der Frankreich verwüstet, denn es gibt Freimaurer-Logen, wo die Illuminaten sich eingeschlichen haben, um sie mit anzustecken, trotz der Aufmerksamkeit der guten Logen, welche jederzeit diese Ungeheuer verabscheut haben«.[24]

Eine weniger erfolgreiche, aber ebenfalls bemerkenswerte Initiative zur Gründung eines politisierenden Vereins ergriff der radikale

Aufklärer und amtsenthobene Theologieprofessor Carl Friedrich Bahrdt, der schon wegen seiner religionskritischen Schriften Aufsehen erregt hatte. 1786/87 gründete er in einer Winkelloge bei Halle an der Saale die »Deutsche Union«, in der er nach Art des in den dreißiger Jahren gegründeten englischen »Left Book Club« ein Netz von etwa 400 Lesegellschaften zusammenfassen wollte. Bahrdt, der seit 1777 Freimaurer war und seine »Deutsche Union« durch ein Hochgradsystem von 33 Graden strukturierte, wurde nach einer parodistischen Attacke auf den preußischen Staatsminister Wöllner und das von diesem initiierte Religionsedikt 1789 zu zweijähriger Haft verurteilt. Sein Versuch einer »Vereinigung der Schriftsteller mit ihren Lesern«, die er als Ziel der Union verkündet hatte, war gescheitert.

Interesse verdient die »Deutsche Union« vor allem wegen ihrer Organisationsform und ihrer politischen Zielsetzung. Ein rationalistischer Aufklärer hatte hier eine Organisation konzipiert, die ebenfalls der Strikten Observanz der Freimaurerorden nachgebildet war, deren Irrationalität jedoch eine Absage erteilte. Bahrdt plante einen äußeren Ring von Lesegesellschaften, die öffentlich bekannt waren, keine Rekrutierungsprobleme beim aufgeklärten Publikum haben würden und um so wirksamer arbeiten konnten. Aus Mitgliedern dieser Gesellschaften sollte dann ein innerer, geheimer Kreis gebildet werden. »Die eigentlichen Mitglieder«, so schrieb Bahrdt 1787/88 in einem Rundbrief, »tun sich an allen Orten bloß als eine literarische Gesellschaft zusammen, laden dazu alle Freunde der Lektüre und nützlichen Kenntnisse ein – und das sind dann die gemeinen Brüder, die nichts wissen, als daß an ihren Orten ihre Gesellschaft existiert, aber keineswegs, daß diese Gesellschaften in Verbindung stehen und daß alle ein so großes Ganzes ausmachen.« Die dirigierenden Brüder aber sollten konkrete Zwecke verfolgen, zu denen beispielsweise gehörte, »Aufklärung fördernde Schriften bis in die Hütten des Volkes zu verbreiten«.[25]

Mit dem Ziel, aufgeklärtes Gedankengut zu popularisieren, verband Bahrdt die Bekämpfung der Gegner. Sie sollte nicht nur auf populärer Ebene erfolgen, sondern auch wissenschaftlichen Anliegen Rechnung tragen, wichtige Bücher sollten genossenschaftlich verlegt und durch Unionsbibliotheken zugänglich gemacht werden. Die Übereinstimmung mit freimaurerischen Formen und partiell auch mit ihren Zielen schlug sich selbst in der Wortwahl nieder, beispielsweise im ständig wiederkehrenden Topos »Verbreitung des Lichts«. Aber auch die Analogie zu öffentlichen Geselligkeitsformen der Aufklärung, vor allem den Lesegesellschaften, sowie die Verbindung populärer mit gelehrten Zielen in Bahrdts »Deutscher Union« belegen, wie fließend auch im letzten Drittel des 18. Jahrhunderts die Übergänge zwischen geheimen und öffentlichen Aktivitäten der Aufklärung waren.

Wie in Weishaupts Illuminatenorden dominierten auch in Bahrdts Vereinigung die oberen bildungsbürgerlichen Schichten, allerdings schlossen sich in der Deutschen Union kaum Adlige und wohl gar keine Angehörigen des Hochadels beziehungsweise fürstlicher Häuser zusammen. Dies mag auf die größere Radikalität Bahrdts, sicher aber auch auf die Schwierigkeit eines nicht gut beleumundeten Mannes zurückzuführen sein, entsprechende Kontakte

Im Jahre 1788, am Vorabend der Französischen Revolution, erschien das in mancher Beziehung als revolutionär geltende Buch »Über den Umgang mit Menschen« des Freiherrn von Knigge. Das ehemalige Logenmitglied hatte seine Schrift eigentlich als Anleitung zum vernunftgemäß-aufgeklärten Leben verstanden, im allgemeinen Bewußtsein lebt es bis heute aber lediglich als Buch der Etikette weiter.

zu knüpfen. Unter den etwa 550 Mitgliedern gab es ungefähr 60 Universitätsprofessoren, zahlreiche Schriftsteller und Publizisten.

Seit den siebziger Jahren politisierten sich nicht nur die Journale, sondern auch die Geheimgesellschaften. Schon der konservative hannoversche Jurist und Publizist Ernst Brandes beobachtete 1792 besorgt diesen Vorgang. In den geheimen Verbindungen lernten die Mitglieder seiner Meinung nach, »dem Geiste der etablirten Verfassungen zu widerstehen«. Durch sie habe die Regsamkeit der Schriftsteller »eine politische Wendung« genommen.[26]

Trotz dieser unverkennbaren Politisierung, die einige der geheimen Gesellschaften zu Vorläufern politischer Vereinigungen machte, war ihr ursprünglicher Impetus ein aufgeklärt-humanitärer, der eher im prinzipiellen als im konkreten Sinn politische Ziele verfolgte.

Sicher konnte sich die Bildung politischer Gruppen in absolutistischen Staaten nicht in aller Öffentlichkeit vollziehen. Diese Form der Politisierung ist jedoch Symptom der Dialektik, in die die Aufklärer gerieten, wenn sie Öffentlichkeit forderten und sich zugleich der Geheimhaltung bedienten. Die Modernisierungskrise, in die der aufgeklärte Absolutismus trotz oder zum Teil wegen seiner zahlreichen nicht zu Ende geführten Reformen geraten war, spiegelte sich in der Umformung des aufgeklärten Assoziationswesens.

Die hier exemplarisch erörterten Möglichkeiten politischen Handelns führen zu einer typischen Definition der Politik, die nicht von dem zeitfremden Maßstab einer verfassungsrechtlich definierten direkten Beteiligung der Bürger an der politischen Entscheidungsbildung ausgeht. Das Regierungshandeln der Fürsten im engeren Sinn, so ausschlaggebend es vor allem für die Außenpolitik im Absolutismus blieb, bildete tatsächlich nur einen Teil der Politik. Der Politikbegriff muß für diese vorrevolutionäre Epoche – und auch noch für die Jahrzehnte bis zu den Reformen des frühen 19. Jahrhunderts – in bezug auf Anspruch und Wirkung der aufgeklärten Aktivitäten perspektivisch definiert werden. Der Wandel der Kommunikationsstruktur, die Politisierung der Inhalte, das Spannungsverhältnis von Aufklärern, Publikum und Fürsten, aber auch ihre partielle Übereinstimmung, schließlich die widersprüchliche Beteiligung der Fürsten an den Geheimgesellschaften – all diese Komponenten gehörten zur damaligen Politik. Die Reaktion einiger Landesherren auf die Geheimgesellschaften in den Jahren unmittelbar vor und nach der Revolution indiziert, daß auch die Fürsten nun den politischen Charakter solcher Gesellschaften, ihre potentielle Bedrohlichkeit im Zeitalter der Revolution, stärker empfanden. Das Reformpotential dieser Vereinigungen und der Journale, das ja mit ihrer grundsätzlichen Reformbereitschaft korrespondierte, war den deutschen Landesherren nicht fremd geblieben, was ja auch an der direkten Beteiligung einiger Fürsten ablesbar ist: Seit 1776 und mehr noch 1789 gerieten Reform und Revolution in ein ungeahntes Spannungsverhältnis. Anstatt die Reformen zu intensivieren, führte vielerorts Revolutionsfurcht zur Stagnation, was sich in den Kriegen gegen Napoleon bitter rächen sollte.

2. Freiheit, Gleichheit, Brüderlichkeit: Provokation von Staat und Gesellschaft des Absolutismus

Vorspiel auf dem Theater: Die Besucher der Comédie Française bogen sich vor Lachen, selten riß ein Stück die Pariser zu solchen Begeisterungsstürmen hin wie jenes Ereignis vom 27. April 1784. »Die Aufführung des Stücks wäre eine gefährliche Inkonsequenz, wenn man nicht zuvor die Bastille niederreißen wollte.« Ahnte König Ludwig XVI., wie recht er mit dieser Einschätzung hatte? Wohl kaum, denn sonst hätte er die Aufführung unterbunden und einen letzten Versuch unternommen, den Stoff für solche Komödien aus der Welt zu schaffen. Und ebensowenig konnte der König wissen, daß er und die französische Monarchie keine fünf, keine zehn Jahre überleben würden.

Vorspiel auf dem Theater – aber wie viele Vorspiele hatte die Revolution in der politischen Realität des französischen Ancien régime? Sie alle waren weniger erfolgreich als der ebenso genialische wie zwielichtige Stückeschreiber Pierre-Augustin Caron de Beaumarchais. Schon der »Barbier von Sevilla« war ein Publikumserfolg. Hatte Wilhelm Meister vielleicht doch recht mit seiner Hochschätzung des Theaters? Sicher *war* die Comédie Française an jenem Abend nicht die Welt, aber kaum je *bedeutete* sie sie mehr. Und die Bedeutung erhob sich weit über die platte Realität. Auch die Bastille *bedeutete* mehr, als sie *war*. Denn an jenem 14. Juli 1789, als gleichsam offiziell die Französische Revolution begann, war sie in Wirklichkeit längst im Gange. Als die von revolutionärer Begeisterung mitgerissenen Massen erstmals nicht mehr nur für Brot, sondern für die Freiheit auf die Straße gingen, da saßen in der Bastille nur noch ein paar Gefangene. Lohnte es sich, ihretwegen den Gefängniswärtern mit Mistgabeln den Bauch aufzuschlitzen? Sie hätten der Menge ohnehin nachgegeben. Doch sie durften nicht nachgeben, sie mußten niedergemetzelt werden, sonst hätten die Pariser keine Revolution gehabt – und zur Revolution gehört Blut.

Die Revolution begann also augenscheinlich auch mit einem Theatercoup. Die Bastille war damals kaum mehr ein wichtiges Gefängnis, aber sie war ein Symbol – das Symbol des Despotismus. Für den Augenblick nahmen die empörten Massen an, der gute König in Versailles wisse nichts von den Mißständen in seinem Königreich, und dies rettete ihn einstweilen. Als er dann die Zustimmung zu den Beschlüssen der Nationalversammlung vom 5. bis 11. August nur teilweise gab und ansonsten wieder einmal zögerte, wuchs die Unruhe. Eine erneute Hungerkrise in Paris kam im September hinzu. Schließlich holten johlende Weiber mit den Köpfen der Leibgardisten auf den Mistgabeln die königliche Familie Anfang Oktober 1789 im Triumphzug nach Paris, eine gespenstische Eskorte gewiß.

Hätte Ludwig XVI. sich an die Spitze des Populismus setzen, ein »Volkskönigtum« errichten können, wenn er weniger träge gewesen wäre? Jedenfalls war dies nicht die erste Chance, die er ver-

Ludwig XVI., Gemälde eines unbekannten Künstlers, 1787

Ludwig XVI. scheint einen Augenblick mit dem Gedanken gespielt zu haben, der Revolution durch die Übernahme von deren Forderungen die Spitze zu nehmen, aber die Ereignisse gingen über solche Hoffnungen hinweg, und wenn der Monarch auch nicht der blutrünstige Despot war, zu dem ihn die Flugschriften machten, so war er viel zu träge, um sich ernsthaft mit den intellektuellen und materiellen Konflikten der Epoche zu beschäftigen.

paßt hatte, doch sollte es seine letzte sein. Warum vertat er auch sie? Nun, so absolut seine Macht auch schien, längst regierte nicht mehr ein absolutistischer Herrscher, auch nicht ein aufgeklärter, sondern der Hof von Versailles, mit allen Intrigen und Verwirrungen. Den alten Hochadel hatte Ludwig XIV. im späten 17. Jahrhundert an den Hof gezogen, ihn damit finanziell ruiniert, entmachtet, von sich abhängig gemacht. Auf dieser Grundlage hatte der Absolutismus zu jener glänzenden Form aufsteigen können, wie sie in Europa ihresgleichen suchte. Und immerhin, mehr als hundert Jahre lang war dies – wenn auch mit Problemen – ganz gut gegangen. Die Stände waren längst entmachtet, seit 1614 hatten die Könige von Frankreich es nicht mehr für nötig gehalten, die Generalstände einzuberufen, die Fronde konnte Ludwig XIV. ebenfalls unterdrücken.

Aber als Montesquieu 1748 sein Meisterwerk »De l'esprit des lois« veröffentlichte, da sah jeder kundige Leser, daß hier die fundamentale Analyse und Kritik nicht nur des Verfassungslebens überhaupt, sondern der Verfassung Frankreichs auf der Tagesordnung stand. Unter Gewaltenteilung verstand Montesquieu – der Parlamentsrat aus Bordeaux – die Gewaltenteilung in einer ständischen Verfassung, und die hatte Frankreich damals nicht mehr. Das war zwar 1789 eine Generation her, hatte aber seither die Staatstheoretiker und die öffentliche Diskussion bewegt, um so mehr, als mit Rousseau eine neue heftige Diskussion über Verfassung und Gesellschaft entbrannte, in der das Postulat der Gleichheit und der Gedanke der Volkssouveränität zentrale Bedeutung gewannen. In solche Diskussionen und die sich immer mehr verschärfende Krise des Finanzwesens, die sich zur Krise von Staat und Gesellschaft ausgewachsen hatte, platzte Beaumarchais' Erfolgsstück.

»La folle journée, ou Le mariage de Figaro« hieß es und brachte die Probleme Frankreichs auf die Bühne, traf aber die Sozialstruktur ganz Alteuropas, so unterschiedlich sie im einzelnen auch sein mochte, wie ein Keulenschlag. Nicht der Ernst der Philosophen, sondern die vernichtende Ironie des Komödianten gab die Alte Welt der Lächerlichkeit preis. Und welche Aufmerksamkeit das Stück außerhalb Frankreichs gewann, zeigte sich daran, daß Mozart – der 1791 mit seiner »Zauberflöte« einen Freimaurerstoff behandelte – 1786 Beaumarchais sogleich in einer Opera buffa »Le nozze di Figaro« vertonte: Die Wiener fanden allerdings keinen Gefallen am Figaro, um so mehr aber die Pariser. In seinem großen Monolog im letzten Akt rechnet Figaro ab: »Nein, Herr Graf, Sie bekommen sie nicht. Weil Sie ein großer Herr sind, halten sie sich für einen großen Geist ... Adel, Reichtum, ein hoher Rang, Würden, das macht so stolz! Was haben Sie denn getan, um so viele Vorzüge zu verdienen? Sie machten sich die Mühe, auf die Welt zu kommen, weiter nichts; im übrigen sind Sie ein ganz gewöhnlicher Mensch; während ich, zum Teufel, ein Kind aus der obskuren Menge, nur um zu leben mehr Witz und Verstand aufbringen mußte, als man seit hundert Jahren auf das Regieren ganz Spaniens und seiner Länder verwandt hat. Und Sie wollen sich mit mir messen ...« Aber nicht allein die ständische Privilegienordnung nahm Beaumarchais aufs Korn, sondern gleich auch die Zensur, mit der er zu kämpfen hatte: »Da man den Geist nicht erniedrigen kann, rächt man sich, indem man ihn mißhandelt.« Gedruckte Torheiten haben aber nur dort Bedeutung,

Jacques Necker als Favorit des dritten Standes nach der Entlassung Briennes im August 1788, Stich eines Unbekannten, 1789

Die Hungerkrise der späten achtziger Jahre schuf für die radikalen philosophischen Ideen der Epoche zusätzliche soziale Resonanz und überrollte jene Reform, die der 1788 erneut berufene Generalkontrolleur der Finanzen, Jacques Necker, am Vorabend der Revolution in letzter Minute nochmals einzuleiten suchte. Aber alle »Parlamentsreformen«, wie sie schon Maupou noch unter Ludwig XV. versucht hatte, waren ebenso gescheitert wie Turgots Wirtschafts- und Finanzreformen; die katastrophale Versorgungskrise und dramatische Finanzlage Frankreichs waren mit solchen Mitteln nicht mehr zu heilen.

schleuderte er den Zensoren entgegen, »wo man ihre Verbreitung hindert«. Und natürlich gibt es ohne »die Freiheit zu tadeln kein schmeichelhaftes Lob ... nur die kleinen Geister fürchten die kleinen Schriften!«

Tadelte Schiller nicht ebenso scharf? Verdammte er Tyrannei und Privilegien nicht mit gleicher Verve im Namen von Vernunft, Humanität, Moral, Menschenrecht? Gewiß, darin lag der Unterschied nicht. Doch während in Deutschland der Umbruch und die Modernisierung, die ihn vorantreiben sollten, längst begonnen hatten, war in Frankreich vor 1789 ein Reformanlauf nach dem anderen gescheitert. Turgot war nicht der erste und nicht der einzige, der erfuhr, daß sich diese Form des französischen Absolutismus offensichtlich nicht mehr reformieren ließ. Was hatten die führenden Generalkontrolleure der Finanzen – so unterschiedlich sie auch waren – nicht alles versucht! 1770/71, noch zur Regierungszeit Ludwigs XV., hatte Maupeou eine Parlamentsreform eingeleitet; 1774 bis 1776 hatte sich Turgot um umfassende physiokratische Reformen bemüht. Dann hatte seit 1777 Necker sogar eine Wirtschafts- und Finanzreform mit Hilfe der Privilegierten zu erreichen versucht; schließlich hatte Calonne als Generalkontrolleur der Finanzen 1783 bis 1787 den letzten großen Reformversuch des Ancien régime gestartet, der 1787 mit der Berufung der Notabeln endete. Und am Ende hatte noch der Kardinal Loménie de Brienne als Generalkontrolleur der Finanzen seit dem 1. Mai 1787 um die Verhinderung des Staatsbankrotts gekämpft. Als auch er am Widerstand der Parlamente scheiterte, berief der König nach Loménies Rücktritt im August 1788 nochmals Necker.

Von ihm erwartete man Wunderdinge, da er sich (leider unverdienter) außerordentlicher Popularität erfreute: Tatsächlich hatte sein Compte rendu 1781 die katastrophale Finanzlage Frankreichs heruntergespielt, so daß alle Nachfolger einen schweren Stand hatten, wenn sie die unbezweifelbare Notwendigkeit einer unverzüglichen Finanzreform begründeten. Necker strebte ein Bündnis zwischen Krone und drittem Stand an, erreichte die Verdoppelung der Abgeordneten aus diesem Stand in den Generalständen. Der König holte Necker auch deswegen zurück, weil er mit ihm die Berufung der Generalstände durchsetzen wollte. Doch Necker stieß schnell an seine Grenzen. Der Hof von Versailles intrigierte gegen seine als zu liberal eingeschätzte Politik, in der man zu Recht die Begünstigung des dritten Standes witterte. Wie immer war die Hofintrige auch dieses Mal erfolgreich. Gerüchte über eine bevorstehende Auflösung der Nationalversammlung durch den König durchschwirrten Paris. Als der schwache König Necker am 11. Juli 1789 entließ, löste er damit einen Proteststurm aus, der drei Tage später im Sturm auf die Bastille eskalierte: Mit den Ständen, mit den Privilegierten war die Monarchie nicht mehr zu retten.

Die Revolution begann keineswegs mit einem bürgerlichen Aufstand, nicht mit der Empörung der Nichtprivilegierten und auch nicht mit einer Hungerrevolte, deren es viele gab während des Ancien régime, so auch im Frühjahr 1789, als die Getreide- und Brotpreise um bald 60 Prozent höher lagen als eine Generation zuvor. Dies alles war zweifellos bedeutsam, aber zunächst begann die Revolution 1787 mit einer Revolte des Adels gegen die Krone. Während der achtziger Jahre war die seit Jahrzehnten schwelende Finanzkrise das alles beherrschende Thema. Sie ging auf viele Ursachen zurück: die außenpolitische Überspannung der Kräfte seit Ludwig XIV., die Unterstützung des amerikanischen Unabhängigkeitskrieges, die exorbitanten Kosten des Hofes, die für den Staat ineffektive Organisation des Steuerwesens mit der Verpachtung der Steuer an General- und Unterpächter. Vor allem aber verhinderte die Steuerprivilegierung derjenigen, die am meisten hatten und am wenigsten bezahlten, die so notwendige Erhöhung der Einnahmen. Dabei war es nicht der alte Adel allein, der von der Steuerbefreiung profitierte. Vielmehr konnten Privilegien in Form des Ämterkaufs, aber auch durch den Kauf von steuerbefreitem Grundbesitz, in dem die reiche Bourgeoisie, anders als in den meisten Territorien Deutschlands, ihr Geld anlegen konnte, erworben werden. Entscheidender als die traditionelle Ständegliederung in Klerus, Adel und dritten Stand einschließlich der Bauern war die Zweiteilung der französischen Gesellschaft des Ancien régime in *Privilegierte* und *Nichtprivilegierte*. Gerade die Privilegierten waren es, insbesondere die Noblesse de robe, der Amtsadel, die jede Reform des ineffektiven Steuersystems mittels der Parlamentsopposition verhinderten, während die Noblesse d'épée ihrerseits eine Abschließungstendenz an den Tag legte.

Die Revolution begann also mit einer Reaktion. Der Widerstand der Parlamente, also der französischen Gerichtshöfe gegen die Krone, besaß schon Tradition. Eine Schlüsselrolle spielte das Parlament von Paris, dem zusätzlich das Recht zustand, königliche Gesetze zu registrieren, um sie in Kraft treten zu lassen. Die Parlamente fanden immer wieder Unterstützung in der von den Philosophen, den Aufklärern beherrschten öffentlichen Meinung. Vom Herbst 1788 bis zum Sommer 1789 ergoß sich eine wahre Broschürenflut über Paris. Doch irrten sich die Aufklärer: Nicht die Parlamente wollten Reformen, sondern der König – allerdings nur dann,

wenn er fähige Berater hatte und niemand Schwierigkeiten machte. Aber die Hofintrigen verschlissen einen Generalkontrolleur nach dem anderen, und die öffentliche Meinung klatschte Beifall. Sie glaubte, sie sei antiabsolutistisch, in Wirklichkeit verkannte sie, wo die Reaktion tatsächlich zu suchen war. Aber auch die Parlamentsopposition, auch die Adelsreaktion hatten sich verschätzt, erkannten die Privilegierten doch nicht, daß ihre Legitimation ohne die Monarchie nicht zu halten war. Als die ständischen Institutionen erstmals wieder zusammentraten, zunächst vom Februar bis Mai 1787 und dann nochmals vom Januar bis Dezember 1788 die Notabelnversammlung, schließlich die aus Wahlen hervorgehenden Generalstände, geschah dies bereits in einer revolutionären Situation, der von 1787 bis 1789 dauernden »Pré-Révolution«.

Scheinbar setzte sich die ständische Opposition durch, tatsächlich aber waren ihre Tage gezählt. Die ständischen Institutionen wurden plötzlich mit den aufgeklärten Ideen konfrontiert, mit der rousseauistischen Maxime der Volkssouveränität, die der Abbé Sieyes für den revolutionären Gebrauch praktikabel und suggestiv zubereitet hatte. Zunächst erreichte Necker für den dritten Stand eine Verdoppelung seiner Abgeordnetenzahl auf 600. Klerus und Adel behielten je 300 Mandate. Nun wurde das moderne Mehrheitsprinzip zur Kampfparole, keine Abstimmung mehr nach Ständen, sondern nach Köpfen – so lautete die Parole der am 5. Mai 1789 in Versailles zusammentretenden Generalstände. Sofort verlangte der dritte Stand, daß die Beglaubigungsprozedur für die Abgeordnetenvollmacht in einem gemeinsamen Plenum aller drei Stände erfolgen solle.

Die Sitzung der Etats généraux im Hôtel des Menus-Plaisirs in Versailles am 5. Mai 1789, Stich von Isidore Helman, 1790

Ludwig XVI. hatte sich für die Einberufung der Generalstände entschieden, er selbst stand Reformen keineswegs ablehnend gegenüber wie die sogenannten Parlamente (die Gerichtshöfe). Als die Generalstände am 5. Mai 1789 zusammentraten, nahmen die Verhandlungen einen unvorhergesehenen Verlauf; es wurden Forderungen gestellt, an die bei der Einberufung der Etats généraux niemand gedacht hatte: die Abgeordnetenzahl des dritten Standes sollte verdoppelt werden, das revolutionäre Mehrheitsprinzip, das die Abstimmung nach Köpfen und nicht nach Ständen vorsah, eingeführt werden, und schließlich sollten alle drei Stände zu gemeinsamen Sitzungen zusammentreten.

Die Abgeordneten des dritten Standes nennen sich von nun an Communes und erklären sich am 17. Juni zur Assemblée nationale. Es folgt der Ballhausschwur vom 23. Juni, nicht mehr auseinanderzugehen, bis eine Verfassung erarbeitet sei. Dem Versuch sie aufzulösen, widersetzen sich die Communes und proklamieren die Immunität der Abgeordneten. Am 27. Juni haben sie gesiegt, der König gibt nach und fordert die Vertreter von Klerus und Adel auf, sich den Abgeordneten des dritten Standes, also der selbsternannten Assemblée nationale, anzuschließen. Die Abstimmung nach Köpfen bedeutete die Mehrheit für den dritten Stand, zu dem viele Abgeordnete aus dem niederen Klerus stießen, die selbst dem dritten Stand entstammten. Schließlich kam eine erhebliche Anzahl Stimmen adliger Vertreter hinzu, die mit dem dritten Stand sympathisierten, der berühmteste unter ihnen war der Graf Mirabeau. Im Sommer 1789 zeigte sich, daß von den 1200 Abgeordneten 900 Anhänger der Revolution waren, jedenfalls in ihrer liberalen Form, die weitgehend durch auch außerhalb Frankreichs verbreitete aufgeklärte Ziele geprägt wurde.

In den Journalen, den Salons, den zahlreichen aufgeklärten Zirkeln und Gesellschaften fanden die revolutionären Ziele sofort einen Resonanzboden. Als der dritte Stand sich – Sieyes folgend – zur Nation erklärte und damit erstmals in Europa das moderne Repräsentationsprinzip praktizierte, blieb der Monarchie nur noch eine einzige Überlebenschance: als parlamentarische, als repräsentative Monarchie und, so paradox es klingt, als bürgerliche Monarchie. Der absolute Fürstenstaat und der traditionale Ständestaat hatten ihre Legitimation verloren. Nachdem der französische Absolutismus aus Schwäche jede Reformchance vertan hatte und Frankreich trotz allen intellektuellen und höfischen Glanzes im Vergleich zu den führenden reformabsolutistischen deutschen Staaten ein politisch rückständiges Land geblieben war, spielte die Entwicklung der Gesellschaft eine entscheidende Rolle: Ihre Struktur war weder im strengen Sinn traditional noch modern. Nun aber beschleunigte sich die Entwicklung rasant, die verpaßten Reformen beflügelten die Revolution, die Verschränkung von Reform und Revolution wurde zum eigentlichen Thema dieser Epoche der europäischen Geschichte und blieb es bis zu Napoleon, der wie kein zweiter den evolutionären und den revolutionären Grundzug in sich vereinigte. Die Revolution schuf die Basis, auf der er Frankreich endgültig modernisieren konnte. Die Revolution bildete den Grund seiner Existenz und doch nur ein Vorspiel auf dem Theater.

Die vorrevolutionäre Phase von 1787 bis 1789 führte im Zusammenhang der immer heftiger werdenden Diskussion über die Repräsentation des dritten Standes und die umfassenden Reformpläne zur Politisierung einer aufgeklärt-liberalen Elite aus allen drei Ständen, die sich im Sommer 1789 schließlich mit ihren Verfassungsvorlagen und der Bildung der konstituierenden Nationalversammlung durchsetzte und die erste französische Repräsentation zu einer außerordentlich eindrucksvollen Versammlung machte. Inzwischen lagen die Ergebnisse einer für diese Zeit singulären »Volksbefragung« vor. In den zum Teil durch schreibkundige Pfarrer abgefaßten etwa 40 000 Beschwerdeheften, den Cahiers de doléances, hatten die Franzosen, nach Ständen getrennt, ihre Kritik und ihre Wünsche formuliert.

Schon im Sommer 1789 aber zeigte sich, daß die Revolution keine Revolution der liberalen Eliten und keine des gehobenen Bürgertums bleiben würde. Schon damals vollzogen sich drei soziale Revolutionen gleichzeitig: Neben die von den Juristen geführten reformwilligen Eliten traten die unzufriedenen Bauern, die eine Beseitigung aller feudalen und sonstigen Lasten forderten. Schließlich führten die soziale Unzufriedenheit, die miserable wirtschaftliche Lage der kleinbürgerlichen Schichten sowie vor allem der städtischen Unterschichten im Zusammenhang mit der sich wieder einmal verschlechternden Ernährungslage in Paris zu revolutionären Massenbewegungen.[27] Sie trugen schon seit dem 14. Juli zu einer erheblichen Radikalisierung der Revolution bei, zumal Gerüchte über ein Komplott des Adels nicht allein die Pariser Bevölkerung erregten, sondern auch zur Mobilisierung sozialer Ängste auf dem Lande führten. Während die »grande peur« bäuerliche Schichten ergriff, entlud sich die Furcht immer wieder in aggressiven Exzessen mit Plünderungen, Brandschatzung von Herrensitzen, Vernichtung von Steuerlisten und ganzen Archiven. Die Entscheidungen der Nationalversammlung wurden durch die Massenbewegungen ungemein beschleunigt. Die Stadt Paris mit ihren etwa 600 000 Menschen bildete immer wieder den Nährboden und Motor, nicht aber den einzigen Ort massenhafter Unzufriedenheit.

Ergebnis dieser Unruhen waren die grundlegenden Beschlüsse der Constituante, deren erste auf der berühmten Nachtsitzung vom 4. auf den 5. August 1789 gefaßt wurden: Die Reste des Feudalsystems, das schwer auf den Bauern lastete, hob das Parlament mit einem Schlag auf. Jegliche Frondienste wurden entschädigungslos

Kaiser Joseph II. erläßt 1789 einen »Warnungsbrief« an eine Reihe unruhiger Gemeinden im Grenzgebiet zu Frankreich. Sie sollen sich ruhig verhalten, sich »alles Aufwiegelns, Zusammenlaufens, und zahlreicher Zusammenkunften entäussern, der Landesherrschaft den ihr gebührenden Respect und Gehorsam bezeugen, und, wenn sie gegen dieselbe Beschwerden zu haben vermeinen, solche im Wege Rechtens gebührend an- und ausführen«.

LITTERAE PATENTES CAESAREAE
in Sachen
der Gräflich von der Leyenschen Vormundschaft,
contra
die Gemeinden St. Ingberth, Uttweiler, Altheim, Neualtheim, Gailbach,
und andere des Oberamts Bliescastell.

Wir JOSEPH der Andere von Gottes Gnaden erwehlter Römischer Kaiser, zu allen Zeiten Mehrer des Reichs, König in Germanien und zu Jerusalem, Ungarn, Böheim, Dalmatien, Croatien, Sclavonien, Gallizien und Lodomerien, Erzherzog zu Oesterreich, Herzog zu Burgund und Lothringen, Großherzog zu Toscana, Großfürst zu Siebenbürgen, Herzog zu Mailand, Mantua, Parma, gefürsteter Graf zu Habspurg, Flandern und Tyrol etc. etc.

TENOR DECRETI:

In Consilio 18ta Septembris, 1789.

Ad Mandatum Electi Imperatoris proprium.

Hermann Theodor Moritz Hoscher,
Kaiserl. Cammer-Gerichts Cantzley-Verwalter.

Joseph Christoph Anton Wallreuther,
Kaiserl. Cammer-Gerichts Protonotarius.

517

Erklärung der Menschen- und Bürgerrechte vom August 1789, Flugblatt aus Paris, 1789

Die Constituante verabschiedete im Spätsommer 1789 allgemeine Menschen- und Bürgerrechte, die nur deshalb so revolutionär wirkten, weil im Grunde das aufklärerische Europa das amerikanische Vorbild gar nicht mit gleicher Intensität zur Kenntnis genommen hatte. Vergleicht man die amerikanische und die französische Grundrechtserklärung, so sind die am 4. Juli 1776 in Philadelphia verabschiedeten Prinzipien nicht nur älter, sondern zweifelsfrei das Vorbild des mehr als ein Jahrzehnt später erfolgenden französischen Gegenstücks. Aber die politische Radikalität der siebzehn Artikel der ersten Revolutionsverfassung machte die Pariser Deklaration zum Fanal, das in ganz Europa gehört wurde und dessen Wirkung sowohl die Dichtung des jungen Schiller als auch der Enthusiasmus Ludwig van Beethovens zeigen, der seine Dritte Symphonie, die »Eroica«, ursprünglich ihr gewidmet hatte.

beseitigt, die anderen grundherrlichen Rechte durch Geldentschädigung ersetzt, der Kirchenzehnt und die Steuerprivilegierung abgeschafft und die Steuergleichheit eingeführt. Die Abgeordneten von Klerus und Adel gingen voran, indem sie auf ihre eigenen Privilegien verzichteten, auch auf solche der Ämterbesetzung. In wenigen Wochen stülpte diese Fundamentalgesetzgebung die in Jahrhunderten ausgebildete Sozialstruktur des alten Frankreichs um und realisierte Forderungen, die auch die deutschen Aufklärer seit vielen Jahren erhoben hatten. Nicht wenige dieser Ziele akzeptierten sogar die reformabsolutistischen Landesherren in Deutschland, wenngleich sie sie nicht zuletzt wegen des grundherrlich-ständischen Widerstands nur sehr begrenzt verwirklichen konnten.

Die Reformen aufgeklärt-absoluter Landesherren in Deutschland setzten also viel früher ein als in Frankreich, waren insgesamt viel erfolgreicher als alle französischen Reformansätze, blieben jedoch Stückwerk. Jetzt aber stellte die Revolution in Frankreich mit einem Mal das jahrzehntelange Werk der frühmodernen deutschen Staaten in den Schatten. Die katastrophale finanzielle, sozialökonomische und politische Situation Frankreichs machte solche radikalen Lösungen nicht allein notwendig, sondern auch möglich. Demgegenüber geriet Deutschland trotz der frühen landesherrlichen Reformen hoffnungslos in Verzug.

Als die französische Constituante am 26. August 1789 nach amerikanischem Vorbild die Erklärung der Menschen- und Bürgerrechte beschloß, siegte das aufgeklärte Naturrecht auf ganzer Breite. Die Erklärung begann mit der Präambel, die die »Unkenntnis ... oder die Verachtung der Menschenrechte« als »die einzigen Ursachen des öffentlichen Unglücks und der Verderbtheit der Regierungen« bezeichnete. Deswegen entschieden sich die Vertreter des französischen Volkes, »die natürlichen, unveräußerlichen und heiligen Rechte der Menschen in einer feierlichen Erklärung darzulegen«. Diese für demokratische Rechtsstaaten bis heute fundamentale Erklärung enthielt siebzehn Artikel, die später der ersten Revolutionsverfassung vom 3. September 1791 vorangestellt wurden:

»Art. 1. Die Menschen sind und bleiben von Geburt frei und gleich an Rechten. Soziale Unterschiede dürfen nur im gemeinen Nutzen begründet sein.

Art. 2. Das Ziel jeder politischen Vereinigung ist die Erhaltung der natürlichen und unveräußerlichen Menschenrechte. Diese Rechte sind Freiheit, Eigentum, Sicherheit und Widerstand gegen Unterdrückung.

Art. 3. Der Ursprung jeder Souveränität ruht letztlich in der Nation. Keine Körperschaft, kein Individuum können eine Gewalt ausüben, die nicht ausdrücklich von ihr ausgeht.«

Unter den anderen, kaum minder wichtigen Menschenrechten wurde die Unverletzlichkeit der Person, das Recht auf Schutz vor willkürlicher Verhaftung, der Zugang zu allen Ämtern gemäß den jeweiligen Fähigkeiten, die nur durch Gesetze mögliche Einschränkung von Freiheitsrechten, die Religionsfreiheit und anderes mehr genannt. Der Artikel 11 bestätigte ausdrücklich: »Die freie Mitteilung der Gedanken und Meinungen ist eines der kostbarsten Menschenrechte. Jeder Bürger kann also frei schreiben, reden und drucken unter Vorbehalt der Verantwortlichkeit für den Mißbrauch die-

ser Freiheit in den durch das Gesetz bestimmten Fällen.« Auch hier zeigte sich Übereinstimmung mit den in Deutschland erhobenen Forderungen nach Pressefreiheit, die in der Konsequenz der Aufklärung lagen.

Angesichts der Beseitigung der grundherrlichen Lasten, die alte Privilegien abschaffte, kam der prinzipiellen Bekräftigung des Eigentumsrechts in Artikel 17 besondere Bedeutung zu: »Da das Eigentum ein unverletzliches und heiliges Rechte ist, kann es niemandem genommen werden, wenn es nicht die gesetzlich festgelegte, öffentliche Notwendigkeit augenscheinlich erfordert und unter der Bedingung einer gerechten und vorherigen Entschädigung.«[28]

Hätte der König diese Beschlüsse der Nationalversammlung ohne Wenn und Aber unterzeichnet, hätte er einer liberalen Monarchie möglicherweise Chancen eröffnet. Zwar beschritt die Constituante diesen Weg bis zur Verfassung von 1791, doch der König selbst hatte darauf keinerlei Einfluß, zu oft zögerte er, reagierte dann halbherzig, wurde schließlich durch den erwähnten Zug der Pariser nach Versailles und seine anschließende Mitnahme nach Paris zum Gefangenen der Revolution: Die Radikalen verschafften sich auf diese Weise im Oktober 1789 wieder ein Erfolgserlebnis, das unter anderem durch Dantons und Marats Einfluß zustande kam.

In vielen Sektoren des gesellschaftlichen und ökonomischen Lebens fällte die Nationalversammlung binnen zwei Jahren revolutionäre Fundamentalentscheidungen, die die früheren Beschlüsse ergänzten und die zum größeren Teil ebenfalls Themen betrafen, die während der letzten Jahrzehnte im Heiligen Römischen Reich immer wieder Gegenstand politischer Reformen und publizistischer Überlegungen gewesen waren. So beschloß die Constituante die Abschaffung des Adels, die Nationalisierung und den Verkauf der Kirchengüter, die Einführung eines Papiergeldes, der Assignaten, die durch die Nationalgüter gedeckt werden sollten, um die Staatsschuld zu tilgen. Die Abgeordneten schafften die grundherrliche Gerichtsbarkeit ab, hoben die Binnenzölle auf, beseitigten die Zünfte, führten die Zivilehe ein, schufen eine neue Kirchenverfassung, in der die staatliche Verwaltungsgliederung in Departements zugleich die Bistumsgrenzen festlegte, verordneten eine allgemeine Grundsteuer und krönten ihr Werk mit der Verfassung von 1791, die Frankreich in eine konstitutionelle Monarchie verwandelte, die die erste repräsentative Verfassung in Europa praktizierte. Insgesamt wurden bereits während dieser ersten Phase Kirche, Staat, Gesellschaft und Wirtschaft grundlegend umgestaltet und im übrigen auch Erziehungsreformen in Angriff genommen, die ein einheitliches staatliches Volksschulwesen schaffen sollten. Schon damals aber ließen sich die ökonomischen Probleme Frankreichs nicht mit einem Federstrich lösen.

Und selbst diese »liberale« Revolution der Jahre 1789 bis 1792 führte unterhalb der parlamentarischen Beratung immer wieder zu sozialen Eruptionen sowie gänzlich illiberalen Repressalien, beispielsweise gegen die sogenannten eidverweigernden Priester, also diejenigen, welche die Zivilverfassung des Klerus vom 12. Juli 1790 nicht akzeptierten. Die sozialen Unruhen, die Agitation radikaler politischer Klubs, die zum Teil die Beseitigung der Monarchie forderten, demonstrierten: Die Revolution war mit der zweifellos überragenden Leistung der Constituante und dem Zusammentritt der Assemblée législative am 1. Oktober 1791 noch lange nicht abgeschlossen. Alle bis dahin ergriffenen Maßnahmen waren ungleich umfassender und radikaler als die Reformen im Reich, auch als diejenigen des bereits todkranken Joseph II., der auf dem Sterbebett viele seiner Edikte wieder rückgängig machen mußte und 1790 in der festen Überzeugung starb, die Revolution kopiere seine eigenen Maßnahmen. Doch war die Verwandtschaft der Probleme und Ideen andererseits so groß, daß die Revolution im Nachbarland von Beginn an ungeheures Aufsehen in Deutschland und den anderen europäischen Ländern erregen mußte.

Wer nicht vor 1789 gelebt hat, weiß nicht, wie schön das Leben sein kann, soll Talleyrand später gesagt haben. Unterscheidet sich dieses Aperçu von dem Brechts »Nur wer im Wohlstand lebt, lebt angenehm«? Selbstverständlich meinte Talleyrand nicht nur die ökonomische Lage, sondern die ganze durch höfische Kultur wie aufgeklärten Esprit geprägte Lebensform und Gesellschaft, die 1789 unterging, die Heiterkeit des Rokoko auch, die uns nicht nur in Frankreich begegnete.

Die glänzende höfische Kultur, der Geist eines Voltaire konnten so lange entzücken, wie die Exklusivität der Oberschicht Bestand hatte. Entwickelte sich eine populistische Unterströmung, wurde Aufklärung zur Volksaufklärung, wie bei Rousseau, so drohte die Welt des schönen Scheins ihre unwiederbringliche Faszination zu verlieren. Doch ließen sich die Probleme der erwachenden Nation in den hergebrachten Formen nicht mehr lösen: Freiheit, Gleichheit, Brüderlichkeit erwiesen sich sogleich als Fanfarenstöße, die nicht allein die Franzosen erregten und mobilisierten, die vielmehr den Traum der Menschheit von einer besseren Welt aus der Utopie in die Realität zu holen versprachen. Die Revolution in Frankreich sollte von Beginn an ein weltgeschichtliches Ereignis von unvergleichlichem Rang werden, als die Franzosen den aufgeklärten Kosmopolitismus in die Politik einer Nation umsetzten. Die Erklärung der Menschen- und Bürgerrechte betraf eben nicht nur die Franzosen, sondern alle Menschen – jenseits von Konfession, Stand, Nation, ganz so, wie es das aufgeklärte Naturrecht beanspruchte.

Ludwig XVI. küßt der Freiheit den Hintern, um 1785

Die »Halsbandaffäre« der französischen Königin war weder ein Zeugnis für die Libertinage Marie Antoinettes noch jene aristokratische Intrige, die man in sie hineinlas. Die angeblich männermordende Sinnlichkeit der Österreicherin auf Frankreichs Thron war allein ein Produkt der Phantasie und politischen Demagogie, aber die Affäre um den Kardinal Rohan stellte die Dreißigjährige in den Augen des Volkes bloß: Marie Antoinette schien tatsächlich jenes lasterhafte Geschöpf, als das sie die Flugschriften darstellten.

3. Deutschland – Land ohne Revolution: Die letzte Stunde des Absolutismus ist gekommen

Am Tag der Menschenrechtserklärung der Nationalversammlung schrieb Johann Heinrich Campe aus Paris: »Je aufmerksamer ich die Knospen, die Blüte und die Früchte der jungen französischen Freiheit betrachte und je länger ich das hier angefangene Kreißen des von praktischer Philosophie geschwängerten menschlichen Geistes beobachte, welcher gerechte und weise Staatsverfassungen, allgemeine Aufklärung und Völkerglück gebären zu wollen verheißt, desto inniger und fester wird meine Überzeugung, daß diese französische Staatsumwälzung die größte und allgemeine Wohltat ist, welche die Vorsehung seit Luthers Glaubensverbesserung der Menschheit zugewandt hat ...«[29]

Campe gehörte zu den achtzehn Ausländern, denen die Nationalversammlung am 26. August 1792 das französische Bürgerrecht verlieh. In dem Dekret hieß es, sie seien mutig für die Sache der Freiheit eingetreten, hätten zur Lösung der Völker aus ihren Fesseln beigetragen und könnten deshalb von einer durch Aufklärung zur Freiheit gelangten Nation nicht als Fremde angesehen werden. Unter diesen französischen (Ehren-)Bürgern waren George Washington, Thomas Paine, Joseph Priestley, Jeremy Bentham, Pestalozzi, Klopstock und Schiller.

In der Tat gehörte Campe zu denjenigen, die in Deutschland sogleich die Revolution im Nachbarland begeistert begrüßten. Auffällig ist in Campes Urteil nicht allein der Zusammenhang, den er zwischen Aufklärung, Revolution und Völkerglück herstellte, sondern auch der Hinweis auf Luthers Reformation. Dieser Gedanke sollte bis zu Hegel nicht mehr aus der deutschen Beurteilung der Französischen Revoluton verschwinden: Nicht wenige deutsche Dichter und Denker beurteilten die Reformation als die erste, die geistige Revolution, die Deutschland eine politische erspart habe. Schon durch Luther sei Gewissensfreiheit in Deutschland möglich geworden. »In Deutschland war die Aufklärung auf seiten der Theologie; in Frankreich nahm sie sogleich eine Richtung gegen die Kirche. In Deutschland war in Ansehung der Weltlichkeit schon alles durch die Reformation gebessert worden ...« Hegel führte unter anderem die »Einmischung der geistlichen Gewalt in das weltliche Recht« auf, aber auch »jenes andere der gesalbten Legitimität der Könige; d.i. eine Willkür der Fürsten, die als solche, weil sie Willkür der Gesalbten ist, göttlich, heilig sein soll«.[30]

Es sei dahingestellt, wie weit Hegels Deutung zutrifft, gingen doch weltliche und geistliche Macht gerade im protestantischen Landesfürstentum eine außerordentlich enge Verbindung ein. Entscheidend für diese Sicht ist der spirituelle Zug, der nicht wenigen deutschen Revolutionsinterpretationen eigen ist. Er zeigte sich schon in der Deutung der Reformation als Vorläuferin der Aufklärung, die ihrerseits der deutschen Aufklärung die ausgeprägt geistiggeistliche Komponente vermittelte, andererseits aber eine aufgeklärt-protestantische Soziallehre begünstigte, in der der bürgerliche Stand einen Platz fand.[31] Säkularisierten die Aufklärer Reformation zur Reform, so wurde sie für Hegel zur »deutschen«, zur »geistigen« Revolution. In der Bejahung der Revolution von Kant bis Hegel manifestierte sich die Säkularisierung der abendländischen Heilserwartung zur Geschichtsphilosophie,[32] die Revolution erschien als Symbol der Verheißung: Die sich aus der Herkunft legitimierende alteuropäische Welt wurde durch diese geschichtsphilosophische Legitimierung der Revolution aus der Zukunft so fundamental in Frage gestellt, wie dies nur irgend möglich war. Insofern konnte der wirkliche Verlauf der Revolution an ihrer Beurteilung durch die Philosophen nichts ändern: Die Revolution symbolisierte die Möglichkeit des Menschen, noch nicht seine Wirklichkeit.

Kants Beurteilung der Revolution im allgemeinen und der Französischen im besonderen wurde trotz mancher Widersprüchlichkeiten von der Mitte der achtziger bis zum Ende der neunziger Jahre immer zustimmender. Noch 1784 vertrat er die Ansicht: »Durch eine Revolution wird vielleicht wohl ein Abfall von persönlichem Despotismus und gewinnsüchtiger oder herrschsüchtiger Bedrückung, aber niemals eine wahre Reform der Denkungsart zu Stande kommen; sondern neue Vorurteile werden ... zum Leitbande des gedankenlosen Haufens dienen.«[33] 1798 zeigte er sich überzeugt: Auch wenn die Revolution am Ende fehlschlage und alles in das vorherige Gleis zurückgebracht werde, »verliert jene philosophische Vorhersage doch nichts von ihrer Kraft«.[34] Es ging ihm wie später Hegel um die zukunftweisende anthropologische Botschaft der Revolution, die die wahre Bestimmung des Menschen aus der künftigen

Die anonyme deutsche Karikatur aus dem Jahre 1792 geißelt die Nationalversammlung als ein »unersättliches Tier«, das, mit Voltaire an der Brust (4), Recht und Religion zertritt (6), Kirche und Staat verschlingt (2) und Unschuldige ermorden läßt (11).

Geschichte ableitete. Der Fortschritt in der Geschichte bekam auf diese Weise Sinn und Ziel, weswegen Kant von der »wahrsagenden Geschichte« der Menschheit sprach, mit deren Hilfe die in der Menschennatur liegende Naturabsicht selbst befördert werden könne. Aus dem durch die Ethik definierten Sollen des Menschen entwickelte sich auf diese Weise seine künftige Gestalt.

Außer Kant und Hegel gehörten Fichte, Schelling, Schiller und Johann Benjamin Erhard, trotz aller Unterschiedlichkeit, zu dieser Richtung der Revolutionsinterpretation. Wenn Fichte auch in seiner 1793 veröffentlichten Schrift »Beitrag zur Berichtigung der Urteile des Publicums über die französische Revolution« auf viele politische und juristische Einzelprobleme einging, so blieb auch für ihn der geschichtsphilosophische Zusammenhang ausschlaggebend: »Die französische Revolution scheint mir wichtig für die gesammte Menschheit«, erklärte Fichte in der Vorrede; ausdrücklich fügte er hinzu, er meine damit nicht die politischen Folgen für die Nachbarstaaten. Und die Schrift, die Johann Benjamin Erhard 1795 publizierte – »Über das Recht des Volks zu einer Revolution« –, beruhte ebenfalls auf einer prinzipiellen Deduktion der Menschenrechte.

Aufschlußreich ist, daß diejenigen Aufklärer, die keinen geschichtsphilosophischen, sondern einen empirischen Zugang zur Geschichte wählten, der Revolution skeptisch gegenüberstanden, ohne jedoch die liberalen Prinzipien ihrer Anfangsphase für falsch zu halten. Sie waren in der Regel Anhänger der Reform, die sie für die bessere Modernisierungsmöglichkeit hielten. Sogar Kant bemerkte ungeachtet seiner prinzipiellen Zustimmung zur Revolution 1798, der Fortschritt zum Besseren könne »nicht durch den Gang der Dinge *von unten hinauf*, sondern den *von oben herab*« erwartet werden, folglich sei es wünschenswert, »daß der Staat sich von Zeit zu Zeit selbst reformiere, und, statt Revolution, Evolution versuchend, zum Besseren beständig fortschreite«.[35] Schlözer kam 1793 ohne Umschweife auf den Punkt: »*Reform*, aber keine Revolution« sei die Losung der Deutschen wie der Engländer.[36]

Schlözer hielt die Revolution in Frankreich schon Ende des Jahres 1789 für ein Unglück, immer wieder druckte er kritische Berichte über die Ereignisse und bekräftigte sie: Frankreich schien 1789 ein einziges Chaos zu sein, in dem Recht, Wirtschaft, Gesellschaft und Monarchie gleichermaßen ruiniert waren.[37] Auch Debatten der Nationalversammlung wurden ausführlich kommentiert. Schließlich machte er den Versuch, die Französische Revolution historisch einzuordnen. So hieß es 1790 in Schlözers Zeitschrift:

»*1. Monarchischer, aristokratischer* Despotism ist ein Uebel; aber *ochlokratischer* ist es auch, oder wo möglich ein noch größeres Uebel.

2. Eine alte unleidliche Constitution mit der Wurzel ausrotten, heißt noch gar nicht eine neue *glückliche* gründen. Der Uebergang aus dem Despotism zur waren Freiheit ist halsbrechend. Die Geschichte aller Statsrevolutionen, deren wir... so viele umständlich kennen, lert, daß die Völker dabei gewöhnlich nur aus einem Despotism in einen andren gestürzt, und oft, wenigstens auf eine Zeitlang, unglücklicher als vorhin, geworden sind.«[38] Diese pragmatische Beurteilung der Geschichte legte den Historikern unter den zeitgenössischen Beobachtern nahe, sich an die tatsächliche Ent-

wicklung der Revolution zu halten und nicht an Verheißungen, deren Einlösung ungewiß erschien. Schölzers Hinweis auf den sich nach aller historischen Erfahrung unweigerlich einstellenden revolutionären Despotismus deckte sich mit Edmund Burkes zur gleichen Zeit erschienenen Betrachtungen über die Französische Revolution, und diese Befürchtungen sollten sich bald realisieren.

Frankreich aber hatte seine Revolution, und je klarer wurde, daß die außerordentlich schwierigen Probleme des Landes sich nicht von heute auf morgen lösen ließen, desto radikaler wurden die Parolen. Sündenböcke waren – wie in solchen Fällen üblich – schnell zur Hand, die revolutionären Gruppierungen spalteten sich. Ludwig XVI., immer noch blind für die politischen Notwendigkeiten, leistete hinhaltenden Widerstand gegen die konstitutionelle Monarchie und beraubte sie damit jeglicher Glaubwürdigkeit. Dies schwächte zugleich die liberale Mehrheit um Mirabeau und Lafayette.

Diese Mehrheit ging nun ihrerseits zum Angriff über, als auf dem Marsfeld am 17. Juli 1791 eine Massenkundgebung der sogenannten Petitionisten erfolgte, die nach der Flucht des Königs dessen Bestrafung forderten. Die von Lafayette geführte Nationalgarde versuchte die Menge auseinanderzutreiben und richtete ein Blutbad an: Die Spaltung der liberalen adlig-bürgerlichen Mehrheit der Legislative und der radikalen Jakobiner um Robespierre war unausweichlich, die Lage der französischen Monarchie ausweglos. Der König Frankreichs, kaum zwei Jahre zuvor noch im prächtigsten Schloß Europas, in Versailles, in vollem Glanz residierend, sodann Gefangener der Revolution in Paris, flüchtet in einer Kutsche, ohne Hofstaat, unter einem Decknamen. Aber nicht einmal dies gelingt ihm, nach der Verhaftung bei Varennes wird er nach Paris zurückgebracht. Sein politisches Doppelspiel war zu Ende, er hatte sich endgültig ausmanövriert. Es wurde ein blutiges, nicht einmal ein tragisches Ende. Marat, der fanatische Revolutionär und lautstärkste unter den Antiroyalisten, hatte ja schon immer die royalistische Gefahr beschworen und vor Ludwig XVI. gewarnt, doch nur eine Minderheit hatte ihm Gehör geschenkt. Nun aber erhielt er Genugtuung durch das Verhalten des Königs selbst: Der Monarch hatte den letzten Spatenstich zu seinem Grab – und dem der Monarchie – getan.

Die Agitation der französischen Emigranten in Deutschland, die drohende Gefahr eines ausländischen Eingriffs trugen zur Mobilisierung des revolutionären Potentials bei und bildeten den Nährboden der Radikalisierung, die zunächst im September 1792 zu den ersten größeren Massakern des radikalen Flügels führte, die einem der Verantwortlichen, Danton, später Alpträume bereiten sollten – jedenfalls in dem gleichnamigen Drama von Georg Büchner: Der Vormarsch der antirevolutionären Koalition nach Ausbruch des Krieges – der jedoch schon am 20. September zum Stehen kommen sollte – bot den Anlaß zu dieser »Revolution der Sansculotten« vom 2. bis 6. September. Sie endete mit der Absetzung des Königs, der Gefangennahme seiner Familie und der Verkündung der Republik am 22. September 1792. Den Schluß des Dramas bildete die Hinrichtung Ludwigs XVI. am 21. Januar 1793.

Seine Gemahlin Marie Antoinette war so lebensfroh wie ihre

Marie Antoinette, die »Witwe Capet«, auf dem Weg zum Schafott, Zeichnung von David, 1793

Die Entwicklung von der Erstürmung der Bastille 1789 bis zur Enthauptung des Königs und der Königin nahm einen von niemandem geplanten oder in dieser Form vorausgesehenen Verlauf.

Mutter Maria Theresia, anders als diese jedoch äußerst leichtsinnig. Schon vor 1789 trat sie als entschiedene Gegnerin von Reformen auf und steuerte seit 1789 deutlich einen gegenrevolutionären Kurs. Als Reformgegnerin und Verkörperung von Verschwendung und Intrige am Hof von Versailles war sie besonders verhaßt. Die sogenannte Halsbandaffäre schädigte ihr öffentliches Ansehen zusätzlich, obwohl sie, die sonst genügend Anlässe bot, in diesem Fall unschuldig war. Aber an der »Autrichienne« ließ man ohnehin kein gutes Haar.

Die abgesetzte Königin Marie Antoinette stellten die Revolutionäre am 14. Oktober vor das Revolutionstribunal, nicht einmal den Namen ließ man ihr, die doch aus einer der angesehensten Dynastien Europas stammte. Die alten Mächte konnten selbst die Tochter der Kaiserin Maria Theresia, die Schwester zweier deutscher Kaiser und Tante des regierenden Kaisers Franz II. nicht mehr retten: Nach nur zwei Tagen, am 16. Oktober 1793, wurde das Urteil verkündet, es hatte schon vorher festgestanden. Aber peinlicher hätte der Prozeß kaum sein können, der blutrünstige Ankläger Hébert begnügte sich nicht mit politischen Vorwürfen, er diffamierte die Königin obendrein in so übler Weise, daß sich sogar Robespierre erboste: »Diesem Idioten genügt es nicht, daß sie eine Messalina ist, er muß sie auch noch zu einer Agrippina machen.« Das Revolutionstribunal verurteilte schließlich die angeklagte »Witwe Capet« wegen landesverräterischer und antirepublikanischer Aktivitäten zum Tode. Unter den Augen des johlenden Pöbels wurde sie wie alle anderen Opfer des Revolutionstribunals auf dem Karren zum Schafott gebracht und guillotiniert. So unbeliebt Marie Antoinette war, so viele Fehler sie gemacht hatte, angesichts des Todes bewies sie Haltung, die selbst Feinden Respekt abnötigte.

Hatten bereits die Septembermorde 1100 Todesopfer gefordert, so war dies nur der Anfang: Die Jakobinerdiktatur unter Robespierre mit dem Comité du salut public an der Spitze installierte ein Schreckensregiment. Täglich urteilte das Revolutionstribunal tatsächliche oder bloß vermeintliche, der Denunziation zum Opfer gefallene Revolutionsgegner ab, täglich rollten die Wagen mit den Opfern zur Guillotine auf der Place de la Concorde. Bis zum Juli 1794 wurden wohl an die 17000 Todesurteile gefällt. Die Revolution fraß ihre eigenen Kinder. Nicht einmal Danton konnte sich retten, und schließlich ereilte auch den fanatisch-»tugendhaften«, den unbestechlichen Revolutionär, der den Terror zum systematischen Mittel der Unterdrückung und Ermordung politischer Gegner gemacht und dies mit einem »Kult des höchstens Wesens« weihevoll vernebelt hatte, das Schicksal, das er tausendfach anderen bereitet hatte: Am 9. Thermidor des Jahres II (27. Juli 1794), gemäß dem neuen Kalender, den die Revolutionäre eingeführt hatten und der mit dem ersten Tag der Republik am 22. September 1792 begann, wurde Maximilien Robespierre das Opfer der unter seiner Führung in Gang gesetzten Todesmaschinerie: Hatten die fast 40000 Opfer, die die Jakobinerherrschaft insgesamt gekostet haben dürfte, Frankreich der Demokratie, der Verwirklichung der Menschenrechte näher gebracht? Wohl kaum. Vielmehr personifizierte Robespierre auf blutige Weise den Abgrund zwischen Anspruch und Wirklichkeit der Revolution und bestätigte die schlimmsten Befürchtungen der Revolutionsgegner.

Sicher gab es Konterrevolutionäre, zweifellos stand die Revolution vor außerordentlichen Problemen, die sie keineswegs alle selbst verursacht hatte, und doch stellte sich die Frage: Wenn die revolutionären Errungenschaften nur mit Terror und Mord gerettet werden konnten, waren sie dann überhaupt zu retten? Was bedeutet die auf dem Papier stehende Unverletzlichkeit der Person und der verfassungsrechtlich garantierte Schutz vor willkürlicher Verhaftung, wenn sie tatsächlich in ungleich massiverer Weise praktiziert wurde als vor 1789? Auch der Sturz des Wohlfahrtsausschusses brachte keine Rückkehr zur liberalen Phase, sondern eine – wenngleich gemäßigtere – Diktatur des fünfköpfigen Direktoriums von 1795 bis 1799.

Zwar begann die liberal-bürgerliche Mehrheit des Konvents, die das Direktorium trug, mit der Rückbesinnung auf wesentliche Prinzipien von 1791. Die Direktorialverfassung vom 22. August 1795 war die dritte Verfassung seit Ausbruch der Revolution, doch die gemäßigten Ziele ließen sich wegen der radikalen Opposition auf der Linken und der royalistischen auf der Rechten kaum beibehalten, zumal es der besitzbürgerlichen Mehrheit nach der erneuten Mißernte von 1794 nicht gelang, die Ernährung der Pariser Massen befriedigend zu sichern. Die neue, in sich durchaus heterogene Elite setzte auf das Erreichte, radikal-republikanische und egalitär-sozialrevolutionäre Tendenzen wurden unterdrückt beziehungsweise niedergeschlagen. Die Expansion nach außen blieb das Lebensgesetz auch des Direktoriums, das ebenfalls den Krieg als innenpolitisches Integrationsinstrument einsetzte.

Seit 1792 mußten sich die Philosophen und Schriftsteller in Deutschland mit der Entwicklung der Revolution zur Terreur, die in der neueren Forschung als » dérapage« (Furet / Richet), als Ausgleiten, bezeichnet worden ist, auseinandersetzen: der »Despotismus der Freiheit« wurde für die deutsche Revolutionsbegeisterung zum Problem. Klopstock, Herder und Wieland gehörten zu denjenigen, die 1789 die erste, liberal-aufgeklärte Phase der Revolution begeistert begrüßt hatten, aber die Radikalisierung seit 1792/93 – die im übrigen durch die Beteiligung der städtischen Massen auch plebejische Züge trug – mehr oder weniger entschieden ablehnten. Dieser partiellen Distanzierung kam um so mehr Bedeutung zu, als die Zahl derjenigen, die 1789 vorbehaltlos die Revolution in Frankreich begrüßt hatten, unter den deutschen Schriftstellern, Publizisten und Philosophen wohl eindeutig überwog. Viele huldigten einer geradezu hymnischen Revolutionsbegeisterung und pilgerten sogleich ins revolutionäre Paris.

Allerdings blieb neben der erwähnten geschichtsphilosophischen Richtung eine Gruppierung bestehen, die sich weiterhin entschieden zur Revolution bekannte, die sogenannten deutschen Jakobiner. Wenngleich diese Bezeichnung nicht glücklich gewählt ist und die Gruppe überdies oft überschätzt wurde, so verdient sie doch Beachtung. Die »deutschen Jakobiner« besaßen in Norddeutschland, beispielsweise in Hamburg, in Süddeutschland und insbesondere in Mainz Anhänger: Diese wollten zwar Reformen, hatten aber kaum je die Abschaffung der Monarchie propagiert. In Süddeutschland erhielten die »Jakobiner« nach dem Basler Frieden 1795 für kurze Zeit Auftrieb, als manche Regionen unter der öster-

Sitzung der Klubisten im ehemals kurfürstlichen Schloß in Mainz, Tuschzeichnung von Jakob Hoch

In den Rheinlanden bildeten sich in den frühen neunziger Jahren überall revolutionäre Klubs, die unverhüllt mit den Pariser Ereignissen sympathisierten. In Mainz zählte der Klub in kürzester Zeit 500 Mitglieder und arbeitete eng mit der französischen Besatzung zusammen; Johann Georg Forster wurde Vizepräsident der Mainzer Republik unter dem Mainzer Präsidenten Professor Anton Joseph Dorsch.

527

reichischen Besatzung zu leiden hatten, aber auch die Summierung einzelner revolutionär-jakobinischer Aktivitäten bedeutete noch keine Revolution. Die revolutionär-republikanische Gruppierung, die zeitweise von einem emphatischen revolutionären Gemeinschaftserlebnis geprägt war, umfaßte wohl etliche hundert Personen. Angesichts der vielen Schauplätze aber konnten sich die »Jakobiner« nicht reichsweit organisieren und blieben an den meisten Orten ohne größeren Einfluß, zumal sie bei der überwiegenden Zahl der Aufklärer kaum Zustimmung fanden.

Bemerkenswert sind die revolutionären Republikaner auch deshalb, weil sich ihre Revolutionsbegeisterung nicht wie die der meisten Schriftsteller und Philosophen auf ein Räsonnement beschränkte, sondern sie den Versuch unternahmen, ihre politischen Ziele in die Tat umzusetzen. Nach der Eroberung der Pfalz durch General Custine am 21. Oktober 1792 gründeten die »deutschen Jakobiner« mit französischer Unterstützung schon am 23. Oktober eine »Gesellschaft der Freunde der Freiheit und Gleichheit«, die dem Vorbild des Pariser Jakobinerclubs folgte. Die Mitgliederzahl stieg rasch an und reichte in ihren besten Tagen unter der maßgeblichen Vizepräsidentschaft Georg Forsters etwa an die 500. Doch zerfiel die Gesellschaft infolge politischer Richtungskämpfe ziemlich schnell in verschiedene Fraktionen und löste sich schon im März 1793 wieder auf, wurde neugegründet, ging dann in den Rheinisch-Deutschen Nationalkonvent über, der am 18. März 1793 die sogenannte Mainzer Republik proklamierte, die das Gebiet zwischen Bingen und Landau umfaßte. Doch auch dieses Intermezzo endete bereits am 31. März, nachdem die antirevolutionären Koalitionstruppen Mainz eingeschlossen hatten. Kurz vorher hatte Georg Forster in Paris den Antrag überbracht, die erste Republik auf deutschem Boden mit dem revolutionären Frankreich zu vereinigen: Der Konvent hatte zugestimmt.

Die politische Entwicklung des revolutionären Frankreich wurde zum Katalysator der seit den siebziger Jahren in Deutschland entstandenen politischen Strömungen, die Revolution bildete das zentrale Ereignis, an dem sich die Geister schieden. Seitdem wurden die Grundlinien klarer: Aus der vorbehaltlosen Zustimmung zur Revolution auch noch nach 1792/93 entstanden die späteren radikaldemokratischen Strömungen; die Bejahung der Ziele der ersten Phase der Revolution bis zur Verfassung von 1791 klärte die schon vor 1789 erkennbaren aufgeklärt-frühliberalen Positionen; die kompromißlose Ablehnung der Revolution führte verstärkt seit Mitte der neunziger Jahre zu dezidiert konservativen politischen Haltungen. Die Revolution blieb bis ins 20. Jahrhundert Traum und Trauma.

Die Beurteilung der deutschen Reaktionen auf die Revolution in Frankreich bedarf der Präzisierung: Auch die Mehrheit der Revolutionsanhänger war überzeugt, daß die Revolution in Frankreich notwendig, aber in Deutschland überflüssig sei. Dies galt schon für diejenigen, die in der Reformation eine vorweggenommene »deutsche« Revolution sahen, doch teilten auch die eher an praktischer Politik interessierten aufgeklärten Reformer diese Einschätzung. Sie propagierten wie Kant eine »Revolution von oben«, ein Gedanke, den Hardenberg später wieder aufnahm. Dies überrascht

Tanz um den von General Adam Philippe Custine in Mainz errichteten Freiheitsbaum

Die Klubisten, die von Custine gefördert und geführt wurden, waren nach dem Einmarsch preußischer Truppen einer blutigen Verfolgung ausgesetzt, der sich die führenden Köpfe nur durch die Flucht über die Grenze entziehen konnten.

nach den Ausführungen über die naturrechtlich geprägte Staatstheorie und die öffentliche Diskussion um das Allgemeine Landrecht nicht. Selbst der Gedanke der Repräsentation wurde im Zusammenhang mit der von Klein geforderten Mitwirkung der Bürger an der Gesetzgebung erörtert. So hieß es 1784 in der »Berlinischen Monatsschrift«, ein Monarch könne seine Herrschaft uneingeschränkt stabilisieren, wenn er sie in die »Hände des Volks« lege. Zwar wollte man Friedrich den Großen damit zu Entscheidungen bewegen, die sein Nachfolger, von dem man die schlimmste Reaktion gegen die Aufklärung befürchtete, nicht mehr würde rückgängig machen können. Gleichwohl blieb die prinzipielle Dimension unverkennbar: Der Fürst solle »das Volk zur Theilnehmung an den öffentlichen Geschäften stufenweise gewöhnen und Männer zu bilden suchen, welche fähig wären, als Repräsentanten das Wohl der Nation zu besorgen ... Die beste Vorbereitung wäre, wenn der Fürst dem Volke die Wahl seiner Vorgesetzten überließe.«[39]

Dieser Appell zeigt, wie weit fünf Jahre vor Ausbruch der Französischen Revolution die politischen Ziele der gemäßigten preußischen Aufklärer gingen. Sie propagierten ihre Vorstellungen in dem Bewußtsein, in einem Staat aufgeklärter Reformen zu leben, an denen sie tatsächlich auch beteiligt waren. In einem solchen Staat ließ sich mit Reformen viel erreichen, daher schien eine Revolution überflüssig. So stellte Klein in seinem fiktiven Dialog »Freyheit und Eigenthum« den unreformierten französischen Absolutismus, der in der Revolution endete, dem aufgeklärten preußischen Reformabsolutismus gegenüber, dessen Ergebnis schließlich das Allgemeine Landrecht war. Obgleich derartige Texte zugleich dazu dienten, in der bewährten Form indirekter Kritik dem eigenen König den politischen Zeigefinger vorzuhalten, blieb der Unterschied offensichtlich: »Wohl uns, daß wir in einem Staate leben, wo dergleichen Uebel nicht einheimisch sind. Dieser Fall war leider in Frankreich. Die Geschichte der Bastille zeugt vom Despotismus der Großen. Die geduldigste Nation würde sich doch gegen den Druck, unter welchem die französische seufzete, endlich empört haben. Dort war die politische Freyheit zum Schutze der bürgerlichen unentbehrlich.«

Handelte es sich hier vermutlich um die Meinung Kleins, so bestärkte selbst der Widerpart des Dialogs, Kriton, der im allgemeinen den Ansichten von Svarez nahestand, diese Einschätzung: »Empörung entsteht immer aus irgend einer drückenden Noth, oder sonsteinem offenbaren Mißbrauchs der obrigkeitlichen Gewalt. Aufklärung ist also niemals die Triebfeder; aber sie hat großen Einfluß auf die Art, wie man dabey zu Werke geht... Kurz, wenn alles aufgeklärt wäre, würde die Regierung in den Gesetzen die Stützen ihrer Macht, und das Volk in der Obrigkeit den Schutz bürgerlicher Freyheit ehren.«[40] Dieser Dialog macht den Wandel deutlich. Bis in die siebziger Jahre, bis zu den beiden Revolutionen 1776 und 1789, handelte es sich bei der Frage: »Was geschieht, wenn der König den Herrschaftsvertrag verletzt?« um einen mehr oder weniger gelehrten Disput, jetzt aber ging es um konkrete Politik.

Die Einschätzung deutscher Territorien, insbesondere Preußens, als vergleichsweise fortschrittlich, vergleichsweise frei, findet sich bei so unterschiedlichen Aufklärern wie dem gemäßigten Schlözer und dem radikalen Revolutionsbefürworter Knigge.[41] Und sein Gesinnungsgenosse Rebmann schrieb 1793 über die Kritiker Friedrichs des Großen: »Mich kränkt es, daß man dabei gewöhnlich vergißt, die Freiheit in Anschlag zu bringen, welche jeder Gelehrte in Preußens Staaten zu Friedrichs Zeiten genoß, über jeden Gegenstand frei reden und schreiben zu dürfen.«[42] Noch ein linkshegelianischer Radikaler und Kampfgenosse von Karl Marx, Arnold Ruge, vertrat im Rückblick 1838 die Ansicht: »... hat ein Staat das reformierende Prinzip wie Preußen, so gibt es keine Notwendigkeit, ja nicht einmal die Möglichkeit einer Revolution.«[43]

Der vergleichende Blick auf Frankreich und die Territorialstaaten des alten Reiches zeigt, daß in Deutschland im letzten Drittel des 18. und zu Beginn des 19. Jahrhunderts zu keiner Zeit eine revolutionäre Situation bestand. Eine solche Einschätzung beruht tatsächlich auf einer falsch gestellten Alternative. Das Mißverständnis beginnt mit dem fragwürdigen Konnex zwischen Aufklärung und Revolution. Tatsächlich revolutionierte die Aufklärung das Denken, gewaltsame Aktionen lagen ihr fern. Revolution war eine der möglichen Konsequenzen der Aufklärung, Reform eine andere.[44]

Eine Revolution der deutschen Nation gegen das Reich konnte es schon deshalb nicht geben, weil sie damals als politische Größe noch nicht existierte. Im übrigen war das Reich auch kein Staat, den man revolutionieren konnte. Allein die Fürsten hätten das Reich revolutionieren können; das wäre aber keine Revolution im landläufigen Sinne gewesen. Wie schon Hegel zu Recht betonte, spielte in Frankreich die radikale Kirchenkritik vor und während der Revolution eine wesentliche Rolle, in Deutschland hingegen hatte die Theologie zur Aufklärung erheblich beigetragen. Zusammen mit der Bikonfessionalität und der vergleichsweise weitgehenden Toleranz gegenüber den christlichen Konfessionen schuf dies eine grundsätzlich andere, weniger brisante kirchenpolitische Konstellation, zumal großer kirchlicher Grundbesitz auf die katholischen Reichsteile beschränkt war. Schließlich besaß das Reich keine Metropole wie Paris: So kompliziert das Verhältnis von Hauptstadt und Provinz im revolutionären Frankreich tatsächlich war, ohne Paris hätte es wohl kaum eine Revolution gegeben, zumindest wäre sie ganz anders verlaufen.

Schließlich bleibt die Frage nach der revolutionären Situation in den Einzelstaaten: Die Antwort muß sich vor allem auf die beiden Großmächte konzentrieren, die immerhin große Residenzstädte hatten, wenngleich sie keinen metropolitanen Charakter wie Paris besaßen. Gerade Österreich und Preußen betrieben vor 1789 die weitestgehenden Reformen. Trotz mancher Fehler und Unzulänglichkeiten der Herrschaft existierte weder in Wien noch in Potsdam und Berlin ein Hof wie Versailles, wo in allen entscheidenden politischen Fragen der Jahre vor der Revolution die Hofintrige die Politik des Königs bestimmte. Der österreichische und der preußische Hofstaat kosteten ungleich weniger als der französische, die Könige waren ihren Untertanen bei weitem nicht so entrückt wie die Könige des viel größeren Frankreich. Selbst die österreichischen Staatsschulden oder die der deutschen Mittelstaaten blieben weit, sehr weit hinter den französischen zurück. Keiner der deutschen Staaten stand wie die französische Monarchie unmittelbar vor dem Staatsbankrott. Schließlich hatte der Reformabsolutismus in den deutschen Staaten die Landesherren und sozialen Stände sehr viel gezielter und nachdrücklicher dem Staatsinteresse untergeordnet. Gerade die aufgeklärte bürgerlich-adlige Beamtenschicht besaß eine ausgesprochen enge Beziehung zur Krone, wo diese das naturrechtlich definierte Staatsinteresse und das Gemeinwohl im Auge hatte: Die Funktionalisierung dieser sozialen Schicht für den Staat und die Sozialdisziplinierung wirkten stabilisierend. Die auch in deutschen Territorien und Städten verschiedentlich ausbrechenden sozialen Konflikte blieben eindeutig Konflikte der ständischen Gesellschaftsordnung: Im Prinzip örtlich, ständisch oder sachlich begrenzt, stellten sie diese Ordnung nie grundsätzlich in Frage.

Sowenig zur Idealisierung der politischen, sozialen und wirtschaftlichen Verhältnisse im Deutschland des 18. Jahrhunderts Anlaß besteht, so viele Unzulänglichkeiten offenkundig waren, gilt doch: Trotz vieler Probleme und der Modernisierungskrise im ganzen bestand in keinem wesentlichen Sektor des alten Reiches eine revolutionäre Situation. Wenn Knigge 1792 ausrief: »Reichet also selbst die Hand zur nöthigen Verbesserung, Ihr Regenten! weil es noch Zeit ist!«,[45] so dramatisierte er die Situation, um eine Beschleunigung oder Wiederaufnahme der Reformen zu erreichen. Zugleich aber formulierte er die doppelte Erfahrung seiner Generation, die fundamentale Erfahrung von Reform und Revolution. Eine andere Alternative bestand seit 1789 nicht mehr. In dem Augenblick, in dem die Revolution in Frankreich an ihr Ende gelangte, zwang sie alle anderen Staaten auf neuer Ebene zur Intensivierung umfassender Reformen. Die letzte Stunde des Absolutismus war also in jedem Fall gekommen, nur wußten es die absoluten Monarchen noch nicht, wie es ihre Außenpolitik gegenüber dem revolutionären Frankreich dokumentierte.

4. Herausforderung des europäischen Staatensystems: die Revolutionskriege und Europa

Wie reagierten die Staaten Europas auf die Revolution in Frankreich? Folgte dem Bürgerkrieg und den sich wie ein Lauffeuer über die französischen Grenzen ausbreitenden heftigen ideologischen Auseinandersetzungen, die nicht allein die Gemüter der deutschen Intellektuellen erhitzten, ein Staatenkonflikt auf dem Fuße? Angesichts der Totalität, mit der die Revolution Staat und Gesellschaft des Ancien régime in Frage stellte, erschien ein Krieg mehr als wahrscheinlich. Tatsächlich beschränkten sich aber die deutschen Staaten auf die Verschärfung der Zensur und andere einschlägige Maßnahmen, warnten vor Unruhen und betrieben im übrigen ihre Diplomatie wie eh und je. Nicht einmal die Intensivierung polizeilicher Prävention kann überall als Reaktion auf die Revolution gedeutet werden, da sie in vielen Territorien bereits in den Jahren vor 1789 einsetzte.

Doch beruhten das europäische Staatensystem und sein Leitprinzip des Gleichgewichts der fünf Großmächte nicht allein auf der grundsätzlichen Anerkennung durch die beteiligten Staaten, sondern ebenso auf der strukturellen Ähnlichkeit ihrer politischen und gesellschaftlichen Systeme: Das eine ließ sich ohne das andere kaum dauerhaft bewahren. Doch diese Einsicht dämmerte den europäischen Staatsmännern nur langsam. Aus diesem Grund sahen sie einen Krieg zwischen dem revolutionären Frankreich und den alten Staaten keineswegs als zwangsläufig an. Und noch ferner lag ihnen der Gedanke an einen ideologisch motivierten Krieg zwischen dem reformabsolutistischen und dem revolutionären Prinzip. Als sie schließlich 1792 dem Krieg nicht mehr ausweichen konnten, beteiligten sich die meisten Staaten nur widerwillig, sahen sie doch in ihm keinen rechten Sinn: Weder handelte es sich um dynastisch begründete Erbauseinandersetzungen noch um die klassischen Eroberungskriege.

Gleichwohl dauerte der Krieg mit wechselnden Konstellationen und teilweise wechselnden Teilnehmern – mit nur kurzer Unterbrechung zwischen 1801 und 1803 – bis 1814/15. Sein letzter Grund lag in eben jenem Konflikt von Revolution und Reform der ständisch-dynastischen Struktur der Alten Welt. Allerdings war auf seiten der alteuropäischen Staaten dieser Konflikt sehr lange, auf jeden Fall bis zum Ende des alten Reiches sowie dem Zusammenbruch Preußens 1806, durch jene Merkmale von Krieg und Diplomatie geprägt, die schon für die Staatenkonflikte vor 1789 charakteristisch gewesen waren.[46]

Die französischen Revolutionäre dagegen erkannten sehr wohl, daß es sich um einen fundamentalen Krieg unvereinbarer politischer Prinzipien handelte. Ihre Kriegführung stand von Beginn an in zwingender Wechselwirkung mit der jeweiligen innenpolitischen Lage, der Krieg war von Beginn an ein Verteidigungskrieg für die revolutionären Errungenschaften in Frankreich und zugleich ein ideologisch motivierter Expansionskrieg: Eine solche Komponente hatten die Kriege des europäischen Staatensystems im 18. Jahrhundert nicht gekannt, folglich stießen hier das moderne Verständnis des Krieges und dasjenige des Ancien régime aufeinander, ohne daß das alte Europa dies erkannt hätte. Die sich bald abzeichnende Unterlegenheit der alteuropäischen Staaten resultierte allein schon aus dieser Konstellation, die Konsequenzen für Strategie und Taktik hatte. Die (französische) Nation führte Krieg gegen frühmoderne Staaten, das Volk gegen Staatsmänner, Diplomaten, Militärs, Söldner. Die politische und militärische Auseinandersetzung zwischen dem alten Europa und dem revolutionären Frankreich ist also durch eine eigenartige Zeitverschiebung charakterisiert. Kontinuität und Diskontinuität verschränkten sich auch in den internationalen Beziehungen dieser Jahrzehnte.

Der Erste Koalitionskrieg dauerte von 1792 bis 1797, der Zweite von 1799 bis 1802, der Dritte fand 1805, der Vierte 1806/07 statt, weitere Kriege folgten ebenso wie Friedensschlüsse in schneller Folge. Von Dauer war erst der letzte Friedensschluß, der des Wiener Kongresses nach dem endgültigen Sturz Napoleons: Von 1799 bis mindestens 1812/13 hatte er das Gesetz des Handelns an sich gerissen. Unter seiner Herrschaft über weite Teile Europas endete das neunhundertjährige Reich, und Deutschland erfuhr eine umfassende Neuordnung. Der Wiener Kongreß änderte an diesen Grundentscheidungen nichts mehr. Der hegemoniale Expansionismus zunächst der Revolution, dann immer stärker der Napoleons erzwang irreversible Entscheidungen allerdings auch deshalb, weil der Boden für sie bereitet war – eine Restauration von Staats-, Gesellschafts- und Wirtschaftsstruktur des Absolutismus erschien deshalb auch nach Napoleons Niederlage ausgeschlossen.

In welchem Maße nach 1789 die deutschen Mächte vom Primat der Außenpolitik gelenkt blieben, zeigt allein schon die Reaktion eines so erfahrenen Staatsmanns wie Kaunitz: Die Revolution stürzte in seinen Augen das Land in Anarchie, und dies hieß für die europäischen Staaten: Frankreich fiel fürs erste als Großmacht aus. In Preußen verhielt es sich nicht anders. Der Leiter der preußischen Außenpolitik, der alte Friderizianische Minister Graf Hertzberg, beurteilte die Ereignisse in Frankreich vor allem nach ihrer Wirkung auf das diplomatische Dreieck Paris-Wien-Berlin. Dies überrascht um so mehr, als Hertzberg selbst am 6. Oktober 1791 in der Berliner Akademie eine Vorlesung über die »Revolution der Staaten« hielt, in der er eine Interpretation gab, die vor allem die innenpolitischen Aspekte berücksichtigte: »Wir sind jetzt Augenzeugen der ... Französischen Revolution, der außerordentlichsten von allen, welche die Geschichte uns aufweist und durch welche die französische Nation, aufgeklärt und angetrieben von den neueren Philosophen, die bestmögliche Konstitution gründen und sogar die englische übertreffen will, indem sie Monarchien und Republik vereinigt oder vermischt und der Nation die gesetzgebende Macht und dem Könige die ausübende Macht zusichert, doch so, daß dieser den Stellvertretern der Nation untergeordnet bleibt ...«

Ist diese positive Charakterisierung schon bemerkenswert genug, so ist es die zugleich hoffende und mahnende Schlußfolgerung des

Grafen Hertzberg um so mehr: ». . . wenn diese Revolution dazu dienen könnte, die Mißbräuche der französischen Monarchie, die vielleicht mehr aristokratisch als despotisch war, zu bessern und zu mildern, die Bürden der Nation durch eine bessere Ökonomie und durch die Tilgung der zu großen Schulden zu verringern und sogar die Regierung bei ihrer mehr republikanisch gewordenen Form, gemäßigter in Rücksicht auf das Ausland, minder eroberungssüchtig und geneigter und einstimmiger mit England und Preußen zu machen, das Gleichgewicht der Macht und die allgemeine Ruhe Europens durch die großen Mittel zu erhalten, in deren Besitz Frankreich ist: so würde . . . doch noch immer der Wunsch übrig bleiben, daß diese Revolution mit weniger Gewalttätigkeit und Ungestüm des Volks ausgeführt worden sein möchte.« Im einzelnen beklagte Hertzberg die Erniedrigung der »Person des Souveräns«, den »demokratischen Despotismus«, die »allzuweite Ausdehnung« der Menschenrechte, schließlich die völlige Abschaffung des Unterschieds der »Geburt und der Klassen . . . da er bei jeder Regierungsform nützlich und notwendig ist, um den Wetteifer anzufachen . . . und um die Menschen zum Dienst des Vaterlandes vorzubereiten«.[47]

So charakteristisch Hertzbergs Einschätzung für die gemäßigte Aufklärung in Preußen sein mochte, der Hinweis auf das europäische Mächtesystem ging über die Stellungnahme der Schriftsteller und Philosophen zur Revolution hinaus. Zwar äußerte Hertzberg an keiner Stelle seine Befürchtung, die Revolution könne in ideologischer oder gar politischer Hinsicht auf Deutschland übergreifen. Doch die Frage, welche außenpolitischen Konsequenzen die Revolution haben würde, bewegte offensichtlich den preußischen Staatsmann stärker, als er erkennen ließ. Seine Hoffnung auf eine defensive Außenpolitik erfüllte sich nicht. Vielmehr erwies sich die französische immer stärker als die erste der großen neuzeitlichen Revolutionen, die aufgrund ihrer ideellen Komponente expansionistisch wirkte und schließlich das Ziel machtpolitischer Hegemonie ideologisch begründete: Der übernationale Charakter der menschenrechtlichen und verfassungspolitischen Postulate legte dies auch ohne die innenpolitischen Probleme nahe, die Frankreich während der Revolution durchschüttelten.

Während des nordamerikanischen Unabhängigkeitskrieges verschärfte sich der kolonialpolitische Gegensatz zwischen Frankreich und England erneut, als die Franzosen die Kolonien unterstützten. Diese Politik strapazierte nicht allein die französischen Finanzen, sondern erscheint im Rückblick paradox: Nur wenige Jahre später erlag die französische Monarchie den revolutionären Prinzipien, die sie noch in Nordamerika unterstützt hatte. Die französische Regierung konnte die spätere Entwicklung nicht voraussehen, aber sie demonstrierte exemplarisch, wie wenig monarchische Solidarität im Absolutismus bedeutete, wenn die eigenen außenpolitischen Interessen berührt waren. Nach Ausbruch der Revolutionskriege verhielten sich die deutschen Regierungen nicht anders: Die absolutistischen Monarchien betrieben ihre Außenpolitik nicht unter ideologischen oder innenpolitischen Gesichtspunkten. Entscheidend für das französische Engagement in Nordamerika war die Schwä-

Das amerikanische Feldlager vor Yorktown, dicht hinter Washington steht Lafayette

Die amerikanische und französische Revolution verbanden sich nicht zuletzt durch den Marquis de Lafayette. Als General hatte er auf seiten der Kolonisten am Unabhängigkeitskrieg teilgenommen, wie auch General Steuben, der aus preußischen Diensten in die der aufständischen Farmer eintrat.

chung Englands, nicht die Stärkung der Revolutionäre – sie nahm man zur Erreichung des primären außenpolitischen Ziels in Kauf.

Obwohl es seit 1763 nicht mehr zu einem europäischen Krieg gekommen war, an dem alle fünf Großmächte beteiligt gewesen wären, kreuzten sich die Interessen der europäischen Staaten auf vielschichtige Weise, zumal von den Kolonialmächten England, Frankreich, Spanien und den Niederlanden immer auch weltpolitische Interessen in die europäische Konstellation eingebracht wurden. Zugleich rivalisierten die drei kontinentalen Großmächte Rußland, Österreich und Preußen in Ost- bzw. Südosteuropa, versuchten sich wechselseitig zu überlisten und teilten sich notfalls die Beute. Jede Veränderung des tatsächlich äußerst fragilen Mächtesystems stimulierte also die europäischen Staaten zur offensiven Verfolgung ihrer Interessen. Unter dieser Konstellation überrascht es nicht, daß die Revolution in Frankreich zunächst und zumeist als Schwächung eines Mitspielers und Rivalen begriffen wurde und nicht als die fundamentale innenpolitische und ideelle Herausforderung der Staaten des Ancien régime – eine Herausforderung, gegenüber der die Frage zweitrangig sein mußte, ob man sich einige zehntausend Quadratkilometer Polens einverleibte oder nicht. Trotz aller Diskussionen, aller ideellen Vorbereitung der Revolution, aller Umbrüche und Krisen beeinflußte der Zeitgeist die Außenpolitik der absolutistischen Staaten am wenigsten – und dies änderte sich selbst nach der Revolution erst nach und nach. Für die europäische Diplomatie bedeutete 1789 noch keine Zäsur, sie verharrte zunächst in den traditionellen Bahnen.

Die Erhaltung des europäischen Gleichgewichts galt zwar als wesentliche Maxime der Politik der Großmächte, doch interpretierten sie sie unterschiedlich. Jedenfalls ließ diese Maxime eine gegenläufige Interessenpolitik durchaus zu. Auch vor dem Zusammenstoß mit dem revolutionären Frankreich war das europäische Mächtesystem fragil, jedenfalls nicht statisch, wie die »Nebenschauplätze« der zwischenstaatlichen Konflikte demonstrierten.

Nachdem es sich die Großmachtrolle innerhalb des Reiches gesichert hatte, entwickelte sich Preußen seit 1763 zweifellos zu derjenigen Macht, die in Europa den Status quo bewahren wollte. Doch schloß dieses Ziel gemeinsame Eroberungen der Großmächte auf Kosten kleiner Staaten nicht aus. Eine Politik, die die dynastisch akzentuierten völkerrechtlichen Prinzipien des europäischen Staatensystems nicht nur auf eine harte Probe stellte, sondern zu zerstören drohte, betrieben Rußland, Österreich und Preußen in Polen, wo sie 1772 die erste Teilung herbeiführten. Dieses Problem blieb bis in die Revolutionsjahre hinein auf der Tagesordnung der europäischen Politik.

Das Josephinische Österreich verfolgte mit seinem bayerischen Tauschprojekt seit Ende der siebziger Jahre eine im Reich Unruhe stiftende Politik, die zwar das Mächtesystem insgesamt nicht in Frage stellte, aber im Erfolgsfall die Balance im Reich empfindlich verändert hätte. Überdies war die Politik Österreichs nicht allein in bezug auf Polen offensiv. In einer zeitweilig durch gemeinsame Aktionen überdeckten Konkurrenz zu dem unter Katharina II. mächtig expandierenden Rußland, das seit 1774 mit der Mündung des Dnjepr den lang angestrebten Zugang zum Schwarzen Meer gewonnen hatte, betrieb Österreich eine offensive Politik auch gegenüber dem Osmanischen Reich. 1783 verständigten sich beide Mächte auf Kosten der Türken, die die Krim an Rußland abtreten mußten. Damit aber war die »aktive« Politik Österreichs keineswegs abgeschlossen. Seit 1787 befand es sich wiederum in einem Krieg mit dem Osmanischen Reich, der seine Kräfte band und vor allem eine folgenschwere Schwächung der militärischen Potenz Habsburgs bewirkte, die sich in den späteren Kriegen gegen Frankreich für das deutsche Reich verhängnisvoll auswirken sollte. Österreich war also zu Beginn der Revolution in Frankreich auf ost- und südosteuropäischen Schauplätzen engagiert. Die Konsequenzen zeigten sich bereits, als zunächst 1787/88 in den österreichischen Niederlanden und danach in dem zum Reich gehörigen Fürstbistum Lüttich im August 1789 die Revolution ausbrach. Das Reich mußte reagieren, war jedoch auf preußisches Eingreifen angewiesen: Preußen aber trieb ein Doppelspiel.

Die Revolution in Lüttich wies einige Analogien zur Revolution in Frankreich auf, sie wurzelte in einem viele Jahre schwelenden Konflikt der Stände mit dem Fürstbischof. Das Ziel der Aufständischen bestand zunächst in der Wiederherstellung oder Wahrung ständischer Rechte gegenüber dem Absolutismus, die Zielsetzung war also keineswegs eine revolutionär-progressive. Eine solche Absicht ließ nur ein Aspekt erkennen, nämlich der Versuch des dritten Standes, die seit Mitte des 17. Jahrhunderts verlorenen politischen Rechte zurückzugewinnen. Allerdings beeinflußten die Vorgänge in Paris die Lütticher, die die revolutionäre französische Publizistik sogleich rezipierten und zum erheblichen Teil nachdruckten: Das ideologische Rüstzeug war also ebenso vorhanden wie das praktische Vorbild; insofern gewann die Revolution in Lüttich mehr als nur lokale Bedeutung.

Eine außenpolitische Rolle spielte Lüttich, weil das Reichskammergericht in Wetzlar schon wenige Tage nach Ausbruch der Revolution am 27. August 1789 das Direktorium des Niederrheinisch-

Katharina II. auf dem »Katzensprung«, begleitet von den erstaunten und bewundernden Ausrufen des Papstes und der Könige von Spanien, Frankreich, England, Österreich, Preußen, Schweden und Polen

Zu den vergleichsweise neuen Elementen der politischen Propaganda der Zeit zählte die persönliche Verunglimpfung der gegnerischen Fürsten. Persönliche Animosität spielte schon im Siebenjährigen Krieg zwischen Maria Theresia und Friedrich II. eine Rolle. Wenige Jahre später attackiert die Karikatur die tatsächliche oder vermeintliche Lasterhaftigkeit der regierenden Häupter, und vor allem die russische Zarin ist ein Gegenstand drastischer Attacken.

Westfälischen Kreises beauftragte, in Lüttich die vor dem 18. August bestehenden Verfassungs- und Machtverhältnisse wiederherzustellen und zu diesem Zweck auch bewaffnetes Eingreifen anregte. Preußen war der einzige Reichsstand dieses Kreises, der in der Lage war, schnell Truppen zu mobilisieren. Preußen schien seinen Reichsauftrag sogleich zu erfüllen, aber im Unterschied zu anderen Reichsständen dieser Region fürchtete es offenbar keine Ausdehnung der Revolution auf benachbarte deutsche Territorien. Preußen setzte die Truppen nicht, wie erwartet, *gegen* die Aufständischen, sondern zu ihrem Schutz ein. Hertzberg mahnte den preußischen Gesandten von Dohm zur Vorsicht, da man nicht den Eindruck erwecken dürfe, »aufrührerische Bewegungen« zu begünstigen. Am 14. September 1789 schrieb Hertzberg an Dohm: Da wir als »Kreisdirektor und Chef der Union die Reichsconstitution handhaben müssen, so können wir uns anitzt für die Lüttichschen Stände allein nicht erklären, werden sie aber auch nicht unterdrücken lassen«.[48] Die Bevölkerung Lüttichs, die zunächst wegen des Anmarsches preußischer Truppen äußerst beunruhigt war, reagierte nun mit Verehrung für den preußischen König, den Außenminister und den Gesandten.[49]

Tatsächlich lag es Preußen völlig fern, in Lüttich die Revolutionäre des dritten Standes zu unterstützen. Preußen griff nur deshalb zu ihren Gunsten ein, weil es die österreichische Position untergraben wollte. In dem freilich andersgearteten niederländischen Aufstand 1787/88 hatte Preußen denn auch *gegen* die Aufständischen Partei ergriffen und wiederum *gegen* Österreich. Außenminister Hertzbergs Begründung für die preußische Pflichtverletzung gegenüber dem Reich – es sei in Lüttich nur seinen liberalen Grundsätzen gefolgt[50] – stellte also lediglich ein wohlfeiles Alibi dar.

Während der ersten neun Monate der Revolution versuchte die preußische Regierung über ihren Gesandten in Paris, August Friedrich Ferdinand von der Goltz, Kontakte zu einflußreichen revolutionären Gruppierungen herzustellen, um die preußisch-französischen

Beziehungen zu verbessern. König Friedrich Wilhelm II. gingen Hertzbergs Direktiven an von der Goltz oftmals nicht weit genug. Insgesamt versuchte Preußen die Revolution für die eigenen außenpolitischen Ziele zu instrumentalisieren: Frankreichs europäisches Gewicht sollte vermindert und Österreichs Einfluß in Frankreich nach Möglichkeit ausgeschaltet werden. Dieses Ziel erschien nun um so eher erreichbar, als Marie Antoinettes Stellung am Hof von Versailles für die französische Außenpolitik bedeutungslos geworden war, was der österreichisch-französischen Allianz einen ersten schweren Schlag versetzte. Je mehr sich die Beziehungen zwischen Wien und Paris wegen der Behandlung der Königsfamilie durch die Revolution verschlechterten, desto erfreuter reagierte man in Berlin. Die Revolution bildete also ein Kalkül der Außenpolitik. Natürlich war dies in Frankreich nicht anders, begrüßten und unterstützten die Revolutionsregierungen und die Revolutionsgeneräle doch aufständische Aktivitäten im Reich.

Nur einmal dokumentierten die Regierungen in Wien und Berlin monarchische Solidarität: Der erste Schritt in diese Richtung hatte kaum etwas mit der prekären Lage der französischen Monarchie zu tun, dafür aber sehr viel mit den ost- beziehungsweise südosteuropäischen Interessen der beiden deutschen Großmächte. Preußen wollte seine Stellung an der Ostgrenze festigen; dies konnte nur auf Kosten Rußlands und Österreichs geschehen, weshalb Hertzberg seinen Tauschplan entwickelte, mit dem er Österreich unter Druck setzte: Preußen wollte Danzig, Thorn und Teile Posens gewinnen und Polen für diese Verluste durch das (habsburgische) Galizien entschädigen, Österreich sollte zum Ausgleich die beiden Donaufürstentümer Moldau und Walachei erhalten, die es gerade auf Kosten der Türken militärisch erobert hatte. Um Österreich gefügig zu machen, unterstützte der preußische König 1789 die Aufständischen in Lüttich. Durch ein Ultimatum zwang Preußen – das ein Bündnis mit dem Osmanischen Reich geschlossen hatte – den Kaiser zum Einlenken, so daß es am 27. Juli 1790 auf Vermittlung Großbritanniens zur Konvention von Reichenbach kam. Das Ergebnis bestand in der Verpflichtung Österreichs zu einem Waffenstillstand mit dem Osmanischen Reich im wesentlichen auf der Basis des Status quo ante, der dann im Frieden von Sistowa 1791 auch bestätigt wurde. Diese Politik Leopolds II. befreite Habsburg aus dem Dilemma des seit 1787 gegen die Türken geführten Krieges, zu dem sich Joseph II. aufgrund einer Bündnisverpflichtung gegenüber Rußland gezwungen sah. Anders als Rußland, das schließlich im Frieden von Jassy 1792 reiche territoriale Beute machte, gewann Österreich in diesem Krieg nur wenig. Preußen sagte zu, in den österreichischen Niederlanden Aufständische nicht mehr zu unterstützen und verzichtete auf Danzig und Thorn. Gemeinsam mit Großbritannien und den Niederlanden (den Generalstaaten) garantierte Preußen den Frieden zwischen Österreich und der Türkei.

Die Konvention von Reichenbach demonstrierte nicht allein den Zusammenhang zwischen dem östlichen und dem westlichen Schauplatz von Krieg und Diplomatie, sondern bildete überdies die Basis einer künftigen Verständigung der beiden deutschen Großmächte, deren Ziel noch immer die Ausschaltung oder Schwächung des Rivalen blieb, weshalb sie wechselseitig jeglichen nachhaltigen Einfluß auf die europäische Entwicklung blockierten.

Zusammenkunft zwischen Kaiser Leopold II. und König Friedrich Wilhelm II. von Preußen in Pillnitz am 27. August 1791, kolorierter Stich von Johann Hieronymus Loeschenkohl

Das Treffen des österreichischen und preußischen Monarchen im August 1791 führte zur Pillnitzer Erklärung, in der die beiden Herrscher feststellten, daß die persönliche Lage des französischen Königs die Interessen aller legitimen Herrscher berühre. Aber die Deklaration konnte nur eine kurze Zeit Einigkeit herstellen, denn sehr bald verfolgten alle europäischen Mächte ihre eigenen Ziele, und Wien sah sich im Kampf gegen die revolutionären Prinzipien alleingelassen, wobei die französische Propaganda das Gerücht ausstreute, der Hof von Wien habe nicht so sehr die Freiheit als vielmehr das Leben der habsburgischen Königin im Auge. Die europäische Fürstenkoalition, die das französische Königtum in seine Rechte zurückführen sollte, zerbrach nach der Kanonade von Valmy schnell, wobei eine Rolle spielte, daß Preußen mehr an der dritten polnischen Teilung interessiert war, die ihm Posen, Thorn und Danzig einbrachte, als am Krieg gegen das revolutionäre Frankreich.

Nachdem einer der Vertrauten des preußischen Königs, Bischoffwerder, in Wien verhandelt hatte, unterzeichneten ungefähr zwei Monate nach dem gescheiterten Fluchtversuch der französischen Königsfamilie Kaiser Leopold II. und König Friedrich Wilhelm II. am 27. August 1791 die Pillnitzer Erklärung. Sie ging auf die Initiative des emigrierten Bruders Ludwigs XVI., des Grafen Artois und späteren französischen Königs Karl X., zurück. Die beiden Monarchen erklärten, die Lage des französischen Königs berühre die Interessen aller europäischen Herrscher. Sie hofften auf die Unterstützung der europäischen Monarchen, »*gemeinschaftlich* mit den unterzeichneten Majestäten, gemäß ihren Kräften, die wirksamsten Mittel anzuwenden, um den König in den Stand zu setzen, in *größter Freiheit die Grundlagen eines monarchischen Regiments zu* festigen, die gleichermaßen den Rechten der Souveräne und dem Wohl der Nation entsprechen. *Dann und in diesem Falle* sind der Kaiser und der König von Preußen entschlossen, sofort in wechselseitigem Verständnis mit den notwendigen Hilfsmitteln zu handeln ... In der Voraussetzung werden sie ihren *Truppen die geeigneten Befehle erteilen*, um sie in den Stand zu setzen, einzuschreiten.«[51]

Obwohl die Kriegsdrohung gegenüber dem revolutionären Frankreich eindeutig formuliert schien, blieb sie doch unter dem Vorbehalt, daß sich die anderen Herrscher anschlossen. Dies war jedoch keineswegs selbstverständlich. Die Klausel sollte ausschließen, daß sich im Kriegsfall eine Macht fernhielt und während des Engagements der anderen in Frankreich sich dem eigenem Landgewinn widmen konnte. Immerhin bildeten die Konvention von Reichenbach und die Pillnitzer Erklärung den Ausgangspunkt der wenige Wochen vor dem Tod Kaiser Leopolds II. schließlich am 7. Februar 1792 geschlossenen österreichisch-preußischen Allianz. Doch täuschte diese Allianz eine Einigkeit zwischen den beiden deutschen Großmächten vor, die tatsächlich nicht bestand. Die Kriegführung selbst, aber auch das vorzeitige Ausscheiden Preußens aus dem Krieg 1795 bestätigten bald diese Einschätzung.

Der mit der Kriegserklärung Frankreichs an Österreich und Preußen am 20. April 1792 beginnende sogenannte Erste Koalitionskrieg leitete eine Epoche der Kriege ein, die bald ein Vierteljahrhundert dauerte. Die Frage nach der Kriegsschuld ist unterschiedlich beantwortet worden, doch lag sie wohl eher beim revolutionären Frankreich als bei den deutschen Großmächten, die aus den erwähnten Gründen trotz der Drohgebärde von Pillnitz zunächst nichts unternahmen. Die Revolution aber benötigte den Krieg aus innenpolitischen Gründen, und die in dieser Situation entscheidenden Revolutionsführer ließen daran keinen Zweifel. Der Girondist Jacques Pierre Brissot, der während der Jahre 1792/93 die Außenpolitik Frankreichs prägte, verkündete am 16. Dezember 1791 im Jakobinerclub seine Überzeugung, daß »für ein Volk, das nach tausend Jahren Sklaverei die Freiheit erobert hat, der Krieg ein Bedürfnis ist. Der Krieg ist notwendig, um die Freiheit zu befestigen; er ist notwendig, um sie von Lastern des Despotismus zu reinigen; er ist notwendig, um die Männer zu entfernen, welche sie vergiften könnten.«[52]

Tatsächlich wurde der Krieg zum Instrument, die innenpolitischen Gegner auszuschalten und die Revolution unter Hinweis auf die Kriegslage mit dem Schlagwort »La patrie en danger!« weiterzutreiben, sie ständig zu radikalisieren. Nur scheinbar paradox ist, daß Robespierre zu denjenigen gehörte, die gegen Brissot und den Krieg sprachen. Auch Robespierre argumentierte innenpolitisch: »Welche Partei müssen die Nation und ihre Vertreter ergreifen, in den Verhältnissen, in denen wir uns befinden, in Rücksicht auf unsere inneren und äußeren Feinde?« Robespierre wies den Krieg keineswegs zurück, weil er ihn grundsätzlich ablehnte. Im Gegenteil: »... ich liebe ebensosehr wie Herr Brissot einen Krieg, der unternommen wird, um die Herrschaft der Freiheit auszubreiten ...« Auch einen Krieg zur Missionierung der Völker lehnte Robespierre nicht aus prinzipiellen, sondern aus pragmatischen Erwägungen ab: »Niemand liebt die bewaffneten Missionare.« Vor allem aber meinte Robespierre, die Freiheit müsse erst in Frankreich befestigt werden, bevor man sie der Welt bringen könne. Und er sah klar, daß Freiheit und Gleichheit auch in Frankreich zunächst nur auf dem Papier existierten. In Wahrheit hielt Robespierre Frankreich zum damaligen Zeitpunkt noch nicht für stark genug, diesen Krieg zu führen, und nicht zuletzt dürfte ihn die Befürchtung geleitet haben, daß die Führer in den Krieg sich innenpolitisch durchsetzen würden. Es dauerte nur wenige Tage, bis auch Robespierre die eigenen Einsichten modifizierte und am 11. Januar 1792 emphatisch ausrief: »Franzosen! Männer des 14. Juli, die Ihr die Freiheit ohne Führer und Herren zu erobern wußtet, kommt, laßt uns diese Armee bilden, welche das Weltall befreien soll.«[53]

Der Krieg entflammte den Patriotismus, integrierte die Nation, zumal wenn er gegen die Feinde der Revolution in Frankreich selbst und im Ausland zugleich geführt wurde. Verbanden sich nicht beide? Trieben nicht die aristokratischen französischen Emigranten von Koblenz aus antirevolutionäre Agitation, versuchten sie nicht die Monarchen Europas gegen die Revolution aufzuhetzen, standen sie nicht in ständigem Kontakt mit der Königsfamilie und den Konterrevolutionären in Paris, drohte nicht überall konterrevolutionäre Verschwörung? Blieb der Revolution eine andere Wahl als Krieg?

Mußte sie nicht die Despoten bekriegen, die ihre eigenen Völker unterdrückten und nun auch zur Unterdrückung des französischen Volkes rüsteten, das eben im Begriff stand, das Joch der Sklaverei abzuschütteln? War ein freies Volk nicht verpflichtet, den anderen Völkern zu Hilfe zu eilen, um auch ihnen Freiheit und Gleichheit zu bringen, war das Glück der Menschheit teilbar?

Die französischen Revolutionspolitiker wußten indes sehr wohl, daß hehre Ideale nicht das ausschlaggebende Motiv ihrer Kriegsbefürwortung waren. Vielmehr ging es ihnen in erster Linie um die Erhaltung der revolutionären Dynamik. »Ein Volk im Zustand der Revolution ist unbesiegbar. Die Fahne der Freiheit ist die Fahne des Sieges«, rief der Abgeordnete Isnard am 29. November 1791 in die Assemblée législative. »Sagen wir Europa ..., daß 10 Millionen Franzosen, vom Feuer der Freiheit entflammt und bewaffnet mit dem Schwert, der Feder, mit Vernunft und Beredsamkeit, wenn man sie herausfordert, ganz allein imstande sind, das Antlitz der Erde zu verwandeln und alle Tyrannen auf ihren tönernen Thronen erzittern zu lassen.«[54] Und am 29. Dezember 1791 erklärte Brissot in konsequenter Fortsetzung seiner mehrmonatigen Kampagne für den Krieg: »Endlich ist der Moment gekommen, wo Frankreich vor den Augen Europas den Charakter einer freien Nation entfalten muß, die sich verteidigen und die Freiheit aufrechterhalten will ... Der Krieg ist augenblicklich eine nationale Wohltat, und die einzige Kalamität, die man bedauern muß, ist die, keinen Krieg zu haben.«[55] Und wenige Wochen später, am 5. Januar 1792, nannte Isnard in der Legislative den Krieg die »Vollendung der Revolution«, sprach vom »nationalen Stahlbad« des Krieges, das unbedingt notwendig sei.

Gelöbnis Kaiser Leopolds II. zur Verteidigung des Reiches auf dem Königsberg zu Preßburg am Tag der Krönung, dem 13. November 1790, kolorierter Stich von Johann Hieronymus Loeschenkohl, 1790

Nur die Anfänge der revolutionären Ereignisse in Frankreich erlebte Kaiser Joseph II. noch, aber sie verlangten keine unmittelbare politische Entscheidung von dem aufgeklärten Monarchen. Nach seinem frühen Tode kam sein jüngerer Bruder Leopold II. auf den Thron; aber schon zwei Jahre später, 1792, starb auch er. Erst sein Sohn Franz II. wurde direkt in den Strudel der Ereignisse gezogen.

Friedrich Wilhelm II. und seine Mätresse, die Gräfin Lichtenau

Der Neffe Friedrichs des Großen, der als Friedrich Wilhelm II. 1786 den Thron bestiegen hatte, war alles zugleich – fromm und ausschweifend, ehrgeizig und pflichtvergessen, bedenkenlos und bigott. Aber der »Vielgeliebte«, der seine lebenslange Mätresse Wilhelmine Enke zur Gräfin Lichtenau erhob, war ein Freund der Musik, Architektur und literarischen Künste; als Verehrer Haydns, Entdecker Schadows und Mäzen des vorklassizistischen Langhans stand er für eine neue Epoche des Geschmacks.

Kein Zweifel also, die 1791/92 zwar minoritäre, aber entscheidende Gruppe innerhalb der Revolutionsführung wollte und brauchte den Krieg. Sie begründete seine Notwendigkeit in vielen Facetten, aber immer wiesen die Argumente über einen bloßen Verteidigungskrieg hinaus. Der Krieg für Freiheit, Gleichheit, Brüderlichkeit wurde zum europäischen Bürgerkrieg gegen die Fürstenstaaten und für die Bürgernationen erklärt.

Aber solche Trennung zwischen den Völkern und ihren Herrschern erwies sich je länger, je mehr trotz der ausdrücklichen Bekräftigung in der Kriegserklärung Frankreichs an Österreich vom 20. April 1792 als künstlich. Und kaum fragwürdiger war zu diesem Zeitpunkt die Behauptung eines bloßen Verteidigungskrieges. Selbst die Deutung eines Präventivschlags steht auf wackligen Füßen. Doch die Rhetorik der Revolution forderte ihr Recht, und so erklärte die Nationalversammlung, daß die »französische Nation, den durch die Verfassung geheiligten Grundsätzen getreu, *keinen Krieg mit der Absicht der Eroberung zu unternehmen und niemals gegen die Freiheit irgend eines Volkes die Waffen zu ergreifen [gedenke]*, die Waffen nur aufnimmt zur Verteidigung ihrer Freiheit und Unabhängigkeit ...« Der Krieg, den die französische Nation zu führen gezwungen sei, sei »kein Krieg ... von Nation gegen Nation, sondern die gerechte Verteidigung eines freien Volkes gegen den ungerechten Angriff eines Königs«.[56]

Gegen diese Selbsteinschätzung spricht nicht allein die Tatsache, daß die europäischen Mächte bis zu diesem Zeitpunkt keine ernsthaften Kriegsvorbereitungen getroffen hatten, sondern auch die Sinnlosigkeit eines solchen Krieges nach den Maßstäben der Diplomatie und Staatsräson des 18. Jahrhunderts: Nach Einschätzung der übrigen Großmächte stellte ja die Revolution in Frankreich das europäische Mächtesystem nicht prinzipiell in Frage, noch sahen sie zu diesem Zeitpunkt durch Frankreich das Gleichgewicht bedroht. Eroberungen in Frankreich standen ebensowenig zur Debatte wie dynastische Probleme der Erbfolge.

Eine Relativierung der Kriegsschuld des revolutionären Frankreich ist kaum mit den Ereignissen selbst begründbar, und auch das Völkerrecht bietet keine Handhabe. Die Pillnitzer Erklärung stellte zwar eine Einmischung in die inneren Angelegenheiten Frankreichs dar, aber doch nur eine ideelle und keine faktische. Vor allem ließen sich die dort formulierten Ziele nicht realisieren, weil die Grundbedingung nicht erfüllt war: Die übrigen europäischen Monarchien beteiligten sich nicht, England nicht – dessen monarchische Staatsform Ende des 18. Jahrhunderts durch die Glorious Revolution geprägt war – und Rußland schon gar nicht. Gerade diese Grundbedingungen des Engagements der übrigen Mächte verraten die deklamatorische Qualität der Pillnitzer Erklärung – die Sprache der klassischen Diplomatie, die den Staatsmännern des alten Europa geläufig war, nicht aber den französischen Revolutionären. Als Ludwig XVI. der neuen Verfassung zustimmte, war die Pillnitzer Erklärung nach zutreffender Einschätzung des Kaisers ohnehin gegenstandslos geworden. Und der Freundschafts- und Schutzvertrag zwischen Österreich und Preußen vom 7. Februar 1792 trug rein defensiven Charakter.[57]

Sicher gab es zu diesem Zeitpunkt auch konkrete Reibungen: Die französischen Revolutionäre empörten sich über die gegenrevolutionäre Agitation der französischen Emigranten im Reich, und die Reichsstände, die im Elsaß Privilegien und landesherrliche Rechte besaßen, forderten nach deren Beseitigung durch die französische Nationalversammlung Kaiser und Reich zum Einschreiten auf. Aber all dies blieb für die Politik der deutschen Großmächte zweitrangig. Kaiser Leopold II., von seiner Schwester Marie Antoinette zum Eingreifen gedrängt, ließ sich nur zu schriftlichen Protesten bei Ludwig XVI. bewegen. In bezug auf die reichsständischen Rechte im Elsaß beschränkte sich das Reich auf eine geharnischte Protestresolution des Reichstags am 6. August 1791.

Die Verteidigungsfähigkeit Frankreichs mußte zu diesem Zeitpunkt gesichert werden, aber nicht mehr. Schon Ranke sah in den Revolutionskriegen den Zusammenstoß unvereinbarer politischer Prinzipien und begründete damit die Unvermeidlichkeit dieses Krieges.[58] So zutreffend diese Interpretation ist, so bedürfen die Prinzipien doch der politisch Handelnden: Nicht Prinzipien führen Kriege, sondern Menschen im Namen von Prinzipien.[59]

Seit den Revolutionskriegen führten Staaten Kriege auch aus innenpolitischen Motiven, und das unterschied diese Kriege grundsätzlich von den Kabinettskriegen des Ancien régime. Seit diesen Kriegen verbreitete die Revolution ihre vernunftrechtlich begründeten Ziele nicht mehr nur ideell, sondern durch militärische Eroberungen. Doch das humanitäre Pathos der Revolution entging seiner eigenen Dialektik nicht, aus Beglückungskriegen wurden sogleich Bedrückungskriege. Nicht allein die Fürsten, Staaten und Gesellschaftssysteme sollten sich vor der Revolution rechtfertigen, auch die Völker wollte man notfalls zu ihrem Glück zwingen, da sich der durch den nationalen Aufbruch emotionalisierte Krieg und seine ideelle Mission schnell zu einem expansionistischen Nationalismus wandelten. Isnard sprach in seiner Rede vom 29. November 1791 die Drohung unverhüllt aus: »Sagen wir Europa, daß, wenn die Kabinette die Könige in einen Krieg gegen die Völker verwickeln, wir die Völker in einen Krieg gegen die Könige verwickeln werden.«[60] Und einen Monat später griff Brissot zu einer Analogie, die die säkularisierte missionarische Ideologie enthüllte: »Der Augenblick für einen neuen Kreuzzug ist gekommen; es wird ein Kreuzzug für die Freiheit der Welt sein.«[61] Und die Prophezeiung des Revolutionärs Chaumette demonstrierte, daß der nahtlose Übergang von der nationalen Begeisterung für die Rechte der Menschheit zum nationalistischen Expansionismus nicht erst eine Erfindung Napoleons war, vielmehr war sie bereits in der Befreiungsideologie angelegt, die bald zur Verbrämung territorialer und hegemonialer nationaler Interessen herhalten mußte: »Das Gebiet zwischen Paris, Petersburg und Moskau wird bald französisiert, munizipalisiert und jakobinisiert sein.«[62]

Allerdings verschärfte nach dem plötzlichen Tod Kaiser Leopolds II. am 1. März 1792 sein politisch noch unerfahrener Sohn und Nachfolger Franz II. die Situation, indem er vorsichtig abwartendes Verhalten durch forsch antirevolutionäres Auftreten ersetzte. Damit verschaffte er den Brissotisten die Chance, die französische Regierung zu stürzen und ein eigenes Ministerium zu bilden, das nun den seit Monaten propagierten Kriegskurs durchsetzte.

Kaiser Franz II., Gemälde von Leopold Kupelwieser

Der österreichische Monarch sah sie alle kommen und gehen: den französischen König Ludwig XVI., der mit einer Habsburgerin verheiratet war, die Protagonisten der Revolution, die ihre Anführer verschlang, und schließlich auch den korsischen Emporkömmling, der nach den Wirren der Revolution den Thron bestiegen hatte und eine Habsburgerin zur Gemahlin nahm. Diese konvulsivischen Erschütterungen der Epoche bilden die Grunderfahrung des Kaisers, der mit der Heiligen Allianz nach dem Sieg der Verbündeten über Napoleon ein Bündnis aller legitimen und christlichen Herrscher erreichen will.

»Portez arme! Présentez!«, französische Karikatur gegen die Soldaten der Verbündeten

Im Reich hegte man wie in Frankreich die Illusion der Überlegenheit, ohne zu ahnen, daß die großartig inszenierte Kaiserwahl vom
5. Juli 1792 die letzte des Heiligen Römischen Reiches sein würde.
Und auch den Sinn für Symbolik erhielt man sich, setzte man doch
die Kaiserkrönung auf den dritten Jahrestag des Bastille-Sturms fest,
auf den 14. Juli 1792. Die französische Kriegserklärung an Österreich
verpflichtete Preußen zum Beistand, Friedrich Wilhelm II. zögerte
nicht, seine militärische Unterstützung zu erklären. Während sich
die anderen europäischen Höfe noch zurückhielten, marschierten
neben 100 000 Österreichern 42 000 Preußen, kleinere Kontingente
aus Hessen-Kassel sowie von Emigranten nach Frankreich.

Das Koalitionsheer schien die kriegsfreudigen Girondisten in
Paris zu bestätigen, ließ doch der Oberbefehlshaber, Karl Wilhelm
Ferdinand, Herzog von Braunschweig-Lüneburg, am 25. Juli 1792 in
Koblenz einen Aufruf herausgehen, der wegen seines Ungeschicks
berühmt geworden ist. Dieses Manifest bewies: Sowenig die Revolutionäre das alte Europa verstanden, sowenig begriffen dessen Vertreter den revolutionären Aufbruch der französischen Nation. Den
Girondisten kam diese unfreiwillige Unterstützung ihrer Agitation
außerordentlich gelegen.

Zwei Leitlinien des Manifests fallen ins Auge, zum einen die
Begründung des Verteidigungskrieges mit der von vornherein
erklärten Absicht, keinerlei Eroberungen anzustreben, zum anderen die offene Einmischung in die inneren Verhältnisse Frankreichs:
»Diejenigen, welche sich die Regierung in Frankreich angemaßt
haben, sind, nachdem sie die Rechte und Besitzungen der deutschen
Fürsten im Elsaß und in Lothringen diesen willkürlich entrissen,
nachdem sie im Innern die gute Ordnung und die rechtmäßige
Regierung ... umgestürzt und nachdem sie gegen die geheiligte Person des Königs und seiner erlauchten Familie Gewalttätigkeiten
begangen haben, die sich noch täglich erneuern, endlich so weit
gegangen, daß sie Sr. Majestät dem Kaiser einen ungerechten Krieg
erklärten und in seine niederländischen Provinzen einfielen; einige
andere Provinzen des deutschen Reichs hatten unter derselben
Ungerechtigkeit zu leiden ...« Dieser in ihrem völkerrechtlichen
Gehalt zutreffenden und in wesentlichen anderen Punkten aus der
Sicht des Ancien régime verständlichen Darstellung fügte der Herzog Ziele hinzu, die nicht allein seine Kompetenz als Oberbefehlshaber überschritten, sondern einen Angriff auf die Revolutionsgesetzgebung und die seit 1789 eingeleitete Entwicklung bildeten. Die
Koalitionsheere beabsichtigten, »der Gesetzlosigkeit im Innern
Frankreichs ein Ende zu machen, die Angriffe auf Thron und Altar
aufzuhalten, die gesetzliche Gewalt wieder aufzurichten«. Dabei
berief sich der Oberbefehlshaber auf den größeren und »gesunde[n]
Teil des französischen Volks«, das die »Ausschweifungen der herrschenden Partei verabscheut« und mit »Ungeduld den Augenblick
der Hilfe erwartet«. Aber nicht genug mit dieser Parteinahme für die
französischen Revolutionsgegner, der unpolitische Feldherr würzte
sein Manifest noch mit einer saftigen Drohung: Werde der königlichen Familie nur ein Haar gekrümmt oder sie beleidigt, würde nicht
für ihre Sicherheit, ihr Leben, ihre Freiheit gesorgt, so werde man
»eine beispiellose und für alle Zeiten denkwürdige Rache nehmen
und die Stadt Paris einer militärischen Exekution und einem gänzli-

Französische Karikatur auf das Manifest des Herzogs von Braunschweig

Der Herzog Karl Wilhelm Ferdinand von Braunschweig, 1792 schon 58 Jahre alt, war der Oberbefehlshaber der preußischen Armee, die noch ganz im Stil einer vergangenen Zeit die revolutionären Truppen Frankreichs zu schlagen suchte. Die französische Karikatur scheute auch die drastische Satire nicht, um den unglücklichen Feldherrn der Lächerlichkeit preiszugeben. Marianne behandelt sein Manifest respektlos. Tatsächlich muß der betagte Verwalter der preußischen Ehre 1806 abgelöst werden, nachdem er 1803 nochmals den preußischen Oberbefehl übernommen hatte. Junge Offiziere wie Gneisenau und Scharnhorst versuchen nun die preußische Armee aus dem Debakel herauszuführen.

chen Ruine preisgeben, die Verbrecher selbst aber dem verdienten Tode überliefern ...«[63]

Tatsächlich erhöhte das Manifest des Herzogs von Braunschweig die Gefahr für die französische Königsfamilie beträchtlich, da sie nun der Komplizenschaft mit den auswärtigen und inneren Feinden der Revolution überführt schien. Die Republikaner hatten ein weiteres Argument für die Beseitigung der Monarchie – und dieses Mal das entscheidende: Am 10. August war ihr Ende besiegelt. Der Oberbefehlshaber der feindlichen Heere autorisierte die Gironde endlich, den ideologischen Krieg zu führen, den sie seit Herbst 1791 offen angestrebt hatte. Doch das Erwachen folgte bald, der preußische Vormarsch nach Paris endete schon in der Champagne. Der dynamische französische Revolutionsgeneral Dumouriez erwies sich dem nur verbal, nicht aber militärisch forschen Herzog von Braunschweig überlegen, zumal dieser mit klassischer Hinhaltetaktik und im Vertrauen auf die Unterlegenheit der Revolutionsheere, die nach seiner Einschätzung ohnehin nur chaotisch sein konnten, auf den Sieg hoffte. Zwar waren die französischen Heere trotz ihrer beweglicheren Führung keineswegs überlegen, aber sie konnten widerstehen. Und mit diesem Ergebnis erzielten sie einen psychologisch wirksamen Überraschungserfolg, der sich in der durch Goethes Beschreibung berühmten Kanonade von Valmy am 20. September 1792 dokumentierte.

Tatsächlich handelte es sich nicht einmal um eine Schlacht, eben nur um eine Kanonade. Entscheidend aber war, daß sich auch hier das Revolutionsheer halten konnte, und die preußische Armee – von Nachschubschwierigkeiten und Krankheiten erschöpft – bei schlechtem Wetter den Rückzug nach Deutschland antrat. Symbolwirkung und Legende verwoben sich: Der vermeintliche Angriff des reaktionären Europa auf das revolutionäre, nur sich selbst verteidigende Frankreich war gescheitert. Damals will Goethe, der in Begleitung des Großherzogs Carl August von Sachsen-Weimar an dem Feldzug teilgenommen hat, den Soldaten gesagt haben: »Von hier und heute geht eine neue Epoche der Weltgeschichte aus, und ihr könnt sagen, ihr seid dabeigewesen.«[64] Diese Selbstdarstellung weist allerdings einen Schönheitsfehler auf: Goethe veröffentlichte den Text erst 1822 – also eine Generation später –, als längst klar war, welch weltgeschichtliche Bedeutung die späteren Siege der Revolution und Napoleons über das alte Europa besaßen. Immerhin schrieb Goethe bereits am 27. September 1792 einen Brief an Knebel, der eine Vorahnung der Bedeutung der Kampagne in Frankreich erkennen läßt. Dort hieß es: »In diesen vier Wochen habe ich manches erfahren und dieses Musterstück von Feldzug gibt mir auf viele Zeit zu denken. Es ist mir sehr lieb, daß ich das alles mit Augen gesehen habe und daß ich, wenn von dieser wichtigen Epoche die Rede ist, sagen kann: et quorum pars minima fui ...«[65]

Jedenfalls verschaffte der mit solchem Fanfarenstoß angekündigte schmähliche Ausgang des Frankreichfeldzugs den Revolutionsheeren Auftrieb: Nicht genug, daß die Koalition zurückwich, vielmehr drangen die Franzosen ihrerseits auf Reichsgebiet vor, General Custine besetzte Speyer, Worms und Mainz: Sein »Aufruf an das gedrückte Volk deutscher Nation« klang nicht weniger hochmütig als derjenige des Herzogs von Braunschweig: »Als die Franken sich zum Kriege entschlossen, wurden sie dazu aufgefordert, um den ungerechten Angriff der Despoten, dieser in Vorurteilen eingewiegten Menschheit, zurückzutreiben ... Die Nation der Franken und ihre Repräsentanten werden nach ihrer Gerechtigkeit allezeit die Völker unterscheiden, welche unglücklich genug sind, sich genötigt zu sehen, ihre Häupter unter das entehrende Joch des Despotismus zu krümmen.«[66] Die Bilanz nach einem Kriegsjahr lautete: Nirgendwo standen Koalitionstruppen in Frankreich, aber von den Niederlanden, wo die Revolutionsarmee die Österreicher nicht zum letzten Mal schlug, bis zur Pfalz standen die Franzosen auf fremdem Territorium, wenngleich sie sich auf die Linie Brüssel, Aachen, Mainz zurückzogen.

Diese Situation bestärkte die beiden deutschen Großmächte in der Verfolgung ihrer eigenen Interessen, und die lagen noch immer in Osteuropa: Tatsächlich täuschte die Einigkeit von 1791/92 nur über fortbestehende Divergenzen hinweg. Die Revolutionsheere hatten eine in sich uneinige Koalition zurückgedrängt, die preußischen Heere kämpften überdies nur halbherzig und Preußen forderte noch während des Rückzugs am 25. Oktober von Österreich einen Teil Polens als Preis für einen erneuten Feldzug gegen Frankreich. Am 23. Januar 1793 verständigten sich Preußen und Russen gemäß dem Vorschlag Katharinas II. auf eine zweite polnische Teilung, während Wien noch abseits stand. Preußen erhielt unter anderem Danzig, Thorn und Posen. Die österreichische Regierung war empört, daß sie bei der Verteilung der polnischen Beute übergangen worden war – zwei Jahre später versuchte sie sich an Preußen zu rächen.

Zunächst aber stärkte dieser Coup die antipreußische Partei am Wiener Hof, deren Führer der ehrgeizige Aufsteiger Freiherr von Thugut war, der nach der Ablösung des alten Staatskanzlers Kaunitz 1793 schließlich zum leitenden Minister berufen wurde: Dies war eine Premiere, da Thugut erst 1772 nobilitiert worden war und all seine Vorgänger dem Hochadel angehört hatten. Seine Berufung hatte insofern Konsequenzen, als der rücksichtslose Thugut während seiner gesamten Amtszeit einer altadligen Opposition gegen-

Die Kanonade von Valmy am 20. September 1792, Lithographie eines Unbekannten

Die Kanonade von Valmy, durch Goethe berühmt geworden, erschien erst nachträglich in ihrer weltgeschichtliche Bedeutung. Zunächst war sie nur der schmähliche Ausgang des großangelegten Feldzuges: nach einer vielstündigen Beschießung zog sich das preußische Heer zurück. Aber dieser Ausgang des ersten Treffens der Heere der legitimen Herrscher Europas mit dem schnell zusammengerafften französischen Revolutionsheer unter Dumouriez wurde von den Zeitgenossen als Warnung vor den kommenden Ereignissen verstanden. Die sieggewohnten Erben von Leuthen mußten vor den weit unterlegenen Truppen Dumouriez' weichen.

überstand. Der Haß auf Preußen trieb ihn zu mancher Unbedachtsamkeit. 1794 ließ er überstürzt die Niederlande räumen, verzichtete auf die nie ganz von der Tagesordnung verschwundenen josephinischen Tauschobjekte gegenüber Bayern und verfolgte vehement das Ziel, auch Österreich an der Aufteilung Polens zu beteiligen. Zugleich aber führte Thugut – anders als Preußen – bis zum Starrsinn kompromißlos den Krieg gegen Frankreich weiter und blokkierte im Winter 1794/95 jeden Friedensschluß. Hierdurch aber geriet er immer stärker in Gegensatz zu den durch die Kriegshandlungen massiv betroffenen linksrheinischen Reichsständen. Nachdem seine Politik nicht allein die Schwierigkeiten Österreichs mit Preußen vergrößert, die mit Rußland neu entfacht und die mit den Reichsständen vertieft hatte, mußte Thugut schließlich 1800 zurücktreten und wurde durch Cobenzl ersetzt.[67]

Kurz nach der zweiten Teilung Polens kam es zwar auf Vorschlag des Kaisers und Beschluß des Reichstags am 22. März 1793 zu einer Kriegserklärung des Reiches an Frankreich, doch blieb diese so lange wirkungslos, wie die beiden deutschen Großmächte uneinig waren. Immerhin sah sich nun das revolutionäre Frankreich theoretisch einer europäischen Koalition gegenüber: Die Hinrichtung Ludwigs XVI. hatte Spanien, Holland und schließlich England in den Krieg gegen Frankreich gezogen, das wiederum den Krieg erklärte. Die durch den jüngeren Pitt geführten Briten sahen in der Besetzung des späteren Belgien durch französische Heere eine Bedrohung des europäischen Gleichgewichts.

Das Jahr 1793 verlief dramatisch: Die Koalitionstruppen, insbesondere die Österreicher, eroberten verlorenes Terrain zurück, nahmen schließlich den Revolutionstruppen sogar Belgien ab und schlossen die französische Garnison in Mainz ein; österreichische Heere schickten sich an, ins Elsaß vorzudringen. Frankreich schien einen Augenblick zerrissener denn je. Nachdem der Konvent gerade noch übermütig das Recht Frankreichs auf seine »natürlichen Grenzen« betont und damit in die Fußstapfen Ludwigs XIV. getreten war, verdrängten die Deutschen die Revolutionsarmeen vom linken Rheinufer. In Paris verschärften sich die Spannungen der Revolutionsparteien. Nun setzte sich Robespierre endgültig durch: Das Comité du salut public (»Wohlfahrtsausschuß«) des Konvents trat am 6. April 1793 sein Regiment an. Jedenfalls verdrängten das Comité du salut public und der Aufstand der Pariser Sansculotten Ende Mai/Anfang Juni 1793 die Girondisten. Sie erschienen nur im Vergleich zur heraufziehenden Jakobinerdiktatur gemäßigt, tatsächlich hatten sie aber selbst den Kriegskurs gesteuert, den Robespierre nun gegen alle Widerstände unbeirrt fortsetzte.

Aber als die Revolution dem alten Europa zu erliegen schien, demonstrierte die Formel »La patrie en danger« erneut ihre suggestive Macht, zumal sie nun eine praktische Konsequenz zeitigte, die die Kriegführung endgültig revolutionierte: Auf Vorschlag des Abgeordneten und im Wohlfahrtsausschuß für Kriegswesen zuständigen Mathematikers Lazare Nicolas Carnot beschloß der Nationalkonvent im August 1793 die »Levée en masse«, die Massenrekrutierung aller unverheirateten Männer zwischen 18 und 25 Jahren. Auf dieser Basis reorganisierte Carnot die Revolutionsheere: Nun führte endgültig die Nation den Krieg. Hier wurde tatsächlich eine neue Epoche der Weltgeschichte eingeleitet, die bis ins 20. Jahrhundert nachwirkte, und fürwahr keine gute. Die Kriegslage wurde seitdem immer wieder zur Bekämpfung, Ausschaltung und schließlich Vernichtung innenpolitischer Gegner ausgenutzt und begünstigte seit September 1793 den systematischen Terror, der Paris in Schrecken versetzte und in ganz Europa Abscheu hervorrief. Kam die Revolution nur vom Wege ab, oder zeigte sie das wahre Gesicht aller ideologisch motivierten Revolutionen?

Die von Carnot organisierten Armeen bewiesen schnell ihre Überlegenheit. Aber es handelte sich nicht allein um eine zahlenmäßige Überlegenheit, sondern zunehmend um eine qualitative, denn die von revolutionärer Begeisterung beflügelten Massenheere ermöglichten den Angriffskrieg in einer zuvor unbekannten Form. Mit ihrer Hilfe ließ sich eine flexible Strategie verfolgen, die der alten hinhaltenden Lineartaktik weit überlegen war: Diese mußte auf vergleichsweise schwierig zu rekrutierende, teure Söldner Rücksicht nehmen, sich an Magazinverpflegung orientieren und Kriege als Stellungskriege führen, um Verluste möglichst gering zu halten. Unter der Führung einer beeindruckenden Zahl vorzüglicher junger Generäle, zu denen bald auch Napoleon gehören sollte, überrannten die Massenheere der Revolution in den nächsten eineinhalb Jahrzehnten das alte Europa, das mehr als zehn Jahre benötigte, um sich den Schlaf des Ancien régime aus den Augen zu reiben. Während die französische Armee sich mit der neuen Organisationsstruktur und Strategie vertraut machen konnte, stritten sich die Staatsmänner und Befehlshaber der Koalition so lange, bis sie den Revolutionsarmeen tatsächlich nicht mehr gewachsen waren.

Anfangs errangen die deutschen Heere noch einige begrenzte Erfolge. Auch gelang es England am 19. April 1794 durch hohe Subsidienzahlungen, Preußen noch einmal zur Bereitstellung von insgesamt 60 000 Mann für den Krieg gegen Frankreich zu bewegen, nachdem die preußischen Truppen bereits auf 20 000 Mann reduziert worden waren und Befehl hatten, sich nach Westfalen zurückzuziehen. Trotzdem blieb die Kriegführung Österreichs und Preußens unkoordiniert, beider Blick - insbesondere der preußische - war weiterhin stärker nach Osten gerichtet. Nach einem zeitweise erfolgreichen polnischen Aufstand gegen die russische

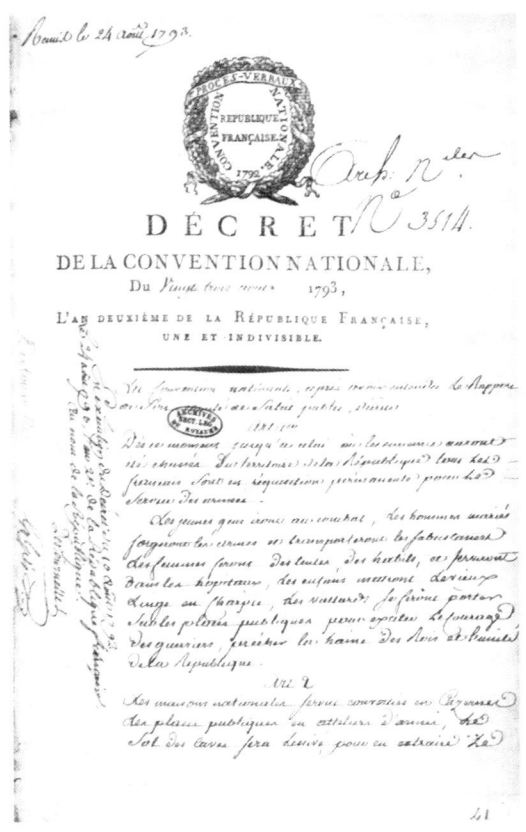

»Levée en masse«, erste Seite des Dekrets des Nationalkonvents vom 23. August 1793

Die Organisation des Krieges folgte im revolutionären Frankreich viel moderneren Prinzipien als in den verbündeten Staaten, die das neue Phänomen aufrührerischer Truppen mit den Mitteln des Ancien régime zu bekämpfen suchten. Truppen, die zu großen Teilen aus Angehörigen der unteren Bevölkerungsschichten und Bauern bestanden und von dreißigjährigen Generälen geführt wurden, traten Heeren gegenüber, die weitgehend noch im Stile des Österreichischen Erbfolgekrieges organisiert waren und unter dem Befehl von Heerführern ins Feld zogen, die im Durchschnitt mehr als doppelt so alt wie die französischen Offiziere waren.

Herrschaft bat Polen in Berlin um Unterstützung; Friedrich Wilhelm II. entsandte 50 000 Mann.

Zwar konnten sich im Westen die preußischen Truppen noch halbwegs gegen die Franzosen behaupten, aber die Österreicher erlitten bei Tourcoing und schließlich bei Fleurus am 26. Juni 1794 so schwere Niederlagen, daß sie die südlichen Niederlande räumen mußten und hinter den Rhein zurückwichen: Seit Oktober 1794 kam das linksrheinische Deutschland von Kleve bis Koblenz unter französische Herrschaft, die bis 1796 andauerte. 1795 errichteten die Revolutionäre ihren ersten revolutionären Staat außerhalb französischer Grenzen: die Batavische Republik. Diese bereits in die Verantwortung des Direktoriums fallende Gründung demonstriert das eine Modell der französischen Républiques sœurs (»Schwesterrepubliken«), bei dem eine Scheinautonomie der betreffenden Republik fortbestand. Die südlichen Niederlande (Belgien) behandelten die Franzosen härter, da diese aufgrund der antikirchlichen Politik der Revolution heftigen Widerstand gegen die französische Besetzung leisteten: Keine »Schwesterrepublik«, sondern offene Annexion lautete hier die Devise.[68]

Eine Wendung von langfristiger Wirkung brachte das Ausscheiden Preußens aus dem Koalitionskrieg, zumal im Frieden von Basel am 5. April beziehungsweise 17. Mai 1795[69] Weichenstellungen erfolgten, die bis 1803 wirksam bleiben sollten: das Prinzip rechtsrheinischer Entschädigung für linksrheinische Verluste, im wesentlichen auf Kosten kleinerer, insbesondere geistlicher Territorien. Dieser das Ansehen Preußens schwer schädigende und viel kritisierte Friedensschluß kam tatsächlich weniger überraschend, als es scheinen mochte, denn sowohl Preußen als auch Österreich hatten bei Ausbruch des Krieges die folgenden Verwicklungen für eigene Erwerbspläne, vor allem in Polen, zu nutzen gedacht.[70] Dieser Friedensschluß[71] entsprang zweifellos dem Egoismus preußischer Politik, der Verzicht auf die linke Rheinseite und die in Aussicht genommene Entschädigung auf Kosten geistlicher Fürstentümer verletzte die Reichsverfassung. Der Friedens- und Freundschaftsvertrag von Basel brachte das Ende der in Pillnitz beschworenen Solidarität. Preußen entzog sich und ganz Norddeutschland für ungefähr zehn Jahre der direkten Konfrontation mit der Französischen Revolution, war also auch von der neuartigen, die Politik revolutionierenden Wirkung der Koalitionskriege für einige Zeit nicht mehr betroffen.

Von den traditionellen Maximen der an eigener Staatsräson orientierten Außenpolitik wich aber auch Österreich kaum ab: Als Österreich am 3. Januar 1795 den Vertrag mit Rußland schloß, der ein wesentlicher Schritt auf dem Weg zur dritten polnischen Teilung war, informierten beide Vertragspartner Preußen davon erst im August.[72] Als alle drei Mächte - Österreich, Rußland und Preußen – sich schließlich mit der Auflösung des polnischen Staates eines grandiosen Bruchs des Völkerrechts schuldig machten, desavouierten sie damit selbst das Prinzip monarchischer Legitimität im Kampf gegen das revolutionäre Prinzip der Volkssouveränität und begünstigten den Zerfall des überkommenen Staatensystems.

Die preußische Außenpolitik gegenüber Frankreich wurde durch die Revolution zwar verschiedentlich *irritiert*, aber in ihren Zielen, Formen und Maximen *nicht prinzipiell verändert*, sie blieb damit im Grunde genommen gegenüber der revolutionären Herausforderung antiquiert.[73] Diese relative Antiquiertheit - nicht aber die Unzuverlässigkeit preußischer Außenpolitik - ist das entscheidende Merkmal der preußischen Politik gegenüber der Französischen Revolution. Daran ändert die von vielen nachlebenden Historikern akzeptierte zeitgenössische Kritik nichts, die nach dem Tod Friedrichs II. die preußische Außenpolitik idealisierte. Ein Beispiel bildet schon 1791 der Rückblick des preußischen Diplomaten Graf Goltz: »Wie auffallend ist der Unterschied des unsicheren und kombinierten Ganges unserer Politik gegen das feste, bestimmte und nachdrückliche Benehmen, wodurch Preußen sich vordem bei allen Mächten in Ansehen und Achtung gesetzt hat.«[74]

Nachdem Preußen durch den Friedensschluß freie Hand im Osten erhalten hatte, mußte 1796/97 Österreich die Last des Krieges gegen Frankreich allein tragen. Zunächst schien es den französischen Heeren widerstehen zu können und errang sogar einen Sieg in Süddeutschland. In Oberitalien mußte Österreich aber Niederlagen gegen die unter Führung Napoleon Bonapartes stehenden Revolutionsheere einstecken. Bonaparte gelang Eroberung auf Eroberung. Er etablierte in den besetzten Gebieten Satellitenstaaten, verwandelte schließlich sogar den Kirchenstaat in eine unter französischer Oberhoheit stehende Republik und setzte den Papst gefangen.

Allegorische Darstellung der Teilung Polens, 1772

Während Europa fasziniert oder erschreckt auf die Pariser Ereignisse blickte, machten sich die Nachbarn Polens daran, den Staat an der Weichsel erneut zu teilen. Rußland drängte am meisten, und Preußen war sehr einverstanden, wie es das schon bei den ersten Teilungen gewesen war. Auch Österreich war schließlich bei der Aufteilung des Staates dabei, obwohl Maria Theresia schon bei der ersten Teilung Polens in Tränen gewesen war. »Sie weinte«, so soll Friedrich der Große damals gesagt haben, »aber sie nahm.«

Während Thugut nach dem preußischen Sonderfrieden jeden Separatfrieden Habsburgs mit Frankreich ablehnte und sich dezidiert dafür aussprach, daß der Kaiser als Reichsoberhaupt auf »dem geraden gesetzlichen Weg bleiben und alle ... Maßnehmungen ... zum Reichsfrieden nach dem Willen und Wunsch der Reichsstände abmessen und ohne ihre Mitwirkung ... keine besonderen Schritte machen« sollte, betrieb die höfische Opposition in Wien immer nachdrücklicher einen Sonderfrieden Habsburgs.[75] Tatsächlich hatte es Österreich verpaßt, 1794/95 gemeinsam zu einem Friedensschluß zu gelangen und damit einem – in Wien allerdings nicht gewünschten – Beschluß des Reichstags vom 22. Dezember 1794 zu folgen.[76] Preußen hatte hieraus die reichspolitische Legitimation zu Verhandlungen mit Frankreich gezogen.

Wenig später akzeptierte dann auch die Wiener Opposition diejenigen Prinzipien, die Preußen bereits in Basel Frankreich in Geheimartikeln zugestanden hatte: Abtretung linksrheinischer Gebiete des Reichs, Entschädigung für Österreich im Reichsgebiet, Säkularisation zum Ausgleich für die sich aus dem projektierten Übergang Bayerns an Österreich ergebenden Verluste anderer Reichsstände, so sollte beispielsweise Pfalz-Wittelsbach durch die geistlichen Erz- und Hochstifte abgefunden werden.

Solche Überlegungen rückten in dem Augenblick ihrer Realisierung näher, in dem sich eine Niederlage Österreichs gegen Frankreich abzeichnete. Das war nach dem Ausbleiben englischer Unterstützung, der Nichterfüllung eines ursprünglich gegebenen russischen Hilfsangebots und schließlich dem von Oberitalien aus erfolgenden Vorstoß Napoleons auf Österreich im Frühjahr 1797 der Fall. Dieser militärische Druck mildert – jedenfalls im Vergleich zum preußischen Sonderfrieden – die Beurteilung der nun folgenden offenkundigen Verletzung der Reichsinteressen durch Österreich.

Nach einem bei Leoben am 18. April 1797 geschlossenen Präliminarfrieden kam am 17. Oktober der Friede von Campoformio zustande, der für Österreich wie das (betroffene, aber nicht beteiligte) Reich gleichermaßen verheerend ausfiel. Dem für Österreich verhandelnden Vizekanzler Cobenzl blieb nichts anderes übrig, als sich dem Diktat Napoleons zu beugen.

Nachdem bereits der Vertragsschluß von Basel die Anerkennung der französischen Republik durch Preußen impliziert hatte, tat in Campoformio nun auch Österreich diesen Schritt. Damit hatten zwei der europäischen Großmächte die durch die Französische Revolution geschaffene staatsrechtliche Veränderung, zu der auch die Beseitigung der Monarchie gehörte, völkerrechtlich anerkannt. Diese Mächte konnten künftig nicht mehr mit der Begründung Krieg führen, die alte Verfassungs- und Gesellschaftsordnung wiederherstellen zu wollen. Die Revolution hatte also 1797 auch außenpolitisch gesiegt.

Vor allem aber errang in Campoformio der revolutionäre Expansionismus einen erneuten, wesentlichen Erfolg, da Österreich auf seine linksrheinischen Besitzungen, vor allem die Niederlande, verzichtete (Art. 3). Österreich mußte außerdem Oberitalien bis zur Etsch abtreten und wurde dafür mit Venedig entschädigt. Habsburg büßte damit seine herrschende Stellung in Oberitalien zugunsten Frankreichs ein. Entscheidend für die Reichspolitik war indes, daß Österreich deutsche Gebiete links des Rheins abtrat beziehungsweise ihrem Verlust zustimmte und in geheimen Zusatzartikeln wie schon Preußen 1795 die Säkularisation zum Zwecke der Entschädigung anerkannte. Dieses Vorgehen hatte deshalb so gravierende Folgen, weil Habsburg nicht allein der größte deutsche Reichsstand, sondern auch Kaisermacht war. Die getroffenen oder in Aussicht genommenen Vereinbarungen verletzten die Reichsverfassung und führten zwangsläufig zu ihrer Auflösung: Der Kaiser selbst reichte dazu die Hand! Im Vertrag von Campoformio gab Franz II. gerade diejenigen Reichsstände preis, die zu den treuesten Anhängern von Kaiser und Reich gehörten: die geistlichen Fürstentümer und die kleineren Reichsstände überhaupt. Das Ende des Reiches konnte seit Campoformio nur noch eine Frage der Zeit sein.

Die österreichische Politik dieser Jahre stand zwar unter viel größerem militärischen Druck als die preußische, doch mußte Habsburg als Kaisermacht zwangsläufig eine größere Verantwortung übernehmen. Da es aber immer noch vor allem an eigene Entschädigungen in Süddeutschland dachte und die bayerischen Pläne weiterhin in den Köpfen führender österreichischer Staatsmänner herumspukten, geriet es im Reich zunehmend in eine Außenseiterstellung und trieb die süd- und südwestdeutschen Territorien der französischen Politik in die Arme.

Allerdings hatte sich die Befreiungsideologie der Revolution insgesamt als Fehlschlag erwiesen: Es gelang nicht, die um 1789 vor allem in linksrheinischen Gebieten zu beobachtenden lokalen

Faksimile des Geheimartikels von Campo Formio mit Siegel und Unterschriften

Bedeutsame Folge der französischen Siege im Frühjahr 1797 ist der Friedensvertrag von Campo Formio, mit dem der Kaiser in einem geheimen Artikel der Abtretung des linken Rheinufers an Frankreich nach einem nach Rastatt einzuberufenden Friedenskongreß zustimmen muß.

Unruhen und kleineren Aufstände in revolutionäre Begeisterung für Frankreich umzumünzen. Das Musterbeispiel, die »Mainzer Republik«, gilt inzwischen als typischer Fall einer Revolutionierung von außen, einer Revolutionierung durch die Eroberer; eine revolutionäre Situation bestand in den rheinischen Territorien nicht.[77] Überall setzte die zum größeren Teil indirekte Wirkung der Französischen Revolution später, seit Ende der neunziger Jahre ein.[78] Die Jakobinerzirkel in der Habsburgermonarchie, insbesondere der Wiener Kreis, der sich um Andreas Riedel und Franz Hebenstreit scharte, gelten manchen Forschern als dezidierte Fortsetzung antiständischer Josephinischer und Leopoldinischer Reformen mit gewissen vorausweisend-demokratischen Aspekten.[79] Die

Im übrigen nahm die französische Besatzungsherrschaft in rheinischen Territorien vielerorts rigorose Züge an und verschreckte durch Plünderungen sowie verschiedentlich durch Mißhandlungen die Bevölkerung. Zur Finanzierung ihrer Kriegführung erhoben die Besatzungstruppen immer wieder hohe Kontributionen bei der Bevölkerung.[80] Die Revolutionsbegeisterten blieben aus verschiedenen Gründen eine verschwindende Minderheit.

Weder das Direktorium noch seit 1799 Napoleon stützten sich auf Volksbewegungen, sie setzten eindeutig auf Zusammenarbeit mit den deutschen Fürsten: Wie schon bei der inneren Radikalisierung und im äußeren Expansionismus kam die Revolution auch hierin »vom Wege ab«: Aus der aufrechten Begeisterung für menschenrechtliche Ideale wurde erst Beglückungsideologie und schließlich kalkulierte Machtpolitik. Sie folgte dem Muster traditioneller französischer Deutschlandpolitik insofern, als sie das »dritte« Deutschland gegenüber den beiden Großmächten zu stärken suchte, um eine einheitliche deutsche Frankreichpolitik des Reiches auszuschließen. Aber diese Möglichkeit bestand ohnehin nicht, zumal die Politik vieler mittlerer Reichsfürsten ebensosehr am partikularen Eigeninteresse orientiert war wie die Österreichs oder Preußens. Die Ausnutzung dieser reichspolitischen Konstellation durch die Napoleonische Politik seit Ende der neunziger Jahre überrascht daher nicht.

Die im Vertrag von Campoformio akzeptierte partielle Abtretung linksrheinischer Territorien und die Anerkennung des Prinzips der Entschädigung durch Säkularisation bedurfte allerdings noch der

Französische Pontonbrücke über den Rhein bei Krefeld-Uerdingen

Nachdem sich Preußen durch den Sonderfrieden von Basel aus dem Krieg zurückgezogen hat, überschreiten die französischen Armeen im Herbst 1795 an mehreren Stellen den Rhein und dringen ins übrige Reich vor.

Realisierung: Sie sollte auf dem Gesandtenkongreß in Rastatt erfolgen, der vom 9. Dezember 1797 bis zum 23. April 1799 dauerte, aber wegen des erneuten Kriegsausbruchs ohne Ergebnis blieb. Dieser Gesandtenkongreß resultierte aus Artikel 20 des Vertrags von Campoformio, der Verhandlungen mit den betroffenen Reichsständen vorsah.

In Rastatt verhandelten mit Frankreich neben Österreich neun weitere Reichsstände, die der Reichstag bereits 1795 zu Mitgliedern der Reichsfriedensdeputation gewählt hatte; außerdem waren zahlreiche Vertreter der übrigen Reichsstände anwesend. Die Schwierigkeit der Verhandlungen erwuchs zunächst aus der Tatsache der geheimen Anerkennung der französischen Forderungen durch die beiden deutschen Großmächte 1795 und 1797, die den übrigen Reichsständen nicht bekannt war. Die Reichsstände suchten die Integrität des Reiches zu erhalten, zumal die Gesandten keine über diese Rechtswahrung hinausgehende Vollmacht besaßen. Dies erklärt die langwierige, Rückfragen erforderlich machende Verhandlungsdauer in Rastatt. Die französische Überlegenheit führte dazu, daß die Forderungen immer weiter gingen, so daß schließlich das gesamte Rheinufer gefordert wurde, also nicht allein die von beiden Mächten zugestandenen österreichischen und preußischen Gebiete. Als Kompensation schlug Frankreich wieder die Enteignung kleinerer Reichsstände und Säkularisationen vor. Um den Forderungen Nachdruck zu verleihen, brachen französische Truppen den Waffenstillstand, besetzten Mainz und drangen bei Ehrenbreitstein auf rechtsrheinisches Gebiet vor. Sie erzwangen die Schleifung der Festung und erreichten von den Reichsständen schließlich die Übergabe sämtlicher Rheinbrücken sowie die Abtretung einiger strategisch wichtiger Gebiete, zum Beispiel bei Kehl. Die Reichsstände waren schließlich den französischen Pressionen nicht mehr gewachsen.

Doch erzeugte der französische Druck auf Europa auch Gegendruck. Drei der fünf europäischen Großmächte bildeten 1799 eine zweite Koalition gegen Frankreich: England, Österreich und Rußland. Daraufhin erklärte Frankreich am 1. März 1799 Österreich erneut den Krieg, französische Heere überschritten den Rhein, der Rastatter Kongreß war trotz der sich abzeichnenden Nachgiebigkeit der deutschen Reichsstände, die für manche einer Selbstaufgabe gleichkam, gescheitert. Der kaiserliche Gesandte Metternich reiste im April 1799 unter vorsorglicher Einlegung eines Vetos für alle in Rastatt gefaßten Beschlüsse ab. Als auch die übrigen Gesandten schließlich aufbrachen, kam es zu dem berüchtigten Rastatter Gesandtenmord vom 28. April 1799. Ungarische Husaren überfielen die abreisenden französischen Diplomaten und töteten zwei von ihnen. Die Verantwortung für den Mord ist bis heute nicht geklärt, möglicherweise handelten die Husaren im Auftrag ihrer Offiziere. Jedenfalls brachen sie die Neutralität des Verhandlungsorts und verletzten allein schon durch den Überfall die völkerrechtlich garantierte diplomatische Immunität. Noch weniger als Basel 1795 und Campoformio 1797 führte also der Rastatter Kongreß zu einem Ergebnis für das Reich als Ganzes. Doch die im Prinzip von verschiedenen Fürsten akzeptierten Formen der Kompensation für die größeren Reichsstände auf Kosten der kleineren und geistlichen ver-

Der Rastatter Gesandtenmord am 28. April 1799, Kupferstich von Anton Krüger

Die Französische Republik hätte in den ersten Jahren einem geschlossenen Druck der europäischen Mächte kaum standhalten können, aber die Uneinigkeit der Mächte, die ihre eigenen Ziele verfolgten, und vor allem die neue Kriegstechnik der Revolutionsarmeen änderte die Machtlage. Längst ging es nicht mehr um die Unversehrtheit des französischen Territoriums, sondern um die Eroberung der linksrheinischen Länder durch die neue Republik, die schließlich auch erreicht wurde. Die Rastatter Verhandlungen waren schon ergebnislos beendet worden, als ungarische Husaren die französischen Gesandten ermordeten.

schwanden nicht mehr aus der Diskussion, vier Jahre später wurden sie realisiert.

Die zweite Koalition erwies sich dem bald unter Führung des ersten Konsuls Napoleon Bonaparte stehenden Frankreich auf die Dauer noch weniger gewachsen als die erste. Die Einigkeit erschöpfte sich in einem negativen Ziel, nämlich der Verhinderung französischer Hegemonie über Europa. Im übrigen aber verfolgten die Partner wie eh und je unterschiedliche Absichten, deren Divergenz sich bei wechselnder Kriegslage vergrößerte, während es Napoleon Bonaparte hervorragend gelang, die Kräfte der Nation zusammenzufassen.

Seit der Revolutionsgeneral Napoleon Bonaparte, aus Ägypten herbeigeeilt, die Führung des französischen Heeres übernahm, folgte Sieg auf Sieg. Nach der Niederlage gegen Napoleon bei Marengo am 14. Juni 1799 wurden die Österreicher erneut aus Norditalien vertrieben. Verheerender für das Reich wirkte sich indes die Niederlage gegen die von General Moreau geführte französische Armee bei Hohenlinden aus, bei der das letzte österreichische Heer am 3. Dezember 1800 aufgerieben wurde. Den folgenden Friedensvertrag schlossen Frankreich und Österreich – auch für das Reich – am 9. Februar 1801 in Lunéville. Doch bedurfte es eines weiteren Friedensvertrages, um den zweiten Koalitionskrieg abzuschließen, er wurde zwischen England und Frankreich am 27. März 1802 in Amiens unterzeichnet.

Der Vertrag von Lunéville ging noch über die Vereinbarungen von Campoformio hinaus, da nun tatsächlich die Abtretung des gesamten linken Rheinufers von der Batavischen bis zur Helvetischen Republik an Frankreich projektiert wurde. Frankreich verzichtete auf alle rechtsrheinischen deutschen Eroberungen und räumte sie, während Österreich sich auf seine habsburgischen Erblande zurückzog, aber künftig im Reich entschädigt werden sollte – unter anderem für das verlorene Großherzogtum Toskana. Da Habsburg faktisch Reichsgebiet verloren hatte, für die Verluste in Oberitalien aber erneut Venedig, Istrien und Dalmatien erhielt,

»Das politische Pharaospiel«, französische Karikatur, 1799

Die von den Napoleonischen Feldzügen bis dahin betroffenen Völkervertreter sind um einen Tisch versammelt. Ganz rechts steht der jetzt neutrale Vertreter Preußens und sagt: »Ich werde nicht spielen.« Durch die Tür in der Mitte kommt Napoleon selbst. Noch ruft er: »Vive la République!«

ergab sich eine weitere Verlagerung der kaiserlichen Hausmacht aus dem Reichsgebiet heraus. Auch der Frieden von Lunéville sah Säkularisationen zur Entschädigung der linksrheinisch enteigneten deutschen Fürsten vor. Da Österreich diese Vereinbarungen nun auch für das Reich schloß, legte der Friedensvertrag endgültig die Grundlage für die 1803 im Reichsdeputationshauptschluß folgende Säkularisation und die völlige Aushöhlung der alten Reichsverfassung.

Der Friede von Amiens war schon bei den Zeitgenossen umstritten, der englische König Georg III. nannte ihn einen Frieden auf Probe. Jedenfalls galt er als vorläufig und blieb es auch. Dieser einzige Friedensvertrag zwischen England und Frankreich vom Ausbruch der Revolutionskriege bis zum Wiener Kongreß sollte die zwischen beiden Staaten strittigen Mittelmeerfragen, die überseeischen und schließlich einige innerdeutsche Probleme nach dem Frieden von Lunéville regeln. Voraussetzung war die Bereitschaft Englands, die von den Franzosen beanspruchten »natürlichen Grenzen« und die kontinentale Hegemonie Frankreichs anzuerkennen. Dieses Ansinnen war schon für sich genommen bemerkenswert, widersprach es doch völlig der Tradition englischer Außenpolitik. Die Dauerhaftigkeit des Vertrags von Amiens wurde dadurch auf eine harte Probe gestellt. Im Gegenzug akzeptierte Frankreich die englische Vorherrschaft auf See. Das Gleichgewicht der Mächte wurde also auf Land und Meer bezogen, nur so konnte die Vereinbarung zustande kommen. Frankreich erhielt gleichwohl von England während des Krieges eroberte Kolonien zurück, blieb also selbst erstrangige Kolonialmacht. Die Verhältnisse im Reich wurden durch den Vertrag eher komplizierter, zumal Frankreich das Haus Nassau-Oranien für die Verluste des holländischen Familienbesitzes im Reich zu entschädigen versprach. Aufgrund einer Absprache mit Preußen sollte Nassau-Oranien das Fürstbistum Fulda sowie die Fürstabteien Corvey und Weingarten erhalten.

Die Regelungen von Amiens brachten so wenig wie alle anderen Napoleonischen Verträge den Frieden. Der wesentliche Grund lag darin, daß Napoleon sie selbst immer nur als Waffenstillstand betrachtete: Sie sollten eine einmal gewonnene Position sichern, ihm im übrigen aber freie Hand für die weitere Ausdehnung seiner Macht lassen. Napoleons gesamte Europapolitik zielte längst über die angeblich natürlichen Grenzen Frankreichs hinaus auf die Beherrschung des Kontinents. Er begann auch die »Schwester-republiken« zu Satellitenstaaten herabzudrücken. So führte er eine Personalunion zwischen französischen Ämtern und solchen der Satelliten ein, zum Beispiel ließ er sich 1802 zum Präsidenten der von ihm gegründeten italienischen Republik wählen. Der Schweiz zwang er 1803 eine föderativ strukturierte Verfassung und einen Vertrag auf, der das Land für fünfzig Jahre an Frankreich band. Die Batavische Republik mußte – ohne Einfluß auf deren Gestaltung zu erhalten – eine Verfassung annehmen, die der französischen Konsulatsverfassung nachgebildet war. Im rechtsrheinischen Deutschland gründete er »Modellstaaten«. Solange Napoleon siegte, blieben seine Friedensverträge nur Interimslösungen, siegte er nicht mehr, war seine Herrschaft in Frage gestellt. Sein Empire lebte von rastloser Expansion.

VIII.
Das Napoleonische Empire
und das Ende des
alten Reiches

1. Tradition und Fortschritt: der Erbe der Revolution an der Macht

Es sei dahingestellt, ob der dynamische dreißigjährige Revolutionsgeneral im Sommer 1799 das revolutionäre Frankreich vor innerem Chaos und äußerer Bedrohung rettete oder ob es sich hier bloß um den »Mythos des Retters«[1] handelte: Wie die Revolution es von Beginn an verstand, »den Mythos ihrer selbst zu fabrizieren« (A. Heuss), so verstand es Napoleon Bonaparte, der französischen Nation und allen anderen Nationen seine hohe Selbsteinschätzung zu vermitteln. Wenn seine persönliche militärische Führung oder bloß seine Anwesenheit eine ganze Armee aufwog, wenn er seine oft zahlenmäßig unterlegenen Heere in sechzig großen Schlachten zu eindrucksvollen militärischen Siegen mitriß, dann entsprang dies gewiß nicht bloßer Suggestion, sondern der überragenden Leistung eines taktisch und strategisch gleich genialen Feldherrn, der seine Heere mit bis dahin nicht gekannter Geschwindigkeit an verschiedenen Kriegsschauplätzen optimal einzusetzen wußte.

Selbst als Artillerieoffizier ausgebildet, war Napoleon nicht eigentlich der Organisator des französischen Heerwesens – in dieser Beziehung konnte er auf Reorganisationen während der achtziger Jahre, vor allem aber die Carnots aufbauen. Wenn am Ende seiner Laufbahn von all den militärischen Siegen nicht viel übrigblieb, dann lag das zwar auch zum Teil daran, daß die Gegner – ohnehin in der Übermacht – von ihm gelernt hatten, in erster Linie aber an der eigenen Maßlosigkeit. Wie viele vor und nach ihm, unterschätzte Napoleon die russische Weite und die durch politische Klugheit, wirtschaftliche Kraft und insulare Lage begünstigte englische Widerstandsfähigkeit. Ungewöhnliche Dauer aber erreichte seine in zahlreichen zivilen Sektoren die Quintessenz revolutionärer Errungenschaften ziehende Reformpolitik – innerhalb und außerhalb Frankreichs.

Napoleons politische Größe könnte kaum besser dokumentiert werden als durch seine in der Verbannung auf St. Helena niedergeschriebene Einsicht, seine sechzig Schlachtensiege seien allesamt weniger wert als die Schaffung des Code civil. In der Tat: Als Feldherr war Napoleon bei aller unbezweifelbaren Größe eine transitorische, eher zerstörende Persönlichkeit; als Staatsmann hingegen erwies er sich als einer der bis ins 20. Jahrhundert hineinwirkenden Baumeister nicht allein des modernen Frankreich, sondern weiter Teile Europas. Direkt und indirekt trug er wie nur wenige zur Modernisierung Deutschlands bei: Obwohl es neben ihm noch eine beachtliche Zahl anderer bedeutender Staatsmänner gab, war Napoleon fast eineinhalb Jahrzehnte lang die dominierende Persönlichkeit auch der deutschen Geschichte.

Blitzschnell eilte Bonaparte im Frühsommer aus Ägypten auf den europäischen Kriegsschauplatz. Er siegte so atemberaubend, wie er erschienen war. Am 8. Oktober 1799 tauchte er überraschend in Paris auf. Dorthin hatte ihn einer seiner Gönner gerufen: das Direktoriumsmitglied Sieyes, der im Herbst 1788 in Frankreich den dritten Stand durch seine Flugschriften elektrisiert hatte. Der junge General sollte mit einem Staatsstreich das Direktorium ausschalten, wofür er die Unterstützung seines wichtigsten Gönners im Direktorium, Barras, sowie die von Talleyrand und Fouché erhielt. In diesen beiden unübertrefflich anpassungs- und wandlungsfähigen Politikern fand später selbst Napoleon insofern seine Meister, als sie alle revolutionären Umbrüche, Regierungen und Systeme unbeschadet überlebten, selbst das Napoleonische.

Bonaparte erfüllte die Bitte, nach Paris zu kommen, nur zu gern. So nachdrücklich er von all seinen Beamten und Soldaten absoluten Gehorsam verlangte, so wenig war er je geneigt, selbst Befehlen beziehungsweise Vorgesetzten loyal zu gehorchen, wenn er dies nicht ohnehin für nützlich hielt. Immer wieder hatte schon der General durch Befehlsverweigerungen von sich reden gemacht. Aber dieses Chaos mußte schließlich ein Ende finden, am besten durch ein Befehlsmonopol der einzigen für die Herrschaft geeigneten Persönlichkeit. Das waren nicht Sieyes, Barras oder einer von den anderen: So schnurgerade wie die von ihm angelegten Straßen, so schnurgerade ging Napoleon auf die Macht zu, ergriff sie ohne Federlesen und übte sie künftig aus, wie er sie ergriffen hatte. Umwege schätzte er nicht. Militärisch oder politisch – immer war er allen anderen voraus. Ebenso blitzschnell in der Auffassung wie in der Entscheidung, verkörperte er eine neue Zeit und einen neuen Stil: den »Weltgeist zu Pferde«, um mit Hegel zu sprechen.

Die Unfähigkeit der französischen Monarchie, zweifellos notwendige grundlegende Reformen voranzutreiben, das permanente, aber nie zu einem großzügigen Abschluß gelangende Reformieren des aufgeklärten Absolutismus, die endlosen Debatten der Französischen Revolution, die so oft das Richtige wollte und so oft das Falsche tat – wie langweilte dies alles den quicklebendigen kleinen Korsen mit seiner unwiderstehlichen Energie, der großen Willensstärke, der immensen Arbeitskraft. Mit scharfer analytischer Intelligenz erfaßte er augenblicklich jede Situation und handelte sofort: nüchtern, präzis, effektiv. Nicht umsonst war er passionierter Schachspieler, wobei er sich nur eine einzige, nicht immer günstige Vorliebe leistete: die für Rösselsprünge. Als Napoleon abtreten mußte, hinterließ er nach einer Regierung von nur eineinhalb Jahrzehnten ein Reformwerk, das Generationen überdauerte, für das andere Generationen gebraucht hätten. Und zugleich sauste er kreuz und quer durch Europa, als lebte er nicht mehr im Zeitalter der Postkutsche, sondern der Flugzeuge, ubiquitär hier wie in der Verwaltung Frankreichs.

Aber auch Napoleon Bonaparte fiel nicht vom Himmel, in ihm gingen Tradition, Reform und Revolution eine unglaubliche Symbiose ein. In singulärer Weise verband er alle drei Tendenzen und verkörperte gleichsam den fundamentalen Umbruch Europas, ohne den er nicht vom korsischen Beamtensohn, der während seiner militärischen Ausbildung in Frankreich nie heimisch wurde, binnen weniger Jahre zum Kaiser der Franzosen und beherrschenden europäischen Staatsmann aufgestiegen wäre.

Als er im Oktober 1799 in Paris erschien, fand er ungelöste Probleme vor, die das fünfköpfige Direktorium nicht bewältigen konnte. Parlamentarische Diskussionen hielt er für Geschwätz, statt

Titelblatt der ersten Ausgabe des Code civil

Der Code civil oder auch Code Napoléon war der erste Teil des großen Gesetzeswerkes, das unter Napoleons Leitung geschaffen wurde und auch in den besetzten Ländern Gültigkeit erlangte. Er verschmolz sehr verschiedenartige Rechtstraditionen, vor allem die regional unterschiedlichen alten Gewohnheitsrechte, die Coutumes, mit dem römischen Recht sowie den Errungenschaften der Revolution.

chaotisch-revolutionärer Verwicklungen liebte er geometrische Klarheit: Die Revolution mußte beendet werden, und zwar sofort! Am 9. November 1799, dem 18. Brumaire des Napoleon Bonaparte, stürzte er das Direktorium und ließ sich selbst zum Ersten Konsul proklamieren. Am 13. Dezember legte er eine Verfassung vor – die vierte seit Beginn der Revolution und nicht die letzte. Am 15. Dezember erklärte er per Dekret die Revolution amtlich für beendet. Dieses Tempo verschlug nicht allein den Franzosen die Sprache, sondern ganz Europa: Die innenpolitische Stabilisierung bildete die Voraussetzung der militärischen Eroberung.

In dem Dekret hieß es: Die »Ungewißheiten«, die die provisorische Regierung innen-, außen- und militärpolitisch habe aufkommen lassen, seien zu beenden, für die Amtsführung der neuen leitenden Beamten sei Ergebenheit erforderlich. Die neue Konsulatsverfassung »gründet sich auf die wahren Prinzipien der parlamentarischen Regierung und auf die geheiligten Rechte des Eigentums, der Gleichheit und der Freiheit. Die Gewalten, die sie einsetzt, werden stark und dauerhaft sein, wie sie es sein müssen, wenn sie die Rechte der Bürger und die Interessen des Staates schützen sollen. Bürger, die Revolution ist den Grundsätzen, von denen sie ihren Ausgang nahm, fest verbunden; sie ist beendet.«[2]

So rasant Napoleon 1799 die Macht an sich riß, so atemberaubend war auch sein bisheriger Aufstieg schon gewesen. Am 15. August 1769 in Ajaccio geboren, besuchte er von 1779 bis 1785 französische Militärschulen in Brienne und Paris und beendete diese Ausbildung im Oktober 1785 als Leutnant der Artillerie. Sein Geschichtslehrer sah in ihm »am Vulkan erhitztes Granit«. Als »Korse von Natur und Charakter« werde er es weit bringen, »wenn die Umstände ihn begünstigen«. Den Herbst 1786 verbringt er auf Korsika, der korsischen Separatistenbewegung und ihrem Führer Pasquale Paoli verbunden, aber auch der Lektüre zugetan. In diesen Monaten und Jahren liest der junge Bonaparte antike Geschichtsschreiber wie Plutarch, Livius und Tacitus, die großen französischen Moralisten und Staatsdenker, unter ihnen Montaigne, Montesquieu, Voltaire und Rousseau. Die Dramen des französischen Klassizismus, vor allem diejenigen Corneilles und Racines, kann er nahezu auswendig. Er trägt sich mit dem Gedanken, eine Geschichte Korsikas zu schreiben und im Stil der Aufklärung »die Regierenden vor das Tribunal der öffentlichen Meinung« zu zitieren. Diese Lektüre, die übrigens manche Übereinstimmung mit derjenigen Friedrichs des Großen zeigt, prägte sein späteres Staats- und Herrschaftsverständnis.

Auch als er nach seinem mit viel Geschick auf mehr als ein Jahr verlängerten Korsika-Urlaub 1788 schließlich den Regimentsdienst aufnimmt, füllt das Lesen viele seiner freien Stunden, wie seine zahlreichen Exzerpte belegen. Daneben versucht sich der junge Offizier als Poet, schreibt Novellen und experimentiert auch mit anderen Gattungen. Nach der Rückkehr nach Frankreich schlägt ihn bald die vorrevolutionäre Gärung in ihren Bann, Rousseaus »Du contrât social« fasziniert ihn, ohne Umschweife gelangt er zu dem Ergebnis: »Es gibt wenige Könige, die nicht verdienten, entthront zu werden.« Doch schon damals wird das Ungenügen an den Spekulationen des Bürgers von Genf spürbar, Napoleons Wissensdrang ist unbändig, aber er will Verwertbares wissen: Kein Wunder, daß das Interesse für

»Frühere Beschäftigung...«,
Karikatur von James Gillray

Madame Tallien und Joséphine
Beauharnais tanzen nackt vor dem
Schlemmer Barras, während Bona-
parte durch einen Vorhangspalt
zuschauen darf. Barras spielte bei
der Verheiratung Joséphines mit
Bonaparte eine unbezweifelbare
Rolle.

Rousseau durch das an Montesquieu verdrängt wird – schließlich
war der Parlamentsrat aus Bordeaux ebensosehr Praktiker wie
Theoretiker. Napoleon bleibt durch die Aufklärung geprägt, fühlt
sich aber zugleich von der Antike angezogen, insbesondere von der
römischen. An ihr bewundert er vor allem die staatsbildende Kraft,
die eigene Grenzen weit überschreitet. Aufklärung und Antike
kommen seinem Streben nach Klarheit und Rationalität entgegen.

Eine schicksalsschwere Wendung im Leben des jungen Bonaparte erfolgt erst, als seine Begeisterung für die korsische Separatistenbewegung abkühlt, der er sich bis zu seiner und seiner Familie
Flucht nach Frankreich 1793 sehr viel stärker verbunden fühlt als
dem revolutionären Frankreich. Die inneren Auseinandersetzungen der Gefolgschaft Paolis, der 1789 die französische Herrschaft
anerkannt hatte und kommandierender General geworden war, stoßen ihn ebenso ab, wie ihn die mangelnde Aussicht enttäuscht, in
der Heimat seine Ambitionen befriedigen zu können. In Frankreich
geht nun alles blitzschnell: Er schließt sich sogleich den Monta-
gnards, der Bergpartei, an – zwischen 1792 und 1795 die radikalste
Gruppierung des Konvents, zu der auch der Jakobinerklub um Danton, Robespierre und Marat gehört.

Der Sturz der Jakobinerdiktatur irritiert Napoleons schon beein-
druckend erfolgreiche Laufbahn für einige Monate: Der aufgrund
außerordentlicher strategischer und operativer Leistungen bei der
Rückeroberung des französischen Mittelmeerhafens Toulon bereits
im Dezember 1793 mit nur vierundzwanzig Jahren zum Brigadege-
neral beförderte Napoleon wird entlassen, kurzzeitig sogar inhaftiert. Aus dieser mißlichen Lage befreit ihn der damals einflußreichste französische Politiker, das Direktoriumsmitglied Paul François Jean Nicolas Graf de Barras, als er ihn mit der Niederschlagung
royalistischer Aufstände in Paris beauftragt. Napoleon erfüllt diese
Aufgabe am 5. Oktober 1795 prompt mit einer bei ihm immer wieder
durchbrechenden Brutalität: Er läßt auf den Stufen der Kirche
St. Roch aus wenigen Metern Entfernung die Aufrührer mit Kanonen niedermähen. Einen solchen Mann braucht das Direktorium in
kritischer Situation und ernennt ihn zum Befehlshaber der in Frankreich stehenden Heere. 1796 folgt – wiederum auf Initiative von
Barras – die Berufung zum Oberbefehlshaber der französischen
Armee in Oberitalien.

Barras, der für Napoleons weitere Karriere immer wieder entscheidende Unterstützung bietet, beginnt nun, dem wilden Korsen eine Stellung in der Pariser Gesellschaft zu sichern: Er überläßt ihm seine Geliebte, die schöne dreiunddreißigjährige Witwe Josephine de Beauharnais als Ehefrau, fungiert gar selbst als Trauzeuge. Napoleon liebt Josephine leidenschaftlich, für sie dagegen handelt es sich wohl eher um eine Zweckehe, die sie keineswegs veranlaßt, auf ihre Amouren zu verzichten, vermutlich nicht einmal auf die mit Barras. Seine Gemahlin eröffnet Napoleon viele gesellschaftliche Verbindungen, ohne die es in der Zeit des Directoire kein Fortkommen gibt.

Seine Stellung als General befriedigt den unbändigen Ehrgeiz des Korsen keineswegs. Sein militärisches Genie bestreitet zwar niemand, aber in der sich nach der streng tugendhaften Jakobinerdiktatur schnell ausbreitenden Sucht nach Luxus und Vergnügen kann Bonaparte ohne Protektion keine gute Figur machen: Sein Einkommen ist nach wie vor dürftig, in Gesellschaft bewegt er sich linkisch, es fehlt ihm jeder Schliff. Was sich der Erste Konsul und spätere Kaiser nach 1799 leisten kann, das bedarf der wohlwollenden Kaschierung durch die Mächtigen und die Gesellschaft. Ihre Spielregeln aber will Napoleon grundsätzlich nicht einhalten. Selbst der Kaiser scheut sich nicht, in Gegenwart von Josephine mit seinen Amouren zu prahlen, er scheut sich nicht, die ihm vorliegenden Spitzelberichte seines gefürchteten Polizeiministers Fouché zur Bloßstellung auszunutzen und beispielsweise in Gesellschaft Damen über ihre Liebesverhältnisse zu befragen. Der Kaiser liebt es, wie eine zeitgenössische Beobachterin bemerkt, seine Hofhaltung und seine Mitmenschen in Angst und Schrecken zu versetzen, er beleidigt, beschimpft sie nach Lust und Laune, kennt keine Diskretion, weder in bezug auf sein eigenes Privatleben noch auf das anderer. Und er macht sich keine Illusion über die Wirkung: »Glücklich ist, wer sich in irgendeinen Winkel der Provinz vor mir versteckt.« Kein Wunder also, daß ein Grandseigneur von der Lebensart seines Außenministers Talleyrand, der als Meister der internationalen Politik zu seinen außenpolitischen Erfolgen und später 1814/15 zur Beseitigung ihrer Trümmer entscheidend beitrug, dem Kaiser einmal sagte: »Der gute Geschmack, Sire, ist ihr persönlicher Feind; könnten Sie sich seiner durch Kanonenschüsse entledigen, so würde er längst beseitigt sein.«[3]

Napoleon scheute sich vor keiner Illoyalität, wenn ihm dies politisch nützlich schien. So verbannte er gleich nach seinem Staatsstreich 1799 denjenigen aus Paris, der ihm wie kein anderer die Laufbahn geebnet hatte: den Grafen Barras. Zugleich aber erhielt sich noch der Kaiser Napoleon den korsischen Familiensinn, wenn er seine Brüder Joseph, Louis und Jérôme sowie seinen Schwager zu Königen in französischen Satellitenstaaten erhob. Auf der anderen Seite verhielt er sich dynastisch-konventionell, als er sich 1809 von Josephine scheiden ließ, weil die Ehe kinderlos blieb.

Er ist schwer zu fassen, dieser Napoleon Bonaparte, war doch der gewalttätige Emporkömmling mit schlechten Manieren zugleich jeder Zoll ein Cäsar, ein Staatsmann von antiken Dimensionen, ein Rhetor, der in der Schule der antiken Rhetorik und der französischen Revolution die Macht des Wortes virtuos einzusetzen gelernt

Sitzung der Volksvertreter in der Orangerie von St.-Cloud am 18. Brumaire des Jahres VIII (9. November 1799)

Der Aufstieg Napoleons war von Pressionen und staatsstreichähnlichen Gewalttaten begleitet. Zuerst erreichte er die Einsetzung eines Dreierdirektoriums, dann seine Wahl zum Ersten Konsul und schließlich die durch bloß formelle Gewaltenteilung nur mühsam kaschierte Alleinherrschaft. »Glücklich ist, wer sich in irgendeinem Winkel der Provinz vor mir versteckt«, sagte er in unbekümmerter Offenheit. Er war in jeder Hinsicht bedenkenlos, auch in der seines Privatlebens; selbst in Gegenwart Joséphines renommierte er mit seinen Amouren, ein Emporkömmling mit faszinierenden und erschreckenden Manieren.

hatte. Die Präzision seiner Sprache war die seines Denkens. Die Klarheit der Konzeption verband sich in allen Dingen, denen er sich zuwandte, mit dem unbändigen Willen, die Welt nach seinem Bilde zu gestalten, fürwahr ein Prometheus. Gelegentlich erkannte er dennoch Grenzen an, wenn ihm die peinliche Schmeichelei zuviel wurde: »Ich erlasse es Euch, mich mit Gott zu vergleichen.«

Nach seinem Machtantritt erwies sich Napoleon als ein mit erschreckendem Gedächtnis begabter, ungemein detailfreudiger, aber zugleich konzeptionell denkender, weitblickender Staatsmann. Der gewiefte Politiker zögerte keinen Augenblick und begann mit der Abtragung einiger schwerer Hypotheken der Revolution: Er einte die Nation, für zahlreiche gläubige Katholiken ging dies nicht ohne die Beseitigung des Konflikts zwischen Staat und Kirche. Wie die Revolution, so beendete er auch den revolutionären Kirchenkampf. Bereits 1801 schloß er ein – bis 1905 in Kraft bleibendes – Konkordat mit Papst Pius VII.: Der Staat übernahm die Besoldung der Pfarrer, was durch die Enteignung des Kirchenbesitzes während der Revolution notwendig geworden war, und stellte die Kirche gewissermaßen in den Staatsdienst. Napoleons nationalstaatlich akzentuierte Kirchenpolitik stand in der Tradition des Gallikanismus und modifizierte sie zeitgemäß. Zugleich bannte er mit dem Konkordat die Gefahr einer kirchlich inspirierten Gegenrevolution.

Die Verständigung mit dem Papst begünstigte die allgemeine völkerrechtliche Anerkennung der durch die Revolution und das Konsulatsregime geschaffenen Veränderung Frankreichs. Der Katholizismus wurde offiziell zur Religion der Mehrheit der Franzosen erklärt, zugleich aber die rechtliche Gleichstellung der Protestanten und die völlige Emanzipation der Juden bestätigt, die die Revolution gebracht hatte. Eine Amnestie ermöglichte im April 1802 denjenigen die Rückkehr nach Frankreich, die das Land während der Revolution aus religiösen Gründen verlassen hatten: Sie betraf etwa 140 000 rückkehrwillige Emigranten, also vor allem diejenigen Bischöfe und Priester, die den Eid, den die Revolutionsregierung von den Geistlichen gefordert hatte, verweigert hatten. Die höheren Kirchenämter wurden – wie in Deutschland im Gefolge der Säkularisation – nun auch Nichtadligen zugänglich, die kirchliche Hierarchie also in sozialer Hinsicht »egalisiert«.

Dieses Versöhnungswerk führte Napoleon auch im weltlichen Bereich fort. Er schuf nicht allein eine neue »brumairianische Elite«,[4] die zum erheblichen Teil aufgrund von Leistungen rekrutiert wurde, sondern verband diese auf seinen Staat verpflichteten Würdenträger und die von ihm Nobilitierten mit dem alten Adel, sofern dieser Loyalität bewies. Die Kreation von Auszeichnungen, insbesondere der 1802 gestifteten Ehrenlegion, diente wie die gleichermaßen virtuose wie bedenkenlose Handhabung der Ämterpatronage – zu der auch die Ernennung von Marschällen und Generälen zählte – ebenfalls der Schaffung einer neuen, an den Napoleonischen Staat gebundenen Führungsschicht. Schließlich verbreiterte er diese soziale Basis seiner Herrschaft durch eine auf das besitzende Bürgertum zugeschnittene Verfassung sowie durch die Anerkennung des während der Revolution erworbenen Landbesitzes bäuerlicher und bürgerlicher Schichten; ihre soziale und ökonomische Sicherung verpflichtete sie dem neuen System.

Das durch Napoleon auch ökonomisch begünstigte Leistungsprinzip entfaltete vielfältige positive wirtschaftliche Wirkungen, wenngleich die Kontinentalsperre gegen England, mit der er erstmals in großem Stil den Wirtschaftskrieg zum Mittel der Politik machte, sowohl den Handelsverkehr als auch eine Expansion des Marktes erschwerte beziehungsweise sogar blockierte. Das zu diesem Zeitpunkt bereits frühindustrialisierte England war an wirtschaftlicher Kraft allen übrigen europäischen Staaten weit voraus, so daß die zeitweilige Ausschaltung der überlegenen englischen Konkurrenz in vielen Gewerbezweigen – zum Beispiel der Textilproduktion – begünstigend wirkte, übrigens auch in deutschen Territorien. Andererseits verhinderte die Kontinentalsperre Exporte nach England, insbesondere von Getreide, wodurch landwirtschaftliche Produzenten Verluste erlitten. Die Auswirkungen dieser den europäischen Außenhandel beeinträchtigenden Blockade waren also im einzelnen höchst unterschiedlich.

Handelte es sich hier um eine wohl durchdachte und wirksame Politik der Herrschaftsetablierung, so setzte Napoleon in der Verwaltung, im Schulwesen, vor allem aber im Rechtsleben großangelegte, Frankreich bis heute prägende Reformen durch. In den Departements führte er das Amt des von der Pariser Regierung ernannten, nur ihr verantwortlichen und alle regionalen Zuständigkeiten in einer Hand vereinigenden Präfekten ein. Auch hier war er Erbe und Vollender zugleich. Tatsächlich ließ – wie Alexis de Tocqueville in seinem klassischen Werk »L'Ancien Régime et la Révolution« gezeigt hat – die Revolution vielerlei Kontinuitäten mehr oder weniger unangetastet, beispielsweise die schon in der absoluten Monarchie intensiv betriebene Zentralisierung. Doch war sie vor 1789 nicht zu einem definitiven Ergebnis gelangt, was ja auch Absolutismus und aufgeklärter Absolutismus in deutschen Territorien nicht erreichten. Napoleon führte dieses Werk zu Ende und wurde damit im übrigen vorbildhaft für einige Verwaltungsreformen, die während dieser Jahre in süddeutschen Territorien eingeführt wurden.

Napoleon reformierte bereits als Erster Konsul das französische Unterrichtswesen aller Stufen. Er baute das Schulwesen nach einem einheitlichen System auf, setzte staatliches Monopol durch und unterstellte alle Schulen einer Zentralbehörde. Lehrer und Schüler unterwarf er einer gleichermaßen strengen Disziplin, was bereits in der militärischen Uniformierung sichtbar wurde. Die Schule sah Napoleon als zentrales Mittel zur Bildung der Bürger, wobei eine hierarchische Gliederung des Schulwesens der jeweils unterschiedlichen Aufgabenstellung gerecht werden sollte.

Die Masse der Bevölkerung besuchte die Elementarschule, zu ihrer Unterweisung wurde soweit wie möglich auch die Religion eingesetzt. In den Gymnasien erfolgte eine bis ins einzelne gehende Regelung des Bildungsgangs und der Schulorganisation nach dem gleichen Schema: Man wußte in Paris genau, was zu einer bestimmten Uhrzeit im entlegensten Winkel der Provinz unterrichtet wurde, wann Pausen waren und dergleichen mehr. Zentrale Fächer der Gymnasialbildung waren diejenigen, die Napoleon selbst besonders schätzte: Mathematik und Latein. Sie waren nach seiner Ansicht am ehesten geeignet, Rationalität und Klarheit des Denkens zu fördern. Hinzu kam, daß Mathematik für die Ausbildung der Kriegstechnik besondere Bedeutung besaß. Natürlich konnte Napoleon hier an die große Tradition anknüpfen, die Mathematik, Logik und Naturwissenschaften in Frankreich schon seit Descartes gewannen und die in der französischen Aufklärung weitergeführt worden war. In der Folge brachte dieses Ausbildungswesen eine große Zahl bedeutender Logiker, Mathematiker und Verwaltungsbeamter hervor.

Gründete Wilhelm von Humboldt seine Reform der Universitäten auf das neuhumanistische Bildungsideal, auf Einsamkeit und Freiheit, auf die Gemeinschaft der Lehrenden und Lernenden, so etablierte Napoleon bürokratisch aufgebaute, geregelte, geleitete und überwachte Fachschulen mit klar kontrollierbarer Effektivität des Lehrens und Lernens. Er erlaubte nur eine Ausnahme, das traditionsreiche, 1530 gegründete Collège de France.

Seiner Zielsetzung entsprach besonders die 1794 gegründete und damals vom Konvent der Leitung Carnots anvertraute École polytechnique, die Napoleon als Bataillon organisierte und weiter ausbauen ließ, da er sie vor allem für die technische Ausbildung von Heeresoffizieren und Artillerieoffizieren nutzte. Das Personal für die Kriegstechnik konnte hier unterrichtet und die für die Kriegführung notwendige Infrastruktur ungemein effektiv organisiert werden. Auch die Ingenieure, die die Heerstraßen anlegten, die Kriegshäfen bauten und bei der Produktion der Flotte eingesetzt wurden, besuchten die École polytechnique, die trotz des bis heute unverkennbar militärischen Zugs eine Pflanzschule der technischen und naturwissenschaftlichen Elite Frankreichs wurde.

Zu den zweifellos hervorragendsten Leistungen Napoleons gehörte die umfassende Reform des Rechtswesens. Dies ist zugleich derjenige Bereich, in dem er am eindrucksvollsten Tradition, Reform und Revolution verband und aus ihnen die Quintessenz zog; hier erwies er sich als ein der aufgeklärt-absolutistischen Konzeption Friedrichs des Großen verwandter Staatsmann.

Den zentralen und bedeutendsten Teil dieser Reform bildete die Schöpfung des Code civil, auch Code Napoléon genannt, im Jahre 1804. Auf seiner Grundlage folgte der Erlaß weiterer wichtiger Gesetzbücher. Schon der Code civil ist ein gutes Beispiel für die Arbeitsweise Napoleons: Er beauftragte eine vierköpfige Kommis-

Alessandro Volta erläutert dem Ersten Konsul Bonaparte in Paris das Prinzip seiner elektrischen Säule, Gemälde von Jean Honoré Fragonard

Napoleon reformierte bereits als Erster Konsul das fanzösische Unterrichtswesen. Sein Augenmerk galt dabei den technisch-mathematischen Disziplinen, denen auch sonst seine Vorliebe gehörte. Der italienische Physiker Volta war 1800 eigens zu dieser Demonstration nach Paris gereist. Napoleon erhob ihn später in den Adelsstand.

sion exzellenter Juristen mit der Ausarbeitung des Gesetzbuchs, gab ihnen die Prinzipien vor, führte aber selbst die Endredaktion durch, manche Paragraphen stammen vollständig von ihm. 57 der 102 Sitzungen leitete er persönlich.[5] Es handelte sich hier nicht nur um eine außerordentliche Leistung der Rechtsvereinheitlichung, sondern um die Schöpfung neuen Rechts in einer großangelegten Synthese von beeindruckender Klarheit.

Der Code civil trägt unverkennbar die persönliche Handschrift Napoleons. Zwar erhielt das Gesetzbuch in den folgenden Jahrzehnten zahlreiche Zusätze und Änderungen, aber die Napoleonische Regelung des gesamten französischen Zivilrechts in 2 281 Artikeln gilt in den Grundzügen bis heute und überdauerte in seiner Fernwirkung sogar das Konkordat. »Der Code civil ist ein Privatrechtsgesetzbuch höchsten Ranges. Im straffen und durchsichtigen Aufbau und der klaren epigrammatischen Sprache, an der sich ein Stendhal inspiriert zu haben bekannte, ist er beiden deutschen Gesetzbüchern seiner Zeit überlegen. Die ›Vernünftigkeit‹ und Rationalität der Rechtsnormen teilt er mit ihnen. Sein starkes politisches Pathos gibt ihm eine geistige Geschlossenheit und Stilreinheit, wie sie eher noch dem aus einer älteren Staatsidee hervorgegangenen ALR eigen ist als dem ABGB.«[6]

Aber bei aller Rationalität und Modernität zeichnet sich das Zivilgesetzbuch Napoleons von 1804 doch durch die beeindruckende Unbefangenheit aus, mit der es alte französische Gewohnheitsrechte, die Coutumes, integrierte. Das war insofern eine besonders schwierige Aufgabe, als Frankreich vor der Revolution von 1789 über 400 verschiedene Rechtsgebiete kannte. Die wichtigsten Unterschiede lagen in den »pays de droit écrit«, in denen das römische Recht rezipiert worden war, und den »pays de droit coutumier«, in denen alte überlieferte Volksrechte galten. Neben etwa 60 großen Provinzrechten standen mehr als 300 sogenannte kleine Stadtrechte. Alle zusammen bildeten die Coutumes.

Die Berücksichtigung dieser Coutumes war ein Gebot der praktischen Vernunft, und so verband der Code civil das ausgefeilte Naturrecht des späten 18. Jahrhunderts mit den in Frankreich geltenden vielfältigen Einzelrechten, die er nicht einfach beseitigte, sondern aufnahm, modifizierte, fortbildete und anpaßte. Im Vergleich zu den großen deutschsprachigen Gesetzeskodifikationen, dem Allgemeinen Landrecht für die Preußischen Staaten von 1794 und dem Allgemeinen Bürgerlichen Gesetzbuch für die deutschen Erblande in Österreich von 1811 ist der Code civil ein viel stärker politisches, eindeutig nachrevolutionäres Zivilgesetzbuch. Es ist ohne Zweifel antifeudalistisch und antiständisch, es sichert sowohl die Zentralisierung des Rechts wie die durch die Revolution eingeführte Rechtsgleichheit der Menschen. Die Leitgedanken des Code civil sind Gleichheit aller vor dem Gesetz, Freiheit des Individuums, Freiheit des Eigentums.

Gerade im gesellschaftspolitischen Teil zeigt sich die spezifische Modernität des Code civil: Der Großgrundbesitz wurde durch Erbteilungen aufgehoben, mit Ausnahme der vom Kaiser ausdrücklich gestifteten Majorate; persönliche Fronen wurden ebenso verboten wie ewige, also nicht ablösbare Grundrenten; das Eigentum wurde im modernen liberalen Sinn definiert, das heißt gebundenes

Code Napoelon für das Großherzogtum Berg

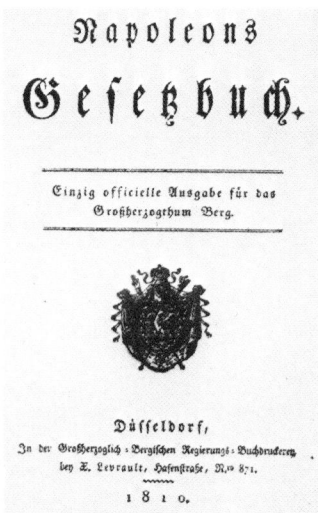

beziehungsweise geteiltes Eigentum, wie es aus der Grund- und Lehnsherrschaft herrührte, wurde beseitigt.

Die Eigentumssicherung durch das Zivilgesetzbuch kam dem Interesse derjenigen Bürger entgegen, die nach der durch die Revolutionsgesetzgebung bewirkten Enteignung ehemals kirchlichen und adligen Besitz erworben hatten. Für wirtschaftliche Aktivitäten galt eine unbegrenzte Vertragsfreiheit. Seit Napoleons Gesetzgebungswerk ruhte der französische Staat auf dem (freien) Eigentum, und hierin lag die Verbindung des konsequent logischen und präzisen Zivilrechts mit der gesellschaftlichen Entwicklung der Zeit. Der Code civil war nicht nur im rechtlichen, sondern auch im sozialgeschichtlichen Sinne ein bürgerliches Gesetzbuch, und darin ging er entschieden über das noch halbständisch geprägte Allgemeine Landrecht hinaus. Gerade in dieser spezifisch revolutionsbedingten Modernität handelte es sich beim Code civil von 1804 trotz aller nationalen Traditionen und Bezüge, die dieses Gesetzbuch aufnahm, um ein übernationales Zivilgesetzbuch, nur so ist seine außerordentliche Wirkung auf die rheinbündische Staatenwelt,[7] ja seine weltweite Wirkung zu erklären. Insofern ist es kein Zufall, daß deutsche Juristen 1814 die Einführung des Code civil in ganz Deutschland diskutierten.

Aber der Code civil von 1804 war nur eines in der Reihe bedeutender Gesetzbücher, die Napoleon in Frankreich einführte. 1806 wurde der Code de procédure civile publiziert, der weitestgehende Wirkung auf die gesamten Reformen des europäischen Prozeßrechts im 19. Jahrhundert gewann. 1807 folgte der Code de commerce, das Handelsgesetzbuch, auch er in französischen Rechtstraditionen der frühen Neuzeit wurzelnd, aber »zugleich eine für den wirtschaftlichen Frühliberalismus des Ersten Empire kennzeichnende Schöpfung, die später in der ganzen Welt Nachfolge fand«.[8] Schließlich löste 1810 der Code pénal das 1791 erlassene, durch den Geist der Aufklärung geprägte, schon rechtsstaatliche Strafgesetzbuch ab.

Das Gesetzgebungswerk Napoleons wird in der Rechtsgeschichte übereinstimmend als einzigartig betrachtet. Gemeinsam mit dem Corpus iuris und den vernunftrechtlichen deutschen Kodifikationen prägte es die moderne europäische Rechtskultur. Die unmittelbare Wirkung vor allem des Code civil war auch für die deutsche Privatrechtsgeschichte epochal. So bemerkte ein zeitgenössischer Beobachter über den Rheinbund, der Code civil passe für jeden vernünftigen Staat, denn er enthalte nur die Aussprüche der Vernunft über die bürgerlichen Verhältnisse. Und was in einem Staate mit dem Code Napoléon unvereinbar sei, könne auch vor dem Richterstuhl der Vernunft nicht bestehen.[9] Diese Einschätzung teilte Napoleon durchaus, wie beispielsweise sein Brief vom 13. November 1807 an seinen in Holland als König eingesetzten Bruder Louis zeigt, in dem er ungeduldig und verständnislos auf dessen Änderungswünsche reagierte. Eine so kleine Nation wie die Holländer bedürften keiner eigenen Gesetzgebung, und überhaupt: »Die Römer gaben ihre Gesetze ihren Verbündeten, warum soll Frankreich nicht dafür sorgen, daß die seinen in Holland angenommen werden?«

Dem Willen Napoleons gemäß wurde der Code civil in zahlreichen deutschen Rheinbundstaaten eingeführt, beispielsweise im

Code Napoleon für das Königreich Westfalen

Die Errichtung immer neuer Vasallenstaaten jenseits der französischen Grenze war durch Gewalttätigkeit und Modernisierungswillen zugleich gekennzeichnet. Das Zivilgesetzbuch Napoleons wurde rücksichtslos in den eroberten Regionen eingeführt, was aber für die betroffene Bevölkerung zumeist mit Fortschritt verbunden war, weshalb die Napoleonische Herrschaft bei aller Gewalttätigkeit ein Element der Rationalität hatte und selbst bei den unterworfenen Völkern oftmals begrüßt wurde.

Die Krönung Napoleons zum Kaiser, Gemälde von Jacques Louis David (Ausschnitt)

Jacques Louis David erwies sich als Chronist, der die jeweiligen Epochen in grandiose Malerei umsetzte. In seinem Gemälde »Ballhausschwur« hatte er die reformerischen Anfänge der Revolution gefeiert, in der Darstellung der Ermordung Marats die Radikalisierung gerechtfertigt. 1804 malte er gleichsam offiziell die Selbstkrönung Napoleon Bonapartes zum Kaiser der Franzosen. Jedes dieser Bilder hielt einen Schritt in der Geschichte fest, glorifizierte zugleich aber die widersprüchlichsten Entwicklungen. Der Mord in der Badewanne wurde hochstilisiert, und die Krönung in Notre Dame rechtfertigte die Eigenmächtigkeit Napoleons aus der Idee des sich selbst legitimierenden neuen Kaisertums.

Königreich Westfalen, in den Großherzogtümern Berg, Frankfurt und Baden, im Herzogtum Anhalt. Das 1809 unter dem Einfluß des Code civil geschaffene badische Landrecht bestand in dieser Form bis 1900. Faktisch handelte es sich dabei um eine den badischen Verhältnissen angepaßte Bearbeitung des Code civil. Begünstigt durch die Napoleonische Hegemonie über Europa, ging die rechtsgeschichtliche Wirkung des Code Napoléon weit über Deutschland und Italien hinaus, sie ist sogar in Lateinamerika nachweisbar.

Die Reformgesetzgebung war bereits in vollem Gange, zum Teil sogar abgeschlossen, als Napoleon sich entschied, die konsularische in eine monarchische Verfassung zu verwandeln, was sie faktisch bereits seit 1802 geworden war, als Napoleon sich zum Konsul auf Lebenszeit machte. Hier interessiert weniger, ob er sich damit nützte oder schadete, vielmehr geht es um das wesentliche Charakteristikum dieser Rückkehr zur Monarchie, die er durch eine Initiative des Senats einleiten ließ. Zum letzten Mal setzte Napoleon die von ihm eingeführte Waffe des Plebiszits ein: Am 6. November 1804 stimmten 3 572 329 Franzosen der Verfassungsänderung und der Einführung des erblichen Kaisertums in Frankreich zu, nur 2 579 stimmten dagegen. Napoleon schien also das von Rousseau formulierte und während der Revolution eingeführte Prinzip der Volkssouveränität ernst zu nehmen: Welcher europäische Monarch konnte sich einer solchen – meßbaren – Zustimmung bei seinen Untertanen rühmen?

Am 2. Dezember 1804 krönte sich Napoleon Bonaparte in Notre Dame de Paris selbst zum Kaiser der Franzosen und demonstrierte auf diese Weise, wem er sein Kaisertum verdankte: sich selbst. Die anschließende Weihe durch den Papst war ihm freilich nicht weniger wichtig, unterstrich sie doch die Analogie zum mittelalterlichen Kaisertum, ja zur Kaiserkrönung Karls des Großen. Napoleon wollte nicht das französische Königtum wiederbeleben, sondern das abendländische Kaisertum. Als er sich am 26. Mai 1805 in Mailand krönte, da selbstverständlich nicht zum Kaiser, sondern zum König von Italien (Oberitalien). Der Anspruch auf das Kaisertum demonstrierte, daß die Tage des Heiligen Römischen Reiches Deutscher Nation gezählt sein mußten, wenn Napoleon die Macht dazu besaß, ihm ein Ende zu bereiten. Und schon zu diesem Zeitpunkt war klar, daß er sie besaß und auch nutzen würde. Die Konsequenz daraus zog Kaiser Franz II., als er in Erwartung des kommenden französischen Empire am 11. August 1804 das Kaiserreich Österreich proklamierte, in dem alle habsburgischen Erblande zusammengefaßt wurden. Der deutsche Kaiser erwartete nicht allein die Kaiserkrönung Napoleons, sondern das Ende des alten Reiches und wollte auf diese Weise von vornherein dem Haus Österreich die Kaiserwürde und die Ranggleichheit mit Napoleon wahren.

Allerdings war dies alles andere als eine Offensive, sondern ein Akt der Defensive: Der deutsche Kaiser selbst gab das deutsche Kaiserreich auf! Als Franz II. tatsächlich aufgrund der Erosion des Reiches, die in Militärbündnissen süddeutscher Staaten mit Frankreich und schließlich am 12. Juli 1806 durch die in Paris erfolgende Gründung des Rheinbunds nur zu offenkundig wurde, am 6. August 1806 die römische Kaiserkrone niederlegte, kam darin ebenfalls eine defensive Politik zum Ausdruck. Zu Recht sah der – einem Ultima-

tum Napoleons gegenüberstehende – Kaiser keine politische Basis mehr für die Aufrechterhaltung des deutschen Kaisertums, wollte aber zugleich verhindern, daß Napoleon die deutsche Kaiserwürde okkupierte. Aus diesem Grund erklärte er das Heilige Römische Reich sowie die deutsche Kaiserwürde für erloschen.

Als Napoleon bald nach seiner Scheidung am 1. Februar 1810 die Habsburgerin Marie Louise, Tochter des österreichischen Kaisers Franz I. (des früheren deutschen Kaisers Franz II.) heiratete, erheiratete er damit ein Stück monarchischer Legitimität: Der zum Kaiser der Franzosen emporgestiegene korsische Beamtensohn hielt Einzug in eine der angesehensten und ältesten europäischen Dynastien – eben die Dynastie, die er wenige Jahre vorher zum Verzicht auf das deutsche Kaisertum gezwungen hatte. Auf diese Weise bekräftigte Napoleon erneut seinen Anspruch, Erbe des abendländischen Kaisertums zu sein.

Nachdem die ranghöchste Monarchie sich dazu hergegeben hatte, die fehlende monarchische Legitimität des neuen Empire wettzumachen, indem sie in die Heirat einwilligte, blieb den übrigen europäischen Monarchen keine andere Wahl. Napoleon brachte

Die offizielle Begegnung zwischen Napoleon und seiner zweiten Gemahlin Marie Louise am 16. März 1810 an der österreichischen Grenze zwischen Altheim und Braunau am Inn in einem eigens dafür hergerichteten hölzernen Gebäude, lavierte Zeichnung von Johann Baptist Hoechle, 1810

Die zweite Ehe des vierzigjährigen Kaisers nach seiner Trennung von Joséphine Bonaparte sollte zweierlei auf einmal bewirken: Mit Marie Louise sollte durch Nachkommen die Herrschaft seiner Familie gesichert und eine Dynastie gegründet werden, seine Aufnahme in den Kreis der europäischen Monarchen sollte seine Herrschaft sanktionieren und sie über die revolutionären Anfänge erheben, weshalb der Eheschließung mit der Habsburgerin Sondierungen bei den verschiedenen europäischen Fürstenhäusern vorausgegangen waren. Die achtzehnjährige Erzherzogin, die ihre Ehe als Opfer für Habsburg betrachtet hatte, entwickelte zur allgemeinen Überraschung aber ein starkes Gefühl für Napoleon, dem sie 1811 den ersehnten Thronfolger gebar; nur die väterliche Order hinderte sie daran, dem Verbannten nach Elba zu folgen.

nahezu das Kunststück fertig, in seinem Empire zwei sich ausschließende Prinzipien zu vereinen, das monarchischer Legitimität und das der Volkssouveränität. Er selbst hatte sich wie Metternich, der eine Annäherung von Wien und Paris betrieb, des traditionellen dynastischen Mittels bedient, der Heiratspolitik. Und welche Ironie: Die neue französische Kaiserin Marie Louise, die den Erben der Revolution heiratete, der selbst eine revolutionäre Vergangenheit besaß, war die Nichte der letzten französischen Königin Marie Antoinette, die die Revolutionäre siebzehn Jahre vorher hingerichtet hatten!

Napoleon beschränkte sich nicht darauf, seine Zeit politisch zu prägen, er wollte überdies seine Herrschaft in der Kunst symbolisieren. So sehr er die traditionelle Etikette mißachtete, so entschieden strebte er eine Klassizität des Herrschaftsstils an, die nur durch antike Dimensionen erreichbar schien.[10] Die Monumentalität der

Der Triumphbogen in Paris, zeitgenössischer Stich von Reiss

Napoleon wurde zu einem der großen Stadtplaner der Epoche, doch ging er nicht durch seine Architektur in die Geschichte ein, und nicht ein einziges Schloß zeugt von seinem Stilwillen; überall bezog er die Gemächer der Bourbonen, die Tuilerien im Garten des Pariser Louvre – die Ruinen der bei dem Kommuneaufstand 1871 zerstörten Anlage wurden abgerissen – und die Sommerresidenz Fontainebleau, wo er am 6. April 1814 seine Abdankung unterzeichnete. Aber mit der Anlage von Avenuen und der Konzeption eines Arc de Triomphe prägte er die französische Metropole, bis sein Neffe Napoleon III. das moderne Paris durch seinen Baumeister Baron Haussmann schaffen ließ. Champs Elysées, Rue de Rivoli und jene Achse, die von der Madeleine über die Place de la Concorde zur Assemblée Nationale führt, zeugen noch heute von seinem Bauwillen, obwohl er kaum ein Jahrzehnt Zeit gehabt hatte, Paris zu prägen.

städtebaulichen Konzeption, die Paris zum Mittelpunkt der Welt machen und von der die Napoleonische Herrschaft in alle Richtungen ausstrahlen sollte, wurde durch die Strenge der Form gebändigt.

Aber nicht nur Paris, auch andere Städte wurden in den letzten Jahrzehnten des 18. Jahrhunderts in antikisierender und planvoll-geometrischer Herrschaftsarchitektur gestaltet, beispielsweise St. Petersburg und in kleinerem Maßstab Karlsruhe. Am ehesten mit der Pariser Konzeption vergleichbar ist die geradlinige, strenge und feierliche städtebauliche Konzeption eines anderen, ebenfalls aus einer Revolution hervorgegangenen Staates: So entwarf George Washington 1791 die neue amerikanische Kapitale ebenfalls getreu dem römischen Vorbild nach einem einheitlichen, mathematisch berechneten Grundriß zwischen Capitol und Weißem Haus mit genau berechneten Achsen und zwischen den beiden gelegenen, planvoll aufeinander bezogenen öffentlichen Bauten. Gestaltete hier eine demokratische Republik ihr in die Welt ausstrahlendes Zentrum, so in Paris der Kaiser sein neues Empire.

Die jüngste europäische Monarchie strebte wie keine zweite nach Traditionalität und Klassizität – und sie benötigte sie stärker als alle anderen. Aber eine solch rationale, von einem Zentrum her gedachte Planung konnte selbst einem Napoleon nur gelingen, weil dieses Zentrum bereits bestand. Die Möglichkeiten des so vielgestaltigen, durch zahlreiche Zentren charakterisierten, aber ohne wirkliche Metropole historisch gewachsenen Heiligen Römischen Reiches reichten zur Realisierung einer solcher Konzeption zu keiner Zeit aus. Hier zeigt sich der Kontrast zwischen der rationalen Modernität des Empire, die die Historie planvoll in Dienst nahm, gegenüber der sich rationaler Planung immer wieder entziehenden historischen Entwicklung selbst.

Die Weichen zum Klassizismus waren allerdings bereits vor Napoleon gestellt, auch hier erwies er sich als Erbe und Vollender zugleich. Nicht allein die künstlerische Entwicklung Deutschlands wurde durch Italienbegeisterung und Antikenrezeption im 18. Jahr-

Aber die Epoche der Schlösser geht ganz allgemein dem Ende zu; nicht nur Frankreich sieht keine neuen Schloßbauten mehr; weder die Bonapartes noch die Bourbonen noch die Orléans errichten neue Residenzen, und die Hohenzollern bauen mit Schloß Babelsberg, das 1849 vollendet wurde, das letzte Schloß dieser baufreudigen Zeit; auch für die Habsburger und die Romanows ist die Zeit der großen Schloßbauten vergangen, denn im heraufziehenden Jahrhundert stehen andere Bauaufgaben im Vordergrund: Museen, Bahnhöfe, Banken, und schon bald prägen auch Industriepaläste die Städte bis in die Gegenwart hinein.

hundert nachhaltig geprägt, sondern auch diejenige Frankreichs. Die Wendung vom Rokoko zum entschiedenen Klassizismus offenbart sich bei dem berühmtesten Maler des Empire, Jacques Louis David (1748-1825), bereits während seiner römischen Jahre 1775 bis 1780. Im Auftrag des französischen Königs schuf er 1784/85 in Rom sein berühmtes Gemälde, den »Horatier-Schwur«, in einem von der Antike inspirierten stilisierten Pathos. Nach 1789 wurde der Jakobiner David Mitglied des Nationalkonvents und schuf ein Heldengemälde der Revolution und der Revolutionäre nach dem anderen, beispielsweise die Darstellung Jean Paul Marats. Angesichts einer Anklage nach dem Sturz Robespierres entging David nur mit knapper Not dem Schicksal vieler Revolutionäre; wenige Jahre später aber machte Napoleon ihn zum Hofmaler und verband auch hier die vorrevolutionäre Epoche mit der von Revolution und Empire. Davids Hauptschaffen lag in den großen Darstellungen des Empire, zu denen immer wieder antike Stoffe gehörten, beispielsweise der »Raub der Sabinerinnen«, vor allem aber die Verherrlichung des Kaisers, unter anderem im großen Gemälde seiner Krönung. Bei weitem nicht so geschickt im politischen Überleben wie Talleyrand und Fouché, mußte David nach der Restauration der Bourbonenmonarchie Frankreich verlassen.

Städtebau, Kunst und die durch Zensur stark eingeengte Literatur nahm Napoleon in den Dienst des Empire, und selbstverständlich ließ er die Geschichtsschreibung nicht aus. Wieder zeigte sich, wie sehr der Revolutionär auf die Geschichte rekurrierte, doch er degradierte sie oftmals zur Vorgeschichte seines Staates: Sie sollte der Darstellung der eigenen Leistungen, der Verherrlichung des Empire dienen. Der Historiker sollte den Leitlinien folgen, die Napoleon selbst bei der Umgestaltung Frankreichs praktiziert hatte. So schrieb er am 12. April 1808 seinem Innenminister Crétet über die Aufgabe der Historiographie: »Man muß die ewige Unordnung des Finanzwesens, den Wirrwarr der Ständeversammlungen, die Ansprüche der Parlamente [Gerichtshöfe] betonen ... man muß hervorheben, wie groß der Mangel an Planmäßigkeit und Antrieb in der Verwaltung war, wie buntscheckig Frankreich aussah, wie sehr es jeder Einheitlichkeit in Gesetzen und Verwaltungsformen entbehrte, wie es nicht eigentlich einen Staat, sondern eine Anhäufung von 20 Königreichen bildete. Der Leser muß schließlich aufatmen, wenn er bei der Zeit anlangt, in welcher man sich der Wohltaten der Einheitlichkeit der Gesetze, der Verwaltungsformen und des Landgebiets erfreut.«[11]

War Napoleon schon von der Vielfalt Frankreichs irritiert, wie sehr mußte ihn erst die Buntscheckigkeit des alten deutschen Reiches schockieren. Doch blieb dies nicht die einzige Irritation, die die Geschichte für den Erben der Revolution bereithielt: »Ich bin zu spät gekommen, es bleibt nichts Großes mehr zu tun. Ja, ich gebe zu, meine Laufbahn war herrlich, ich habe ein gutes Stück Weg zurückgelegt, aber welch ein Unterschied zu Alexander. Als er sich dem Volk als Sohn des Jupiter vorstellte, da glaubte ihm der ganze Orient. Und wenn ich mich Sohn des Ewigen Vaters nennen würde, so würde mich jedes Marktweib auspfeifen. Die Völker sind heute zu aufgeklärt.«[12]

2. Säkularisation, Rheinbund, Modellstaaten

»Da die deutsche Reichsverfassung der Zentralpunkt aller Adels-
und Feudalvorurteile von Europa ist, so muß es das einzige Ziel der
französischen Republik sein, sie zu vernichten«:[13] Unter Ignorie-
rung des früheren Lobs von Rousseau, der die ausschlaggebende
Bedeutung des alten Reiches für eine europäische Friedensordnung
betont hatte, formulierte der »Moniteur« während des Rastatter
Friedenskongresses die Absichten der französischen Regierung.
Und schon 1795 verfocht Sieyes im Wohlfahrtsausschuß des Konvents den Plan, in Deutschland alle geistlichen Fürstentümer zu
säkularisieren und sie den weltlichen Herrschaften zuzuschlagen,
sei es zum Zwecke der Entschädigung für linksrheinische Verluste,
sei es zur Stärkung der mittleren Territorialherrschaften gegen die
kaiserliche Gewalt.[14] Napoleon kannte diese Pläne. Die deutschen
Großmächte sowie Hessen-Kassel, Württemberg, Baden und
Bayern hatten bereits in bilateralen Vereinbarungen das Prinzip der
Säkularisation anerkannt. Die aufgeklärte Publizistik kritisierte
immer wieder die geistlichen Staaten, selbst ein so reichstreuer
Mann wie Friedrich Carl von Moser befürwortete 1787 deren Aufhebung.[15] Das Mißbehagen an der »Feudalität des hohen Klerus«
war weit verbreitet.

Säkularisation hatte es schon während der Reformation gegeben.
Der westfälische Friedensvertrag, bei dessen Vorbereitung 1646 der
Begriff[16] verwendet wurde, verband mit Säkularisationen erstmals
den politischen Zweck der Entschädigung. Bereits Hugo Grotius
vertrat ein Dispositionsrecht der weltlichen Landesherren über das
Kirchengut, worin ihm Christian Thomasius folgte. Nicht allein
Joseph II. beschritt diesen Weg mit der Säkularisation von etwa 700
bis 800 Klöstern, sogar Papst Clemens XIV. begünstigte mit der Auf-
hebung der Societas Jesu 1773 die Einziehung von Ordensbesitzun-
gen durch den Staat. Schließlich begann der bayerische Kurfürst
Karl Theodor bereits 1798 mit päpstlicher Einwilligung ebenfalls mit
Säkularisationen, um Staats- und Kriegsausgaben zu decken.[17]

Tatsächlich sind zwei Formen der Säkularisation zu unterscheiden: Zum einen die Beseitigung der landesherrlichen Gewalt der
geistlichen Reichsfürsten und die damit verbundene Eingliederung
ihrer Fürstentümer in die weltlichen Territorialstaaten (Herrschaftssäkularisation), zum anderen die Enteignung kirchlichen Eigentums
(Vermögenssäkularisation). Handelte es sich im ersten Fall um
einen staats- und verfassungsgeschichtlichen Vorgang, so im anderen um einen vermögensrechtlichen. Die Beseitigung der Reichs-
standschaft geistlicher, aber auch weltlicher Reichsstände – beispielsweise von Reichsstädten – bedeutete eine Mediatisierung. Der
Reichsdeputationshauptschluß von 1803 besaß also eine dreifache
Dimension.

Die 1803 durchgeführte Säkularisation war also nur die Konsequenz einer seit längerem geführten Diskussion und besaß in einem
langfristigen Prozeß der Säkularisierung, der Verweltlichung aller

Lebensbereiche durchaus eine Basis, zumal es Zweckentfremdung von Kirchenbesitz beziehungsweise dessen Enteignung zu allen Zeiten gegeben hat. Dennoch hätte die Säkularisation von 1803 ohne den Anstoß Napoleons und den Druck, den er ausübte, kaum eine solche Radikalität erreicht.

Die politische Zielsetzung Napoleons und diejenige der deutschen Mittelstaaten sowie Preußens korrespondierten zeitweilig einander. Und vielen Publizisten und Staatsmännern schien die Zeit für einen solchen Schritt reif. Die französische Nationalversammlung war auf Antrag des ehemaligen Bischofs von Autun, Talleyrand, vorangegangen und hatte am 2. November 1789 das Kirchengut zum Nationaleigentum erklärt. Aber so gravierend dieser Eingriff auch war, in Deutschland mußten seine Auswirkungen weitaus stärker sein, da sie zugleich den Umsturz der noch immer bestehenden Reichsverfassung implizierten. Nach dem Rastatter Kongreß »war der Knoten zerhauen und das Signal zur Plünderung gegeben. Jeder größere Stand machte sich seinen Plan, irgendein Bisthum oder einen Fetzen davon, der kleinere irgend eine Abtei, der geringste Edelmann, irgend einen Schafhof davon zu reißen«.[18]

Und der Papst machte keinen Versuch zur Rettung der geistlichen Fürstentümer des alten Reiches. Vielmehr hielt er sich bewußt zurück, nachdem die reichskirchlichen Bestrebungen gegen die Oberhoheit des Papsttums, von denen die Rede war, im Episkopalismus der deutschen Bischöfe und im Febronianismus Ausdruck gefunden hatten. Das fürstbischöfliche Selbstbewußtsein, der partikulare Absolutismus des bischöflichen Reichsadels, liefen den Ansprüchen des Papsttums zuwider: »Es ist die Parallele des Kampfes der größeren Stände gegen das Kaisertum«, konstatiert Aretin und gelangt zu dem Schluß, daß »schließlich die alten universalen Mächte, Kaiser und Papst, im Sinne der partikularen Kräfte die Säkularisation begünstigten, die besser und zutreffender als Entmachtung des seit dem Westfälischen Frieden aufgestiegenen Reichsadels bezeichnet werden sollte. Denn darin liegt das eigentlich Umwälzende, um nicht zu sagen Revolutionäre dieses Vorgangs, daß in ihm eine bis dahin das Reich tragende und seine Katholizität bestimmende Schicht ausschied.«[19]

Die Kurie mußte im übrigen Rücksicht auf Napoleon nehmen, sie hatte sich durch das Konkordat mit ihm die Hände gebunden und schickte beispielsweise den förmlichen, nicht sehr nachdrücklichen Protest gegen die Säkularisation an den Kurfürsten von Bayern erst zwei Tage vor der Verabschiedung des Reichsdeputationshauptschlusses ab, so daß er erst nachträglich in München einging.[20]

Merkwürdig unbestimmt aber blieb auch die Haltung der geistlichen Fürsten zur Säkularisation, so daß das territorialstaatlich begrenzte Interesse der weltlichen katholischen Reichsfürsten besonderes Gewicht erlangte, zumal es sich mit dem der protestantischen Landesherren verband. Allerdings gab es auch Ausnahmen: Das protestantische Kurfürstentum Sachsen lehnte Säkularisationen ab, da sie unrechtmäßige Enteignungen darstellten, während das katholische Bayern zustimmte. Im Ergebnis beseitigte der Reichsdeputationshauptschluß von 1803 die verfassungsrechtliche Basis der (katholischen) Reichskirche: Im Kurfürstenkollegium erhielten die Protestanten die Mehrheit, das Reich würde künftig kein katholisches Reich mehr sein. Hierin liegt zugleich eine kaum beachtete Pointe der selbst mitverschuldeten Herausdrängung Österreichs aus dem Reich und des Wegs zum kleindeutsch-protestantischen Nationalstaat.

Nach den bis in die Mitte der neunziger Jahre zurückgehenden Geheimabkommen deutscher Fürsten[21] mit Frankreich und dem Frieden von Lunéville kam es zu Verhandlungen zwischen Frankreich und Rußland, das unter Alexander I. eine Verständigung mit Frankreich suchte und seit 1779 Garantiemacht der Reichsverfassung war. Der Zar vertrat die Interessen derjenigen deutschen Fürstenhäuser, die mit ihm verwandtschaftlich verbunden waren, beispielsweise Württemberg und Baden.

Das in Lunéville für das Reich akzeptierte Entschädigungsprinzip bedurfte verfassungsrechtlich eines Reichsgesetzes.[22] Zunächst stimmte der Reichstag am 7. März 1801 den Regelungen des Friedens von Lunéville zu und bevollmächtigte zugleich den Kaiser zur einvernehmlichen Durchführung des Vertrags mit Frankreich; Franz II. lehnte dies aus verständlichen Gründen ab, gab es doch in dieser Frage nur gegenläufige Interessen. Am 2. Oktober 1801 empfahl der Reichstag die Bildung einer Reichsdeputation zur Erarbeitung eines Entschädigungsplans. Infolge dieses vom Kaiser akzeptierten Verfahrens traten die fünf Bevollmächtigten der Kurfürsten von Mainz, Brandenburg (Preußen), Sachsen, Böhmen (Österreich) und Bayern sowie der Herzöge von Württemberg, des Landgrafen von Hessen-Kassel und des Hoch- und Deutschmeisters am 24. August 1802 zur Reichsdeputation zusammen. Zu diesem Zeitpunkt hatten jedoch die beiden auswärtigen Garantiemächte bereits gehandelt: Der französisch-russische Entschädigungsplan vom 3. Juni 1802 bildete – trotz mancher Unklarheiten – die Grundlage der Beratungen für den Reichsdeputationshauptschluß vom 25. Februar 1803.[23]

Der kurzfristige Widerstand Österreichs gegen den preußischen Vorschlag, die Reichsdeputation möge den französisch-russischen Entschädigungsplan unverändert annehmen, stellte nur ein Rückzugsgefecht dar. Nach einer Verständigung Österreichs mit Frankreich akzeptierte die Reichsdeputation am 23. November 1802 die modifizierte Form, die die beiden »vermittelnden Herren Minister« am 8. Oktober 1802 vorgelegt hatten. Nun wurden nur noch Details verändert,[24] so daß auch in dieser Hinsicht auswärtige Mächte über die künftige staatsrechtliche und innere territoriale Struktur des deutschen Reiches entschieden, der Reichstag selbst fungierte nur noch als verfassungsrechtlich erforderliches Vollzugsorgan.

Während dieser Verhandlungen buhlten zahlreiche deutsche Territorialherren um die Gunst Rußlands und Frankreichs und wandten Bestechungsgelder in beträchtlicher Höhe auf, um möglichst große Brocken aus der Verteilungsmasse zu erlangen. Der französische Außenminister Talleyrand (und nicht er allein) erwies sich als besonders empfänglich für jegliche Bestechung, Verpflichtungen leitete er daraus aber in keiner Weise ab – im übrigen traf Napoleon auch in bezug auf die »Entschädigungen« viele Entscheidungen persönlich. Die Verhandlungen über die künftige territoriale Struktur Deutschlands wurden gleichsam auf doppeltem Boden geführt, da mehrere der deutschen Fürsten, die Mitglieder

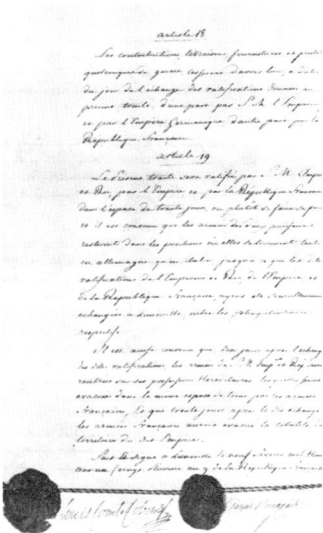

Schlußseite des Friedensvertrags von Lunéville vom 9. Februar 1801

Der Frieden von Lunéville regelte auch die Entschädigung der deutschen Herrscher, deren Territorien der Landkarte Opfer gebracht hatten. Der Reichstag empfahl 1801 eine Reichsdeputation zur Erarbeitung eines Entschädigungsplans, dem aber Paris und St. Petersburg zuvorkamen; 1803 nahm man die Beratungen auf dieser Grundlage auf, die sich monatelang hinzogen, da die Verhandlungen über die künftige territoriale Struktur Deutschlands immer wieder zum Feilschen wurden, bei dem nicht selten Bestechungen den Ausschlag gaben. Der französische Außenminister Talleyrand, der ehemalige Bischof von Autun, spielte hier eine entscheidende Rolle sowohl in den verschiedenen Entschädigungsvorschlägen als auch in der Annahme von Bestechungsgeldern.

der Reichsdeputation wurden, zu diesem Zeitpunkt bereits mit russischer Zustimmung bilaterale Verträge mit Frankreich geschlossen hatten. Aufschlußreich war die Instruktion für den preußischen Reichstagsgesandten Graf Goertz vom 23. Juli 1802, der ein Subdelegierter der Deputation war: »Wir können nicht umhin zwischen Unsern eigenen Entschädigungen und denen der übrigen Stände einen Unterschied zu machen. Denn wir sind nicht bloss Reichsstand, sondern auch souveraine Macht: Wir haben als solche Unsere überwiegenden Verhältnisse, Rechte und Interessen, welche wir denen als Reichsstand hier nicht gänzlich aufopfern können.«[25] Die Beteiligung an der Reichsdeputation war in wesentlichen Fragen eine reine Farce, zumal diese ihrem Auftrag gemäß »einvernehmlich mit der Französischen Regierung« handeln sollte.[26]

Solche Vorverträge wurden am 24. August 1801 mit Bayern, am 20. Mai 1802 mit Württemberg, am 23. Mai 1802 mit Preußen abgeschlossen. Diese Auswahl der Vertragspartner zeigte die Zielsetzung Frankreichs nur zu deutlich: Die zweite deutsche Großmacht Preußen sowie die beiden größten süddeutschen Staaten wurden bewußt gegen die deutsche Kaisermacht Habsburg gestärkt, um damit die Partikularisierung des Reichs in einer neuen territorialen Form desto dauerhafter zu begründen und ein »Gleichgewicht« in Deutschland zu erreichen.[27] Die Begünstigten scheuten sich im übrigen nicht, einen Teil der ihnen zugedachten Gebiete sogleich in Besitz zu nehmen,[28] ohne die reichsrechtlich bindenden »Entscheidungen«, an denen sie doch selbst beteiligt waren, auch nur abzuwarten. Dem deutschen Kaiser hatte man immer wieder getrotzt, dem Kaiser der Franzosen folgte man willig, wenn territorialer Zugewinn dabei heraussprang. Ein solches Reich war nicht mehr zu retten, die deutsche Nation blieb für die Reichsfürsten, die größeren zumal, noch immer ein Fremdwort. Aus dem Wandel Frankreichs zur politischen Nation zogen sie bis zu diesem Zeitpunkt keine Konsequenzen, obwohl sie ihr erlegen waren.

Die drei Reichstagskollegien stimmten schließlich dem Vorschlag der Reichsdeputation zu, der Kaiser ratifizierte am 27. April 1803 den Reichsschluß: Verfassungsrechtlich hatte nun alles seine Ordnung – aber die Verfassung selbst wurde auf diese Weise aufgehoben.

Worin bestanden die wichtigsten Ergebnisse dieser »legalen Revolution« (E. R. Huber), dieser Revolutionierung von Territorium und Verfassung des Heiligen Römischen Reiches durch den Beschluß von Fürsten? Da waren die schon erwähnten rechtlichen Auswirkungen: Der Reichsdeputationshauptschluß beseitigte die geistlichen Fürstentümer und die Stellung der katholischen Kirche als Reichskirche, er mediatisierte die größte Zahl der kleineren reichsunmittelbaren Stände, allerdings noch mit Ausnahme der Reichsritter. Die das Reich charakterisierende Föderalisierung der Herrschaft wandelte sich nun zu einer durch Frankreich beherrschten, wenngleich großflächigen Partikularisierung, zu der die endgültige Ausschaltung der Reste kaiserlicher Suprematie gehörte. Das Ende des alten Reiches war damit besiegelt, die folgenden Ereignisse brachten keine wirklichen Entscheidungen mehr, sondern nur noch zwangsläufige Konsequenzen. Verfassungsrechtlich folgten zwei Übergangsphasen: die erste dauerte bis 1806, die zweite bis zur staatsrechtlichen Neuordnung Deutschlands auf dem Wiener Kongreß.

Die territoriale Revolution hing mit der verfassungsrechtlichen eng zusammen und war nicht weniger fundamental. Mit Ausnahme des mit dem Amt des Kurerzkanzlers verbundenen Fürstbistums Mainz sowie der beiden geistlichen Ritterorden – des Hoch- und Deutschmeisterordens und des Malteserordens – wurden alle geistlichen Fürstentümer säkularisiert.[29] Allerdings entging Mainz nur begrenzt und nur zeitweilig der Aufhebung: Zunächst schuf man als Ausgleich für die Säkularisation des größten Teils des Kurfürstentums Mainz für den Kurerzkanzler Karl Theodor von Dalberg das neue Fürstentum Aschaffenburg, sein Erzbischofssitz wurde auf die Domkirche zu Regensburg übertragen.

Durch die Säkularisation wurden – abgesehen von den verlorengehenden linksrheinischen Territorien – 112 Reichsstände aufgehoben beziehungsweise mediatisiert, darunter alle Reichsstädte außer Hamburg, Bremen, Lübeck, Frankfurt am Main, Nürnberg und Augsburg. 3,161 Millionen Untertanen auf etwa 10 000 Quadratkilometern wechselten allein durch die Säkularisation der geistlichen Fürstentümer den Landesherrn, mit ihnen Einkünfte in Höhe von 21 Millionen Gulden jährlich. Unter diesen künftig wegfallenden Reichsständen waren ein weltliches Kurfürstentum (die Pfalzgrafschaft bei Rhein), zwei geistliche (Kurköln und Kurtrier), 19 Reichsbistümer, 44 Reichsabteien und 41 Reichsstädte. Hinzu kamen auf dem linken Rheinufer territoriale Verluste in erheblichem Ausmaß. Die zeitgenössischen Schätzungen weichen voneinander ab. Die französische Berechnung belief sich auf 653 Quadratmeilen mit 1,644 Millionen Einwohnern.[30] So mußten die vier linksrheinischen Städte Köln, Aachen, Worms und Speyer sowie eine ganze Reihe kleinerer linksrheinischer Herrschaften abgetreten werden.

Die Vermögenssäkularisation ergab sich unter anderem aus den Paragraphen 34 bis 36 des Reichsdeputationshauptschlusses, die alle Güter der Domkapitel und die bischöflichen Domänen den neuen Landesherren zusprachen. Diejenigen Güter der fundierten Stifte, Abteien und Klöster in den alten und den neuen landesherrlichen Besitzungen – seien es katholische, seien es der Augsburgischen Konfession zugehörige –, die nicht ausdrücklich aufgeführt wurden, standen den betreffenden Landesherren zur vollen und freien Disposition, betroffen waren etwa 200 landsässige Klöster und Stifte.

Die wirtschaftlichen und sozialen Auswirkungen der Säkularisation beschäftigen die Forschung in wachsendem Maße, allerdings sind die intensiven neueren Untersuchungen noch lokal und regional begrenzt, so daß eine abschließende Bilanz vorerst nicht gezogen werden kann. In jedem Fall erreichte der »Wechsel von Grundbesitz« durch den Reichsdeputationshauptschluß »Ausmaße, die erst 1945 wieder übertroffen worden sind«.[31]

Die Veränderung der Sozialstruktur des Klerus ist offensichtlich: Mit der »längst fälligen Entfeudalisierung der hochadeligen Kapitel und Stifte« verband sich ein tiefgreifender »Prozeß sozialer Umschichtung und Einebnung ... Im Zuge einer ständischen Egalisierung verlor der Adel neben seiner politischen Machtstellung – zu der der Rückhalt an der Reichskirche beigetragen hatte – ohne jede Entschädigung die Anwartschaft auf nicht weniger als 720 Domherrenstellen.«[32] Da nun diese Stellen und die Bistümer für nachgebo-

Karikatur auf die Säkularisation

Dargestellt ist die ordensgeschmückte Büste eines Kirchenfürsten mit Perücke, Wildschweinkopf und Eselsohren, der in der knöchernen Rechten ein Blatt mit der Aufschrift »Status quo« hält. Auf dem Sockel sind ein zertretener geistlicher Herr und die Inschrift »Mein Reich ist nicht von dieser Welt« zu sehen.

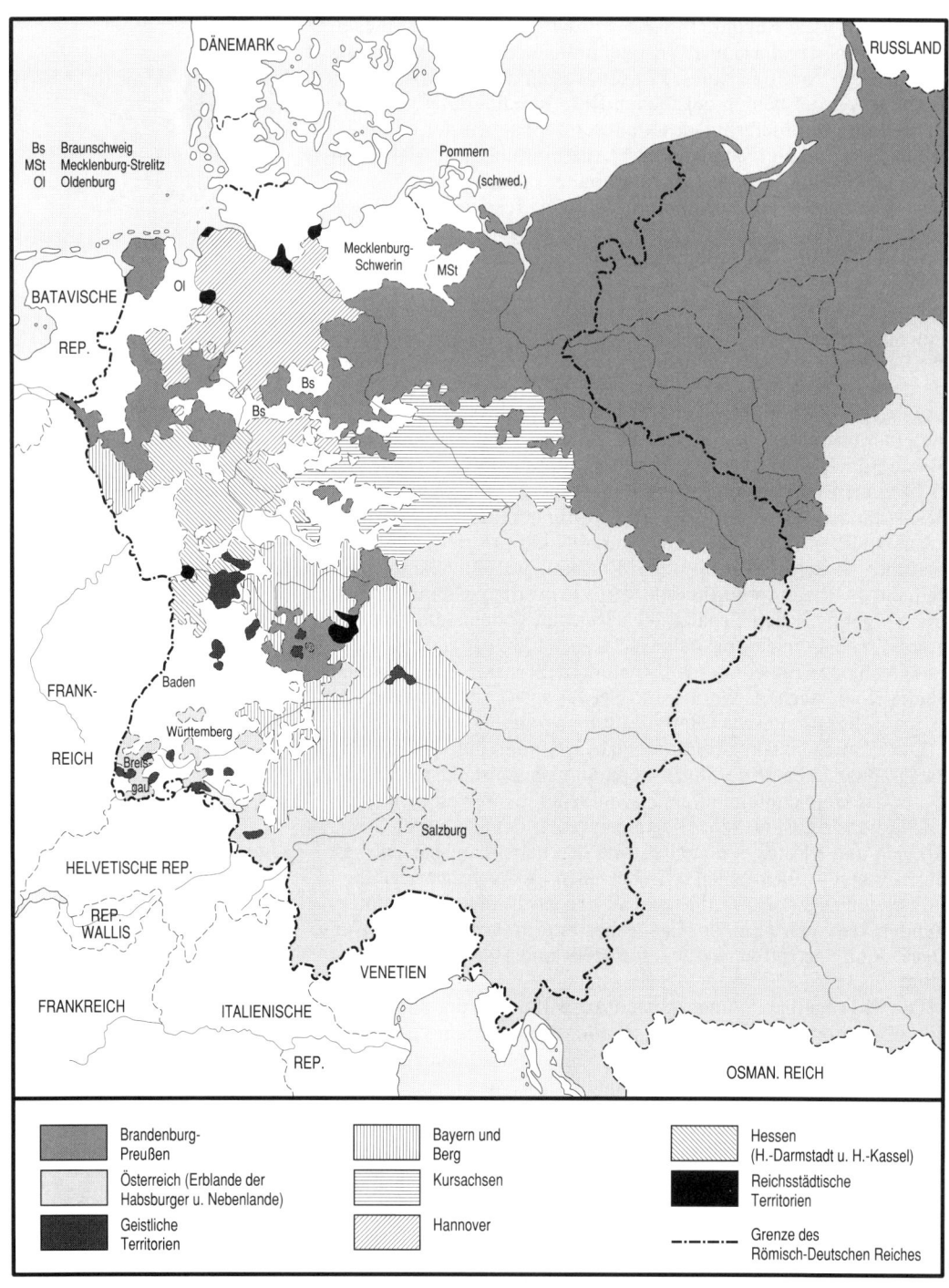

Mitteleuropa 1803 nach dem
Reichsdeputationshauptschluß

rene hochadlige Adelssöhne materiell nicht mehr interessant waren, bewirkte dies sowohl eine Theologisierung höherer Kirchenämter als auch eine soziale Egalisierung, die die Kluft zwischen der alten Adelskirche und der Volkskirche beseitigte. Zugleich entstand ein neuer Typus der Weltgeistlichen, während sich die Zahl der Ordensgeistlichen – und damit der Kleriker überhaupt – erheblich verminderte.[33]

Tatsächlich entsprach der Strukturwandel der Kirche wesentlichen Zielen der katholischen Aufklärung: Hieraus erklärt sich auch, warum die Aufklärung noch in den ersten Jahrzehnten des 19. Jahrhunderts in katholischen Regionen fortwirkte, während sie im protestantischen Bereich längst durch konkurrierende Strömungen abgelöst worden war. Der Fürstprimas von Dalberg und der mit ihm befreundete Augsburger Domherr und spätere Konstanzer Generalvikar (seit 1802) Ignaz Heinrich Freiherr von Wessenberg verbanden die nationalkirchlichen Tendenzen des späten 18. Jahrhunderts und die kirchenpolitischen Möglichkeiten, die die Säkularisation und die Napoleonischen Reformen boten, mit den Vorstellungen der katholischen Aufklärung. Die Reform der Klerikerbildung, des Religionsunterrichts, der Volksschule, der Lehrerbildung, schließlich des Kirchengesangs mit Einführung der deutschen Sprache in die Liturgie gehörten ebenso zu Wessenbergs Leistungen wie das Engagement für die Schaffung einer katholischen deutschen Nationalkirche auf dem Wiener Kongreß, an dem er als Vertreter Dalbergs teilnahm.

Die Säkularisation bewirkte zugleich aber auch kultur- und bildungsgeschichtliche Veränderungen mit unerfreulichen Begleiterscheinungen. Sie reichten von der Verschleuderung wertvoller Kunstwerke und Bibliotheken, die im Kirchen- beziehungsweise Klosterbesitz waren, bis zur Aufhebung zahlreicher katholischer Bildungseinrichtungen. So wurden die meisten katholischen Universitäten beseitigt, es blieben nur noch die dann in konfessioneller Parität organisierten Universitäten Freiburg, Würzburg und Münster übrig. Durch den Ländertausch fanden sich viele Katholiken in protestantischen Staaten wieder, in denen sie dann als religiöse Minderheiten lebten, ohne daß ihnen in der Regel größeres Verständnis entgegengebracht wurde. Auch diese Entwicklung verlief freilich ambivalent. Der Verlust des politischen Einflusses der alten Reichskirche bewirkte die Besinnung auf die religiösen Aufgaben, denen die künftige Kirchenverfassung Rechnung tragen mußte.

Die Verluste des Adels durch den Wegfall von Ämtern infolge der Säkularisierung waren enorm.[34] Die Übernahme des kirchlichen Grundbesitzes durch den Staat leitete auch ohne formelle Bauernbefreiung einen tiefgreifenden Wandel ein, wechselte doch beispielsweise in Bayern über die Hälfte der Bauern ihren Grundherrn, so daß seit 1803 65 Prozent aller dortigen Bauern auf staatlichen Domänen lebten. Ihnen wurde auf der Basis früherer Reformansätze schon am 21. Juni 1803 eine Ablösung des grundherrlichen Obereigentums durch Geldzahlungen ermöglicht. Allerdings zog sich dieser Prozeß mangels finanzieller Mittel der meisten Bauern noch bis 1848 hin, verschiedentlich dauerten die Ablöseverpflichtungen sogar noch bis 1918 an. Trotzdem brachte das Jahr 1803 den entscheidenden Schritt zur Einleitung der Bauernbefreiung in Bayern.

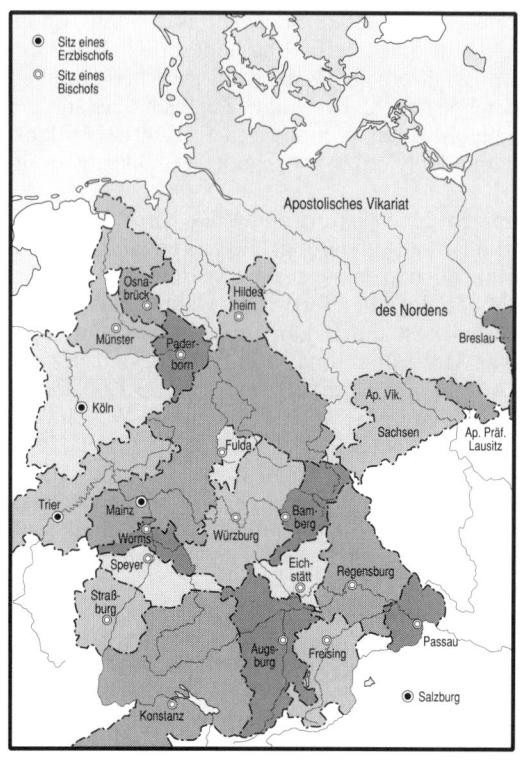

○ Sitz eines
   Erzbischofs
○ Sitz eines
   Bischofs

Apostolisches Vikariat

des Nordens

Osna-
brück
Hildes-
heim
Münster
Paderborn
Breslau
Köln
Ap. Vik.
Sachsen
Ap. Präf.
Lausitz
Fulda
Trier
Mainz
Bamberg
Worms
Würzburg
Speyer
Eich-
stätt
Regensburg
Straß-
burg
Augs-
burg
Freising
Passau
Salzburg
Konstanz

Die Organisation der katholischen
Kirche in Deutschland vor 1802

Die Forschungen der letzten Jahre haben gezeigt, daß die Mehrheit der Käufer von Klostergütern in Bayern einheimische Katholiken waren und nicht, wie man früher annahm, Protestanten, Juden und Ausländer. Die Bauern blieben trotz des Wechsels der Grundherrschaft auf ihren selbständig bewirtschafteten Höfen, wohlhabende Bürger, Adlige oder Bauern erwarben die klösterlichen Eigenbetriebe. Diese für das Rheinland zu modifizierenden Ergebnisse belegen zugleich, daß eine breitere Eigentumsstreuung, die sowohl in Westfalen als auch im Rheinland versucht wurde, nicht stattfand; für ehemaliges Klosterpersonal, beispielsweise Handwerker, bedeutete die Säkularisation einen sozialen Abstieg, da ihre Mittel bestenfalls zum Erwerb kleiner Parzellen ausreichten. Unterschiede ergaben sich vor allem daraus, daß vor 1803 die Klöster in Bayern über 90 Prozent ihres Grundeigentums an selbständig wirtschaftende Bauern gegeben hatten, im Rheinland aber Pacht vorherrschte.[35]

Die negativen Auswirkungen waren naturgemäß dort am größten, wo der Klosterbesitz in geringerem Ausmaß an selbständig Wirtschaftende vergeben war und die Klöster deshalb erhebliche Bedeutung als Arbeitgeber besaßen. In manchen Regionen, vor allem im Westen und Südwesten, kam es zur Pauperisierung der für die Klöster arbeitenden Bevölkerung, was beispielsweise für die Moselwinzer gilt, für Kleinbauern und Tagelöhner in den südlichen Rheinlanden und schließlich für die Beschäftigten ehemaliger bayerischer Klöster mit großem Streubesitz.[36] In Baden versuchte man, der Beseitigung der Klöster mit Industrieanlagen zu begegnen, um neue Arbeitsplätze zu schaffen.[37]

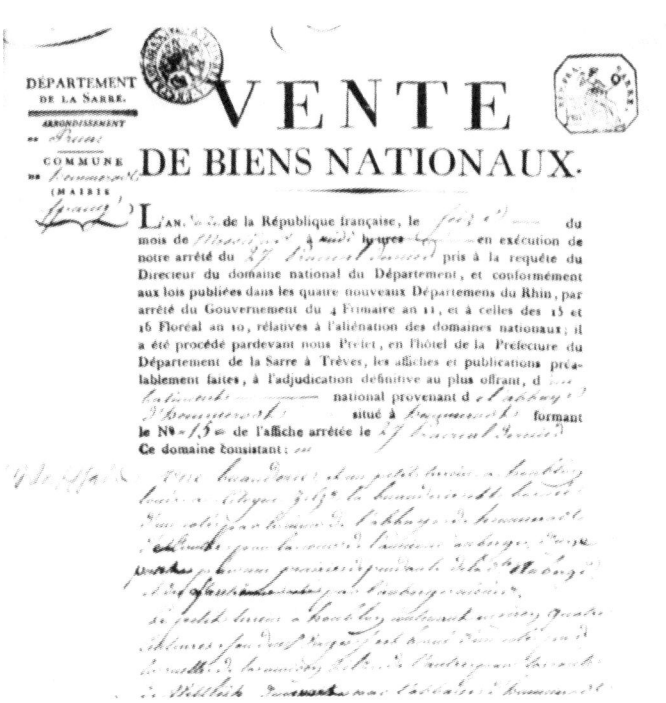

Verkaufsangebot von Gütern des Klosters Himmerod/Bernkastel-Wittlich, 1803

Die Neuordnung der Landkarte in der Napoleonischen Ära erwies sich für Deutschland als dauerhafter als für Frankreich. Das Reich wird auch nach dem Sieg über den französischen Kaiser nie wieder die Gestalt annehmen, die es vor der Revolution gehabt hatte; ein österreichischer Kaiser, das vergrößerte Königreich Preußen, gestärkte Mittelstaaten, sei es als Königtümer, sei es als Herzogtümer, sind nebst einigen kleineren Herrschaften an der Stelle jenes Flickenteppichs von über 300 weltlichen und geistlichen Herrschaften getreten, die das alte Reich unübersehbar gemacht hatten: Frankreich aber hatte nach Napoleon fast exakt jene Gestalt – und jene Grenzen – die auch das vorrevolutionäre Frankreich hatte.

Neuere Untersuchungen zeigen zum einen, wie unterschiedlich sich die Vermögenssäkularisation in wirtschaftlicher Hinsicht regional auswirkte, zum anderen legen sie eine sozialgeschichtliche Differenzierung der Käuferschicht nahe. So brachte die Vermögenssäkularisation in Westfalen tatsächlich keine ökonomische und soziale Zäsur, verschärfte hier aber die bestehenden Unterschiede zwischen arm und reich,[38] während im linksrheinischen Deutschland die sozialökonomischen Auswirkungen in der Regel ganz erheblich waren.[39]

Im Rhein-Mosel-Departement umfaßte der »nationalisierte« Grundbesitz immerhin sechzehn Prozent der landwirtschaftlich genutzten Fläche (ohne Wald). Hinzu kamen über tausend ländliche und städtische Gebäudekomplexe. Über drei Viertel des enteigneten und verkauften Grundbesitzes dieses Departements bestanden aus wertvollstem Ackerland.[40] Den umfangreichsten Anteil erwarb – oftmals über Makler –[41] eine sozialökonomisch homogene Schicht von Mehrfachkäufern, die aus den Städten des Departements stammten, meist handelte es sich um Großkaufleute und Kapitaleigentümer: »Die einseitig fiskalpolitische Motivation des Nationalgüterverkaufs, die die französische Politik bestimmte, fand auf diese Weise auf der Käuferseite ihre Entsprechung. Als Käufer kamen insbesondere diejenigen zum Zug, die die größte Kapitalreserve besaßen ... die Verkaufspolitik der Franzosen [leistete] einer Kapitalisierung des Grundbesitzes Vorschub.«[42]

Im übrigen bedarf der dem Erstverkauf folgende weitere Besitzwechsel näherer Untersuchung, denn nicht allein Makler, sondern auch andere Angehörige des städtischen Bürgertums verkauften den erworbenen Grundbesitz beziehungsweise die Immobilien weiter, wohl zum Teil an Bauern.[43] Die Bauern stellten regional unterschiedliche Anteile, in Koblenz beispielsweise als zweitstärkste Gruppe die Hälfte der Käufer, die aber nur ein Drittel des Bodens erwarb. In Bayern, wo der Landbesitz parzelliert wurde, um möglichst vielen den Kauf zu ermöglichen und die Einnahmen des Staates schnell zu erhöhen, zählten neben den Bauern andere, eher klein- und mittelbürgerliche Schichten in nennenswertem Ausmaß zu den Käufern. Die Staatseinnahmen blieben insgesamt in Bayern aber weit unter den Erwartungen, vermutlich bei etwa fünf Millionen Gulden: Das war erheblich weniger, als der Staat früher in Notzeiten aus den Klöstern herausgezogen hatte.[44] Österreich verzichtete nun auf Säkularisierungen, in protestantischen Staaten spielten sie eine untergeordnete Rolle, Preußen säkularisierte katholische Klöster in Schlesien noch 1810.

Trotz der unterschiedlichen sozialökonomischen Auswirkungen der Säkularisation gewann mittel- und langfristig die Mobilisierung des Grundbesitzes erhebliche Bedeutung, während die Industrialisierung nur geringfügig durch sie begünstigt wurde.[45] So bedeutsam die Vermögenssäkularisation im einzelnen gewesen ist, an politischer Wirkung steht sie – ungeachtet der Vorläufigkeit des Urteils, die durch den ungleichmäßigen Forschungsstand bedingt ist – der Herrschaftssäkularisation und der außerordentlich folgenreichen territorialen Arrondierung der deutschen Mittelstaaten und der zweiten deutschen Großmacht erheblich nach.

Der Gewinn aus dieser territorialen Umwälzung des alten Reiches ging vor allem an Preußen sowie an die mittleren Territorialstaaten. Preußen erhielt etwa das Fünffache des linksrheinischen Verlusts: Anstelle von 48 Quadratmeilen mit 127 000 Einwohnern bekam es 235,5 Quadratmeilen mit 558 000 Einwohnern; Baden das Siebeneinhalbfache, Württemberg das Vierfache, Bayern zwar nicht vergleichbar viel, doch zur Abrundung seines Territoriums besonders begehrte Gebiete in Franken, Schwaben und Niederbayern, unter anderem die Bistümer Würzburg, Bamberg, Freising, Augsburg und Passau. Statt der linksrheinischen Verluste von 255 Quadratmeilen mit 730 000 Einwohnern gingen nun 290 Quadratmeilen mit 880 000 Einwohnern an Bayern, dessen Position als drittgrößter deutscher Staat mit einem kompakten Territorium sich damals erheblich festigte. Die österreichischen Kompensationen, vor allem für die endgültig verlorenen südlichen Niederlande, das Breisgau und die Ortenau lagen vor allem in Südtirol (die Bistümer Trient und Brixen) sowie im Großherzogtum Salzburg. Dieses wurde zum Ausgleich für das Großherzogtum Toskana aus dem ehemaligen Erzbistum, der Propstei Berchtesgaden sowie Teilen des Bistums Passau geschaffen.

Sofern verfassungsrechtliche Änderungen erfolgten, blieb ihre Bedeutung zeitlich begrenzt, da das alte Reich nur noch bis 1806 bestand. Zu diesen nur für kurze Zeit gültigen Regelungen gehörten vor allem die Einführung von vier neuen Kurwürden für Baden, Hessen-Kassel, Württemberg und Salzburg (nur bis 1805) anstelle der aufgehobenen geistlichen Kurfürstentümer sowie die sich aus Säkularisation und Mediatisierung ergebenden Verschiebungen in

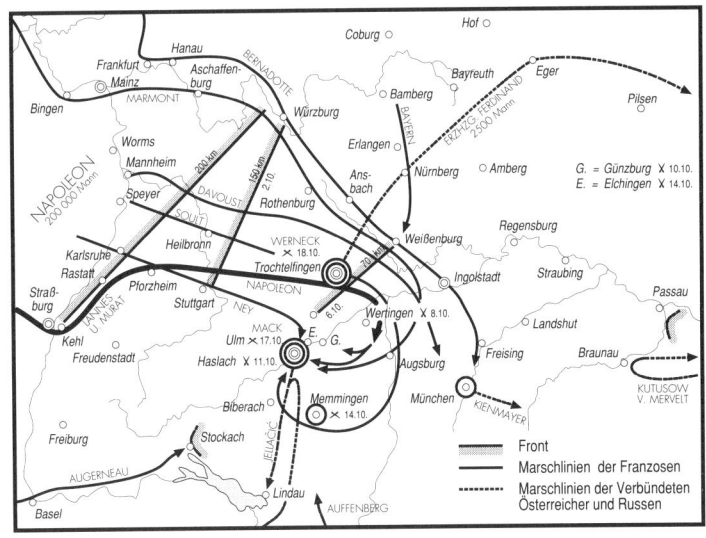

Die Operationen, Schlachten und Kapitulationen im Bereich Ulm im Feldzug Napoleons gegen Österreich, 1805

Die Revolutionsheere entwickelten eine neue Taktik; der Feldzug von 1805 zeigt nicht nur Napoleon auf der Höhe seines Genies, sondern demonstriert die neue Strategie der Kriegskunst.

der Zusammensetzung der anderen Reichstagskollegien, also des Reichsfürstenrats und der Städtekurie. Zählten Säkularisationen schon zu den wirkungsmächtigsten Ergebnissen des Westfälischen Friedens,[46] so kann ihre staatsrechtliche, reichs- und kirchenpolitische Wirkung infolge des Reichsdeputationshauptschlusses nicht überschätzt werden.

Mit dem Reichsdeputationshauptschluß kam die territoriale Umgestaltung Deutschlands nur vorläufig zum Abschluß, der Friedensvertrag zwischen England und Frankreich in Amiens rechtfertigte durch seine Brüchigkeit nur zu bald die damaligen skeptischen Prognosen. Aufgrund fortbestehender Divergenzen brach der Krieg zwischen beiden Staaten schon kurze Zeit nach dem Reichsdeputationshauptschluß wieder aus. Dabei verletzte Frankreich den mit dem Reich geschlossenen Friedensvertrag, indem Napoleon seine Heere in das in Personalunion mit England verbundene Hannover einrücken ließ. Dieser Englisch-Französische Krieg weitete sich schnell zum Dritten Koalitionskrieg aus, als Rußland am 11. April 1805 mit England ein Bündnis schloß, dem schon am 9. August 1805 Österreich beitrat. Habsburg sah infolge der offensiven Italienpolitik Napoleons, die in seiner Selbstkrönung zum König von (Ober-)Italien Ausdruck fand, seine italienischen Besitzungen bedroht. Preußen blieb neutral, obwohl das französische Vorrücken auf hannoversches Gebiet gegen die vereinbarte Neutralität Norddeutschlands verstieß und Napoleon um preußische Unterstützung warb. Allerdings zog Frankreich zwischen August und Oktober 1805 Bayern, Baden und Württemberg auf seine Seite. Diese Entscheidung der erstarkten süddeutschen Mittelstaaten ging insofern noch über den preußischen Sonderfrieden von 1795 hinaus, als sich diese drei Territorialstaaten verfassungswidrig nicht allein an einem Bündnis, sondern sogar einem Krieg gegen den deutschen Kaiser auf seiten einer auswärtigen Macht beteiligten: Die Auflösung des alten Reiches schritt rapide fort, das Reich besaß keinerlei Machtmittel, die drei Reichsstände zu ihren verfassungsmäßigen Pflichten zu zwingen.

Die berühmte Drei-Kaiser-Schlacht bei Austerlitz am 2. Dezember 1805, in der Napoleon die österreichisch-russischen Armeen vernichtend schlug und insbesondere den Russen erhebliche Verluste zufügte, erwies erneut die französische Überlegenheit und unterwarf am 26. Dezember 1805 Österreich einem deprimierend rigiden Friedensschluß in Preßburg. Härter noch als das Haus Habsburg traf dieser Friedensvertrag das Reich, obwohl es völkerrechtlich weder einen Krieg geführt hatte noch einen Frieden schloß. In Preßburg erzwang Napoleon den vorletzten Schritt zur Auflösung des Reiches und zelebrierte zugleich seine Politik von Strafe und Belohnung gegenüber den deutschen Staaten: Österreich hatte sich aufgelehnt, wurde besiegt und durch erhebliche Gebietsverluste getroffen, die drei süddeutschen Staaten erhielten für ihre Unterstützung des Kaisers der Franzosen und die Verletzung der deutschen Reichsverfassung ihren Lohn. Napoleon scheute sich nicht einmal, in souveränen Staaten eigenmächtig Standeserhöhungen vorzunehmen. Österreich mußte der Erhebung Bayerns und Württembergs zu souveränen Königreichen zustimmen, außerdem sprach der Vertrag den drei süddeutschen Staaten weitere Gebiete zu.[47]

Im Preßburger Vertrag finden sich Begriffe, die die grundsätzliche Veränderung Deutschlands bereits ohne Schnörkel klarstellen: Vom Reich ist nicht mehr die Rede, sondern von Deutschland (l'Empereur d'Allemagne) oder vom Deutschen Bund (Conféderation Germanique). Indem der Vertrag den drei süddeutschen Territorien unter Hinweis auf den Kaiser und den König von Preußen die gleiche »vollständige Souveränität und alle Gerechtsame, die damit verbunden« sind, zusprach, legte er die Reichsverfassung nicht nur falsch aus – da kein deutscher Territorialstaat die volle Souveränität besaß, auch die beiden Großmächte nicht souverän waren –, sondern formulierte zugleich die staatsrechtliche Umwandlung des alten Reiches in einen Bund souveräner, gleichberechtigter Staaten.

Die Zuerkennung der vollen Souveränität, die der Kaiser der Franzosen und der deutsche Kaiser im Frieden von Preßburg garantierten, gab schließlich den süddeutschen Staaten die Handhabe, die Mediatisierung der Reichsritter durchzuführen, die im Reichsdeputationshauptschluß noch ausgenommen worden waren. Mit diesem Schritt leiteten die süddeutschen Staaten eine Mediatisierungswelle ein, die das im Reichsdeputationshauptschluß eingeleitete Werk der Rationalisierung der so vielfältigen Klein- und Kleinststaaterei vollendete. Insofern war die Mediatisierung der Reichsritter die logische Konsequenz aus der durch den Reichsdeputationshauptschluß erfolgenden Säkularisierung sowie der Mediatisierung von Reichsstädten. Allerdings handelte es sich nicht um die Logik der deutschen Reichsfürsten, deren ausschließliches Ziel der territoriale Egoismus war, sondern um diejenige Napoleons.

Dies zeigte sich im Abschluß der Mediatisierungswelle in den Jahren 1806/07. Nachdem bereits der Friede von Preßburg die noch 1803 ausgenommene Reichsstadt Augsburg und ihr Gebiet zu Bayern geschlagen hatte, folgten bei der Gründung des Rheinbundes 1806 und der Etablierung des Napoleonischen »Modellstaats« Westfalen 1807 weitere 70 Mediatisierungen von Reichsständen sowie diejenige der restlichen, in Preßburg nicht erfaßten Reichsritterschaften: Mediatisierung hieß Zuweisung dieser Gebiete an die jeweils umgebende Landesherrschaft.

Huldigung der Rheinbundfürsten an Kaiser Napoleon 1806, zeitgenössischer Stich

Mit der Gründung des Rheinbundes ordnete Napoleon das Reich vollkommen neu; es wurde nicht allein der Napoleonische Modellstaat Westfalen unter dem Bruder des Kaisers Jérôme neugeschaffen, sondern auch die Mediatisierung kleinerer Reichsstände und Reichsritterschaften vollzog das Ergebnis der militärischen Niederlage des alten Reiches in der politischen Neuordnung der süd- und westdeutschen Staaten: auf eine Formel gebracht, bestand es darin, daß das »dritte« Deutschland« – Bayern, Württemberg und Baden und die kleinen Reichsstände – aus dem Heiligen Römischen Reich austraten und ein Bündnis gründeten, dessen Protektor der französische Kaiser war.

Der Rheinbund war das politische Ergebnis des Dritten Koalitionskriegs; er schloß die Auflösung des alten Reiches und die territoriale Neuordnung Deutschlands ab. Trotz der späteren Niederlage Napoleons formte sich während der Zeit seines Bestehens zwischen 1806 und 1813 die künftige Struktur des Deutschen Bundes. Interne Streitigkeiten der süddeutschen Staaten über Grenzfragen und die unterschiedlichen verfassungspolitischen Vorstellungen Napoleons auf der einen, Bayerns und Württembergs auf der anderen Seite verhinderten nicht, daß es unter Druck Napoleons am 12. Juli 1806 in Paris zur Unterzeichnung der Rheinbundakte kam, die das »dritte« Deutschland aus dem alten Reich ausgliederte: Insgesamt sechzehn Reichsstände – Bayern, Württemberg, Baden, Berg und Kleve, Hessen-Darmstadt, Nassau-Usingen, Nassau-Weilburg, Hohenzollern-Hechingen, Hohenzollern-Sigmaringen, Salm-Salm, Salm-Kyrburg, Isenburg-Birstein, Arenberg, Liechtenstein und Von der Leyen traten gemeinsam mit dem Kurerzkanzler – der den Titel eines »Fürsten Primas« annahm – aus dem Heiligen Römischen Reich aus und gründeten eine Konföderation, die sowohl ein defensives als auch ein offensives Bündnis darstellte und als deren Protektor der Kaiser der Franzosen auftrat.[48] »Jeder der konföderirten Könige und Fürsten wird auf jene seine Titel, welche irgend einen Bezug auf das deutsche Reich ausdrücken, Verzicht leisten und vom ersten des nächsten Monats August dem Reichstage seine Trennung vom deutschen Reiche anzeigen lassen.«

Von nun an gab es vier deutsche Staaten beziehungsweise Staatengruppen, aber kein deutsches Reich mehr: Neben den beiden Großmächten Österreich und Preußen stand der zu diesem Zeitpunkt ein Drittel des aufgelösten Reiches umfassende Rheinbund sowie die noch verbliebenen kleineren Territorien. Unter dieser Konstellation gab es für ein deutsches Kaisertum keine Basis mehr: Das Ultimatum Napoleons an Franz II., die Kaiserkrone niederzulegen, und dieser Schritt selbst, lagen wiederum in der von Napoleon diktierten Logik der Entwicklung: Nur zwei Jahre nach seiner Selbstkrönung war das Napoleonische Empire das einzige in Europa geworden.

Unter ausdrücklicher Bezugnahme auf den von ihm mitunterzeichneten Friedensvertrag von Preßburg und die ohne seine Beteiligung erfolgte Gründung des Rheinbundes erklärte es der Kaiser für ausgeschlossen, künftig seinen Pflichten als Reichsoberhaupt nachzukommen. Zugleich entband der Kaiser alle übrigen noch verbliebenen Reichsstände einschließlich seiner habsburgischen Länder von den Verfassungspflichten.[49]

Der Rheinbund verschaffte den meisten Mitgliedsstaaten wiederum Gebietszuwachs. Die Zahl der freien Reichsstädte verminderte sich erneut, da Nürnberg und Frankfurt am Main mediatisiert wurden, die traditionsreiche fränkische Stadt kam an Bayern, der ehemalige Wahl- und Krönungsort deutscher Kaiser an den neuen Fürstprimas. Nach dem Zusammenbruch Preußens 1806 traten dem Rheinbund bis 1808 alle deutschen Staaten außer Österreich, Preußen, Schwedisch-Pommern und Dänisch-Holstein bei, so daß er schließlich 39 Staaten mit knapp 326 000 Quadratkilometern und 14,6 Millionen Einwohnern umfaßte. Die größeren Rheinbundstaaten mußten jeweils militärische Kontingente stellen, die Napoleon 1809 gegen Österreich, 1812 gegen Rußland und schließlich 1812/13 gegen die preußisch-russische Allianz einsetzte. Die Stärke der deutschen Truppenteile Napoleons erreichte ungefähr 120 000 Mann. In diesen Kriegen kämpften also die Soldaten deutscher Rheinbundstaaten an der Seite Napoleons gegen österreichische beziehungsweise preußische Armeen.

Blieb der Rheinbund auch Episode, so erhielten sich neben den mit ihm verbundenen innenpolitischen Reformen doch zahlreiche der durch ihn bewirkten territorialen Veränderungen, vor allem die weiteren Mediatisierungen. Führte die Rheinbundakte die 70 mediatisierten kleinen Fürstentümer, Grafschaften und Herrschaften noch einzeln auf, so wies sie die reichsritterschaftlichen Güter pauschal mit voller Souveränität denjenigen rheinbündischen Königen und Fürsten zu, in deren Territorium sie Enklaven bildeten, im Streitfall sollten sie zwischen den beiden angrenzenden Staaten möglichst gleich aufgeteilt werden. Die seit der Rheinbundakte als Standesherren bezeichnete Gruppe aller ehemaligen reichsständischen Familien des hohen Adels, die 1806 ihre Souveränitätsrechte eingebüßt hatte, strebte auf dem Wiener Kongreß erfolglos ihre Restituierung an, erreichte allerdings einige Standesvorrechte und wurde damit zur »privilegiertesten Classe«.[50]

Bereits die privatrechtliche Argumentation des Reichsdeputationshauptschlusses verschaffte Preußen und dann auch Bayern die Legitimation, unter Anerkennung der Eigentumsrechte der Reichsritter deren Gebiete ihrem Staatsgebiet einzugliedern. Doch vermochte es das kaiserliche Dekret vom 23. Januar, in dem eine Reichsexekution zur Sicherung der Reichsritterschaft angedroht wurde, diesen Schritt hinauszuzögern. Die schließlich seit 1805/06 folgende Mediatisierung schloß keine Enteignung der Vermögen ein.

Reichsdeputationshauptschluß, Friede von Preßburg und Rheinbund beendeten gemeinsam die Jahrzehnte während Agonie des

Heiligen Römischen Reiches. Seine Schwäche hatte sich in vielen Formen manifestiert, zu ihnen zählten: die Erosion des reichsrechtlichen Gefüges, der österreichisch-preußische Dualismus, die allmähliche, sich durch Kriegsverluste innerhalb des Reichsgebiets verstärkende Verlagerung des Habsburgerreiches aus dem alten Reich heraus, schließlich die zunächst von den Großmächten, dann von den mittleren deutschen Staaten mit dem revolutionären beziehungsweise Napoleonischen Frankreich geschlossenen Separatverträge auf Kosten des Reiches sowie der kleinen Reichsstände.

Aber mit der Zerstörung des Reiches verbanden sich notwendige Modernisierungen, insofern war sie nicht bloß destruktiv, sondern konstruktiv-vorausweisend. Die territoriale Vereinfachung der deutschen Staatenwelt ermöglichte die Bildung lebensfähiger Mittelstaaten, die Beseitigung Hunderter von Zollschranken, die Verstärkung von Reformbereitschaft und Reformfähigkeit. Nach dem Vorbild der von Napoleon gegründeten Modellstaaten und unter seinem politischen Druck wurde ein grundlegender und im ganzen positiver Modernisierungsprozeß auch in den Territorien eingeleitet, die bis dahin vom Reformabsolutismus nur wenig berührt worden waren. Die von Napoleon innerhalb des Rheinbundes etablierten französischen Modellstaaten waren zwar politisch und militärisch Satelliten Frankreichs, doch fungierten sie gemäß der Absicht des Kaisers mit der modifizierten Übernahme der durch die Revolution und die Napoleonische Herrschaft realisierten Reformen tatsächlich als Modelle für andere deutsche Staaten. Die bedeutendste staatliche Neugründung war das Königreich Westfalen mit der Hauptstadt Kassel, in der Napoleons jüngerer Bruder Jérôme als König residierte, sowie das Großherzogtum Berg, in dessen Hauptstadt Düsseldorf zunächst sein Schwager Murat regierte, bevor es für einen minderjährigen Neffen des französischen Kaisers kommissarisch verwaltet wurde. Als Großherzog von Frankfurt setzte Napoleon seinen Stiefsohn Eugène Beauharnais ein.

Die von Napoleon intendierte Rheinbundverfassung erlangte hingegen kaum größere Bedeutung, da sie an dem politischen Konstruktionsfehler litt, gegensätzlichen Interessen der Beteiligten gerecht werden zu müssen: »... so wenig die Rheinbundfürsten gewillt waren, sich in ein föderatives Ganzes wirklich einzufügen, so wenig war Napoleon bereit, ein solches europäisches und deutsches Föderativsystem effektiv auszubauen. Und wenngleich in einigen Rheinbundstaaten sich Ansätze einer rheinbündischen Gesinnung zeigten, so weckte doch die französische Hegemonialpolitik in den unterworfenen Volksteilen mehr und mehr den Geist des Widerstands gegen die fremde Gewalt.«[51] Die erste Begeisterung wurde durch die Kontributionen für die französische Armee, die vor dem Krieg gegen Preußen 1806 in Bayern stand, schnell abgekühlt, da sie zu erheblicher Bedrückung der Bevölkerung führten. Napoleon löste sein Versprechen, diese Unterhaltung seiner Soldaten später zu bezahlen, nur in geringem Maße ein.

Für Napoleon bildete der Rheinbund ein Instrument seiner europäischen Hegemonialpolitik, ein notwendiges Ordnungselement in der deutschen Staatenwelt als Gegengewicht gegen die beiden deutschen Großmächte: »Nicht mehr die Koordination gleichberechtigter Nationalstaaten, sondern die Subordination der über-

Reisepaß von 1809

Die Veränderungen der staatsrechtlichen Landkarte Deutschlands waren so umfassend und gingen so schnell vor sich, daß zeitweilig die Dokumente von Hand verbessert werden mußten: die Druckereien konnten bei dem Tempo der neuen gesetzlichen Regelungen nicht mithalten.

wundenen Völker unter der Suprematie der imperialen Nation war der Kern dieser Europa-Idee.«[52] Die Bereitstellung von Truppenkontingenten wurde schließlich die einzige wirklich praktizierte Verfassungsbestimmung, während der in Frankfurt vorgesehene Bundestag – der kein Parlament, sondern ein Königs- und Fürstenkollegium sein sollte – nie zusammentrat. Sowenig Napoleon bei dem Ländertausch und der mit ihm verbundenen rationalisierenden Neugliederung der deutschen Staatenwelt das revolutionäre Prinzip der Volkssouveränität auch nur in Betracht zog, so wenig wollte der Protektor eine in gemeinsamen Verfassungsorganen zum Ausdruck gelangende Homogenisierung eines *gesonderten*, sich möglicherweise gegen ihn selbst richtenden rheinbündischen Staatsbewußtseins. So modern seine Politik in vielem war, in seiner Rheinbundpolitik verfuhr er nach der klassischen Maxime der eigenen Staatsräson unter dem Primat seiner auswärtigen Politik.

Selbst die in der Rheinbundakte proklamierte Souveränität erreichten die Rheinbundstaaten und die bald durch Akzessionsverträge angeschlossenen Staaten nicht: Sie lag allein beim Kaiser der Franzosen. Eine eigene Außenpolitik blieb ihnen ebenso versagt wie das Recht, über Krieg und Frieden zu entscheiden: Führte Frankreich einen Krieg, trat für die Rheinbundstaaten zwangsläufig der Kriegsfall ein, die politische Entscheidung lag beim »Protektor«. Aus dieser Suprematie der französischen Außen- und Kriegspolitik leiteten sich zusätzliche Rechte ab, beziehungsweise wurden durch den Protektor in Anspruch genommen, die einem weitgehenden Interventionsrecht des französischen Kaisers in die inneren Angelegenheiten der Rheinbundstaaten gleichkamen.[53]

Allerdings regte sich bald Widerstand gegen die weitergehenden Pläne Napoleons, den Rheinbund unter der Voraussetzung verfassungsrechtlich zu homogenisieren, daß dieser politisch in das Empire integriert wurde. Fürstprimas Dalberg legte in den Jahren 1806 und 1807 drei Verfassungsentwürfe vor, deren dezidierte Durchsetzung gegenüber Bayern aber selbst Napoleon nicht für opportun hielt. Vorausgegangen war ein Ereignis, das die deutsche Staatenwelt erneut veränderte: Die Vernichtung der Großmachtstellung Preußens nach dem kurzen Krieg gegen Frankreich 1806/07. Nun hielt Napoleon die Zeit für gekommen, in direkten Verhandlungen mit den wichtigsten Staaten dem Rheinbund eine Verfassung zu geben. So forderte er von Montgelas im November 1807 die Vorlage eines bayerischen Verfassungsentwurfs. Montgelas entwarf eine Rheinbundverfassung, die dem Bund äußerst geringe Kompetenzen zugestand und die einzelstaatliche Souveränität so stark ausbaute, daß der Einfluß Frankreichs auf die Mitgliedstaaten eher geringer als größer geworden wäre. Ein von Napoleon in Auftrag gegebener französischer Verfassungsentwurf setzte die gegenteiligen Akzente. Der Krieg in Spanien und die weiteren kriegerischen Verwicklungen bescherten dem bayerischen[54] und dem württembergischen Widerstand Erfolg: Keiner der Pläne erlebte eine Realisierung.

Nach dem Sieg Napoleons bei Austerlitz, der Gründung des Rheinbundes und dem Ende des alten Reiches war Preußen in Norddeutschland die einzige noch selbständige Macht, die aber zunehmend unter Druck des hegemonialen Frankreich geriet. Die

Neutralitätspolitik, die zeitweilig einer Schaukelpolitik gleichkam, hatte Preußen immer stärker isoliert. Zunächst näherte es sich aus Verärgerung über die Verletzung der preußischen Neutralität durch französische Truppen in Ansbach der dritten Koalition an und schloß mit Rußland in Potsdam am 3. November 1805 ein Geheimabkommen, das ihm Hannover zusprach. Als Gegenleistung sollte Preußen Frankreich ein Ultimatum stellen, in dem Napoleon zur Räumung der besetzten Teile Deutschlands, Hollands, der Schweiz und Italiens aufgefordert wurde. Doch den preußischen Unterhändler Graf Haugwitz verließ der Mut: Während er noch zögerte, dem Kaiser das Ultimatum zu übergeben, veränderte die Nachricht des französischen Sieges bei Austerlitz die Konstellation: Der Diplomat behielt das Ultimatum in der Tasche und schloß – statt es zu übergeben – mit Frankreich den Schönbrunner Vertrag. Auch Napoleon sagte Preußen die Überlassung Hannovers zu, doch sollte es dafür kleinere Territorien (unter anderem den rechtsrheinischen Teil Kleves und Ansbach) abtreten sowie im voraus den zu erwartenden Gebietsveränderungen zustimmen, die der Preßburger Vertrag bringen würde.

Zwar ratifizierte Preußen am 4. Januar 1806 den Schönbrunner Vertrag nur unter Vorbehalt, aber hier handelte es sich bereits um ein Rückzugsgefecht, da der auf dem Fuße folgende Pariser Vertrag Preußen zur Gestellung von Hilfstruppen gegen Rußland verpflichtete, mit dem es noch wenige Wochen vorher einen Geheimvertrag abgeschlossen hatte. Eine ebenso schwächliche wie opportunistische Diplomatie hatte Preußen allen Seiten entfremdet: Österreich und anderen deutschen Reichsständen durch die Separatabkommen mit Frankreich seit Basel 1795, Rußland durch seine plötzliche Kehrtwendung, England durch seinen Griff nach Hannover, Frankreich durch sein schwächliches Hin und Her. Einen solchen Staat sah Napoleon nicht als wirkliche Großmacht an. Hinzu kam, daß Preußen unter seinem Druck die Häfen für englische Schiffe schloß und damit im Englisch-Französischen Krieg einseitig Partei ergriff. Daraufhin erklärte England am 11. Juni 1806 den Krieg. Doch war die preußische Schaukelpolitik damit keineswegs zu Ende. Preußen hatte sich im übrigen eines schweren Bruchs des ja noch immer bestehenden Reichsverfassungsrechts schuldig gemacht, indem es aufgrund des Vertrags mit einem fremden Staat einen anderen deutschen Reichsstand, das Kurfürstentum Hannover, vollständig annektierte.

Gleichwohl fühlte sich Preußen im Schlepptau der französischen Politik allmählich unbehaglich. Trotz der frankreichorientierten Politik des zeitweilig für die Außenpolitik zuständigen Kabinettsministers Graf Haugwitz bis 1803 – die dieser später aber nur noch aufgrund des französischen Drucks fortsetzte – verstieß Frankreich immer wieder gegen die bilateralen Verträge. Die Napoleonische Politik hielt manche Zumutungen bereit, die Preußen eher als Satelliten denn als souveränen Staat erscheinen ließen. Der Großherzog von Berg verleibte seinem Staat sogar preußische Besitzungen ein. Trotzdem beging Preußen mit seiner überstürzten Kriegserklärung zu einem politisch und militärisch denkbar ungünstigen Zeitpunkt einen unglaublichen Fehler. Auch die im Juli 1806 vollzogene erneute Annäherung an Rußland, deren Ergebnis eine russische

Einzug Napoleons in Berlin am 27. Oktober 1806, Stich von Johann Friedrich Hügel

Der Einzug Napoleons unter dem Brandenburger Tor krönt in gewisser Weise die Kette der Erfolge, die der Kaiser der Franzosen im letzten Jahrzehnt errungen hatte. Die Residenz Friedrichs des Großen sah den korsischen Emporkömmling als gelassenen Sieger, der sich denn auch sogleich an das Grab des großen Königs führen lies.

Garantie für die territoriale Integrität Preußens und eine preußische Zusage war, Napoleon keine Truppen gegen Rußland zu stellen, befreite Preußen keineswegs aus der Zwickmühle. Als England und Frankreich über Hannover verhandelten, sah Preußen seine jüngste Beute in Gefahr und machte mobil, Napoleon forderte sofort die Demobilmachung, bereitete aber selbst einen Angriff vor. Preußen stellte nun Napoleon ein Ultimatum, das angesichts seiner tatsächlichen Machtstellung in Mitteleuropa nur lächerlich wirken konnte: Es forderte den Abzug aller französischen Truppen aus Süddeutschland, die Räumung der durch Murat annektierten kleineren Gebiete, unter anderem der Abteien Essen und Werden, schließlich den Verzicht auf französischen Widerstand gegen einen Norddeutschen Bund.

Wie kaum anders zu erwarten, würdigte Napoleon dieses Ultimatum nicht einmal einer Antwort. Preußen erklärte Frankreich am 9. Oktober 1806 den Krieg. Napoleon machte wie immer kurzen Prozeß, allerdings war er dieses Mal noch kürzer als gewöhnlich: Am 14. Oktober 1806 schlug er die preußischen Truppen bei Jena und Auerstedt, am 27. Oktober nahm er Berlin. Die Flucht des preußischen Königs und seiner Regierung ins ostpreußische Memel bewies, wie katastrophal die Niederlage war.

Während der Minister Reichsfreiherr Karl vom und zum Stein die Staatskasse nach Ostpreußen rettete, ließ der Gouverneur von Berlin, Friedrich Wilhelm von der Schulenburg, die Waffenmagazine in die Hände der französischen Truppen fallen und proklamierte: »Ruhe ist die erste Bürgerpflicht.« Die Versuche Steins, die folgenden Vereinbarungen vom 16. November 1806 wegen der unzumutbaren Härte der Bedingungen zu torpedieren, scheiterten. König Friedrich Wilhelm III. wollte Stein zum Außenminister berufen – doch dieser lehnte ab, weil er sich dem Amt nicht gewachsen fühlte.[55] Der ebenso verblüffte wie ungläubige König entließ Stein daraufhin am 4. Januar 1807: Wann sonst hat ein Minister von solch außergewöhnlichen Fähigkeiten die Übernahme eines leitenden Amtes mit einer derartigen Begründung verweigert?

Napoleon empfängt Zar Alexander I. und das preußische Königspaar drei Tage vor der Unterzeichnung des Friedens von Tilsit

Das preußische Königspaar wich nach den Schlachten bei Jena und Auerstedt immer weiter nach Osten aus, bis es zuletzt in Tilsit und Memel Zuflucht suchte. Nur die Fürsprache des Zaren rettete Friedrich Wilhelm III., dessen Thron in der Planung Napoleons schon abgeschafft war. Schließlich begnügte sich der französische Kaiser mit der Amputation Preußens um seine westlichen Provinzen. In Tilsit mußte Preußen einen demütigenden Frieden unterzeichnen: der Rheinbund und das Großherzogtum Warschau, das Königreich Westfalen und Preußens Retter, der Zar, erhielten die abgetretenen Gebiete. Von rund zehn Millionen Einwohnern blieben Preußen ganze 4,5 Millionen. Es hatte als Großmacht aufgehört zu existieren.

Die nun durch den Grafen Hardenberg energisch bestimmte preußische Politik gewann sofort an Folgerichtigkeit und Geschick, Preußen bot England die Rückgabe Hannovers an, schlug einen »verfassungsmäßigen Bund« in Deutschland und eine allgemeine Friedensordnung vor, in der für Preußen die Grenzen von 1806 wiederhergestellt und also auf Hannover verzichtet werden sollte. Zugleich wurde mit Rußland in der Konvention von Bartenstein die Fortführung des Krieges gegen Frankreich unter Aufbietung aller Kräfte vereinbart. Doch Rußland verfuhr genauso wie Preußen so oft verfahren war: Es hielt sich nicht an den Vertrag, nachdem russische Truppen bei Friedland am 14. Juni 1807 gegen die Franzosen eine Niederlage einstecken mußten und von 46 000 Mann 15 000 verloren hatten. Zar Alexander schloß nun einen Separatfrieden, in dem er Napoleon die russische Unterstützung im Krieg gegen England zusagte. Für Preußen allein gab es gegen Frankreich keine Chance, der am 9. Juli 1807 in Tilsit geschlossene Friedensvertrag zwischen beiden Staaten beendete fürs erste Preußens Rolle als europäische Großmacht und ließ es nicht einmal als einen im strengen Sinne souveränen Staat bestehen.

Allein schon die Umstände dieses Diktatfriedens waren demütigend: Verhandelt wurde nicht, die Vertreter Preußens erhielten am 7. Juli 1807 die französischen Friedensbedingungen. Sie wurden mit einem Ultimatum von 48 Stunden konfrontiert. Preußen blieb keine Wahl. Die Ablehnung hätte vermutlich die Auslöschung des Staates bedeutet. Am 9. Juli 1807 unterzeichnete Preußen einen der katastrophalsten Verträge seiner Geschichte. Die polnischen Erwerbungen, vor allem aber alle westelbischen Gebiete mußten abgetreten werden und wurden verschiedenen Staaten einverleibt: im Osten zum Teil Rußland, zum Teil dem neugeschaffenen Herzogtum Warschau, das der dem Rheinbund beigetretene und zum König von Sachsen erhobene Friedrich August I. in Personalunion erhielt; im Westen verlor Preußen seine Territorien zum größten Teil an die Napoleonischen Modellstaaten, das Königreich Westfalen und das

Großherzogtum Berg, einige andere Gebiete direkt an Frankreich. Preußen bestand fortan nur noch aus vier Provinzen – Brandenburg, Pommern, (Ost-)Preußen, Schlesien. Es umfaßte künftig nurmehr knapp die Hälfte seines Staatsgebietes von 1805: Von 5 700 Quadratmeilen blieben 2 800, von 9,75 Millionen Einwohnern noch 4,5 Millionen.

Im übrigen erlegte Napoleon dem verbleibenden Rest-Preußen weitere Bürden auf. Es mußte sich der gegen England verhängten Kontinentalsperre anschließen, in der endgültigen Höhe zunächst noch offene Kontributionen tragen, die französische Besatzung dulden und unterhalten, schließlich die Verwaltung dieser Gebiete durch die französischen Besatzungstruppen akzeptieren. Sie umfaßten zu diesem Zeitpunkt etwa 150 000 Mann und stellten für die Bevölkerung eine schwere Belastung dar. Die französischen Forderungen beliefen sich schließlich auf 154,5 Millionen Franken Kriegsentschädigung. Preußen erklärte sich zunächst nur zur Zahlung von 30 Millionen bereit, mußte aber nachgeben, um wenigstens die Räumung einiger Gebiete zu erreichen. Aber selbst das prinzipielle Zugeständnis scheiterte an den von Napoleon gesetzten Fristen, die Preußen nicht einhalten konnte. Tiefer hätte der Sturz der einstigen Großmacht nicht ausfallen können.

Allerdings erwuchs hieraus die Kraft zum Widerstand, seine Vorboten waren die von dem – auf Rat Napoleons – wieder zum Staatsminister berufenen Stein eingeleiteten Sondierungen über einen gemeinsamen preußisch-österreichisch-englischen Widerstand und die Organisation eines Volksaufstandes. Während er noch mit Frankreich über die Zahlungsmodalitäten verhandelte, knüpfte Stein die Fäden zu den übrigen Mächten, doch fing die französische Polizei seinen Brief an den Fürsten Sayn-Wittgenstein vom 15. August ab, in dem unvorsichtigerweise die geplanten Volkserhebungen angedeutet wurden, und aus dem Steins Doppelspiel hervorging. Preußen mußte schließlich am 8. September 1808 in Paris einen Vertrag unterzeichnen, der die Tributzahlungen an Frankreich auf 140 Millionen Franken festsetzte. Zwar wurden sie am 8. November 1808 auf 120 Millionen ermäßigt, aber auch diese Summe konnte Preußen nicht aufbringen, so daß man eine Zahlung in Monatsraten von je vier Millionen Franken vereinbarte, die Frankreich durch die Besetzung von territorialen Faustpfändern sicherte. Für zehn Jahre setzte der Vertrag eine Höchstgrenze von 42 000 Soldaten fest, von denen 16 000 im Falle eines österreichisch-französischen Krieges an Frankreich überstellt werden sollten.

Erst jetzt ging Napoleon gegen Stein vor und ließ Preußen deutlich seinen Unmut darüber spüren, daß Stein noch immer im Amt war. Am 24. November 1808 erhielt der Minister – der auch am Berliner Hof viele Gegner hatte, die seine Ablösung betrieben – das zweite Mal seine Entlassung.[56] Napoleon zeigte sich noch nach dem Sturz dieses großen Gegners kleinlich: Am 16. Dezember 1808 ordnete er die Ächtung Steins als eines Feindes Frankreichs und des Rheinbundes (den er nicht befragt hatte) sowie die Einziehung der Steinschen Güter im Nassauischen an. Deutlicher hätte der französische Kaiser seine Geringschätzung der Rheinbundstaaten, aber auch Preußens nicht zum Ausdruck bringen können.[57] Stein mußte am 12. Januar 1809 nach Österreich fliehen.

3. Zwang zur Modernisierung: Reformen – nicht nur für Preußen

»Mein Bruder, beiliegend finden Sie die Verfassung Ihres König-reichs ...« Mit diesen Worten teilte Napoleon am 15. November 1807 seinem Bruder Jérôme die Bedingungen mit, unter denen er auf seine aus der Eroberung abgeleiteten Rechte verzichtete, und er verlangte ausdrücklich »getreuliche« Befolgung. Napoleon ging davon aus, daß die Westfalen aufgeklärter seien als man annehme: »Was ... das deutsche Volk am sehnlichsten wünscht, ist, daß die-jenigen, die nicht von Adel sind, durch ihre Fähigkeiten gleiche Rechte auf Ihre Auszeichnungen und Anstellungen haben, daß jede Art Leibeigenschaft und vermittelnde Obrigkeit zwischen dem Sou-verän und der untersten Volksklasse aufgehoben werde.«
  Napoleon rechnete stärker auf die Wirkung dieser Reformen und die »Wohltaten des Code Napoléon« als auf das »Ergebnis der glän-zendsten Siege. Ihr Volk muß sich einer Freiheit, einer Gleichheit, eines Wohlstandes erfreuen, die den übrigen Völkern Deutschlands unbekannt sind! Eine solche liberale Regierung muß ... für die Poli-tik des Rheinbundes und die Macht Ihres Reiches die heilsamsten Veränderungen hervorbringen ... Welches Volk wird zu der willkür-lichen preußischen Regierung zurückkehren wollen, wenn es einmal von den Wohltaten einer weisen und liberalen Verwaltung gekostet hat? Die Völker Deutschlands, Frankreichs, Italiens und Spaniens wünschen Gleichheit und aufgeklärte Ideen ... Seien Sie ein konsti-tutioneller König! Und wenn es Ihnen die Vernunft und Aufgeklärt-heit Ihres Jahrhunderts nicht geböten, so müßten Sie es doch aus weiser Politik sein. Sie werden dadurch große Macht in der öffent-lichen Meinung und eine natürliche Überlegenheit über ihre Nach-barn gewinnen, die alle *absolute* Fürsten sind.«[58]
  Treffender hätte der französische Kaiser seine Zielsetzung kaum formulieren können. Doch war deren Realisierung nicht so einfach: weder erfolgte sie prinzipienfest, noch überhaupt als geschlossenes System. Napoleon nahm vielerlei taktische Rücksichten auf regiona-le Gegebenheiten. Er suchte seine Herrschaft durch Ämterpatrona-ge zu stabilisieren, für die er auch die Privilegierung größerer Sozial-gruppen zuließ, wenn es ihm opportun erschien. Und selbst die tra-ditionelle Heiratspolitik gehörte zu seinem Repertoire: Mehrere der Napoleonidenfürsten verheiratete er mit Angehörigen deutscher Fürstenhäuser, Jérôme zum Beispiel mit der württembergischen Prinzessin Katharina. Oft durchkreuzte er die eigenen liberalen Reformabsichten, zum Beispiel indem er das neugeschaffene Königreich Westfalen für eine rigoros praktizierte Landschen-kungspolitik an den französischen Verdienstadel nutzte. Die Aus-beutung von Westfalen erschöpfte sich nicht in der Zweckent-fremdung der Hälfte der Staatsdomänen zu Dotationen sowie erheblichen Steuererhöhungen, sondern fand außerdem in der Re-krutierung von Soldaten Ausdruck. Kriegsbedingte Verheerungen ließen vielerorts die Bevölkerung in Not geraten: »Das als Muster-staat geplante Westfalen wurde so zum Land der Bauernun-ruhen.«[59]

Der Reitergeneral Joachim Murat
(1767-1815)

Durch seine Allianz mit dem
Zarenreich und die familiäre Verbindung mit Habsburg suchte
Napoleon Zugang zu den etablierten und legitimen Mächten
Europas, aber die neuen Herrschaften, die er begründete, waren
der eigenen Familie und verdienten Heerführern zugedacht.
Der Bruder Jérôme wurde König
von Westfalen und mußte eine
württembergische Prinzessin heiraten, sein Schwager Joachim
Murat wurde Großherzog von
Berg, später König von Neapel.

Der Widerspruch zwischen Befreiungspathos und dem »militär-
aristokratische[n] und sozialkonservative[n] ... hegemoniale[n] und
ausbeuterische[n] Charakter des napoleonischen Herrschaftssy-
stems« (Berding) war nur zu offensichtlich. Von Beginn an brachte
die Dotationspolitik Westfalen an den Rand des Bankrotts und erschwerte eine wirkliche französisch-westfälische Kooperation. So
entbrannte über den kaiserlichen Domänenanteil ein heftiger Streit,
der bis zum Ende der Napoleonischen Herrschaft andauerte beziehungsweise immer wieder aufflammte. Letztlich ordnete Napoleon
alle innenpolitischen Reformen in den Modellstaaten seiner hegemonialen Zielsetzung unter und behandelte sie wie französische
Provinzen.

Die rheinbündischen Staaten entwickelten sich durchaus unterschiedlich. So wurde das Napoleonische System am konsequente-
sten in Westfalen eingeführt, während das Königreich Sachsen
kaum reformierte. Diese Unterschiede resultierten im wesentlichen
aus drei Faktoren: erstens aus der geographisch-historischen Struktur der Rheinbundstaaten, zweitens aus dem voneinander abweichenden Grad ihrer Reformbedürftigkeit und drittens aus der jeweils
historisch begründeten inneren Reformbereitschaft.

Die voneinander abweichenden Voraussetzungen Sachsens und
Westfalens ergaben sich allein schon aus der Tatsache, daß sich das
sächsische Territorium nur wenig verändert hatte, während das
neue Königreich Westfalen so unterschiedliche Gebiete umfaßte,
daß das vom Reformabsolutismus begonnene Werk der Rechts- und
Verwaltungsangleichung der zugehörigen Regionen hier besonders
dringlich war, wollte man wirklich einen Staat schaffen. Das Ausmaß
der territorialen Neugliederung erzwang tatsächlich eine Reform,
und die Homogenisierung so differenter Rechtsgebiete ließ sich am
ehesten durch die Übernahme des rational konzipierten französischen Systems erreichen.

Der dritte Typus rheinbündischer politischer Entwicklung war dadurch gekennzeichnet, daß die betreffenden Staaten im späten
18. Jahrhundert Reformen bereits durchgeführt beziehungsweise
deren Notwendigkeit diskutiert hatten. Dies war in Bayern der Fall,
wo Montgelas schon in seinem »Ansbacher Mémoire« vom 30. September 1796 – also fast zehn Jahre vor Gründung des Rheinbundes –
ein grundlegendes innenpolitisches Reformprogramm entwickelt
hatte.[60] Und auch in Baden wirkte mit Sigismund Freiherr von
Reitzenstein ein leitender Minister, der nicht wegen des Napoleonischen Drucks, wohl aber mit Pariser Rückenwind zum »Begründer
des Badischen Staates« wurde.[61]

Die »eigentliche Bindung« der rheinischen Staatsmänner an Napoleon bestand darin, »daß er sie durch seine Politik selber zu Revolutionären gemacht hatte, die Opposition gegen ihn nur unter Verzicht auf die erreichte Machtfülle hätten machen können ...«[62]

Die früher ausschließlich negative Einschätzung der rheinbündischen Reformen, die als Produkt einer doktrinären Fremdherrschaft
den »organischen« Reformen in Preußen gegenübergestellt wurden, trifft nicht zu. Neben den Napoleonischen Modellstaaten Westfalen, Berg und Frankfurt ergriff die rheinbündische Reformbewegung vor allem die durch Säkularisierung, Mediatisierung und Entschädigung erheblich gestärkten drei Mittelstaaten Bayern, Baden

und Württemberg. Die Einverleibung größerer und strukturell unterschiedlicher Gebiete ließ hier nicht weniger als in Westfalen Reformen notwendig erscheinen, lag aber zugleich im Interesse Napoleons, stärkten sie doch das dritte Deutschland gegenüber den beiden Großmächten.

Österreich entzog sich der Reformbewegung zu Beginn des 19. Jahrhunderts unter anderem deswegen, weil die Theresianisch-Josephinischen Reformen im 18. Jahrhundert eine gewisse Zentralisierung und Angleichung in der so heterogenen Habsburgermonarchie gefördert hatten. Joseph II. war insgesamt weiter gegangen, als alle übrigen aufgeklärt-absoluten Herrscher seiner Zeit. Durch die Radikalität seiner Reformen hatte er zum einen den Reformbedarf erheblich verringert, zum anderen aber heftige Widerstände provoziert. Aufstände und jakobinische Umtriebe stärkten zusätzlich die konservative Reaktion gegen weitere Reformen. Im Ergebnis war diese Verfrühung dann die Ursache einer Verspätung in der ersten Hälfte des 19. Jahrhunderts – die Ablehnung der Revolution wurde auf die Reformbewegung übertragen, was eine Stärkung des Absolutismus zur Folge hatte.

Jérôme Napoleon, König von Westfalen, Gemälde von François Baron Gérard, 1811

Der König trägt ein Kostüm, das dem Königsgewand seines älteren Bruders nachgebildet ist. Der Mantel ist aus dunkelblauen Samt und mit goldenen Löwen und Adlern bestreut.

Die im 18. Jahrhundert mit so großem Elan eingeleiteten Reformen stagnierten also, die fundamentale Konkurrenz von revolutionärer und evolutionärer Veränderung ließ Österreich nach 1789 weitgehend unberührt. Nach dem harten Frieden von Preßburg schien allerdings auch das Habsburgerreich keine andere Wahl zu haben als durchgreifende innere Reformen zur Stärkung des Staates. Der neue leitende Minister und Außenminister Philipp Graf von Stadion wollte denn auch sofort diesen Weg einschlagen. Er strebte eine Zentralisierung auf Kosten der so heterogenen ständischen Strukturen an, eine Verlagerung der politischen Entscheidungsbildung aus dem kaiserlichen Kabinett in eine nach Ressorts organisierte Regierung, Fortführung der Bauernbefreiung, aber auch angemessene Berücksichtigung nationaler Eigeninteressen in Form der adlig-ständischen Repräsentationsorgane. Doch dieser zwischen 1805 und 1809 gesteuerte Kurs scheiterte unter anderem am Widerstand des Hofes.

Demgegenüber blieb dem durch die Niederlage gegen Napoleon fast vernichteten Preußen nur die Wahl, entweder ein drittklassiger Mittelstaat zu bleiben oder sich fundamental und umfassend zu erneuern. Auch Preußen konnte dabei an eine jahrzehntelange Reformtradition anknüpfen, wenngleich deren Weiterführung nun in einer durch die Revolution extrem beschleunigten und radikalisierten Form erfolgen mußte.

Die politischen Sektoren der Reform waren im allgemeinen nicht neu, sie standen bereits auf der Tagesordnung derjenigen Territorien, in denen sich der aufgeklärte Absolutismus durchgesetzt hatte, ohne daß sie allerdings damals eine vergleichbare Intensität oder Geschwindigkeit erreicht hatten. Vergleichsweise neu war indes die Reform der Regierungsorganisation. Bei allen Unterschieden im einzelnen ist sie durch die Verlagerung der Regierung aus dem königlichen Kabinett in eine modern strukturierte Regierung mit einem ressortmäßig gegliederten Ministerium charakterisiert: In dieser Regierungsform verstärkte sich trotz der fortbestehenden Abhängigkeit vom Monarchen die Stellung der Minister, wenngleich dies noch keine verfassungsrechtliche Fixierung fand.

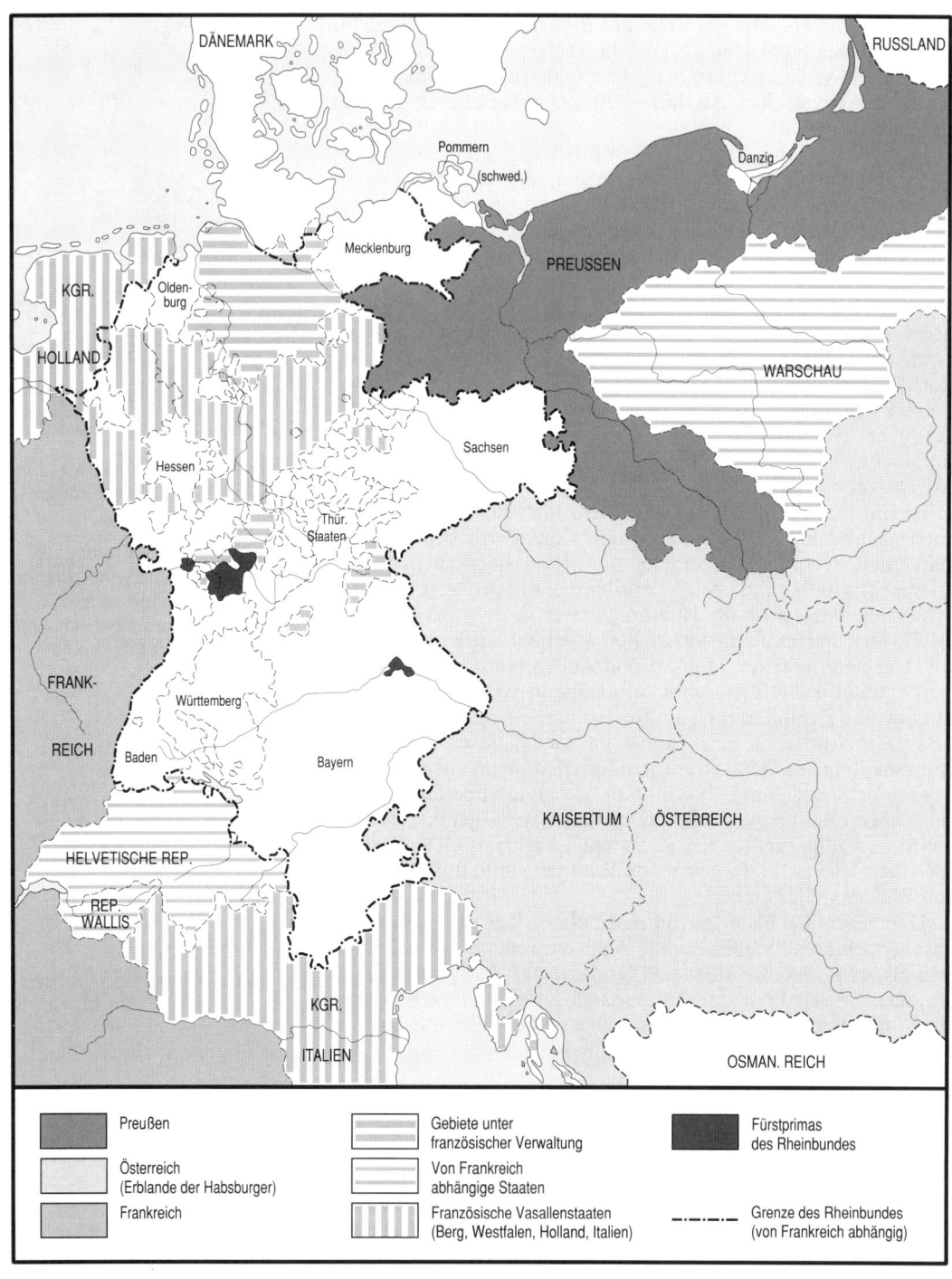

Mitteleuropa 1807

Die epochale »Fürstenrevolution« von 1803 wurde in Preußen, in den Napoleonischen Modellstaaten und in den drei Mittelstaaten im wesentlichen durch eine fundamentale »Beamtenreform« zur täglichen politischen Praxis. Die vom Absolutismus eingeleitete Rationalisierung der Herrschaft wurde durch die Umsetzung in Verwaltung vollendet. Zugleich führten diese Reformen die ebenfalls schon im Absolutismus begonnene Stärkung der Ministerialbürokratie innerhalb der Staatsführung fort. So sehr der autokratische Herrschaftsstil Napoleons an den aufgeklärten Absolutismus erinnerte, so wenig ließ sich dieses Regierungssystem seit der durch ihn so maßgeblich mitgeprägten Reformära erhalten. Die Ausnahme bildete vor allem Österreich, wo Kaiser Franz I. an der patriarchalischen Auffassung der Herrschaft festhielt und das österreichische Kaisertum als einen »Familienfideikommiß« betrachtete.[63]

Bezeichnend für die Reformära war, daß im zeitgenössischen Sprachgebrauch die staatliche Organisation und deren sachgemäße Verwaltung mit dem Begriff »Verfassung« umschrieben wurde, die spätere Trennung von Verfassung und Verwaltung war also noch keineswegs die Regel, da die Verwaltung den Kern der Staatsverfassung bildete: Dies entsprach der politischen, wenngleich nicht der staatsrechtlichen Entwicklung des Absolutismus zum Konstitutionalismus.

Wie sehr Verfassungsfrage, Verwaltung und die neue politische Bedeutung des Begriffs Nation ineinandergriffen, zeigte im Juni 1807 auch die berühmte Nassauer Denkschrift des Freiherrn vom Stein: »Man tötet ... indem man den Eigentümer von aller Teilnahme an der Verwaltung entfernt, den Gemeingeist und den Geist der Monarchie, man nährt den Unwillen gegen die Regierung ...«[64]

So beklagte Stein in seinem am 23. November 1807 in Memel vorgelegten Immediatbericht an den König: »Die Staatsverwaltung trennt sich immer mehr von der Nation, eine Erscheinung, die zu jeder Zeit und an allen Orten die traurigsten Folgen hatte.«[65]

Auch Montgelas stellte die Reorganisation von Verwaltung und Ministerium in den Mittelpunkt seines innenpolitischen Reformprogramms: »Un des plus grands défauts de l'administration bavaroise consiste dans l'organisation défectueuse du ministère.« Ausdrücklich verwies er auf das Vorbild der Organisation preußischer Zentralbehörden im Generaldirektorium, die Friedrich Wilhelm I. 1723 vorgenommen hatte![66] Schon während der Reformzeit entwickelte sich eine Verfassungsdiskussion: Sollte die Verwaltung die heterogenen Gebiete zu einem zentralisierten Staatsgebiet formen, so sollte die Verfassung das Volk an den neuen Staat binden. Doch wie dies geschehen konnte, blieb einstweilen ungeklärt: Noch konkurrierten ständische mit bürgerlichen Repräsentationsvorstellungen, der Weg zum bürgerlichen Verfassungsstaat war noch weit, selbst die Reformer vertraten unterschiedliche Ziele, wie beispielsweise in Preußen Stein und Hardenberg. Die zentrale Bedeutung der Konstitution wurde zwar seit der Revolution in Frankreich durchaus erkannt – andererseits wirkte die experimentierende Kurzlebigkeit der Verfassunggebung relativierend.

Die einzigen Verfassungen, die während der Rheinbundperiode erlassen wurden, waren die auf der Basis von Napoleons Richtlinien in Paris entworfene Konstitution des Königreichs Westfalen vom

15. November 1807, die ihr folgende, auf eine Instruktion von 1806 zurückgehende Verfassung des Königreichs Bayern vom 1. Mai 1808, die des Großherzogtums Sachsen-Weimar-Eisenach vom 20. September 1809 sowie schließlich die des Großherzogtums Frankfurt vom 16. August 1810 (mit Beilage vom 10. September). Wirklich in Kraft trat indes nur die westfälische Verfassung – und auch sie nur partiell. Die bayerische Verfassung lief auf Zusammenfassung aller Reformedikte, Vereinheitlichung des Staatsgebiets und Zentralisierung der staatlichen Gewalt hinaus: Von Repräsentativverfassungen kann zu diesem Zeitpunkt noch keine Rede sein, eher schon von einem »Scheinkonstitutionalismus« (E. R. Huber). Zwar gab der Großherzog von Baden 1808 ein Verfassungsversprechen, doch zustande kam nur die Organisation von Verwaltung und Gerichtsbarkeit, die mit dem Edikt vom 26. November 1809 zum Abschluß gelangte: Eine wirkliche Repräsentativverfassung erließ Großherzog Karl von Baden schließlich am 22. August 1818. Diese Entwicklung ließ die künftige Perspektive erkennen, nicht aber die Priorität der Jahre 1806 bis 1813.

Diese verfassungspolitische Perspektive brachte der Großherzog von Baden am 5. Juli 1808 klar zum Ausdruck und verwies auf die Veränderungen infolge der »Auflösung der Verfassung des teutschen Reiches und die Bildung des rheinischen Bundes ... die Einverleibung so verschiedenartiger Länder in unsern Staat ... die vielfältigen Erfahrungen über die, den Zeitforderungen mehr entsprechenden Verwaltungsformen ...« Es bestehe stärker denn je ein Bedürfnis, »Unserm Großherzogthume eine *Grundverfassung* und zweckmäßigere Verwaltungsordnung zu geben. Wir wollen ferner ein gleichförmiges Abgabesystem ... und mittels einer Landesrepräsentation, wie sie in Westphalen und Bayern eingeführt worden, das Band zwischen uns und den Staatsbürgern (!) noch tiefer, wie bisher, geknüpft wissen.«[67]

Die schwach ausgeprägten repräsentativen Elemente der westfälischen und der bayerischen Verfassung wurden nicht wirklich praktiziert, da die Könige die bayerische Kammer nie, die westfälische nur zweimal (1808 und 1810) einberiefen. Die Zusammensetzung beider Kammern spiegelte Napoleons Konzept einer Eigentümergesellschaft, das schon im Code civil zum Ausdruck kam. Die Wählbarkeit war auf eine schmale Schicht derjenigen beschränkt, die die höchsten Steuern zahlten, das Wahlverfahren war kompliziert. So wurde zum Beispiel das neue Königreich Bayern in fünfzehn (seit 1810 nur noch neun) Kreise eingeteilt, die nicht den historisch gewachsenen Regionen entsprachen, sondern rational konzipierten Verwaltungseinheiten. Der König berief jeweils aus den 400 Landeigentümern, Kaufleuten oder Fabrikanten, welche die höchste Grundsteuer bezahlten, auf Lebenszeit Kreisversammlungen. Diese wählten dann sieben Mitglieder aus der Gruppe der 200 Landeigentümer und Unternehmer, die die höchsten Steuern zahlten, eine sogenannte Nationalrepräsentation.[68]

Selbst wenn diese Form[69] der Repräsentativverfassung tatsächlich praktiziert worden wäre, hätte es sich also keineswegs um eine wirkliche »Nationalrepräsentation« gehandelt, sondern lediglich um die Ablösung einer privilegierten Schicht durch eine andere. Die Kompetenzen der Kammer blieben außerordentlich begrenzt, ein

Selbstversammlungsrecht besaßen sie ebensowenig wie ein Veto-recht gegenüber Gesetzesvorhaben – an denen sie durch Beratschla-gung oder Abstimmung beteiligt werden sollten. Hält man sich von Idealisierungen frei, dann kann das Urteil nur lauten: Diese Form der Repräsentation blieb in ihrer politischen Bedeutung sogar hinter der traditionalen ständischen Vertretung zurück, allein die Perspek-tive blieb offener, zumal neben König und Verwaltung nun wenig-stens dem Anschein nach ein nicht geburtsständisch begrenztes Repräsentationsorgan trat. »Im Unterschied zu den politisch-admi-nistrativen Umwälzungen verkümmerten die demokratisch-konsti-tutionellen und die sozialreformerischen Komponenten des Napo-leonischen Modellstaatsprogramms fast vollständig. Die politische Freiheit und Gleichheit waren zwar als Rechtsprinzip anerkannt, aber faktisch von nur geringer Bedeutung.«[70]

Eine einseitige Ausrichtung auf die Exekutive kennzeichnete alle Verfassungen Napoleons, die konstitutionellen Faktoren erschie-nen demgegenüber »nur noch als Gegenstand politischer Phraseo-logie«.[71] Indessen wurde in Westfalen der vom König »nach Gutdünken« berufene, 16 bis 25 Mitglieder umfassende und in drei Sektionen (Justiz und Inneres, Kriegswesen, Handel und Finanzen) gegliederte Staatsrat als Organ der Regierung nicht ohne Erfolg an den Staatsgeschäften beteiligt. Er bestand aus westfälisch-hanno-verschen sowie französischen Mitgliedern.

Als Friedrich Karl von Strombeck, westfälischer Jurist und Mit-glied der Repräsentation, die erste gemeinsame Versammlung der hundert westfälischen Ständevertreter mit dem Staatsrat und dem Königspaar beschrieb, nahm er zur Ironie Zuflucht: Der falsche Pomp und das höfische Zeremoniell erinnerten ihn eher an die Monarchie Ludwigs XIV. denn an einen nachrevolutionären, ratio-nal konzipierten Modellstaat. Die »Nationalrepräsentation« diente lediglich als Staffage. Als sie am Abend der feierlichen Eröffnung ge-laden wurde, um »assister au repas«, durften sie zwar König und Kö-nigin beim Mahl zuschauen, wurden aber selbst nicht bewirtet: Eini-ge Kammermitglieder waren so naiv gewesen, an die Änderung der königlichen Gewohnheit zu glauben, ausschließlich Prinzen von Geblüt an der Tafel zu dulden. Später dachte von Strombeck über den Wandel innerhalb dieser Jahrzehnte nach, sein Magen knurrte wohl nicht mehr, aber die Erinnerung war noch frisch: »Wenn ich jetzt, nach so manchem verflossenen Jahre, ernst auf jene Zeiten einer fremden Herrschaft zurückblicke, so tritt mir auch der Kon-trast vor Augen, daß damals, in einer sonderbaren Vermengung, die Bürger und Beamten des Staats auf der einen Seite weit mehr erho-ben, auf der anderen aber weit mehr hinuntergesetzt wurden als frü-her üblich war und jetzt wieder gebräuchlich ist ...« Aber zugleich mahnte er: »Nie dürfen wir vergessen, daß es zuerst in Deutschland der westfälische Soldat war, der ohne die entehrenden Stockprügel eingeübt wurde, dagegen der hessische Krieger nur mit zerprügel-tem Rücken zum verkaufbaren Söldner früher abgerichtet ward.«[72]

Obwohl König Jérôme für die Regierung dieses Königreichs un-geeignet war und sich der »König Lustick« eher um die Nach-ahmung eines prunkvollen französischen Hoflebens denn um eine aufgeklärte Regierung seines Staates bemühte, lag die Hauptschuld für das Scheitern des geplanten Modellstaates doch bei seinem Bruder Napoleon: Jérôme bat den Kaiser immer wieder, doch wenigstens einige seiner königlichen Rechte zu respektieren und die Ausbeutung des Königreichs Westfalens zu vermindern – doch vergebens: Der Kaiser der Franzosen wollte weder von der geringsten Eigenständigkeit des von ihm eingesetzten Königs noch einem Verzicht auf ökonomische Ausbeutung etwas wissen. Diese Gründe trugen erheblich dazu bei, daß die Agrarreformen im Königreich Westfalen Stückwerk blieben – sie veränderten die Gesellschaftsstruktur auf dem Lande kaum, waren zu spontan und verkürzt angelegt, so daß sie komplizierte, im einzelnen höchst differenzierte rechtliche Strukturen in verschiedenen Teilen des neugegründeten Staates unberücksichtigt ließen.

Auf der Basis der neuen Verfassung hätte die Gesetzgebung während der Napoleonischen Herrschaft eine Fülle fortbestehender Probleme lösen müssen, was in keiner Weise gelang.[73]

Auch in den Fällen, in denen die Rechtslage eindeutig war, konnten die Bauern die verbleibenden Lasten an die Grundherren kaum abtragen: In Westfalen bildete wie in anderen deutschen Staaten die Illiquidität der Bauern das entscheidende Hindernis. »Die Übertragung der liberalen Rechtsnormen auf die Rheinbundstaaten stieß ... auf die paradoxe Ausgangssituation, daß in den von keiner Revolution berührten Gebieten die bürgerlichen Verhältnisse, die das französische Recht voraussetzte, überhaupt erst auf dem Wege der Reform geschaffen werden mußten.«[74] Die Napoleonische Herrschaft veränderte in den »Modellstaaten« also kaum die sozialökonomische Struktur, sondern vor allem deren juristische Fundierung: So wandelten sich die grundherrlichen Rechte zu vermögensrechtlichen – während die rechtliche Abhängigkeit aufgehoben wurde, blieb die materielle bestehen. Auch hierin zeigte sich der gesellschaftspolitische Kompromißcharakter der Napoleonischen Reformen, deren unmittelbar bewirkte Fortschritte allein juristischer Natur waren. Die wirtschafts- und sozialpolitischen Auswirkungen ließen Jahre oder gar Jahrzehnte auf sich warten. Die Ambivalenz ist hier keineswegs geringer als bei den viel früheren aufgeklärt-absolutistischen Reformen des späten 18. Jahrhunderts.

Das bei aller Mangelhaftigkeit dennoch vorausweisende juristische Konzentrat findet sich in wenigen Sätzen der Verfassungen. Ein Beispiel bildet die Konstitution des Großherzogtums Frankfurt, die wie die anderen Verfassungen der Modellstaaten die schwierige gesellschaftliche Umwandlung vertagte und während der Napoleonischen Herrschaft auch nicht mehr erreichte. Nach allgemeinen Hinweisen auf den Geist Napoleonischer Verfassungen wird die Zielsetzung genannt: Die beste Staatsverfassung sei diejenige, »in welcher der allgemeine Wille der Mitglieder durch vernünftige Gesetze ausgedrückt wird, in welcher die Verwaltung der Gerechtigkeit durch unabhängige wohlbesetzte Gerichtsstellen besorgt wird, in welcher die vollstreckende Gewalt der Hand des Fürsten ganz anvertraut ist«. Nach dem für einen modernen Verfassungstext ungewöhnlichen Lob der Person des Kaisers sowie Ausführungen über das Staatsgebiet folgte, was den Kaiser zu diesem Zeitpunkt am meisten interessierte: Die Verfassung nannte das ihm zu stellende militärische Kontingent, die Tributzahlungen, die ihm überlassenen Eigentumsrechte an den fürstlichen Domänen und die daraus abgeleiteten Dotationen.

Erst der Paragraph 11 erklärt: »Das Großherzogtum wird durch eine Constitution regiert, welche die Gleichheit aller Unterthanen (!) vor dem Gesetze und die freie Ausübung des Gottesdienstes der verschiedenen verfassungsmäßig aufgenommenen Religionsbekenntnisse festsetzt.« In der Konsequenz der verfassungsmäßig garantierten Rechtsgleichheit und der Freiheit der Religionsausübung lag die rechtliche Gleichstellung der Juden. Sie erfolgte zuerst in einem ausdrücklichen Emanzipationsedikt für die Juden im Königreich Westfalen im Januar 1808. Aber auch die Emanzipation der Juden war ein langwieriger, tatsächlich erst 1871 abgeschlossener Prozeß.[75] Die provinzialen, lokalen und korporativen Verfassungen und ständischen Privilegien wurden aufgehoben, doch zugleich die besonderen Befugnisse der Mediatisierten gemäß Artikel 27 der Rheinbundakte bestätigt. Der Paragraph 13 erklärt dann: »Die Leibeigenschaft wird aufgehoben; alle Einwohner des Großherzogtums Frankfurt genießen gleiche Rechte.« Zugleich aber garantierte die Verfassung das Recht auf Entschädigung der Grundherren. Der Adel wurde beibehalten, »ohne daß er doch ein ausschließendes Recht weder zu Ämtern, Diensten und Würden, noch Befreiung von öffentlichen Lasten dadurch erhält.« Das Steuersystem wurde für das gesamte Großherzogtum vereinheitlicht.[76]

Die Verfassung Westfalens enthält im vierten Titel analoge Regelungen.[77] So garantiert sie auch die Unabhängigkeit des »richterlichen Standes« (Art. 48). Die Richter wurden vom König ernannt, bei Kapitalverbrechen waren Geschworenengerichte vorgesehen. Wesentliche rechtsstaatliche Prinzipien, die in Frankreich seit der Revolution und durch die Rechtsreformen Napoleons eingeführt worden waren, übertrug der französische Kaiser also auf die Modellstaaten. In den linksrheinischen, von Frankreich annektierten Gebieten wurde das französische Rechts- und Verwaltungssystem ohne größere Modifikation eingeführt.

Die Geltung des Code Napoléon, die der französische Kaiser über Europa ausdehnen wollte, ließ sich im linksrheinischen Deutschland sowie Teilen Norddeutschlands aufgrund der Besatzungsherrschaft sofort durchsetzen, nicht aber in allen Rheinbundstaaten. So sah zwar die Verfassung des Königreichs Westfalen vom 1. Januar 1808 an die Inkraftsetzung des Code Napoléon als bürgerliches Gesetzbuch vor, tatsächlich eingeführt wurde das Gesetzeswerk aber nur in Baden und im größten Teil des Großherzogtums Berg. Nach der Beseitigung der Napoleonischen Herrschaft, die eine Übernahme der linksrheinischen Gebiete durch Preußen, Bayern und Hessen-Darmstadt brachte, wurde der Code Napoléon in der Regel beibehalten, auch in den an Preußen fallenden linksrheinischen Territorien. In den rechtsrheinischen Gebieten, so in Westfalen, Frankfurt und den ländlichen Teilen des ehemaligen Großherzogtums Berg wurde die Rezeption französischen Rechts wieder rückgängig gemacht, außer in Baden sowie den rechtsrheinischen Teilen des Herzogtums Berg, dessen frühindustrielle Entwicklung bereits weit gediehen war. In Kleve und Mark wurde nach 1815 wieder das Allgemeine Landrecht für die Preußischen Staaten eingeführt.[78]

Zu den rheinbündischen Modernisierungen gehörte die Organisation des Ministeriums in mehrere – in der Regel fünf – Ressorts,

Kölner Bürger, die den französischen Maire und seinen Sekretär auf dem Rathausflur begrüßen, Karikatur, 1800

Mit der Verordnung vom 22. Januar 1800 tritt in den vier rheinischen Departements die französische Verfassung in Kraft. Die Kritik und Skepsis der Bevölkerung gegenüber den französischen Präfekten ist zunächst keineswegs die einzige Haltung, es gab oft auch positiv gestimmte Erwartungen.

die selbstverantwortlich von Ministern geleitet werden sollten. Allerdings waren diese Institutionen wegen der schon nach wenigen Jahren folgenden Auflösung der Modellstaaten nur von kurzer Dauer, bezeugten aber die überall verbreitete Einsicht, daß die Staatsverwaltung anders nicht mehr effektiv durchgeführt werden konnte.

Wirkungsmächtiger als die rheinbündischen Reformen in den Napoleonischen Modellstaaten waren diejenigen in Baden, Württemberg und Bayern – sie formten den modernen Staat, der die Napoleonische Zeit überdauerte, ihre Spuren sind bis heute sichtbar. Die schon erwähnte Einsicht in die Notwendigkeit der staatsbildenden Neuerungen und Napoleons Eingriffe in die innerbadischen Verhältnisse beschleunigten in Bayern und Württemberg über die Rezeption des französischen Vorbilds hinaus doch den eigenständigen Weg zur Modernisierung. Hatten König Friedrich I. von Württemberg und Bayerns leitender Minister Graf Montgelas sich schon den rheinbündischen Verfassungsplänen Napoleons geschickt entzogen, so kamen sie ihm auch in der Innenpolitik zuvor. Auf der Basis des erwähnten Ansbacher Mémoire trieb Montgelas bereits seit 1799 die Modernisierung Bayerns voran, beiden Staaten ließen der Reichsdeputationshauptschluß und das Ende des alten Reiches neue Chancen und erheblich größeren Spielraum, den sie keineswegs wieder an Napoleon verlieren wollten.

Besonders spektakulär war ihre Weigerung, den Code Napoléon einzuführen. Bei der Mailänder Konferenz ließ Napoleon 1808 Montgelas gegenüber keinen Zweifel über seine Wünsche: »Sa Majesté impériale a fortement insisté aussi sur l'introduction du Code Napoléon.«[79] Montgelas gab dieser Forderung nur zeitweilig nach, hielt er doch eine einfache Übertragung des von ihm als Ergebnis der Revolution beurteilten Gesetzbuches für unzweckmäßig. Andererseits aber nutzte Montgelas den Napoleonischen Druck, um über die Widerstände bayerischer Reformgegner hinweg die notwendigen Reformen einzuleiten. So wurde die Gesetzeskommission instruiert, ein bayerisches Zivilgesetzbuch »auf der Grundlage des Code Napoléon« auszuarbeiten. Trotz der Vorarbeiten, die Paul Johann Anselm Ritter von Feuerbach, Nikolaus Thaddäus Ritter von Gönner und Johann Adam Freiherr von Aretin leisteten, kam das Zivilgesetzbuch über das Entwurfsstadium nicht hinaus, so daß auf diesem Sektor die bestehenden territorialen, provinzialen und lokalen Rechte im 19. Jahrhundert gültig blieben.

Trotzdem ist der Entwurf von 1811 eines der »hervorragendsten Reformprojekte der Rheinbundzeit ... Wie die sonstigen Reformen dieser Zeit ist es ein Werk der Bürokratie, die mit ihnen im Interesse einer ›Systemstabilisierung‹ einen ›revolutionären Umbruch‹ zu verhindern suchte.«[80] Sowohl die Veränderung der außenpolitischen Konstellation seit 1813 als auch innere Widerstände behinderten die Vollendung der auf Bruchstücke beschränkten Zivilrechtsreform. Die von Feuerbach 1812 veröffentlichten »Betrachtungen über den Geist des Code Napoléon« bejahten – trotz mancher Vorbehalte gegenüber einer unveränderten Übernahme für Bayern – emphatisch den Code als Ausdruck der neuen Zeit, die durch die Aufklärung vorbereitet sei: »Man darf sagen: es war der Zweck der französischen bürgerlichen Gesetzgebung, einerseits die Revolution zu beenden, andererseits die wohltätigen Resultate der Revolution zu verewigen. Unsere noch bestehenden teutschen Staatsverhältnisse haben sich aus Elementen alter Feudalverfassung, unter Beimischung mancherlei fremdartiger Stoffe, entwickelt; der französische Kaiserstaat steht über den Trümmern des gestürzten gotischen Gebäudes als neue Schöpfung unseres Jahrhunderts in frischem jugendlichen Leben da.«[81]

Zwar dürfte Montgelas zumindest anfangs die Feuerbachschen Prinzipien gebilligt haben, doch steuerte er aus mancherlei taktischen Rücksichten einen gemäßigten Reformkurs, der sich zunehmend von dem durchaus schon Kompromisse schließenden Entwurf entfernte. Tatsächlich konkurrierten in der bayerischen Bürokratie der Ära Montgelas drei Richtungen: die liberalreformerische, die sich wie Feuerbach stärker am französischen Modell orientierte, die reformabsolutistische und die feudalaristokratische, deren Interesse sich wie in Preußen vor allem gegen die gesellschaftspolitischen Implikationen des Reformwerks richtete. Gegenüber den Reformern um Montgelas, zu denen etwa dreißig führende Beamte in der Hauptstadt München und mehrere Hundert in der Provinz zählten, gewann die konservative Gruppierung vor allem kriegsbedingt aufgrund der Verschlechterung der konjunkturellen Rahmenbedingungen seit 1810/1812 an Boden.[82] Allerdings galt das nicht für die Strafrechtsreform. Das von Feuerbach verfaßte Strafgesetzbuch trat 1813 in Kraft. Bayern erhielt damit das modernste deutsche Strafrecht, indem Feuerbach auf der Basis der Rechtsphilosophie Kants das Recht gegenüber der Sittenlehre verselbständigte. Feuerbachs doppeltes Ziel bestand einerseits im Schutz des Staates und seiner Bürger vor dem Verbrecher, andererseits aber in der gesetzlichen Begrenzung staatlicher Gewalt gegenüber dem Straftäter. Hieraus leitete sich auch der Feuerbachsche Grundsatz ab: »Nulla poena sine lege«, der seither zu den unentbehrlichen Prinzipien aller rechtsstaatlichen Gesetzgebung gehört.

Der präzisen Definition der Straftatbestände entsprach die ebenso genaue Festsetzung der Strafen, deren Art und Vollzug der generellen Abschreckung dienen sollten. Schon vor Inkrafttreten des neuen bayerischen Strafgesetzbuches schloß ein Edikt vom 17. November 1803 die Tortur auch gesetzlich aus – praktiziert wurde sie unter dem Einfluß aufgeklärten Rechtsdenkens schon lange nicht mehr. Den zweiten Teil des Strafgesetzbuches bildete eine neue Strafprozeßordnung. 1808 kam außerdem eine neue Gerichtsverfassung zustande, die gutsherrliche Gerichtsbarkeit wurde 1812 ausschließlich aus der Ermächtigung durch den König hergeleitet und damit das staatliche Gewaltmonopol zu Lasten intermediärer Gewalten eindeutig fixiert.[83] Mit der Neuordnung der Gerichtsverfassung wurde ein dreigliedriger Instanzenzug eingeführt. Im Strafrecht galt fortan die Gleichheit aller Untertanen (!) vor dem Gesetz, allerdings blieben ständisch definierte Ausnahmen eines privilegierten Gerichtsstandes, beispielsweise in Zivilsachen, erhalten. Vollständig abgeschafft wurde die Patrimonialgerichtsbarkeit in Bayern (und in Preußen) erst 1848, in Baden und Württemberg allerdings schon während der Reformära 1809/1813.

Trotz ihres bruchstückhaften Charakters bildeten die Justizreformen neben den zentralisierenden und homogenisierenden Ver-

Maximilian Graf von Montgelas (1759-1838), Stich von Carl Hess, 1816

Der Graf von Montgelas wurde 1799 Geheimer Staats- und Konferenzminister unter Max Joseph I. im späteren Königreich Bayern; die von ihm maßgeblich geprägte neue Konstitution von 1808 wurde in großer Eile nach dem Modell der Verfassung des Königreiches Westfalen entworfen, und in den Augen der deutschen Öffentlichkeit galt Montgelas oft als gehorsamer Befehlsempfänger des französischen Kaisers. Aber Montgelas war sehr unabhängig von dem französischen Protektor Bayerns; der Staat, den er achtzehn Jahre leitete, folgte zugleich dem schon in Preußen praktizierten aufgeklärt-absolutistischen Etatismus, der durch die Pariser Einflüsse zeitweilig die Form der Französischen Revolution annahm.

waltungsreformen, der auch in Bayern eingeführten Ressortgliederung des Ministeriums sowie der Beseitigung ständisch begründeter
Steuerprivilegien ein wesentliches Instrument zur Schaffung des
modernen Staates. Die neue Organisation des Ministeriums in zunächst vier, schließlich fünf im Geheimen Ministerialdepartement
zusammengefaßte Ministerien leitete Montgelas bereits seit 1799
ein, wenngleich der Ausbau zu einer leistungsfähigen Regierungs-
zentrale noch einige Zeit in Anspruch nahm. Auch in den Behörden
wurde ein Instanzenzug eingeführt: Unter der Regierung standen
künftig Mittel- sowie Unterbehörden; die Verwaltung wurde (mit
Ausnahme der unteren Ebene) von der Justiz getrennt.

Reorganisierte Stein in Preußen die kommunale Selbstverwaltung, so beseitigte sie Montgelas in Bayern: Alle städtischen und gemeindlichen Rechte wurden verstaatlicht. Allerdings hatte Bayern
andere historische Voraussetzungen insofern, als der Absolutismus
in Preußen bereits seit dem 17. Jahrhundert die kommunale Selbstverwaltung weitestgehend eingeschränkt beziehungsweise aufgehoben hatte. Das von Montgelas vorgenommene Werk der Vereinheitlichung mußte also in Bayern erst noch geleistet werden. Gerade die
Bayern seit 1803 einverleibten Reichsstädte und kleineren Territorien wiesen so unterschiedliche Strukturen auf, die zum Teil noch
durch aristokratisch-patrizische Herrschaft sowie die Zünfte geprägt
waren, daß eine solche »Verstaatlichung« partikularer Rechte für
den Staatsbildungsprozeß unumgänglich war.

Die hierarchische Ordnung und Zentralisierung der Staatsverwaltung entsprachen indes schon der Zielsetzung des Absolutismus,
doch erst Napoleon und die ihm folgenden deutschen Staatsreformer des frühen 19. Jahrhunderts erreichten sie.

Die bayerischen Reformen gewannen nicht allein innerhalb des
Rheinbundes einen eigenen Charakter, sondern auch im Hinblick
auf ihre epochale Zwischenstellung: Einerseits folgten sie in vielen
Sektoren den preußischen Reformen des 18. Jahrhunderts, wie überhaupt bei dem Grandseigneur Montgelas, der in seiner Jugend
zeitweilig Illuminat gewesen war,[84] der Geist des Reformabsolutismus wie des menschenrechtlichen Idealismus lebendig blieb. Andererseits hatte die Französische Revolution bei ihm wie bei Hardenberg den wachen Sinn für die »Revolution im guten Sinn« gestärkt.

Zur modernen Staatsbildung gehörte die Schaffung eines qualifi-
zierten, leistungsfähigen Beamtentums,[85] Montgelas forderte dies
bereits im Ansbacher Mémoire: Auch hierin war das Friderizianische Preußen mit der Beseitigung der Ämterkäuflichkeit, der Einführung laufbahnspezifischer Qualifikation und staatlicher Prüfun-
gen vorangegangen. Montgelas schlug diesen Weg mit solchem
Erfolg ein, daß die Leistungsfähigkeit der bayerischen Staatsverwaltung ihrerseits Maßstäbe setzte. Die weniger erfreuliche Kehrseite
lag im bürokratischen Zentralismus, der sowohl die Beamten als
auch den »fast allmächtigen Minister selbst« überforderte und
schließlich 1817 zu seinem Sturz beitrug, der freilich auch das Ergebnis neuer politischer und ideeller Strömungen war: Zu ihnen zählten
sowohl die nationale Bewegung als auch der Liberalismus, der dann
1818 die neue Verfassung und die nun folgende Einführung einer –
wenngleich begrenzten – gemeindlichen Selbstverwaltung bewirkte.[86]

Im Vergleich zu den großen staatsbildenden Reformen traten die zahlreichen kleineren in den Hintergrund, sei es weil sie eine geringere politische Bedeutung besaßen, sei es weil sie lediglich eingeleitet wurden, nicht aber zum Abschluß gelangten. Hierzu zählen eine Reihe von Maßnahmen, die Montgelas auf der Grundlage aufgeklärter Prinzipien ergriff: die Aufhebung der Leibeigenschaft (die aber kaum noch Bedeutung hatte), die Einführung der Pressefreiheit 1803 – die indes aufgrund Napoleonischen Drucks 1806 wieder eingeschränkt wurde –, die Toleranzgesetzgebung, die in verschiedenen Patenten den Protestanten Niederlassungsfreiheit und den Juden 1813 Glaubensfreiheit sowie eine partielle Verbesserung ihrer Rechtsstellung brachte. Seit 1809 galt in Bayern die völlige Gleichberechtigung der christlichen Konfessionen. Auch die Toleranzgesetzgebung bietet ein Beispiel der immer wieder zu beobachtenden Dialektik: Bayern leitete diese Reformen später ein als die Staaten des aufgeklärten Absolutismus in Deutschland, dann aber – mit Ausnahme vor allem der Judenemanzipation – oftmals konsequenter.

Die Verfassung Bayerns vom 1. Mai 1808 garantierte die Freiheit der Person und des Eigentums und verwendete den Begriff »Staatsbürger«, die Auswanderung aber wurde an die Einwilligung des Monarchen gebunden, die Freizügigkeit also eingeschränkt.[87] In anderen Bereichen, etwa in bezug auf die Gewerbefreiheit oder die Universitäten, blieben hingegen die Montgelasschen Reformen hinter den preußischen zurück, während sie im Schulwesen sowie der Lehrerbildung erheblichen Rang gewannen.[88] Trotz vielerlei Mängel beeindruckt das reformerische Gesamtwerk Montgelas' außerordentlich. Kaum ein wesentlicher Sektor des öffentlichen Lebens blieb ausgespart, zahlreich waren die Verbesserungen der Infrastruktur bis hin zum Straßenbau. Montgelas' Werk zählte zu den bedeutendsten staatsbildenden Leistungen seiner Zeit, wenngleich das Erreichte hinter dem zurückblieb, was der Schöpfer des modernen Bayern sich zum Ziel gesetzt hatte.

In einem entscheidenden Ergebnis stimmten alle Reformstaaten überein: Zwar spielte die Dynastie auch künftig noch eine bedeutende Rolle, doch war sie nicht mehr nur – wie schon beim aufgeklärten Absolutismus – in den Dienst des Staates getreten, sondern von ihm abgelöst worden. Eine Ausnahme bildete nur Württemberg unter König Friedrich I. Montgelas' Staatsvorstellung war durch die naturrechtliche Vertragstheorie geprägt, doch wurde der Staat »gleichzeitig die stärkste Stütze des Königtums. Er wußte, daß er sein Reformwerk nur mit Hilfe eines aufgeklärten Monarchen mit starker Stellung durchzuführen in der Lage war. Indessen baute er die Monarchie in die Staatsverfassung ein. Durch die Konstitution von 1808 wurde der Fürst zum »Organ des Staates«,[89] während zugleich eine »gewaltige Expansion staatlicher Macht« zu einem »Staatsabsolutismus« führte, der die aus eigenem Recht legitimierten intermediären Träger öffentlicher Gewalten, die Stände, ablöste. Künftig aber mußte sich die Staatsführung immer stärker vor einer Öffentlichkeit rechtfertigen, der sie selbst ansatzweise Freiheitsrechte zugestanden hatte.[90]

Auf diese Weise wurde die Staatsführung in einem Sinn »verantwortlich«, den bereits die aufgeklärte Verfassungstheorie und -publizistik seit den achtziger Jahren des 18. Jahrhunderts gefordert

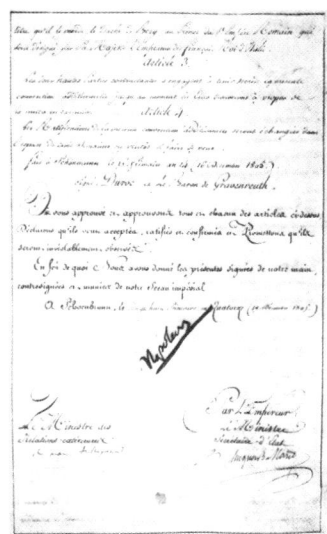

Bayerns Erhebung zum Königreich durch den Brünner Vertrag vom 10. Dezember 1805 und den Schönbrunner Zusatzvertrag vom 15. Dezember 1805, Schlußseite der französischen Ratifikationsurkunde mit der Unterschrift Napoleons

hatte. Die Ausweitung staatlicher Gewalt aber hatte seit dem Absolutismus eingesetzt und war auch in Bayern während der »Vorreform« fortgeführt, wenngleich noch nicht erreicht worden.[91]

In allen deutschen Staaten gaben die unterschiedlichen historischen Voraussetzungen den Reformen, beziehungsweise der Art und Dauer ihrer Realisierung bei aller Ähnlichkeit doch einen eigenen Charakter: Das galt für einzelne Sektoren wie die Bauernbefreiung, die ein Herzstück der Reformen bildete, da durch sie die sozialökonomische Struktur der noch überwiegend agrarischen Gesellschaft und Wirtschaft fundamental verändert wurde; es galt aber zugleich für die verfassungsrechtliche Entwicklung überhaupt. So unterschied sich beispielsweise Württemberg von den meisten anderen Staaten dadurch, daß einerseits die landständische Verfassung – und damit altständische Rechte – bis ins frühe 19. Jahrhundert bestehen blieben, andererseits der 1797 auf den Thron gelangende Herzog Friedrich II. (als König Friedrich I.) gegenüber der landständischen Vertretung erst jetzt die absolutistische Regierungsweise durchsetzte, die in anderen Staaten längst auf dem Rückzug oder schon beseitigt war.

Der Monarch nutzte die Verdreifachung seines Staatsgebiets zu einem tiefen Einschnitt in die landständische Tradition Württembergs und hob mit einem rigorosen Schritt am 30. Dezember 1805 einseitig die noch im Erbvergleich von 1770 garantierte landständische Verfassung zunächst in seinen altwürttembergischen Landesteilen und bald darauf auch in den neuen auf, wofür er ebenso wie für die 1806 erfolgte Bildung eines württembergischen Einheitsstaates auf die Unterstützung Napoleons rechnen konnte: In dieser Situation war jeglicher ständische Widerstand zwecklos. Allerdings unterschied sich die soziale Basis der württembergischen Ständevertretung seit jeher von der der meisten übrigen deutschen Territorien beziehungsweise Staaten: Im Südwesten des alten Reiches war der Adel zum ganz überwiegenden Teil Reichsadel, so daß die Stände durch das besitzende Bürgertum und die im allgemeinen orthodoxe protestantische Geistlichkeit beherrscht wurden. Hierin lag ein kirchenpolitisches Motiv des Landesherrn, regierte er doch künftig ein konfessionell gemischtes Land.

So stellte das vom König am 15. Oktober 1806 erlassene Religionsedikt die drei christlichen Konfessionen gleich und sicherte freie Religionsausübung. Dieser Schritt war wegen des außerordentlichen auch politisch-gesellschaftlichen Einflusses der protestantischen Theologen in Altwürttemberg von größter Bedeutung. Und wie in Bayern resultierte die rigide Einziehung des – in diesem Fall evangelischen – Kirchengutes aus fiskalischen Motiven. Doch so zweifelhaft der Rechtsbruch des Landesherrn auch war, die altständische Struktur Württembergs bot vielerlei Anlaß zur Kritik, die Reformen waren längst fällig.[92]

So rigoros absolutistisch König Friedrich I. vorging – er war zweifellos ein engagierter Reformer, der eine Reihe notwendiger Modernisierungen und staatsbildender Maßnahmen einleitete, wenngleich er bis zu seinem Tod 1816 den Verfassungskonflikt nicht lösen konnte und erst die Verfassung von 1819 den entscheidenden Schritt zum konstitutionell-repräsentativen Regierungssystem brachte. Bemerkenswert ist die Verfassungsgeschichte Württembergs nicht zuletzt deshalb, weil dort der Weg von der landständischen zur konstitutionellen Verfassung durch eine nur wenige Jahre dauernde reformabsolutistische Zwischenphase unterbrochen und die staatsbildende Modernisierung maßgeblich durch den Monarchen selbst betrieben wurde, während sonst – mit Ausnahme Karl Theodor von Dalbergs als Großherzog von Frankfurt[93] seit 1810 – meist die Beamten oder (adligen) Minister die entscheidenden Reformer waren, wenngleich auch sie ohne monarchische Rückendeckung nicht auskamen. Das württembergische Beispiel zeigt besonders prononciert die Tradition des Reformabsolutismus und den bei aller sozialökonomischen Bedeutung etatistischen Charakter, der bei Napoleon selbst, aber auch der Mehrheit der deutschen Reformer des frühen 19. Jahrhunderts begegnet.[94]

Proklamation Friedrichs I. von Württemberg zum König vor dem Stuttgarter Neuen Schloß, 1806, Zeichnung von Carl Häberlin

Wie unentbehrlich die Monarchen für die Reformer blieben, bewies die wechselvolle Laufbahn des badischen Staatsmannes Freiherr von Reitzenstein, der – wie übrigens auch Hardenberg, Montgelas und Metternich – diplomatische Erfahrungen auf dem Rastatter Gesandtenkongreß gesammelt hatte. Wie Stein und Hardenberg wiederholt abgelöst, kaltgestellt und wiederberufen, blieben Reitzenstein nur wenige Jahre für die eng am französischen Vorbild orientierten Reformen von Regierung, Verwaltung, Justiz und Universität. Sein zeitweiliges Ausscheiden aus der Politik nutzte er als Kurator der Universität Heidelberg 1804 zur Universitätsreform, die auf Humboldts Berliner Universitätsgründung vorauswies.

Durch die Schule des Göttinger Staatsrechtslehrers Pütter mit Verfassungsfragen vorzüglich vertraut, erreichte der am aufgeklärt-rationalen Staatsdenken geschulte Reitzenstein trotz seines Ungestüms und zeitweiliger Rückschläge die modernisierende Vereinheitlichung Badens, zu der im übrigen sein bedächtig-konservativer Rivale Nikolaus Friedrich Brauer ebenfalls erheblich beitrug. Brauer war als bürgerlicher Verwaltungsjurist im badischen Staatsdienst aufgestiegen, obwohl er wie Reitzenstein kein Einheimischer war. Anders als der eine bürokratisch-hierarchische Zentralisierung anstrebende Reitzenstein, doch wie dieser durch die Aufklärung und die politischen Erfahrungen seit der Französischen Revolution geprägt, bemühte sich Brauer, die gesellschaftliche und administrative Modernisierung an die jeweiligen geschichtlichen Voraussetzungen anzupassen. Diesem Ziel dienten die dreizehn Organisationsedikte und sieben Verfassungsedikte nach 1803, die wesentlich sein Werk waren. In verschiedenen Ämtern, unter anderem seit 1808 als Mitglied des badischen Staatsrats, Ministerialdirektor im Justiz-, im Außen- und zeitweilig auch im Innenministerium, wirkte er für die Einführung des Code Napoléon und die damit verbundene Rechtsvereinheitlichung. Auch Brauer zählte zu den glänzenden, im Stil des aufgeklärten Absolutismus tätigen Reformern des frühen 19. Jahrhunderts.

Die Entwicklung Badens verlief während dieser Jahrzehnte insofern ungewöhnlich, als sich die Regierungszeit des Markgrafen Karl Friedrich von Baden mit fast sechzig Jahren auf die gesamte Zeitspanne von der Mitte des 18. Jahrhunderts bis zum Jahre 1811 erstreckte, dem Todesjahr Karl Friedrichs. Von Friedrich dem Großen und Napoleon gleichermaßen hochgeschätzt, verband er Menschen und Epochen: Er gehörte bald nach seinem Regierungsantritt 1746 zu den absoluten Herrschern, die zielstrebig ihren Staat im Geiste der Aufklärung reformieren wollten: So verbesserte er das Schulwesen, schuf ein Klima der Toleranz in religiösen Fragen, schaffte bereits 1767 die Folter ab, machte Karlsruhe zu einem der kulturellen Mittelpunkte seiner Zeit, hob (jedenfalls in rechtlicher Hinsicht) 1783 die Leibeigenschaft auf, experimentierte nach einer merkantilistischen Phase mit physiokratischen Prinzipien, förderte die Gewerbefreiheit: In vielen Sektoren des staatlichen, wirtschaftlichen und gesellschaftlichen Lebens konnte der inzwischen greise Herrscher während der Napoleonischen Zeit nochmals an die verschiedenen Reformphasen früherer Jahrzehnte anknüpfen, wenngleich er die entscheidende Arbeit nun seinen Ratgebern überließ. Schon vor der Berufung von Reitzenstein beziehungsweise Brauer hatte der Markgraf hier immer wieder eine glückliche Hand bewiesen, vor allem während der Reformphase der siebziger und achtziger Jahre, als er in Wilhelm Freiherr von Edelsheim einen in innen- und außenpolitischen Fragen gleichermaßen kompetenten aufgeklärt-physiokratischen Ratgeber fand: Seine politische Tätigkeit verband sich eng mit der Gründung des Deutschen Fürstenbundes und schuf insgesamt den Übergang von der evolutionären zur revolutionär beeinflußten Reformpolitik.

Zu den wesentlichen Sektoren der Reformen gehörte in allen Staaten das Finanzwesen, zum Teil bildeten seine Probleme sogar einen entscheidenden Anstoß zur umfassenden Staatsreform. Selbst ein finanzpolitisch so solide regiertes Territorium wie Baden mußte sich damit abfinden, daß die früheren Rücklagen in den neunziger Jahren aufgezehrt wurden, was zu einer vorher nicht für möglich gehaltenen Staatsverschuldung führte. Wesentliche Ursachen dafür waren die Koalitionskriege, die durch die Einverleibung neuer Gebiete übernommenen Schulden, zusätzliche Verpflichtungen wie Pensionsleistungen, schließlich die Kosten der notwendigen Reorganisation von Heer und Verwaltung. In Baden stieg der Fehlbetrag für das Haushaltsjahr 1808/09 auf 40 Prozent der laufenden Nettoeinnahmen, so daß eine Finanzreform unumgänglich war. Sie wurde über bereits vorliegende fragmentarische Pläne hinaus das Werk des aus Paris zurückkehrenden dortigen badischen Gesandten Emmerich Joseph Freiherr von Dalberg, der nun das badische Finanzministerium übernahm.

Vom französischen (unter anderem dem westfälischen) Vorbild geprägt, setzte Dalberg eine rational konzipierte staatliche Finanzhoheit sowohl gegen nichtstaatliche intermediäre Herrschaftsträger als auch die noch hausväterlich-patriarchalische Finanzpolitik des Großherzogs beziehungsweise unverantwortlichen höfischen Einflüsse durch. Zu den jedenfalls kurzfristig erfolgreichen Maßnahmen zählten die Einführung einer Einkommenssteuer, die »Kommerzialisierung« der Staatsschulden, die »Bürokratisierung der Finanzinstitutionen«, die Bindung der Kreditaufnahme an genaue Regeln, die »Verstaatlichung des Steuerwesens« überhaupt.[95] Diese Entwicklung des öffentlichen Finanzwesens markiert eine Wende zur modernen zentralisierten, zugleich aber marktbezogenen Finanz- und Kreditwirtschaft, die künftig das Verhältnis von Kreditgebern und den Staaten als Schuldnern gesetzlich regelte, wie die Verfassungen von 1818 dokumentieren. »Die Umwandlung der ständisch-patrimonialen in eine öffentliche, verfassungsmäßige Kredit-wirtschaft fand zuerst in Bayern, Württemberg und Baden ihren Ab-schluß. Diese drei Staaten schufen als erste im Deutschen Bund eine einheitliche, planbare und organisierte Schuld mit verfassungsmäßi-ger Kontrolle.«[96]

Wie die rheinbündischen Reformen erfolgten auch diejenigen Preußens in nur wenigen Jahren; wie diese betrafen sie alle Sektoren staatlicher Politik, viele der preußischen und rheinbündischen Reformen weisen Analogien auf. Und dennoch lassen sich auch in Preußen eine Reihe von Besonderheiten erkennen, die einerseits aus der langen eigenständigen Reformtradition herrührten, anderer-seits aber aus der Lage Preußens nach 1806 erklärbar sind. Die preußische Reformära stand ebenfalls im Zeichen Napoleons, wenngleich in einer erheblich komplexeren Weise als die der Rhein-bundstaaten. Die preußischen Reformen fielen spezifischer und umfassender aus. Dies ist nicht zuletzt auf den existenzbedrohen-den Druck zurückzuführen, unter dem sie realisiert wurden: Man mußte gegen Napoleon über sich selbst hinauswachsen oder sich unterwerfen.

Allerdings handelte es sich hier nur um die eine Seite der Konstel-lation von 1806, die andere lag in der Tatsache, daß Preußen trotz einer Reihe schwerwiegender politischer Fehler und Versäumnisse nach dem Tode Friedrichs des Großen keineswegs in solchem Aus-maß stagnierte, wie es in der Historiographie oft erscheint. Selbst während der achtziger und neunziger Jahre erfolgten wesentliche Reformen beziehungsweise vollendete man schon lange vorbereite-te Maßnahmen, allen voran die Inkraftsetzung des Allgemeinen Landrechts für die Preußischen Staaten 1794, die Befreiung von 50000 Domänenbauern 1799, die Modernisierung des Steuersy-stems mit der Abschaffung der Akzise-Regie nach dem Tode Friedrichs des Großen. Sogar das viel kritisierte Religionsedikt vom 9. Juli 1788 enthielt neben rückschrittlichen auch wegweisende Passagen. So wurde mit dem ersten Teil des Edikts die Glaubens- und Gewissensfreiheit in Preußen erstmals rechtlich bindend for-muliert, während sie bis dahin lediglich eine Maxime preußischer Regierungspolitik gewesen war.[97] In den meisten anderen deut-schen Staaten erfolgte dieser Schritt erheblich später, während der Napoleonischen Reformära.

Trotz seines Obskurantismus und seines zweifelhaften Charak-ters, die Friedrich den Großen zu dem Prädikat »betriegerischer Pfaffe« veranlaßte, erwog selbst der preußische Justizminister Wöll-ner Reformpläne. So wollte er das durch Privilegien gekennzeichne-te und vor allem verbrauchssteuerorientierte System durch eine pro-gressive Einkommenssteuer ersetzen. Im übrigen erwies sich, wie stark inzwischen die preußische Beamtenschaft und das Oberkonsi-storium durch die Aufklärung beeinflußt waren, so daß es den rosen-kreuzerischen Ministern kaum gelang, ihre antiaufklärerischen Zie-le wirklich durchzusetzen: In wesentlichen Bereichen scheiterten sie an der aufgeklärt-naturrechtlich denkenden preußischen Beam-tenschaft, die noch durch Friedrich II. geprägt worden war.[98] Schließlich erfolgten viele Justizreformen, die Einführung fachspe-zifischer Qualifikation für Richter, Beamte und andere Gruppen in Preußen (und in Österreich) schon während der zweiten Hälfte des

Großherzog Karl Friedrich von Baden (1728-1811), Lithographie von L. Wagner, um 1820

Der Markgraf von Baden ergriff bereits 1783, also auch schon vor der Französischen Revolution, weitreichende Initiativen zur Bauernbefreiung. Seine Reformen richteten sich aber im wesentli-chen auf die rechtliche Situation des Bauern; die ökonomische Besserstellung hielt sich dagegen in engen Grenzen, wie denn auch die Freizügigkeitsbeschränkungen zunächst unangetastet blieben. Aber die Maßnahmen gaben der Agrarverfassung Züge einer Bauernbefreiung und hatten des-halb eine erhebliche Wirkung auf die Stimmung in Südwestdeutsch-land. Karl Friedrich wurde zum »Idol fürstlicher Aufklärung«, sogar Napoleon zollte später seinen »Regententugenden« Aner-kennung.

18. Jahrhunderts und bewirkten eine »relative Fortschrittlichkeit« der beiden Großmächte gegenüber den Mittelstaaten, aber auch dem Frankreich des Ancien régime.

Andererseits bewies der katastrophale Zusammenbruch Preußens 1806 die innere Schwäche und *partielle* Stagnation des nachfriderizianischen Staates, der zahlreiche Probleme nicht in den Griff bekam. Dies hatte viele Ursachen. So führte das rapide Bevölkerungswachstum zu Arbeitslosigkeit und trug zur Hoffnungs- und Orientierungslosigkeit großer Teile der jungen Generation bei. Sie stand den Maximen der aufgeklärten Vätergeneration zunehmend fremd gegenüber, erwies sich für Irrationalismus und Wundergläubigkeit anfällig, empfand den Rationalismus als platt, Aufklärung galt ihr als »Aufkläricht« (Heinrich Leo). Man suchte neue Werte, oft auch eine neue Religiosität. All diese sich in der literarisch-künstlerischen Entwicklung und in den Vergesellschaftsformen der jungen intellektuellen Elite offenbarenden Symptome der Unruhe und Verunsicherung wirkten sich in einer Epoche revolutionärer politischer und gesellschaftlicher Dynamik sozialpsychologisch aus und verschärften die Krise von Gesellschaft und Staat, die nach ihrer immer sichtbarer werdenden Divergenz noch nicht zu einer neuen Symbiose gefunden hatten.[99]

Der frappierende Zeitsprung, der zwischen der revolutionären Beschleunigung und der noch gemäß den Maximen des Ancien régime geführten Außenpolitik Preußens von der zweiten Teilung Polens bis zum Frieden von Tilsit klafft, bewies: Die Problemlösungskapazität der klassischen königlichen Kabinettspolitik und ihrer weder politisch noch verfassungsrechtlich verantwortlichen Ratgeber machten nun die Schwäche des Königs zu der des Staates – wie früher die Stärke Friedrichs die seines Staates gewesen war. Den individuellen Zufall fürstlicher Herrschaft fürchteten schon Reformer wie Svarez und Klein. Aus diesem Grund wollten sie konstitutionelle Sicherungen schaffen sowie Verwaltung und Justiz zu vergleichsweise eigenständigen Säulen des Staates ausbauen. Es galt, die Divergenz von Staat und Gesellschaft zu vermindern und den Staat durch die Volkskräfte zu stärken, wie es die Französische Revolution so eindrucksvoll vorgegeben hatte. Hierin liegt der Schlüssel zu den Reformen Steins und Hardenbergs.

Sie führten in vielen Bereichen das Werk ihrer Vorgänger fort, unterschieden sich aber von ihnen durch eine viel umfassendere Konzeption. Die fragmentarischen, oftmals halbherzigen Reformen sollten der Vergangenheit angehören. Wie die naturrechtlich geprägten Spitzenbeamten der achtziger Jahre gewann die eindrucksvolle Reihe großer Staatsreformer des frühen 19. Jahrhunderts ihre Maximen aus aufgeklärt-absolutistischem Staatsverständnis. Aber während die frühere Generation zu Beginn der neunziger Jahre noch heftig diskutierte, setzten Montgelas, Reitzenstein, Brauer, Stein, Hardenberg die politischen Erfahrungen der Französischen Revolution schon bald in eigene Reformkonzepte um: Sie hatten die Lektion der Revolution gelernt, wie Napoleon sie gelernt hatte. Wie er verbanden sie die Reformtradition des aufgeklärten Absolutismus mit der Revolution zur Modernisierung ihrer Staaten.

War es Zufall, daß die Mehrheit dieser hohen Beamten oder Staatsmänner nicht aus den Territorien stammte, die sie zu modernen Staaten formten? Bis auf Montgelas waren sie alle »Ausländer«, Deutsche zwar, nicht aber Preußen, Bayern, Badener, Württemberger oder ähnliches. Montgelas war zwar in München geboren, entstammte aber einer savoyischen Familie. Übrigens war auch der über Jahrzehnte maßgebende Staatsmann des Habsburgerreichs, ein entschiedener Gegner der Revolution, Metternich, kein Österreicher, sondern Rheinländer.

Diese bei allem späteren Patriotismus »ausländische« Herkunft der großen Staatsmänner der Zeit gewann insofern Bedeutung, als viele der Reformen des frühen 19. Jahrhunderts nur dann über Stückwerk hinausgelangen konnten, wenn sie fundamentale Veränderungen der Verfassungs- und Sozialstruktur erreichten. Die »ausländischen« Staatsmänner besaßen in der Regel den freieren Blick der Außenstehenden. Sie waren, obwohl meist selbst adlig, in der jeweiligen territorialstaatlichen adligen Privilegienstruktur kaum oder gar nicht verwurzelt. Sie erkannten präziser die Notwendigkeiten und waren eher bereit, mit Traditionen zu brechen. Sie konnten und mußten das staatliche über das dynastische, aber ebenso das partikulare gesellschaftliche Interesse stellen: Sie »verstaatlichten« beide, Dynastie und Gesellschaft. Und selbst Stein, dessen starke Traditionsbindung in der Reihe der Reformminister dieser Zeit eine Ausnahme bildete, leitete gerade hieraus seine Unabhängigkeit ab: Zeitlebens blieb er ein *Reichs*freiherr und mißbilligte scharf die Mediatisierung.

Und noch etwas charakterisierte diese Reformer: Keiner von ihnen war bloß Theoretiker, sie alle hatten reiche Erfahrung in der Staatsverwaltung gesammelt, die meist ins Ancien régime zurückreichte. Hardenberg hatte sogar viele seiner politischen Maximen in einem kleineren territorialen Rahmen erproben können, bevor er zum leitenden Staatsmann Preußens aufstieg. Der 1750 in Essenrode bei Gifhorn geborene Carl August Freiherr und spätere Reichsgraf (seit 1778) von Hardenberg entstammte einem seit 1178 bei Nörten in der Nähe Göttingens nachgewiesenen Adelsgeschlecht. Wie mehrere andere führende Staatsmänner seiner Zeit hatte er an der Universität Göttingen bei Pütter Reichsrecht studiert und sich an Montesquieus Gewaltenteilungslehre geschult. Wie die meisten anderen Reformer hatte er sowohl im Justizwesen (unter anderem am Reichskammergericht in Wetzlar) wie in der (hannoverschen) Verwaltung seine ersten praktischen Erfahrungen gesammelt. In Hannover scheiterte er mit seiner Forderung, eine Verwaltungsreform nach preußischem Vorbild durchzuführen. Aus diesem sowie anderen, persönlichen Gründen wechselte Hardenberg 1783 als Minister nach Braunschweig-Wolfenbüttel, wo er sich erfolgreich für den Beitritt des Herzogtums zum Deutschen Fürstenbund einsetzte, aber seine von aufgeklärt-philanthropischen Ideen geleitete Bildungsreform aufgrund des ständischen Widerstands nicht durchsetzen konnte.

Als dirigierender Minister des Markgrafen Carl Alexander seit 1790, danach ab 1791/92 als Staatsminister für die nun preußisch gewordenen Provinzen Ansbach und Bayreuth erwies er sich als außerordentlich energischer Reformer, dem es hier früher als allen anderen ihm folgenden Staatsmännern gelang, die um ein Drittel vergrößerte und auf diese Weise zum geschlossenen Territorium ge-

Karl August Graf von Hardenberg (1750-1822)

Der preußische Kabinettsminister Karl August Graf von Hardenberg hatte schon zu Beginn der neunziger Jahre im preußisch-ansbachischen Bayreuth Reformen in die Wege geleitet.
Auf Napoleons Verlangen mußte er 1806 durch Haugwitz abgelöst werden, aber 1807 wurde er erneut Minister des nun auf radikale Reformen angewiesenen preußischen Staates, und er vertrat den siegreichen Staat auf dem Wiener Kongreß; fast fünfzehn Jahre blieb er der einflußreichste Staatsmann Preußens, und mit seinen Reformen wies er weit über seine eigene Zeit hinaus in die Zukunft, er gehörte zu den Protagonisten des Staatsbildungsprozesses des frühen 19. Jahrhunderts. Legendär wurde sein Verzicht auf eine Rückgabe seiner von Napoleon geraubten persönlichen Kunstsammlung: Er könne die Forderungen des Staates nicht genügend entschieden vertreten, wenn er mit den allgemeinen Zwecken auch seine eigenen verfolge. So symbolisierte er die letzte und edelste Spätblüte der alten Ära und zugleich ihre durch politische Vernunft geleitete Modernisierungsfähigkeit.

wordene Markgrafschaft zum Staat zu formen.[100] Hardenberg begann sofort mit seiner Neuordnung, doch forcierte er nach dem Baseler Sonderfrieden 1795 das Tempo. Ohne Rücksicht auf reichsständische, reichsritterschaftliche oder vom Fränkischen Reichskreis ausgehende Widerstände schuf er – noch vor Napoleon – eine sowohl hierarchisierte als auch zentralisierte Verwaltung; unter Trennung von Justiz und Verwaltung führte er – von der oberen Ebene absteigend – einen Instanzenzug ein. Die Zentralbehörden erfuhren eine Ressortgliederung nach Justiz, Verwaltung und Finanzen. Hardenberg baute auf der Basis einer durchaus erfolgreichen Verwaltungspolitik der beiden letzten Markgrafen, die ihr Territorium schuldenfrei hinterlassen hatten, schnell eine aus aufgeklärten Beamten adliger und bürgerlicher Herkunft bestehende leistungsfähige Bürokratie auf, deren Kosten jedoch die Finanzkraft Ansbach-Bayreuths außerordentlich strapazierten.

Obwohl Hardenberg sein Reformwerk nicht vollenden konnte und sein rigoroses Vorgehen erheblichen Unmut provozierte, nahm es in den Grundzügen die Staatsbildungsprozesse des frühen 19. Jahrhunderts vorweg und knüpfte insofern an die Friderizianische Gesellschaftspolitik an, als es die sozialen Stände, insbesondere den Adel, für den Staatszweck instrumentalisierte. Die Modernisierung Ansbach-Bayreuths, die nun ein Minister und nicht mehr der Fürst selbst vorantrieb, stellte ein Bindeglied dar, das sowohl sachlich als auch biographisch besonders eindrucksvoll ist: Die »preußische Ära in Franken« ist zugleich die »letzte edelste Spätblüte des aufgeklärten Absolutismus«[101] und die Vorstufe zur Reformära.[102]

Werdegang und Persönlichkeit Hardenbergs bestätigen: Wenngleich die preußischen Reformen Resultat der nachrevolutionären, durch Napoleon beherrschten politischen Konstellation waren, so müssen sie doch zugleich von ihren lang- und mittelfristigen historischen Voraussetzungen her begriffen werden.

Als Preußen wie fast alle anderen Staaten Europas außer England unter den Schlägen Napoleons zusammenbrach, zeigte sich nicht allein die Notwendigkeit, die seit den Tagen Friedrichs des Großen unveränderte Militärverfassung und Struktur des Heeres zu reorganisieren, ebenso offenbar wurde die finanzielle Not des preußischen Staates: Die maßlosen Forderungen Napoleons ließen sich trotz der eindrucksvollen Opferbereitschaft insbesondere der Berliner Bevölkerung nicht erfüllen. Neben den Kontributionen und Besatzungskosten wirkte sich die von Napoleon erzwungene Kontinentalsperre gegen England nachteilig auf die preußische Wirtschaft aus. Die Anspannung aller ökonomischen Kräfte des Landes war unumgänglich. Auch der Verkauf der Krondomänen und die Säkularisierung von Kirchengut reichten bei weitem nicht aus, den einstmals finanziell so gesunden Staat zu sanieren oder gar ein neues Heer aufzubauen. Ohne eine fundamentale Wirtschafts- und Finanzreform konnten die Probleme also nicht gelöst werden, doch war dies nur die eine Seite, denn die Interdependenz von Wirtschafts- und Sozialverfassung machte eine Gesellschaftsreform unumgänglich. Schließlich ließen sich eine sachkundige Regierungspolitik und eine effektivere Verwaltung gleichfalls nur mit Hilfe durchgreifender Reformen erreichen.

Reichsfreiherr Karl vom und zum Stein (1757-1831), Bleistiftzeichnung von F. Olivier, 1820

»Nassauische Denkschrift« des Freiherrn vom Stein

Nach der militärischen und politischen Niederlage des preußischen Staates nahmen – eher gegen die eigentlichen Neigungen des preußischen Königs – entschiedene Reformer die Geschicke Preußens in die Hand und leiteten eine grundlegende Reorganisation von Staat und Gesellschaft ein. Viele der führenden Reformer dieser Jahre waren keine Preußen von Geburt. Neben den zivilen Staatsmännern aristokratischer Herkunft, wie vor allem dem Reichsfreiherrn vom und zum Stein und dem Grafen von Hardenberg, standen die Heeresreformer Scharnhorst und Gneisenau. Nur kurze Zeit war Stein leitender preußischer Staatsmann, 1807 wurde er zum ersten Mal entlassen, 1808 auf Druck Napoleons zum zweiten Mal – und dieses Mal endgültig. Stein – der gleichwohl außerordentliche Bedeutung gewann – war stärker von den politischen Verhältnissen und Ideen Englands als denen der Französischen Revolution geprägt. So überrascht es nicht, daß er auch stärker in der Tradition altdeutscher »Libertät« dachte als Hardenberg, der den aufgeklärten Absolutismus mit der Erfahrung der Französischen Revolution verband und zweifellos der modernere politische Kopf gewesen ist.

Die beiden Protagonisten der Reform, Stein und Hardenberg, legten ihre leitenden Gesichtspunkte in den bereits zitierten Denkschriften des Jahres 1807 nieder, der eine aus privatem Antrieb in Nassau, der andere gemeinsam mit Altenstein gemäß offiziellem Auftrag in Riga. Stil und langfristiges Ziel der beiden Staatsmänner waren zwar ganz unterschiedlich, in ihrer Diagnose aber stimmten sie überein und auch in dem beschwörenden Appell, aus der Revolution und der Napoleonischen Herrschaft die Konsequenz einer umfassenden Neuordnung von Staat und Gesellschaft zu ziehen. Sie wollten den König überzeugen, gemeinsam mit einem verantwortlichen Ministerium zu regieren und die Regierung damit zu objektivieren. Die gesellschaftlichen Kräfte sollten an den Staat herangeführt und für seinen Wiederaufbau nutzbar gemacht werden.

Stein stand eher in der Tradition altständischer Freiheiten, war stärker noch als Hardenberg durch Montesquieu, durch Möser und vor allem die politisch-gesellschaftliche Entwicklung Englands geprägt. Steins Gedanke der kommunalen Selbstverwaltung wies zwar auf das 19. und 20. Jahrhundert voraus, knüpfte jedoch an die erst durch den Absolutismus beseitigte alte Tradition städtischer Selbstverwaltung an. Hardenbergs politische Maximen resultierten stärker aus dem aufgeklärten Absolutismus, aus der Revolution, der zentralisierten, bürokratischen und rationalen Verwaltungspolitik Frankreichs. Seine gesellschaftlichen und politischen Ideen erscheinen moderner als die Steins und enthalten verfassungspolitisch trotz der Akzentuierung monarchischer Prärogative frühliberale Elemente. Allerdings ist die Deutung Steins und Hardenbergs bis in die Gegenwart umstritten, auch im Hinblick auf den Zukunftsgehalt ihrer Politik. Immer wieder hat man darauf verwiesen, daß sich die preußischen Reformen gegen Napoleon richteten und es sich deshalb um eine »defensive Modernisierung« gehandelt habe. Mit Napoleon konnte sich Preußen natürlich nicht reformieren. Reform war aber auch die Voraussetzung der Befreiung von Napoleonischer Herrschaft, die schließlich Preußen auf den Status einer kleinen Macht reduziert hatte, während die Mittelstaaten Napoleon ihre Größe verdankten, weshalb für sie »Befreiung« zunächst kein Thema sein konnte.[103]

Die preußischen Reformen betrafen sehr verschiedene Sektoren:
1. erfolgte eine Reorganisation und Neustrukturierung der obersten Staatsverwaltung;
2. eine Verwaltungsreform auf provinzialer sowie kommunaler Ebene;
3. eine Finanzreform;
4. eine Agrarreform;
5. eine Gewerbereform;
6. eine Heeresreform;
7. eine Reform des Bildungswesens;
8. gab es sektoral begrenzte Rechtsreformen; beispielsweise in der rechtlichen Besserstellung der Juden.

Die umfassende Verfassungsreform blieb indes Programm und wurde erst im Gefolge der Revolution von 1848/49 begonnen.

Als Stein nach dem auf Druck Napoleons erfolgten Rücktritt Hardenbergs auf dessen Empfehlung am 4. Oktober 1807 zum leitenden Minister ernannt wurde und für sein Reformprogramm weitreichende Vollmachten erhielt, machte er sich sogleich ans Werk. In knapp vierzehn Monaten brachte er die wichtigsten Reformen auf den Weg. Bereits am 9. Oktober 1807 erließ König Friedrich Wilhelm III. das bekannteste und den größten Teil der Gesellschaft betreffende »Edikt über den erleichterten Besitz und den freien Gebrauch des Grundeigentums so wie die persönlichen Verhältnisse der Land-Bewohner betreffend«. Die Zielsetzung hatte Stein bereits in seiner Nassauer Denkschrift formuliert. Er machte den unter anderem von Schön verfaßten Entwurf für ganz Preußen verbindlich. Schon die Präambel nannte als Ziel die Wiederherstellung des Wohlstands, was mit einer Liberalisierung erreicht werden sollte, da man inzwischen von der Unwirtschaftlichkeit, aber auch der Unmenschlichkeit der Erbuntertänigkeit überzeugt war: Es sei den »unerläßlichen Forderungen der Gerechtigkeit, als den Grundsätzen einer wohlgeordneten Staatswirtschaft gemäß . . . Alles zu entfernen, was den Einzelnen bisher hinderte, den Wohlstand zu erlangen, den er nach dem Maß seiner Kräfte zu erreichen fähig war.«[104]

Diese gesellschafts- und wirtschaftspolitische Maxime beanspruchte weit über das konkrete Ziel der Bauernbefreiung hinaus prinzipielle Geltung. Auf dieser Grundlage war künftig der freie Kauf und Verkauf von Grundbesitz möglich; Bürgerliche durften nun adligen Grund erwerben und umgekehrt. Der freie Güterverkauf bewirkte gemeinsam mit der Aufhebung beruflicher Schranken eine größere Mobilität. Adlige konnten künftig jedes bürgerliche Gewerbe betreiben, Bürger und Bauern jederzeit den Stand wechseln. Vor allem aber wurde die Bauernuntertänigkeit in Preußen aufgehoben, und zwar in zwei Stufen:

»§ 11 Mit der Publikation der gegenwärtigen Verordnung hört das bisherige Unterthänigkeits-Verhältniß derjenigen Unterthanen und ihrer Weiber und Kinder, welche ihre Bauerngüter erblich oder eigenthümlich, oder Erbzinsweise, oder Erbpächtlich besitzen, wechselseitig gänzlich auf.

§ 12 Mit dem Martini-Tage ... 1810 ... hört alle Guts-Unterthänigkeit in Unsern sämmtlichen Staaten auf. Nach dem Martini-Tage 1810 giebt es nur freie Leute.« Gesindezwangsdienste, Schollenbindung, Loskaufgelder und Gebühren für Heiratserlaubnis wurden entschädigungslos aufgehoben, Freiheit der Berufswahl und des Wohnorts fortan gewährleistet. Die ausschlaggebende Änderung für die Bauern bestand in der Eigentumsübertragung des Grund und Bodens, womit sie auch das Erbrecht erhielten. Wie dies im einzelnen geschehen sollte, regelte das »Edikt zur Regulierung der gutsherrlichen und bäuerlichen Verhältnisse« vom 14. September 1811 sowie ein ergänzendes Edikt von 1816.[105] Das Regulierungsedikt von 1816 brachte gegenüber dem Stand von 1811 tatsächlich einige Verschlechterungen für die Bauern, so wurden unter anderem die nicht spannfähigen Bauern ausgeschlossen, wodurch dem Aufkauf eines Großteils der Kleinbauern durch die ehemaligen Gutsherren Vorschub geleistet wurde.

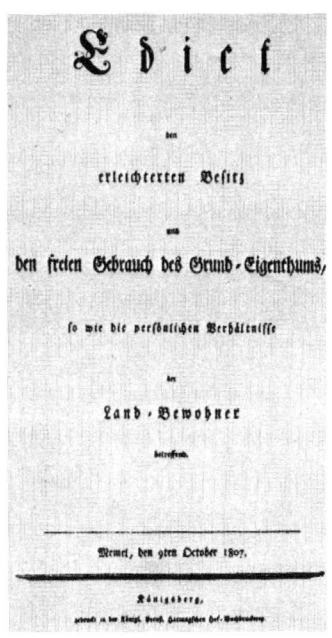

Die auf dem Grund ruhenden Dienstbarkeiten und Berechtigungen sollten »gegen wechselseitige billige Entschädigungen« abgelöst werden. Die Realisierung der »Bauernbefreiung« richtete sich nach den unterschiedlichen Rechtsverhältnissen der Gutsherrschaft im Osten einerseits und der Grundherrschaft im Westen andererseits. Im wesentlichen gab es zwei Wege: zum einen die Teilung des Bodens, wo das Obereigentum der Grundherren mit dem Nutzungsrecht der Bauern kombiniert war; besaßen die Bauern das Erbrecht, mußten sie ein Drittel des Bodens an den bisherigen Grundherrn abgeben, andernfalls die Hälfte; zum anderen konnte eine vollständige Eigentumsübertragung an die Bauern stattfinden, allerdings mußten sie in diesem Fall den grundherrlichen Anteil ablösen. Zusammen mit den in Geldzahlungen umgewandelten, bis dahin zu leistenden Frondiensten und Naturalabgaben für den Gutsherrn beliefen sich die Entschädigungen auf beträchtliche Summen, die kapitalisiert und verzinst wurden. Die Ablösezahlungen zogen sich oft über einen Zeitraum von fünfzig Jahren hin und wurden auf elf bis zwölf Milliarden Mark geschätzt (F. W. Henning). Bestand das Problem im ersten Fall in der erheblichen Verkleinerung der bäuerlichen Nutzungsfläche, so im zweiten in der unausweichlichen massiven Verschuldung der nun rechtlich völlig freien Bauern. Die von Stein gewünschte Beibehaltung der Bauernschutzpolitik durch das Verbot des Bauernlegens ließ sich aufgrund adliger Widerstände nicht durchsetzen, so daß in den folgenden Jahren zahlreiche kleinere oder besonders finanzschwache Bauernhöfe aufgekauft wurden.

Die Käufer waren in der Mehrzahl die ehemaligen Gutsherren, da die von ihnen aufzubringenden Summen geringer waren als die anderer Interessenten, wenn sie ohnehin schon die Gläubiger der Bauern waren. Insgesamt nahm der Gutsbesitz auf Kosten des

Ein Jahr nach der Niederlage von Jena und Auerstedt war es endlich soweit: das Edikt über die Aufhebung der Leibeigenschaft leitete Reformen ein, die schon zwanzig Jahre vergeblich erstrebt worden waren. In wenig mehr als einem Jahr legte Stein den Grund für ein Gesetzgebungswerk, das politische Liberalisierung, persönliche Freiheit und allgemeinen Wohlstand versprach. Als er schon nach wenigen Monaten wie vor ihm Hardenberg auf Verlangen Napoleons entlassen wurde, standen alle wesentlichen Prinzipien der Reform fest – mit Ausnahme allerdings der künftigen Verfassung.

Bauernlandes, das zum Teil weit unter Wert verkauft werden mußte, nach Schätzungen um etwa eine Million Hektar zu – das sind zehn Prozent der gesamten landwirtschaftlichen Nutzfläche. Dieser Verlust für die Bauern konnte bis zur Mitte des 19. Jahrhunderts aufgrund der außerordentlichen Ausdehnung der landwirtschaftlichen Nutzfläche partiell ausgeglichen werden: In Preußen erweiterte sie sich bis 1848 von 7,3 Millionen auf 12,46 Millionen Hektar, hinzu kam die Steigerung der Erträge um ungefähr 40 Prozent infolge der agrarwissenschaftlich fundierten Verbesserung der Anbaumethoden.

Insgesamt bewirkte die von Georg Friedrich Knapp 1887 so genannte Bauernbefreiung im ostelbischen Preußen eine nachhaltige Reduzierung, in manchen Teilen Ostelbiens sogar eine Beseitigung des Bauernstandes zugunsten der Gutsbesitzer. Eine preußische Besonderheit war die im Zuge der Bauernbefreiung erfolgende Aufteilung des im übrigen nicht klar abgegrenzten gemeinsam genutzten Bodens, der Allmenden, die nach Schätzungen 20 bis 40 Prozent der gesamten landwirtschaftlichen Nutzfläche betrugen. Auch dieser Vorgang wirkte sich insgesamt nachteilig für die Bauern aus. In den östlichen Provinzen Preußens dürften 30 000 bis 40 000 Bauernhöfe und 70 000 bis 80 000 nicht spannfähige Besitzstellen auf diese Weise verlorengegangen sein, das entspricht zwölf bis fünfzehn Prozent der ländlichen Besitzstellen dieser Region.[106] Die rechtliche Freiheit der Bauern wurde durch den Verlust staatlichen und gutsherrlichen Bauernschutzes erkauft. Außerdem fielen weitere Ansprüche, beispielsweise auf Unterkunft, Unterhalt bei Krankheit und andere Hilfsmaßnahmen ersatzlos fort. Der finanziell ruinierte Staat konnte keine Unterstützungszahlungen aufbringen. Wie wenig zwangsläufig diese negativen Begleiterscheinungen dennoch waren, zeigt die seit 1802 in Schleswig-Holstein erfolgende Bauernbefreiung: Dort verband man sie sogleich mit einem Bauernschutz, so daß keine Eigentumsumverteilung stattfand.[107]

Erheblich geringer als im östlichen Preußen war der Verlust an Bauernland in den westlichen Provinzen. Außerdem zeigen neuere Forschungen, daß selbst in den östlichen Provinzen ein Strukturwandel unvermeidlich war, da der bäuerliche Besitz hier in einer tiefen ökonomischen Krise steckte.[108] Auch die Verminderung der Bauernstellen ist also ein vielschichtiger Vorgang, der sich allzu einfacher Bewertung entzieht.

Die Vorteile, die der grundbesitzende Adel aus diesen Reformen zog, bewirkten dennoch keine dauerhafte ökonomische Sanierung dieser Schicht, im Laufe des 19. Jahrhunderts gab es häufig Eigentumswechsel. Auf längere Sicht erwiesen sich also weder die Bauern noch die ehemaligen Gutsherren als Gewinner des Strukturwandels der preußischen Agrarverfassung, sondern Bürgerliche, die während des 19. Jahrhunderts fast zwei Drittel der ostdeutschen Rittergüter erwarben.

Auch in dieser Beziehung verlief die Entwicklung im westlichen Preußen anders. Die Bauern brauchten lediglich das Obereigentum abzulösen, da sie selbst das Miteigentum an Grund und Boden besaßen; die seit 1821 mögliche Entschädigung erfolgte ohne Landabtretung – diese Form betraf etwa 40 Prozent der preußischen

Bauern. Ein bemerkenswertes Indiz für den Reformwillen der preußischen Bürokratie zeigte sich nicht allein in der Tatsache, daß die einschlägigen Bestimmungen des Allgemeinen Landrechts von 1794 durch die Reformen schon nach wenigen Jahren außer Kraft gesetzt wurden, sondern vor allem nach dem Wiener Kongreß: Damals stand Preußen vor der Frage, wie es im Hinblick auf die Agrargesetzgebung in den nun wieder oder neu zu Preußen kommenden Territorien verfahren sollte. Man behielt die Napoleonischen beziehungsweise rheinbündischen Reformen überall dort bei, wo sie weitergingen als die preußische Gesetzgebung von 1807 bis 1816 und führte nur dort die eigene Regelung ein, wo die bis 1815 erlassenen Gesetze hinter den preußischen zurückblieben.

Die preußische Agrarreform unterschied sich von der der anderen Reformstaaten insofern, als sie teilweise später eingeleitet, dann aber konsequenter und schneller abgewickelt wurde. Allerdings gab es auch in Preußen Provinzen, in denen sich die Realisierung bis zur Mitte des 19. Jahrhunderts und noch länger hinzog. Die besonderen Verhältnisse Ostelbiens und die geschilderte Form der Durchführung führten indes dazu, daß die Reform für die bis dahin gutsuntertänigen Bauern mit erheblich höheren Belastungen verbunden war als anderswo: Der landwirtschaftliche Strukturwandel erfolgte in erheblichem Ausmaß auf deren Kosten. Die landlose Unterschicht Preußens sowie die der Kleinbauern mit Nebenerwerb verdreifachte sich infolgedessen bis zur Mitte des Jahrhunderts, die vormals fast ausschließlich adlige Schicht der Gutsherren wandelte sich zu einer Gruppe mehrheitlich bürgerlicher Großgrundbesitzer.

Tatsächlich forderte die Freiheit ihren Preis, Preußen war derjenige »deutsche Staat … der die moderne Eigentumsidee gegen eine tausendjährige Tradition zuerst durchgesetzt hat, gerade damit hat er an Macht gewaltig zugenommen, indirekt ist er einer der großen Gewinner der Reform. Damit siegte zugleich die individualistisch-kapitalistische Wirtschaftsweise auf dem Lande, der ›Agrarkapitalismus‹ und der mit ihm gegebene Produktivitätsfortschritt.«[109]

Wie in der Agrargesetzgebung bildete in der Gewerbepolitik die liberale Maxime der Freisetzung der individuellen Kräfte und des Leistungswillens die entscheidende Richtschnur, sie kam 1810/11 in den Edikten über eine neue Gewerbeordnung, die Gewerbesteuer und die Gewerbepolizei, die in die Verantwortung Hardenbergs fielen, zum Ausdruck. Früher als die meisten anderen deutschen Staaten führte Preußen mit der Aufhebung des Zunftzwangs die Gewerbefreiheit ein. Alle im 18. Jahrhundert unternommenen Anläufe zur Zunftreform mußten dagegen verblassen. Wenngleich sich der im Gewerbe eingeleitete Strukturwandel ebenfalls über Jahrzehnte hinzog, so galt doch von jetzt an das Prinzip: »*Jedermann kann in jedem Umfang jeden Produktionszweig mit jeder Produktionstechnik* eröffnen und betreiben.«[110] Mit der Erklärung der Gewerbefreiheit im Gewerbesteueredikt vom 28. Oktober 1810[111] fielen künftig ständische Beschränkungen in der Ausübung eines Gewerbes weg, allerdings wurde sie an einen Gewerbeschein gebunden, der als Grundlage der Gewerbesteuer diente. Staatliche Konzessionierung löste die zünftige ab, wenngleich in viel liberalerer Form: Weder der Zugang noch die Beschäftigtenzahl oder die Produktion wurden beschränkt. In einigen Gewerbezweigen blieb die Erteilung einer Konzession an spezifische Qualifikationen gebunden, die entweder von Berufsverbänden oder Behörden überwacht wurden.

Auch bei der Einführung der Gewerbefreiheit spielten fiskalische Motive eine ausschlaggebende Rolle, wie sowohl die Begründung einer allgemeinen Gewerbesteuer als auch das einen Tag vorher, am 27. Oktober 1810, erlassene Finanzedikt deutlich machten: Hier wurde das Ziel formuliert, »den durch den letzten Krieg gesunkenen Wohlstand Unsers Staats wieder herzustellen, den Kredit empor zu heben und die Verpflichtungen zu erfüllen, welche der Staat gegen seine Gläubiger auf sich hat; insbesondere haben Wir durch sehr große Anstrengungen, soviel als nur immer möglich war, auf die Se. Majestät den Kaiser der Franzosen zu entrichtende Kriegskontribution von 120 Millionen Franken abgetragen, so daß solche mit dem Ende des jetzt laufenden Jahres zur Hälfte abbezahlt seyn wird.«[112] Der König hob ausdrücklich die »Anhänglichkeit aller Klassen Unserer getreuen Unterthanen« sowie deren Leistungsbereitschaft für den in Not geratenen Staat hervor. Eine fundamentale Finanzreform hob künftig die Unterschiede in Stadt und Land auf, die ungleiche Besteuerung sollte beseitigt, eine einheitliche Grund- und Verbrauchssteuer eingeführt werden. Der König erklärte, »mittelst einer gänzlichen Reform des Abgaben-Systems alle nach gleichen Grundsätzen für Unsere Monarchie von Jedermann wollen tragen lassen. Auf dem kürzesten Wege wird daher auch ein neues Kataster angelegt werden, um die Grundsteuer danach zu bestimmen.«

Alle Steuerbefreiungen sollten künftig wegfallen, durch eine progressive Einkommenssteuer sollte Steuergerechtigkeit erreicht werden. Aber gerade hierin scheiterte das Reformwerk am ständischen Widerstand: Die völlige Beseitigung adliger Steuerprivilegien blieb trotz des 1818 erneuerten Versuchs bis 1861 ebenso Programm wie die konsequente progressive Einkommenssteuer, die nur rudimentär realisiert wurde. Das »Verfassungsversprechen« bildete hingegen während der Ära Hardenbergs einige Jahre eine zentrale politische Kontroverse, aber erfüllt wurde es nicht. Zwar erklärte der König im Finanzedikt von 1810: Wir behalten uns vor, »der Nation eine zweckmäßig eingerichtete Repräsentation, sowohl in den Provinzen wie für das Ganze zu geben, deren Rath wir gern benutzen...« Doch blieb diese Ankündigung so vage, daß kaum von einem wirklichen »Versprechen« die Rede sein kann.

Erfolgte die Verfassunggebung in den süddeutschen Staaten bald nach dem Wiener Kongreß, so zeigt sich die Diskrepanz zwischen konstitutioneller Reformbereitschaft und ökonomischer Liberalisierung in der unterschiedlichen Entwicklung gegenüber Preußen: Während in Preußen die Wirtschaftsverfassung in diesen Jahren weitaus radikaler reformiert wurde als die politische, verhielt es sich in den meisten süddeutschen Staaten umgekehrt, wie bereits die stark voneinander abweichende Gewerbepolitik zeigt. Die Gewerbereform fand zuerst in den linksrheinischen Gebieten statt, die Frankreich einverleibt wurden, beispielsweise in der Pfalz schon 1797, im Königreich Westfalen am 5. August 1808, im Großherzogtum Berg am 31. März 1809. Sachsen führte erst 1861, Baden und Württemberg 1862, Bayern 1868 (zum Teil noch begrenzte) Gewerbefreiheit ein. Österreich unternahm zwar schon 1816 einen ersten Versuch, doch gab es seit den zwanziger Jahren wieder Einschränkungen. In keinem deutschen Staat erfolgte die Modernisierung also in allen Sektoren parallel mit gleicher Intensität. Eine alle deutschen Staaten umfassende Vereinheitlichung der Wirtschaftsverfassung gelangte erst im Bismarck-Reich zum Abschluß.

Die Gewerbereform profitierte in besonderem Maße von der fortschrittlichen Liberalität, mit der Hardenberg die gesellschaftlichen Kräfte freisetzen wollte, auch sie zählte zu den wesentlichen Voraussetzungen der von ihm angestrebten, schließlich auch erreichten ökonomischen Einheit Preußens. Bauernbefreiung und Einführung der Gewerbefreiheit begünstigten vor allem die auf die Bevölkerungsexplosion zurückgehende Entwicklung eines großen Arbeitskräftepotentials. Die Proletarisierung vieler Handwerker war die Folge der wachsenden Übersetzung in zahlreichen Gewerbezweigen: Die vielen Proteste, die die Einführung der Gewerbefreiheit in den Städten begleiteten, schienen nur allzu berechtigt. Rechtlich-soziale Selbständigkeit ging auch im Handwerk dieser Jahrzehnte vielfach mit wirtschaftlicher Verarmung einher. Nicht allein proletarisierte Bauern und Landarbeiter, sondern in zunehmendem Maß auch ehemalige Handwerker, die dem sozialökonomischen Abstieg nicht hatten entgehen können, wurden Fabrikarbeiter, was wiederum die Industrialisierung vorantrieb; dieses wachsende Arbeitskräftepotential zählte zu den entscheidenden Bedingungen für die Vergrößerung der Betriebe, bewirkte aber zugleich eine Senkung des Lohnniveaus.

Die Menschen waren von den Zwängen einer viele Jahrhunderte alten ständischen Sozial- und Wirtschaftsverfassung befreit, aber dem Risiko dieser Freiheit nun auch massiv ausgesetzt. Diese Liberalisierung entsprang jedoch nicht allein der Absicht ökonomischer Modernisierung, sondern auch dem Versuch, durch Förderung der Ansiedlung von Gewerbebetrieben auf dem Land einerseits eine größere ökonomische Durchlässigkeit zwischen Land und Stadt zu schaffen – die die Aufhebung beruflicher Schranken zwischen den Ständen im Zuge der Bauernbefreiung ergänzte –, andererseits aber auch dem anwachsenden Bevölkerungsdruck durch neue Arbeitsplätze Rechnung zu tragen. Die Liberalisierung der Agrarverfassung und des Gewerbes sind also eng aufeinander bezogen.[113] Die sozialen Kosten der doppelten Reform der Wirtschaftsverfassung zeigten sich schon bald, die positiven Auswirkungen ließen noch Jahrzehnte auf sich warten.

Dienten die sozialökonomischen Reformen, die ja mit den aufgeklärt-humanitären Prinzipien im Einklang standen, der Mobilisierung der Leistungsfähigkeit des Volkes, so bezweckte die Reform von Regierung und Verwaltung eine Rationalisierung und Steigerung der Effektivität. Die Reform begann mit der Steinschen Städteordnung, die unter Mitarbeit des Königsberger Polizeidirektors und späteren Staatsrats Johann Gottfried Frey entworfen und am 19. November 1808 in Kraft gesetzt wurde. Sowohl Stein als auch Hardenberg hatten in ihren großen Denkschriften 1807 eine Kommunalreform gefordert. Die Leitlinie für die Beteiligung der Eigen-

Die ersten preußischen Stadtverordneten empfangen nach Einführung der neuen Städteordnung von 1808 in der Nicolaikirche ihren Segen

tümer an der Verwaltung sah Stein in der »Belebung des Gemeingeistes und Bürgersinns, ... [der] Benutzung der schlafenden oder falschgeleiteten Kräfte ... [dem] Einklang zwischem dem Geist der Nation, ihren Ansichten und Bedürfnissen und denen der Staatsbehörden, ... [der] Wiederbelebung der Gefühle für Vaterland, Selbständigkeit und Nationalehre.«[114] Tatsächlich sah Stein wie Möser im Eigentum die Grundlage für die verantwortliche Beteiligung der Bürger an den öffentlichen Angelegenheiten. Hier lag durchaus auch eine Analogie zur Eigentümergesellschaft, wie sie Napoleon konzipierte. Das Bürgerrecht mußte eigens erworben werden und war an Grundbesitz oder an ein Jahreseinkommen von 150 bis 200 Talern gebunden. Gemäß diesen Voraussetzungen, deren Prinzipien sich schon in der Definition des Bürgers bei Kant finden, lag der Anteil der Vollbürger unter zehn Prozent.

Die Beibehaltung der traditionellen Unterscheidung von Bürgern und Einwohnern (Schutzverwandten) nahm letztere vom vollen, also auch politisch verstandenen Bürgerrecht aus. Zwar erleichterte die Städteordnung[115] den Erwerb des Bürgerrechts, doch war vielen Einwohnern daran kaum gelegen, da mit ihm nicht allein Rechte, sondern auch die Übernahme von Kosten und Pflichten verbunden waren; lediglich Gewerbetreibende und Grundbesitzer in den Städten wurden zum Erwerb des Bürgerrechts verpflichtet, wenn sie es nicht schon besaßen. Die Hürde zur Erlangung des Bürgerrechts und damit des Wahlrechts erwies sich auch für Angehörige unterer Schichten als überwindbar, da viele von ihnen ein entsprechendes Jahreseinkommen erreichten und auch kleine Handwerker, Händler und sogar Unselbständige oftmals zu den Haus- und Grundbesitzern in den Städten zählten. Da die Städteordnung nur noch ein einziges Bürgerrecht kannte und es ausdrücklich von Stand, Religion und Geschlecht unabhängig machte, beseitigte es frühere ständische Beschränkungen. »Das Bürgerrecht darf niemandem versagt werden, welcher in der Stadt, worin er solches zu erlangen wünscht, sich häuslich niedergelassen hat und von unbescholtenem Wandel ist.« Einschränkungen galten für Kantonisten, Soldaten, Minderjährige, Juden und Mennoniten.

Die Wahlberechtigten wählten nach einer Bezirkseinteilung die Stadtverordnetenversammlung, diese wiederum den städtischen Magistrat. Da noch keine politischen Parteien existierten, gelangten normalerweise die städtischen Honoratioren in die Stadtverordnetenversammlung. Die kollegialen Magistrate waren zunächst die Regel, später entwickelte sich daneben, insbesondere im Westen Preußens, eine Bürgermeisterverfassung. Die Kompetenzen der städtischen Organe waren nicht in jeder Hinsicht klar abgegrenzt und auslegungsfähig, staatliche Auftragsverwaltung ergänzte sie. Nach ersten Erfahrungen sowie der Erweiterung des Staatsgebietes wurde die Städteordnung 1831 revidiert.[116]

Zwar konnte von allgemeiner Repräsentation noch nicht die Rede sein – dennoch lag in der Steinschen Idee der kommunalen Selbstverwaltung bei aller Traditionsgebundenheit doch eine vorausweisende Komponente, die – bis ins 20. Jahrhundert hinein – auf die übrigen deutschen Staaten ausstrahlte. Sie wollte nicht allein den Bürger an der städtischen Verwaltung beteiligen, sondern sollte überdies als Gegengewicht zur staatlichen Bürokratie dienen. Pa-

August Graf Neidhardt von Gneisenau (1760-1831)

rallelen zwischen der Städteordnung und dem französischen Municipal-Gesetz vom Dezember 1789 lassen sich durchaus nachweisen,[117] dennoch blieb das englische Beispiel, auf das Stein in seiner Denkschrift verwies, gemeinsam mit der deutschen Tradition städtischer Selbstverwaltung von entscheidendem Einfluß.[118] Allerdings ging die unter Steins Verantwortung eingeführte Selbstverwaltung nicht allein durch das im Prinzip unbegrenzte Bürgerrecht, sondern auch durch die auf ihm beruhende Wahl der Stadtverordneten und des Magistrats über frühere deutsche Vorbilder hinaus. Und tatsächlich widersprach diese zukunftsträchtige kommunale Selbstverwaltung der durch Napoleon verstärkten zentralistischen Organisation der Staatsverwaltung von oben nach unten.

Stein gelang es allerdings nicht, dieses Konzept auch auf Kreis- und Provinzialebene zu realisieren, obwohl der Minister Freiherr von Schrötter in seinem Auftrag bereits Entwürfe ausgearbeitet hatte. Zwar nahm sich später auch Hardenberg der Landgemeinde- und Kreisreform an, aber selbst er vermochte sie trotz weiterer intensiver Vorarbeiten nicht entscheidend voranzutreiben. Allein das Bruchstück der Kreisverfassung konnte auf dieser Basis von 1825 bis 1828 zum Abschluß gebracht werden.

Stein setzte jedoch die in seiner Regierung bereits praktizierte Gliederung des Kabinetts in fünf Ressorts durch. Hieraus entwickelten sich die späteren »klassischen« Ministerien Finanzen, Inneres, Justiz, Auswärtiges und Heer, wenngleich die Bezeichnungen einstweilen noch anders lauteten. Zu den entscheidenden Fortschritten gehörte die Leitung durch die Minister, die Vortragsrecht beim König erhielten. Auf diese Weise wurde die monarchische Selbstregierung aus dem Kabinett ebenso beseitigt wie das Nebeneinander eines Ministeriums und politisch unverantwortlicher Kabinettsräte, wie es für die Regierung Friedrich Wilhelms III. charakteristisch gewesen war. Es hatte Hardenberg während seines ersten Ministeriums sehr zu schaffen gemacht und die Effektivität der politischen Führung beeinträchtigt. Mit der Neustrukturierung entfielen auch das Generaldirektorium sowie auf Provinzialebene die Kriegs- und Domänenkammern, die künftig in Regierungspräsidien umgewandelt wurden und denen Oberpräsidenten an der Spitze der Provinzen übergeordnet waren. Die Staatsregierung ernannte diese Beamten, die ihr auch verantwortlich blieben. Die Oberpräsidenten bildeten das Bindeglied zwischen Zentrale und Provinz.

Diese von Stein eingeleitete, von Hardenberg nach anfänglichem Zögern fortgeführte und bis 1815 im wesentlichen abgeschlossene Reorganisation der Staatsverwaltung, deren Ergebnis der dezentralisierte preußische Einheitsstaat war, erhielt sich in den Grundzügen bis zum Ende der Weimarer Republik. Auch gegen die Staatsreform opponierte die altständische Gruppierung in Preußen, die mit Unterstützung des sonst Stein nahestehenden Reformbeamten Ludwig Freiherr von Vincke den Einheitsstaat ablehnte.

Der Organisationsplan, der die Neuordnung der Regierung festschrieb, war auf den 24. November 1808 datiert – das war zugleich der Tag der zweiten Entlassung Steins. Der Plan wurde in veränderter Fassung, die vor allem die Preisgabe des von Stein gewünschten Staatsrats betraf, am 16. Dezember 1808 veröffentlicht.[119] Dort hieß es: »Die neue Verfassung bezweckt, der Geschäftsverwaltung die größtmögliche Einheit, Kraft und Regsamkeit zu geben, sie in einem obersten Punkt zusammenzufassen und die Geisteskräfte der Nation und des einzelnen auf die zweckmäßigste und einfachste Art für solche in Anspruch zu nehmen.«[120]

Wenngleich diese Neuordnung der Regierungsweise keine Konstitution ersetzen konnte, so bildete sie doch zweifellos einen wesentlichen Teil der Verfassungsreform – einen Schritt auf dem Wege zur Einbindung des Herrschers in den Staat und die von seinen Ministern zwar aufgrund seiner Weisungsbefugnis, aber dennoch selbständig geleiteten Politik. Nach dem Willen Steins und Hardenbergs sollten diesem Schritt weitere folgen. Auch unter Hardenberg gelang dies nur insofern, als er während seiner Regierungszeit von 1810 bis 1822 – die das Kollegialsystem durch ein Kanzlersystem mit einem leitenden Regierungschef ablöste – die ministerielle Gegenzeichnung für königliche Erlasse durchsetzen konnte. Der Minister übernahm damit staatsrechtlich und politisch die Verantwortung.

Gerhard von Scharnhorst (1755-1813), Gemälde von Christian David Gebauer

Diejenige preußische Reform, die am eindeutigsten von der Französischen Revolution und Napoleon geprägt war und die sich wesentlich von der aller anderen deutschen Staaten – mit Ausnahme der 1807 bis 1808 durchgeführten österreichischen Heeresreform des Erzherzogs Karl – unterschied, war die von Gerhard Johann David (von) Scharnhorst, August Neidhardt von Gneisenau sowie Hermann von Boyen (dem einzigen echten Preußen unter ihnen) zwischen 1807 und 1814 durchgeführte umfassende Reorganisation des Heeres. Sie richtete sich unmittelbar gegen die französische Herrschaft. Das noch im Stil des 18. Jahrhunderts organisierte preußische Söldnerheer hatte sich den französischen Heeren in keiner Weise gewachsen gezeigt, also führte Preußen auf Vorschlag Scharnhorsts als erster Staat nach Frankreich die allgemeine Wehrpflicht ein. Ein erster (1814 ergänzter) Schritt dazu war die Verordnung vom 9. Februar 1813, sie basierte auf der »längst anerkannten Verbindlichkeit eines jeden waffenfähigen Bürgers, sein Vaterland zu vertheidigen, dessen Erhaltung ihm und seinem Vermögen Schutz und gesetzliche bürgerliche Freiheit gewährt«.[121] Schon seit 1808 hatte man allerdings die durch den Tilsiter Frieden und den folgenden Pariser Vertrag vom 8. September 1808 begrenzte Truppenstärke Preußens mit Hilfe des Krümpersystems umgangen, das heißt durch nur kurzzeitig ausgebildete Rekruten die Reserve erhöht.

Die Begründung der Wehrpflicht durch das Edikt von 1813 erinnerte ein wenig an Thomas Abbts Definition des Vaterlandes aus dem Siebenjährigen Krieg und zeigt, in welchem Maße allgemeine Wehrpflicht und bürgerliche Rechte zusammenhängen, wie bereits die Französische Revolution demonstriert hatte: Ein Volk in Waffen, das seine Freiheit verteidigen will, muß auch Freiheit besitzen. Auch einzelne Elemente der preußischen Heeresreform lassen diesen Zusammenhang erkennen, beispielsweise die von Gneisenau geforderte »Freiheit des Rückens« von drakonischen Prügelstrafen, sonstigen inhumanen Bestrafungen oder Drill. Auch die Einführung des Leistungsprinzips und die Beseitigung des Adelsmonopols für Offiziersstellen zeigen das Ziel der Gleichberechtigung.

Alle preußischen Reformer dieser Jahre waren hochgebildete

Hermann von Boyen (1771-1848), Gemälde von François Gérard, 1818

Die Reform, die mit einer Reorganisation der Staatsverwaltung auch eine solche des Heeres in die Wege leitete, zog aus den neuen Ideen und den militärischen Niederlagen Habsburgs und Preußens die Folgerung: Das preußische Söldnerheer Friedrichs des Großen, dessen Struktur infolge der Revolutionierung der Kriegskunst seit 1792 völlig veraltet war, wurde auf Vorschlag vor allem Scharnhorsts durch ein Heer ersetzt, das auf der allgemeinen Wehrpflicht beruhte. Jeder waffenfähige Bürger in Preußen hatte nun die Pflicht, sein Vaterland zu verteidigen; aus der allgemeinen Wehrpflicht folgte konsequent der Anspruch auf die bürgerlichen Rechte, da ein Volk, das seine Freiheit verteidigen soll, diese Freiheit auch besitzen muß. So geschieht die Reorganisation des Heeres unter dem Einfluß der französischen Ideen, will aber gerade Frankreichs Vorherrschaft beseitigen. Napoleon kann die Reform nicht verhindern, die in vielem dem Pariser Vorbild folgte.

Männer, die die Heeresreform als Bildungsreform betrachteten: So sah Boyen, der in Königsberg Kants Vorlesungen über Ethik gehört hatte, die Armee als Schule der Nation an. Wie die meisten anderen preußischen Heeresreformer nahm er die Demokratisierung des Heerwesens nicht allein in Kauf, sondern strebte sie an, weswegen er von der erstarkten preußischen Reaktion 1819 zum Rücktritt von seinem Amt als Kriegsminister gezwungen wurde.

Für den ehemaligen Würzburger Jesuitenzögling Gneisenau, der bereits 1782/83 in Nordamerika mit dem Prinzip der allgemeinen Volksbewaffnung in Berührung gekommen war, verband sich die militärische Mobilisierung des Volkes unauflöslich mit dem Freiheitspathos, das ihn schon nach dem erzwungenen Rückzug Steins 1808 ebenfalls zum Rücktritt bewogen hatte, bevor er sich seit 1811 in Berlin engagiert für den Krieg gegen Napoleon einsetzte. Der bedeutendste militärische Gegner Napoleons und Generalstabschef Blüchers in den Befreiungskriegen stieß aufgrund seiner liberalen und nationalen Gesinnung bei der altständischen preußischen Reaktion ebenfalls auf Widerstand und trat 1816 erneut von seinem Amt (als Kommandierender General) zurück. Und schließlich manifestierte sich das Bildungsziel der preußischen Heeresreformer in der 1810 von Scharnhorst gegründeten Kriegsakademie, deren Leitung Carl von Clausewitz anvertraut wurde, der seit 1816 mit seinem zur Weltliteratur gehörenden Standardwerk »Vom Kriege« befaßt war und der in seltener Weise das Amt eines Erziehers und Philosophen mit dem eines preußischen Generals zu vereinigen wußte. Aus Napoleons Revolution der Kriegskunst zog Clausewitz theoretische Konsequenzen und wollte in der Kriegsakademie eine Bildung vermitteln, die über militärisches Wissen weit hinausging und eine gemeinsame Basis zwischen den Offizieren und den Bildungsschichten der Nation herstellen sollte.

Die Schaffung eines neuen, diesen Anforderungen gerecht werdenden Offizierskorps gehörte neben der Verbesserung von Organisation, Strategie und Heeresstärke denn auch zu den vornehmsten Anliegen der Reformer, die von den 143 Offizieren des Jahres 1806 bis zur Zeit der Freiheitskriege nur noch zwei auf ihrem Posten beließen: Blücher und Tauentzien. Den Kern der gemeinsamen Überzeugung der Reformer des Heeres und der zivilen Sektoren wie Stein und Hardenberg formulierte Scharnhorst: Es komme bei der jetzigen Lage darauf an, »daß die Nation mit der Regierung aufs innigste vereinigt werde, daß die Regierung gleichsam mit der Nation ein Bündnis schließt, welches Zutrauen und Liebe zur Verfassung erzeugt und ihr eine unabhängige Lage wertmacht. Dieser Geist kann nicht ohne einige Freiheit stattfinden.«[122]

Hier zeigt sich unmißverständlich, zu welchem Ziel die »Reformpartei« die Nation zusammenführen wollte, zugleich aber, wie unvereinbar ihre Grundsätze mit denen der altständischen Reformgegner waren: Nach dem Sieg mußten beide unversöhnlich aneinandergeraten.

Besaß eine so umfassende Heeresreform im friderizianischen Preußen keine Tradition, so doch die Bildungsreform, die vor allem mit dem Namen Humboldt sowie Altenstein verbunden ist. Nach dem erneuten Sturz Steins berief der König am 24. November 1808 das Ministerium Dohna/Altenstein. Knapp drei Monate später wurde Humboldt Leiter der Sektion für Kultus und Unterricht im Innenministerium, in der mit Nicolovius und Süvern seit 1808 bereits Reformer wirkten.

Der 1767 in Potsdam geborene Wilhelm Freiherr von Humboldt hatte bei Joachim Heinrich Campe eine aufgeklärte Erziehung genossen, war nach dem Studium der Rechtswissenschaft in Göttingen, wo er unter anderen Pütter und Schlözer, aber auch den klassischen Philologen Christian Gottlieb Heyne gehört hatte, mit Campe ins revolutionäre Paris gereist, ohne jedoch für die sich überstürzenden politischen Ereignisse in der französischen Metropole großes Interesse zu entwickeln. Nach seiner Rückkehr geriet er bald unter den Einfluß von Henriette Herz und der Berliner Frühromantik und hatte kaum zwei Jahre am Berliner Kammergericht gewirkt, als er sich 1791 mit 24 Jahren ins Privatleben zurückzog, um nur sich selbst, nur seiner eigenen Bildung zu leben. Freundschaften mit Goethe, Schiller und vielen der in den Salons verkehrenden Künstler und Literaten folgten. Ästhetische, geschichts- und sprachphilosophische Studien, die Mitarbeit an Schillers Zeitschrift »Die Horen« beschäftigten ihn. Schon früh zeigte sich in seinen 1792 verfaßten »Ideen zu einem Versuch die Grenzen der Wirksamkeit des Staats zu bestimmen«, sein Postulat, der individuellen Selbstentfaltung den größtmöglichen Freiraum gegenüber Staat und Gesellschaft zu sichern: »Der wahre Zweck des Menschen – nicht der, welchen die wechselnde Neigung, sondern welchen die ewig unveränderliche Vernunft ihm vorschreibt – ist die höchste und proportionirlichste Bildung seiner Kräfte zum Ganzen. Zu dieser Bildung ist Freiheit die erste und unerlässliche Bedingung.« Und als das »höchste Ideal des Zusammenexistirens menschlicher Wesen« galt Humboldt »dasjenige, in dem jedes nur aus sich selbst und um seiner selbst willen sich entwikkelte«.[123]

Die Griechen boten Humboldt das Vorbild, sein neuhumanistisches Bildungsideal ist ohne die seit Winckelmann mächtig belebte Antikenrezeption nicht verständlich. In Humboldts Augen ließen die Römer weder der Individualität noch der Natur überhaupt noch der christlichen Religion die Freiheit, die für ihn die erste Voraussetzung der Bildung war. Bei den Römern wurde die Staatsbildung zum Selbstzweck, demgegenüber vollendeten die Griechen das Ideal der Humanität. Solche Überlegungen fanden sich durch die Schöpfung des klassischen Dramas, vor allem durch Goethes »Iphigenie«, bestätigt. Die klassizistische Baukunst verlieh diesen Gedanken räumlichen Ausdruck. Entsprechend ließ Humboldt später das Familienschloß Tegel durch Schinkel zum Modell klassizistischer Wohnkultur gestalten.

Hier entwickelte sich die am griechischen Vorbild gewonnene ideale Lebensform; und diese wahre, sich in individueller Totalität vollendende Humanität bedurfte des Staates, denn nur er konnte sie sichern. Insofern bestand dann doch eine Analogie zwischen dem aufgeklärten Bestreben, Bildung zum Staatszweck zu machen, den Staat auf Ausbildung seiner Bürger zu verpflichten, und der neuhumanistischen Indienstnahme des Staats als Garant zweckfreier Bildung. Das Ziel unterschied sich, die Mittel waren dieselben. Der Neuhumanismus setzte schließlich das von der Aufklärung begonnene Werk fort und machte das Bildungswesen endgültig zur staatspolitischen Aufgabe.

Carl von Clausewitz (1780-1831), Lithographie von Franz Michaelis

Die preußische Reform war insofern etwas Neues, als sie die philosophischen mit den militärischen Ideen verband: Stein und Hardenberg, Boyen und Gneisenau, Scharnhorst und Clausewitz waren zwar unterschiedlicher Herkunft, verfolgten aber ganz ähnliche Ziele. Vor allem Carl von Clausewitz war mit seinem ab 1816 verfaßten Standardwerk »Vom Kriege« Staatsphilosoph und Militärtheoretiker zugleich: Seine Ideen suchte er mit Hilfe einer Kriegsakademie zu verwirklichen, die zwischen den Offizieren der Armee und den Bildungsschichten der Nation vermitteln sollte.

627

Wilhelm von Humboldts Antrag auf Errichtung der Universität Berlin, 1809

Die Reformzeit jener vier Jahrzehnte von den achtziger Jahren des 18. Jahrhunderts bis zu den zwanziger Jahren des 19. Jahrhunderts gründete nicht nur den Staat und seine Verwaltung, die eben zusammengebrochen waren, auf die neuen Prinzipien des Zeitalters. Auch die Verbindung zwischen Philosophie, Literatur und Kunst ist weder vorher noch später so eng gewesen wie in jener Epoche. In der 1810 neugegründeten Berliner Universität wurde diese Verbindung aller Bereiche des Geisteslebens deutlich. Wilhelm von Humboldt als Sektionschef für Kultus und öffentlichen Unterricht im Ministerium Dohna-Altenstein hatte ihre Gründung in die Wege geleitet. Fichte wurde ihr erster Rektor und Schleiermacher Professor für Theologie.

Der militärisch, politisch und wirtschaftlich ruinierte preußische Staat, der kaum seine Beamten besolden konnte, reorganisierte sich geistig lange vor den militärischen Siegen. Der König hatte in seiner Proklamation geschrieben, daß Preußen durch geistige Kraft ersetzen müsse, was es an militärischer Macht verloren habe. Das sollte keine Legende werden, denn nie wieder hat der Staat auf nahezu allen Gebieten eine solch fruchtbare Reformpolitik entwickelt. Als mit den militärischen Siegen allerdings die politische Wiederherstellung gelungen war, erlahmte auch der Reformelan, und es kam zu einer restaurativen Politik, die dem fortwirkenden Gespenst der Revolution entgegenwirken konnte.

So wurde Humboldt denn – wie immer sein Verhältnis zum Staat auch gewesen sein mag, wie sehr seine Idee der Welt sich von der Welt entfernte [124] – zum Staatsmann: nicht erst in den Befreiungskämpfen und den vielfältigen Bemühungen um Erneuerung des preußischen Staates, sondern bereits als Bildungsreformer und Gründer der Universität Berlin. Mit dieser Universität reihte er Berlin keineswegs bloß in die Vielzahl der Neugründungen und Wiederbelebungen von Universitäten zu Beginn des 19. Jahrhunderts ein, die Ausdruck des bildungspolitischen Impetus der Zeit waren – beispielsweise Heidelberg 1803, Breslau 1811, Bonn 1818.

Die Berliner Universitätsgründung war mehr als nur die Erweiterung der kulturellen Einrichtungen in der Hauptstadt, wie sie etwa in der Verlagerung der Universität Landshut-Ingolstadt nach München 1826 zum Ausdruck gelangte, wobei ebenso wie in Berlin der politischen Zentralisierung eine kulturelle folgte. Humboldts Universität schuf darüber hinaus eine auf »Einsamkeit und Freiheit«, auf die Einheit von Forschung und Lehre gegründete Stätte zweckfreier Wissenschaft, die auf keiner gesellschaftlichen oder staatlichen Aufgabenzuweisung basierte. Der »Nutzen« für Staat und Gesellschaft durfte nur indirekt, nicht vorgeschrieben und nicht berechenbar sein, weil nur so der »reinen Idee der Wissenschaft« zum Durchbruch verholfen und höchster Rang erreichbar sein würde. Dieser sich mit Ausnahme der Zeit von 1933 bis 1945 nahezu 150 Jahre unangefochten behauptende deutsche Universitätstypus ermöglichte weltweit anerkannte Spitzenleistungen einer neuen wissenschaftlichen Elite jenseits ständischer gesellschaftlicher Normen: Hier entstand eine bürgerliche Schicht, deren elitärer Charakter nicht schamhaft verschwiegen, sondern gewollt war.

Bemerkenswert war allein schon der Zeitpunkt der Gründung, und Humboldt verwies in seinem Brief an den König vom 24. Juli 1809 ausdrücklich auf diesen Kontrast zwischen dem augenblicklichen politischen Elend des Staates Preußen und der weit über seine Grenzen ausstrahlenden Idee dieser Universität. [125] Die Wissenschaft lieferte nicht zuletzt den Stoff »der geistigen und sittlichen Bildung«. [126] Und in seiner Antrittsrede sagte der erste Rektor der neugegründeten Universität, einer der führenden Philosophen des deutschen Idealismus, Johann Gottlieb Fichte, am 19. Oktober 1811: »Der eigentlich belebende Odem der Universität, ... die himmlische Luft« sei »ohne Zweifel die akademische Freiheit.« [127]

Der Bildungsreformer Humboldt gründete nicht allein diesen so wirkungsmächtigen Typus der Universität, sondern auch einen neuen Typus des Gymnasiums. Hatte bereits Friedrich Immanuel Niethammer 1808 mit seiner Schrift »Der Streit des Philanthropinismus und des Humanismus in der Theorie des Erziehungsunterrichts unserer Zeit« zunächst in Bayern, dann aber auch in anderen deutschen Staaten die Gliederung des Gymnasiums in einen humanistischen und einen »realen« Zweig vorbereitet, so vereinigte Humboldt das Bildungswesen unter staatlicher Aufsicht und gliederte es künftig in Elementarschule, Gymnasium und Universität. Dabei ging Humboldt in bezug auf die Volksschule von den Prinzipien Pestalozzis und anderer Aufklärungspädagogen aus, die eine der Natur des Kindes entsprechende Entfaltung seiner individuellen Anlagen anstrebten.

Wilhelm von Humboldt (1767 bis 1835), Lithographie nach dem Gemälde von Franz Krüger

Die Realisierung der Volksschulreform nahm zwar einen längeren Zeitraum in Anspruch als die von Universität und Gymnasium, doch konnte sie auf den Vorarbeiten seit Ende des 18. Jahrhunderts aufbauen und führte bald zu einer allgemeinen Unterrichtung aller schulpflichtigen Kinder in zahlreichen neugegründeten Schulen. Dabei kam der Staat auch der aufgeklärten Forderung nach Verbesserung der Lehrerausbildung nach, so daß bis 1840 in Preußen 45 Lehrerbildungsanstalten unterschiedlicher Ausrichtung gegründet wurden. Das Gymnasium erhielt wie die Universität seine Prägung durch das neuhumanistische Bildungsideal mit starker, aber keineswegs ausschließlicher Betonung des altsprachlichen Unterrichts. Die alten, durch schematisches Auswendiglernen gekennzeichneten Lateinschulen wurden durch die ebenfalls auf individuelle Bildung und nicht zweckbezogene Ausbildung gerichteten Gymnasien mit ihrem durchaus elitären Selbstverständnis verdrängt. Auch hier griff der preußische Staat regelnd ein, führte 1810 das Staatsexamen für die Gymnasiallehrer ein und machte das Abitur 1812 zur Voraussetzung des Universitätsstudiums.

Die Struktur des Bildungssystems änderte nicht die Gesellschaftsstruktur, doch folgte sie ihr auch nicht einfach. Nicht mehr Standesbildung im voraufklärerischen Sinn, sondern Bildung als Ergebnis individueller geistiger Leistung wurde zum Kriterium der Selbstbestimmung des gesellschaftlichen Rangs im Sinne des Liberalismus. Wenngleich aus finanziellen Gründen nach wie vor die traditionellen Bildungsschichten sowie die auf eine Elite zugeschnittenen Bildungsprinzipien Vorrang behielten, handelte es sich doch um den Bildungsbegriff einer im allgemeinen Sinn bürgerlichen Gesellschaft – einer Gesellschaft, die in der Realität noch nicht existierte: »Auch die höhere Bildung hatte einen solchen antizipatorischen Zug. Sie war allgemeine Menschenbildung jenseits der Berufswelt für eine Gesellschaft der Zukunft und zugleich Bildung der Staatsdiener, die jene Gesellschaft herbeiführen sollten: die Beamten waren die Vorreiter des neuen Bürgertums.«[128]

Tatsächlich verband sich dieses Bildungswesen, dessen Grundprinzipien bis über die Mitte des 20. Jahrhunderts hinaus Geltung behielten, mit den Beamten als »allgemeinem Stand« und war insofern trotz der Zweckfreiheit grundsätzlich staatsnah: Die »Reformpartei«, die in Preußen wie anderswo aus einigen Dutzend gebildeter Spitzenbeamten und einem breiteren, ähnlich orientierten Mitarbeiterstab bestand, konnte gerade im Bildungswesen ihre zukunftweisenden Prinzipien durchsetzen.

Wenngleich hier wie in anderen Bereichen die Reformen bruchstückhaft blieben und sie unterschiedlich lange zur Realisierung brauchten, so ist trotz vieler Rückschläge – insbesondere nach 1815 – die These irreführend, mit dem Tod Hardenbergs seien die Reformen definitiv gescheitert.[129] Das mag vor allem für die Finanzreform sowie für die damit verbundenen Probleme der Verfassunggebung und der politischen Repäsentation zutreffend sein; in dieser Hinsicht konnte sich der seit 1810 wieder amtierende Staatskanzler Hardenberg nicht gegen adlig-ständische Widerstände und den König durchsetzen, obwohl das »Verfassungsversprechen« 1810 und 1815 wiederholt worden ist. Wenngleich sich Hardenberg auf das Machbare konzentrierte und in pragmatisch motivierten Wendungen auf manche seiner ursprünglichen Ziele verzichtete, so sollte nicht unterschätzt werden, in welchem Ausmaß auch die Regierungs- und Verwaltungsreformen ein Stück – freilich nur ein Stück – Verfassungsreform gewesen sind. Hardenberg hat, zum Teil in außerordentlich schwieriger politischer Lage, hartnäckig immer wieder Anläufe zur Lösung des Problems unternommen. Das Urteil, ihm sei es im Unterschied zu Stein bloß um eine effektivere Verwaltung gegangen,[130] ist unzutreffend und im übrigen wegen des unauflöslichen Zusammenhangs beider Sektoren in dieser Zeit unhistorisch. Auch wurden manche Reformen erst von der Regierung Hardenberg in Angriff genommen, zum Beispiel die mit dem Edikt über die Judenemanzipation vom 11. März 1812 eingeleitete staatsbürgerliche Gleichstellung der Juden, wenn sie auch noch nicht vollendet wurde.

Dem negativen Urteil über den Erfolg der preußischen Reformen liegt entweder das von den Reformern selbst gesteckte, aber angesichts der politischen Umstände doch unrealistische Ziel einer umfassenden Staats- und Gesellschaftsreform zugrunde, oder aber eine von den sozialen Folgelasten der Reform ausgehende Bewertung. Tatsächlich kumulierten die sozialökonomischen Probleme vom Vormärz bis zur Revolution von 1848/49. Doch verweisen gerade neuere Forschungen auf die Unausweichlichkeit des durch die Reformen außerordentlich stimulierten Strukturwandels und die entscheidende Bedeutung der reformunabhängigen Bevölkerungsexplosion. Auch leiden viele Interpretationen der Reformphase an einer Verkürzung der historischen Perspektive.

Tatsächlich sind die Reformen nicht allein als Antwort auf die Revolution von 1789, nicht allein als Fortführung der vor 1806 einge-

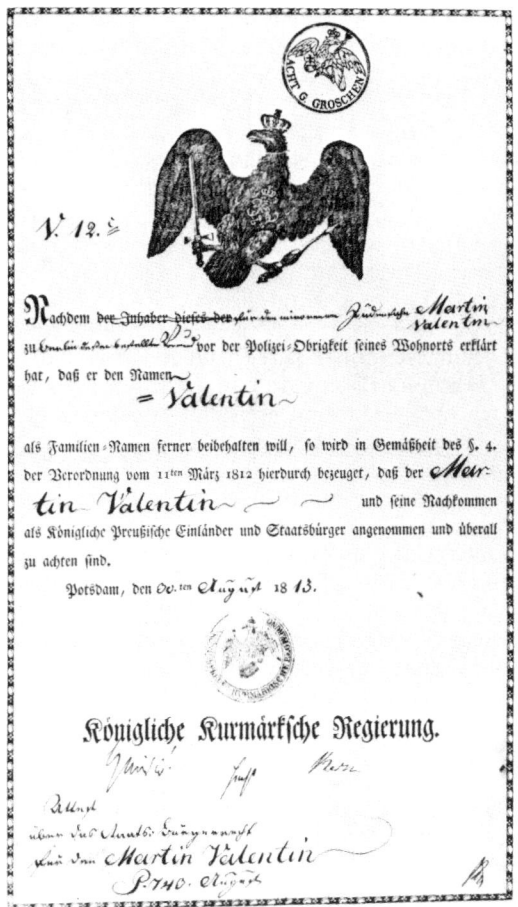

Einbürgerungsurkunde der kurmärkischen Regierung für den Juden Martin Valentin, Potsdam, 1813

Die Reform kam auch der Emanzipation der Juden zugute. Erst die allgemeine Umwälzung erlaubte, was Mendelssohn schon in vorrevolutionärer Zeit begonnen hatte.

leiteten Reformen zu begreifen, sondern als eine entscheidende Etappe in der sich nahezu ein Jahrhundert hinziehenden Auflösung der ständischen Gesellschaft, zu deren frühestem Ausdruck der Angriff des frühmodernen Staates auf die ausschließlich traditional legitimierte ständische Ordnung zählte. Seit Mitte des 18. Jahrhunderts lösen sich in einzelnen Sektoren verstärkt Modernisierungskrisen und Reformanläufe ab: Sie alle führen trotz der für Einzelbereiche oftmals außerordentlichen Bedeutung in aller Regel nur zu begrenzten Lösungen, weil eine in ihren Grundstrukturen nahezu ein Jahrtausend, gewiß aber viele Jahrhunderte gültige Ordnung nicht in wenigen Jahrzehnten beseitigt werden kann – so groß die von ihr verursachten Probleme im übrigen sein mögen. Selbst die Französische Revolution brachte, sowenig wie die durch sie wesentlich beeinflußten Napoleonischen, rheinbündischen und preußischen Reformen, keinen Abschluß dieser Entwicklung, auch wenn ihre fundamentale Radikalität dies suggeriert: Zweifellos bildete die Revolution den eindrucksvollsten Versuch eines Neuanfangs, den Versuch, den »Menschen auf den Kopf« zu stellen. Aber als der Mensch nach den revolutionären Erschütterungen wieder auf die Füße fiel, stand er noch immer auf vielen Resten der Alten Welt. Insofern hatte in keinem Staat eine wirkliche Gesamtreform stattgefunden, und auch in Preußen blieb es bei einem »Bündel von Reformen mit unterschiedlicher Tragweite« (Ilja Mieck).

Unter einer weiteren historischen Perspektive relativieren sich auch die Interpretationen, die entweder einen künstlichen Gegensatz »organischer«, spezifisch deutscher Reformen in Preußen und rationalistisch-französischer in den Rheinbundstaaten sehen wollen oder aber die preußischen Reformen ausschließlich als letztendlich gescheiterte Bruchstücke einer »defensiven Modernisierung« beurteilen. Solche Antithesen sind trotz gewisser Berechtigung allzu künstlich, sie negieren die langfristige gemeinsame Basis aufgeklärter Prinzipien, ohne die weder die Revolution noch Napoleon noch die Reformen zureichend erklärbar sind.

Das rationalisierende Staats- und Gesellschaftsdenken des Naturrechts prägte Absolutismus und Aufklärung, beide waren europäische Phänomene, beide boten über Jahrzehnte hinweg immer wieder Problemlösungen an; in ihnen gelangte die wachsende Polarität von Staat und Gesellschaft ebenso zum Ausdruck wie schließlich die nach einem langen gemeinsamen Weg unverkennbare Gegenläufigkeit von Absolutismus und Aufklärung, die der Revolution voranging: Dieser Weg führte letztendlich zur Neubestimmung des Verhältnisses von Individuum, Gesellschaft und Staat, deren gemeinsamer Fluchtpunkt die Nation wurde. In der Revolution realisierte sich zuerst der politische Charakter der modernen Nation. Auch die Befreiung von Napoleon konnten nicht mehr die deutschen Fürsten bewerkstelligen, sondern nur die Nation selbst – ihre Leitung übernahm zeitweilig der allgemeine Stand, die aufgeklärten Reformbeamten. Insofern handelte es sich bei den Reformen, die für »Befreiung« und Wiederaufstieg der deutschen Staaten den Grund legten, um eine bürokratisch geprägte Modernisierung Deutschlands.

4. »Völkerschlacht«: Politisierung der Kulturnation – Krieg und Volkssouveränität

Unmittelbarer als in den Reformen wirkte der 1789 beginnende massenhafte revolutionäre Ausbruch, der zuerst die Franzosen ergriff, in den Befreiungskriegen nach. Eine derartige Mobilisierung des Volkes war dem Ancien régime zutiefst fremd, weshalb seine Könige sie auch so spät als das erkannten, was sie war: eine grundstürzende Revolutionierung der Politik. Nur um den Preis des endgültigen Zerfalls des alten, durch Fürstenstaaten geprägten Reiches konnten die Deutschen diesen Weg ein Stück weit mitgehen. Auch die »deutsche Nation« erlebte ihre tiefgreifende Politisierung noch in den reorganisierten Einzelstaaten. Während die »Reformparteien« in München, Berlin, Stuttgart, Karlsruhe und anderswo ihre Staaten umstrukturierten, schien die Hegemonie Napoleons über Europa ungebrochen, die Kontinentalsperre, also die handelspolitische Blockade Englands, symbolisierte zugleich seine Macht und

Zollvisitation am Ranstädter Tor in Leipzig zur Zeit der Kontinentalsperre, Stich von Christian Gottfried Geißler, um 1811/12

Wie so viele kontinentale Eroberer, scheiterte Napoleon mit seinem Streben nach französischer Hegemonie an England und Rußland. Das vereinigte Königreich ließ sich trotz mancher Invasionspläne, für die es sogar technische Zurüstungen gab, nicht in die Napoleonische Suprematie zwingen, und St. Petersburg, das Napoleon teils umworben, teils bedroht hatte, blieb außerhalb seines Zugriffs. So suchte er England mit seiner wirtschaftlichen Kontinentalsperre auf den Boden zu drücken, Rußland aber durch einige militärische Schläge in seine Allianz zu zwingen. Wie vor und nach Napoleon scheiterten beide Bestrebungen: England widerstand den ökonomischen Bedrohungen, und der russische Raum leistete, wozu die zaristischen Armeen nicht in der Lage waren: In Schnee und Frost erlitt die Grande Armée im Winter 1812 auf 1813 die erste große Niederlage, was den Anfang vom Ende bedeutete.

deren Grenzen: Die kaiserliche Macht endete am Kanal. Nach Ägypten, nach Warschau, nach Italien, nach Deutschland konnte der französische Kaiser kommen, sehen und siegen, nicht aber bis zum nur wenige Hundert Kilometer von Paris entfernten London. Nelsons Sieg über die französisch-spanische Flotte hatte dies bei Trafalgar 1805 ein für allemal bewiesen.

Das am 21. November 1806 in Berlin dekretierte totale Handelsembargo gegen Großbritannien verschärfte Napoleon noch, indem er durch das Dekret von Trianon am 5. August 1810 die Einfuhrzölle für alle Kolonialprodukte um 40 Prozent auf die Hälfte ihres Wertes heraufsetzte und schließlich mit dem Dekret von Fontaine-

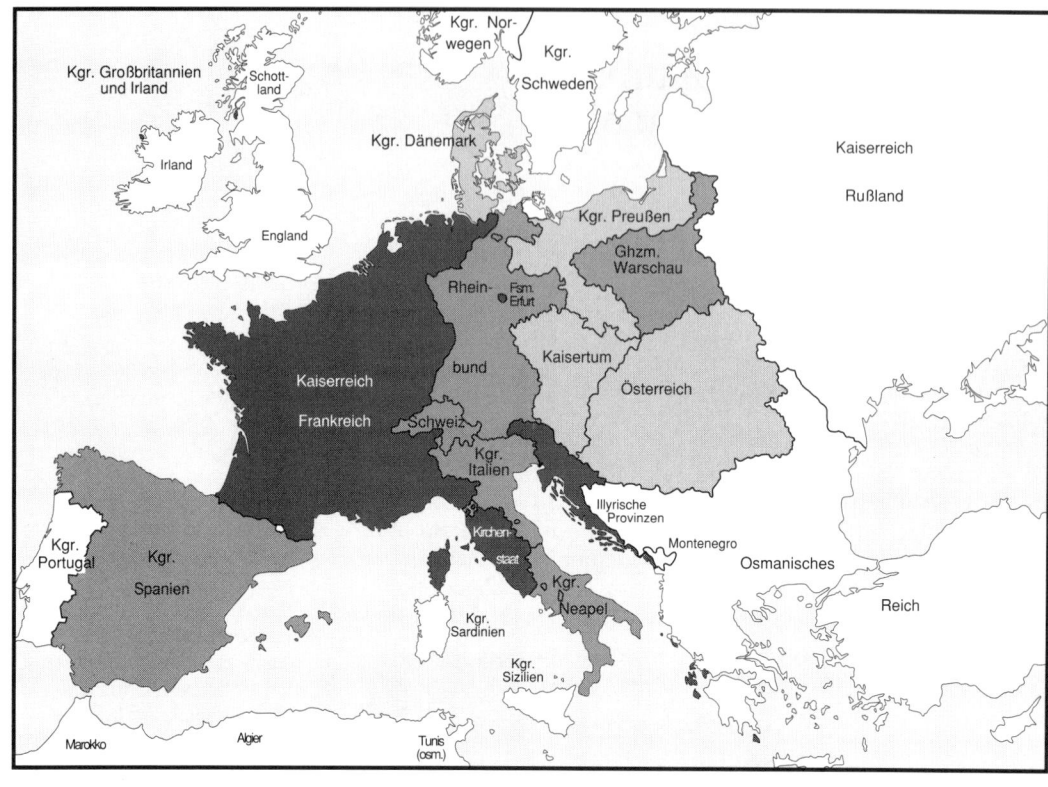

Europa 1812 zur Zeit der größten Machtentfaltung Napoleons I.

bleau am 18. Oktober 1810 die öffentliche Verbrennung sämtlicher englischer Waren befahl. Diese Politik ließ nicht allein England keine andere Wahl als den entschiedenen Kampf gegen die Napoleonische Hegemonie in Europa, sie traf auch eine Reihe weiterer Staaten an ihrem empfindlichsten, ihrem wirtschaftlichen Nerv.

Die Rheinbundstaaten zwang Napoleon rigoros zum Anschluß an seine Handelsblockade und schädigte damit deren wirtschaftliche Interessen nachhaltig. Die bis dahin zum Teil durchaus wohlwollende Stimmung begann umzuschlagen. Rußland lehnte es schließlich am 31. Dezember 1810 ab, sich weiterhin an der Blockade zu beteiligen und durchlöcherte so die Napoleonische Handelspolitik, die eine Voraussetzung für die Niederwerfung Englands bildete. Rußland hatte schon vorher die Napoleonischen Dekrete nur sehr lax angewandt, billigte auch den Vertrag von Tilsit kaum und empfand den Druck Napoleons nicht allein wirtschaftlich, sondern auch politisch als lästig.

Die Ausdehnung seiner Herrschaft zwang den französischen Kaiser immer stärker, sich mit den durch sie provozierten Widerständen auseinanderzusetzen, etwa auf der Iberischen Halbinsel gegen die von England unterstützten spanischen Volksaufstände 1807/08: Der spanische Unabhängigkeitskrieg gewann schnell Signalwirkung und symbolisierte die Erhebung der Völker gegen die Fremdherrschaft. Die Schauplätze wechselten, 1809 konnte Napoleon den Fünften Koalitionskrieg zwar noch siegreich beenden und Österreich am 14. Oktober 1809 im Frieden von Schönbrunn außerordentlich schwächen, doch schuf er sich nicht nur durch die Besetzung des Kirchenstaats 1808/09 neue Probleme. Die Kontinentalsperre führte zum Niedergang französischer Häfen wie Bordeaux und Marseille, schließlich zu einer Absatzschwäche, die ihrerseits zu den Ursachen der Frankreich 1810 bis 1812 heimsuchenden Wirtschaftskrise zählte. Das Wirtschaftsbürgertum, auf das sich Napoleon zeitweilig stützen konnte, wurde hierdurch stark getroffen, die Kriegsmüdigkeit der Franzosen wuchs.

Als Napoleon schließlich den Widerstand Rußlands – das auf den Handel mit England angewiesen war – brechen wollte und im Juni 1812 mit einem Riesenheer von 700 000 Mann durch Deutschland zog, leitete er trotz anfänglicher Erfolge sein eigenes Ende ein. Die mit Napoleon zum Teil zwangsverbündeten Deutschen mußten nicht nur wie Österreicher und Preußen Kontingente (30 000 bezie-

Abschluß der Konvention von Tauroggen zwischen den Generälen Yorck (Preußen) und Diebitsch (Rußland), ganz links Clausewitz, nach einer Skizze von Blanckart

Das erste Anzeichen von Napoleons Mißerfolg im Winter vor Moskau ließ überall Risse im Gebälk der Macht des französischen Kaiserreiches sichtbar werden. Auch Preußen, das noch sein Verbündeter gewesen war, scherte mit der eigenmächtigen Konvention von Tauroggen aus der militärischen Allianz aus. Der Oberbefehlshaber des preußischen Hilfskorps Yorck schloß auf eigene Faust ein Abkommen mit dem russischen Befehlshaber General Diebitsch, womit er den wankenden König nötigte, Stellung zu beziehen.

hungsweise 20 000 Mann) stellen, sie wurden außerdem durch die ständigen Einquartierungen und durch Beschlagnahme von Nahrungsmitteln für die durchziehende Grande Armée stark in Mitleidenschaft gezogen. So berichtete der zum Kreis der preußischen Reformer gehörende Historiker Barthold Georg Niebuhr am 15. Mai 1812, die erschütternden Darstellungen über die Lage der Bevölkerung seien nicht übertrieben, »wenn man sich vorstellt, wie Durchzüge ohne Magazine ein verarmtes Land nach einer schlechten Ernte und bei fast ganz erschöpften Fouragevorräten mitnehmen müssen ...« Der Bürger in den Städten solle Brot geben, das er selbst nicht habe.[131] In denjenigen Provinzen, die sich noch nicht von dem nur wenige Jahre zurückliegenden Krieg erholt hatten, beispielsweise Ostpreußen, herrschte nach zeitgenössischen Berichten »unbeschreibliches Elend«. Und die nach Rußland ziehenden Soldaten erwartete ja noch Schlimmeres, wenngleich sie sich auch unter harmloseren Umständen in Deutschland kaum besonders wohl fühlten, wie dem Brief eines Soldaten zu entnehmen ist, der seinen Großvater in Frankreich bat, für ihn in die Messe zu gehen. Aus Wittenberg berichtete er am 25. Juni 1812: »Ich bin in der letzten Stadt Sachsens ... Seit Frankfurt habe ich keine Christen getroffen. Ganz Sachsen, das sind alles Protestanten.«[132]

Am 14. September 1812 war Napoleon in Moskau eingezogen, am 19. Oktober mußte er im früh ausbrechenden russischen Winter den Rückzug antreten – Tolstoi hat dieses weltgeschichtliche Drama in »Krieg und Frieden« großartig dargestellt. Die Grande Armée wurde völlig aufgerieben, die Soldaten erfroren, verhungerten, erlagen Seuchen und sie desertierten, wo sie nur konnten. Sogleich wuchs auch in anderen Teilen Europas der Widerstand. Zunächst fielen die »Bündnispartner« ab: Sie sahen keinen Sinn darin, sich einem geschlagenen Napoleon zu unterwerfen. Am 30. Dezember 1812 schlossen Preußen und Russen einen Neutralitätsvertrag: Wenngleich der preußische General Yorck von Wartenburg die Konvention von Tauroggen ohne Einwilligung seines Königs vereinbarte, gab sie sofort das Signal für einen allgemeinen Abfall von der französischen Herrschaft.

Napoleon hatte den Bogen überspannt, doch das kam nicht überraschend. Schon 1809 soll einer seiner Minister gesagt haben: »Der Kaiser ist wahnsinnig, er wird uns alle kopfüber in den Abgrund reißen, und alles wird in einer schrecklichen Katastrophe enden.«[133] Tatsächlich ließ Napoleon die klassische französische Deutschlandpolitik von Richelieu bis Talleyrand – zu der die Erhaltung des deutschen Partikularismus und die Forderung nach der »natürlichen« Rheingrenze gehörten – weit hinter sich. Die »natürlichen« Grenzen, dieser geographische Mythos zur Legitimierung territorialer Eroberungen, interessierten Napoleon längst nicht mehr; er annektierte 1810 außer Holland und Teilen der Schweiz vom Niederrhein bis Lübeck große Teile Norddeutschlands. Aber selbst die Umformung klassischer Ordnungsmodelle des europäischen Staatensystems durch die französische Hegemonie und ihre analoge Gestaltung von Außen- und Innenpolitik in den mehr oder weniger abhängigen Staaten genügte dem Kaiser nicht mehr: Die Motive des 1812 begonnenen Krieges gingen denn auch über die handelspolitische Disziplinierung der widerspenstigen Russen hinaus: »Dieser lange Weg ist der Weg nach Indien. Alexander der Große hatte eine ebenso große Entfernung zum Ganges vor sich, wie ich von Moskau aus ... Stellen Sie sich vor, Moskau sei eingenommen, Rußland niedergeworfen, der Zar versöhnt oder bei irgendeiner Palastrevolution umgekommen, wir hätten vielleicht einen neuen abhängigen Thron, und dann, sagen Sie mir, wäre es dann nicht für eine große französische Armee mit Unterstützung aus Tiflis möglich, an den Ganges zu gelangen? Dort würde ein Schwertstreich genügen, um das ganze Handelsgebäude einstürzen zu lassen.« Obgleich die Authentizität dieser Äußerung Napoleons vor dem Rußlandfeldzug nicht über jeden Zweifel erhaben ist,[134] charakterisiert sie doch seine Gedankengänge.

Während sich Napoleon der Weltpolitik hingab, stärkten die Reformen die deutschen Staaten, wuchsen die Probleme Frankreichs mit anderen europäischen Nationen, die alle die französische Lektion gelernt hatten: Sie mobilisierten ihre Völker nach dem gleichen Prinzip. Die Erziehung wurde zur »Nationalerziehung«, die Kulturnation politisierte sich – mit erheblichen negativen Nachwirkungen für das deutsche Nationalbewußtsein – *gegen* ein anderes Volk. Und bei Spaniern oder Russen war es nicht anders: Napoleon hatte ihren Patriotismus, ja ihren Nationalismus entfacht wie kein zweiter, ohne den neuerwachten Nationalismus wäre der Rußlandfeldzug für den Kaiser glimpflicher verlaufen, denn militärisch konnten ihn die Russen kaum schlagen. Aber sie konnten ihn zermürben, ihn an der russischen Weite, dem Winter, dem hinhal-

Rückzug der französischen Armee
aus Rußland, kolorierte Federzeichnung von Adam Klein

tenden, oft ausweichenden Widerstand scheitern lassen, die französischen Truppen mehr und mehr demoralisieren, die der Verbündeten zur Desertion stimulieren. Dieser Krieg führte zu vorher kaum gekannten Exzessen fanatisierter russischer Kontingente, beispielsweise der Kosaken, gegen Napoleons Soldaten. Die russische wurde nicht nur Napoleons schwerste Niederlage, sondern eine der schwersten in der Geschichte überhaupt: Er verlor 380 000 Soldaten. Die ehemaligen »Verbündeten« rüsteten zum Widerstand, der Rheinbund brach 1813 auseinander. Selbst in Frankreich drohte dem Kaiser Gefahr. Napoleons überstürzte Rückkehr nach Paris, wo er in den frühen Morgenstunden des 19. Dezember 1812 eintraf, erfolgte nicht zuletzt wegen der Nachricht eines gegen ihn gerichteten drohenden Staatsstreichs des Generals Malet. Der Imperator hatte nicht allein die anderen Völker, sondern auch sein eigenes überstrapaziert.

»Aus dem Ruin der napoleonischen Armee entsprang naturgemäß die Idee, das alte politische System wieder herzustellen, welches durch die Siege derselben zerstört worden war«, so stellte Ranke aus der Perspektive des preußischen Staatskanzlers die Reaktionen auf das Desaster von 1812 dar.[135] Doch handelte es sich hier um eine restaurative Perspektive, mit der Napoleon selbst jetzt noch nicht zu schlagen war, und die vor allem die Irreversibilität der durch Revolution und Reform eingeleiteten Entwicklung verkannte. So kam es zu einer Mischung: Der Sieg gegen Napoleon wurde in seiner ersten Phase durch die Mobilisierung der nationalen Idee im Volkskrieg geprägt, bevor ihn Staatsmänner und Diplomaten in seiner zweiten Phase wieder in einen Kabinettskrieg zur Vorbereitung der Friedensverhandlungen verwandelten.

In seiner neunten Rede an die deutsche Nation bemerkte Fichte im Winter 1807/08: »Die deutsche Vaterlandsliebe hat ihren Sitz verloren; sie soll einen anderen breiteren und tieferen erhalten, in welcher sie in ruhiger Verborgenheit sich begründe und stähle und zu rechter Zeit in jugendlicher Kraft hervorbreche, und auch dem Staate die verlorene Selbständigkeit wiedergebe.«[136] Tatsächlich bewirkte das erwachende Nationalbewußtsein eine kollektive Identifikation insbesondere jugendlicher Bildungsschichten mit der deutschen Nation, die über den einzelstaatlichen Patriotismus früherer Jahrzehnte beträchtlich hinausging. Die Franzosen, zeitweilig in manchen deutschen Regionen durchaus mit Sympathie als dasjenige Volk begrüßt, das Freiheit, Gleichheit und Brüderlichkeit über die Grenzen trug, galten immer mehr als Eroberer. Anders als noch in den Kriegen des 18. Jahrhunderts meldete sich eine große Zahl Freiwilliger, in Preußen bis 1814 knapp 28 000. Von diesen überwiegend jungen Männern stammten 73 Prozent aus dem ländlich-städtischen Mittelstand – vor allem aus dem Handwerk –, 14,5 Prozent aus ländlich-unterbäuerlichen Schichten, 11,8 Prozent aus den »gebildeten Ständen«, meist waren es Studenten und Schüler.[137]

Die Nationalisierung des Krieges fand in vielen Flugschriften, Dichtungen und Pamphleten ihren Niederschlag, die immer öfter auch Spuren des Hasses zeigten. Theodor Körner forderte am 5. April 1813 das »Volk der Sachsen« auf, sich gegen Napoleon zu erheben, diesen »ruchlosen Wütherich«, diesen »blutigen Tyrannen«, der den Wohlstand Sachsens, seinen Handel, seine Fabriken zerstört habe: »Eure Kinder laßt Ihr zu Tausenden würgen, laßt sie in den fürchterlichsten Qualen einer losgelassenen Hölle verbrennen und erfrieren, verhungern und verdürsten, verwinseln und verzweifeln.«[138] Und Heinrich von Kleist schrieb 1809 einen »Katechismus der Deutschen«, in dem ein Erziehungsdialog das nationale Elend beschwor.

Gott ist es lieb, wenn Menschen für ihre Freiheit sterben, doch ist es ihm ein Greuel, wenn sie als Sklaven leben: Mit dieser Polarität endet Kleists Dialog.[139]

Der nationale Aufbruch fand auch organisatorische Formen, so im Berliner »Tugendbund«, im Hoffmannschen Bund, in den »Deutschen Gesellschaften«, schließlich, besonders im Gefolge der Befreiungskriege, in den Burschenschaften.[140] Gleichwohl zögerte ein Staatsmann wie Hardenberg, so reformorientiert er auch war, sich dieses Instruments nationalisierter Massen zur Kriegführung zu bedienen. Zwar verhandelte der Staatskanzler sogleich mit Rußland, billigte aber nicht den abrupten Wechsel, der in der Konvention von Tauroggen zum Ausdruck kam: »Die Hauptsache ist, gegen Frankreich *nicht zu früh* bloßgestellt zu werden, und General Yorck hat dem Faß den Boden ausgeschlagen«, sagte Hardenberg am 6. Januar 1813 dem hannoverschen Gesandten Ompteda.[141]

Die Unterschätzung Napoleons nach seiner Niederlage in Rußland teilte Hardenberg nicht, sie konnte aber den Erfolg jeglichen Widerstandes gefährden, zumal der Kaiser gerade nach dem Rußlandfeldzug in der kritischsten Situation seines Empire noch einmal seine überragende Kraft bewies. In wenigen Monaten stampfte er im Frühjahr 1813 eine große schlagkräftige Armee aus dem Boden. Hardenberg bemühte sich nach außen hin um eine Verständigung mit Frankreich, widerrief im Einverständnis mit König Friedrich Wilhelm III. die Konvention von Tauroggen, sondierte aber unterdessen mit Rußland und Österreich Möglichkeiten zur Befreiung Europas von der Napoleonischen Herrschaft. Mit diesem Doppelspiel gewann Preußen Zeit zur Mobilisierung. Als die allgemeine Wehrpflicht angeordnet wurde, konnte Hardenberg den Aushebungen zunächst den Charakter der Rekrutierung neuer Hilfstruppen für Napoleon geben, doch im Februar 1813, als Stein, Clausewitz und Arndt in Ostpreußen die Erhebung vorbereiteten, schöpfte Napoleon Verdacht und untersagte weitere preußische Rekrutierungen.

Metternich zögerte zwar eingedenk der letzten österreichischen Niederlage von 1809 noch, sich auf ein Bündnis mit Preußen und Rußland einzulassen, dennoch gelangten die Verhandlungen beider Mächte zu einem erfolgreichen Abschluß: Am 26. Februar 1813 schlossen sie im russischen Hauptquartier beim polnischen Kalisch einen Friedens-, Freundschafts- und Bündnisvertrag, dessen Entwurf Oberst Knesebeck im Auftrag Hardenbergs überdacht hatte und der bereits Regelungen für einen künftigen Friedensschluß vorsah: Hardenberg orientierte Kriegs- und Bündnispolitik an der künftigen Friedensordnung. Nach einem Sieg sollte gemäß dem Vertrag von Kalisch Preußen nach dem Stand von 1806 wiederhergestellt werden und zusätzliche Territorien in Norddeutschland erhalten, jedoch auf das Großherzogtum Warschau verzichten. Dieser Vertrag wurde auf russischer Seite maßgeblich von Stein beeinflußt, der seit Juni 1812 Berater des russischen Zaren Alexander I. war. Rußland verpflichtete sich zur Mobilisierung von 150 000, Preußen von 80 000 Soldaten gegen Napoleon. Hardenberg unterrichtete Frankreich offiziell vom Abschluß des am 27. Februar 1813 in Breslau unterzeichneten Bündnisses.

König Friedrich Wilhelm III. erließ in seiner Breslauer Residenz am 17. März 1813 den berühmten, durch Theodor Gottlieb von Hippel verfaßten Aufruf »An mein Volk!«: »So wenig für Mein treues Volk als für Deutsche, bedarf es einer Rechenschaft, über die Ursachen des Kriegs welcher jetzt beginnt. Klar liegen sie dem unverblendeten Europa vor Augen. Wir erlagen der Uebermacht Frankreichs. Der Frieden, der die Hälfte meiner Unterthanen Mir entriß . . . schlug uns tiefere Wunden als selbst der Krieg . . . Brandenburger, Preußen, Schlesier, Pommern, Litthauer! Ihr wißt was Ihr seit fast sieben Jahren erduldet habt, Ihr wißt was euer trauriges Loos ist, wenn wir den beginnenden Kampf nicht ehrenvoll enden.« Unter den Kurfürsten, unter dem großen Friedrich hätten die Vorfahren Gewissensfreiheit, Ehre, Unabhängigkeit, Handel, Kunstfleiß und Wissenschaft »blutig erkämpft«: »Gedenkt des großen Beispiels unserer mächtigen Verbündeten der Russen, gedenkt der Spanier, der Portugiesen. Selbst kleinere Völker sind für gleiche Güter gegen mächtigere Feinde in den Kampf gezogen und haben den Sieg errungen. Erinnert Euch an die heldenmüthigen Schweitzer und Niederländer.« Der Kampf werde von allen Ständen große Opfer fordern, doch sei er notwendig, »wenn wir nicht aufhören wollen, Preußen und Deutsche zu seyn«.[142]

Ein solcher Aufruf des Königs an sein Volk, die Verbindung des alten, auf den eigenen Staat und seinen Monarchen bezogenen Patriotismus mit dem Appell an die Zugehörigkeit zur deutschen Nation, wäre noch wenige Jahre vorher undenkbar gewesen: Was das alte Reich, der deutsche Kaiser über Jahrhunderte nicht vermocht hatten, der Erbe der Revolution und Kaiser der Franzosen schaffte es in kürzester Frist: Napoleons Herrschaft schmiedete nach Jahrzehnten der Vorbereitung die Deutschen zur politischen Nation oder fachte doch wenigstens das seit längerem schwelende nationale

In Kleists »Katechismus der Deutschen« bringt der Vater seinen Sohn mit mäeutischen Fragen zur rechten nationalen Gesinnung: *Sprich, Kind, wer bist du? . . . Ich bin ein Deutscher . . . Ein Deutscher? Du scherzest. Du bist in Meißen geboren, und das Land, dem Meißen angehört, heißt Sachsen! . . . Ich bin in Meißen geboren, und das Land, dem Sachsen angehört, ist Deutschland . . . Du träumst! Ich kenne kein Land, dem Sachsen angehört, es müßte denn das rheinische Bundesland sein. Wo find ich es, dies Deutschland, von dem du sprichst, und wo liegt es?* Und in dem folgenden Frage- und Antwortspiel rechnet Kleist mit dem »korsischen Kaiser« ab. Wo also liegt dieses Deutschland? *Napoleon, Kaiser der Franzosen, hat es, mitten im Frieden, zertrümmert, und mehrere Völker, die es bewohnen, unterjocht.* Und unter der fatalen Überschrift »Vom Erzfeind« fragt der Vater: *Wer sind deine Feinde, mein Sohn? . . . Napoleon, und solange er ihr Kaiser ist, die Franzosen . . . Ist sonst niemand, den du hassest? . . . Niemand, auf der ganzen Welt.* Und wofür sollte der Sohn den berühmten Napoleon halten? *Für einen verabscheuungswürdigen Menschen; für den Anfang alles Bösen und das Ende alles Guten; für einen Sünder, den anzuklagen die Sprache der Menschen nicht hineinreicht . . . Als einen, der Hölle entstiegenen, Vatermördergeist.* Napoleon erscheint in diesem »Katechismus« als von der Vorsehung entsandter Tyrann, der die Deutschen aus ihrer Ruhe aufschreckt, ihnen die Götzen Geld und Gut, Handel und Wandel verächtlich werden läßt, sie von Reflexion und Verstand zum Herzen und zur Tat bringt: Die bis dahin verblendeten Deutschen erkennen, was die *höchsten Güter der Menschen* sind: *Gott, Vaterland, Kaiser, Freiheit, Liebe und Treue, Schönheit, Wissenschaft und Kunst.*

Feuer an, in dem sich erheblich divergierende soziale und ideelle Strömungen zur Forderung nach Freiheit, oder besser nach Befreiung, mischten.[143]

Aber besiegt war Napoleon noch lange nicht, auch die dem Aufruf unmittelbar vorhergehende preußische Kriegserklärung an Frankreich vom 16. März 1813 sagte mehr aus über den nun erwachten Kampfeswillen als über das voraussichtliche Ergebnis. Binnen weniger Wochen ermöglichten die allgemeine Wehrpflicht, das vorher praktizierte Krümpersystem und Scharen von Freiwilligen aus allen Teilen Deutschlands eine preußische Heeresstärke von 280 000 Soldaten. Und die französischen Besatzer Berlins waren schon Anfang März 1813 den einrückenden russischen Verbündeten gewichen. Trotzdem ließen die Frühjahrsfeldzüge von 1813 bald erkennen, daß Napoleon mit seinem jungen Heer zunächst seine militärische Überlegenheit behauptete und sogar, wenngleich unter großen Verlusten, am 2. Mai 1813 bei Großgörschen und drei Wochen später bei Bautzen die verbündeten preußisch-russischen Armeen schlagen konnte.

Die ergebnislosen Friedensverhandlungen des Frühsommers 1813 brachten der Koalition eine Verschnaufpause. Nach Ende des Waffenstillstands sah sich Napoleon einem durch den Beitritt Englands, Schwedens und schließlich Österreichs außerordentlich gestärkten Bündnis gegenüber, das zum erheblichen Teil durch die Engländer finanziell gestützt wurde. Zwar hatte Napoleon früher selbst solche Koalitionen besiegt, doch dieses Mal war seine Ausgangsbasis weit ungünstiger: Nach dem russischen Desaster geschwächt, in einem kriegsmüden und wirtschaftlich kriselnden Frankreich nicht mehr völlig unangefochten, stand er nun vier der fünf europäischen Großmächte gegenüber, die ihre Heere nach französischem Vorbild reorganisiert hatten, deren Völker politisiert und zum Kampf auf Leben und Tod entschlossen waren. Die leitenden Staatsmänner hatten gelernt, daß sie all ihre partikularen Ziele hintanstellen mußten, die so oft zum Auseinanderbrechen der antirevolutionären und antinapoleonischen Front geführt hatten. In verantwortlicher Position standen in diesen Staaten die führenden Staatsmänner und Militärs ihrer Zeit. Zwar wollten sie so bald wie möglich den emotionalisierten Volkskrieg wieder in einen den Frieden vorbereitenden, kalkulierbaren traditionellen Kabinettskrieg verwandeln, doch sie wußten, daß dieser Krieg für absehbare Zeit nur eine Alternative kannte: Sieg über Napoleon oder Untergang der eigenen Staaten. Und nicht zuletzt kämpfte Napoleon einen Zweifrontenkrieg. Wollte er die französische Stellung auf der Iberischen Halbinsel halten, mußte er dort sein Heer von etwa 250 000 Mann belassen, zumal die Engländer bereits gelandet waren.

Nie zuvor war die Situation Napoleons so ungünstig gewesen, die seiner alliierten Gegner so aussichtsreich. Ein Löwe aber war er noch immer. Im August 1813 kämpften etwa 510 000 alliierte Soldaten gegen 450 000 Franzosen und Rheinbundsoldaten, Napoleon konnte nur noch eine Schlacht gewinnen, mußte aber sonst Niederlage auf Niederlage einstecken, der Mythos der Unbesiegbarkeit zerstob endgültig. Die Erfolge stärkten indes das Bündnis, das weitere Alliierte gewann, während Napoleon ehemalige Ver-

bündete verlor: Am 8. Oktober 1813 folgte das zunächst zögernde Bayern im Vertrag von Ried schließlich doch dem schon seit Frühjahr anhaltenden Werben Metternichs, trat aus dem Rheinbund aus und der antinapoleonischen Koalition unter Gestellung von 36 000 Mann bei. Am 14. Oktober erklärte Bayern schließlich Frankreich den Krieg, worauf Preußen und Rußland den Vertrag von Ried, der Bayern die Erhaltung seines Besitzstandes und Souveränität zusicherte, unterzeichneten.

Zu diesem Zeitpunkt war eine wichtige Vorentscheidung gefallen: Die schlesische Armee unter Blücher hatte sich am 3. Oktober den Elbübergang bei Wartenburg gesichert. Die Entscheidungsschlacht stand unmittelbar bevor. Die verbündeten Armeen, die schwedische unter Bernadotte, die schlesische unter Blücher und Gneisenau als Generalstabschef und die böhmische unter Schwarzenberg kesselten schließlich gemäß einer einheitlichen Strategie, dem Trachenberger Feldzugsplan, mit einer Übermacht von 320 000 Mann die 160 000 unter Führung Napoleons stehenden Soldaten ein. Die restlichen rheinbündischen Hilfstruppen fielen schnell von Napoleon ab, zuerst die sächsischen, bald darauf die württembergischen.

Am 16. Oktober 1813 begann die bis dahin größte Schlacht der Weltgeschichte – die mehr war als eine Schlacht, entschied sie doch den Krieg und damit das weitere Schicksal Europas. Zunächst verteidigten sich die 138 000 restlichen Soldaten Napoleons in Straßenkämpfen und Feldgefechten zäh gegen die Übermacht der Alliierten, zu diesem Zeitpunkt waren das etwa 205 000 Mann. Sie konzentrierten sich auf vier Schauplätze. Noch am frühen Nachmittag ging Napoleon voller Siegeszuversicht zum Angriff über und ließ schon die Siegesglocken läuten. Doch am Abend hatten sich seine Truppen am österreichisch-russischen Widerstand festgerannt. Zwar konnte der französische General Marmont mehrere

Wehrfähige Männer aus dem Rheinland werden zur französischen Armee eingezogen

Angesichts der Krise zeigte sich, daß Napoleon den Rheinbund in Notfällen militärisch mobilisieren wollte. Wehrfähige Männer wurden nach der Vernichtung der Grande Armée zwangsweise für die französischen Truppen rekrutiert. Die erste Belastungsprobe des Rheinbundes sollte zu dessen Auflösung führen, denn es war schwer, die Truppen unter den Fahnen zu halten, nachdem Österreich und Preußen sich von der erzwungenen Koalition mit Napoleon losgesagt hatten.

Angriffswellen abwehren, doch schließlich drängten ihn preußische Truppen unter Yorck zurück, bis der linke Flügel der französischen Streitmacht einbrach.

Am Abend des ersten, für beide Seiten verlustreichen Tages sah die Lage für Napoleon alles andere als rosig aus. Am folgenden 17. Oktober, einem Sonntag, hielt sich Napoleon auf ungewohnte Weise zurück, statt zu kämpfen streckte er Verhandlungsfühler aus, doch vergeblich: Die Alliierten ignorierten sie und gaben damit zu erkennen, wie sie die militärische und politische Situation einschätzten. Seit fast fünfzehn Jahren hatte der französische Kaiser in Deutschland und dem größten Teil Europas die Friedensverträge diktiert, nun verhandelte man nicht einmal mehr mit ihm.

Am 18. Oktober rückte Blücher von Norden her Napoleon auf den Leib, von Süden kam Schwarzenberg. Als dann Bernadotte am Spätnachmittag den Ring fast geschlossen hatte, erkannte Napoleon die Aussichtslosigkeit seiner Lage und versuchte den einzigen Rückzugsweg zu wählen, der ihm noch offenstand, nachdem die Sprengung der Elsterbrücke einen geordneten Rückzug unmöglich gemacht hatte. Die sieggewohnte Armee Napoleons geriet völlig durcheinander, schwere Regenfälle vergrößerten das Chaos, das Typhus und Verwundungen ohnehin schon geschaffen hatten. Am 19. Oktober gegen Mittag zogen Zar Alexander I., König Friedrich Wilhelm III. und Fürst Schwarzenberg in das nach verbissenen Straßenkämpfen von den Franzosen nicht mehr zu haltende Leipzig ein, die Schlacht, in der insgesamt weit über 500 000 Soldaten gekämpft hatten, war zu Ende. Beide Armeen hatten hohe Verluste zu beklagen: Es fielen 54 000 Russen, Preußen, Österreicher und Schweden, 37 000 Franzosen wurden getötet beziehungsweise verwundet, 35 000 gefangengenommen. Napoleon selbst ließ man mit den demoralisierten Resten seiner Armee nach Westen entkommen und die Rheingrenze überqueren: Wenig spricht dafür, daß die Alliierten seiner habhaft werden wollten.

Von dieser zweiten schweren Niederlage nach der russischen knapp ein Jahr zuvor konnte selbst ein Heros wie Napoleon sich nicht erholen: Die Napoleonische Herrschaft über Deutschland, über Europa brach in wenigen Tagen zusammen. Einzelne Schlachten im Winter 1813/14 verbesserten seine durch die Völkerschlacht bei Leipzig grundlegend veränderte Situation ebensowenig wie der Friedenskongreß, der vom 5. Februar 1814 bis 19. März 1814 in Châtillon stattfand. Doch Napoleon wäre nicht Napoleon gewesen, hätte er nicht noch einmal, ein vorletztes Mal, Vabanque gespielt. Während die Alliierten mit Ausnahme Rußlands einer Wiederherstellung Frankreichs in den Grenzen von 1792 zustimmten, errang Napoleon im Februar 1814 einzelne kleinere Schlachtensiege über Blücher – und forderte sogleich die »natürlichen« Grenzen für Frankreich, Alpen und Rhein. Außerdem für Eugène Beauharnais Italien und dergleichen mehr. Sein Ziel, die Verhandlungen so lange zu verschleppen, bis er sie zu einem militärisch günstigeren Zeitpunkt wieder aufnehmen konnte, erreichte er jedoch nicht. Die Alliierten schlossen auf Anregung des englischen Außenministers Castlereagh am 9. März 1814 (der Vertrag wurde auf den 1. zurückdatiert) in Chaumont auf zwanzig Jahre eine Quadrupelallianz zur »Wahrung des Gleichgewichts in Europa«.

Die Völkerschlacht von Leipzig brachte nicht nur die vollständige Niederlage des französischen Kaiserreiches. Während der zweitägigen Schlacht verließen auch die deutschen Verbündeten Napoleon, und am Ende ging selbst der alte Bundesgenosse Frankreichs aus dem 18. Jahrhundert, das Königreich Sachsen, auf die andere Seite über, nachdem Bayern und Württemberg nach der Garantie ihres jeweiligen Besitzstandes das Lager gewechselt hatten. Das ausgeklügelte europäische System Napoleons überlebte die erste Belastungsprobe nicht. Auch Spanien war in jenen Kampf auf Leben und Tod verwickelt, denn Napoleon mußte in dieser verzweifelten Lage eine Viertelmillion Mann seiner Truppen auf der Iberischen Halbinsel belassen, wo er doch jeden Soldaten dringend brauchte.

Dieser wiederum durch hohe englische Subsidienzahlungen an die Verbündeten finanziell abgesicherte Vertrag von Chaumont zeigte: Napoleons Stunde hatte unwiderruflich geschlagen. Die traditionelle Maxime englischer Außenpolitik und das europäische Mächtesystem prägten nun wieder die europäische Politik, nicht einzelne territoriale Veränderungen. Napoleon hätte wohl eine letzte Chance gehabt, wäre er sogleich kompromißbereit auf Verständigung ausgewesen. Doch blieb sich der Kaiser treu: alles oder nichts. Nicht für Frankreich, wohl aber für Napoleon bedeutete diese Alternative das Ende. Am 30. März 1814 rückten alliierte Truppen in Paris ein, dort wurde die Lage für den Kaiser durch seine Niederlagen und seine unrealistische Politik immer brenzliger. Am 20. April 1814 verzichtete er in Fontainebleau, wohin er sich nach dem Fall von Paris mit 60 000 Soldaten zurückgezogen hatte, unter wachsendem innenpolitischen Druck zugunsten seines Sohnes auf den Kaiserthron, nachdem der französische Senat bereits am 6. April 1814 den rechtmäßigen Erben der Bourbonendynastie, Ludwig XVIII., zurückgerufen hatte. Napoleon erhielt die Insel Elba als souveräne Monarchie unter Beibehaltung des Kaisertitels: So ehrte man einen Großen selbst in der Niederlage, aber diese Ehrung hätte paradoxer nicht ausfallen können: eineinhalb Jahrzehnte Beherrscher Europas und nun »Kaiser« auf Elba?

Die Franzosen kamen glimpflich davon; wohl selten überlebte ein Staat eine derartige Niederlage mit einem so milden Frieden: Die Bourbonenmonarchie wurde restauriert, Frankreich blieb zwar nicht in seinen »natürlichen«, aber in seinen historischen Grenzen von 1792 bestehen, die Sieger verzichteten beim ersten Pariser Frieden am 30. Mai 1814 und beim zweiten am 20. November 1814 in staatsmännischer Klugheit auf einen demonstrativen Siegfrieden und vermieden damit die Schaffung neuer Probleme.

Während die Staatsmänner Europas auf dieser Grundlage in

Wien verhandelten, hielt es den temperamentvollen Kaiser ohne Kaiserreich nicht auf seinem Altenteil, am 1. März 1815 landete er plötzlich in Südfrankreich. Er hoffte auf breite Zustimmung in Frankreich sowie auf die Uneinigkeit und Interessengegensätze der Alliierten – doch hatte er sich verrechnet: Am 13. März verkündeten die Alliierten die Ächtung Napoleons in ganz Europa und bekräftigten am 25. März das Bündnis von Chaumont. In wenigen Wochen reorganisierten sie die bereits demobilisierten Armeen. In Frankreich stimmte Napoleon indes widerwillig einem unter Mitwirkung von Benjamin Constant ausgearbeiteten, liberalisierenden Acte additionel zur Verfassung zu, doch die Volksabstimmung brachte eine Niederlage. Von fünf Millionen Wählern befürworteten nur 1,532 Millionen die neue Verfassung. Napoleons unverändert herrisches, despotisches Auftreten ließ die Skepsis der Notabeln, den Widerstand des Bürgertums wachsen, die allerdings ohnehin regional begrenzte Begeisterung der Massen war bereits im April 1815 verflogen. Royalisten und in wachsendem Maße auch die Liberalen standen in Opposition.[144]

Militärisch entfaltete Napoleon ein letztes Mal seine überlegene Strategie und Taktik, aber auf die Dauer konnte er der alliierten Übermacht mit seinem erheblich kleineren Heer, dessen eilige Reorganisation erneut sein organisatorisches Genie, sein Charisma bewies, nicht widerstehen, da die Alliierten 650 000 Mann unter Waffen hatten. Schlachten konnte Napoleon noch immer gewinnen, nicht aber den Krieg. Im Juni schlug er die Alliierten unter dem alten Blücher, aber schon zwei Tage später, am 18. Juni 1815, stand er bei Waterloo (Belle Alliance) der englischen Armee unter Wellington gegenüber, der noch Verstärkung durch die Preußen erwartete. Die Preußen kamen, der alte Blücher und Gneisenau besiegten gemeinsam mit Wellington Napoleon, der mehr als 125 000 Mann in seiner Nordarmee hatte – für eine völlig improvisierte Armee enorm viele, für einen Sieg unter zunehmend ungünstigen Umständen viel zu wenig Soldaten. Nur noch eine Galgenfrist blieb, als er am 21. Juni nach Paris zurückkehrte. Zwar fanden sich noch immer Tausende begeisterter Anhänger, aber »Kaiser des Pöbels« wollte Napoleon nicht sein, die Kammer opponierte unter dem Einfluß Fouchés, Napoleon trat am 22. Juni erneut zurück.

Das Intermezzo der hundert Tage war vorbei, die Engländer verbannten Napoleon als Kriegsgefangenen auf die im Atlantik gelegene britische Insel St. Helena – weit genug, um künftig Überraschungen zu vermeiden, und ohne Kaisertitel selbstverständlich.

Noch im Frühsommer 1813 hatte Metternich versucht, Napoleon in ein neugeordnetes europäisches Staatssystem zu integrieren. Ende des Jahres 1813 erneuerte Metternich unter für den französischen Kaiser viel ungünstigeren Voraussetzungen diesen Versuch und ging sogar außerordentlich weit, als er ihm – ohne Rücksprache mit den Verbündeten – die »natürlichen« Grenzen Frankreichs anbot, doch wiederum ohne Erfolg: Und Napoleon war wohl nicht nur deswegen im Recht, weil er seine eigene Lage psychologisch angemessener einschätzte. Vermutlich durchschaute er auch Metternichs völlig unrealistische Einschätzung der Situation der linksrheinischen deutschen Bevölkerung. 1813 hatten beide Seiten einen Volkskrieg geführt – doch Metternich ignorierte dies, als er für

Napoleon, Skizze nach dem Leben

Napoleon erlitt zwischen Moskau, Leipzig und Waterloo nicht nur militärisch und politisch Niederlagen, auch seine Gesundheit ließ ihn im Stich. Die Skizze nach der Natur zeigt den Kaiser im Zustande der Zerrüttung, alt, dick und ohne Haltung. Noch war er in Strategie und Taktik auf der Höhe, aber mit seiner Physis hatte auch sein Mythos den Glanz verloren, er konnte noch Schlachten, aber nicht mehr Kriege gewinnen.

die Wiederherstellung des Staatensystems *mit* Napoleon die Aufgabe linksrheinischer deutscher Territorien anbot.

Metternich erklärte am 26. Juni 1813 dem französischen Kaiser: »Zwischen Europa und Ihren bisherigen Zielen besteht unlöslicher Widerspruch. Die Welt bedarf des Friedens. Um diesen Frieden zu sichern, müssen Sie in die mit der allgemeinen Ruhe vereinbarlichen Machtgrenzen zurückkehren, oder aber Sie werden unterliegen. Heute können Sie noch Frieden schließen, morgen dürfte es zu spät sein.« »Nun gut, was will man denn von mir?« fuhr ihn Napoleon an, »daß ich mich entehre? Nimmermehr! Ich werde zu sterben wissen, aber ich trete keine Hand breit Bodens ab. Eure Herrscher, geboren auf dem Throne, können sich zwanzig Mal schlagen lassen, und doch immer wieder in ihre Residenzen zurückkehren; das kann ich nicht, ich, der Sohn des Glückes. Meine Herrschaft überdauert den Tag nicht, an dem ich aufgehört habe, stark und folglich gefürchtet zu sein!«[145] In der Tat: Seit der Französischen Revolution brauchen die Regierungen, die ihre Prinzipien aufnehmen, den Erfolg zur Legitimation ihrer Herrschaft, sonst sind ihre Tage gezählt.

IX.
Epilog:
1815 – der Wiener Kongreß
und die Neuordnung des
europäischen Staatensystems

Klemens Lothar Wenzel von
Metternich, Gemälde von Thomas
Laurence

Der Staatskanzler Metternich, der
über alle Niederlagen hinweg die
Sache Habsburgs verfolgt hatte,
suchte nach dem endgültigen Sieg
nicht mehr nur die Waffen, sondern die Ideen zurückzudrängen,
die die alten Mächte an den Rand
der Niederlage gebracht hatten.
Seine Politik – die die Akzeptierung der territorialen Neuordnung
mit der Restauration verband –
führte die alten Mächte zusammen.

1. Die internationalen Beziehungen, das Gleichgewicht und das Problem der Legitimität

Hatte der Krieg seit 1799 Napoleon emporgetragen, so kam mit dem Frieden die Stunde Metternichs: Der 23 Jahre währenden Revolutionierung, die zu einer Epoche der Kriege geführt hatte, folgte die Restauration des europäischen Staatensystems. In Wien herrschten nicht die leistungsstarken Emporkömmlinge und auch nicht die Bürger, die stets etwas werden mußten, wie Goethe meinte, sondern der europäische Hochadel, der schon immer etwas war. Und aus dieser Perspektive blieb auch der Kaiser Napoleon ein Bürger. Sein Ende mußte nicht zuletzt deshalb kommen, weil er die grundsätzliche Übereinstimmung mit dem französischen Bürgertum eingebüßt hatte: Wie kein zweiter hatte Napoleon die Kräfte der bürgerlichen Nation zu entfesseln gewußt, doch hatte er das Paradoxon gewagt, sie mit dem Fürstenstaat zu verbinden, er stand an der Bruchstelle der Zeiten.

Beim Wiener Kongreß betraten die Grandseigneurs das diplomatische Parkett, die Staatsmänner, die die alte Zeit mit der Erfahrung der neuen verbanden, die Monarchen, die auf ihre Berater hörten und mit Ausnahme des russischen Zaren nicht mehr selbst die große Politik machten. Insofern dokumentierte sich sogar hier der Wandel. Für Napoleons unbändiges Genie wäre dieses Parkett wohl zu glatt gewesen, nicht aber für den Außenminister Talleyrand, der 1814 zu dessen erstem Sturz beigetragen hatte und nun Frankreich vertrat – wieder einmal Meister der bedenkenlosen taktischen Wendung, aber nun unter seinen Standesgenossen. Frankreich profitierte von Talleyrands diplomatischen Künsten, von seiner individuellen Fähigkeit, zu überleben. Gewann das Leben die Süße wieder, die es in Talleyrands Augen nur vor 1789 besessen hatte? Jedenfalls gab es keine Plenarversammlungen: Als Ganzes trat der Kongreß nur einmal, bei der Unterzeichnung der Schlußakte, zusammen, es sei denn, er tanzte. Sonst pflegte man im Salon die hohe Kunst des diplomatischen Gesprächs unter vier oder mehr Augen, sie war offensichtlich nicht verkommen während der revolutionären Zeitläufte. Und nicht zu vergessen: Intrigen, Bestechungen, Indiskretionen gehörten ebenso zum täglichen Ritual wie die glänzenden Gesellschaften.

Der österreichische Kaiser, der russische Zar, sechs Könige, mehr als hundert Fürsten und etwa zweihundert Diplomaten nahmen an diesem glänzendsten Kongreß des alten Europa und seiner nicht zu übertreffenden Selbstdarstellung teil. Die zahllosen Opernaufführungen, Bankette, Paraden, Maskenbälle, Feste, Jagden und sonstigen Veranstaltungen kosteten Österreich zwanzig Millionen Gulden, machten Wien für Tausende von Besuchern, Schauspielern, Sängern, für Bedienstete, Bewacher, Händler, Glücksritter und Kurtisanen attraktiv und lukrativ. Allein im Januar 1815 fanden sechzehn Bälle statt – die Silvester- und Neujahrsbälle nicht gerechnet. Und die von Metternich dirigierte Geheimpolizei bewachte nicht nur die hohen Gäste, sondern bespitzelte sie auch bis ins Schlafzimmer hinein. Nicht wenige Polizisten (und Kurtisanen) nahmen Doppelaufgaben wahr, und selbst Metternich, der souveräne Regisseur des Kongresses, der sein vielfältig-kompliziertes Liebesleben mit den hohen Anforderungen des Kongresses überraschend gut in Einklang zu bringen wußte, entging diesem Doppelspiel nicht.

Hatte die Vergnügungssucht nach dem Sturz Robespierres für eine kurze Atempause Paris ergriffen, so schien sich die europäische Gesellschaft vom Alptraum der 23 Kriegsjahre nur durch den Taumel eines solchen viele Monate inszenierten Festes erholen zu können: Die durch Napoleon so oft gedemütigte alte Kaisermacht Österreich wurde mit ihrer Residenz Wien zum glanzvollen Mittelpunkt der endlich wiedergefundenen Ruhe und des Selbstgenusses im Stile des Ancien régime: Wie beglückt mußte Talleyrand sein, daß er alle Wirren der Zeit so hervorragend überlebt hatte, daß er 1815 wieder zu der Gesellschaftsschicht gehörte, deren Untergang er seit 1789 so virtuos mitbeschworen hatte – fürwahr ein Mann, der auf der Höhe der Zeit blieb, was immer sie unter ihm erschüttern mochte: Nun im Herbst des Lebens noch einmal seine volle Süße! Aber das Wiener Kongreßtheater bedeutete nur die Welt, war sie aber nicht: In Wien mußte eine neue europäische Ordnung gefunden werden. So traditionell das Ambiente anmutete, so sehr die klassische Kabinettspolitik des 18. Jahrhunderts fröhliche Urständ feierte und den Stil der Verhandlungen prägte, der Kongreß stand vor einer Aufgabe für die Zukunft, und er löste sie: Gewiß, er feierte, aber er arbeitete auch, er arbeitete sogar hart – wenn dieser Ausdruck nicht zu bürgerlich erscheint.

Die Aufgabe, vor der diese Versammlung stand, war riesig: Nie zuvor hatte das neuzeitliche Europa derartige territoriale Veränderungen, vergleichbare machtpolitische Ansprüche erlebt. Was sollte im einzelnen, was im ganzen geschehen? Sicher, das schließlich unter größten Schwierigkeiten zustandegekommene Vertragswerk besaß Mängel, große sogar, aber gemessen an der Schwierigkeit der Aufgabe kann die Friedensleistung des Wiener Kongresses kaum überschätzt werden. Bewältigte der Kongreß die Probleme auch nicht unbedingt zur Zufriedenheit aller Völker, so doch zu derjenigen der Diplomaten – und die waren 1814/15 realistischer und weitsichtiger als die Herolde der nationalen Erhebungen.

Können Staatsmänner mehr leisten, als für ein, zwei Generationen den Frieden sichern? Und erreichten sie nicht sogar weit mehr, indem ihre Beschlüsse hundert Jahre lang die Basis der europäischen Staatenordnung blieben und große europäische Kriege vermieden werden konnten? Diese Leistung gilt es zu würdigen, auch wenn der Wiener Kongreß für Deutschland, für Italien die nationale Bewegung noch für eine zögernde Stunde aufhielt. Und war dieser Versuch wirklich so falsch, wie das 19. Jahrhundert meinte? Resultierte die Zielsetzung eines Metternich nicht wesentlich aus der spezifisch revolutionären Erfahrung, welch verheerende Folgen die Umsetzung der Volkssouveränität in Außenpolitik haben kann? Fast ein Vierteljahrhundert Krieg in Europa, konnte man diese Wirkung übersehen? Konnte man wirklich übersehen, daß allein Napoleons Rußlandfeldzug 1812 annähernd so viele Opfer kostete wie Preußen der ganze Siebenjährige Krieg? Mußte man diese Entfesse-

Charles Maurice Talleyrand-Périgord (1754-1838), Lithographie von Belliard, um 1840

Auch in der Niederlage erwies sich Napoleons Außenminister Talleyrand als beherrschender Diplomat seiner Epoche. Schon bevor die Würfel gefallen waren, hatte er Wien und London zu verstehen gegeben, daß ihm mehr an einem dauerhaften Frieden als an der Herrschaft Napoleons gelegen war. Und so brachte es der Bischof von Autun fertig, dem Ancien régime, der radikalen Revolution, dem siegreichen Kaiserreich und der wiederhergestellten Monarchie zu dienen. Auch Ludwig XVIII., von den Alliierten gerade wieder auf den Thron gesetzt, wollte seiner genialen Bedenkenlosigkeit nicht entraten, und so blieb der vielkritisierte Minister Napoleons auch nach der Verbannung des Kaisers unersetzlich.

Die gekrönten Häupter auf dem Wiener Kongreß: hinter dem Tisch Kaiser Franz I. von Österreich, Zar Alexander I. von Rußland, links neben ihm stehend König Friedrich Wilhelm III. von Preußen, vorn links der dicke König Friedrich I. von Württemberg, halb links hinter ihm König Max Joseph I. von Bayern, Lithographie von Joseph Zutz

Zeitweise sah es so aus, als sei der Tanz auf dem Wiener Kongreß das Wichtigste, und ganz Wien klatschte über die Liebschaften, mit denen sich die Herrscher und ihre Diplomaten unterhielten, was auch und vor allem für den Petersburger Zaren galt, dem man eine Liebschaft nach der anderen nachsagte. Friedrich I. von Württemberg dagegen machte vor allem durch seine Freßorgien von sich reden; für seinen Leibesumfang mußte eigens eine Tafel aus Stuttgart nach Wien transportiert werden, weil der Halbkreis freigelassen war, für den man an seinem Bauchumfang Maß genommen hatte.

lung der Volkskräfte, die zu Volkskriegen, zu Massenschlachten führte, künftig nicht um jeden Preis eindämmen?

Es galt, die Maxime der dynastischen Legitimität im Innern und nach außen wiederherzustellen. Der österreichische Staatsmann befand sich, wie der russische Zar, indes in einer anderen Lage als die Vertreter der meisten übrigen Staaten: Auf sie hatte die Französische Revolution, hatte Napoleon nicht allein destruktiv, sondern in gleichem Maße konstruktiv gewirkt und notwendige Reformen begünstigt oder erst herbeigeführt. Wie insbesondere das Beispiel Preußens bewies, konnte die 1814/15 anstehende Beendigung des revolutionären Zeitalters mit der Restauration des alten Staatensystems zwar innenpolitisch die Reform stoppen, doch konnten kaum irgendwo die großen Ereignisse von Revolution und Reformbewegung wirklich rückgängig gemacht werden. Allerdings zeichnete sich eine Stagnation ab. Und bei aller Unterschiedlichkeit sah der preußische Staatskanzler Hardenberg weiterhin eine preußische Verfassungsreform, sahen Stein – der in Preußen keinen Einfluß mehr besaß – und Humboldt zunehmend eine gesamtdeutsche Verfassungspolitik als notwendig an.

Bedeutete die Restauration der Bourbonen in Frankreich den ersten Schritt zur Wiederherstellung dynastisch verstandener Legitimität, die die deutschen Staaten nie prinzipiell, aber durch Säkularisierung und Mediatisierung in zahlreichen Einzelfällen aufgegeben hatten, so wurde sie zugleich die Grundlage der internationalen Beziehungen auf dem Wiener Kongreß: Die maßlose Hegemonialpolitik Napoleons hatte täglich aufs neue den Sinn der klassischen Gleichgewichtsmaxime bestätigt, der Wiener Kongreß knüpfte hier nach hundert Jahren wieder an die in Utrecht begründete Tradition an, die alle folgenden Friedensschlüsse des 18. Jahrhunderts gemäß der »Convenance«, der Übereinkunft der beteiligten Mächte zur Lösung von Konflikten beeinflußte.

So leitete Hardenberg seine in Paris verfaßte Denkschrift für die künftige Gestaltung Europas am 29. April 1814 mit den Sätzen ein: »Der Fall Bonapartes hat dessen ungeheuerliche Pläne einer Universalgesellschaft zunichte gemacht, und die Alliierten ... müssen nun das große Werk ... vollenden, indem sie durch ein gerechtes Gleichgewicht und eine ausgewogene Machtverteilung Europa eine Ordnung geben, die geeignet ist, das Ziel zu sichern ...«[1] Aus dieser mit der Pentarchie der europäischen Großmächte verbundenen Gleichgewichtsmaxime ergab sich zwangsläufig die Erhaltung Frankreichs als Großmacht, aber auch die Verhandlungsweise des Wiener Kongresses, auf dem alle entscheidenden Fragen durch vorherige Sondierungen der Vertreter Englands (Castlereagh), Rußlands (Zar Alexander I.), Österreichs (Metternich), Preußens (Hardenberg und Wilhelm von Humboldt) und später Frankreichs (Talleyrand) geklärt wurden. Trotz der Teilnahme aller europäischen Mächte (mit Ausnahme der Türkei) waren Vollversammlungen überflüssig. Statt dessen wurden dreizehn vorbereitende Kommissionen eingesetzt. Bereits die »Declaration« von acht Mächten, die am 8. Oktober 1814 die förmliche Eröffnung des Kongresses auf den 1. November festsetzte, sah »zwischen den Bevollmächtigten sämtlicher Höfe *freie* und *vertrauliche* Erörterungen« vor. Eine »*allgemeine Zusammenberufung* ihrer Bevollmächtigten« sollte indes auf den

Zeitpunkt verschoben werden, an dem die entscheidenden Fragen *den* Grad von *Reife*« gewonnen hatten, der zur Lösung der Probleme notwendig war.[2] Die Anwesenheit der führenden Monarchen, der leitenden Staatsmänner beziehungsweise Außenminister Europas bot eben nicht allein ein einzigartiges Schauspiel, sie ermöglichte den Erfolg der Wiener Verhandlungen, die sich von schwerfälligen Kongressen weisungsgebundener Gesandter unterschieden.

Aus der Gleichgewichtsmaxime folgte für England, dessen trotz allen revolutionären Erschütterungen konstanter Widerstand und dessen riesige Subsidienzahlungen zu den unentbehrlichen Voraussetzungen des Sieges über Napoleon zählten, die Wiederherstellung Preußens als Großmacht. Es sollte in Norddeutschland gestärkt und bis an den Rhein ausgedehnt werden, um gemeinsam mit den Niederlanden eine Sicherung gegen Frankreich zu bilden. Zugleich aber erwies sich eine Kräftigung Preußens gegenüber dem weiter erstarkten, mit diesem alliierten Rußland als notwendig. Doch fand diese Konzeption ihre Grenzen in der möglichen Dominanz Preußens in Deutschland. Eine solche Entwicklung hätte fast einen erneuten Kriegsausbruch bewirkt. Einen äußerst kritischen Streitpunkt bildete das schon bei Friedrich dem Großen unverkennbare Interesse Preußens an der Einverleibung ganz Sachsens: Die »sächsische Frage«, bei der sich Rußland und Preußen einig waren, weil Rußland anstelle Preußens in diesem Fall die von 1793/1795 bis 1806 unter preußischer Herrschaft befindlichen polnischen Gebiete – das von Napoleon begründete Herzogtum Warschau – erhalten hätte, führte am 3. Januar 1815 sogar zu einem Geheimbündnis zwischen England, Österreich und Frankreich. Die »sächsische Frage« bot Frankreich die Chance, die Talleyrand sogleich nutzte: Er schlug sich auf die

Seite Österreichs und Englands und führte Frankreich damit aus der Isolierung. Preußen erreichte zwar nicht die Annexion ganz Sachsens, erhielt aber immerhin zwei Fünftel (die künftige Provinz Sachsen um Wittenberg und Merseburg sowie die Lausitz).

Sosehr sich die Staatsmänner über die fundamentalen Prinzipien einig waren, der Teufel steckte auch hier im Detail. Doch diese Fragen bewiesen zugleich, daß der Begriff »Restauration« und mit ihm der der »Legitimität« für Metternich und die in dieser Hinsicht gleichgesinnten Staatsmänner keineswegs einen reaktionären Sinn besaß. Metternich war ein Pragmatiker, kein Dogmatiker. So trug er selbst wieder und wieder zur Akzeptierung der durch die Revolution und Napoleon geschaffenen Veränderungen bei, als er die territorialen Folgen von Säkularisation und Mediatisierung anerkannte und die Auflösung des alten Reiches als unveränderbaren Tatbestand betrachtete: »Metternich entschied sich *für die Legalität* der territorialen Veränderungen *gegen die Legitimität* unantastbarer Herrschaftsrechte.«[3]

Es ging ihm also keineswegs um die Wiederherstellung der vorrevolutionären politischen Verhältnisse oder der deutschen Staatenwelt der Zeit vor 1803/1806, sondern um eine Restauration der europäischen Ordnung. Sie bedurfte des Gleichgewichts der Großmächte, sie bedurfte der Legitimität, wo sie nicht erschüttert worden war, und der Legalität, wo neue Ordnung entstanden war. So erklärt sich das zeitweilige Eingehen auf die Forderung »natürlicher« Grenzen für Frankreich, die Anerkennung des bayerischen Besitzstandes im Vertrag von Ried, schließlich die Selbstverständlichkeit, mit der Metternich die nun souveränen Mittelstaaten akzeptierte und ihre Beseitigung im Falle Sachsens ablehnte: Sein Widerstand in der »sächsischen Frage« besaß zudem eine machtpolitische Begründung, da er Österreich das wiedererstarkte Preußen vom Halse halten wollte, worin er insbesondere mit Bayern einig ging. Im Zweifel für die Ordnung – so lautete die Devise Metternichs, und zu ihr gehörte auch die bestehende Ordnung. Diesem Stabilitätsdenken entsprach es, die nationale Dynamik einzudämmen; Metternich setzte der nationalistischen Bewegung und ihren unkalkulierbaren Risiken ein Staatensystem entgegen: Die deutsche Frage wollte er in diesem Sinne staatenbundlich, nicht nationalstaatlich lösen. Das mochte eineinhalb Jahrhunderte lang konservativ wirken, aber im Lichte der politischen Erfahrung erscheint seine Konzeption unglaublich modern. Konservativ war daran allein die fürstenstaatliche Komponente, doch gab es zu ihr im Zeitalter Metternichs und in seinem Staatensystem keine realisierbare Alternative.

Und Metternich stand nicht nur *gegen* eine Zeitströmung, sondern *im Einklang* mit einer anderen. So fand er in Friedrich von Gentz den theoretischen Kopf, in Carl Ludwig von Haller und seiner seit 1816 veröffentlichten »Restauration der Staatswissenschaften« nachträglich die begründende Staatslehre. Das hier dokumentierte Verständnis von Legitimität ging in solchem Maße in das der Legalität über, daß Gentz – und lange Zeit auch Metternich – noch am 14. Februar 1814 für die Erhaltung der Monarchie Napoleons eintrat, sofern dieser bereit war, sich an die Spielregeln zu halten: »Wie die Sachen jetzt stehen, wird die *Wieder-Einsetzung* der Bourbons allemal ein Akt der Willkühr und Gewalt sein, nicht mehr und nicht

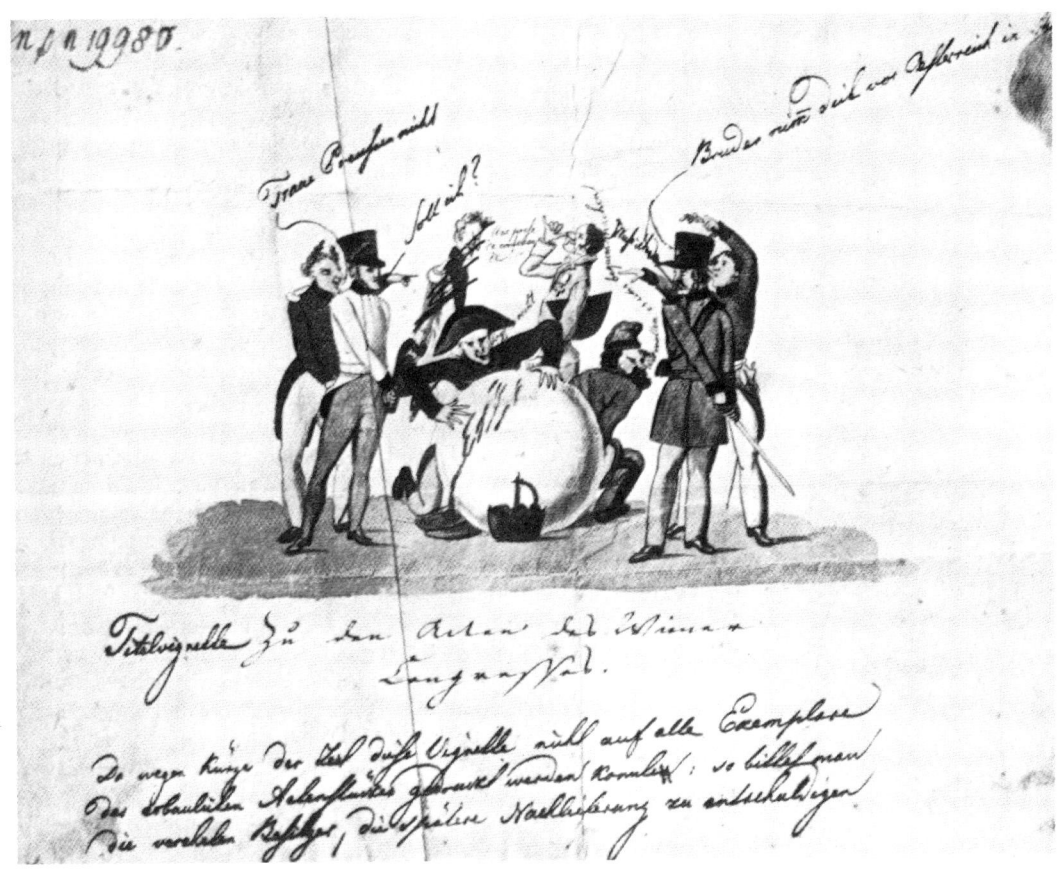

weniger als es früher die *Absetzung* dieses Hauses war.«[4] Demgegenüber wurde Talleyrand zum entschiedensten Verfechter der Legitimität, konnte er doch allein auf dieser Grundlage monarchische Solidarität mit der wiedereingesetzten Bourbonendynastie erwarten: Unter diesem Aspekt erscheinen die Bourbonen ebenso als Opfer wie die übrigen Dynastien, die unter der Revolution und Napoleon gelitten hatten beziehungsweise von ihnen hinweggefegt worden waren. Zu harte Friedensbedingungen jedenfalls würden die innenpolitische Lage der nun wieder in Frankreich regierenden Dynastie erschweren und aus dem Gleichgewichtssystem eine Säule herausbrechen.

Gentz legte ebenfalls den Finger auf den Knoten, der die innenpolitische und die außenpolitische Legitimität verband, setzte jedoch anders als Talleyrand auf die monarchische Solidarität der zu diesem Zeitpunkt regierenden Herrscherhäuser: »Wenn die französische Nation befugt sein soll, den Kaiser Napoleon wegen der Uebel, welche er ihr zugefügt hat, zur Rechenschaft zu ziehen, wenn ihr aus diesem Grunde (und einen andern gibt es nicht) die *Initiative* einer Thron- und Dynastie-Revolution zusteht, wenn sie entscheiden darf, ob sie ihren jetzigen Beherrscher *toleriren* oder von sich stoßen will, so muß allen Nationen ein gleiches Recht zugestanden werden ... Dies war der Ursprung der französichen Revolution, sie

»Trau keinem«, Aquarell eines Unbekannten zum Wiener Kongreß, 1814/15

Der Wiener Kongreß, unterbrochen durch die hundert Tage Napoleons, schloß die Zeit der Revolution und des Usurpators endgültig ab; jetzt schien Europa wieder das zu sein, was es vor 1789 gewesen war. Aber es erwies sich sehr bald, daß sich die Zeit nicht zurückdrehen ließ und daß die Wiederherstellung der alten Ordnung nicht das Ancien régime restauriert hatte, obwohl das Leben auf dem Wiener Kongreß den alten Spielregeln folgte, dem Ringen um Interessen, dem Handeln um Zugeständnisse im Kleinen und Affären oder Liebschaften am Rande.

ist gerechtfertigt, und alle europäischen Staaten sind früher oder später von denselben Gefahren bedroht, sobald das Richteramt über die Könige dem Volke zuerkannt wird.«[5]

Die Schwierigkeit, allseits akzeptierte Regelungen zu finden, vergrößerte sich zum einen durch unterschiedliche Beurteilungsmaßstäbe der beteiligten Staatsmänner, zum anderen durch differierende innenpolitische Voraussetzungen. So bestand für Castlereagh die Hauptgefahr im Napoleonischen Expansionismus, seiner Maßlosigkeit, seiner Störung des Gleichgewichts, während Metternich die Revolution überhaupt bekämpfen wollte, in Napoleon auch den Überwinder der Revolution sah und infolge seiner stark geostrategisch geprägten Denkweise schon früh die potentielle Gefährlichkeit des keineswegs saturierbaren Rußland, dessen Uneinnehmbarkeit selbst ein Napoleon hatte erfahren müssen, erkannte. Castlereagh ließ sich von dieser Perspektive nur zögernd überzeugen, vertrat nicht allein eine insulare gegenüber einer kontinentalen Konzeption, sondern ebensosehr die parlamentarische Monarchie englischen Stils, die Metternich fremd blieb. Dieser besaß hingegen aufgrund langer Berührung mit Frankreich und seiner früheren Pariser Botschafterzeit trotz aller Distanz zur revolutionären Entwicklung ein erheblich größeres Verständnis für die Probleme Frankreichs zwischen 1789 und 1815.[6] Rußlands Herrschaftsstruktur war im übrigen autokratisch geblieben und von den verfassungspolitischen Entwicklungen Mittel- und Westeuropas ziemlich unberührt. Solch differente innenpolitische Voraussetzungen komplizierten naturgemäß die Verhandlungen in Wien.

Rußland erhielt in den schließlich ausgehandelten Verträgen zwar nicht ganz Polen zugesprochen, aber den größten Teil des Herzogtums Warschau als Königreich Polen, das sogenannte Kongreß-Polen. Nur das Gebiet um Krakau wurde zum freien polnischen Staat unter österreichisch-preußisch-russischem Schutz. Die polnische Frage blieb im Grunde ungelöst, die Nation vielfach geteilt unter fremden Herrschaften, da es für Polen in Wien nur Interessenten, aber keine Fürsprecher gab. Preußen erhielt aus dem polnischen Territorium nur Posen und Thorn, was es schon vorher besessen hatte, und außerdem mehr als zwei Fünftel von Sachsen. Zusätzlich wurde Preußen die Rheinprovinz, Westfalen und Schwedisch-Pommern zugesprochen. Das bis dahin preußische Ansbach-Bayreuth fiel ebenso an Bayern wie Nürnberg und Augsburg. Österreich bekam Tirol mit Vorarlberg, Salzburg, das Inn- und das Hausruckviertel aus dem vorher bayerischen Besitz sowie die illyrischen Provinzen mit dem westlichen Kärnten, Krain, Triest, Istrien und Dalmatien. Auch dieser Teil war bereits vorher in österreichischem Besitz gewesen. Da Österreich außerdem die Lombardei und Venetien erhielt, wurde es in Oberitalien zur Hegemonialmacht.

Durch diese Gewinne verstärkte sich die Verlagerung der führenden deutschen Großmacht in süd- beziehungsweise südosteuropäische außerdeutsche Gebiete, was für die künftige Entwicklung des deutschen Dualismus eine wesentliche Rolle spielte.

In Italien wurde der Kirchenstaat gemäß Artikel 103 wiederhergestellt. Im Gegenzug zu diesen territorialen Gewinnen beziehungsweise Rückgewinnen mußte Österreich auf die habsburgischen Niederlande verzichten. Dies war die Voraussetzung zur Bildung des

Königreichs der Vereinigten Niederlande (Holland und Belgien). Das neugegründete Königreich Sardinien-Piemont wurde um Savoyen erweitert. Großbritannien erhielt in Personalunion als Königreich das vergrößerte Hannover, außerdem Helgoland, Malta, Kapland, Ceylon und wurde Protektoratsmacht über die Ionischen Inseln. Ebensowenig wie diese Bestimmungen, die in Zusatzverträgen niedergelegt wurden, nahmen die Vertragspartner die Personalunion, die Schweden mit Norwegen verband, in die Wiener Kongreßakte auf. Die Schweiz wurde konsolidiert, ihr wurde durch die fünf Großmächte am 20. November 1815 immerwährende Neutralität zugesichert. In Spanien, Portugal, in der Toskana und dem um Genua erweiterten Sardinien setzte man die alten Dynastien wieder ein. Die Ächtung des Sklavenhandels und die Gewähr für freie Schiffahrt auf Flüssen mit mehreren Anrainerstaaten waren weitere wichtige Beschlüsse.

In diesem komplizierten, hier nur in wenigen Punkten skizzierten Geflecht territorialer, dynastischer und völkerrechtlicher Regelungen blieben die »nationalen« Interessen Polens, Italiens und – in weit geringerem Maße – Deutschlands unberücksichtigt. In dieser Beziehung unterlagen die Beschlüsse von 1814/15 während des 19. Jahrhunderts folglich den größten Veränderungen, die aber dennoch im Rahmen der an der Gleichgewichtsmaxime orientierten Wiener Ordnung blieben, das europäische Staatensystem also nicht grundsätzlich in Frage stellten: Nicht zuletzt hierin bewährte sich die außergewöhnliche Leistung dieses Friedenswerkes. In der nationalen Frage dokumentierte sich auch inhaltlich die Vorstellungswelt des 18. Jahrhunderts: Nicht Nationen standen für den Wiener Kongreß zur Diskussion, sondern Staaten, Dynastien, Territorien. Die vielzitierte Bemerkung Metternichs, Italien sei bloß ein geographischer Begriff, illustriert treffend die in Wien geltenden Prinzipien.

Viele Staaten, deutsche und außerdeutsche, profitierten von den Wiener Beschlüssen, weil durch Napoleons Neuordnung, durch Säkularisation und Mediatisierung, schließlich die polnischen Teilungen die Verhandlungsmasse beträchtlich war. Wirkliche Sieger in der Geographie der Großmächte waren am ehesten England, dessen überragende Rolle als See-, Kolonial- und Handelsmacht eine erhebliche Stärkung erfuhr, sowie Rußland: Seine westliche Ausrichtung, seine europäische Position festigte sich nicht allein durch die weitgehend in seinem Interesse liegenden polnischen Regelungen, sondern ebenso durch die volle Einbeziehung in die wesentlichen zwischenstaatlichen Entscheidungen in Mittel- und Westeuropa. Rußlands militärisches Engagement gegen Napoleon und damit seine machtpolitische Präsenz schufen die Basis für sein diplomatisches Gewicht in Wien und für seine künftig anhaltende ruhelose Dynamik.

Die Wiener Ordnung bestätigte also nicht allein den seit 1740 erfolgenden, 1763 sanktionierten Aufstieg Preußens zur zweiten deutschen Großmacht, sondern zugleich die Stärkung der beiden Flügelmächte England und Rußland: Sie leitete die spätere Erweiterung der europäischen zur Weltpolitik ein. Die seit 1713 gefundenen europäischen und kolonialen Friedensordnungen bewahrten in den Grundlinien eine bis 1914 reichende Kontinuität. Sie wirkt angesichts der Kurzlebigkeit und Bruchstückhaftigkeit der Friedensschlüsse des 20. Jahrhunderts bestechend und zeigt, wie sehr der Friedensschluß tatsächlich eine »verlorene Kunst« (Hans von Hentig) darstellt – eine Kunst alteuropäischer Diplomatie, die die revolutionären Erschütterungen überdauerte. Ihr gelang es, für viele, viele Generationen den Expansionismus der Großmächte zu begrenzen und den Napoleons zum Zwischenspiel zu machen.

Das Fundament dauerhafter, rational kalkulierbarer Lösungen sahen die Staatsmänner des Wiener Kongresses in der massiven Abwehr des rousseauistischen und revolutionären Prinzips der Volkssouveränität mit Hilfe der monarchischen Legitimität oder Legalität, nachdem sich Europa seit 1789 im Schwebezustand zwischen beiden befunden hatte. Doch wollten weder Zar Alexander I. noch Talleyrand noch die preußischen Vertreter eine absolutistische Herrschaft restaurieren. Vielmehr wollten Sie die Volksbewegung und die von ihr artikulierte öffentliche Meinung in das Legitimitätsprinzip einbauen: keine usurpierte Herrschaft, aber auch keine den Völkern aufgezwungene. Und selbst Metternich, der am stärksten das Prinzip der Autorität vertrat, erklärte in seinem Politischen Testament: »Das Wort Freiheit hat für mich nicht den Wert eines Ausgangs-, sondern eines tatsächlichen Ankunftspunktes. Den Ausgangspunkt bezeichnet das Wort »Ordnung«. Nur auf dem Begriff von »Ordnung« kann jener der »Freiheit« beruhen.«[7] Der Wiener Kongreß mußte also eine Ordnung finden, die nicht allein die Stabilität des europäischen Mächtesystems insgesamt garantierte, sondern auch die ihrer Glieder. Die Diplomaten gingen auch in dieser Beziehung von den gegebenen Tatsachen aus: Die in der alten Kaiserstadt versammelten Staatsmänner akzeptierten die Resultate von Reform und Revolution, Revolution und Reform und gaben im Zweifelsfall der Legalität vor der Legitimität den Vorzug. Doch Bewahrung allein reichte keineswegs aus, da die Befreiungskriege die deutsche Frage und die einzelstaatliche Verfassungsproblematik weiter politisiert und nationalisiert hatten. Konnte man den Bürgern, die für ihr Vaterland in den Krieg zogen, denen man die Wehrpflicht auferlegte, auf die Dauer politische Rechte verweigern? Jedenfalls mußte man in der europäischen Mitte eine praktikable Lösung finden, die Notwendigkeit sahen alle Beteiligten ein, während sich die gleichgelagerten Probleme Italiens und Polens durch deren Randlage und das Fehlen eigener Großmachtpositionen relativierten.

2. Der Deutsche Bund: Vertagung des österreichisch-preußischen Dualismus und das »dritte Deutschland«

Metternich strebte eine Reorganisation der europäischen Mitte mit Hilfe einer deutschen Föderation unter österreichischer Führung an, die in das europäische Gleichgewichtssystem durch die beiden Großmächte Österreich und Preußen einbezogen werden und in der die deutschen Mittelstaaten ein zusätzliches Bollwerk gegen preußische Dominanz bilden sollten. Diese Föderation bedeutete keine Wiederherstellung früherer Verhältnisse, sondern die staatsrechtliche und politische Konsequenz aus den mit der Auflösung und Neugliederung des Reiches unter Napoleon eingetretenen Veränderungen. Das Rheinbundmodell wurde zum Paten des Deutschen Bundes. Damit war die territoriale Vereinfachung der deutschen Staatenwelt endgültig sanktioniert. Das Grundprinzip findet sich bereits in Hardenbergs Überlegungen zur künftigen Gestaltung Europas vom 29. April 1814, die einen Bund souveräner Staaten vorsahen. Ein eigenes militärisches System sollte die Unabhängigkeit des Bundes erhalten; ein Bündel von Vereinbarungen über den zwischenstaatlichen Verkehr, die internationalen Beziehungen und die inneren Verhältnisse sollte als Verfassung dienen.[8]

Aber beide, Metternich und Hardenberg, verloren nie die machtpolitischen Interessen ihrer Staaten aus den Augen. Preußen strebte demzufolge eine Einteilung Deutschlands in politische Einflußsphären an, in denen es selbst den nord- beziehungsweise westdeutschen Part übernehmen wollte. Die »deutsche Karte« spielten die Preußen auf dem Kongreß also nicht zuletzt zur Durchsetzung dieser machtpolitischen preußischen Interessen. Und für die Widerstände Österreichs und der Mittelstaaten gab es im wesentlichen ähnliche Motive; die nationalstaatlichen Bestrebungen entfernten sich von diesen Positionen ebensosehr wie die eher restaurativen, die gemäß den unrealistischen Plänen Steins die »teutsche Librtät« und ein Kaisertum wiederherstellen wollten. Die mächtegeographischen Maßstäbe Hardenbergs teilte Metternich durchaus – und im übrigen brauchte Österreich nun Preußen als Gegengewicht zu Rußland. In dieser Beziehung also hatte sich der Dualismus der beiden deutschen Großmächte gegenüber dem 18. Jahrhundert modifiziert.

Neben solchen Konzeptionen entstanden stärker nationalstaatlich orientierte Lösungsvorschläge für die deutsche Frage. Sie sahen eine weiter eingeschränkte Souveränität der Gliederstaaten, eine Stärkung der Bundeskompetenzen bei einem Bundesdirektorium aus den vier größten deutschen Staaten sowie einen Bundestag vor, so beispielsweise die Denkschrift Steins vom 10. März 1814[9] oder der Verfassungsplan Humboldts vom April 1814. Doch hatten selbst diese Überlegungen einen ausgeprägt staatenbundlichen Charakter, wenngleich Humboldt die Begriffe Vaterland und Nation auf

657

Gesamtdeutschland und nicht mehr auf die deutschen Einzelstaaten bezog.[10]

Über die Grundzüge der staatenbundlichen Reorganisation Deutschlands wurden sich die beiden entscheidenden Staatsmänner, Metternich und Hardenberg, im wesentlichen einig.[11] Sie differierten vor allem in bezug auf die Innenpolitik ihrer eigenen Staaten, die aber in Wien nur indirekt von Bedeutung war: Metternich brachte für Hardenbergs Idee einer Repräsentativverfassung in den Einzelstaaten kaum Verständnis auf, an dieser grundsätzlichen Gegnerschaft gegen liberalisierende Verfassungspläne sollte der Meister der Außenpolitik später in Österreich scheitern. Die schließlich trotz bayerischer und württembergischer Opposition gefundene Form korrespondierte im übrigen mit der realpolitischen Konstellation, in der souveräne deutsche Staaten bestanden, einer Situation, die die übrigen europäischen Großmächte erhalten wollten.

Österreich und Preußen legten schließlich am 23. Mai 1815 einen gemeinsamen Verfassungsentwurf für den künftigen Deutschen Bund vor, der auf einem Plan Humboldts und den durch Johann von Wessenberg verfaßten österreichischen Abänderungswünschen basierte.[12] Dieser Entwurf wurde insbesondere infolge der bayerischen Stellungnahme modifiziert. Das Ergebnis bildete die Bundesakte vom 8. Juni 1815[13] sowie die Weiterentwicklung des Bundes in der Wiener Schlußakte vom 15. Mai 1820.

Der Deutsche Bund umfaßte zunächst 38 souveräne Mitglieder, darunter 34 deutsche Staaten und die vier freien Städte Lübeck, Frankfurt am Main, Bremen und Hamburg. Ihm gehörten drei nichtdeutsche Monarchen an: der englische König für Hannover, der dänische für Holstein, der niederländische für Luxemburg. Hessen-Homburg, das erst gegen Ende des Kongresses wieder staatliche Selbständigkeit erhielt, kam später hinzu.[14] Die souveränen Fürsten und vier freie Städte vereinigten sich – wie sie in der Präambel erklärten – »von den Vortheilen überzeugt, welche aus ihrer festen und dauerhaften Verbindung für die Sicherheit und Unabhängigkeit Deutschlands, und die Ruhe und das Gleichgewicht Europas hervorgehen ... zu einem beständigen Bunde ...«.

Der Zweck des Bundes bestand in der »Erhaltung der äußeren und inneren Sicherheit Deutschlands und der Unabhängigkeit und Unverletzbarkeit der einzelnen deutschen Staaten« (Art. 2). Die Angelegenheiten der gleichberechtigten »Bundes-Glieder« wurden unter Vorsitz Österreichs seit dem 1. September 1815 durch den deutschen Bundestag in Frankfurt am Main, einem im Plenum zunächst aus 69 Mitgliedern bestehenden, ständigen Gesandtenkongreß beraten, sie erhielten gemäß ihrer Größe unterschiedliche Stimmen (Österreich, Preußen und die vier Mittelstaaten Sachsen, Bayern, Hannover und Württemberg je vier), bei Stimmengleichheit gab Österreich den Ausschlag. Österreich und Preußen gehörten nicht mit ihrem gesamten Staatsgebiet dem Bund an, im Falle Österreichs blieben die polnischen, ungarischen und italienischen Territorien ausgenommen, im Falle Preußens Posen, Ost- und Westpreußen.

Die Souveränität der Gliedstaaten wurde insofern eingeschränkt, als sie nicht aus dem Deutschen Bund austreten konnten, und Mehrheitsbeschlüsse, auch über Bundesgesetze, für sie bindend waren. Die künftige Politik wurde im wesentlichen durch vorherige Eini-

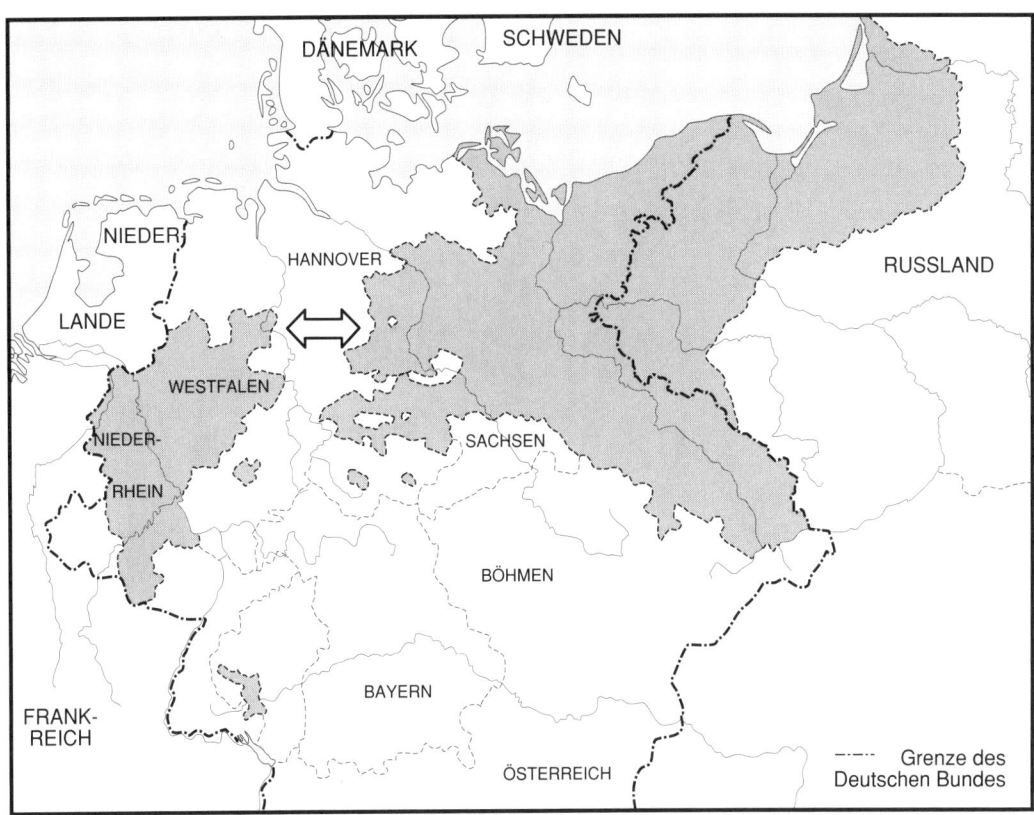

gung Österreichs und Preußens bestimmt. Nicht allein die Präambel verwies auf die europäische Einbindung des Deutschen Bundes, sondern auch die Tatsache, daß die ersten elf Artikel später in die Wiener Schlußakte aufgenommen wurden und insofern die Wiener Vertragsparteien implizit zu Garantiemächten des Deutschen Bundes wurden, wenngleich Metternich ein daraus abgeleitetes Interventionsrecht bestritt. Im übrigen wurde das Bündnisrecht der Gliedstaaten stärker begrenzt als im alten Reich, da Bündnisse weder gegen die Sicherheit des Deutschen Bundes als ganzen noch gegen seine Gliedstaaten gerichtet sein durften. Außerdem schlossen die Gliedstaaten ein Defensivbündnis gegen Angriffe von außen.

Diese Lösung der deutschen Frage fand eine in die einzelstaatlichen Hoheitsrechte eingreifende verfassungspolitische Ergänzung, insofern Artikel 13 bestimmte: »In allen Bundesstaaten wird eine Landständische Verfassung statt finden.«[15] Die einzelstaatliche Verfassungsbewegung des 19. Jahrhunderts erhielt also durch die Bundesakte eine Legitimation, allerdings schlossen sich gerade die beiden Großmächte Österreich und Preußen ihr erst nach der Revolution von 1848/49 an, während in den meisten deutschen Mittelstaaten, insbesondere im Süden und Südwesten Deutschlands, schon in den ersten Jahren nach dem Wiener Kongreß mit frühliberalen Konstitutionen die Modernisierung sich auf die Verfassungspolitik ausdehnte, während beispielsweise in Preußen eine

Preußen nach dem Wiener Kongreß 1815

So sehr die alten Staaten nach den Wirren der vergangenen Jahrzehnte wiederhergestellt zu sein schienen – jene Pentarchie europäischer Mächte England, Frankreich, Österreich, Preußen und Rußland –, so verändert war die deutsche Landkarte nach dem Wiener Kongreß. Der Deutsche Bund umfaßte nur mehr 38 souveräne Mitglieder. Napoleon blieb in territorial-politischer Hinsicht für Deutschland wirksamer als für Frankreich.

Allegorie auf die Stiftung der Heiligen Allianz, Stich von Heinrich Olivier, 1815

erhebliche Diskrepanz zwischen den Reformen in der Wirtschafts-, Sozial- und Justizpolitik sowie der Verfassung entstand.

Der Deutsche Bund brachte zwar erhebliche Fortschritte gegenüber dem alten Reich beziehungsweise der reichs- und bundeslosen Zeit von 1806 bis 1815, befriedigte aber die Nationalbewegung und ihre Anhänger keineswegs. Ihr Maßstab diente denn auch den Historikern des 19. Jahrhunderts zur negativen Bewertung des Wiener Kongresses.

3. Vom Absolutismus zum Konstitutionalismus: Fürsten, Beamte und Bürger auf dem Weg zur deutschen Nation

Wandelte die revolutionäre und evolutionäre Verbesserung von Staat, Gesellschaft und Wirtschaft seit der Mitte des 18. Jahrhunderts die deutschen Fürstenstaaten zur Bürgernation? Wurden die Bürger tatsächlich daran gewöhnt, ihre Geschicke selbst in die Hand zu nehmen? Von einer Selbstbestimmung der Deutschen in einem unitarisch oder föderativ gegliederten Staatsgebiet konnte 1814/15 in der Tat keine Rede sein, die Einzelstaatlichkeit blieb erhalten, eine gewählte Repräsentation auf Bundesebene wurde gar nicht erst in Aussicht gestellt. Dies hatten übrigens auch Stein, Hardenberg und Humboldt nicht angestrebt. Die Volkssouveränität und ihre politischen Konsequenzen blieben vorerst Idee –, übrigens nicht nur in Deutschland. In dieser Hinsicht bedeutete die stabilisierende Ordnung des Wiener Kongresses eine Unterbrechung, zumal der Deutsche Bund eine Verbindung der Fürsten und nicht der Bürger darstellte.

Die Enttäuschung derjenigen, die vom Wiener Kongreß eine Verwirklichung der nationalen Idee erwartet hatten, ging tief. Stein kritisierte in seiner Denkschrift über die Bundesakte am 24. Juni 1815, daß sie keinerlei Gewähr für bürgerliche und politische Freiheit biete und dem Zweck der Befreiungskriege nicht Rechnung trage. Es bleibe nur die Hoffnung, »daß die despotischen Grundsätze, von denen sich mehrere Kabinette noch nicht freimachen können, nach und nach durch die öffentliche Meinung, die Freiheit der Presse« und das Beispiel derjenigen Fürsten beseitigt würden, die ihren Untertanen eine »weise und wohltätige Verfassung« geben wollten.[16] Diese Hoffnungen Steins erfüllten sich gerade in Preußen, das er eigens aufführte, nicht.

Ernst Moritz Arndt, der in seinem »Geist der Zeit« und anderen Schriften immer wieder gegen Napoleon und die Franzosen gewettert und geradezu eine wütende Agitation für die Befreiung Deutschlands entfaltet hatte, schrieb während der Beratungen über die Bundesakte am 20. Mai 1815: »Das einzige, was wir zu fürchten hätten, wäre ein zu geschwindes Ende des Kriegs und die elende Nichtswürdigkeit der federlesenden Kabinettspolitik, welche uns durch den Congreß von Chatillon beinahe zerstört hätte, durch den schändlichen Pariser Frieden die Arbeiten und das Blut unserer besten Söhne und die Vortheile des Vaterlandes verschenkte, und durch den dummen Congreß zu Wien das Reich für die Fremden zerlegte.«[17] Und ein Autor, der den Krieg gegen das Napoleonische Frankreich als »Kreuzzug«, als »heiligen Krieg« bezeichnete,[18] konnte für eine Kabinettspolitik, für die Friedenssicherung nur mit Staaten, nicht aber mit Völkern möglich war, kaum Verständnis aufbringen. An Georg Andreas Reimer schrieb er tief deprimiert am 19. September 1815, ein neues Zeitalter Deutschlands sei notwendig:

»Das Vaterland kann wohl kaum ohne eine wilde Umwälzung gerettet werden.«[19] Nation und Revolution! Genau dies fürchtete Metternich – und er hatte Grund dazu.

Aber selbst Wilhelm von Humboldt, damals erster Gesandter Preußens beim Deutschen Bund, schrieb am 30. September 1816 an Staatskanzler Hardenberg: »... die Meisten, und wenigstens alle, die dieser wohl grossen Zeit einigermassen würdig waren, haben gefühlt, dass die glorreiche Befreiung Deutschlands nur von der Wiederherstellung einer gemeinsamen Verfassung in Deutschland gekrönt werden konnte, und dass ohne diese sowohl die äussere Unabhängigkeit als der innere Rechtszustand Gefahr lief ... Man wird Deutschland nie hindern können, auf irgend eine Weise Ein Staat und Eine Nation sein zu wollen ...«[20] Dennoch blieb Humboldt in der Frage, wie die Bevölkerung an den Staat herangeführt werden könne, ebenso vage wie Stein – eben auf »irgend eine Weise«. Humboldt verwarf sogar ausdrücklich eine allgemeine Repräsentation der Bürger und verwies auf den Unterschied der in Deutschland üblichen Stände zu den »Repräsentativ-Systemen, die man seit der französischen Revolution hat nach einander entstehen und untergehen sehen. Diese nachahmen zu wollen, wäre das Undeutscheste, was man in Deutschland beginnen könnte.«[21]

Aber was sonst? Die liberalen (und in geringerer Verbreitung frühdemokratischen) Ideen waren nun einmal in der Welt und ließen sich weder durch die Wiener Ordnung noch durch die Reformgegner in den Einzelstaaten beseitigen. Die Fürstenstaaten selbst hatten sich im Laufe der Jahrzehnte zunächst durch den Reformabsolutismus, dann durch Revolution und Reformen zu sehr gewandelt, als daß sie diese Entwicklung wirklich hätten rückgängig machen können.

Das Reformbeamtentum konnte während der Krise der Staaten oder bei ihrem Neuaufbau nach 1803 eine Zeitlang die Rationalisierung von Herrschaft, Wirtschaft und Gesellschaft fortführen und notwendige Reformen gegen altständische Widerstände durchsetzen, die – wie August Ludwig von der Marwitz in Preußen – bereits das Allgemeine Landrecht für die Preußischen Staaten als »Gleichheitskodex« bewerteten. Aber Verwaltung konnte nun Verfassung nicht mehr ersetzen, reichte nicht aus, um Staat und Gesellschaft einander anzunähern: Weder die ökonomische noch die gesellschaftliche Bewegung ließ sich anhalten. Allerdings wurde die Lage der Reformer nach dem Ende des revolutionären Zeitalters in Preußen schwieriger, während man in den Mittelstaaten das Gebot der in Wien beschlossenen Bundesakte ernst nahm und Verfassungen schuf, die im besten Fall tatsächlich einen weiteren Schritt zur Beteiligung einer – wenngleich noch begrenzten – Zahl von Bürgern an den öffentlichen Angelegenheiten brachten. Eine Bürgernation konnte sich in diesem Bund der Staaten und Fürsten noch nicht durchsetzen. Die Dualität bestand also fort: Selbst das Zeitalter der Revolution und Napoleons hatte stärker das politische Bewußtsein als die staatsrechtliche Realität verändert.

War die Einschätzung so falsch, die Wellington Stein gegenüber am 24. Februar 1815 gab? »Da Deutschland keine Einheit habe, so müsse diesen Mangel die Einigkeit zwischen Preußen und Österreich und die Beschaffenheit der öffentlichen Meinung ersetzen.

Deutschland war aus dem jahrzehntelangen Ringen mit neuen arrondierten Herrschaften hervorgegangen; im Grunde hatten sie alle genommen, die ehemaligen Vasallen Napoleons wie die Rheinbundstaaten, die neuen Königreiche Bayern und Württemberg, die rechtzeitig das Lager gewechselt hatten, und das fast ausgelöschte Preußen, das erst durch Napoleonische Nachsicht und dann durch seine Niederlagen wiederhergestellt worden war. Die eigentliche Veränderung aber war jenes neue deutsche Gemeingefühl, das sich in jenem Jahrzehnt herausbildete, in das man als Bürger einer Territorialmacht und Untertan eines Landesherrn gegangen war, aber aus dem man als »Deutscher« aufgetaucht war.

Ernst Moritz Arndt fragte in seinem Gedicht nach der Heimat der »Deutschen«; nun, nach der Herausforderung durch einen äußeren Gegner, fühlte man sich nicht mehr im alten Sinn als sächsischer, württembergischer oder badischer Untertan, sondern als Bürger eines politisch noch immer nicht existierenden Deutschland, dessen staatliche Verwirklichung dann die nächsten Jahrzehnte bringen sollten. Das erst machte erklärlich, weshalb die Herrscher in München, Dresden, Kassel oder Hannover dem Enthusiasmus ihrer Völker nicht widerstehen konnten oder auch wollten, als Bismarcks Politik eine neue Lage geschaffen hatte – der »Urpreuße« überrollte als »Reichspatriot« die territorialen Sonderinteressen der Fürsten.

Deutschland sei hauptsächlich nur durch Sprache und Sitten gebunden, es sei in sich durch Religion, selbst durch politisches Interesse geteilt. Die föderativen Institutionen, so man beabsichtigte, müssen durch die beiden Mächte und die öffentliche Meinung aufrechtgehalten werden. Diese habe sich deutlich ausgesprochen für die gesetzliche Verfassung.«[22]

In der Tat: Deutschland als Ganzes besaß nun eine geschriebene Verfassung, die manche Gestaltungsmöglichkeiten ließ. Und auch der öffentlichen Meinung wurde in gewissen Grenzen Rechnung getragen. Solange die beiden Großmächte sich einigen mußten, konnte es zwar einen Staatenbund, doch noch keinen Nationalstaat geben, dies schloß den weiteren Aufstieg des Bürgertums, die Verbürgerlichung der Staaten, die Politisierung der Nation jenseits der Einzelstaaten nicht aus, ließ aber zwischen der Politik der beiden Großmächte, den Mittelstaaten, vor allem aber der öffentlichen Meinung ein Spannungsverhältnis bestehen, das irgendwann schließlich die internationalen Beziehungen und damit den dauerhafteren Teil der Wiener Ordnung berühren würde. Sosehr der Wiener Kongreß also ein Zeitalter abschloß, sosehr öffnete er das Tor zu einem neuen, Verfassungen und nationale Einheit blieben zentrale Postulate der Bürger: Die in der Aufklärung wurzelnde, durch Revolution und Reform bewußter gewordene politische Bewegung der Bürger, der Liberalismus, konkretisierte diese Ziele, Bismarck realisierte sie – wieder mit Hilfe von (begrenzten) Kriegen, wieder von oben im Stil der Kabinettspolitik –, in den Worten Hardenbergs eine »Revolution im guten Sinne« – jedenfalls, solange sie keine Dissonanzen in das europäische Konzert brachte, und dies lag Bismarck fern.

4. Der alte Goethe und die Deutschen

Als der fünfundsiebzigjährige Goethe im Gespräch mit Eckermann am 24. Februar 1824 auf sein Leben zurückblickte, betrachtete er es als »großen Vorteil ..., daß ich zu einer Zeit geboren wurde, wo die größten Weltbegebenheiten an die Tagesordnung kamen und sich durch mein langes Leben fortsetzten, so daß ich vom siebenjährigen Kriege, sodann von der Trennung Amerikas von England, ferner von der französischen Revolution, und endlich von der ganzen Napoleonischen Zeit bis zum Untergange des Helden und den folgenden Ereignissen lebendiger Zeuge war. Hierdurch bin ich zu ganz anderen Resultaten und Einsichten gekommen, als allen denen möglich sein wird, die jetzt geboren werden und die sich jene großen Begebenheiten durch Bücher aneignen müssen, die sie nicht verstehen.«[23] Wie nur bei wenigen Zeitgenossen umspannte Goethes Leben bedeutsame Epochen, zu deren Verstehen er noch immer beitragen kann und beitragen muß, denn die Nachgeborenen bleiben auf Bücher angewiesen, um sich ihre eigene Herkunft zu vergegenwärtigen, ohne die sie nicht wären, was sie sind.

Die Erfahrung der miterlebten Geschichte machte Goethe zum Skeptiker, wie wohl historische Kenntnis meist die Skepsis befördert. Aber in Zeiten des Umbruchs kann zuweilen der Blick nach vorn, der Gestaltungswille stärker werden, wie bei dem Historiker Heinrich Luden. Es war die Zeit der Befreiungskriege, die Zeit auflodernder nationaler Leidenschaft, als er Goethe am 13. Dezember 1813 in Weimar besuchte und ihm die Absicht mitteilte, eine politische Zeitschrift herausgeben zu wollen. Der altersweise Geheimrat riet ab, Luden solle doch besser bei seinen geschichtlichen Studien bleiben. Luden reagierte verletzt, denn gerade als Historiker fühlte er sich zur Politik berufen. Er redete sich in Rage, sprach »von der Erhebung des teutschen Volkes, von den Proklamationen der Fürsten, von Vaterland, von Freiheit, von der Notwendigkeit gerade jetzt eine bessere Zukunft zu begründen, und von der heiligen Pflicht eines jeden guten Menschen, nach seiner Stellung und nach seinen Kräften mitzuwirken zur Benutzung dieser großen Tage des neuen Heiles.«

»Goethe saß ganz ruhig.« Dann tadelte er nachsichtig, aber bestimmt: »Sie ... sind in einigen Eifer hineingeraten, und dies ist eben nicht nötig gewesen, da Sie gewiß selbst nicht glauben, daß Sie mir etwas Neues, daß Sie mir etwas gesagt haben, was mir unbekannt gewesen wäre ... Glauben Sie ja nicht, daß ich gleichgültig wäre gegen die großen Ideen Freiheit, Volk, Vaterland. Nein; diese Ideen sind in uns; sie sind Teil unseres Wesens, und niemand vermag sie von sich zu werfen. Auch liegt mir Teutschland warm am Herzen. Ich habe oft einen bitteren Schmerz empfunden bei dem Gedanken an das teutsche Volk, das so achtbar im Einzelnen und so miserabel im Ganzen ist.« Goethe versuchte sich mit Wissenschaft und Kunst, vor denen die Schranken der Nationalität verschwinden, über die »peinlichen Gefühle« hinwegzutrösten, die ein Vergleich

Johann Wolfgang von Goethe, Schattenriß, um 1780

Wie kein zweiter überschaute Goethe die kulturelle und politische Entwicklung Deutschlands von der zweiten Hälfte des 18. bis weit in das 19. Jahrhundert hinein. Vom leidenschaftlichen Stürmer und Dränger wurde er zum weisen Betrachter der Zeitläufte, die er in eine universale Perspektive rückte. Für die Revolutionierung Europas besaß er ein waches Gespür, die politische Revolution aber beurteilte er ebenso skeptisch wie die Souveränität des Volkes und das nationale Bewußtsein der Deutschen: »Ist denn wirklich das Volk erwacht? Weiß es was es will und was es vermag?« Die Zukunft würde es zeigen.

der Deutschen mit anderen Völkern bei ihm erregte. Und in »derselben Weise tröstet auch nur der Glaube an Teutschlands Zukunft … Ja, das teutsche Volk verspricht eine Zukunft und hat eine Zukunft. Das Schicksal der Teutschen ist, mit Napoleon zu reden, noch nicht erfüllt. Hätten sie keine andere Aufgabe zu erfüllen gehabt, als das römische Reich zu zerbrechen und eine neue Welt zu schaffen und zu ordnen, sie würden längst zu Grunde gegangen sein. Da sie aber fortbestanden sind, und in solcher Kraft und Tüchtigkeit, so müssen sie, nach meinem Glauben, noch eine große Bestimmung haben … Aber die Zeit, die Gelegenheit vermag ein menschliches Auge nicht vorauszusehen, und menschliche Kraft nicht zu beschleunigen oder herbei zu führen.«

Indes komme es darauf an, die Bildung des Volkes zu verbessern, denn der Weimarer Olympier blieb skeptisch, und dafür hatte er seine Gründe: »Sie sprechen von dem Erwachen, von der Erhebung des teutschen Volkes und meinen, dieses Volk werde sich nicht wieder entreißen lassen, was es errungen und mit Gut und Blut teuer erkauft hat, nämlich die Freiheit. Ist denn wirklich das Volk erwacht? Weiß es, was es will und was es vermag?«[24]

Die Staatsmänner des Wiener Kongresses wollten die Probe auf ein solches Exempel lieber vermeiden. Fürchtete Goethe, daß die Deutschen »noch immer in ihren anarchischen Wust verliebt«[25] seien, so hegten die hochadligen nachrevolutionären Staatsmänner 1814/15 diesen Verdacht wohl auch gegenüber anderen Völkern – jedenfalls wollten sie den Frieden lieber mit den Mitteln klassischer Diplomatie der geläuterten Fürstenstaaten als mit den Bürgernationen oder gar den Völkern sichern: Nur als Staatenordnung konnte der Wiener Friedensschluß in den Augen Metternichs Stabilität gewinnen. Das revolutionäre Trauma saß zu tief, der Kongreß hielt die revolutionäre Dynamik der Nationen noch einmal für eine »zögernde Stunde« an.

Anmerkungen

Anmerkungen zu Kapitel I

1   Instruktion Friedrich Wilhelms I. für seinen Nachfolger (Januar/ Februar 1722) in: Acta Borussica Behördenorganisation 3, S. 441-467.
2   Werke Bd. 5, S. 168.
3   Vgl. schon Friedrichs Räsonnement über die für Preußen günstige Lage im Brief an Minister von Podewils am 1.11.1740, in: Briefe Bd. 1, S. 182.
4   Politische Testamente (Ed. Dietrich), S. 188.
5   Denkwürdigkeiten, in: Werke Bd. 2, S. 2.
6   Ebd., S. 5/6.
7   Grotius, De Iure Belli, S. 136.
8   Werke Bd. 5, S. 169f.
9   Werke Bd. 2, S. 2.
10   Textauszug in: Hermand (Hg.), Von deutscher Republik, Bd. 1, S. 78 (Zit. nach der 2. Aufl.).
11   J. Kunisch, Staatsverfassung und Mächtepolitik, S. 41ff. Das Zit. S. 78.
12   Vgl. Kaunitz' noch zwanzig Jahre später gleiche Meinung in einer Denkschrift von 1778, Text in: Aretin, Heiliges Römisches Reich, Bd. 2 (Aktenband), S. 2.
13   Text in: R. Pommerin/L. Schilling, in: ZHF, Beiheft 2 (1986), S. 165-239. Das Zit. S. 205.
14   In: Politische Testamente (Ed. Dietrich), S. 177.
15   Vgl. G. Klingenstein, Kaunitz.
16   Politische Testamente (Ed. Dietrich), S. 179.
17   Gesammelte Werke in dreizehn Bänden, 2. Aufl., Stuttgart 1974, Bd. 10, S. 76ff.
18   Rechtfertigung, in: Werke Bd. 3, S. 210.
19   Politische Testamente (Ed. Dietrich), S. 187.
20   Ebd., S. 199f.
21   Ebd., S. 187.
22   Kunisch, Mirakel, S. 87.
23   H. Fenske, Gleichgewicht, in: Geschichtliche Grundbegriffe Bd. 2, S. 959. Dort auch eine instruktive Begriffsgeschichte, für das 18. Jh., insbes. S. 971-988.
24   Chr. Wolff, Natur- und Völkerrecht, § 1172, S. 857.
25   Vgl. Fenske, a.a.O., S. 963ff.
26   Vgl. seine Betrachtungen über den gegenwärtigen politischen Zustand Europas (1738), wo er das Gleichgewicht für so gut wie verloren erklärte in: Werke Bd. 1, S. 241f.
27   Vgl. Ebd., Bd. 7, S. 110.
28   Th. Schieder, Die Idee des Gleichgewichts bei Friedrich dem Großen in: K. Hildebrand/R. Pommerin (Hg.), Deutsche Frage und europäisches Gleichgewicht, S. 3.
29   Clausewitz, Vom Kriege Bd. 1, S. 3, 24.
30   Fenske, Gleichgewicht, S. 979.
31   Kunisch, Mirakel (Anhang 1), S. 96.
32   Vgl. Th. Schieder, Friedrich der Große, S. 171.
33   Vgl. M. Braubach, Versailles und Wien.
34   Kunisch, Mirakel (Anhang 1), S. 95.
35   W. Baumgart, Der Ausbruch des Siebenjährigen Krieges, in: Militärgeschichtliche Mitteilungen Bd. 11 (1972), S. 157-165.

36 Kunisch, Mirakel (Anhang 2), S. 103.
37 Vgl. schon damals Pütter, Staatsverfassung des teutschen Reichs, Bd. 3 (1788), S. 98 ff.
38 Kunisch, Mirakel (Anhang 1), S. 98.
39 Vgl. Möller, Aufklärung in Preußen, S. 112 f.
40 Kunisch, Mirakel, S. 9.
41 Vgl. Schlenke, England und das friderizianische Preußen; J. Burkhardt, Abschied vom Religionskrieg.
42 Briefe Bd. 2, S. 20.
43 J. Burkhardt, Abschied, S. 6.
44 Behre, Statistik, S. 123, nennt für Ende 1755 136 988, Friedrich selbst für Anfang Februar 1757 200 000.
45 Friedrich der Große, Mein lieber Marquis, S. 141.
46 Ebd., S. 147 (22.8.1759).
47 Vgl. Erlaß an Baron von Knyphausen in London 12.10.1759, in: Werke Bd. 4, S. 192.
48 Ebd., S. 193 f.
49 Geschichte des Siebenjährigen Krieges, in: Werke Bd. 4, S. 30 ff.
50 Dorothy Marshall, Eighteenth Century England, 5. ed., Harlow, Essex 1982, S. 324 ff.; Schlenke, S. 259 ff.
51 An D'Argens (22.8.1759), in: Briefe Bd. 2, S. 56. Vgl. auch Kunisch, Der kleine Krieg, S. 34 ff.
52 Briefe Bd. 2, S. 53.
53 Vgl. zum Hintergrund: Günther Stökl, Russische Geschichte, 3. erw. Aufl. Stuttgart 1973, S. 395 ff.
54 Duchhardt, Gleichgewicht, S. 90 ff., 106 ff.; Z. E. Rashed, The Peace of Paris 1763, Liverpool 1951.
55 Briefe Bd. 2, S. 100 (18.5.1762).
56 Werke Bd. 10, S. 121.
57 Ebd., S. 186/187.
58 An D'Argens, in: Briefe Bd. 2, S. 100 (18.1.1762).
59 Duchhardt, Gleichgewicht, S. 97 ff. Die zahlreichen Forschungslücken betont mit einem instruktiven Problemaufriß J. Burkhardt, Abschied.
60 Maria Theresia an Uhlfeld (Ende Februar 1763), in: Maria Theresia, Briefe und Aktenstücke, S. 179.
61 Vgl. zum Ganzen Ludwig Dehio, Gleichgewicht oder Hegemonie, S. 105 ff.
62 Heeren, Handbuch der Geschichte des europäischen Staatensystems, 2. Aufl. (1811), S. 434 f.
63 Archenholtz, Geschichte des Siebenjährigen Krieges, S. 487.
64 Vgl. Burkhardt, Frühe Neuzeit, S. 255.
65 Behre, Statistik, S. 186; sowie Friedrich der Große, Geschichte des Siebenjährigen Krieges.
66 Vgl. Reinhard Wenskus, Stammesbildung und Verfassung. Das Werden der frühmittelalterlichen gentes, Köln–Graz 1961; Karl Ferdinand Werner, Les nations et le sentiment national dans l'Europe médiévale, in: Revue Historique Bd. 244 (1970), S. 285-304; ders., Les duchés »nationaux« d'Allemagne au IXe et au Xe siècle, in: ders., Vom Frankenreich zur Entfaltung Deutschlands und Frankreichs, Sigmaringen 1984, S. 311 ff.; Helmut Beumann, Zur Nationenbildung im Mittelalter, in: ders., Ausgewählte Aufsätze aus den Jahren 1966-1986, Sigmaringen 1987, S. 124 ff.; sowie ders., Die Bedeutung des Kaisertums für die Entstehung der deutschen Nation im Spiegel der Bezeichnungen von Reich und Herrscher, ebd., S. 66 ff.; Werner Goez, Grundlegung der deutschen Nation, in: Deutsche Nation. Acta Ising. Hg. v. H. Kreutzer, München 1985, S. 7-28.
67 Vgl. insgesamt den Abriß von W. Conze, Die deutsche Nation, S. 10 ff.; sowie die in Anm. 66 genannte Literatur.

68 Vgl. Feine, Kirchliche Rechtsgeschichte Bd. 1, S. 293.

69 Zit. ebd., S. 412.

70 Zit. ebd., S. 415; sowie zum folgenden S. 416 ff.

71 Vgl. etwa exemplarisch Walter Schlesinger, Die Entstehung der Landesherrschaft, 3. Aufl. Darmstadt 1969.

72 Vgl. Heinrich Mitteis, Die deutsche Königswahl, 3. Aufl. Darmstadt 1965, S. 214 ff.; sowie: Quellen zur Geschichte der deutschen Königswahl und des Kurfürstenkollegs. Hg. v. Mario Krammer, ND Hildesheim–New York 1972.

73 Geschichte des Dreißigjährigen Kriegs, in: Schiller, Sämtliche Werke Bd. 4, S. 366.

74 Hegel, Werke Bd. 1, S. 461.

75 Vgl. Möller, Aufklärung in Preußen, S. 300 ff., 565 ff. u. ö.

76 Friedrich Carl von Moser, Von dem Deutschen Nationalgeist, 1766, S. 5 f.

77 Lorenz Westenrieder, Abriß der deutschen Geschichte, München 1798, S. 39; vgl. auch S. 43.

78 Vgl. Politisches Testament von 1752; vgl. auch Friedrichs »Briefe über die Vaterlandsliebe« (1779), in: Werke Bd. 8, S. 279-302. In der Auseinandersetzung mit den Enzyklopädisten heißt es dort u. a.: Sollte die These, die Enzyklopädisten seien Weltbürger, beinhalten, »alle Menschen seien Brüder und müßten einander lieben«, so habe er gegen diese Meinung nichts einzuwenden. Er höre aber auf, diese Meinung zu teilen, wenn damit die Absicht verbunden sei, »Landstreicher heranzubilden, Menschen, die an nichts hängen, die aus Langeweile die Welt durchstreifen, aus Not Spitzbuben werden und schließlich hier oder dort für ihr zügelloses Leben bestraft werden... Ihre Folgen sind dem Wohl der Gesellschaft stets zuwider. Sie führen zu Auflösung des gesellschaftlichen Verbandes; denn sie entwurzeln im Herzen der Bürger unmerklich den Eifer und die Anhänglichkeit, die sie ihrem Vaterlande schulden.« Ebd., S. 298 f. und an D'Alembert schrieb der König am 3. Dezember 1779: Er habe in den Werken der Enzyklopädisten gelesen, »daß die Vaterlandsliebe ein Vorurteil sei, das die Regierungen zu befestigen versucht hätten, daß es aber in einem aufgeklärten Jahrhundert wie dem unsern Zeit wäre, mit solchen alten Hirngespinsten aufzuräumen... derartige Behauptungen zu widerlegen, ist zum Besten der Gesellschaft unbedingt erforderlich.« In: Briefe Bd. 2, S. 239. Tatsächlich hatte D'Alembert die Enzyklopädisten in einem Brief an Friedrich zuvor gegen dessen Kritik in Schutz genommen.

79 Goethe, Dichtung und Wahrheit, Werke (Hamburger Ausgabe) Bd. 9, S. 47.

80 Vgl. etwa Jean-Jacques Rousseau, Considérations sur le Gouvernement de Pologne et sur sa Réformation projetée (1772), in: Œuvres Complètes, Bd. 3, Paris 1964, S. 951-1041 (Bibliothèque de la Pléiade). Vgl. insgesamt auch die Beiträge in: Klaus Zernack (Hg.), Polen und die polnische Frage in der Geschichte der Hohenzollernmonarchie 1701 bis 1871, Berlin 1982; sowie insgesamt Michael G. Müller, Die Teilungen Polens 1772–1793–1795, München 1984.

81 Hamburgische Dramaturgie, in: Lessing, Sämtliche Werke Bd. 10, S. 213.

82 Herder, Briefe zur Beförderung der Humanität, in: Werke Bd. 13, S. 278; vgl. dazu auch Herders Kritik an der deutschen ›Gallicomanie‹: »Franzosensucht müßte sie deutsch heißen«, S. 492 ff.

83 Herder, Ideen zur Philosophie der Geschichte der Menschheit, in: Werke Bd. 12, S. 126.

84 Vgl. dazu Arno Borst, Lebensformen im Mittelalter, Frankfurt/Main–Berlin–Wien 1973, S. 305 ff.

85 Vgl. insgesamt die klassischen Werke von Friedrich Meinecke, Welt-
    bürgertum und Nationalstaat, und: Entstehung des Historismus;
    sowie Möller, Aufklärung in Preußen, S. 465 ff., sowie ders., Vernunft
    und Kritik, S. 144-189.
86 Vgl. Mösers Werke (Hg. Abeken), Bd. 9, S. 240 ff.
87 Ebd., S. 243.
88 Voltaire an den Marquis d'Argenson, 26.1.1740, in: Voltaire, Correspon-
    dance Bd. 2, S. 252.
89 Thomas Abbt, Vom Tode für das Vaterland, Berlin 1761, S. 17.
90 Ebd., S. 16.
91 Johann Heinrich Zedler, Großes vollständiges Universal-Lexikon aller
    Wissenschaften und Künste Bd. 23, Leipzig und Halle 1740, Sp. 901-
    904, das Zit. Sp. 901.
92 Emmanuel Joseph Sieyes, Politische Schriften (1788 bis 1790). Übers.
    und hg. von Rolf Reichhardt und Eberhard Schmitt, Darmstadt–Neu-
    wied 1975, S. 124/125.
93 Vgl. Elisabeth Fehrenbach, Nation, in: Handbuch politisch-sozialer
    Grundbegriffe in Frankreich 1680 bis 1820. Hg. von Rolf Reichhardt
    und Eberhard Schmitt, Heft 7, München 1986, S. 82.
94 Ebd., S. 88.
95 L. Gall, Benjamin Constant, S. 324.
96 E. Fehrenbach, S. 92 ff. nennt drei neuartige Begründungen für die
    Umdeutung des Begriffs der Nation bei Sieyes: 1. Die konsequente
    Definition der Nation vom Volk her, 2. Die Konzeption einer überstän-
    dischen Nationalrepräsentation, sowie 3. Die Widerlegung der histo-
    rischen Beweisführung, die die ererbten Privilegien und die tradierte
    Ständegesellschaft scheinbar legitimierte. Demgegenüber legitimiert
    Sieyes die Nation aus dem Gesellschaftsvertrag, der vor der Verfassung
    existiert habe: »La nation existe avant tout, elle est l'origine de tout.«
97 Diderot/D'Alembert (Hg.), Encyclopédie Bd. 11 (1765), Neufchâtel,
    S. 36.
98 Cyclopaedia: Or an Universal Dictionary of Arts and Sciences ... By
    E. Chambers. With the Supplement and modern Improvements ... By
    Abraham Rees, Bd. 3, London 1786, Artikel ›Nation‹. Der Text der älte-
    ren Auflagen von Chambers, die vor der Encyclopédie erschienen, ist
    weitgehend identisch.
99 Vgl. E. Weis, Geschichtsschreibung und Staatsauffassung, S. 203 ff.
100 So beispielsweise Ernest Renan. Vgl. insgesamt Werner Conze, Die
    deutsche Nation (I). Epochen deutscher Nationsbildung, in: Funk-
    Kolleg Geschichte Bd. 2. Hg. von Werner Conze, Karl-Georg Faber
    und August Nitschke, Frankfurt/Main 1981, S. 276 ff.
101 Vgl. L. Gall, Benjamin Constant, S. 322 ff., S. 330 sowie S. 405.
102 Grimm, Deutsches Wörterbuch Bd. 13, Sp. 425.
103 Anthropologie in pragmatischer Hinsicht, in: Kant, Werke. Hg. W.
    Weischedel, Bd. 10, S. 658 f.
104 Vgl. Kants Nachlaß Fragment Nr. 1353, in: Werke (Akademieausgabe),
    Bd. 15, S. 590 f.
105 Vgl. dazu: Meinecke, Weltbürgertum und Nationalstaat, S. 54.
106 Schiller, Sämtliche Werke Bd. 1, S. 473 f.
107 Ebd., S. 474 f.
108 Schiller, Sämtliche Werke Bd. 1, S. 267.
109 Meinecke, Weltbürgertum, S. 54 ff.
110 Hegel, Werke Bd. 1, S. 577.
111 Ebd., S. 578.
112 Ebd., S. 572.
113 F. Valjavec, Die Entstehung der politischen Strömungen.
114 Koselleck, Begriffsgeschichte und Sozialgeschichte, in: Vergangene
    Zukunft, Stuttgart 1979, S. 112.

115   Vgl. Möller, Vernunft und Kritik, S. 7ff., 19ff.
116   Kant, Streit der Fakultäten (1798), in: Werke. Hg. Weischedel, Bd. 9, S. 361.
117   Vgl. R. R. Palmer, Das Zeitalter der demokratischen Revolution, sowie J. Godechot, Les Révolutions.
118   Vgl. in diesem Sinne auch Frh. vom Stein, Briefe und amtliche Schriften, Bd. II,2, S. 464.
119   Vgl. H. Heffter, Die deutsche Selbstverwaltung, sowie L. Gall, Benjamin Constant, S. 333f., 326.
120   L. von Ranke, Hardenberg Bd. 3, S. 377 (Anhang).
121   Vgl. dazu Koselleck, Vergangene Zukunft, S. 109ff.
122   Der Text der Denkschrift in: Ranke, Hardenberg Bd. 3, S. 364/365.
123   Vgl. Möller, Primat der Außenpolitik, in: J. Voss (Hg.), Deutschland und die Französische Revolution, S. 80f., sowie Rolf Reichhardt/Eberhard Schmitt, Die Französische Revolution – Umbruch oder Kontinuität?, in: ZHF Bd. 7 (1980), S. 257–320.

Anmerkungen zu Kapitel II

1   Vgl. Möller, Landeskunde und Zeitkritik.
2   Biedermann, Bd. 1, S. 4: 12000 Quadratmeilen. 1 Quadratmeile umfaßte 56 Quadratkilometer.
3   Vgl. die Tabelle in Meyers Konversationslexikon, 6. Aufl. Bd. 4, S. 731.
4   In: Von deutscher Republik. Hg. von J. Hermand, Bd. 1, S. 72f.
5   Vgl. Frank Kolb, Die Stadt im Altertum, München 1984.
6   Städte als selbständige politische Körperschaften entwickelten ein eigenes Stadtrecht, das seinerseits aus unterschiedlichen Rechtsquellen stammte – aus den mit der Anerkennung als Stadt verbundenen Privilegien, aus spezifischer Gesetzgebung, schließlich aus der Aufzeichnung oder Kodifizierung von Gewohnheitsrechten. Der mittelalterliche Grundsatz, »Stadtluft macht frei«, bezeichnet die unterschiedliche Rechtsstellung von Stadtbürger und Landbewohner, kommt in ihm doch die Gesamtheit der bürgerlichen Rechte und Freiheiten zum Ausdruck, die den Städter privilegierten. Vgl. P. Schütze, Die Entstehung des Rechtssatzes, Stadtluft macht frei, Berlin 1903; sowie insges.: H. Stoob (Hg.), Die Stadt, Köln–Wien 1979, sowie Edith Ennen, Gesammelte Abhandlungen zum europäischen Städtewesen und zur rheinischen Geschichte, Bonn 1977; sowie dies., Die europäische Stadt des Mittelalters, 2. Aufl. Göttingen 1975.
7   Pütter, Staatsverfassung Bd. 3 (1788), S. 268.
8   Ebd., S. 268f.
9   H. Stoob, Forschungen zum Städtewesen in Europa Bd. 1, S. 15ff.
10   G. Oestreich, Verfassungsgeschichte, S. 124. Vgl. auch E. Ennen, Die Stadt zwischen Mittelalter und Gegenwart, S. 204ff.
11   Vgl. zur Sozialgeschichte von Augsburg: F. Herre, Das Augsburger Bürgertum; I. Batóri, Augsburg.
12   Vgl. die instruktive Zusammenfassung des Forschungsstandes bei K. Gerteis, Die deutschen Städte, S. 15ff.
13   H. M. G. Grellmann, Historisch-statistisches Handbuch, 1. Theil (1801), S. 29.
14   J. P. Süßmilch, Die göttliche Ordnung Bd. 2 (1762), S. 213f.
15   Grellmann, Historisch-statistisches Handbuch, 1. Theil, S. 27f.
16   Ebd., S. 29.
17   Die folgenden Angaben nach Dieterici bzw. Fabricius, in: Art. Bevölkerungswesen II, in: Handwörterbuch der Staatswissenschaften. Hg. von Ludwig Elster, Adolf Weber und Friedrich Wieser, 4. umgearb.

Aufl., Bd. 2, Jena 1924, S. 672-674. Wie in den meisten Statistiken resultieren Abweichungen aus der unterschiedlichen Provinzialeinteilung. Hier liegt offensichtlich diejenige des frühen bzw. der Mitte des 19. Jahrhunderts zugrunde, Grenzveränderungen gegenüber dem 18. Jahrhundert sind also zu berücksichtigen.

18 Ebd., S. 673.

19 J. Reulecke, Geschichte der Urbanisierung, S. 10 ff., dort auch begriffliche Erläuterungen.

20 André Armengaud, Die Bevölkerung Europas von 1700 bis 1914, in: Cipolla/Borchardt (Hg.), Europäische Wirtschaftsgeschichte Bd. 3, S. 18 f.

21 Die Zahlenangaben sind mit Vorbehalt zu versehen, da sie aus unterschiedlichen Quellen stammen, die ihrerseits nicht fehlerfrei sind. Insgesamt vermitteln sie jedoch Näherungswerte. Die Basis der folgenden Angaben bildet Georg Hassel, Statistischer Umriß ... 1. Heft, Weimar 1823, teilweise wurden die Angaben nach modernen Untersuchungen korrigiert.

22 Hassel errechnete für Europa insgesamt eine Zahl von 182,6 Millionen: Statistischer Umriß (1806), S. 2.

23 Armengaud, Bevölkerung Europas, S. 14 ff., schätzt bei beträchtlichen Unterschieden im Schnitt eine europäische Bevölkerungsdichte von 18,7 Einwohnern pro Quadratkilometer (um 1800).

24 In: Politische Testamente. Hg. R. Dietrich, S. 259.

25 O. Behre, Statistik, S. 155.

26 Ebd., S. 462 (Beilage 5).

27 Vgl. etwa die Anweisungen Friedrichs des Großen von 1740. Zit. ebd., S. 157.

28 Ebd., S. 218 ff.

29 E.W. Buchholz, Raum und Bevölkerung der Weltgeschichte Bd. 3 (Bevölkerungs-Ploetz), S. 57.

30 G. Hassel, Statistischer Umriß (1823), S. 10, 28.

31 G. Hassel, Statistischer Umriß (1805), S. 4, 5.

32 Ebd., S. 9.

33 Buchholz, Bevölkerungs-Ploetz Bd. 3, S. 56.

34 Vgl. F. Kapp, Der Soldatenhandel, S. 209/211.

35 H. Medick, in: ders. u. a., Industrialisierung, S. 159; vgl. insges. ebd., S. 155-193.

36 Textauszug in: Berliner Leben 1648-1806. Hg. R. Glatzer, S. 213 f.

37 Ebd., S. 301 f.

38 Vgl. u. a. Armengaud, Bevölkerung Europas, S. 22; Buchholz, Bevölkerungs-Ploetz Bd. 3, S. 56.

39 Behre, Statistik, S. 150.

40 Biedermann Bd. 1, S. 346.

41 Armengaud, Bevölkerung Europas, S. 27.

42 Jacques Dupáquier, Population, in: Peter Burke (Ed.), The New Cambridge Modern History, vol. 13, Cambridge 1980, S. 83.

43 Zit. bei Behre, Statistik, S. 152.

44 Politisches Testament von 1752, in: Werke Bd. 7, S. 170.

45 Vgl. zum vorstehenden Karl Martin Bolte, Dieter Kappe, Struktur und Entwicklung der Bevölkerung, 3. neubearb. Aufl. Opladen 1967, S. 27.

46 O. Büsch, Militärsystem und Sozialleben, S. 53 f. vgl. auch S. 39, 88.

47 Vgl. die Schätzung bei G. Schmoller, Umrisse und Untersuchungen, S. 576. Vgl. auch Süßmilch, Göttliche Ordnung Bd. 1, S. 407 f.

48 Hassel, Statistischer Umriß (1823), S. 28.

49 Biedermann Bd. 1, S. 343.

50 Mitterauer, Ledige Mütter, S. 86.

51 U. Frevert, Frauen-Geschichte, S. 41.

52 Mitterauer/Sieder, Vom Patriarchat zur Partnerschaft, S. 54.
53 Biedermann Bd. 1, S. 340 f.
54 Behre, Statistik, S. 409.
55 Hassel, Statistischer Umriß (1823), S. 10 ff.
56 Blaschke, Bevölkerungsgeschichte von Sachsen, S. 103.
57 Vgl. ebd., S. 124-129.
58 Ebd., S. 128 f.
59 Abel, Massenarmut und Hungerkrisen (1972), S. 48.
60 Vgl. A. Skalweit, Getreidehandelspolitik.
61 Abel, Massenarmut und Hungerkrisen (1972), S. 46.
62 Ebd., S. 50; sowie E. Weinzierl-Fischer, Die Bekämpfung der Hungersnot in Böhmen und Mähren 1770 bis 1772 durch Maria Theresia und Joseph II., in: Mitteilungen des Österreichischen Staatsarchivs VII (1954), S. 486.
63 Vgl. z. B. Möser, Werke. Hist.-krit. Ausg. Bd. 8, S. 273 ff.
64 L. Gall, der Erfinder des »Gallisierens«, fragte 1825 in Trier, Was könnte helfen? Und seine Antwort lautete: Immerwährende Getreidelagerung, um jeder Noth des Mangels und des Überflusses auf immer zu begegnen. Ganz ähnlich auch schon einer der ersten Geschichtsschreiber dieses Zeitraums, der Professor der Rechte und der Geschichte an der Militärakademie München, Felix Joseph Lipowsky, Uebersicht der deutschen Geschichte Bd. 1, München 1794, S. 403 f.
65 Süßmilch, Göttliche Ordnung Bd. 1, Vorrede S. XI f.
66 Möller, Landeskunde und Zeitkritik, S. 119 f.
67 Thomas Robert Malthus, Das Bevölkerungsgesetz. Hg. und übers. von Christian M. Barth, München 1977, S. 19.
68 Kant, Über den Gemeinspruch: Das mag in der Theorie richtig sein, taugt aber nicht für die Praxis, in: Werke. Hg. W. Weischedel, Bd. 9, S. 147.
69 Zit. nach Hazard, Herrschaft der Vernunft, S. 255.
70 Vgl. H.-U. Wehler, Vorüberlegungen zur historischen Analyse sozialer Ungleichheit, in: ders. (Hg.), Klassen in der europäischen Sozialgeschichte, Göttingen 1979, S. 9 ff.; sowie Jürgen Kocka, Stand–Klasse–Organisation. Strukturen sozialer Ungleichheit in Deutschland vom späten 18. bis zum frühen 20. Jahrhundert im Aufriß, ebd., S. 137 ff.
71 Nicolai, Reisebeschreibung Bd. 4, S. 405 f.
72 Voltaire, Art. Égalité, in: Dictionnaire Philosophique (Classiques Garnier), Paris 1967, S. 177.
73 Diderot/D'Alembert, Encyclopédie Bd. 5, Paris 1755, S. 415.
74 Vgl. Möller, Aufklärung in Preußen, S. 286.
75 Pütter, Unterschied der Stände, Vorrede S. 3.
76 Nicolai, Reisebeschreibung Bd. 8, S. 138.
77 Vgl. Saalfeld, Die ständische Gliederung, in: VSWG Bd. 67 (1980), S. 460.
78 A. F. Randel, Annalen der Staatskräfte (1792), S. 5, § 15.
79 Vgl. Saalfeld, Die ständische Gliederung, S. 464 ff.
80 Pütter, Die Unterschiede der Stände, S. 19.
81 Vgl. H. Voelcker, Die Stadt Goethes, S. 85 f.; sowie insges. zur sozialgeschichtlichen Entwicklung Frankfurts während der frühen Neuzeit: R. Koch, Grundlagen bürgerlicher Herrschaft.
82 Vgl. Saalfeld, Ständische Gliederung, S. 480.
83 Vgl. die Zusammenfassung einschlägiger Forschungen bei W. Zorn, in: H. Aubin/W. Zorn (Hg.), Handbuch der deutschen Wirtschafts- und Sozialgeschichte Bd. 1, S. 589.
84 Vgl. auch zur Dichtung von Pfarrerssöhnen A. Schöne, Säkularisation als sprachbildende Kraft, 2. Auflage 1968.
85 H. Hasellhorn, Der altwürttembergische Pfarrstand im 18. Jahrhundert, 1958.

86 So u. a. Saalfeld, Ständische Gliederung, S. 471 mit weiterer Literatur.

87 Ebd., S. 474.

88 Rudolf Endres, Das Armenproblem im Zeitalter des Absolutismus, in: F. Kopitzsch (Hg.), Aufklärung, Absolutismus und Bürgertum, S. 223.

89 C. Th. Perthes, Das deutsche Staatsleben vor der Revolution, S. 116.

90 Endres, Armenproblem, S. 223.

91 Vgl. zu Berliner Maßnahmen etwa Nicolai, Berlin und Potsdam Bd. 2, S. 640 ff.

92 Vgl. außer Endres, Armenproblem, etwa: Etienne François, Unterschichten und Armut in rheinischen Residenzstädten des 18. Jahrhunderts, in: VSWG Bd. 62 (1975), S. 433-464; sowie zum Vergleich der Armenpolitik: Karl Heinz Metz, Staatsraison und Menschenfreundlichkeit. Formen und Wandlungen der Armenpflege im Ancien Régime Frankreichs, Deutschlands und Großbritanniens, in: VSWG Bd. 72 (1985), S. 1-26, sowie auch die grundsätzlichen Überlegungen dess. Autors in: Industrialisierung und Sozialpolitik. Das Problem der sozialen Sicherheit in Großbritannien 1795 bis 1911, Göttingen–Zürich 1988, S. 14. ff.

93 Vgl. Biedermann Bd. 1, S. 396-399.

94 Vgl. etwa Ritter von Lang, Memoiren, 1. Teil, S. 31 f. (1842).

95 Perthes, Das deutsche Staatsleben, S. 116.

96 B. Groethuysen, Die Entstehung der bürgerlichen Welt- und Lebensanschauung in Frankreich Bd. 2, S. 21.

97 Voltaire, Propriété, in: Œuvres Complètes de Voltaire, t. 8, Paris 1886, S. 65 »L'esprit de propriété double la force de l'homme. On travaille pour soi et pour sa famille avec plus de vigueur de plaisir que pour un maître.«

98 Emil Reicke, Geschichte der Reichsstadt Nürnberg, ND Neustadt/ Aisch 1983, S. 996.

99 Zit. bei Gerhard Hischmann, Beiträge zur Geschichte des Nürnberger Patriziats am Ende der Reichsstadtzeit, in: Mitteilungen des Vereins für Geschichte der Stadt Nürnberg Bd. 52 (1963/64), S. 273; dort auch Erläuterungen zum Hintergrund.

100 Freiherr Adolph von Knigge mahnte 1788: »Kleide dich nicht unter und nicht über Deinen Stand; nicht über und nicht unter Dein Vermögen; nicht phantastisch; glänzend und kostbar; aber reinlich, geschmackvoll ...« Knigge, Umgang mit Menschen Bd. 2, S. 331.

101 »In der Zeit des Fürstenstaates ... liegt der wichtigste Zweck der Kleiderordnungen in der Abgrenzung der verschiedenen Stände; gleichzeitig dienen sie der Verwirklichung merkantilistischer Vorstellungen, indem sie die Geldausfuhr für Luxuswaren soweit wie möglich einzuschränken suchen.« C. Eisenbart, Kleiderordnungen, S. 103.

102 Zit. bei M. von Boehn, Die Mode Bd. 4, 5. Aufl. 1963, S. 166.

103 Giacomo Casanova, Geschichte meines Lebens. Hg. von Erich Loos, Berlin 1985, Bd. 11, S. 209 f.

104 Zedler, Universallexikon, Bd. 15, Sp. 889 ff.

105 C. F. Bahrdt, Handbuch der Moral für den Bürgerstand (1789), S. 199, 200; vgl. auch S. 203 – es trifft also, wie auch die folgenden Beispiele aus dem 18. Jahrhundert zeigen, nicht zu, was C. Eisenbart, S. 6 f. schreibt: Die Kleidergesetzgebung ende in Deutschland um 1700. Dies gilt nicht einmal für die Reichsstädte.

106 Möser, Werke. Hist.-krit. Ausg. Bd. 5, S. 22 ff.

107 Ebd., S. 27.

108 Möser, Patriotische Phantasien. Antwort auf verschiedene Vorschläge wegen einer Kleiderordnung, in: Möser, Werke. Hist.-krit. Ausg. Bd. 4, S. 132.

109 Vgl. Jutta Lehner, Die Mode im alten Nürnberg, Nürnberg 1984, S. 184.

110 Vgl. Veronika Baur, Kleiderordnungen in Bayern vom 14. bis zum 19. Jahrhundert, München 1975, S. 127 ff.

111 Vgl. als eine der ersten die »Aufständische Kleider-Ordnung von Anno 1750«, in: M. Stürmer (Hg.), Herbst des alten Handwerks, S. 95-99.

112 Das ALR von 1794 schied zwar durchaus dezidiert die sozialen Stände, verzichtete aber auf Kleiderordnungen.

113 H. Völker, Die Stadt Goethes, S. 89 f.

114 Schlözer, Briefwechsel Bd. 8 (1781), Heft 47, S. 312-323, berichtet über eine neue Hildesheimische Kleiderordnung, doch erscheint diese Planung ebenso als Defensivhandlung wie die Nürnberger Initiative.

115 Nicolai, Über den Gebrauch der falschen Haare und Perrucken (1801), S. 107.

116 Garve, Über die Moden, in: Popularphilosophische Schriften Bd. 1, S. 398.

117 Ebd., S. 445.

118 Goethe, Werke. Hamburger Ausg. Bd. 7, S. 289-292.

119 F. Braudel, Die Geschichte der Zivilisation Bd. 1, S. 336.

120 Vgl. etwa O. Büsch, Militärsystem, S. 3.

121 Vgl. Carl Hinrichs, Die Wollindustrie in Preußen (Acta Borussica); sowie Wilhelm Treue, Wirtschafts- und Technikgeschichte Preußens, S. 70.

122 Ebd., S. 91.

123 Diese und die folgenden Zahlen nach den Statistiken bei Nicolai, Berlin und Potsdam Bd. 1, S. 241.

124 Vgl. insges. Felix Escher, Berlin und sein Umland. Zur Genese der Berliner Stadtlandschaft bis zum Beginn des 20. Jahrhunderts, Berlin 1985, insbes. S. 119 ff.

125 J. K. D. Curio, Zit. bei P. E. Schramm, Neun Generationen Bd. 1, S. 295.

126 Ebd., S. 298.

127 Franklin Kopitzsch, Hamburg zwischen Hauptrezeß und Franzosenzeit – Bemerkungen zur Verfassung, Verwaltung und Sozialstruktur, in: W. Rausch (Hg.), Die Städte Mitteleuropas im 17. und 18. Jahrhundert, S. 189.

128 Zit. ebd., S. 199.

129 J. K. Riesbeck, Briefe eines reisenden Franzosen (ND nach der Ausgabe von 1784), S. 406 f.

130 Kopitzsch, Hamburg, in: Städte Mitteleuropas im 17. und 18. Jahrhundert, S. 198.

131 Riesbeck, Reisender Franzose, S. 156/160 f.

132 Vgl. zu diesen und den folgenden Angaben die Untersuchungen von Elisabeth Lichtenberger, Von der mittelalterlichen Bürgerstadt zur City. Sozialstatistische Querschnittsanalysen am Wiener Beispiel, in: H. Helczmanovszki (Hg.), Beiträge zur Bevölkerungs- und Sozialgeschichte Österreichs, S. 297-331, sowie: Wien – das sozialökologische Modell einer barocken Residenz um die Mitte des 18. Jahrhunderts, in: W. Rausch (Hg.), Städtische Kultur in der Barockzeit, S. 235-262.

133 Riesbeck, Reisender Franzose, S. 133.

134 Lichtenberger, Von der mittelalterlichen Bürgerstadt zur City, in: Beiträge, S. 315.

135 E. Bruckmüller, Sozialgeschichte Österreichs, S. 236 sowie S. 253 f..

136 Zahlen nach Koselleck, Preußen zwischen Reform und Revolution, S. 678 (Anhang 3).

137 Franz Baltzarek, Staat und Bürgertum im Zeitalter des Kameralismus und Merkantilismus im Habsburger Reich, in: W. Rausch (Hg.), Die Städte Mitteleuropas, S. 276.

138 Lichtenberger, Wien, in: Städtische Kultur der Barockzeit, S. 256.

139 Vgl. zur Verteilung der Einwohner und zur hohen Bevölkerungsdichte in der Innenstadt auch Riesbeck, Reisender Franzose, S. 142.

140 Hannes Stekl, Unterschichten und Obrigkeit im Wien des ausgehenden 18. Jahrhunderts, in: Österreich im Europa der Aufklärung Bd. 1, S. 296.

141 Lichtenberger, Von der mittelalterlichen Bürgerstadt zur City, in: Beiträge, S. 314.

142 R. Endres, Die soziale Problematik in den kleineren Reichsstädten, in: Reichsstädte in Franken, Aufsätze Bd. 2, S. 76 ff., das Zit. S. 80.

143 Leben Mösers, S. 5.

144 Ludwig Börne, Ges. Schriften. Vollst. Ausg., Wien 1868, Bd. VI, S. 143.

145 Ebd., S. 138.

146 Mercier, Zit. S. 19/20. Bei Ausbruch der Revolution gewann Merciers vierbändige Paris-Beschreibung auch in Deutschland solches Interesse, daß noch 1789 eine Übersetzung zu erscheinen begann: »Neuestes Gemälde von Paris«.

147 Vgl. zuletzt instruktiv L. Gall, Frankfurt als deutsche Hauptstadt, S. 2 ff.

148 L. Gall, Die Stadt der bürgerlichen Gesellschaft – das Beispiel Mannheim, S. 55.

149 Ebd., S. 63, vgl. auch Jürgen Voss, Kurfürst Karl Theodor von der Pfalz, in: Die Geschichte Baden-Württembergs. Hg. v. Rainer Rinker und Wilfried Setzler, Stuttgart 1987, S. 173 ff.

150 Willebrand, Grundriß Bd. II, S. 20 f.

151 Bd. I, S. 9.

152 Bd. I, S. XLIV.

153 Zahlen nach Behre, Statistik, S. 329; Vergleichszahlen zu 1719-1728 ebd., S. 327.

154 Text in: G. Franz (Hg.), Quellen z. Gesch. d. Bauernstandes in der NZ, S. 274.

155 F. Nicolai, Leben Mösers, S. 48.

156 F. Nicolai, Reisebeschreibung Bd. 9, S. 14.

157 F. Lütge, Sozial- und Wirtschaftsgeschichte, S. 55.

158 Vgl. zum Vorstehenden ebd., S. 116-127.

159 Die vorstehenden Angaben nach W. Abel, Geschichte der deutschen Landwirtschaft, S. 194 f., das Zitat S. 197.

160 Vgl. J. Mooser, Ländliche Klassengesellschaft, S. 59 ff., 81 u. ö.

161 Vgl. F. W. Henning, Dienste und Abgaben der Bauern im 18. Jahrhundert, 1969.

162 G. Franz, Geschichte des deutschen Bauernstandes, S. 178/179.

163 Vgl. Polit. Testament von 1752, in: Werke. Hg. von G. B. Volz, Bd. 7, S. 147.

164 Vgl. F. W. Henning, Herrschaft und Bauernuntertänigkeit, S. 127 ff.

165 Vgl. ebd., S. 328, dort auch ein Vergleich der Rechtsstellung, S. 325 ff.

166 Text in: G. Franz (Hg.), Quellen, S. 235 f. Johann Heinrich Gottlob von Justi war seit 1751 Professor am Theresianum in Wien und einer der wichtigsten österreichischen Staatsbeamten, bevor Friedrich der Große ihn 1765 für kurze Zeit als Leiter der staatlichen Bergwerke nach Berlin berief.

167 Berlinische Monatsschrift Bd. 1 (1783), S. 336-347, die Zitate S. 339/340.

168 Osnabrückische Geschichte. Allgemeine Einleitung 1768, in: J. Mösers Sämtliche Werke Bd. 12,1, S. 113.

169 Ebd., Bd. 1: Wochenschriften, S. 251 (9. Nov. 1746).

170 Vgl. dazu Johann Jakob Moser 1774, Text in: G. Franz (Hg.), Quellen, S. 267 f.

171 Text in: G. Franz (Hg.), Quellen, S. 261 f.

172 Friedrich Eberhard von Rochow, Der Kinderfreund. Ein Lesebuch zum Gebrauch in Landschulen, Brandenburg–Leipzig 1776, Vorbericht.

173 Text in: G. Franz (Hg.), Quellen, S. 263 ff.
174 Vgl. der vorhergehende Vergleich nach Weis, Vergleich der grundherrschaftlichen Strukturen, in: VSWG 57 (1970), S. 1-14.
175 Vgl. zum Ganzen: J. Ziekursch, Schlesische Agrargeschichte, S. 191-196; G. Franz, Geschichte des deutschen Bauernstandes, S. 183, 192 ff.
176 Vgl. dazu G. Franz, Geschichte, S. 245 f.
177 Texte in: G. Franz (Hg.), Quellen, S. 195, 165 f.
178 Vgl. F.W. Henning, Herrschaft und Bauernuntertänigkeit, S. 132 ff.
179 Text in: G. Franz (Hg.), Quellen, S. 217 f.
180 Zit. bei J. Ziekursch, Schlesische Agrargeschichte, S. 186, vgl. insges. hierzu S. 184-190 sowie R. Koser, Friedrich der Große, Bd. 3, S. 216 ff., wo die obigen – vielleicht nur annähernd zutreffenden – Zahlenangaben genannt sind.
181 Texte in: C. Hinrichs (Hg.), Der allgegenwärtige König, S. 165 f., 168.
182 Friedrich der Große, Werke Bd. 7, S. 233.
183 Texte in: G. Franz (Hg.), Quellen, S. 272 ff., 271 f.
184 Vgl. F.W. Henning, Herrschaft, S. 161.
185 Vgl. dazu insges. grundlegend: H.-H. Müller, Domänenpächter.
186 Zit. bei H.-H. Müller, S. 337.
187 Vgl. H. Möller, Ämterkäuflichkeit, S. 163 ff.
188 Vgl. insges. F. Hartung, Studien zur Geschichte der preußischen Verwaltung, S. 200.
189 L. Krug, Abriß, S. 33.
190 G. Schmoller, Umrisse und Untersuchungen, S. 607.
191 L. Krug, Abriß der neuesten Preußischen Statistik, S. 26.
192 Vgl. L. Krug, Nationalreichtum (1805), Bd. 1, S. 404 ff.
193 Vgl. ebd., S. 453 f.
194 Vgl. Koser, Friedrich der Große, Bd. 3, S. 194 f.
195 Zit. bei J. Ziekursch, Schlesische Agrargeschichte, S. 59 f. sowie ebd., insges. S. 53-60.
196 Sämtliche Werke. Hist.-Krit. Ausg. Hg. von W. Kosch und A. Sauer, Bd. 10, S. 383 f.
197 Alle Texte in: G. Franz (Hg.), Quellen, S. 285-289.
198 Vgl. R. Sandgruber, Agrarstatistik, S. 222 und E. Bruckmüller, Sozialgeschichte, S. 288.
199 Vgl. dazu Arneth, Maria Theresia Bd. 9, S. 349 ff.
200 Ebd., S. 353 ff.
201 Vergleich von 1788, Text in: G. Franz (Hg.), Quellen, S. 312-315.
202 Texte in: G. Franz (Hg.), Quellen, S. 292-294, 294 f.
203 Werke Bd. 7, S. 146 f.
204 Vgl. zusammenfassend Koselleck, Preußen, S. 83.
205 Pol. Test. 1752, in: Werke Bd. 7, S. 147.
206 Zahlenangaben nach den Statistiken bei Behre, S. 122-130.

Anmerkungen zu Kapitel III

1 Knigge, Umgang mit Menschen, I, S. 214 f.
2 Vgl. Grimm, Deutsches Wörterbuch Bd. 25, Sp. 15.
3 Ebd., Bd. 3, Sp. 1305; zum Bedeutungswandel von Familie vgl. auch Mitterauer/Sieder, Vom Patriarchat zur Partnerschaft, S. 18 ff.
4 Max Weber, Wirtschaft und Gesellschaft, S. 230.
5 Vgl. Grimm, Deutsches Wörterbuch, Bd. 30, Sp. 670 f.
6 Bd. I, S. 2 ff., §§ 2, 3, 4, 11.
7 Grundlegend hierzu: O. Brunner, Das »Ganze Haus« und die alteuropäische »Ökonomik«, in: ders., Neue Wege, S. 103-127; vgl. auch am Einzelbeispiel: ders., Adliges Landleben, insbes. S. 227 ff.

8   Riehl, Naturgeschichte, S. 202.

9   So Wehler, Gesellschaftsgeschichte Bd. I, S. 81 ff. Übrigens hat Max Weber, Wirtschaft und Gesellschaft, S. 214 ff. einige der Riehlschen Charakterisierungen ohne Hinweis auf ihn wieder aufgenommen, z. B. die Begriffe Autorität, Pietät, die Bedeutung der Nachbarschaft u. a. m.

10 Mitterauer, Vorindustrielle Familienformen, S. 180. Hier auch die übrigen Angaben über Salzburg.

11 Ebd., S. 184/185, sowie insges. Mitterauer/Sieder, Patriarchat, v. a. S. 38 ff.

12 Svarez, Vorträge, S. 316 f.

13 Schlettwein, Rechte der Menschheit (1784), S. 429 sowie die folgenden Erläuterungen, S. 430 ff.

14 Ebd., S. 426 f.

15 Klein, Natürliche Rechtswissenschaft (1797), S. 214 f.

16 So m. E. vereinfachend Koselleck, Auflösung des Hauses, in: Familie zw. Tradition und Moderne, S. 113 f. Dort im übrigen instruktive Beobachtungen zur Textgeschichte und Interpretation: S. 109-115.

17 Text in: Proesler, Das gesamtdeutsche Handwerk, Anhang, S. 53*-71*.

18 Pütter, Staatsverfassung (1788), Bd. 2, S. 449.

19 Vgl. etwa Jacob Gottlieb Sieber, Von den Schwierigkeiten in den Reichsstädten das Reichsgesetz vom 16. August 1731 wegen der Mißbräuche bey den Zünften zu vollziehen, 1771 (!). – Vgl. im übrigen R. Wissell, Altes Handwerk Bd. 1, S. 145. Tatsächlich besaßen die Zünfte über Jahrhunderte hinweg erhebliche Bedeutung und Verdienste. Sie verkörperten, wie der Name belegt, das Geziemende – im alltäglichen Leben ebenso wie in der Arbeit selbst: Das mittelhochdeutsche Wort »zumft« bedeutete soviel wie »was sich ziemt«, und das sich Ziemende bildete die Regel. Gemäß diesen Regeln lebten und arbeiteten die sich in Genossenschaften, Gilden, Innungen auf obrigkeitlichen Befehl des Stadtregiments oder aufgrund freier Vereinbarung seit dem 13. Jahrhundert genossenschaftlich zusammenschließenden Handwerker eines Berufszweigs und erhielten von der städtischen Obrigkeit das Monopol in ihrem Gewerbe. Ziel dieser Vereinigungen war die wirtschaftliche Sicherung des »ganzen Hauses«, aber auch Pflege und Erhaltung eines normalerweise religiös geprägten Arbeitsethos, des zünftigen Brauchtums, der spezifischen handwerklichen Fertigkeiten und die Garantie »zünftiger« Ware, also der Qualität. Einkauf und Verteilung der Rohstoffe zählten ebenso zu den Aufgaben der Zünfte wie die Festsetzung gerechter Preise. Die Zünfte verboten unlauteren Wettbewerb, regelten Arbeitsablauf, Arbeitszeit, Ausbildung sowie die Beziehungen zwischen Meister, Geselle und Lehrling. In der für die frühe Neuzeit charakteristischen Verbindung von Arbeit und Familie erließen sie auch Vorschriften für das »private« Verhalten ihrer Mitglieder. Die Zünfte bildeten eigene festliche Rituale aus.

20 Reichsgutachten 1731, Art. IV, Proesler, Anhang, S. 59*.

21 Art. IX, ebd., S. 63*.

22 P. Fleischmann, Das Bauhandwerk in Nürnberg, S. 143.

23 Reichsgutachten 1731, Art. IX, Proesler, Anhang, S. 64*.

24 Ebd., S. 65*.

25 Vgl. insges. Helmut Möller, Die kleinbürgerliche Familie, S. 203-214.

26 J. Möser, Verschiedene Ehre (ca. 1772), in: Sämtliche Werke, Hist.-krit. Ausg. Bd. X, S. 66.

27 Freiheit und Ehre (ca. 1774), ebd., S. 67.

28 Vgl. etwa eine Leipziger Quelle von 1747, zit. bei R. Wissell, Altes Handwerk Bd. 1, S. 167.

29 J. Möser, Patriotische Phantasien, in: Sämtl. Werke. Hist.-krit. Ausg. Bd. 4, S. 240-244, die Zit. S. 240/241.

30 Vgl. Heinrich Mitteis, Lehnrecht und Staatsgewalt, ND Darmstadt 1958, S. 437 ff.; Werner Goez, Der Leihezwang, Tübingen 1962.

31 Vgl. Reichsgutachten von 1731, in: Proesler, Anhang, S. 66*.

32 Karl Friedrich Zelter, Handwerksbräuche, in: Zeichen der Zeit. Hg. von W. Killy, Bd. 2, S. 117-120, die Zit. S. 118-120.

33 K. H. Kaufhold, Das Handwerk der Stadt Hildesheim, S. 37.

34 Die vorstehenden Beispiele nach R. Wissell, Altes Handwerk Bd. 3, S. 140-144.

35 Hönn, S. 204-210.

36 Vgl. Schmoller, Das brandenburgisch-preußische Innungswesen von 1640 bis 1800, hauptsächlich die Reform unter Friedrich Wilhelm I., in: ders., Umrisse und Untersuchungen, S. 314-456, insbes. S. 395 ff.

37 Text in: Proesler, Anhang, S. 73*-75* sowie ebd., S. 72* und 77* dazugehörige Dekrete u. Schreiben. Zum Ganzen mit Beispielen auch Wissell, Altes Handwerk Bd. 3, S. 129 ff.

38 Svarez, Vorträge, S. 49.

39 Text bei Wissell, Bd. 3, S. 198 f.

40 Recht und Verfassung des Reiches in der Zeit Maria Theresias. Hg. von H. Conrad u. a., S. 270, §§ 7, 8.

41 Vgl. Bruckmüller, Sozialgeschichte Österreichs, S. 251 f. sowie Schmoller, Umrisse und Untersuchungen, S. 452 ff.

42 Vgl. zum Ganzen R. Wissell, Altes Handwerk Bd. 3, S. 154-197 sowie Grießinger, Das symbolische Kapital der Ehre.

43 Ein Arbeitstag von 13 bis 14 Stunden war im 18. Jahrhundert ohnehin die Regel. In manchen Streitfällen ging es jedoch nicht um eine Erhöhung, sondern bloß um eine Veränderung der Arbeitszeit: Der erwähnte Arbeitskampf im Frankfurter Tischlerhandwerk begann im Oktober 1779 mit der für den Winter geltenden Festsetzung der Arbeitszeit von 6 Uhr morgens bis 8 Uhr abends durch die Meister. Die Gesellen weigerten sich und forderten eine Beibehaltung der Arbeitszeit von 5 Uhr morgens bis 7 Uhr abends. Der Grund: Sie mußten um 9 Uhr in der Herberge sein und sahen die Verschiebung der Arbeitszeit als Verkürzung ihrer Freizeit im Wirtshaus an, was die Meister mit ihrer Eingabe an die Stadt auf Verschiebung der Arbeitszeit auch erreichen wollten. Vgl. die Dokumente bei Wissell, Bd. 6, Anhang 4, S. 331-361.

44 Der vollständige Text ist abgedr. bei R. Wissell, Altes Handwerk Bd. 3, S. 185, dort auch weitere Einzelheiten: S. 181-191.

45 So K. H. Kaufhold, Das Gewerbe in Preußen um 1800, S. 357/359.

46 Vgl. zum Ganzen Helmut Möller, Kleinbürgerliche Familie, S. 26 ff.

47 Schmoller, Umrisse und Untersuchungen, S. 455.

48 Nicolai, Reisebeschreibung Bd. 1, S. 260.

49 Ebd., Bd. 4, S. 48 ff.

50 Ebd., Bd. 1, S. 262.

51 Vgl. K. H. Kaufhold, Umfang und Gliederung des deutschen Handwerks um 1800, in: W. Abel (Hg.), Handwerksgeschichte, S. 37. – G. Forster über Aachen: Ansichten vom Niederrhein, S. 147; über die Berliner Durchschnittszahlen: Hugo Rachel, Berliner Wirtschaftsleben, S. 204.

52 Vgl. die Tabelle bei Krug, Betrachtungen (1805), Bd. 2, S. 204.

53 Vgl. Tabellen bei Kaufhold, Das Gewerbe in Preußen, S. 492, dort auch weitere Tabellen.

54 Ebd., S. 504.

55 Ebd., S. 230.

56 Vgl. W. Zorn, in: H. Aubin/W. Zorn, Handbuch Bd. 1, S. 553.

57 Die bei Krug ohne Unterscheidung von Manufakturen und Fabriken für das Jahr 1802 angegebenen insgesamt 305 »Fabriken« für den preu-

ßischen Staat sind insofern mit Vorbehalt zu sehen, als darunter auch einige mit nur ganz wenigen, ein oder zwei, Arbeitern waren: Vgl. Krug, Betrachtungen Bd. 2 (1805), S. 220-285. Ähnliches gilt für andere Territorien, vgl. z. B. zu Braunschweig: P. Albrecht, Die Förderung des Landesausbaus im Herzogtum Braunschweig-Wolfenbüttel, S. 475 f.: Demnach bestanden dort 158 Manufakturen und Fabriken, doch ist die Scheidung von Handwerksbetrieben in zeitgenössischen Quellen häufig unscharf.

58 Henning, Vorindustrielles Deutschland, S. 262.

59 Vgl. Vorstehendes nach W. Zorn, in: H. Aubin/W. Zorn, Handbuch Bd. 1, S. 549.

60 Zit. bei Behre, Statistik, S. 337.

61 Vgl. die Tabellen bei H. Hoffmann, Handwerk und Manufaktur, S. 37 ff.

62 Eckart Schremmer, Gewerbe und Handel. Zweiter Teil: Die Epoche des Merkantilismus, in: M. Spindler (Hg.), Handbuch der bayerischen Geschichte Bd. 2, S. 710 f.

63 Ebd., S. 712.

64 Ebd., S. 712 f. Auch im Herzogtum Braunschweig blieb die Bedeutung von Manufakturen und »Fabriken« trotz aller Förderung gering, die landesherrlichen Gründungen aus den Jahren 1742 bis 1750 erwiesen sich als Fehlschlag. Vgl. P. Albrecht, Förderung des Landesausbaus, S. 518.

65 Vgl. Max Braubach, Vom Westfälischen Frieden bis zum Wiener Kongreß, in: F. Petri/G. Droege (Hg.), Rheinische Geschichte Bd. 2, S. 313 ff. sowie zu Westfalen: Alwin Hanschmidt, Das 18. Jahrhundert, in: W. Kohl (Hg.), Westfälische Geschichte Bd. 1, S. 663 ff.

66 Riesbeck, S. 532 sowie S. 539 f.

67 Zit. Braubach, in: Petri/Droege (Hg.), Rheinische Geschichte Bd. 2, S. 318.

68 Riesbeck, S. 542 f.; vgl. auch Braubach, der ebenfalls die Frage stellt, ob es Zufall war, daß die katholischen Staaten im allgemeinen geringere ökonomische Fortschritte aufzuweisen hatten.

69 Krug, Betrachtungen Bd. 2, S. 661 f.

70 Riesbeck, S. 535.

71 F. Braudel, Sozialgeschichte des 15.–18. Jahrhunderts Bd. 2: Der Handel, S. 602, 613. Vgl. insges. S. 600 ff. sowie für Deutschland: J. Bog, Der Reichsmerkantilismus.

72 Vgl. insges. grundlegend Hans Maier, Die ältere deutsche Staats- und Verwaltungslehre, zum Unterricht insbes. S. 164 ff., F. Blaich, Die Epoche des Merkantilismus, S. 60-76 sowie jetzt Michael Stolleis, Geschichte des öffentlichen Rechts in Deutschland Bd. 1.

73 Vgl. über ihn: Karl-Heinz Osterloh, Joseph von Sonnenfels und die österreichische Reformbewegung im Zeitalter des aufgeklärten Absolutismus, Berlin 1970, sowie jetzt: Reinalter (Hg.), Sonnenfels.

74 Deutsche Übers. seines Hauptwerkes von Marguerite Kuczynski u. d. T.: Betrachtungen über die Bildung und Verteilung der Reichtümer, Berlin (Ost) 1981; hier auch ergänzende Materialien, z. B. Briefe Turgots.

75 Vgl. insges. Edgar Faure, La Disgrâce de Turgot, Paris 1961.

76 Vgl. über ihn: J. Hoffmann, Jacob Mauvillon. Ein Offizier und Schriftsteller im Zeitalter der bürgerlichen Emanzipationsbewegung, Berlin 1981.

77 Nicolai, Anmerkungen Bd. 2, S. 7.

78 Vgl. über ihn: Ulrich im Hof, Isaak Iselin und die Spätaufklärung, Bern–München 1967.

79 Krug, Betrachtungen Bd. 1, S. 401.

80 Ebd., Bd. 2, S. 662.

81 Ebd., Bd. 2, S. 663.

82 Vgl. A. Smith, Wohlstand der Nationen, S. 347-559. Zur deutschen Rezeption vgl. Wilhelm Treue, Adam Smith in Deutschland, in: Werner Conze (Hg.), Deutschland und Europa (Festschrift Hans Rothfels), Düsseldorf 1951, S. 101-133.

83 Vgl. A. Smith, S. 560-586.

84 Ebd., S. 9, 19.

85 Ebd., S. 311.

86 A. Müller-Armack, Genealogie der Wirtschaftsstile, S. 156.

87 Ebd., S. 155, sowie insges. S. 149 ff.

88 F.W. Henning, Vorindustrielles Deutschland, S. 268 f. Siehe insges. mit z.T. abweichenden Schätzungen v. a.: Hermann Kellenbenz, Der deutsche Außenhandel, in: F. Lütge (Hg.), Die wirtschaftliche Situation in Deutschland und Österreich, S. 4-60. Kellenbenz spricht sogar für die Zeit um 1800 von einer hektischen, ersten »Gründungsperiode«, deren wirtschaftlicher Erfolg es dem Bürgertum ermöglicht habe, das neue kulturelle Milieu mitzugestalten und in Luxus und Repräsentation den höfisch-aristokratischen Schichten nachzueifern. Vgl. im übrigen ebd. den Beitrag von Herbert Hassinger, Der Außenhandel der Habsburger Monarchie in der zweiten Hälfte des 18. Jahrhunderts, S. 61-98, der nach den einzelnen Territorien aufgegliedert ist. Schwierigkeiten für einen Vergleich ergeben sich wegen des Handels der habsburgischen Erbländer untereinander, der die Abgrenzung von Außenhandel und innerhabsburgischem Handel im deutschen Maßstab schwierig macht. Auch das 1775 geschaffene Zollgebiet umfaßte nicht alle deutschen Länder (z. B. fehlt Tirol).

89 Vgl. W. Zorn, in: H. Aubin/W. Zorn, Handbuch Bd. 1, S. 567 ff.

90 A. F. Randel, Annalen (1792), S. 13.

91 Zit. bei O. Behre, Statistik, S. 349.

92 C. Hinrichs (Hg.), Der allgegenwärtige König, S. 307.

93 Vgl. A. F. Riedel, Der brandenburgisch-preußische Staatshaushalt, S. 133 f.

94 Vgl. S. Skalweit, Die Berliner Wirtschaftskrise; sowie J. Mittenzwei, Preußen nach dem Siebenjährigen Krieg.

95 Vgl. die bei A. F. Riedel, Staatshaushalt, S. 160 abgedruckte Berechnung, sowie die Erläuterungen ebd., S. 104 ff., 159 f.

96 O. Behre, Statistik, S. 99.

97 Vgl. Tabellen bei A. F. Riedel, Staatshaushalt, Beilage Nr. XVIII, sowie ebd., S. 189 ff., 239 ff.

98 Vgl. O. Behre, Statistik, S. 108 f.

99 Vgl. auch die Tabellen bei Riedel, Staatshaushalt, Beilage Nr. XV, sowie die Tabellen hier im Text.

100 Zur bayerischen Heeresreform seit 1745 vgl. L. Hammermayer, Das Ende des alten Bayern, in: M. Spindler (Hg.), Handbuch der bayerischen Geschichte Bd. 2, S. 1078-1082 mit Lit.

101 Randel, Staatskräfte (1792), S. 45.

102 Vgl. Hassel, Statistischer Umriß (1823), S. 9, der im übrigen den Stand des österreichischen Heeres für 1788 mit 364 000 Mann angibt, wobei er aber wohl das Königreich Ungarn einbezog. Sind auch andere Schätzungen für die Zeit nach dem Wiener Kongreß niedriger, so bleibt der hohe Anteil von Militärausgaben doch unbestreitbar: vgl. etwa A. F.W. Crome, Allgemeine Übersicht der Staatskräfte (1818), S. 184, der eine Friedensstärke für das Jahr 1816 von knapp 260 000 Mann und etwa 32 bis 40 Millionen Kosten annahm, selbst aber eine andere Quelle mit ebenfalls 48 Millionen Gulden zitiert.

103 W. Sombart, Der moderne Kapitalismus Bd. I,2, S. 717 ff., 750 ff., 769 ff. Sombart, der vor allem außerdeutsche Staaten behandelt, zählt außerdem den Bedarf von Kolonien und überdies den Schiffsbau hinzu.

104 Vgl. zu Vorstehendem E. Schremmer, in: Handbuch der Bayerischen Geschichte Bd. II, S. 715 f.

105 J. D. A. Höck, Statistische Übersicht der deutschen Staaten (1800), Blatt 59.

106 Knut Borchardt, Die industrielle Revolution in Deutschland 1750-1914, in: C. M. Cipolla/K. Borchardt, Europäische Wirtschaftsgeschichte Bd. 4, S. 144 f.

107 Vgl. J. D. A. Höck, Statistische Übersicht der deutschen Staaten (1800), Blatt 60.

108 Vgl. W. Zorn, in: H. Aubin/W. Zorn, Handbuch Bd. 1, S. 569 f.

109 Nach Ansicht amerikanischer Historiker wie Ch. und R. Tilly sowie Franklin Mendels setzte dieser Prozeß in den europäischen Agrargesellschaften in unterschiedlichem Ausmaß bereits seit dem 16. Jahrhundert ein, ohne daß diese Entwicklung als erste Phase der Industrialisierung anzusehen ist. Auf die Kombination von Bevölkerungsentwicklung, Familienstrukturen, der Bildung von Handelskapital und Preisentwicklung konzentriert sich auch in Deutschland eine analoge Forschungsrichtung: vgl. Peter Kriedte/Hans Medick/Jürgen Schlumbohm, Industrialisierung vor der Industrialisierung; sowie Peter Kriedte, Spätfeudalismus und Handelskapital.

110 Vgl. insges. W. Abel, Geschichte der deutschen Landwirtschaft, S. 251-314.

111 Vgl. Borchardt, Die Industrielle Revolution, S. 148.

112 Vgl. W. Abel, Massenarmut und Hungerkrisen (1974), S. 302 ff., 314 ff.

113 Vgl. Tabelle bei Krug, Betrachtungen Bd. 1, S. 84. In Preußen entsprach eine Wispel 24 Scheffeln, ein Scheffel 55 Litern.

114 Vgl. W. Abel, Geschichte der deutschen Landwirtschaft, S. 288 ff.

115 Vgl. insges. das für alle diese Fragen grundlegende Werk von W. Abel, Agrarkrisen, S. 211 f.

116 L. Krug, Betrachtungen Bd. 1, S. 384 f.

117 Ebd., S. 277, sowie S. 260 ff.

118 Vorstehendes nach W. Abel, Stufen der Ernährung, S. 39-56; vgl. auch G. Schreiber, Deutsche Weingeschichte, Köln 1980.

119 Vgl. etwa: Bräker, Armer Mann; für die zweite Hälfte der 1760er Jahre berichtete Bräker über die Kost der Soldaten in Berlin, die nach zeitgemäßen Maßstäben keineswegs in einer Notlage waren, doch auch diese Angaben ließen auf schlechte Verpflegung schließen, ebd., S. 106 f.

120 Karl Friedrich von Klöden, Jugenderinnerungen, Textauszug in: P. Lahnstein (Hg.), Report einer guten alten Zeit, das Zit. S. 253.

121 J. G. Seume, Mein Leben, in: ders., Prosaschriften, S. 89.

122 J. H. Merck, Eine Landhochzeit, in: ders., Ausgewählte Schriften, S. 265.

123 Vgl. zum Hunger die Dokumentation: U.-C. Pallach (Hg.), Hunger.

124 Zit. bei W. Abel, Stufen der Ernährung, S. 44.

125 Vgl. neben den ungemein materialreichen Tabellenwerken mit instruktiven Städtevergleichen von M. J. Elsas, Umrisse, sowie D. Ebeling/F. Irsigler, Getreideumsatz: Getreide- und Brotpreise in Köln 1368-1797. Insges.: Diedrich Saalfeld, Handwerkereinkommen in Deutschland vom ausgehenden 18. bis zur Mitte des 19. Jahrhunderts, in: W. Abel (Hg.), Handwerksgeschichte in neuer Sicht, S. 65-120. Diese regionalen Abweichungen gelten als Ausdruck geringer industrieller Entwicklung Deutschlands (W. Fischer, J. Kuczynski). Eingehende Darstellung von Handwerkereinkommen und Nahrungsgewohnheiten auch bei Helmut Möller, Die kleinbürgerliche Familie, S. 101-116, 125-138.

126 Vgl. F. W. Henning, Vorindustrielles Deutschland, S. 285 f.

127 Text der gesamten Rede bei Pallach (Hg.), Hunger, S. 265-270. Robespierre setzte sich hier sehr kritisch u. a. mit Turgot und Necker auseinander.

Anmerkungen zu Kapitel IV

1 Vgl. oben S. 57 f. Die letzte von ihm selbst redigierte Fassung erschien
postum 1706.
2 Pufendorf, Verfassung, S. 106 f.; vgl. zum Begriff des Bundes in der frühen Neuzeit: R. Koselleck, Bund, in: Geschichtliche Grundbegriffe
Bd. 1, insbes. S. 627 ff.
3 J. J. Moser, Neues teutsches Staatsrecht Bd. 1 (1766), S. 550.
4 Pütter, Bd. 2, S. 159 f.
5 Instrumentum Pacis Westphalicae, S. 134 (Art. VIII, § 1 IPO).
6 Vgl. zum Ganzen Fritz Dickmann, Der Westfälische Frieden, 3. Aufl.
Münster 1972, S. 325-332.
7 Text in: Quellen zum Verfassungsorganismus des Heiligen Römischen
Reiches. Hg. von H. H. Hofmann, S. 195-220.
8 Goethe, Dichtung und Wahrheit, S. 178. Die folgenden Zit. ebd.,
S. 178-207.
9 Texte in: M. Krammer (Hg.), Quellen zur Geschichte der deutschen
Königswahl; sowie: Die Goldene Bulle. Nach König Wenzels Pracht-
handschrift. Mit der deutschen Übers. v. Konrad Müller und einem
Nachwort von Ferdinand Seibt, Dortmund 1978.
10 Vgl. insges. Gerd Kleinheyer, Die kaiserliche Wahlkapitulation, Karlsruhe 1968; sowie R. Vierhaus (Hg.), Herrschaftsverträge.
11 Vgl. Text in: Quellen zum Verfassungsorganismus. Hg. von H. H. Hofmann, S. 307-311.
12 Vgl. G. Oestreich, Verfassungsgeschichte, S. 56 f.
13 4. Aufzug, 2. Auftritt, in: Goethes Poetische Werke. Vollständige Ausgabe Bd. 4, S. 105.
14 Vgl. Rudolf Smend, Zur Geschichte der Formel »Kaiser und Reich« in
den letzten Jahrhunderten des alten Reiches, in: ders., Staatsrechtliche
Abhandlungen, 2. erw. Aufl. Berlin 1968, S. 9 ff., wo Smend betont, daß
in den beiden nahezu übereinstimmenden Wahlkapitulationen von
1790 und 1792 elfmal das Reich die Stände bezeichnet, aber immer »in
ihrer Vereinigung im Reichstag«: ebd. S. 17 Anm. 40.
15 Goethes Poetische Werke. Vollst. Ausg. Bd. 4, S. 249.
16 Vgl. insges. die umfassende Darstellung von Hermann Wiesflecken,
Kaiser Maximilian I., hier besonders Bd. 2 und 3, München 1975/1977
sowie jetzt: Heinz Angermeier, Die Reichsreform 1410-1555, München
1984.
17 Vgl. insges. Winfried Becker, Der Kurfürstenrat, Münster 1973.
18 Vgl. Biedermann, Bd. I, S. 27.
19 Aretin, Das Reich, S. 12, vgl. insges. dazu S. 11-51 sowie Duchhardt, Protestantisches Kaisertum und altes Reich.
20 Pütter, Bd. 3 (1788), S. 260 ff.
21 Ebd., S. 230 f.
22 Vgl. den Auszug bei Biedermann, Bd. I, S. 29 f.
23 Vgl. schon Pufendorf, Verfassung, S. 80.
24 Vgl. Quellen zum Verfassungsorganismus, S. 198-214.
25 Vgl. insges. Rudolf Smend, Das Reichskammergericht Bd. 1, 1911
(mehr nicht erschienen).
26 Vgl. insges. Otto von Gschließer, Der Reichshofrat, 1942.
27 Vgl. Reichshofratsordnung Kaiser Ferdinands III. vom 15.8.1637, in:
Quellen zum Verfassungsorganismus, S. 164-168.

28 Vgl. Pütter, Bd. 3, S. 238.
29 Deutscher Fürstenbund, Assoziationsvertrag vom 23.7.1785, Art. V, in: Quellen zum Verfassungsorganismus, S. 317.
30 Vgl. dazu Georg-Christoph von Unruh, Die Wirksamkeit von Kaiser und Reich, in: Jeserich/Pohl/von Unruh (Hg.), Deutsche Verwaltungsgeschichte Bd. I, S. 275 f.
31 Pütter, Bd. 3, S. 234 f.
32 S. o., S. 28. Vgl. zu den Reichskreisen: Johann Jacob Moser, Von der teutschen Crays-Verfassung, Leipzig 1773; K.O. v. Aretin, Heiliges Römisches Reich Bd. I, S. 70 ff. sowie die Beiträge von Rudolf Endres, Bernd Wunder, Hans Philippi, in: Jeserich/Pohl/von Unruh (Hg.), Deutsche Verwaltungsgeschichte Bd. I; Bernhard Sicken, Der fränkische Reichskreis. Seine Ämter und Einrichtungen im 18. Jahrhundert, Würzburg 1970.
33 Vgl. in: Quellen zum Verfassungsorganismus, S. 214 f.
34 Aretin, Heiliges Römisches Reich, S. 71.
35 Ebd., S. 68 f.
36 Zit. bei Biedermann, Bd. I, S. 53 Anm.
37 Ebd., S. 43 f.
38 Vgl. Quellen zum Verfassungsorganismus, S. 232 ff.
39 Insofern abstrahiert Aretin, Heiliges Römisches Reich Bd. 1, S. 103 etwas künstlich, indem er Friedenssicherung und Exekutionsfähigkeit trennt.
40 Vgl. Pütter, Bd. 3, S. 121-169.
41 Denkwürdigkeiten Bd. 3, S. 139.
42 Text in: Aretin, Heiliges Römisches Reich Bd. 2 (Aktenband), S. 142 bis 150, das Zit. S. 143/144.
43 Pütter, Bd. 3, S. 213.
44 Werke Friedrichs des Großen Bd. 5, S. 157.
45 Ebd., S. 157/158.
46 Quellen zum Verfassungsorganismus, S. 315/316.
47 Vgl. U. Crämer, Carl August von Weimar und der Deutsche Fürstenbund 1783-1790, 1962. Vgl. auch das Memoire Carl Augusts an den Prinzen von Preußen, in: Ranke, Die deutschen Mächte und der Fürstenbund Bd. 2, S. 165-176; Rankes Darstellung ist im übrigen noch immer nützlich, von neuerer Lit. mit eingehender kritischer Würdigung: Aretin, Heiliges Römisches Reich Bd. 1, S. 164-241, wenngleich ich die Bezeichnung Preußens als »Gegenkaiser« für überspitzt halte.
48 Vgl. die ausführliche Schilderung des Fürstenbundes bei Dohm, Denkwürdigkeiten Bd. 3 (1817), S. 46-153, insbes. S. 105 ff.
49 In: Wieland, Sämtl. Werke Bd. 29, S. 410 f.
50 Hegel, Werke Bd. 1, S. 580.
51 Vgl. zu den Beziehungen von Febronianismus, Josephinismus und Jansenismus: Möller, Vernunft und Kritik, S. 95 ff.
52 Vgl. insges. mit weiterer Lit. Heribert Raab, Der reichskirchliche Episkopalismus von der Mitte des 17. bis zum Ende des 18. Jahrhunderts, in: Handbuch der Kirchengeschichte. Hg. von H. Jedin, Bd. 5, S. 477-507.
53 Text in: Quellen zum Verfassungsorganismus, S. 311-313.
54 Polit. Testamente. Hg. R. Dietrich, S. 208 f. Vgl. im übrigen die Analyse des Verhältnisses Friedrichs zu den einzelnen Reichsständen und die Entwicklung seiner Reichspolitik bei Anton Schindling, Friedrich der Große und das reichische Deutschland, in: Friedrich der Große. Sein Bild im Wandel der Zeiten. Ausstellung des Historischen Museums, Frankfurt am Main 12.11.1986-15.2.1987, S. 13-24.
55 Polit. Testamente. Hg. R. Dietrich, S. 357, 358 f.
56 Pütter, Bd. 2, S. 169.

57 Werner Näf, Frühformen des »modernen Staates« im Spätmittelalter (1951), in: H. H. Hofmann (Hg.), Die Entstehung des modernen souveränen Staates, S. 101-114, das Zit. S. 102.

58 Otto Brunner, Land und Herrschaft, 5. Aufl. Wien 1965, S. 438f.

59 Pütter, Bd. 2, S. 169.

60 Vgl. grundsätzlich Dietmar Willoweit, Rechtsgrundlagen der Territorialgewalt, Köln–Wien 1975.

61 Vgl. Volker Press, Reichsritterschaften, in: Deutsche Verwaltungsgeschichte Bd. 1, S. 679-689; ders., Die Reichsritterschaft im Reich der frühen Neuzeit, in: Nassauische Annalen Bd. 87 (1976), S. 101-122. Zu den Reichsstädten siehe oben, sowie Johann Jacob Moser, Von der Reichs-Stättischen Regiments-Verfassung, Franckfurt und Leipzig 1772.

62 Willoweit, Rechtsgrundlagen, S. 359, der im übrigen J. J. Moser als den Totengräber des klassischen deutschen Territorialstaatsrechts bezeichnet: ebd., S. 350ff. Dort auch Kritik an den Darstellungen von Reinhard Rürup, Johann Jacob Moser – Pietismus und Reform, Wiesbaden 1965; sowie Erwin Schömbs, Das Staatsrecht Johann Jacob Mosers (1701-1785), Berlin 1968.

63 Vgl. Svarez, Vorträge, S. 201f.

64 Recht und Verfassung des Reiches in der Zeit Maria Theresias. Hg. von H. Conrad u. a., S. 568/573.

65 Vgl. Otto Hintze, Typologie der ständischen Verfassungen des Abendlandes, in: ders., Staat und Verfassung, S. 120-139; Gerhard Oestreich, Ständetum und Staatsbildung in Deutschland, in: ders., Geist und Gestalt, S. 277-289.

66 Gegen Werner Näf, Frühformen, sowie ders., Die Epochen der neueren Geschichte, hat Fritz Hartung, Deutsche Verfassungsgeschichte, S. 89f. neben den Unterschieden den eher hemmenden Charakter der Stände betont und die finanzielle Notlage der Landesherren seit dem 16. Jahrhundert als ursächlich für den Kompromiß angesehen, den demzufolge der Fürstenstaat mit den Ständen eingehen mußte.

67 Vgl. Oestreich, Ständetum, S. 280f. Vgl. auch Peter Blickle, Landschaften im alten Reich, München 1973, S. 3-53 zur Forschungsdiskussion.

68 Zu den bayerischen Besonderheiten: Aretin, Bayerns Weg, insbes. S. 13-63. Vgl. insges. die wichtigen Beiträge in: D. Gerhard (Hg.), Ständische Vertretungen in Europa im 17. und 18. Jahrhundert; neben den Länderstudien die Forschungsaufrisse von Dietrich Gerhard und Günther Birtsch; sowie F. L. Carsten, Princes and Parliaments in Germany.

69 So Peter Baumgart, Zur Geschichte der kurmärkischen Stände im 17. und 18. Jahrhundert, in: D. Gerhard (Hg.), Ständische Vertretungen, S. 131-161, das Zit. S. 157; sowie insges. Peter Baumgart (Hg.), Ständetum und Staatsbildung in Brandenburg-Preußen; Rudolf Vierhaus, Ständewesen und Staatsverwaltung in Deutschland im späten 18. Jahrhundert, in: ders., Deutschland im 18. Jahrhundert, S. 33-49.

70 G. Oestreich, Ständetum, S. 289.

71 Thomas Hobbes, Vom Menschen. Vom Bürger. Hg. von G. Gawlick, Hamburg 1959, S. 129 (De cive, 5. Kap.). Der hier gegebene Abriß folgt stark gekürzt meiner Darstellung in: Vernunft und Kritik, S. 191-209.

72 Hobbes, S. 129, 137 (De cive, 6. Kap.).

73 Ebd., S. 205.

74 Ebd.

75 Werke, Bd. 2, S. 14.

76 Jean Bodin, Über den Staat. Hg. von Gottfried Niedhart, Stuttgart 1976, S. 19 (1. Buch, 8. Kap.).

77 Ebd., S. 20.

78 Ebd., S. 24.
79 John Locke, Über die Regierung (The Second Treatise of Government). Hg. von Peter C. Mayer-Tasch, Stuttgart 1974, S. 6 ff.
80 Ebd., S. 67.
81 Ebd., S. 114.
82 Chr. Wolff, Vernünfftige Gedanken von dem gesellschaftlichen Leben (1721), S. 169.
83 Ebd., S. 168 f.
84 Ebd., S. 170.
85 Ebd., S. 469.
86 Ebd.
87 Vgl. insges.: Klaus Malettke, Opposition und Konspiration unter Ludwig XIV., Göttingen 1976 sowie S. Skalweit, Fronde und Revolution. Frankreich und der englische Verfassungskonflikt im 17. Jahrhundert, in: ders., Gestalten und Probleme, S. 92-107.
88 Instruktion Friedrich Wilhelms I. für seinen Nachfolger (1722), in: Politische Testamente. Hg. von R. Dietrich, S. 100-124, das Zit. S. 103.
89 S. u. das Kapitel über Friedrich den Großen und die Aufklärung.
90 Svarez, Vorträge, S. 229.
91 Ebd., S. 245 f., 251.
92 Ebd., S. 635 f.
93 Dafür: Hermann Conrad, Die geistigen Grundlagen des Allgemeinen Landrechts für die preußischen Staaten von 1794, Köln-Opladen 1958; sowie mit Modifikationen H. Möller, Aufklärung in Preußen, S. 524 ff. Dagegen: G. Birtsch, Zum konstitutionellen Charakter des preußischen Allgemeinen Landrechts von 1794, in: K. Kluxen/W. J. Mommsen (Hg.), Politische Ideologien und nationalstaatliche Ordnung, FS. Theodor Schieder z. 60. Geb., München-Wien 1968, S. 97-115. Vgl. jetzt auch E. Hellmuth, Naturrechtsphilosophie, S. 296 passim.
94 So jedoch Birtsch, Konstitutioneller Charakter, S. 102.
95 Svarez, Vorträge, S. 13.
96 E. F. Klein, S. 251 (§ 488).
97 Ebd., (§ 490).
98 Ebd., S. 277 (§§ 538, 539).
99 Ebd., S. 280 f. (§ 547).
100 Vgl. Möller, Vernunft und Kritik, S. 130, 184, 321 (Anm. 63), 328 (Anm. 193); sowie Möller, Aufklärung in Preußen, S. 575 ff. und unten über die Politisierung in Deutschland. Es ist unerfindlich, wie Aretin, Das Reich, S. 51, zu dem apodiktischen Schluß gelangt: »In Deutschland fehlte die über Politik raisonnierende Schicht.«
101 Klein, Freyheit und Eigenthum, Vorrede III. Vgl. zu dieser Schrift außer Günter Birtsch, Freiheit und Eigentum. Zur Erörterung von Verfassungsfragen in der deutschen Publizistik im Zeichen der Französischen Revolution, in: Rudolf Vierhaus (Hg.), Eigentum und Verfassung. Zur Eigentumsdiskussion im ausgehenden 18. Jahrhundert, Göttingen 1972, S. 179-192, das knappe Porträt v. E. Hellmuth, Ernst Ferdinand Klein (1744-1810), in: G. Birtsch (Hg.), Der Idealtyp des aufgeklärten Herrschers, S. 121 ff.
102 E. F. Klein, Kurze Aufsätze über verschiedene Gegenstände, Halle 1797, S. 55.
103 Vgl. Valjavec, Entstehung der politischen Strömungen; Möller, Wie aufgeklärt war Preußen? Jetzt auch: H. E. Bödeker/U. Herrmann, Aufklärung als Politisierung.
104 Schlettwein, S. 450 f.
105 Ebd., S. 463 f.
106 Kant, Über den Gemeinspruch, S. 304.
107 Vgl. zur Differenzierung dieses sich in Analogie zum englischen »com-

mon weal, common wealth« im 18. Jahrhundert verbreitenden Begriffs Grimm, Deutsches Wörterbuch Bd. 5, Sp. 3271; H. Maier, Staats- und Verwaltungslehre, S. 59 ff., 99 ff.; sowie R. Herzog, Gemeinwohl, in: Hist. Wörterbuch der Philosophie Bd. 3 (1974), S. 248-258. Sowohl die *Encyclopédie* als auch das ALR formulieren das Gemeinwohl als gesellschaftliche und politische Maxime. Vgl. etwa ALR, Einl. §§ 73-75. Wolff und seine Schüler rekurrierten ebenfalls ständig auf sie. Der Topos selbst fand bereits als »bonum commune« in der Scholastik, insbes. bei Thomas von Aquin seine wesentliche Ausprägung. Vgl. jetzt auch Winfried Schulze, Vom Gemeinnutz zum Eigennutz. Über den Normenwandel in der Gesellschaft der Frühen Neuzeit, in: HZ Bd. 243 (1986), S. 591-626.

108 Vgl. W. Berges, Die Fürstenspiegel des hohen und späteren Mittelalters, 2. Aufl. Stuttgart 1952; S. Skalweit, Das Herrscherbild des 17. Jahrhunderts, jetzt in: ders., Gestalten und Probleme, S. 77-91; sowie Rainer A. Müller, Die deutschen Fürstenspiegel des 17. Jahrhunderts, in: HZ Bd. 240 (1985), S. 571-597.

109 J. J. Engel, Schriften Bd. 3, Vorrede, S. IV ff.

110 Ebd., S. 1 (Agathon nach Voss).

111 Siehe Möller, Vernunft und Kritik, S. 209 ff. sowie grundsätzlich S. 144-189.

112 Vgl. dazu den Sammelband von K. O. v. Aretin (Hg.), Der aufgeklärte Absolutismus; sowie Möller, Aufklärung in Preußen, S. 518 ff.; Volker Sellin, Friedrich der Große und der aufgeklärte Absolutismus, in: Ulrich Engelhardt u. a. (Hg.), Soziale Bewegung und politische Verfassung (FS Werner Conze), Stuttgart 1976, S. 83-112; Ingrid Mittenzwei, Theorie und Praxis des aufgeklärten Absolutismus in Brandenburg-Preußen, in: Jb. für Wirtschaftsgeschichte Bd. 6 (1972), S. 53-106; Eberhard Weis, Absolute Monarchie und Reform im Deutschland des späten 18. und frühen 19. Jahrhunderts, in: F. Kopitzsch (Hg.), Aufklärung, Absolutismus und Bürgertum, S. 192-219; zuletzt instruktiv Günter Birtsch, Der Idealtyp des aufgeklärten Herrschers. Friedrich der Große, Karl Friedrich von Baden und Joseph II. im Vergleich, in: ders. (Hg.), Der Idealtyp, S. 9-47.

113 Vgl. Adam Wandruszka, Leopold II., 2 Bde., Wien–München 1963-1965.

114 Vgl. die Beiträge in den Sammelbänden W. Hubatsch (Hg.), Absolutismus (v. a. mit den Beiträgen zur »klassischen« Absolutismus-Forschung); sowie E. Hinrichs (Hg.), Absolutismus (u. a. mit einigen neueren Beiträgen); sowie zuletzt die vergleichende Darstellung mit Forschungsüberblick von J. Kunisch, Absolutismus, S. 20 ff., 179 ff.

115 Vgl. den für die neuere Beurteilung grundlegenden Aufsatz von Gerhard Oestreich, Strukturprobleme des europäischen Absolutismus, in: ders., Geist und Gestalt, S. 179-200; S. Skalweit, Das Zeitalter des Absolutismus als Forschungsproblem, in: ders., Gestalten, S. 108-130; sowie ebd., Der »moderne Staat«. Ein historischer Begriff und seine Problematik, S. 208-229; K. Malettke, Fragestellungen und Aufgaben der neuen Absolutismus-Forschung in Frankreich und Deutschland, in: GWU, 30. Jg. (1979), S. 140-157.

116 Vgl. Franz Xaver Seppelt, Geschichte der Päpste, neubearb. von Georg Schwaiger, Bd. 5, 2. Aufl. München 1959, S. 471 ff., insbes. S. 475 f., 482 f.

117 Zit. bei Gustav Otruba, Probleme von Wirtschaft und Gesellschaft in ihren Beziehungen zur Kirche und Klerus in Österreich, in: E. Kovács (Hg.), Katholische Aufklärung, S. 107-139, das Zit. S. 121.

118 Vgl. insges. G. Klingenstein, Staatsverwaltung und kirchliche Autorität, S. 75 ff. zu Maria Theresia, S. 158 ff. zur Zensurreform seit 1751.

119 Zur Verwaltungsorganisation Österreichs im 18. Jahrhundert die

Aktenedition: Die Österreichische Zentralverwaltung. 1. Abteilung: Von Maximilian I. bis 1749, 3 Bde., Wien 1907; 2. Abteilung: Von 1749 bis 1848, 5 Bde., Wien 1938-1956; Bd. I,1 der 2. Abt. enthält die grundlegende Darstellung des Hg. Friedrich Walter, Die Geschichte der Österreichischen Zentralverwaltung in der Zeit Maria Theresias (1740-1789), Wien 1938. Vgl. auch die vergleichenden Studien von Otto Hintze, Der österreichische und preußische Beamtenstaat im 17. und 18. Jahrhundert, in: ders., Staat und Verfassung, S. 321-358; sowie Heinrich Otto Meisner, Das Regierungs- und Behördensystem Maria Theresias und der preußische Staat, in: H. H. Hofmann (Hg.), Die Entstehung des frühmodernen Staates, S. 207-227, 449-453.

120 Über ihn vgl. Johannes Kunisch, Feldmarschall Laudon, 1972.

121 O. Hintze, Der österreichische und preußische Beamtenstaat, S. 345.

122 Vgl. H. O. Meisner, S. 221f.

123 Maria Theresia an Kaunitz, 7.6.1766, in: Maria Theresia, Briefe und Aktenstücke, S. 221f.

124 Vgl. insges. Eberhard Schmidt, Die Rechtsentwicklung in Preußen, 2. Aufl. Darmstadt 1961.

125 Vgl. zum Ganzen K. Malettke (Hg.), Ämterkäuflichkeit, sowie zu Preußen: H. Möller, Ämterkäuflichkeit, in: ebd., S. 156ff. Vgl. auch H. Rosenberg, Bureaucracy: Zwar gab es auch in Preußen bestechliche und unfähige Beamte, eine Reihe von Mißständen existierten zweifellos fort, doch gilt es hier, die erzielten Verbesserungen an den realen Möglichkeiten der damaligen Politik und nicht an unerreichbaren Idealbildern zu messen.

126 Privatrechtsgeschichte der Neuzeit, S. 332.

127 Vgl. Friedrich der Große und Maria Theresia. Diplomatische Berichte des Grafen Podewils, S. 53.

128 Ebd., S. 50.

129 Friedrich der Große, Gespräche mit Catt, S. 346f.

130 In: Friedrich der Große und Maria Theresia in Augenzeugenberichten, S. 469.

131 Podewils, Diplomatische Berichte, S. 48.

132 Maria Theresia, Briefe und Aktenstücke, S. 179.

133 Ebd., S. 445.

134 Vgl. Recht und Verfassung des Reichs. Hg. von H. Conrad.

135 14.9.1766, in: Maria Theresia, Briefe und Aktenstücke, S. 225-227.

136 Riesbeck, Reisender Franzose, S. 157ff.

137 So H. E. Feine, vgl. dazu zusammenfassend: ders., Kirchliche Rechtsgeschichte, S. 522ff. Auf dieser Argumentationsebene v. a. Eduard Winter, Der Josephinismus, 2. Aufl. Berlin (Ost) 1962; sowie Fritz Valjavec, Der Josephinismus, 2. erw. Aufl. München 1945 (beide Werke entstanden zu Beginn der 1940er Jahre). Gegen sie richtet sich das große Quellenwerk und die Interpretation von Ferdinand Maaß, Der Josephinismus, 5 Bde., Wien 1951-1961, das trotz des unbestrittenen Materialreichtums z. T. als ahistorisch beurteilt wird. Zu den Kritikern zählt u. a. Max Braubach. Moderne Zusammenfassung bei Heribert Raab, in: Handbuch der Kirchengeschichte Bd. 5, S. 508ff.

138 So F. Maaß, Bd. 2, S. 11.

139 Vgl. im übrigen zu den ideengeschichtlichen Hintergründen: Peter Herrsche, Der Spätjansenismus in Österreich, 1977; E. Kovács, Aufklärung und Josephinismus; sowie Aretin, Katholische Aufklärung im Heiligen Römischen Reich, in: Das Reich, S. 403ff., wenngleich ich nicht finden kann, daß die »katholische Aufklärung... in Deutschland eine beispiellose Verwirrung« anrichtete, ebd., S. 428; vgl. allgemein über die katholische Aufklärung: Möller, Vernunft und Kritik, S. 87ff.

140 Vgl. dazu H. Möller, Aufklärung, Judenemanzipation und Staat. Ursprung und Wirkung von Dohms Schrift über die bürgerliche Verbesserung der Juden, in: W. Grab (Hg.), Deutsche Aufklärung und Judenemanzipation, S. 119-149; sowie ebd., Josef Karniel, Die Toleranzpolitik Kaiser Josephs II., S. 155-177.

141 Vgl. zuletzt die Studien von Dominique Bourel und die von ihm besorgte französische Auswahlausgabe von Dohm (1984) sowie des Abbé Grégoire, Essai sur la Régénération physique, morale et politique des Juifs. Préface de Robert Badinter, Paris 1988.

142 In: Joseph II. und Katharina von Rußland. Ihr Briefwechsel. Hg. von Alfred Ritter von Arneth, Wien 1869, S. 349 f.

143 Vgl. zusammenfassend: L. Hammermayer, in: Spindler (Hg.), Handbuch der bayerischen Geschichte Bd. 2, S. 1073-1077, sowie zu den staatskirchlichen Bestrebungen: S. 1090-1096; insgesamt auch über Aufklärung und Absolutismus A. Kraus, Geschichte Bayerns, S. 334 ff.; Wieacker, Privatrechtsgeschichte, S. 326 f.

Anmerkungen zu Kapitel V

1 Berlinische Monatsschrift (künftig zit. als BM) Bd. 2 (1783), S. 516.

2 Vgl. insges. die Textauswahl von N. Hinske (Hg.), Was ist Aufklärung. Ich folge hier meiner 1986 veröffentlichten Gesamtdarstellung Vernunft und Kritik, S. 11-40, beschränke mich aber auf einige wenige Aspekte.

3 BM Bd. 4 (1784), S. 193-195.

4 Vgl. A. Pope, in: Collected Poems. Hg. von B. Dobrée, London 1956, S. 189.

5 Zit. nach B. Groethuysen, Entstehung Bd. 1, S. 157.

6 BM Bd. 4 (1784), S. 481.

7 Ebd., S. 484.

8 Ebd., S. 492.

9 Kritik der reinen Vernunft. Hg. von R. Schmidt, Hamburg 1956, S. 7 (Vorr. A XI, Anm.).

10 Athenäum Bd. 3 (1800), S. 340.

11 Vgl. insges. Zedler, Universal-Lexikon Bd. 6, Sp. 1661 f. (1733); Grimm, Deutsches Wörterbuch Bd. 11, Sp. 2334 ff.

12 Zit. bei K. Rötgers, Kritik, in: O. Brunner u. a. (Hg.), Geschichtl. Grundbegriffe Bd. 3, S. 659.

13 Cassirer, Aufklärung, S. 275.

14 Lessing, Sämtl. Schriften Bd. 9, S. 183.

15 Eine Duplik, in: ebd., Bd. 13, S. 23 f.

16 Nicolai, Reisebeschreibung Bd. 6, S. 399.

17 Ein paar Goldkörner aus Maculatur oder Sechs Antworten auf Sechs Fragen (April 1789), in: Werke. Hg. von H. Düntzer, Bd. 32, S. 194.

18 Hinske, in: Was ist Aufklärung, S. XVIII.

19 BM Bd. 4 (1784), S. 491.

20 Kant, Werke. Hg. W. Weischedel, Bd. 5, S. 260, 263.

21 Über die ästhetische Erziehung des Menschen in einer Reihe von Briefen, in: Sämtl. Werke Bd. 5, S. 591 (8. Brief).

22 Vgl. insges. Horst Stuke, Aufklärung, in: O. Brunner u. a. (Hg.), Geschichtliche Grundbegriffe Bd. 1, S. 243-342.

23 Vgl. zur Periodisierung Möller, Die Interpretation der Aufklärung, sowie ders., Vernunft und Kritik, S. 11 ff.

24 Vgl. E. Winter, Frühaufklärung.

25 Carl Hinrichs, Der Hallische Pietismus als politisch soziale Reformbewegung des 18. Jahrhunderts, in: ders., Preußen als historisches Pro-

blem, S. 172; vgl. auch das nachgelassene Werk von Hinrichs, Preußentum und Pietismus, Göttingen 1971.

26 Vgl. Gerhard Oestreich, Politischer Neustoizismus und Niederländische Bewegung in Europa und besonders Brandenburg-Preußen, in: Geist und Gestalt, S. 101ff. sowie weitere dort abgedruckte Studien, u. a. über Justus Lipsius.

27 Kritik der praktischen Vernunft. Hg. von Karl Vorländer, 10. Aufl. Hamburg 1959, S. 151f.

28 Vgl. Über den menschlichen Verstand. Hg. von Th. Schulze, Leipzig 1897, Bd. 2, S. 40ff., 407f., 411.

29 Werke, Hamburger Ausg. Bd. 9, S. 30f., der Bericht insges. S. 29-31.

30 Moses Mendelssohn. Gesammelte Schriften Bd. 5, S. 341f.

31 Schreiben an den Herrn Vikar in Savoyen, abzugeben bei Herrn J. J. Rousseau, in: J. M., Deutsche Staatskunst und Nationalerziehung. Hg. von Peter Klassen, Leipzig o. J., S. 98.

32 Vgl. zum Ganzen Barth, Die protestantische Theologie Bd. 1, S. 141.

33 Vgl. Werner Schütz, Die Kanzel als Katheder der Aufklärung, in: Wolfenbütteler Studien Bd. 1, S. 137-171.

34 Vgl. Hermann Samuel Reimarus, Apologie oder Schutzschrift für die vernünftigen Verehrer Gottes. Hg. von G. Alexander, Frankfurt/M. 1972, v. a. Bd. 1, S. 183ff.; Bd. 2, S. 177ff., 521ff. Dazu E. Hirsch, Geschichte der neueren evangelischen Theologie Bd. 4, S. 146.

35 Text in: W. Philipp (Hg.), Zeitalter der Aufklärung, S. 211-218, das Zit. S. 211f.

36 Lessing, Sämtliche Schriften Bd. 18, S. 101f.

37 Lessing, Über den Beweis des Geistes und der Kraft (1777), ebd., Bd. 13, S. 5.

38 Vgl. Klaus Scholder, Grundzüge der theologischen Aufklärung in Deutschland, in: F. Kopitzsch (Hg.), Aufklärung, Absolutismus, Bürgertum, S. 308ff.; Alexandra Schlingensiepen-Pogge, Das Sozialethos der lutherischen Aufklärungstheologie am Vorabend der Industriellen Revolution, Göttingen 1967.

39 Vgl. an einem Einzelbeispiel: Horst Möller, August Friedrich Wilhelm Sack (1703-1786), in: Berlinische Lebensbilder: Theologen. Hg. von Gerd Heinrich, Berlin 1989.

40 Vgl. F. Schnabel, Deutsche Geschichte Bd. 4, S. 3ff., 10ff.

41 Merkle, Die katholische Beurteilung des Aufklärungszeitalters, in: Reden und Aufsätze, Würzburg 1965, S. 373.

42 Schnabel, Bd. 4, S. 11.

43 Vgl. Wolfgang Müller, Kirchliche Wissenschaft im 18. Jahrhundert. Aufklärungstheologie und Pietismus, in: H. Jedin u. a., Handbuch der Kirchengeschichte Bd. 5, S. 571, 608, hier insbes. S. 598ff.

44 Vgl. Herbert Schöffler, Deutsches Geistesleben, insbes. S. 184ff., 197ff.

45 Allgemeine Deutsche Bibliothek Bd. 78 (1788), S. 587.

46 Journal Bd. 6 (1789), 2, S. 406f. Zit bei Max Braubach, Die kirchliche Aufklärung im katholischen Deutschland im Spiegel des »Journal von und für Deutschland« (1784-1792), in: ders., Diplomatie und geistiges Leben, S. 563-659, das Zit. S. 658.

47 Zit. bei Merkle, S. 412; vgl. insges. zur kath. Aufklärung mit Literatur: Möller, Vernunft und Kritik, S. 34f., 87-100.

48 Sebaldus Nothanker, S. 146/147.

49 Vgl. ausführlicher mit Lit. Möller, Vernunft und Kritik, S. 100-109.

50 Vgl. Zahlen nach Höck, Annalen der Staatskräfte (1792), S. 5. Wie auch die früheren zeitgenössischen Angaben, sind die Zahlen cum grano salis zu nehmen.

51 Friedrich Nicolai's Leben und sonderbare Meinungen. (1801), in: Fichtes Werke, Bd. 8, S. 42.

52 Emile oder über die Erziehung. Hg. von M. Rang, Stuttgart 1980, S. 107. Ausführlicher zu folgenden Ausführungen über die Ziele der Aufklärungspädagogik: Möller, Vernunft und Kritik, S. 133 ff.

53 Ebd.

54 Vgl. Valjavec, Geschichte der abendländischen Aufklärung, Wien 1961, S. 259 ff.

55 Vgl. Reisebeschreibung Bd. 8, S. 127; Bd. 1, S. 288 ff., Bd. 9, S. 93-96.

56 Zit. bei K. Fischer, Volksschullehrerstand Bd. 1, S. 342 f.

57 Vgl. Möller, Aufklärung in Preußen, S. 55; vgl. Texte in: Lahnstein, S. 161 f., 166 ff.

58 Vgl. W. Neugebauer, Absolutistischer Staat und Schulwirklichkeit, S. 355 f., der die Legendenbildung über das Schulwesen anhand empirischer Befunde widerlegt. Schief beispielsweise auch die Darstellung von J. Kuczynski, Geschichte des Alltags Bd. 2, S. 196.

59 L. Krug, Abriß, S. 130.

60 W. Neugebauer, Absolutistischer Staat, S. 309.

61 C. Hinrichs, Hallischer Pietismus, S. 181, vgl. ders., Preußentum, S. 352.

62 Vgl. E. Gloria, Die Pietismus als Förderer der Volksbildung und sein Einfluß auf die preußische Volksschule, Osterwieck 1933.

63 Nachricht von der Einrichtung seiner Vorlesungen in dem Winterhalbjahre 1765-1766, in: Werke. Hg. von W. Weischedel, Bd. 2, S. 908.

64 In: Königsberger Zeitung, zit. bei Biedermann, Bd. II,2, S. 385 Anm. S. 35.

65 Vgl. seine Berichte über die Kindheit, in: Dichtung und Wahrheit.

66 Gedanken über Erziehung, Stuttgart 1980, S. 191.

67 Vgl. v. a. W. Martens, Botschaft der Tugend; sowie H. H. Ewers (Hg.), Kinder- und Jugendliteratur der Aufklärung, Stuttgart 1980, insbes. auch die Einl. S. 10 ff.

68 Campe, Zit. nach der 7. Aufl. Braunschweig 1809, S. 19/20.

69 7. Aufl. Braunschweig 1808; Väterlicher Rath, S. 131-144.

70 Ebd., S. 61.

71 Ebd., S. 337.

72 Vgl. etwa seine ausführliche Darstellung über die »Zehn Gebote des ehelichen Lebens«: Bd. 3, Hannover 1799, S. 317-399; oder seine Kritik »gelehrter Frauen«: Bd. 2, S. 303.

73 T. G. v. Hippel, Über die Ehe, vgl. Neuausgabe Berlin 1979, S. 117 sowie ebd., S. 49 die Erstaufl.

74 Hippel, Über die bürgerliche Verbesserung der Weiber, S. 133 f., das vorhergehende Zit. S. 121.

75 Zit. nach R. Vierhaus, Bildung, in: Geschichtliche Grundbegriffe Bd. 1, S. 514. Materialreich dazu auch: H. König, Nationalerziehung.

76 Zit. bei Vierhaus, Bildung, S. 513.

77 Kant, Über Pädagogik (1803), in: Werke. Hg. W. Weischedel, Bd. 10, S. 695 ff., die Zit. S. 697, 699.

78 Ebd., S. 704.

79 Vgl. Darstellung und Texte bei Ludwig Fertig, Die Hofmeister, Stuttgart 1979.

80 Vgl. A. Leschinsky/P. M. Roeder, Schule im historischen Prozeß, S. 101.

81 Vgl. dazu Lundgreen, S. 34 f.

82 Vgl. O. Büsch, Militärsystem und Sozialleben, S. 77.

83 Vgl. etwa A. F. Büsching, Beschreibung seiner Reise von Berlin über Potsdam nach Rekahn, Frankfurt 1780, S. 79.

84 Zahlen: Behre, Statistik, S. 307 sowie Leschinsky/Roeder, S. 137.

85 So W. Neugebauer, Absolutistischer Staat, S. 627, vgl. auch dessen sehr wichtige Gesamtresultate.

86 Vgl. etwa die Übersicht bei Biedermann, Bd. II,2, 3, S. 1143 ff.

87 Vgl. auch zu den Unterrichtsreformen im höheren Schulwesen und der Universitäten: Ernst Wangermann, Aufklärung und staatsbürgerliche Erziehung. Gottfried van Swieten als Reformer des österreichischen Unterrichtswesens 1781-1791, München 1978. Über die Auseinandersetzungen zwischen Swieten und Martini sowie die bischöfliche Kritik an Swieten: ebd., S. 85 ff.; vgl. zum Ganzen zusammenfassend: E. Bruckmüller, Sozialgeschichte, S. 321-324; sowie Helmut Engelbrecht, Schulwesen und Volksbildung im 18. Jahrhundert, in: Österreich zur Zeit Josephs II., S. 226-232 mit Lit.

88 Sebaldus Nothanker, S. 72.

89 Vgl. Kosmopolitische Wanderungen durch einen Teil Deutschlands. Hg. von Hedwig Voegts, Frankfurt/M. 1968, S. 54.

90 Vgl. weitere zeitgenössische Stimmen bei R. Schenda, Volk ohne Buch, S. 57 ff.; zur Dienstbotenlektüre sowie Lesergeschichte überhaupt, die Studien von R. Engelsing, Zur Sozialgeschichte deutscher Mittel- und Unterschichten, sowie: Analphabetentum und Lektüre.

91 Über Volkskalender und Volksschriften überhaupt, Leipzig 1796.

92 Vgl. zusammenfassend mit weiterer Lit.: Möller, Vernunft und Kritik, S. 268-276.

93 Vgl. immer noch wertvoll insges. die Übersicht bei Paulsen, Geschichten des gelehrten Unterrichts Bd. 2, S. 148 ff.

94 Vgl. dazu Margret Kaul, Das deutsche Gymnasium 1780-1980, Frankfurt/M. 1984, S. 17 ff.

95 Über die Erziehung, in: Werke Bd. 8, S. 257 ff., die Zit. S. 258, 263.

96 Vgl. Behre, Statistik, S. 306 f. sowie grundlegend Jeismann, Preußisches Gymnasium.

97 Vgl. dazu Koselleck, Preußen, S. 94 f., sowie Jeismann, S. 151 ff. Sie besaßen so auch einen privilegierten Gerichtsstand.

98 Paulsen, Bd. 2, S. 157.

99 Sempronius Gundibert, S. 101.

100 In: Schriften und Briefe Bd. 3, S. 508.

101 Vgl. A. Stölzel, Die Berliner Mittwochsgesellschaft über Aufhebung oder Reform der Universitäten (1795), in: Forsch. z. Brandenburgischen und Preußischen Geschichte Bd. 2 (1889), S. 201-222.

102 Vgl. H. Schelsky, Einsamkeit und Freiheit. Idee und Gestalt der deutschen Universität und ihrer Reformen, Reinbek 1963, S. 19 ff., 31 ff., insbes. 37 ff.

103 So M. Thomann, Die Bedeutung der Rechtsphilosophie Christian Wolffs in der juristischen und politischen Praxis des 18. Jahrhunderts, in: H. Thieme u. a., Humanismus und Naturrecht in Berlin-Brandenburg-Preußen, Berlin–New York 1979, S. 127. Zur Wirkung Wolffs an den Universitäten jetzt kritisch gegenüber der herrschenden Einschätzung: N. Hammerstein, Christian Wolff und die Universitäten, in: W. Schneiders (Hg.), C. Wolff, S. 266 ff.

104 N. Elias, Prozeß der Zivilisation Bd. 1, S. 28 f. – Außerordentlich aufschlußreich für die im Zeichen der katholischen Aufklärung im Rheinland stehende Gründungs- und Frühgeschichte der Universität Bonn sind die in Hansen (Hg.), Quellen Bd. 1, abgedruckten Dokumente. Vgl. etwa die Rede des Universitätskurators Freiherr F.W. Spiegel zum Diesenberg über die Vorzüge der territorialstaatlichen Verfassung Deutschlands (S. 478 ff.) oder die Verlautbarungen des Kurfürsten Max Franz über Aufklärung und Universität.

105 II,10 § 70. Vgl. im übrigen: H.-W. Prahl, Sozialgeschichte des Hochschulwesens, S. 162 ff.; W. Bleek, Von der Kameralausbildung zum Juristenprivileg. Studium, Prüfung und Ausbildung der höheren Beamten des allgemeinen Verwaltungsdienstes in Deutschland im 18. und 19. Jahrhundert, Berlin 1972.

106 Prahl, und in bezug auf die Möglichkeit sozialen Aufstiegs positiver: H. Gerth, Sozialgeschichtliche Lage.
107 Vgl. Prahl, S. 166.
108 Vgl. K. H. Jarausch, Deutsche Studenten, S. 16ff.
109 R. A. Müller, Sozialstatus und Studienchance, S. 139.
110 Ebd., S. 140.
111 Vgl. dazu grundsätzlich: N. Conrads, Ritterakademien in der frühen Neuzeit, Göttingen 1982; sowie R. A. Müller, Universität und Adel, Berlin 1974.
112 Paulsen, Bd. 1, S. 599.
113 Ebd., Bd. 2, S. 37 und insges. S. 36-43.
114 Zahlen nach den Tabellen bei Prahl, S. 371ff.
115 Ebd., S. 368. – Allerdings sind die Mathematiker und Naturwissenschaftler in den Zahlen der Philosophischen Fakultät enthalten.
116 Tabellen bei O. Behre, S. 298-299.
117 Ebd., S. 311.
118 Vgl. Möller, Vernunft und Kritik, S. 289ff.
119 Vgl. F. Kopitzsch, Grundzüge.
120 Werke Bd. 1, S. 215. Im folgenden stütze ich mich auf eigene frühere Veröffentlichungen über Friedrich den Großen.
121 Bd. 8, S. 242.
122 Vgl. insges. Möller, Vernunft und Kritik.
123 Denkwürdigkeiten, in: Werke Bd. 2, S. 213.
124 Ebd., S. 217.
125 Ebd., S. 218.
126 Ebd., S. 219.
127 Mein Lieber Marquis!, S. 305f.
128 Vgl. Möller, Aufklärung in Preußen, S. 322-517.
129 Friedrich Nicolai, Einige Bemerkungen über den Ursprung und die Geschichte der Rosenkreuzer und Freymaurer. Veranlaßt durch die sog. historisch-kritische Untersuchung des Herrn Hofraths Buhle über diesen Gegenstand, Berlin 1806, S. 27.
130 Christoph Martin Wieland. Über Rechte und Pflichten der Schriftsteller, in: Werke. Hg. von H. Düntzer, Bd. 23, S. 173.
131 Werke Bd. 6, S. 378.
132 Werke Bd. 2, S. 12, 13.
133 Vgl. insges. Möller, Aufklärung in Preußen; sowie ders., Vernunft und Kritik, S. 144-188.
134 Zimmermann an Nicolai, 19.3.1788, Nachlaß Friedrich Nicolai I, Bd. 84 (Staatsbibliothek, Stiftung Preußischer Kulturbesitz Berlin).
135 Dieses und die folgenden Charakterisierungen von Bayle entstammen Friedrichs Vorrede zum ›Auszug aus dem historischen Wörterbuch von Bayle‹ in: Werke Bd. 8, S. 40-43.
136 Voltaire, Correspondance Bd. 1 (1704-1738), Paris 1977, S. 972 (1. Juni 1737).
137 Voltaire, Über den König von Preußen. Memoiren. Hg. u. übers. von Anneliese Botond, Frankfurt/Main 1967, S. 29f.
138 Lessing, Sämtliche Schriften Bd. 17, S. 298.
139 Zit. bei Koser, Geschichte Friedrichs des Großen Bd. 2, S. 243. Friedrichs Gedächtnisrede auf La Mettrie findet sich in: Werke Bd. 1, S. 217-221, dort hielt sich der König allerdings mit süffisanten Bemerkungen zurück.
140 Wie Anm. 121.
141 Mein lieber Marquis!, S. 171f. (24.12.1759). – Das Folgende im wesentlichen nach Möller, Vernunft und Kritik, S. 126-128.
142 Mein lieber Marquis!, S. 195.
143 Briefe Bd. 2, S. 243f.

144 Gespräche Friedrichs des Großen, S. 276.

145 Ebd., S. 299.

146 Briefe Bd. 2, S. 239.

147 Goethe, Dichtung und Wahrheit, S. 487.

148 Ders., Farbenlehre, in: Werke (Hamburger Ausgabe) Bd. 14, S. 215.

149 Z. B. Johann Gottfried Herder, Journal meiner Reise im Jahre 1769. Hist.-krit. Ausgabe. Hg. von Katharina Mommsen, Stuttgart 1976, S. 91; sowie Möller, Vernunft und Kritik, S. 130 ff.

150 Vgl. Wilhelm Dilthey, Friedrich der Große und die deutsche Aufklärung, in: Gesammelte Schriften Bd. 3, 4. Aufl. Göttingen 1969, S. 83-209, führt allerdings auch eine Reihe positiver Beziehungen auf. Vgl. Möller, Aufklärung in Preußen, S. 330 ff., 562 ff., ders., Königliche und bürgerliche Aufklärung, in: Preußen. Beiträge zu einer politischen Kultur. Hg. von Manfred Schlenke, Reinbek bei Hamburg 1981, S. 120-135; Ernst Benz, Der Philosoph von Sans-Souci im Urteil der Theologie und Philosophie seiner Zeit (Oetinger, Tersteegen, Mendelssohn), Mainz–Wiesbaden 1971; Textsammlungen: Friedrich der Große im Spiegel seiner Zeit. Hg. von Gustav Berthold Volz, Bde. 1-3, Berlin o. J. (1926); Friedrich II., König von Preußen, und die deutsche Literatur des 18. Jahrhunderts. Texte und Dokumente. Hg. von Horst Steinmetz, Stuttgart 1985.

151 Adolf Harnack, Geschichte der Königlich Preußischen Akademie der Wissenschaften zu Berlin, Bde. 1-3, Berlin 1900.

152 De la littérature allemande, Darmstadt 1969, S. 77. Diese Ausgabe enthält auch die Erwiderung von Justus Möser.

153 Vgl. zuletzt Möller, Vernunft und Kritik, S. 268 ff., insbes. S. 273.

154 Gespräche, S. 237-244, das Zit. S. 240.

155 De la littérature allemande, S. 66.

156 Vgl. Was ist Aufklärung? Beiträge aus der Berlinischen Monatsschrift. Hg. von N. Hinske sowie W. Schneiders, Die wahre Aufklärung.

157 Christian Garve, Fragmente zur Schilderung des Geistes, des Charakters, und der Regierung Friedrichs des Zweyten, Breslau 1798, S. V, XI f.

158 Immanuel Kant, Beantwortung der Frage: Was ist Aufklärung, in: BM Bd. 4 (1784), S. 491. Vgl. insges. Th. Schieder, Friedrich der Große.

159 Vgl. Ludwig Hammermayer, Akademiebewegung und Wissenschaftsorganisation während der zweiten Hälfte des 18. Jahrhunderts, in: Wissenschaftspolitik in Mittel- und Osteuropa. Hg. von Erik Amburger, Berlin 1976, S. 1-84.

160 Möller, Vernunft und Kritik, S. 246 ff.; vgl. insges. zur Berliner Akademie: A. Harnack, Geschichte.

161 Derartige Untersuchungen hat am Beispiel französischer Provinzakademien Daniel Roche geleistet: Le siècle des lumières en province, 1680-1789, 2 Bde., Paris 1978. Vgl. neben Anm. 160: Richard van Dülmen, Geheimbund der Illuminaten; Graßl, Aufbruch zur Romantik; Ludwig Hammermayer, Illuminaten in Bayern, in: Wittelsbach und Bayern Bd. 3/1: Krone und Verfassung. König Max I. Joseph und der neue Staat. Hg. von Hubert Glaser, München 1980, S. 146-173.

162 S. u. Kap. VII,1.

163 Text in: Berliner Leben 1648-1805, S. 327.

164 Ebd.

165 Vgl. Möller, Gold- und Rosenkreuzer, sowie zur Mittwochsgesellschaft: Möller, Aufklärung in Preußen, S. 229-238. Eckhart Hellmuth, Aufklärung und Pressefreiheit. Zur Debatte der Berliner Mittwochsgesellschaft während der Jahre 1783 und 1784, in: ZHF Bd. 9 (1982), S. 315-345; Günther Birtsch, Die Berliner Mittwochsgesellschaft (1783-1798), in: Hans-Erich Bödeker/Ulrich Hermann (Hg.), Über den Prozeß der Aufklärung, S. 94-112. Auswahl von Texten mit

sehr instruktiver Einleitung: Hinske (Hg.), Was ist Aufklärung?. Eine Edition der Protokolle der Berliner Mittwochsgesellschaft, die sich in der deutschen Staatsbibliothek Berlin (Ost) befinden, wird von Heiner Hümpel vorbereitet und soll bei der Historischen Kommission zu Berlin erscheinen.

166 Vgl. dazu eingehender: Möller, Wie aufgeklärt war Preußen?, S. 195 ff.
167 Vgl. Anm. 183 sowie zu den naturrechtlichen Voraussetzungen insges.: Eckhart Hellmuth, Naturrechtsphilosophie und bürokratischer Werthorizont.
168 Vgl. Möller, Aufklärung in Preußen, S. 223 ff., 246 ff., 533 ff.
169 Vgl. dazu etwa Wieland, Gespräche unter vier Augen (1798), in: Werke. Hg. von H. Düntzer, Bd. 33, S. 416 ff.; Nicolai, Reisebeschreibung Bd. 11 (1796), Vorrede S. XXII.
170 Svarez, Vorträge. Anderer Meinung sind G. Birtsch, Zum konstitutionellen Charakter des Preußischen Allgemeinen Landrechts von 1794, in: Politische Ideologien und Nationalstaatliche Ordnung. Studien zur Geschichte des 19. und 20. Jahrhunderts. Festschrift für Theodor Schieder zu seinem 60. Geburtstag. Hg. von Kurt Kluxen und Wolfgang J. Mommsen, München–Wien 1968, S. 97-115; sowie insges. E. Hellmuth, Naturrechtsphilosophie; siehe auch Möller, Wie aufgeklärt war Preußen?, S. 193 f., 198 ff.
171 BM Bd. 5 (1785), S. 241.
172 Svarez, Vorträge über Recht und Staat, S. 635 f. Einschränkend dazu: G. Birtsch, Zum konstitutionellen Charakter, S. 100.
173 Vgl. dazu: G. Birtsch, Freiheit und Eigentum. Zur Erörterung von Verfassungsfragen in der deutschen Publizistik im Zeichen der Französischen Revolution, in: Rudolf Vierhaus (Hg.), Eigentum und Verfassung. Zur Eigentumsdiskussion im ausgehenden 18. Jahrhundert, Göttingen 1972, S. 179-192; Möller, Aufklärung in Preußen, S. 577 ff.; sowie unten Kap. VII,3.

Anmerkungen zu Kapitel VI

1 W. Braunfels, Die Kunst im Heiligen Römischen Reich Bd. II, S. 322 bis 327, Abb. S. 325.
2 Braunfels, Bd. II, S. 294-296.
3 Keller, Die Kunst des 18. Jahrhunderts, S. 109 f.
4 W. J. Siedler, Auf der Pfaueninsel, S. 30.
5 Braunfels, Bd. I, S. 277.
6 H. J. Giersberg, Friedrich als Bauherr, S. 144 ff.
7 Mielke, Das Bürgerhaus in Potsdam, S. 330, Abb. 314.
8 Gottfried Huth, Allgemeines Magazin für die Bürgerliche Baukunst, Weimar 1790, S. 245 ff., zit. bei Mielke, S. 330.
9 Rahel Varnhagen, Briefwechsel mit Alexander von der Marwitz, S. 81.
10 M. Stürmer, Handwerk und höfische Kultur, S. 263 f.
11 Vgl. Goethes Leben in Bilddokumenten. Hg. von Jörn Göres, S. 11.
12 Goethe, Dichtung und Wahrheit, S. 15-37.
13 K. Biedermann, Deutschland im 18. Jahrhundert Bd. 1, S. 361-363. Zum Vergleich: »In der preußischen Residenz verdiente während der achtziger Jahre ein Arbeiter in einem der vier Hauptzweige der dortigen Industrie (Leinen-, Wollen-, Baumwollen- und Seidenmanufactur) angeblich 278 Thlr. (834 Mk.) im Jahre, also etwa 5 1/3 Thlr. (16 Mk.) in der Woche, in den anderen Gewerben 260 Thlr. (780 Mk.) jährlich.« Ebd., Bd. I, S. 384 f.
14 Altstadtsanierung Ansbach (Beiträge zur Stadtbaugeschichte), Ansbach 1986, S. 175 f.

15 Zit. nach Wolfgang Rudhard, Das Bürgerhaus in Hamburg, S. 50, hiernach auch einige der folgenden Angaben.
16 Zit. bei H. Vogts, Kölner Wohnhaus, S. 592f.
17 Vgl. insges. Ermatinger, Deutsche Kultur im Zeitalter der Aufklärung, S. 264-270.
18 In: Ich war wohl klug, daß ich dich fand, S. 325 (Brief vom 7.4.1784).
19 Ebd., S. 324ff.
20 Vgl. Vogts, Kölner Wohnhaus, S. 264-270.
21 Jung-Stilling, Lebensgeschichte, S. 290.
22 Vgl. insges. Ehret, Deutsche Möbel des 18. Jahrhunderts.
23 Germershausen, Die Hausmutter, S. 850f.
24 Vgl. Ehret, S. 160, sowie H. Huth, Abraham und David Roentgen; zum ideellen Hintergrund auch: Michael Stürmer, David Roentgen - Englischer Cabinetmacher 1743-1807. Luxus, Kapitalismus und Puritanismus, in: Blätter für deutsche Landesgeschichte Bd. 118 (1982), S. 61-72.
25 M. Stürmer, Handwerk und höfische Kultur, S. 232-234.
26 Ehret, S. 100.
27 Heinrich Mehl, Das ländliche Hohenlohe im Zeitalter Napoleons. Beiträge zu Landwirtschaft, Bauen und Wohnen zwischen 1780 und 1830, in: Baden-Württemberg im Zeitalter Napoleons, Stuttgart 1987, S. 697-715, S. 708.
28 Vgl. insges. Möller, Die kleinbürgerliche Familie, S. 119.
29 Karl Philipp Moritz, Anton Reiser, S. 136.
30 Zit. in: Friedrich Mielke, Das Bürgerhaus in Potsdam, S. 122.
31 C. F. Germershausen, Die Hausmutter Bd. 5, S. 794.
32 Ebd., S. 811ff.
33 Ebd., S. 883.
34 Walter Stengel, Alte Wohnkultur in Berlin und in der Mark, Berlin 1958, S. 178-181.
35 Zit. ebd., S. 173f.
36 Vgl. Keller, S. 115.
37 Dazu Braunfels, Bd. III, S. 436, Abb. ebd.
38 E. Hirsch, Dessau-Wörlitz, S. 14.
39 W. Hotz, Kunstgeschichte der dt. Schlösser, S. 95.
40 Siedler, Pfaueninsel, S. 54, 69.
41 Vgl. den Bericht Erdmannsdorffs, in: Winckelmann, Schriften, S. 349ff.
42 Gedanken über die Nachahmung, ebd., S. 20.
43 Ebd., S. 3.
44 Empfindung des Schönen in der Kunst, ebd., S. 85.
45 K. Lankheit, Revolution und Restauration, S. 54.
46 Ebd., S. 59.
47 Wilfried Hansmann, Gartenkunst, S. 98.
48 R. Wagner-Rieger, Gedanken zum fürstlichen Schloßbau, in: Fürst-Bürger-Mensch, S. 56.
49 K. Czok, Kultur und Baukunst, in: W. Rausch (Hg.), Städtische Kultur in der Barockzeit, S. 91.
50 Biedermann, Bd. I, S. 367f.
51 Friedrich der Große, Werke Bd. 8, S. 224.
52 O. Pniower, Berliner Gartenkunst, in: Gartenkunst 8, 1914, S. 111-127.
53 Ermatinger, S. 106.
54 Goethe, Briefwechsel mit Frau von Stein Bd. 1, S. 119.
55 D. Hennebo/A. Hoffmann, Geschichte der deutschen Gartenkunst Bd. III, S. 70-80.
56 F. Hallbaum, Der Landschaftsgarten, S. 78.
57 Über den Gartenkalender auf das Jahr 1795, in: Sämtl. Werke Bd. 5, S. 885f.

58 Nachlaß Nicolai I, Bd. 44; vgl. zu Goethe und Lavater in dieser Beziehung u. a. Goethe, Gespräche mit Eckermann (17.2.1829) (Bd. 2, S. 43);
sowie R. Friedenthal, Goethe, S. 184 ff.
59 Vgl. H. Börsch-Supan, Deutsche und Skandinavische Malerei, in: H.
Keller, S. 402-406.
60 A. Kluxen, Das Ende des Standesporträts. Die Bedeutung der englischen Malerei für das deutsche Porträt von 1760-1848, Diss. Univ.
Erlangen 1988, S. 128.
61 A. Feulner, Skulptur und Malerei des 18. Jahrhunderts, S. 247-250.
62 Tischbein an Lavater, 9.12.1786, zit. nach H. v. Einem, Deutsche Malerei des Klassizismus und der Romantik, S. 35.
63 Vgl. Daniel Chodowiecki, Bürgerliches Leben im 18. Jahrhundert,
Frankfurt/M. 1978.
64 A. M. Kluxen, Bild eines Königs, S. 20.
65 Heinz E. R. Martin, Miniaturen, 1981.
66 Ermatinger, Kultur der Aufklärung, S. 104/105.
67 Vgl. F. Baumgart, Vom Klassizismus zur Romantik, S. 73.
68 Lankheit, S. 152.
69 Goethe, Philipp Hackert, in: Gesamtausgabe Bd. 17, S. 292 f.
70 Ebd., S. 400.
71 Schiller, Sämtl. Werke Bd. 5, S. 992 ff. insbes. S. 999 f.
72 F. Schlegel, Kritische Schriften, S. 585.
73 M. Wackernagel, Renaissance, Barock und Rokoko Bd. II, S. 127.
74 Burney, Tagebuch, S. 350.
75 Dahlhaus, Musik des 18. Jahrhunderts, S. 4.
76 Burney, Tagebuch, S. 284.
77 Zit. nach Rummenhöller, Musikalische Vorklassik, S. 45 f.
78 Dahlhaus, S. 206 f.
79 Burney, Tagebuch, S. 226.
80 Ebd., S. 227.
81 Rummenhöller, Musikalische Vorklassik, S. 89.
82 Vgl. ebd., S. 90-97.
83 Vgl. dazu Dahlhaus, S. 205.
84 Burney, Tagebuch, S. 377-379.
85 H. Becker, Friedrich II., in: Die Musik in Geschichte und Gegenwart
Bd. 4, Kassel 1955, S. 956-962.
86 Rummenhöller, Musikalische Vorklassik, S. 56.
87 Burney, Tagebuch, S. 453.
88 Vgl. zum Ganzen: Friedrich Blume, Klassik, in: Epochen der Musikgeschichte, S. 298-300.
89 Allgemeine Musikalische Zeitung 1802, Zit. ebd., S. 301.
90 Dahlhaus, S. 237-239.
91 Blume, Klassik, S. 246 ff.
92 Quantz, 3. Aufl. Breslau 1789, S. 334.
93 Burney, Tagebuch, S. 343.
94 Ebd., S. 246.
95 Ebd., S. 217.
96 Ebd., S. 430.
97 Vgl. Karl Geiringer, Joseph Haydn, 2. Aufl. Mainz 1986.
98 Karl Friedrich Zelter, Selbstdarstellung. Hg. von Willi Reich, Zürich
1955.
99 Geiringer, Haydn, S. 73.
100 Erich Schenk, Mozart, 3. Aufl. München 1983, S. 513 f.
101 Paul Nettl, Beethoven, Frankfurt/M. 1958.
102 Allgemeine Musikalische Zeitung 1807, S. 55.
103 Eberhard Preußner, Die bürgerliche Musikkultur, 2. Aufl. Kassel 1950,
S. 161 ff.

104 Zit. nach Peter Schleuning, Das 18. Jahrhundert. Der Bürger erhebt sich, Reinbek bei Hamburg 1984, S. 410.

105 J. F. Reichardt, in: Musikalischer Almanach, Berlin 1796, zit. nach ders., Briefe, Die Musik betreffend, Neuausg. Leipzig 1976, S. 194.

106 Vgl. Dahlhaus, S. 335-338.

107 Goethe, Werke Bd. 9 (Hamburger Ausg.), S. 279 f. Die vorhergehenden Zitate: ebd., S. 258, 264, 265, 272, 279.

108 Lessing, Sämtl. Schriften Bd. 2, S. 228.

109 Ebd. Bd. 8, S. 43, die vorhergehenden Zit. S. 41, 42.

110 In: Texte und Zeugnisse. Hg. von W. Killy, Bd. IV,2, S. 985.

111 Vgl. Friedrich Gundolf, Shakespeare und der deutsche Geist, Berlin 1922, S. 110 f.

112 Hamburgische Dramaturgie, in: Sämtl. Schriften Bd. 9, S. 245.

113 Der deutsche Roman des achtzehnten Jahrhunderts in seinem Verhältnis zum Christentum, in: Werke Bd. 3, S. 173.

114 Vgl. die Textsammlung: Empfindsamkeit. Hg. von Wolfgang Doktor und Gerhard Sauder, Stuttgart 1976, sowie die Darstellung und Texte von Gerhard Sauder, Empfindsamkeit, bisher Bd. 1 und 3, Stuttgart 1974 ff.

115 Vgl. insges. grundlegend Martens, Botschaft der Tugend.

116 Vgl. Weltliteratur. Die Lust am Übersetzen im Jahrhundert Goethes. Eine Ausstellung des Deutschen Literaturarchivs im Schiller-Nationalmuseum Marbach am Neckar, 1982.

117 Lessing, Sämtl. Schriften Bd. 2, S. 450.

118 Ebd. Bd. 17, S. 133.

119 Schiller, Sämtl. Werke Bd. 1, S. 780 f.

120 Ebd., S. 784, 786.

121 Ebd., S. 765.

122 3. Aufzug, 7. Auftritt, in: Lessing, Sämtl. Schriften Bd. 3, S. 94 f.

123 Goethe, Werke (Hamburger Ausgabe) Bd. 1, S. 46.

124 Herder, Journal, S. 11, 12. Zum Vergleich: Möller, Aufklärung in Preußen, S. 99 ff. sowie ders., Landeskunde und Zeitkritik.

125 Nach Möller, Aufklärung in Preußen, S. 122, vgl. dazu insges. die dortige Darstellung, S. 121-133.

126 Freuden des jungen Werther, S. 7.

127 Zit. nach Klaus Rüdiger Scherpe, Werther und Wertherwirkung, Bad Homburg v. d. H. Berlin–Zürich 1970, S. 14.

128 R. M. Werner (Hg.), Aus dem Josephinischen Wien, S. 63; sowie Nachlaß Nicolai I, Bd. 86.

129 Ardinghello. Kritische Studienausg. Hg. von Max L. Baeumer, Stuttgart 1975, S. 364-365.

130 Ebd., S. 563.

131 Vgl. ebd., S. 145-147.

132 Goethes Poetische Werke, Vollständige Ausg. Bd. 2, S. 246 f.

133 Nr. 1107, in: ebd., S. 812.

134 Ästhetische Erziehung, in: Sämtl. Werke Bd. 5, S. 643, das vorherige Zit. S. 669.

135 Werke (Hamburger Ausgabe) Bd. 2, S. 291.

136 Vgl. ebd. Bd. 1, Bd. 112.

137 Aus den Papieren des Grafen S****, anonym 1801, in: Die deutsche Literatur. Texte und Zeugnisse Bd. 5/2, S. 1414-1423, das Zit. S. 1414.

138 Deborah Hertz, Intermarriage in the Berlin Salons, in: Central European History Bd. 16 (1983), S. 303-346, hier S. 313. Die Verfasserin dieses wichtigen Aufsatzes hat inzwischen eine umfassendere Darstellung vorgelegt, die nach Abschluß des Manuskripts erschien (siehe Literaturverzeichnis).

139 Aus den Papieren des Grafen S****, S. 1415.

140 Heinrich Steffens, Über den National-Enthusiasmus, in: Die deutsche Literatur. Texte und Zeugnisse Bd. 5/2, S. 1548-1551, das Zit. S. 1548.

141 Zit. nach R. Böschenstein-Schäfer, Das literarische Leben, S. 678f.

142 Ebd., S. 679f.; vgl. auch O. Dann, Gruppenbildung, S. 122, der diesen Kreis als untypisch für die romantische Gruppenbildung bezeichnet und ihn stärker in die Tradition des 18. Jahrhunderts stellt. Dies ist aufgrund der anderen Struktur und Zielsetzung der Aufklärungsgesellschaften m. E. nicht zwingend.

143 Aus den Papieren des Grafen S****, S. 1420.

144 Vgl. Möller, Aufklärung in Preußen, S. 143-149.

145 Henriette Herz in Erinnerungen, Briefen und Zeugnissen, S. 81ff.

146 Jean Paul und Herder. Der Briefwechsel Jean Pauls und Karoline Richters mit Herder und der Herderschen Familie in den Jahren 1785 bis 1804. Hg. von Paul Stapf, Bern–München 1959, S. 81.

147 Madame de Staël, Über Deutschland Bd. 1, S. 122.

148 H. Arendt, Rahel Varnhagen, S. 63.

149 H. Herz in Erinnerungen, S. 67f.

150 Henriette Herz. Ihr Leben und ihre Zeit. Hg. von H. Landsberg, S. 267.

151 Vgl. die Einleitung von Werner Conze und Jürgen Kocka zu dem Band Bildungsbürgertum im 19. Jahrhundert, die Definition S. 11.

152 Vgl. Max Weber, Wirtschaft und Gesellschaft, S. 177ff., 553, 576ff. Unzutreffend ist die Interpretation von Frevert, Frauen-Geschichte, S. 57: Nicht allein der Adel wurde im Ancien régime in der ständischen Struktur erfaßt, sondern auch das Bürgertum. Die neue Definition des Bürgerlichen, zu der tatsächlich gehörte, den eigenen Platz in der Gesellschaft durch Leistung zu bestimmen, stand hierzu in Konkurrenz, hatte sich aber keineswegs bereits durchgesetzt.

153 Schiller, Sämtl. Werke Bd. 1, S. 433.

154 Werke (Hamburger Ausgabe) Bd. 2, S. 494.

155 Begegnung mit Caroline. Briefe von Caroline Michaelis-Böhmer-Schlegel-Schelling. Hg. von Sigrid Damm, Leipzig 1979, S. 239. Übrigens verfaßte Caroline auch eine Parodie, vgl. Kleßmann, Caroline, S. 202.

156 Begegnung mit Caroline, S. 81f. (An Luise Gotter, 1.11.1781).

157 Ludwig Börne, Gesammelte Schriften Bd. 6, S. 140.

158 Vgl. Heilborn, Zwischen zwei Revolutionen, S. 143.

159 Humboldt, Briefe, S. 282f. (7.11.1808).

160 Madame de Staël, Über Deutschland Bd. 1, S. 122.

161 Henriette Herz in Erinnerungen, S. 46ff.

162 Ebd., S. 64.

163 Ebd., S. 67.

164 In: Frauen der Goethezeit, S. 352-354, das Zit. S. 354.

165 Ebd., S. 353.

166 K. A. Varnhagen von Ense, Denkwürdigkeiten Bd. 1, S. 522.

167 Rahel Varnhagen, Gesammelte Schriften Bd. 8, S. 253f.

168 Ebd., S. 255.

169 An Adam von Müller, 15.12.1820, in: Rahel Varnhagen und ihre Zeit. Briefe 1800 bis 1833, S. 220.

170 So fälschlich Frevert, Frauen-Geschichte, S. 57.

171 F. Schlegel, Lucinde, S. 12.

172 Ebd., S. 14.

173 Henriette Herz. Hg. von H. Landsberg, S. 62f.

174 R. Haym, Die romantische Schule, S. 665.

175 Ebd., S. 663/664.

176 Henriette Herz in Erinnerungen, S. 59.

177 Ebd.

178 Begegnung mit Caroline, S. 96 (An Luise Gotter 9.7.1784).

179 Ebd., S. 81 f.
180 Zit. bei Kleßmann, Caroline, S. 133.
181 Vgl. ebd., S. 214 ff.
182 Begegnung mit Caroline, S. 122-224, das Zit. S. 222.
183 Ebd., S. 275 f.
184 Text in: Frauen der Goethezeit, S. 287 ff.
185 Madame de Staël, Über Deutschland Bd. 1, S. 47.
186 Begegnung mit Caroline, S. 357 ff.
187 Vgl. die Tabelle bei D. Hertz, Intermarriage, S. 345 f.; dort sind auch die Konversionen aufgeführt.
188 Vgl. dazu Koselleck, Preußen, S. 105 ff.
189 Svarez, Vorträge, S. 321.
190 Grundlage des Naturrechtes, in: Fichte, Werke Bd. 3, S. 334; sowie: Über die Würde des Menschen, in: Werke Bd. 1, S. 412-416.
191 Hierzu der Vergleich bei Möller, Aufklärung in Preußen, S. 233 ff.
192 Novalis, Werke, S. 378 f., 381.
193 Über die Aufklärung des Weibes, in: Kleist, Sämtl. Werke Bd. 2, S. 318.

Anmerkungen zu Kapitel VII

1 Vgl. insges. Möller, Aufklärung in Preußen, S. 208 ff.
2 Vgl. zu dieser Einschätzung etwa die Ausführung Biesters: Antwort an Herrn Professor Garve, in: BM Bd. 6 (1785), S. 84.
3 Ueber die Rechte und Pflichten der Schriftsteller, in Absicht ihrer Nachrichten und Urtheile über Nationen, Regierungen und andere öffentliche Gegenstände (1785), in: ders., Werke. Hg. von H. Düntzer, Bd. 33, S. 171 f.
4 Deutsche Chronik. 1774, Erstes Vierteljahr, Vorbericht.
5 Ebd., S. 76, 10. Stück, 2. Mai 1774.
6 Teutsche Chronik 1776, S. 321 f., 41. Stück, 20. Mai.
7 Vgl. insges. Horst Dippel, Germany and the American Revolution 1770-1800, Chapel Hill/NC 1977–Wiesbaden 1978.
8 Briefwechsel Bd. 1, 2. Aufl. 1778, S. 37 f.
9 Briefwechsel Bd. 2 (1778), S. 62.
10 Stats-Anzeigen Bd. 14 (1790), S. 241 Anm.
11 Vgl. Valjavec, Politische Strömungen (Ausg. München 1951), S. 318 f.
12 Teutsche Chronik 1774, S. 33 (14. April 1774); vgl. zum speziellen Beispiel: Vierhaus, Montesquieu in Deutschland, in: ders., Deutschland im 18. Jahrhundert, S. 9-32.
13 BM Bd. 2 (1784), S. 316, 323, 326. Dazu auch Hinske (Hg.), Was ist Aufklärung, S. 517; vgl. E. Hellmuth, Aufklärung und Pressefreiheit. Zur Debatte der Berliner Mittwochsgesellschaft während der Jahre 1783 und 1784, in: ZHF 9 (1982), S. 315-435; G. Birtsch, Religions- und Gewissensfreiheit in Preußen von 1780 bis 1815, in: ZHF 11 (1984), S. 177-164.
14 Nicolai, Einige Bemerkungen über den Ursprung und die Geschichte (1806), S. 22 Anm.
15 Werke Bd. 13, S. 397 (4. Gespräch), S. 367 (3. Gespräch) sowie R. M. Werner (Hg.), Aus dem josephinischen Wien, S. 125.
16 Kant, Über den Gemeinspruch, Werke (Akademie-Ausg.) Bd. 8, S. 305. Zur Reformierung der Freimaurerei 1782 vgl. Ludwig Hammermayer, Der Wilhelmsbader Freimaurer-Konvent von 1782, Heidelberg 1980.
17 Vgl. insges. Möller, Vernunft und Kritik, S. 212 ff.
18 Vgl. H. Graßl, Bayerns Aufbruch zur Romantik.
19 Vgl. insges. Möller, Gold- und Rosenkreuzer.
20 Vgl. insges. zu den Illuminaten Darstellung und Dokumentation bei

R. van Dülmen, Geheimbund der Illuminaten, L. Hammermayer, Illuminaten in Bayern.

21 Vgl. Liste im Anhang bei van Dülmen, S. 439 ff.

22 Anrede an die neu aufzunehmenden Illuminatos dirigentes (1782), in: ebd., Anhang Nr. 7, S. 183, sowie ebd., S. 179; vgl. neben den Veröffentlichungen von L. Hammermayer v. a. M. Agethen, Geheimbund und Utopie, S. 87 ff.

23 Text bei: van Dülmen, Anhang Nr. 18, S. 412.

24 Ebd., Anhang Nr. 17, S. 410 f.; vgl. im übrigen zur Verschwörungstheorie: K. Epstein, Ursprünge, S. 583 ff.

25 Über die geheimgesellschaftlichen Aktivitäten von Bahrdt vgl. verschiedene Studien von G. Mühlpfordt, u. a.: K. F. Bahrdts Weg zum Radikaldemokraten, in: Jb. d. Instituts f. Deutsche Geschichte der Universität Tel Aviv Bd. 10 (1981), S. 29-70; sowie: Europarepublik im Duodezformat. Die internationale Geheimgesellschaft »Union«, in: H. Reinalter (Hg.), Freimaurer und Geheimbünde, S. 319-364.

26 Die Entstehung republikanisch-demokratischer Literaturströmungen in Deutschland, in: J. Garber (Hg.), Kritik der Revolution, S. 1-27.

27 Vgl. insges. dazu Furet/Richet, La Revolution française, S. 69 ff. Diese Darstellung bietet eine vorzügliche Einführung in die Revolutionsgeschichte, die hier nur gestreift werden kann.

28 Text in: G. Franz (Hg.), Staatsverfassungen, S. 303 ff.

29 Briefe aus Paris, S. 274 (8. Brief).

30 Philosophie der Geschichte, in: Hegel, Werke Bd. 12, S. 526.

31 Vgl. Möller, Aufklärung in Preußen, S. 317 ff.

32 Vgl. prinzipiell Karl Löwith, Weltgeschichte und Heilsgeschehen, 5. Aufl. Stuttgart 1967; krit. dazu Hans Blumenberg, Die Legitimität der Neuzeit, Frankfurt/Main 1966.

33 Was ist Aufklärung?, in: BM Bd. 4 (1784), S. 484.

34 Kant, Werke Bd. 9, S. 367.

35 Streit der Fakultäten, S. 367.

36 Zit. bei Valjavec, Politische Strömungen, S. 399.

37 Vgl. etwa Stats-Anzeigen Bd. 14 (1790), S. 49 ff., S. 79 ff.

38 Ebd., S. 498 f.

39 Neuer Weg zur Unsterblichkeit der Fürsten, in: BM Bd. 5 (1785), S. 239-247, das Zit. S. 242.

40 Vgl. Klein, Freyheit und Eigenthum, S. 120, 174 f., 181.

41 Vgl. Möller, Aufklärung in Preußen, S. 563 f.

42 Kosmopolitische Wanderungen, S. 121.

43 Zit. bei Werner Conze, Staat und Gesellschaft in der frührevolutionären Epoche Deutschlands, in: H. H. Hofmann (Hg.), Entstehung, S. 445.

44 Vgl. insges. Möller, Interpretation der Aufklärung.

45 Joseph von Wurmbrand, S. 105.

46 Vgl. dazu grundsätzlich: J. Kunisch, La guerre – c'est moi, in: ZHF 14 (1987), S. 407 ff.

47 Text in: Die Französische Revolution. Hg. von C. Träger, S. 884 f.

48 Zit. bei Dambacher, Dohm, S. 280.

49 G. Forster, Ansichten vom Niederrhein, S. 179.

50 Vgl. dazu K. v. Raumer, Deutschland um 1800, S. 73.

51 Text in: W. Grab (Hg.), Die Französische Revolution, S. 59 f.

52 Text in: Reden der Französischen Revolution, S. 144.

53 Zit. ebd., S. 146, 147, 152.

54 Text in: W. Grab (Hg.), Die Französische Revolution, S. 94 ff.

55 Zit. nach Walter Markov, Revolution im Zeugenstand: Frankreich 1789-1799, Bd. 1, S. 197 f.

56 Text bei: W. Grab (Hg.), S. 101 f.

57 Vgl. zusammenfassend auch: Walter Bußmann, in: Handbuch der europäischen Geschichte Bd. 5, S. 15 ff., Max Braubach, in: Handbuch der deutschen Geschichte Bd. 3, S. 6 ff.

58 Vgl. Ranke, Ursprung und Beginn der Revolutionskriege.

59 Den Nachweis des Willens zum Krieg bei den Girondisten erbrachte schon H. v. Sybel, Geschichte der Revolutionszeit Bd. 1, S. 317 ff.

60 Text in: Grab (Hg.), S. 95.

61 Zit. bei Markov, Bd. 1, S. 199.

62 Zit. bei L. Bergeron, in: ders. u. a., Das Zeitalter der europäischen Revolution, S. 93, der zu dem Ergebnis gelangt: »Die Revolution beschleunigte das Reifen des Nationalgefühls in Frankreich und trieb zu einem militanten Nationalismus«, ebd., S. 88.

63 Text in: Grab (Hg.), S. 108-111.

64 Campagne in Frankreich 1792, in: Werke (Hamburger Ausg.) Bd. 1, S. 235.

65 Ebd., S. 680.

66 Text in: Markov, Revolution Bd. 2, S. 309 ff.

67 Über die für das Reich negative Politik vgl. Aretin, Heiliges Römisches Reich Bd. 1, S. 274 ff., 316 ff., 331 ff., 342 ff.

68 Vgl. zum Ganzen: E. Weis, Durchbruch des Bürgertums, S. 171 ff.

69 Textauszug in: H. H. Hofmann (Hg.), Quellen zum Verfassungsorganismus, S. 319 ff.

70 Vgl. so schon Max Braubach, in: Handbuch der deutschen Geschichte Bd. 3, S. 9.

71 Willy Real, Der Friede von Basel, in: Baseler Zeitschrift für Geschichte und Altertumskunde Bd. 50/51 (1950/51) sowie ders., Von Potsdam nach Basel. Zur zeitgenössischen Reaktion vgl. Ernst Engels, Friedrich Nicolais »Allgemeine Deutsche Bibliothek« und der Friede von Basel 1795, Würzburg 1936, sowie Otto Tschirch, Geschichte der öffentlichen Meinung in Preußen vom Baseler Frieden bis zum Zusammenbruch des Staates (1795-1806) Bd. 1, Weimar 1933, S. 64-107. Instruktiv für die diplomatische Atmosphäre zwischen Wien und Berlin sind die Berichte des kaiserlichen Gesandten Graf v. Westphalen an den Reichsvizekanzler, Fürsten von Colloredo, über die preußische Politik im Jahr vor dem Friedensschluß, in: Quellen zur Geschichte des Rheinlandes. Hg. von J. Hansen, Bd. 3, 1794-1797, S. 70-75, vgl. auch ebd., S. 75 ff. den Brief Dohms.

72 D. Gray an Lord Grenville (18.8.1795), in: Ernst Herrmann, Geschichte des russischen Staates. Ergänzungsband: Diplomatische Correspondenzen aus der Revolutionszeit 1791-1797, Gotha 1866, S. 521.

73 Vgl. insges. Möller, Primat der Außenpolitik.

74 Zit. bei Reinhold Koser, Die preußische Politik von 1786-1806, in: ders., Zur preußischen und deutschen Geschichte, Berlin 1921, S. 202-268. Das Zit. S. 203.

75 Vgl. stellvertretend den Vortrag Thuguts v. 11. Mai 1795 und die Überlegungen der Wiener Opposition vom Frühjahr 1797 in: Aretin, Heiliges Römisches Reich Bd. 2 (Aktenband), S. 292 ff., 296 ff.

76 Vgl. Aretin, ebd., Bd. 1, S. 320 ff.

77 Vgl. F. G. Dreyfus, Sociétés et mentalités; T. C. W. Blanning, Reform and Revolution; F. Dumont, Die Mainzer Republik.

78 F. Dumont, Mainz und die französische Revolution, in: J. Voss (Hg.), Deutschland und die französische Revolution, S. 132-148; Eberhard Weis, Pfalz-Bayern, Zweibrücken und die Französische Revolution, in: ebd., S. 118-131.

79 So vor allem D. Silagi, Jakobiner; vgl. im übrigen auch H. Reinalter (Hg.), Jakobiner in Mitteleuropa, dort u. a. der Beitrag von E. Wangermann, der den Akzent stärker auf die demokratische Vorläuferrolle

legt. Außerdem H. Reinalter, Aufgeklärter Absolutismus und Revolution. Vgl. den Tagungsband mit z.T. sehr kontroversen Beiträgen:
O. Büsch/W. Grab (Hg.), Demokratische Bewegung in Mitteleuropa,
sowie insges. die Forschungsanalyse bei E. Fehrenbach, Vom Ancien
Régime, S. 159-169.
80 Vgl. etwa die Berichte, die bei Hansen, Quellen, abgedruckt sind, z. B.
Bd. 3, S. 213 ff.

Anmerkungen zu Kapitel VIII

1   Vgl. insgesamt die brillante Biographie von J. Tulard, Napoleon oder
der Mythos des Retters, sowie auch über die europäische Bedeutung
das Porträt von E. Weis, Durchbruch, S. 223 ff. Zur Ereignisgeschichte
materialreich und für manche Fragen noch immer ergiebig: August
Fournier, Napoleon I., 3 Bde, 2. Aufl. Wien–Leipzig 1904-1906.
2   Text in: Markov, Bd. 2, S. 698 f.
3   Vgl. zum Ganzen die klassische Darstellung von H. Taine, Die Entstehung des modernen Frankreich Bd. 3,1, S. 1-89.
4   Vgl. Giesselmann, Die brumairianische Elite. Kontinuität und Wandel
der französischen Führungsschicht zwischen Ancien Régime und Juli-
monarchie, Stuttgart 1977.
5   Vgl. Weis, Durchbruch, S. 232.
6   F. Wieacker, Privatrechtsgeschichte, S. 344.
7   Vgl. E. Fehrenbach, Die Einführung des Code Napoleon.
8   Wieacker, S. 342.
9   Ebd., S. 345.
10 Vgl. insges. die glänzende Darstellung von F. Schnabel, Deutsche
Geschichte Bd. 1, S. 132 ff.
11 Napoleon I., Correspondance Bd. 16, S. 490.
12 Zit. bei Tulard, S. 327.
13 Zit. bei E. Fehrenbach, Vom Ancien Régime, S. 78.
14 Vgl. A. Fournier, Napoleon I., Bd. 2, S. 23.
15 Über die Regierung der geistlichen Staaten in Deutschland, vgl. zur
Diskussion der Säkularisationsfrage in den 1780er und 1790er Jahren:
Heigel, Deutsche Geschichte Bd. 2, S. 300 ff.
16 Vgl. zum Begriff: H. Lübbe, Säkularisierung, S. 23 ff.
17 Vgl. E. Weis, Montgelas, S. 419 ff.
18 Ritter von Lang, Memoiren I, S. 333.
19 Aretin, Heiliges Römisches Reich Bd. 1, S. 373. Diese Darstellung zeigt
eindringlich die Verschränkung verfassungsrechtlicher, politischer
und kirchenpolitischer Probleme, die die Säkularisation vorbereitete:
S. 372-452.
20 Vgl. E. Weis, Die Säkularisation der bayerischen Klöster, S. 14 f.
21 Vgl. z. B. die Verhandlungen zwischen Baden und Frankreich 1797-
1802: Politische Korrespondenz Karl Friedrichs von Baden Bd. 3, S. 18,
133, 186; Bd. 4, S. 190, 340 ff.
22 Vgl. insges. die Darstellung bei E. R. Huber, Deutsche Verfassungsgeschichte Bd. 1, S. 40 ff.
23 Vgl. die Beilagen VII und VIII zu den Protocollen der außerordentlichen Reichsdeputation zu Regensburg Bd. 1, Regensburg 1803, S. 19 ff.
24 Vgl. Protocolle der außerordentlichen Reichsdeputation Bd. 1, S. 54 f.,
601 ff., Beilagen. Bd. 2, S. 19-42 (107./108. Beilage: Neuer Entschädigungsplan); sowie ebd. Bd. 2, S. 566 ff., 599 ff. sowie 802.
25 In: Publicationen aus den Königlich preußischen Staatsarchiven
Bd. 76: Preußen und die katholische Kirche seit 1640. 8. Theil 1797-
1803. Hg. von H. Granier, Leipzig 1902, S. 609-611 (Nr. 457), das Zit.
S. 609.

26 Vgl. Adam Christian Caspari, Der Deputationsrecess, Hamburg 1803, I. Theil, S. 105 ff.

27 So schon ebd., S. 3.

28 Z. B. für Preußen: ebd., S. 610: »Vorläufige Besitznehmung der Uns zu Theil werdenden Schadloshaltungen«.

29 Text u. a. in: Quellen zum Verfassungsorganismus, S. 329-358.

30 Heigel, Deutsche Geschichte Bd. 2, S. 300 Anm. 1.

31 So R. Morsey in seiner Pionierstudie, Wirtschaftliche und soziale Auswirkungen, S. 363.

32 Ebd., S. 371 f.

33 Vgl. zur Entwicklung der katholischen Kirche infolge der Säkularisation F. Schnabel, Deutsche Geschichte Bd. 4, S. 5 ff., 21 ff.

34 Im Fürstbistum Münster z. B. hatte sich das Einkommen der stiftfähigen Adelsfamilien aus kirchlichen, höfischen und militärischen Ämtern bis 1803 auf 20 bis 35 Prozent ihres Gesamteinkommens belaufen. Vgl. Fehrenbach, Vom Ancien Régime, S. 70 ff. und insges. grundlegend an einem regionalen Beispiel: H. Reif, Westfälischer Adel, insbes. S. 213 ff.

35 Weis, Die Säkularisation, S. 48 f.

36 Vgl. Dietmar Stutzer, Die wirtschaftlichen und sozialen Verhältnisse in säkularisierten Klöstern Altbayerns 1803, in: ZBLG Bd. 40 (1977), S. 121 ff.

37 Vgl. zu Baden allg.: Hermann Schmid, Die Säkularisation der Klöster in Baden 1802-1811, Überlingen am Bodensee 1980; sowie speziell W. Fischer, Ansätze zur Industrialisierung in Baden 1770-1870, in: ders., Wirtschaft und Gesellschaft, S. 358-391.

38 Vgl. H. Klueting, Die Säkularisation im Herzogtum Westfalen; sowie Dipper, Probleme einer Wirtschafts- und Sozialgeschichte der Säkularisation in Deutschland, in: A. v. Reden-Dohna (Hg.), Deutschland und Italien im Zeitalter Napoleons.

39 Vgl. M. Müller, Säkularisation und Grundbesitz.

40 W. Schieder/A. Kube, Säkularisation und Mediatisierung, S. 122.

41 In Köln tätigten sie sogar mehr als die Hälfte aller Käufe, dort erwarben nur 50 Kölner und Aachener Bürger fast die Hälfte aller zum Kauf angebotenen Güter. Vgl. E. Fehrenbach, Vom Ancien Régime, S. 71 f.

42 W. Schieder/A. Kube, S. 123: Bei diesen Ergebnissen handelt es sich um ein groß angelegtes, noch nicht zum Abschluß gelangtes Trierer Forschungsprojekt.

43 Vgl. dazu Michael Müller, Das Problem des Weiterverkaufs säkularisierten Kirchengutes, in: E. Weis (Hg.), Reformen im rheinbündischen Deutschland, S. 23 ff.

44 Weis, Säkularisation, S. 53.

45 Diese unterschiedlichen Auswirkungen gaben Anlaß zur Typologisierung: So unterscheidet Christoph Dipper drei Formen: die kirchenreformatorische, die domänenpolitische und die fiskalpolitische Säkularisation. Vgl. Probleme einer Wirtschafts- und Sozialgeschichte der Säkularisation in Deutschland; dazu auch in einzelnen Punkten modifizierend und korrigierend: Harm Klueting, Die Folgen der Säkularisation. Zur Diskussion der wirtschaftlichen und sozialen Auswirkungen der Vermögenssäkularisation, in: H. Berding/H.-P. Ullmann, Deutschland zwischen Revolution und Restauration, S. 184 ff.; vgl. im übrigen die Sichtung des Materials bei H. C. Mempel, Die Vermögenssäkularisation 1803-1810.

46 Vgl. Dickmann, Westfälischer Friede, S. 563 bezeichnet die Säkularisationen als die bedeutendsten Veränderungen, die der Westfälische Friede für das alte Reich gebracht hat; vgl. auch ebd., S. 316 ff.

47 Text u. a. in: Quellen zum Verfassungsorganismus, S. 368 ff.

48 Text in: ebd., S. 374 ff.
49 Text in: ebd., S. 394-396, das Zit. S. 395.
50 Vgl. insges. Heinz Gollwitzer, Die Standesherren, 2. erg. Aufl. Göttingen 1964, zur Vorgeschichte und Verlauf, S. 15 ff. sowie Bundesakte vom 18. Juni 1815 Art. XIV.
51 Huber, Verfassungsgeschichte Bd. 1, S. 85.
52 Ebd.
53 Vgl. zum vorstehenden Artikel 35, 36, 7, 8 der Rheinbundakte, sowie insges. Huber, Verfassungsgeschichte, S. 82 ff.
54 Vgl. zum Vorstehenden E. Weis, Die Begründung des modernen bayerischen Staates, S. 25.
55 Vgl. G. Ritter, Stein Bd. 1, S. 248 f.
56 Vgl. zum Ganzen ebd., Bd. 2, S. 68 ff.
57 Text in: Stein, Briefe und amtliche Schriften Bd. 3, S. 1.
58 Text in: Deutschland unter Napoleon, S. 277 f.
59 E. Fehrenbach, Vom Ancien Régime, S. 81, vgl. insges. H. Berding, Napoleonische Herrschafts- und Gesellschaftspolitik. Bezeichnenderweise wurde die Verfassung von Napoleon selbst erlassen, in Art. 2 erklärte er: »Wir behalten Uns die Hälfte der Allodialdomainen der Fürsten vor, um solche zu den Belohnungen zu verwenden, die wir den Offizieren Unserer Armeen versprochen haben, welche Uns im gegenwärtigen Kriege die meisten Dienste leisteten ... Die Besitznahme von diesen Gütern soll unverzüglich durch Unsere Intendanten geschehen ...« (Text in Pölitz, Die europäischen Verfassungen Bd. I,1, S. 38). In dieser Textsammlung finden sich auch die anderen hier erwähnten Verfassungstexte.
60 Diesen Text hat Eberhard Weis ediert und kommentiert: ZBLG 33 (1970), S. 219-256.
61 Vgl. F. Schnabel, Sigismund von Reitzenstein.
62 L. Gall, Der Liberalismus als regierende Partei, S. 5.
63 Srbik, Metternich Bd. 1, S. 446.
64 Briefe und amtliche Schriften Bd. II,1, S. 390, 394.
65 Ebd., Bd. I,2, S. 505.
66 Vgl. Weis, Montgelas' innenpolitisches Reformprogramm, S. 244/245.
67 Text in: Pölitz, Die europäischen Verfassungen Bd. I,1, S. 459.
68 Text: ebd., S. 96-100 (hier die 3. Tit. § 4; 4. Tit. § 1).
69 Ebd., S. 38-42 (hier 7. Tit. § 29).
70 H. Berding, Napoleonische Herrschafts- und Gesellschaftspolitik, S. 23.
71 K. von Raumer, Deutschland um 1800, S. 318.
72 Text in: Deutschland unter Napoleon, S. 292-300, Zit. S. 299/300.
73 Monika Lahrkamp, Die französische Zeit, in: W. Kohl (Hg.), Westfälische Geschichte Bd. 2, S. 34.
74 E. Fehrenbach, Vom Ancien Régime, S. 87.
75 Vgl. zuletzt Helmut Berding, Judenemanzipation im Rheinland, in: E. Weis (Hg.), Reformen im rheinbündischen Deutschland, S. 269-284 sowie unten.
76 Text in: Pölitz, Die europäischen Verfassungen, S. 45 f.
77 Ebd., S. 39 f.
78 Vgl. insges. E. Fehrenbach, Traditionale Gesellschaft und revolutionäres Recht, S. 79 ff., 146 ff., 212. Elisabeth Fehrenbach unterscheidet drei Formen: die zunächst uneingeschränkte, prinzipielle Übernahme französischen Rechts in den Modellstaaten Berg und Westfalen, die Kompromißlösung in den Großherzogtümern Baden und Frankfurt, wo die adlig-grundherrliche Verfassung in den Code Napoléon eingebaut wurde, schließlich die »feudal-aristokratische Opposition« in Bayern.

79 Montgelas, zit. bei E. Fehrenbach, Traditionales Recht, S. 135.

80 So W. Schubert in einer der Einleitungen zur Entstehungsgeschichte
der jüngst hg. Edition von Walter Demel und Werner Schubert: Entwurf eines Bürgerlichen Gesetzbuchs für das Königreich Bayern von
1811, Ebelsbach 1986, ebd., S. XLIIIff., LXVIIIff., über die rechtspolitische Diskussion und die Hintergründe. Das Zit. S. LXXXVIII.

81 Zit. E. Fehrenbach, Traditionales Recht, S. 136.

82 Vgl. zum Ganzen Walter Demel, Der bayerische Staatsabsolutismus
1806/08-1817; zum gesellschaftspolitischen Hintergrund auch ders.,
Adelsstruktur und Adelspolitik in der ersten Phase des Königreichs
Bayern, in: E. Weis (Hg.), Reformen im rheinbündischen Deutschland, S. 213-227.

83 Vgl. die Texte in: Dokumente zur Geschichte von Staat und Gesellschaft in Bayern, Abt. III, Bd. 5, S. 9ff., 21ff., 28ff.

84 Vgl. insges. die grundlegende Biographie von E. Weis, Montgelas Bd. 1
(Bd. 2 steht für 1989 in Aussicht).

85 Vgl. insges. B. Wunder, Privilegierung und Disziplinierung, sowie
ders., Geschichte der Bürokratie in Deutschland, Frankfurt/M. 1986,
S. 21ff.

86 Vgl. zum Ganzen E. Weis, Die Begründung des modernen bayerischen
Staates, S. 55ff.

87 Vgl. Verfassungstext (1. Tit. § 7,8) in Pölitz, Bd. I,1, S. 96ff., dort auch
weitere Reformedikte.

88 Vgl. die Texte zur Neuordnung des Bildungswesens in: Dokumente
zur Geschichte von Staat und Gesellschaft in Bayern, Abt. III, Bd. 8,
Kultur und Kirchen.

89 E. Weis, Die Begründung, S. 39.

90 Vgl. W. Demel, Der Bayerische Staatsabsolutismus, S. 568f. u. ö.

91 Vgl. jüngst: Manfred Rauh, Verwaltung, Stände und Finanzen. Studien
zu Staatsaufbau und Staatsentwicklung Bayerns unter dem späteren
Absolutismus, München 1988.

92 Daß die Magistrate von den Bürgern gewählt werden müssen. Über die
neuesten inneren Verhältnisse Württembergs ..., in: Hegel, Werke
Bd. 1, S. 268ff., die Zit. S. 269, 273.

93 Über ihn und seine unterschiedlich interpretierten Rheinbund- und
Reichspläne: Rainer Wohlfeil, Untersuchungen zur Geschichte des
Rheinbundes 1806 bis 1813, in: Zs. f. Gesch. des Oberrheins Bd. 108
(1960), S. 85-108; sowie Eberhard Weis, Napoleon und der Rheinbund,
in: A. v. Reden-Dohna (Hg.), Deutschland und Italien im Zeitalter
Napoleons, S. 57-80.

94 Vgl. Erwin Hölzle, Das alte Recht und die Revolution. Politische
Geschichte Württembergs in der Revolutionszeit 1789-1805, München
1931; ders., Württemberg im Zeitalter Napoleons und der deutschen
Erhebung, Stuttgart 1937; insges. auch K. v. Raumer, Deutschland um
1800, S. 281ff.

95 Vgl. zum Vorstehenden: Hans-Peter Ullmann, Zur Finanzpolitik des
Großherzogtums Baden in der Rheinbundzeit: die Finanzreform von
1808, in: E. Weis (Hg.), Reformen im rheinbündischen Deutschland,
S. 99-120.

96 Hans-Peter Ullmann, Überlegungen zur Entstehung des öffentlichen,
verfassungsmäßigen Kredits in den Rheinbundstaaten (Bayern, Württemberg und Baden), in: H. Berding/H.-P. Ullmann (Hg.), Deutschland zwischen Revolution und Restauration, S. 124; vgl. insges. vor
allem: ders., Staatsschulden und Reformpolitik. Die Entstehung
moderner öffentlicher Schulden in Bayern und Baden 1780-1820, Göttingen 1985. Vgl. auch W. Demel, Der Bayerische Staatsabsolutismus,
S. 165ff., über die »Diktatur der Staatsausgaben« und den bei Gründung des Königreichs Bayern unmittelbar drohenden Staatsbankrott.

97   Vgl. Möller, Gold- und Rosenkreuzer, S. 219f. mit weiterer Lit.

98   Vgl. ebd., S. 235f.

99   Vgl. v. a. das für die Mentalitätsgeschichte Preußens in diesen Epochen grundlegende Werk von H. Brunschwig, Gesellschaft und Romantik in Preußen (mit etwas irreführendem Titel) sowie Möller, Gold- und Rosenkreuzer.

100 Vgl. insges.: H. H. Hofmann, Adlige Herrschaft und souveräner Staat, insbes. S. 168ff.

101 Fritz Hartung, Hardenberg und die preußische Verwaltung von Ansbach-Bayreuth, Tübingen 1906.

102 Vgl. zum Ganzen, allerdings stärker die Unterschiede betonend: Hanns Hubert Hofmann, Die preußische Ära in Franken, in: ders. (Hg.), Die Entstehung des modernen souveränen Staates, S. 245-258.

103 So sieht z. B. E. Klein, Von der Reform zur Restauration in Anlehnung an G. Ritter, Stein, bei Stein die zukunftsweisenden Elemente. Ähnlich kritisch gegenüber Hardenberg auch E.W. Zeeden, Hardenberg und der Gedanke einer Volksvertretung in Preußen 1807-1812, ND Vaduz 1965. Über Hardenberg liegt bis heute keine vollständige, durch die Verbindung mit Strukturanalysen gekennzeichnete modernen Ansprüchen genügende Biographie vor. Vgl. ansonsten das unvollendet gebliebene Werk von H. Hausherr sowie die vor allem ereignisgeschichtliche Darstellung von Peter G. Thielen.

104 Text in: Huber (Hg.), Dokumente Bd. 1, S. 38ff.

105 Texte in: G. Franz (Hg.), Quellen zur Geschichte des deutschen Bauernstandes, S. 360ff., 381ff.

106 Vgl. F.W. Henning, Landwirtschaft und ländliche Gesellschaft Bd. 2, S. 58.

107 Vgl. zusammenfassend: Lütge, Deutsche Sozial- und Wirtschaftsgeschichte, S. 436ff.; Wehler, Gesellschaftsgeschichte Bd. 1, S. 409ff.

108 Vgl. G. Winter, Zur Entstehungsgeschichte des Oktoberedikts und der Verordnung vom 14. Februar 1808, in: FBPG 40 (1927), S. 1-33; D. Saalfeld, Zur Frage des bäuerlichen Landverlustes im Zusammenhang mit den preußischen Agrarreformen, in: Zs. für Agrargeschichte und Agrarsoziologie 11 (1963), S. 163-171.

109 Nipperdey, Deutsche Geschichte, S. 48.

110 F.W. Henning, Das industrialisierte Deutschland, S. 60.

111 Text in: Huber, Dokumente Bd. 1, S. 43f.

112 Text in: Huber, Dokumente Bd. 1, S. 41; die folgenden Zit. ebd., S. 42/43.

113 Vgl. dazu B. Vogel, Allgemeine Gewerbefreiheit.

114 Nassauer Denkschrift, in: Briefe und amtliche Schriften Bd. II,1, S. 394.

115 Vgl. Text ebd., Bd. II,2, S. 947-979.

116 Vgl. insges. H. Heffter, Die deutsche Selbstverwaltung im 19. Jh., S. 84ff.; Huber, Verfassungsgeschichte Bd. 1, S. 174ff.; G. C. von Unruh, in: Deutsche Verwaltungsgeschichte Bd. 2, S. 399ff., zur Städteordnung insbes. S. 416ff.

117 Vgl. Unruh, S. 419.

118 Vgl. auch Ritter, Stein Bd. 1, S. 378, insbes. S. 384ff.

119 Vgl. zu den Vorgängen Ritter, Stein, 3. Aufl. Stuttgart 1958, S. 238ff., insbes. S. 246ff.

120 Stein, Briefe und amtliche Schriften Bd. II,2, S. 1001.

121 Text in: Huber, Dokumente Bd. 1, S. 48f. Vgl. R. Wohlfeil, Vom stehenden Heer des Absolutismus zur Allgemeinen Wehrpflicht, in: Deutsche Militärgeschichte Bd. I,2, insbes. S. 115ff.

122 Auch hier zeigt sich wieder, daß die Mobilisierung für den Verteidigungskrieg eine national integrierende Wirkung hatte. Neu gegenüber den vorrevolutionären Erfahrungen war hingegen der »Demokratisierungseffekt«.

123 In: W. von Humboldt, Werke Bd. 1, S. 64/67.
124 Vgl. die kontroverse Deutung von F. Meinecke, Weltbürgertum und Nationalstaat, S. 40ff., 142ff. sowie S. A. Kaehler, Humboldt und der Staat, sowie F. Meinecke, Ausgewählter Briefwechsel, S. 338ff.
125 Vgl. W. Weischedel (Hg.), Idee und Wirklichkeit einer Universität Bd. 1 (Dokumente), S. 210ff.
126 Über die innere und äußere Organisation der höheren wissenschaftlichen Anstalten in Berlin, in: Werke Bd. 4, S. 254.
127 In: Weischedel (Hg.), Dokumente, S. 231.
128 Nipperdey, Deutsche Geschichte, S. 63.
129 So Koselleck, Preußen zwischen Reform und Revolution.
130 So E. Klein, Von der Reform zur Restauration; vgl. dagegen Herbert Obenaus, Anfänge des Parlamentarismus in Preußen bis 1848, Düsseldorf 1984, S. 55ff. Gerade der relative Erfolg der sozialökonomischen Reformen, schließlich der Sieg in den Kriegen gegen Napoleon verminderten den politischen Spielraum der Reformpartei.
131 Text in: Deutschland unter Napoleon, S. 387.
132 Text ebd., S. 391.
133 Zit. bei Tulard, Napoleon, S. 436.
134 Vgl. ebd., S. 439.
135 Hardenberg, Denkwürdigkeiten Bd. 4, S. 323.
136 Werke Bd. 7, S. 398.
137 R. Ibbeken, Preußen 1807-1813, S. 443ff. (Statistiken).
138 Text in: Die Erhebung gegen Napoleon 1806-1814/15, S. 269.
139 Text in: H. v. Kleist, Sämtliche Werke und Briefe Bd. 2, S. 350-360. Zit. S. 350-352, 354.
140 Vgl. Wolfgang Hardtwig, Die Burschenschaften zwischen aufklärerischer Sozietätsbewegung und Nationalismus, in: Aufklärung – Vormärz – Revolution 4 (1984), S. 46ff.; ders., Studentische Mentalität – Politische Jugendbewegung – Nationalismus, in: HZ 242 (1986), S. 581ff.
141 Zit. bei Thielen, Hardenberg, S. 284.
142 Text in: Die Erhebung gegen Napoleon, S. 254.
143 Vgl. Helmut Berding, Freiheitskriege, in: Marxismus im Systemvergleich. Hg. von C. D. Kernig, Geschichte Bd. 2, Sp. 61-74; sowie zuletzt für die Vorgeschichte B. von Münchow-Pohl, Zwischen Reform und Krieg.
144 Vgl. Tulard, Napoleon, S. 487.
145 Aus Metternichs nachgelassenen Papieren, Bd. I,1, S. 151.

Anmerkungen zu Kapitel IX

1 Text in: Quellen zur Geschichte des Wiener Kongresses. Hg. von K. Müller, S. 33. Grundlegende Gesamtdarstellung: Karl Griewank, Der Wiener Kongreß, sowie Analyse vieler, Deutschland betreffender Einzelfragen bei Huber, Verfassungsgeschichte Bd. 1. – Sittengemälde finden sich bei Bourgoing, Vom Wiener Kongreß, sowie K. Sall (Hg.), Der Wiener Kongreß. Wichtigste Dokumentesammlung: Acten. Hg. von Klüber.
2 Text Klüber, Bd. I, S. 192f. Zu Verfahrensfragen zuletzt prägnant H. Duchhardt, Gleichgewicht der Kräfte, S. 127ff. Zu den wichtigsten Persönlichkeiten neben den im Lit.Verz. angegebenen Biographien: Griewank, S. 79ff.; Henry A. Kissinger, Großmacht Diplomatie, insbes. über die »Staatskunst« von Castlereagh und Metternich.
3 Huber, Verfassungsgeschichte Bd. 1, S. 535.
4 Vgl. den Brief an Metternich, in: Aus der alten Registratur der Staatskanzlei, S. 58ff., das Zit. S. 68.

5 Ebd., S. 66f.
6 Vgl. zum Ganzen Kissinger, Großmacht Diplomatie; sowie dazu: Klaus Hildebrand, Die Macht der legitimen Ordnung. Der Wiener Kongreß und die Architektur des Gleichgewichts, in: Frankfurter Allgemeine Zeitung Nr. 212, 13. Sept. 1986.
7 Zit. bei Fehrenbach, Vom Ancien Régime, S. 126.
8 Vgl. Text in: Quellen zur Geschichte des Wiener Kongresses, S. 34.
9 Text ebd., S. 301 ff.
10 Vgl. ebd., S. 304 ff.
11 Vgl. Texte ebd., S. 339 ff.
12 Vgl. ebd., S. 406 ff.
13 Text in: Huber, Dokumente Bd. 1, S. 75 ff.
14 Ebd., Art. 6, bei manchen Zählungen werden zwei Nassau und statt zwei Linien Reuß vier gezählt, weshalb die Angaben in der Literatur voneinander abweichen.
15 Vgl. W. Mager, Das Problem der landständischen Verfassung auf dem Wiener Kongreß.
16 Frz. Text in: Briefe und sämtliche Schriften Bd. 5, S. 394 ff.
17 E. M. Arndt, Briefe Bd. 1, S. 449.
18 Ebd., S. 454.
19 Ebd., S. 473.
20 Ueber die Behandlung der Angelegenheiten des Deutschen Bundes durch Preußen, in: Werke Bd. 4, S. 347 ff., das Zit. S. 351.
21 Ebd., S. 413.
22 Text in: Quellen zur Geschichte des Wiener Kongresses, S. 396.
23 Johann Peter Eckermann, Gespräche mit Goethe in den letzten Jahren seines Lebens. Hg. von Otto Roquette, 3 Bde., Stuttgart–Berlin o. J., Bd. 1, S. 88.
24 Goethes Gespräche. Auf Grund der Ausg. von Flodoard Freiherr von Biedermann hg. von Wolfgang Herwig, Bd. 2, Zürich–Stuttgart 1969, S. 862 ff.
25 Goethe, Briefe. Hg. von Philipp Stein, Bd. 6, Berlin 1924, S. 129.

Verzeichnis der Abkürzungen und Siglen

AfK	Archiv für Kulturgeschichte
AfS	Archiv für Sozialgeschichte
ALR	Allgemeines Landrecht für die preußischen Staaten von 1794
GG	Geschichte und Gesellschaft
HJB	Historisches Jahrbuch
HZ	Historische Zeitschrift
JGMOD	Jahrbuch für die Geschichte Mittel- und Ostdeutschlands
SB	Sitzungsberichte
VSWG	Vierteljahrschrift für Sozial- und Wirtschaftsgeschichte
ZBLG	Zeitschrift für Bayerische Landesgeschichte
ZHF	Zeitschrift für historische Forschung

Bibliographie

(*Weitere* Quellen und Literatur finden sich bei den Nachweisen zu den einzelnen Kapiteln). In der Rubrik *Allgemeine Literatur* genannte Werke werden in den Angaben zu den einzelnen Kapiteln nicht eigens aufgeführt.

Quellen

Abbt, Thomas, Vermischte Werke, Teil 1 und 2, Berlin–Stettin 1772.

Acta Borussica. Denkmäler der Preußischen Staatsverwaltung im 18. Jahrhundert. Die Behördenorganisation und die allgemeine Staatsverwaltung Preußens im 18. Jahrhundert. Bd. 1-16, 1 u. 2, Berlin–Hamburg 1894-1982. (Weitere Abteilungen in den Anmerkungen)

Acten des Wiener Congresses in den Jahren 1814 und 1815. Hg. v. Johann Ludwig Klüber, Bd. 1 bis 9 (1815), ND Osnabrück 1966.

Allgemeine deutsche Bibliothek. Hg. v. Friedrich Nicolai, Berlin–Stettin 1765ff.

Allgemeine Musikalische Zeitung. Begr. von J. F. Rochlitz, 1798-1848.

Allgemeines Landrecht für die preußischen Staaten von 1794, ND hg. v. Hans Hattenhauer und Günther Bernert, Frankfurt/Main–Berlin 1970.

Annalen der deutschen Universitäten. Hg. v. Karl Wilhelm Justi und Friedrich Samuel Mursinna, Marburg 1798.

Anselmus Rabiosus (Wilhelm Ludwig Wekhrlin), Reise durch Oberdeutschland. Hg. v. Jean Mondot, München 1988.

Arndt, Ernst Moritz, Briefe. Hg. v. Albrecht Dühr, Bd. 1, Darmstadt 1972.

Athenäum. Hg. v. August Wilhelm Schlegel und Friedrich Schlegel 1798-1800, 3 Bde., ND Darmstadt 1970.

Aus der alten Registratur der Staatskanzlei. Briefe politischen Inhalts von und an Friedrich von Gentz aus den Jahren 1799 bis 1827. Hg. v. Clemens von Klinkowström, Wien 1870.

Aus der Zeit Maria Theresias. Tagebuch des Fürsten Johann Josef Khevenhüller-Metsch 1747 bis 1776, Wien 1914ff.

Bahrdt, Carl Friedrich, Handbuch der Moral für den Bürgerstand, Tübingen 1789.

Batscha, Zwi (Hg.), Aufklärung und Gedankenfreiheit, Frankfurt/Main 1977.

Batscha, Zwi/Garber, Jörn (Hg.), Von der ständischen zur bürgerlichen Gesellschaft, Frankfurt/M. 1981.

Begegnung mit Caroline. Briefe von Caroline Michaelis-Böhmer-Schlegel-Schelling. Hg. v. Sigrid Damm, Leipzig 1979.

Behre, Otto, Geschichte der Statistik in Brandenburg-Preußen, Berlin 1905 (ND Vaduz/Liechtenstein 1979).

Berliner Abendblätter. Hg. v. Heinrich von Kleist. ND hg. v. Helmut Sembdner, Darmstadt 1973.

Berliner Leben 1648 bis 1806. Erinnerungen und Berichte. Hg. v. Ruth Glatzer, Berlin (Ost) 1956.

Berliner Leben 1806 bis 1847. Erinnerungen und Berichte. Hg. v. Ruth Köhler und Wolfgang Richter, Berlin (Ost) 1954.

Berlinische Monatsschrift. Hg. v. Friedrich Gedike und Johann Erich Biester, Berlin 1783ff.

Bibliothek der deutschen Aufklärer des 18. Jahrhunderts. Hg. v. Martin von Geismar, 2 Bde., ND Darmstadt 1963.

Boyen, Hermann von, Denkwürdigkeiten und Erinnerungen 1771 bis 1813, 2 Bde., 2. Aufl. Stuttgart o. J.

Brandes, Ernst, Ueber den Einfluß und die Wirkungen des Zeitgeistes auf die höheren Stände Deutschlands, Hannover 1810.

Briefe an Goethe. Hg. v. Karl Robert Mandelkow, 2 Bde., Hamburg 1965 (Hamburger Ausgabe).

Briefe der Kaiserin Maria Theresia. Hg. v. Alfred Ritter von Arneth, Bd. 1 bis 4, Wien 1881.

Briefe Friedrichs des Großen. Hg. v. Max Hein, 2 Bde., Berlin 1914.

Burney, Charles, Tagebuch einer musikalischen Reise. Hg. v. E. Klemm, Leipzig 1975.

Campe, Johann Heinrich, Briefe aus Paris. Hg. v. Helmut König, Berlin (Ost) 1961.

Campe, Johann Heinrich, Väterlicher Rath für meine Tochter. Ein Gegenstück zum Theophron. Der erwachsenern weiblichen Jugend gewidmet, 7. Aufl. Braunschweig 1809.

Chodowiecki, Daniel, Bürgerliches Leben im 18. Jahrhundert (Katalog Städtisches Kunstinstitut und städtische Galerie Frankfurt/Main) 1978.

Clausewitz, Carl von, Vom Kriege, 2. Aufl., 3 Bde., Berlin 1857.

Conze, Werner (Hg.), Quellen zur Geschichte der deutschen Bauernbefreiung, Göttingen 1957.

Correspondance de Napoléon Ier, Bd. 1 bis 32, Paris 1870.

Crome, August Friedrich Wilhelm, Allgemeine Uebersicht der Staatskräfte von den sämtlichen europäischen Reichen und Ländern mit einer Verhältniß-Charte von Europa, zur Uebersicht und Vergleichung des Flächen-Raums, der Bevölkerung, der Staats-Einkünfte und der bewaffneten Macht, Leipzig 1818.

Crome, August Friedrich Wilhelm, Geographisch-statistische Darstellung der Staatskräfte von den sämmtlichen, zum deutschen Staatenbunde gehörigen Ländern, mit einer großen Verhältniskarte von Deutschland, Teil 1 bis 4, Leipzig 1820 bis 1828.

Crome, August Friedrich Wilhelm, Handbuch der Statistik des Großherzogthums Hessen, in staatswirthschaftlicher Hinsicht, nach den besten, meist handschriftlichen Quellen bearbeitet, 2 Theile, Darmstadt 1822.

Das Reformministerium Stein. Akten zur Verfassungs- und Verwaltungsgeschichte aus den Jahren 1807/08, hg. v. Heinrich Scheel. Bearb. v. Doris Schmidt 3 Bde., Berlin (Ost) 1966 bis 1968.

Das Rheinland im Zeitalter der Französischen Revolution. Augenzeugenberichte von Leopold Bleibtreu. Hg. v. Wilhelm Schmidt-Bleibtreu, Bonn 1988.

Das Zeitalter der Aufklärung. Hg. v. Wolfgang Philipp, Bremen 1963.

Demian, J. A., Darstellung der oesterreichischen Monarchie nach den neuesten statistischen Beziehungen. 1. Band, welcher Böhmen, Mähren, und das österreichische Schlesien enthält, o. O. 1804.

Denkwürdigkeiten des Staatskanzlers Fürsten von Hardenberg. Hg. v. Leopold von Ranke. Bd. 1 bis 5, Leipzig 1877.

Der Wiener Kongreß. In Schilderungen von Zeitgenossen. Ausgewählt und eingeleitet von Karl Soll, Berlin–Wien o. J.

Deutschland unter Napoleon in Augenzeugenberichten, hg. v. Eckhart Kleßmann, 2. Aufl. München 1982.

Die Aufklärung. In ausgewählten Texten dargestellt und eingeleitet von Gerhard Funke, Stuttgart 1963.

Die deutsche Literatur. Texte und Zeugnisse, Bd. 4, 1 und 2: 18. Jahrhundert. In Verbindung mit Christoph Perels, hg. v. Walther Killy, München 1983.

Die deutsche Literatur. Texte und Zeugnisse, Bd. 5, 1 und 2: Sturm und Drang, Klassik, Romantik. Hg. v. Hans-Egon Hass, München 1966.

Die Erhebung gegen Napoleon 1806 bis 1814/15. Hg. v. Hans-Bernd Spies, Darmstadt 1981.

Die europäischen Verfassungen seit dem Jahre 1789 bis auf die neueste Zeit. Hg. v. Karl Heinrich Ludwig Pölitz, 2. erg. Aufl., Bd. 1 bis 3, Leipzig 1832/1833.

Die Französische Revolution im Spiegel der deutschen Literatur. Hg. v. Claus Träger, Leipzig 1975.

Die Französische Revolution, Berichte und Deutungen deutscher Schriftsteller und Historiker. Hg. v. Horst Günther, 4 Bde., Frankfurt/Main 1988 (Sonderausgabe).

Die Französische Revolution. Eine Dokumentation. Hg. v. Walter Grab, München 1973.

Die Mainzer Republik I. Protokolle des Jacobinerklubs. Hg. v. Heinrich Scheel, Berlin (Ost) 1975.

Die Mainzer Republik II. Protokolle des rheinisch-deutschen Nationalkonvents mit Quellen zu seiner Vorgeschichte. Hg. v. Heinrich Scheel, Berlin (Ost) 1981.

Die Säkularisation 1803. Eingel. und zusammengestellt von Rudolfine Freiin v. Oer, Göttingen 1970.

Dohm, Christian Wilhelm, Ueber die bürgerliche Verbesserung der Juden, 2 Bde., Berlin–Stettin 1781/1783.

Dohm, Christian Wilhelm von, Denkwürdigkeiten meiner Zeit, Bd. 1 bis 5, Lemgo–Hannover 1814 bis 1819.

Dokumente zur deutschen Verfassungsgeschichte. Hg. v. Ernst Rudolf Huber, Bd. 1: Deutsche Verfassungsdokumente 1803 bis 1850, Stuttgart 1961.

Dokumente zur Geschichte von Staat und Gesellschaft in Bayern. Hg. v. Karl Bosl. Abteilung 3: Bayern im 19. und 20. Jh. Bd. 2 bis 5, 8, München 1983-1986.

Eberhard, Johann August, Sittenlehre der Vernunft, Berlin 1781.

Eichendorff, Joseph von, Werke. Hg. v. Jost Perfahl, Bd. 1 bis 5, München 1980-1988.

Engel, Johann Jakob, Schriften, Bd. 1 bis 12, Berlin 1801-1806 (ND Frankfurt/Main 1971).

Erhard, Johann Benjamin, Über das Recht des Volks zu einer Revolution und andere Schriften. Hg. v. Hellmut G. Haasis, 2. Aufl., München 1970.

Erscheinungsformen des preußischen Absolutismus. Eingel. und zusammengestellt von Peter Baumgart, Germering 1966.

Fichtes Werke. Hg. v. Immanuel Hermann Fichte, Bd. 1 bis 11, ND Berlin 1971.

Forster, Georg, Ansichten vom Niederrhein, von Brabant, Flandern, Holland, England und Frankreich, im April, Mai und Junius 1790. Hg. v. Gerhard Steiner, Leipzig 1979.

Franz, Günther (Hg.), Staatsverfassung, 3. Aufl., Darmstadt 1975.

Frauen der Goethezeit in Briefen, Dokumenten und Bildern. Eine Anthologie von Helga Haberland und Wolfgang Pehnt, Stuttgart 1960.

Friedrich der Große, Gespräche mit Henri de Catt, ND München 1981.

Friedrich der Große im Spiegel seiner Zeit. Hg. v. Gustav Berthold Volz, 3 Bde., Berlin o. J.

Friedrich der Große, Mein lieber Marquis! Sein Briefwechsel mit Jean-Baptiste d'Argens während des Siebenjährigen Krieges. Hg. v. Hans Schumann, Zürich 1985.

Friedrich der Große und Maria Theresia. Diplomatische Berichte von Otto Christoph Graf von Podewils. Hg. v. Carl Hinrichs, Berlin 1937.

Friedrich der Große, Werke, hg. v. Gustav Berthold Volz, Bd. 1 bis 10, Berlin 1913-1914.

Friedrich der Große, Gespräche, hg. v. Friedrich von Oppeln-Bronikowski und Gustav Berthold Volz, Berlin 1919.

Friedrich der Große. Hg. v. Otto Bardong, Darmstadt 1982.

Gallerie Preussischer Charaktere, Germanien 1808.

Garber, Jörn (Hg.), Revolutionäre Vernunft. Texte zur jakobinischen und liberalen Revolutionsrezeption in Deutschland 1789 bis 1810, Kronberg/Ts. 1974.

Garber, Jörn (Hg.), Kritik der Revolution. Theorien des deutschen Frühkonservatismus 1790 bis 1810, Bd. 1: Dokumentation, Kronberg/Taunus 1976.

Garve, Christian, Fragmente und Schilderungen des Geistes, des Charakters, und der Regierung

Friedrichs des zweiten, 2 Teile, Breslau 1798.

Garve, Christian, Popularphilosophische Schriften über literarische, ästhetische und gesellschaftliche Gegenstände, 2 Bde., hg. v. Kurt Wölfel, Stuttgart 1974.

Gedike, Friedrich, Über Berlin. Briefe »von einem Fremden« in der Berlinischen Monatsschrift 1783 bis 1785. Hg. v. Harald Scholtz unter Mitwirkung von Ernst Kröger, Berlin 1987.

Germershausen, Christian Friedrich, Die Hausmutter in allen ihren Geschäfften, 5 Bde., Leipzig 1781.

Goethe, Johann Wolfgang von, Briefe, Bd. 1 bis 4. Hg. v. Karl Robert Mandelkow, 2. Aufl. Hamburg 1968 (Hamburger Ausgabe).

Goethe, Johann Wolfgang von, Werke. Hamburger Ausgabe. Hg. v. Erich Trunz u. a., 14 Bde., Hamburg 1948 ff.

Goethe, Johann Wolfgang von, Werke. Neue Gesamtausgabe des Cotta-Verlages, 22 Bde., Stuttgart o. J. (1950-1963).

Grellmann, H. M. G., Historisch-statistisches Handbuch von Teutschland und der vorzüglichsten seiner besonderen Staaten, 1. Theil, Göttingen 1801.

Grimm, Jacob/Grimm, Wilhelm, Deutsches Wörterbuch, Bd. 1 bis 33, Leipzig 1854 ff. (ND München 1984).

Grotius, Hugo, De Iure Belli ac Pacis (1625), neu hg. v. Walter Schätzel, Tübingen 1950.

Hassel, Georg, Statistischer Umriß der sämmtlichen europäischen und der vornehmsten außereuropäischen Staaten, in Hinsicht ihrer Entwicklung, Größe, Volksmenge, Finanz- und Militärverfassung, tabellarisch dargestellt, Weimar 1823.

Heeren, A. H. L., Handbuch der Geschichte des Europäischen Staatensystems und seiner Colonien, 2. verb. Ausg. Göttingen 1811.

Hegel, Georg Wilhelm Friedrich, Werke. Redaktion Eva Moldenhauer und Karl Markus Michel, Bd. 1 bis 20, Frankfurt/Main 1971.

Hendrich, Franz Josias von,

Über den Geist des Zeitalters und die Gewalt der öffentlichen Meynung, 1797 (ND Meisenheim/Glan 1979).

Hennings, August, Vorurtheilsfreie Gedanken über Adelsgeist und Aristokratism, o. O. 1792.

Henriette Herz, Berliner Salon. Erinnerungen und Portraits. Hg. v. Ulrich Janetzki, Frankfurt/Main–Berlin–Wien 1984.

Henriette Herz in Erinnerungen, Briefen und Zeugnissen. Hg. v. Rainer Schmitz, Frankfurt/Main 1984.

Henriette Herz. Ihr Leben und ihre Zeit. Hg. v. Hans Landsberg, Weimar 1913.

Herder, Johann Gottfried, Briefe, Bd. 1 bis 8, Weimar 1977 bis 1984.

Herder, Johann Gottfried, Werke. Hg. v. Heinrich Düntzer und Wollheim da Fonseca, 24 Bde., Berlin o. J. (1869-1879).

Hermand, Jost, Von deutscher Republik 1775 bis 1795, 2 Bde., Frankfurt/Main 1968.

Hermann, Ernst, Geschichte des russischen Staates. Ergänzungsband: Diplomatische Correspondenzen aus der Revolutionszeit 1791 bis 1797, Gotha 1866.

Hinrichs, Carl (Hg.), Der allegenwärtige König. Friedrich der Große im Kabinett und auf Inspektionsreisen, 2. Aufl. Berlin 1940.

Hinske, Norbert (Hg.), Was ist Aufklärung? Beiträge aus der Berlinischen Monatsschrift, Darmstadt 1973.

Hippel, Theodor Gottlieb von, Über die bürgerliche Verbesserung der Weiber (1793), ND Frankfurt/Main 1977.

Hippel, Theodor Gottlieb von, Über die Ehe. Hg. v. Günter de Bruyn, Berlin (Ost) 1979.

Hirschfeld, Cajus Christian Laurenz, Theorie der Gartenkunst, 5 Bde., Leipzig 1779-1785.

Höck, Johann Daniel Albrecht, Statistische Übersicht der deutschen Staaten in Ansehung ihrer Größe, Bevölkerung, Producte, Industrie und Finanzverfassung, Basel o. J. (1800).

Hönn, Georg Paul, Betrugslexicon, 2. verb. Aufl., Coburg 1761.

Humboldt, Wilhelm von, Briefe. Auswahl von Wilhelm Rößle, München 1952.

Humboldt, Wilhelm von, Werke in 5 Bänden. Hg. v. Andreas Flitner und Klaus Giel, Darmstadt 1960 bis 1981.

Ich war wohl klug, daß ich dich fand. Heinrich Christian Boies Briefwechsel mit Luise Mejer 1777 bis 1785. Hg. v. Ilse Schreiber, ND München 1975.

Instrumentum Pacis Westphalicae (Quellen zur neueren Geschichte. Hg. v. Ernst Walder), 3. durchges. Aufl. bearb. v. Konrad Müller, Bern 1975.

Joachimsen, Paul (Hg.), Der deutsche Staatsgedanke von seinen Anfängen bis auf Leibniz und Friedrich den Großen, ND Darmstadt 1967.

Joseph II. und Katharina von Russland. Ihr Briefwechsel. Hg. v. Alfred Ritter von Arneth, Wien 1869.

Jung-Stilling, Johann Heinrich, Lebensgeschichte. Vollständige Ausgabe hg. v. Gustav Adolf Benrath, Darmstadt 1976.

Justi, Johann Heinrich Gottlob von, Die Schimäre des Gleichgewichts von Europa, Altona 1758.

Kant, Immanuel, Werke in 10 Bänden, hg. v. Wilhelm Weischedel, Darmstadt 1968.

Kinder- und Jugendliteratur der Aufklärung. Eine Textsammlung. Hg. v. Hans-Heino Ewers, Stuttgart 1980.

Klein, Ernst Ferdinand, Annalen der Gesetzgebung und Rechtsgelehrsamkeit in den preußischen Staaten, Berlin 1788 ff.

Klein, Ernst Ferdinand, Freyheit und Eigenthum, abgehandelt in acht Gesprächen über die Beschlüsse der Französischen Nationalversammlung, Berlin und Stettin 1790.

Klein, Ernst Ferdinand, Grundsätze der natürlichen Rechtswissenschaft nebst einer Geschichte derselben, Halle 1797.

Kleist, Heinrich von, Sämtliche Werke und Briefe. Hg. v. Helmut Sembdner, 2 Bde., Lizenzausgabe Frankfurt/Main 1965.

Knigge, Adolph Freyherr von, Des seeligen Herrn Etatsraths Samuel Conrad von Schaafskopfs hinterlassene Papiere; von seinen Erben herausgegeben (1793). Hg. v. Iring Fetscher, Frankfurt/Main 1965.

Knigge, Adolph Freyherr von, Josephs von Wurmbrand, kaiserlich abyssinischen Ex-Ministers, jezzigen Notarii cäsarii publici in der Reichsstadt Bopfingen, politisches Glaubensbekenntniß, mit Hinsicht auf die französische Revolution und deren Folgen (1792). Hg. v. Gerhard Steiner, Frankfurt/Main 1968.

Knigge, Adolph Freyherr von, Über den Umgang mit Menschen, 2 Teile, Hannover 1788 (ND Darmstadt 1967).

Krug, Leopold, Abriß der neuesten Statistik des preußischen Staats, 2. verm. und verb. Aufl., Halle 1805.

Krug, Leopold, Betrachtungen über den Nationalreichtum des preußischen Staats und über den Wohlstand seiner Bewohner, 2 Teile, Berlin 1805 (ND Aalen 1970).

Lahnstein, Peter (Hg.), Report einer »guten alten Zeit«. Zeugnisse und Berichte 1750 bis 1805, Stuttgart-Berlin-Köln-Mainz 1970.

Lang, Karl Heinrich Ritter, Memoiren, 2 Teile, Braunschweig 1842 (ND Erlangen 1984).

Laukhard, Friedrich Christian, Leben und Schicksale, 5 Teile, Halle und Leipzig 1792 bis 1802 (ND 3 Bde., Frankfurt 1987).

Lessing, Gotthold Ephraim, Sämtliche Schriften. Hg. v. Karl Lachmann, 3. verm. Aufl. besorgt von Franz Muncker, 23 Bde., Stuttgart-Leipzig-Berlin 1886 bis 1919.

Lichtenberg, Georg Christoph, Schriften und Briefe. Hg. v. Wolfgang Promies, bisher 4 Bde., München 1967 ff.

Lipowsky, Felix Joseph, Übersicht der deutschen Geschichte, Bd. 1 und 2, München 1794.

Loen, Johann Michael von, Der Adel, Ulm 1752.

Maria Theresia. Briefe und Aktenstücke in Auswahl. Hg. v. Friedrich Walter, Darmstadt 1982.

Markov, Walter, Revolution im Zeugenstand. Frankreich 1789 bis 1799, 2 Bde., Frankfurt/Main 1987.

Massenbach, Christian von, Historische Denkwürdigkeiten zur Geschichte des Verfalls des preußischen Staats seit dem Jahre 1794 nebst seinem Tagebuch über den Feldzug von 1806. ND Mainz 1979.

Mercier, Louis Sébastien, Mein Bild von Paris, dt. Frankfurt/Main 1979.

Merck, Johann Heinrich, Ausgewählte Schriften zur Schönen Literatur und Kunst. Hg. v. Adolf Stahr, ND Göttingen 1965.

Aus Metternichs nachgelassenen Papieren. Hg. v. Fürst Richard Metternich und A. v. Klinkowström, 9 Bde., Paris 1880-1889 (Autorisierte deutsche Ausgabe 8 Bde. Wien 1880-1884).

Metternich, Clemens - Wilhelmine von Sagan. Ein Briefwechsel 1813 bis 1815. Hg. v. Maria Ullrichová, Graz-Köln 1966.

Metternich, Napoléon. Portrait suivi d'entretiens de Napoléon et autres détails, Paris 1946.

Moritz, Karl Philipp, Anton Reiser. Ein psychologischer Roman, Berlin 1785, ND hg. v. Wolfgang Martens, Stuttgart 1972.

Moser, Friedrich Carl von, Von dem Deutschen Nationalgeist, o. O. 1766.

Moses Mendelssohn's gesammelte Schriften. Hg. v. Georg Benjamin Mendelssohn, 7 Bde., Leipzig 1843 bis 1845.

Mozart, Leopold, Gründliche Violinschule (1756), 3. verm. Aufl. Augsburg 1787.

Möser, Justus, Sämtliche Werke. Hist.-krit. Ausgabe in 14 Bänden. Hg. v. der Akademie der Wissenschaften in Göttingen, bisher 15 Bde., Oldenburg-Berlin bzw. Osnabrück 1944-1988.

Münch, Paul (Hg.), Ordnung, Fleiß und Sparsamkeit. Texte und Dokumente zur Entstehung der »bürgerlichen Tugenden«, München 1984.

Napoleon, Die Memoiren seines Lebens. In neuer Bearb. hg. v. Friedrich Wencker-Wildberg. In Verbindung mit Friedrich M. Kircheisen, Bd. 1 bis 14, Wien-Hamburg-Zürich o. J.

Nicolai, Friedrich, »Kritik ist überall, zumal in Deutschland, nötig«. Satiren und Schriften zur Literatur. Hg. v. Wolfgang Albrecht, München 1987.

Nicolai, Friedrich, Beschreibung der königlichen Residenzstädte Berlin und Potsdam, aller daselbst befindlichen Merkwürdigkeiten und der umliegenden Gegend, 3 Bde. 3. Aufl., Berlin 1786 (ND Berlin 1968).

Nicolai, Friedrich, Beschreibung einer Reise durch Deutschland und die Schweiz im Jahre 1781. Nebst Bemerkungen über Gelehrsamkeit, Industrie, Religion und Sitten, 12 Bde., Berlin-Stettin 1783 bis 1796.

Nicolai, Friedrich, Freymüthige Anmerkungen über des Herrn Ritters von Zimmermann Fragmente über Friedrich den Großen von einigen brandenburgischen Patrioten, 2 Bde., Berlin-Stettin 1791/1792.

Nicolai, Friedrich, Leben Justus Mösers, Berlin-Stettin 1797.

Nicolai, Friedrich, Leben und Meinungen Sempronius Gundibert's eines deutschen Philosophen. Nebst zwey Urkunden der neuesten deutschen Philosophie, Berlin-Stettin 1798.

Novalis, Werke und Briefe. Hg. v. Alfred Kelletat, München 1962.

Pallach, Ulrich-Christian (Hg.), Hunger. Quellen zu einem Alltagsproblem seit dem Dreißigjährigen Krieg, München 1986.

Pestalozzi, Johann Heinrich, Ausgewählte Schriften. Hg. v. Wilhelm Flitner, 3. Aufl., Düsseldorf-München 1961.

Pestalozzi, Johann Heinrich, Lienhard und Gertrud (1781), Leipzig o. J.

Pezzl, Johann, Reise durch den baierischen Keis. 2. erw. Aufl. 1784, ND München 1973.

Politische Testamente der Hohenzollern. Hg. v. Richard Dietrich, München 1981.

Preußische und Österreichische Acten zur Vorgeschichte des Siebenjährigen Krieges. Hg. v. Gustav Berthold Volz und Georg Küntzel, Leipzig 1899 (Publikationen aus den königlich-preußischen Staatsarchiven, Bd. 74).

Pütter, Johann Stephan, Historische Entwicklung der heutigen Staatsverfassung des teutschen Reichs, 3 Bde., Göttingen 1788.

Pütter, Johann Stephan, Über den Unterschied der Stände, besonders des hohen und niedern Adels in Teutschland, Göttingen 1795.

Quellen zum Verfassungsorganismus des Heiligen Römischen Reiches Deutscher Nation 1495 bis 1815. Hg. und eingel. v. Hanns Hubert Hofmann, Darmstadt 1976.

Quellen zur Geschichte der deutschen Königswahl und des Kurfürstenkollegs, hg. v. Mario Krammer, ND Hildesheim-New York 1972.

Quellen zur Geschichte des deutschen Bauernstandes in der Neuzeit. Hg. v. Günther Franz, Darmstadt 1976.

Quellen zur Geschichte des Rheinlandes im Zeitalter der Französischen Revolution 1780 bis 1801. Hg. v. Joseph Hansen, 4 Bde., Bonn 1931-1938.

Quellen zur Geschichte des Wiener Kongresses 1814/1815. Hg. v. Klaus Müller, Darmstadt 1986.

Randel, Adolph Friedrich, Annalen der Staatskräfte von Europa nach den neuesten physischen, gewerblichen, wissenschaftlichen und politischen Verhältnissen der sämmtlichen Reiche und Staaten, in tabellarischen Übersichten. 1. Theil: Das deutsche Reich, Berlin 1792.

Rebmann, Andreas Georg Friedrich, Vollständige Geschichte meiner Verfolgungen und meiner Leiden, Amsterdam 1796 (ND Meisenheim/Glan o. J.).

Rebmann, Georg Friedrich, Kosmopolitische Wanderungen durch einen Teil Deutschlands (1793). Hg. v. Hedwig Voegt, Frankfurt/Main 1968.

Recht und Verfassung des Reiches in der Zeit Maria Theresias. Die Vorträge zum Unterricht des Erzherzogs Joseph im Natur- und Völkerrecht sowie im Deutschen Staats- und Lehenrecht. Hg. v. Hermann Conrad u. a., Köln-Opladen 1964.

Recke, Elisa von der, Tagebücher und Selbstzeugnisse. Hg. v. Christine Träger, München 1984.

Reichardt, Johann Friedrich, Vertraute Briefe aus Paris 1792. Hg. v. Rolf Weber, Berlin (Ost) 1980.

Reichardt, Johann Friedrich, Vertraute Briefe aus Paris 1802/1803. Hg. v. Rolf Weber, Berlin (Ost) 1981.

Riedel, Adolph Friedrich, Der Brandenburgisch - Preussische Staatshaushalt in den beiden letzten Jahrhunderten, Berlin 1866.

Riesbeck, Johann Kaspar, Briefe eines reisenden Franzosen über Deutschland, ND der 2. Aufl. Zürich 1784, Berlin (Ost) 1976.

Roche, Sophie von la, Geschichte des Fräuleins von Sternheim. Hg. v. Barbara Becker-Cantarino, Stuttgart 1983.

Rochow, Friedrich Eberhard von, Der Kinderfreund. Ein Lesebuch zum Gebrauch an Landschulen, Brandenburg-Leipzig 1776.

Schiller, Friedrich, Sämtliche Werke, Band 1 bis 5. Hg. v. Gerhard Fricke und Herbert G. Göpfert, 4. Aufl., München 1964.

Schlegel, Friedrich, Kritische Schriften. Hg. v. Wolfdietrich Rasch, 2. Aufl., München 1964.

Schlegel, Friedrich, Lucinde. Hg. v. Karl Konrad Polheim, Stuttgart 1964.

Schlettwein, Johann August, Die Rechte der Menschheit oder der einzige wahre Grund aller Gesetze, Ordnungen und Verfassungen, Gießen 1784.

Schlözer, August Ludwig, Stats-Anzeigen Bd. 1 bis 18, Göttingen 1782-1793.

Schlözer, August Ludwig, Briefwechsel meist historischen und politischen Inhalts. Teil 1 bis 10, Göttingen 1778 bis 1782.

Schubart, Christian Daniel Friedrich (Hg.), Deutsche Chronik auf das Jahr 1774, 1775, 1776, 1777, 4 Bde., ND Heidelberg 1975.

Seuffert, J. M., Von dem Verhältnisse des Staats und der Diener des Staats gegeneinander im rechtlichen und politischen Verstande, Würzburg 1793.

Seume, Johann Gottfried, Prosaschriften. Hg. v. Werner Kraft, Köln 1962.

Sonnenfels, Joseph von, Über die Liebe des Vaterlandes, Wien 1771.

Stadelmann, Rudolf (Hg.), Preußens Könige in ihrer Thätigkeit für die Landeskultur, Bd. 4, Leipzig 1887.

Staël, Germaine de, Über Deutschland. Übersetzt von Robert Habs, 2 Bde., Leipzig o. J.

Stein, Freiherr vom, Briefe und amtliche Schriften. Bearb. v. Erich Botzenhart. Neu hg. v. Walther Hubatsch, Bd. 1 bis 10, Stuttgart-Berlin-Köln-Mainz 1957-1974.

Sturm und Drang. Werke in drei Bänden. Hg. v. René Strasser, Frankfurt/Main 1966.

Stürmer, Michael (Hg.), Herbst des alten Handwerks. Quellen zur Sozialgeschichte des 18. Jahrhunderts, München 1979.

Süßmilch, Johann Peter, Die göttliche Ordnung in den Veränderungen des menschlichen Geschlechts, aus der Geburt, dem Tode und der Fortpflanzung desselben erwiesen. 2. und ganz umgearb. Ausg., 2 Teile Berlin 1761/1762.

Svarez, Carl Gottlieb, Vorträge über Recht und Staat. Hg. v. Hermann Conrad und Gerd Kleinheyer, Köln und Opladen 1960.

Turgot, Anne Robert Jacques, Betrachtungen über die Bildung und Verteilung der Reichtümer. Übers. von Marguerite Kuczynski, Berlin (Ost) 1981.

Varnhagen van Ense, Karl August, Denkwürdigkeiten des eigenen Lebens, Bd. 1 bis 3, 1785 bis 1834. Hg. v. Konrad Feilchenfeldt, Frankfurt/Main 1987.
Varnhagen, Rahel, Briefwechsel mit Alexander von der Marwitz. Hg. v. Friedhelm Kemp, München 1966.
Varnhagen, Rahel, Briefwechsel mit August Varnhagen van Ense. Hg. v. Friedhelm Kemp, München 1967.
Varnhagen, Rahel, Gesammelte Werke. Hg. v. Konrad Feilchenfeldt, Uwe Schweikert und Rahel E. Steiner, Bd. 1-10, München 1983.
Varnhagen, Rahel, Im Umgang mit ihren Freunden (Briefe 1793 bis 1833), hg. v. Friedhelm Kemp, München 1967.
Rahel Varnhagen und ihre Zeit (Briefe 1800-1833), hg. v. Friedhelm Kemp, München 1968.
Von der preußischen Monarchie unter Friedrich dem Großen. Unter der Leitung des Grafen von Mirabeau abgefaßt und nun in einer sehr verbesserten und verm. deutschen Übersetzung hg. v. J. Mauvillon 4 Bde., Braunschweig–Leipzig 1793.

Westenrieder, Lorenz, Abriß der deutschen Geschichte, München 1798.
Westenrieder, Lorenz, Beschreibung der Haupt- und Residenzstadt München, München 1782 (ND München 1984).
Wieland, Christoph Martin, Werke. Hg. v. Heinrich Düntzer, 40 Teile, Berlin o. J. (1867-1879).
Winckelmann, Johann Joachim, Ausgewählte Schriften und Briefe. Hg. v. W. Rehm, Wiesbaden 1948.
Winckelmann, Johann Joachim, Geschichte der Kunst des Altertums (1763), ND Darmstadt 1972.
Wolff, Christian, Grundsätze des Natur- und Völckerrechts, Halle 1754.

Wolff, Christian, Vernünftige Gedanken von dem gesellschaftlichen Leben der Menschen und Insonderheit dem gemeinen Wesen, Halle 1721.

Zeichen der Zeit. Ein deutsches Lesebuch hg. v. Walther Killy, Bd. 1 und 2, Frankfurt/Main–Hamburg 1960/1962.
Zimmermann, Johann Georg, Ritter von, Vom Nationalstolze, 5. Aufl., Zürich 1779.
Zimmermann, Johann Georg, Ritter von, Fragmente über Friedrich den Großen, 2 Bde., Leipzig 1790.

Allgemeine Literatur

Andreas, Willy, Carl August von Weimar, Stuttgart 1953.
Andreas, Willy, Das Zeitalter Napoleons und die Erhebung der Völker, Heidelberg 1955.
Andreas, Willy, Maria Theresia, in: ders., Geist und Staat. Historische Porträts, 5. Aufl., Göttingen 1960.
Aretin, Karl Otmar Frh. von (Hg.), Der aufgeklärte Absolutismus, Köln 1974.
Aretin, Karl Otmar Frh. von, Das Reich. Friedensgarantie und europäisches Gleichgewicht 1648 bis 1806, Stuttgart 1986.
Aretin, Karl Otmar Frh. von, Heiliges Römisches Reich 1776 bis 1806. Reichsverfassung und Staatssouveränität, 2 Bde., Wiesbaden 1967 (Bd. 2: Aktenband).
Aretin, Karl Otmar Frh. von, Vom deutschen Reich zum deutschen Bund, Göttingen 1980.
Aretin, Karl Otmar Frh. von, Bayerns Weg zum souveränen Staat. Landstände und konstitutionelle Monarchie 1714 bis 1818, München 1976.
Arneth, Alfred Ritter von, Geschichte Maria Theresia's, Bd. 1-10, Wien 1863 ff. (ND Osnabrück 1971).

Behrens, C. B. A., Society, Government and the Enlightenment. The experiences of eighteenth-century France and Prussia, London 1985.
Bergeron, Louis/Furet, François/Koselleck, Reinhart, Das Zeitalter der europäischen Revolution 1780 bis 1848, Frankfurt/Main 1969.
Biedermann, Karl, Deutschland im 18. Jahrhundert, 4 Bde., Leipzig 1880 (ND Aalen 1969).
Birtsch, Günter (Hg.), Grund- und Freiheitsrechte von der ständischen zur spätbürgerlichen Gesellschaft, Göttingen 1987.
Botzenhart, Manfred, Reform, Restauration, Krise. Deutschland 1789 bis 1847, Frankfurt/Main 1985.
Bödeker, Hans Erich/Herrmann, Ulrich (Hg.), Aufklärung als Politisierung – Politisierung der Aufklärung, Hamburg 1987.
Braubach, Max, Diplomatie und geistiges Leben im 17. und 18. Jahrhundert. Gesammelte Abhandlungen, Bonn 1969.
Braubach, Max, Vom Westfälischen Frieden bis zur Französischen Revolution, in: Bruno Gebhardt, Handbuch der deutschen Geschichte. Hg. v. Herbert Grundmann, 9. neubearb. Aufl., Bd. 2, Stuttgart 1970, S. 241-356.
Braubach, Max, Von der Französischen Revolution bis zum Wiener Kongreß, in: Bruno Gebhardt, Handbuch der deutschen Geschichte. Hg. v. Herbert Grundmann, Bd. 3. 9. neubearb. Aufl., Stuttgart 1973, S. 2-94.
Bruford, Walter Horace, Deutsche Kultur der Goethezeit, Konstanz 1965.
Brunner, Otto, Neue Wege der Verfassungs- und Sozialgeschichte, 2. verm. Aufl., Göttingen 1968.
Brunschwig, Henri, Gesellschaft und Romantik in Preußen im 18. Jahrhundert. Die Krise des preußischen Staates am Ende des 18. Jahrhunderts und die Entstehung der romantischen Mentalität, dt. Frankfurt/Main–Berlin–Wien 1975.
Bußmann, Walter (Hg.), Europa von der französischen Revolution zu den nationalstaatlichen Bewegungen des 19. Jahrhunderts (Handbuch der europäischen Geschichte

Bd. 5), Stuttgart 1981 (darin die Darstellung der europäischen Geschichte von W. Bußmann: S. 1-186, sowie der deutschen Geschichte, S. 404-615).

Büsch, Otto/Neugebauer, Wolfgang (Hg.), Moderne preußische Geschichte 1648 bis 1947. Eine Anthologie, 3 Bde., Berlin-New York 1981.

Craig, Gordon A., Die preußisch-deutsche Armee 1640-1945, dt. ND Königstein/Taunus-Düsseldorf 1980.

Dehio, Ludwig, Gleichgewicht oder Hegemonie, 3. Aufl., Krefeld o. J.

Deutsche Militärgeschichte in 6 Bänden 1648 bis 1939. Begründet von Hans Meier-Welcker. Hg. Militärgeschichtliches Forschungsamt, ND Herrsching 1983.

Duchhardt, Heinz, Protestantisches Kaisertum und Altes Reich. Die Diskussion über die Konfession des Kaisers in Politik, Publizistik und Staatsrecht, Wiesbaden 1977.

Duchhardt, Heinz, Gleichgewicht der Kräfte, Convenance, Europäisches Konzert. Friedenskongresse und Friedensschlüsse vom Zeitalter Ludwigs XIV. bis zum Wiener Kongreß, Darmstadt 1976.

Einladung ins 18. Jahrhundert. Ein Almanach aus dem Verlag C. H. Beck im 225. Jahr seines Bestehens, München 1988.

Elias, Norbert, Über den Prozeß der Zivilisation, 2 Bde., 2. verm. Aufl. Bern-München 1969.

Elias, Norbert, Die höfische Gesellschaft, Neuaufl. Frankfurt/M. 1983.

Epstein, Klaus, Die Ursprünge des Konservatismus in Deutschland. Der Ausgangspunkt: Die Herausforderung durch die Französische Revolution 1770 bis 1806. Dt. Frankfurt/Main-Berlin-Wien 1973.

Erbe, Michael, Deutsche Geschichte 1717 bis 1790, Stuttgart-Berlin-Köln-Mainz 1985.

Fehrenbach, Elisabeth, Vom Ancien régime zum Wiener Kongreß, 2. überarb. Aufl., München 1986.

Fejtö, Francois, Joseph II., Neuaufl. München 1987.

Flitner, Wilhelm, Die Geschichte der abendländischen Lebensformen, München 1967.

Friedrich der Große. Herrscher zwischen Tradition und Fortschritt. Redaktion Erhard Bethke, Gütersloh 1985.

Feuchtwanger, Lion, Preußen. Mythos und Realität, dt. München 1972.

Gall, Lothar, Benjamin Constant, seine politische Ideenwelt und der deutsche Vormärz, Wiesbaden 1963.

Gaxotte, Pierre, Friedrich der Große, 4. dt. Aufl., Frankfurt/Main-Berlin-Wien 1974.

Geschichtliche Grundbegriffe. Historisches Lexikon zur politisch-sozialen Sprache in Deutschland. Hg. von Otto Brunner, Werner Conze und Reinhart Koselleck, Stuttgart 1972ff., bisher 6 Bde.

Graupe, Heinz Mosche, Die Entstehung des modernen Judentums. Geistesgeschichte der deutschen Juden 1650 bis 1942, 2. rev. Aufl., Hamburg 1977.

Hammermayer, Ludwig, Das Ende des alten Bayern. Die Zeit des Kurfürsten Max III. Joseph (1745-1777) und des Kurfürsten Karl Theodor (1777-1799) in: M. Spindler (Hg.), Handbuch der bayerischen Geschichte, Bd. 2, 2. Aufl., München 1977, S. 985-1102.

Hartung, Fritz, Deutsche Verfassungsgeschichte vom 15. Jahrhundert bis zur Gegenwart, 8. Aufl., Stuttgart 1970.

Hartung, Fritz, Neuzeit von der Mitte des 17. Jahrhunderts bis zur Französischen Revolution 1789, ND Darmstadt 1965.

Hartung, Fritz, Staatsbildende Kräfte der Neuzeit. Gesammelte Aufsätze, Berlin 1961.

Hattenhauer, Hans, Die geistesgeschichtlichen Grundlagen des deutschen Rechts, 3. überarb. und erw. Aufl., Heidelberg 1983.

Hattenhauer, Hans, Geschichte des Beamtentums, Köln 1980.

Heigel, Karl Theodor, Deutsche Geschichte vom Tode Friedrichs des Großen bis zur Auflösung des alten Reiches, 2 Bde., Stuttgart 1899-1911.

Heinrich, Gerd, Geschichte Preußens, Frankfurt/Main-Berlin-Wien 1981.

Herzfeld, Hans, Die moderne Welt 1789 bis 1945, Bd. 1, 6. erg. Aufl., Braunschweig 1969.

Hinrichs, Ernst (Hg.), Absolutismus, Frankfurt/Main 1986.

Hintze, Otto, Die Hohenzollern und ihr Werk. 500 Jahre vaterländischer Geschichte, 5. Aufl., Berlin 1915.

Hintze, Otto, Regierung und Verwaltung. Gesammelte Abhandlungen zur Staats-, Rechts- und Sozialgeschichte Preußens. Hg. und eingel. v. Gerhard Oestreich, 2. durchges. Aufl., Göttingen 1967.

Hintze, Otto, Soziologie und Geschichte. Gesammelte Abhandlungen zur Soziologie, Politik und Theorie der Geschichte, 2. erw. Aufl., hg. und eingel. v. Gerhard Oestreich, Göttingen 1964.

Hintze, Otto, Staat und Verfassung. Gesammelte Abhandlungen zur allgemeinen Verfassungsgeschichte. Hg. v. Gerhard Oestreich, 3. durchges. und erw. Aufl., Göttingen 1970.

Hippel, Wolfgang von, Die Bauernbefreiung im Königreich Württemberg, Bd. 1: Darstellung; Bd. 2: Quellen, Boppard/Rhein 1977.

Hofmann, Hanns Hubert (Hg.), Die Entstehung des modernen souveränen Staates, Köln-Berlin 1967.

Holborn, Hajo, Deutsche Geschichte in der Neuzeit, Bd. 1 und 2, München-Wien 1970.

Huber, Ernst Rudolf, Deutsche Verfassungsgeschichte seit 1789. Bd. 1: Reform und Restauration 1789 bis 1830, 2. verb. Aufl., Stuttgart-Berlin-Köln-Mainz 1967.

Immich, Max, Geschichte des europäischen Staatensystems von 1660 bis 1789, München und Berlin 1905.

Jeserich, Kurt G. A./Hans Pohl/ Georg-Christoph von Unruh (Hg.), Deutsche Verwaltungsgeschichte, Bd. 1: Vom Spätmittelalter bis zum Ende des Reiches. Bd. 2: Vom Reichsdeputationshauptschluß bis zur Auflösung des Deutschen Bundes, Stuttgart 1983.

Klippel, Diethelm, Politische Freiheit und Freiheitsrechte im deutschen Naturrecht des 18. Jahrhunderts, Paderborn 1976.
Klueting, Harm, Die Lehre von der Macht der Staaten. Das außenpolitische Machtproblem in der »politischen Wissenschaft« und in der praktischen Politik im 18. Jahrhundert, Berlin 1986.
Kluxen, Kurt, Geschichte Englands, 3. Aufl., Stuttgart 1985.
Knudsen, Jonathan, Justus Möser and the German Enligthenment, Cambridge 1986.
Kopitzsch, Franklin (Hg.), Aufklärung, Absolutismus und Bürgertum in Deutschland, München 1976.
Koselleck, Reinhard, Preußen zwischen Reform und Revolution. Allgemeines Landrecht, Verwaltung und soziale Bewegung von 1791 bis 1848, 2. Aufl., Stuttgart 1975.
Koser, Reinhold, Geschichte Friedrichs des Großen, ND 4 Bde., Darmstadt 1974.
Kraus, Andreas, Geschichte Bayerns, München 1983.
Kraus, Andreas, Grundzüge der Geschichte Bayerns, Darmstadt 1984.
Kuczyinski, Jürgen, Geschichte des Alltags des deutschen Volkes, Bd. 2: 1650 bis 1810, Köln 1981.
Kunisch, Johannes, Absolutismus. Europäische Geschichte vom Westfälischen Frieden bis zur Krise des Ancien Régime, Göttingen 1986.

Lampe, Joachim, Aristokratie, Hofadel und Staatspatriziat in Kurhannover. Die Lebenskreise der höheren Beamten an den Kurhannoverschen Zentral- und Hofbehörden 1714 bis 1760, Göttingen 1963.

Maier, Hans, Die ältere deutsche Staats- und Verwaltungslehre, 2. Aufl., München 1980.
Mandrou, Robert, Staatsräson und Vernunft 1649 bis 1775 (Propyläen Geschichte Europas Bd. 3), Frankfurt/Main–Berlin–Wien 1976.
Mann, Golo, Deutsche Geschichte des 19. und 20. Jahrhunderts, Frankfurt/Main 1971.
Maria Theresia und ihre Zeit. Ausstellung 13. Mai bis 26. Oktober 1980 Wien, Schloß Schönbrunn.
Meinecke, Friedrich, Die Entstehung des Historismus, 2. Aufl., München 1946.
Meinecke, Friedrich, Die Idee der Staatsräson in der neueren Geschichte. Hg. v. Walther Hofer, 3. Aufl., München 1963 (Meinecke, Werke Bd. 1).
Meinecke, Friedrich, Weltbürgertum und Nationalstaat. Hg. v. Hans Herzfeld, München 1962 (Meinecke, Werke Bd. 5).
Mentalitäten und Lebensverhältnisse. Beispiele aus der Sozialgeschichte der Neuzeit (Rudolf Vierhaus zum 60. Geburtstag), Göttingen 1982.
Mieck, Ilja, Europäische Geschichte der Frühen Neuzeit, 3. verb. Aufl., Stuttgart–Berlin–Köln–Mainz 1981.
Mittenzwei, Ingrid, Friedrich II. von Preußen, Berlin (Ost) 1979.
Möckl, Karl, Der moderne bayerische Staat. Eine Verfassungsgeschichte vom aufgeklärten Absolutismus bis zum Ende der Reformepoche, München 1979.
Möller, Horst, Aufklärung in Preußen. Der Verleger, Publizist und Geschichtsschreiber Friedrich Nicolai, Berlin 1974.
Möller, Horst, Vernunft und Kritik. Deutsche Aufklärung im 17. und 18. Jahrhundert, 2. Aufl., Frankfurt/Main 1989.

Möller, Horst, Vom aufgeklärten Absolutismus zu den Reformen des 19. Jahrhunderts, in: H. A. Glaser (Hg.), Deutsche Literatur. Eine Sozialgeschichte Bd. 5, 2. Aufl. Reinbek 1987, S. 30-44.
Möller, Horst, Wie aufgeklärt war Preußen?, in: Preußen im Rückblick, S. 176-201.

Näf, Werner, Die Epochen der neueren Geschichte. Staat und Staatengemeinschaft vom Ausgang des Mittelalters bis zur Gegenwart, 2. Aufl., 2 Bde., München 1970.
Nipperdey, Thomas, Deutsche Geschichte 1800 bis 1866, München 1983.
Nürnberger, Richard, Das Zeitalter der Französischen Revolution und Napoleons, in: Propyläen Weltgeschichte, hg. v. Golo Mann, Bd. 8, ND Berlin–Frankfurt/Main 1986, S. 59-191.

Oestreich, Gerhard, Geist und Gestalt des frühmodernen Staates. Ausgewählte Aufsätze, Berlin 1969.
Oestreich, Gerhard, Strukturprobleme der frühen Neuzeit. Ausgew. Aufsätze. Hg. v. Brigitta Oestreich, Berlin 1980.
Oestreich, Gerhard, Verfassungsgeschichte vom Ende des Mittelalters bis zum Ende des alten Reiches, 2. Aufl., München 1970 (Gebhardt, Handbuch der deutschen Geschichte, 9. neubearb. Aufl., hg. v. Herbert Grundmann, Tb. Ausg. Bd. 11).
Österreich zur Zeit Kaiser Joseph II., Niederösterreichische Landesausstellung, Stift Melk (29. März bis 2. November 1980).
Österreich im Europa der Aufklärung. Hg. v. Bundesministerium für Wissenschaft und Forschung und der Österreichischen Akademie der Wissenschaften, 2 Bde., Wien 1985.

Padover, Saul K., Joseph II., Düsseldorf–Köln 1969.
Preußen im Rückblick. Hg. von Hans-Jürgen Puhle und Hans-Ulrich Wehler, Göttingen 1980 (GG Sonderheft 6).

Randelzhofer, Albrecht, Völkerrechtliche Aspekte des Heiligen Römischen Reiches nach 1648, Berlin 1967.

Ranke, Leopold von, Die großen Mächte. Politisches Gespräch. Mit einem Nachwort von Theodor Schieder, Göttingen 1963.

Raumer, Kurt von/Manfred Botzenhart, Deutsche Geschichte im 19. Jahrhundert. Deutschland um 1800: Krise und Neugestaltung von 1789 bis 1815, Wiesbaden 1959-1980.

Reinalter, Helmut (Hg.), Joseph v. Sonnenfels, Wien 1988.

Rheinische Geschichte. Hg. v. Franz Petri und Georg Droege, Bd. 2: Neuzeit, Düsseldorf 1976.

Roeck, Bernd, Reichssystem und Reichherkommen. Die Diskussion über die Staatlichkeit des Reiches in der politischen Publizistik des 17. und 18. Jahrhunderts, Wiesbaden-Stuttgart 1984.

Rosenberg, Hans, Bureaucracy, Aristocracy and Autocracy. The Prussian Experience 1660-1815, Neuaufl. Boston 1966.

Scheuner, Ulrich, Der Beitrag der deutschen Romantik zur politischen Theorie, Opladen 1980.

Schieder, Theodor, Friedrich der Große. Frankfurt/Main–Berlin–Wien 1983.

Schlenke, Manfred (Hg.), Preußen-Ploetz, Freiburg-Würzburg 1983.

Schlumbohm, Jürgen, Freiheitsbegriff und Emanzipationsprozeß, Göttingen 1973.

Schnabel, Franz, Deutsche Geschichte im 19. Jahrhundert, Bd. 1 bis 4, Freiburg/Breisgau 1929-1937.

Skalweit, Stephan, Der Beginn der Neuzeit. Epochengrenze und Epochenbegriff, Darmstadt 1982.

Skalweit, Stephan, Frankreich und Friedrich der Große, Bonn 1952.

Skalweit, Stephan, Gestalten und Probleme der frühen Neuzeit. Ausgewählte Aufsätze, Berlin 1987.

Spindler, Max (Hg.), Handbuch der Bayerischen Geschichte, Bd. 1 bis 4, 2. überarb. Aufl., München 1981ff.

Stolleis, Michael, Geschichte des öffentlichen Rechts in Deutschland, Bd. 1: Reichspublizistik und Policeywissenschaft 1600 bis 1800, München 1988.

Treitschke, Heinrich von, Deutsche Geschichte im 19. Jahrhundert Bd. 1 und 2, ND Leipzig 1927.

Valjavec, Die Entstehung der politischen Strömungen in Deutschland 1770 bis 1815, ND Kronberg/Taunus 1978.

Vierhaus, Rudolf, Deutschland im 18. Jahrhundert. Ausgewählte Aufsätze, Göttingen 1987.

Vierhaus, Rudolf (Hg.), Bürger und Bürgerlichkeit im Zeitalter der Aufklärung, Heidelberg 1981.

Wagner, Fritz (Hg.), Europa im Zeitalter des Absolutismus und der Aufklärung (Handbuch der europäischen Geschichte Bd. 4), Stuttgart 1968.

Wahl, Adalbert, Geschichte des europäischen Staatensystems im Zeitalter der Französischen Revolution und der Freiheitskriege (1789-1815), München-Berlin 1912.

Walker, Mack, German Hometowns. Community, State, and General Estate 1648-1871, Ithaca–London 1971.

Wandruszka, Adam, Die europäische Staatenwelt im 18. Jahrhundert in: Propyläen Weltgeschichte, hg. v. Golo Mann, Alfred Heuß und August Nitschke, ND Frankfurt/Main–Berlin 1986, Bd. 7, S. 385-465.

Weber, Hermann (Hg.), Politische Ordnungen und soziale Kräfte im Alten Reich, Wiesbaden 1980.

Weis, Eberhard, Montgelas. 1759-1799. Zwischen Revolution und Reform, Bd. 1, München 1971.

Weis, Eberhard, Der Durchbruch des Bürgertums 1776 bis 1847 (Propyläen Geschichte Europas Bd. 4), Frankfurt/Main–Berlin–Wien 1978.

Weis, Eberhard, Die Begründung des bayerischen Staates unter König Max I. (1799-1825) in: Handbuch der bayerischen Geschichte Bd. 4, 1. Hg. v. Max Spindler, München 1979, S. 3-86.

Weis, Eberhard, Geschichtsschreibung und Staatsauffassung in der französischen Enzyklopädie, Wiesbaden 1956.

Wenck, Woldemar, Deutschland vor hundert Jahren. Politische Meinungen und Stimmungen bei Anbruch der Revolutionszeit, 2 Bde., Leipzig 1887/1890.

Westfälische Geschichte. Hg. v. Wilhelm Kohl, Bd. 1-3, Düsseldorf 1983-1984.

Wieacker, Franz, Privatrechtsgeschichte der Neuzeit, 2. neubearb. Aufl., Göttingen 1967.

Ziechmann, Jürgen (Hg.), Panorama der friderizianischen Zeit, Bremen 1985.

Zöllner, Erich, Geschichte Österreichs, 7. Aufl., Wien 1984.

Literatur zu Kapitel I

Aretin, Karl Otmar Frh. von, Tausch, Teilung und Länderschacher als Folgen des Gleichgewichtssystems der europäischen Großmächte. Die polnischen Teilungen als europäisches Schicksal, in: JbGMOD Bd. 30 (1981), S. 53-68.

Braubach, Max, Versailles und Wien von Ludwig XIV. bis Kaunitz. Die Vorstadien der diplomatischen Revolution im 18. Jahrhundert, Bonn 1952.

Burkhardt, Johannes, Abschied vom Religionskrieg. Der Siebenjährige Krieg und die päpstliche Diplomatie, Tübingen 1985.

Büsch, Otto/Sheehan, James J. (Hg.), Die Rolle der Nation in der deutschen Geschichte und Gegenwart, Berlin 1985.

Conze, Werner, Die deutsche Nation, Göttingen 1963.

Dehio, Ludwig, Der Zusammenhang der preußisch-deutschen Geschichte 1640 bis 1945 in: Karl Forster (Hg.), Gibt es ein deutsches Geschichtsbild? (Studien und Berichte der Katholischen Akademie in Bayern, Heft 14), Würzburg 1961.

Duffy, Christopher, Friedrich der Große. Ein Soldatenleben, dt. Zürich–Köln 1986.

Ehlers, Joachim, Nation und Geschichte, in: ZHF 11 (1984), S. 205-218.

Hildebrand, Klaus/Pommerin, Reiner (Hg.), Deutsche Frage und europäisches Gleichgewicht. Festschrift für Andreas Hillgruber zum 60. Geburtstag, Köln–Wien 1985.

Hinrichs, Carl/Berges, Wilhelm (Hg.), Die deutsche Einheit als Problem der europäischen Geschichte, Stuttgart o. J.

Kaiser, Gerhard, Pietismus und Patriotismus im literarischen Deutschland, 2. erg. Aufl., Frankfurt/Main 1973.

Klingenstein, Grete, Der Aufstieg des Hauses Kaunitz. Studien zur Herkunft und Bildung des Staatskanzlers Wenzel Anton, Göttingen 1975.

Klingenstein, Grete, Institutionelle Aspekte der österreichischen Außenpolitik im 18. Jahrhundert, in: Erich Zöllner (Hg.), Diplomatie und Außenpolitik Österreichs, Wien 1977, S. 74-93.

Kluxen, Kurt, Zur Balanceidee im 18. Jahrhundert, in: Vom Staat des ancien régime zum modernen Parteienstaat. Festschrift für Theodor Schieder. Hg. v. Helmut Berding, Kurt Düwell, Lothar Gall, Wolfgang J. Mommsen, Hans-Ulrich Wehler, München–Wien 1978, S. 41-58.

Kohn, Hans, Die Idee des Nationalismus. Ursprung und Geschichte bis zur Französischen Revolution, Frankfurt/Main 1962.

Kunisch, Johannes (Hg.), Expansion und Gleichgewicht. Studien zur europäischen Mächtepolitik des Ancien Régime, Berlin 1986 (ZHF Beiheft 2).

Kunisch, Johannes, Das Mirakel des Hauses Brandenburg. Studien zum Verhältnis von Kabinettspolitik und Kriegsführung im Zeitalter des Siebenjährigen Krieges, München–Wien 1978.

Kunisch, Johannes, Der kleine Krieg. Studien zum Heerwesen des Absolutismus, Wiesbaden 1973.

Kunisch, Johannes, Staatsverfassung und Mächtepolitik. Zur Genese von Staatenkonflikten im Zeitalter des Absolutismus, Berlin 1979.

Lemberg, Eugen, Nationalismus, 2 Bde. 2. Aufl. Reinbek bei Hamburg 1967/1968.

Masur, Gerhard, Deutsches Reich und deutsche Nation im 18. Jahrhundert, in: Geschehen und Geschichte. Aufsätze und Vorträge zur europäischen Geistesgeschichte, Berlin 1971, S. 57-78.

Metz, Karl-Heinz, Nation und Geschichte: J. G. Herder und die Genesis der Nationalidee an der Schwelle zur modernen Welt, in: Saeculum Bd. 27 (1986), S. 366-376.

Mieck, Ilja, Die Staaten des westlichen Europa in der friderizianischen Außenpolitik, in: Wilhelm Treue (Hg.), Geschichte als Aufgabe. Festschrift für Otto Büsch zu seinem 60. Geburtstag, Berlin 1988, S. 83-100.

Pommerin, Reiner, Bündnispolitik und Mächtesystem. Österreich und der Aufstieg Rußlands im 18. Jahrhundert, in: ZHF, Beiheft 2. Expansion und Gleichgewicht, S. 113-164.

Rosenstrauch-Königsberg, Edith, Erste Schritte auf dem Weg zum österreichischen Nationalbewußtsein, in: Österreich im Europa der Aufklärung Bd. 2, S. 895-918.

Scheuner, Ulrich, Die großen Friedensschlüsse als Grundlagen der europäischen Staatenordnung zwischen 1648 und 1815, in: Festgabe für Max Braubach zum 1. April 1964. Hg. v. Konrad Repgen und Stephan Skalweit, Münster 1964, S. 220-250.

Schieder, Theodor, Macht und Recht. Der Ursprung der Eroberung Schlesiens durch König Friedrich II. von Preußen, in: Hamburger Jahrbuch für Wirtschafts- und Gesellschaftspolitik Bd. 24 (1979), S. 235-251.

Schlenke, Manfred, England und das friderizianische Preußen 1740 bis 1763, München 1963.

Schlösser, Susanne, Der Mainzer Erzkanzler im Streit der Häuser Habsburg und Wittelsbach um das Kaisertum 1740 bis 1745, Stuttgart 1986.

Schmid, Alois, Max III. Joseph und die europäischen Mächte. Die Außenpolitik des Kurfürstentums Bayern von 1745-1765, München 1987.

Schöllgen, Gregor, Sicherheit durch Expansion? Die außenpolitischen Lageanalysen der Hohenzollern im 17. und 18. Jahrhundert im Lichte des Kontinuitätsproblems in der preußischen und deutschen Geschichte, in: HJB Bd. 104 (1984), S. 22-45.

Wittram, Reinhard, Das Nationale als europäisches Problem, Göttingen 1954.

Zu Kapitel II
(siehe auch Kapitel III)

Abel, Wilhelm (Hg.), Handwerksgeschichte in neuer Sicht, Göttingen 1978.

Bauer, Leonhard/Herbert Matis, Geburt der Neuzeit. Vom Feudalsystem zur Marktgesellschaft, München 1988.

Bátori, Ingrid, Die Reichsstadt Augsburg im 18. Jahrhundert. Verfassung, Finanzen, Reformversuche, Göttingen 1969.

Behre, Otto, Geschichte der Statistik in Brandenburg-Preußen, ND Vaduz/Liechtenstein 1979.

Blaschke, Karlheinz, Bevölkerungsgeschichte von Sachsen bis zur industriellen Revolution, Weimar 1967.

Boehn, Max von, Die Mode. Eine Kulturgeschichte vom Barock bis zum Jugendstil. Bearb. von Ingrid Loschek, 2 Bde., 3. überarb. Aufl., München 1986.

Bosl, Karl/Weis, Eberhard, Die Gesellschaft in Deutschland I. Von der fränkischen Zeit bis 1848, München 1976.

Bruckmüller, Ernst, Sozialgeschichte Österreichs, Wien–München 1985.

Brunner, Otto, Adliges Landleben und europäischer Geist. Leben und Werk Wolf Helmhards von Hohberg 1612 bis 1688, Salzburg 1949.

Buchholz, Ernst Wolfgang, Vom Mittelalter zur Neuzeit. Raum und Bevölkerung in der Weltgeschichte. Bevölkerungs-Ploetz Bd. 3, 3. Aufl., Würzburg 1966.

Büsch, Otto, Militärsystem und Sozialleben im alten Preußen 1713 bis 1807, Berlin 1962.

Carsten, Francis L., Geschichte der preußischen Junker, Frankfurt/Main 1988.

Dreyfus, Francois G., Sociétés et mentalités à Mayence dans la seconde moitié du XVIIIe siècle, Paris 1968.

Eisenbart, Lieselotte Constanze, Kleiderordnungen der deutschen Städte zwischen 1350 und 1700, Göttingen 1962.

Ennen, Edith, Gesammelte Abhandlungen zum europäischen Städtewesen und zur rheinischen Geschichte, hg. v. Georg Droege u. a., Bonn 1977.

François, Etienne, Koblenz im 18. Jahrhundert. Zur Sozial- und Bevölkerungsgeschichte einer deutschen Residenzstadt, Göttingen 1982.

Franz, Günther, Geschichte des deutschen Bauernstandes vom frühen Mittelalter bis zum 19. Jahrhundert, Stuttgart 1970.

Frevert, Ute, Frauen-Geschichte. Frankfurt/Main 1986.

Gall, Lothar, Frankfurt als deutsche Hauptstadt?, in: Akten des 26. deutschen Rechtshistorikertages, Frankfurt/Main 1986. Hg. v. Dieter Simon, Frankfurt/Main 1987, S. 1-18.

Gall, Lothar, Stadt der bürgerlichen Gesellschaft – das Beispiel Mannheim, in: Forschungen zur Stadtgeschichte. Gerda Henkel Vorlesung. Hg. v. der gemeinsamen Kommission der rheinisch-westfälischen Akademie der Wissenschaften und der Gerda Henkel Stiftung, Opladen 1986, S. 55-71.

Gall, Lothar, »... ich wünschte ein Bürger zu sein«. Zum Selbstverständnis des deutschen Bürgertums im 19. Jahrhundert, in: HZ 245 (1987), S. 602-623.

Gerteis, Klaus, Die deutschen Städte in der frühen Neuzeit, Darmstadt 1986.

Groethuysen, Bernhard, Die Entstehung der bürgerlichen Welt- und Lebensanschauung in Frankreich, 2 Bde. ND Hildesheim–New York 1973.

Heinrich, Gerd, Staatsaufsicht und Stadtfreiheit in Brandenburg-Preußen unter dem Absolutismus 1660-1806, in: W. Rausch (Hg.), Die Städte Mitteleuropas, S. 155-172.

Helczmanovszki, Heimold (Hg.), Beiträge zur Bevölkerungs- und Sozialgeschichte Österreichs, München 1983.

Hellmuth, Eckhart, Praktische Philosophie und Wirtschaftsgesinnung. Zur Reflexion über Wirtschaft, Erwerb und Gewinn im Deutschland des 18. Jahrhunderts, in: AfK 68 (1986), S. 135-149.

Henning, Friedrich-Wilhelm, Die Industrialisierung in Deutschland 1800 bis 1914, Paderborn 1973.

Henning, Friedrich-Wilhelm, Herrschaft und Bauernuntertänigkeit. Beiträge zur Geschichte der Herrschaftsverhältnisse in den ländlichen Bereichen Ostpreußens und des Fürstentums Paderborn vor 1800, Würzburg 1964.

Herre, Franz, Das Augsburger Bürgertum im Zeitalter der Aufklärung, Augsburg–Basel 1951.

Hildebrandt, Reinhard, Verfassungskonflikte in den Reichsstädten des 17. und 18. Jahrhunderts, in: Zs. f. Stadtgeschichte, Stadtsoziologie und Denkmalpflege. 1974, S. 221-241.

Imhof, Arthur E. (Hg.), Historische Demographie als Sozialgeschichte. Gießen und Umgebung vom 17. bis zum 19. Jahrhundert, 2 Teile, Darmstadt–Marburg 1975.

Imhof, Arthur E., Bevölkerungsgeschichte und historische Demographie, in: Reinhard Rürup (Hg.), Historische Sozialwissenschaft, Göttingen 1977, S. 16-58.

Imhof, Arthur E., Demographische Stadtstrukturen der frühen Neuzeit. Gießen in seiner Umgebung im 17. und 18. Jahrhundert als Fallstudie, in: Zeitschrift für Stadtgeschichte, Stadtsoziologie und Denkmalpflege 2/1975, S. 190-227.

Kapp, Friedrich, Der Soldatenhandel deutscher Fürsten nach Amerika (1775-1783), ND München o. J.

Koch, Rainer, Grundlagen bürgerlicher Herrschaft. Verfassungs- und sozialgeschichtliche Studien zur bürgerlichen Gesellschaft in Frankfurt am Main 1612 bis 1866, Wiesbaden 1983.

Köllmann, Wolfgang, Bevölkerung in der industriellen Revolution. Studien zur Bevölkerungsgeschichte Deutschlands, Göttingen 1974.

Köllmann, Wolfgang/Peter Marschalck (Hg.), Bevölkerungsgeschichte, Köln 1972.

Krümmer, Heinz, Die Wirtschafts- und Sozialstruktur von Konstanz in der Zeit von 1806 bis 1850, Sigmaringen 1973.

Kunisch, Johannes, Die deutschen Führungsschichten im Zeitalter des Absolutismus, in: Deutsche Führungsschichten in der Neuzeit. Hg. von Hans Hubert Hofmann und Günther Franz, Boppard a. Rh. 1980, S. 111-141.

Lütge, Friedrich, Deutsche Sozial- und Wirtschaftsgeschichte, 3. Aufl., Berlin–Heidelberg–New York 1976.

Lütge, Friedrich, Geschichte der deutschen Agrarverfassung vom frühen Mittelalter bis zum 19. Jahrhundert, 2. erw. Aufl., Stuttgart 1967.

Marschalck, Peter, Bevölkerungsgeschichte Deutschlands im 19. und 20. Jahrhundert, Frankfurt/Main 1984.

Martens, Wolfgang, Der redliche Mann am Hof, politisches Wunschbild und literarisches Thema im 18. Jahrhundert (Anzeiger der phil.-hist. Klasse der Österreichischen Akademie der Wiss., 124. Jg. 1987, S. 33-49).

Mauersberg, Hans, Wirtschafts- und Sozialgeschichte zentraleuropäischer Städte in neuerer Zeit. Dargestellt an den Beispielen von Basel, Frankfurt a. M., Hamburg, Hannover und München, Göttingen 1960.

Mitterauer, Michael/Sieder, Reinhard, Vom Patriarchat zur Partnerschaft. Zum Strukturwandel der Familie, 2. neubearb. Aufl., München 1980.

Mooser, Josef, Ländliche Klassengesellschaft 1770 bis 1848. Bauern und Unterschichten, Landwirtschaft und Gewerbe im östlichen Westfalen, Göttingen 1984.

Möller, Horst, Ämterkäuflichkeit in Brandenburg-Preußen im 17. und 18. Jahrhundert, in: Ämterkäuflichkeit: Aspekte sozialer Mobilität im europäischen Vergleich (17. und 18. Jahrhundert). Hg. v. Klaus Malettke, Berlin 1980, S. 156-176.

Möller, Horst, Landeskunde und Zeitkritik im 18. Jahrhundert. Die Bedeutung der Reisebeschreibung Friedrich Nicolais als regional- und sozialgeschichtliche Quelle, in: Hessisches Jahrbuch für Landesgeschichte, Bd. 27 (1977), S. 107-134.

Müller, Hans-Heinrich, Domänen und Domänenpächter in Brandenburg-Preußen im 18. Jahrhundert (1965), in: Moderne preußische Geschichte. Hg. v. O. Büsch und W. Neugebauer, Bd. 1, S. 316-359.

Press, Volker (Hg.), Städtewesen und Merkantilismus in Mitteleuropa, Köln 1983.

Rausch, Wilhelm (Hg.), Die Städte Mitteleuropas im 17. und 18. Jahrhundert, Linz/Donau 1981.

Rausch, Wilhelm (Hg.), Städtische Kultur in der Barockzeit, Linz/Donau 1982.

Reichsstädte in Franken. Hg. v. Rainer A. Müller, 3 Bde., München 1987.

Reif, Heinz, Westfälischer Adel 1770 bis 1860, Göttingen 1979.

Reulecke, Jürgen, Geschichte der Urbanisierung in Deutschland, Frankfurt/Main 1985.

Ribbe, Wolfgang (Hg.), Berlin-Forschungen, Bd. 1 und 2, Berlin 1986/87.

Ribbe, Wolfgang (Hg.), Geschichte Berlins, Bd. 1: Von der Frühgeschichte bis zur Industrialisierung, München 1987.

Saalfeld, Diedrich, Die ständische Gliederung in der Gesellschaft Deutschlands im Zeitalter des Absolutismus, in: VSWG Bd. 67 (1980), S. 457-483.

Sandgruber, Roman, Österreichische Agrarstatistik 1750 bis 1918 (Wirtschafts- und Sozialstatistik Österreich–Ungarns. Geleitet von Alfred Hofmann und Herbert Mattis Teil 2), München 1978.

Schramm, Percy Ernst, Neun Generationen. Dreihundert Jahre deutscher »Kulturgeschichte« im Lichte der Schicksale einer Hamburger Bürgerfamilie (1648-1948), 2 Bde., Göttingen 1963/1964.

Sieder, Reinhard, Sozialgeschichte der Familie, Frankfurt/Main 1987.

Stoob, Heinz (Hg.), Die Stadt. Gestalt und Wandel bis zum industriellen Zeitalter, Köln–Wien 1979.

Stoob, Heinz, Forschungen zum Städtewesen in Europa, Bd. 1, Köln–Wien 1970.

Van der Veen, Frans, Sozialgeschichte der Arbeit, Bd. 2: Hochmittelalter und Neuzeit, München 1972.

Vierhaus, Rudolf (Hg.), Der Adel vor der Revolution, Göttingen 1971.

Voelcker, Heinrich, Die Stadt Goethes. Frankfurt am Main im 18. Jahrhundert. ND Frankfurt/Main 1982.

Vogler, Bernard, La Rhénanie, in: Etudes sur les villes en Europe occidentale. Milieu du XVIIe siècle à la veille de la Révolution Française. Angleterre, Pays-Bas, Provinces Unies, Allemagne rhénane. Par A. Lottin et al., (Regards sur l'histoire), Paris 1983, S. 389-469.

Wehler, Hans-Ulrich (Hg.), Klassen in der europäischen Sozialgeschichte, Göttingen 1979.

Wehler, Hans-Ulrich, Deutsche Gesellschaftsgeschichte, Bd. 1 (1700-1815), München 1987.

Weis, Eberhard, Ergebnisse eines Vergleichs der grundherrschaftlichen Strukturen Deutschlands und Frankreichs vom 13. bis zum Ausgang des 18. Jahrhunderts, in: VSWG Bd. 57 (1970), S. 1-14.

Wunder, Heide, Die bäuerliche Gemeinde in Deutschland, Göttingen 1986.

Ziekursch, Johannes, Hundert Jahre schlesischer Agrargeschichte. Vom Hubertusburger Frieden bis zum Abschluß der Bauernbefreiung, Breslau 1915.

Zu Kapitel III
(siehe auch Kapitel II)

Abel, Wilhelm, Agrarkrisen und Agrarkonjunktur. Eine Geschichte der Land- und Ernährungswirtschaft Mitteleuropas seit dem hohen Mittelalter, 3. neubearb. Aufl., Hamburg–Berlin 1978.

Abel, Wilhelm, Geschichte der deutschen Landwirtschaft vom frühen Mittelalter bis zum 19. Jahrhundert, Stuttgart 1962.

Abel, Wilhelm, Massenarmut und Hungerkrisen im vorindustriellen Deutschland, Göttingen 1972.

Abel, Wilhelm, Massenarmut und Hungerkrisen im vorindustriellen Europa, Hamburg–Berlin 1974.

Abel, Wilhelm, Stufen der Ernährung, Göttingen 1981.

Aubin, Hermann/Zorn, Wolfgang (Hg.), Handbuch der deutschen Wirtschafts- und Sozialgeschichte, Bd. 1 und 2, Stuttgart 1971/1976.

Berlin und seine Wirtschaft. Hg. v. der Industrie- und Handelskammer zu Berlin, Berlin–New York 1987.

Blaich, Fritz, Die Epoche des Merkantilismus, Wiesbaden 1973.

Borchardt, Knut, Die industrielle Revolution in Deutschland 1750 bis 1914 in: Cipolla, Carlo M./K. Borchardt (Hg.), Europäische Wirtschaftsgeschichte Bd. 4: Die Entwicklung der industriellen Gesellschaften, Stuttgart–New York 1977, S. 135-202.

Borchardt, Knut, Grundriß der deutschen Wirtschaftsgeschichte, Göttingen 1978.

Braudel, Fernand, Geschichte der Zivilisation. 15. bis 18. Jahrhundert, München 1971.

Braudel, Fernand, Sozialgeschichte des 15. bis 18. Jahrhunderts: Der Handel, München 1986; sowie: Aufbruch zur Weltwirtschaft, München 1986.

Bulst, Neithard/Goy, Joseph/Hoock, Jochen (Hg.), Familie zwischen Tradition und Moderne. Studien zur Geschichte der Familie in Deutschland und Frankreich vom 16. bis zum 20. Jahrhundert, Göttingen 1981.

Cipolla, Carlo/Borchardt, Knut (Hg.), Europäische Wirtschaftsgeschichte, Bd. 3 und 4, Stuttgart–New York 1976/1977.

Cipolla, Carlo M., Wirtschaftsgeschichte und Weltbevölkerung, München 1972.

Ebeling, Dietrich/Franz Irsigler, Getreideumsatz, Getreide- und Brotpreise in Köln 1368 bis 1797, 2 Teile, Köln–Wien 1976/1977 (Mitteilungen aus dem Stadtarchiv von Köln, Heft 65, 66).

Elsas, M. J., Umriß einer Geschichte der Preise und Löhne in Deutschland, 3 Bde., Leiden 1936/1940/1949.

Feldenkirchen, Wilfried Paul, Der Handel der Stadt Köln im 18. Jahrhundert (1700-1814). Diss. phil., Bonn 1975.

Fleischmann, Peter, Interdisziplinäre Handwerksgeschichte?, in: ZHF Bd. 12 (1985), S. 339-356.

Fleischmann, Peter, Das Bauhandwerk in Nürnberg vom 14. bis zum 18. Jahrhundert, Nürnberg 1985.

Grießinger, Andreas, Das symbolische Kapital der Ehre. Streikbewegungen und kollektives Bewußtsein deutscher Handwerksgesellen im 18. Jahrhundert, Frankfurt/Main–Berlin–Wien 1981.

Henning, Friedrich-Wilhelm, Landwirtschaft und ländliche Gesellschaft in Deutschland, Bd. 1: 800 bis 1750; Bd. 2: 1750 bis 1976, Paderborn 1979.

Henning, Friedrich-Wilhelm, Das vorindustrielle Deutschland 800 bis 1800, Paderborn 1974.

Hinrichs, Carl, Die Wollindustrie in Preußen unter Friedrich Wilhelm I. (Acta Borussica), Berlin 1933.

Hoffmann, Hildegard, Handwerk und Manufaktur in Preußen 1769 (Das Taschenbuch Knyphausen), Berlin (Ost) 1969.

Jersch-Wenzel, Stefi, Juden und »Franzosen« in der Wirtschaft des Raumes Berlin/Brandenburg zur Zeit des Merkantilismus, Berlin 1978.

Kaufhold, Karl Heinrich, Das deutsche Handwerk am Ende des 18. Jahrhunderts. Handwerk, Verlag und Manufaktur, in: Helmut Berding/Hans-Peter Ullmann (Hg.), Deutschland zwischen Revolution und Restauration, Königstein/Taunus, S. 311-327.

Kaufhold, Karl Heinrich, Das Gewerbe in Preußen um 1800, Göttingen 1978.

Kaufhold, Karl Heinrich, Das Handwerk der Stadt Hildesheim im 18. Jahrhundert, Göttingen 1968.

Kaufhold, Karl Heinrich, Der

preußische Merkantilismus und die Berliner Unternehmer, in: Berlin und seine Wirtschaft. Hg. v. der Industrie- und Handelskammer zu Berlin, Berlin–New York 1987, S. 19-40.

Kellenbenz, Hermann, Deutsche Wirtschaftsgeschichte, 2 Bde., München 1977/1981.

Kermann, Joachim, Die Manufakturen im Rheinland 1750 bis 1833, Bonn 1972.

Kriedte, Peter/Medick, Hans/Schlumbohm Jürgen, Industrialisierung vor der Industrialisierung. Gewerbliche Warenproduktion auf dem Land in der Formationsperiode des Kapitalismus, Göttingen 1978.

Kriedte, Peter, Spätfeudalismus und Handelskapital. Grundlinien der europäischen Wirtschaftsgeschichte vom 16. bis zum Ausgang des 18. Jahrhunderts, Göttingen 1980.

Kulischer, Josef, Allgemeine Wirtschaftsgeschichte des Mittelalters und der Neuzeit, Bd. 2, Darmstadt 1971.

Lütge, Friedrich (Hg.), Die wirtschaftliche Situation in Deutschland und Österreich um die Wende vom 18. zum 19. Jahrhundert, Stuttgart 1964.

Mieck, Ilja, Idee und Wirklichkeit: Die Auswirkungen der Stein-Hardenbergschen Reformen auf die Berliner Wirtschaft, in: Berlin und seine Wirtschaft. Hg. v. der Industrie- und Handelskammer zu Berlin, Berlin–New York 1987, S. 41-58.

Mittenzwei, Ingrid, Preußen nach dem Siebenjährigen Krieg. Auseinandersetzungen zwischen Bürgertum und Staat um die Wirtschaftspolitik, Berlin (Ost) 1979.

Mitterauer, Michael, Grundtypen alteuropäischer Sozialformen. Haus und Gemeinde in vorindustriellen Gesellschaften, Stuttgart-Bad Cannstatt 1979.

Mitterauer, Michael, Ledige Mütter. Zur Geschichte illegitimer Geburten in Europa, München 1983.

Mitterauer, Michael, Vorindustrielle Familienformen. Zur Funktionsentlastung des »ganzen Hauses« im 17. und 18. Jahrhundert, in: Engel-Janosi, Friedrich/Klingenstein, Grete/Lutz, Heinrich (Hg.), Fürst, Bürger, Mensch, München 1975, S. 123-185.

Mottek, Hans, Wirtschaftsgeschichte Deutschlands. Bd. 1 und 2, Berlin (Ost) 1971.

Möller, Helmut, Die kleinbürgerliche Familie im 18. Jahrhundert, Berlin 1969.

Müller-Armack, Alfred, Genealogie der Wirtschaftsstile. Die geistesgeschichtlichen Ursprünge der Staats- und Wirtschaftsformen bis zum Ausgang des 18. Jahrhunderts, Stuttgart 1944.

Pribram, Karl, Geschichte der österreichischen Gewerbepolitik von 1740 bis 1860, Bd. 1: 1740-1798, Leipzig 1907.

Proesler, Hans, Das gesamtdeutsche Handwerk im Spiegel der Reichsgesetzgebung von 1530-1806, Berlin 1954.

Radtke, Wolfgang, Die preußische Seehandlung zwischen Staat und Wirtschaft in der Frühphase der Industrialisierung, Berlin 1981.

Reif, Heinz (Hg.), Die Familie in der Geschichte, Göttingen 1982.

Riehl, Wilhelm Heinrich, Die bürgerliche Gesellschaft, 2. überarb. Aufl., Stuttgart–Tübingen 1854.

Salin, Edgar, Politische Ökonomie. Geschichte der wirtschaftspolitischen Ideen von Platon bis zur Gegenwart, 5. erw. Aufl., Tübingen–Zürich 1967.

Schmoller, Gustav, Umrisse und Untersuchungen zur Verfassungs-, Verwaltungs- und Wirtschaftsgeschichte, Leipzig 1898, ND Hildesheim–New York 1974.

Schmoller, Gustav von, Das Merkantilsystem in seiner historischen Bedeutung. Städtische, territoriale und staatliche Wirtschaftspolitik, Frankfurt/Main o. J. (1898).

Schmoller, Gustav von, Studien über die wirtschaftliche Politik Friedrichs des Großen und Preußens überhaupt von 1680 bis 1786 (Separatdruck aus dem Jahrbuch für Gesetzgebung, Verwaltung und Volkswirtschaft) Bd. 8, (1884).

Schöller, Peter, Die Wirtschaftsräume Westfalens vor Beginn des Industriezeitalters, in: Westfälische Forschungen Bd. 16 (1963), S. 84-101.

Schremmer, Eckart, Gewerbe und Handel. 2. Teil: Die Epoche des Merkantilismus, in: M. Spindler (Hg.), Handbuch der bayerischen Geschichte Bd. 2, S. 693-716.

Schremmer, Eckart, Die Wirtschaft Bayerns. Vom hohen Mittelalter bis zum Beginn der Industrialisierung, München 1970.

Schulte, Fritz, Die Entwicklung der gewerblichen Wirtschaft in Rheinland-Westfalen im 18. Jahrhundert, Köln 1959.

Skalweit, August, Die Getreidehandelspolitik und Kriegsmagazinverwaltung Preußens 1756 bis 1806 (Acta Borussica, Getreidehandelspolitik 4), Berlin 1931.

Skalweit, Stephan, Die Berliner Wirtschaftskrise von 1763 und ihre Hintergründe, Stuttgart–Berlin 1937 (Beiheft 34 VSWG).

Sombart, Werner, Der moderne Kapitalismus, ND 3 Bde., Berlin 1969.

Treue, Wilhelm, Wirtschafts- und Technikgeschichte Preußens, Berlin–New York 1984.

Treue, Wilhelm, Wirtschaftsgeschichte der Neuzeit, Bd. 1, Stuttgart 1973.

Waschinski, Emil, Währung, Preisentwicklung und Kaufkraft des Geldes in Schleswig-Holstein von 1226 bis 1864, 2 Bde., Neumünster 1952/1959.

Weber, Max, Wirtschaft und Gesellschaft, 5. rev. Aufl., hg. v. Johannes Winckelmann, 3 Bde., Tübingen 1976.

Wissell, Rudolf, Des alten Handwerks Recht und Gewohnheit, 2. erw. und bearb. Ausg., hg. v. Ernst Schraepler, Bd. 1-6, Berlin 1971-1988.

Zu Kapitel IV

Angermann, Erich, Das »Auseinandertreten von Staat und Gesellschaft« im 18. Jahrhundert, in: Zeitschrift für Politik, NF 10. Jg. (1963), S. 89-101.

Baumgart, Peter, Epochen der preußischen Monarchie im 18. Jahrhundert, in: ZHF 6 (1979), S. 287-316.

Baumgart, Peter (Hg. unter Mitarbeit von Jürgen Schmädeke), Ständetum und Staatsbildung in Brandenburg-Preußen, Berlin–New York 1983.

Baumgart, Peter, Fridericiana. Neue Literatur aus Anlaß des zweihundertsten Todestages König Friedrichs II. von Preußen, in: HZ 245 (1987), S. 363-388.

Baumgart, Peter, Absoluter Staat und Judenemanzipation in Brandenburg-Preußen, in: JGMOD 13/14 (1965), S. 60ff.

Birtsch, Günter (Hg.), Der Idealtyp des aufgeklärten Herrschers (Aufklärung. Interdisziplinäre Halbjahresschrift zur Erforschung des 18. Jahrhunderts und seiner Wirkungsgeschichte, Jahrgang 2, Heft 1, 1987), Hamburg 1987.

Birtsch, Günter, Gesetzgebung und Repräsentation im späten Absolutismus. Die Mitwirkung der preußischen Provinzialstände bei der Entstehung des allgemeinen Landrechts, in: HZ 207 (1969), S. 265-294.

Birtsch, Günter, Religions- und Gewissensfreiheit in Preußen von 1780 bis 1817, in: ZHF 11 (1984), S. 177-204.

Birtsch, Günter, Zum konstitutionellen Charakter des preußischen allgemeinen Landrechts von 1794, in: K. Kluxen/Wolfgang J. Mommsen (Hg.), Politische Ideologien und nationalstaatliche Ordnung, München–Wien 1968, S. 97 bis 115.

Bluche, François, Le despotisme éclairé. Nouvelle édition revue et augmentée, Paris 1969.

Boldt, Hans, Deutsche Verfassungsgeschichte. Bd. 1: Von den

Anfängen bis zum Ende des älteren deutschen Reiches 1806, München 1984.

Carsten, Francis L., Princes and Parliaments in Germany from the Fifteenth to the Eighteenth Century, London, 2. Aufl., 1963.

Conrad, Hermann, Die geistigen Grundlagen des allgemeinen Landrechts für die preußischen Staaten von 1794, Köln–Opladen 1958.

Conze, Werner, Staat und Gesellschaft in der frührevolutionären Epoche Deutschlands, in: H. H. Hofmann (Hg.), Die Entstehung des modernen souveränen Staates, S. 297-320.

Dülmen, Richard van, Theater des Schreckens. Gerichtspraxis und Strafrituale in der frühen Neuzeit, München 1985.

Feine, Hans Erich, Kirchliche Rechtsgeschichte. Bd. 1: Die katholische Kirche, 2. erg. Aufl., Weimar 1954.

Fürbringer, Christoph, Necessitas und Libertas. Staatsbildung und Landstände im 17. Jahrhundert in Brandenburg, Frankfurt/Main–Bern–New York 1985.

Gerhard, Dietrich (Hg.), Ständische Vertretungen in Europa im 17. und 18. Jahrhundert, Göttingen 1969.

Hattenhauer, Hans/Landwehr, Götz (Hg.), Das nachfriderizianische Preußen 1786 bis 1806. Rechtshistorisches Kolloquium 11. bis 13. Juni 1987 Christian-Albrechts-Universität zu Kiel, Heidelberg 1988.

Hellmuth, Eckhart, Naturrechtsphilosophie und bürokratischer Werthorizont. Studien zur preußischen Geistes- und Sozialgeschichte des 18. Jahrhunderts, Göttingen 1985.

Heuer, Uwe-Jens, Allgemeines Landrecht und Klassenkampf. Die Auseinandersetzungen um die Prinzipien des allgemeinen Landrechts Ende des 18. Jahrhunderts

als Ausdruck der Krise des Feudalsystems in Preußen, Berlin (Ost) 1960.

Hofmann, Hasso, Recht – Politik – Verfassung. Studien zur Geschichte der politischen Philosophie, Frankfurt/Main 1986.

Hubatsch, Walther, Friedrich der Große und die preußische Verwaltung, Köln–Berlin 1973.

Hubatsch, Walther (Hg.), Absolutismus, Darmstadt 1973.

Kleinheyer, Gerd, Die kaiserlichen Wahlkapitulationen, Karlsruhe 1968.

Klingenstein, Grete, Staatsverwaltung und kirchliche Autorität im 18. Jahrhundert. Das Problem der Zensur in der theresianischen Reform, München 1970.

Klueting, Harm, Bauern auf den »Erbentagen« nordwestdeutscher Territorien, in: Parliaments, Estates and Representation, vol. 7, part. 1, June 1987, S. 41-49.

Kovács, Elisabeth (Hg.), Katholische Aufklärung und Josephinismus, München 1979.

Kunisch, Johannes (Hg. in Zusammenarbeit mit Barbara Stollberg-Rilinger), Staatsverfassung und Heeresverfassung in der europäischen Geschichte der frühen Neuzeit, Berlin 1986.

Kunisch, Johannes, Staatsbildung als Gesetzgebungsproblem. Zum Verfassungscharakter frühneuzeitlicher Sukzessionsordnungen, in: Gesetzgebung als Faktor der Staatsentwicklung (Der Staat, Beiheft 7, 1984), S. 63-88.

Maas, Ferdinand, Der Josephinismus, 5 Bde., Wien 1951-1961.

Malettke, Klaus (Hg. unter Mitwirkung von Adolf M. Birke und Ilja Mieck), Ämterkäuflichkeit: Aspekte sozialer Mobilität im europäischen Vergleich (17. und 18. Jahrhundert), Berlin 1980.

Malettke, Klaus, Fragestellungen und Aufgaben der neueren Absolutismus-Forschung in Frankreich und Deutschland, in: GWU 30. Jg. (1979), S. 140-157.

Maier, Hans, Die ältere deutsche Staats- und Verwaltungslehre, 2. neubearb. Aufl., München 1980.

Medick, Hans, Naturzustand und Naturgeschichte der bürgerlichen Gesellschaft. Die Ursprünge der bürgerlichen Sozialtheorie als Geschichtsphilosophie und Sozialwissenschaft bei S. Pufendorf, J. Locke und A. Smith, Göttingen 1973.

Neuhaus, Helmut, Das Problem der militärischen Exekutive in der Spätphase des Alten Reiches, in: J. Kunisch (Hg.), Staatsverfassung und Heeresverfassung, S. 297-346.

Perthes, Clemens Theodor, Das deutsche Staatsleben vor der Revolution, Hamburg und Gotha 1845.

Press, Volker, Landtage im Alten Reich und im Deutschen Bund. Voraussetzungen ständischer und konstitutioneller Entwicklung 1750 bis 1830 in: Zeitschrift für Württembergische Landesgeschichte 39 (1980), S. 100-140.

Press, Volker, Das Reichskammergericht in der deutschen Geschichte, Wetzlar 1987.

Schneider, Franz, Pressefreiheit und politische Öffentlichkeit. Studien zur politischen Geschichte Deutschlands bis 1848, Neuwied–Berlin 1966.

Schubert, Ernst, Die Landstände des Hochstifts Würzburg, Würzburg 1967.

Sicken, Bernhard, Der fränkische Reichskreis. Seine Ämter und Einrichtungen im 18. Jahrhundert, Würzburg 1970.

Stern, Selma, Der preußische Staat und die Juden, 7 Bde., Tübingen 1962-1971.

Stolleis, Michael (Hg.), Staatsdenker im 17. und 18. Jahrhundert, Frankfurt/Main 1977.

Stölzel, Adolf, Carl Gottlieb Svarez, Berlin 1885.

Vierhaus, Rudolf (Hg.), Herrschaftsverträge, Wahlkapitulationen, Fundamentalgesetze, Göttingen 1977.

Weis, Eberhard, Absolute Monarchie und Reform in Deutschland des späten 18. und frühen 19. Jahrhunderts, in: Aufklärung, Absolutismus und Bürgertum in Deutschland. Hg. v. F. Kopitzsch, München 1976, S. 192-219.

Willoweit, Dietmar, Rechtsgrundlagen der Territorialgewalt, Köln–Wien 1975.

Winter, Eduard, Der Josephinismus, Neuaufl., Berlin (Ost) 1962.

Zu Kapitel V

Adler, Emil, Herder und die deutsche Aufklärung, Wien 1969.

Altmann, Alexander, Moses Mendelssohn, University of Alabama 1973.

Barth, Karl, Die protestantische Theologie im 19. Jahrhundert, ND Bd. 1, Hamburg 1975.

Becher, Ursula A. J., Politische Gesellschaft. Studien zur Genese bürgerlicher Öffentlichkeit in Deutschland, Göttingen 1978.

Bodi, Leslie, Tauwetter in Wien. Zur Prosa der österreichischen Aufklärung 1781 bis 1795, Frankfurt/M. 1977.

Bödeker, Hans Erich/Herrmann, Ulrich (Hg.), Über den Prozeß der Aufklärung in Deutschland im 18. Jahrhundert, Göttingen 1987.

Cassirer, Ernst, Die Philosophie der Aufklärung, Tübingen 1932.

Dann, Otto (Hg.), Lesegesellschaften und bürgerliche Emanzipation, München 1981.

Dülmen, Richard van, Zum Strukturwandel der Aufklärung in Bayern, in: ZBLG 36 (1973), S. 662 bis 679.

Dülmen, Richard van, Die Gesellschaft der Aufklärer. Zur bürgerlichen Emanzipation und aufklärerischen Kultur in Deutschland, Frankfurt/Main 1986.

Engelsing, Rolf, Analphabethentum und Lektüre, Stuttgart 1973.

Engelsing, Rolf, Zur Sozialgeschichte deutscher Mittel- und Unterschichten, Göttingen 1973.

Ermatinger, Emil, Deutsche Kultur im Zeitalter der Aufklärung, Potsdam 1935.

Fertig, Ludwig, Zeitgeist und Erziehungskunst. Eine Einführung in die Kulturgeschichte der Erziehung in Deutschland von 1600 bis 1900, Darmstadt 1984.

Fischer, Konrad, Geschichte des deutschen Volksschullehrerstandes, 2 Bde., 2. Aufl., Hannover–Berlin 1898.

Flitner, Wilhelm, Die Geschichte der abendländischen Lebensformen, Neuaufl., München 1967.

Frank, Horst Joachim, Dichtung, Sprache, Menschenbildung. Geschichte des Deutschunterrichts von den Anfängen bis 1945, Bd. 1, München 1976.

Gay, Peter, The Enlightenment, 2 Bde., London 1973.

Göpfert, Herbert G., Vom Autor zum Leser. Beiträge zur Geschichte des Buchwesens, München–Wien 1977.

Grab, Walter (Hg.), Deutsche Aufklärung und Judenemanzipation (Jahrbuch des Instituts für deutsche Geschichte, Beiheft 3), Tel Aviv 1979.

Grappin, Pierre (Hg.), L'Allemagne des Lumières, Paris 1982.

Graßl, Hans, Aufbruch zur Romantik. Bayerns Beitrag zur deutschen Geistesgeschichte 1765 bis 1785, München 1968.

Grünthal, Günter, Presse et Censure dans la Prusse de Frédéric II, in: P. Grappin (Hg.), L'Allemagne, S. 25-42.

Hammer, Karl/Voss, Jürgen (Hg.), Historische Forschung im 18. Jahrhundert, Bonn 1976.

Hammermayer, Ludwig, Akademiebewegung und Wissenschaftsorganisation während der zweiten Hälfte des 18. Jahrhunderts, in: Wissenschaftspolitik in Mittel- und Osteuropa. Hg. v. E. Amburger, Berlin 1976, S. 1-84.

Hammermayer, Ludwig, Geschichte der Bayerischen Akademie der Wissenschaften (1759 bis 1807), bisher 2 Bde., München 1983.

Hammermayer, Ludwig, Zur Geschichte der europäischen Freimaurerei und Geheimgesellschaften im 18. Jahrhundert, in: Beförderer der Aufklärung in Mittel- und Osteuropa. Hg. v. Éva H. Balázs u. a., Berlin 1979, S. 9-68.

Hammerstein, Notker, Aufklärung und katholisches Reich, Berlin 1977.

Hammerstein, Notker, Jus und Historie, Göttingen 1972.

Harnack, Adolf, Geschichte der Königlich preußischen Akademie der Wissenschaften zu Berlin, 4 Bde., Berlin 1900.

Haym, Rudolf, Herder, 2 Bde., Neuaufl., Berlin (Ost) 1958.

Hazard, Paul, Die Herrschaft der Vernunft, Hamburg o. J. (1949).

Heinemann, Manfred, Schule im Vorfeld der Verwaltung. Die Entwicklung der preußischen Unterrichtsverwaltung von 1771 bis 1800, Göttingen 1974.

Hornstein, Walter, Vom »jungen Herrn« zum »hoffnungsvollen Jüngling«. Wandlungen des Jugendlebens im 18. Jahrhundert, Heidelberg 1965.

Im Hof, Ulrich, Das gesellige Jahrhundert. Gesellschaft und Gesellschaften im Zeitalter der Aufklärung, München 1982.

Jarausch, Konrad H., Deutsche Studenten 1800 bis 1970, Frankfurt/Main 1984.

Jeismann, Karl-Ernst/Lundgreen, Peter (Hg.), Handbuch der deutschen Bildungsgeschichte Bd. 3, 1800 bis 1870, München 1987.

Jeismann, Karl-Ernst, Das preußische Gymnasium in Staat und Gesellschaft. Die Entstehung des Gymnasiums als Schule des Staates und der Gebildeten 1787 bis 1817, Stuttgart 1977.

Kiesel, Helmut/Münch, Paul, Gesellschaft und Literatur im 18. Jahrhundert, München 1977.

Kopitzsch, Franklin, Grundzüge einer Sozialgeschichte der Aufklärung in Hamburg und Altona, 2 Bde., Hamburg 1982.

Kopitzsch, Franklin, Die Aufklärung in Deutschland. Zu ihren Leistungen, Grenzen und Wirkungen, in: AfS Bd. 23 (1983), S. 1-21.

Kondylis, Panajotis, Die Aufklärung im Rahmen des neuzeitlichen Rationalismus, Stuttgart 1981.

Kovács, Elisabeth (Hg.), Katholische Aufklärung und Josephinismus, München 1979.

Kraus, Andreas, Vernunft und Geschichte, Freiburg 1963.

Krauss, Werner, Perspektiven und Probleme. Zur französischen und deutschen Aufklärung, Neuwied 1965.

Krieger, Leonard, The German Idea of Freedom, 2. Aufl., Chicago 1972.

Leschinsky, Achim/Roeder, Peter Martin, Schule im historischen Prozeß, Stuttgart 1976.

Lortz, Joseph, Geschichte der Kirche, Bd. 2: Die Neuzeit, Münster 1964.

Lundgreen, Peter, Sozialgeschichte der deutschen Schule im Überblick, Teil 1: 1770 bis 1918, Göttingen 1980.

Lutz, Bernd (Hg.), Deutsches Bürgertum und literarische Intelligenz 1750 bis 1800, Stuttgart 1974.

Manheim, Ernst, Aufklärung und öffentliche Meinung. Studien zur Soziologie der Öffentlichkeit im 18. Jahrhundert (1933). ND hg. von Norbert Schindler, Stuttgart–Bad Cannstadt 1979.

Martens, Wolfgang, Die Botschaft der Tugend, 2. Aufl., Stuttgart 1971.

Mitterauer, Michael, Sozialgeschichte der Jugend, Frankfurt/Main 1986.

Mondot, Jean, Wilhelm Ludwig Wekhrlin. Un publiciste de Lumière, 2 Bde., Bordeaux 1986.

Mortier, Roland, Diderot in Deutschland 1750 bis 1850, Stuttgart 1972.

Möller, Horst, Friedrich Nicolai als Historiker, in: Friedrich Nicolai 1733-1811. Essays zum 250. Geburtstag. Hg. v. Bernhard Fabian, Berlin 1973, S. 139-173.

Möller, Horst, Die Interpretation der Aufklärung in der marxistisch-leninistischen Geschichtswissenschaft, in: ZHF 4 (1977), S. 438-470.

Möller, Horst, Königliche und bürgerliche Aufklärung, in: Manfred Schlenke (Hg.), Preußen. Politik, Kultur, Gesellschaft, Bd. 1 (SA Reinbek 1986), S. 134-149.

Muchow, Hans Heinrich, Jugend und Zeitgeist, Reinbek 1962.

Neugebauer, Wolfgang, Absolutistischer Staat und Schulwirklichkeit in Brandenburg-Preussen, Berlin–New York 1985.

Paulsen, Friedrich, Geschichte des gelehrten Unterrichts, Bd. 2, 3. erw. Aufl., Berlin–Leipzig 1921.

Pütz, Peter, Die deutsche Aufklärung, Darmstadt 1978.

Raabe, Paul, Bücher, Lust und Lesefreuden. Beiträge zur Geschichte des Buchwesens in Deutschland, Stuttgart 1984.

Reble, Albert, Geschichte der Pädagogik, 4. Aufl., Stuttgart 1959.

Rilla, Paul, Lessing und sein Zeitalter, 2. Aufl., München 1973.

Schalk, Fritz, Die europäische Aufklärung, in: Propyläen-Weltgeschichte, hg. v. Golo Mann und Alfred Heuss, ND Bd. 7, Frankfurt/Main–Berlin 1986, S. 467-512.

Schenda, Rudolf, Volk ohne Buch. Studien zur Sozialgeschichte der populären Lesestoffe 1770 bis 1910, 2. Aufl., München 1977.

Schlumbohm, Jürgen, Freiheit – Die Anfänge der bürgerlichen Emanzipationsbewegung im Spiegel ihres Leitwortes (ca. 1760-ca. 1800), Düsseldorf 1975.

Schneiders, Werner (Hg.), C. Wolff 1679-1754, Hamburg 1983.

Schneiders, Werner, Die wahre Aufklärung. Zum Selbstverständnis der deutschen Aufklärung, Freiburg 1974.

Stuke, Horst, Aufklärung, in: Geschichtliche Grundbegriffe Bd. 1, Stuttgart 1972, S. 243-342.

Vierhaus, Rudolf (Hg.), Wissenschaften im Zeitalter der Aufklärung, Göttingen 1985.

Voss, Jürgen, Der gemeine Mann und die Volksaufklärung im späten 18. Jahrhundert, in: Vom Elend der Handarbeit. Hg. v. Hans Mommsen und Winfried Schulze, Stuttgart 1981, S. 208-233.

Voss, Jürgen, Universität, Geschichtswissenschaft und Diplomatie im Zeitalter der Aufklärung: J. D. Schöpflin (1694-1771), München 1979.

Wangermann, Ernst, Aufklärung und staatsbürgerliche Erziehung. Gottfried van Swieten als Reformator des österreichischen Unterrichtswesens 1781 bis 1791, München 1978.

Zu Kapitel VI

Adler, Guido (Hg.), Handbuch der Musikgeschichte. Bd. 3, 5. Aufl., München 1985.

Altstadtsanierung Ansbach (Beiträge zur Stadtbaugeschichte), Ansbach 1986.

Barock und Klassik. Kunstzentren des 18. Jahrhunderts in der Deutschen Demokratischen Republik (Katalog Schallaburg 1984), 2. Aufl., Wien 1984.

Baumgart, Fritz, Vom Klassizismus zur Romantik 1750 bis 1832, Köln 1974.

Berckenhagen, Ekhart, Barock in Deutschland. Residenzen (Ausstellungskatalog), Berlin 1966.

Börsch-Supan, Helmut, Die deutsche Malerei von Anton Graff bis Hans von Marées 1760-1870, München 1988.

Börsch-Supan, Helmut, Die Kunst in Brandenburg-Preußen, Berlin 1980.

Braunfels, Wolfgang, Die Kunst im Heiligen Römischen Reich

Deutscher Nation, Bd. 2 und 3, München 1980/1981.

Buchwald, Reinhard, Schiller, Neuaufl., Wiesbaden 1959.

Chaunu, Pierre, Europäische Kultur im Zeitalter des Barock, Frankfurt/Main – Wien – Zürich 1970.

Chaunu, Pierre, La civilisation de l'Europe des Lumières, Paris 1971.

Conrady, Karl Otto, Goethe, 2 Bde., Königstein/Taunus 1982/1985.

Conze, Werner / Kocka, Jürgen (Hg.), Bildungsbürgertum im 19. Jahrhundert, Stuttgart 1985.

Czok, Karl, Zu Kultur und Baukunst in Stadt und Vorstädten im 18. Jahrhundert in: W. Rausch (Hg.), Städtische Kultur in der Barockzeit, S. 87-104.

Dahlhaus, Carl, Die Musik des 18. Jahrhunderts, 1985.

Einem, Herbert von, Deutsche Malerei des Klassizismus und der Romantik 1760 bis 1840, München 1978.

Epochen der Musikgeschichte in Einzeldarstellungen. Mit einem Vorwort von Friedrich Blume, 5. Aufl., München–Kassel 1983. (Aus: Die Musik in Geschichte und Gegenwart).

Feulner, Adolf, Skulptur und Malerei des 18. Jahrhunderts in Deutschland, Wildpark–Potsdam 1929.

Frenzel, Herbert A., Geschichte des Theaters, Neuaufl., München 1984.

Friedenthal, Richard, Goethe, Neuaufl., München 1968.

Giersberg, Hans Joachim, Friedrich als Bauherr, Berlin 1986.

Glaser, Horst Albert (Hg.), Deutsche Literatur. Eine Sozialgeschichte, Bd. 4: Zwischen Absolutismus und Aufklärung; Bd. 5: Zwischen Revolution und Restauration, 2. Aufl., Reinbek 1986/1987.

Goethes Leben in Bilddoku-

menten. Hg. v. Jörn Göres, München 1981.

Gombrich, Ernst H., Die Geschichte der Kunst. Überarb. Neuaufl., Stuttgart–Zürich 1982.

Hallbaum, Franz, Der Landschaftsgarten, München 1927.

Hansmann, Wilfried, Gartenkunst der Renaissance und des Barock, Köln 1983.

Hardtwig, Barbara, Johann Georg von Dillis, Wilhelm von Kobell und die Anfänge der Münchner Schule, in: Münchener Landschaftsmalerei, S. 58-77.

Hardtwig, Wolfgang, Naturbeherrschung und ästhetische Landschaft, in: Münchener Landschaftsmalerei, S. 41-57.

Haym, Rudolf, Die Romantische Schule, ND Darmstadt 1977.

Heilborn, Ernst, Zwischen zwei Revolutionen. Der Geist der Schinkelzeit (1789-1848), Berlin 1927.

Hennebo, Dieter/Hoffmann, Alfred, Geschichte der deutschen Gartenkunst, Bd. 3, Hamburg 1965.

Hertz, Deborah, Jewish High Society in Old Regime Berlin, New Heaven-London 1988.

Hettner, Hermann, Geschichte der deutschen Literatur im achtzehnten Jahrhundert, NA von Gotthard Erler, 2 Bde., Berlin (Ost) 1961.

Hirsch, Erhard, Dessau-Wörlitz. Zierde und Inbegriff des 18. Jahrhunderts, München 1985.

Hotz, Walter, Kleine Kunstgeschichte der deutschen Schlösser, Darmstadt 1970.

Huch, Ricarda, Die Romantik, ND Tübingen 1951.

Huth, Gottfried, Allgemeines Magazin für die bürgerliche Baukunst, Weimar 1790.

Kadatz, Hans-Joachim/Murza, Gerhard, Georg Wenzeslaus von Knobelsdorff. Baumeister Friedrichs II., 2. Aufl., München 1985.

Keller, Harald, Die Kunst des 18. Jahrhunderts (Propyläen Kunstgeschichte Bd. 10), ND Berlin 1984.

Kluxen, Andrea M., Bild eines

Königs. Friedrich der Große in der Graphik, Limburg a. d. Lahn 1986.

Kluxen, Andrea M., Das Ende des Standesportraits. Die Bedeutung der englischen Malerei für das deutsche Portrait von 1760 bis 1848, München 1989.

Kluxen, Andrea M., Die Ruinen-»Theater« der Wilhelmine von Bayreuth, in: Archiv für Geschichte von Oberfranken, Bd. 67 (1987), S. 187-255.

Kohlschmidt, Werner, Geschichte der deutschen Literatur vom Barock bis zur Klassik, 2. Aufl., Stuttgart 1981.

Kohlschmidt, Werner, Geschichte der deutschen Literatur von der Romantik bis zum späten Goethe, 2. Aufl., Stuttgart 1979.

Korff, H. A., Geist der Goethezeit, 5 Bde., 5.-6. Aufl., Leipzig 1962-1966.

Lankheit, Klaus, Revolution und Restauration, Zürich 1965.

Lieb, Norbert, München. Die Geschichte seiner Kunst. 3. durchges. Aufl., München 1982.

Martin, Heinz, E. R., Miniaturen des Rokoko, Empire und Biedermeier, München 1981.

Mielke, Friedrich, Das Bürgerhaus in Potsdam, Tübingen 1972.

Mildenberger, Hermann, Johann Heinrich Wilhelm Tischbein. Goethes Maler und Freund, Neumünster 1986.

Münchener Landschaftsmalerei 1800 bis 1850 (Städtische Galerie im Lehnbachhaus 1979), München 1979.

Newald, Richard, Von Klopstock bis zu Goethes Tod 1750-1832. Erster Teil: Ende der Aufklärung und Vorbereitung der Klassik, 5. Aufl., München 1967.

Pascal, Roy, Der Sturm und Drang, dt. Stuttgart 1963.

Pniower, O., Berliner Gartenkunst im 17. und 18. Jahrhundert, in: Gartenkunst Bd. 8 (1914), S. 111-127.

Rave, Paul Ortwin, Das geistige Deutschland im Bildnis. Das Jahrhundert Goethes, Berlin 1949.

Ribbe, Wolfgang/Schäche, Wolfgang (Hg.), Baumeister – Architekten – Stadtplaner. Biographien zur baulichen Entwicklung Berlins, Berlin 1987.

Rudhard, Wolfgang, Das Bürgerhaus in Hamburg, Tübingen 1975.

Rummenhöller, Peter, Die Musikalische Vorklassik. Kulturhistorische und musikgeschichtliche Grundrisse zur Musik im 18. Jahrhundert zwischen Barock und Klassik. München 1983.

Sauder, Gerhard, Empfindsamkeit, Bd. 1 und 3 (Quellen und Dokumente), Stuttgart 1974/1980.

Schinkel in Berlin und Potsdam. Hg. v. Senat von Berlin, Berlin 1981.

Schmidt, Jochen, Die Geschichte des Genie-Gedankens in der deutschen Literatur, Philosophie und Politik 1750-1945, 2 Bde., Darmstadt 1985.

Schmitz, Hermann, Kunst und Kultur des 18. Jahrhunderts in Deutschland, München 1922.

Schulz, Gerhard, Die deutsche Literatur zwischen Französischer Revolution und Restauration. Erster Teil: Das Zeitalter der Französischen Revolution 1789-1806, München 1983.

Siedler, Wolf Jobst, Auf der Pfaueninsel. Spaziergänge in Preußens Arkadien, Berlin 1986.

Spies, Gerd, Braunschweig. Das Bild einer Stadt im 18. Jahrhundert, Braunschweig 1976.

Stürmer, Michael, Handwerk und höfische Kultur, München 1982.

Vogts, Hans, Das Kölner Wohnhaus bis zur Mitte des 19. Jahrhunderts, Neuss 1966.

Wackernagel, Martin, Renaissance, Barock und Rokoko II (Ullstein Kunstgeschichte Bd. 14), Frankfurt/Main–Berlin 1964.

Wagner-Rieger, Renate, Gedanken zum fürstlichen Schloßbau des Absolutismus, in: Fürst, Bürger, Mensch. Hg. v. F. Engel-Janosi, G. Klingenstein, H. Lutz, München 1975, S. 42-70.

Wiese, Benno von (Hg.), Deutsche Dichter des 18. Jahrhunderts, Berlin 1977.

Wiese, Benno von (Hg.), Deutsche Dichter der Romantik, 2. überarb. Aufl., Berlin 1983.

Zu Kapitel VII

Agethen, Manfred, Geheimbund und Utopie. Illuminaten, Freimaurer und deutsche Spätaufklärung, München 1984.

Blanning, T. C. W., Reform and Revolution in Mainz 1743-1803, Cambridge 1974.

Blanning, T. C. W., The French Revolution in Germany: Occupation and Resistance in the Rhineland, 1792-1802, Oxford 1983.

Burg, Peter, Kant und die französische Revolution, Berlin 1974.

Büsch, Otto/Grab, Walter (Hg.), Die demokratische Bewegung in Mitteleuropa im ausgehenden 18. und frühen 19. Jahrhundert. Ein Tagungsbericht, Berlin 1980.

Dambacher, Ilsegret, Christian Wilhelm von Dohm. Ein Beitrag zur Geschichte des preußischen aufgeklärten Beamtentums und seiner Reformbestrebungen am Ausgang des 18. Jahrhunderts, Bern–Frankfurt/Main 1974.

Deinet, Konrad, Konrad Engelbert Oelsner und die französische Revolution, München 1981.

Dotzauer, Willfried, Freimaurergesellschaften am Rhein und aufgeklärte Sozietäten auf dem linken Rheinufer vom Ausgang des Ancien Régime bis zum Ende der Napoleonischen Herrschaft, Wiesbaden 1977.

Droz, Jacques, L'Allemagne et la Révolution Française, Paris 1949.

Dumont, Franz, Die Mainzer Republik von 1792/93. Studien zur Revolutionierung in Rheinhessen und der Pfalz, Alzey 1982.

Dülmen, Richard van, Der Geheimbund der Illuminaten, 2. Aufl. Stuttgart–Bad Cannstadt 1977.

Fehrenbach, Elisabeth, Deutschland und die französische Revolution in: GG, Sonderheft 2, Göttingen 1976, S. 232-253.

Furet, François, 1789 – Vom Ereignis zum Gegenstand der Geschichtswissenschaft, dt. Frankfurt/Main–Berlin–Wien 1980.

Furet, François/Richet, Denis, La Révolution française, 2. Aufl., Paris 1973.

Gerteis, Klaus, Bürgerliche Absolutismuskritik im Südwesten des Alten Reiches vor der Französischen Revolution, Trier 1983.

Godechot, Jacques, La Grande Nation. L'Expansion Révolutionnaire de la France dans le monde de 1789 à 1799, 2. Aufl., Paris 1983.

Godechot, Jacques, Les Révolutions (1770-1799), Paris 1970. (Nouvelle Clio)

Gooch, G. P., Germany and the French Revolution, 2. Aufl., London 1965.

Göhring, Martin, Geschichte der Großen Revolution, 2 Bde., Tübingen 1950/51.

Grab, Walter, Ein Volk muß seine Freiheit selbst erobern. Zur Geschichte der deutschen Jakobiner, Frankfurt/Main 1985.

Grab, Walter, Norddeutsche Jakobiner. Demokratische Bestrebungen zur Zeit der Französischen Revolution, Frankfurt/Main 1967.

Habermas, Jürgen, Strukturwandel der Öffentlichkeit, 3. Aufl., Neuwied 1973.

Hobsbawm, Eric, Europäische Revolutionen, dt. Zürich 1962.

Julku, K., Die revolutionäre Bewegung im Rheinland am Ende des 18. Jahrhunderts, 2 Bde., Helsinki 1965/69.

Koselleck, Reinhard, Kritik und Krise, ND Frankfurt/Main 1973.

Koselleck, Reinhard/Reichhardt, Rolf (Hg.), Die Französische Revo-

729

lution als Bruch des gesellschaftlichen Bewußtseins, München 1988.

Lefebvre, Georges, La Révolution française, 6. Aufl., Paris 1968.

Ludz, Peter Christian (Hg.), Geheime Gesellschaften, Heidelberg 1979.

Möller, Horst, Die Bruderschaft der Gold- und Rosenkreuzer, in: H. Reinalter (Hg.), Freimaurer und Geheimbünde im 18. Jahrhundert in Mitteleuropa, S. 199-239.

Möller, Horst, Lorenz von Steins Interpretation der Französischen Revolution von 1789, in: Der Staat 18 (1979), S. 521-548.

Möller, Horst, Primat der Außenpolitik: Preußen und die Französische Revolution 1789 bis 1795 in: J. Voss (Hg.), Deutschland und die französische Revolution, S. 65-81.

Müller, Klaus, Studien zum Übergang vom Ancien Régime zur Revolution im Rheinland. Bürgerkämpfe und Patriotenbewegung in Aachen und Köln, in: Rheinische Vierteljahrsblätter 46 (1982), S. 102-160.

Palmer, R. R., The Age of the Democratic Revolution. A political history of Europe and America, 1760-1800, 2 Bde., 2. Aufl., Princeton/N. J. 1970. (Bd. 1 dt. u. d. T. Das Zeitalter der demokratischen Revolution. Eine vergleichende Geschichte Europas und Amerikas von 1760 bis zur französischen Revolution, Frankfurt 1970).

Perthes, Clemens Theodor, Politische Zustände und Personen in Deutschland zur Zeit der französischen Herrschaft, 2 Bde., Gotha 1862/1869.

Philippson, Martin, Geschichte des preußischen Staatswesens vom Tode Friedrichs des Großen bis zu den Freiheitskriegen, 2 Bde., Leipzig 1880/82.

Ranke, Leopold von, Ursprung und Beginn der Revolutionskriege 1791 und 1792, 2. Aufl., Leipzig 1879.

Real, Willy, Von Potsdam nach Basel, Stuttgart 1958.

Reichhardt, Rolf (Hg.), Die Französische Revolution (Ploetz), Freiburg-Würzburg 1988.

Reinalter, Helmut (Hg.), Jakobiner in Mitteleuropa, Innsbruck 1977.

Reinalter, Helmut, Aufgeklärter Absolutismus und Revolution. Zur Geschichte des Jakobinertums und der frühdemokratischen Bestrebungen in der Habsburgermonarchie, Köln-Wien 1980.

Reinalter, Helmut (Hg.), Freimaurer und Geheimbünde im 18. Jahrhundert in Mitteleuropa, Frankfurt/Main 1983.

Rudé, George, Revolutionary Europe 1783-1815, ND London-Glasgow 1973.

Scheel, Heinrich, Süddeutsche Jakobiner. Klassenkämpfe und republikanische Bestrebungen im deutschen Süden am Ende des 18. Jahrhunderts, 3. Aufl., Berlin (Ost) 1979.

Schmitt, Eberhard (Hg.), Die französische Revolution, Köln 1976.

Schmitt, Eberhard, Einführung in die Geschichte der französischen Revolution, München 1976.

Silagi, Denis, Jakobiner in der Habsburgermonarchie. Ein Beitrag zur Geschichte des aufgeklärten Absolutismus in Österreich, Wien 1962.

Stadelmann, Rudolf, Deutschland und Westeuropa, Laupheim 1948.

Stern, Alfred, Der Einfluß der Französischen Revolution auf das deutsche Geistesleben, Stuttgart-Berlin 1928.

Sybel, Heinrich von, Geschichte der Revolutionszeit von 1789 bis 1795/1800, 4. erw. Aufl., 5 Bde., Düsseldorf 1877-1879 und Ergänzungsband 1868.

Talmon, J. L., Die Ursprünge der totalitären Demokratie, Köln-Opladen 1961.

Valjavec, Fritz, Das Woellnersche Religionsedikt und seine geschichtliche Bedeutung, in: HJb 72 (1953), S. 386-400.

Vogel, Ursula, Konservative Kritik an der bürgerlichen Revolution. August Wilhelm Rehberg, Neuwied 1972.

Vovelle, Michel, Die französische Revolution. Soziale Bewegung und Umbruch der Mentalitäten, dt. 2. Aufl., Frankfurt/Main 1985.

Weis, Eberhard, Révoltes paysannes et citadines dans les États allemands sur la rive gauche du Rhin, de 1789 à 1792, in: Francia 3 (1975), S. 346-358.

Zu Kapitel VIII

Baden und Württemberg im Zeitalter Napoleons (Band 2: Aufsätze), (Ausstellungskatalog Württembergisches Landesmuseum Stuttgart) 3 Bde., Stuttgart 1987.

Berding, Helmut (Hg.), Soziale Unruhen in Deutschland während der Französischen Revolution (GG, Sonderheft 12), Göttingen 1988.

Berding, Helmut/Hans-Peter Ullmann (Hg.), Deutschland zwischen Revolution und Restauration, Königstein/Taunus 1981.

Berding, Helmut, Napoleonische Herrschafts- und Gesellschaftspolitik im Königreich Westfalen 1807 bis 1813, Göttingen 1973.

Bertier de Sauvigny, Guillaume de, Metternich, Gernsbach 1988.

Bitterauf, Theodor, Geschichte des Rheinbundes, Bd. 1: Die Gründung des Rheinbundes und der Untergang des Alten Reiches, München 1905 (ND 1983).

Botzenhart, Manfred, Metternichs Pariser Botschafterzeit, Münster 1967.

Demel, Walter, Der bayerische Staatsabsolutismus 1806/08 bis 1817, München 1983.

Dipper, Christof, Die Bauernbefreiung in Deutschland 1790 bis 1850, Stuttgart-Berlin-Köln-Mainz 1980.

Fehrenbach, Elisabeth, Traditionale Gesellschaft und revolutionäres Recht. Die Einführung des Code Napoléon in den Rheinbundstaaten, 3. Aufl., Göttingen 1983.

Fehrenbach, Elisabeth, Verfassungs- und sozialpolitische Reformen und Reformprojekte in Deutschland unter dem Einfluß des napoleonischen Frankreich, in: H. Berding/H.-P. Ullmann (Hg.), Deutschland zwischen Revolution und Restauration, S. 65-90.

Flad, Ruth, Der Begriff der öffentlichen Meinung bei Stein, Arndt und Humboldt, Berlin-Leipzig 1929.

Fournier, August, Napoleon I., 2. umgearb. Aufl., 3 Bde., Wien-Leipzig 1904-1906.

Gall, Lothar, Der Liberalismus als regierende Partei. Das Großherzogtum Baden zwischen Restauration und Reichsgründung, Wiesbaden 1968.

Groote, Wolfgang von (Hg.), Napoleon I. und die Staatenwelt seiner Zeit, Freiburg 1969.

Haussherr, Hans, Hardenberg. Eine politische Biographie. 1. Teil: 1750 bis 1800. Hg. v. Karl Erich Born, Köln-Graz 1963.

Haussherr, Hans, Hardenberg. Eine politische Biographie. 3. Teil: Die Stunde Hardenbergs, 2. durchges. Aufl., Köln-Graz 1965.

Heffter, Heinrich, Die deutsche Selbstverwaltung im 19. Jahrhundert, 2. überarb. Aufl., Stuttgart 1969.

Heitzer, Horst Walter, Insurrectionen zwischen Weser und Elbe. Volksbewegungen gegen die französische Fremdherrschaft im Königreich Westfalen (1806 bis 1813), Berlin (Ost) 1959.

Heydemann, Günther, Napoleonische Fremdherrschaft, Befreiungskriege und Anfänge der deutschen Burschenschaften bis 1818 im Urteil der Geschichtswissenschaft der DDR, in: Darstellungen und Quellen zur Geschichte der deutschen Einheitsbewegung im 19. und 20. Jahrhundert. Hg. v. Christian Probst u. a., Band 10, Heidelberg 1978, S. 7-104.

Hofmann, Hanns Hubert, Adlige Herrschaft und souveräner Staat. Studien über Staat und Gesellschaft in Franken und Bayern im 18. und 19. Jahrhundert, München 1962.

Holeczek, Heinz, Die Judenemanzipation in Preußen, in: Martin, Bernd/Schulin, Ernst (Hg.), Die Juden als Minderheit in der Geschichte, München 1981, S. 131-160, 343f.

Hömig, K. D., Der Reichsdeputationshauptschluß vom 25. Februar 1803 und seine Bedeutung für Staat und Kirche, unter besonderer Berücksichtigung württembergischer Verhältnisse, Tübingen 1969.

Ibbeken, Rudolf, Preußen 1807 bis 1813, Köln-Berlin 1970.

Kaehler, Siegfried A., Wilhelm von Humboldt und der Staat, 2. durchges. Aufl., Göttingen 1963.

Kehr, Eckhard, Zur Genesis der preußischen Bürokratie und des Rechtsstaats, in: ders., Der Primat der Innenpolitik. Hg. v. Hans-Ulrich Wehler, ND Frankfurt/Main-Berlin-Wien 1976, S. 31-52.

Kielmansegg, Peter Graf, Stein und die Zentralverwaltung 1813/14, Stuttgart 1964.

Klein, Ernst, Von der Reform zur Restauration. Finanzpolitik und Reformgesetzgebung des preußischen Staatskanzlers Karl August von Hardenberg, Berlin 1965.

Klueting, Harm, Die Säkularisation im Herzogtum Westfalen 1802 bis 1834, Köln 1980.

L. Fr., Ilse, Geschichte der deutschen Bundesversammlung insbesondere ihres Verhaltens zu den deutschen National-Interessen, Bd. 1, Marburg 1861.

Lipgens, Walter, Ferdinand August Graf Spiegel und das Verhältnis von Kirche und Staat 1789 bis 1835, 2 Bde., Münster 1965.

Lübbe, Herrmann, Säkularisierung. Geschichte eines ideenpolitischen Begriffs, 2. Aufl., Freiburg/Br.-München 1975.

Mann, Golo, Friedrich von Gentz, durchges. Neuaufl., Frankfurt/Main-Berlin-Wien 1972.

Mempel, Hans Christoph, Die Vermögenssäkularisation 1803/10. Verlauf und Folgen der Kirchengutenteignung in verschiedenen deutschen Territorien, 2 Bde., München 1979.

Menze, Clemens, Die Bildungsreform Wilhelm von Humboldts, Hannover 1975.

Mieck, Ilja, Preußische Gewerbepolitik in Berlin 1806 bis 1844, Berlin 1965.

Molitor, Hansgeorg, Vom Untertan zum Administré. Studien zur französischen Herrschaft und zum Verhalten der Bevölkerung im Rhein-Mosel-Raum von den Revolutionskriegen bis zum Ende der Napoleonischen Zeit, Wiesbaden 1980.

Morsey, Rudolf, Wirtschaftliche und soziale Auswirkungen der Säkularisation in Deutschland, in: Dauer und Wandel der Geschichte. Festschrift für Kurt von Raumer, Münster 1966, S. 361-383.

Müller, Michael, Säkularisation und Grundbesitz. Zur Sozialgeschichte des Saar-Mosel-Raumes 1794 bis 1813, Boppard 1980.

Münchow-Pohl, Bernd von, Zwischen Reform und Krieg. Untersuchungen zur Bewußtseinslage in Preußen 1809 bis 1812, Göttingen 1987.

Oer, Rudolfine Freiin von, Der Eigentumsbegriff in der Säkularisationsdiskussion am Ende des alten Reiches, in: Vierhaus, Rudolf (Hg.), Eigentum und Verfassung. Zur Eigentumsdiskussion im ausgehenden 18. Jahrhundert, Göttingen 1972, S. 193-228.

Raab, Heribert, Clemens Wenzeslaus von Sachsen und seine Zeit 1793 bis 1812, Freiburg 1962.

Raab, Heribert, Joseph Görres 1776-1848, Paderborn 1978.

Ranke, Leopold von, Hardenberg und die Geschichte des preußischen Staates von 1793 bis 1813, 2. Aufl., Bd. 1 bis 3, Leipzig 1879 bis 1881.

Rauscher, Anton (Hg.), Säkularisierung und Säkularisation vor 1800, München 1976.

Reden-Doha, Armgard von (Hg.), Deutschland und Italien im Zeitalter Napoleons, Wiesbaden 1979.

Ritter, Gerhard, Stein, 2 Bde., Stuttgart–Berlin 1931 (Neuaufl. in 1 Bd., Frankfurt/M. 1989).

Rössler, Helmut, Österreichs Kampf um Deutschlands Befreiung 1805 bis 1815, 2 Bde., 2. Aufl., Hamburg 1947.

Schieder, Theodor, Das Jahr 1813 und das heutige Europa, in: Spiegel der Geschichte. Festschrift für Max Braubach, Münster 1964, S. 681-698.

Schieder, Wolfgang/Kube, Alfred Säkularisation und Mediatisierung. Die Veräußerung der Nationalgüter im Rhein-Mosel-Departement 1803 bis 1813, Boppard/Rhein 1987.

Schnabel, Franz, Sigismund von Reitzenstein – der Begründer des badischen Staates, Heidelberg 1927.

Sieburg, Heinz-Otto (Hg.), Napoleon und Europa, Köln–Berlin 1971.

Srbik, Heinrich Ritter von, Metternich, Bd. 1 bis 3, Neuaufl., Graz 1979-1985.

Stulz, Percy, Fremdherrschaft und Befreiungskampf. Die preußische Kabinettspolitik und die Rolle der Volksmassen in den Jahren 1811 bis 1813, Berlin (Ost) 1960.

Stübig, Heinz, Scharnhorst, Göttingen–Zürich 1988.

Taine, Hippolyte, Die Entstehung des modernen Frankreich, autorisierte dt. Bearb. v. L. Katscher, 3. veränd. Aufl., 6 Bde., Leipzig o. J.

Thielen, Peter Gerrit, Karl August von Hardenberg 1750 bis 1822, Köln–Berlin 1967.

Tulard, Jean, Napoleon oder der Mythos des Retters, 2. durchges. Aufl., Tübingen 1979.

Vogel, Barbara (Hg.), Preußische Reformen 1807 bis 1820, Königstein/Taunus 1980.

Vogel, Barbara, Reformpolitik in Preußen 1807 bis 1820, in: Preußen im Rückblick, S. 202-223.

Vogel, Barbara, Allgemeine Gewerbefreiheit. Die Reformpolitik des preußischen Staatskanzlers Hardenberg (1810-1820), Göttingen 1983.

Weis, Eberhard, Bayern und Frankreich in der Zeit des Konsulats und des Ersten Empire (1799 bis 1815), München 1984.

Weis, Eberhard, Die Säkularisation der bayerischen Klöster 1802/03 (Bayerische Akademie der Wissenschaften. Philosophisch-historische Klasse. SB Jg. 1983), München 1984.

Weis, Eberhard, unter Mitarbeit von Elisabeth Müller-Luckner (Hg.), Reformen im rheinbündischen Deutschland, München 1984.

Wende, Peter, Die geistlichen Staaten und ihre Auflösung im Urteil der zeitgenössischen Publizistik, Lübeck 1966.

Wollstein, Günther, Scharnhorst und die französische Revolution, in: HZ 227 (1978), S. 325-352.

Wunder, Bernd, Geschichte der Bürokratie in Deutschland, Frankfurt/Main 1986.

Wunder, Bernd, Privilegierung und Disziplinierung. Die Entstehung des Berufsbeamtentums in Bayern und Württemberg (1780 bis 1825), München 1978.

Zeeden, Ernst Walter, Hardenberg und der Gedanke einer Volksvertretung in Preußen 1807 bis 1812, ND Vaduz 1965.

Zu Kapitel IX – Epilog

Bourgoing, Jean Freiherr von, Vom Wiener Kongreß. Zeit und Sittenbilder, Brünn–München–Wien 1943.

Burg, Peter, Der Wiener Kongreß. Der Deutsche Bund im europäischen Staatensystem, München 1984.

Cooper, Duff, Talleyrand, dt. München 1962.

Griewank, Karl, Der Wiener Kongreß und die Neuordnung Europas 1814/15, Leipzig 1942. (2. umgearb. Aufl. Leipzig 1954)

Hentig, Hans von, Der Friedensschluß. Geist und Technik einer verlorenen Kunst, München 1965.

Kissinger, Henry A., Großmacht Diplomatie. Von der Staatskunst Castlereaghs und Metternichs, 2. dt. Aufl., Frankfurt/Main–Berlin–Wien 1975.

Krahe, E. E., Metternich's German Policy, Band 2: The Congress of Vienna 1814-1815, Princeton 1983.

Mager, Wolfgang, Das Problem der landständischen Verfassungen auf dem Wiener Kongreß 1814/15, in: HZ 217 (1974), S. 296-346.

Nicolson, Harold, The Congress of Vienna, London 1948.

Orieux, Jean, Talleyrand, Frankfurt/Main 1977.

Webster, C. K., The Congress of Vienna 1814/15, London 1937.

Webster, C. K., The Foreign Policy of Castlereagh 1815-1822, 2 Bde., 2. Aufl., London 1958.

Siehe auch Bertier de Sauvigny sowie Srbik (Lit. Kap. VIII) sowie Allgemeine Literatur

Personenregister

Abbildungsnachweis

Archive und Leihgeber

Albaching, Photo Preiss u. Co.: 315; – Augsburg, Mozarthaus: 436; – Bad Berneck, Archiv Handke: 17, 83, 86, 269; – Bad Sachsa, Historia-Photo: 375, 592; – Bebenhausen, Sammlung Dr. Dahms: 464; – Berlin, Archiv für Kunst und Geschichte: 53, 87, 92, 93, 153, 215, 267, 271, 290, 303, 320, 329, 361, 367, 373, 379, 381, 391, 402, 410 oben, 421, 439, 442, 448, 460, 461, 481, 605, 611, 633; – Berlin, Berlin Museum: 39, 117, 169, 189, 498; – Berlin, Bildarchiv Preußischer Kulturbesitz: 193, 277, 291, 307, 334, 369, 551, 593, 614, 624, 626, 627, 631, 649; – Berlin, Staatliche Museen Preußischer Kuturbesitz, Geheimes Staatsarchiv: 155, 289; – Berlin, Staatliche Museen Preußischer Kulturbesitz, Kunstbibliothek: 203, 405; – Berlin, Staatliche Museen Preußischer Kulturbesitz, Kunstgewerbemuseum: 397; – Berlin, Staatliche Museen Preußischer Kulturbesitz, Kupferstichkabinett: 109, 146; – Berlin, Staaliche Museen Preußischer Kulturbesitz, Nationalgalerie: 417 unten, 418, 420, 477, 487; – Berlin, Staatliche Museen Preußischer Kulturbesitz, Staatsbibliothek: 15, 25, 33, 201, 505, 537, 542, 545, 556; – Berlin, Staatliche Schlösser und Gärten, Schloß Charlottenburg: 191, 207, 233, 295; – Berlin, Verkehrsmuseum: 67 oben; – Berlin, Ullstein Bilderdienst: 63, 351, 419, 467, 493, 567, 573, 635; – Berlin-Ost, Märkisches Museum: 433, 623, 663; – Berlin-Ost, Kupferstichkabinett: 409; – Dessau, Staatliche Galerie: 660; – Dresden, Armeemuseum der DDR: 90, 196; – Dresden, Sächsische Landesbibliothek, Deutsche Photothek: 139 unten, 234 oben, 337, 346, 348; – Dresden, Staatliche Kunstsammlung: 103; – Dresden, Stadtmuseum: 149; – Düsseldorf, Landesbildstelle Rheinland: 596, 641; – Düsseldorf, Stadtgeschichtliches Museum: 456; – Erlangen, Stadtarchiv: 75; – Essen, Krupp-Archiv: 589; – Frankfurt/M., Lufthansa Bordbuch, 1972: 509; – Frankfurt/M., Freies Deutsches Hochstift: 177; – Frankfurt/M., Historisches Museum: 243, 364, 370; – Frankfurt/M., Goethemuseum: 471, 665; – Frankfurt/ M., Archiv Gerstenberg: 99, 521, 523, 555, 587; – Gotha, Schloßmuseum: 71; – Hamburg, Kunsthalle: 411 oben; – Hamburg, Museum für Hamburgische Geschichte: 85, 321; – Hannover, Historisches Museum am Hohen Ufer: 27; – Innsbruck, Photo Albrecht: 293, 311; – Karlsruhe, Bildarchiv Badisches Landesmuseum: 89, 174, 175; – Kassel, Bärenreiter-Archiv: 437; – Köln, Rheinisches Bildarchiv: 583, 603; – Krefeld-Ürdingen, Ürdinger Heimatbund: 553; – Leverkusen-Opladen, Stadtarchiv: 568; – Loosdorf, Foto Angerer: 335; – Ludwigsburg, Kulturamt der Stadt, Heimatmuseum: 453; – Mannheim, Städtisches Reiss-Museum: 133, 431; – Marbach, Deutsches Literaturarchiv: 57, 451, 462, 484, 485; – Merseburg, Zentrales Staatsarchiv: 617; – München, Archiv Hans Roth: 179; – München, Bayerisches Hauptstaatsarchiv: 609; – München, Bayerische Staatsbibliothek, Zeitschriftenabteilung: 58; – München, Stadtmuseum: 423; – München, Verlag Kurt Desch: 408; – Münster, Archiv Dr. Bleckwenn: 32; – Münster, Nordrhein-Westfälisches Staatsarchiv: 137, 151, 387, 569; – Münster, Sammlung Galen: 579; – Münster, Stadtarchiv: 42; – Münster, Stadtmuseum: 333; – Münster, Westfälisches Amt für Denkmalpflege: 488; – Münster, Westfälisches Landesmuseum: 187, 241; – Neuwied, Kreismuseum: 396; – Nürnberg, Germanisches Nationalmuseum: 399; – Nürnberg, Heimatmuseum: 147; – Paris, Collection de la Ville: 529; – Paris, Louvre: 525, 571; – Paris, Nationalarchiv: 519, 549; – Paris, Nationalbibliothek: 513, 515; – Paris, Photo Bulloz: 547, 561, 563, 565, 643; – Paris, Photo Giraudon: 115, 428; – Paris, Photo Hachette: 597; – Plauen, Stadtarchiv: 403; – Potsdam, Staatliche Schlösser und Gärten, Potsdam-Sanssouci: 371, 388, 389, 410 unten; – Rhode Island, Anne S. K. Brown Military Collection, Providence: 34; – Rohrau, Graf Harrach'sche Gemäldegalerie: 125; – Solingen, Deutsches Klingenmuseum: 208; – Speyer, Pfälzische Landesbibliothek: 324; – Stuttgart, Deutsche-Verlags-Anstalt (DVA): 47, 406, 450; – Stuttgart,

Württembergische Landesbildstelle: 20, 37, 48, 49, 55, 181, 283, 299, 319, 365, 400, 607; – Traben-Trarbach, Mittelmoselmuseum: 36; – Ulm, Museum: 111; – Vilsbiburg, Heimatmuseum: 195; – Washington, Kongreßbibliothek: 535; – Washington, Robert Hunt Library: 644; – Wasserburg am Inn, Heimatmuseum, Foto Hochwind: 182, 183; – Weimar, Landesbibliothek: 51; – Weimar, Nationale Forschungs- und Gedenkstätten der klassischen Deutschen Literatur: 455 oben, 457, 459; – Wetzlar, Städtisches Museum: 251; – Wien, Albertina, Graphische Sammlung: 123, 163, 301, 504; – Wien, Haus-, Hof- und Staatsarchiv: 23, 41, 263, 294, 309; – Wien, Historisches Museum: 212, 229, 349, 438, 539, 572, 653; – Wien, Österreichische Nationalbibliothek: 200, 246, 247, 411 unten, 651; – Wien, Österreichisches Staatsarchiv: 82, 552; – Wien, Photo Fiegel: 356; – Wien, Photo Meyer KG: 541; – Wien, Photostudio Otto: 161, 577; – Wien, Schatzkammer Hofburg: 543; – Wien, Schloß Schönbrunn: 249; – Wien, Stadtbibliothek: 122; – Williamsburg, Va., Abby Aldrich Rockefeller Folk Art Center: 501; – Wolfenbüttel, Herzog August Bibliothek: 414; – Würzburg, Gundermann Photoverlag: 332.

Publikationen

Abel, W., Massenarmut und Hungerkrisen im vorindustriellen Europa, Hamburg / Berlin 1974: 91; – Abel, W., Agrarkrisen und Agrarkonjunktur, Hamburg / Berlin 1978: 234 unten links, 234 unten rechts, 235; – Alexander, D., Strauss, W. G., The German Single 1600-1700, New-York 1977: 257; – Aubin H., Zorn, W., Handbuch der deutschen Wirtschafts- und Sozialgeschichte, Bd. 1, Stuttgart 1971: 205, 221 oben; – Aubin, H., Zorn, W., Handbuch der deutschen Wirtschafts- und Sozialgeschichte, Bd. 2, Stuttgart 1976: 78; – Das Amt Brebach in seiner 150jährigen Geschichte, Brebach 1954: 165; – Basedow, J. B., Das in Dessau errichtete Philanthropinum, Leipzig 1774: 338; – Basedow, J. B., Agathokrator, Leipzig 1771: 339; – Behre, O., Geschichte der Statistik in Brandenburg-Preußen, Vaduz 1979: 222, 223, 225, 227, 228, 335; – Blaschke, K., Bevölkerungsgeschichte von Sachsen bis zur industriellen Revolution, Weimar 1967: 147; – Boockmann, H. u. a., Mitten in Europa, Deutsche Geschichte, Berlin 1984: 443, 473; – Börckel, A., Aus der Mainzer Vergangenheit, Mainz 1906: 527; – Bredt, E. W., Chodowiecki, Zwischen Rokoko und Romantik, München (1918): 445; – Campe, J. H., Väterlicher Rath für meine Tochter, Braunschweig 1789: 343; – Campe, J. H., Sittenbüchlein für Kinder aus gesitteten Ständen, Frankfurt / Leipzig 1779: 342; – Crome, A. F. W., Allgemeine Uebersicht der Staatskräfte ..., Leipzig 1818: 77; – Dahms, H. G., Deutsche Geschichte im Bild, Frankfurt / Berlin 1969: 625, 648; – Eis, L., Reichsgräfin Marianne von der Leyen, Leben, Staat, Wirken, Saarbrücken 1937: 517; – Ermatinger, E., Deutsche Kultur im Zeitalter der Aufklärung (Handbuch der Kulturgeschichte), Potsdam 1935: 112, 113, 297, 325, 328, 347, 350, 357, 358, 401, 497; – Federmann, R., Wiener G'schichten — Geschichte Wiens, Tübingen / Basel 1968: 127; – Felbiger, J., Vorlesung von der Schuldigkeit der Geistlichen in der Absicht auf die Pfarrschulen, Wien 1782: 331; – Fervers, K., Berliner Salons, München 1940: 469, 475, 476, 479, 483; – Fragen an die deutsche Geschichte, Hrsg. Deutscher Bundestag, Bonn 1983: 245, 615, 629; – Freytag, G., Bilder aus der dt. Vergangenheit, Hamburg 1978: 114, 121; – Goethe, J. W., Die Leiden des jungen Werther, Leipzig 1919: 454, 455; – Goetz, W., Die Französische Revolution, (Propyläen Weltgeschichte Bd. 7), Berlin 1929: 440, 463, 489, 511, 585, 637; – Goetz, W., Das Zeitalter des Absolutismus (Propyläen Weltgeschichte Bd. 6) Berlin 1931: 129, 219, 304, 305, 306, 413, 449, 503; – Grand-Carteret, Les Mœures et la caricature en Allemagne, Paris 1885: 544; – Haberland, H., Frauen der Goethezeit, Stuttgart 1960: 480, 486; – Hassel, G., Statistischer Umriß der sämtlichen Europäischen und der vornehmsten außereuropäischen Staaten, Weimar 1823: 68; – Henne, O., Kulturgeschichte des Deutschen Volkes, Berlin o. J.: 107, 140, 261, 275, 322, 323, 341, 354, 355, 417 oben, 420 unten; – Henning, F. W., Das vorindustrielle Deutschland 800 bis 1800, Paderborn 1974: 201, 221 unten; – Jacobeit, S. und W., Illustrierte Alltagsgeschichte des deutschen Volkes, Leipzig / Jena / Berlin 1985: 105, 135, 139 oben, 143; – Jankuhn, H., Boockmann, H., Treue, W., Handbuch der deutschen Geschichte, Frankfurt 1968: 265; – Just, Leo, Handbuch der Deutschen Geschichte, Bd. 5, Frankfurt / Main 1968: 359; – Kaufhold, K. H., Das Gewerbe in Preußen um 1800, Göttingen 1978: 236 unten; – Kohl, W., Westfälische Geschichte, Düsseldorf 1982: 131; – Kühn, H., Preußen, Versuch einer Bilanz, Bd. 4, Hamburg 1981: 465; – Kühn, P., Weimar, Leipzig 1919: 507; – Martin, J., Atlas zur Kirchengeschichte, Freiburg 1987: 298, 582; – Matsche, F., Die Kunst im Dienst der Staatsidee Kaiser Karls VI., Berlin / New York 1981: 21; – Mielke, F., Simson, J. von, Das Berliner Denkmal für Friedrich II., Frankfurt / Berlin / Wien 1975: 407, 425; – Mikoletzky, L., Kaiser Joseph II., Zürich / Frankfurt 1979: 313; – Müller, H. H., Domänen und Domänenpächter in Brandenburg-Preußen ... (1965), in: Moderne preußische Geschichte. Hg. v. O. Büsch und W. Neugebauer, Bd. 1, S. 316-359: 157; – Orangerie '84, Deutscher Kunsthandel im Schloß Charlottenburg, Berlin 1984: 427; – Perspectivische Delineation der Tuch-Fabric, Ober-Leidensdorff 1748: 345; – Rousseau, J. J., Émile, ou de l'éducation, Bd. 1, Amsterdam 1762: 336; – Rudhard, W., Das Bürgerhaus in Hamburg, Tübingen 1975: 392, 393; – Saalfeld, D., Die ständische Gliederung in der Gesellschaft ..., in: VSWG Bd. 67 (1980), S. 457-483: 100; – Salzmann, Ch. G., Ameisenbüchlein, Schnepfenthal 1806: 340; – Schenk, E., Mozart, München 1983: 435; – Sieber, H., Schlösser und Herrensitze in Schlesien, Frankfurt / M. 1957: 158, 159; – Stoob, H., (Hg.), Forschungen zum Städtewesen in Europa, Bd. 1, Köln / Wien 1970: 72; – Vogel, P. O., Hamburg. Die Freie und Hansestadt, Hamburg 1972: 120; – Vogts, H., Das Kölner Wohnhaus bis zur Mitte des 19. Jahrhunderts, Neuss 1966: 394; – Weddigen, P. F., Historisch-geographische Beschreibung der Grafschaft Ravensberg, Leipzig 1790: 145; – Weis, E., Der Durchbruch des Bürgertums 1776 bis 1847, Frankfurt / Berlin / Wien 1978: 60, 67, 69, 580, 634, 659; – Ziechmann, J., Panorama der Fridericianischen Zeit, Bremen 1985: 363.

Die Karten und Graphiken wurden erstellt vom Freien-Redaktions-Dienst, Berlin.

Siedler Deutsche Geschichte

Das Reich und die Deutschen

Herwig Wolfram · Das Reich und die Germanen
Zwischen Antike und Mittelalter

Hans K. Schulze · Vom Reich der Franken
zum Land der Deutschen
Merowinger und Karolinger

Hans K. Schulze · Hegemoniales Kaisertum
Ottonen und Salier

Hartmut Boockmann · Stauferzeit und spätes Mittelalter
Deutschland 1125–1517

Heinz Schilling · Aufbruch und Krise
Deutschland 1517–1648

Heinz Schilling · Höfe und Allianzen
Deutschland 1648–1763

Die Deutschen und ihre Nation

Horst Möller · Fürstenstaat oder Bürgernation
Deutschland 1763–1815

Heinrich Lutz · Zwischen Habsburg und Preußen
Deutschland 1815–1866

Michael Stürmer · Das ruhelose Reich
Deutschland 1866–1918

Hagen Schulze · Weimar
Deutschland 1917–1933

Hans-Ulrich Thamer · Verführung und Gewalt
Deutschland 1933–1945

Adolf Birke · Nation ohne Haus
Deutschland 1945–1961